HEYNE GESCHICHTE

In der Reihe »Heyne Geschichte« sind bereits erschienen:

1	*Paul Sethe*	Deutsche Geschichte im letzten Jahrhundert
2	*Alistaire Cooke*	Amerika
3	*Peter Norden*	Prag 21. August
4	*Friedrich Heer*	Das Heilige Römische Reich
5	*Karl Buchheim*	Die Weimarer Republik
6	*Herbert Rosinski*	Die deutsche Armee
7	*Werner Scheck*	Geschichte Rußlands
8	*Alfred Mühr*	Herrscher in Purpur
9	*Germán Arciniegas*	Geschichte und Kultur Lateinamerikas
10	*Marlis G. Steinert*	Die 23 Tage der Regierung Dönitz
11	*Fritz Schachermeyr*	Griechische Geschichte
12	*William L. Shirer*	Der Zusammenbruch Frankreichs
13	*Wilhelm v. Schramm*	Aufstand der Generale
14	*Paul Sethe*	Morgenröte der Gegenwart
15	*Dick Wilson*	Mao Tse-tungs langer Marsch
16	*Matthias Pusch*	Der Dreißigjährige Krieg
17	*Maurice Ashley*	Das Zeitalter des Absolutismus
18	*Alfred Mühr*	Die deutschen Kaiser
19	*E. J. Feuchtwanger*	Preußen
20	*Waldemar Erfurth*	Der finnische Krieg
21	*Kurt Frischler*	Das Abenteuer der Kreuzzüge
22	*Paul Dreyfus*	Die Resistance
23	*Reinhard Raffalt*	Große Kaiser Roms
24	*Donald Bullough*	Karl der Große
25	*E. W. Zeeden*	Das Zeitalter der Gegenreformation
26	*Franz Herre*	Anno 70/71
27	*Götz Bergander*	Dresden im Luftkrieg
28	*Michael Freud*	Die große Revolution in England
29	*Karl-Heinz Janssen*	Das Zeitalter Maos
30	*Christopher Duffy*	Die Schlacht bei Austerlitz
31	*Joseph Vogt*	Die Römische Republik
32	*Charles L. Mee*	Die Potsdamer Konferenz 1945
33	*Henry Kamen*	Die spanische Inquisition
34	*Rolf Bauer*	Österreich
35	*J. H. Elliot*	Das geteilte Europa · 1559–1598
36	*Richard O'Connor*	Der Boxeraufstand
37	*Edward Crankshaw*	Winterpalast · Rußland 1825–1917
38	*Ernle Bradford*	Konstantinopel · Der Verrat von 1204

Fritz Schachermeyr

GRIECHISCHE GESCHICHTE

Entwicklung und Zusammenbruch

Wilhelm Heyne Verlag
München

2. Auflage

Genehmigte, erweiterte Taschenbuchausgabe

Printed in Germany 1980
Zeittafel und Personenlexikon wurden erarbeitet von Gerd Michael Herbig
Umschlagfoto: Archiv für Kunst und Geschichte, Berlin
Umschlaggestaltung: Atelier Heinrichs, München
Gesamtherstellung: Presse-Druck Augsburg

ISBN 3-453-48039-2

Inhalt

Einleitung 9

1. KAPITEL

DIE ÄLTESTEN KULTUREN IM BEREICH DES ÖSTLICHEN MITTELMEERS . . . 13

Sammler und Jäger – Der Kulturaufstieg Vorderasiens und Ägyptens – Bildung und Wesen der morgenländischen Gesittungen – Die vorderasiatische Kulturtrift und die Begründung der neolithischen Gesittungen Südosteuropas – Die ältesten Ackerbaukulturen Griechenlands – Die anatolisch-ägäische Kulturgemeinschaft der frühen Bronzezeit – Kulturblüte auf den Kykladen – Rückblick

2. KAPITEL

DIE INDO-EUROPÄISCHE KOMPONENTE IM GRIECHISCHEN VOLK 29

Ortsfestigkeit und Unstetheit – Die indo-europäische Sprach- und Stammesverwandtschaft – Vorzugsraum und Kargräume – Das erste Auftreten indo-europäischer Zuwanderer im östlichen Mittelmeerbereich – Die Einwanderung der ältesten Griechenstämme in Hellas – Die mittelhelladische Kultur

3. KAPITEL

DIE HOCHKULTUREN VON KRETA UND MYKENAI 43

Kreta gewinnt seine Sonderstellung – Umriß der minoischen Geschichte – Zur minoischen Kultur – Streitwagen-Adel im Orient – Die Entstehung der mykenischen Kultur – Die Achäer-Nation – Zur Geschichte der mykenischen Zeit – Zur spätmykenischen Gesittung – Satellitenkultur (und die Grenzen ihrer Möglichkeiten) – Die große Völkerwanderung des 12. Jahrhunderts

4. KAPITEL

DIE BEGRÜNDUNG DER HELLENENKULTUR 73

Grundsätzliches zum Neubeginnen – Die Dorische Wanderung – Die Ausbreitung der Nordwestgriechen – Die Einbeziehung der anatolischen Westküste und die Entstehung Ioniens – Die Bildung der Hellenennation – Adelskultur – Das neue Verhaltenheitsstadium als statische Vorbereitung einer nachfolgenden dynamischen Kulturentfaltung – Der epische Liedgesang – Der „geometrische" Stil – Die Götterwelt des frühen Hellenentums

5. KAPITEL

DER WEG ZUR SCHÖPFUNGSDYNAMIK 94

Die beiden Formen des geistigen Werdens und Seins – Die Bedeutung des städtischen Lebens für die Kulturentfaltung der Hellenen – Die Entdeckung des Ingeniums und des geistigen Eigentums – Zweierlei Kulturdynamik – Die Adelsrepublik – Homer, Spitzenleistung und Schattenwirkung – Das bäuerliche Dasein und Hesiod – Archilochos und die Lyrik – Schöpferische Zentren Griechenlands im 7. Jahrhundert –

Seefahrt, Kolonisation und Fernhandel – Orientalisierende Kunst? – Die „Ursachen" des dynamischen Kulturanstiegs

6. KAPITEL

DIE ARCHAISCHE PERIODE 116

Zur Charakteristik – Die Hybris der „Besten" – Die Tyrannis – Gesetzgeber – Polis und Politeia als Höchstwert – Spartanischer Kosmos und Oligarchie – Peloponnesischer Bund und Prostasie – Die attischen Adelsgeschlechter – Der Staat des Kleisthenes – Hoplitenphalanx und Politik – Delphi – Archaische Bildkunst – Anbeginn des Imperialismus – Rückblick

7. KAPITEL

DER GROSSE FREIHEITSKRIEG 141

Lydien als Nachbar – Der Weltreichsgedanken im Orient – Iranische Feudalität – Die Drohung des persischen Weltreichs – Die entscheidenden Kämpfe – Themistokles – Finanzmacht, Flotte und Seebund – Die Bedeutung der Perserkriege für die griechische Geschichte

8. KAPITEL

KIMON, PERIKLES UND DIE KLASSIK 154

Warum gerade Athen? – Die „klassische" Stufe der griechischen Kulturentwicklung – Kimon und seine Staatsidee – Der „Strenge Stil", Pindar und Aischylos – Athen gegen Sparta und Persien – Der Triumph des Vereinsgedankens in der radikalen Demokratie – Der Ausbau des Attischen Reiches – Perikles – Meister und Werke der Hochklassik

9. KAPITEL

DIE GROSSE GEISTIGE WANDLUNG 175

Einleitung – Die Fragwürdigkeit des griechischen Götterglaubens – „Naturphilosophie" in Ionien – Der Anspruch auf höchste Geltung – Aufklärung und Atomistik – Der Mensch als Maß aller Dinge – Die neuen Gebildeten – Euripides

10. KAPITEL

DER NIEDERGANG DER POLISWELT 191

Politik ohne Zukunftsideale – Der Staat als Nutzungsinstitution – Kleinbürgerliche Reaktion – Der Peloponnesische Krieg – Die Ablösung der Machtpersönlichkeit vom Staat – Alkibiades – Lysander – Modernistenverfolgung – Die Vorherrschaft Spartas – Der Sieg des persischen Goldes – Die Oberhoheit des Großkönigs – Die Verschiebung des politischen Schwergewichts – Das Ende der Hegemonie – Die Wandlung des Krieges – Die Unmöglichkeit einer Rückkehr zur Verfassung der Väter – Entwurzelung – Hilflose Polis

11. KAPITEL

DIE VERÄNDERUNG DER WELTLAGE 219

Der Verfall des Perserreiches – Die Ausbreitung der griechischen Lebensform – Die Schüler wider den Lehrer – Militärmonarchie in Sizilien

12. KAPITEL

DER AUSBAU DES GEISTIGEN REICHES 225

Das Anwachsen des kulturellen Reichtums – Liberalistischer Interessenseparatismus – Sokrates – Das Höchstmaß an Freiheit – Fürsten als Mäzene – Platon und die Akademie – Realismus der Kunst – Rhetorik und Fachwissenschaften – Aristoteles

13. KAPITEL

DAS PROBLEM DER NATIONALEN REGENERATION 243

Privatisierung der Wertwelt – Der Appell an die Idee der Nation – Das Eingreifen Makedoniens – Der Widerstand der Polis-Ideologie – Nationale Einigung im Korinthischen Bund – Alexander als Hegemon der Hellenen (336–330 v. Chr.) – Als Vorschau: Der Zusammenbruch des isokrateischen Hegemoniegedankens – Überblick

14. KAPITEL

DIE WELT, DAS WELTREICH UND ALEXANDER 260

Autarkie des Individuums und Universalismus vor Alexander – Preisgabe der griechisch-makedonischen Bindungen – Die Nachfolge im Perserreich – Der Ausbau des Imperiums – Die Idee des Weltreichs – Reichsräson – Das Gottkönigtum Alexanders – Die Entwicklung voraus

15. KAPITEL

DIE GROSSMÄCHTE IN ÜBERSEE 274

Die Auflösung des Alexanderreichs – Die Rückkehr zu Philipps Nationalgedanken – Die Begründung der Überseereiche – Die hellenistischen Großmächte – Könige, die Geschichte machen – Die große Auswanderung – Die neuen Städte – Der Abbau der Freiheit – Alexandreia – Die Blüte der Überseewirtschaft – Gegenwirkungen

16. KAPITEL

VERARMTES MUTTERLAND 297

Zwischen den Großmächten – Der wirtschaftliche Niedergang – Der geistige Ausverkauf – Neuerliche Verlagerung des machtpolitischen Schwergewichts – Bund gegen Bund

17. KAPITEL

SPÄTBLÜTE DER GRIECHISCHEN KUNST UND WISSENSCHAFT 309

Königliches Mäzenatentum im Hellenismus – Historismus – Mathematik und Naturwissenschaften – Architektur und Technik – Die Künste

18. KAPITEL

HELLENISTISCHES WELTBÜRGERTUM 323

„Hellenismus" als Spätstadium der Kulturentwicklung – Leben nach der Schablone – Der Mikrokosmos des Alltags – Epikur – Selbsthellenisierung im Orient – Das Eingreifen der Levante – Die stoische Philosophie – Neue Gläubigkeit aus dem Osten

19. KAPITEL

DIE KRISIS DER HELLENISTISCHEN WELT 348

Die Erscheinung des geschichtlichen „Alterns" – Das Erlahmen der schöpferischen Phantasie – Routine – Die Schwäche der Großreiche

20. KAPITEL

DER AUSGANG DER GRIECHISCH-HELLENISTISCHEN GESCHICHTE 354

Die Wolke im Westen – Rom überwältigt die Großmächte – Antiochos IV. und die Wiedererweckung der Alexander-Idee – Der Aufstand der Makkabäer – Parther und Araber im Osten – Rom als Schutzmacht des Hellenismus – Das Ende der griechischen Kulturdynamik

21. KAPITEL

DAS WELTREICH BESCHLIESST DIE ANTIKE 370

Vom Bauernstaat zur Weltmacht – Eigenständigkeit und Satellitentum in der römischen Geschichte – Republik und Monarchie – Einheitszivilisation – Stagnierende Reichskultur – Die neue Heilslehre – Das Christentum – Aufbau im Niedergang – Der Zusammenbruch des Reiches

Überschau 388

ANHANG

VERSUCH EINER THEORIE ZUR GRIECHISCHEN GESCHICHTE 391

Einleitung – Die Grundlegung der Hellenenkultur – Der Zustand statischer Verhaltenheit – Verhaltenheit als Schwelle zu weiterem Kulturanstieg – Der Aufstieg zur Hochkultur: Ein Vergleich zwischen dem Vorderen Orient und Hellas – Die Folgen der Schöpferfreiheit – Die „Achsenzeit" bei Karl Jaspers – Spitzenleistung, Schattenwirkung und Überdruß – Die logische Abfolge der Entwicklungsphasen – Das Logische und das Spontane im Individuum und in der Geschichte – Kausalität und Spontaneität – Geschichte und Naturwissenschaften – Zum Eigenleben der Ideen – Phantasie und Entwicklungsrichtung – Mehrfache Bewirkung – Der Abschluß der Entwicklungsdynamik – Die Statik des Endstadiums – Der geschichtliche Ablauf als „Ordnung" – Der Aufbau der neuen Bindungen – Der Entwicklungsparallelismus von Antike und Abendland

ERWEITERUNG DES ANHANGS

EVOLUTION UND REVOLUTION 445

Gedanken zum Establishment: Wer etabliert wen? – Wie manifestiert sich die menschliche Natur im geschichtlichen Ablauf? – Umwälzungen innerhalb ein und desselben Entwicklungssystems – Über elementare Katastrophen – „Barbaren" und kulturelle Neubeginner – Die „Benediktiner" und ihre Aufgaben

NACHTRÄGE DER ZWEITEN AUFLAGE 458

Anmerkungen 471

Karte 4, 9, 10 478

Weiterführende Literatur 484

Zeittafel 485

Personenlexikon und -register 490

Sachregister 540

Vorwort

Was ich über den kulturmorphologischen Grundgedanken dieses Buches zu sagen habe, findet sich in der Einleitung (S. 9 ff.) zusammengestellt. Im übrigen soll es sich bei der vorliegenden Arbeit mehr um eine Geschichte der Ideen als um eine Darstellung der vielfältigen Einzelheiten der Machtpolitik handeln. Ursprünglich hatte ich die Absicht, am Schluß noch eine Skizze anzufügen, in der die antike Kulturentwicklung mit der unseres Abendlandes morphologisch verglichen werden sollte. Doch mußte ich mir schließlich sagen, daß hierdurch nicht nur der Umfang, sondern auch das Gleichmaß der vorliegenden Arbeit gesprengt würde. So beabsichtige ich, die Darstellung dieses Parallelismus bei Gelegenheit als eigenes Büchlein herauszugeben. Da wird es dann auch möglich sein, die Grenzen solcher Übereinstimmungen zu erkennen und zu untersuchen, wie weit unsere moderne Zeit das antike Beispiel nicht etwa schon preisgegeben hat, so daß wir gegenwärtig fast von einem Auseinanderbrechen der bisher parallelen Abläufe sprechen können.

In Dankbarkeit möchte ich allen Freunden und Kollegen gedenken, die am Entstehen des Buches hilfreich Anteil nahmen. Das gilt vor allem von meinen philosophischen Kollegen an der Universität Wien, Leo Gabriel, Friedrich Kainz und Ernst Topitsch, die mich in wertvollster Weise fachlich berieten, gilt ebenso von dem österreichischen Botschafter in Athen, Exzellenz Dr. Friedinger Prantner, der mich als feinsinniger Kenner der antiken Kunst auf meinen griechischen Reisen immer wieder mit Rat und Tat unterstützte, gilt auch von meinen erprobten Beratern Dr. Alexandra und Rudolf Assmann, gilt von meinem getreuen Grazer Kollegen Ernst Weidner und meiner lieben Frau Gisela, die es sich auch diesmal nicht nehmen ließen, die Korrekturen mitzulesen. Da die beigegebenen Abbildungen nicht nur Buchschmuck sein sollen, sondern eine ganz integrierende Ergänzung und Anschaulichmachung des Textes bilden, war ihre Zusammenstellung von besonderer Wichtigkeit. Hierbei haben mir Fritz Eichler, Hedwig Kenner, Emil Kunze, Friedrich Matz und Gisela Richter sowie auch J. Dörig als Vorstand der Photo-Abteilung des Deutschen Archäologischen Institutes in Athen und R. Stiglitz vom Institut für Alte Geschichte, Archäologie und Epigraphik an der Wiener Universität geholfen. All den Genannten sage ich meinen herzlichsten Dank, ebenso John Caskey, Robert Göbl, Spyridon Marinatos, Rudolf Noll und Ioannis Papadimitriu für die Überlassung von Abbildungsvorlagen.

Zahlreiche Vorlagen verdanke ich auch dem Deutschen Archäologischen Institut in Athen und der Archäologischen Sammlung der Universität Wien.

Wenn ich dieses Buch einem einstigen Lehrer am Gymnasium meiner Heimatstadt Linz widme, so geschieht das in der dankbaren Erinnerung an einen Mann, den ich auch heute noch als einen Historiker und Geschichtsdenker von ganz ungewöhnlichem Format verehre.

Wien, im Herbst 1959.

Vorwort zur zweiten Auflage

In dieser zweiten Auflage haben wir Text, Anmerkungen und Paginierung in der ursprünglichen Fassung belassen. Einerseits erschienen mir Änderungen auf weite Strecken hin unnötig, andererseits können so die Seitenzitate der ersten Auflage auch für die zweite gelten. Nur in dem die Geschichtstheorie betreffenden Schlußteil habe ich S. 445 ff. neue Abschnitte hinzugefügt, auf die ich die Aufmerksamkeit der Leser besonders hinlenken möchte. Was ich sonst an Neuem einzuschalten hatte, wurde S. 458 ff. in den „Nachträgen" eigens zusammengestellt. Sie gelten vor allem der Vor- und Frühgeschichte, für die wichtige Ausgrabungsergebnisse von Kleinasien, Kreta und dem griechischen Festland nachgetragen werden mußten, weiter der Archaischen Zeit, in besonderem Maße aber der Klassischen Ära, für die ich einen Jahrzehnte währenden Forschungsgang nun endlich abschließen konnte. Gerade in dieser Periode von so zentraler Bedeutung sehe ich manches jetzt klarer als vor zehn Jahren. Im Namen- und Sachregister (S. 480 ff.) konnten die Nachträge und die Erweiterung des Anhangs nicht berücksichtigt werden.

Wien, den 24. April 1969

Einleitung

Die klassische Geschichtsschreibung des 19. Jahrhunderts war sich darin einig, daß es die Hauptaufgabe der Historie sei, das Vergangene, so wie es gewesen, mit wissenschaftlichen Methoden zu erforschen und künstlerisch darzustellen. Die Geschichte der einzelnen Zeitabschnitte, Völker, Reiche und Ideen fand so von seiten bester Spezialisten ihre Wiedergabe mit all der Fülle der im Vordergrund des Geschehens stehenden Kausalverflechtungen. Auch hob man die Initiative der großen Persönlichkeit besonders heraus, wie sie sich im Gestrüpp der Kausalketten und in den Bedrohungen durch blinde Zufälle jeweils durchzusetzen vermochte. In solchen Darstellungen trat uns Geschichte daher vielfach als Ausdruck der menschlichen Freiheit zu historischem Handeln entgegen, ja als Triumph oder Niederlage des spontanen Geistes in der Auseinandersetzung mit den kausal waltenden Schicksalsmächten.

Dagegen vermissen wir in diesen sonst so meisterhaften Werken der Spezialliteratur gewöhnlich ein hinreichendes Eingehen auf das Zusammenspiel der inneren Kräfte und auf eine sich hieraus ergebende höhere Ordnung der jeweiligen Entwicklung, mit anderen Worten, wir vermissen die Frage nach Wesen und Struktur des dargestellten Ablaufs. Wie die Intuition spontan in der Brust der Schöpfernaturen einschlug, das ließen uns die Historiker nicht minder erleben wie die unmittelbare Folge von Ursachen und Wirkungen; daß sich aber am Geschichtlichen zugleich Ordnungsideen ablesen lassen wie am gestirnten Himmel, scheint ihnen zumeist nicht recht klar geworden zu sein.

Das lag wohl an der liebevollen Versenkung in die Einzelheiten des Stoffes, welche den Blickpunkt der Forschung allzu nahe an ihr Objekt heranrückte und so eine Ordnung im größeren nicht mehr erkennen ließ, vielleicht auch an der Fülle von Einzelheiten, welche die edlen Konturen des Gesamtbaus überwucherten und unscharf werden ließen. Vor allem aber verwirrte die Komplexität, mit der sich in den Geschichtsepochen des Mittelalters und der Neuzeit eine Mehrzahl von Entwicklungsgängen gegenseitig beeinflußte und störte. Wie in einem größeren Bahnhof zahlreiche Weichen zwischen den Gleisen hin- und herführen, wie sich aus einem Gleis mehrere entfalten und umgekehrt eine Anzahl von ihnen in eins zusammenläuft, wie oft ein Gleis endet oder ein anderes beginnt, so greifen auch die Entwicklungen im Geschichtlichen in- und durcheinander. Und wenn dabei alles auch sinnvoll abläuft wie bei den Gleisplänen, so läßt sich in der Historie des Abendlandes dieses Sinngeflecht doch nur sehr schwer entwirren und überschauen. Das dem Geschichtlichen innewohnende Ordnungsprinzip liegt somit für das Mittelalter und für die Neuzeit keineswegs offen genug zutage, um auf den ersten

Blick erkannt zu werden. Auch scheint uns die abendländische Entwicklung dermaßen von der antiken beeinflußt zu sein, daß sie ohne letztere überhaupt nicht begriffen werden kann.

Als sich dann in unserem Jahrhundert mit seinem Überreichtum an geschichtlichen Erlebnissen die historische Besinnung vertiefte, als sich die Frage nach dem Wesen der geschichtlichen Entwicklung in Laienkreisen wie von selbst erhob, verharrte die Einzelforschung, von wenigen Ausnahmen abgesehen, ungerührt und bemühte sich nicht um Antwort. So blieb es der Universalhistorie überlassen, das Problem des Ordnungsgedankens in der Geschichte aufzugreifen. Spengler, Kurt Breysig, Toynbee und manche andere nahmen hierzu Stellung. Spengler glaubte das Rezept der Geschichte in einem von Fall zu Fall wiederkehrenden Ablaufschema zu erkennen, Breysig in einem stufenweisen Aufstieg der Weltgeschichte, während Toynbee den Aufstiegsoptimismus mit der Unzulänglichkeit des Menschengeschlechts konfrontierte. Allenthalben trat bei diesen Geschichtsdenkern also der Ordnungsgedanke in den Vordergrund, während dem von der klassischen Geschichtsschreibung des 19. Jahrhunderts vertretenen Prinzip der Spontaneität bloß bei Toynbee eine gewisse Wirksamkeit verblieb. Nur will es scheinen, als ob die genannten Forscher allein schon dadurch, daß sie von der Universalhistorie ausgingen, das Problem von der unrichtigen Seite anpackten.

Die Urheber solcher Theorien waren wohl der Meinung, daß sie ihre Universalrezepte aus der Gesamtsumme sämtlicher Einzelverläufe abstrahiert hätten. In Wahrheit dürfte aber meistens doch ein bestimmter, ihnen besser bekannter Spezialablauf für ihre Theorie Modell gestanden haben, dem sie dann — ohne sich darüber klar zu sein — die vermeintlichen übrigen Parallelfälle mehr oder weniger willkürlich anpaßten. So war für Spengler in hohem Maße der Ablauf der antiken Kultur modellbildend, für Breysig der Aufstieg von der heidnischen Antike zum christlichen Abendland, für Toynbee die Fülle von Anrufs- und Versagenserscheinungen der antiken und abendländischen Geschichte. Auch in dem so trefflichen Werk von Jaspers zeigen sich gewisse Universalisierungsneigungen, da er die Phänomene seiner „Achsenzeit" offensichtlich vom Blickpunkt der griechischen Schöpferpersönlichkeit aus sieht. In allen diesen Fällen können wir uns des Verdachts einer gewissen mechanischen Gleichschaltung nicht ganz erwehren. Eine solche konnte, ja mußte geradezu erfolgen, da schließlich kein einziger Forscher imstande war, das ganze universalhistorische Material in hinreichender Weise auf Grund eigener Forschungen zu beherrschen. Er mußte seine Daten daher vielfach aus zweiter Hand, d. h. vom Einzelforscher, übernehmen. Die Einzelforscher hatten sich bisher aber um eine kulturmorphologische Beurteilung ihres Stoffes noch kaum gekümmert. So war der Universalist gezwungen, sich für die ihm fremden Einzelstoffe selbst eine Kulturmorphologie zurechtzulegen, was natürlich eine methodische Unmöglichkeit darstellt. Verläßlich kann die morphologische Beurteilung eines geschichtlichen Komplexes ja nur dann erfolgen, wenn sie ganz unbeeinflußt von vorgefaßten Vorstellungen allein aus dem Primärmaterial erwächst. Tritt man dagegen von anderen Stoffen, mit anderswo gewonnenen Fragestellungen, mit irgendwelchen fertigen Rezepten an einen fremden, dem Primärmaterial nach unbekannten Geschichtskomplex heran, so wird man in ihn nur allzuleicht die ihm an sich wesensfremden Anschauungen, welche man mitgebracht hat, hineinlesen, hineinsehen, hineindichten. Was also — von wenigen Ausnahmen abgesehen — fehlte und bis auf den heutigen Tag fehlt, ist eine von universalistischen Rezepten unberührte kulturmorphologische Aufbereitung des jeweiligen Einzelstoffes durch den damit vertrauten Einzelforscher.

Vom Standpunkt des Universalisten mag man dagegen einwenden, daß es genüge, einen einzigen Ablauf richtig erkannt, beurteilt und begriffen zu haben, da die Organik des Geschichtlichen ja universell sei und sich in sämtlichen übrigen Abläufen gleichsam automatisch wiederhole. Gerade diese Voraussetzung müssen wir aber unter Hinweis auf die Vielfalt des Geschichtlichen durchaus ablehnen. Es steht außer Zweifel, daß die verschiedenen Völkerschaften, Länder usw. allein schon infolge der verschiedenartigen Prägung durch die geographischen und geistigen Räume, in denen sie sich entwickelten, bisweilen ganz verschiedenartige geschichtliche Verhaltungsweisen zeigten, ja zeigen mußten. Weitere, nicht minder schwerwiegende Argumente ergeben sich aus mancherlei Verschiedenartigkeiten des menschlichen Naturells, vor allem aber aus der Unberechenbarkeit der schöpferischen Spontaneität in den einzelnen geschichtlichen Ablaufkomplexen.

Wir haben daher anzunehmen, daß es nicht nur ein einziges, sondern mehrere, zum Teil recht verschiedenartige Schemata gegeben hat, die Erscheinungsform der „Ordnung" also immer wieder teils stärker, teils schwächer variierte, da jeder Ablauf eben seine eigene Ordnung erst spontan erzeugte. Das Wesentliche bleibt dabei, daß es sich von Fall zu Fall in der Tat um echte Ordnungen handelt, auch wenn sie einander nicht gleichen. Vom methodischen Standpunkt aus sehen wir daher nur einen einzigen Weg, nämlich den, zuerst einmal die einzelnen geschichtlichen Abläufe völlig unabhängig voneinander auf die ihnen innewohnenden Ordnungsinhalte zu untersuchen und die Frage nach irgendwelchen Übereinstimmungen zwischen den einzelnen Ordnungen nach Möglichkeit zurückzustellen. Erst eine spätere Forschung mag dann die Vergleichung der inzwischen bereits aufbereiteten Einzelstoffe als Hauptanliegen empfinden.

Bei einer kulturmorphologischen Behandlung der geschichtlichen Einzelstoffe durch den Spezialisten fällt dem Althistoriker eine besondere Aufgabe zu. Nur hier gibt es Entwicklungsgänge, die einigermaßen allein stehen, also noch nicht durch fremde Einflüsse allzusehr durchkreuzt sind. Besonders von der ägyptischen und der mesopotamischen Geschichte können wir solches behaupten. Hieran vermögen wir daher das Phänomen des Ablaufes gleichsam ungestörter zu studieren, wobei sich freilich für den Abendländer aus der Lückenhaftigkeit und Fremdartigkeit des orientalischen Materials manche Schwierigkeiten ergeben. Ganz hervorragende Vorbedingungen finden wir dagegen in der griechischen Geschichte. Mit ihr wollen wir uns daher in dem vorliegenden Werke beschäftigen.

Es soll uns darin auf die diesem Geschichtsverlauf eigene Struktur ankommen, auf seine Ökonomie, auf die ihm innewohnenden Faktoren des Logischen und des Spontanen. Wir werden auf diesem Wege erkennen, daß die griechische Geschichte in der Tat eine Art von „Ordnung" darstellt. Das präjudiziert aber nichts für Entwicklungsabläufe anderer Völker oder Kulturen. Allerdings bedeutet Geschichte nichts grundsätzlich Unwiederholbares (wie Rickert, Windelband und andere meinten), sie neigt vielmehr recht häufig zu Analogien und Parallelausformungen. Aber sie oszilliert dauernd zwischen den Polen des Individuellen und Generellen, wie auch zwischen jenen des Kausalbedingten und des spontan Auftretenden. So stellt jeder Ablauf einen besonderen Kampfplatz dar, auf dem sich das Vorhersagbare mit dem Unerwarteten befehdet und uns ein grundsätzliches Unsicherheitsmoment in Spannung hält. Wenn die Geschichte daher überhaupt Ordnungen liefert (und sie tut es, wie manche Erfahrungen lehren, nicht nur in den griechischen, sondern z. B. auch in den orientalischen Abläufen), so sind diese Ordnungen miteinander nicht identisch und können es gar nicht sein.

So wollen wir uns damit begnügen, die aus Kausalität, Logik und Spontaneität gewobene Ordnung des griechischen Stoffs für sich allein vorzulegen und nur am Rande auf Ähnlichkeiten und Verschiedenheiten anderer Ordnungen hinweisen. Daß ich mich in diesem Sinne beschränke, liegt für mich als Vertreter dieses Faches um so näher, da uns vom Standpunkt der griechischen Historie die Aufdeckung der ihr innewohnenden Logik, Ökonomie und Ordnung ja ohnehin Selbstzweck und als solcher wichtig genug erscheinen muß. Ich gedenke mit meiner Arbeit also vor allem der griechischen Geschichte selbst zu dienen, verbinde damit aber immerhin die Hoffnung, darüber hinaus auch der Universalhistorie und der Geschichtsphilosophie nützlich zu sein.

Für den Universalhistoriker und Philosophen wäre es nun wohl das Bequemste, die Kalküle des Spezialisten in Form eines möglichst knappen Abrisses und gleichsam als morphologisches Gerippe vorgelegt zu erhalten. Zu einem dermaßen abgekürzten Verfahren vermag ich mich aber nicht zu entschließen. Historische Schau bedarf der Schilderung und der Anschaulichkeit. Sie kann wohl von Unwesentlichem absehen, muß beim Wesentlichen aber mit der Breite verweilen, die dem Gewicht der Sache gemäß ist. Daher auch der nicht geringe Umfang unserer Darstellung, die das kulturmorphologisch Wesentliche nicht nur in den Vordergrund stellt, sondern auch mit der von dem erlauchten Stoff geforderten Ausführlichkeit behandelt. Erst nach Beendigung der Darstellung soll in einem Anhang die kulturmorphologische Struktur unseres Ablaufs, zu einer Theorie verarbeitet, nochmals in komprimiertester Form dargestellt werden.

1. KAPITEL

Die ältesten Kulturen im Bereich des östlichen Mittelmeers

Sammler und Jäger

Am Anfang der Menschheitsgeschichte begegnen wir in allen Teilen der Erde der gleichen primitiven Wirtschaftsstufe, welche durch Jagd und Fischerei sowie durch das „Sammeln" (von Früchten und dergl.) bestimmt wird. Als *„food gatherer"* bezeichnen englische Forscher die Völkerschaften, welche auf solche Weise ihr Dasein fristeten. Bei allen Verschiedenheiten, die durch die örtliche Fauna und Flora bedingt sind, hatte dieser Wirtschaftstypus doch allenthalben gemeinsam, daß ihm Ackerbau und geordnete Viehzucht noch ebenso fremd waren, wie die Begründung dauernder Wohnsitze[1]. Auch kam es in der Regel zu keiner Spezialisierung durch Arbeitsteilung und zu keiner Ansammlung von Besitz oder Reichtümern. Es war ein Leben von der Hand in den Mund, geführt in Rudeln und Stämmen. Die Familien hausten in flüchtig errichteten Hütten, die — je nach Bedarf — einmal hier, einmal dort aufgeschlagen wurden. Nur wenn Höhlen zum Wohnen einluden, pflegte man sich unter Umständen ihrer für längere Dauer zu bedienen.

In Europa hatte sich der kulturelle Bestand verschiedener food gatherer-Völkerschaften während des Paläolithikums (der sogenannten Älteren Steinzeit) wenigstens im Gebiet des Künstlerischen auf einer beachtlichen Stufe befunden. Dennoch fällt es uns schwer, von hier aus die Fortsetzung und Entwicklung in Richtung auf das Mesolithikum (die Mittlere Steinzeit) und das Neolithikum (die Jüngere Steinzeit) zu verfolgen. Was wir an end-paläolithischen und mesolithischen Funden besitzen, ist nämlich gering genug und mutet zugleich äußerst ärmlich an. Besonders gilt dies von den Ländern rund um das Ägäische Meer, dem Balkan, Griechenland und Kleinasien. Noch harren wohl manche einschlägigen Funde der Aufdeckung, doch bot etwa Griechenland weder für Sammler noch für Jäger günstige Reviere. Allenfalls könnte hier der Fischfang angelockt haben, weshalb sich neuestens gerade am Peneios reichere Paläolithfunde einstellten. Doch spricht es im übrigen für eine dünne Besiedlung, daß weiter südlich bisher nur an einer einzigen Stelle ein Wohnplatz mit paläolithischen Geräten zutage getreten ist. Was für Leute damals hier hausten, läßt sich noch nicht erkennen. Doch mögen sie sprachlich und anthropologisch wohl irgendwie dem Großkreis eines mediterranen Menschentums angehört haben, so wie er sich nach urzeitlichen Ortsnamen und Skelettfunden in einer Erstreckung vom Atlantik bis Persien und Indien schattenhaft abzeichnet.

Der Kulturaufstieg Vorderasiens und Ägyptens

Die Terminologie der englischen Forschung läßt auf die *food gatherer* die höhere Wirtschaftsstufe der *food producer* folgen. Bei dieser tritt das Sammeln und meistens auch die Jagd in den Hintergrund; ihr Streben ist auf planmäßige Gewinnung der Nahrung durch Acker- und Gartenbau oder durch rationelle Viehwirtschaft gerichtet. Dabei setzen die reinen Viehzüchter eigentlich noch die Lebensweise der *food gatherers* fort, da sie deren nomadische Unstetheit beibehalten und mit ihren Herden von Landstrich zu Landstrich ziehen. Das bedeutete daher noch keine grundsätzliche Änderung. Die große Wandlung kam erst durch die Einführung des Ackerbaues, sobald man dessen primitivste Stufe, den ortswechselnden Hackbau, überwunden und man es gelernt hatte, den Boden immer wieder aufzufrischen. Von nun an vermochte man im einmal bebauten Land einen Besitz auf Dauer zu erkennen.

Erst hiermit wurden entscheidende Schwellen überschritten. Seßhaftigkeit stellte sich ein, Siedlungen wurden für ständige Nutzung angelegt, statt in Hütten wohnte man nun in Häusern. Man gewöhnte sich daran, diese in mehrere Räume zu teilen, sie mit Herden und Öfen auszustatten. Was aber die wichtigste Umwälzung bedeutete: während die *food gatherer* wie auch noch die ausschließlich auf Viehzucht eingestellten und daher noch immer nomadisierenden *food producer* allein durch ihre personelle Zugehörigkeit zu einem Rudel oder Stamm bestimmt wurden, erwuchsen für die ackerbautreibenden *food gatherer* (Fellachen) ihre feste Habe, der Wohnsitz, und das Territorium, in dem sie sich befanden, zum eigentlich maßgeblichen Faktor. Anstelle eines hochfahrenden, selbstherrlichen Stammesstolzes trat also das Prinzip territorialer Verhaftung. Diese Leute nahmen wohl Land, in Wahrheit nahm aber umgekehrt das Land die Leute in seinen Besitz und formte sie um zu Bauern, zu Dörflern und bald auch zu Städtern.

Der für alle Zukunft so bedeutsame Fortschritt vom *food gathering* zum agrarischen *food producing* wurde, wie uns neueste Grabungen lehren[2], am allerfrühestens in *Vorderasien* gemacht. An den Funden erkennen wir, wie hier schweifende Wildbeuter allmählich zu seßhaften Bauern wurden, die sich mit Acker- und Gartenbau und zusätzlich mit Viehzucht befaßten (Näheres S. 15). Andere *food gatherer* Vorderasiens dürften sich allerdings ganz einseitig auf die Viehzucht verlegt haben, behielten daher auch ihre nomadische Lebensweise weitgehend bei und wurden so zu Beduinen.

Parallel mit diesem Aufstieg zum agrarischen *food gathering* in Vorderasien — doch zeitlich etwas später und vielleicht von hier beeinflußt — erfolgte ein gleichartiger Fortschritt in Ägypten und Indien. Für Europa scheint es ebenfalls recht fraglich zu sein, ob dieser Fortschritt aus eigener Inititative erzielt wurde. Am ehesten könnte hier noch ein Übergang zum viehzüchterischen *food producing* als völlig selbständiger Akt naheliegen. Grundsätzlich steht zwar auch für Europa die Möglichkeit einer selbständigen Erfindung des Ackerbaues offen, aber die Heimat der besseren Getreidesorten und der meisten Gartenpflanzen (wie übrigens auch der Schafzucht!) befand sich in Vorderasien. Nur dort läßt sich auch die Wandlung mit Hilfe archäologischer Funde hinreichend verfolgen. In Arabien und Nordafrika könnte die Initiative zum *food producing* zudem durch die Annahme einer Klimaänderung noch besser erklärt werden.

Dieser Klimawandlung müssen wir im Hinblick auf ihre Folgen noch besonders gedenken. Während der letzten Eiszeit war der subtropische Gürtel von Nordafrika und Arabien mit höherer Feuchtigkeit, reicherem Wachstum und vielfältigen Wildbeständen gesegnet gewesen. Wo sich nachher Wüsten dehnten, gab es ursprünglich Steppen, wo später bestenfalls Steppen zu vegetieren vermochten, grünten vorher parkartige Savannen. Für die jagenden *food gatherer* waren diese Bereiche in ihrem alten Zustand eine Art von Paradies gewesen. Mit dem Abschmelzen des europäischen Eises begann im Süden die Austrocknung. Die Wildbestände verringerten sich, die Wildbeuter verloren ihr Paradies und sahen sich gezwungen, nach neuen Nahrungsquellen Ausschau zu halten. So kamen sie darauf, Versuche in der Richtung eines *food producing* zu wagen. Diese hatten Erfolg, wir vermögen sie zu Jericho wie in Kurdistan mit Hilfe der oben erwähnten Ausgrabungen Stufe für Stufe zu verfolgen.

Bildung und Wesen der morgenländischen Gesittungen

Auch für den weiteren Aufstieg innerhalb der neugewonnenen Wirtschaftsform eines agrarischen *food producing* bieten die vorderasiatischen Grabungen eine Reihe anschaulicher Belege. Vor allem bildete sich nun zu Jericho bereits sehr früh eine richtige Stadt, die von einer massiven Stadtmauer umgeben war. Wie weit man sich damals schon spezialisierte, lehren die wunderbaren Schädelskulpturen, bei denen das Knochengerüst durch Lehmausfüllungen und die Augen durch Muscheleinlagen so getreu ersetzt wurden, daß Plastiken von erstaunlicher Porträtähnlichkeit entstanden. Auch Statuetten der großen Fruchtbarkeitsgöttin hat man damals bereits geschaffen, ein Hinweis darauf, daß mit der Erfindung des Ackerbaus wohl auch schon die kultische Verehrung der Fruchtbarkeit und die Hochwertung des Prinzips der Weiblichkeit zu einem System „mutterrechtlicher" Art erhoben wurde. Gewiß ist damals bereits auch der dem mediterranen Vegetationsrhythmus folgende Mythos vom sterblichen Frühjahrsgott entstanden, wie wir ihn später im gesamten vorderen Orient verbreitet finden.

Die Erfindung der Töpferkunst scheint gleichfalls erstmalig in Vorderasien gemacht worden zu sein. Nach neueren Radiokarbon-Datierungen dürfte sie sich in der Zeit um oder kurz nach 5000 v. Chr. vollzogen haben. Bald darauf folgte auch Afrika in der Einführung der Töpferkunst nach, wobei es ungewiß bleibt, ob man von Vorderasien lernte oder unabhängig auf das Brennen der Tongefäße kam.

Jedenfalls beobachten wir nun in Vorderasien einen weit schnelleren Fortschritt als in Ägypten. Er kulminierte schließlich um 3500 in der sogenannten „Tell Halaf-Kultur". Der städtische Charakter der damaligen Gesittung wird durch das Vorhandensein von Tempeln (so zu Tepe Gaura) und Stadtmauern (Mersin) noch besonders betont, auch hatte man bereits die Wölbungstechnik erfunden. Großartige Leistungen weist die zum Teil mehrfarbige bemalte Keramik auf. Kleinplastik und Steinschalenerzeugung stehen in Blüte, auch Stempelsiegel werden bereits erzeugt. Die Tell Halaf-Kultur reichte von den persischen Grenzgebirgen bis zum Mittelmeer und Tauros, ja wahrscheinlich bis Südostkleinasien. Gewiß hat es damals bereits auch Staatenbildungen von Bedeutung gegeben. Da wir aber noch über keinerlei Schriftdenkmäler verfügen, wissen wir nichts von den politischen Verhältnissen dieser ersten, so bemerkenswerten vorderasiatischen Hochgesittung.

Jeder Kulmination geschichtlicher Entfaltung ist schließlich ein Absteigen der „Entwicklungskurve" beschieden. So beobachten wir auch in den auf Tell Halaf folgenden Perioden von El Obaid und Uruk eine Art kultureller Verflachung, in der das Praktische und Nützliche immer mehr in den Vordergrund tritt, die alten Schöpferkräfte aber irgendwie zu erlahmen scheinen. Damit gelangen wir an das Ende eines weitbogigen Geschichtsablaufs, der das sechste, fünfte und vierte Jahrtausend umfaßte, bis Iran, Armenien, Syrien und Kleinasien ausstrahlte, seine zentralen Antriebskräfte aber doch im nördlichen Mesopotamien, in Syrien und Palästina gewann. Wie weit dieser Gesittungskreis in ethnischer Hinsicht einen einheitlichen Charakter aufwies, müssen wir dahingestellt sein lassen. Von den Sprachen ahnen wir nur soviel, daß in Ostanatolien, in Kilikien und im syrisch-mesopotamischen Grenzbereich jenes Idiom in Verwendung stand, das von uns als „ägäisch" bezeichnet wird[3]. Es hinterließ späteren Zeiten nur eine Menge Ortsnamen mit Suffixen auf -s(s)- und -nd- (Kuinda, Lalassis). Dieses Ägäische scheint mit kaukasischen Sprachen enger verwandt zu sein. Auch zu den Ursprachen des europäischen Mittelmeersaumes bis nach Spanien hin dürften verwandtschaftliche Beziehungen bestanden haben. Vielleicht hatte es von ältesten Zeiten her sogar mit dem Indo-Europäischen (dazu erst S. 31 ff.) einige Wortstämme und Suffixe gemeinsam. Welche Sprachen man damals in den übrigen Bereichen der Tell Halaf-Kultur gesprochen hat, bleibt uns unbekannt, desgleichen die Rolle, welche hierbei etwa die Semiten und die Sumerer spielten. —

Mit dem Beginn des dritten Jahrtausends setzt dann in Babylonien ein neuer, in erster Linie nunmehr von den Sumerern begründeter Entwicklungsreigen ein. Mit ihm begann zugleich auch die Metallzeit (vorerst als Bronzezeit bezeichnet). In diesem neuen Geschichtsablauf kam es zu einem noch viel gewaltigeren Kulturanstieg als zur Tell Halaf-Zeit, ja es bildete sich eine Hochkultur heraus, die an Schöpferkraft alle übrigen Gesittungen der vorderasiatischen Geschichte in den Schatten stellen sollte. Von ihr haben wir dank der nunmehr auftretenden schriftlichen Denkmäler bereits viel bessere Kunde, auch verfügen wir über eine reiche Fülle von Baudenkmälern, Tempeln, Palästen, Gräbern und Kleinfunden. Doch brauchen wir uns in diesem Buche mit den Sumerern nicht eingehender zu beschäftigen, da sie auf die Entstehung der griechischen Gesittung bei weitem nicht so maßgeblich eingewirkt haben wie der vorausgegangene, durch „Tell Halaf" repräsentierte Entwicklungsablauf.

Desgleichen genügt für die Entwicklung in Nordafrika ein kürzerer Hinweis. Der Übergang zum *food producing* erfolgte wohl im gesamten Bereich, doch bildete nur Ägypten eine stärker städtisch bestimmte Kultur aus. Solches geschah aber viel langsamer als in Vorderasien. Erst mit Beginn des dritten Jahrtausends holte man in Ägypten den Vorsprung Vorderasiens ein und erhob sich mit der Bildung eines bis ins einzelne ausgearbeiteten Systems des sozialen, politischen, religiösen und wirtschaftlichen Daseins nun gleichfalls zu einer ausgesprochenen Hochkultur. —

Mit der Einführung der städtischen Lebensform ergab sich für den Orient eine Gefahr, die grundsätzlich jede urbane Gesittung bedroht, doch nur in seltenen Fällen zur Wirklichkeit wird: die Gefahr, sich im engen Beieinanderleben einer allzustarken Dynamisierung des Kulturellen hinzugeben und durch zuweitgehende Arbeitsteilung die Idee der Spezialisierung bis zu allgemeiner Auflösung der natürlichen Zusammenhänge voranzutreiben. Wir werden im folgenden sehen, daß die Hellenen (und nachher auch das Abendland) von dieser Gefahr tatsächlich erfaßt wurden, müssen hier aber um so nachdrücklicher feststellen, daß die Gesittungen des Orients während der ganzen Zeit ihrer Geschichte gegen solche Verlockungen stets immun geblieben sind. Im Morgenlande überwog von Anfang an das Prinzip der Autorität und das Hierarchische allenthalben in solchem Maße, daß die zentrifugalen Tendenzen, welche jeder Spezialisierung irgendwie innewohnen, niemals die Zügel zerrissen, niemals die letzten Schranken durchbrachen. Diese Ein- und Unterordnung macht — im Gegensatz zu der mehr revolutionären Geisteshaltung der Griechen und des späteren Abendlandes — geradezu ein wesentlichstes Charakteristikum des Orients aus. Die Wurzeln und tieferen Ursachen dieser Verhaltenheit des Morgenlandes liegen aber in der wirtschaftlichen Basis von Acker- und Gartenbau, im Fellachentum und Schutzbedürfnis des grundbesitzenden Menschen.

Damit kommen wir zur großen Wandlung des sechsten und fünften Jahrtausends zurück, zur primären Entstehung von Ackerbau, Seßhaftigkeit und Fellachentum, zur fellachischen Basis auch aller städtischen Entfaltung. Land, Dorf und Stadt bedurften hier gleichermaßen der schützenden Ordnung und der Verteidigung der Grenzen. Hierdurch stellten sich neue Formen der Staatlichkeit ein, welche sich nicht mehr — wie bei den *food gatherers* und bei den Viehzüchtern — auf das Prinzip des autonomen, selbstherrlichen Stammes gründeten, sondern auf das Territorium. Es entstanden Staaten, die über ein solches Territorium geboten und seine Verwaltung zum Ziele hatten. Soziale Stufungen begannen sich alsbald abzuzeichnen, wie sie weder bei den *food gatherer* noch bei nomadisierenden Viehzüchtern vorhanden waren. Zunächst waren sie schon durch die Arbeitsteilung bedingt sowie durch die allmählich einsetzende Scheidung von arm und reich. Immer deutlicher begann sich aber auch ein anderes „Oben" und „Unten" einzustellen, das die Herrscher und Monarchen grundsätzlich über ihre Untertanen erhob: Im Interesse des gemeinsamen Schutzes lernte man es, alle Macht den Fürsten anheimzustellen, ja geradezu absolute Autoritäten anzuerkennen und sich vor ihnen in Dienst, Demut und Dankbarkeit zu beugen. Man fand diese höhere, unantastbare Welt natürlich zuerst in den waltenden Göttern, bald aber zugleich auch in den durch göttliche Huld bestellten Monarchen, Dynastien und Herrschern.

So kam es im Orient zum Aufbau hierarchischer Kultursysteme, deren religiöser und politischer Ausrichtung etwas Unbedingtes anhaftete. Sie entstanden vor allem in Ägypten und Mesopotamien, wo sich das Dasein am nachdrücklichsten auf fellachische Traditionen stützte, auch Flächen- und Großherrschaften am besten gediehen. Hier hielten die „Zentralwerte" des Religiösen und des Monarchischen das gesamte Kultursystem zusammen und ließen es zu keiner zentrifugal gerichteten Zersplitterung kommen. Daher erfolgte die kulturelle Entfaltung hier überall nur in einem Rahmen, der vom Religiösen und Monarchischen abgesteckt war. Die Welt des Geistigen wurde hier in gleicher Weise von den erwähnten geistigen Zentralwerten bestimmt wie die Welt des Politischen von den jeweiligen Großkönigen. Nur in Palästina und Syrien, wo in den Städten ein ständiger Zustrom nomadisierender Elemente dem Fellachentum die Waage hielt, kamen Hierarchie und Unterordnung nicht zur gleichen konsequenten Ausbildung und blieben mancherlei Neigungen zu revoltierender Selbstherrlichkeit erhalten (dazu erst unten S. 335 f.). Im übrigen zeichnet sich aber der Orient dank der grundsätzlichen Unantastbarkeit und Stabilität seiner Zentralwerte in aller Geschichte durch die Dauerfestigkeit seiner Kultursysteme aus. Allerdings kam es weder in Ägypten noch in Mesopotamien noch im Islam zu einer vom Religiösen losgelösten Wissenschaft und Philosophie, auch blieben die Künste immerzu monarchisch und religiös ausgerichtet, doch gewann man aus dieser autoritativen Beschränkung eine Bedächtigkeit und Stetigkeit der Entwicklung, welche die oft allzu hastige Kulturdynamik der Griechen wie vor allem des späteren Abendlandes an Gefaßtheit, Sicherheit und Krisenfestigkeit weit überragte. Daher gab es im Orient auch keinen Homo mensura-Satz, keinen Atheismus, keine Republiken, ja nicht einmal Demokratien. Stürzte man eine Dynastie, eine Religion, so geschah es stets zugunsten einer anderen, neuen, nicht minder absoluten, nie aber aus anarchischen Tendenzen. Das blieb im Morgenland so bis in die jüngste Zeit. Da allerdings brach seine eigenständige Welt vor unseren Augen zusammen: mit den Umwälzungen des 20. Jahrhunderts hört der Orient (wenigstens vorerst) auf, Orient zu sein.

Die Vorderasiatische Kulturtrift und die Begründung der neolithischen Gesittungen Südosteuropas

Warum wir uns so eingehend mit dem Kulturaufstieg Vorderasiens beschäftigten? Weil auch für Griechenland, ja für ganz Südosteuropa der Fortschritt zum *food producing* vom Orient auszugehen scheint, und weil außerdem für alle spätere Geschichte Griechenlands das Morgenland stets das große geistige Gegenüber geblieben ist[4].

Durch eine langanhaltende Bewegung wurden anscheinend die Ägäisländer, ja ganz Südosteuropa im fünften und vierten Jahrtausend immer wieder von der vorderasiatischen Entwicklung her beeinflußt. Wir können uns diesen Vorgang nicht anders denn als eine durch viele Jahrhunderte währende „Kulturtrift" vorstellen, getragen teils von Exploratoren und Händlern, vornehmlich aber von jeweils neuen Zügen landsuchender Bauern. Diese mögen mit ihren Trecks des öfteren bis an die Ägäis vorgestoßen sein, entdeckten bald auch das fruchtbare Thessalien, ja schließlich die Lößböden am Ufer von Donau und Theiß. Sogar das südliche Italien wurde, wie ich glaube, von ihnen erschlossen. Auf solche Weise entstand im westlichen Kleinasien die Kultur von Hacilar[5], in Griechenland aber die sogenannte Sesklo-Kultur, bezeichnet nach dem wichtigsten Fundort. Sie vermochte die Entwicklung Vorderasiens, wenn auch vergröbert, in ziemlich weitem Maße mitzumachen und mit der Zeit sogar eine etwas urbanere Note zu gewinnen. Die von Sesklo und teils auch von Anatolien direkt begründeten und beeinflußten Filialgesittungen auf dem Balkan und im Donauland erhielten dagegen oft nur die frühesten Impulse zu Ackerbau, Seßhaftigkeit und Einführung des Töpfergewerbes aus dem Südosten, verblieben aber in einem mehr ländlichen Zustand. Das hatte seine Ursache darin, daß allein in den Frühphasen der Kulturtrift, als noch alles Land bis nach Mitteleuropa hin fester Siedlungen entbehrte und nur von Jägerhorden durchschweift wurde, die Trecks südöstlicher Bauern bis nach Mitteleuropa hin volle Bewegungsfreiheit hatten. Mit der allmählichen Besiedlung der dazwischenliegenden Gebiete durch Ackerbauer wurde der Verkehr aber immer mehr vom guten Willen dieser Zwischensiedler abhängig. So geschah es, daß manche schon etwas jüngeren Errungenschaften des Orients nur bis in die Ägäisländer gelangten, doch nicht mehr bis Mitteleuropa.

Die Zuwanderer waren wohl Leute des mediterranen Schlages. Sie sprachen wahrscheinlich ein Idiom, das ursprünglich im östlichen Kleinasien und in den angrenzenden Bereichen Syriens, Mesopotamiens und Armeniens heimisch war. Wir haben es bereits S. 16 als „ägäisch" bezeichnet. Zusammen mit der seßhaften Lebensweise brachten sie nun auch ihre Sprache und damit ägäische Ortsnamen nach Griechenland, dem Balkan und dem Donauraum. Carnuntum mag hier einer der äußersten Vorposten gewesen sein. Wo immer sie Siedlungen gründeten, dürften sie den einheimischen Elementen zum Vorbild geworden sein. Auch diese ahmten nun die verschiedenen Formen des *food producing* nach, vor allem natürlich den Ackerbau. Als Folge dieser Angleichung wird es zu einer weitgehenden Vermischung von Einheimischen und Zugewanderten gekommen sein.

So viel zu jener Kulturtrift, die wir als die „Vorderasiatische" bezeichneten[6]. Daneben gab es sicherlich noch eine zweite, die von Ägypten und Nordafrika ihren Ausgang nahm. Sie erreichte in westlichen Bögen Italien und Spanien, gelangte im Umschwenken nach Norden und Nordosten bis Frankreich, Britannien und Mitteleuropa. Hier und in Italien trafen die beiden Triften, die eine von Vorderasien, die andere von Nordafrika kommend, zusammen.

Der nordafrikanischen Kulturtrift ist unter anderem die Begründung der von bzw. über Westeuropa her ausstrahlenden Glockenbecherkultur zuzuschreiben.

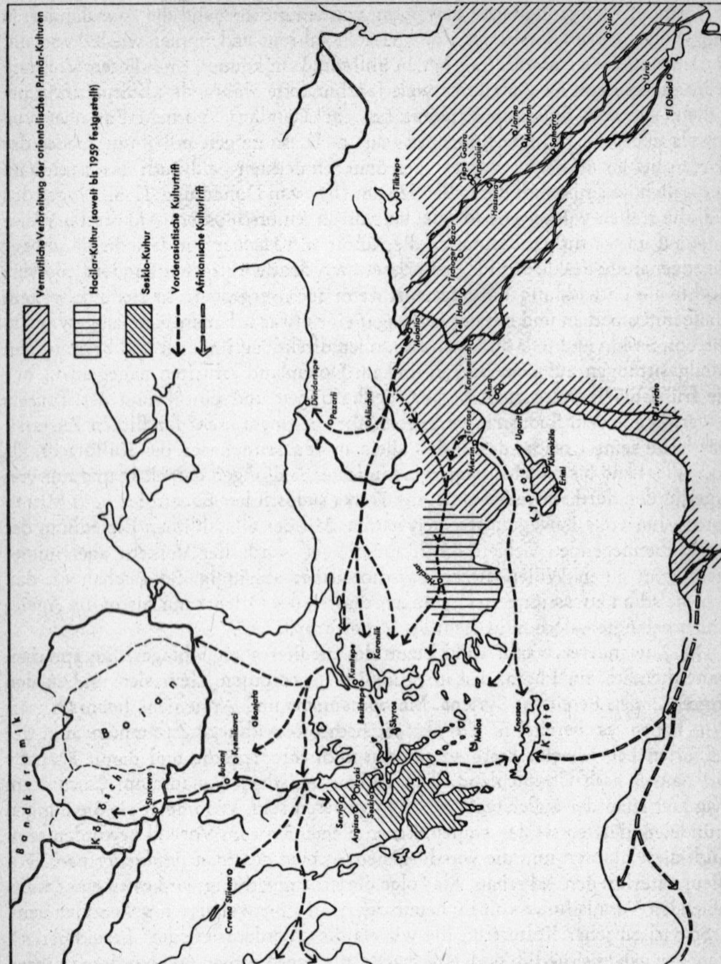

Karte 1: Die Vorderasiatische Kulturtrift

Gleiches gilt von der Megalithbauweise mit ihren Rundgräbern, Vorkragungen, Dolmen und Menhiren, die sich nach Malta, Apulien, Sardinien, Korsika und Ligurien, vor allem aber über Spanien bis nach der Bretagne, nach Britannien und Irland ausbreitete. Im ägäischen Bereich wurde vor allem die Insel Kreta von starken libyschen Einflüssen berührt, so daß auch hier die vorderasiatische und die nordafrikanische Kulturtrift aufeinandertrafen. Von Kreta aus haben sich die megalithischen Rundbauten in der Frühen Bronzezeit nach den Kykladen und dem griechischen Festland ausgebreitet.

Möglicherweise hat es auch noch eine dritte Kulturtrift gegeben, die vom Iran ihren Ausgang nahm und über die Bereiche von Kaspisee und Osteuropa bis zur Ostsee und nach Dänemark ausstrahlte. Wohl handelt es sich hier um gewaltige Entfernungen, doch stellte sich keinerlei Gebirge hindernd entgegen, auch waren die damals nur von Jägern durchstreiften Weiten für derartige Einflüsse von großer „Durchlässigkeit".

Bei all diesen Triften handelt es sich — und darum wählten wir diese Bezeichnung — um Bewegungen, die immer nur in der einen Richtung verliefen, also noch von keiner Gegenbewegung gestört wurden. Diese Einseitigkeit des Abströmens erklärt sich aus der Überlegenheit des morgenländischen Kulturpotentials. In neuerer Zeit ließe sich damit etwa die nach Osten gerichtete Kulturtrift vergleichen, die von Rußland aus ganz Sibirien bis an den Pazifischen Ozean zu erfassen vermochte.

Die ältesten Ackerbaukulturen Griechenlands

Wie bereits erwähnt, bezeichnen wir die erste Ackerbaukultur des griechischen Festlands nach ihrem wichtigsten Fundort als die Gesittung von Sesklo[7]. Die ältesten Anfänge dieser Kultur reichen mindestens bis in das fünfte Jahrtausend zurück. Sie zeigen zuerst Ackerbau ohne alle Tongefäße, später aber hochwertige Erzeugnisse einer polierten und z.T. auch bemalten Keramik, wie sie nur Zuwanderern aus dem Osten zugeschrieben werden können. Von dieser Frühzeit an zeigt die Sesklo-Kultur dann eine stetige Fortentwicklung bis ins beginnende dritte Jahrtausend. Da die Funde keine Unterschiede ethnischer Art erkennen lassen, dürften die bodenständigen Horden von Jägern und Fischern in der Masse des zuwandernden Bauernvolkes irgendwie aufgegangen sein. Dabei blieb der kulturelle Fortschritt immer noch weitgehend vom Orient abhängig; man ahmte die vorderasiatische Ritzverzierung der Keramik und später die Malmuster nach. Gewiß hingen auch die Motive der Textilien von morgenländischen Vorbildern ab. Gleiches gilt von der Technik und Formung der Steingefäße, von gewissen Steinbeilchen, den Stempelsiegeln wie von der Darstellung der Fruchtbarkeitsgöttin durch Idole und auf Gefäßwänden.

Dennoch erkennen wir allenthalben, wie sich Sesklo als etwas Eigenartiges und Besonderes vom Orient abhob. Hier erst bildete man die Dekoration zu einem strengen System der Auf-und-ab-Bewegung aus und gewann eine gleichsam logische Ausgewogenheit im Aufbau der Gefäße aus Ton. Vor allem aber erreichte man bei den Statuetten der großen Fruchtbarkeitsgöttin eine Freiheit des plastischen Gestaltens, die den besten Stücken zu einem ganz überraschenden Charisma verhalf (Tfl. 1). In alledem scheinen sich bereits konstituierende Züge des Wesens der späteren Griechen anzukündigen, so in der Farbenfreudigkeit der Keramik, in der Neigung zu Logik und Systematik und doch auch wieder in der Erlangung einer höheren Freiheit. Hier wurden also schon früh Begabungen entbunden, die später noch weit bedeutsamer zur Geltung kommen sollten. Vielleicht wirkte sich hierfür der ethnische Mischungsprozeß, den wir oben andeuteten, günstig aus. Eine entscheidende Rolle bei der Erweckung schlummernder Fähigkeiten mag aber die Natur des ägäischen Bereiches gespielt haben mit dem befreienden Hauch des landdurchdringenden Meeres.

Daß die Sesklo-Leute mit Seefahrt einigermaßen vertraut waren, zeigt die beträchtliche Zahl der damaligen Hafenplätze, die Besiedlung der Inseln und die Verwendung des von Melos importierten Obsidians. Für Schiffahrt und Fischfang nutzten sie auch den damals noch viel größeren Karla-See in Thessalien. Als Bauern bebauten sie vor allem die fruchtbaren Getreideböden. So war in den thessalischen Ebenen damals die Zahl der Dörfer etwa doppelt so groß wie heute, und manche Siedlungen scheinen ziemlich umfangreich gewesen zu sein. Die größte, die wir kennen, war aber bereits Athen, wo die Bereiche nördlich, nordöstlich und südlich der Akropolis bewohnt wurden und gewiß auch schon der Burgberg selbst besiedelt war. So ahnen wir hier bereits die ersten Ansätze zu einem mehr städtischen Leben. Da die anatolischen Zuwanderer für ihre Gründungen sicher „ägäische" Ortsnamen verwendeten, mag auch Athen bereits damals diesen Namen getragen haben.

Während auf dem griechischen Festland die Gesittung von Sesklo erblühte, bildete sich auf Kreta eine Schwesterkultur, die zum Teil gleichfalls von der Vorderasiatischen Kulturtrift begründet und genährt wurde, in hohem Maße aber der anderen, von Ägypten und Nordafrika ausgehenden Trift ihr Erblühen verdankte. Auch hier stellen wir schon früh eine Verdichtung der Bevölkerung fest. Knossos war bereits ein größerer, vielleicht schon irgendwie städtisch anmutender Platz.

Auch auf Kreta zeigen sich nun ganz ungewöhnliche Leistungen der Kleinplastik. Wohl können sich die Statuetten der Fruchtbarkeitsgöttin nicht mit den besten Stücken von Sesklo messen, um so besser gelungen sind aber die so natürlich wirkenden Kleinplastiken von Tieren, z. B. von Stieren, Vögeln und Hunden, die vermutlich als Weihegeschenke für Götter Verwendung fanden. Auch hier kündigt sich etwas an, das später im griechischen Kunstschaffen bedeutsam werden sollte, die Begabung für das Genrehafte.

Die kretischen Tongefäße lassen zu dieser Zeit eine gewisse Zerfahrenheit im Dekorativen erkennen. Sie offenbaren recht deutlich, wie wenig die Insel damals infolge der Doppelbeeinflussung von Vorderasien und von Afrika her zu einer geschlossenen Stilbildung zu gelangen vermochte. Nur in der Architektur haben die Kretenser bereits eigene Wege beschritten. Die Vielräumigkeit der gemauerten Untergeschosse und die Einführung von durchgehenden inneren Fluchtlinien beim Entwerfen des Grundrisses weist bereits auf die späteren Paläste hin.

Als Träger der Kulturen von Sesklo und Kreta haben wir, wie schon erwähnt, vor allem die Westwanderer der Vorderasiatischen Kulturtrift anzusehen. Diese vermischten sich mit den bodenständigen Elementen, auf Kreta auch mit anderen Zuwanderern, welche von Afrika herüberkamen. Wie auf dem Festland, spielte nun auch auf Kreta die stimulierende Wirkung der Landesnatur eine beträchtliche Rolle. Die Einwanderer, die alle aus kontinentalen, von kompakten Landmassen gebildeten großräumigen Bereichen stammten, sahen sich nun vom Meere umgeben und in eine Welt von kleinen und kleinsten Landräumen versetzt. Das bildete die Menschen um, ließ sie unbekümmerter und freier werden, fortschrittlicher und wagemutiger. Hier war auch ein besonders günstiger Boden für eine Ausgestaltung der vom Osten übernommenen städtischen Traditionen.

Wie in Sesklo kam auch auf Kreta die orientalische Ackerbauer-Religion zu vielfältigerer Blüte. Der landschaftlichen Zersplitterung entsprechend entfaltete sich die Verehrung der großen Fruchtbarkeitsgöttin im ägäischen Bereich aber in reicheren Gestaltungen und Auffassungen. Besonders gilt das von den Mythen zum Wechsel der Jahreszeiten, so vom jährlich dahinsterbenden Frühjahrsgott, neben dem man bald auch eine dahinsterbende Frühjahrsgöttin (u. a. Persephone) erfand. So zeigt sich in Hellas vielleicht schon in dieser Frühzeit manches gelöster und doch auch zielstrebiger, im Gegensatz zum landschaftlich wie auch geistig kompakteren Orient.

Die so lange währende Entwicklungskurve der Sesklo-Kultur hatte ihr Optimum etwa am Ausgang des vierten Jahrtausends. Seit etwa 2700 v. Chr. beobachten wir dann anhaltende Störungen durch äußere Feinde. Hieraus ergibt sich mit einiger Wahrscheinlichkeit, daß sich Sesklo bereits im Niedergang befand, denn erst in solchen Zeiten pflegt es an hinreichenden Abwehrkräften zu mangeln. Die Feinde kamen vom kontinentalen Europa, und das bedeutete eine Weltwende. Bisher hatten Asien und Afrika immerzu einseitig gegeben, weshalb wir auch von Triften sprachen. Jetzt aber setzten die ersten Gegenbewegungen ein, Europas Verhältnis zu Asien wandelte sich zu einem dialektischen. Erstmalig hob damit das später immer wiederkehrende und zugleich tragischste Spiel der Geschichte an: Die Schüler wandten sich gegen die Lehrmeister und kehrten die übernommene zivilisatorische Rüstung wider den Spender.

Bis nach Mitteleuropa hatte sich seit dem ausgehenden fünften Jahrtausend die Vorderasiatische Kulturtrift als Lehrmeisterin ausgewirkt. Wir haben sogar ganz ernsthaft mit der Möglichkeit zu rechnen, daß Ackerbau und Töpferkunst erst auf diesem Wege in die Bereiche an der oberen Donau, an die Elbe und an den Rhein gelangt sind. Die dortige Bevölkerung übernahm also vielleicht vom Südosten die Herstellungstechnik der gebrannten Tongefäße und manche Gefäßformen, doch schmückte sie sie mit heimischen Dekorationsmotiven, vor allem mit Spiralen und Mäandern, wie sie weder im Orient noch in Sesklo verwendet wurden.

Diese Kultur, die sich so in Mitteleuropa aus bodenständigen und südöstlichen Elementen bildete, bezeichnen wir nach ihrer Spiral- und Mäanderbanddekoration als „Bandkeramik". Wir wissen nichts über die ethnische und sprachliche Zugehörigkeit ihrer Träger, doch scheinen sie nicht dem indo-europäischen Kreise (zu diesem s. u.) angehört zu haben. Die Bandkeramik erblühte nun in dem weiten Bereich zwischen Ostfrankreich, Norddeutschland, Polen und Westungarn. Auch bereitete sie sich allmählich gegen Südosten expansiv über Siebenbürgen, die Moldau, den unteren Donauraum und über den Balkan aus.

Nach Griechenland drangen, besonders von Ungarn und Rumänien her, gleichfalls bandkeramische Einwanderer ein und setzten sich vor allem in Thessalien und an der nordöstlichen Peloponnes fest. Andere Schwärme scheinen etwas später bis nach den Kykladen gelangt zu sein. Überall hin brachten die Eindringlinge die Spiralen und vielfach auch den Mäander mit, zwei Dekorationsmotive, die bis in historische Zeiten eine höchst bedeutsame Bereicherung des griechischen Formenschatzes bilden sollten. Da die Zuwanderer im ägäischen Raum nur in geringer Zahl auftraten, konnten sie sich auf die Dauer nicht in ihrer Eigenständigkeit erhalten. Wenn nicht alles täuscht, gingen sie schließlich in der einheimischen Bevölkerung auf[8]. Immerhin zeigen uns diese Vorgänge, daß Rumpfeuropa nunmehr auszugreifen begann. Wohl waren die Bandkeramiker selbst Ackerbauer und verdankten daher ihre Gesittung ohnehin der Vorderasiatischen Kulturtrift. Es handelte sich somit um keine richtigen „Barbaren". Doch bleibt es bedeutsam, daß sich nun erstmalig die Schüler gegen die Lehrer wandten und daß sie damit die Reihe der Anschläge eröffneten, die während der gesamten Antike von minder zivilisierten Stämmen Rumpfeuropas immer wieder gegen das Kulturland am Mittelmeer gerichtet wurden.

Die anatolisch-ägäische Kulturgemeinschaft der Frühen Bronzezeit

Nach dem Abebben der bandkeramischen Angriffe kommt es seit der Mitte des dritten Jahrtausends im Bereich der Ägäisländer und Kleinasiens noch einmal zur Festigung der bodenständischen Ackerbaukulturen. Bis dahin waren diese Länder vorwiegend von Syrien und Mesopotamien abhängig gewesen, wie sich das schon aus der Richtung der Kulturtrift ergab. Nun ist es zu Ende mit dieser Trift, es stellt sich eine völlige Trennung der Länder ein. Seit 3000 v. Chr. geht Mesopotamien mit der hier erblühenden sumerischen Hochkultur eigene Wege und wirkt nur in geringem Maß auf den Westen. Auch Syrien und Palästina machen sich in kultureller Hinsicht selbständig. Kleinasien und das nunmehr eng mit ihm verbundene Kilikien fügen sich mit Kypros und den Ägäisländern zu einer Kulturprovinz *sui generis* zusammen[9]. Nicht zu dieser gehört allerdings das Innere und der Norden der Balkanhalbinsel, wo sich zunächst noch die Bandkeramik behauptet, bis sie allmählich den von Norden her nachdrängenden indo-europäischen Scharen erliegt (dazu erst S. 37).

Ausgangsbereich für die Bildung der neuen Kulturprovinz war zweifellos Kleinasien, das allein schon wegen seiner aufstrebenden Metallurgie immer bedeutsamer wurde. In Anatolien führten die Bergwerke Gold, Silber und Kupfer in besonders reichem Maße. Hier wie auch in Armenien und in Iran, mit einem Wort, in der gesamten vorderasiatischen Gebirgszone, war die Heimat aller Metallverwertung. Früh schon gewann hier der Schmied über den Töpfer die Oberhand, es brach nun die Bronzezeit an, die bis 1200 v. Chr. währte. Metallgefäße und Metallformen waren jetzt Trumpf und wurden sogar von den Töpfern nachgeahmt. Diese verzichteten nun auf die Bemalung und versuchten, mit spiegelnder Politur auch auf Tongefäßen Metallglanz nachzuahmen. Gleichzeitig lernten sie es, sich der schnelleren Töpferscheibe zu bedienen, die ihnen bereits ein mehr mechanisches Fabrizieren ermöglichte. Als Folge dieses technischen Fortschrittes, so stellen wir mit Bedauern fest, traten im Töpfergewerbe nun Nüchternheit und Routine an die Stelle von Liebe und Feingefühl. Von den mit freier Hand gemachten handbemalten Gefäßen war jedes ein kleines Kunstwerk gewesen, keines glich völlig dem andern. Nun aber regierte die Serienproduktion. Wir lernen daraus, welch schwere Opfer der technische Fortschritt auch schon in seinen Anfängen forderte. Von Kleinasien übernahm der gesamte Ägäisbereich, insbesondere aber Griechenland mit den Inseln, die metallurgischen Neuerungen. Man importierte nicht nur Metall, sondern paßte sich auch in den Formen der Gefäße und Geräte vielfach anatolischen Vorbildern an.

Mit dem Erblühen der Metallurgie kam es in Kleinasien und im Ägäisbereich zu einer weiteren Verdichtung der Besiedlung und einer Steigerung ihres städtischen Charakters. In Nordwestanatolien zieht nun vor allem Troia mit seinen Mauern, Toren und prächtigen Herrscherhäusern unsere Aufmerksamkeit auf sich.

Von Anatolien gelangte die Befestigungskunst u. a. nach den Kykladen und nach dem griechischen Festland. Megaronbauten, wie man sie in Troia gewöhnt war, fanden nun auf den Inseln und auf dem griechischen Festland weite Verbreitung, und gleiches gilt von manchen anderen Errungenschaften. Nur Kreta ließ sich im Baulichen nicht von Anatolien belehren, sondern hielt an seinen bodenständigen Traditionen fest. Immerhin übernahm es von Südkleinasien manche Gefäßformen, Kultgeräte (z. B. die Kulthörner und die sog. Doppelaxt), auch Siegel- und Siegelbilder. Makedonien und Thrakien entlehnten zwar die metallimitierende Keramik anatolischen Stils, blieben aber, im Gegensatz zu Hellas und den Inseln, einer städtischen Lebensweise auch jetzt abhold.

Es kann als sicher gelten, daß im Verlauf dieser Festigung der anatolisch-ägäischen Kulturprovinz auch zahlreiche kleinasiatische Bevölkerungselemente nach den Inseln und nach Griechenland gelangt sind. Da die Zuwanderer das gleiche Volkstum verkörperten, wie es bereits früher mit der Vorderasiatischen Kulturtrift hierhergelangt war, änderte sich im Ethnischen und Sprachlichen wohl kaum etwas, nur könnten gelegentlich auch schon einige Splitter der inzwischen von Nordosten her in Anatolien eingedrungenen kaukasischen Elemente bis an die Ägäis gelangt sein.

In politischer Hinsicht mag es sich um eine größere Zahl von lokalen Fürstentümern gehandelt haben, die meist wohl friedlich nebeneinander bestanden. Herrschaftliche Bauten sind uns außer in Troia auch noch an einigen Plätzen auf Kreta

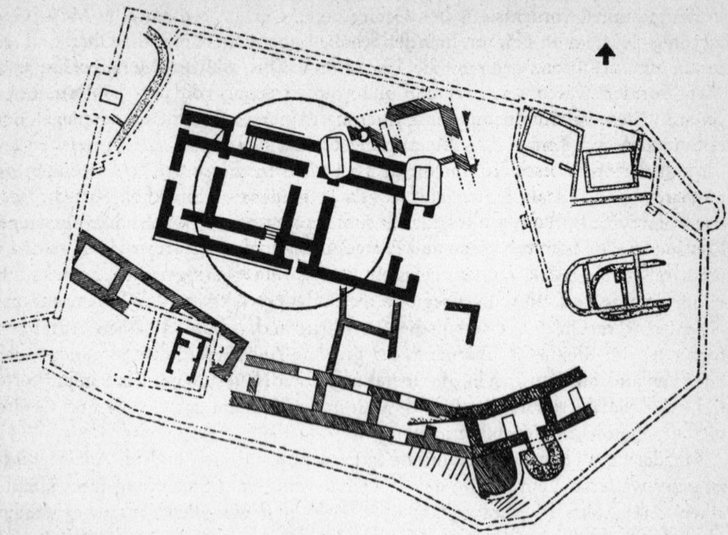

Plan 1: Frühhelladisches Residenzgebäude (schwarz) und Stadtbefestigung (▨) zu Lerna

(zu Vasiliki und Knossos), sowie in der Argolis (zu Tirnys und Lerna; vgl. Plan 1) bekannt geworden.

Im allgemeinen haben wir uns jene Zeit als voll Betriebsamkeit und Emsigkeit vorzustellen, von einer kleinstädtischen Siedlungsform bestimmt, eine Welt blühenden Gewerbefleißes, eifrigen Handels und Verkehrs. Sie währte in Griechenland von etwa 2500 bis 2000 v. Chr. und kann in ihrer Gesamtheit hier als Frühe Bronzezeit bezeichnet werden. Für das griechische Festland gebraucht die Fachwelt außerdem den Ausdruck „Frühhelladikum“, in Kreta spricht man dagegen vom „Frühminoikum“. In besonderer Weise kamen in dieser Aera die Kykladen zum Erblühen.

Kulturblüte auf den Kykladen

In der Geschichte treffen wir immer wieder auf ein Phänomen, das wir am besten als das der „großen Zeit“ bezeichnen können. Ein Bereich, der vorher bedeutungslos war und es nachher wieder sein wird, gelangt plötzlich in den Genuß optimaler Entfaltungsbedingungen und steigt sogleich zu einer ganz erstaunlichen geschichtlichen Maßgeblichkeit auf. Er hat seine „große Zeit", die nachher zu Ende geht, meist ohne je wiederzukehren.

So erging es denn auch den Kykladen, und ihre „große Zeit" war die Frühe Bronzeperiode zwischen 2500 und 2000 v. Chr. Eine aus der Kulturtrift stam=mende Komponente verband sich hier mit einer anscheinend von der Band=keramik her wirkenden und einem frischen Einfluß aus Anatolien zu einer beson=ders glücklichen Mischung, die durch die Gunst der zentralen Lage inmitten der Ägäis gerade damals einen großartigen Leistungsauftrieb erfuhr. Kreta hatte seine seebeherrschende Rolle ja noch nicht angetreten, und auch die Festländer entfalteten zur See noch keine überragende Initiative. Da begriffen die Bewohner der Kykladen ihre großartigen Möglichkeiten, brachten den Seehandel in ihre Hand und setzten hierfür einen Leistungswillen ein, der uns noch heute erstaunt. Sie waren es wohl, die das anatolische Metall nach den griechischen Häfen trans=portierten, sie führten aber auch ihre eigenen Erzeugnisse, so ihren Obsidian, ihre prachtvollen, spiralverzierten Steinbehälter, ihre Marmorstatuetten, ihren Metall=schmuck u. dgl. nach allen ägäischen Küstenländern aus. Sie unterhielten mit ihren langen, vielrudrigen Hochseeschiffen außerdem noch viel weiter reichende Über=seeverbindungen, so im Ionischen Meer und in der Adria, mit Dalmatien und den dort wohnenden Bandkeramikern. Vor allem aber waren sie es, die den See=weg nach Westen entdeckten, nach Italien, ja weiter bis nach den Balearen und Spanien. So treten uns die Kykladen als die großen Bahnbrecher entgegen, welche erstmalig die Routen erkundeten, die später von Kretensern, Achäern, Phoinikern und Hellenen befahren wurden.

Rückblick

Die Zeit bis etwa 2000 v. Chr. umfaßte die Welt eines überwiegend mediter=ranen Daseins. Die Urbevölkerung Griechenlands, die Zuwanderer der Vorder=asiatischen Kulturtrift und die der Frühen Bronzezeit gehörten allesamt derselben mittelmeerischen Sphäre an. Wohl brachten die Bandkeramiker zwischen 2700 und 2500 allerlei Störungen, aber auch sie waren Ackerbauer und als solche Schü=ler der Mittelmeerwelt, vertraten somit einen Kulturtypus, der durch die Vorder=asiatische Kulturtrift inauguriert worden war. Daher auch dieselbe religiöse Grundhaltung mit der Verehrung der großen Fruchtbarkeitsgöttin, dieselbe Seß=haftigkeit bis in den Donaubereich, hier allerdings nicht mehr in Städten, sondern in Dörfern.

Damit haben wir Tatbestände von größter weltgeschichtlicher Bedeutsamkeit erfaßt, denn es handelt sich um etwa zwei Jahrtausende einer ältesten griechischen Vergangenheit. Der griechischen? Man wird uns einwerfen, die Griechen seien doch erst viel später in Hellas eingewandert. In Wahrheit setzt sich das Griechen=volk aber aus zwei gleichwertigen Komponenten zusammen, kaum anders, als wir Menschen von Vater und Mutter erzeugt wurden. Die der indo=europäischen Zuwanderer muß als Trägerin vielfältiger, nie rastender Energien gewertet wer=

den. Der mediterranen Tradition aber verdankten die späteren Hellenen Faktoren von nicht geringerer Bedeutung. Von ihr gewannen sie nicht nur eine Fülle von Religionsvorstellungen der Fruchtbarkeitsgottheit, der Unterwelt, des sterblichen Frühjahrsgottes und viele Kulte und Bräuche; von ihr stammten gewiß auch die so hervorragenden Begabungen auf dem Gebiete der Plastik, des Malerischen und der Genrekunst. Das Entscheidende bot die mittelmeerische Komponente jedoch mit ihrer städtischen Siedlungsart, die später zur Entstehung der Polis führte und so gleichsam die Pforte bildete zu den Herrlichkeiten der griechischen Hochkultur.

Kein Zweifel besteht freilich darüber, daß weder die mediterrane Komponente noch die indo-europäische für sich allein das Griechentum zustande gebracht hätte. Ja selbst die Vermischung beider ist es nicht gewesen, welche das Wunder schuf, denn indo-europäische und mittelmeerische Menschen haben sich ja auch in Italien, auf dem Balkan und in Anatolien vermischt. Es war die Landesnatur des ägäischen Umkreises, welche schließlich das Unerhörte aus dem an sich schon Günstigen weckte. Erst dieser Landesnatur mit all ihrem befreienden Zauber war es beschieden, dereinst den Hellenen zu formen. Ihr haben wir aber auch in der Frühzeit bereits die Kraft einer Wandlung zuzuschreiben: sie ließ die Fellachen aus Vorderasien im ägäischen Umkreis zu etwas ganz anderem werden, zu Menschen, die es würdig waren, zu den Stammeltern der späteren Hellenen zu zählen.

2. KAPITEL

Die indo-europäische Komponente im griechischen Volk

Ortsfestigkeit und Unstetheit

Der Aufstieg von der Wirtschaftsstufe der food gatherer zu der der food producer konnte, wie schon S. 14 betont, auf zweierlei Weise erfolgen, entweder durch Hinwendung zu einem in zunehmendem Maße ortsfesten Ackerbau oder — unter Beibehaltung der Unstetheit — durch Übergang zu einem immer noch beweglicheren, z. T. sogar nomadisierenden Viehzüchterleben und z. T. auch zu einem damit verbundenen, immer noch ortswechselnden Hackbau. Diese beiden Arten der Wandlung schufen nicht nur zwei völlig voneinander verschiedene Wirtschaftsformen, sie formten auch zwei völlig verschiedene Menschentypen mit unterschiedlicher geistiger und kultureller Haltung. Auch scheint es sich bei diesen Wandlungen um richtige Stigmatisierungen zu handeln, sie waren nicht bloß vorübergehender Art, sondern wurden bis in späteste Zeiten als gleichsam fixe Prägungen traditionell weitergegeben[10]. Der wesentlichste Unterschied zwischen den beiden Wandlungen bestand aber darin, daß die eine den Menschen vom Boden her bestimmt werden ließ (territoriales Prinzip), die andere jedoch vom „Verein", dem er jeweils angehörte (personales Prinzip). Im Orient gab es nunmehr Ackerbauer im Kulturgebiet und viehzüchtende Beduinen in den Steppen.

Dank der Vorderasiatischen Kulturtrift und der damit verbundenen bäuerlichen Zuwanderung erfolgte in Anatolien, Griechenland, auf dem Balkan und im Donauland, ja auch im bandkeramischen Mitteleuropa, die Wandlung zum food producing vorwiegend in Richtung auf den ortsfesten Ackerbau, und in Südwest- und Westeuropa brachte die nordafrikanische Kulturtrift (zu dieser S. 19 f.) ein analoges Ergebnis. So wurden diese Teile Europas damals auf Seßhaftigkeit und bäuerliche Geruhsamkeit ausgerichtet.

Anders in den östlichen und nordöstlichen Teilen Europas: Hier erfolgte der Übergang zum food producing nicht so sehr in Richtung auf ortsfesten Ackerbau, sondern vielfach unter Beibehaltung der aus der Zeit des food gathering üblichen Unstetheit. Die Menschen wandten sich vorwiegend der Viehzucht zu, wanderten mit ihren Herden und betrieben nur zusätzlich noch etwas primitiven Hackbau, der noch nicht an eine stets gleichbleibende Scholle gebunden war, da man sich auf die Auffrischung des Bodens wohl noch gar nicht verstand. Da es aber — durch die Vorderasiatische Kulturtrift herbeigeführt — in Mittel- und Südeuropa allenthalben bereitsortsfesteren Ackerbau gab[11], lebten die Unsteten in den Kontaktzonen nicht selten wohl auch von der Beraubung der Ortsfesten.

Für die Unsteten bedeutete der Boden keinen bleibenden Wert und keine höhere Macht, sie geheimnisten in ihn weder allzu mächtige Göttergewalten noch eine Unterwelt hinein. Für sie waren die aus dem Boden wachsenden Sträucher und Bäume, ja auch die Saaten nicht so heilig wie für die Ortsfesten, ihnen war nicht der Mutterschoß das ehrwürdigste Prinzip, sondern die Zeugungskraft des Vaters. So bekannten sich diese Menschen nicht zum Matriarchat, sondern zur vaterrechtlichen Gesellschaftsordnung.

Alles Aufgehobensein, alle Verhaftung und alles Bestimmtwerden hing für diese Unsteten nicht vom Boden, sondern allein von dem personalen „Verein" ab, dem sie jeweils angehörten. Vereine dieser Art — wir bezeichnen sie als Stämme oder Völkerschaften — bildeten personale Staaten ohne festes Territorium. Die einzelnen Glieder fühlten sich, was besonders wichtig werden sollte, in ihrer Gesamtheit autonom und gleichsam souverän. Sie wählten wohl einen Anführer, ließen unter Umständen die Führung auch vom Vater auf den Sohn übergehen, empfanden aber solche Häuptlinge immer nur als *primi inter pares*, ja sie fühlten sich in ihrer Gesamtheit (als Versammlung aller Wehrfähigen u. dgl.) über die Häuptlinge gestellt. Aus alledem ergab sich, daß diese Unsteten für Unterordnung und Autoritäten nicht viel übrig hatten, was nicht nur gegenüber den Anführern galt, sondern auch gegenüber den Göttern. Es war ein hochfahrender, zu Gewalttaten und jeglichem Revoltieren geneigter Gesellschaftstypus. Nur vor einem beugte man sich, vor der „öffentlichen Meinung" des eigenen Verbandes. Vor ihr hatte sich auch der Anführer in acht zu nehmen. Diese öffentliche Meinung bestimmte Stil und „Haltung" des gesamten Verbandes, und wer gegen sie verstieß, lief Gefahr, ausgestoßen zu werden. Die Zugehörigkeit zum Verein wurde in erster Linie durch die Sippe bestimmt, in die der Einzelne hineingeboren war, da ja Sippen den Verein erst bildeten. In der Regel konnte es bei solchen Verbänden aber geschehen, daß auch Vereinsfremde mit Einwilligung der Mitglieder in den Verband aufgenommen wurden. An den nomadischen Beduinen des Orients können wir bis in neuere Zeit eine für die Unsteten mitunter charakteristische Erscheinung beobachten: das Verlangen nach dem „Lande, da Milch und Honig fließt". Die unstete Lebensweise gestattet in der Regel ja keine hinreichende Steigerung der wirtschaftlichen Erträgnisse, um den Bevölkerungszuwachs zu ernähren. Die Futtermengen der Weideplätze lassen sich nun einmal nicht vermehren. So begegnen wir bei den Unsteten immer wieder dem Verlangen, der bei einer Bevölkerungszunahme sich einstellenden Hungersituation durch Einsiedlung ins Bauernland zu entgehen. Vielfach war es dabei nur der Überschuß, welcher von Zeit zu Zeit und Wellen gleich ins Kulturland abströmte, was sich besonders an der Geschichte Vorderasiens gut verfolgen läßt.

Ganz ähnlich verhielt es sich auch in Alteuropa mit dem vom Hunger diktierten Verlangen, sich scharenweise im Bauernland einzusiedeln, Seßhaftigkeit zu gewinnen, dort vom Zins unterworfener Bauern zu leben, ja selbst Bauern zu werden.

Wenn dies geschah, dann schieden sich allerdings die Wege. Die orientalischen Nomaden glichen sich, sofern sie sich in den Dörfern und Städten des Morgenlandes einlebten, der fellachisch-städtischen Geisteshaltung des Orients mit all ihrer autoritativen Verfestigung ziemlich widerstandslos an. Nur in Palästina und Phoinikien zeigen sich hiervon Ausnahmen, von denen aber erst S. 335 f. gesprochen werden soll. Mesopotamien und Ägypten haben die Zuwanderer jedoch völlig assimiliert und in ihr autoritatives Kultursystem mit einbezogen, wobei der Landesnatur und dem Schwergewicht einer übermächtigen, seit Generationen eingespielten Ordnung zweifellos eine bedeutsame Rolle zukam.

Unter den Unsteten Europas gab es dagegen eine bis nach Asien hin verbreitete Gruppe von Völkerschaften, für die die Geisteshaltung des personalen Vereinsprinzips für alle Zukunft mitbestimmend bleiben sollte, auch wenn sie sich im Kulturland einsiedelten: jene Gruppe, die von der Wissenschaft ihrer Sprachverwandtschaft wegen als „indo-europäische" oder „indogermanische" bezeichnet wird.

Die indo-europäische Sprach- und Stammesverwandtschaft

Im deutschen Sprachgebiet spricht man meistens von „Indogermanen", doch ohne damit progermanische Prätentionen zu verbinden. Da dieser Ausdruck in der übrigen Welt aber immer wieder im Sinne solcher Prätentionen ausgelegt wird, wollen wir uns der im Westen und Süden gebräuchlichen Bezeichnung „Indo-Europäer" anpassen. Das will uns dem Klang nach nicht recht gefallen, scheint mir aber doch auch — rein sachlich gesehen — das Treffendere zu sein.

Der ursprüngliche Zusammenhang der indo-europäischen Völkerschaften läßt sich nur aus dem Indiz der sprachlichen Übereinstimmungen unter den indo-europäischen Tochtersprachen erschließen, stellt aber dennoch eine geschichtliche Realität ersten Ranges dar[12]. Den einstigen Siedlungsraum dieser Indo-Europäer haben wir irgendwo im Bereich zwischen Mitteleuropa, der Ostsee und dem Ural zu suchen. Sie waren sicherlich stets in viele Einzelstämme geschieden, die sich anscheinend nicht an strenger umrissene Territorien hielten, auch lösten sich Stämme häufig auf oder spalteten sich, während sich andere bildeten oder verbanden. Durch ein derartiges Fluktuieren innerhalb des indo-europäischen Kreises kam es zu immer weiter greifender Integration der von den Stämmen und Rudeln gesprochenen Idiome, mit anderen Worten, zu einem Ausgleich des Sprachlichen im gesamten Bereich, ja noch mehr, zu einer einheitlichen Entwicklungstendenz bei allen teilnehmenden Scharen. Daß solches geschehen konnte, war der Landesnatur, der unsteten Lebensweise und dem Fluktuieren der Verbände zuzuschreiben. All das stand in einem gewissen Gegensatz zu den Verhältnissen in der seßhaften Welt, wo es solche Integrationsvorgänge allein schon wegen dieser Seßhaftigkeit nicht so leicht geben konnte. Hier erfolgte eher eine mehr flächige Ausbreitung des Sprachlichen, ohne das die Ausgangsbereiche preisgegeben wurden, es gab also eine mehr oder weniger planmäßige Expansion, so z. B. durch die Bauerntrecks der das Ägäische sprechenden Kolonisatoren in der Vorderasiatischen Kulturtrift. Wo es an solcher Expansion, ja aus geographischen Gründen an Verkehr schlechthin mangelte, blieben im seßhaften Kreis die Sprachen im Typus von Gau-Idiomen stecken, wie es uns die modernen Kaukasus-Sprachen höchst anschaulich zeigen.

Durch die Verkehrs- und Koalitionsfreiheit der unsteten Elemente in den Ebenen des östlichen Europas stellte sich also erst die Integration von Stammes- und Rudel-Idiomen zur großen Sprachfamilie ein. Gleichgerichtet wurden außerdem auch die Entwicklungstendenzen: sie nahmen von dem ursprünglich allgemein herrschenden agglutinierenden Typus ihren Ausgang und zielten auf Umbildung zu einem mehr flektierenden Typus. Ursprünglich hatte es anscheinend im ganzen mittelmeerischen, europäischen und vorderasiatisch-nordafrikanischen Bereich nur agglutinierende Idiome gegeben. Auch die Ur-Vorfahren der späteren Indo-Europäer, die einst den Bewohnern des Mittelmeerraumes und Vorderasiens viel näherstanden, werden solche Idiome gesprochen haben. Aus dieser Zeit stammen wohl noch gewisse verwandtschaftliche Relikte an Wortstämmen und Suffixen, die dem späteren Indo-Europäischen und dem S. 16 besprochenen Ägäischen aus Ur-Zeiten gemeinsam waren[13].

Eine analoge Entstehungsgeschichte ist wohl auch für das Semitische anzunehmen. Auch hier müssen wir als Ausgangsstufe agglutinierende Rudelsprachen voraussetzen. In den Ebenen Arabiens erfolgte im Kreise der Unsteten und (dank der günstigen Verkehrsbedingungen) untereinander dauernd Fluktuierenden ein ähnlicher Integrationsprozeß wie im östlichen Europa.

Wir haben es also an der Peripherie des Ackerbaugürtels sowohl nördlich wie südlich davon mit zwei analogen Integrationsvorgängen der dort fluktuierenden Viehzüchterelemente zu tun. Die Entwicklungstendenz der Sprachen war in beiden Fällen gleich, sie zielte auf den Status des Flektierens. Dabei wollen wir nicht leugnen, daß allen agglutinierenden Idiomen schlechthin gewisse Neigungen zur Gewinnung flektivischer Eigenschaften eigen waren, aber im mittelmeerisch-vorderasiatischen Ackerbaugürtel ist man damit — wie uns das Baskische, das Etruskische, Chaldische, Chattische, Sumerische, Elamische und die modernen Kaukasus-Sprachen lehren — nicht weit gekommen. Bessere Fortschritte wußten schon die Finno-Ugrier zu erzielen, doch zu einem richtig „flektierenden Sprachtypus" haben sich nur die Indo-Europäer und die Semiten durchgerungen.

Zwischen den Semiten im Süden und den Indo-Europäern im Norden des Ackerbaugürtels bestand allerdings der Unterschied, daß die nomadischen Semiten in höherem Maße reine Viehzüchter blieben, während bei den Indo-Europäern neben der Viehzucht meistens auch noch primitiver Hackbau geübt wurde. Es waren wohl vor allem klimatische Gründe, die Osteuropa einen noch weiteren Fortschritt zum hochqualifizierten Ackerbau verwehrten. Wollte man die weiten Flächen zwischen Mitteleuropa und dem Ural möglichst gut ausnützen, so konnte das am besten bei einem Vorwiegen der Viehzucht geschehen, wobei der Hackbau nur ergänzend zur Seite trat. Dem gröberen Klima entsprach hier wohl auch ganz allgemein ein gröberer Menschentypus, dem die viehzüchterische Lebensart weit besser zugesagt haben mag als die des seßhaften Ackerbauers.

Die Indo-Europäer waren weniger unstet als die semitischen Beduinen, doch blieben sie es genug, um rein personelle, nicht vom Territorium her bestimmte Verbände zu bilden. Dieser Unstetheit entsprach es, daß ihnen das Vieh, nicht der Landbesitz als ursprünglicher Wert und Wertmesser galt. Als höchstes numinöses Wesen der Tierwelt erschien ihnen nicht das Rind oder der Stier, sondern das noch weit flüchtigere Roß. Selbst ihre Götterwelt hatte etwas Unstetes an sich, so der große Himmels- und Lichtgott, die beiden nothelfenden Brüder, die man sich gern als weiße Rosse vorstellte, ferner die als schwarze Rosse gedachten Dämonen des Todes und auch die rossegestaltigen Gewitterschemen. Erdgottheiten spielten demgegenüber, wenn überhaupt, eine nur geringe Rolle. Alles Göttliche war somit, gleich den Indo-Europäern selbst, mit dem Boden recht wenig verwachsen und schweifend bewegt[14]. Die kulturelle Gesamthaltung war vaterrechtlich.

In der Wesensart zeigten sich die Indo-Europäer vielfach in analoger Weise geprägt wie die Semiten, doch stellen wir auch mancherlei Unterschiede fest. Als übereinstimmend erweisen sich hier und dort ein stolzer, kriegerischer Sinn und ein gieriger Bemächtigungstrieb, der auch das Geistige mitumfaßt. Neben den mittelmeerisch-vorderasiatischen Ackerbauern, die die Zivilisation schlechthin repräsentierten, mochte man diese beiden Völkergruppen irgendwie als barbarisch empfunden haben, als räuberische, nach fremdem Besitz schielende Außenseiter. Die Eindringlinge ließen sich als Eroberer aber rasch zur Übernahme der Zivilisation herbei, sie ließen sich zu allem Kulturhaften schnell bekehren und wurden als Zivilisierte und Bekehrte nicht selten auch selbst zu rücksichtslosen Zivilisatoren und fanatischen Bekehrern.

Dem Klima entsprechend zeigten sich die Semiten bei aller Energie nicht immer so zäh wie die Indo-Europäer. Sie schäumten auf, hielten jedoch auf die Dauer nicht durch, wurden gelegentlich fatalistisch und überließen es den Göttern (vor allem Allah), das Buch des Lebens zu schreiben. Anders zumeist die Nachkommen der Indo-Europäer: ihre Vorväter hatten einst in kargen Bereichen mit primitiven Methoden dem Boden einmal hier, einmal dort einige Frucht abgerungen und stets im Winter um das Vieh gebangt. So waren sie von der frühesten Stufe ihres *food producing* her auf dauernden Fleiß geprägt und ausgelesen worden. Und wenn sie sich auch immer wieder zu neuen Rudel- und Stammesorganisationen zusammenfanden, lag doch in den einzelnen etwas Sonderfleißiges, zugleich aber auch etwas Unabgeschliffenes, Eckiges und Sperriges, das keine richtige Gesellschaftskultur aufkommen ließ. Daher vermissen wir bei ihnen auch jegliche Neigung, aus eigener Initiative zu städtischem Dasein, zu richtiger Urbanität zu gelangen. Schon am Gegensatz von Eigenbrötelei und Berücksichtigung der öffentlichen Meinung hatte man genug der Spannungen.

Hierin lag nun, wie die Geschichte lehrt, ein gewisses Hemmnis für die Entfaltung des indo-europäischen Wesens. Nur ein städtisches Dasein mit seiner Arbeitsteilung und seiner Aktivierung von Spezialbegabungen bietet die Möglichkeit des Aufschwungs zu wirklichen Hochkulturen. Städte aus eigenem zu schaffen, lag aber diesen etwas abständigen, eigenbrötlerischen und auch im Rahmen des eigenen Vereines immer irgendwie „schwierigen" Leuten selbst dann noch ferne, wenn sie sich schließlich zur Seßhaftigkeit entschlossen hatten. Ohne Städte reichte es bei den indo=europäischen Tochtervölkern aber nur zum kulturellen Status von Makedonen, Illyriern, Thrakern, Kelten und Germanen. Wie fremd den Makedonen das Städtische war, erkennen wir noch in den Zeiten Philipps und Alexanders. Die Spartiaten lehnten es überhaupt ab, in einer „Stadt" zu leben, und hielten daher an der Fiktion eines Wohnens in Dörfern fest. Selbst in Rom wollten die Bürger bäuerliches Gehaben auch in der Stadt noch beibehalten.

Ohne die vorderasiatische, indische und mittelmeerische Urbanität wären die indo=europäischen Tochtervölker über das, was wir etwa den „Makedonischen Status" nennen könnten, von sich aus wohl nicht so leicht hinausgekommen. Erst durch die Verbindung ihrer indo=europäischen Zuwandererenergien mit dieser im Grunde völlig un=indo=europäischen, den bodenständigen Elementen zugehörigen Urbanität kam bei den Hethitern, Medern, Persern, Indern, Griechen, Römern und schließlich bei den Kelten, Germanen und Slaven jene Kombination zustande, die einen weiteren Aufstieg ermöglichte. Dieser führte dann allerdings mitunter zu einer Leistungshöhe, wie sie bis dahin ohnegleichen gewesen. Was freilich das urbane Charisma anlangt, die gesellschaftliche Seite der Kultur, so blieben die indo=europäischen Zuwanderer immerzu Schüler (gute oder schlechte) der mittelmeerischen und vorderasiatischen Städter. Sie suchten dann die ihnen abgehende urbane Natürlichkeit durch irgendeine Art von „Haltung" zu ersetzen (vgl. die römische *gravitas* oder den Umgangsstil der Spartiaten), gerieten hierdurch aber nur mit ihrem eigenen, im Grunde stets auf Abstand bedachten Individualismus in Widerspruch. So blieb das Verhältnis des indo=europäischen Wesens zur Urbanität auch noch später, nach seiner Vermischung mit den südlichen Städtern, immer irgendwie problematisch und spannungsgeladen, da ganz verschiedene Daseinsstile nach Austragung verlangten. Aber gerade diese Problematik und diese Spannungen wirkten sich — vor allem bei den späteren Hellenen — in wunderbarer Weise anfeuernd, antreibend und dynamisierend zugunsten des kulturellen Aufstiegs aus. An den aus solch spannungsvoller Geladenheit schlagenden genialischen Funken entzündete sich erst der Griechen Wagemut zu ihrem großen Abenteuer des Geistes. Wir werden davon in späteren Abschnitten noch zu berichten haben.

Soviel über die indo=europäische Völkergruppe, lauter Feststellungen, die zunächst die einzelnen „Tochtervölker" betreffen, die aber doch gewisse Rückschlüsse auf die gemeinsamen Ahnen gestatten.

Vorzugsraum und Kargräume

Im Altertum zog sich von Indien über den Iran, Mesopotamien und Syrien eine dem Ackerbau günstige Zone bis nach dem Mittelmeerbereich, dem Donauland und dem atlantischen Gestade. In ihr war, wie S. 14 f. dargelgt, der Übergang vom *food gathering* zum *food producing* erstmals gelungen, und die Kulturtriften hatten den qualifizierten Acker= und Gartenbau weiterverbreitet. Wohl finden wir auch in dieser Zone zahlreiche Lücken der Unfruchtbarkeit, im allgemeinen können wir sie aber als Vorzugsbereich zwischen einem nördlichen und einem südlichen Karggebiet auffassen. Im Orient, wo sich die Fruchtbarkeitszone Mesopotamiens und Syriens bis nach Ägypten hin besonders abhob, sprechen die Engländer von einem *„fertile crescent"*, dem ‚fruchtbaren Halbmond'. Ich selbst habe diesen Abschnitt des Vorzugsraums seinerzeit als „Vorderasiatischen Kulturgürtel" bezeichnet[15].

Nördlich und südlich dieses bis zum Atlantik reichenden Vorzugsgürtels gab es, wie bereits angedeutet, je eine benachteiligte Zone: im Süden, infolge der inzwischen immer mehr um sich greifenden Austrocknung, Steppen und Wüsten, in denen — von Oasen abgesehen — höchstens viehzüchtende Nomaden ihr Leben fristen konnten, im Norden dagegen vorwiegend Wälder und Sümpfe, denn hier war das Klima unwirtlicher, und die Bewohner beschränkten sich auf primitivere Formen von Viehzucht und Hackbau[16].

Die Vorzugszone unterschied sich von den Kargräumen auch dadurch, daß sie allein zu weiterer Steigerung ihrer an sich schon reichen Erträgnisse fähig war, denn mit Hilfe eines intensiven Gartenbaus und verschiedentlich auch mit künstlicher Bewässerung konnte man immer weitere Erfolge erzielen. So vermochte sie ihren jeweiligen Bevölkerungszuwachs weitgehend selbst zu ernähren. Ganz anders die Kargzonen, in denen eine Steigerung der Erträgnisse nicht recht gelingen wollte. Hier bedeutete daher, wie auch S. 30 bereits dargelegt, oft schon ein geringer Bevölkerungszuwachs eine Aufteilung der Nahrung unter allzuviele und damit den Einzug des Hungers. Ihm zu entgehen, entschlossen sich daher ganze Rudel, Stämme oder Stammesteile zur Auswanderung in den Vorzugsbereich. Dabei erwiesen sie sich mit ihrem kriegerischen Sinn und ihren abgehärteten Leibern gegenüber den schon etwas verweichlichten Agrariern und Städtern des Vorzugsraumes nicht selten als militärisch überlegen. Die Expansionstendenzen der Karggebiete steigerten sich aber noch sprunghaft, sobald eine Klimaverschlechterung die Lebensverhältnisse daselbst noch karger werden ließ.

Im Vorzugsgebiet war man sich in der Regel der von den Kargbereichen drohenden Gefahren bewußt und suchte sich dagegen nicht selten durch Befestigungen und durch Anlage von Schutzzonen zu sichern. Dabei lagen die Verhältnisse im einzelnen oft recht kompliziert, da es zwischen den Extremen von Kargheit und Bevorzugtsein auch noch Zwischenbereiche gab. So drückten z. B. in der Völkerwanderungszeit die Hunnen auf die Germanen, diese dann wieder auf das Römische Reich. Schon früher hatten im vierten und dritten Jahrhundert v. Chr. die Skythen und Kelten auf die Balkanvölker gedrückt, diese selbst aber auf Makedonien. Auch wurden zur Zeit Cäsars die äußeren Kelten (besonders die Helvetier) von den Germanen bedroht und trachteten nun selbst in den Bereich der inneren Kelten auszuweichen. So kam es manchmal zu einem richtigen Geschiebe von außen nach innen, wobei sich die äußeren Stämme mit kargeren Lebensverhältnissen gegen die jeweils benachbarten und reicheren inneren wandten.

Die Widerstandskräfte der bedrohten inneren Kulturen waren je nach ihrem Kulturzustand verschieden stark. Befanden sie sich in noch unentwickelten Frühstadien, wie etwa Makedonien, Thrakien u. dgl., dann vermochten sie allenfalls mäßige Stöße aufzuhalten, nicht aber geballte Angriffsfronten, die sich bei Klimaverschlechterung in den Karggebieten formierten. Befanden sich — was allerdings nur ausnahmsweise vorkam — Kulturen des Vorzugsgebietes im dynamischen Anstieg oder im Optimum ihrer Entwicklung, dann erwiesen sie sich gegenüber äußeren Gefahren häufig als immun[17]. Befanden sich solche Hochkulturen aber bereits im Abstieg und Niedergang, dann suchte sich ein Assyrien, Babylon oder Rom durch Anlage von Außenzonen und Mauern ängstlich zu schützen, ohne aber hierdurch dauernde Sicherung erreichen zu können. Die Barbaren pflegten von solchen Zersetzungserscheinungen bis weit ins Karggebiet hinaus Witterung zu bekommen; nun wurden sie erst richtig lüstern, selbst dann, wenn sie gerade nicht unter Druck von Klimaverschlechterung und Hunger litten.

Vom Süden her bedrohten weniger die nomadisierenden Hamiten Nordafrikas als die Semiten Arabiens die Vorzugsgebiete Asiens und Afrikas. Schon im vierten Jahrtausend v. Chr. bemächtigten sich diese Ägyptens und bildeten bei der Konstituierung des ägyptischen Volks die eine der beiden Hauptkomponenten. Im dritten Jahrtausend erschienen Semiten auch neben den Sumerern in Mesopotamien. Als sich die sumerische Gesittung ihrem Niedergang zuneigte, gewannen sie in Babylonien die Oberhand und semitisierten schließlich das gesamte Land. Später drangen — jeweils in Niedergangszeiten der Hochkulturen — immer wieder neue Wellen semitischer Nomaden in den Vorderasiatischen Kulturgürtel ein, so beim Schwachwerden Assyriens die Aramäer, beim Niedergang des Hellenismus um 100 v. Chr. die erste Araberwelle und schließlich in Ausnutzung der Schwäche des byzantinischen und des neupersischen Reiches die zweite Araberwelle unter Mohammed und den Kalifen. Doch blieben in den Steppen immer nomadisierende Semiten zurück und bildeten gleichsam eine Reserve für den nächsten Vorstoß.

Im Gegensatz zu den Semiten löste sich die indo-europäische Stammesfamilie schon im vierten Jahrtausend in Einzelglieder auf, die bald nach den verschiedensten Richtungen ins Vorzugsgebiet abwanderten und so jeden Zusammenhang untereinander verloren. Auch hörten sie allenthalben auf, reine Indo-Europäer zu sein, da sie sich überall, wo sie ins Vorzugsgebiet einbrachen, mit dessen Bevölkerung vermischten. Waren die Eindringlinge nur gering an Zahl, wie etwa die Arier in Mitanni, die Philister in Palästina oder die Normannen in Italien, so übernahmen sie mit der Kultur der Unterworfenen auch deren Sprache. Kamen sie aber gleich den Iraniern, Indern, Hethitern, Griechen, Illyriern und Italikern in größeren Massen, dann eigneten sie sich wohl zahlreiche fremde Kulturelemente der Unterworfenen an, setzten aber die eigene Sprache, sei es als Mischungskomponente, sei es in reinerem Zustand, auch bei den Unterworfenen durch. Hieraus ergaben sich auch im Sprachlichen Mischungsverhältnisse verschiedener Art.

Schon hier sei vermerkt, daß der von uns als Vorzugsraum charakterisierte Gürtel seine klimatische Begünstigung mit Ausgang des Altertums verlor. Durch die fortschreitende Austrocknung und Auslaugung der subtropischen Nutzflächen wandelten sich — nach Arabien und der Sahara — nun auch ganz Vorderasien und der größte Teil des Mittelmeerbereichs in Karggebiete um. Dafür spielten die weiter nördlich gelegenen Teile Europas, je länger, desto mehr, die Rolle eines neuen Vorzugsgebietes, wobei dort seit dem Mittelalter auch die Mineralschätze eine steigende Bedeutung erlangten.

Das erste Auftreten indo=europäischer Zuwanderer im östlichen Mittelmeerbereich

Im Vergleich zu der schon im vierten Jahrtausend beginnenden Ausbreitung des Semitentums setzten die indo=europäischen Angriffe auf das Kulturland erst etwas später und viel zögernder ein. Den Anfang machten anscheinend Unternehmungen gegen den bandkeramischen Kreis.

Es kann als möglich, ja als wahrscheinlich gelten, daß bereits die Vertreter der sog. Stichbandkeramik und die der Rössener=Kultur, die im dritten Jahrtausend von Nordosten her in den mitteleuropäischen Teil des bandkeramischen Kreises einbrachen, indo=europäischer Abstammung gewesen sind. Sicher gilt dies für die sogenannten Streitaxt=Leute, die zuerst einen nachbarlichen Druck auf die Bandkeramiker ausübten, sich nachher zwischen ihnen einsiedelten, sie wohl auch unterwarfen, ja zwischen 2500 und 2000 schließlich die bandkeramischen Kulturen der Sudeten= und Donauländer zum völligen Erliegen brachten. Zu diesen Streitaxt=Leuten zählten unter anderem die Schnurkeramiker und einige Stämme Mitteldeutschlands, deren lokale Gaugesittungen sehr zu Unrecht als „nordische Kulturen" bezeichnet werden. Nach den Ägäisländern gelangten Streitaxt=Stämme seit etwa 2400. Sie kamen zuerst nach Makedonien, dann nach Troja, und schließlich erlag ihrem Druck auch die Staatenwelt des frühhelladischen Griechentums. Doch soll hierüber erst im nächsten Abschnitt berichtet werden.

Hier sei nur darauf hingewiesen, daß zur gleichen Zeit auch andere indo=europäische Stammesgruppen dem Vorzugsraum gefährlich zu werden begannen, die Ereignisse am Ägäischen Meer somit in einen weiteren Rahmen gehören. Am Ende des dritten Jahrtausends scheinen die Voreltern der späteren Luvier und Hethiter in Anatolien eingewandert zu sein, wobei es noch ungewiß ist, auf welchem Weg diese indo=europäischen Scharen dahin gelangten, sei es über die Meerengen oder über den Kaukasus. In Kleinasien selbst traten sie zu Anfang nicht sonderlich hervor, vermochten auch die politische Struktur des Landes keineswegs umzugestalten. Zwischen 2000 und 1800 herrschten in Anatolien sogar recht friedliche Zeiten. Im Osten der Halbinsel erblühten zahlreiche Handelsfaktoreien, die von assyrischen Kaufleuten vor den Toren der Städte angelegt waren. Dieses Netz merkantiler Beziehungen bildete gegen Westen zu den Ausgangsbereich der immer noch stark benützten anatolischen Inlandsrouten nach der Ägäis. Gegen Südosten stellte es die Verbindung mit Mesopotamien her, wo damals in Babylonien die Hammurapi=Dynastie regierte und auch in Assyrien mächtige Herrscher walteten.

Eine dritte Bedrohung von indo=europäischer Seite bereitete sich nördlich von Mesopotamien vor. In Armenien, Transkaukasien oder Kaukasien mag es gewesen sein, daß sich arische Stämme mit bodenständigen Hurritern verbanden und gemeinsam eine neue furchtbare Waffe, den Streitwagen, entwickelten. Andere arische Schwärme drangen über den Iran bis in den Zagros vor und stellten sich an die Spitze der Kassiten. Wir werden S. 53 f. sehen, wie es diesen Ariern dank ihrer militärischen Überlegenheit gelang, im 18. und 17. Jahrhundert die Herrschaft in ganz Vorderasien und Ägypten zu erringen.

So erkennen wir, daß zwischen 2400 und 1700 die bodenständigen Ackerbau= und zugleich Stadtkulturen rund um das östliche Mittelmeer in ihrer Gesamtheit von verschiedenen Gruppen der indo=europäischen Völkerfamilie bedroht und meist auch überrannt wurden. Hiermit begann für die Welt ein neues Zeitalter.

Die Einwanderung der ältesten Griechenstämme in Hellas

Im Ägäisbereich können wir schon während der Blüte der Frühen Bronzezeit erste Anzeichen eines barbarischen Druckes von seiten der Streitaxt=Leute (besonders auch der sogenannten Schnurkeramiker) erkennen, doch ist durch sie damals noch keine archäologisch irgendwie faßbare Katastrophe und Umwälzung herbeigeführt worden.

In Mittel= und Südgriechenland haben wir höchstens mit einem friedlichen Einsickern indo=europäischer Elemente zu rechnen, vielleicht in der Art, wie im Mittelalter die viehzüchtenden Vlachen sich der damals kaum genutzten Bergweiden bemächtigten. In Troja gelangten die Eindringlinge vielleicht sogar zu politischer Herrschaft, verfielen aber rasch der Assimilierung an die weit höher zivilisierte Autochthonenbevölkerung. Allein in Makedonien mögen die Streitaxt=Leute schon ganz kompakt aufgetreten sein. Möglicherweise waren es Vorfahren der späteren Griechen, die sich hier, im Norden der Ägäis, bereits in der Frühen Bronzezeit in größerer Zahl einsiedelten.

Um 1950 erfolgte dann der furchtbare Schlag, der die frühbronzezeitliche Kultur (und damit auch die frühhelladische Ära) in Mittel= und Südgriechenland zum Erliegen brachte, die erste große Einwanderung sehr starker, griechisch sprechender Bevölkerungselemente[18].

Archäologisch wirkte sich dieses Ereignis dahin aus, daß fast alle von uns erforschten Siedlungen zerstört und eine Reihe von ihnen später nicht mehr aufgebaut wurden. Zudem zeigt sich nun mancherlei Rückgang im Baulichen, so verschwinden die Vorratsgruben[19] und werden die Hausmauern oft weniger solid errichtet. Im ganzen gesehen handelt es sich um die schwerste Katastrophe, die Griechenland in der Zeit vor 1200 v. Chr. erdulden mußte. Mit Recht hat man daher geschlossen, daß dieses Geschehnis mit der größten ethnischen Umwälzung identisch sei, die Hellas je erfuhr, mit der Indo=Europäisierung des Landes durch die ältesten Griechen.

Daß die Zuwanderer tatsächlich zu den Streitaxt=Leuten gehörten, zeigt sich aus dem so häufigen Auftreten dieser Waffe in den auf die Zeit um 1950 datierbaren Fundschichten. Falls einige in diesem Zusammenhang gefundene Scherben mit Schnurverzierung herangezogen werden dürfen, haben wir in den Eindringlingen auch noch Schnurkeramiker zu sehen, was aber nicht bedeuten soll, daß alle Stämme dieser Gruppe zu den Voreltern der Griechen gehörten, denn in der weit=hin ausstrahlenden schnurkeramischen Gruppe hat es gewiß Stämme mit bereits sehr unterschiedlichen indo=europäischen Tochteridiomen gegeben.

Daß die Einwanderer von der Balkanhalbinsel bzw. über sie gekommen waren, kann wohl als sicher gelten. Vielleicht handelte es sich dabei einfach um diejenigen Leute, die sich in der Frühen Bronzezeit bereits in Makedonien angesiedelt hatten (s. dazu S. 57). Trifft dies zu, dann dürfte um 1950 ein Teil nach Mittel= und Süd=griechenland aufgebrochen sein, während ein anderer nördlich und nordwestlich davon zurückblieb. Dabei hätten wir die Zurückbleibenden als die Vorfahren der späteren Dorier und Nordwestgriechen aufzufassen, die Invasoren dagegen als Voreltern der späteren mykenischen Griechen, d. h. als die Ahnherren der arkado=aiolischen und ionischen Stammesgruppe[20].

Als gewiß können wir annehmen, daß die Eroberer in großer Zahl erschienen. Deshalb vermochten sie bei der nachfolgenden Vermischung mit den besiegten Frühhelladikern ihr griechisches Idiom fast restlos durchzusetzen. Das überrascht uns um so mehr, als auch die Autochthonen äußerst zahlreich gewesen sind und zudem auf einer weit höheren Zivilisationsstufe standen. Dennoch gingen nur die Berg=, Fluß= und Ortsnamen, ferner mancherlei Bezeichnungen von Tieren, Pflan=zen und Kulturgegenständen aus dem Idiom der Bodenständigen in das sich kon=stituierende „Griechische" über.

Die Verbindung der indo=europäischen Zuwanderer mit den autochthonen Elementen scheint nach den archäologischen Funden alsbald recht eng geworden zu sein. Daher baute man die zerstörten Siedlungen, wenn überhaupt, dann an derselben Stelle (allerdings zuerst oft kleiner und ärmlicher) wieder auf, auch behielt man ihre ursprünglichen Namen bei. Ihre steinernen Streitäxte ließen die Eroberer allerdings bald außer Gebrauch, die Haustypen übernahmen sie von den Bodenständigen. In keiner Siedlung läßt sich archäologisch eine Scheidung in zwei Bevölkerungsklassen erkennen, zumal die Gräber nun einheitlich für alle in einer ganz schlichten Art eingerichtet wurden und vielfach überhaupt keine Beigaben erhielten. Neu war es, daß man die Toten nun vielfach innerhalb der Siedlungen begrub, eine nach Anschauung der Autochthonen sicherlich recht barbarische Sitte[21].

Die Mittelhelladische Kultur

Wir bezeichnen die älteste nun entstehende griechische Kultur, die zeitlich mit der Mittleren Bronzezeit zusammenfällt, als ‚mittelhelladisch'. Zu ihrer Ent=stehung steuerten Autochthonen und Zuwanderer etwa in gleichem Maße bei, so daß wir sie mit Fug als eine harmonisch ausgewogene Mischkultur auffassen können.

Gleich der vorangegangenen frühhelladischen Gesittung trug auch die mittelhelladische kleinstädtischen Charakter. Von der bisherigen Betriebsamkeit ist aber nicht mehr viel zu bemerken. Die Kleinstädte wirken von nun an schlichter, geruhsamer und verhaltener. Es besteht kein Zweifel, daß darin jetzt ein neuer, weniger beweglicher, weniger urbaner Geist eingezogen ist. Nach Bildung dieser Gesittung kam es vorerst zu keiner wesentlichen Veränderung, und man gelangte zu keinerlei beachtlichen Fortschritten. Sie erinnert in ihrem mehr statischen Charakter an die Ära der sogenannten „geometrischen Periode" (zu diesem Ausdruck vgl. S. 89 f.) tausend Jahre später.

In politischer Hinsicht scheinen sich mancherlei Fürstentümer herausgebildet zu haben, die ihre Residenzen meistens wohl in ummauerten Kleinstädten hatten. Auch so etwas wie Adel könnte sich bereits gebildet haben, aber kein Rittertum, war doch der Streitwagen der mittelhelladischen Kriegskunst noch völlig unbekannt. Kleinresidenzen sind uns bisher in Mykenai, Tiryns, Asine und Malthi bekannt geworden, auch im attischen Brauron mag es eine solche gegeben haben. Als Typus des repräsentativen Fürstenhauses diente allenthalben das sogenannte „Megaron".

Vom minoischen Kreta her ließ man sich zu Anfang gar nicht beeinflussen. Der eigentliche mittelhelladische Bereich umfaßte nur das Festland und griff selbst nach den Kykladen nur zögernd aus. Die selbständige Stellung dieser Inseln ging nun aber zu Ende: die südlichsten, Thera und Melos, gewann sich Kreta, die nördlicheren wurden allmählich in den mittelhelladischen Kreis einbezogen.

Besonders eng waren anfangs die Beziehungen zu Kleinasien. Das erkennen wir vor allem an der Entstehung der beiden Hauptsorten der mittelhelladischen Keramik, der „minyschen" und der „mattbemalten" Ware[22]. Bei ersterer stammte die Technik aus alten ägäischen und balkanischen Traditionen, die schier „gedrechselten" Formen aber wurden von ostkleinasiatischen Metallgefäßen übernommen (vgl. Tfl. 2). Die mattbemalte Ware entlehnte die meisten Gefäßformen und Motive gleichfalls aus Ostkleinasien. Dort gab es damals, nicht zum wenigsten dank dem Auftreten assyrischer Handelskolonien, ein blühendes merkantiles Leben (s. S. 37), das über die anatolischen Inlandsstraßen auch auf den mittelhelladischen Kreis wirkte.

Außerordentlich eng waren die Zusammenhänge ferner mit der Chalkidike und mit den Küsten Makedoniens, wo die minysche Keramik ebenfalls sehr stark verbreitet war. Von diesen Bereichen aus dürfte etwa um 1800 auch Troja erobert worden sein, wo nun mit der „sechsten Stadt" eine neue Blütezeit begann. Die hervorragenden, immer wieder erweiterten und erneuerten Befestigungen erweisen uns, welch große Bedeutung dieser Platz nunmehr gewann. Auch in Troja herrschte jetzt die minysche Keramik, woraus sich eine kulturelle Verwandtschaft mit den mittelhelladischen Griechen ergibt. Gewiß sprachen nun auch die trojanischen Fürsten irgendein indo-europäisches Idiom, doch wissen wir leider nicht, wie nahe es mit dem damaligen „Griechischen" verwandt war.

So schwierig es im übrigen ist, sich von der mittelhelladischen Kultur ein auch nur einigermaßen anschauliches Bild zu machen, in religiöser Hinsicht will solches immerhin gelingen, da wir die beiden Komponenten, die nunmehr zur Griechenreligion zusammenwuchsen, die mediterranen und die indo-europäischen Gottheitsvorstellungen, mit Hilfe der religionsvergleichenden Methode einigermaßen ermitteln können [23]. Alle mit der Streitwagenfahrt zusammenhängenden Göttervorstellungen müssen wir freilich von vornherein abstreichen, da diese erst seit mykenischer Zeit aufgekommen sind. Im Mittelhelladischen entstand durch eine Art Synkretismus bereits eine größere Zahl von griechischen Göttern und bildete sich zu Gestalten, die uns noch in historischer Zeit entgegentreten: von mittelmeerischer Seite war Artemis die Herrin der Tiere, Athene die Schützerin der Städte, Fürsten und alles technischen wie kriegerischen Fortschrittes. Von indo-europäischer Seite scheint diesen Göttinnen der jungfräuliche Charakter zugekommen zu sein, den sie in späterer Zeit verschiedentlich aufweisen. Die Erdgöttin Da war nach mediterranen Traditionen sowohl Fruchtbarkeits- als auch Erd- und Unterweltgöttin, von indo-europäischer Seite wurde ihr Name mit der Bezeichnung „Mutter" (mater) zu Damater (bzw. Demeter) verbunden und dadurch vertrauter gemacht. Von mittelmeerischer Seite wurden u. a. die Helferin bei Geburten, Eileithyia, weiter Hekate und die Göttergebärerin Rhea übernommen. Als obersten Gott hatten die indo-europäischen Zuwanderer Zeus mitgebracht, der sich im festländischen Griechenland mit allerlei bodenständigen Gipfel- und Gewittergottheiten vereinigte. Die Gestalt des Poseidon entstand meines Erachtens dadurch, daß sich die indoeuropäischen Vorstellungen vom göttlichen Totenroß mit den mittelmeerischen vom Gatten der Unterweltsherrin Da verbanden. Poseidon wurde nun selbst zum rossegestaltigen Herrscher der Unterwelt und zum Erreger der Erdbeben. Mit Zeus stand er zeitweise in Konkurrenz um den höchsten Rang in der damaligen griechischen Götterwelt. Ob Apollon bereits zum griechischen Pantheon gehörte, vermögen wir nicht zu sagen. Im allgemeinen läßt sich erkennen, daß jeder Ort, jede Landschaft ihre eigenen lokalen Gottheiten haben wollte, daß aber auch das Bestreben stark war, diese Vielfalt je nach der speziellen Art der einzelnen Gestalten zu Typen zusammenzufassen, die mit Gattungsnamen wie Athene, Artemis usw. bezeichnet wurden. So ging hier allenthalben die Neigung zur Spezifizierung nach Orten und Funktionen mit einer umgekehrt gerichteten Integration und Typisierung nach Funktionen parallel. Im ganzen gesehen zeigt sich gerade an der griechischen Religion, wie ungeheuer fruchtbar die Verbindung von mittelmeerischen und indo-europäischen wie auch von vater- und mutterrechtlichen Elementen im Geistigen zu wirken vermochte.

Soviel über die Kultur der ältesten, mittelhelladischen Griechen, von denen wir in vieler Hinsicht leider nur wenig wissen, da es aus dieser Zeit noch keine schriftlichen Nachrichten gibt. Daher bleibt es auch ungewiß, wie es damals mit der Verteilung der griechischen Stämme und Dialekte bestellt war [24]. Sicher ist allerdings, daß die Vertreter der späteren dorischen und nordwestgriechischen Elemente noch im Bereiche der nördlichen und nordwestlichen Peripherie wohnten. An der mittelhelladischen Kultur hatten sie gleichsam nur „lockeren" Anteil. Eine Scheidung stellte sich auch insofern ein, als an der gebirgigen Peripherie städtisches Wesen kaum vorhanden war und hier auch die zuwandernden Griechen vorwiegend Viehzüchter blieben, also nicht so sehr zu Ackerbauern, geschweige denn zu Städtern wurden.

Wenn wir uns über die kulturmorphologische Rolle der geschilderten mittelhelladischen Gesittung schlüssig werden wollen, so ist es am besten, nochmals auf unsern S. 40 gezogenen Vergleich mit der ein Jahrtausend jüngeren geometrischen Zeit zurückzukommen. Hier und dort handelt es sich um das gleiche statische Frühstadium, wie wir es u. a. auch bei Makedonen, Thrakern, Kelten und Germanen als Dauerzustand kennen. Ein wichtiger Unterschied liegt allerdings darin, daß die zuletzt genannten Völker in mehr ländlicher Weise lebten, also aus eigener Kraft zu keiner richtigen Urbanität gelangten, während die statische Verhaltenheit auf griechischem Boden schon einen mehr städtischen Rahmen hatte. Dieser war besonders in der geometrischen Ära stärker betont, was nichts Geringeres zu bedeuten hatte, als daß dort durch eigene, urbane Kraft der dynamische Aufstieg aus dem Frühstadium zur hellenischen Hochkultur erfolgen konnte (dazu erst S. 94 ff.). Die geometrische Ära war daher nicht nur Frühstadium schlechthin, sondern zugleich Anlaufzeit zum späteren Aufschwung. Vielleicht könnte man auch die mittelhelladische Periode als eine solche Zeit des Anlaufs und des Kräftesammelns interpretieren. Nur war die weltgeschichtliche Lage in beiden Fällen grundverschieden. In geometrischer Zeit wurde der Vorgang der schließlichen Selbsterhebung nicht durch den Einfluß irgendeiner allzuhohen und allzunahen Nachbarkultur gestört. Tausend Jahre früher war es aber die unmittelbare Nachbarschaft des minoischen Kreta, die ein Ausreifen der mittelhelladischen Vorbereitungszeit zu autonomer Erhebung unterbrach und unmöglich machte, da die mittelhelladische Gesittung am Beginn des 16. Jahrhunderts schlagartig von kretischen Kultureinflüssen übermannt wurde.

3. KAPITEL

Die Hochkulturen von Kreta und Mykenai

Kreta gewinnt seine Sonderstellung

Während der Frühbronzezeit hatte Kreta an der anatolisch-ägäischen Kulturgemeinschaft teilgenommen, ohne aus diesem Zusammenhang herauszutreten. Die Insel bedeutete damals nicht mehr als etwa Kilikien, die Troas oder das griechische Festland. In der Blüte eines halben Jahrtausends hatte sich aber das geschichtliche Thema der ägäischen Frühbronzezeit nicht nur verwirklicht, sondern allmählich auch erschöpft. Das Eintreten eines Neuen war daher irgendwie fällig. Auf dem griechischen Festland, das die Jahrhunderte vorher so tapfer einer Überfremdung von Norden widerstanden hatte, unterlag man um 1950 dem Einbruch der ältesten Griechenstämme, in Anatolien kam es zu den S. 18 ff. besprochenen Zuwanderungen — allein auf Kreta bedeutet die Wende der Zeit nicht zugleich einen Abstieg oder eine Entfremdung von der traditionellen Eigenart.

Schon durch die insulare Lage war man hier vor indo-europäischen Schwärmen besser geschützt. Daher entging man in der kritischen Zeit der Gefahr des Hinab, ja man vermochte sich zu einem energischen Hinauf durchzuringen. Die Ära der Frühen Bronzezeit auf Kreta wandelte sich nun in ihrer Bedeutung. Hatte sie sich bisher als Selbstzweck empfunden, so konnte man sie nun als Zeit der Vorbereitung und des Kräftesammelns für einen weit höheren Aufbau auffassen, gleichsam als Basis für den dynamischen Anstieg zur minoischen Hochkultur.

Schon gegen Ende der Frühbronzezeit wirkte die Übernahme der Spiraldekoration von den Kykladen revolutionierend und anspornend. Seit etwa 2300 verbündete sich dann in zunehmendem Maße das Städtische mit dem Höfischen zu einer Verfeinerung der Gesittung, aber erst mit Beginn des zweiten Jahrtausends trat auf Kreta der Faktor des „Palastes" in ganz entscheidender Weise in den Vordergrund. Von ihm ging die dynamische Hochentwicklung zur ersten europäischen Hochkultur aus.

So wurde Kreta zum Exponenten einer altmittelmeerischen Kulturhaltung in einer Zeit, da sonst schon derartige Gesittungen allenthalben zusammengebrochen waren. Hatten sich doch im Orient bereits die Semiten der Fruchtebenen bemächtigt, während in die Gebirgszone in steigendem Maße indo-europäische Schwärme einbrachen. Als die Griechen um 1950 das griechische Festland gewonnen hatten, sah sich die Insel so ziemlich isoliert. Gerade aus dieser Isolierung erfuhr sie aber den gewaltigen „Anruf“ [25], nun erst recht durch ganz große Leistung sich zu behaupten. So wurde es ihr Schicksal, die ehrwürdige Kette von Jericho, Tell Halaf und Sumer noch um ein letztes Glied zu bereichern.

Umriß der minoischen Geschichte

Des öfteren können wir beobachten, wie die Gunst der geographischen Lage erst der ihr entsprechenden geschichtlichen Situation, des geschichtlichen Anrufes, bedarf, um fruchtbar zu werden. Auf Kreta geschah dies seit etwa 2000 v. Chr. Die Lage der Insel zwischen Ägäischem und Mittelmeer, zwischen Anatolien, Hellas und Afrika erlangte nun ihre optimale Bedeutung. Erst nach 1400 mußte sich die Insel wieder mit einer Nebenrolle zufriedengeben, und wenn sie auch zwischen 900 und 600 v. Chr. nochmals als Umschlagplatz etwas wichtiger wurde, so sank sie doch für alle späteren Zeiten zu völliger Bedeutungslosigkeit herab.

Die entscheidende Wendung zum dynamischen Aufstieg der kretischen Kultur erfolgte, als sich das Schwergewicht des öffentlichen Lebens nach den Palästen verlagerte. An diese erinnerte auch noch die Tradition der späteren Hellenen und brachte sie mit der Sagengestalt des Königs Minos in Verbindung. Daher bezeichnen wir diese Gesittung als „minoisch“.

Die erste Hochblüte der höfischen Kultur Kretas, die sogenannte Ära der „Älteren Paläste“, fällt in die Jahrhunderte zwischen 2000 und 1700 v. Chr., in die Zeit des „Mittleren Reichs“ in Ägypten und zum Teil auch der Hammurapi-Dynastie von Babylonien. Für Kreta scheint dies eine Periode des Friedens und der völligen Sicherheit gewesen zu sein. Im Innern dürfte die kultische Vorrangstellung des knossischen Fürstenhauses den Landfrieden gewährleistet haben, nach außen sicherte die Insel eine überlegene Hochseeflotte, die das Meer beherrschte. Sie schirmte nicht zum wenigsten auch vor den Angriffen indo-europäischer Fremdlinge ab, die damals das griechische und das anatolische Festland besetzt hatten, und dürfte auf vorgelagerten Inseln wie Thera und Melos Stationen errichtet haben. So wird es verständlich, daß sämtliche Paläste ohne Befestigung blieben. Die mittelhelladischen Griechen des Festlands waren dieser Seemacht so wenig gewachsen, daß sie sich — wenn wir die Theseus-Sage richtig deuten — in manchen Landschaften sogar dazu verstanden, Tribute nach Kreta zu leisten [26].

Minoische Schiffahrt und minoischer Handel stellten damals nicht nur im südlichen Teil der Ägäis, sondern auch mit Ägypten und Syrien enge Verbindungen her. Die Einfuhr brachte Rohmaterialien wie Gold, Elfenbein und Alabaster, natürlich auch ägyptische Spezereien und Papyros, die Ausfuhr lieferte u. a. minoischen Purpur, Safran, wertvolle Hölzer, gewiß auch Weine und Öle. Vor allem aber waren die Erzeugnisse des minoischen Kunstgewerbes bis nach Mesopotamien hin geschätzt. In erster Linie spielte sich der minoisch-orientalische Verkehr zwischen den Höfen ab, doch wirkten auch bei ägyptischen Bauten minoische Werkmeister mit. In Vorderasien bezeichnete man die Insel damals als Kaptaru, in ägyptischen Texten wird sie später Keftiu benannt [27].

Kreta gehört zu den erdbebenreichsten Gebieten der Erde. Schon die verschiedenen Umbauten von Knossos, Phaistos und Mallia während der Ära der „Älteren Paläste" werden nicht zum wenigsten der Behebung seismischer Schäden gegolten haben. Vielleicht war es ebenfalls ein Erdbebenunglück, das die minoischen Paläste um 1700 v. Chr. zerstörte, doch bleibt die andere Möglichkeit offen, daß es sich um feindliche Einwirkungen handelte, wie sie von den Umwälzungen ausgingen, die damals durch Arier und Hyksos im Orient herbeigeführt wurden (hierzu noch S. 53 f.). Immerhin bedeutete diese Katastrophe für die minoische Kulturentwicklung keinen Abschluß. Alsbald wurden die Residenzen wieder aufgebaut, und schon begann die zweite, noch reichere Blüteperiode, die wir als die der „Jüngeren Paläste" bezeichnen. Der erste Abschnitt dieser neuen Glanzzeit fällt mit der Herrschaft der Hyksos in Ägypten zusammen. Mit diesen, besonders mit ihrem großen Herrscher Chian, scheint eine Art Freundschaftsverhältnis bestanden zu haben. In kultureller Hinsicht gelangten die Minoer damals zu höchster gewerblicher und und bildnerischer Meisterschaft. Wieder mag es eine kretische Thalassokratie gegeben haben, doch konnte sie im 17. Jahrhundert ein allmähliches Anwachsen der griechischen Fürstenmacht im festländischen Mykenai und Pylos nicht verhindern.

Bald nach 1600 wurde Knossos von einem neuen, schweren Erdbeben heimgesucht. Im Zusammenhang damit scheint eine Flutwelle die minoische Flotte so schwer getroffen zu haben, daß die kretische Seeherrschaft zusammenbrach. Zum ersten Mal konnten es die Griechen des Festlandes wagen, sich gegen die Vorherrschaft der bisher allgewaltigen Insel zu erheben. Sie erlangten vorübergehend die Oberhand im Ägäischen Meere, plünderten die Ruinen des knossischen Palastes, ja sie schlossen anscheinend sogar ein Bündnis mit Achmose, dem ersten Herrscher der XVIII. ägyptischen Dynastie, gegen die Hyksos. Den gemeinsamen Bemühungen gelang es in der Tat, um 1570 Ägypten zu befreien und die Hyksos zu vertreiben[28].

Noch einmal konnte sich aber Kreta erheben, und damit begann die zweite Stufe der „Jüngeren Paläste". Knossos wurde neuerdings aufgebaut, die Selbständigkeit wiedergewonnen, eine neue Flotte schützte die Insel. So vermochte man mit den mächtigsten Herrschern der XVIII. ägyptischen Dynastie, mit Hatschepsut und Thutmosis III., zu einem engeren Freundschaftsbündnis zu gelangen. Im Ägäischen Meer gab es wieder kretische Außenstationen, auf Melos und Thera, ferner auf Aigina, in Milet und vor allem auf Rhodos, ja die minoische Schiffahrt griff sogar bis nach den Liparischen Inseln aus. Im Innern erfreute sich die Insel eines außerordentlichen Wohlstandes. Das zeigt sich nicht nur an den drei großen Palästen, sondern auch an der Fülle der übrigen Herrenhäuser und Villen sowie an den Hafenstädten von Gurnia, Paläkastro und Pseira. Da zugleich auf der benachbarten Peloponnes die mykenische Gesittung aufblühte, können wir annehmen, daß es zwischen den beiden Mächten zu einem friedlichen Vergleich gekommen war.

Diese zweite Stufe der „Jüngeren Paläste" währte bis etwa 1470. Dann erfolgte eine entscheidende Wandlung, allerdings ganz ohne archäologisch erkennbare Katastrophe, d. h. ohne jede Zerstörung: Griechische Fürsten bemächtigten sich nun der Herrschaft von Knossos und damit der gesamten Insel[29]. Von Knossos aus führten sie gleichsam noch im minoischen Stil die Oberhoheit über Kreta weiter. Am kulturellen Habitus änderte sich vorerst so wenig, daß wir aus den Funden diesen Umschwung lange Zeit gar nicht erkennen konnten. Erst durch die Texte in Linearschrift B, welche in Knossos aus dieser Periode zutage traten, läßt sich jetzt mit Sicherheit schließen, daß nun griechisch sprechende (und schreibende) Fremdlinge die Nachfolge der minoischen Oberkönige angetreten hatten. So haben wir es hier mit einer dritten Phase der „Jüngeren Paläste" zu tun. Mit der minoischen Selbständigkeit war es jetzt zu Ende, doch noch nicht mit der minoischen Kultur.

Um 1400 erfolgte dann aber der letzte und entscheidende Schicksalsschlag, die endgültige Zerstörung des Palastes von Knossos. Daß schon seit etwa 1420 die Beziehungen zwischen Knossos und dem Festland erkalteten, glaube ich aus den nunmehr auftretenden Divergenzen im Kunstgewerbe zu erkennen. Vielleicht flammte die Rivalität zwischen Mykenai und Knossos neuerdings auf, obgleich nun in beiden Residenzen griechische Dynasten regierten. Ob Knossos um 1400 dann von Mykenai aus zerstört wurde oder ob ein Erdbeben dem Palast ein Ende bereitete, bleibt ungewiß. In diesen Zeiten gingen auch die übrigen kretischen Paläste und Herrenhäuser zugrunde und, was entscheidend wurde, viele griechische Siedler kamen ins Land, aber kein Palast, kein größeres Herrenhaus wurde je wieder aufgebaut. Offenbar duldete Mykenai von jetzt an auf der Insel keine selbständige Machtbildung mehr. Nun war es auch mit der minoischen Kultur zu Ende; sechshundert Jahre war sie so sehr von den Palästen gespeist worden, daß sie ohne diese nicht mehr bestehen konnte: mykenisches Wesen breitete sich auf Kreta aus. Wohl übernahm man viele Relikte aus minoischer Zeit, doch handelte es sich nur mehr um einzelne Elemente, denen die Geschlossenheit eines eigenen Systems schon ermangelte.

Soviel zur Silhouette der minoischen Geschichte, soweit wir sie aus den archäologischen Funden erahnen. Literarische Nachrichten gibt es nicht, denn die kretischen Tontafeltexte in Linearschrift A, welche aus der Zeit vor 1470 stammen, lassen sich kaum lesen und schon gar nicht übersetzen. Die Linear-B-Texte jedoch betreffen bereits eine griechische Ära (1470 bis 1400). Weit anschaulicher als die Geschichte spricht aber erfreulicherweise die minoische Kultur zu uns, mit der wir uns im folgenden beschäftigen wollen.

Zur minoischen Kultur

So sehr die Paläste von Mallia und Phaistos in Lebensstil, baulicher Anlage und kultureller Funktion dem Vorbild Knossos nacheiferten, bildete doch jede Residenz in ihrem engeren Bereich ein Zentrum von gleichsam universeller Bedeutung, ein Zentrum des Kultes, des guten Geschmacks, des höfischen Wesens, der Wirtschaft, des Gewerbefleißes und der grundherrschaftlichen Verwaltung. Man könnte die drei großen Paläste daher mit den „Tempelherrschaften" des

Tafel 1: Neolithische Tonstatuette aus Lerna. Es handelt sich um eine Darstellung der großen Fruchtbarkeitsgöttin. Die Beine sind nicht völlig ausgearbeitet. Herstellungszeit: Ende des 4. Jahrtausends v. Chr.

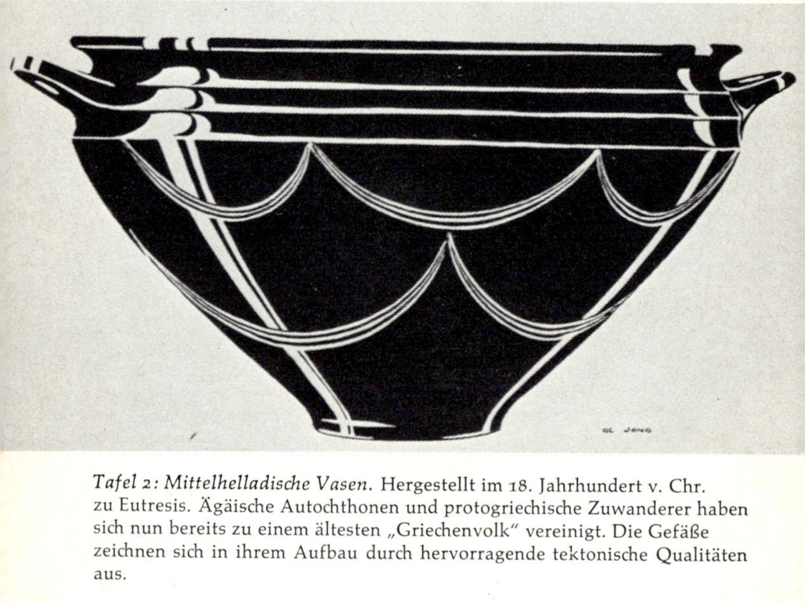

Tafel 2: Mittelhelladische Vasen. Hergestellt im 18. Jahrhundert v. Chr. zu Eutresis. Ägäische Autochthonen und protogriechische Zuwanderer haben sich nun bereits zu einem ältesten „Griechenvolk“ vereinigt. Die Gefäße zeichnen sich in ihrem Aufbau durch hervorragende tektonische Qualitäten aus.

Tafel 3: Minoische Palastkeramik aus Phaistos. Herstellungszeit 19. und 18. Jahrhundert. Die Pracht und der Phantasiereichtum des Dekorativen steht hier gegenüber dem Gefäßaufbau durchaus im Vordergrund.

Tafel 5, links: Marseiller Kanne. Spätminoische Palastkeramik, ca. 1500 v. Chr.

Tafel 4, unten: Krokospflücker aus Knossos. Wandgemälde, wahrscheinlich aus dem 17. Jahrhundert v. Chr. Man beachte die verträumte Stimmung dieser Gartenszene. Die Ergänzung des Kopfes als der eines Knaben (oder eines zahmen Affen) ist umstritten.

Orients vergleichen, nur war die Funktion der minoischen Residenzen noch universeller. Darum auch die Größe des Baukomplexes, die labyrinthartige Vielzahl und Vielfalt der Räume. So könnten wir jeden Palast als eine Stadt für sich bezeichnen, wenn uns nicht der enge Kontakt mit seiner urbanen Umgebung eines Besseren belehrte. Drängten sich doch bis in seine allernächste Nähe die Villen der vornehmen Würdenträger, und diese waren wiederum von den Quartieren des übrigen Volkes umgeben. So bildete der Palast nicht eine selbständige Stadt, sondern das Zentrum und die größte Verdichtung der städtischen Siedlung. Von hier strahlte alle Gesittung aus, zu den Vornehmen und weiter zum Volk, so daß alle urbanen Kreise am Höfischen irgendwie teilnahmen. Eine strenge soziale Scheidung zwischen Regierenden und Regierten scheint es unbeschadet aller palatialen Pracht auf Kreta kaum gegeben zu haben[30]. Die signorale Note des palatialen Umgangs beschränkte sich nicht auf die Würdenträger, sondern verbreitete sich im gesamten Volk. Wie heute im Süden, war es schon damals auf Kreta: auch der Ärmste hatte seine guten Umgangsformen, trug sich aufrecht und war es mitnichten gewöhnt, seinen Nacken zu beugen. Damit schlug aber die Geburtsstunde der ersten Hochkultur eines europäischen Stils, denn aus dem gleichsam freischwingenden Charisma der mittelmeerischen Urbanität ist die Gesittung Europas erwachsen.

Die Idee des Palastes wie die eines auf Prunkentfaltung bedachten höfischen Daseins entstammt wohl dem Orient und war von dorther entlehnt, doch gestaltete man dieses Lehngut gar bald in minoischem Geiste um. Als Sinnbild der Autorität galt nun nicht mehr der abweisende Ernst eines Machthabers von Gottes Gnaden, der schier unerreichbar über seinen Untertanen thront, sondern weit mehr schon ein feiner Geschmack und die glänzende Umgangsform eines Hofes, der sich selbst als höchste Steigerung urbaner Gesittung empfand. Dieser engere Zirkel hielt sich daher nicht streng isoliert, seine feine Art strahlte freigebig aus und erhob auch den Bürger in höhere Sphären. So hat man den Eindruck, als ob hier — sogar über den Kreis des Hofes hinaus — erstmalig der europäische „Kavalier" und die europäische „Dame" geboren wurden. Im Orient haben wir hierzu nichts unmittelbar Vergleichbares, denn überall stand dort die Tatsache des Untertanenverhältnisses im Vordergrund und drückte irgendwie auf den Lebensstil. Erst auf Kreta atmete man, wie uns dünkt, eine freiere Luft. Zweifellos war hierfür vor allem die Landesnatur verantwortlich. In den kompakten Landmassen des Morgenlandes konnten sich nur allzu leicht despotische Großherrschaften bilden, im kleinräumigen Kreta jedoch mußten auch Oberkönige Kleinkönige bleiben. Erhöhte Macht bot höchstens noch die Schiffahrt, aber gerade der enge Kontakt mit dem Meere tilgte zugleich den Abstand. Seefahrer eignen sich ja nicht zur Untertanenschaft, denn Seeluft und Seedienst formt freiere Menschen. Daher bei Phoinikern, Karthagern und Tyrsenern eine freiere Urbanität als in Memphis, Niniwe und Babylon, daher das freie Wesen vor allem bei den Kretensern.

Noch vor einem halben Jahrhundert wußten wir von der minoischen Kultur kaum mehr, als die Sagen von Minos und Rhadamanthys, von Theseus, Ariadne und Pasiphaë berichten. Erst die Ausgrabungen der letzten Jahrzehnte haben uns die Paläste, Herrenhäuser, Städte und auch die Grabanlagen der minoischen Zeit erschlossen. Leider ist es nur wenig, was sich an Schriftdenkmälern der Zeit vor 1470 gefunden hat. Die minoischen Bilderschriftsysteme der Älteren Paläste können wir überhaupt nicht entziffern, die oben erwähnte Linearschrift A, die vor allem zwischen 1700 und 1470 blühte, nur zum Teil. Auch verstehen wir ihre Sprache nicht und handelt es sich bei den meisten Texten um Buchungsbelege. Für Literarisches wie für politische Akten wurden vergängliche Schreibstoffe, besonders wohl Papyros, verwendet, die sich im feuchten kretischen Klima nicht erhalten konnten. So bleiben uns nur die achäologischen Funde als Zeugen der minoischen Gesittung. Diese unterrichten uns natürlich nur einseitig, geben aber doch sehr eindrucksvolle Kunde von der hohen technischen und künstlerischen Begabung der alter Kretenser.

In technischer Hinsicht zeigten die Minoer Wachheit und hohe Eignung. Ihre Ingenieure erwiesen sich im Straßen= und Brückenbau, bei Verwendung vorkragender Gewölbe zu Brunnenhäusern und Kuppelgräbern, in der Anlage von Kanalisationen, ja selbst in der Ausnützung des Gesetzes der kommunizierenden Röhren als ebenso einfallsreich wie bahnbrechend. Auch im Schiffsbau dürften sie durch lange Zeit führend gewesen sein. Die Meinung, daß erst die mykenischen Griechen Sinn und Begabung für technische Errungenschaften aufgebracht hätten, muß somit als durchaus irrig bezeichnet werden. Wohl haben letztere die minoische Technik erstmalig für Befestigungskunst und Monumentalbauten verwendet, die eigentlichen Erfinder scheinen aber in Kreta daheim gewesen zu sein. Ihr technisches Vermögen bildete zugleich die materielle Grundlage für die Entfaltung der minoischen Künste.

Für die hohe Stufe der minoischen Baukunst zeugen vor allem die bereits erwähnten Paläste. Um einen rechteckigen Mittelhof, der offenbar auch festlichen Veranstaltungen diente, gruppierten sich als geschlossener, in mehrere Stockwerke geschichteter Baukomplex schier unzählige Repräsentationsräume, Wohngelasse, Werkstätten und Magazine, untereinander durch Korridore und Treppenhäuser verbunden, aufgelockert durch Säulenhöfe, Lichtschächte und Terrassen. Dabei legte man auf eine praktische, geschmackvolle Anordnung im Inneren viel größeres Gewicht als auf irgendwelche Fassadenwirkungen der Außenfront. Auf Schönheit und Farbenpracht der Räume, auf den Lichteinfall, auf den Durchblick durch Korridore und Treppenhäuser kam es den minoischen Baumeistern an, um auf diese Weise Rahmungen und Hintergründe zu schaffen für die sich darin bewegenden gepflegten Menschen. So stand hier nicht das Sachliche des Baues, das Bauen „an sich", sondern das Menschliche voran, ein höchst bedeutsames Prinzip und zugleich eine der Wurzeln für die Entfaltung der minoischen Gesellschaftskultur (dazu noch S. 51 f.).

Der Dekoration der Wände und Gebrauchsgegenstände dienten die Künste der Maler, Plastiker, Metallurgen und Steinschneider. Die künstlerischen Bemühungen entfalteten sich dabei in ganz anderer Weise als später bei den Hellenen. Seit der Jüngeren Steinzeit herrschte auf der Insel ein gleichsam naiver Naturalismus mit seinen oft geradezu genrehaft anmutenden Tierbildern, zu dem sich auf Sie=

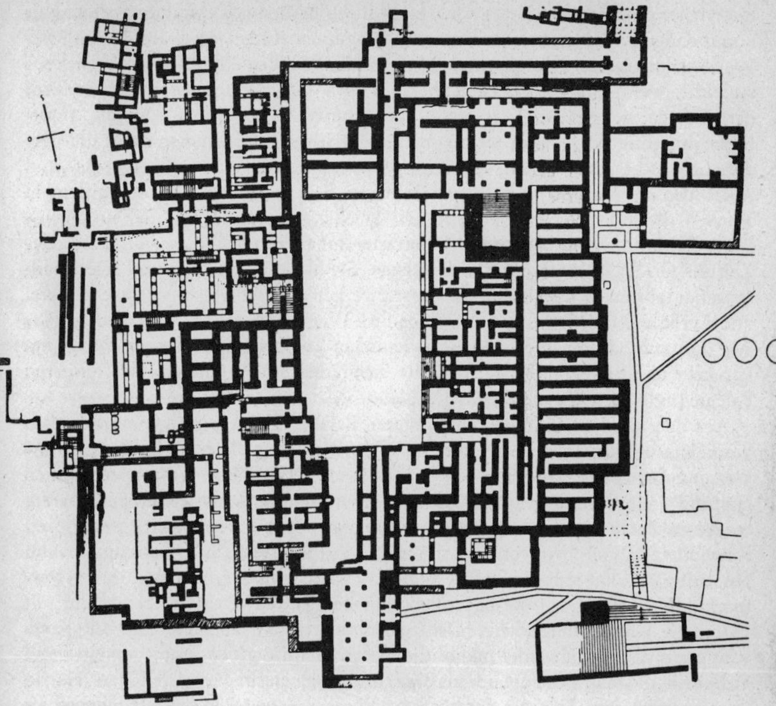

Plan 2: Der Palast von Knossos

geln der Frühbronzezeit Genreszenen des menschlichen Alltagslebens gesellten. Auf dem Gebiet der Dekoration war man bis dahin ganz unschöpferisch geblieben. Mit Beginn der Ära der Älteren Paläste wandelte sich aber die geistige Situation: die abbildenden Künste sahen sich nun von einem plötzlich erwachenden Interesse am Dekorativen und Ornamentalen in den Hintergrund gedrängt. Nun dominierte der Schmucktrieb, dominierte das Ornament. Dabei stellte sich allenthalben eine große Vorliebe für Farbenpracht ein. Dies alles offenbarte sich mit unerhörtem Reichtum an schöpferischer Phantasie in zahllosen Einzelgestaltungen (vgl. Tfl. 3). Manche analoge Neigung kehrt später in der griechischen Kunst wieder, so vor allem der Farbenreichtum des Dekorativen in der Architektur der hellenischen Tempel.

Erst seit Beginn der Jüngeren Paläste wandten sich Malerei und Reliefplastik mit neuen Impulsen der figuralen Szene zu. Mit Vorliebe bemühten sie sich nun um die Wiedergabe von Bewegungsbildern und gelangten hierin zu einer seither nie wieder erreichten Meisterschaft. Auch die so berückende Stimmung traumhaft anmutender Gartenszenen ist kaum einer anderen Kunst je wieder in ähnlicher Weise gelungen. So erleben wir mit, wenn die Wildkatze den Paradiesvogel beschleicht, wenn sich eine schemenhafte dunkle Gestalt blumenpflückend durch den Garten bewegt (Tfl. 4), wenn die Schmetterlinge einen schönen, fürstlichen Jüngling umgaukeln. Neben diesen lyrischen Impressionen dann die nervenaufpeitschenden Szenen des Stierspringens, des Boxens und Ringens, und schließlich die entzückenden Genrebildchen z. B. von auf dem Boden kauernden Knaben, die sich an einem Spiel erfreuen. Wieder eröffnet sich uns hier ein unendlicher Reichtum an schöpferischer Phantasie, nur mangelt all dieser Bildkunst der Zug ins Große, Tektonische und Erhabene. Sie bleibt Kleinkunst und feiert nach tausend Jahren in den höchsten Meisterwerken der hellenischen Vasenmalerei und Lyrik, bei Exekias und Archilochos ihre Wiedergeburt. Zur hellenischen Plastik und zum tektonischen Aufriß hellenischer Tempel führt dagegen von Kreta her kein unmittelbarer Weg. Auch die so prächtige Vasenmalerei der jüngeren Paläste (vgl. Tfl. 5) fand später keine Nachfolge.

Aus den Bilddarstellungen der Jüngeren Paläste lernen wir einen soziologisch besonders bedeutsamen Zug des minoischen Wesens genauer kennen, die Hochwertung des Weibes im Sinne der bereits S. 15 besprochenen „mutterrechtlichen Haltung". Sie stammt aus den Urzeiten der mittelmeerischen Ackerbaukulturen, wurde in der übrigen Welt aber gar bald von mehr vaterrechtlich gesonnenen Zuwanderern, vor allem von Semiten und Indo-Europäern, ihrer Geltung beraubt. Nur auf Kreta hat sich die „mutterrechtliche" Einstellung freier zu entfalten vermocht. Hier lernen wir sie in Vollendung kennen, soweit dies eben allein mit Hilfe von Bildern möglich ist. Den Siegelbildern nach verehrte man auf Kreta weit mehr als irgendwelche männliche Gottheiten die große Fruchtbarkeits- und Erdgöttin, die man sich zugleich als Berggöttin, Gebieterin der wilden Tiere, Herrin der Unterwelt und Trägerin der höchsten Macht vorstellte. In letzerer Eigenschaft schrieb man ihr das erhabenste Machtsymbol, die Doppelaxt, zu. Als Unterweltsgöttin zog man ihr heilige Schlangen, auch betete man in stillen Palastkapellen zu ihr um Bewahrung vor Erdbeben. Mit alledem hängt zusammen, daß nicht so sehr Männer als Frauen den priesterlichen Dienst ausübten, Opfergaben darbrachten, die heiligen Bäume niederbeugten, den sterbenden Frühjahrsgott beklagten und den Reigen beim heiligen Ölbaumhain tanzten. So sehr war der kultische Auftrag mit dem weiblichen Geschlechte verbunden, daß sich oft Männer, wollten sie Priester sein, in Frauengewänder warfen.

Auch im profanen Leben spielte die Frau, und zwar in ihrer Eigenschaft als höfische Dame, eine bevorzugte Rolle. Allenthalben beobachten wir an den Fresken, wie ihr (und nur ihr) der Ehrenplatz eingeräumt wurde, auch durfte sie zu ihrem Schmuck alles nur mögliche aufbieten. Nachgeordnet war im gesellschaftlichen Rang der höfische Kavalier, der in den Abbildungen mit seiner übertriebenen Grandezza mitunter fast stutzerhaft wirkt.

Dem höfischen Geschmack entsprachen die minoischen Kleidermoden: die tiefausgeschnittenen Roben und eng zusammengepreßten Taillen der Damen, die kaum minder eleganten Gürtungen der Herren, die Lockenfrisuren beider Geschlechter und all ihr so reichlicher Schmuck. Dem nämlichen überfeinerten und gleichsam femininen Geschmack entsprachen das zierliche Kunstgewerbe und der lyrisch verträumte Zug in der Bildkunst.

Da das weibliche Geschlecht in kultischer und gesellschaftlicher Hinsicht eine so maßgebliche Rolle spielte und sogar den Geschmack maßgebend bestimmte, dürfte ihm auch in rechtlichen Belangen eine bevorzugte Stellung eingeräumt gewesen sein. Ähnliches finden wir ja auch im benachbarten Anatolien und in einigen „mutterrechtlichen" Kulturrelikten Westeuropas[31].

Aus den Fresken gewinnen wir eine Vorstellung von dem ungezwungenen Zusammenleben der verschiedenen Schichten: In der Darstellung der großen minoischen Feste ist das ganze Volk im selben Götterglauben, in derselben Schau- und Festesfreude vereint, nur die vornehmen Frauen nehmen einen besonderen Rang ein. In diesem Zusammenhang verdient es auch Beachtung, daß es auf Kreta bis 1470, soweit wir wissen, niemals irgendwelche fremde Erobererschichten gegeben hat.

Können wir also von einer in soziologischer Hinsicht ziemlich breiten Fundierung der minoischen Kultur sprechen, so muß es doch unser Erstaunen, ja unsere Bewunderung erwecken, daß diese Insel, deren Territorium nicht größer ist als ein Viertel der Schweiz, aus Eigenem eine Hochkultur zu erzeugen und sechshundert Jahre hindurch immer wieder mit Hilfe neuer Schöpfungsakte in blühendem Leben zu halten vermochte. Wenn wir uns nicht täuschen, war es gerade die zusammengedrängte Lage von kleineren Zentren, die sich begünstigend auswirkte. Sie bot einen ähnlichen Antrieb wie das Nebeneinander von Chalkis, Eretria, Korinth, Megara, Athen und Aigina in der hellenischen Zeit, oder das von Florenz, Pisa, Siena, Ferrara, Mailand und Venedig in der Renaissance; auch das Nebeneinander sumerischer Städte wie Nippur Ur, Uruk oder der nachbarliche Wettstreit der ältesten ägyptischen Gaue ließe sich als Parallele anführen, nicht minder die Vielzahl der deutschen Kleinstaaten zur Goethe-Zeit. Wenn Knossos auf Kreta eine Art Vorherrschaft innehatte, so braucht das einen kulturellen Wettstreit (an dem sich mehr noch Phaistos als Mallia beteiligt haben mag) keineswegs ausgeschlossen zu haben. Wohl lehren uns unter anderem die Beispiele des modernen Europa, daß politische Zersplitterung nicht als unbedingte Voraussetzung für das Bestehen einer Hochkultur anzusprechen ist, doch steht außer Zweifel, daß staatliche Weiträumigkeit eine mehr materialistische Auswalzung des Kulturellen nach sich zieht, und daß es immerzu Zentren mit geringem Territorium waren, die in ihrem Wettstreit den besten Schauplatz für geistige Höchstleistungen bildeten.

So hoch wir die sachlichen Leistungen Kretas einzuschätzen haben, ihre bedeutendste schöpferische Großtat lag doch in der Begründung einer ersten europäischen Gesellschaftskultur. Die Form des Umgangs von Mensch zu Mensch als bevorzugten Kulturinhalt aufzufassen, war nicht allen Völkerschaften gegeben. Hiezu bedurfte man jenes temperierten Schönwetterklimas, das West- und Südeuropa und die Levante auszeichnet. Weiter südlich wurden die Leute von der

Hitze in die Häuser getrieben, weiter nördlich zwangen Kälte und Regen zu abständigem häuslichem Leben; das freundliche kretensische Klima weckte das bunte öffentliche Treiben der Minoer, wie es die Bilder uns zeigen, die Freude an Geselligkeit, an Versammlungen, Aufzügen und Festen, vor allem aber am öffentlichen Zusehen, das dem Stierspringen, den heiligen Tänzen, Prozessionen, Erntefestzügen oder wem immer sonst galt. Der große Stadtplatz von Gurnia, die Zentralhöfe der Paläste, die Zuschauergalerien an den Seitenplätzen der Residenzen von Phaistos und Knossos dienten solchen Veranstaltungen als Schaubühne festlichen Treibens.

Die Betonung des Gesellschaftlichen lag in der Richtung einer konsequenten Verfolgung der Idee des urbanen Zusammenlebens. Urbanität führt indes noch zu etwas anderem, zur Spezialisierung im Sachlichen. Auch hierin hat Kreta ohne Zweifel Beträchtliches geleistet, doch ohne diese Sachlichkeit neben dem weit höheren Interesse am Menschlichen allzu eifrig zu verfolgen. Das bedeutete ein Plus, zugleich aber auch ein gewisses Minus, stellen wir doch neben einer unleugbaren Höchstleistung und Höchststeigerung des Menschlich-Gesellschaftlichen auch einige Defizit-Phänomene im Sachlichen fest, so eine gewisse Verspieltheit und die übermäßige Freude am Verträumten, Ungefähren und Niedlichen. Bei den einwandernden indo-europäischen Stämmen sollte es sich später fast umgekehrt verhalten. Hier wurde mitunter weit mehr Gewicht auf Sachlichkeit gelegt, das Gesellschaftliche dagegen nicht zur richtigen Freiheit und Selbstverständlichkeit gebracht, ja das Menschliche schier gefährdet. Darum erst bei den späteren Hellenen die Höchstleistungen im Tektonischen, Architektonischen und Monumentalen, in Politik, Philosophie, großer Kunst und Wissenschaft, während gleichzeitig das Gesellschaftliche nur allzu oft von Zerfall oder Verkrampfung bedroht war. Wir erkennen damit schon hier, was sich uns später immer wieder zeigen wird, daß man nicht alles gleichzeitig (oder wenigstens nicht alles gleichzeitig im Höchstmaß) besitzen, entwickeln und verwirklichen kann. Freilich dürfen wir nicht vergessen, daß auch die spätere Antike bei aller Sachlichkeitsneigung das Menschliche doch niemals völlig preisgab (s. S. 430 f.).

So spielte denn vielerlei zusammen, um diese schillernde, leuchtende, schimmernde Welt zu erzeugen, die so merkwürdig an romanische Gesittungen des Abendlandes gemahnt, im Künstlerischen an das Frankreich der Impressionisten oder Debussys erinnert, im Gesellschaftlichen aber seine besten Analogien im modernen Italien findet. Eine Welt also, die uns völlig unorientalisch, dafür aber um so europäischer anmutet.

Wenn die Regierung von Knossos schließlich auf die mykenischen Griechen überging und die minoischen Paläste für alle Zeiten in Trümmer fielen, so lag das wohl daran, daß Kretas Schöpferkräfte versiegt waren. Denn vorher, solange die Entwicklung noch zeugungsstark Neues zu Neuem fügte, konnten wohl Erdbeben und fremde Räuber die Paläste zerstören, doch erstanden sie alsbald wieder, so wie Athen nach der persischen Katastrophe von 480 wiedererstand. Als aber nach sechs schaffensstarken Jahrhunderten der Neuaufbau ausblieb und fremdes Volk auf die Dauer zur Macht gelangte, da mag das gleiche geschehen sein, was später die Griechen durch Makedonien und Rom, die Römer aber durch Germanen, Slaven und Araber erfuhren: das Gerüst des politischen Daseins wurde niedergerissen, nachdem sich seine schöpferische Kulturaufgabe und damit sein geschichtlicher Sinn erfüllt hatte.

Streitwagen=Adel im Orient

Seit dem Anfang des 16. Jahrhunderts bildete die mykenische Gesittung gleichsam die Konkurrenz zur minoischen Kultur, seit 1400 wurde sie sogar ihre Nachfolgerin, ihr müßten wir uns somit zuwenden. Da aber der mykenische Lebensstil wesentlich vom ritterlichen Sport und Kampf auf dem Streitwagen bestimmt wurde, ist es nötig, erst die geschichtliche Rolle und Bedeutung dieser neuen Waffe zu klären.

Wie bereits S. 38 angedeutet, waren die Erfinder des Streitwagens jene arisch=hurritischen Elemente, die sich irgendwo im Norden Mesopotamiens zu einem neuen Volksverband zusammengefunden hatten. Als „Arier" bezeichneten sich bekanntlich verschiedene indo=europäische Völkerschaften, die zur südöstlichen Stammesgruppe der indo=europäischen Völkerfamilie zählten. Daher benennen wir heute einfach alle Völker als „Arier", die sprachlich dieser Südostgruppe angehörten. Die ältesten Sitze der arischen Gruppe befanden sich in den eurasischen Weiten am Schwarzen Meer, am Kaspi= und Aral=See. Einige Schwärme scheinen sich aber schon früh des kaukasischen, transkaukasischen oder armenischen Gebietes bemächtigt zu haben, wo sie dann die Symbiose mit den ackerbautreibenden Hurritern eingingen. Dabei dürften die Arier eine Art Oberschicht gebildet haben, doch nahmen sie, da zahlenmäßig gering, immer mehr die hurritische Sprache an.

Hier, im kaukasisch=armenischen Bereich, wurde anscheinend der leichte Streitwagen erfunden, der nun auf Jahrhunderte zu einer völligen Umgestaltung des Kriegswesens führte[32]. Zum erstenmal trat das Pferd in den Dienst des Menschen und wurde Kriegstechnik in Richtung auf Ritterlichkeit vorangetrieben. Die edlen Rosse bedurften ja der entsprechenden Wartung, das Dahinhetzen auf schnellem Wagen aber eines Trainings, das nur dann Erfolg haben konnte, wenn man es schier zum entscheidenden Lebensinhalt machte. Damit wurde zum erstenmal in der Geschichte Schnelligkeit zum heiß erstrebten Hochwert und kam es im Wettrennen zum Kampf um ihre höchste Steigerung. Eine erste Seite sportlichen Ehrgeizes wurde damit im Buch der Geschichte aufgeschlagen, auch bildete sich erstmalig der neue Typus des ritterlichen Menschen, dem Waffen, Rosse und Hunde, Kampf, Jagd und Streit Inhalt seines Daseins waren. Ein feudaler Lebensstil begann, man schuf sich einen eigenen ritterlichen Komment, auch eine eigene Standesbezeichnung (als „mariannu"). Die militärischen Erfolge, die man durch die neue Waffe erzielen mochte, versprachen gewaltig zu werden.

Vergebens suchten sich die Nachbarn in Mesopotamien beizeiten eine hinreichende Zahl ähnlicher Rosse und Wagen zu beschaffen: im 18. Jahrhundert nützten die Arier ihre Überlegenheit zum entscheidenden Schlag. An der Spitze der Hurriter brachen sie in die vorderasiatischen Ebenen ein und unterwarfen nun Obermesopotamien, wo sie den Mitanni-Staat gründeten, weiter Syrien, Palästina und wohl auch Ägypten. Im östlichen Anatolien scheinen sie gleichfalls für einige Zeit die Herren gespielt zu haben. Jedenfalls brach dort das Netz der assyrischen Handelskolonien zusammen, und die anatolischen Inlandsrouten kamen außer Gebrauch. Eine andere Gruppe von Ariern trat im Bereich des Zagros-Gebirges an die Spitze der dortigen Kassiten-Bevölkerung und eroberte nach langjährigen Kämpfen Babylonien. Hier herrschten sie als die sogenannte Dritte Dynastie von Babel, assimilierten sich aber in Sprache und Wesen rasch dem dortigen Semitentum. Im ganzen gesehen handelte es sich bei all diesen arischen Siegen um etwas Gewaltiges und Furchtbares, waren in Babylon und Assyrien damals doch mächtigste Dynastien in Blüte gestanden, die unter keiner inneren Schwäche litten. Die neue Streitwagenwaffe schuf aber eine völlig ungeahnte Situation, sie bildete eine *vis maior* — ähnlich wie später die Feuerwaffen gegenüber Azteken und Inkas. Ihrer Schockwirkung ist der Orient damals erlegen.

Infolge der geringen Zahl der arisch-hurritischen Oberschicht konnte sich ihre Herrschaft in Ägypten und Vorderasien nur so lange halten, bis sich die Unterworfenen mit der Technik des Wagenkampfes genügend vertraut gemacht hatten und in Besitz hinreichend vieler Wagen und Rosse gekommen waren. Das geschah in Ägypten um etwa 1570 durch die XVIII. Dynastie, die in ihrem Freiheitskampf anscheinend auch von den Königen von Mykenai unterstützt wurde (dazu S. 55 f.), in Anatolien vor allem durch die Hethiter, die in Abwehr der Arier schließlich ein großes Reich begründeten. In Mesopotamien aber spielten nunmehr die Assyrer Streitwagen gegen Streitwagen aus und verstärkten zwischen Mitanni und Babylonien ihr ehrgeiziges Staatswesen.

Unter dem mildernden Einfluß der hethitischen Außenpolitik kam es seit dem 14. Jahrhundert zu einem Gleichgewicht der Großmächte[33]. Die einzelnen Herrscher verzichteten auf die üblichen orientalischen Weltherrschaftspläne und erkannten sich gegenseitig als gleichberechtigte „Großkönige" an. So vertrugen sich die Dynastien der Hethiter, der Ägypter, Mitannis und Babylons. Mit der Zeit verstanden es auch die assyrischen Könige, sich die Anerkennung dieses Ranges zu erzwingen, ja selbst ein griechischer Herrscher — wohl der von Mykenai — wurde zeitweilig als „Großkönig" angesehen[34]. Zwar gab es zwischen 1400 und 1200 manche Kriege, so zwischen Hethitern und Ägyptern, zwischen Assyrien und Mitanni, aber immer wurde das Gleichgewicht grundsätzlich beibehalten, von keiner Seite wurde die Weltherrschaft angestrebt. Das indo-europäische Element erfuhr in dieser Staatengemeinschaft allerdings eine ständige Minderung: die Arier in Babylonien waren bereits völlig semitisiert, Mitanni verlor unter den assyrischen Schlägen schließlich seine Großmachtstellung. Nur das Hethiterreich blieb bis 1200 in Blüte, vermochte auch Nordsyrien und zeitweise Nordwestmesopotamien zu behaupten. Wir werden darauf bei Besprechung der mykenischen Übersee-Expansion nochmals zurückkommen.

Die Entstehung der mykenischen Kultur

Während die minoischen Paläste seit ewa 2000 v. Chr. in Blüte standen, vollzog sich auf dem griechischen Festland die Bildung des griechischen Volkes und einer Kultur, die wir als die „mittelhelladische" bezeichneten und die wir wegen ihrer statischen Verhaltenheit und konservativen Art mit der tausend Jahre jüngeren „geometrischen Kultur" des Hellenentums verglichen (dazu S. 83 ff., 89 ff.).

Hätte es in der Nachbarschaft dieser mittelhelladischen Griechen keine minoischen Paläste gegeben, so würde es ihnen vielleicht vergönnt gewesen sein, von sich aus eine dynamische Hochentwicklung ihrer Gesittung zu beginnen. Durch die Nähe und die schließlich erfolgreich durchbrechende Strahlkraft der minoischen Palastkultur blieb den damaligen Griechen jedoch diese Ungestörtheit im Aufbauen und Ausreifen versagt. Bis um 1700 v. Chr. verhielten sie sich gegenüber minoischen Einflüssen ablehnend, dann aber begannen die Fürsten von Mykenai nach Schmuck, Goldbechern und Waffen aus minoischen Meisterhänden zu begehren: wir erkennen, wie sie allmählich in den Bannkreis der Paläste Kretas gerieten.

Aus dieser Zeit stammen nun die sogenannten „Älteren Schachtgräber", die Papadimitriu 1952—1954 ausgegraben hat. Mit ihrer meist noch mittelhelladischen Keramik setzten sie festländische Traditionen fort. Auch der sie umgebende Steinkreis, die Stelen und eine Totenmaske (Tfl. 6 B) sind unkretisch. Die Waffen und Beigaben lassen zwar minoische Importe erkennen, doch ist kaum ein Stück darunter, bei dem ein minoischer Meister auf den etwas rustikaleren und gröberen Geschmack der festländischen Griechen Rücksicht genommen hätte[35]. Nur das Siegelbild von Tfl. 6 A beweist, daß sich damals ein minoischer Meister bereit fand, einen mykenischen Fürsten zur porträtieren. Im übrigen zeigen sich die beiden Welten noch durch einen weiten Abstand voneinander getrennt, aber wir befinden uns bereits an der Wende zu einer neuen Zeit.

Am Beginn des 16. Jahrhunderts setzte mit der Entstehung der „mykenischen" Kultur das Späthelladikum ein. Anlaß scheint mir das große Erdbeben gewesen zu sein, das bald nach 1600 den Palast von Knossos in Trümmer legte. Die minoische Flotte dürfte damals durch eine Flutwelle zerstört worden sein (vgl. dazu schon S. 45). Wenn nicht alles täuscht, ergriffen die Fürsten von Mykenai diese Gelegenheit zu ihren ersten überseeischen Unternehmungen. Als Plünderer traten sie in Kreta auf, und noch bei den modernen Ausgrabungen konnte man feststellen, wie in Knossos die kultischen Schreine seinerzeit von räuberischen Händen nach Wertgegenständen durchwühlt worden waren. Doch begnügten sich die Eindringlinge anscheinend nicht mit solchem Beutegut, sie entführten auch minoische Werkmeister nach dem Festland und zwangen sie (ähnlich wie es griechischen Künstlern später von den Persern geschah), in der feindlichen Residenz nach mykenischem Geschmack Darstellungen von Jagd und Kampf auf Silbergefäßen, Goldringen und (in Einlegearbeit) auch auf Schwertklingen anzubringen.

Nach diesem ebenso erfolgreichen wie gewalttätigen Auftreten in Kreta sandten die mykenischen Fürsten Hilfstruppen anscheinend auch nach Ägypten und unterstützten die Herrscher der XVIII. Dynastie bei der Vertreibung der Hyksos (s. o. S. 54), die bis dahin ihre Fremdherrschaft mit Hilfe der Streitwagen aufrechthielten. Doch verwandten nun auch die Ägypter die gleiche Waffe, so daß die mykenischen Griechen das neue Kriegsmittel kennenlernen konnten. Es läßt sich verstehen, daß die mykenischen Recken gierig darauf waren, nun gleichfalls Streitwagen zu erwerben, geeignete Rosse zu züchten und das schwierige Fahren zu erlernen. Voll Stolz schmückten ihre Fürsten die Grabstelen mit Szenen der Wagenfahrt (Tfl. 7 A). So wurden sie gar bald zu passionierten Rennfahrern und Wagenkämpfern. Nun erging es ihnen nicht anders als vorher den Ariern und Hurritern: auch die Streitwagenherren von Mykenai sahen sich durch ihre eigene Waffe zu Rittern umgeformt. Eine militante Oberschicht bildete sich heraus, die aus Fahren und Wagenkämpfen eine gewaltige kriegerische Überlegenheit gewann. Gewiß erhob sie sich auch politisch und wirtschaftlich über das übrige Volk. Sie setzte sich in der Lebensweise und in den Anschauungen von den Mitbürgern ab und bildete wohl in jeder Hinsicht einen eigenen Stand, der über einen eigenen Komment und eine eigene öffentliche Meinung verfügte[36].

Schon S. 33 f. wiesen wir darauf hin, wie sehr die indo-europäischen Zuwanderer vom personalen Vereinsprinzip bestimmt waren. Das hatten sie auch bei der Einwanderung nach Griechenland und selbst bei der Vermischung mit den ganz „unpersonalen" Einheimischen beibehalten. Nun erwuchs aber aus diesem allgemeineren Personalzusammenhang noch ein speziellerer des Ritterstandes. Mögen für ein solches Zweischichtenprinzip schon in mittelhelladischer Zeit irgendwelche Ansätze vorgelegen haben, jetzt, durch die Einführung des Rittertums, wurde diese Zweischichtigkeit erst mit voller Schärfe durchgeführt. Das sollte für alle Zukunft der Hellenen von großer Bedeutung werden, denn von den mykenischen Rittern führt eine ununterbrochene Tradition zum Adel der späteren Hellenenzeit.

Zwischen 1600 und 1570 erfuhren die Griechen also entscheidende Begegnungen sowohl mit der höfischen Hochkultur Kretas, als auch mit der nach ritterlicher Haltung verlangenden neuen Waffe. Dabei erwies sich der Streitwagenkampf als die weniger spezifische Einwirkung, denn Ritterschaft bildete sich überall dort, wo die schwere Waffe des Streitwagens eingeführt wurde, und später finden wir Ritterstände auch im Zusammenhang mit dem Reitertum oder der schweren Panzerung bei vielen Völkern. Sie zeitigte überall dieselbe Koinzidenz der gegenständigen Extreme, hier Tapferkeit, Vornehmheit und Edelmut, dort Rücksichtslosigkeit, Überheblichkeit und engstirniger Kastengeist (immer ein Plus durch ein Minus erkauft und bezahlt, denn nichts in der Welt entbietet sich ohne solchen Preis). Daß manches an diesem kriegerisch-feudalen Wesen mit Traditionen der indo-europäischen Urvergangenheit zusammenklang, begünstigte bei Ariern und mykenischen Griechen die Ausbildung dieser Geisteshaltung.

Demgegenüber brachte nun der enge Kontakt mit Kreta eine höchst spezifische Bindung an die minoische Kultur, die nicht anders denn als Abhängigkeit bezeichnet werden kann. Wohl mußten die mykenischen Herren Kreta bald nach ihrem überseeischen Raid wieder räumen, und die minoischen Paläste erstanden dort (wie auch schon S. 33 erwähnt) erneut in Macht und Pracht. Die kulturellen Fol-

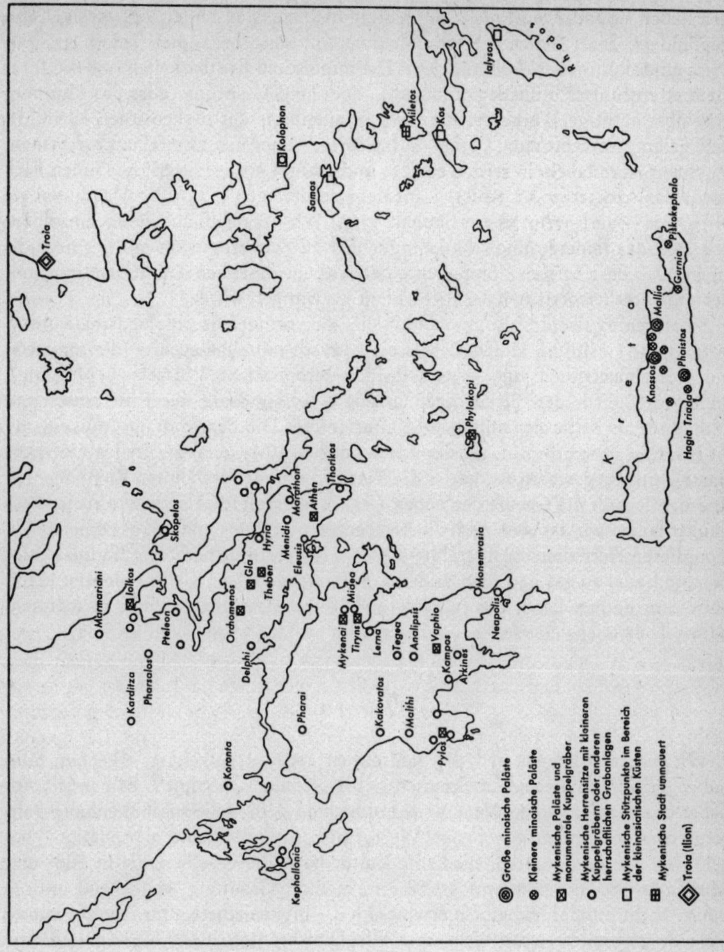

Karte 2: Minoische und mykenische Residenzen

gen ließen sich aber nicht mehr rückgängig machen. Man hatte zuerst gesiegt und geplündert, dann wenigstens die Gleichberechtigung behauptet, jedoch um den Preis einer kulturellen Abhängigkeit. Die minoischen Kostbarkeiten und die ihrer Heimat entführten Künstler, minoische Mode und Gesittung, alles das übte nun eine übermächtige Werbekraft aus. Ob es allerdings der mykenischen Weiblichkeit gelang, so recht zur „Dame" aufzusteigen, muß uns zweifelhaft erscheinen, zu einem Auchdabeisein reichte es aber immerhin. Lernten ritterliche Frauen doch sogar das schwierige Kutschieren auf dem Streitwagen (Tfl. 7 B). Das übten sie eifrig aus — auch wenn es zur Sauhatz ging! Wir erkennen aus dieser Einzelheit, wie sehr das feinere minoische Lehngut hier zu Kompromissen mit der urwüchsigen, weit rustikaleren Komponente der mittelhelladischen Traditionen und mit der sportlich-kriegerischen der Ritterschaft gezwungen wurde.

So waren es also drei Komponenten, die die von uns als „mykenische Kultur" bezeichnete Gesittung bildeten, eine einheimisch-mittelhelladische (die ihrerseits aus mittelmeerischen und griechisch-indo-europäischen Wurzeln hervorging), weiter die durch den Streitwagen erzeugte Komponente der Ritterschaft und schließlich als dritte der minoische Kultureinfluß. Die Bezeichnung „mykenisch" ist insofern gerechtfertigt, als der Fürstenhof von Mykenai zweifellos die wichtigste Zentrale gewesen ist, in der die Vermischung der erwähnten Komponenten und damit auch die Geburt der neuen Gesittung erfolgte. Als weitere Ausgangspunkte haben wir daneben noch die Residenzen von Pylos und Iolkos zu nennen[37]. Von diesen Herrschersitzen strahlte die neue Ritterkultur nach dem übrigen Griechenland aus, zuerst nach den anderen mittelhelladischen Kleinresidenzen, dann nach dem flachen Land, das in Süd- und Mittelgriechenland sowie in manchen Teilen Thessaliens erst seit 1400 davon völlig erfaßt wurde (vgl. Karte 2).

Die Achäer-Nation

Wie sich aus Homer und aus zahlreichen anderen Anzeichen erkennen läßt, haben sich die mykenischen Griechen selbst „Achäer" benannt[38]. Es handelt sich dabei offenbar um einen Namen, der nicht bloß dem Volkszusammenhang galt, sondern schon jenem gehobenen Wertbegriff, den wir heute als „Nation" bezeichnen. Schon die mittelhelladische Kultur hatte die Griechen, die in Süd- und Mittelgriechenland eingewandert waren, in ihrer Gesittung weitgehend uniformiert. Nicht minder einheitlich erwies sich die mykenische Kultur. Wohin immer sie sich verbreitete, schritt sie über alle Dialektunterschiede hinweg und war überall vollkommen gleich: überall hatte man das gleiche Kunstgewerbe, die gleiche Schrift (Linear B; vgl. S. 60 und 65) und die gleiche Schriftsprache. Bei solcher Einheitlichkeit und bei dem hochgemuten Charakter der mykenischen Gesinnung konnte es nicht ausbleiben, daß man das eigene Volkstum als besonders werthaft und somit als Nation empfand. So haben wir es hier mit der ersten griechischen Nationbildung zu tun, der erst viel später eine zweite folgte. Diese zweite Griechennation benannte sich (seit etwa 800 v. Chr.) mit dem Namen

„Hellenen". Der Unterschied zwischen der Achäer= und der Hellenen=Nation liegt aber nicht nur im Namen und in der Zeit, sondern auch im Umfang. Die Zugehörigkeit zur Achäernation reichte nur so weit, wie sich mykenische Kultur durchzusetzen vermochte. Sie umfaßte somit nicht die Voreltern der späteren Dorier und Nordwestgriechen, die damals in der gebirgigen Peripherie des Nor=dens und Nordwestens saßen. Die wohnten dort meist weit vom Meere und weit von Kreta entfernt, lebten mehr von Viehzucht und zogen mit ihren Herden im Sommer gern auf die Almmatten. So waren sie noch gar nicht völlig seßhaft. Schon die Lebensumstände schieden sie von den mykenischen Griechen. Am mit=telhelladischen Kulturzusammenhang hatten sich diese rustikaleren Vettern ge=rade noch beteiligt zu fühlen vermocht, mit den höheren Ansprüchen des myke=nischen Standards kamen sie aber nicht mehr mit. So standen sie damals außer=halb der Nation. Sie blieben zurück als eine Reserve, die sich noch nicht an der mykenischen Kulturblüte verbrauchte, sich jugendlich erhielt. So bildeten sie gleichsam das noch unverbrauchte Rohmaterial, das erst in der späteren Hellenen=nation „mitverarbeitet" wurde und die frische Kraft dieser zweiten Nations=bildung darstellen sollte.

Die nachfolgenden Ausführungen werden zeigen, daß diesen beiden Nation=bildungen auch zwei ganz verschiedene Entwicklungsabläufe entsprechen oder — besser gesagt —, daß sich die Griechen in jedem Entwicklungsablauf eine eigene Nationbezeichnung gegeben haben.

Hier sei nur noch darauf hingewiesen, daß neben dem Achäernamen im Epos auch noch die Bezeichnung „Danaer" des öfteren vorkommt. Sie scheint einem etwas geringeren Begriffsumfang zu gelten und vor allem den Kriegeradel der mykenischen Zeit im Auge zu haben. In diesem Sinne werden verschiedentlich Achäer und Danaer nebeneinander genannt.

Zur Geschichte der mykenischen Zeit

Mit ihren Erfolgen auf Kreta und in Ägypten gewannen die Fürsten Mykenais seit etwa 1580 einen für die damaligen Verhältnisse schier unerhörten Reichtum. Nach ägyptischem Vorbild gab man nun den verstorbenen Fürsten gewaltige Mengen davon ins Grab. Und da der bisherige Schachtgräberkreis mit Beisetzun=gen nahezu angefüllt war, schuf man sich alsbald einen neuen, näher an der Burg gelegenen. Hier ruhte nun die Mehrzahl der siegreichen Prinzen und ihrer Ver=wandten, bis sie in der Moderne von Heinrich Schliemann mitsamt ihren Schätzen wieder zutage gebracht worden sind. Sie trugen z. T. wieder Totenmasken, die im Gegensatz zur minoischen Tracht aber bärtige Gesichter zeigen, und waren mit einer Überfülle an Waffen, Schmuckgegenständen und Gefäßen aus Edelmetall ausgestattet. Dabei fand sich neben Erzeugnissen der festländischen Tradition eine Menge minoischer Beutestücke und auch noch mancherlei Arbeit, die von minoischer Meisterhand für die neuen Herren geschaffen war. Die Stelen über den Gräbern zeigen die bereits erwähnten Szenen des Streitwagenkampfes.

In politischer Hinsicht dürfte schon damals die Dynastie von Mykenai zugleich auch Tiryns und die Vorherrschaft in der Argolis besessen haben. Wie weit darüber hinaus auf der übrigen Peloponnes oder in Mittelgriechenland eine Hegemonie Mykenais gefordert bzw. anerkannt wurde, entzieht sich unserer Kenntnis. Ein gewisser Ehrenvorrang dürfte freilich schon aus der Tatsache erwachsen sein, daß Mykenai bei der Schaffung und Entstehung der mykenischen Kultur die Hauptrolle spielte und zweifellos auch für die Ausbildung des Rittertums vorbildlich war.

Die Herrschaft über Knossos ist freilich schon nach kürzester Frist wieder verloren gegangen. Denn bald nach der Erdbebenkatastrophe erfolgte der Wiederaufbau des dortigen Palastes, und die Insel erhob sich zu ihrer letzten, höchsten Blüte. Zwischen Mykenai und Knossos scheint es nunmehr zu einem ziemlich friedlichen Nebeneinander gekommen zu sein. Nur so erklärt sich der hohe Wohlstand, den sowohl die Insel als auch das Festland gewann. In Griechenland erblühten als Zentren der mykenischen Kultur neben Mykenai, Tiryns, Pylos und Iolkos auch noch ein leider noch nicht entdeckter Palast in Lakonien, zu dem das bekannte Kuppelgrab von Vaphio gehörte, weiter Theben und Orchomenos in Mittelgriechenland. In Attika mag unter anderem wieder Athen von Bedeutung gewesen sein. Neben den Schachtgräbern tritt auf dem Festland nun immer mehr der Typus des gemauerten Kuppelgrabes und das in den Felsen gehauene Kammergrab auf, doch war das Modesache und bedeutet keineswegs das Aufkommen einer neuen Dynastie.

Etwa um 1470 muß dann zu Knossos die bereits auch S. 45 f. besprochene Umwälzung erfolgt sein: anstelle einer minoischen Dynastie trat hier eine achäische. Vielleicht verdankte sie irgendwelchen Fürstenheiraten ihre Würde, so wie später Heinrich VI. zum König von Sizilien wurde, oder aber sie stammte aus Söldnerkreisen wie nachher Odoaker. Die neuen Herrscher brachten griechische Streitwagenkämpfer in größerer Zahl nach der Insel und führten für die Palastwirtschaft die griechische Verwaltungssprache ein. Hiervon liegen uns viele Hunderte Tonleisten und Tontafeln in der jetzt von Michael Ventris entzifferten „Linearschrift B" vor[39]. Zwar handelt es sich dabei nur um Buchungsbelege der minutiös geführten Palast- und Reichsverrechnung (denn alles bessere Schrifttum benützte den leider so leicht vergänglichen Papyros), doch ergibt sich aus ihnen mit aller Klarheit, daß die griechischen Fürsten von Knossos von allen übrigen Teilen der Insel Abgaben erhielten, daß sie also die einstige minoische Oberhoheit von Knossos nun unter achäischen Vorzeichen weiterführten. Auch im Kulturellen suchte man sich weitgehend an minoische Traditionen anzugleichen, ohne allerdings Kriegertum und Streitwagenfahrt darüber aufzugeben.

Da es nun keine minoische Kriegsflotte mehr gab, gewannen achäische Elemente noch im 15. Jahrhundert die Herrschaft über Rhodos und Milet. Sie traten hier überall als Siedler auf und begründeten vor allem auf Rhodos einen dichten Kranz von Ortschaften. Auch der Handel mit Ägypten und Syrien geriet nun völlig in achäische Hände. Achäische Siedler fanden, anscheinend auf friedlichem Wege als Gewerbetreibende und Händler, auch auf Kypros Eingang. Im Kunsthandwerk kam es nun zu einem völligen Ausgleich zwischen mykenischem und minoischem Stil. Das äußert sich in Knossos nicht zum wenigsten in einem ge=

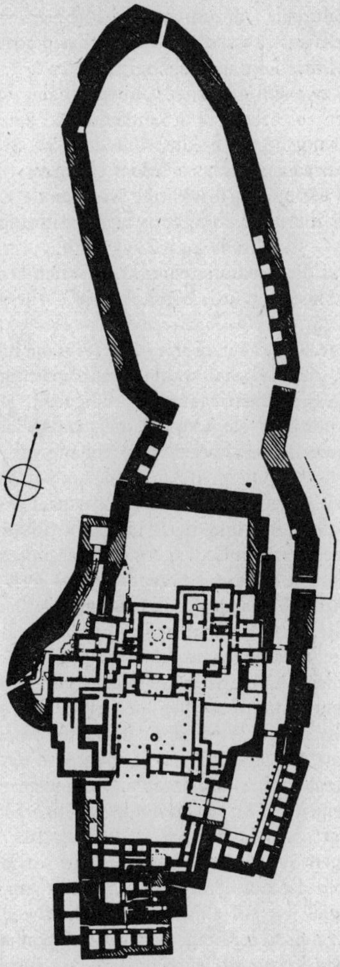

Plan 3: Befestigter Palast und Fluchtburg von Tiryns

wissen Einschlag an tektonischer Strenge in Freskenkunst und Keramik. Um= gekehrt wirken die festländischen Erzeugnisse nun freier und charismatischer (vgl. die schöne Kanne Tfl. 9 A).

Erst um 1420 scheint zwischen der Dynastie, welche in Knossos residierte, und den Königen des Festlandes eine Entfremdung eingetreten zu sein, und um 1400 kam es dann (wie bereits S. 46 näher ausgeführt) zur Zerstörung des knossischen Palastes. So zahlreich von nun an achäische Siedler auf Kreta (besonders im West- und Mittelteil) auftraten, die kretischen Residenzen wurden nicht wieder aufgebaut, da die Insel vom Festland abhängig blieb.

Gerne wüßten wir, wie sich alle diese Umwälzungen der Zeit zwischen 1600 und 1400 im einzelnen abspielten, doch kündet davon keine Schriftquelle. Selbst die knossischen Rechnungsbelege brechen mit der Katastrophe des Palastes ab, ohne das mindeste über sie auszusagen. Leider erfahren wir von der griechischen Sage nur wenig über diese ebenso wichtige wie dunkle Zeit. Allenfalls könnte die Danaidensage auf die achäisch-ägyptischen Beziehungen um 1580 zurückgehen, könnten in der Gestalt der Jo auch Züge der ägyptischen Fürstin Jachhotep mit im Spiele sein. Auf die Brechung einer knossischen Herrschaft im Ägäischen Meer bezieht sich die Sage vom attischen Lokalheros Theseus. Das gilt wohl der Zeit um 1600.

Mit der Ausschaltung Kretas setzte seit etwa 1400 die höchste materielle Blüte der Achäernation ein. Zu Mykenai walteten nun mächtige Herrscher, die ihre Residenz mit einem gigantischen Mauerring umgaben. Weit über den Verteidigungszweck hinaus umzogen sie auch die steilsten Abhänge aufs großartigste, einfach des monumentalen Bauens wegen. Den Zugang vermittelte das monumentale „Löwentor" (Tfl. 8 A). Außerdem bauten sie auch zu Tiryns einen neuen Palast und verstärkten seine Mauern (Plan 3). Zu Mykenai wurden die gewaltigsten aller Kuppelgräber aufgeführt und der „Jüngere" Schachtgräberbereich (dazu S. 59) pietätvoll zu einer sakralen Gedenkstätte ausgestaltet.

Außerhalb des Mauerrings von Mykenai gab es nun eine Stadt der Kaufleute mit ihren Magazinen und den mit Fresken geschmückten Wohnräumen. Rund um die beiden Residenzen erhoben sich am Rande der Argivischen Ebene Burgen, Herrensitze und Siedlungen der untertänigen Ritterschaft[40].

Neben den argivischen Fürstensitzen standen auch die des übrigen Griechenlands in Blüte. Wir kennen nun vor allem den prächtigen Palast des Nestor von Pylos, dessen Megaron seinem Vorbild zu Mykenai an Größe nichts nachgab. Allerdings war die Gesamtanlage in Pylos kleiner, auch fehlte ihr bezeichnenderweise jede Ummauerung (Plan 4). Andere Paläste fanden sich zu Theben, Athen und Iolkos, große Anlagen haben wir auch nocn in Lakonien (bei Vaphio) und in Orchomenos zu erwarten (vgl. Karte 2).

Durch ihre gewaltigen Burgen und Befestigungen sowie durch die Größe der Kuppelgräber überragen die Residenzen der Dynastie von Mykenai die übrigen Fürstensitze so sehr, daß wir auf eine wenigstens zeitweilige Vormachtstellung oder Hegemonie der argivischen Könige über die Peloponnes, ja über den ganzen Bereich der mykenischen Kultur schließen dürfen. Das würde dann auch mit dem Epos vom Trojanischen Krieg übereinstimmen. Demzufolge vermochte Agamemnon als König von Mykenai zwar die übrige Fürsten- und Ritterschaft aufzubieten, hatte es aber keineswegs leicht, seinen Vorrang gegenüber einzelnen beson-

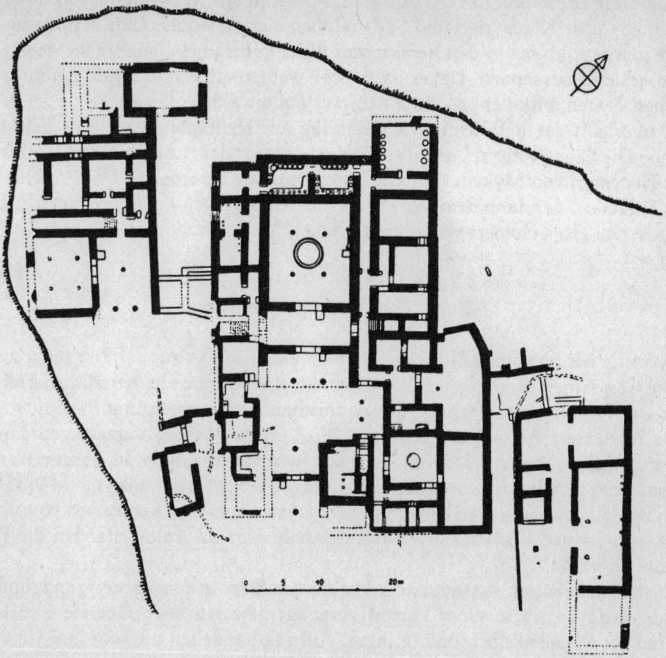

Plan 4: Spätmykenischer Palast zu Pylos

ders selbstherrlichen Recken zu behaupten. Auch scheint es, wenn wir die Sage von den „Sieben gegen Theben" richtig interpretieren, daß Mykenai bei den Für= sten von Theben zeitweise offenen Widerstand fand.

Durch gemeinsame Heerfahrten und durch Einzelunternehmungen besonders wagemutiger Fürsten gewannen die Achäer neben Rhodos und Milet auch noch Kos, Samos, Melos und Kolophon. Auf Melos hat sich sogar ein richtiger kleiner Palast mit Megaron gefunden. Fast systematisch erschlossen die mykenischen Griechen den Saum des gesamten östlichen Mittelmeeres ihrem überseeischen Handel. Als Händler und Gewerbetreibende ließen sie sich auf Kypros nieder, erzeugten dort mykenische Keramik und versorgten die ganze Levante mit ihren Handelswaren. Als Kaufleute verkehrten sie auch im benachbarten Haupthafen Syriens, in Ugarit. Auf ihren Fahrten nach Ägypten liefen die mykenischen Schiffe die Kyrenaika an, ja achäische Ritter verdingten sich nicht nur in Anato= lien, sondern auch bei Fürsten im Bereiche der Halbinsel Barka als Streitwagen= kämpfer[41]. Gegen Westen gelangten achäische Schiffe mit Öl, Wein und Keramik zumindest nach Malta, Apulien, Sizilien, den Liparischen Inseln und Kampanien.

Da diese Expansion mit der Ausbreitung der hethitischen Macht von Ostkleinasien aus über Nordsyrien und Südanatolien zusammenfiel, auch hethitische Könige gelegentlich bis in den Bereich von Milet vordrangen, stießen sie gewiß mit den Achäern zusammen. Daher ist es sehr wahrscheinlich, daß sich das in hethitischen Texten mitunter genannte Achijava auf die Achäer bezieht[42].

Außerhalb des hethitischen Bereichs lag am Hellespont das stark befestigte Troja. Die Sage deutet an, daß das Gesamtaufgebot der Achäer unter der Führung des Hegemon von Mykenai bemüht war, den Platz zu erobern. Doch scheint erst ein Erdbeben, das dann dem Wirken des rossegestaltigen Poseidon zugeschrieben wurde, das Troja Homers vernichtet zu haben[43].

Zur spätmykenischen Gesittung

Werfen wir nun einen Blick auf die spätmykenische Kultur der Zeit seit 1400 in ihrer Gesamtheit. Tonangebend fühlten sich immer noch die ritterlichen Herren, nur trat nach dem Niedergang der minoischen Nachbargesittung ihre ursprüngliche rustikalere Art ungezügelter zutage. Auch ihre Frauen verzichteten darauf, die minoischen Moden weiterhin allzu sklavisch nachzuahmen. Im ganzen war die soziale und gesellschaftliche Ordnung auf dem Festland durchaus vom Manne und von männlichen Passionen bestimmt, so von der Jagd, vom Rennsport, vom Krieg und — je länger, desto mehr — vom Geschäft. Nur im Kultus standen die Priesterinnen voran.

Neben dem Ritter trat immer stärker der Kaufherr in den Vordergrund, und oft genug mag beides in einer Person vereinigt gewesen sein. Oberste Kaufleute waren die Fürsten selbst, und in ihrem Auftrag handelten oft auch ihre Gefolgsleute im Rahmen der Palastwirtschaft. Kaufmannsinteressen sind es gewesen, die zur Belieferung sämtlicher östlichen Mittelmeerküsten mit mykenischer Keramik geführt haben. Sie standen wohl auch dahinter, als man Troja den Krieg erklärte, um so die Fahrt durch den Hellespont frei zu bekommen. Handelsfamilien bewirtschafteten das „Haus des Ölhändlers", das „Haus des Weinhändlers" vor dem Löwentor von Mykenai und die Gruppe der Häuser, in denen Holzmöbel mit herrlichen Einlegearbeiten aus Elfenbein feilgeboten wurden (vgl. Tfl. 8 B).

Gehandelt wurde vor allem mit Wein und Öl bzw. Ölprodukten (z. B. Parfümerien und Salben) sowie mit Erzeugnissen des Kunstgewerbes, der Keramik, der Metall- und Elfenbeinarbeit. Gefäße aus Edelmetall mit feiner Einlegearbeit waren eine besondere Spezialität.

Dabei kann man nicht behaupten, daß Mykenai auf allen Gebieten der Kunst schöpferisch gewesen wäre. Eigentlich ragt hier nur die Baukunst hervor, und zwar durch ihre großartige Monumentalität. Kuppelgräber hat es — teils auf dem Festland, teils auf Kreta — schon lange vorher gegeben, ebenso auf dem Festland Ummauerungen und Megaronbauten, aber erst die mykenische Kultur hat diese Bautypen ins Großartige gesteigert. Gleiches gilt von dem aus Kreta stammenden heraldischen Prinzip, das erst in den Skulpturen des Löwentores monumentale

Größe gewann. Der Monumentalität entsprach dabei eine gewisse edle Schlichtheit in aller Ausstattung und Ausschmückung. Auch finden wir auf dem Festland nun erstmals Fassadenwirkungen großen Stils, für uns noch am besten in den Toranlagen (auch der Kuppelgräber) erkennbar. All das steht in krassem Gegensatz zur Verspieltheit und Fassadenlosigkeit der minoischen Baukunst, von der wir S. 47ff. gesprochen haben. Das Bauen „um seiner selbst willen", auf dem Festland ist es da, es zeugt von der völlig andersgearteten (weit „hellenischeren") Geisteshaltung seiner Menschen (vgl. Tfl. 8 A).

Während sich so die mykenische Baukunst über die minoische erhebt, bleibt man in der Freskenmalerei immer der schwächere Nachbar. Alles ist steifer, selbst Bewegungen wirken erstarrt. Wohl gelingen große Kompositionen von Kampf- und Jagdszenen, doch mangelt ihnen das „Unerhörte", das die Eigenart der minoischen Malerei vielfach ausgezeichnet hatte.

Nichts charakterisiert schließlich den nüchternen, mehr aufs Praktische zielenden Geist der spätmykenischen Zeit besser als ihre Keramik. Tektonisch gestrafft sind die Formen, ausgewogen ist die Dekoration, doch alles wird schon in Serien hergestellt und ohne schöpferische Phantasie. Der Kaufmann und der Benützer sind hier weit stärker maßgeblich als der Künstler oder der Kunstfreund (vgl. die Vasen auf Tfl. 9 B und C).

Wie verhielt es sich nun mit der Religion? Hier setzte sich im wesentlichen die mittelhelladische Tradition durch, doch brachte das Rittertum allerlei Wandlungen. So wird der rossegestaltige Poseidon nun zum menschengestaltigen Streitwagenherrn, Athene gewinnt als neue Funktion des ihr ja zugehörigen technischen Fortschrittes die Maßgeblichkeit in der Kunst der Zügelführung. In den Linear B-Texten wird sie zudem als „Herrin" bezeichnet. Daneben treten u. a. der bereits erwähnte Poseidon, die (von den Kretensern übernommene) Eileithyia, Enyalios (später mit Ares identifiziert), Paiaon (später mit Apollon gleichgesetzt) und auch schon Dionysos auf. Eine bedeutsame Rolle scheint zu Pylos auch Zeus gespielt zu haben, doch war er noch nicht der Oberherr der Olympischen Götter.

Bei aller Frömmigkeit scheint aber die spätmykenische Zeit ein durchaus rationaler Geist beherrscht zu haben. Bezeichnend dafür ist die bereits bis ins kleinste ausgebildete Schriftlichkeit dieser Ära. Freilich wurden wieder nur Buchungsbelege auf den uns erhaltenen Tontäfelchen ausgefertigt und alles andere Schrifttum dem so vergänglichen Papyros anvertraut. So haben wir denn aus Mykenai, aus dem wir Nachrichten über Agamemnon und Aigisthos erhoffen, vorerst nur einige Kleinverkaufslisten, vor allem mit kleinen Quanten von Kümmel, Sellerie, Koriander, Saflor und Sesam (wahrhaft einer der bittersten Scherze der Wissenschaftsgeschichte!). Sie wurden eben in den Kaufhäusern gefunden und nicht im Palast. Aufschlußreicher sind da schon die vielen Hunderte von Tontafeln aus der Residenz Pylos, welche der dortigen Palastverrechnung zugehören. Aus ihnen ergibt sich eine Kreiseinteilung des Herrschaftsbereichs der dortigen Herrscher, auch eine minutiöse Registrierung von Landvergebung und Leistungen. Alles und jedes wurde hier zahlenmäßig erfaßt, zumal der Palast zugleich als multilaterale Tauschzentrale und als eine Art von Handelsbank fungierte.

Es entsprach dem Geist dieser expansionsbeflissenen Zeit, daß in der damaligen Bevölkerung eine ausgesprochene Neigung zur Auswanderung herrschte. Größere Gruppen wandten sich nach den ägäischen Inseln und nach den Plätzen an der anatolischen Ostküste. Sie bevölkerten dort unter Anführung adliger Ritter richtige Kolonien städtischer Art (so Milet und Kolophon). Doch gab es auch einzelne Recken oder kleinere Gruppen von Kriegern, die sich als Spezialisten der Streitwagenkunst im Ausland verdingten, um den Herrschern jener Länder eine Streitwagenkavallerie zu organisieren. Hierauf bezieht sich u. a. die Sage von Bellerophontes[44] und der ägyptische Bericht über die Libyerkämpfe des Pharao Merneptah. Auch Erzeuger und Händler wanderten aus, vor allem nach Kypros. Somit herrschte damals ein ähnlicher Zug in die Weite wie später bei Phoinikern, Tyrsenern, Hellenen, Arabern und Hanseaten, von den Abendländern der Neuzeit ganz zu schweigen. Bei alledem lockte Abenteuer und Geschäft gleichermaßen. So war die spätmykenische Ära schon gar nicht mehr so völlig ritterlich, wie sie sich gab und wie sie zu sein etwa noch vermeinte.

Immerhin war der höfische Stil auf dem Festland auch jetzt noch durchaus ritterlich. Deshalb wird man auch episch=ritterliche Sangeskunst an allen Fürstensitzen gepflegt haben, doch gaben sich die Dichter und Sänger offenbar noch nicht allzusehr der Schriftlichkeit hin. Ihre Meisterschaft lag ja im spontanen Improvisieren, ähnlich wie bei der ritterlichen Epik anderer Länder, z. B. bei den Gesängen der Südslaven und bei den Bilinen Osteuropas. Das ist noch fünfhundert Jahre so geblieben, bis auf Homer, der wohl als erster in großem Stile auch schrieb. Vielleicht ist aber in mykenischer Zeit bereits der Hexameter als episches Versmaß entstanden. Sicher leitet sich von daher die „äolische" Dialektkomponente in der späteren homerischen Kunstsprache, denn die Sprache der Linearschrift B war ein Idiom, das im Kyprischen und im Arkadischen der historischen Zeit weiterlebte. Offenbar haben es in der mykenischen Ära die Herren von Mykenai und ab 1470 auch die Fürsten von Knossos gesprochen, als sie dort die Linearschrift B von den minoischen Schreibern übernahmen.

Auf jeden Fall gingen von den mykenischen Fürstenhöfen — wenn auch nur durch mündliche Dichtungstradierungen — die großen Stoffe vom Kampf der Sieben gegen Theben und von der Heerfahrt nach Troja aus, auch Gestalten wie Agamemnon, Nestor, Achilleus mögen irgendwie historisch sein. Doch wurde im Laufe des nächsten halben Jahrtausends alles dermaßen umgestaltet, daß schließlich im reichen Gerank des nachträglich Erfundenen nur mehr „historische Kerne" blieben.

Satellitenkultur (und die Grenzen ihrer Möglichkeiten)

Die mittelhelladische Zeit hatte kulturmorphologisch noch die Rolle eines jener „Verhaltenheitsstadien" gespielt, wie sie in der Geschichte oft (z. B. bei den Thrakern, Illyriern, Kelten, Germanen und Slaven) viele Jahrhunderte hindurch Dauerzustand und selbstverständliche Lebensform darstellten. Dann sah sich das Festland durch den plötzlichen intensiven Kontakt mit Kreta gleichsam über Nacht zur höchsten Stufe des Kulturhaften und Zivilisatorischen emporgetragen, wobei nun eine Überfülle von Errungenschaften einfach vom fortgeschrittenen Nachbarn übernommen wurde.

Ein ähnliches Schicksal ereilte gleichzeitig die Hethiter und Arier, als sie in den Bannkreis der mesopotamischen Kultur gerieten, später die Perser, als sie Susa und Babylon gewannen, es ereilte Makedonien, als es philhellenisch wurde, und die Römer, als sie sich zu Herren der Griechen aufwarfen. In all diesen Fällen geriet man in den Ausstrahlungsbereich einer Hochkultur und stieß mitunter selbst kühn in diesen hinein vor wie die Motten ins Licht. Rom hat sich unter Cato freilich gegen diese Folgen seiner Expansion zu wehren versucht — vergeblich; schließlich sind alle der Strahlkraft der Hochkulturen unterlegen. Wir wollen den Typus einer solchen gleichsam unnatürlichen und unorganischen Entwicklung mit dem Ausdruck Satellitenkultur bezeichnen. Eigentlich handelt es sich dabei gar nicht mehr um Entwicklung, sondern um ein gewaltsames Hinaufgerissenwerden. Satellitenhaft bleibt dabei auch vieles weitere: Alles, was auf dieser künstlichen Höhe aus eigenem geschaffen wird, steht im Verhältnis einer dialektischen Auseinandersetzung mit der übermächtigen Nachbargesittung. So kann man etwas *gegen* diese Übermächtigkeit in die Wege leiten oder im Sinne der Vorbilder diese selbst noch zu überhöhen trachten, dennoch bleibt man immer irgendwie im Banne, nie ist man unbefangen.

Wir können dieses Satellitenphänomen nicht anders denn als schicksalhaft bezeichnen, einfach aus der historischen Situation eines nachbarlichen Kulturgefälles entstanden. Wäre diese Nachbarschaft nicht vorhanden, so blieben die beiden Möglichkeiten erhalten, entweder im Verhaltenheitszustand dauernd weiter zu leben oder aber sich aus eigener Kraft und Initiative zu einem dynamischen Kulturaufstieg durchzuringen, der dann zu einer Hochkultur mit völlig eigener Kunst und eigenem Geistesleben führen mußte.

Die Möglichkeit eines solchen Eigenaufstiegs wird durch das Vorhandensein einer allzunahen nachbarlichen Hochkultur aber verdorben. Die mittelhelladischen Griechen und später auch Rom haben sich wenigstens bemüht, ihr Verhaltenheitsstadium zu bewahren, doch konnten sie schließlich der Versuchung nicht widerstehen, Krieg zu führen, sieghaft zu sein und als Sieger zu kulturellen Satelliten der Besiegten herabzusinken.

Allmählich erkennen wir nun, worin die Bitternis des Satellitendaseins eigentlich liegt. Das Herzstück jeder organischen Entwicklung, der eigene Aufstieg von der Verhaltenheit bis zur Höhe, also gleichsam der Frühling des dynamischen Aufwachsens mit all seinem reichen Erblühen und seiner jungen Pracht, bleibt vorenthalten und verwehrt. Es ist, wie wenn ein Kind über Nacht zum reifen Manne würde, ohne je Jüngling gewesen zu sein. Das wirkt sich vor allem auf dem Gebiete der Kunst in Defiziterscheinungen aus: Weder die Perser noch die Makedonen oder Rom sind je zu einem autonomen Aufbau ihrer Kunstentwicklung gekommen, allenthalben überwog das Übernommene, blieb das Eigenschöpferische auf – allerdings großartige – Teilbeiträge beschränkt. Kein Wunder, wenn also auch Mykenai dauernd hin und her schwankte zwischen Nachahmung mino=

ischer Vorbilder, einer Berufung auf die alte, schlichtere Art des Mittelhelladikums oder dem Versuch, beides zu vereinigen; kein Wunder, wenn ihm nur im Monumentalen etwas wirklich Neues gelang. Ähnlich verhielt es sich übrigens auch mit der persischen Kunst, die synkretistisch blieb, aber zu einer eigenen monumentalen Synthese gelangte. Für Mykenai sei übrigens noch eine Besonderheit vermerkt, die sogenannte „Ephyräische Gattung". Hier ist anscheinend durch die Meisterschaft wohl eines einzigen großen Meisters der Keramik des 15. Jahrhunderts in der Tat eine klassische Leistung an Bildwirkung und Linienführung gelungen, eine stilistische Synthese zwischen Kreta und dem Festland auf wahrhaft höchster Ebene (Tfl. 9 A). Zu einer richtig eigenständigen Entwicklung, einem logischen, organischen Aufbau von Kunststil zu Kunststil kam man trotzdem nicht.

Auch im Politischen scheinen die mykenischen Griechen über den zu Anfang ihres Satellitendaseins bereits festgelegten Zustand eines ritterlich-feudalen Herrschaftssystems hinaus nicht zu einer weitergreifenden Entwicklung gelangt zu sein. Wieder bieten die Perser eine Analogie, die ja gleichfalls ihre ritterliche Lebensart, ihr Königtum und dessen hegemoniale Rolle im iranischen Kreis auf die Dauer beibehalten haben, also gleichfalls auf revolutionäre Ideologien, auf oligarchische wie demokratische Tendenzen u. dgl. verzichteten. Die Achäer mögen an ihrer politischen Struktur vielleicht in bewußter Abwehr zu den vermutlich mehr sakral gerichteten Herrschaftsformen Kretas festgehalten haben.

Im ganzen gesehen gewinnt man den Eindruck, daß die Achäer unvorbereitet um 1580 in einen Rausch minoischer Überfremdung gerieten und, als sie nach der Zerstörung von Knossos um 1400 daraus wieder erwachten, als minoisches Erbe bereits das Spätstufenmäßige und das Gealtertsein beibehielten. Daher das einseitige Vortreten des Technischen, Organisatorischen, Verwaltungsmäßigen, vor allem aber des Rationalismus und der Utilität. Daher im Künstlerischen zwar eine Art von Rückkehr zur mittelhelladischen Schlichtheit, darüber hinaus aber keine weitere Entwicklung mehr. Je besser wir diese Zeit kennenlernen, desto mehr gewinnen wir von ihr den Eindruck, als ob sie sich ausgegeben habe, als mangle es ihr bereits an neuschöpferischen Ideen.

Vielleicht läßt sich auch im Religiösen etwas Spätstufenartiges erahnen. Immer schon ist es der Forschung aufgefallen, daß in der homerischen Epik eine Haltung echter Andacht mit einer anderen der hybriden Ironie aufeinandertrifft. Ich möchte nun die Vermutung äußern, daß diese letztere Haltung ein Relikt aus der spätmykenischen Zeit ist, das von den Sängern bis in die Ära Homers weitertradiert wurde, doch will ich nicht behaupten, daß diese Annahme mehr sei als eine Vermutung, als eine Möglichkeit neben anderen.

Möglicherweise war in spätmykenischer Zeit auch schon eine mehr individualistische Lebensauffassung verbreitet, wie das in kulturellen Spätstufen die Regel zu sein pflegt. Vielleicht standen damit Schöpfernamen wie Orpheus, Agamedes und Trophonios in Verbindung, um die überragende Bedeutung des großen Sängers und der berühmtesten Baumeister zu kennzeichnen. Mit dem Zusammenbruch der mykenischen Welt ging aber dieser Individualismus wie auch der Begriff des geistigen Eigentums verloren, die erwähnten Namen blieben nur mehr als ferne mythische Schemen in dunkler Erinnerung.

Wenn wir uns nach den Gründen fragen, weshalb den Achäern mykenischer Zeit ein Weiterbauen verwehrt war, müssen wir uns darauf besinnen, daß jede Entwicklung nur im Rahmen eines ganz bestimmten Entwicklungssystems zu erfolgen pflegt, dem eine jeweils nur ihm allein zukommende Entwicklungslogik zu eigen ist. Daher nimmt der jeweilige Schöpfer wie selbstverständlich auf die ihm vorliegende historische Situation Rücksicht und nimmt von ihr seinen Ausgang, sei es in einer Höherführung des Vorgefundenen, sei es in bewußter Abkehr, ja in offenem Widerspruch. So leitet sich jede Entwicklung nicht nur aus den zur Aktivierung kommenden Begabungen und ihren schöpferischen Erleuchtungen her, sondern zugleich aus dem Regulativ der menschlichen Vernunft und Logik. Dieses spinnt gleichsam ein Netz, an dem naturgemäß nur nach den jeweils dazupassenden logischen Gesichtspunkten weitergesponnen werden kann (Näheres hierzu S. 413 ff.).

Und deshalb vermochte nun in der Zeit nach 1300 v. Chr. kein Myron zu entstehen und kein Apelles, nicht weil es hierfür an Begabungen gefehlt hätte, sondern weil zu einem derartigen Wirken in der mykenischen Spätstufe keine logische Brücke führte. Offenbar war durch das in den letzten Generationen übernommene minoische Lehngut wie auch durch die Leistungen der Auseinandersetzung mit ihm der Weg zu schöpferischem Weiterwirken kreuz und quer verrammelt. Eine Analogie zu solcher Versperrung bildet bis zu einem gewissen Grad das Satellitenschicksal der Etrusker und Italiker im Altertum. Auch sie brachten es damals zu keiner geschlossenen eigenständigen Entwicklung, weil sie dauernd zur Auseinandersetzung mit der gleichzeitigen griechischen Kultur gezwungen waren. Erst seit dem Mittelalter vermochten die Nachkommen dieser Leute die wunderbare Kulturentwicklung der Renaissance zu begründen und aufwärts zu führen, einfach weil sie nun durch die Völkerwanderung mit ihren Umwälzungen von dem bisherigen Satellitenschicksal befreit worden waren. Ein ähnlicher Befreiungsakt vollzog sich durch die Wanderung des 12. Jahrhunderts nun auch zugunsten der Griechen.

Die große Völkerwanderung des 12. Jahrhunderts

Achäer und Hethiter hatten zwei Machtkreise gebildet, die durch geraume Zeit imstande waren, die Mittelmeerwelt vor Einbrüchen nördlicher Barbaren abzuschirmen. Als aber seit etwa 1300 v. Chr. ihre schöpferischen Impulse zu erlahmen begannen und sich das Leben mehr auf rationale Machtanreicherung verlegte, stellte sich mit diesem Sterilisierungsvorgang eine zunehmende innere Schwäche und eine ebensolche Anfälligkeit gegenüber äußeren Angriffen ein. Es geschah, was in derartigen Fällen immer wieder zu geschehen pflegt: die Barbaren bekundeten eine äußerst feine Witterung für solche Wandlungen im Kulturbereich und verstärkten daher ihren Druck. Aus den hethitischen Texten erfahren wir von manchen derartigen Einfällen; aber auch Hellas scheint um 1240 von einem Raid barbarischer Plünderer heimgesucht worden zu sein. Damals gingen der Palast von Pylos und die Kaufmannstadt von Mykenai in Flammen auf, auch fanden manche Ortschaften in der Argolis ihr Ende, ohne je wieder aufgebaut zu werden. So mag es ein erster Ansturm gewesen sein, wie später der der Markomannen.

Die Folge dieser Katastrophe war ein intensiver Ausbau der Befestigungen, der nun aber nicht mehr dem Monumentalen, sondern praktischen Schutzzwecken galt. So wurde in Tiryns die große Fluchtburg errichtet (Plan 3), um die bisher schutzlose Stadtbevölkerung aufnehmen zu können, ferner die sogenannte Westtreppe, um die Wasserversorgung der Burg sicherzustellen. Auch in Mykenai wurde eine der Wasserversorgung dienende Bastion ausgebaut. Die Akropolis von Athen dürfte erst jetzt befestigt worden sein. Ob die Ummauerung der Inselfestung Gla im Kopaissee aus dieser oder einer schon etwas früheren Zeit stammt, bleibt ungewiß. Das Kunstgewerbe blühte noch eine Weile weiter, verfiel dann aber einer zunehmenden Vergröberung (Tfl. 11 A).

Bald nach 1200 setzte der Barbarensturm von neuem ein, und nun mit weit größerer Wucht. Er richtete sich gleichzeitig gegen die Machtsysteme der Achäer und der Hethiter, ja gegen das gesamte Kulturland im östlichen Mittelmeerbereich. Eine große Zahl (meist wohl indo-europäischer) Völkerschaften war daran beteiligt. Ihnen fielen das mykenisch-achäische sowie das hethitische Machtsystem zum Opfer, ebenso auch die syrische Staatenwelt. Überall, bis nach Ägypten hin, wurden die Städte geplündert und zerstört, selbst die stark befestigten Residenzen Hattusas, Karkemisch, Alaschia und Ugarit gingen zugrunde. Damit eröffnete sich, was später auch an den Mauern Nebukadrezars und Aurelians offenbar werden sollte, daß äußere Aufwendungen bei einer überreif gewordenen Kultur den Mangel an innerer Kraft nicht mehr auszugleichen vermögen.

Die Stürme des 12. Jahrhunderts können wir am besten mit jenen der „Völkerwanderung“ vergleichen. Die Völker, welche hierfür verantwortlich waren, operierten zum Teil für sich allein, zum Teil aber als Verbündete in gemeinsamen Aktionen. Die meisten kamen aus dem Balkan oder dem Bereich an der Donau, doch schlossen sich ihnen auch manche Elemente aus den Bergen Kleinasiens und — über See — aus Italien an. Unter den über den Balkan vorbrechenden Scharen spielten illyrische und phrygische Stämme die wichtigste Rolle. Auch die Philister, welche in Vorderasien gleichsam den Führer und Sturmbock der Wanderer bildeten, dürften illyrischen Stammes gewesen sein. Ähnlich wie später die Kelten oder die Germanen ihr „Stadium höchster Kraft“ für sich hatten, scheinen zwischen 1200 und 900 v. Chr. die Illyrer ihr großes Zeitalter gehabt zu haben, in dem ihre Stämme den östlichen Mittelmeerraum von Italien bis nach Ägypten hin heimsuchten[45].

Zweifellos handelte es sich bei der Mehrzahl der Wanderer um Leute binnenländischer Herkunft. Daher auch ihr Zug zu Lande durch Kleinasien und Syrien bis an die Grenzen Ägyptens. Ähnlich wie später Goten und Araber lernten sie aber bald, sich der Seefahrt zu bedienen, und wurden auch vom Meere her furchtbar. In Übereinstimmung mit den ägyptischen Nachrichten, durch die allein wir ja Näheres darüber erfahren, pflegen wir diese Völker allesamt als „Nord- und Seevölker" zu bezeichnen.

Was die Eindringlinge so furchtbar machte, war lediglich ihre unverbrauchte, rohe Barbarenkraft. Sie bedienten sich keiner Streitwagen, besaßen keine Reiterei, verfügten auch über keinerlei Fernwaffen, aber sie gingen den Gegner mit ihren langen Schwertern in blindem Rasen an und bezwangen so die feudalen Streitwagengeschwader und die stärksten Befestigungen. Nur die Ägypter wehrten unter Ramses III. den Angriff erfolgreich ab, indem sie ihre Fernwaffe, die treffliche Bogentruppe, systematisch gegen die Barbarenwut einsetzten. Mit ihr siegten sie zuerst im Kampf zu Schiff (Tfl. 10) und dann auch in der Landschlacht (etwa 1190). Als nachher andere Scharen (vielleicht waren es Phryger?) Mesopotamien bedrohten, dürften es im assyrischen Heer wieder die Bogner gewesen sein, denen unter Tiglatpilesar I. schon in der kleinasiatischen Gebirgszone um 1100 v. Chr. die Abwehr gelang.

So stauten sich die Wanderer an den Grenzen der beiden ehrwürdigsten Länder des Orients. Die Philister errichteten ihr Reich vor allem an der palästinensischen Küste, doch scheinen sie zeitweise auch Kreta mitbeherrscht und achäische Ritter in ihren Heerbann aufgenommen zu haben (vgl. Attila mit seinen germanischen Hilfstruppen!). Deshalb sprechen die jüdischen Quellen auch von „Kretern und Philistern" (Kreti und Pleti). Andere Barbaren ließen sich in Dor, gleichfalls an der Küste, aber etwas weiter nördlicher, nieder, wieder andere auf Kypros, das damals Alaschia hieß, und in Kilikien. Vielleicht setzten sich auch in Sidon und Tyros zeitweise barbarische Dynastien fest. Im Innern und im Nordwesten Anatoliens gewannen sich die Phryger eine neue Heimat, ihnen folgten Myser und schließlich die Bithyner. Auch andere kleinasiatische Landschaften dürften damals sehr gründlich überschichtet worden sein.

Die neugegründeten Herrschaften traten untereinander alsbald in engsten Handelsaustausch. Kleinasien führte nun bereitwillig Eisen (das die Hethiter bisher vermutlich zurückgehalten hatten) aus. Als metallurgisches Zentrum erblühte vor allem Alaschia auf Kypros. Hier und an der syrisch-palästinensischen Küste lieferte auch die Keramik beachtliche Erzeugnisse (Tfl. 11 B).

Die Barbarenscharen in Palästina, Kilikien und Syrien waren aber viel zu schwach, um sich sprachlich und ethnisch selbständig erhalten zu können. In fremdem Klima und allzugering an Zahl, erging es ihnen teils wie den Vandalen, teils wie den Normannen in Süditalien. Die einen schlug man mit den Waffen nieder, wie es dem Fernkämpfer David bei Goliath gelang, die anderen verloren auf friedlichem Wege ihre Eigenart und nahmen (wie dies bei den meisten Philistern der Fall war) die Sprache und Kultur der Unterworfenen an. Nutznießer waren allenthalben die semitischen Elemente, Phoiniker, Juden, Aramäer und besonders Assyrien. Dieses Reich trat nun das Erbe des babylonischen Weltmachtspostulats an. Das Imperium der Hethiter fand in den Phrygern seinen Nachfolger, doch vermochten sich diese weder kulturell noch politisch in einer für solche Aufgaben zulänglichen Weise zu festigen.

Die Wanderungen des 12. Jahrhunderts bedeuteten daher eher eine Schwächung des indo=europäischen Faktors, und zwar sowohl in kultureller wie in politischer Hinsicht. Wohl verstärkte sich das indo=europäische Element in Anatolien gewal=tig, doch blieb es bedeutungslos. Auch die Arier, welche seit etwa 1000 v. Chr. das Iranische Hochland immer dichter füllten, spielten vorerst noch keine geschicht=liche Rolle von Gewicht.

Nicht minder schwer als Vorderasien wurde Hellas getroffen. Hier gingen, soweit wir erkennen können, in der Zeit nach 1200 sämtliche Residenzen und Burgen zugrunde, und in Landschaften wie etwa der Argolis, der Korinthia und Boiotien auch alle Siedlungen. Mit ihnen zugleich fand die mykenische Staaten=welt, das mykenische Kunstgewerbe und wahrscheinlich auch die Verwendung der Linearschrift B ihr Ende. Es war eine Katastrophe, die selbst den Zusammen=bruch der römischen Zivilisation in der Völkerwanderungszeit in Schatten stellte. Damit sind wir zugleich am Schlußpunkt der mykenischen Geschichtsepoche, ja der bisherigen Entwicklungskurve angelangt. Es beginnt nun eine Zwischen=epoche, die wir als die „submykenische" Ära bezeichnen.

Allenthalben setzte jetzt Verarmung ein. Die meisten Siedlungen blieben für alle Zeiten in Trümmern, andere sanken beim Wiederaufbau von blühenden Städten zu ärmlichen Dörfern herab (z. B. Mykenai und Tiryns). Das Töpfer=handwerk setzte zwar in Formen und Technik mykenische Traditionen fort, be=schränkte sich aber auf schier prähistorisch anmutende Schmuckmotive. Einen ärmlich=vorgeschichtlichen Eindruck machen auch die damaligen Gräber vom Kerameikos in Athen. Eisen, das nun für Waffen in Verwendung kam, vermochte den barbarischen Charakter dieser Zeit nur noch weiter zu bekräftigen. Allein die Landschaft Achaia, die Gruppe der Ionischen Inseln und Rhodos scheinen vom all=gemeinen Niedergang in geringerem Maße betroffen worden zu sein. Hier offen=bart sich aus den Beigaben der Gräber ein gewisses Nachleben des Kunstgewerbes und der Fortbestand eines wenn auch bescheidenen Wohlstandes. In Attika läßt sich damals eine Verdichtung der Bevölkerung von Athen (vielleicht durch Zuwan=derung aus Pylos) erkennen, doch konnte sich auch diese Landschaft der all=gemeinen Verarmung nicht entziehen.

Leider ist eine ins einzelne gehende historische Deutung dieser archäologischen Befunde vorerst noch unmöglich, doch wird durch die Forschungen von Milojcic und Paul Kretschmer[46] immer wahrscheinlicher, was ich bereits 1929 angenom=men hatte: daß die erwähnten Zerstörungen nicht dem Auftreten der Dorier und Nordwestgriechen zuzuschreiben sind, sondern dem Wüten der illyrischen bzw. phrygischen Wandervölker. In diesen hätten wir also die Zerstörer der mykeni=schen Kultur zu erblicken. Wie bereits angedeutet, haben die Philister zeitweise ja auch auf Kreta ein Herrschaftszentrum besessen, von dem aus sie die Ägäis beherrschten. Vielleicht waren sie es, die die mykenischen Paläste zerstörten. Ethnisch vermochten aber diese Barbaren Hellas nicht zu durchdringen. Sie schwanden dahin wie später die Vandalen in Afrika, nur Zerstörung und desolate Zustände hinterlassend. Nun erst kamen die Dorier und Nordwestgriechen all=mählich in Bewegung und stießen in das Machtvakuum Griechenland vor.

4. KAPITEL

Die Begründung der Hellenenkultur

Grundsätzliches zum Neubeginnen

Nach einer Anlaufzeit von etwa 500 Jahren hatte die Kurve der minoischen Hochkultur von 2000 bis 1400 v. Chr gedauert. Bedenken wir, wie klein die räumliche Basis der minoischen Gesittung war, so gilt ihrem langen, sechshundertjährigen Atem unsere höchste Bewunderung. Das Satellitendasein Mykenais begann um 1600 und währte bis zur Katastrophe von 1200. Die mykenische Entwicklungskurve mußte ja, eben infolge ihres Satellitencharakters, auf alle Fälle etwas kurzatmiger bleiben.

Die Gruppierung einer Hochkultur, einer ihr zur Seite tretenden Satellitenkultur und einer an- und abschließenden, durch Wanderungen hervorgerufenen Katastrophenzeit entspricht genau der Gruppierung der späteren Antike, d. h. der Hellenengesittung, dem satellitenhaften Hinzutreten von Rom und der abschließenden Katastrophe unserer Völkerwanderung. Der Parallelismus der Endzustände um 1200/1000 v. Chr. und 400/800 n. Chr. betrifft aber nicht nur analoge Erscheinungen des Zusammenbruchs, sondern auch das Mysterium eines aus den Katastrophen erwachsenden *Neubeginnens*. Hier wie dort brachte die Zertrümmerung der alten Kultur zugleich den Zerfall ihres logischen Systems und eine Aufhebung der Verpflichtung, in seinem Rahmen zu verbleiben; war man bis dahin doch gezwungen gewesen, alles Bisherige als vorgegeben hinzunehmen und jede Möglichkeit irgendwelcher eventuell offener Wege allein von solcher Basis aus zu sehen. Selbst als die Möglichkeiten des vorgegebenen Rahmens alle erschöpft und erfüllt erschienen, blieb die Beschränkung auf ihn aufrecht. Durch die Wanderungen wurde nun die politische und die kulturelle Welt des Bisherigen zerschlagen. Alles Neuschaffen brauchte man nicht mehr als Fortsetzung und Weiterentwicklung aufzufassen. Wohl war ein Zustand allgemeiner Armut, Primitivität und Schlichtheit eingetreten, aber gerade dieser ermöglichte ein Neubeginnen von wirklichen Anfängen an.

Damit wandelte sich die Struktur des geistigen Daseins in wunderbarer Weise. Der Individualismus der Endstufe, die bis ins einzelne vorgetriebene Spezialisierung des Kunstgewerbes, die Überschätzung des Nützlichen, Rationalen und Rechnerischen bildeten sich zurück und machten — bei den Griechen und ebenso im Abendland nach der Völkerwanderung — einer großen Einfachheit Platz. Am Übergang vom Altertum zum Mittelalter vollzog sich dieser Vorgang gleichsam vor unseren Augen. In ähnlicher Weise dürfen wir ihn auch für die Wandlung von der mykenischen bzw. submykenischen Zeit zur nachfolgenden „geometrischen" Ära (ca. 950 bis 700; so benannt nach dem damals herrschenden geometrischen Stil) auffassen. Dabei erfolgte diese Umwälzung, ohne daß sich die davon Betroffenen auch nur im entferntesten über die tiefere Bedeutung des Vorgangs Rechenschaft gaben. Sie empfingen aus den jeweiligen Situationen nur die unmittelbaren Eindrücke. Der tiefere, naturhaft ökonomische Sinn dieses Stirb und Werde blieb ihnen verschlossen.

Zu solcher inneren Abkehr von der Vergangenheit, welche dem Richtungswechsel eines Pendelschlages vergleichbar sein mag, gesellte sich in begünstigendem Sinne die frische Kraft kulturell noch unverbrauchter Volkselemente der Dorier und Nordwestgriechen im Altertum, der Germanen und Slaven am Beginn des Mittelalters. Diese Stämme brachten eine gewisse primitive Gläubigkeit, Schlichtheit und Geradheit mit. Da die alte Kulturwelt ohnehin an Routine und intellektualistischer Gewitztheit irgendwie gelitten hatte, breitete sich diese „Tumbheit" vom Kreis der Zuwanderer auch über die Übriggebliebenen der „großen" Vergangenheit aus. Bei den Nachkommen der einstigen römischen Reichsbevölkerung beobachten wir dies um 800 n. Chr., weit über die germanische Besiedlung hinaus, in ganz Frankreich und Italien. In gleicher Weise erfaßte die schlichtere dorische Art seit 1000 v. Chr. auch die Nachkommen der alten Achäer und wirkte als wichtigste Teilkomponente bei der Bildung des neuen Lebensgefühls der Gesamtnation mit. Hier wie dort geschah also im Geistigen ein Ausgleich zwischen Bodenständigen und Zugewanderten, nicht so sehr auf der Basis der im Kulturland vorausgegangenen Routine und Kompliziertheit, sondern weit mehr auf der einer frühzeitlichen Einfalt.

Im Grunde erfolgte jede der beiden Regenerationen durch eine Rückkehr auf die ursprüngliche Ausgangsbasis aller Kulturentwicklung, durch eine Rückkehr zum alten „Verhaltenheitszustand". Dieser entspricht in weitem Maße dem, was Goethe einst als „Systole" bezeichnete. Wollen wir diesen Ausdruck gebrauchen, dann hätten die Entwicklungen jeweils von einer solchen Systole ihren Ausgang genommen. Dabei bedeutet Systole soviel wie ein Sichzusammenziehen, Sichzusammenraffen zu einem harmonischen System von engsten und strengsten Bindungen. Solange diese Bindungen aufrecht blieben, herrschte „Verhaltenheit" (daher unser Ausdruck „Verhaltenheitsstufe" usw.). Begann nachher eine dynamische Entwicklung, so geschah dies durch ein allmähliches Auf- und Entbinden, durch Lockerungen, bald auch durch völlige Lösungen und schließlich durch ein weitgehendes Abwerfen möglichst vieler, ja fast aller Bindungen. Hierin hätten wir dann — um wieder einen Ausdruck Goethes zu benützen — die „Diastole" der Geschichte zu erblicken. Im Fortschreiten der Entwicklung wird also ein Höchstmaß an Ungebundenheit erreicht, das aber graduell verschieden ist, da sich die eine Entwicklung mit geringeren „Freiheiten" begnügt, die andere aber deren Hoch-, ja Höchstmaß erstrebt. Wir wissen nicht, wie weit die individuellen Freiheiten der mykenischen Zeit gegangen sind, müssen aber doch wohl annehmen, daß sie sich in weit engeren Grenzen gehalten haben als die der späteren Antike.

Die Regeneration mußte aber auf jeden Fall eine Rückkehr zur Bindungswelt, zur Systole, bringen, denn Systole und Neubeginn sind im Grunde identisch.

Wir erkennen daraus, in welch weiser Ökonomie die Geschichte für die Erneuerung des menschlichen Daseins sorgt, auch wird uns klar, daß der Abschluß einer großen Entwicklungskurve seine Träger keineswegs von einer regenerativen Rückkehr zur Systole und von der Möglichkeit der Entfaltung einer neuerlichen Hochkurve ausschließt. Freilich bedurfte es in den beiden von uns behandelten Fällen einiger Jahrhunderte des Verbleibens in der Verhaltenheitsstufe, bis sich wieder die nötigen Kräfte zum „Start" einer neuen dynamischen Entwicklung angesammelt haben. Im Falle des Griechentums handelt es sich etwa um die Zeit zwischen 1000 und 750 v. Chr., in dem des Abendlands aber um den Zeitraum bis zur Renaissance. Hier wie dort war man sich dieses Neubeginnens zuerst nicht bewußt.

Der Parallelismus der Geometrischen Ära und des frühen Mittelalters läßt sich aber noch um einen wichtigen Schritt weiterführen: In beiden Fällen spielte nämlich die zerschlagene „große" Vergangenheit (hier der mykenischen Zeit, dort der Antike) immer noch eine bedeutsame Rolle. Sie galt als unendlich ehrwürdig, weit überlegen und vorbildlich, doch nicht mehr als Teil des eigenen Daseins. Sie gehörte nicht mehr zum eigenen Geistesgebäude, konnte auch gar nicht dazu gehören, auch dann nicht, wenn man sie gern als zugehörig ausgab, denn sie lag ja noch vor den Katastrophen, lag weit, weit zurück und war eigentlich nur mehr in Fragmenten, also unzureichend bekannt. Daher ging von ihr auch keine Leistungshemmung mehr aus, entbehrten die zur Verfügung stehenden Fragmente als Geschenke des rettenden Zufalls doch selbst der Logik. Zerrissen war also die Kausalkette der Entwicklung, das logische Netzwerk von einst reichte nicht mehr herab. Nur Stückwerk war geblieben, das nicht mehr beengte (eingehend S. 394 ff.).

Was aber einst als geschlossenes Netz alles Neuschaffen während der vergangenen großen, aber schon überreif gewordenen Zeit abgewürgt hatte, das wirkte nun in fragmentarischer Form seltsam anregend und erweckend. So halfen diese Trümmer sogar wunderbar mit, zuerst beim Aufbau eines neuen Bindungssystems und nachher bei der Inaugurierung einer neuen dynamischen Entfaltung.

Vor allem hat sich hier wie dort das religiöse Bekenntnis einigermaßen intakt in die neuen Verhaltenheitsstufen hinübergerettet, bei den Griechen der Götterglaube der mykenischen Zeit, im Frühmittelalter aber das Christentum. Auch im Politischen blieb manche Idee lebendig, so hier das mykenische Rittertum, dort der Gedanke des Flächenstaates und Reiches. Im Zivilisatorisch-Technischen überlebte hier das Megaron und der Streitwagen, dort die Basilika. Weitgehend zerschlagen wurden dagegen in Griechenland das satte Lebensgefühl, die Selbstsicherheit der Ratio, die Staatenwelt und das alte Kunstgewerbe. Auch durch die germanische Völkerwanderung gingen dieselben Bestände verloren: im Mittelalter mußten sich Gesinnungen, Staaten und bildende Künste neu konstituieren.

Eine recht bedeutsame Rolle spielten bei der Erhaltung der einzelnen Kulturtrümmer des vergangenen Ablaufs in Griechenland die Sänger, im Frühmittelalter aber die Kirche und besonders die geistlichen Orden. Ersteren war die Tradierung der Götter- und Heldensage zu danken, der Kirche aber die Erhaltung des Christentums und des antiken Schrifttums.

Aus dem hier dargestellten Parallelismus erwuchs auch eine Analogie der Folgeerscheinungen: So bildete sich in beiden Fällen zuerst das Stadium der statischen Verhaltenheit, das sich aber doch schon irgendwie gehoben zeigte, da ihm eine große Vergangenheit als Folie diente und aus ihr auch der erwähnte Fragmentenbestand an einzelnen Errungenschaften herübergerettet wurde. In beiden Fällen erfolgte nachher der Aufbruch zu einem neuen dynamischen Kulturaufstieg, in Hellas seit der Zeit Homers (dazu S. 97 ff.), im Mittelalter aber mit der Renaissance.

Die Dorische Wanderung

Im Gegensatz zu den übrigen Griechen waren die Vorfahren der Dorier und Nordwestgriechen während des zweiten Jahrtausends in ihren nördlichen Bergbereichen von der mykenischen Burg- und Stadtkultur nur wenig berührt worden. Was sie von den Achäern geschieden, war nicht nur die Lage ihrer Heimatgaue, sondern vor allem die völlig andersgeartete Lebensweise als Hirten, die mit ihren Herden, je nach Jahreszeit, in die Berge oder in Täler zogen, oder als Gebirgsbauern, die ein kaum minder bescheidenes Leben führten. So bewahrten sie sich die Schlichtheit des indo-europäischen Frühdaseins und eines ebenso statischen wie gleichsam zeitlosen „Verhaltenheitszustandes".

In einem schieden sich aber schon damals die Dorier von den Nordwestgriechen: Während letztere in Dörfern und Gauen ohne straffere Organisation dahinlebten, bildeten sich im dorischen Kreis bereits die beiden stärker betonten Gliederungen der Hylleer und Dymanen aus, in denen nun die Grundsätze männerbündischer Gemeinschaftsverpflichtung und einer gleichsam soldatischen Manneszucht in den Vordergrund traten. Sie wurden im Kriegsfall von Heerkönigen befehligt, im Gegensatz zu den friedlicheren Nordwestgriechen, welche die Institution von Kriegsfürsten wohl gar nicht kannten.

Als nach dem Wüten der Seevölker das bisher mykenische Hellas in der submykenischen Phase des 12. und 11. Jahrhunderts zerstört, entvölkert und im Zustand einer völligen Machtlosigkeit zu bleiben schien, entschlossen sich Hylleer und Dymanen zu gemeinsamen Aktionen und nahmen als dritte Gruppe die aus kleinen Gauverbänden gemischten Pamphyler mit sich[47]. Hylleer, Dymanen und Pamphyler blieben zwar, als drei Sippenverbände (Phylen), auch weiterhin nebeneinander bestehen, schlossen sich aber zum einheitlichen Stamme der Dorier zusammen, geführt anscheinend von den erwähnten Heerkönigen der beiden Hauptphylen. Das Ziel der neuen Organisation war die Gewinnung des reichen Fruchtlandes in den südlicheren Landschaften Griechenlands. Von den Randgebirgen Thessaliens und Mittelgriechenlands aus drangen sie allmählich bis in die Peloponnes vor. Als Sieger über die Reste der alten Achäer gewannen sie den Isthmos, die Argolis, Lakonien und Messenien, besetzten mit starken Kräften auch Kreta, Kos und Rhodos, ja sie siedelten sich sogar auf kleinasiatischen Landzungen, zu Knidos und Halikarnassos, an. In den einzelnen Landschaften verteilten die neuen Herren das beste Ackerland unter sich und bildeten überall einzelne dorische Gemeinden. Auf Rhodos besiedelten sie die alten Achäerstädte, übernahmen auf Kreta altminoische Zentren oder bemächtigten sich der Plätze, die die Achäer zwischen 1400 und 1200 gegründet hatten. In der Korinthia bildeten die Dorier einen einzigen Staat mit Korinth als Zentrum, einer Stadt, die schon in mykenischer Zeit eine gewisse Blüte erlebt zu haben scheint. In der Argolis schufen sie sich Argos zum Mittelpunkt. In Lakonien mag wohl eine ganze Reihe von dorischen Gemeinden entstanden sein, unter denen das neugegründete Sparta hervorragte. Über die dorischen Einrichtungen von Messenien wissen wir nur unzureichend Bescheid.

In den einzelnen dorischen Staaten hielt man an der Organisation nach den drei Geschlechterverbänden (Phylen) der Hylleer, Dymanen und Pamphyler fest. Auch bewahrte man gerne eine gewisse Strenge des Gemeinschaftsgeistes. In Korinth, Argos, Sparta und Messenien standen an der Spitze der Dorier Dynastien, die sich von den alten Heerkönigen herleiteten. Zu Sparta gab es sogar zwei solcher Familien nebeneinander, deren eine ursprünglich vielleicht über die Dymanen, die andere über die Hylleer geherrscht hatte.

Daß die Dorier in den erwähnten Landschaften überall ihren Dialekt durchzusetzen vermochten, läßt uns erkennen, wie stark an Zahl sie hier allenthalben waren. Dennoch vermochten sich in den von ihnen eroberten Landschaften verschiedentlich auch vordorische Gemeinden zu behaupten, so besonders in Ostkreta und auf der argivischen Halbinsel. In einigen Dorierstaaten nahm man die Einheimischen als vierte Phyle in den Stammesverband auf, in anderen wurden sie zu Abhängigkeit erniedrigt. Ein beträchtlicher Teil der bodenständigen Bevölkerung wartete aber die dorische Landnahme gar nicht erst ab, sondern zog die Auswanderung nach den Inseln, nach der anatolischen Küste oder dem fernen Kypros vor.

Teilten sich die Dorier auch in verschiedene Landschaften, Staaten und Schicksale, in der künftigen griechischen Geschichte blieben sie als Gesamtheit doch irgendwie das Gegengewicht zur beweglicheren, beschwingteren ionischen Art. Hart und steifnackig ist das dorische Wesen immer geblieben, vielfach auch engstirnig, so wenn es militärische Zucht und Disziplin allzu hoch einschätzte gegenüber dem Recht auf individuelle Entscheidung. Mit den männerbündischen Wehrkameradschaften, den gemeinschaftlichen Männermahlen und der straffen Gemeinschaftserziehung der Jugend gestaltete man voll konservativer Gesinnung vor allem in Sparta und auf Kreta mancherlei Urvätergesittung zu starren, statischen Gesellschaftsformen aus. Im ganzen können wir das Doriertum als einen Hort der Pflichterfüllung und Biederkeit ansehen. Strebten die anderen Griechen später nach Freiheit und Entfaltung, so zogen viele Dorier die alten Bindungen vor und steigerten dieses ihr Bekenntnis mitunter bis zur Verkrampfung. Doch weitete sich die griechische Vielfalt erst solcherart zu jener umfassenden Allfältigkeit, die in fruchtbarster Weise die gesamte Stufenfolge von strengster Gebundenheit bis zu zügellosester Freiheit mit einschloß.

Die Ausbreitung der Nordwestgriechen

Im Gegensatz zu den Doriern haben die Bevölkerungselemente, welche wir als „Nordwestgriechen" bezeichnen, niemals eine Stammesorganisation, ja nicht einmal einen gemeinsamen Namen besessen. Sie blieben jeder strafferen Zusammenfassung abhold und bildeten bloß lockere Gauverbände, wie sie sich aus dem Zusammenhalt einander benachbarter Dorfgemeinden ergaben. Auch waren sie stärker noch als die Dorier mit illyrischen Elementen vermischt.

Nachdem die dorischen Angreifer die ersten Breschen geschlagen hatten, folgten ihnen die nordwestgriechischen Gauverbände in mancherlei Einzelaktionen nach und gewannen eine Reihe von Landschaften, welche von den eigentlichen Siegern zwar durchzogen, aber nicht in Besitz genommen worden waren. So drangen schwächere nordwestgriechische Scharen in Boiotien und in Thessalien ein. Stärkere Verbände setzten nach der Peloponnes über, um Achaia und Teile von Elis zu besiedeln. In geschlossener Masse wohnten Nordwestgriechen von nun ab vor allem in Aitolien und Phokis. Dagegen ging bei diesem allgemeinen, nach Südosten gerichteten Geschiebe an der Rückfront Epeiros mit dem Zeusheiligtum von Dodona an nachströmende illyrisch-balkanische Stämme verloren.

Von Achaia und Boiotien abgesehen, blieben die Nordwestgriechen auch in ihrer neuen Heimat allenthalben Dörfler und Landleute. Da ihnen der Drang fehlte, ihre Kräfte politisch zusammenzufassen, traten sie in den nächsten Jahrhunderten, anders als die Dorier, kaum je in den Vordergrund. Auch in kultureller Hinsicht blieb ihrer ländlichen Art ein Schöpfertum versagt. Erst in hellenistischer Zeit sollte diese Kraftreserve des Griechentums zu Selbstbewußtsein und Eigengestaltung erstarken.

Die Einbeziehung der anatolischen Westküste und die Entstehung Ioniens

Schon in mykenischer Zeit hatten die Achäer mit der Anlage von Stützpunkten auf ägäischen Inseln und an der anatolischen Küste begonnen, doch war damals nur Rhodos dichter besiedelt worden (s. S. 60 ff.). Als nun die Dorier und Nordwestgriechen in Hellas einbrachen, entschloß sich eine große Zahl hiedurch bedrohter Achäer zur Auswanderung über See. Aus Thessalien und Boiotien flüchteten starke Gruppen nach Lesbos und den benachbarten Abschnitten der Festlandsküste. Sie sprachen meist jenen (mit dem Arkadischen und der Sprache von Linear B verwandten) Dialekt, den wir in späterer Zeit als „aiolisch" bezeichnen. Andere Achäer, welche zur Ausgestaltung des „ionischen" Dialekts neigten, sammelten sich in submykenischer Zeit vor allem in Attika, nahmen diese Landschaft aber vielfach nur zur Ausgangsstellung, um nach den Kykladen, nach Samos, Milet oder Ephesos überzusiedeln. Die Achäer von Argos und Lakonien, die ein dem Arkadischen nahestehendes Idiom sprachen (es war dasselbe, das uns in den Linear B-Texten der mykenischen Zeit entgegentritt), wären am liebsten wohl in

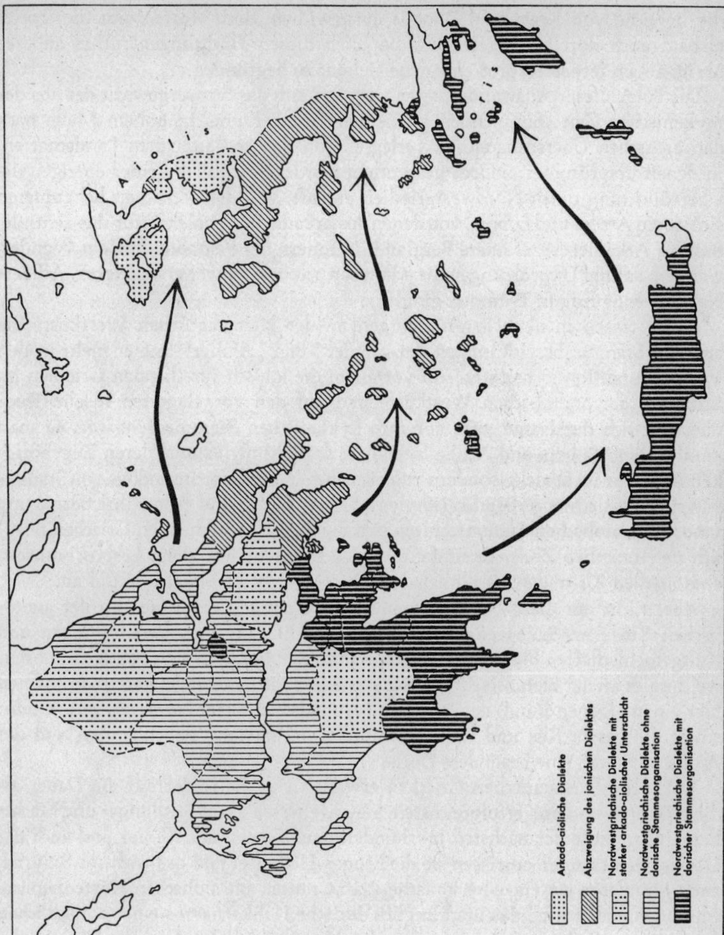

Karte 3: Die griechischen Dialekte

die Bereiche von Kreta und Rhodos ausgewichen, doch warfen sich die Dorier alsbald auch dort zu Herren auf. So blieb diesen Flüchtlingen nichts anderes übrig, als im fernen Kypros eine neue Heimat zu begründen.

Die Folge dieser Auswanderungen war, daß sich das Schwergewicht des aus der mykenischen Zeit stammenden achäischen Griechentums in hohem Maße nach den ägäischen Überseebereichen verlegte. Von den festländischen Landschaften, in denen ursprünglich aiolisch gesprochen worden war, blieb keiner einzigen die Überschichtung durch Nordwestgriechen erspart, von den ionischen behaupteten sich allein Attika und Euboia, von denen des arkadischen Dialekts nur das zentrale, nun als Arkadien bezeichnete Bergland im Innern der Peloponnes. Kein Wunder, wenn ob solcher Umwälzungen die schon seit 1200 so schwer erschütterte „Achäer-Nation" endgültig in Trümmer ging.

Dafür traten in den Neugründungen an der kleinasiatischen Westküste die engeren Stammesbezeichnungen der „Ionier" und „Aiolier" immer mehr in den Vordergrund. Ionier nannten sich vor allem die ionisch sprechenden Griechen im Mittelteil der anatolischen Westküste und auf den vorgelagerten Inseln. Doch übertrug sich der Name auch auf ihre kykladischen Stammesgenossen, ja man konnte sogar Euboia und Attika irgendwie dazurechnen, zumal deren Zugehörigkeit nicht nur im Dialekt, sondern zugleich auch in der Gemeinsamkeit von Stammvätern, Geschlechterverbänden (Phylen), Sagen, Kulten und Festen ihre Bezeugung fand. Zum aiolischen Stamm zählten sich die aiolisch sprechenden Griechen nördlich der ionischen Zone. Er umfaßte von den Inseln vor allem Lesbos, von der anatolischen Küste den nördlichen Abschnitt von der Mimas-Halbinsel an.

Aber nicht nur diese beiden Stammesbezeichnungen gewannen an der anatolischen Küste an Bedeutung und führten zur Bildung von Vereinigungen und Kultgemeinschaften hier der ionischen, dort der aiolischen Städte; auch die Dorier, welche sich an der kleinasiatischen Südwestküste niedergelassen hatten, gründeten hier einen eigenen Bund, der nun ihre Festlandsstädte Halikarnassos und Knidos sowie die Inseln Kos und Rhodos umfaßte. So entstand neben Ionien und der Aiolis auch noch eine besondere Doris.

Von den kleinasiatischen Griechen erwiesen sich die Ionier auf die Dauer als die tatkräftigsten und erfolgreichsten. Sie erweiterten ihren Siedlungs- und Machtbereich im Laufe der nächsten Jahrhunderte auf Kosten der Aiolier und auch der Dorier. Den ersteren entrissen sie die Mimas-Halbinsel und das wichtige Smyrna, auch gründeten sie einzelne ionische Plätze mitten im aiolischen Küstenbereich. Im Süden aber verfiel das ursprünglich dorische Halikarnassos einer allmählichen Ionisierung. Bedeutsamer noch war der Umstand, daß sich auch das ionische Lebensgefühl mit all seiner kolonialen Aufgeschlossenheit den übrigen Griechen Kleinasiens mitteilte und daß es damit eine dynamisch bewegte Geistessphäre schuf, welche grundsätzlich allem Freien und Ungebundenen geneigter war als das Mutterland.

Infolge des Übergewichts der ionischen Gruppe konnte es geschehen, daß schließlich die Bezeichnung „Ionien" auf die kleinasiatischen Griechen in ihrer Gesamtheit ausgedehnt wurde, Aiolis und Doris mit umfaßte und sich in Gegensatz gestellt sah zu der mehr konservativen Art des griechischen Festlands. Verdankte Hellas den Doriern des Festlands das Extrem an statischer Gebundenheit, so verdankte es nun der ionischen Sphäre Kleinasiens eine auf die Dauer kaum geringere Neuerungsfreudigkeit.

Von größter Bedeutung für die griechische Geschichte sollte es werden, daß sich dieses „Ionien" (im weiteren Sinn) auf die Dauer keineswegs bloß als Ableger, als Kolonistenland und Griechentum zweiter Güte empfand. Gar bald betrachteten die Einwanderer vielmehr den neugewonnenen Küstenbereich als richtigen Heimat- und Mutterboden. So sah sich das griechische Mutterland gleichsam über die Inseln und den Saum der anatolischen Gegenküste ausgeweitet. Die Ägäis wurde hierdurch zum hellenischen Binnenmeer.

Keine fremden Seestreitkräfte vermochten von nun ab in die ägäischen Gewässer einzulaufen, ohne auf griechischen Widerstand zu stoßen. Durch die Erfassung dieses Meeres wurde der griechische Lebensraum zur See gesichert und abgerundet. Dafür wurde freilich eine neue, um so empfindlichere Landflanke geschaffen. Die anatolischen Griechenstädte konnten zwar beträchtlichen Besitz an Fruchtland, doch kein geschlossenes Territorium gewinnen. Sie waren nicht einmal an der Küste dicht genug geschart, um diese ganz lückenlos zu besetzen. Gegen das Innere zu hatten sie überhaupt nur ein paar Plätze in den Flußebenen gewonnen. Wider einen von Osten her drohenden Angriff zu Lande vermochten sie daher keine geschlossene Front zu bilden, jede Stadt mußte sich vielmehr schlecht und recht auf eigene Faust verteidigen. Was nicht durch feste Mauern geschützt war, stand den feindlichen Heeren offen.

So wurde das Griechentum in peinlicher Weise von den kontinentalen Machtverhältnissen in Kleinasien abhängig. Jede expansive Machtballung, die sich dort oder im benachbarten Vorderasien bildete, bedrohte den griechischen Küstensaum. Auch geistige Beeinflussung erfolgte vom asiatischen Boden her und dank der günstigen Landverbindung mit dem Orient. Überdies erfolgte mancherlei Vermischung mit anatolischen Volkselementen, zumal die Einwanderer vielfach ohne Frauen ankamen und sich ihre Gattinnen aus den Kreisen der Einheimischen holten. So brachte die Gewinnung des kleinasiatischen Küstensaums eine schicksalhafte Verknüpfung mit dem gewaltigsten der Kontinente. Wie wenig die Griechen es auch ahnten, dieses Ausgreifen war das kühnste unter allen ihren Wagnissen: gleichzeitig fußen zu wollen auf zweierlei Erdteilen.

Die Bildung der Hellenennation

Erst die Einwanderung der Dorier und Nordwestgriechen führte alle Stämme zusammen, die das künftige Hellenenvolk bildeten, und erst die Besetzung der Inseln und des anatolischen Küstensaums vollendete den räumlichen Kreis, der ihnen Heimat sein sollte. Nach der thrakisch-illyrischen Überflutung und den darauffolgenden Wanderungen bestand eine Achäereinheit nur mehr im Gedächtnis der Dichter als eine Art antiquarischer Fiktion. Im übrigen haftete der Name der

Achäer nur noch gleichsam zufallsweise an einigen Landschaften, Siedlungen und Küstenvorsprüngen.

Als sich nun die dorisch=nordwestgriechischen Zuwanderer mit den übrigen Griechen auf hellenischem Boden zusammenfanden, fehlte für sie zu Anfang jede gemeinsame Bezeichnung. Die beiden Gruppen mußten sich erst zu einer höheren Einheit vereinigen und sich dieses Vorganges entsprechend bewußt werden. Die uralte sprachliche und genetische Verwandtschaft der verschiedenen Volksteile begünstigte diese Volkwerdung. Die Verschiedenheiten der Mundarten hinderten eine Verständigung kaum, und niemals war, wie es scheint, die gemeinsame Urzusammengehörigkeit ganz aus dem Bewußtsein geschwunden. Jetzt verzahnten sich zudem Altansässige und Neugekommene in Nachbarschaft und Nachfolge und beeinflußten einander in der fruchtbarsten Weise.

In den Ioniern und Aioliern lebte noch etwas vom achäischen Rittererbe der mykenischen Zeit, desgleichen vom Charisma der altägäischen und auch der minoischen Stadtkultur, sie brachten auch Sonnenlicht und das südliche Lebensgefühl, die Leichtigkeit und natürliche Frische des persönlichen Verkehrs dem neuen Zusammenleben zur Morgengabe. Die Dorier und Nordwestgriechen hingegen vertraten teils strengere Zucht, teils bäuerliche Sitte, vor allem aber eignete ihnen eine beglückende Unberührtheit von aller abgestandenen Kultur. Fingen die Bodenständigen infolge der erduldeten Katastrophe nochmals von vorne an, so handelte es sich für die Zugewanderten um einen erstmaligen Kulturanstieg. Aber nicht nur in dieser Kombination von Geburt und Wiedergeburt begründete sich der Reichtum der Zukunft, sondern auch darin, daß sich die von den einzelnen Komponenten des neuen Volkstums beigebrachten Geistesgaben teils als Sonderzüge behaupteten, teils aber sich fruchtbar mischten. So vereinigte sich vor allem rund um den Saronischen Golf dorisches und ionisches Wesen zu wunderbaren Synthesen. Nichts gibt hiervon besseres Zeugnis als der sogenannte protogeometrische und der darauffolgende geometrische Stil, die beide wohl aus dorischer Geisteshaltung geboren waren, aber ihre folgerichtige Ausgestaltung und reifste Vollendung doch im ionischen Attika erfuhren. Überhaupt muten in den ersten Jahrhunderten nach der Vereinigung Attika und Athen ihrem Wesen nach fast dorischer an als das dorische Argos und umgekehrt das dem Stamme nach dorische Korinth ionischer als manche ionische Stadt. Wie sehr sich die beiden Komponenten aber auch sonst zur Eintracht zusammenfanden, zeigt die Tatsache, daß die Zuwanderer die Gesamtheit der aus mykenischer Zeit tradierten Sagenstoffe übernahmen, während die Alteingesessenen den dorisch=nordwestgriechischen Herakles anerkannten. Dieser stand nun als Vertreter der dorischen Leistungsgewalt und „Tumbheit" neben dem strahlenden und doch wiederum tragischen Achäerhelden Achilleus und dem südlich gewandten Odysseus.

Dem Zueinanderfinden entsprach es, wenn nun Kulte und Heiligtümer, Orakel und Festlichkeiten, wenn vor allem Delphi und Olympia gemeingriechische Bedeutung erlangten, wenn die neue Gemeinsamkeit eine Quelle neuen Stolzes wurde, ja wenn man das neue Volkstum nicht nur als solches empfand, sondern alsbald zu höherer Wertung erhob. Die Griechen empfanden sich also nicht nur als Volk, sondern geradezu als Nation und bedurften hierfür eines Namens. Da war es die Bezeichnung „Hellenen", welche sich einbürgerte. Als „Hellenen" setzten sie sich jetzt von den „Barbaren" ab.

Seit dem 10. Jahrhundert v. Chr. begann sich die neue Nation zu bilden, etwa im 8. mag sich hierfür der Hellenenname allgemein durchgesetzt haben. Auch wir wollen im folgenden von Hellenen sprechen, um uns des Gegensatzes zu den vergangenen Achäern bewußt zu bleiben. Damit werden wir der Tatsache gerecht, daß die griechische Geschichte in zwei Entwicklungsabläufe zerfällt, einen achäischen und einen hellenischen, weshalb auch zwischen der schon früher besprochenen achäischen oder mykenischen Kultur und der nachfolgenden hellenischen streng geschieden werden muß.

Adelskultur

Wenn die Hellenen in verhältnismäßig kurzer Zeit zu einer neuen Einheit erwuchsen, so war das vor allem ein Werk des griechischen Adels, der sich über alle Staats-, Stammes- und Traditionsgrenzen hinweg zu einer einheitlichen sozialen Oberschicht zusammenfand. Er entstammte zum Teil dem achäischen Rittertum, das einst in mykenischen Zeiten auf Burgen Hof gehalten und schwere Waffen geführt hatte. Manchen feudalen Sippen war es ja gelungen, teils in der Heimat, teils auf den Inseln oder an Anatoliens Küste, die Stürme der Wanderungen zu überdauern und die ritterliche Vorzugsstellung zu behaupten. Sie behielten nun ihre traditionelle Bewaffnung, den Streitwagen, die ritterliche Kampfesweise, hochgemute Gesinnung und, soweit es sich ermöglichen ließ, auch eine gehobene Lebenshaltung bei. Fahrende Sänger kündeten ihnen vom Glanz der vergangenen Zeiten und verherrlichten die Vorfahren als Vorbilder und Helden.

Im Gegensatz hierzu haben die durch Tüchtigkeit, Ansehen und Reichtum ausgezeichneten Vorkämpfer der Dorier und Nordwestgriechen erst nach ihrer Festsetzung in den eroberten Gauen das bisherige Bauern- und Hirtenkriegertum mit jener ritterlichen Lebensform vertauscht, die sie nun nachdrücklicher aus der Masse der übrigen Bevölkerung heraushob. Eine solche Verritterlichung kann man vor allem zu Korinth, in Thessalien und Boiotien beobachten. Zweifellos knüpfte sie hier allenthalben an Vorbilder an, welche die Stellung und Lebensführung der besiegten oder vertriebenen achäischen Adeligen bot. Von ihnen übernahm man nicht nur die schweren Waffen und den Streitwagen, sondern auch den Codex der adeligen Tugenden und die Heldensage. Natürlich spielte bei alledem auch noch das lebendige Beispiel eine werbende Rolle, das die ionischen und äolischen Ritter von Chalkis, Eretria, Athen und vom überseeischen Ionien darboten. Umgekehrt dürfte vom dorischen Neuadel ein Hauch ernsterer Strenge auch auf den aus achäischer Zeit stammenden Altadel übergegangen sein. Eine ganz überragende Bedeutung hatte für diese gegenseitige Angleichung zweifellos der Sängerstand, welcher den Neuadeligen mit der Heldensage zugleich den feudalen Kanon in allen seinen Wesenszügen immer wieder exemplarisch vor Augen stellte. Dazu kamen noch die Bande vielfältiger Gastfreundschaften, die damals sehr ernst genommen wurden und ihre Verbindungen bedeutsam über die gesamte Adelswelt von Hellas spannten. Dem folgten alsbald Versippungen über nicht minder weite Entfernungen. Telemachs Reise zu seinen Gastfreunden auf der Peloponnes gestattet uns einen trefflichen Einblick in alle diese überstaatlichen Beziehungen, durch die der Adel von Hellas wie zu einer großen Familie zusammengeschlossen wurde. Gleichsam panhellenisch tritt er uns auch noch in der Lelantischen Fehde vor Augen, als der Zwist zwischen den Rittern von Chalkis und Eretria die Adeligen ganz Griechenlands in zwei Lager spaltete. Ein panhellenisches Ereignis war es schließlich, wenn eine adelige Erbtochter (wie z. B. Agariste) vergeben wurde.

Aus alledem ergibt sich, welch geringe Rolle die Grenzen der damaligen Kleinstaaten für die Adelsgesellschaft gespielt haben. Man reiste und heiratete über sie hinweg, man schloß Freundschaften ohne jede Rücksicht auf sie. Alles war hier in bestem Sinne panhellenisch, und daher war es so leicht möglich, vom Adel her eine ganz Hellas umfassende Hellenenkultur zu schaffen über alle Grenzen und Territorien hinweg, um deren Wahrung sich ja die Fürsten und nicht der Adel als solcher zu kümmern hatten.

Schon S. 33 wiesen wir darauf hin, daß im Griechentum das indo-europäische „personale Prinzip" von größter Bedeutung war, doch mußten wir S. 56 erkennen, wie sehr die mykenische Feudalität den Personenkreis auf die Ritterschaft verengte. Diesem Prinzip der Exklusivität blieb man auch nach der Dorischen Wanderung treu, nur nahm man jetzt den sich neu bildenden dorisch-nordwestgriechischen Adel in den Kreis dieser engeren Personalität auf, der nun über ganz Griechenland reichte und die gesamte Ritterschaft umfaßte. In ihm bildete sich auch eine panhellenische Adelsmeinung und ein panhellenischer Adelskodex. Daneben gab es wohl die lokalen Personalkreise, gebildet aus dem jeweiligen Herrscher, dem lokalen Adel und der übrigen Lokalbevölkerung, doch spielten sie eine weit geringere Rolle. Sie bildeten auch keine lokalen „öffentlichen Meinungen" von solchem Gewicht, daß sie mit der öffentlichen Meinung des panhellenischen Rittertums hätten konkurrieren können.

Der ritterlichen Gesellschaft standen die jeweiligen Königshäuser voran, doch waren auch Herrscher hier nichts anderes als *primi inter pares*, bildeten den Feudalherren gegenüber also keine eigene Gesellschaftsschicht. Anders verhielt es sich mit der nichtadeligen Bevölkerung, den Bauern, welche sich keine schweren Waffen zu leisten vermochten, den Hirten und Handwerkern, den Ärzten, Baumeistern und Sängern, den Pächtern, Leibeigenen und Grundholden. Diese bildeten wohl eigene soziale Schichten, doch waren sie nirgends Träger einer abgesonderten Kulturgesinnung. Allenthalben bekannten sie sich vielmehr nehmend wie gebend zur Adelskultur: nehmend, indem sie die Heldensage als verbindlich anerkannten, gebend, da die nichtadeligen Sänger bei deren Ausgestaltung in maßgeblicher Weise mitwirkten und auch die Baumeister und kunstgewerblichen Handwerker ihr Können zur Verschönerung des adeligen Daseins einsetzten. So formte die

Adelskultur nicht nur den Ritter, an ihr formte sich auch der kleine Mann. Sie wurde dadurch zur gemeinhellenischen Gesittung.

Inhaltlich wurde diese Adelskultur vor allem durch ihre agonalen (wettkämpferischen) Neigungen bestimmt, die in erster Linie den ritterlichen Passionen galten, der Waffenführung und sportlichen Leistung, dem Wagenrennen und der Jagd. Doch übertrug sich dieses agonale Prinzip allmählich auf die allgemeine Kulturgesinnung aller Griechen und erfüllte sie mit dem Ehrgeiz nach dem Voranstehen, Obsiegen und nach der Gewinnung des Preises. Zum Agonalen gesellte sich weiter der Glaube an die olympischen Götter und ihre Verehrung in Kulten und Festen. Maßgeblich für die Ausgestaltung dieser religiösen Belange waren wieder die Adelshöfe mit ihren die Göttersagen verkündenden Sängern, doch blühten daneben auch noch die schlichteren Kulte der breiteren Volksschichten (s. dazu aber erst S. 91 ff.).

Gänzlich fern lag diesen ältesten Hellenen — von Sentenzen und Weisheitssprüchen etwa abgesehen — alles Theoretische. Wissen und Können war zwar zutiefst metaphysisch begründet, aber durchaus praktischer Natur. Darum gab es auch noch keine Theorie der Sittlichkeit, sondern nur eine ganz konkrete Sitte, die (von ehrwürdiger Gewohnheit, praktischer Erfahrung und sozialer Lage bedingt) den Ehrenkodex des Standes ausmachte. Natürlich gab es auch noch keine Humanitas, wurde doch jeder Einzelne nicht als Mensch, sondern als Angehöriger seines engeren Kreises (vor allem seines Standes als Ritter, als Sänger, als Handwerker, als Bauer, Sklave usw.) aufgefaßt. Mit diesem Hinweis auf die strenge Standortbezogenheit des Individuums treten wir aber bereits in die kulturmorphologische Beurteilung dieser Zeit ein. Ihr soll der folgende Abschnitt gewidmet sein.

Das neue Verhaltenheitsstadium als statische Vorbereitung einer nachfolgenden dynamischen Kulturentfaltung

Wie in anderen Bereichen des Erdballs kann man auch in der europäischen Frühzeit vielfach einen statisch=konservativen und damit gleichsam zeitlos währenden Kulturzustand feststellen, der bei allem inneren Reichtum doch auf jede dynamische Entfaltung verzichtete und in seinem verharrenden So=Sein Genüge fand.

Derartigen zeitlos anmutenden Gesittungen begegnen wir in der Antike bei den Illyriern, Thrakern, Iraniern und Skythen, bei den Kelten, Germanen und Slaven, wir haben sie im griechischen Mittelhelladikum und bei den Voreltern der Dorier kennengelernt. Denselben Zustand finden wir auch bei den Hellenen der Zeit von 1000 bis ca. 750 v. Chr. Während aber bei den meisten genannten Völkern das statische Dasein einfach weiter blieb, bis es ein Einfall überlegener Fremdeinflüssen beendete, haben die Hellenen aus eigener Kraft dieser Verhaltenheit ein Ende bereitet und sie durch eine dynamische Entfaltung ihrer Kulturkräfte ersetzt. Hierdurch wurde bei ihnen die statische Ära auf wenige Ge=

nerationen reduziert und gleichsam zu einem kurzen Anlaufstadium, in welchem sich die Kräfte sammelten, die dann dynamisch entströmten. Gerade hierin lag die hohe Bedeutung dieser Frühzeit. Sie lieferte ein Höchstmaß an Bindungen und Standortverwurzelungen. Dessen bedurfte die spätere Entwicklung als Ausgangsbasis, denn alle Entwicklung vollzieht sich im Zusammenhang von Lockerungen und Lösungen solcher Verhaftungen, denen hier zugleich ja die Rolle von Kraftaufspeicherungen zukommt.

Die Bindungen und Standortverwurzelungen der frühen Hellenenzeit galten der Stellung des Individuums zu seinem soziologischen Umkreis, zur Sitte, zur öffentlichen Meinung und zu den Göttern. Sie wirkten sich u. a. gesellschaftlich und politisch aus. Der Ritter war zuerst einmal seiner Sippe verhaftet, lebte durch sie und für sie. Die Sippe bildete einen Teil des ritterlichen Standes, war auf seinen Ehrenkodex verpflichtet, von seiner öffentlichen Meinung abhängig. Der Ritterstand mußte gewisse Bindungen an den jeweils gebietenden König anerkennen. Der Herrscher hatte umgekehrt bester Ritter zu sein und auch als Schutzherr des kleinen Mannes zu walten. Ihm oblag es also, die Spannungen zwischen Adel und Gemeinfreien auszugleichen. Eine Versammlung aller Freien (und Wehrfähigen?) — soweit sie sich als indo-europäisches Urväterrelikt überhaupt erhalten hatte — umfaßte alle Staatsangehörigen. Sie war (z. B. bei den Makedonen!) in manchen Belangen souverän und stand sogar über dem König. Den Göttern glaubte man sich ganz besonders verpflichtet, rächten sie doch menschliche Frevel. Einzelne Geschlechter hatten besondere Kulte, auch gab es für den Adel, die Bauern, die einzelnen Städte Götter, die man besonders zu verehren hatte.

Bei alledem haben wir zu beachten, daß gerade engere Verhaftungen, wie die an Sippe und Stand, zugleich auch die strengsten waren. Die räumlich am weitesten reichende Bindung betraf das Hellenentum als Ganzes, betraf die Nation. Doch glaube man nicht, daß die Leute damals „Nationalisten" gewesen wären oder nach einer staatlichen Vereinigung gestrebt hätten. Hellenentum war ihnen nur gegenüber den Barbaren von erhöhter Bedeutung, trat im übrigen aber hinter den Bindungen des Alltags zurück.

Persönlichkeit, ja überhaupt Individualismus, vermochte sich damals nur im Rahmen der erwähnten Bindungen und unter Anerkennung der gemeinschaftlichen Verpflichtungen der engeren Kreise zu entfalten. Wohl war diese strenge Standortgebundenheit dermaßen selbstverständlich, daß sie z. B. der Ritter gar nicht empfand, aber sein Streben folgte wie von selbst dem von Heldensage und Rittertum festgelegten Weg. Alles davon Abweichende, alles Neue und Unerhörte blieb ausgeschlossen. So gab es die einst vorbildlich gelebten Möglichkeiten von Achilleus bis zu Odysseus und Herakles, man konnte sich handfester Tapferkeit, ritterlichem Gesang oder einer feudalen Listigkeit hingeben, blieb aber immer im gleichen Kreis und in der gleichen Lebensform. Doch war man nicht Sklave dieser Lebensform, sondern ihr Meister, war der öffentlichen Meinung nicht nur untertan, sondern nahm an ihrer Bildung selbst teil. Daher auch das Hochgemute dieser Rittergesellschaft.

Autorität war dabei immerzu die herrliche, große Zeit der mykenischen Ära. Man blickte auf sie zurück und nicht in die Zukunft. Da man nichts Neues anstrebte, immer im gleichen verblieb, wurden auch Alter und Erfahrung hoch eingeschätzt. Dem Vorgelebten gleichzukommen, war immer höchstes Ziel.

Es versteht sich von selbst, daß die Stärke eines jeden solchen statischen Kulturdaseins in der harmonischen Ausgeglichenheit und Verwobenheit seiner kulturellen Belange, in seiner Problemlosigkeit und Zeitbeständigkeit lag. Auch der hellenischen Frühzeit dürfen wir diese Charakterzüge weitgehend zubilligen (einige Einschränkungen sollen erst S. 94 f. gemacht werden). Die Schwäche der Verhaltenheitsstadien haben wir dagegen im Fehlen von wahrhaft neuschöpferischen Fortentwicklungen zu erblicken. Alle diese statischen Kulturen haben sich gleichsam selbst geschaffen, verblieben dann aber in diesem geschaffenen So-Sein und dachten nicht mehr daran, sich zu verändern. Derartiges läßt sich, wie bereits betont, an Thrakern, Illyriern usw. durch Jahrhunderte feststellen. Auch die Makedonen wären ohne die Nachbarschaft der späteren Hellenenkultur immer im Gleichen verblieben. Alle Begabung zeigt sich im Verhaltenheitsstadium ja auf ganz eng beschränkte und gleichsam normierte Geisteshaltungen ausgerichtet. Es *konnte* daher zu gar keinen bahnbrechenden, unerhörten und unwiederholbaren, zu keinen einsamen Leistungen kommen. *Mutatis mutandis* war ja alles schon dagewesen und konnte stets wieder von neuem angestrebt werden. So kannten solche Zeiten weder Spitzenleistungen noch auch den Überdruß, der aus der Unwiederholbarkeit von Spitzenleistungen erwächst (dazu eingehend S. 397 ff.). Wiederholbar waren daher in jener Zeit auch Heldengesang und Kunstgewerbe. Kein Wunder, wenn unter solchen Umständen der Begriff des geistigen Eigentums noch völlig unbekannt war und es auch keinerlei Autorennamen gab. Das aus seinem originalen Schöpfertum erwachsene souveräne Ingenium ist in dieser Zeit, die sich so sehr aus der gesunden Kraft des verläßlich Bewährten befriedigte, eben noch gar nicht entdeckt worden.

Diese autorenlose, statische Form von Dichtung und Kunstgewerbe hatte das frühe Griechentum mit den Verhaltenheitsstadien zahlreicher anderer Völker gemein, sie stellt also etwas Typisches dar. Da sie in unserem Fall aber zugleich die Basis der dynamischen Weiterentwicklung bilden sollte, wollen wir ihr in den beiden nächsten Abschnitten eine etwas eingehendere Darstellung widmen.

Der epische Liedgesang

Bei zahlreichen Kulturen des Verhaltenheitstypus finden wir die gleiche Art der epischen Sangesdichtung wie bei den ältesten Hellenen. Es handelt sich dabei um mündlich von Sängern, Rittern oder auch von begabten Privatleuten tradierte Stoffe und Lieder, um *oral poetry*. Diese hat man in den letzten Jahrzehnten bei slavischen Völkern der modernen Zeit eingehend studiert. Man mußte dabei feststellen, daß sich die hier gewonnenen Erfahrungen auch auf die Dichtung anderer

Völkerschaften, auf unser frühes Mittelalter und besonders auf die vorhomerische Epik des frühen Hellenentums übertragen lassen.

Wir lernen daraus erst so recht, wie sich vor Homer die ganze epische Dichtung stets im Flusse befand, wie alles und jedes nur vorläufig blieb, nie endgültig wurde, wie die Sänger stets wiederholten und doch nach schöpferischem Belieben immer wieder umformten, im Kleinen wie im Größeren, nie in den festgelegten, als einfach „gewesen" aufgefaßten größten Ereignissen. So balancierte die Dichtung dahin „zwischen Überlieferungstreue und Improvisation". Nie brauchte ein Sänger schöpferisch zu sein und originell, doch wenn er es vermochte, waren ihm verhältnismäßig weite Grenzen gesteckt. Was aber das Entscheidende war: da es bei solchen Verhältnissen kein geistiges Eigentum und keine Autoren gab, blieb es immer das Wichtigere, Sänger und Vortragender zu sein und diese Tätigkeit nach besten Kräften auszuüben. Wir haben es also mit Handwerksleuten zu tun, und wenn schon Neufinder darunter waren, so übernahm man deren Neues — sofern es gefiel —, wie wenn ein Schmied die praktischere Variante eines Beils oder einer Sichel erfand. Die Freiheit des einzelnen war dabei verhältnismäßig groß, da sie sowohl dem Neuformen wie dem Übernehmen galt. Wo das Schöpferische durchbrach, stand es unter einem höheren Schutz als unter dem des Autorennamens. Es zeugt für den gesunden Sinn dieser Sänger, daß sie richtig erkannten, alles spontan in ihnen Aufbrechende komme aus höherer Gnade, sei ein Geschenk der Muse, des Zeus oder sonst eines Gottes. Dieser überirdischen Inspiration glaubten sie ihr tieferes Wissen und Künden überhaupt erst zu verdanken.

So frei die Sänger in der einmal eingeschlagenen Richtung auch schalteten, die Richtung selbst blieb doch bindend. Das galt sowohl in technischer wie in stilistischer und stofflicher Hinsicht. Von mykenischer Zeit leiteten sich die Ursprünge des epischen Stils und der epischen Verskunst her. Auch die aiolische Komponente der epischen Kunstsprache wurzelte im Mykenischen, verband sich freilich dann mit einer noch stärkeren ionischen Komponente.

Noch viel bedeutsamer als die Bindung im Technischen war aber die an den historischen Stoff und an das Kulturmilieu der mykenischen Glanzzeit. Die mykenische Ära war für die Ritter der frühhellenischen Zeit so etwas wie das verlorene Paradies. Die Aufgabe der Sänger bestand in nichts Geringerem, als dieses Wunschbild durch ihre Sangeskraft vor den Zuhörern Wirklichkeit werden zu lassen. Darum lebten die Sänger auch selbst mit ihrer Phantasie in dieser vergangenen Welt und bewegten sich in ihr völlig ungezwungen. Sie zeichneten ihr Kulturmilieu, wie ihr geistiges Auge es sah, archaisierten also bewußt. Weniger gegenwärtig war es ihnen wohl, daß sie — je länger desto mehr — auch manche Kulturzüge der eigenen Zeit in ihre Traumwelt hineintrugen. In ähnlich ungezwungener Weise archaisierten die Sänger der *oral poetry* ja auch in den Verhaltenheitsstadien anderer Völker und Länder.

An historischen Tatsachen ist wenig bindend geworden oder geblieben, so — um nur das Wichtigste zu nennen — die Tatsache der Achäernation, die Hegemonie Mykenais, die Dekadenzerscheinungen am mykenischen Hof, die geachtete Stellung der Dynastie von Pylos, der Wohlstand mancher mittelgriechischer Residenzen, die zeitweise zwischen der Argolis und Theben bestehende Feindschaft, die Belagerung Trojas und die von Iolkos ausgehende Entdeckungsfahrt ins Schwarze Meer. Auch die dunkle Kunde von der minoischen Thalassokratie, von Minos und Rhadamanthys, vom Minotauros und den ihm vorgeworfenen Opfern, wie die von Theseus gehört hierher. Nicht unbeträchtlich war die Zahl der Helden, deren Namen man aus der mykenischen Ära tradierte. Es besteht kein Zweifel, daß es sich bei den meisten Angehörigen der Atreidendynastie und auch bei Nestor um historische Persönlichkeiten handelte.

Freilich konnte man nun diese Persönlichkeiten in recht freier Weise im Rahmen der gegebenen Grundtatsachen oder auch sonst irgendwie zur Aktion bringen. Man konnte die Tatsachen selbst sogar etwas ummodeln, man konnte z. B. für die Katastrophe von Troja anstelle des poseidonischen Erdbebens ein poseidonisches Holzroß einführen [48]. Die Sänger durften sich also manches erlauben sowohl gegenüber den grundsätzlich festgelegten Tatsachen wie auch gegenüber den Helden und selbst gegenüber den Göttern. Die Sangeskunst sollte ja unterhalten, wie alle *oral poetry*. Daher mußte sie gelegentlich auch für Heiterkeit sorgen, fanden also auch Komik und Burleske in der Dichtung Platz. Im übrigen flochten die Sänger nach Geschmack Märchen- oder Novellenstoffe ein und erwiesen sich hierdurch als die Archegeten des ionischen Fabulierens. Kein Wunder, wenn so vom „Historischen" nur mehr die „Kerne" zurückblieben, die sehr oft so überwuchert sind, daß wir sie mitunter mehr ahnen als wirklich erkennen.

Gänzlich fern lag es den epischen Sängern, von anderem als von der erlauchten Ritterherrlichkeit der großen Vergangenheit zu berichten, auch anders als im epischen Versmaß und im epischen Darstellungsstil zu künden. Stoffe der banaleren und banausenhafteren Gegenwart blieben grundsätzlich ausgeschlossen. Dichtung bot — von reinen Unterhaltungseinlagen abgesehen — Vorbild und Hochbild zugleich der ritterlichen Art und einer dem Heroischen geltenden Daseinsauffassung.

Was die *oral poetry* der frühen Hellenen von der anderer Völker unterscheidet, ist also vor allem die so konzentrierte Verdichtung der Vergangenheit zu einem großartigen Idealbild. Dieses Idealbild strahlte seinerseits wieder eine großartige Wirkung auf die eigene Gegenwart aus. Hierzu kam, daß die griechische Epik zugleich auch noch die religiösen Vorstellungen mitgestaltete, wovon wir aber erst S. 91 ff. eingehender berichten werden. So konnte diese Dichtung auch schon vor dem Auftreten Homers (zu diesem erst S. 101 f.) ein Gewaltiges beitragen zur Verfestigung, Vertiefung und Verbreitung der ritterlichen Adelskultur im ganzen griechischen Raum und damit auch zur Erhebung des neuen Hellenenvolkes in eine Höhe erhabeneren Geistes.

Der „Geometrische" Stil

Der künstlerische Ausdruck des Verhaltenheitsstadiums der frühen Hellenen war der „Geometrische" Stil. Er glich mit seiner Folgerichtigkeit und Geschlossenheit im Grundsätzlichen den Dekorationsstilen vieler anderer im Verhaltenheitszustand befindlicher Völker. Überall handelte es sich dabei um gleichsam statische Schmuckordnungen, die geometrische Motive bevorzugten, in ihrer schlichten Unbedingtheit keiner Veränderung bedurften und — wenn überhaupt — nur einer langsamen, trägen Entwicklung unterlagen.

Entstanden ist der geometrische Stil m. E. aus zwei Komponenten, welche den beiden Ahnengruppen des neuen Hellenenvolkes entsprachen, aus einer verarmten mykenischen Tradition, wie sie uns in der submykenischen Keramik entgegentrat, und aus einer im Mittelhelladikum wurzelnden Überlieferung, die erst im 11. Jahrhundert (wohl zusammen mit Doriern und Nordwestgriechen) von der Gebirgszone her einströmte. Aus der schöpferischen Vereinigung dieser beiden Faktoren ging zuerst der sogenannte „Protogeometrische Stil" hervor (Tfl. 12 A), dessen Neues sich an der tektonischen Durchbildung und Straffung aller Formen, an der Klarheit und Selbstbeschränkung der Dekoration erweist. In konsequenter Fortführung der tektonischen Durcharbeitung erwuchs dann Hand in Hand mit einer gewissen Bereicherung des Formen- und Motivschatzes um etwa 900 v. Chr. der „Geometrische Stil". Dieser brachte nun der einmal eingeschlagenen Gestaltungsrichtung die letzte Vollendung. In ihm gewann das Prinzip des dekorativen Systems und einer bis ins letzte durchdachten Logik eine wohl kaum wieder erreichte Höchststeigerung an tektonischer Ausgewogenheit, an Klarheit und Selbstsicherheit. Dabei haben wir es nur mit Gefäßen, Geräten und ihrer Verzierung zu tun. Es gab im Geometrischen noch keine große Kunst, ja in der Regel nicht einmal irgendwelche Szenen. Es gab — von einfachsten Weihestatuetten abgesehen — nur Gegenstände und ihre schlichte Verzierung. In diese Gebrauchsgegenstände legte man aber alle Inbrunst des Künstlerischen. Dabei kamen vorwiegend geometrische Motive und daneben höchstens noch Figurenreihen zu dekorativer Verwendung, so u. a. männliche oder weibliche Gestalten (auch Klagefrauen) oder Reihungen von Pferden, von Rennwagen u. dgl. Nur auf den großen Grabamphoren trat ausnahmsweise auch eine „Szene" in Erscheinung, die „Aufbahrung" mit Leichenwagen und Leichenspielen (vgl. Tfl. 12 B).

Auf der Höhe des Geometrischen Stils finden wir alles wohlgeordnet und aufs beste geregelt. Nur für das Walten einer freieren Phantasie gab es darin keinen Platz. Nach den Grundsätzen des *horror vacui* erscheint alles erfaßt, keinerlei Flächen bleiben offen, alles dünkt uns hier abgeschlossen, zu Ende geführt und zu Ende berechnet. So wirken die Erzeugnisse des Geometrischen Stils irgendwie entspannt wie gelöste Rätsel, wie „aufgegangene" Gleichungen. Hier wurde der Gedanke der geometrischen Dekoration zur höchsten Vollendung gebracht, und diese Vollendung ist ob ihrer siegreichen Natürlichkeit nun mit einemmal nicht mehr Strenge, sondern anmutsvolle und liebenswerte Milde. Man hat sich hier aus dem Wirrsal der Möglichkeiten befreit, nicht durch eine Freiheit, die doch nur neue Probleme aufgerissen hätte, sondern durch die Findung einer wahrhaft besten Ordnung. Als beste Ordnung konnte sie aber gar nicht mehr streng sein, denn nur das Unzureichende wäre als streng empfunden worden.

So ist hier wie von ungefähr ein großes Werk gewachsen, geworden, genial in seinem So-Werden, und doch ohne Genies. Es entstand aus einem Gefühl für das

Gestalterisch=Schickliche, wie es im Handwerk anonym durch Generationen ge=waltet hatte. Damit wird uns klar, wie stark die Parallele zur epischen Sanges=kunst ist. Hier wie dort das gleiche Dienen von Ungenannten, die wiederholen und weitergeben und gelegentlich auch wieder namenlos umgestalten. Alles war hier noch aus dem allgemeinen Lebensgefühl geflossen und kehrte bestätigend, bereichernd, erhebend in dieses zurück. Das Geniale, es wuchs und erblühte nicht aus dem einzelnen großen Künstler, sondern aus einer Schicht von demütig Be=teiligten. Darum noch keine einsamen Großtaten, die alles rings umher erniedri=gen und erdrücken, daher auch noch kein Mißbehagen über deren Unwiederhol=barkeit, sondern das Wahren eines edlen, noch wiederholbaren Maßes.

Die Götterwelt des frühen Hellenentums

Gewöhnlich pflegen in den Verhaltenheitsstadien die Bindungen an Religiöses besonders eng, die Glaubensvorstellungen besonders innig und andächtig zu sein. Das frühe Hellenentum bildet demgegenüber eine Ausnahme. Gerade die Götter=vorstellungen hatten sich ja aus der spätmykenischen Zeit über alle Wanderungs=katastrophen herübergerettet, sowohl durch eine Kontinuität der Kulte wie durch die „Gesänge von Helden und Göttern". Die mykenische Spätzeit scheint nun das Menschengestaltige an den Unsterblichen ganz besonders betont zu haben. Darum treten in den damaligen Achäergräbern anthropomorphe Idole auf, darum werden in den spätmykenischen Kultstätten von Kreta die einzelnen Gottheiten zu ihrer Unterscheidung mit recht irdischen Distinktionen (verschiedenartige Blu=men, Früchte, u. dgl.) versehen[49]. Bereits S. 68 deuteten wir an, daß diese Beto=nung des Menschlichen vielleicht schon zu einer Herausstellung auch des Allzu=menschlichen geführt habe und zu jener Frivolität, die später den Göttervorstel=lungen der Sängergilde mitunter anhaftete. Vielleicht bestand hierin die spezifisch mykenische Art einer reifezeitlichen Aufklärung und Freigeistigkeit.

Bis vor kurzem haben wir geglaubt, daß der olympische Götterkreis der epi=schen Dichtung zugleich derjenige der achäischen Rittergesellschaft gewesen wäre. Heute wissen wir, daß in den mykenischen Palästen auch Demeter und Dionysos verehrt wurden, der Götterkreis also weiter war und Repräsentanten der Mystik wie der Ekstase miteingeschlossen hat. Erst die nachmykenischen Sänger haben dann alle Züge der Volksreligion, die Fruchtbarkeitsfeste, den Baumkult, alle ekstatische und enthusiastische Erregung, die Mystik, konsequent ausgeschlossen, desgleichen Dionysos und Demeter. Wir haben es in den homerischen Gesängen also mit einer sehr exklusiven Adelsreligion zu tun, die nur einen Ausschnitt aus dem Reichtum griechischer Religionsvorstellungen bietet. Erst im Epos gab es eine Hegemonie des Zeus, erst hier beschränkte man sich auf einen engen Kreis von Olympiern, unter denen Hera, Athene, Apollon, Hermes und Ares die her=vorragendsten Rollen spielten. Allerdings gehörte ihm auch Poseidon an, doch mußte er die Unterwelt an Hades abgeben und wurde für die seefahrenden Ionier nunmehr vor allem zum Meeresgott. Eine untergeordnete, aber doch nicht ganz unbedeutende Rolle spielte im Heldengesang eine Klasse von ältesten indo=europäischen Gottheitsvorstellungen, die ganz ohne Menschengestalt und Mythos einfach aus den Begriffen selbst entsprungen war. So finden wir bei den Sängern die „Angst", den „Schrecken", den „Streit" und das „Unheil" nicht anders deifiziert als bei den Römern Fortuna, Ianus und Flora.

Was wir im Epos aber vielfach vermissen, das ist ein echtes Vertrauen zur sittlichen Funktion der Götter. Wohl traten sie als Zürner und Wohltäter auf, auch nahmen sie für oder wider den einzelnen Sterblichen Partei, doch fehlte selbst einem Apollon und Zeus die Erhabenheit, welche solchen Wahrern höchster Ordnungen im übrigen Griechentum sonst zukam. Wieder ahnen wir ein Weiterleben von Zersetzungserscheinungen aus der spätmykenischen Zeit.

Wir müssen uns daher nach dem griechischen Festland wenden, zu den altväterischen Arkadern oder zu den schlichter denkenden Doriern, um noch alten Volksglauben, Bauern= und Hirtenreligion, naive Gläubigkeit wiederzufinden, um auch auf Götter zu treffen, die als sittliche Potenzen noch ernsthaft in Betracht kamen. Im Inneren der Peloponnes gab es noch Poseidon und seine Gattin Demeter in Rossegestalt, desgleichen bei Hirten den Bocksgott Pan. Hier verehrte man bei den Doriern voll Vertrauen die beiden als „Dioskuren" bezeichneten nothelfenden Brüder. Hier gab es noch die ägäischen Frühlings= und Erntefeste, hier und auf Kreta auch noch den sterbenden Frühjahrsgott. Auf dem Festland blieb Demeter allenthalben in höchsten Ehren, ihr dienten die Mysterien von Eleusis. Hier war in den Gebirgen Dionysos mit seinen Ekstasen daheim. Hier feierte man dem Zeus sein erhabenstes Hochfest zu Olympia. Vor allem entstand hier aber Apollon als die erlauchteste Göttergestalt, welche die Griechen je geschaffen haben. Sein Name und sein ursprünglicher Typus stammten vielleicht aus Kleinasien, doch hat er sich dann zu einem echt hellenischen Gott gewandelt. In historischer Zeit wurde er als der weitest= und tiefstblickende unter den Olympiern verehrt. Er wußte wie kein anderer Recht von Unrecht, Ordnung von Unordnung zu scheiden, sah alle Zukunft voraus, wies den griechischen Kolonisten ihre Siedlungsplätze an, schenkte den Spartanern ihre Verfassung, gab Staaten und Einzelnen auf ihre Anfragen durch das Delphische Orakel Bescheid.

Doch darf man nicht übersehen, daß auch in diesen weit frömmeren Bereichen und Kreisen epische Sänger zu Gaste waren und ihre Frivolitäten zum besten gaben. So will es uns scheinen, als ob für die Labilität der griechischen Religion doch auch noch tiefer verwurzelte Tatbestände verantwortlich wären als nur die Hybris von Rittern und Sängern. Schon S. 30 wiesen wir darauf hin, wie schwer sich die Selbstherrlichkeit des alten indo=europäischen Vereinsprinzips mit der Anerkennung absoluter Autoritäten vereinigen ließ, wie selten sich hier — im Gegensatz zum Verhalten des Orients — eine Obrigkeit weltlicher oder überirdischer Art zur Unbedingtheit zu erheben vermochte. So lag auch in der religiösen Gesinnung der alten Hellenen — bei aller anfänglichen Gebundenheit — doch immer etwas Freigeistiges, genau so wie in der manch anderer indo=europäischer Völker. Für einen Götterglauben, der so stark von mythologischem Fabulieren her bestimmt war wie der griechische, bedeutete das keine geringe Be=

drohung, sobald nur einmal die Fesseln von Kritik und Zweifel gelöst waren. Doch sollte dies erst weit später in ein wahrhaft akutes Stadium treten.

Vollkommen überzeugt waren die Sänger freilich von der göttlichen Herkunft der ihnen zuteil werdenden Intuition. Da gab es keinerlei Zweifel, auch wurde diese Begnadung stets völlig ernst genommen. Darüber hinaus glaubte man an Götterhilfe bei allen spontaneren Entschlüssen und Handlungen. Das gibt uns einen wichtigen Hinweis auf die künftige Wandlung im griechischen Dasein. Denn schon kündigt sich hierdurch die Hochschätzung des Schöpferischen an. Noch hält sie sich im Gehege der ritterlichen Interessen, doch ahnen wir bereits die Zeit, in der man mit Hilfe der Musen, mit Hilfe Athenes und anderer Gottheiten diese Grenzen durchbrechen wird.

5. KAPITEL

Der Weg zur Schöpfungsdynamik

Die beiden Formen des geistigen Werdens und Seins

Wir haben die „geometrische" Ära der frühen Hellenen als Verhaltenheitsstadium aufgefaßt, so wie es auch bei anderen Völkern anzutreffen war. Alles schien uns übereinzustimmen, das Höchstmaß harmonischer Bindungen, die Problemlosigkeit des Daseins, das Fehlen aller Neuerungssucht und aller neuerungssüchtigen Ingenien, ein zeitlos gültiger Dekorationsstil und eine gleichfalls zeitlos blühende, meist epische *oral poetry*.

Bei anderen Völkern, so z. B. bei Makedonen, Thrakern und Illyriern, lernen wir das Stadium solcher Verhaltenheit erst während seines Verlaufes bzw. zur Zeit seines Abbruchs durch die alles versengende spätere griechische Hochkultur kennen. Bei den frühen Hellenen war es uns aber vergönnt, das Werden und Entstehen dieses Zustands zu verfolgen und sein allmähliches Sichgestalten aus den ihn bildenden Komponenten und Traditionen zu belauschen. Wir waren hier in wunderbarer Weise Zeugen eines gleichsam naturhaften Werdevorgangs, in dem sich etwas Geschichtliches ganz ohne gewußtes Endziel wie nach dem Plan einer höheren Schöpferweisheit formt, und wurden uns staunend klar, daß dieser Vorgang ganz ohne „Männer, die Geschichte machen", ganz ohne Heroen des Geistes und Titanen des Willens vor sich ging. So ahnten wir hier ein geschichtliches Wachstum, das nicht der menschlichen Planung bedurfte, und nicht der großen Männer, das vielmehr erst dadurch zustande kommen konnte, daß es keine Planer und keine Ingenien, sondern nur breitere Bevölkerungsschichten gab.

Kein Zweifel, dieser des menschlichen Ingeniums entratende Urzustand des Geistigen und Geschichtlichen war bei all den von uns aufgezählten Verhaltenheitsgesittungen der eigentliche Schöpfer, er hat sie zu beachtlicher kultureller Höhe geführt und ist bei ihnen dann dauernd in Geltung geblieben. Die Hellenen waren durch dieses naturhafte Werden allerdings auf ein besonders hohes „Niveau" genieloser Geistigkeit geführt worden, auch erweist sich ihre Geometrische Ära in viel höherem Maße vom Glanz einer „großen Vergangenheit" durchstrahlt, als solches sonst der Fall zu sein pflegt.

Endgültig trennte sich der Weg der Hellenen von dem der übrigen Völker aber erst, als sie nicht mehr in ihrem naturhaft gewordenen, naturhaft erblühten So-Sein statisch verbleiben wollten, als sich vielmehr die Frage aufwarf, ob es wirklich genüge, Genüge zu finden, befriedigt zu bleiben, Rast der Unrast vorzuziehen.

Dabei ließ sich aber ein weiterer Aufstieg mit Hilfe von Ritterkreisen oder Sängergilden nicht mehr durchführen, es bedurfte dafür unbedingt des Ingeniums. Denn das schöpferische Aufquellen aus der Gemeinschaft bringt eben doch nur Leistungen von mäßiger — wenn auch ebenmäßiger — Höhe zustande.

An diesem Scheideweg hatten einst schon die Kulturvölker des Orients und am Ende des dritten Jahrtausends auch die Minoer gestanden, um sich dann für den emporführenden Pfad des Neuschaffens zu entschließen. Nur ließen die Orientalen sich auch fürderhin von weiser Vorsicht leiten und entfernten sich nicht allzuweit von den geistigen Urgründen ihres Gewordenseins. Etwas weiter wagten sich schon die Minoer. Doch erst die Hellenen faßten den Hinaufweg schließlich am kühnsten auf, als ein prometheisches Revoltieren bis zum letzten, als das äußerste Abenteuer eines autonomen Geistes. Doch soll hierüber erst später berichtet werden. Hier sei nur darauf hingewiesen, daß es offenbar zwei Werdensformen im Geistigen wie im Geschichtlichen gibt, deren eine aus breiteren Schichten gleichsam naturhaft aufquillt, sich unbewußt formt und dann auf Dauer verweilt, während bei der anderen zu diesem naturhaften Dasein auch noch die dynamische Gestaltungskraft großer geistiger oder geschichtlicher Ideen und Schöpferpersönlichkeiten tritt. Erst dieser zweiten und höheren Stufe sind dann die erhabenen Spitzenleistungen des menschlichen Geistes, ist dann die Schaffung von Hochkulturen vorbehalten.

Die Bedeutung des städtischen Lebens für die Kulturentfaltung der Hellenen

Wie sehr auch die Wesenszüge der althellenischen Adelskultur dem normalen Verhaltenheitstypus anderer Völker entsprechen, in einer Tatsache von grundsätzlicher Bedeutung unterschieden sich die Griechen von den meisten übrigen Völkern: in ihrer städtischen Lebensform, wie sie sich aus der ägäischen Frühzeit über die mykenische Ära hinweg vererbt hatte.

Städte stellen allgemein Aktivierungszentren dar, in denen die latenten Schöpferkräfte des Geistes gleichsam systematisch geweckt und zur Entfaltung gebracht werden. Auch tritt nur hier im Lauf der Zeit jene Arbeitsteilung und Spezialisierung ein, welche für Leistungssteigerung und ideenmäßige Vertiefung erforderlich zu sein pflegt. Hierdurch bietet die städtische Lebensform gleichsam den Schlüssel für allen weiteren Aufstieg in höhere Kultursphären.

Die Hochkulturen Asiens und Ägyptens verdankten ihre Voraussetzungen dem dort erblühenden städtischen Leben. Im Vergleich damit ergab sich für die Griechen aber ein bedeutsamer Unterschied. In Hellas bot die so sehr aufgegliederte Landesnatur fast immer nur kleinere Räume, zu klein für eine Mehrzahl von Städten, doch groß genug für jeweils eine Stadt. Diese war dann souveränes Zentrum, war natürliche Herrin ihres Raumes und brauchte darin nicht zu teilen. Was solche von Natur aus souveränen Städte noch weiter begünstigte, war die Abwehr, welche die Landesnatur gegen jeden Versuch einer großflächigen Machtausbreitung leistete. Viel zu zerstreut waren die kleinen Einzelräume und abhold jeder engeren Ver=

bindung. So stellte sich Partikularismus als etwas Naturgewolltes ein. Daher konnte sich hier auch ein vor jeder Nivellierung bewahrter, durch Seeluft an Freiheit gewöhnter, durch städtischen Umgang zu Aktivität erzogener Menschentypus bilden. Seine Fähigkeiten verbrauchten sich nicht im Herrschen oder Beherrschtwerden, im Organisieren oder Organisiertwerden. Es war ein Menschentypus, der vom Fellachentum ebenso weit entfernt war wie vom Landhunger des ehrgeizigen Eroberers. In diesen Städten dämmerten nun alle die großen Möglichkeiten des Kulturschöpferischen heran, welche alsbald zu wunderbarer Wirklichkeit erstehen sollten.

Der gewaltige Vorsprung vor dem übrigen Europa lag darin, daß nur in Griechenland schon seit frühesten Zeiten Stadtkulturen in Erscheinung traten. Je mehr diese in Blüte kamen, desto günstigere Vorbedingungen schufen sie für weiteren Kulturanstieg. Deshalb eilte auch Kreta so weit voraus, blieb man aber auf dem Festlande zurück, als um 2000 v. Chr. die einwandernden Griechen wieder mehr ländlichen Geist brachten. In die mykenische Kultur kamen nachher von Kreta aus wohl viele neue städtische Elemente, doch hatten sie sich mit der ganz anders gerichteten ritterlichen Neigung abzufinden, ein Herrendasein auf festen Burgen zu führen. Um 1200 wurden schließlich Burgen wie Städte zerstört. Den Platz der ersteren nahmen vielfach die Heiligtümer der Götter ein. Die Städte aber erstanden allmählich wieder und zogen auch den Adel in ihren Bann. Die Neigung, in Burgen zu leben, trat nun auch in diesen Kreisen völlig zurück, und selbst den Landsitz vertauschte man gern mit dem Leben in der Stadt. Die rossetummelnden Hippoboten von Chalkis und die stolzen Bakchiaden von Korinth — um nur besonders ausgezeichnete Rittergeschlechter zu nennen — scheinen sich ohne Zögern der Verstädterung ergeben zu haben. Ähnliches schildert die Odyssee vom Adel Ithakas.

Die städtische Siedlungs- und Lebensform vermochte sich nicht in allen griechischen Bereichen gleichermaßen durchzusetzen. In manchen nordwestgriechischen Landschaften und im westlichen Arkadien blieb man beim Wohnen in Dörfern. Auch in Thessalien gab es nur schlichtere Landstädte ohne wahre Urbanität. In Lakonien wehrte sich Sparta dagegen, eine richtige Stadt zu sein, nur gewinnt man den Eindruck, als ob das hier so betonte „Wohnen in Dörfern" und der Verzicht auf einen Mauerring bloß die Fiktion eines mehr ländlichen Lebens bedeutete. Dagegen erblühten Städte und Stadtkultur in der nordöstlichen Peloponnes (mit Argos, Korinth, Sikyon usw.), zu Megara, in Athen, Böotien und Euboia sowie auf den Inseln. Vor allem aber konnten die Ansiedler an der anatolischen Küste gar nicht anders, als sich in festen Städten und hinter Mauern zu bergen, ganz gleich, ob sie zum breiteren Volk oder zum Adel gehörten.

Vielfach geschah es nun, daß man über dem Werben des städtischen Lebens verlernte, das ländliche Wirken weiterhin zu schätzen. So mancher trieb sich lieber geschäftig auf Markt und Turnplätzen umher und sagte außer der Arbeit hinter dem Pfluge auch dem ländlichen Wesen, den ländlichen Tugenden ab. Daß derartiger Neigungswechsel nicht unbedingt so kraß in Erscheinung treten mußte, lehrt uns das Beispiel Roms. Auch dort hat man die städtische Siedlungsform übernommen, doch lehnte man es ab, sich allzu urbanen Lebensformen zu ergeben. Stolz blieb man bäuerlich auch in der Stadt. Bei den Hellenen hingegen stellte sich nun in allen Landschaften, welche überhaupt Städte zum Zentrum hatten, eine fast übersteigerte Freude am Städtischen ein. Auch wer über Grundbesitz verfügte und für seine Bebauung zu sorgen hatte, wollte oft nicht mehr richtiger Bauer sein. Schiffahrt und Handelsunternehmungen interessierten manchen bereits mehr als die ererbte Scholle. Städtische Züge nahmen im Wettkampf und im Kultus überhand. Vor allem aber wuchs in der Stadt heran, was das künftige Hellenendasein entscheidend bestimmen sollte, die politische Leidenschaft.

Die Urbanisierung eines so großen Teils der Hellenen schuf nun die Voraussetzung für eine dynamische Entfaltung der hellenischen Kultur. Ein rein bäuerliches Dasein hätte für eine solche niemals den Anreiz zu bieten vermocht, schlummernde Schöpferkräfte zu wecken. Zwar wären auch Adelshöfe und Heiligtümer als Aktivierungszentren bedeutsam gewesen, Städte vermochten dieser Funktion aber allein schon im Grundsätzlichen weit besser zu genügen. Vor allem eignete sich hierzu aber der so vollkommene Stadttypus, den wir mit griechischer Benennung als „Polis" bezeichnen: die Stadt, welche die einzige in ihrer Landschaft und ihrem Staat ist, das stolze, eifersüchtige Zentrum all seines Lebens bildet, sein Herz und Gehirn zugleich darstellt. Dieser Polis und ihren Bürgern, den Politen, sollte der herrliche Schöpferweg in erster Linie zu danken sein, den das Hellenentum seit etwa 700 v. Chr. beschritt. Kaufpreis war freilich eine Störung des Gleichgewichts durch allzu weitgehende Preisgabe des Ländlichen in allen Polisstaaten, ja man kann bei Städten mit allzu kleinem Territorium irgendwie von einer Aufzehrung der bäuerlichen Reserven sprechen. Doch sollte diese Störung einer gesunden Wechselseitigkeit von Stadt und Land erst im Laufe viel späterer Zeit ernstere Schäden nach sich ziehen.

Die Entdeckung des Ingeniums und des geistigen Eigentums

Im statischen Frühstadium waren wohl Helden des blutigen Streites, wagemutige Seefahrer und Sieger im Wettkampf zu Ruhm und Ehre aufgestiegen, doch ging alle Persönlichkeit in solchen Hochzielen ritterlich-agonaler Tüchtigkeit völlig auf. Das noch niemals Dagewesene wurde noch nicht erstrebt, und wer es dunkel ahnte, verschloß es scheu im Busen. Wie der geometrische Stil seine innere Ausgewogenheit und Harmonie dadurch erhielt, daß er sich allem freien Spiel der Phantasie versagte, war auch die griechische Frühkultur als Ganzes allen wahren Genietaten abhold. Maßlos mußten sie ja erscheinen, da sie das Maß der adligen Gesellschaft überschritten. So hielt sich noch alles zurück, als wäre es im Vorfrühling.

Als aber die Hellenen in ihrer genielosen Zeit der Verhaltenheit alles erreicht und durch einige Generationen ausgekostet hatten, was sich ohne Ingenium eben erreichen ließ, da erfolgte die große Wandlung: Das Ingenium entdeckte sich gleichsam selbst und wagte alsbald seine ersten Vorstöße in unbekanntes, unendliches Neuland. Es fand auch Verständnis, fand Anhänger und wurde zum Bahnbrecher für viele. Es war, wie wenn eine Knospe aufspringt, durch die Fülle des Saftes getrieben. Nun wurde man des Nur-Ritterlichen überdrüssig und begann, das Allzu-Festgelegte des bisherigen Daseins, die Zirkel des bisherigen Horizonts, als beengend zu empfinden.

Zu allererst wurde sich die schöpferische Persönlichkeit im Bereiche der Kunst ihrer wunderbaren Möglichkeiten bewußt. Bis dahin hatten nur Werkmeister gewirkt, ohne mehr sein zu wollen als Tüchtige unter den Namenlosen des Handwerks. Aber auch die einzelnen fahrenden Sänger erhoben sich nicht aus dem Kreis ihrer Zunft und ahnten nichts vom Schutz ihres geistigen Eigentums. Nun jedoch, etwa im 8. Jahrhundert, wirkte im ionisch-aiolischen Bereich ein Fahrender von höherem Rang. Aus der Fülle des überkommenen Liedgutes formte er den Stoff vom Zorn des Achill zum ersten Buch des Abendlandes und schuf dann wohl noch ein zweites über Odysseus. Da wurde es den Zeitgenossen klar, daß hier eine Meisterschaft am Werke sei, die sich über alles bisherige Maß erhob und nur von diesem einen Großen geleistet werden konnte. Deshalb belegten sie die beiden großen Epen erstmalig mit dem Namen dieses Schöpfers, und andächtig hielten auch alle Nachfahren an diesem Wissen fest: das habe Homer gedichtet. Der Name blieb mit dem Werk, und mit dem Namen die Ehrfurcht vor dem Genius. Wie das Dichteringenium von diesen Zeiten an immer mehr in das Blickfeld der breitesten Öffentlichkeit trat, werden wir S. 101 ff. in den Abschnitten über Homer, Hesiod und die Lyriker noch besonders besprechen.

Ähnlich wie in der Dichtung stand vielleicht auch in der Plastik ein großer Meister am Anfang und brach der Anerkennung der Schöpferpersönlichkeit Bahn. Er hat für die Griechen den Tatbestand des Leibes zum Gegenstand der Kunst erhoben. Auf ihn hat man alsbald den Namen der weit älteren minoischen Sagenfigur Daidalos übertragen. Seither konnten sich auch Bildhauer als Künstler fühlen, und stolz signierten sie ihre Werke mit ihrem Namen. Auch Maler folgten nun diesem Brauch, und selbst im Kunstgewerbe der Keramik setzte er sich für Vasenmaler und Töpfer durch.

Bei Entdeckungsfahrten und Neugründungen hatten starke Persönlichkeiten immer schon Gelegenheit gehabt, sich zu betätigen. Das konnte geschehen, da derartige Leistungen ohnehin in den Kreis der Ritterlichkeit fielen. Nun aber erweiterten sich auch im Machtpolitischen die Möglichkeiten. Das bisher im wesentlichen ausgewogene Verhältnis zwischen König, Adel und Gemeinfreien wurde problematisch, als der Adel seine wehrtechnische Überlegenheit gegen die alten Rechte von König und Volk ins Treffen führte. Noch lösten sich die einzelnen Vorkämpfer dieser Bewegung nicht aus ihrer engeren Standortverhaftung, blieben im Dienst von Sippe und Ritterstand. Doch wagten auch sie bisher Unerhörtes, wenn sie auf Entmachtung oder Beseitigung des Königtums hinarbeiteten, um so an die Stelle der Monarchie die Herrschaft des Adels zu setzen.

Zweierlei Kulturdynamik

Seit dem 7. Jahrhundert v. Chr. ging das Autorenbewußtsein wie ein Rausch durch das geistige Griechenland. Wer etwas erschuf oder erfand, ob es Verse waren oder Statuen oder Gefäße, ob er die erste Triere konstruierte oder eine neue Art der Lyra, jeder wollte nun Urheber und Autor sein. Welch eine Wandlung gegenüber der eben erst dahingegangenen namenlosen, autorenlosen Zeit! Vor wenigen Generationen hatte noch niemand gewußt, was ein Urheber, was geistiges Eigentum sei, und jetzt zielte aller Ehrgeiz darauf. Ein Theognis erfand sogar besondere Methoden, um jede Entlehnung „seiner" Verse zu verhindern.

Es steht außer Zweifel, daß Hellas nun in eine neue Form des geistigen Daseins eintrat, die kaum mehr rückwärts, sondern vor allem nach vorne blickte und sich grundsätzlich dem Neuen und Unerhörten erschloß. Zu Ende war es daher mit dem Verhaltenheitsstadium, der dynamisch bewegte Anstieg zur „Hochkultur" begann.

Vergleichen wir diesen Aufbruch der griechischen Schöpferkräfte mit den Wegen, welche die orientalischen Hochkulturen eingeschlagen, so stellen wir mit Erstaunen fest, daß sich die Formen, das Tempo und die Methoden der Entwicklung hier und dort doch recht wesentlich voneinander unterschieden. Im Orient war der dynamische Antrieb von den großen Zentren der staatlichen und religiösen Autorität ausgegangen, von Palästen, Dynastien und Herrschern ebenso wie von Tempeln und Priestern. Ingenien gab es auch dort, mitunter sogar unter den Königen. Wenn geniale Schöpfer aber im Dienste von Königen, Priesterherrschaften u. dgl. standen, traten sie eben als Dienende nicht in den Vordergrund, hatten auch nicht die Bewegungsfreiheit des Privatmannes. Vor allem die Bewahrung des Namens war dann nicht ihr, sondern ihrer Fürsten Recht. Fürsten befahlen, daher galten sie auch als Urheber und Archegeten, höchstens noch Beamte und Priester kamen daneben zur Nennung. Der kulturelle Aufstieg vollzog sich ja auch gar nicht von der privaten Sphäre her, sondern es blühten zuerst einmal Reiche und Dynastien und von ihnen her die übrige Kultur. Privates Kulturleben spielte eine geringe Rolle. In Literatur, Wissenschaft und Philosophie hat es der Orient nie zu solcher Fülle und Weite der Leistung gebracht wie Griechenland, zweifellos weil es an der hierfür nötigen Bewegungsfreiheit im Geistigen sowohl am Nil als auch am Euphrat allzusehr mangelte[50].

Bei den Hellenen dagegen waren es Privatleute, die aus dem Nichts aufstiegen weit über die Herrlichkeit eines Hammurapi und Ramses. Sie bildeten private Reihen und Nachfolgeschaften, ja sie gründeten mit den philosophischen Schulen so etwas wie Dynastien des Geistes. So schuf sich hier das Geistige aus seiner eigenen Substanz neue Ordnungen, weit nachdrücklicher und unbeschwerter als im minoischen Kreta oder bei den Achäern Mykenais, wo man von Palästen und Burgen abhängig gewesen war. Was hier in Hellas geschah, kann daher als völlig unerhört bezeichnet werden, und unerhört waren dann auch die Ergebnisse, sowohl durch die Schnelligkeit wie durch die Höhe des Anstiegs, vor allem aber durch die Großartigkeit der einzelnen Spitzenleistungen.

Völlig verschieden waren Hellenen und Orientalen auch in ihrem Verhalten zu den überkommenen Bindungen. Jede dynamische Entwicklung muß bei ihrem Neugestalten ältere Bindungen lockern und gelegentlich auch lösen. Grundsätzliche Bindungsfeindlichkeit braucht das nicht zu bedeuten, zumal ja auch Neugeschaffenes vielfach Bindungskräfte entfaltet. Im Orient spielte sich nun alles Neuwerden im Rahmen eines kaum je angetasteten monarchisch-religiösen Bindungssystems ab. Bei den Hellenen aber standen die Schöpfer weder in fürstlichen noch in priesterlichen Diensten. Wohl waren die großen Meister sich der Heiligkeit des Bindungsgutes so sehr bewußt, daß sie nur dort lockerten und lösten, wo es zum Zwecke des Neuschöpfertums unbedingt sein mußte. So brachen Homer und Hesiod nur mit jenen Gebräuchen der alten Sängerzunft, welche ihren eigenen Schaffenszielen den Weg versperrten. Doch kündigte sich im Vorgehen des hellenischen Adels gegen das Königtum auch schon eine viel grobschlächtigere Art an, überkommene Bindungen abzutun. Wir erkennen daraus, daß bei den Hellenen für die Zukunft Lösungsmöglichkeiten offenstanden, welche weit über die des Orients hinausgingen. Im folgenden wird sich zeigen, wie sehr sich hierdurch die Unterschiede in der kulturellen Entfaltung noch weiter vertieften.

Die Adelsrepublik

Ursprünglich mag sich bei den Griechen die staatliche Macht ähnlich verteilt haben wie später noch bei den Makedonen: Der König als Oberherr im Krieg und im Kultus, auch noch mit einer Art von Obereigentum über das gesamte Territorium ausgestattet; die Adeligen als Nutznießer des besten Bodens, zugleich über zahlreiche Hintersassen und Grundholden gebietend, als Ritter die bevorzugten Träger des Wehrgedankens, dem König beratend zur Seite stehend; schließlich die breite Masse des freien Volkes, das, obzwar wehrtechnisch fast ohne Bedeutung, immerhin in der Volksversammlung zusammentrat zu staatspolitischer und richterlicher Beschlußfassung. So hat sich die Machtverteilung in Makedonien bis in historische Zeiten gehalten, da man dort zur Abwehr der Balkanstämme ein starkes Königtum dringend benötigte. Hellas hingegen erlebte nach dem 10. Jahrhundert viel friedlichere Zeiten, und da geschah es, daß der Adel seine wehrtechnische Überlegenheit zusammen mit seiner wirtschaftlichen und sozialen Vormachtstellung zu einer Schwächung der Krone auszunützen begann.

Etwa seit dem 8. Jahrhundert gelang es in den meisten Staaten den Rittern, das Königtum zu beseitigen. Ein Beispiel dafür, wie man dies zu erzwingen versuchte, bietet uns das Verhalten der Freier am Hof des Odysseus. Der Vorgang der Entmachtung einer Herrscherfamilie vollzog sich also mitunter nicht ohne Härten, doch mag es auch Dynastien gegeben haben, die auf ihre Rechte einfach verzichteten und sich damit begnügten, Adelssippe zu sein wie andere auch. Manch anderes Herrschergeschlecht mag ausgestorben sein. In den meisten Fällen ging die Umwälzung also doch mehr gleitend und friedlich vor sich. Im konservativen, seit der Frühzeit so kriegerischen Sparta behielten dagegen die beiden regierenden Dynastien einen Teil ihrer alten Rechte, und ebenso behauptete sich in dem Kolonialbereich von Kyrene das Herrschergeschlecht.

Die übrigen Staaten wandelten sich in Adelsrepubliken mit jährlich wechseln= den Beamten und einem ständigen Rat. Die Volksversammlung wurde in den Hintergrund gedrängt, denn alle Macht lag nun beim Adel, der sich dieses Vor= recht auf Grund seiner „Tüchtigkeit" zuerkannte. Die Ritter hielten sich für die „Besten" und glaubten, daraus das Recht des Herrschens ableiten zu dürfen. Die alte Ausgewogenheit der Gewalten, die Verteilung der Macht auf die drei Glieder der Krone, des Adels und des Volkes, wurde damit zerstört, und Einseitigkeit trat an ihre Stelle. Damit war der Kampf um den Staat eröffnet, ein Kampf, der in der Folgezeit alle Leidenschaften entfesseln und alle Kräfte des Guten wie Bösen auf= bieten sollte.

Homer, Spitzenleistung und Schattenwirkung

Mit Absicht behandelten wir den älteren Heldensang bereits früher. Bei ihm handelte es sich ja um anonyme *oral poetry*, die zeitlos währte und eigentlich nie hätte zum Abschluß zu kommen brauchen. Homers Werk brachte dagegen eine fertige Höchstleistung und einen Abschluß zugleich. Das Neue an seinem Wirken bestand rein formal darin, daß er die dichterisch wertvollsten Bestandteile des Liedmaterials zum Trojanischen Krieg zusammenformte und niederschrieb. Er hat damit als erster im Abendland die Idee des Buches gefaßt und zugleich verwirk= licht. Darüber hinaus hat er auch die Idee des literarischen Großwerkes ge= boren. In qualitativer Hinsicht bestand die säkulare Bedeutung Homers aber in der wunderbar schöpferischen Weise, in der er diese zunächst organisierende Tätigkeit zum Rang einer dichterischen Höchstleistung erhob. In der Auswahl der Stoffe und in ihrer künstlerischen Anordnung bewährte er seine Meisterschaft. Es dünkt uns heute noch schier unübertrefflich, wie er die Kunstmittel der Steigerung, Retardierung und des Kontrasts verwendete. Nicht weniger bewundern wir seine Charakteristik der Personen, die Anschaulichkeit der Vorgänge, die dichterische Kraft und den poetischen Hauch, den Reichtum an freigewählten Bildern und zu= gleich auch die Treue gegenüber dem großen tragischen Grundgedanken. So ver= ehren wir in diesem ersten Autor der europäischen Literatur zugleich einen ihrer größten Gestalter im Kleinen und Großen, in der einzelnen Phrase, im einzelnen Bild, in der Szene und in der Fassung des Ganzen.

Daß wir in Homer den Verfasser der uns vorliegenden Ilias zu erblicken haben, steht außer Zweifel. Wahrscheinlich hat er in späteren Jahren auch noch die Odyssee geformt. Wohl handelt es sich dabei um ein viel lockerer gefügtes, moderneres und gegenwartsnäheres Werk, doch würde ein solcher Unterschied meines Erachtens die Identität der Urheber keineswegs ausschließen.

Ilias und Odyssee bewirkten als Buch und als Schriftgut eine höchst bedeutsame literarhistorische Wandlung. Zu Ende war es nun mit dem anonymen Dahin=

weben der *oral poetry*. Auch kleinere Sänger warfen sich zu Autoren auf, bemächtigten sich der noch übrigen epischen Stoffe und gaben sie hurtig als Bücher heraus. Wer aber nicht Autor wurde, mußte sich alsbald zufriedengeben, künftig nur Rezitator zu sein. Die Leute wollten nun alle Szenen, die Homer behandelt hatte, nicht mehr in den spontanen Sängerfassungen, sondern im homerischen Wortlaut hören, der jetzt von der Öffentlichkeit gleichsam kontrolliert wurde, denn Abschriften waren vorhanden. Der Zuhörer war verhältnismäßig rasch auch zum Leser geworden, aus dem Dasein eines geistigen Eigentums begann sich die Forderung nach einem authentischen Text zu erheben.

Von dem höchsten Positiven der in ihrer Qualität unüberbietbaren, ja nicht einmal erreichbaren Meisterwerke Homers nahmen indes — und dies ist in geistesgeschichtlicher Hinsicht besonders bedeutsam — auch Auswirkungen ihren Ausgang, die wir als durchaus negativ bezeichnen können. Sie begegnen uns hier zum erstenmal, weil wir erstmals auf ein einsames und unwiederholbares Großwerk getroffen sind. Im Laufe der Zeit werden wir solche negativen Nachwirkungen höchster Einzelleistungen aber immer wieder feststellen müssen. Daher wollen wir für diese typische Erscheinung schon jetzt eine generelle Bezeichnung einführen, indem wir sie „Schattenwirkung" nennen.

Die Schattenwirkung Homers bestand — ganz abgesehen von dem bereits erwähnten Absterben einer freischaffenden *oral poetry* — in der gleichsam lähmenden Wirkung, welche von der Ilias und Odyssee ausging und gerade die Begabteren unter den späteren Dichtern ergriff. Diese empfanden nun instinktiv das Epigonenhafte einer Nachfolge Homers. So waren es nur die kleineren Geister, die im Schatten des Großen die epische Heldendichtung noch eine Weile geschäftig betrieben. Daher sank die Qualität der nachfolgenden Buchepen rasch ab, doch auch das Interesse der Öffentlichkeit scheint an solchen Versuchen je später desto geringer geworden zu sein. War es doch, wie wenn ein früher offenstehender geistiger Raum durch Homer bereits völlig erfüllt, ein Auftrag erschöpfend ausgeführt sei, wie wenn auf diesem Gebiet der Anreiz abhanden gekommen wäre.

Aus dem Gesagten dürfte sich erklären, warum in den Generationen nach Homer die epische Heldendichtung ihre schöpferische Bedeutung völlig verlor und damit schließlich sozusagen abstarb. Zwar trug dazu auch noch der Umstand bei, daß sich die ritterliche Gesellschaft in ihrem Charakter allmählich wandelte und gleichsam modernisierte. Doch blieb die homerische Dichtung auch für die Folgezeiten der maßgebliche Hort aller Bildung und höchster Erbauung. Wenn trotzdem das Neuschaffen in diesem Dichtungszweig verging, so geschah es doch wegen der Schattenwirkung. Starben aus dem gleichen Grunde doch später auch Lyrik und Drama ab (dazu S. 106, 160 und 189 f.).

Im gegenwärtigen Zeitpunkt — wir befinden uns etwa im 7. Jahrhundert — wandten sich die begnadeten Dichter am liebsten einer neuen Art der Poesie zu, der Lyrik. Wer im epischen Rahmen verblieb, suchte sich neue Stoffe. So travestierte ein Poet im „Froschmäusekrieg" den hohen, „historischen" Darstellungsstil der Ilias. Hesiod aber vollbrachte das Unerhörte, als Bauer epischer Dichter für Bauern und erster Denker für alle Hellenen zu sein.

Das bäuerliche Dasein und Hesiod

Wir haben im Adelsstand und in der Adelsdichtung eine gesellschaftliche Sphäre kennengelernt, die über dem Staate stand und ihn in ihren gesellschaftlichen Beziehungen zu ignorieren vermochte. Hesiod führt uns nun in eine andere Welt ein, die sich gleichfalls um den Staat (d. h. um die damalige Kleinstaaterei) nicht sonderlich zu kümmern brauchte, in den Stand der freien Bauern. Auch sie wurden durch Staatsgrenzen nicht behindert, wenn sie ihre Erzeugnisse zur See verschifften und in eine größere Stadt zu Markte fuhren. Doch reichte ihr Interessenkreis nicht über den Kleinstaat hinaus, sie vermochten diesen vielmehr gar nicht zu erfüllen und blieben auf engste örtliche Kreise beschränkt. Grundsätzlich scheint der Bauer aber fast ebenso frei und freizügig gewesen zu sein wie der Ritter[51]. Mit anderen Worten, der „Staat" hatte damals nicht die Macht und nicht den Willen, die Griechen nach Territorien zu trennen. Erst die Polis-Idee hat diese Zerstückelung fertiggebracht.

Mit dem Liedgesang in der aiolisch-ionischen Kunstsprache war nicht nur Hesiod selbst als Sohn eines aus der Aiolis stammenden Landmanns, sondern auch alles festländische Bauernvolk Griechenlands vertraut. Unser Dichter verwendete daher nicht seinen heimischen Dialekt, sondern dieses für ganz Hellas gültige Kunstidiom. Er wandte sich damit an alle bäuerlichen Standesgenossen, darüber hinaus aber an die gesamte Hellenennation.

Mit Bauernklugheit schuf er einen Bauernspiegel unter dem Titel „Werke und Tage", der Lehrdichtung, Kalender, Schilderung des Bauernlebens und Selbstbetrachtung zugleich war. Nichts wurde hier besonders erhoben, schöner gemacht, fingiert, zum Scheinen bestimmt. Frömmigkeit, Gerechtigkeit und ein nie erlahmendes Arbeitsethos stellte er aus praktischer Erfahrung als Bestes voran. Ein Codex des Biedermannes erhob sich so neben dem des Ritters. Doch stand Hesiod mit seiner Welt derjenigen Homers mitnichten feindlich gegenüber. Noch fehlten alle politischen Aspirationen, alle wahrhaft klassenkämpferischen Spitzen, noch wurde der Bauernstand von den Edlen nicht allzusehr unterdrückt[52].

Mit einem anderen Werk griff Hesiod über die Interessen des eigenen Standes weit hinaus. In seiner „Theogonie" suchte er als erster die gesamte Welt zu umfassen, suchte sie als Dichterphilosoph in mythischer Schau zu begreifen, zu ordnen und als System zu verstehen. Sich der Bildersprache des Mythos bedienend, führte er das geschichtliche Gewordensein des aktuellen Daseins über mehrere Vorstufen bis auf einen Urzustand zurück. Bei alledem spielten die olympischen Götter keineswegs die Hauptrolle. Die Tatbestände der Natur und des Geistigen kamen weit mehr durch die Vergöttlichung von Abstraktbegriffen zum Ausdruck, wie wir solche — allerdings in einer Nebenrolle — auch schon in der Ilias kennengelernt haben. Das Verhältnis von menschengestaltigen zu abstrakten Gottheiten ist also umgekehrt wie bei Homer. Liebe, Feindschaft, Eifer, Macht, Zwang u. dgl. werden von Hesiod wichtiger genommen als Athene und Apollon. Nur Zeus macht unter den Olympiern eine Ausnahme. Er ist die höchste sittliche Realität, der wahre Herrscher der Welt. Bedeutsam sind für den Dichter daneben die Musen, da er ihnen die Inspiration verdankt.

Worauf es Hesiod bei seiner Welterfassung vor allem ankam, das war die Zueinanderordnung der Begriffe und damit ihre Einteilung in Kategorien. Das vollbrachte er mit Hilfe von genealogischen Bildern, indem er das Zusammengehörige als Geschwister und das Übergeordnete als Oberherren oder als Eltern auffaßt. So ließ er Eifer, Erfolg, Macht und Zwang von der unheimlichen Styx abstammen, doch werden sie zu Trabanten des Zeus; Kinder der Nacht sind u. a. Altersschwäche, Trug, Zwietracht und Vergeltung. Bei alledem handelt es sich um eine höchst universelle Art von Philosophie, die viel weiter greift als die der nachfolgenden ionischen Naturphilosophen (zu diesen S. 177ff.). Fragestellung und behandelter Stoff erweisen sich ja als viel umfassender, auch gestattet die Einkleidung ins Genealogische und Mythische ein Anschaulichmachen von Gedanken, die sich in der damaligen Zeit anders gar nicht hätten ausdrücken lassen. So entstand hier ein Werk, das trotz aller bäuerlichen Unbeholfenheit doch von einer unerhörten Originalität zeugt. Es spannte den Mythos, die genealogische „Methode" des Adels, die Sprache und den Stil der epischen Sänger vor eine neue Art Anschauung und Betrachtung, die Hesiod zum großen Archegeten der philosophischen Spekulation werden ließ. Das erste philosophische Weltbild, die erste ungefüge Kulturmorphologie tut sich uns auf, gewonnen aus Andacht vor der Erhabenheit des Übernatürlichen wie des Natürlichen und aus der Ratio schlichter Nachdenklichkeit.

Hesiod nannte in seinen Gedichten selbst seinen Namen. Er berichtete im Bauernbuch von seinem eigenen Leben und so gut wie ausschließlich von seinen eigenen Angelegenheiten, doch tat er dies, um sie auf eine allgemeine Ebene zu erheben. Hieraus sprach ein Selbstgefühl, das weit über der Bescheidenheit eines Homer stand. Während dieser im Hintergrund geblieben war — nur sein Werk ist erhalten und an diesem der Name —, sorgte Hesiod reichlich dafür, daß auch sein „Leben" unsterblich werde.

Homer bedeutete für die Heldendichtung die letzte Vollendung und den großen unerreichbaren Gipfel am Ende; Hesiod hingegen war als Dichter recht mäßig und keiner der Großen, aber er machte den Anfang mit einem Streben nach Welterkenntnis, das zu Platon, Aristoteles und Dikaiarch führte, ja das bis auf den heutigen Tag noch ungestillt blieb.

Archilochos und die Lyrik

Die neue Richtung, welche nach Homer gerade die besten Dichter anzog, galt der Idee der Erlebnisdichtung, der Lyrik. In ihr wagte man das bisher völlig Unerhörte, den Zauber des Augenblicks dichterisch zu erfassen mit seiner Erregung, seiner Stimmung und all seiner Subjektivität. Das Erlebnis gerade des Dichters selbst aber sollte es sein, da nur ein Dichter so tief zu erleben vermöchte. Der Dichter brauchte sich also nicht davor zu scheuen, sein Seelenleben vor der Allgemeinheit zu entschleiern, er konnte und durfte sich zur besonderen Art seiner genialen Persönlichkeit vollauf bekennen. Es war also förmlich ein Kult mit dem Erleben, Fühlen, Sehnen und Trotzen des Dichters, der damit anhob, einfach weil er als Ingenium erlauchter durch die Welt ging und ihm die Kraft der Verklärung dieses Daseins zukam. Hieran teilzunehmen verlangte die Umwelt, da es Teilnahme bedeutete am genialischen Sein.

Ein gewaltiger geistiger Raum an vielfältigsten Möglichkeiten wurde hierdurch erschlossen, vielfältig je nach Temperament, Lebenslage und Gestimmtheit der einzelnen Meister. Mehr noch als bei Plastik und Philosophie stand ein ganz großer als Archeget gleich am Anfang: Archilochos von Paros, vielleicht der größte Lyriker aller Zeiten.

Homer und Hesiod waren geborgen gewesen, jeder in seinem Stande. Archilochos aber sah sich als Bastard in die Welt geworfen: vom Vater her aus hochadeligem Geschlecht, seine Mutter eine Sklavin. Als Schicksal des Alltags hätte das nicht viel zu bedeuten gehabt, wäre der Bastard nicht zugleich verurteilt gewesen, einen Vulkan an Leidenschaftlichkeit und dichterischer Kraft in seinem Inneren zu bergen. War es den anderen Bahnbrechern beschieden gewesen, lediglich mit ihren Werken das Ältere zu überholen, so türmte sich bei Archilochos allein schon in seinem Wesen alles auf gegen bestehende Ordnungen. Unendliche Meisterschaft und Meisterkraft verbanden sich hier mit dem Trotz gegen alle Geborgenheit im Kreise von Standesgenossen, gegen alle standesgemäße Untadeligkeit des Körpers, gegen fürstlichen Reichtum, gegen diktatorische Macht, ja gegen den höchsten Herrscher im Alltag, die öffentliche Meinung. Die Unbändigkeit seines Stolzes und Selbstbewußtseins ließ ihn einsam sein und stachelig „gleich einem Igel“. Streit und Zwietracht waren die Elemente seines glühenden Temperaments, er suchte Hader mit allen behäbigen Satzungen, mit allen Gegnern, ja selbst mit den Freunden. Mehr noch als die Bitternis seiner verschmähten Liebe war es wohl die ihm innewohnende Rastlosigkeit, welche ihn unstet werden ließ. Es lockte ihn die Weite des Meeres mit ihren Gefahren, es lockten ihn alle Fernen. Es trieb ihn hinaus als Abenteurer und Glücksritter, auf Thasos und in Thrakien schlug er sich mit Barbaren herum, auch kam er bis Unteritalien, als Seefahrer und Seeheld, als Kämpfer, Räuber und Kolonist. Sein Schicksal lag „in den Armen der Wogen“, im Kampf ist er schließlich gefallen.

In seiner Kunst war Archilochos in ähnlicher Weise der größte Meister der Leidenschaft für die Dichtung wie zweieinhalb Jahrtausende später Hugo Wolf für die Musik. Für beide lag eine übermenschlich höchste Kraft in der Tiefgründigkeit und Intensität des Augenblickserlebnisses, in seiner plastischen Bildhaftigkeit, seiner Anschaulichkeit, seiner Ekstase, seinem Jauchzen und Aufstöhnen, vor allem aber in seinem Heraustreten aus aller bürgerlichen Mittelmäßigkeit, aus aller Behäbigkeit und Konvention. Mit wenigen Versen und Zeilen ward hier die ganze Welt in ihren Höhen und Tiefen durchmessen.

Archilochos war der erste Meister, dem das Schicksal mit dem Anderssein des Ingeniums zugleich ein düsteres Stigma aufgedrückt hat; der erste, der an seiner schöpferischen Besessenheit wahrhaft litt. Gerade darum aber, weil er einsam, so völlig enthoben war aller zeitlichen Bindung, blieb er überzeitlich wie kein anderer und spricht zu uns, als wäre er gar nicht erst Grieche, als wäre er einer von uns.

Nicht nur größter der griechischen Lyriker war Archilochos, sondern auch einer der ersten. Schattenwirkungen gingen von ihm aber noch nicht aus, denn weit ausgedehnt war der Bereich des lyrischen Erlebnisses, und vieler Meister bedurfte es, um diesen Raum zu erfüllen. Vor allem trat die Lyrik nun auch im politischen Leben auf den Plan. Aufzumuntern zum Kampf wurde einem Tyrtaios und einem Kallinos zum dichterischen Beruf. Im Parteihader sich zu befehden, ward dem Alkaios zum Element seines Dichtens. Zarteste Töne einer zutiefst empfundenen Liebesinnigkeit anzuschlagen, blieb aber einer Frau vorbehalten, der Sappho, die als einzige dem Archilochos an dichterischer Vollendung zur Seite gestellt werden könnte.

Einen anderen Zweig stellte die Chorlyrik dar. Sie blühte vor allem bei den auf Gemeinschaft weit stärker bedachten Doriern, insonderheit bei den Spartanern, und galt meist öffentlichen Festen. Auch hier bot sich ein weites Feld mit vielerlei Möglichkeiten, dessen Bestellung erst im 5. Jahrhundert zu Ende ging. Dann freilich geschah es wie einst nach Homer mit der Epik: auch die Lyrik erfüllte sich durch die Fülle vollendeter Leistungen und starb hierauf ab, als ein neuer, noch unerhörterer Weg sich erschloß, der Dichtung und Handlung vereinigte, das Drama.

Schöpferische Zentren Griechenlands im 7. Jahrhundert

Mit dem ausgehenden 8. Jahrhundert begann die bisherige Uniformität des hellenischen Kulturdaseins, wie sie während der „geometrischen" Ära bestanden hatte, zu zerfallen. Der Weg wurde frei für vielfältige Individualisierung, und wie sich der geometrische Stil in zahlreiche lokale Sonderstile neuer Zielrichtung (vgl. Tfl. 12 C) auflöste, begann sich das griechische Dasein auch nach seinen räumlich-soziologischen Sonderbedingungen von Stadt zu Stadt zu spezialisieren. Es zeigt sich also auch hier allenthalben eine Zunahme an individueller Freiheit auf Kosten älterer Bindungen. Um diese Vielfalt anschaulich zu machen, sollen im folgenden wenigstens einige der wichtigsten unter den lokalen Schöpfungszentren dem Leser vor Augen gestellt werden.

Als die große Entfaltung des hellenischen Geistes anhub, ragte vor allem *Chalkis* auf der Insel Euboia an vielseitiger Tatkraft hervor. Hier war einst Homer zu Gast, hier auf Euboia gewann dann Hesiod bei Leichenspielen einen Preis. Zu Chalkis gaben die vornehmsten unter den griechischen Feudalherren, die Hippoboten, den Ton an. Wenn sie zur Schlacht zogen, bedangen sie sich aus, daß beide Gegner auf die Verwendung der verächtlichen Waffen des kleinen Mannes, des Bogens und der Schleuder, verzichteten. Auf den prächtigen chalkidischen Vasen ließen sich diese Ritter in repräsentativer Weise darstellen, so wie sie sich selbst am besten gefielen, bei der Ausfahrt, im Kampf und beim Rennen. Die chalkidischen Handwerker waren aber nicht nur als Töpfer, sondern vor allem als Schmiede von Waffen und Metallgerät berühmt. Der Reichtum der Stadt gründete sich auf das treffliche Fruchtland, auf die Bodenschätze, auf die Tüchtigkeit der Gewerbetreibenden, vor allem aber auf den Überseehandel. Der chalkidische Adel übte ja das moderne Heldentum zur See und leitete die großartigen Unternehmungen bis nach Makedonien, Unteritalien und Sizilien, von denen wir im nächsten Abschnitt eingehender berichten wollen. So war in Chalkis alles ansehnlich und bedeutsam.

Auf Kreta war es zur gleichen Zeit, als gäbe sich eine Vielzahl von Völkern und Jahrhunderten ein Stelldichein. Neben- und miteinander wirkten die Nachfahren des minoischen Altertums, nun wohl als Eteokreter bezeichnet, ferner die Reste der achäischen Griechenwelle des 14. und 13. Jahrhunderts, allerlei Völkersplitter aus der darauffolgenden Wanderungszeit und die nun tonangebenden neuen dorischen Siedler. Außerdem wurde die Insel von den Phoinikern zu Umschlagszwecken häufig angelaufen. Der ethnischen Buntheit entsprach die Vielfalt der Einflüsse, die sich auf Kreta kreuzten. Seine Elfenbeinschnitzereien weisen nach Ägypten, seine Metallerzeugnisse nach Kleinasien und Armenien, seine Keramik zeigt Beziehungen zu Kypros und Syrien, seine Weberei war vor allem von Phoinikien abhängig. Das phoinikisch-westsemitische Alphabet wurde besonders früh übernommen. Der dorische Melodienschatz vereinte sich mit dem Traditionsgut der minoischen Musik. Auch schuf man hier die ältesten Statuen aus Erz und Stein. Dabei erfolgte der geistige Austausch ohne jeden Aufwand von Macht und Gewalt. Kreta war in eine Vielzahl von einzelnen Stadtstaaten zersplittert und blieb jeder Expansion abhold. Auch das überseeische Gut ließ man sich lieber von den Phoinikiern und kyprischen Griechen herantragen, als daß man es selbst aus dem Osten holte.

Die Dorier auf der Peloponnes traten gleichfalls kräftig hervor, so die Adelsrepubliken von Korinth und Megara mit ihren Koloniegründungen, Korinth und Sikyon auch mit einem schier weltweiten Export von Keramik und Metallwaren. Argos wurde bedeutend durch seine Bildhauerwerkstätten, auch versuchte sein Herrscher Pheidon im 8. Jahrhundert einmal eine Art von Oberherrschaft über die ganze Peloponnes zu errichten. Insbesondere kündigte sich aber seit dem 7. Jahrhundert *Sparta* als künftiges Zentrum an. Nur hier behielt das Königtum einen Teil seiner Würde, nur hier wagte man Eroberungen großen Stils. Dabei verschloß man sich damals noch nicht dem Reichtum der geistigen Möglichkeiten, erblühten am Eurotas doch die Musik eines Terpander und Thaletas, die Dichtkunst eines Tyrtaios und Alkman, auch Plastik und Kunstgewerbe. Erst später wurde man in Sparta verkrampft, als es galt, ein Übermaß an Eroberung, Unterdrückung und Gewalt über Enteignete und Unterjochte auf die Dauer aufrechtzuerhalten.

Ganz anders jenseits des Meeres der stets so gelöste, gemeinhin als Ionien bezeichnete Bereich. Mehr als sonstwo überwog hier die städtische Unrast und erfaßte alle Bewohner. Leichter nahm man die Bindungen an die Gemeinschaft und neigte zu einem individuelleren Sichausleben. So wurden die ionischen Städte zu einem Hort des Individualismus, ja es war schließlich ihre große Aufgabe im Rahmen der griechischen Geistesgeschichte, älteste Heimat der großen Einzelmeister in Dichtung und Philosophie zu werden. Aufgeschlossen erwies sich der ionische Adel, auch stand er in enger Verbindung mit den Feudalherren der kleinasiatischen

Nachbarländer. An seinen Höfen sang Homer, der selbst aus Ionien stammte. Nirgendwo sonst blühte bei den Hellenen so sehr die Phantasie, war die Lust zum Fabulieren und die Freude an witzigen Scherzen größer. Das Verlangen nach Welterkundung trieb die Ionier über See in alle Fernen, und wenn sie in ihren kolonialen Unternehmungen zeitweise gegenüber Chalkis oder Korinth noch zurückstanden, so holten sie das im 7. und 6. Jahrhundert um so eifriger nach. Am rührigsten erwies sich dabei in jeder Hinsicht Milet. Vor großer Bedeutung war Ionien auch als Vermittler. Es erhielt aus der mykenischen Zeit die alten Sagen und Mythen, verband sie mit anatolischen Märchenstoffen und vermittelte auch sonst auf dem Wege der kleinasiatischen Landbrücke orientalisches Geistesgut.

Ähnlich aufgeschlossen wie der ionische Küstensaum Anatoliens zeigten sich die Kykladen mit Paros und Naxos. Ganz anders jedoch Athen. Hier mühte man sich nach Beendigung der Ionischen Wanderung um keine weiteren Auslandsunternehmungen, unterhielt keine nennenswerte Schiffahrt, gründete keine Kolonien. Alles blieb nun verhalten. Vielleicht gerade darum eine zwar stille, aber um so vornehmere, innigere Meisterschaft, wenn es galt, Ionisches mit Dorischem harmonisch zu vereinen und auszugleichen. Hierin fand schon die geometrische Keramik Athens ihre Vollendung, und jede nachfolgende Stufe steigerte noch das Meisterkönnen der attischen Töpfer. Kein Wunder, wenn bei solch erlesenem Kunstgeschmack auch die Bildhauerkunst alsbald in Attika eine bedeutsame Heimstätte fand (vgl. zur attischen Keramik und ihrer Entwicklung von den protogeometrischen Anfängen bis zur höchsten Meisterschaft unsere Tafeln 12, 14, 17 und 18).

Seefahrt, Kolonisation und Fernhandel

Als Abenteurer, Händler und Kolonisten waren die Achäer an den Küsten des Mittelmeers den späteren Hellenen vorangegangen. Indessen brach 1200 die achäische Seeherrschaft zusammen, die Philister bemächtigten sich der Meere. Dann folgten zwischen 1000 und 800 die Phoiniker: von Sidon und Tyros aus gründeten sie Kition auf Kypros, liefen häufig Kreta an, besetzten Malta und schufen sich Kolonien an den Küsten Nordafrikas mit dem Zentrum Karthago. Auch der Westzipfel Siziliens, der Südteil Sardiniens kamen in phoinikische Hände. Außerhalb der Meerenge von Gibraltar gewannen sie Gades als äußersten Stützpunkt und Ausgangspunkt für die Fahrt zu den Zinninseln Britanniens. Zu den Phoinikern gesellten sich in der Ägäis noch die Tyrsener als überlegene Seemacht. Sie hatten Heimat und Stützpunkte an der Westküste Kleinasiens und auf ägäischen Inseln, sie plünderten Attikas Küsten und fuhren bis in die Gewässer Italiens. Hier gefiel es ihnen dann so sehr, daß sie in immer größeren Scharen dahin auswanderten und das Schwergewicht ihres Volkstums nach dem Westen verlegten[63].

Ungeachtet dieser Überlegenheit fremder Mächte gelangten hellenische Schiffe gelegentlich doch nach Kyros, Kilikien, Nordsyrien und Sizilien. Lange Zeit hindurch mangelte es den Griechen aber an innerem Antrieb zu größeren Unternehmungen. Zwischen 1000 und 800 befanden sie sich ja in ihrem Verhaltenheitsstadium. Sie lebten ein Leben nach innen, ein Dasein von engeren Bindungen, wozu auch die Verhaftung im Boden oder wenigstens im engeren Bereich der Ägäis gehörte.

Erst im 8. Jahrhundert begann die Zeit des großen dynamischen Aufbruchs, die Zeit auch der ersten Ablösungserscheinungen, vor allem der ersten Lösung von der bisherigen Heimat. Abenteuer, Gewinnsucht, das Unbekannte lockten hinaus in die Ferne. Wie einst die Achäer, verlegten sich nun auch die Hellenen auf Schiffahrt in großem Stil. Für den Bevölkerungszuwachs bedurfte man zudem neuen Ackerlandes und glaubte diesem Notstand am besten durch Anlage von überseeischen Kolonien begegnen zu können. So wurden die Griechen erneut zum großen Seefahrervolk im Mittelmeer. Sie folgten den Routen ihrer mykenischen Vorfahren nach dem Westen und ins Schwarze Meer, nach Ägypten und nach den Gestaden Syriens. Dabei suchte man überall Handelsstützpunkte und an vielen Gestaden auch Siedlungsland zu gewinnen. Die Verhaftung im agrarischen Dasein begann sich damals aber bei den Hellenen schon vielfach zu lockern, sowohl durch die Verstädterung wie durch das Erblühen des Gewerbes. Besonders im Adel nahmen Seefahrts- und Handelsinteressen stark überhand. Wohl gründete man daher z. T. noch Agrarkolonien. Messana, Byzanz und Sigeion nützten vor allem aber doch ihre günstige Verkehrslage, und Naukratis war ein reiner Handelsplatz.

Die ersten Kolonisten wandten sich — noch im 8. Jahrhundert — vornehmlich nach Italien und Sizilien. Chalkis gründete damals Naxos auf Sizilien und das so bedeutsame Kyme (Cumae) in Kampanien. Nordwestgriechen der Peloponnes fuhren nach Süditalien, wo sie u. a. Sybaris und Kroton anlegten, während den Korinthern um 730 v. Chr. Syrakus seine Entstehung verdankte. Im 7. Jahrhundert umsäumte eine ganze Kette dorischer, ionischer und nordwestgriechischer Pflanzstädte den sizilisch-unteritalischen Bereich, und sogar Sparta beteiligte sich mit der Gründung des wichtigen Tarent an diesem Wettstreit. Seit etwa 600 besiedelten kleinasiatische Ionier die Küste Südfrankreichs und erbauten als wichtigsten Platz Massalia (Marseille). Im 7. Jahrhundert griffen Ionier, vor allem von Chalkis, dann auch nach Thrakien und der Halbinsel Chalkidike aus. Die Mehrzahl der Plätze an den Meerengen, u. a. das ionische Abydos, Lampsakos und Kyzikos, ferner die so bedeutsamen megarischen Städte Kalchedon und Byzanz entstanden in der ersten Hälfte des 7. Jahrhunderts, obgleich damals der Kimmeriereinfall von Südrußland aus über Anatolien auf die ägäischen Küsten drückte und die barbarischen Treren vom Balkan aus den Weg über den Hellespont benützten, um in Kleinasien zu plündern. Freier entfaltete sich die Kolonisationstätigkeit der anatolischen Ionier jedenfalls erst in der zweiten Hälfte des 7. Jahrhunderts, als diese Bedrohung abgeebbt war. In den Vordergrund trat nun vor allem Milet, und bald säumten sich die Küsten des Schwarzen Meeres mit einem Kranz von milesischen Neugründungen.

Bei vielen Überseeunternehmungen hatte man Auseinandersetzungen mit fremden Flotten zu bestehen, so in der Ägäis und in allen italischen Meeren mit den

Tyrsenern, im Südosten mit den Phoinikern, im Westen mit den Karthagern. Schließlich gelang es den Griechen, die Tyrsener auf das Tyrsenische Meer und die Karthager auf die afrikanisch-hispanischen Gewässer zu beschränken. Ihr Hauptschlag glückte ihnen aber gegen die Phoiniker, als sie die Kyrenaika besetzten (erste Hälfte des 7. Jahrhunderts) und im Nildelta die Erlaubnis zur Anlage von Naukratis erhielten (frühestens um 650). Hierdurch wurde die Seeverbindung von Phoinikien nach Karthago durchkreuzt. Dagegen gelang es nicht, das nun immer selbständiger auftretende Karthago aus Hispanien und Sardinien zu verdrängen, und auch die Westspitze Siziliens blieb weiter karthagisch. Die Tyrsener (Etrusker) behaupteten sich mit Erfolg auf der Insel Korsika, aus Kampanien aber wurden sie vertrieben, auch sperrte man ihnen schließlich die Meerenge von Messina.

Politisch zersplittert, wie sie waren, konnten die Hellenen niemals als Gesamtnation Kolonien gründen. Die einzelnen Städte handelten vielmehr auf eigene Faust und galten als Gründer, auch wenn sie auswanderungslustigen Hellenen anderer Städte und Landschaften teilzunehmen gestatteten. Meist leiteten Adelige die Unternehmung. Jede Tochterstadt bildete eine eigene Polis für sich und durfte sich daher völlig unabhängig von der Metropolis, der Mutterstadt, fühlen. Doch blieb man mit der letzteren — von Ausnahmen abgesehen — in einem Verhältnis gegenseitiger Treue und Anhänglichkeit, auch lehnten sich die kultischen und staatsrechtlichen Gepflogenheiten der Kolonien vielfach an die ihrer Mutterstädte an. In der Außenpolitik ging man gleichfalls gerne zusammen.

Die Kleinstaaterei der Hellenen schloß bei Anlage der Kolonien natürlich auch ein systematisches Vorgehen aus. Mitunter wurden zuerst Pflanzstädte weit draußen angelegt, bevor noch die dazwischen liegenden Küstenbereiche gesichert waren, auch wurden mitunter ungünstige Plätze (z. B. Kalchedon) früher gegründet als günstige (Byzanz). Nur selten konnte ein Küstenbereich so lückenlos besetzt werden, wie dies in Süditalien oder in Ost- und Südsizilien geschah. Hier kam es zur Bildung eines geschlossenen Territoriums, ja für den südlichsten Bereich der italischen Halbinsel gebrauchte man (etwa seit dem 6. Jahrhundert) geradezu die Bezeichnung „Großgriechenland".

So sehr sich die griechische Kolonisation zersplitterte, auf alle anderen Völker mußte sie doch als imponierende Manifestation hellenischer Tatkraft wirken. Auch entfaltete sich in Sizilien und Süditalien ein reiches Kulturleben, und die ionischen Plätze an der thrakischen Küste, vor allem Abdera, brachten gleichfalls führende Persönlichkeiten der griechischen Geistesgeschichte hervor. Überhaupt müssen wir die Lebenskraft bewundern, mit der die einzelnen Städte sich einwurzelten und behaupteten. Bald fühlten sich die Leute in den Neugründungen wahrhaft heimisch, hatten dort ihr Politendasein mit all seinem unvermeidlichen Hader, verehrten die hellenischen Götter und übertrugen auch ihre Heldensagen nach der Fremde. Allenthalben entdeckte man Zeugnisse für ein Wirken des Herakles oder des Diomedes, glaubte man auch, die Route des Odysseus verfolgen zu können. In Thrakien suchte man Dionysos in seiner Heimat auf, auf Kypros die Aphrodite.

Tafel 6: Porträtgemme eines mykenischen Heerkönigs und Totenmaske. Beides stammt aus Grab Gamma der von Papadimitriu aufgedeckten Schlachtgräber. Die Aufnahme der Porträtgemme ist stark vergrößert. Herstellungszeit ca. 1580 v. Chr.

Tafel 7: Streitwagenszenen aus Mykenai und Tiryns. A: Stele über den Schliemannschen Schlachtgräbern (ca. 1550). B: Frauen fahren zur Jagd. Fresko aus Tiryns (ca. 1300).

Tafel 8: Löwen und Greifen als Schützer des Palastes.
A: Löwentor von Mykenai (ca. 1300 v. Chr.). Die Löwenköpfe waren besonders gearbeitet und sind verlorengegangen.
B: Elfenbeinarbeit aus Mykenai. Die Säule symbolisiert den Palast (1240 v. Chr.).

Tafel 9: Mykenische Keramik. A: Ephyräische Ware um 1550 v. Chr. B und C: Spätmykenische Serienherstellung (1380—1240 v. Chr.).

Die Einbeziehung so vieler Küstenbereiche verbreiterte die Lebensbasis des Hellenenvolkes in ganz erstaunlicher Weise. Es steht außer Zweifel, daß durch diese räumliche Weitung des Horizonts bedeutsame Voraussetzungen für die Entstehung der griechischen Philosophie und Wissenschaft geschaffen waren. Die hellenischen Kolonisten wurden auch bald zu Lehrmeistern der benachbarten Barbaren: nachdrücklich hat die griechische Kunst (mit ihren dekorativen Elementen und ihrer stilistischen Haltung), hat die griechische Sage auf die Nachbarn gewirkt, nicht minder das Beispiel der griechischen Bewaffnung, der Tracht, der Schrift und der Münze. Wie ernst man hier überall die griechischen Anregungen nahm, zeigt unter anderem die Tatsache, daß man sogar darauf ausging, die heimischen Götter mit den hellenischen gleichzusetzen. Alles in allem war es eben die griechische Urbanität mit all dem Charisma eines befreiteren, lebendigeren Geistes, die hier warb und lockte. Unter den Strahlen der hellenischen Sonne ist daher die phrygische und die etruskische Kunst gereift. Auch der skythische Tierstil und die keltische La Tène-Kunst enthalten griechische Elemente. Eine Art von Hellenisierung tritt je länger, desto mehr in Makedonien, Epeiros und Thrakien, im Westen Kleinasiens und in Kampanien in Erscheinung. Auf Rom wirkte die hellenische Gesittung teils unmittelbar, teils über die Etrusker ein. Selbst das feindliche Karthago nahm mancherlei griechischen Firnis an. Nur die Hochkulturen des Alten Orients verhielten sich gegenüber griechischen Einflüssen zurückhaltender; sie konnten es dank ihrer viel ehrwürdigeren, in sich gefestigteren Gesittungen auch sein. Immerhin warb wenigstens auf dem Gebiete der Kunst der Hellenengeist bei den Phoinikern und in Ägypten mit Erfolg.

Vergleichen wir die hellenische Kolonisation mit der der späteren Römer, Venezianer, Portugiesen und Engländer, so muß man es bewundern, welch weite Bereiche hier ohne jede geschlossene Machtorganisation bewältigt wurden. Vielleicht ist aber die kulturelle Bedeutung der griechischen Expansion gerade deshalb so überragend geworden, weil sie sich — ohne viel Organisieren und eifriges Diktieren — einfach aus einer Vielzahl von Quellen, aus naturhaft überströmenden Kräften, nährte.

Orientalisierende Kunst?

Als Morgengabe bot der Orient den werdenden Hellenen nicht einen neuen Kunststil, sondern eine neue Schrift, das „Westsemitische Alphabet". Das System der minoischen Linearschrift B war ja nur allzu schlecht den griechischen Lautbeständen angepaßt gewesen. So mußte es denn in der Wanderungszeit wieder vergehen und wurden die Griechen noch einmal schriftlos. Erst seit dem 9. Jahrhundert übernahm man dann von den Phoinikern die in ihrer Einfachheit wahrhaft ingeniöse Buchstabenschrift. Diese bildeten die Hellenen in einer nicht minder genialen Weise durch Einführung von Vokalzeichen für ihren Sprachgebrauch um. So ergab sich eine vortreffliche Lautschrift für alle Zeiten, zuerst für Homer und für alle Hellenen, dann auch für die Etrusker und Römer, die das griechische Alphabet übernahmen, ja schließlich für das gesamte Abendland.

In künstlerischer Hinsicht verschlossen sich die Hellenen den Einflüssen des Orients um einiges länger. Sowohl der Protogeometrische als auch der Geometrische Stil waren davon völlig frei. Mit seiner tektonischen Zucht, seiner systematischen, gleichsam lückenlosen Durchbildung und seiner Ablehnung aller individualisierender Figuralszenen, ja aller freieren Gestaltung überhaupt, gab er Zeugnis vom Verhaltenheitsstadium der Hellenen und duldete keinen fremden Einschlag.

Als aber die Griechen seit 800 v. Chr. diese Verhaltenheit aufgaben, um dem Drang nach vielfältiger genialischer Entfaltung zu folgen, mußte auch der Geometrische Stil zur Auflösung kommen. Dieser Vorgang kündigte sich bereits in der Unterstufe des „Spätgeometrischen" zwischen 750 und 700 an. Im Sinne einer neuen Vielfältigkeit wurde nun anerkannt, was bisher abgelehnt worden war: die Entfaltung auch von nichtgeometrischen, besonders der Pflanzenwelt entnommenen Motiven und die Einbeziehung von Figuralszenen mehr individueller Natur in den Kreis des Dekorativen (Tfl. 12 C).

Allen diesen neuen Tendenzen kam nun der Orient entgegen. Hier waren ja, zum Teil allerdings durch frühere minoische oder mykenische Beeinflussung, gerade das Pflanzenornament und die figurale Szene von altersher eingebürgert. Hier verfügte man über einen reichen Schatz an Typen von Tierbildern und Fabelwesen, hier hatten sich aus dem zweiten Jahrtausend noch die vortrefflichen Werkarten des einstigen höfischen Gewerbes erhalten, und man verfügte schier uneingeschränkt über die edlen Rohstoffe des Elfenbeins, des Goldes und Silbers. Auch die Textilkunst und Purpurfärberei, einstmals nicht zum wenigsten von Kreta aus der Welt vermittelt, hatten nun ihren Sitz im Orient und belieferten den griechischen Markt.

In Vorderasien gab es damals zwei kunstgewerbliche und besonders auch metallurgische Kreise von Bedeutung. Der eine umfaßte Phoinikien, Syrien und Kypros, er lieferte neben den Metallerzeugnissen noch vielfältige Waren anderer Art, immer aber in einem etwas seicht anmutenden Mischstil. Der zweite Kreis umfaßte die vorderasiatische Gebirgszone mit Phrygien, Urartu und Luristan.

Diesen beiden Kreisen und außerdem noch ägyptischen Anregungen eröffnete sich das Griechentum. Nun steigerte sich die Nachfrage nach orientalischem Import, den durchaus nicht immer die Fremden allein brachten, sondern vielfach auch Griechen, die in Kilikien, an der Orontesmündung und im Nildelta einkauften. Er gelangte vor allem nach Kreta und Rhodos, zerstreute sich aber auch über alle anderen Landschaften: buntverzierte Gewebe, prächtige Chitone, allerlei modische Kleidung und modischer Schmuck, Weibertand und Kuriositäten fanden reichlichen Absatz. Figuralverzierte Schalen aus Metall kamen aus Phoinikien und Kypros, Elfenbeinbeschläge und Fayencegefäße auch aus Ägypten. Bronzene Henkelbeschläge und Riefenschalen waren kleinasiatisch-armenischer Herkunft.

Durch diese Importe angeregt, übernahmen die Griechen Werkarten, Dekorationselemente und Motive. An Tiertypen wurden besonders Löwe, Wildziege, Steinbock und Hirsch, von den Fabelwesen Sphinx, Greif und Chimaira übernommen[54]. An Figuralszenen regten unter anderem die sogenannten „Tier=überfallungen" an.

All diese Anregungen und Entlehnungen fanden zuerst bei jenen Gewerben Aufnahme, die vom Orient her Träger solchen Fremdgutes waren, also in Metall=, Textil= und Elfenbeinwerkstätten. Der inferioren orientalischen Keramik gab es hingegen nicht viel abzulauschen. Daher drang in die griechische Töpferkunst das orientalische Gut erst mit einer gewissen Verzögerung und in bereits stär=kerer Abwandlung ein. Am nachdrücklichsten wirkte es sich noch auf Kreta aus, in der keramischen Manufaktur der anderen Landschaften dagegen weit weniger.

Der verstärkte überseeische Einfluß setzte, wie bereits erwähnt, etwa um 800 ein, sein Optimalstadium lag im siebenten Jahrhundert. Man spricht für diese Zeit, die ja schon zur Archaischen Ära (dazu S. 116 ff.) gehört, geradezu von einem „orientalisierenden" Stil, doch ist diese Bezeichnung nur mit Einschränkun=gen richtig.

In der Baukunst lassen sich orientalische Elemente überhaupt nicht mit Sicher=heit nachweisen. Das Megaronhaus des griechischen Tempels geht ganz eindeutig auf mykenische Vorstufen zurück, und auch die griechischen Säulen haben dort ihre Ahnen. Im gesamten atmet die hellenische Architektur einen völlig anderen Geist als die ägyptische oder die babylonische.

Eher dürfte Ägypten auf dem Gebiete der Plastik Anregungen geboten haben, so besonders im statuarischen Typus der männlichen Gestalt. Auch die episo=dischen Versuche mit einer weit überlebensgroßen Monumentalplastik, wie wir sie in archaischer Zeit gelegentlich beobachten, sind ohne ägyptische Vorbilder kaum zu denken. Mit Ägypten hat die frühgriechische Plastik schließlich noch die Strenge des Typisierens und Generalisierens gemeinsam, doch finden wir ähnliches auch in den bildenden Künsten anderer Völker. Das braucht also nicht vom Nil her entlehnt zu sein.

Das griechische Kunstgewerbe hat in seiner orientalisierenden Ära wohl die bereits besprochenen Motive und Elemente freudig übernommen, doch war das alles gleichsam nur Rohmaterial, dessen Verarbeitung durchaus in hellenischem Geist erfolgte. In den einzelnen Landschaften setzte man sich mit dem Lehngut in recht verschiedenartiger Weise auseinander, so daß nun mehrere lokale Sonder=stile nebeneinander entstanden. Sie alle wurden mit dem Entlehnten aber „fertig", indem sie es einbauten in ihren neuen, gleichsam frei schwingenden und doch so gefaßten Vortragsstil. So kann keine Rede davon sein, daß der orientalisierende Stil etwa eine „Mischkunst" darstellte. Entlehnt wurden immer nur Einzel=elemente oder Einzelgrundsätze, griechisch blieb aber das Leben, der Atem, den ihnen die Hellenen einhauchten, um sie den eigenen, bodenständigen Traditionen und Erfindungen gleichwertig werden zu lassen. So wurde das Fremdgut in die Gemeinschaft des griechischen Kunstbestandes aufgenommen und nahm an der künftigen Weiterentwicklung teil, als wäre es stets hellenisch gewesen. Schon im sechsten Jahrhundert, in der Blütezeit des „Archaischen Stils", wirkt das Ge=dankengut der hellenischen Kunst völlig homogen. Zusammenfassend können wir feststellen, daß die hellenische Kunst in einem entscheidenden Augenblick eine immerhin sehr fruchtbare Anregung aus dem Osten erhielt, eine Anregung, die nicht so gewichtig war, daß sie auf den Griechen gelastet hätte, die aber doch bereicherte, belebte und die Phantasie beflügelte.

Die „Ursachen" des dynamischen Kulturanstiegs

In den letzten Abschnitten beschrieben wir den Anbeginn des Aufstiegs zur hellenischen Hochkultur. Wir suchten zu schildern, wie sich das Ingenium in seiner Begabung, seiner Mission und seinen Vorrechten selbst entdeckte, wie anstelle der bisherigen Verhaltenheit ein nach Neuem strebendes und von Neuem zu Neuem aufsteigendes dynamisches Zeitalter einsetzte. Wir beobachteten auch, wie das Genie sein Wirken von mancherlei Fesseln befreite. Wir lernten die ersten Gipfelleistungen dieser freigewordenen Schöpferbegnadung kennen. Wir vermerkten schließlich die ersten Lösungsvorgänge, vom Standescodex, von der Bindung an den königlichen Oberherrn und vom Heimatboden. Doch trafen wir noch auf keine Versuche, in hybrider Weise Ungebundenheit und Freiheiten ohne höhere Zielsetzung zu erstreben. Immer waren es bloß die Neugründer und Neuschöpfer, welche aus heiligem Eifer mancherlei lösten, um neuen Ideen zu dienen. Aus solchem Eifer erfolgte auch der so rasche und steile Anstieg, der weit rascher und steiler war, als ihn die Paläste von Babel, Theben und Knossos je zu erzielen vermochten. So drängt sich die Frage auf, weshalb gerade die Hellenen vom Schicksal zu dieser Ausnahmestellung erwählt wurden. Was ich hierauf zu antworten vermag, soll im folgenden zusammengestellt werden.

Schon öfter wiesen wir auf die fördernde und befreiende Wirkung hin, die von der meeresvermählten Landesnatur der Ägäisländer ausging. Nicht minder wichtig erschien uns die städtische Lebensweise, welche Griechenland bereits in frühesten Zeiten den östlichen Einwanderern verdankte. Sie bildete unter allen Umständen eine unabdingliche Voraussetzung für jeglichen höheren Anstieg. Eine weitere Voraussetzung war, daß keine höhere Kultur, auch keine des Orients, so benachbart lag, daß hieraus hätte ein Satellitenverhältnis erwachsen können. Fassen wir diese Faktoren zusammen, so erklärt sich aus ihnen wohl jener Kulturaufstieg einigermaßen, den z. B. Kreta im zweiten Jahrtausend genommen hatte. Die Hellenen stiegen nunmehr aber noch rascher und noch weit höher empor. Wie haben wir das zu erklären? Wie mir scheint, kamen bei den Hellenen noch andere Faktoren von höchster Bedeutung dazu. Im hellenischen Volkstum fanden sich mittelmeerische und indo-europäische Elemente, mutter- und vaterrechtliche Traditionen, mittelmeerische Urbanität mit sachlicher Ereiferung und mit einer gleichsam auf freier Wildbahn geborenen Freimütigkeit zusammen. In der vorausgegangenen Ära war das indo-europäische Wesen nie über seine satellitenhafte Abhängigkeit von Kreta hinausgekommen, jetzt aber waren die minoischen Paläste zerstört und die zum Aufbegehren geneigte indo-europäische Komponente trat erstmalig als kulturell gleichberechtigter Partner neben die mediterrane. Hieraus mag sich erklären, daß wir nun kein hierarchisches Königtum, keine Palastautorität, auch keine weibliche Verspieltheit mehr antreffen. Das Moment der bürgerlichen Schöpferfreiheit und der privaten Kulturinitiative stand nun in einer Weise im Vordergrund, wie das in einem urbanen Dasein bisher noch niemals der Fall gewesen war. Hierin glauben wir einen Tatbestand von entscheidender Bedeutung erfaßt zu haben.

Mit dem, was wir hier aufgezählt haben, wurde wohl schon Wichtigstes umgriffen. Ergänzend kommt noch hinzu, daß auch die Fernfahrt zur See mit ihrer Erweiterung des Horizonts und die Anregungen des Orients vieles zum neuen Geschehen beitrugen. Allerdings müssen wir einschränkend bemerken, daß die Hellenen erst in die Ferne fuhren, weil sie sich aus der Verhaltenheit bereits befreiten, und daß sie orientalisches Lehngut erst von dem Zeitpunkt an in ihren Geisteskreislauf aufnahmen, als sie dessen für ihren Aufstieg bedurften. Der Wille zum Anstieg hatte somit schon vorher begonnen. Denn das Meer und manch orientalisches Handelsgut war den Hellenen auch schon während ihres Verhaltenheitsstadiums vor Augen gewesen, doch sprachen sie es erst an, als sich in ihnen ein unnennbares Etwas bereits zur großen Wandlung entschlossen hatte. Dann freilich boten ihnen Fernfahrt und Orient steigernde Faktoren von hoher Bedeutung.

Eine derartige Aufzählung — wir haben uns dabei absichtlich mit Andeutungen begnügt — bedrängt uns immer noch mit einem Gefühl der Unzulänglichkeit. Wie dicht wir das Gewebe unserer Ableitungen auch spinnen, an das Entscheidende und eigentlich Wesentliche kommen wir vielleicht gar nicht heran, denn das Schöpferische ist für den Verstand nie völlig erfaßbar. In allen Werdensvorgängen liegt über die „Ableitung" hinaus noch etwas Spontanes und bleibt — wie alles Spontane — ein Wunder in der Geschichte.

6. KAPITEL

Die archaische Periode

Zur Charakteristik

Die Zeit der großen Gärung und des Experimentierens, welche durch die Entdeckung des Ingeniums und durch die Auflockerung mancher Bindungen ausgelöst wurde, bezeichnen wir als „Archaische Periode". Sie setzte im 7. Jahrhundert ein und währte bis zu den großen Freiheitskriegen am Beginn des 5. Jahrhunderts.

Der Ausdruck „archaisch" leitet sich ab von *arché*, das so viel wie „Anfang" bedeutet. Im Grunde trifft er für viele Geistessparten schon gar nicht mehr zu. Nur in Plastik (und Malerei) befand man sich damals noch gleichsam am Anfang.

Zweierlei Auffassungen hat die Forschung von dieser Zeit vertreten. Die einen meinten, sie sei noch völlig altväterisch und konservativ, die anderen behaupteten, man könne sie sich nicht modern genug vorstellen. Wir hingegen vertreten die Ansicht, das Wesen der Archaischen Zeit liege vor allem in einer Verbindung von Altväterischem und Modernem.

Altväterisch blieben fast alle Griechen ihrer bisherigen religiösen Bindung völlig problemlos und gläubig verhaftet. Die wenigen Naturphilosophen und Denker in Ionien oder Großgriechenland hatten auf die breitere Öffentlichkeit noch keinen entscheidenden Einfluß. Konservativ war man auch darin, daß man nicht dem eigenen Ich, sondern höheren Ideen, Zielen und Verpflichtungen diente. Noch gab es keinen *homo mensura*-Satz, keine Autonomie des menschlichen Intellekts, keine Sophisten und Alkibiades-Naturen. Selbst die Tyrannen dienten als Gesetzgeber und Reformatoren mit einer gewissen Demut der von ihnen propagierten Staatsidee. Egoismus gab es damals wie überall auf der Welt, doch hatte das *ego* sein Programm, seine Theorie noch nicht aufgestellt. Überall finden wir in der Archaischen Zeit daher sozusagen den „metaphysischen Oberstock" des Kulturdaseins noch intakt und alle Menschen noch irgendwie aufschauend, dienend, gläubig und fromm. Das gilt auch von den großen Meistern (selbst von Archilochos), obwohl sie zugleich große Individualisten waren. Gerade im Dienst am Kunstwerk erwiesen sie ja erst ihre Individualität. Aufschauend und fromm verblieb auch die übrige Bevölkerung, die noch keinen Anspruch auf Individualismus erhob, sondern standort- und standesverhaftet verharrte.

Im Rahmen dieser Beschränkungen dachte und plante man in der Archaischen Zeit aber vielfach schon recht „modern". Das gilt von den kaufmännischen Unternehmungen, von einer bereits mehr kapitalistischen Ausnützung des Bodens, von der Erfindung und Einführung des Münzgeldes, von den Versuchen staatlicher Reformer, von manchen imperialistischen Machtausweitungen und von der Konzeption neuer Ideen von Kosmos und Polis. In alledem bereitet sich bereits die Klassische Ära des 5. Jahrhunderts vor, nur daß im 6. Jahrhundert eine Vielfalt von Experimenten, Versuchen und Plänen herrschte, bis sich alles klärte und seit 480 wieder einfachere Linien offenbar wurden.

Allerdings war das 6. Jahrhundert nicht für alle geistigen Bestrebungen gleichermaßen Versuchsfeld. Experimentiert wurde vor allem auf staatspolitisch-gesellschaftlichem Gebiet, in der Wirtschaft und z. T. im Kunstgewerbe. Wagemutiges Einzelgängertum sprach auch aus der bereits S. 104 ff. behandelten Lyrik. Dagegen blieb die Plastik weit stärker verharrend, sie hat ja erst im 7. Jahrhundert begonnen und bedurfte geraumer Zeit, um zu sich selbst zu finden. Der Dichtung war vor Homer in der anonymen Epik eine jahrhundertelange Anlaufzeit beschieden gewesen, die Plastik mußte dagegen erst jetzt, in der beginnenden Genie-Zeit, anlaufen. So ergab sich, daß die Bildhauer wohl schon signierten, aber doch nicht allzuweit voneinander abstanden (Näheres hierüber S. 135 ff.).

Die Hybris der „Besten"

Mit dem Beginn der dynamischen Zeit löste sich die bisherige Ausgewogenheit des hellenischen Staates. Wie S. 100 f. berichtet, beseitigten die Feudalherren vielenorts das Königtum und errichteten Adelsrepubliken, in denen sie unumschränkt über alles Volk geboten. Diese mächtige, ja gleichsam allmächtige Stellung brachte ihrer Gesinnung aber Gefährdung und überantwortete sie den Lockungen der Willkür. Wohl glaubten sie immer noch einer sittlichen Idee zu dienen, zumal sie sich selbst für die „Besten" hielten. Da aber jede Kritik und jeder Widerstand mangelte, gab sich der Adel nun gern dem Luxus und — besonders an den Küstenländern des Ägäischen Meeres — einem immer weiter greifenden Unternehmerehrgeiz hin. Allmählich begannen sich hier durch Handel, Verkehr und Einführung des Münzwesens neue Wirtschaftsformen mit den ersten Ansätzen zu einer mehr kapitalistischen Denkart einzubürgern. Zusammen mit einer Klasse von Neureichen vertrat auch der Adel diese neuen Grundsätze und suchte sie durch Überseeunternehmungen, durch Export und Import zu verwirklichen. Von solchen Möglichkeiten sah sich aber der kleine Mann weitgehend ausgeschlossen. Politisch war er seit der Beseitigung des Königtums ohne festen Halt, auch fehlten ihm Organisation und hinreichende Bewaffnung, um seinen Willen gegen die Ritter behaupten zu können.

In eine besonders üble Lage kamen die Kleinbauern. Noch zur Zeit Hesiods hatten sie sich über die Adeligen nur zu beklagen gehabt, wenn sich diese als Richter bestechen ließen. Jetzt vermochten sie die von den Reichen mühelos vollbrachte Umstellung von lokaler Autarkie zum Merkantilismus nicht mitzumachen, konnten vor allem mit dem eingeführten pontischen wie ägyptischen Getreide nicht konkurrieren und gerieten in Schulden. Gläubiger waren kapitalkräftige Adelige oder Neureiche. Sie borgten und belasteten den verschuldeten Grundbesitz mit Hypotheken, sie borgten weiter und belasteten selbst die Leiber des Schuldners und seiner Familie. Wurde an den Terminen der Fälligkeit nicht bezahlt, so zogen sie die Grundstücke ein und hielten sich schließlich schadlos, indem sie die Schuldner in die Sklaverei verkauften.

Die Vergiftung der sittlichen Haltung durch Allmacht verführte den Adel aber nicht nur zu einer grausamen Auspressung des unter Wirtschaftskrisen leidenden kleinen Mannes, sondern ließ die feudalen Familien auch unter sich selbst uneins werden. Immer weniger sah man auf Geburt und edle Gesinnung, immer mehr huldigte man dem Reichtum, „Besitz allein machte den Mann." Das aristokratische Prinzip wurde zugunsten eines timokratischen preisgegeben. Man stellte die neuen Reichen den altadeligen Großgrundbesitzern gleich und ließ dafür manches vornehme Geschlecht fallen, das sich nicht auf die neue Wirtschaft umzustellen vermochte. Die Adelsgesellschaft geriet so in innere Auflösung, der verarmte Junker Theognis wußte hierüber in seinen Gedichten genug zu klagen. Die Lage war ähnlich wie später in Rom beim Emporkommen der Neureichen des Ritterstandes, nur wirkte sich in Hellas alles in verschärften Formen aus. Hier trat zur wirtschaftlichen Umwälzung auch noch ein besonderes Maß adeliger Hybris hinzu, die in der ausgewogeneren römischen Staatsverfassung doch hintangehalten blieb; hier fehlten auch die reichen Einkünfte des römischen Imperiums, welche einer zu krassen Verarmung der Senatoren steuerten und Existenzen wie die Catilinas nicht allzu häufig werden ließen.

In Griechenland beschränkten sich die sozialen Mißstände übrigens auf die Polisstädte rund um die Ägäis, welche sich zur neuen Wirtschaft bekannten. Im Innern der Peloponnes, in den ländlicheren Teilen Mittelgriechenlands und in Thessalien blieb vieles beim alten, die Wirtschaft blieb rein agrarisch, die kleinen Bauern gerieten nicht in zu große Not. Im Großgrundbesitz galt neben der Qualifikation des Adels natürlich auch die des Reichtums, doch brachte das allein noch keine Umwälzung größeren Stils, da das einstige Streitwagenkämpfertum des Adels und später das Reiten bereits vom Vermögensstand abhängig gewesen waren. Ein Händlerreichtum an Geld und beweglichem Gut trat hier jedenfalls noch nicht in Konkurrenz mit dem Großgrundbesitz. Es gab noch keine kapitalistischen Wirtschaftstendenzen.

Die Tyrannis

Die Hybris des allmächtigen Adels und die wirtschaftliche Umwälzung brachte in den kommerziell fortgeschrittenen Ländern so schwere Not über die kleinbäuerliche Bevölkerung, daß gewaltsame Gegenaktionen auf die Dauer nicht ausbleiben konnten. Da es sich in erster Linie um eine Agrarkrise handelte, bedurfte man der Agrarreform; auch galt es, der Landflucht zu steuern. Seit zu dem Werben des städtischen Lebens auch noch die wirtschaftlichen Schwierigkeiten des Kleinbauernstandes getreten waren, begann sich in den Städten ja ein beschäftigungsloses Proletariat zu bilden. Von der Adelsrepublik konnte eine Abhilfe nicht erwartet werden, da hier die Regierung ausschließlich aus den Kreisen des Großgrundbesitzes und des Kapitals gebildet war. Die bedrängte Masse hoffte daher auf hilfreiche Einzelpersönlichkeiten, damit diese die Sache der Armen vertreten möchten oder wenigstens als überparteiliche Schiedsrichter einen Ausgleich schüfen. Daß solche Anführer des Volkes in erster Linie aus den Kreisen des Adels zu erwarten waren, ergab sich daraus, daß man nur dort Ansehen und politische Schulung finden konnte. Außerdem fand man infolge der bereits früher geschilderten Zerfalls der Adelsgesellschaft genug Adelige, welche die Unhaltbarkeit der einseitigen feudal-kapitalistischen Ausbeutung empfanden. So regte sich in den Kreisen der Herrschenden selbst der Widerstand gegen derartige Übergriffe.

Zwei Wege öffneten sich für die Vertrauensmänner des Volkes, der Appell an die Gewalt oder der an das Recht. Ersteren schlugen die Diktatoren ein, welche man damals als Tyrannen bezeichnete, letzteren wählten Reformatoren gleich Solon.

Tyrannen[55] begegnen wir teils im 7., teils im 6. Jahrhundert in der Mehrzahl der Stadtstaaten des Ägäischen Raumes, wenn auch nur als einer vorübergehenden Erscheinung. Reine Agrarstaaten ohne Poliszentrum und Überseehandel blieben bezeichnenderweise von Agrar- und Wirtschaftskrisen und damit von der Notwendigkeit diktatorischer Maßnahmen verschont. Die bedeutendsten Tyrannenherrschaften finden wir zu Korinth unter Kypselos und seinem Sohn Periander (etwa 640—560), in Megara (Theagenes; zweite Hälfte des 7. Jahrhunderts), zu Milet (Thrasybul; Anfang des 6. Jahrhunderts) und zeitlich als letzte die von Athen unter Peisistratos mit seinen Söhnen (von 560 mit Unterbrechungen bis 510) sowie die von Samos unter Polykrates (bis 522). Daß diese Diktatoren überhaupt in Erscheinung treten konnten, war erst infolge der S. 97 ff. geschilderten Erschließung eines Spielraums für die freigestaltende Persönlichkeit möglich geworden. Man darf dabei aber nicht glauben, daß die bedeutenderen unter diesen Tyrannen allein von Ehrgeiz und Machtgier getrieben wurden. Es steht vielmehr außer Zweifel, daß sie zuerst einmal dem ideellen Ziel dienten, ihrem notleidenden Volke und damit der staatlichen Gemeinschaft zu helfen. Erst als ihnen das dankbare Volk alle Macht überantwortete und sie hierdurch allzusehr erhob, verfielen sie ob dieser Macht einer gewissen Machtvergiftung mit ihren charakterzerstörenden Folgen.

Die Art, wie die Tyrannen zur Macht gelangten, bedeutete zwar einen Umsturz, doch entbehrte sie nicht einer gewissen Legalität. Was gestürzt wurde, war ja nur das Monopol des Adels auf alleinige Herrschaft. Was sich dagegen erhob, war aber primär nicht der Tyrann, sondern die Volksversammlung. Diese erst beschloß für den die Massen anführenden Vertrauensmann eine Sonderstellung, besonders die Berechtigung, sich eine Leibwache zu halten. Eventuell ließ man ihn auch auf der Burg (Akropolis), sofern eine solche vorhanden war, seine Wohnung nehmen. Theoretisch blieb die Volksversammlung aber durchaus souverän, blieb auch der Staatsapparat mit den jährlich gewählten Beamten erhalten. In der Praxis sahen sich die politisch völlig ungeschulten Massen freilich gezwungen, dem Mann ihres Vertrauens und seiner Sippe blindlings zu folgen, wollte man nicht Gefahr laufen, erneut ein rein aristokratisches bzw. plutokratisches Regime heraufzubeschwören.

Irrig wäre freilich die Vorstellung, daß die Tyrannen nun sämtlichen Adelsgeschlechtern in gleicher Weise feindlich gesonnen gewesen wären. Sie stammten ja selbst aus dem Adelskreis und nahmen nun die ihnen befreundeten Geschlechter von jeder Verfolgung aus. Verfolgt wurden von ihnen vor allem diejenigen Sippen, mit denen Geschlechterfehden bestanden, darüber hinaus alle die Unentwegten, welche bedingungslos an dem alten Adelsregime festhielten. Am bittersten war freilich die Feindschaft zwischen Geschlechtern, die konkurrierend um Volksgunst und Tyrannis buhlten. Aus alledem erkennt man, wie sehr im 7. und 6. Jahrhundert die Adelsgesellschaft bereits in Auflösung begriffen war. Sie hatte zusammengehalten, solange es galt, das Königtum zu entmachten; als dies geschehen war, fiel sie auseinander. So handelt es sich um Zustände, die denen der Renaissancestädte nicht unähnlich waren, wo sich ja gleichfalls konkurrierende Adelsgeschlechter oft feindlich gegenüberstanden.

Um zweierlei bemühten sich die Tyrannen besonders: um die Agrarreform und um die Begründung einer neuen Staatsidee. Man entschuldete den Kleinbesitz, kaufte die Versklavten frei und erließ ein Verbot, fürderhin auf den Leib zu borgen. Vor allem aber wurde der Grundbesitz widerspenstiger Adeliger unter die besitzlosen Proletarier aufgeteilt, was ebenso wie die Einrichtung von Gerichtstagen auf dem flachen Lande der Landflucht steuerte. Die Agrarreform hatte (z. B. in Korinth und Attika) so großen Erfolg, daß die Bauern die Ära der Tyrannen als ein Goldenes Zeitalter in Erinnerung behielten. Ging es dem Landvolk später zuweilen auch wieder schlechter, so wagte doch keine Regierung jemals die Fundamente anzutasten, welche ein Kypselos und Peisistratos für den Wohlstand der Landwirtschaft gelegt hatten.

Von besonderer Bedeutung für die Zukunft sollte der von den Tyrannen erstmalig propagierte Gedanke eines repräsentativen, das gesamte Kulturleben umfassenden Staates werden, worüber wir S. 123 ff. noch eingehender handeln. Hier sei nur darauf hingewiesen, wie sehr die Tyrannen als Mäzene der Künste zu wirken trachteten und welch aktive Religionspolitik sie im Interesse ihrer politischen Ziele betrieben. Vor allem propagierten sie die Staatsgötter und die bäuerlichen Gottheiten, ließen dagegen die alten Adelskulte in den Hintergrund treten. Auf diese Weise kamen in der Peisistratidenzeit zu Athen die Burggöttin Athene und Dionysos zu ihren großen Festen.

So wenig anfangs die Tyrannen das ausübten, was der heutige Sprachgebrauch unter einer „Tyrannei" versteht, so konnte es bei der fast unbeschränkten Macht, über welche die Diktatoren tatsächlich verfügten, nicht ausbleiben, daß sie allmählich der Machtvergiftung unterlagen, sich dem Volk entfremdeten und ihre Macht je länger desto mehr auf das Büttelregiment ihrer Leibwachen stützten. Wohl blieben sie weiter Diener der neuen Staatsidee und insoweit Idealisten, doch bemühten sie sich bald nicht mehr so sehr um Popularität wie zu Anfang.

Besonders wirkte es sich aber aus, daß die Tyrannen immer noch viel zu sehr im Verband ihrer Sippe verhaftet waren, als daß sie ihr Amt als ein bloß persönliches Vertrauensvotum aufgefaßt hätten. Sie suchten es vielmehr in der Familie weiter zu vererben. So kam die Diktatur an Söhne oder andere Verwandte, die sich dann weit mehr als Fürsten denn als Vertrauensmänner des Volkes fühlten. Von echter Volkstümlichkeit war bei ihnen um so weniger die Rede, als die Agrarreform ja bereits durchgeführt war und das Volk der diktatorischen Bevormundung zusehends entwuchs. So wurden die Tyrannen schließlich gestürzt, ermordet, vertrieben. Die neue Staatsidee, gerade von den Diktatoren gelehrt, galt mit der Polis zugleich auch dem Polisvolk. Als die Politen diese Staatsgesinnung aber in sich aufgenommen hatten, fühlten sie sich mündig und vertrieben die Stifter oder deren Nachfolger. Man brauchte die Tyrannen nicht weiter, zumal sie einer auf breitester Basis errichteten personalen Verwirklichung ihrer Polisidee schließlich selber im Wege standen.

Gesetzgeber

Die Tyrannen hatten den Weg der Gewalt beschritten und zudem ihrem Regiment Dauer zu geben versucht. Ganz anders der Typus des weisen Reformators, der seine persönliche Autorität nicht zur Erlangung dauernder Herrschaftsrechte nützte, sondern bereit war, nach Vollzug von Reform und Wegweisung wieder ins Privatleben zurückzukehren. Er verzichtete auf Gewalt und überließ es der Überzeugungskraft seiner Mahnungen und Gesetze, das Recht zum Siege zu führen, die Gegensätze auszugleichen, die Bevölkerung mit einem einträchtigen Polisgeist zu erfüllen. Freilich waren nicht alle Gesetzgeber von gleicher Bedeutung. So manche, wie z. B. Drakon, reformierten nicht als Weise das Staatswesen, sondern nur das Recht als Juristen. Wegbereiter der neuen Staatsidee, Friedensstifter und Agrarreformer wollten nur Pittakos von Lesbos und Solon von Athen sein, Neugründer eines moderneren Staates auch der Athener Kleisthenes. Pittakos und Solon wirkten zu Anfang, Kleisthenes am Ende des 6. Jahrhunderts. Das Ziel dieser Gesetzgeber war der Polisstaat ohne Tyrannis. Dennoch waren sie in der Konzeption des Polisgedankens irgendwie von den noch älteren Tyrannen, vor allem von Kypselos (seit etwa 640) abhängig, da diese bereits vorher in bahnbrechender Weise den Polisstaat als höchsten Wert aufzufassen begonnen hatten. Das schöpferische Ideengut der Gesetzgeber lag erst darin, daß sie an ein Mündigwerden des Volkes glaubten, womit dann eine Diktatur überflüssig würde.

Der Unterschied zwischen Tyrannen und Gesetzgebern war übrigens nicht immer so scharf ausgeprägt, wie man erwarten sollte. Pittakos blieb ganze zehn Jahre an der Macht und wurde während dieser Zeit wenigstens von seinen Gegnern als Tyrann angesehen. Erst als er freiwillig abtrat, mußte man allgemein zugeben, daß er kein Gewalttäter, sondern ein „Weiser" sei. Als Solon 593 sogleich nach seinem Gesetzgeberjahr ins Privatleben zurückkehrte, ja ins Aus=

land verreiste, enttäuschte er niemanden mehr als seine eifrigsten Anhänger, da diese auf dauernde Diktatur gehofft hatten. Man sollte nicht übersehen, daß es Solon in seiner allzu kurzen Wirksamkeit im Grunde versagt blieb, das Agrarproblem zu lösen. Zwar führte er die Entschuldung nicht minder radikal durch, als dies eine Generation früher wohl auch schon Kypselos für Korinth veranlaßt hatte, auch stellte er eine angemessene Beteiligung des Volks am Staatsleben sicher, vor Landaufteilungen scheute er aber zurück (in dieser Hinsicht hat erst Peisistratos durchgegriffen). Solons Ideal einer gestuften Staatsbeteiligung aller Volksklassen im Sinn einer souveränen Bürgerschaft konnte erst wahrhaft fruchtbar werden, nachdem Peisistratos die Agrarkrise und damit den eigentlichen Streitfall aus dem Wege geschafft hatte. Solon war also mit seiner Staatsidee seinen Mitbürgern weit voraus, er gehörte entwicklungsgeschichtlich an den Ausgang der Tyrannenzeit. Die Erklärung hierfür ist leicht zu finden: Solon hatte, als er 594/593 als Reformator berufen ward, schon mitangesehen, wie die Tyrannis im benachbarten Megara und sogar zu Korinth daran war, sich zu überleben. So bemühte er sich, seine Vaterstadt in den neuen Polistypus hinüberzuführen, ohne hierfür eine Tyrannis in Anspruch zu nehmen. Doch zeigte es sich alsbald, daß sich Entwicklungsstufen nicht willkürlich überspringen lassen. Zwischen 560 und 510 mußte Athen, das in seiner politischen Entfaltung gegenüber Korinth ja zeitlich zurückstand, eben doch seine Tyrannenzeit durchmachen. Dann erst reifte die Saat der solonischen Idee. Nun sah die Polis auf ihn und nicht auf Peisistratos als auf ihren Urheber zurück. Und nicht zu Unrecht, denn er war als erster Athener für den Polisgedanken eingetreten und hatte auch schon an die künftige Mündigkeit des Gesamtvolkes geglaubt. Den Glanz des repräsentativen, alles Kulturschaffen umfassenden Staates hingegen hat das spätere Athen nicht von Solon, sondern von den Peisistratiden übernommen.

Kleisthenes, dessen Reformtätigkeit in die Jahre 508 bis 506 fällt, setzte die von Solon begonnene Mündigmachung des Volkes fort und zog aus der gegen die Geschlechterkulte gerichteten Religionspolitik der Peisistratiden die politische Konsequenz (vgl. hierzu aber erst S. 131 ff.).

Polis und Politeia als Höchstwert

Staaten der Frühzeit waren nicht eifersüchtig und schlossen sich nicht ab, ihre Grenzen waren keine Hürden. Daher nahmen an Koloniegründungen oft Leute aus ganz verschiedenen Landschaften und Staaten teil, unternahmen selbst Bauern Verkaufsfahrten über See, der Vater Hesiods konnte ohne Schwierigkeit vom aiolischen Kyme nach Boiotien übersiedeln. Von der Freizügigkeit des Adels, von seinen überstaatlichen Gastfreundschaften, Verwandtschaften und Fehden haben wir schon S. 83 ff. berichtet. Die hellenische Gesittung hatte daher auch das gesamte Griechenvolk erfaßt, obgleich sie von der adeligen Oberschicht ausgegangen war. Überstaatlich waren auch die höchsten Werte, so wie sie in der Heldensage ihre Vorbilder fanden.

Mit der Auflösung der Adelsgesellschaft und der Zersetzung der Adelsethik durch plutokratische Hybris brach einerseits die panhellenische Funktion des Rittertums zusammen, andererseits verlor aber auch das auf dem Adelscodex aufgebaute kulturelle Wertsystem seine unbedingte Gültigkeit. Alles künftige Neuwerden und besonders die politischen Neuschöpfer selbst, ganz gleich ob Gesetzgeber oder Tyrannen, bedurften daher neuer zentraler Höchstwerte, und sie fanden dieselben im neuen Staat. „Staat" war dabei so viel wie Einzel- und Kleinstaat, denn andere gab es nicht. Staat war zugleich eine räumlich engbeschränkte Gemeinschaft von Bürgern, und man empfand diese Zusammengehörigkeit dort am lebhaftesten, wo sie eine richtige Stadt zum Zentrum hatte. Dieser Stadt wandten sich alle Bürger zu, den Grenzen und Nachbarn zeigten sie den Rücken.

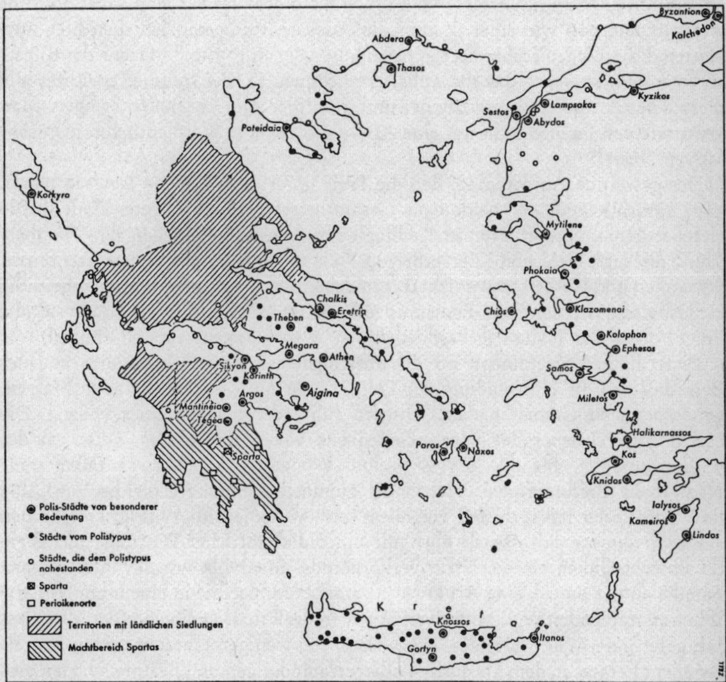

Karte 5: Die griechischen Städte

Solche Stadtstaaten bezeichnen wir nun als „Poleis", die sie repräsentierenden Bürger als „Politen", ihre Verfassung als „Politeia". Wo freilich den Staaten ein Polis-Zentrum fehlte, änderte sich nicht allzuviel. Wohl schwächten sich auch hier die panhellenischen Verbindungen ab, doch lebte man still für sich dahin, ohne abweisend zu werden gegenüber den Nachbarn.

Wo eine Stadt vorhanden war und mit ihrem urbanen Lebensstil warb, zog sie das Wertverlangen der Bürger je länger desto mehr mit einer wahren Leidenschaft an. Elementar meldete sich der indo-europäische Vereinsgedanke, von dem wir schon S. 30 ff. sprachen. In seiner älteren Form, gebildet durch die panhellenische Adelsgesellschaft, hatte er abgewirtschaftet. Nun bemächigte er sich der lokalen Gemeinschaften, der Staaten. Athener, Thebaner, Korinther begannen in sich ihren Höchstwert zu empfinden. Bürgertum wurde ihnen zur höchsten Würde, zum höchsten Stolz, der eigene Staat, die eigene Stadt zum Kultidol. Die Bürger sollten den Staat personell ganz und gar verkörpern, Bürgerschaft sollte mit dem Staate identisch sein. Dabei wurde in der neuen Polis alles umfassend und schlechthin ganzheitlich erfaßt. Man ordnete ein, was immer man sonst noch für werthaft hielt, so wie einst ja auch die Adelsgesittung ganzheitsgerichtet war. Hatten die Adeligen früher als Repräsentanten der Kultur und Mäzene der Künstler gegolten, so sollte das die Polis übernehmen. Ja, sie sollte eifersüchtig alle diese Belange noch viel großzügiger und herrlicher zum Erstrahlen bringen. Man erwartete von ihr also nicht nur eine Art von totalem, sondern auch von repräsentativem Staat[56].

Der gewaltige Aufschwung, den die Polis unter diesen neuen Devisen nahm, kam natürlich auch der Nation als Gesamtheit irgendwie zugute. Doch wurde er teuer genug erkauft. Nun erst schließt sich ja jede Polis gegen ihre Nachbarstädte ab, setzt Neid und Eifersucht von Polis zu Polis ein, beginnen Grenzen zu Schranken und Hürden zu werden. Das in den letzten Jahrhunderten so einheitliche Hellas wird durch den Polis-Egoismus zerhackt und zerstückt. Bang erhebt sich die Frage, ob es der Nation je beschieden sein werde, erneut sich zu einigen.

Es ist höchst bezeichnend für die überragende Rolle des Ingeniums in jener Zeit, daß sich die Hinwendung zur Polis primär nicht in den breiteren Massen, sondern zuerst einmal in den Gehirnen führender Staatsmänner vollzog. Die eigentlichen Urheber des neuen Gedankens waren die großen Tyrannen des 7. Jahrhunderts, insonderheit Kypselos. Wonach strebten diese Diktatoren? Nach einer Brechung der Adelsmacht zugunsten eines Ausgleichs von Adel und Volk[57], der politisch und vor allem auch wirtschaftlich Wirklichkeit werden sollte. Er konnte sich damals aber nur unter diktatorischer Führung vollziehen. So schwebte ihnen ein den Staat verkörperndes Staatvolk vor mit ihrer eigenen Familie an der Spitze, eine Art konstitutioneller Monarchie in einem immer herrlicher erstrahlenden repräsentativen Staat. In der Praxis stellte sich das alles freilich ganz anders dar. Da bildete sich vielmehr in wenigen Jahrzehnten ein Polizeiregiment heraus, in dem die durch Volksversammlungen und Beamtenwahlen verkörperte Konstitution zur leeren Form herabsank und ihren freigemuten Charakter immer mehr einbüßte. Das konnte man auf die Dauer nicht ertragen, denn nichts war den Hellenen verhaßter als Unfreiheit. So ging die Tyrannis zugrunde, und die Zukunft gehörte der Polis als Republik.

Weit mehr waren mit dieser Zukunft schon Reformatoren gleich Solon und Pittakos verbunden. Auch sie hatten sich dem Polisgedanken verschrieben, sie hatten aber von Anfang an dem monarchischen Gedanken mißtraut und auf die Kraft eines künftigen autonomen Bürgertums gebaut. So geschah es, daß sie zu Weisen erhoben wurden, während die Tyrannis für alle Folgezeit verfemt blieb.

Die späteren Kämpfe spielten sich also nicht mehr zwischen Monarchie und Republik ab, sondern so gut wie ausschließlich innerhalb der letzteren. Es ging um die Art und das Ausmaß des Anteils der einzelnen Bevölkerungsklassen an der Polis. Denn daß hier gestuft werden müsse, stand für die Reformer des 6. Jahrhunderts noch fest und wurde von niemandem anders verlangt. Allen Bürgern habe jedoch auf alle Fälle ein Grundrecht zuzukommen, den betreffenden Staat als Heimat ansehen, darin wohnen, sich mit seinem Namen nennen und für ihn am Kriege teilnehmen zu dürfen[58]. Dieses Grundrecht wurde auch den Ärmsten niemals bestritten, und meistens hatten sie darüber hinaus auch noch das Recht zur Teilnahme an der Volksversammlung. Im übrigen stuften sich die Befugnisse nach dem Besitz. Über diese Stufung war man aber verschiedener Meinung, und es bildeten sich zweierlei Richtungen aus, deren eine die besseren Rechte für die Begüterten zurückhielt, während die andere je länger desto liberaler damit umging. Schauplatz des Kampfes war nicht zum wenigsten Athen, das schon seit Solon, Peisistratos und Kleisthenes in den Vordergrund getreten war. Doch bildete sich im 6. Jahrhundert auch noch ein weiteres für die Zukunft maßgebliches Zentrum in seiner vollen Bedeutung aus: Sparta, das nicht Polis sein wollte, sondern Hort weit schlichterer, dorischer Traditionen.

Spartanischer Kosmos und Oligarchie

Etwa um 1000 v. Chr. waren sowohl Lakonien wie auch Messenien von dorischen Scharen überflutet worden. Die Eroberer verteilten sich über Lakonien in zahlreichen Gemeinden. Achäische Siedlungen mögen sich nur vereinzelt dazwischen behauptet haben. Sparta, die bedeutendste dieser Doriergemeinden, wurde als Neugründung angelegt, knüpfte somit an keine vordorische Siedlung an. Hier residierten die beiden Dynastien, welche bei der Eroberung Lakoniens angeführt hatten. Durch seine zentrale Lage und die große Zahl seiner Bürger, die Spartiaten, überragte Sparta alle Doriergemeinden im Umkreis (die sogenannten Perioiken, d. i. „Umwohnende"). Diese standen wohl von Anfang an in einem Waffenbündnis (Symmachie) mit Sparta und wurden im Krieg von seinen Königen befehligt. Hierdurch besaß Sparta die Hegemonie der Lakedaimonier, worunter man Spartiaten und Perioiken in ihrer Gesamtheit verstand.

Allmählich wuchs dieser Bund, diese Symmachie der Lakedaimonier, zum Staate Lakedaimon zusammen, in dem Sparta die Kerngemeinde bildete. Sparta übernahm für die Perioiken die außenpolitische Vertretung und bestimmte allein über Krieg und Frieden. So vollzog sich hier schon früh eine Umbildung, welche m. E. im Grundsätzlichen etwa der späteren Wandlung vom Attischen Seebund zum Attischen Reiche (dazu S. 168 ff.) entsprach.

Während in diesem aber die Ionier gar sehr ihre verschlechterte Rechtsstellung zu beklagen hatten, scheinen die Perioiken keineswegs unzufrieden gewesen zu sein. Sparta verzichtete ja auf die Einhebung von Tributen und sonstigen Abgaben, auch übte es ganz allgemein weit zurückhaltender die Vorherrschaft aus, als später die Athener die ihre. Einzelne Gemeinden dorischen oder achäischen Stammes mögen sich wohl gegen den Führungsanspruch der Spartiaten erhoben haben. Diese wurden dann brutal unterworfen und ihre Bewohner zu Staatssklaven (Heiloten) erniedrigt. Vielleicht waren übrigens schon zur Zeit der Einwanderung Achäer und etwa noch vorhandene Vorgriechen in den Heilotenstand herabgedrückt worden, doch haben wir — wie bereits angedeutet — auch mit der anderen Möglichkeit zu rechnen, daß einzelne Achäergemeinden unter die Perioiken aufgenommen wurden und somit ein durchaus erträgliches Dasein führten.

Sparta wollte um keinen Preis Polis sein oder werden. Es versagte sich der Urbanität und einem urbaneren Lebensstil, verzichtete auf Ummauerung und bezeichnete seinen Siedlungskomplex als eine Vereinigung von „Dörfern". Noch bedeutsamer war es aber, daß der Adel am Eurotas weder das Königtum stürzte noch die Gemeinfreien entrechtete. Im Gegenteil, er trat als eigener Stand je länger desto mehr zurück und tauchte schließlich in der Masse der Gemeinfreien unter. Diese gewannen nun alle Macht auch gegenüber den Königen. Im Krieg behielten die Herrscher der beiden Dynastien je nach Lage der Dinge eine gewisse Befehlsgewalt. Im Frieden jedoch mußten sie die Regierung anderen Instanzen überlassen: den vom Volke gewählten Jahresbeamten und einem Rat.

Diese Besonderheit in der Entwicklung schloß jedoch Sparta keineswegs davon aus, gleich den Polisstädten zu blühen, vielmehr nahm es an allen Fortschritten des 7. und beginnenden 6. Jahrhunderts noch regsten Anteil. Hochwertig waren die lakonischen Erzeugnisse der Plastik und der Töpferkunst. Dichtung, Chorgesang und Musik standen, wie schon S. 107 angedeutet, in höchsten Ehren. Doch vernachlässigte man darüber nicht die militärische Tüchtigkeit, nur pflegte man weniger die Kampfesweise der Ritter als die taktische Ausbildung der Phalanx, des Gesamtaufgebotes zu Fuß. Das gab den Lakedaimoniern militärisch eine bedeutende Überlegenheit über alle Nachbarn. Eine solche Potenz mochte zum Erobern verlocken. Das etwa gleich große, aber weit fruchtbarere Messenien wollte man unterwerfen, seine Bewohner zu Heiloten erniedrigen, um von ihrer Hände Arbeit die spartiatische Bürgerschaft zu ernähren. Man wagte den Anschlag und hatte Erfolg. In zwei blutigen Kriegen wurde der Widerstand der verzweifelten Messenier gebrochen, wurden sie selbst versklavt. Doch rächte sich solche Willkür. Die Spartiaten verlernten alle Arbeit hinterm Pflug, auch mußten sie ständig unter Waffen und mißtrauisch bleiben, gleichsam in dauerndem Kriegszustand, um den schwer erworbenen Besitz gegen die messenischen Aufstandsgelüste zu behaupten.

Diese Zwangslage war wohl der Ansporn zu einer Reform der spartanischen Gemeinde, die man später dem sagenhaften Heros Lykurgos zuschrieb, die aber wohl erst im 6. Jahrhundert in mehreren Etappen vollzogen wurde. Mit ihr entstand jetzt die so extreme, strenge Fassung der spartanischen Lebensordnung, der sogenannte „Kosmos". Falls es bis dahin noch Unterschiede zwischen adeligen und gemeinfreien Sippen gegeben haben sollte, jetzt sind sie beseitigt worden. Alle Bürger hätten gleichberechtigt zu sein ohne Rücksicht auf Geburt oder Besitz, sofern sie nur über ein gewisses Maß von Naturaleinkünften aus dem von Heiloten bewirtschafteten Land verfügten. Um das durchzusetzen, wurden die alten Sippenverbände, die dorischen Phylen, abgeschafft und durch eine schematische Zweckeinteilung der Bürgerschaft nach Truppenkörpern ersetzt. Unterschiede zwischen Spartiaten gab es jetzt nur noch nach dem Lebensalter. Männer über sechzig bildeten den einflußreichen „Rat der Alten". Die Volksversammlung, welche in manchem dem alten indo-europäischen Thing (der Versammlung aller Wehrfähigen) glich, trat nur zusammen, um zu vorgelegten Fragen durch gemeinsamen Zuruf Stellung zu nehmen. Regiert wurde durch jährlich neu gewählte Ephoren im Einvernehmen mit dem Rate der Alten. Dabei kam es aber nicht auf die staatlichen Einrichtungen allein an, denn manche von ihnen mögen auch schon vor der Reform einen ähnlichen Charakter getragen haben. Auch am Militärkommando der Könige in Kriegszeit wurde weiter nichts geändert. Das entscheidend Neue lag erst in der konsequenten Durchführung einer ganz und gar auf das Militärische ausgerichteten Lebensordnung, die Sparta in einen totalen Militärstaat umschuf.

Von frühester Jugend auf wurde der Spartiate vom Staat mit Beschlag belegt zu militärischer Schulung und Dienstleistung. Der erwachsene Bürger hatte sein Leben vor allem im Rahmen seiner soldatischen Einheit zu leben und in dieser auch seine Mahlzeiten einzunehmen. Gymnastik, Waffenhandwerk, Wettkampf und Jagd gaben seinem Dasein einen zwar hochgemuten, aber ewig gleichbleibenden Inhalt. Alle Handarbeit wurde den Heiloten überlassen. Der Zusammenhang der Familie blieb auf das Notwendigste beschränkt. Ein Frauentypus bildete sich heraus, der auf seine Selbständigkeit stolz war, sich sportlich gab und mütterlichen Pflichten gern aus dem Wege ging. So sanken die Kinderzahlen erschreckend ab. Wohl beabsichtigte der Kosmos die Aufzucht eines gleichförmig verläßlichen und hochwertigen Kämpfertypus, doch bewirkte die Abwertung der Familie einen unaufhaltsamen Rückgang des Nachwuchses. Damit versank zugleich alles spartiatische Bauerntum. Was aber noch schlimmer war: In der nunmehrigen nivellierenden Kasernenhof-Atmosphäre vermochte auch keine schöpferische Persönlichkeit mehr zur Entfaltung zu gelangen. Die schöngeistigen Interessen verkümmerten, und nicht einmal ein staatsmännisches Genie konnte sich künftig betätigen. Da der Kosmos in seiner einmal angenommenen Form um jeden Preis verharren wollte und nicht die mindeste Änderung duldete, hätte man jedes politische Neuschaffen als Abfall und Verrat empfunden. Höchstens militärische Begabungen vermochten sich zu entfalten, sofern ihnen nicht die Kommandogewalt der Könige im Wege stand.

So stellte Sparta die alte bindungsmäßige Gesittung wieder her, mit der die Polis gebrochen hatte, ja es übersteigerte das Bindungsmäßige bis in letzte, verkrampfte Extreme. Von Jugend auf wurde es jedem Spartiaten als eine Art kategorischer Imperativ eingehämmert, daß sein Verhalten dem zu entsprechen habe, was für die Gesamtheit als Richtschnur gelte. Somit tilgte man in ihm jedes Gefühl dafür aus, daß er als freies Individuum auch etwas Einmaliges darstelle, für das er die alleinige Verantwortung trägt, die ihm keine generelle Haltung oder Verpflichtung abnehmen kann. Mit alledem schuf man aus der Idee des alten indo-europäischen Vereinsgeistes eine Vereinsverkrampftheit, die sich mit einer gewissen Düsternis und Brutalität aufrichtete zur Abwehr der verlockenden Ungezwungenheit einer südlicheren Lebensart.

Durch diese Vereinseitigung seines geistigen Daseins schied Sparta aus der dynamisch vorwärtsdrängenden Entfaltung des griechischen Kulturlebens aus und wurde zum Hort aller konservativen Gesinnung. Das sollte für diejenigen griechischen Kreise von hoher Bedeutung werden, welche den Schwund der alten Adelsethik als tragischen Verlust empfanden. Sparta war zwar kein Adelsstaat, zeigte aber doch ein Maß von Haltung, ernster Männlichkeit und Härte, wie es in den südlich bewegten Massen der Polisstädte schon nicht mehr zu finden war.

Dazu kam aber noch ein weiteres: Unter sich hatten die Spartiaten mit der Ausschaltung jeglicher Vorrechte ein extrem demokratisches Prinzip verwirklicht, doch wurden alle demokratischen Freiheiten vom militärischen Zuchtgedanken und vom Totalitätsanspruch des eigenen Staates wieder aufgehoben. So nahm ihr Kosmos den Charakter eines privilegierten Kriegeradels an, um so mehr, als alle Arbeit den Heiloten übertragen war und Sparta auch gegenüber den Perioiken ein absolutes Vorrecht der militärischen wie außenpolitischen Führung innehatte. Hierdurch wirkte die Stellung Spartas im Gesamtstaat der Lakedaimonier als eine Herrschaft von wenigen „Besten" über eine Mehrzahl weniger Guter, mit andern Worten als Oligarchie.

Nun bemühten sich auch in anderen Staaten Elemente des alten Adels zusammen mit den neuen Reichen um einen Zusammenschluß der durch Wohlstand qualifizierten Schichten der „Besten" gegenüber den immer deutlicher zutagetretenden Demokratisierungsbestrebungen der breiteren Masse. Ihr Bekenntnis und Streben galt einer Regierung der sich als vorzugsberechtigt ansehenden Minderheiten. Auch sie wurden somit ihrer politischen Zielrichtung nach Oligarchen, sahen in Sparta — dessen übertriebene Zucht man allerdings nirgends übernahm — eine Art ideales Vorbild, versuchten es innenpolitisch und haltungsmäßig nachzuahmen und bemühten sich auch außenpolitisch um ein enges Zusammengehen mit der Zentrale am Eurotas. Da Sparta seinerseits durchaus bereit war, den Oligarchen in den Polisstädten Rückhalt zu bieten, übernahm es damit die große Mission, das konservative, oligarchische Prinzip in ganz Hellas politisch zu vertreten. Hierdurch kam es wie von selbst in Gegensatz zu Athen, das seit Solon und Kleisthenes immer mehr für eine, wenn auch nur graduelle Heranziehung der mündiger werdenden breiteren Volksmassen eintrat. So kündigen sich die Spannungen des griechischen Dualismus mit dem ausgehenden 6. Jahrhundert bereits deutlich an.

Das hinderte allerdings einen Kleisthenes nicht daran, in seiner Staatsreform von 508/506 das spartanische Vorbild einer Abschaffung der gentilizischen Phylen einfach nachzuahmen. Auch der von Kleisthenes eingeführte Ostrakismos zeigt etwas von spartanischer Persönlichkeitsfeindlichkeit. Im Grunde war ja hier wie dort die Ausschaltung aller Privilegien und Vorrechte das angestrebte Ziel, nur daß man dies in Sparta in oligarchische Richtung abbog. Hierauf mußten die attischen Demokraten wohl oder übel verzichten, da sie vorerst über keine Perioiken, Heiloten oder andere Untertanen verfügten.

Peloponnesischer Bund und Prostasie

Als Protektor der griechischen Oligarchie hatte Sparta noch im 6. Jahrhundert einen großen Erfolg zu verzeichnen, die Gründung des Peloponnesischen Bundes. An ihm nahmen alle Staaten der Peloponnes teil mit Ausnahme des ständig spartafeindlichen Argos, des immerzu neutralen Achaia und einiger kleinerer Gemeinwesen. Sparta führte die Hegemonie und führte sie mit erstaunlichem Takt. Die einzelnen Bündner hatten von der Organisation ausnahmslos Vorteile und brauchten keinerlei Beschränkungen in Kauf zu nehmen. Sie bezahlten keine Abgaben, waren Herren ihrer Außen- und Innenpolitik, konnten sogar auf eigene Faust Krieg führen, nur stand es ihnen jederzeit frei, an die Hilfe des Bundes zu appellieren. Über solche Ansuchen beschloß dann die Bundesversammlung. Wurde die Hilfe gewährt, so gebührte Sparta die Führung des gesamten Bundesaufgebots. Da Sparta auf allen Mißbrauch seiner hegemonischen Stellung verzichtete, hatte der Bund Bestand. Allerdings nahmen an ihm nur oligarchisch regierte Staaten teil. Das konnte um so leichter geschehen, als auf der Peloponnes demokratische Strömungen noch nicht von Bedeutung waren.

Als Hort der oligarchischen Gesinnung und als der mit seiner Landmacht schier allmächtige Staat, suchte Sparta im ausgehenden 6. Jahrhundert auch noch über die Peloponnes hinaus eine Art von übergeordneter Waltung (Prostasie) auszuüben. In diesem Sinne wendete es sich gegen die wenigen damals noch bestehenden Tyrannenherrschaften und führte in der Tat zu Athen die Vertreibung der Peisistratiden erfolgreich durch. Als man aber versuchte, den „befreiten" Athenern ein oligarchisches Regime aufzudrängen, erhob sich unter der Führung des Kleisthenes die Mehrzahl der Bürger und wehrte diesen Übergriff Spartas in geschickter Weise ab. Das stellte für Athen die Freiheit zu einer weiteren Ausgestaltung des Staates in demokratischem Sinne sicher und ermöglichte allgemein eine Fortsetzung der dynamischen Kulturentwicklung Griechenlands, unbekümmert um die Retardierungsversuche Spartas und seiner Oligarchen.

Die attischen Adelsgeschlechter

Kehren wir vom Ausnahmefall des Kosmos wieder zur Polis zurück, so haben wir in dieser noch eines bedeutsamen Faktors zu gedenken, der einzelnen Adelssippen. Die Auflösung des Adelsgesellschaft führte ja noch keineswegs zum bindungslosen Individualismus des einzelnen Adeligen, sondern nur zur Aufgliederung in Adelshäuser. Eifersucht und Wettstreit waren zwischen diesen schon immer vorhanden gewesen, doch nahmen sie erst seit dem 7. Jahrhundert ernstere Formen an. Schon in Korinth ahnen wir solche Konflikte, als Kypselos die Bakchiaden stürzte, denn alle Tyrannen entstammten dem Adel. Noch deutlicher werden uns diese Streitigkeiten auf Lesbos, wo Alkaios so anschaulich davon berichtet. Am besten übersehen wir den Bestand an Adelssippen und ihren Widerstreit aber in Attika. Hier gab es besonders ehrwürdige, besonders reiche, besonders ehrgeizige Geschlechter nebeneinander. Manche traten einzeln für sich kaum hervor, sie spielten nur innerhalb von Gruppen und Interessengemeinschaften eine gewisse Rolle. Andere wieder wagten den Kampf um das höchste Ansehen, die höchste Macht, wie etwa die Peisistratiden, welche sich nicht zum wenigsten auf die Arbeiter der Bergwerke stützten und die Tyrannis als höchstes Ziel im Auge behielten. Die beiden mächtigsten Adelsgeschlechter waren aber die Philaiden und Alkmeoniden. Beide gaben sich loyal und aufgeschlossen gegenüber dem kleinen Mann, beide waren getragen von höchster Popularität und stützten sich auf eine gewaltige Anhängerschaft.

Die Philaiden verblieben in der Gesinnung etwas ländlicher, junkerhaft, gläubig und bieder, dem Bauernvolk enger verbunden. Freilich schloß das nicht aus, daß sie auch überseeische Pläne eifrigst verfolgten, engste Verbindungen mit dem Goldland Thrakien unterhielten, Inseln eroberten und modern genug waren, in der Chersonnes eine richtige Tyrannis zu übernehmen. Im ganzen vertraten sie eine strahlende, aber immer noch die elementareren Verwurzelungen wahrnehmende, bedingte Moderne.

Ganz anders die Alkmeoniden, die dem Fortschritt weit stärker verschrieben waren. Ihnen lag Biederkeit viel weniger, Rationalismus wurde je länger desto mehr zu ihrem eigentlichen Element. Leidenschaftlich im Wollen und Streben zeigten sie sich oft eiskalt und aufklärerisch in der Berechnung, in den Methoden. Fast noch stärker als ihr Ehrgeiz war ihre Eifersucht auf andere Sippen. Darum ihre Feindschaft gegen die Philaiden, ihre gefährlichsten Konkurrenten; darum auch ihre Erbitterung gegen den einsamen Großen, Themistokles. Was sie besonders lockte, war aber das Neue schlechthin. Fanatischer Neuerer ist Kleisthenes gewesen, neu und gewagt waren Beziehungen dieses Hauses zum Perserreich und zur ionischen Aufklärung. Während man bei den Philaiden gewiß sein konnte, daß sie letzte Grenzen berücksichtigen, sie nie überschreiten würden, konnte man von den Alkmeoniden Rücksichtslosestes erwarten, sobald es nur galt, immer breitere Massen für fortschrittliche Staatsideen zu gewinnen.

Erblühen und Widerstreit griechischer Adelssippen gemahnen in hohem Maße an analoge Erscheinungen in der italienischen Renaissance. Auch dort gab es polisartige Stadtstaaten, Adelsrepubliken, den Ehrgeiz und Wettstreit der Geschlechter, die Verlockung der höchsten, tyrannischen Macht. Pazzi, Strozzi und Medici, sie waren in manchem nicht anders als die großen griechischen Familien der archaischen Zeit. Wohl bauten sich die letzteren keine Adelstürme und keine Palazzi, aber sie prunkten mit sonstigem Reichtum, mit ihren herrlichen Rossen, ihren

Gespannen und olympischen Siegen, ja selbst mit ihren Leichenspielen. Gewiß waren sie auch Mäzene der Künste. Immer hielt dabei die Sippe zusammen, wirkte und handelte als Gemeinschaft, auch wenn sie von einem Führer des Hauses, von einem Peisistratos, einem Megakles oder einem Cosimo, geführt wurde.

Was freilich Philaiden und Alkmeoniden über ihre italienischen Nachfahren grundsätzlich erhob, war die große Linie im innerpolitischen Ideenkampf, der Dienst an einer über dem Hause stehenden Staats-, ja Kulturidee, wie sie bei Griechen hier dem konservativeren Staate, dort dem demokratischen Fortschritte galt. Dabei handelte es sich nicht allein um den Glanz, um die Macht der eigenen Sippe, sondern um den Wettstreit der beiden erhabensten Staatsideen, welche die Antike überhaupt zu erdenken vermochte.

Der Staat des Kleisthenes

Kleisthenes, der jüngste unter den Reformatoren der Archaischen Zeit, soll hier etwas ausführlicher behandelt werden, da er uns in kulturmorphologischer Hinsicht besonders bedeutsam erscheint. Einmal zeigt uns seine Reform, daß bereits am Ende der archaischen Ära ausnahmsweise ein konsequenter Rationalismus einbrechen konnte, wie er sonst erst seit der Aufklärung „zeitig" und reif geworden wäre, und zum anderen bietet sie uns ein besonders eindrucksvolles Beispiel für das Ansteigen von Macht und Unduldsamkeit der öffentlichen Meinung im Poliskreis.

Schon S. 122 deuteten wir an, daß Kleisthenes in einem entscheidenden Augenblick in die Geschichte eintrat. Durch das Eingreifen Spartas waren soeben die Peisistratiden vertrieben worden (510 v. Chr.). Sparta suchte nun das athenische Staatsleben in möglichst oligarchische Bahnen zu lenken. Dagegen wandte sich Kleisthenes und setzte tatsächlich einen liberaleren Kurs durch. Nicht dem Aufbau einer oligarchischen Gesellschaft der „Besten" galt somit sein Streben, sondern der Ausgestaltung einer umfassenden Polisgesellschaft. Dem allmählichen Mündigwerden der Massen, wie es sich unter dem Druck der Peisistratiden schon angebahnt hatte, schloß er nun weitere Akte einer Mündigmachung durch staatliche Hilfe an. Kleisthenes war aber selbst Adeliger aus dem hochvornehmen Hause der Alkmeoniden, er wandte sich nicht gegen Adel oder Reichtum als solchen. Er wollte nur verhindern, daß sich dessen Vertreter als isolierte Regierungsschicht konstituierten. Eingeordnet sollten sie werden ins Volk, bevorzugt nur bei der Ämterbekleidung. So blieb die alte timokratische Ordnung weiter bestehen und damit eine Einteilung des Volks in vier Klassen, der Reichsten, der Reichen, der Leute von mäßigem Besitz und der Besitzlosen. Die Angehörigen aller vier Gruppen trafen sich mit gleichem Stimmrecht in der souveränen Volksversammlung, welche allein die Befugnis hatte, zu wählen und Gesetze zu erlassen; allgemein zugänglich waren außerdem auch noch die Volksgerichte. Beamtenstellen durften dagegen nur die drei höheren Schatzungsklassen bekleiden. Die als Archonten bezeichneten höchsten Jahresbeamten konnte das Volk allein aus der ersten Klasse erwählen. Aus gewesenen Archonten setzte sich der Rat auf dem Areiopag zusammen, der neben der höchsten Gerichtsbarkeit auch gewisse Kontrollfunktionen in der Verwaltung ausübte. Bei alledem handelt es sich, wie unser Überblick zeigt, um eine ausgesprochene Mischverfassung. Kleisthenes erweiterte allerdings die Kompetenzen des Volksrates (genannt „Rat der Fünfhundert"; er hatte die der Volksversammlung zu unterbreitenden Anträge vorzuberaten), auch nahm er eine größere Zahl von Nichtbürgern in den Bürgerverband auf. Die entscheidende Neuerung lag aber nicht in solchen Veränderungen, sondern in einer Umgestaltung der Struktur des Volkes. Für diese nahm er ganz ungescheut eine analoge Reform Spartas (dazu S. 127) zum Vorbild. Die alte Gliederung nach ionischen Phylen wurde aufgelassen und an ihrer Stelle eine neue, durchaus schematische nach zehn lokalen Phylen eingerichtet, die ihrerseits wieder in dreißig Drittelbezirke und schließlich in Demen (ursprünglich wohl neunzig, doch wurden es durch Unterteilungen bald hundert und mehr) zerfielen. Diese Aufgliederung verfolgte den Zweck, die gentilizischen Bindungen und Zusammenhänge zu lösen. Auch die alten Phylenkulte sollten so ihre Bedeutung verlieren, alle Herkunft hatte nicht mehr nach Familien-, sondern nach Demenzugehörigkeit bestimmt zu werden. Es ging im Grunde darum, einen möglichst krassen Bruch mit der Tradition herbeizuführen, um das bürgerliche Dasein nicht mehr auf Familien und Sippen, sondern auf einen Staatsschematismus einzustellen.

Dabei sollte sich dieses Staatsvolk aber nicht unterdrückt, sondern herrisch und autonom fühlen, so durch die Macht der Volksversammlung, des Volksrats und der Gerichte, vor allem aber durch die neue Einrichtung des Scherbengerichts, des Ostrakismos. Immer schon, seit indo-europäischer Urzeit, hatte die öffentliche Meinung ihre hohe Bedeutung besessen und war meist stärker gewesen als Könige und einzelne Männer. Jetzt, in der Zeit der großen Genies, da man die Zauberer fürchten mußte, welche die Gutgläubigen anlockten, schmiedete Kleisthenes der öffentlichen Meinung eine scharfe Waffe der Mißgunst: Mit Hilfe des Scherbengerichts konnte jeder beliebige Mitbürger, auch wenn er sich nichts zuschulden kommen ließ, ja gerade wenn er durch seine Verdienste hervorragte, für zehn Jahre außer Landes verwiesen werden, bloß weil ihm ein größerer Teil der Bürger mißtraute. Hiergegen gab es keine Rechtsmittel, keine Verteidigung. Der Spruch des Volkes war inappellabel. Die ausgeklügelte Art, nach der dieser Prozeß der Ausstoßung zur Diskussion gestellt und nach einem Mehrheitsvotum durchgeführt wurde, zeigt so recht die rein verstandesmäßige aufklärerische Einstellung des Kleisthenes, der mit seinen Maßnahmen den späteren Thesen der Sophisten und Staatstheoretiker um Generationen voraus war. Selten tritt uns im indo-europäischen Kreis die öffentliche Meinung mit solch diktatorischer Autokratie entgegen wie im Ostrakismos.

Keinen Staat darf man jedoch allein nach seiner Verfassung beurteilen, man muß auch den Geist, in dem diese angewendet wurde, und die Art, wie sie sich auswirkte, berücksichtigen. Der kleisthenische Staat hat nun keineswegs die radikale Demokratie gebracht. Kleisthenes war für seine Zeit ohne Zweifel äußerst „modern", war in seiner Betonung des Verstandes- und des Zahlenmäßigen vielleicht ein Klügler und Tüftler. Sein Radikalismus richtete sich gegen die oligarchische Eigenbrötelei und äußerte sich in der Wahl radikalster Mittel, nicht aber zugunsten radikalster Ziele. Mag der Reformer für eine noch stärkere Betonung demokratischer Pläne einfach keine Gefolgschaft gefunden haben — Tatsache ist, daß von Kleisthenes, ob er nun wollte oder nicht, jener Staatstypus ausgeht, den wir als „Hoplitenpolis" bezeichnen. Das politische Schwergewicht verschob sich damals noch nicht von den Kreisen der Aristokraten und Reichen zu den Besitzlosen, es verteilte sich bloß weiter über eine größere Anzahl auch der mit mäßigerem Wohlstand gesegneten Leute, derselben, die im Krieg als Hopliten dienten und auf die es nach neuen Kampfesmethoden in Schlachten ankam.

Hoplitenphalanx und Politik

Einst hatten die Adeligen ihre Sonderstellung über dem breiteren Volk mit Hilfe ritterlicher Tüchtigkeit und schwerer Waffen gewonnen. Der Streitwagen, die Lanzen, das lange Schwert, der Eberzahnhelm, der Turmschild und die Beinschienen waren schon in mykenischer Zeit ihre Bewaffnung gewesen. Nach den großen Wanderungen trat aber an die Stelle des Fahrens allmählich das Reiten, an die der Streitwagenkavallerie das Reitergeschwader. Da man ohne Steigbügel ritt, war das Reiten eine kaum leichtere Kunst als das schwierige Fahren, auch erforderte beides Knechte, Knappen und reichen Besitz.

Mit dem 7. und 6. Jahrhundert erfolgte jedoch eine große Wandlung. Bahnbrechend war dabei Sparta mit seinen messenischen Kriegen. Es erfocht seine Siege mit Truppen zu Fuß, wohl schon mit einer schwer bewaffneten ‚Phalanx'. Daß es möglich war, Infanteristen mit Helm, Panzer, Beinschienen und Schild auszustatten, verdankte man dem seit dem 7. Jahrhundert so wunderbar aufblühenden Schmiedehandwerk. Erst die hellenische Metallurgie, welche nun imstande war, schwere Waffen in Massen und billiger herzustellen, ermöglichte also die griechische Phalanx.

Freilich bedurfte es auch noch gestählter Körper, um die schwere Rüstung im Kampfe zu tragen. Da war es die agonale Schulung in Gymnasien und Palästren, welche den hellenischen Städter eine physische „Kondition" gewinnen ließ, die ein Orientale nie erreichen konnte. Die griechischen Bauern waren aber von Natur schon kräftig genug, um solche Anstrengungen auf sich zu nehmen. Für die Zukunft sollte aus dieser physischen Überlegenheit den Hellenen ein wehrtechnischer Vorsprung von höchster Bedeutung erwachsen. Doch wollen wir hiervon erst auf S. 145 und 148 sprechen.

Vorerst offenbarte sich der Wert des schwerbewaffneten Fußkämpfers oder, wie man ihn nannte, des „Hopliten" in innergriechischen Kämpfen. Das gebirgige Griechenland bot für Fußtruppen ja ohnehin weit bessere Kampfbedingungen als für die Reiterei. Damit trat der Adel, so wie er gleichzeitig in seiner geistigen Haltung der Auflösung verfiel, nun auch militärisch in den Hintergrund. Wohl ritten die feudalen Herren immer noch leidenschaftlich gerne, ritten auch noch im

Feldzug, die Schlachtentscheidung lag aber nicht mehr bei der Reiterei, sondern bei der Hoplitenphalanx. Nur im weithin ebenen Thessalien blieben die Reitergeschwader noch von Bedeutung.

Delphi

War auch Zeus der große Ahnherr und Göttervater, ja für viele (z. B. für Hesiod) der eigentliche Beherrscher der Welt, so hielt man Apollon für alle speziellere Ordnung, vor allem für das staatliche Dasein, verantwortlich, sah man in ihm doch schlechthin den Gott des Maßes und Maßhaltens. Seiner bedurften die mitunter zur Maßlosigkeit neigenden Hellenen ganz besonders. Apollon hat diese erhabene Funktion auch so gut erfüllt, daß man immerhin die alten Griechen noch heute ob ihres Maßes preist.

Wie vielfältig die lokalen Kulte auch waren, in denen man ihn verehrte, mit dem Werden der Hellenennation hob sich ein Platz und eine Erscheinungsform Apollons durch besondere Würde heraus: Delphi mit seinem pythischen Gott. Hier war alles anders als bei den übrigen Heiligtümern. Zu Delphi waltete ständig eine eigene, berufsmäßige Priesterschaft, ja der Kultort stellte durchaus eine exterritoriale Tempelherrschaft dar, denen des Orients fast vergleichbar. Keinem Staate untertan, war er ein Staat der Priester, des Gottes. Außerdem hatte man sich noch einen Bund anderer Staaten, eine Amphiktyonie, zum Schutz der eigenen Theokratie geschaffen. Unabhängig stand man so über dem Kleinstadtgewimmel und vermochte sich weit darüber zu erheben. Damit wurde der Gott aus einem weissagenden auch zu einem weisenden. Delphi pries sich als Born der Weisheit, als Urheber von Weisheitssprüchen, ja einer hierauf sich gründenden Sittenlehre. Delphi wurde vor allem aber auch maßgeblich in der gesamten Politik. Es wies das Recht und die Ordnung, bestimmte die Plätze für die Gründung von Kolonien, gab Verfassungen und strafte frevelnde Staaten. In Wahrheit waren es freilich die Priester, welche hier für Apollon im Sinn einer geistig-politischen Oberaufsicht walteten. Ihr Programm war das des maßvollen Staatslebens und einer mehr konservativen Ordnung. Darum hatten sie zugestimmt, daß man ihrem Apollon die geistige Urheberschaft für die Satzungen des Kosmos zuschrieb. Geraume Zeit hindurch sahen sie in Sparta gleichsam den weltlichen Arm ihres Willens, mit seiner Hilfe stürzten sie die letzten Tyrannenherrschaften, vor allem die Peisistratiden. Doch blieb sich Apollon selber nicht treu, als er die gebefreudigen Alkmeoniden Athens dann höher einschätzte. Sie hatten jüngst den neuen delphischen Tempel mit großem Glanze erbaut, sie waren die größeren Spender. Delphi lebte vom Glauben, der Glaube aber von der Weisheit des Gottes. Diese Weisheit kam zwischen Sparta und Kleisthenes ins Gedränge. Es war der Konflikt zwischen konservativem und fortschrittlichem Staat, zugleich ein Engpaß der Peinlichkeit, wie ihn eine allzu offene Hand mitunter heraufzubeschwören vermag. Als dann die persischen Heere drohten, haben die Priester nochmals versagt. Besorgt um Geltung und angesammelte Schätze, befürworteten sie eher Nachgiebigkeit als Widerstand und hofften, damit ihrer eigenen Sicherheit am besten zu dienen. Kein Zweifel, sie stellten sich auf den Sieger ein, bauten jedoch auf den Falschen.

So reichte denn auch die große Zeit Delphis nicht über die Perserkriege herab. Später war es zwar noch immer Wallfahrtsort, behielt weiterhin seine Spiele, seine Amphiktyonie und gab an Private Orakel, politisch trat es aber zurück. Am Aufbau der geistigen Welt der archaischen Zeit hatte Delphi jedoch gewaltigen und höchst fruchtbaren Anteil. Erst angesichts der Probleme einer neuen Geschichtsepoche hat es versagt.

Archaische Bildkunst

Wir wiesen schon S. 117 darauf hin, wieviel stärker die archaische Plastik im Vergleich zu der weit fortgeschrittenen Dichtung Homers und der Lyrik in Anfänglichkeiten verstrickt war. Wohl bezeichnet man die ältesten Skulpturen gerne als „daidalisch", doch finden wir zwischen ihnen und den nachfolgenden „archaischen" keine grundsätzlichen Unterschiede oder Fortschritte. Immer noch herrschte gleichsam eine stereotype Formel. Wohl begann man zu gliedern, bewegter und unterschiedlicher zu gestalten, man entdeckte Muskeln, Gelenke, Gewandfalten, das Schreiten, doch fehlte noch jede Individualität. Nicht einmal Menschen und Götter wurden zumeist geschieden. Es war nie eine einzelne, eine bestimmte Gestalt, es war der Typus des Menschen (oder des Gottes) schlechthin, männlich oder weiblich, gleichsam die antizipierte Bildhaftmachung einer platonischen „Idee" (vgl. unsere Abbildungen auf Tfl. 13 und 15).

Dergleichen Zurückhaltung gegenüber allem Individuellen steht sehr häufig am Anfang von Kunstentwicklungen oder bleibt ihnen mitunter auch immer zu eigen. Die Minoer haben sich in ihrer Wandmalerei nie davon losgerungen, die Ägypter nur in der El-Amarna-Zeit, die mittelalterliche Kunst begann bei Giotto und den anderen frühmittelalterlichen Malern in der gleichen Weise. Für die archaische Kunst wird dieses Faktum aber dadurch besonders auffallend, daß sich die gleichzeitige Lyrik bereits in höchstem Maße individualisiert erweist. Wir lernen da, daß jeder Kunstzweig bis zu einem gewissen Grad seine eigenen Entwicklungsgesetze hat und daß die griechische Plastik unbeschadet einer Individualität der gleichzeitigen Lyriker doch nicht imstande war, sich ihrer vorindividualistischen Früh- und Anlaufzeit zu entschlagen.

Der archaische Typus zeigt daher zwar ein strahlendes Antlitz und einen edlen, kraftstrotzenden Körper (Tfl. 15), doch ist alles zu streng und zu larvenartig, um auch noch schön zu sein. Die hellenische Schönheit der Folgezeit war von den Bildhauern noch nicht entdeckt. Auch Götter von Menschen zu scheiden, lernte man erst gegen Ende der Zeit, indem man die Olympier durch höhere Würde und mancherlei kultische Beigaben, die Sterblichen aber durch verstärkte Diesseitigkeit charakterisierte. Wohl wagte man mit der Zeit manch kühne Experimente, doch galten sie nicht dem Stil, sondern allein dem Gegenständlichen. So treten uns unter den Giebelfiguren der Tempel sogar recht groteske Erscheinungen entgegen,

z. B. das Haupt der Gorgo oder ein Schlangenungetüm, das drei männliche Köpfe zeigt. Daneben gibt es auch Statuen von höchster Anmut, so die des berühmten Kalbträgers (Tfl. 16), nur wirken auch sie bei aller Anmut noch etwas starr. Kein Zweifel, von allen griechischen Künsten hatte die Plastik die meisten Entwicklungsstufen noch vor sich.

Weit weniger streng und archaisch mutet uns aber die gleichzeitige Vasenmalerei an. Wohl war sie von der Tafelmalerei und diese z. T. von der Plastik abhängig, doch zeigt sie eine erstaunliche Vielfalt und einen Reichtum des zeichnerischen Ausdrucks, welcher sie der Dichtung bei weitem näherbringt, als dies bei der Plastik der Fall war. Im 7. Jahrhundert hatte man allerdings noch schwer um die Wiedergabe der figuralen Szene zu ringen (vgl. Tfl. 14). Viel besser fand man in der Ornamentik vollendete Anmut und Schönheit. Im 6. Jahrhundert gelangte man aber auch im Szenischen zur Reife und zu einem wunderbaren Reichtum an Stimmungen vom Erhabenen und Tragischen bis zum Genrehaften, zum Komischen und Grotesken; es ist, als wären alle guten und besten Geister der minoischen Kunst aufs neue lebendig geworden. Im 7. Jahrhundert hatte sich die Vasenmalerei dabei vor allem nach Landschaften unterschieden, im 6. variierte sie (besonders in Attika) aber bereits nach Erzeugern und Künstlern. Athen wurde in diesem Kunstzweig nun führend. Es exportierte nach Phrygien, nach der Levante und vor allem auch nach Etrurien. An den Funden können wir die Individualität der einzelnen Meister und Maler studieren. Da begegnen wir einem Nikosthenes, dem betriebsamsten unter den Serienfabrikanten: Von Kunst ist bei ihm weniger zu merken, um so mehr aber von handwerklicher Routine. Dann sei des tüchtigen und soliden Amasis gedacht und eines großen graphischen Meisters, Skythes mit Namen. Am Ende dann der einsame größte Schöpfer: Exekias, ein Genie, das einem Archilochos an Würde nahestand. Ob nun der rebenbekränzte Nachen des Dionysos über die Fluten gleitet (Tfl. 18), zwei homerische Helden sich beim Brettspiel völlig vergessen (Tfl. 17) oder Aiax sein Schwert in die Erde pflanzt, um sich darein zu stürzen, immer ist es die gleiche atemberaubende Intensität des Erlebens, wie sie nur die Größten der Kunst in ihr Werk zu bannen verstehen. Noch fehlt auch bei Exekias die Variabilität des Gesichtsausdrucks, doch konnte das bei der Vasenmalerei gar nicht anders sein. Eine um so beredtere Sprache führt bei diesem Meister jedoch die Haltung der einzelnen Gestalten und die Art ihrer Bewegungen, vor allem aber das Schweigen des offenen, freien Raumes, mit dem der Künstler je nach Bedarf seine Personen umgibt.

Exekias war ein Vollender, und so ging von seiner Zeit auch eine Schattenwirkung aus. Seit 530 wandte sich die Vasenmalerei von der bisherigen „Schwarzfigurigen" Technik ab und suchte in der „Rotfigurigen" neue Wege und Ausdrucksmöglichkeiten.

Eine verhältnismäßig rasche Entwicklung hat auch die Baukunst genommen. Das es keine Paläste mehr gab und auch die großen Adelsfamilien auf baulichen Prunk verzichteten, beschränkte sich alles Streben auf die Errichtung von würdigen Götterwohnungen, von Tempeln. Darin näherte man sich bereits im 6. Jahrhundert einer klassischen Ausformung des dorischen Stils, schuf in ihm die ersten monumentalen Anlagen. Dabei hielt man am Typus des mykenischen Megarons fest, nur umgab man das Haus nach Bedarf mit einer Säulenstellung. Schmuck brachte nicht nur die vielfarbige Ornamentik: die Metopen unter dem Dache wurden mit Reliefs verziert, die Giebelfelder schmückten figurale Szenen in Vollplastik, Stoffe der Götter- und Heldensagen darstellend. An der Entfaltung dieser Tempelbaukunst nahm das ionische Athen kaum minderen Anteil als das dorische Korinth. Daher scheint der Ausdruck „dorischer" Baustil nicht glücklich gewählt. Im Grund handelt es sich einfach um einen Baustil des griechischen Festlands mitsamt seinen Kolonien im Westen. Athen — und nicht etwa eine dorische Stadt — sollte es daher auch sein, das den dorischen Stil im 5. Jahrhundert zu seiner höchsten Vollendung führte.

Anbeginn des Imperialismus

Die Vorstellung vom Flächenstaat trat den Hellenen allein im barbarischen Gewande entgegen. In ihrem eigenen Dasein gab es — von zurückgebliebenen Gaustaaten an der nordwestlichen Peripherie abgesehen — nur den Gemeinde- und Stadtstaat, die Polis. Diese konnte sich über andere Gemeindegebiete nicht ausbreiten, ohne deren Gemeindezentren zu vernichten oder an sich zu ziehen. Staaten mit mehr als einer Stadt schienen unmöglich zu sein, denn Staat und Gemeinde waren identisch. Untereinander vermochten Gemeinden wohl Bündnisse zu schließen, doch waren diese in archaischer Zeit meist kultischer Natur. Gelegentlich führten solche Stadtstaatenbünde auch Krieg gegen einen Frevler.

Da das Interesse der griechischen Polis im wesentlichen nach innen gewandt blieb, können wir in archaischer Zeit von einer imperialistischen Außenpolitik nur in Ausnahmefällen sprechen. Eine solche Ausnahme bildete vor allem Sparta, gewann diese Gemeinde doch über ihre lakonischen Bündner so sehr die Oberhand, daß sie aus einer Föderation einen richtigen Staat zu formen vermochte. Sparta eroberte dann Messenien, vernichtete sein Gemeindeleben und erniedrigte den blühenden Bereich zum Sklavenland, auf daß er den Spartiaten Verpflegung (ihre *Trophê*) liefere. Erst bei weiteren Unternehmungen ging der Imperialismus Spartas zartfühlender zu Werke. Als Hegemon im Peloponnesischen Bund hielt man sich von allen Übergriffen fern. Unternehmungen jenseits des Bundesgebietes mißglückten gelegentlich aber so sehr, daß Sparta die Freude daran verlor, als Prostates von Hellas allzu oft zu intervenieren.

Nichts mit Imperialismus hatte die griechische Kolonisation zu tun, denn die Neugründungen waren ja von den Mutterstädten unabhängig. Erst die Stützpunkte, welche die Kypseliden am Ausgang des Korinthischen Golfes anlegten, blieben mit der Metropolis verbunden und dienten einer strategischen Sicherung des korinthischen Handels.

Eine imperialistische Note zeigt schließlich die Außenpolitik des Peisistratos. Er überzog Griechenland und die Ägäis mit einem Netz von Beziehungen verschiedenster Art. Zu Sigeion am Hellespont setzte er einen seiner Söhne ein, auf

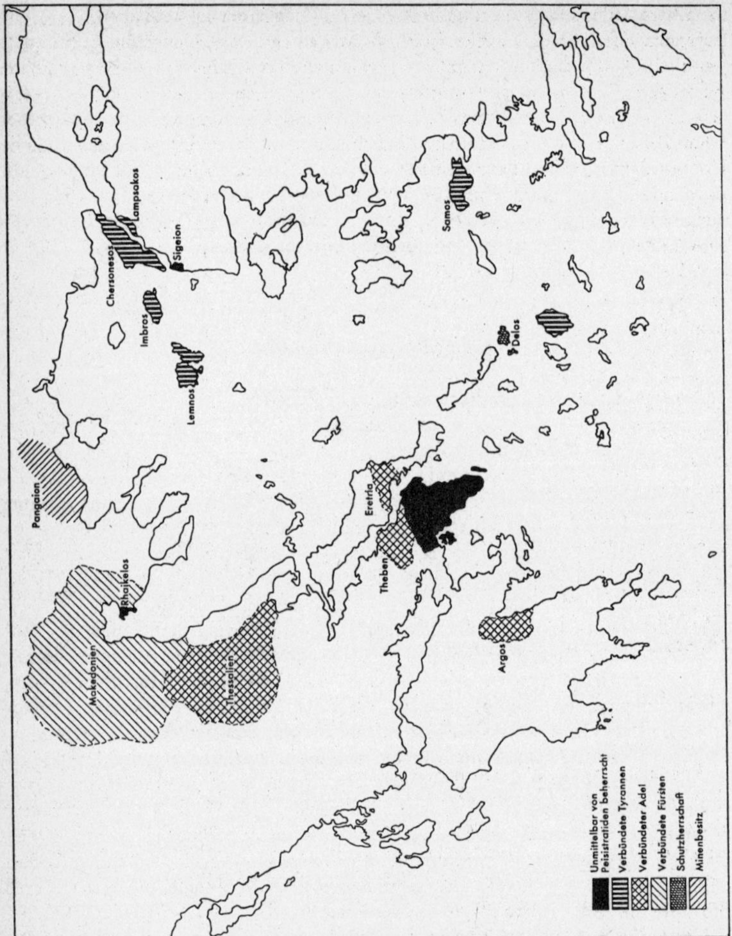

Karte 6: Das Bündnissystem der Peisistratiden

der Chersonnes, auf Naxos und Samos hatte er befreundete Tyrannen, in Thrakien befanden sich seine Bergwerke, in Makedonien stand ihm der Herrscher zur Hilfe bereit, in Boiotien, in der Argolis, in Eretria und Thessalien waren es gerade die mächtigsten Rittergeschlechter, auf deren Unterstützung er zählen durfte. Irgendwie ahnt man da bereits den späteren Attischen Seebund voraus, zumal auch schon Peisistratos recht modern mit finanziellen Mitteln Politik zu machen wußte. Da ihm aber die Flotte und damit das massivere Machtinstrument noch fehlte, war es mehr ein Imperialismus zur Gewinnung von hilfreichen Freunden, eine Eroberung von Sympathien und Herzen. Zukünftiges wird geahnt, jedoch mit noch recht archaischen Mitteln, d. h. allein in vornehmster Weise, gefördert.

Im ganzen gesehen zeigt sich die Idee des Imperalismus noch in Anfängen. Die griechische Landesnatur hat Eroberungen und Expansionen ja nie besonders begünstigt, doch wehrte sich auch die griechische Mentalität. Das alte indo-europäische Vereinsbewußtsein wandte sich gegen alle Expansionen, die über den Rahmen unmittelbarer menschlicher Beziehungen hinausgriffen. Nur soweit man sich als Gemeinde und als Gemeinschaft zu fühlen vermochte, sollte das Organisatorische reichen, Organisation sollte organisch bleiben und nicht zum Mechanismus werden. Das war das Großartige an dieser Auffassung. Wir wundern uns nicht, wenn es in diesen Zeiten wenige Kriege gab: Wo Kämpfe ausbrachen, handelte es sich meist, wie bei der Lelantischen Fehde zwischen Chalkis und Eretria, nur um strittige Grenzlandstriche. Die stärkste Dynamik richtete sich nach innen, vor allem dort, wo Adelsrepublik, Oligarchie, Tyrannis und ein schon demokratischerer Kurs um die Zukunft rangen. Erst die Bedrohung durch das persische Weltreich legte im folgenden Jahrhundert schließlich den Gedanken an einen systematischen Gegenimperialismus nahe.

Rückblick

Am Ende unserer Darstellung der Archaischen Zeit sei uns ein Rückblick gestattet. Gläubige Gebundenheit gesellte sich in ihr allenthalben zu individuellem Wagemut. Diese beiden Extreme strebten zwar irgendwie auseinander, zogen einander aber auch an und fanden noch zusammen. Das konnte um so leichter geschehen, als die Schöpfer selbst noch zutiefst in Gläubigkeit verhaftet waren und nicht so sehr von Ratio und Egoismus wie vom heiligen Feuer idealischen Hoffens erfüllt wurden. Selbst von den Naturphilosophen, die wir erst in späterem Zusammenhang, als Vorstufe der „Aufklärung", betrachten wollen, gilt dieses Urteil. Gebunden und wagend zugleich waren auch sie, kaum minder als ein Archilochos, eine Sappho und ein Exekias.

Aus irrationalen, höheren Beweggründen, nicht etwa als nüchtern eigensüchtige Rechner, handelten auch die großen Politiker Kypselos und Peisistratos, Pittakos und Solon. Selbst Kleisthenes war, wenn auch Rechner, so doch Idealist. Wohl gab es neben diesen schöpferischen Meistern politischer Sendung auch noch Erfolgsjäger kleineren Stils als Vorläufer künftiger Generationen, aber die starken Naturen, die mit ihrem Willen die Archaische Zeit durchwehten, standen damals noch über solchen Kreaturen. Mit einem Hauch von Nochgebundenheit und doch schon gewonnener Schöpferfreiheit prägten sie ihr den Charakter ein: herb, zögernd, verhalten, dann wieder zukunftsverheißend und fast erschreckend im Durchbruch großartigster Schöpfertemperamente. Und deshalb empfinden wir diese Ära nie als gewöhnlich, sondern stets als strahlenden Morgen, als eine Periode erhaben heiliger Frische.

7. KAPITEL

Der große Freiheitskrieg

Lydien als Nachbar

Es war für Hellas von großer Bedeutung, daß es während des halben Jahrtausends von 1000 bis 500 v. Chr. von keinen äußeren Feinden heimgesucht wurde. Epeiroten, Illyrier, Makedonen und Thraker waren mit ihren Balkangauen zufrieden. Skythen und andere nördlichere Barbaren drangen nicht bis nach Griechenland durch.

Stärker erwies sich die anatolische Westküste von kontinentalen Machtfaktoren belastet. Zuerst war Phrygien der maßgebliche Faktor Kleinasiens, doch richtete der am Ende des 8. Jahrhunderts regierende König Midas seinen imperalistischen Ehrgeiz lieber gegen den Orient und legte Wert auf freundliche Beziehungen zu den Griechen. Schon damals zeigte man sich ja in Kleinasien ausgesprochen philhellenisch und übernahm mit Eifer griechisches Kulturgut.

Weit gefährlicher wurde den Ioniern die in der zweiten Hälfte des 7. Jahrhunderts entstehende Großmacht Lydien, die Gyges in der Abwehr pontischer Völkerschaften (der Kimmerier und Treren) begründet hatte. Die Hauptstadt Sardeis wurde nun bald zu einer strahlenden, auch die Hellenen blendenden Residenz. Die Herrscher waren Freunde und Mäzene der griechischen Kultur, und lydische Dichter und Musiker spielten bei den Griechen eine bedeutende Rolle. Mit ihrem Philhellenismus verbanden die lydischen Könige aber das Verlangen, alle griechischen Küstenstädte Kleinasiens zu gewinnen. In der Tat gelangen dem energischen Alyattes (etwa 605 bis 560) entscheidende Erfolge, und Kroisos (560 bis 546) konnte das Eroberungswerk abschließen. Nur Milet behauptete damals als einzige Griechenstadt seine Selbständigkeit, doch mußte es sich zu einem Freundschaftspakt mit dem Herrscher bequemen.

Der Weltreichsgedanke im Orient

Die Weltreichsidee war ein geistiges Erzeugnis des Orients, entwickelt aus der Tatsache des morgenländischen Flächenstaates (dazu S. 18), aus dem Schutzbedürfnis der Fellachen und aus der Unbedingtheit der östlichen Fürstenautorität. Sie nahm allerdings von Bereichen mit städtischen Mittelpunkten ihren Ausgang und galt im wesentlichen der Eroberung der urbanen Zone des Morgenlandes. Städtisches

Wesen hing dort engstens mit Garten= und Ackerbau zusammen. Auch die Städter des Orients waren in gewissem Sinne schutzbedürftige und geduldige Fellachen. Dieser Weltreichsgedanke trat zum ersten Mal am Ende der Blütezeit der Sumerer in Erscheinung, gewann seine festeren Formen aber erst unter den semitischen Herrschern von Akkad, denen dann die von Babel noch Kräften folgten. Der Einfall der Arier und Hethiter bedeutete eine gewisse Unterbrechung, da unter hethitischem Einfluß der Orient auf Welteroberungspläne verzichtete. Seit etwa 1100 übernahmen aber die assyrischen Herrscher den Weltreichsgedanken. Sie verfolgten in immer neuen Anläufen durch fünfhundert Jahre das Ziel, ganz Vorderasien, ja wenn möglich auch Ägypten zu unterwerfen. Dann erst brachen sie ermattet zusammen und erhielten im Weltmachtstreben das Neubabylonische Reich zum Nachfolger.

Von tatsächlicher Weltbeherrschung konnte bei der damaligen Enge des Horizonts keine Rede sein, doch ist es wiederholt gelungen, wenigstens die „Welt" des Vorderen Orients mitsamt verschiedenen schützenden Vorzonen zu gewinnen. Den Weltherrschaftsanspruch meldete man wenigstens in Titulaturen an, so im „Großkönig", im „König der vier Weltteile" und im „König der Gesamtheit". Fingierte man damit auch manche Tatsachen, der Anspruch wenigstens war echt.

So erbittert Babylonien und Assyrien auch durch eineinhalb Jahrtausende um die Verwirklichung ihrer Pläne rangen, nicht minder fanatisch waren die Widerstände, welche sie bei ihren Nachbarn entfachten. In diesem Für und Wider rieben sich die Kräfte des Orients allmählich auf und hatten sich im 6. Jahrhundert völlig verbraucht.

Iranische Feudalität

Eine völlig andere Geistessphäre treffen wir im Bereich des iranischen Hochlandes. Nach den ersten arischen Zuwanderungen im 2. Jahrtausend, von denen wir bereits S. 53 f. berichteten, folgten weitere, bis das ganze Gebiet samt der innerasiatischen Zone im Nordosten mit indo=europäischen Elementen erfüllt war. Diese bildeten eine Oberschicht über den Einheimischen, die z. T. schon in Städten lebten. Die Arier selbst kannten aber von ihrer früheren Heimat her weder Stadt noch städtische Kultur. So blieben sie auch im Iran vor allem Viehzüchter, selbst wenn sie Acker= und Gartenbau hinzulernten, blieben ländlich und herrisch, verlangten nicht nach urbaner Betriebsamkeit. In der Geschichte lernen wir sie vor allem als treffliche Bogenschützen und Rossetummler kennen, eine feudale Gesellschaft von Junkern und Baronen, die wohl meist auf Burgen saßen und als Reiter in den Kampf zogen, von reitenden Gefolgsleuten umgeben. Abhängigkeit und Rang gründete sich bei ihnen in erster Linie auf das Lehensverhältnis. Der Landesherr, soweit es einen solchen überhaupt gab, mag ihnen als höchster Lehensherr gegolten haben. In kultureller Hinsicht verkörperte der Iran durch Jahrhunderte den Typus einer Verhaltenheitsgesittung. Er war gegenüber den orientalischen Stadtkulturen in seiner Entwicklung noch weit zurück, am meisten in zivili=

satorischen, organisatorischen und technischen Belangen, doch auch in der bildenden Kunst.

Allmählich gerieten unsere arischen Iranier aber, besonders im zunächst liegenden Medien und Persien, von Westen her in den kulturellen Ausstrahlungsbereich Mesopotamiens. So bildete sich hier ein ähnliches Satellitenverhältnis heraus wie vorher das der Achäer zum minoischen Kreta oder später das der Makedonen zu den Griechen bzw. das Roms zum Hellenismus. Wer einmal zum Satelliten geworden, vermag nicht zu völlig eigenständiger Entfaltung zu gelangen, doch schließt das nicht aus, daß einzelne kulturelle Sparten besonders erblühen und daß Ingenien von höchster Bedeutung erstehen. Dies war später bei Makedonen und Römern der Fall, man denke nur an Philipp, Alexander und an die Scipionen. In ähnlicher Weise traten bei den Iraniern Zoroaster als Religionsstifter und Kyros als Begründer des persischen Weltreichs auf.

Die Drohung des persischen Weltreichs

Es geschieht nicht immer, aber doch häufig, daß sich Satelliten schließlich gegen ihre Lehrmeister wenden und diese überwältigen. Für die Iranier war es in der Tat eine verlockende Situation, als ländlicher, unverbrauchter, gleichsam jugendfrischer Machtfaktor einer ermüdeten Städtekultur Vorderasiens gegenüberzutreten. Da lag es nahe genug, sich des schwachgewordenen Reichtums der städtischen Welt zu bemächtigen. So handelte Kyros nicht anders, als vordem die Fürsten von Mykenai, als später Philipp und Alexander und schließlich die Römer gehandelt haben.

Kyros stürzte zuerst die Vorherrschaft Mediens im Iranischen Bereich und erhob sich zum Oberherrn des Iran. An der Spitze der allesbezwingenden arischen Reiter unterwarf er 546 Lydien und 538 das Neubabylonische Reich. Sein Sohn Kambyses bezwang 525 Ägypten und erwog die Eroberung des Sudans wie auch Karthagos. Sein früher Tod setzte solchen Plänen allerdings ein Ende. Dareios, der nun den Thron errang, wandte sich zuerst gegen die gefährlichen Nomadenstämme in den eurasischen Weiten, denen Kyros im Bereiche des Aralsees 529 unterlegen war. Er trug seinen Angriff um 513 von Kleinasien aus über den Balkan nach Südrußland vor, doch stellten sich die flüchtigen Skythen nicht zum Kampfe und zwangen ihn zu siegloser Umkehr. Um so fester war der Herrscher entschlossen, Griechenland seinem Imperium einzuverleiben. So sollte aus dem Großkönigtum des Orients allmählich ein wirkliches Weltreich werden.

Kyros und seine Nachfolger eroberten nicht nur, um ihre Macht in alle Welt zu tragen und die Völker hörig zu machen. Sie empfanden ihre Herrschaft nicht nur als bezwingendes Gewaltrecht, sondern zugleich als ernste Verpflichtung, das Reich durch Wohltun sittlich zu rechtfertigen. Den Anforderungen ihrer ethisch betonten Religion entsprechend, wollten sie der Welt mit ihrer Herrschaft zugleich Frieden, Ordnung, Glück und Gedeihen bringen, sie wollten die Untertanen am

Dasein des Reichs interessieren, sie den Verzicht auf Selbständigkeit verschmerzen lassen.

Allerdings wurden diese vor dem eigenen Gewissen eingegangenen Verpflichtungen nicht immer erfüllt, ist es doch fast stets das Schicksal der Herrenmoral, einer gewissen Lockerung der Selbstzucht zu verfallen. Auch die besten Vorsätze persischer Herrscher konnten auf die Dauer nicht hindern, daß die Waltung des Weltreichs einer gewissen Zersetzung anheimfiel. Dies mochte um so leichter geschehen, als sich zweierlei Verwaltungsprinzipien feindlich gegenüberstanden: hier der Anspruch des Großkönigs, im Sinne mesopotamischer Traditionen seine Barone als gehorsame Reichsbeamte zu sehen, dort der Anspruch des Adels, nicht als nackengebeugte Beamte, sondern als aufrechte Lehensträger im Reich zu fungieren. Dieser Zwiespalt von theoretischem Wohltun und Machtgenuß in der Praxis, von Feudalität und Despotismus wirkte sich in allem und jedem aus: Das Reich stand sowohl im Zeichen von Liberalität, Loyalität und Föderalismus als auch von Zentralismus, Bürokratismus und Despotie. Als Iranier blieben die Perser personal im Vereinsprinzip verhaftet, als orientalische Großherrscher ging es ihnen im städtisch-agrarischen Orient um das Oben und Unten von Padischah und Fellachen. Niemand wußte daher so recht, wie es sich mit den Persern verhielt. Die Perser wußten es schließlich selber nicht mehr.

So sehr sich die Theorie des persischen Imperiums auch das Ziel gesetzt hatte, die Welt zu fördern, von den Hellenen mußte dennoch die Drohung des Riesenreiches als Gefährdung ihrer politischen und ideellen Existenz, ja ihrer Zukunft empfunden werden. Denn sie fühlten sicher mit Recht, daß ihre geistige Weiterentfaltung allein in voller Freiheit erfolgen konnte. Polis und Kosmos waren unter persischer Oberhoheit gleich unmöglich.

Kleinräumigkeit und staatliche Zersplitterung, Mangel an Macht und Kapitalkonzentration ließ die damaligen Hellenen gleich Zwergen im Kampf mit dem Riesen erscheinen. Es war dabei nicht nur die ungeheure Ausdehnung des feindlichen Territoriums und die unübersehbare Masse seiner Bevölkerung, die man als unheimliche Lähmung empfand, sondern vor allem auch die gewaltige Zusammenballung an Geld und organisierter Macht. Der persische Großkönig war imstande, von Phoinikien aus gewaltigste Kriegsflotten zu finanzieren, während die Griechen bisher außer Piraterie überhaupt noch keinen Seekrieg kannten, einfach weil auch die Reichsten unter ihnen keine Kriegsflotten bezahlen konnten. Gefürchtet waren auch die persischen Reitergeschwader mit ihrem todbringenden Pfeilhagel. Griechische Hilfstruppen hatten sich ihnen in ägyptischen und lydischen Diensten bereits entgegengestellt, waren aber geschlagen worden. So glaubte man schon grundsätzlich die Hoplitenphalanx als unterlegen ansehen zu müssen. Wohl entsprach das nicht durchaus den Tatsachen, denn der Pharao und wahrscheinlich auch Kroisos hatten den Fehler begangen, die Schlacht in einem Kavalleriegelände zu schlagen, doch war der bisherige Mißerfolg eindrucksvoll genug.

So sollten nun die Hellenen in der unermeßlichen Menschenmasse des Imperiums auf- und untergehen, sollte ihnen vor einem fremden Machtgebot, das man gar nicht zu verstehen vermochte, alle eigene Zukunft dahinschwinden. Man meinte einer dämonischen Hybris gegenüberzustehen, errichtet auf Despotie und feiler Knechtschaft. Man verachtete den Orientalen, da er sich vor Autoritäten bedingungslos beuge, konnte aber auch den iranischen Ritter nicht begreifen, wenn er seinem Lehensherrn Treue gegen Treue entbot. Überall sah man nur Sklavengesinnung und glaubte dem nicht viel anderes entgegenstellen zu können als die unwägbaren Kräfte des Freiheitswillens.

In Wahrheit hatte Hellas aber weit mehr ins Treffen zu führen, nur ahnten die Griechen damals selbst noch nicht ihre wahre Stärke. Handwerkliche Tüchtigkeit befähigte sie zu einer weit besseren Waffenherstellung (vgl. Tfl. 19), als sie im Perserreich üblich war. Stete Schulung des Körpers in den Palästren und sportlicher Wettkampf von Jugend auf hatte vor allem die Muskeln gestählt, solch schwere Waffen auch tragen und damit fechten zu können. So war der griechische Hoplit allem orientalischen Fußvolk überlegen und konnte sich sogar gegen die persischen Reiter behaupten, sofern er nur allzu offenem Gelände aus dem Wege ging. Dazu kam dann die Überlegenheit im Schiffsbau und in der Schiffahrt, auch wenn man sie bisher noch nicht in Seekämpfen größeren Stils erprobt hatte. Entscheidend sollte jedoch werden, daß die Griechen das Ingenium ins Treffen zu führen vermochten. Auf persischer Seite war wohl Kyros genial gewesen, doch galt das nicht mehr von seinen Nachfolgern. Die Aufgeblasenheit persischer Königswürde ließ neben dem Herrscher keine andere Schöpferpersönlichkeit zu freier Entfaltung gelangen. So wirkte sich, wie auch sonst so häufig, der Absolutismus sterilisierend aus zuungunsten des eigenen Regimes.

Die entscheidenden Kämpfe

Die ersten Akte der Unterwerfung griechischen Bodens erfolgten gleichsam nur nebenbei. So als Kyros 546 Ionien zusammen mit Lydien gewann, als sich dem in Ägypten vordringenden Kambyses Kypros und Kyrene „freiwillig" unterwarfen, als der Ehrgeiz persischer Statthalter sich gegen ägäische Inseln wandte und Dareios im Anschluß an den Vorstoß gegen die Skythen auch Thrakien und Makedonien samt ihren griechischen Küstenstädten untertänig machte.

Bereits die Skythenexpedition zeigte, daß Dareios entschlossen war, in absehbarer Zeit ganz Hellas zu unterwerfen. Schon hatte man dieses kleine Land von Norden, Osten und Süden umstellt. Der Großkönig glaubte, mit den Hellenen einen höchst wertvollen Gewinn an bester, kulturschöpferischer Bevölkerung dem Reiche einverleiben zu können. Deshalb bemühte sich Persien auch während der ganzen folgenden Zeit darum, die Uneinigkeit der Griechen auszunützen, um so den hellenischen Widerstand bereits mit diplomatischen Mitteln zu überwinden. Besonders hoffte man darauf, mit Hilfe von Athen das übrige Hellas zu gewinnen. Der Anfang hierzu schien bereits gemacht, hatten doch unter Kleisthenes athenische Gesandte schon „Erde und Wasser" dargeboten, als sie mit dem persischen Statthalter in Lydien über eine eventuelle Hilfe gegen den damals drohenden Angriff Spartas verhandelten. Kleisthenes hatte den spartanischen Vorstoß dann allerdings aus eigenen Kräften abgewehrt, und man hatte die Unterwerfung nachher verleugnet. In persischen Augen galt die Stadt aber immer noch als Vasall des Großkönigs.

In Ionien hatten die Perser inzwischen ihr iranisches Lehenssystem eingeführt und verläßliche Griechen zu Lehensträgern über die einzelnen ionischen Städte ernannt. Die Ionier wußten aber damals schon nichts mehr von Lehensverhältnissen und empfanden das Walten der Lehensträger als Tyrannis. Sie erhoben sich deshalb 500 v. Chr. gegen das persische Regime. Gegen die Aufständischen bot der Großkönig eine phoinikische Kriegsflotte auf, der die disziplinlosen Kontingente ionischer Kriegsschiffe in der Seeschlacht von Lade unterlagen (495 oder 494). Nun wurden die ionischen Städte einzeln bezwungen. Milet mußte, da es im Aufstand die Führung innegehabt, außer der Eroberung noch ein furchtbares Strafgericht erdulden: seine Bewohner wurden ins Innere Asiens deportiert (494).

Die Augen der ganzen Umwelt wandten sich nun dem Geschick jener Stadt zu, die den Mut besessen hatte, ohne eigene Not den persischen Koloß herauszufordern. Athen, allein von Eretria begleitet, war zu Beginn des Aufstands offen auf die Seite der Ionier getreten und hatte sie mit Schiffen unterstützt. Das war keine Tat vorsichtiger Staatsklugheit gewesen, sondern ein Akt voll aufrichtigen Bekennermuts zur hellenischen Sache. Selbst Sparta hatte damals in Vorausberechnung des Mißerfolges abgelehnt.

Für den Perserkönig war nun Athen nicht nur eine zur Feindin gewordene, sondern auch eine aufständische Stadt. Dennoch bezähmte Dareios seinen Unmut. Wohl war er entschlossen zu drohen, doch nur, um nachher Gnade walten zu lassen. Schon waren Fäden zu den in Athen verbliebenen Anhängern der Peisistratiden gesponnen, schon hatte man sich vor allem auch der Loyalität des mächtigsten Adelshauses, der Alkmeoniden, versichert. Es bedurfte also vielleicht nur einer Demonstration der großköniglichen Macht, um den Trotz der Unentwegten in der attischen Bürgerschaft zu brechen.

Im Jahr 490 erschien die persische Strafflotte in der Ägäis[59]. Befehligt wurde sie von Datis und Artaphernes, doch nahm an der Fahrt auch das Symbol der königlichen Gnade teil: Hippias, der Sohn des Peisistratos, als in Aussicht genommener Regent. Die Macht des Reiches wurde zuerst durch die Unterwerfung der Kykladen und durch ein furchtbares Gericht über das kleine Eretria demonstriert. Dann landete man bei Marathon. Ein weiteres Vorrücken des persischen Expeditionskorps erschien im Augenblick gar nicht mehr nötig. Da Sparta für die nächsten Tage durch kultische Rücksichten am hilfreichen Eingreifen verhindert war, konnte man mit einem Umsturz in Athen und einer darauffolgenden Kapitulation rechnen.

Da geschah das Unerwartete: Athen blieb vor der Drohung, blieb vor der Gnade fest. Miltiades, der dem adeligen Geschlecht der Philaiden entstammte, gelang es, allen politischen Quertreibereien zum Trotz, die Volksversammlung für den offenen Widerstand zu gewinnen. Der Heerbann rückte aus und sperrte unter Ausnützung des gebirgigen Terrains den Vormarsch in Richtung Athen. Als aber der Gegner das Wagnis beging, einen Teil seiner Streitkräfte mitsamt seiner Reiterei wieder einzuschiffen, wahrscheinlich um sie an der Südwestküste Attikas in nächster Nähe Athens ans Land zu setzen, nützte Miltiades den günstigen Augenblick und schlug die bei den Schiffen zurückgebliebenen Perser vernichtend. Dann eilte er mit dem Bürgeraufgebot nach der Südwestküste, was den Feind zum Verzicht auf jede weitere Landung und zur Heimfahrt veranlaßte. So wurde ein persisches Heer dank der Initiative und dem politisch-strategischen Weitblick eines griechischen Menschen zum erstenmal in der Geschichte von einer Hoplitenphalanx geschlagen. Der Versuch, Athen zu gewinnen und das auf alle Fälle widerstrebende Sparta zu isolieren, war damit gescheitert. Hellas blieb weiterhin frei.

Die Niederlage brachte dem persischen Imperium einen so schweren Prestigeverlust, daß sich der Großkönig entschloß, an der Spitze seines Reichsheeres selbst gegen die Griechen zu ziehen, um ganz Hellas zu unterwerfen. Der Tod des Dareios (485) bot den Bedrohten wohl eine Atempause. Sein Sohn und Nachfolger Xerxes begann aber schon 483 mit den Zurüstungen zum neuen Feldzug. Im Zuge der diplomatischen Vorbereitung des Unternehmens gelang es ihm, eine Reihe von Griechenstaaten, so die Adelsregierungen von Thessalien und Theben, wankend zu machen. Kreta, Argos und die Gaue Nordwestgriechenlands verhielten sich neutral. Fest in der Abwehr blieben von den größeren Staaten nur Sparta, Korinth und Athen. Von entscheidender Bedeutung sollte wieder die Initiative und der Weitblick eines athenischen Ingeniums werden. Wohl war der von Parteiintrigen arg bedrängte Miltiades einer Verwundung erlegen. Schon trat aber Themistokles auf, an Weitblick und rücksichtslosem Handeln der kühnste unter allen Hellenen. Auf seinen Antrag wurden die Erträgnisse der neuerschlossenen Silberminen am Vorgebirge Laurion zum Bau einer gewaltigen Kriegsflotte verwendet, die nun alle griechischen Schiffsaufgebote weit übertraf und auch gegen die persischen Geschwader zu fechten vermochte. So wurde mit Hilfe staatlichen Kapitals die überragende Seegeltung Athens begründet. Kein anderer Griechenstaat vermochte damals ähnliches zu unternehmen.

Als dann Xerxes im Jahr 480 mit großem persischem Reichsaufgebot zu Land und zur See die Küsten entlang vom Hellespont über Thrakien und Makedonien nach Hellas vorrückte, fanden sich die zum Widerstand entschlossenen Griechenstaaten unter der Führung Spartas zu einem Verteidigungsbund zusammen. Ein spartanisches Aufgebot unter Führung des Königs Leonidas konnte aber den Engpaß der Thermopylen nicht dauernd halten. Es sah sich umgangen und wurde, in freiwilliger Selbstaufopferung ausharrend, bis zum letzen Mann vernichtet. Da es unmöglich schien, Athen zu verteidigen, mußte die Bevölkerung nach der gegenüberliegenden Insel Salamis evakuiert werden. Dort versammelte sich auch die griechische Flotte, nachdem sie vorher am Kap Artemision unentschieden gekämpft hatte. Der Initiative des Themistokles war es nun zu danken, daß es gelang, die persischen Geschwader zum Einlaufen in den engen Golf von Salamis zu verlocken [60]. Hier wurden sie von der überraschend angreifenden Griechenflotte in Verwirrung gebracht und nach erbittertem Ringen vernichtend geschlagen. Damit war der Versuch, Hellas von der See aus zu überwinden, gescheitert. Da gleichzeitig die Nachricht von einem Aufstand Babylons eintraf, kehrte Xerxes nach Asien zurück, ließ aber Mardonios mit einer starken Armee in Europa.

Dieser überwinterte in Makedonien und drang 479 neuerdings in Hellas ein. Ihm trat das gesamte griechische Landheer bei Plataiai entgegen. Mehrere Tage standen sich die Heere beobachtend gegenüber, dann wurden die Griechen durch die Plänkeleien der überlegenen persischen Reiter zu einem nächtlichen Stellungswechsel gezwungen. Bei dieser Gelegenheit brach unter den Kontingenten der kleineren Hellenenstaaten im Zentrum eine Panik aus. Von Angst und Schrecken ergriffen, wandten sie sich zur Flucht. Da die Athener am linken Flügel allzuweit abseits standen, traf am nächsten Morgen der Angriffsstoß der weit überlegenen Perser allein auf die noch abwehrbereiten Spartaner am früheren rechten Flügel. Doch ereignete sich nun ein vielleicht einzig dastehendes Wunder an taktischer Führungskunst und Manneszucht. Während die Schlacht als Ganzes, ehe sie begonnen hatte, eigentlich schon als verloren gelten mußte, nahm Pausanias die Phalanx seiner Spartiaten zwar kämpfend, jedoch in voller Ordnung schrittweise auf die nächsten Gebirgshänge zurück, in ein Terrain, auf dem die feindliche Reiterei nicht mehr zum vollen Einsatz ihrer Kräfte gelangte. Dann gab er den Befehl zum Gegenangriff und schlug, vom höheren Standpunkte abwärts stürmend, das bereits siegestrunkene Perserheer vernichtend. Wieder siegte also das griechische Ingenium, es siegte aber auch die unerhörte Manneszucht der Spartiaten.

Ungefähr zur gleichen Zeit vernichtete eine Griechenflotte unter athenischer Führung die letzten noch vorhandenen persischen Schiffsgeschwader an der ionischen Küste beim Vorgebirge Mykale. Darauf erhoben sich die Ionier gegen das persische Joch und schlossen sich den Griechen an. Den Trümmern des bei Plataiai geschlagenen Perserheeres blieb nichts anderes übrig, als Hellas zu räumen (479 v. Chr.).

Die Siege von Marathon, Salamis und Plataiai bleiben für alle künftige Geschichte Zeugen der Kraft des Freiheitsgedankens, des freien Ingeniums und einer freigewählten Manneszucht, auch ihrer Überlegenheit über Despotie und billige Unterwürfigkeit. Weltgeschichtlich betrachtet, bedeuteten die Ereignisse von 480 und 479 eine Wende. Persien mußte nun von dem Plan einer unumschränkten Weltherrschaft Abstand nehmen, der Orient sah sich auf die ihm von Natur zugehörigen Räume rückverwiesen. Da 480 auch der Angriff der Karthager auf Sizilien in der Schlacht bei Himera mit einem Sieg der Griechen sein Ende fand, verblieb den Hellenen im Westen gleichfalls ihre bisherige starke Stellung. Sieger in der sizilischen Abwehr war Gelon von Syrakus, einer aus der Reihe von Tyrannen, die es damals, etwas später als im griechischen Mutterland, auf Sizilien und in Unteritalien gab. Ihnen ist nicht nur die Abwehr Karthagos, sondern auch die weitere Zurückdrängung des etruskischen Einflusses in Italien zu danken. Wir werden später sehen, wie auch in jüngeren Zeiten zu Syrakus wieder Tyrannenherrschaften erstanden, einfach weil man der starken Hand autonomer Feldherren bedurfte. Deshalb nahm auf Sizilien die Tyrannis in der Regel auch den Charakter einer Militärmonarchie an.

Themistokles

Wie sonst in der Geschichte tritt uns auch in den Perserkriegen das Ingenium in zweierlei Erscheinungsformen entgegen: die eine erfüllt das Geheiß ihrer Zeit, steht mit der Entwicklung im Einklang und ist ihr um nichts voraus. In diesem Sinn haben wir besonders Miltiades zu verstehen. Für den anderen Typus ist dagegen bezeichnend, daß er mit Erkennen und Planen der eigenen Zeit vorauseilt, daß er nach Zielen strebt, die eigentlich erst einer späteren, jüngeren Entwicklungsstufe gemäß wären. Als einen solchen Vorauseilenden werden wir später Alexander von Makedonien kennenlernen. Unter den griechischen Ingenien aber zeigt sich Themistokles am meisten mit der Zukunft verbunden.

Wohl entstammte er der obersten Bevölkerungsschicht, doch nicht einem großen Hause. Keine mächtige Familie, keine Clique stand hinter ihm. Sein Wirken gründete sich allein auf die Strahlkraft, welche von seiner Persönlichkeit und seinen Plänen ausging.

Man halte sich die Situation zwischen 500 und 480 v. Chr. nur richtig vor Augen: Die attische Volksversammlung, bangend in Furcht und Sorge vor dem persischen Strafgericht, die Alkmeoniden auf seiten des Erbfeinds, auch der Philaide Miltiades nur vorübergehend von der Gefahr errettend, diese aber nicht endgültig bannend. Da trat ein Mann vor die Volksversammlung, kein Akkreditierter, kein Routinier, eine Persönlichkeit auf eigene Kraft gestellt, eine Sehernatur, die es vermochte, der ungeheuren Bedrohung mit unerhörten Mitteln zu begegnen. Man erkannte das Rettende an diesem Ingenium und entschloß sich zu folgen.

Das Vertrauen auf seine gleichsam hypnotischen Kräfte gab dem Themistokles wohl den kühnsten seiner Pläne ein: Der Vaterstadt ihre jährlich gewählten höchsten Beamten zu nehmen, um so den Staat und die Bürger allein durch sein eigenes Auftreten als Redner und Antragsteller in der Volksversammlung zu lenken. In der Tat kam es zu dieser radikalsten aller Verfassungsänderungen: Seit 487 v. Chr. wurden die Archonten nicht mehr gewählt, sondern erlost. Der Zufall solcher Bestellung machte das Amt und die Würde bedeutungslos. Die Bürgerschaft aber verfiel der Abhängigkeit von einem ohne Beamtung planenden, führenden Manne, indem es vertrauensvoll für seine Anträge stimmte. Am Stande der Entwicklung gemessen, erfolgte diese Wendung etwa um eine Generation zu früh. Themistokles eilte mit ihr der Zeit voraus und hatte mit dieser Zukunftsweisung beim Volke Erfolg.

Als unbeamteter, doch allmächtiger Anführer seiner Mitbürger gelang ihm noch ein weiterer Vorstoß in die Zukunft: Athens Interessen auf die Begründung einer Seemacht zu lenken und ihm die hierfür nötigen Kapitalien abzuringen. Wohl genügte das Silber der Minen von Laurion nicht auf die Dauer. Im entscheidenden Jahre 480 v. Chr. verfügte Athen aber doch über die Flotte, deren es zur Entscheidung bedurfte. Themistokles selbst war ihr Admiral.

Und wieder gelang ihm ein großer Schlag in der Menschenbeeinflussung: Unter geschickter Berücksichtigung der persischen Hoffnungen auf die Kapitulation

Athens erweckte er falsche Siegeshoffnungen in Xerxes und veranlaßte ihn zum unüberlegten Einlaufen in den salaminischen Sund (s. oben S. 147).

Als aber der Sieg errungen war und Sparta eine Neubefestigung Athens zu verhindern trachtete, war es erneut Themistokles, der als Abgesandter ein Meisterstück der Beeinflussung vollbrachte, indem er die Verhandlungen hinzog, bis der Partner vor der vollendeten Tatsache stand.

Noch einmal tritt uns der Staatsmann initiativ entgegen bei der Errichtung des befestigten Seehafens Peiraieus für die von ihm geschaffene Flotte. Sicher begünstigte er auch die Gründung des Attischen Seebundes, obgleich sein Name in diesem Zusammenhang nicht genannt wird.

Dann aber erfolgte die schicksalsschwere Wendung. Bisher war dem großen Manne Zukunftsschau und Menschenbeeinflussung gleichermaßen geglückt. Als er aber den Bruch mit Sparta, das künftige Entweder–Oder Griechenlands, voraussah und auch schon vorwegnehmen wollte, als er darauf drang, Unruhen im Peloponnesischen Bund als Chance zu nützen, da versagte die Kraft der Menschenbeeinflussung, da versagten sich ihm die attischen Bürger. Die Kämpfer von Marathon und Plataiai hielten dem spartanischen Bundesgenossen die Treue. Hatte sich die Strahlkraft des Ingeniums „abgenützt"? War bei den Bürgern ihr gegenüber allmählich eine Art von Immunisierung eingetreten? Dabei hätte es nur weniger Jahre bedurft, um die zwischen Athen und Sparta bereits schwelenden Gegensätze offen aufflammen zu lassen. Es war kein so großer Sprung in die Zukunft, den hier der Staatsmann empfahl. Themistokles wußte in diesen bedeutsamen Zeiten aber nicht den richtigen Augenblick abzuwarten. Die an sich geringe Diskrepanz zu der noch nicht so weit gediehenen Entwicklung brachte den Ungeduldigen in einen schweren Konflikt mit der öffentlichen Meinung. Das zog seine Ostrakisierung, ja schließlich seine Ausstoßung und Ächtung nach sich. Als Flüchtling schlug er sich nach Kleinasien durch. Er erlangte die Gnade des Großkönigs und verbrachte seinen Lebensabend in persischen Diensten.

Das Schicksal des Themistokles wirft ein bezeichnendes Schlaglicht auf die inneren Gegensätze, welche schon von Natur aus zwischen dem autonomen Verein einer griechischen Bürgerschaft und einem aus ihr hervorgegangenen (und bis zu einem gewissen Grad ja gleichfalls autonomen) Ingenium entstehen mußten. Vortrefflich eignete sich die Struktur des Bürgervereins und besonders auch eine mehr demokratische Verfassung dazu, Ingenien hochkommen zu lassen, vor allem in Notzeiten, wenn man ihrer bedurfte. Daher vermochten Miltiades 490 und Themistokles 480 als Retter aufzutreten. Sobald solche Ingenien aber über die Rettungsdienste hinaus nach ihrem eigenen autonomen Willen Politik zu machen versuchten, stellten sich sogleich Mißtrauen und Ablehnung ein: die Bürger fühlten ihre eigene Autonomie bedroht. Daher das Verfahren gegen Miltiades, als er nach 490 gegen Paros vorzugehen suchte, daher auch die Ausstoßung des Themistokles. In Sparta hingegen war schon das erste Hochkommen für ein Ingenium ungemein schwierig. Hier konnte zur Zeit der Perserkriege nur ein Vertreter des Königtums gleich Pausanias, nicht aber ein einfacher Mann zu Bedeutung gelangen. Das athenische System war hier weit überlegen, überlegen auch gegenüber den Persern, die gleichfalls nur das Ingenium im Purpur kannten. Wohl gaben auch die Athener ihre großen Männer schließlich preis. Zuerst aber ließen sie dieselben gewähren, damit sie die nötigen Rettertaten vollbrächten. Dann erst folgte der Undank.

Finanzmacht, Flotte und Seebund

Nichts lag dem griechischen Staat von Haus aus ferner als die Anhäufung von Geldmitteln. Reichtümer anzusammeln war Sache der einzelnen Familien, nicht der öffentlichen Hand, und die Familien bestritten mit ihren Beiträgen (Leiturgien) die Ausgaben des Staates. Kein Wunder also, wenn es unmöglich erschien, größere Kriegsflotten zu bauen und in Dienst zu halten. Nicht einmal Peisistratos, gewiß der kapitalkräftigste Staatsmann seiner Zeit, konnte sich eine Flotte leisten: vor allem der Sold für die Rudermannschaften wäre für ihn als laufende Ausgabe unerschwinglich gewesen. Als dann Polykrates zum ersten Male ein Geschwader dauernd im Dienst behielt, mußte er die Finanzierung mit Hilfe von Seeraub versuchen.

Dann folgte die Zeit der großen Perserkämpfe. Die schwerste Bedrohung lag nun darin, daß man in der Flottenfinanzierung mit den Geldmitteln des Weltreiches nicht zu konkurrieren vermochte. Griechenland hatte bisher allein den „bargeldlosen" Krieg zu Lande gekannt. Für den Seekrieg gab es wohl treffliche Schiffstypen und Seeleute, doch fehlten die staatlichen Mittel. Der Vorschlag des Hekataios, das ionische Geschwader aus der Verwertung von Weihgeschenken zu finanzieren, wurde abgelehnt. Die Erträgnisse der Silberminen von Laurion genügten wohl für die Erbauung der attischen Flotte, welche bei Salamis siegte, doch nicht für ihre dauernde Erhaltung.

Als nach den großen Siegen die Perser aus der Ägäis vertrieben waren und die Mehrzahl der ionischen Städte die Freiheit gewann, blieb es die Sorge der vereinigten Hellenen, die Ägäis und damit Ionien vor weiteren Angriffen zur See zu verteidigen. Hierfür bedurfte man einer stets bereiten, geschulten und wenigstens z. T. dauernd im Dienst befindlichen Seemacht, wie sie nur mit großen Geldmitteln erhalten werden konnte. Da Sparta für solche Aufgaben wenig Geschick bewies, übernahm Athen die Führung des Seekriegs und die Verteidigung der überseeischen, vom Meer her bedrohten Hellenen. So bildete sich an der Ost- und der Nordküste der Ägäis, an den Meerengen und auf der Mehrzahl der Inseln ein Bund mit Athen als Hegemon an der Spitze. Delos, die Insel Apollons, sollte dessen Verwaltungszentrum sein. Daher nannte man ihn den „Delischen" oder auch den „Attischen" Seebund (478/7).

Unabsehbar war die Dauer des Krieges, in den man sich verwickelt sah, unabsehbar wie das Weltreich selbst. Daß der Großkönig je auf Ionien verzichten werde, wagte man ja kaum zu hoffen. Ihn durch Offensiven zum Frieden zu zwingen, war aussichtslos. Man mußte sich mit einem Kriegszustand abfinden, der keine anderen Aufgaben stellte, als den weiteren Ausbau der westanatolischen Küstenposition und ein ständiges Gewappnetsein gegen persische Angriffe.

Der Bund wurde daher als Kampfgemeinschaft für einen Krieg ohne Ende gegründet. Einige größere Städte und Inseln beteiligten sich daran mit eigenen Schiffskontingenten. Die große Masse der Bündner löste aber ihre Verpflichtung durch jährliche Beiträge (Tribute) ab, die sie in die Bundeskasse von Delos zahlten. Hierdurch kam jährlich eine beträchtliche Summe ein, ein Kriegsschatz von einer für griechische Verhältnisse gewaltigen Höhe sammelte sich an. Nun stand griechische wider persische Finanzierung. Die Griechen konnten beruhigt sein.

Für Athen bedeutete die Führung im Bund einen ungeheuren Machtzuwachs. Es stellte nicht nur die Feldherrn, sondern baute und erhielt seine eigene große Flotte nunmehr aus Bundesmitteln als Hauptteil der Bundesstreitmacht. Durch das Vertrauen der Bündner ward Athen nicht nur zu ihrem Führer, sondern zugleich auch zum Beherrscher der griechischen Meere.

Bei den Teilnehmern konnten aber auf die Dauer Ermüdung und Unzufriedenheit kaum ausbleiben. Solange es darum ging, die Perser aus den letzten Positionen in Thrakien, an den Meerengen und in Westanatolien zu verdrängen, stand die Daseinsberechtigung des Bundes außer Zweifel. Auch als einmal die Feinde wirklich zu einem großen Gegenstoß ansetzten, dankte man der rasch zu Hilfe eilenden Bundesstreitmacht die Rettung vor neuer Gefahr. Als dann durch viele Jahre Kampfhandlungen ausblieben, empfand jedoch so manche Gemeinde den Bund als nutzlos; auch kam es vor, daß oligarchische Kreise den Persern mehr Sympathien entgegenbrachten als dem Hegemon Athen. So wagten es mitunter einzelne Bündner, die eingegangenen Verpflichtungen zu verweigern. Athen aber pochte auf die beschworenen Verträge, brandmarkte den Abfall als Verrat an der nationalen Sache und bestrafte die Abtrünnigen durch schwere Tribute, Entzug der Kriegsschiffe, Niederlegung der seeseitigen Mauern, ja durch Einrichtung attischer Garnisonen und Ansiedlungen. So hielt man den Bund nach Bedarf auch mit Gewalt zusammen und steigerte durch die Siege über die Abgefallenen die athenische Macht nur noch weiter. Dabei konnte der Hegemon mit Fug behaupten, im Sinne der griechischen Freiheit zu walten, denn jede Schwächung des Bundes mußte die Angriffslust des Großkönigs aufs neue wecken.

Wohl garantierte Athen die Freiheit vor Persien. Die gleiche Freiheit garantierte aber den Athenern die Hegemonie. Selten befand sich eine griechische Stadt in einer glücklicheren Lage, in ausgewogener Weise Nutzen zu bieten und Nutzen zu ernten. Es kam nur darauf an, in Hinkunft dieses ausgewogene Verhältnis beizubehalten: der Vorteil, den Athen aus dem Bunde zog, durfte jenen der Bündner nicht allzusehr übersteigen. So hielt es damals Sparta als Hegemon des Peloponnesischen Bundes, so später Rom gegenüber seinen Bundesgenossen. Wird der attische Bürger die Selbstzucht aufbringen, den Verlockungen, die aus der eigenen Übermacht erwuchsen, zu widerstehen? Wir werden in einem späteren Abschnitt erkennen, daß dies nicht der Fall war, daß Athen vielmehr der Versuchung erlag, sich vom Führer zum Unterdrücker zu wandeln.

Das Verhältnis des Attischen Bundes zum Peloponnesischen war zu Anfang freundlich. Athen erkannte unter Kimons Leitung den Vorrang Spartas in Griechenland an, respektierte seine Interessen und seinen Bund. Daher standen beide Bünde einträchtig nebeneinander, der Land- und der Seebund, der „bargeldlose" und der hochfinanzierte, der friedlich locker gefügte und der im Dauerkriege straff organisierte. Sparta sah sich durch den Seebund vor der persischen Gefahr abgeschirmt, es konnte mitsamt dem griechischen Festland in Frieden leben und gönnte Athen zur See eine Stellung, nach der es selbst nimmermehr verlangte.

Die Bedeutung der Perserkriege für die griechische Geschichte

Die Hellenen waren seit 1100 sich selbst überlassen, ihre Entwicklung erfolgte einfach aus den Gegebenheiten ihres eigenen Kreises. Hierin liegt ja nicht zum wenigsten die kulturmorphologische Bedeutung ihrer Geschichte. Diese war so gut wie völlig undialektisch, mit anderen Worten, sie entbehrte der äußeren Auseinandersetzung und war in sich selbst beschlossen. Erst mit dem Auftreten der Perser im ägäischen Bereich erfolgte eine Veränderung: im Umkreis gab es von nun an nicht nur Barbaren, sondern eine gierig drohende Weltmacht. Doch will es nicht scheinen, als wäre die geistige Entwicklung des Griechentums hierdurch in ihrem Wesen verändert worden. Das Logische ihrer Abfolge wurde auch jetzt nicht von außen her, sondern aus der inneren Ökonomie des eigenen Ablaufs bestimmt. Das Gegenüber eines so mächtigen Feindes brachte jetzt aber doch eine gewisse Straffung, Beschleunigung und Steigerung, die manches, was auch sonst gekommen wäre, weit schneller, prägnanter und gleichsam betonter zur Reife gelangen ließ. Vor allem war es das Prinzip der Macht und Machtansammlung, verbunden mit der Aufstellung von Flotten und der Schaffung der hierfür notwendigen Kapitalien, das nun, aus der Not der Zeit geboren, sehr rasch in den Alltag einging. Darüber hinaus war es aber ganz einfach das Erlebnis der schweren kritischen Jahre des Kampfes um Leben und Tod, das ernster werden ließ und die Verspieltheit beseitigte, welche der archaischen Zeit mitunter angehaftet hatte. Die Siege brachten Selbstvertrauen, Außenpolitik gewann an Wichtigkeit und Bedeutung. Man trat mit den Perserkriegen in ein weit „geschichtlicheres" Zeitalter ein. So war es, wie wenn ein Jüngling durch Kriegsbeschwer rascher zum Manne heranreift. Eine entscheidende Schwelle war überschritten. Die Rückkehr zum Paradies des archaischen Nebeneinanders, zu einem behaglichen, der Machtkonzentration entbehrenden Zeitalter, war im Hinblick auf die Fortdauer der persischen Drohung völlig unmöglich, sie hätte auch den Siegen Athens mitnichten entsprochen. So begann ein neues System des politischen Denkens, von Abwehr und Angriff, Hin und Wider, Oben und Unten bestimmt.

8. KAPITEL

Kimon, Perikles und die Klassik

Warum gerade Athen?

Da im folgenden Athen immer bedeutungsvoller in den Vordergrund tritt, wollen wir uns darüber Rechenschaft geben, weshalb gerade dieser Stadt eine so hervorragende Rolle beschieden war.

Zweimal verband sich in der Antike die Gunst der geographischen Lage mit einer ethnisch-kulturellen Vorzugsstellung, um ein geschichtliches Kraftzentrum ersten Ranges erstehen zu lassen. In Rom trat zur zentralen Lage im Mittelmeerraum die fruchtbare Überschneidung von latinischem, etruskischem und sabellischem Wesen, um diesen Platz zu erheben. Ähnlich günstig verhielt es sich mit Athen. Attika lag genau im Zentrum des griechischen Gesamtraums, in ungefähr gleichem Abstand zur ägäischen Nordküste, zum Hellespont, zum Dodekanes, zu Kreta, Pylos und den Ionischen Inseln. In ganz Hellas gab es keinen besseren Platz. Dieser Gesamtraum zerfiel in zwei Hälften, deren eine das griechische Festland, die andere den Ägäisbereich umfaßte. Nun überschnitten sich gerade in Attika diese beiden Teilräume, einzig und allein Athen hatte somit an beiden Anteil.

Soweit die Gunst der Lage. Hiezu gesellte sich aber ein nicht minder unerhörter Vorzug der ethnisch-kulturellen Situation, denn in Attika überschnitten sich nicht nur die beiden Teilräume, sondern gleichzeitig auch ionisches mit dorisch-festländischem Wesen. Hierdurch vereinten sich die Gegensätze, aus dem Dualismus wurde eine höhere fruchtbare Einheit, und diese Einheit erhob Athen in seine führende Rolle. Da aber die Polis keine politische Reichsbildung vertrug, so wurde es vor allem ein Reich des *Geistes,* in dem Athen mit seinem Beispiel voranging: Dem Stamm nach Ionier, waren die Bewohner Attikas doch der am stärksten zum Doriertum hinüberneigende Schößling, ohne daß sie darüber das ionische Charisma verloren. Schon früher wiesen wir darauf hin, wie sehr erst Athen im Protogeometrischen und Geometrischen Stil dorische Wesensäußerungen zur letzten Verklärung erhob. Ähnlich verhielt es sich später mit dem aus festländischem Ernst geborenen „dorischen" Baustil. Nicht zu Olympia, zu Korinth, geschweige denn im jetzt schon sterileren Sparta fand er seine Vollendung, sondern im Parthenon zu Athen. Dabei blieb aber den Athenern jede dorische Einseitigkeit und Verkrampfung fern. Ionisch frei war ihr schöpferisches Tun, frei von einer knebelnden „Haltung". Und doch gelang es zumeist, die ionische Zuchtlosigkeit zu vermeiden.

So zur Synthese von festländischem und ägäisch-ionischem Wesen berufen, hat sich Athen dennoch zu Anfang nicht vorgedrängt. Ganz allmählich vermochte es daher zu seiner Sendung heranzureifen. Zuerst war es nur im Kunstgewerbe bedeutsam, erst seit dem 6. Jahrhundert begann es mit Überseehandel, Fernverkehr und aktiver Außenpolitik. An die Spitze einer gleichsam fortschrittlicheren, demokratischeren Zielen zugewandten Bewegung trat es überhaupt erst seit Kleisthenes. Seit den Perserkriegen war es dann führend als Flottenmacht und in den Künsten. Nun ließ es Korinth und Milet, das alte Chalkis und alle anderen Städte weit hinter sich. Aus der unleugbaren Tatsache dieses Allumfassens und Voranseins konnte Kimon sein großartiges Programm gewinnen, Athen auch in politischer Hinsicht zum Schauplatz einer fruchtbaren Vereinigung der Gegensätze werden zu lassen.

Die „klassische" Stufe der griechischen Kulturentwicklung

Über die Vieldeutigkeit der Bezeichnung „klassisch" brauchen wir hier kein Wort zu verlieren. Kunsthistoriker, Philosophen und Ästheten haben sich hierzu geäußert. Vom geschichtlichen Standpunkt gesehen, müßte als „klassisch" aber diejenige Entwicklungsstufe benannt werden, welche dank ihrer harmonischen Ausgeglichenheit und Erhabenheit eine Art Optimum innerhalb eines Ablaufs (insonderheit eines Kunstablaufs) darstellt[61]. Klassisch bedeutet also ein „nicht mehr" für alle Frühstufen und ein „noch nicht" für alle späteren. An drei Entwicklungsabläufen wollen wir das beobachten, an der griechischen Kunst, an der Renaissance und an der Musik und Literatur der Neueren Zeit.

In den früheren, vorklassischen Abschnitten dieser drei Entwicklungen zeigt sich in der Regel eine weit stärkere (mitunter sogar etwas primitive) Gebundenheit an die metaphysische Ausgangsbasis einer religiösen Weltanschauung, an die ererbte Sittenwelt, an das Gemeinschaftserlebnis und eine strengere Form. Wir haben dergleichen im Archaischen Stil der Hellenen bereits kennengelernt, es tritt uns wieder entgegen in der Kunst Giottos und Cimabues, in der Epik Klopstocks sowie der strengen Form der glaubensstarken Musik Bachs oder Haydns.

In den nachklassischen Stufen treffen wir auf eine immer stärkere Individualisierung des Erlebnisses und auf die Erweiterung des Stofflichen einerseits in Richtung auf eine Versenkung in letzte Probleme (Skopas, Michelangelo, Wagner, Hebbel) und andererseits auf schlichte Bürgerlichkeit (attische Grabreliefs, Gottfried Keller). Alles das wollen wir S. 236 ff. eingehender behandeln und werden es dort als „Realismus" bezeichnen. Ihm folgt dann schließlich der Naturalismus (dazu S. 321 f.).

Zwischen Archaik und Realismus nimmt nun die Stufe des Klassischen eine Art Gipfelstellung ein. Die Bindung an einen allzu strengen, formelhaften Ausdruck ist bereits gelöst, doch bleibt das Formprinzip an sich noch immer in besonderem Ansehen. Ihm gesellt sich aber das zu höchstem Adel gesteigerte Inhaltliche als adäquater Partner bei, und es finden sich beide Faktoren in erhabener Ausgeglichenheit und Harmonie. Schon ist jede frühzeitliche Einseitigkeit und Unpersönlichkeit vergangen, schon zeigen sich die Meister souverän auch in der Bewältigung des Technischen. Die Andacht vor Gott und den Menschen wird weiterhin hochgehalten, dagegen vermeidet man noch das allzu Tragische, das allzu Persönliche, allzu Bürgerliche, natürlich auch das allzu Gewöhnliche und Gemeine. So sehen sich im Klassischen beste Geister des Daseins vereinigt, sieht sich das Dasein selbst erhoben in eine edelste Sphäre. Verkörpert wird es in den drei erwähnten Entwicklungsabläufen besonders durch Werke des Pheidias und Myron, durch Raffael und schließlich durch Mozart, Beethoven, Schiller und Goethe.

Man glaube nicht, daß es je einer Entwicklung gelungen wäre, in klassischer Erhabenheit dauernd heimisch zu bleiben. Der Fluß der Geschichte gestattet gerade auf Gipfeln nur kurzes Verweilen. So treten z. B. schon der spätere Beethoven und Goethe aus der Sphäre der Ausgewogenheit von Form und Inhalt wieder heraus, um sich den formsprengenden Inhaltstiefen des Hochrealismus hinzugeben. In der Renaissance verkörpert wohl Raffaels „Schule von Athen" die Idee des Klassischen in reinster Form, doch wendet sich Michelangelo bereits mehr dem Realismus zu. Bei den Hellenen nahm die Hoch-Zeit des Klassischen allerdings einen etwas breiteren Raum ein. In der Plastik können wir sogar mehrere Phasen unterscheiden: die Frühklassik (etwa 490 bis 460), welche man gemeinhin als „Strengen Stil" bezeichnet, die durch Myron und Pheidias repräsentierte Hochklassik (etwa 460 bis 410) und eine zum Realismus hinneigende Spätklassik. In der Baukunst stellt der Parthenon (447 bis 438) den klassischen Höhepunkt dar, in der Tragödie das Schaffen des Aischylos und Sophokles (468 bis 406), welch letzterer sich allerdings auch in manchem dem Realismus zuneigt (dazu S. 173 f.).

Alle diese klassischen Höchstleistungen hatten Athen zur Heimstätte. Man kann daher mit Fug die Frage stellen, ob nicht auch der gleichzeitige attische Staat dem Prinzip des Klassischen irgendwie verbunden gewesen sei. Es will uns scheinen, als ob in der Tat zwei attische Staatsmänner ganz bewußt nach klassischer Harmonie gestrebt und sie für kurze Zeit auch verwirklicht hätten. Der eine war Kimon, der sich um eine Synthese von ionischem und dorischem Wesen, von Demokratie und Oligarchie, von Verharren und Fortschritt bemühte, der andere aber Perikles, der unter dem Vorzeichen des radikalen Fortschritts die Harmonie von Volk und großer Persönlichkeit anstrebte. Die Verfassungsideen dieser beiden Staatsmänner gaben der klassischen Kunst erst den rechten politischen Rahmen. Daß ihre beiden Versuche gelangen und bald schon wieder zerrannen, entspricht der Kurzlebigkeit alles Klassischen und der hierdurch bedingten unabwendbaren Tragik.

Kimon und seine Staatsidee

Schon öfter wiesen wir darauf hin, daß unter den ionischen Städten Athen dem dorischen Wesen am nächsten stand und auch durch seine Lage ausersehen schien, den Mittelweg zwischen festländischer Verhaltenheit und ionischem Fortschrittsverlangen einzuschlagen.

Dabei waren es anfangs die attischen Adelsfamilien, die einer dorischen Haltung geneigter blieben, während sich die breite Masse des Stadtvolks dem Neuen am zugänglichsten zeigte. Solon, Peisistratos, der Alkmeonide Kleisthenes und Themistokles hatten aber, gestützt auf die Menge, bereits manche Fortschritte gewagt, ja z. T. Unerhörtes errungen. So konnte sich das versammelte Volk als Herr der Gesetzgebung und Rechtspflege fühlen, es hatte die Macht der Beamten gebrochen und bildete mitsamt seinem Volksrat unmittelbar die Regierung. Auch war man daran, sich von Spartas Bevormundung zu lösen, hatte wenigstens gegen seinen Willen die kleisthenische Richtung eingeschlagen, ja Themistokles dachte an ein offensives Vorgehen gegen die Peloponnes.

Da erhob der Philaide Kimon, des Miltiades Sohn, warnend seine Stimme und rief die Mitbürger von Schritten der Machtgier und Leidenschaft zurück. Man halte die Philaiden nicht für eine der allzu reaktionären Familien. Sie standen dem Fortschritt offen, nur wußten sie ihn mit der Wertung des Alten, Ererbten wohl zu verbinden. Auch empfanden sie viel zu panhellenisch, um Sparta gering zu schätzen. Sie sahen in seiner Art wohl ein notwendiges Gegengewicht gegen allzu leichtes ionisches Wesen. So standen sie auf der Seite des Maßes, standen im Gegensatz zu einem Fortschritt ohne Beschränkung, wie ihn die Alkmeoniden begünstigten.

Den Mittelweg hatte einst schon Miltiades eingeschlagen, als er mit den Hopliten die Schlacht von Marathon gewann, dann aber auch den Seekrieg zu inaugurieren versuchte (woran er allerdings scheiterte). Den Mittelweg schlug nun auch Kimon ein. Ganz bewußt stemmte er sich allen Einseitigkeiten entgegen und suchte für Athen auch politisch zu verwirklichen, was den Philaiden wohl immer schon die kulturelle Sendung Athens bedeutet hatte, ionisches und dorisches, festländisches und ägäisches Wesen harmonisch zu vereinigen. Dabei strebte er nicht nach Verfassungsreformen, sondern trachtete die bestehende Verfassung mit neuem Geist zu erfüllen. Autonom wie bisher sollte die souveräne Volksversammlung bleiben, die Beamten wurden weiterhin erlost, und Kimon selbst war nichts anderes als Vertrauensmann ohne Macht, dessen Vorschläge einfach ob dieses Vertrauens von der Volksversammlung gebilligt wurden. Der Rat vom Areiopag, immer schon ein Hort der Konservativen, gewann jetzt als Beratungs- und Kontrollinstitution höhere Bedeutung, nur ergab sich das einfach aus der Praxis und widersprach nicht dem Willen des Volkes. Die kleinen Bauern, welche als Hopliten unter Miltiades zu Marathon gesiegt hatten, hielten jetzt auch zu seinem Sohn. Ihre Stimme gab in der Volksversammlung den Ausschlag, wie man überhaupt den kimonischen Staat als eine in ihrer Mäßigung besonders bemerkenswerte Ausgestaltung einer Hoplitenpolis ansprechen kann.

Handelte es sich also innerpolitisch um eine gleichsam wohltemperierte Mischverfassung, so sollte dem auch die Außenpolitik entsprechen. Kimon bejahte mit voller Überzeugung den Seebund und die selbständige Stellung, die Athen als sein Führer einnahm. Zugleich sah er aber darin wohl eine überathenische, eine nationale und gemeingriechische Aufgabe. Er selbst wurde von seinen Mitbürgern Jahr für Jahr mit der Bundeskriegsführung betraut. Gewiß waltete er dieses Kommandos in einer maßvollen Weise, ahndete aber jeden Abfall als Verrat an der hellenischen Freiheit. Seine Unternehmungen waren durchaus von Erfolg begleitet. Den höchsten Triumph brachte ihm die Vernichtung der feindlichen Heeres- und Flottenaufgebote, welche der Großkönig zu einem Vorstoß gegen Hellas versammelt hatte, am Eurymedon beim persischen Reichskriegshafen von Aspendos (um 467).

Von besonderer Bedeutung war im kimonischen Programm aber das enge Freundschaftsverhältnis zu Sparta. Aus der gemeinsamen Waffenbrüderschaft der Jahre 480 und 479 war es erwachsen und sollte nun weiterbestehen. Ihm diente ein Bündnis, das gegenseitige Hilfe vorsah. Die Prostasie Spartas wurde grundsätzlich auch von Athen anerkannt. Im übrigen sollten sich der Attische und der Peloponnesische Bund wie auch Kosmos und Polis einträchtig die Waage halten. In Athen aber würde sowohl demokratische Freiheit als auch Tüchtigkeit der alten, ernsteren Art ihren Hort, ihre Vereinigung und ihren Ausgleich finden, um sich im attischen Lebensstil zu verklären.

Die Konzeption Kimons ist aus mehreren Gründen von hoher Bedeutung: Einmal stellt sie eine Lösung der Verfassungsfrage dar, die zum letztenmal in der griechischen Geschichte einen Ausgleich zwischen den Gegensätzen von Oligarchie und Demokratie fand. Ferner vermochte sie mit ihrer *coincidentia oppositorum* der Idee und dem Tatbestand der hellenischen Nation wie kein anderer Staatstypus gerecht zu werden. Vor allem aber entsprach dieser Ausgleich ganz und gar dem Prinzip der Gemessenheit und Harmonie, dem auch die Klassik der griechischen Kunst ihre Existenz verdankte. Insofern scheint uns Kimon auf politischer Ebene sogar noch mehr als der radikalere Perikles der Exponent der griechischen Klassik zu sein.

Es war daher kein Zufall, wenn die erste Hälfte der hellenischen Klassik zeitlich mit dem kimonischen Zeitalter zusammenfiel. Aus Harmonie und Freiheit wurde damals der „Strenge Stil" geboren, der den politischen Zielen des Kimon entsprach, ja geradezu ein Ausdruck seines Programms war. Kein Wunder, wenn der Philaide auch den Künstlern seiner Zeit nahestand, vor allem wohl Polygnot, dem er Gemälde der Stoa Poikile übertrug. Doch unterhielt er auch zu einzelnen Tragikern Beziehungen (so zu Ion), 468 rief ihn das Volk spontan zum Preisrichter aus, 458 verherrlichte Aischylos den Areiopag und damit den kimonischen Staat.

Noch konnte man Kimon nicht zu den „Gebildeten" und Vergeistigten rechnen, denn dieser neue Menschentypus trat erst in der folgenden Generation in Erscheinung (s. dazu S. 187 ff.). Er blieb immer irgendwie Landjunker und zudem Soldat, doch eignete ihm die feinere Witterung für echte Ausgewogenheit im Politischen ebenso wie im Lebensstil für ein Stillhalten und Ausruhen an bester, richtiger Stelle.

Die griechische Entwicklung aber strömte und stürmte, sie duldete keine Rast. Darum mußte der kimonische Staat nach kurzer Frist von ihr überrannt werden und wieder verschwinden. Wie aber Kimon die großartige Plattform der Akropolis

Tafel 10: Seeschlacht zwischen Philistern und Ägyptern. Ausschnitt aus einem Monumentalrelief von Medinet Habu (Anfang des 12. Jahrhunderts v. Chr.). Bei den Fahrzeugen links und rechts unten handelt es sich um ägyptische Schiffe. Die übrigen gehören den Philistern und ihren Bundesgenossen.

Tafel 11: Keramik der Wanderungszeit. A: Kriegervase aus Mykenai (um 1200 v. Chr.).
B: Levantinischer Fußbecher der Seevölkerzeit (ca. 1100 v. Chr.). Mykenische, kyprische und syrisch-palästinensische Einflüsse führen hier zu einem ähnlichen Kombinationsprodukt wie bei der Philisterkeramik.

Tafel 12: Geometrische Keramik von 1000 bis 700 v. Chr. A: Protogeometrische Amphore (Konzentrische Kreise und Halbkreise; ca. 1000 v. Chr.).
B: Geometrische Grabamphore (1. Hälfte d. 8. Jahrh.). Die Figurenfriese und das Bild der Aufbahrung des Verstorbenen ordnen sich dem streng dekorativen System des geometrischen Stiles unter.
C: Spätgeometrische Amphore (2. Hälfte d. 8. Jahrh.). Die figurale Szene gewinnt an Raum und Selbständigkeit.

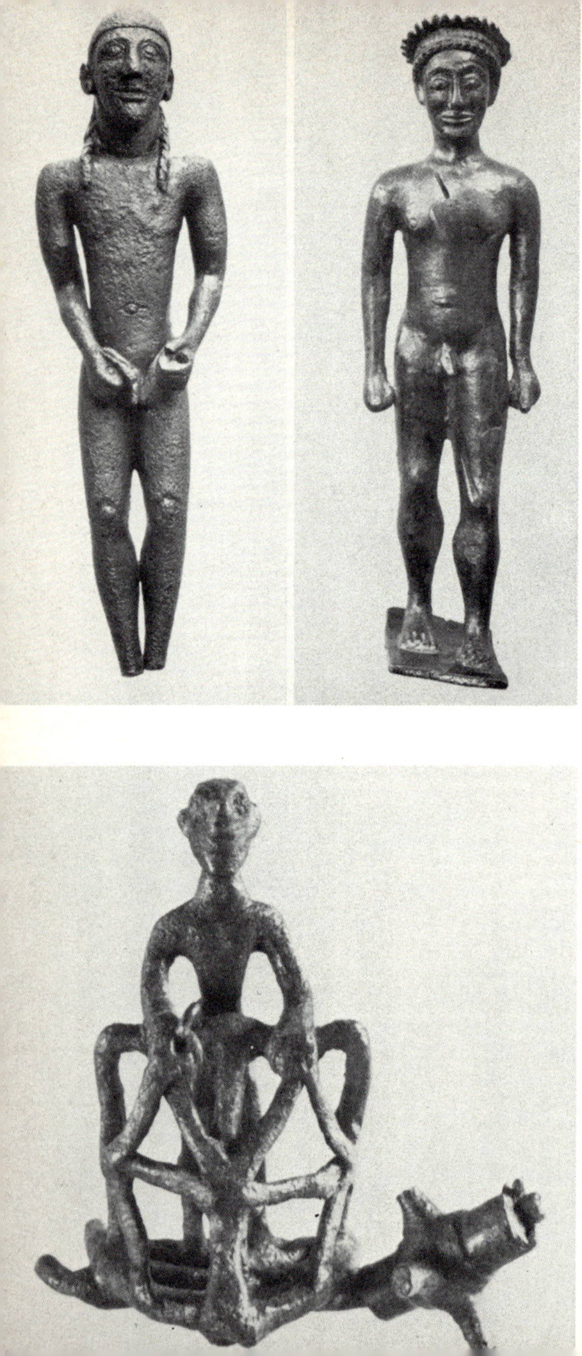

Tafel 13: Bronzen aus Olympia. Der Leser erkennt den allmählichen Fortschritt von der ältesten Statuette A (Rennfahrer auf Rennwagen, dieser z. T. abgebrochen, 8. Jahrh.) über B (übermäßige Längung der Gestalt) zu C (7. Jahrhundert). Aus diesem Beispiel erhellt, wie sehr die griechische Kunst ab 1000 v. Chr. wieder von neuem beginnen mußte.

schuf, auf der dann Perikles die klassischen Tempel errichtete, so hinterließ er auch ein geistiges Fluidum vornehmer Ausgeglichenheit, die den Meistern der nachfolgenden Hochklassik so recht als geeignete Jugendumwelt zu dienen vermochte.

Der „Strenge Stil", Pindar und Aischylos

Der Archaische Stil, wie er im 6. Jahrhundert zu voller Blüte gelangt war, hatte einem Lebensgefühl Ausdruck gegeben, das noch fest in den Urgründen des ererbten Daseins verwurzelt blieb, doch der Zukunft schon eine Vielfalt schöpferischer Wege eröffnete. Die Statuen dieser Zeit kündeten immer noch von einer fast problemlosen Daseinsfreude und Selbstzufriedenheit, ihr Stil war von klaren, tektonischen Formen und Formeln bestimmt, ein Rezept fast, weshalb auch den Etruskern seine Nachahmung so leicht gelang. Am Ende des 6. Jahrhunderts waren aber die Möglichkeiten, welche der archaischen Kunstrichtung innewohnten, bereits erfüllt und verwirklicht. Sie selbst wirkte in ihren jüngsten Äußerungen schließlich schon überzüchtet, fast abgestanden. Sofern man auf künftige Dynamik nicht völlig verzichten wollte, mußte nun etwas Neues kommen.

Zu dieser inneren Notwendigkeit gesellte sich noch eine äußere Veranlassung. Der zwanzigjährige Alpdruck des großen Perserkrieges bestimmte die Sorge und den Glauben der neuen Generation. Ein Geschlecht, das sich dem persischen Koloß gegenübergesehen, das die Katastrophen von Lade und Milet, das Opfer des Leonidas, die Zerstörung Athens und die Panik von Plataiai miterlebt hatte, fand sich auch nach dem Siege zu höherem Ernst gestimmt. Man konnte nach der Abwehr nicht einfach nach Hause zurückkehren, als ob nichts geschehen wäre. Noch immer bestand ja der Krieg mit Persien weiter; man mußte seine künftigen Angriffe befürchten, es galt bereit zu bleiben, vor allem, um das befreite Ionien zu verteidigen. So war es ein neues Lebensgefühl, das von den Perserkriegen seinen Ausgang nahm, erfüllt von höherem Ernst, wissend um Not und Gefahr, eingedenk der Pflicht zu Abwehr und Selbsterhaltung.

Es dünkt uns aber doch wie ein Wunder, daß sich gerade in diesen ernsteren Zeiten eine neue und gleichsam endgültige Schönheit den Griechen erschloß. Sie sahen den menschlichen Körper und vor allem das menschliche Antlitz nun ganz anders als in der archaischen Zeit. Sie sahen nicht nur den Tatbestand, sie sahen in ihm jenes Schöne, das die Menschen von da an bis auf den heutigen Tag als das Schöne erkennen sollten. Sie erschlossen damit eine Quelle von unerhörter Beglückung. Und das geschah inmitten eines Ringens ums Dasein, ohne daß sie es wollten, ja ohne daß sie die Bedeutung der Wandlung auch nur ahnten. Das Spontane ereignet sich ja stets ohne den Willen, es bricht und wächst auf aus dem geheimnisvollen Urgrund, den wir schlicht mit der Formel „von selbst" bezeichnen.

Diese neugesehene Schönheit fand ihre erste Kundmachung nun im „Strengen Stil", in dem die Bildhauer der Zeit zwischen 490 und 460 schufen. Anmut, Ernst und sorgendes Pflichtbewußtsein schlossen sich hier zur Harmonie zusammen; die erste Phase des Klassischen war erreicht. Die jüngere Fassung der „Tyrannen=

mörder", die herrlichen Tonskulpturen, Metopen und Giebelgruppen von Olympia (Tfl. 20, 21 und 22), der „Wagenlenker" von Delphi und der Zeus vom Artemision (vgl. Tfl. 23) geben uns Zeugnis von dieser Kunst.

Das neue, ernstere Lebensgefühl, dem der strenge Stil der Plastik in ganz Hellas Ausdruck gab, äußerte sich auch in anderen Künsten. In der Malerei dürfen wir vor allem wohl Polygnot als Meister der neuen Richtung ansprechen, in der Dichtkunst aber Pindar und den ersten großen Tragiker, Aischylos.

Pindar, der boiotische Edelmann, pries die Sieger im Wettkampf mit Hymnen feierlich hohen Stils. Diese Wettkämpfe zu Ehren der Götter standen in Olympia, Delphi, Korinth und Nemea allen Hellenen offen. So hat auch Pindars Dichtung etwas Panhellenisches an sich, zumal sie mit einer panhellenischen Öffentlichkeit rechnete. Wieder befinden wir uns hier in Sphären klassischer Abgeklärtheit, Vollendung und Reife. Die Dichtungen Hölderlins mögen dem deutschen Leser eine Vorstellung vom Glanz und der ernsten Würde geben, wie sie auch Pindars Werken zu eigen war. All das hat mit der verflossenen archaischen Zeit schon gar nichts mehr zu tun, es entspricht erst dem Lebensgefühl des Strengen Stils[62], in dessen Ära das Wirken unseres Dichters (von 498 bis 446) fällt. Durch Pindar hat die Lyrik ihren letzten Gipfel erreicht, mit ihm endet die große Zeit dieser Gattung. Wie einst die Epik, sah sich nun die Idee des Lyrischen verwirklicht, erfüllt. Die neue Zeit wandte sich immer mehr einer neuen Dichtungsart, der Tragödie, zu.

Bevor wir über Aischylos sprechen, wollen wir noch eines zweiten großen Wunders der Persernot gedenken, der Geburt der Tragödie. Schon unter den Peisistratiden hatte Thespis damit begonnen, an Dionysosfesten zum Chorgesang von besonderen Akteuren manches sprechen und handeln zu lassen. Dann aber — in der Zeit nach Kleisthenes, als die Persernot immer drohender aufstieg — wurden die Früchte dieser Aussaat reif. Aus Chorgesängen dorischer Art und Dialogen in homerischer Kunstsprache formten sich in Attika Dichtungen, die darauf angelegt waren, gespielt und aufgeführt zu werden. Die Ära der harten politischen Gegensätze und Machtkämpfe hatte bereits begonnen, das archaische Nebeneinander war schon zu Ende. Konservative gegen Neuerer, Hellenen gegen Barbaren, Spiel und Widerspiel begannen die Welt zu beherrschen. Dieser Sinn für Auseinandersetzung, für Freund und Feind, für den Konflikt, drückt sich nun auch in der neuen Dichtungsart, in der Tragödie aus. Sie will das Gegensätzliche aber nicht nur darstellen, sondern es durch die Kunst in edlere Sphären erheben, es damit irgendwie in ein harmonisches Verhältnis bringen. Schauplatz dieses unerhört kühnen Unterfangens war von Anfang an allein Athen. Dort entstand jetzt diese schon durch die Heranziehung der dorischen und ionischen Kunstsprache so panhellenisch anmutende neue Dichtungsart. Nur in Athen wurden nunmehr zu Ehren des Dionysos Dramen aufgeführt. Es war wohl das herrlichste Geschenk, das die wunderbare Stadt der Zukunft der Menschheit dargebracht hat.

In Aischylos fand die Tragödie ihren ersten großen Meister. Seine Werke zeugen wieder von erhabenem Ernst und andächtigem Gottesvertrauen. So ist er nicht minder als Pindar Vertreter des strengen Stils. Erhoben zu panhellenischem Ansehen, blieb er doch immer Athener. Persönlich den Alkmeoniden vielleicht näherstehend als den Philaiden, galt sein Vertrauen doch der Hoplitenpolis, dem kimonischen Staat. Gleich Kimon sah er im Areiopag den Garanten der staatlichen Ordnung.

Athen gegen Sparta und Persien

Wie in jeder Geschichte lassen sich auch in der griechischen manche Vorgänge nur verstehen, wenn wir des Stimmungsumschwungs gedenken, wie er so häufig durch das Heranwachsen einer neuen Generation ausgelöst wird. Die Generation, welche 480 und 479 Schulter an Schulter mit den Spartanern gekämpft hatte, bekannte sich zu Kimons Idealen. Die nachfolgende war aber damit nicht mehr zufrieden und verlangte für Athen rücksichtslose Ausnutzung seiner durch Seebund und Seeherrschaft so starken Stellung. Dazu gesellte sich die Verlockung einer immer weitergreifenderen Ausgestaltung der demokratischen Möglichkeiten. Hierbei schalteten sich die Angehörigen des untersten Standes, die Besitzlosen (Theten) ein, welche seit der Gründung der attischen Seemacht als Rudermannschaften eine erhöhte Wehrbedeutung gewonnen hatten. Schließlich spielte auch noch der Gegensatz zwischen den beiden einflußreichsten Adelsfamilien, den konservativen Philaiden und den fortschrittlicher gesinnten Alkmeoniden, eine beachtliche Rolle. Schon bei der Vertreibung der Tyrannen hatte das Alkmeonidenhaus mitgewirkt, und Kleisthenes hatte ihm angehört. Alkmeonidenhaß wandte sich dann gegen den siegreichen Philaiden Miltiades und wurde nun auch seinem Sohn Kimon immer gefährlicher, als in dem jungen Perikles der bedeutendste Vertreter des ehrgeizigen Geschlechts die politische Bühne betrat.

Sparta wurde 464 von einem schweren Erdbeben heimgesucht. Ein beträchtlicher Teil seiner Bürger ging dabei zugrunde, die Messenier erhoben sich gegen ihre Bedrücker. Hätte damals Athen mit Sparta sogleich gebrochen, es hätte ihm den Todesstoß zu versetzen vermocht. Kimon aber warf seinen ganzen Einfluß dagegen in die Waagschale. Er verlangte von der Volksversammlung die Fortsetzung der bisherigen spartafreundlichen Politik, ja er setzte es durch, daß man ein Hoplitenkorps unter seiner Führung nach Messenien sandte, den Spartanern zu helfen. Doch zeigte es sich nun, wie unzuverlässig die kimonischen Hopliten seit neuestem waren. Gegen den Willen ihres Führers konspirierten sie mit den Aufständischen. Kein Wunder, wenn man in Sparta nun auf weitere attische Hilfe verzichtete. Athen aber reagierte darauf mit einem entscheidenden Umschlagen der öffentlichen Meinung. Die Volksversammlung wandte sich vom kimonischen Programm ab und erklärte sich für die Ziele der Radikalen. Kimon wurde durch Ostrakismos auf zehn Jahre verbannt, dem Areiopag nahm man seine wichtigsten Befugnisse, um sie dem Volk zu übertragen, vor allem aber erklärte man Sparta den Krieg (462/61).

Mit heroischem Entschluß bekannte sich der nunmehr endlich aller Bevormundung ledige Demos zu einem gewaltigen Zweifrontenkrieg. Denn auch die nationale Aufgabe des Perserkrieges sollte nicht vernachlässigt werden. Im Gegenteil, man ergriff die Offensive gegen den Großkönig und gegen Sparta zugleich. So hoffte man, die Hegemonie über ganz Hellas wie auch die Herrschaft im gesamten östlichen Mittelmeerkreis zu gewinnen. Wohl selten ist ein Krieg aus einer ähnlichen Wallung edelster Begeisterung geführt worden wie dieser. Sogar die Mehrzahl der konservativ Gesinnten bekannte sich loyal zu den außenpolitischen Zielen des neuen Kurses. Aus dieser allgemeinen Opferfreudigkeit erklären sich die anfänglichen Erfolge Athens. In Ägypten unterstützte man den dort ausgebrochenen Aufstand und vertrieb die Perser (460), der Insel Kypros brachte man die Befreiung, und selbst an der syrisch-palästinensischen Küste wurden Stützpunkte gewonnen. In Hellas gelang es, die mittelgriechischen Staaten, dazu Argos und Achaia zum Anschluß an Athen zu veranlassen, auch unterwarf man Aigina (456), faßte an mehreren anderen Stellen der Peloponnes festen Fuß und überwand alle korinthischen Flotten.

Auf die Dauer vermochte der attische Opferwille aber das allzu ungünstige Kräfteverhältnis nicht auszugleichen. Athen mußte seine Siege mit unverhältnismäßig großen blutigen Verlusten erkaufen. Sparta hingegen erholte sich von der Erdbebenkatastrophe und gewann nach Niederwerfung des messenischen Aufstands erneut seine Handlungsfreiheit. Die immer noch unbesiegte spartanische Phalanx ließ sich ebensowenig ausschalten wie die Unerschöpflichkeit der persischen Reserven an Menschen und Kapital. So brach die Katastrophe schließlich herein. Das attische Expeditionskorps im Nildelta und die dort operierenden attischen Flotten wurden von überlegenen persischen Kräften vernichtet (456 und 454), die Herrschaft des Großkönigs in Ägypten wiederhergestellt. Da sich bald darauf in der Peloponnes das wichtige Argos von der Kriegspolitik lossagte, konnte von einer Fortsetzung des Zweifrontenkrieges bald keine Rede mehr sein. Als Kimon aus seiner zehnjährigen Verbannung in die Heimat zurückkehrte, übertrug man ihm die Vermittlung eines fünfjährigen Waffenstillstandes mit Sparta und die Weiterführung des persischen Krieges. Das lief auf eine Fortsetzung der früheren kimonischen Außenpolitik hinaus, doch starb der Philaide schon bald darauf in den kyprischen Gewässern (450). Nun zeigte sich Athen auch gegenüber dem Großkönig zu Verzichten bereit. Es gab seine Ansprüche auf Ägypten, Kypros und Syrien preis, erhielt dagegen freie Verfügung über den ägäischen Bereich und über den anatolischen Küstensaum einschließlich Lykien zugestanden. Damit war der Plan eines Mittelmeerreiches begraben, hingegen der Besitz der Ägäis gerettet. Also der „Friede der Kallias“ von 449, der freilich kein richtiger Friede war, sondern nur eine Art Waffenstillstand ohne zeitliche Begrenzung.

Nichts ist für die Schwäche des ausgebluteten Athen bezeichnender, als daß es außerstande war, die gewonnene Rückenfreiheit zu einer Festigung seiner hellenischen Machtstellung zu nutzen. 447 erhoben sich die mittelgriechischen Staaten, 446 auch das wichtige Euboia, und schon rückte ein spartanisches Heer in Attika ein. Nun galt es zu retten, was noch zu retten war. Athen zeigte sich zum Frieden bereit, es verzichtete auf Mittelgriechenland und auf seine Stellungen im Umkreis der Peloponnes. Dagegen behielt es die Hegemonie im Attischen Seebund. So wurde der *status quo ante*, wie er vor Beginn des Krieges geherrscht hatte, wiederhergestellt. Athens Versuch, mit kriegerischen Mitteln die Vorherrschaft in Hellas

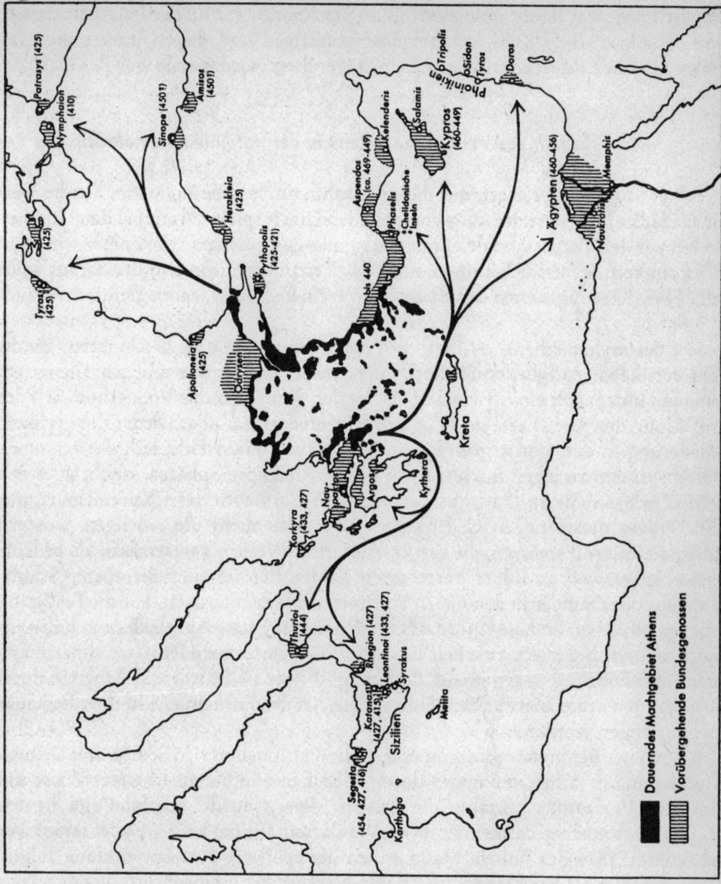

Karte 7: Die Expansionsbestrebungen Athens 470–413

zu gewinnen, war damit gescheitert. Man beschränkte sich in der Folgezeit darauf, den demokratischen Kurs im Seebund zu festigen und diesen immer mehr zu einem attischen Reich auszubauen. Der Träger dieses Gedankens war Perikles.

Der Triumph des Vereinsgedankens in der radikalen Demokratie

Schon S. 30 ff. wiesen wir auf die schlechthin universelle Rolle hin, die der Vereinsgedanke im Kreise der indo-europäischen Urzeit spielte. Auch bei den Griechen finden wir den Tatbestand des Vereins als indo-europäisches Erbe immer wieder in Wirksamkeit. So stellte bei ihnen nicht das Territorium, sondern der darauf wohnende Bevölkerungsverein den Staat dar. Verein und Staat waren identisch (s. auch S. 124 f.).

Seit der mykenischen Zeit hatte sich neben dieser regional bestimmten, gleichsam vertikalen Aufgliederung noch eine zweite, horizontale und schichtenartige gebildet, indem sich ein Ritterstand als Sonderverein über das Volk erhob. Seit der Auflösung der Adelskaste im 7. und 6. Jahrhundert trat aber wieder die vertikale Gliederung in den Vordergrund. Nun war es die Polis, welche sich das regionale Vereinsprinzip zu eigen machte, es in kultisch-religiöse Sphären erhob, ja es mit dem Glorienschein des Patriotismus und dem Gluthauch des Chauvinismus umgab. Träger dieses neuen Gedankens waren nicht mehr die Adeligen, sondern die breiteren Volksmassen, die sich erst auf diese Weise als wesentlich, als bedeutsamer Selbstzweck zu fühlen vermochten. Doch sahen sich auch die oberen Schichten mehr oder minder in den neuen Patriotismus hineingezogen. Für die Festigung einer griechischen Einheit wirkte sich diese neue regionale Aufgliederung natürlich nicht sonderlich günstig aus. Nur Bünde autonomer Gemeindestaaten unter hegemonischer Führung waren immer noch möglich, wie sie Sparta und Athen in ihren Hegemonien organisiert hatten. Eine andere Art des Zusammenschlusses ist kaum mehr erwogen worden.

Besondere Betonung erfuhr dieser Polis-Patriotismus in Sparta mit seinem Kosmos und in Athen, wo man sich seit Kleisthenes in bahnbrechender Weise um eine neue Verfassung bemühte, die man als „demokratisch" empfand und die den regionalen Vereinsgedanken zu neuer Verklärung führen sollte. Dabei ist es aber erstaunlich, in welch hohem Maße Athen der spartanischen Entwicklung folgte. Nicht weniger als fünf Hauptgrundsätze zeigen ganz offensichtlich analoge Tendenzen:

Hier wie dort galt als erstes und wichtigstes Anliegen eine möglichst weitgehende Aufhebung aller Vorrechte und Unterschiede innerhalb des Bürgerverbandes zugunsten völliger Gleichberechtigung. — Als zweites sei genannt, daß der Bürger nach Möglichkeit ganz in seinen staatsbürgerlichen Obliegenheiten aufzugehen hätte. Die Ausübung eines privaten Berufes sollte ihm gleichzeitig erspart bleiben. Nur daß zu Sparta der lebenslängliche Kasernenhofdienst jede private Lebensführung einfach unterband, während in Athen der Staat seinen Bürgern keinerlei Verpflichtung auferlegte. Er bot ihnen bloß die materiellen Voraussetzungen für ein Dasein, das ganz der Demokratie gewidmet war. Sie konnten ihr durch die Teilnahme an der Volksversammlung, am Volksrat, an den Volksgerichten dienen, durch Übernahme öffentlicher Arbeiten oder durch Staatsdienst auf der Flotte, doch verzichtete man dabei auf jeden Zwang. — Als drittes Grundprinzip haben wir zu erkennen, daß die berufliche Arbeit hier wie dort Kreisen zugedacht wurde, die außerhalb der Bürgerschaft standen, von ihr aber irgendwie abhängig waren. In Sparta fiel diese Rolle den Perioiken und Heiloten zu, in Athen aber der Masse der Sklaven und den sogenannten Metoiken (Fremdlingen, die sich des Erwerbs halber in Athen aufhielten, ohne das attische Bürgerrecht zu besitzen). — Als vierter Grundgedanke sei erwähnt, daß hier wie dort die Bürgerschaft für ihre ausschließliche Hingabe an den Staat mit Hilfe von untertänigen Elementen ernährt und schadlos gehalten werden sollte. In Sparta fiel diese Aufgabe der Handarbeit der Heiloten, in Athen aber den Tributzahlungen der Gemeinden des Attischen Seebundes zu. — Als fünftes und letztes finden wir in beiden Metropolen dasselbe Streben, den Kreis der Bürgerschaft, die ja zugleich Nutznießer des Staates war, möglichst enge zu halten und jede Zuerkennung von Neubürgerrechten an Nichtbürger zu verhindern.

Soweit die Parallelen, wobei es sich zu Athen wie zu Sparta um denselben Aufstieg eines demokratischen Bürgerkreises in eine Vorzugsstellung handelte, die sich letzten Endes auf militärische Überlegenheit (hier zu Lande, dort zur See) gründete. In beiden Fällen wurde diese Vorzugsstellung zur (gleichsam oligarchischen!) Ausbeutung einer Mehrheit von untertänigen Nichtbürgern ausgenützt.

Was Athen aber von Sparta schied, war sein völlig anderer politisch-soziologischer Stil. Es gab hier keine Dynastien, keine allmächtigen Ephoren, keinen maßgeblichen Rat der Alten und vor allem keine Kasernenzucht. Der Verein Spartas hatte sich unter das Joch des von ihm selbst aufgestellten strengen Gesetzes begeben. Dieses hatte als unwandelbar zu gelten. Änderungen, Neuerungen, Reformen, kurz jede weitere Entwicklung und jede spontane Äußerung waren hier unmöglich. Die demokratische Art, wie man sie in Athen vertrat, ließ den Bürgern ihre politische und individuelle Freiheit. Man konnte sich am Staate beteiligen, mußte aber nicht, man konnte Neues beantragen, jeder Bürger konnte sich als Staatsmann, als Reformator versuchen. Alle Äußerungen spontaner Genialität und auch spontaner Raserei waren möglich. Wohl konnte man, wenn man Schlechtes angeraten, nachher vom Verein belangt werden oder dem Ostrakismos verfallen. Die Initiative stand jedoch zu den meisten Vorschlägen frei[63]. Auch mischte sich der attische Staat im allgemeinen nicht allzusehr ins Privatleben ein. Wohl gab es zu Athen sehr mächtige öffentliche Meinungen, doch waren sie nun schon nicht immer eines Sinnes. Herrschend war allerdings — soferne sie eingriff — die jeweilige Abstimmungsmajorität in der Volksversammlung. Doch jedermann konnte seine Meinung ändern, so oder so, auch war die Volksversammlung an kein vorausbestimmtes Staatsrezept gebunden. Die attische Demokratie war und blieb ein gleichsam gleitendes Erzeugnis des jeweils freien Willens der attischen Bürger.

Die attische Freiheit ging allerdings so weit, daß man nicht einmal mehr gewählte Beamte vertrug, denen immerhin noch ein gewisses Maß von Autorität zugekommen wäre, sondern allein erloste, die als Männer des Zufalls bedeutungslos blieben (s. schon S. 149). So konnte sich auch keine Beamten- und Ämterhierarchie entwickeln, ja es gab eigentlich gar keine Obrigkeit. Lediglich die zehn Strategen und den Schatzkanzler wählte man jährlich, doch waren auch sie nicht als Regierung gedacht. Zu regieren hatte vielmehr ganz unmittelbar das Volk in der Volksversammlung und im (gleichfalls erlosten) Volksrat. So lag alle Macht beim Volke, zumal dieses in den Volksgerichten ungehemmt richtete und mit Hilfe des Ostrakismos auch auszustoßen vermochte.

Da aber Volksversammlung und Volksrat zur Regierung eines großen Reiches nicht völlig genügten, ergab es sich ganz von selbst, daß das Volk jeweils einem Politiker von Format das Vertrauen schenkte. Der hatte sich um das Budget zu kümmern, hatte zu kalkulieren und alles Laufende im Auge zu behalten. Von ihm erwartete man die jeweils nötigen Anträge, um sie dann in der Volksversammlung zu beschließen. Zuerst war es Themistokles gewesen, dann Kimon. In der radikalen Demokratie trat Perikles immer mehr in den Vordergrund und regierte seit 443 zeitweise völlig unumschränkt. Mit einer solchen Vertrauensstellung verband sich jedoch kein Amt und keinerlei Machtmittel. Wohl wählte man den jeweiligen Favoriten auch unter die zehn Strategen[64], im übrigen aber konnten die Bürger ihr Vertrauen in jeder Volksversammlung zurücknehmen, indem sie einfach den Anträgen des bisherigen Führers ihre Zustimmung versagten. So war also der jeweilige Vertrauensmann durchaus vom guten Willen des Volkes abhängig und unterlag einer dauernden Kritik. Im Gegensatz zur Moderne, wo die Völker oft zu regieren meinen, in Wirklichkeit aber nur die Parteien oder Bürokratien herrschen, war der attische Demos wahrhaft souverän. Das konnte im Kleinstaat geschehen, wo die Bürger die Möglichkeit hatten, in den entscheidenden Versammlungen persönlich zu erscheinen, wo man keiner Abgeordneter bedurfte und keines aufgeblasenen Verwaltungsapparats. Wie schon vermerkt, bestand diese so weitgehende Souveränität der Volksversammlung schon seit dem Perserkrieg.

Was aber die radikale Demokratie vom ausgewogenen Staat der kimonischen Zeit unterschied, war folgendes: Einmal sah sich — wie schon S. 161 erwähnt — der Areiopag seiner bisherigen richterlichen und überwachenden Funktionen entkleidet. Ferner wurden die einzelnen Schatzungsklassen der Bürger einander rechtlich möglichst gleichgestellt, so daß die obersten Jahresbeamten (Archonten) schließlich auch aus niederen Klassen erlost werden konnten. Vor allem aber — und das scheint nicht zum wenigsten ein Werk des Perikles gewesen zu sein — wurde nun systematisch die Entlohnung des staatlichen Dienstes durchgeführt. Das war etwas Neues, denn bisher scheint die Teilnahme am staatlichen Leben immer unbezahlt gewesen zu sein. Nun erhielten die 500 Ratsmitglieder Sitzungsgelder, vor allem aber wurden die Teilnehmer an den Volksgerichten für ihre Tätigkeit entlohnt. Da man in Athen die Gerichtsbarkeit des Reiches zentralisierte, bedurfte man nicht weniger als etwa 6000 ständiger Gerichtsmitglieder. Hier handelte es sich also um eine Finanzierung bürgerlichen Staatsdienstes in allergrößtem Stil. Außerdem wurden nun die Festtage vergütet, da es sich auch hier um die Teilnahme an staatlichen Veranstaltungen handelte. Die ärmeren Bürger fanden zudem Gelegenheit, an den öffentlichen Bauten mitzuarbeiten, Ruderdienste auf dem jährlichen Übungsgeschwader der Flotte zu nehmen (für die dauernd im Dienst befindlichen Schiffe brauchte man rund 10 000 Ruderer) oder in das Feldjägerkorps der berittenen Bogenschützen einzutreten.

Wir erkennen daraus, daß es sich bei diesen staatlichen Ausgaben keineswegs immer darum handelte, arbeitsunwillige Bürger mit Renten zu versehen, sondern daß man ihrer Dienstleistungen in weitestem Maße bedurfte, um die attische Flotte und das Attische Reich aufrechtzuerhalten. Die gewaltigen Kosten, welche so Jahr für Jahr das Budget belasteten, konnte freilich der attische Staat von sich aus unmöglich aufbringen. Allein unter rücksichtsloser Ausnutzung der hegemonischen Stellung im Seebund, d. h. unter Heranziehung der dort einlaufenden Tribute, ließ sich eine Finanzierung durchführen. Darüber wollen wir aber erst im nachfolgenden Abschnitt handeln.

Hier sei nur darauf hingewiesen, daß Athens Demokratie mit dem aus der Humanitätsidee geborenen Gedanken unserer modernen Demokratie nur wenig zu tun hatte. Die attische Bürgerschaft war eine bis ins Extrem eigensüchtige Gesellschaft, die ihren Verein rücksichtslos auf Kosten der Bündner ausgestaltete. Wohl begünstigte sie in den Bundesstädten die Abschaffung oligarchischer Sonderrechte und damit die Einführung einer Demokratie, sie beutete diese demokratischen Gemeinden aber kaum weniger aus als die oligarchischen. So bedeutete attische Demokratie kein Bekenntnis zu einer über Geld und Geburt stehenden generellen Menschenwürde, sondern nur die Gleichberechtigung der attischen Bürger in ihrem nach außen völlig egoistischen Bürgerverein, also die Gewinnung eines Standorts, der an Weite alles, an Enge aber kaum etwas vermissen ließ. Athen dachte zuerst immer nur an sich selbst und an seine eigene Demokratie, für den demokratischen Gedanken im allgemeinen brachte es kaum jemals wesentliche Opfer. Dabei mag es begreiflich erscheinen, daß die ärmeren Volksschichten, die Theten, auf die sich die radikale Demokratie insonderheit stützte, nicht so leicht großzügig und in Ideen zu denken vermochten. Wie konnte es anders sein, als daß ihnen das materiell Zunächstliegende besonders wesentlich erschien?

Völlig falsch wäre die Meinung, daß etwa die Adeligen und die Begüterten in ihrer Gesamtheit Gegner der neuen Staatsidee gewesen wären. Gerade unter den Besitzenden und den Gebildeten vertrauten viele der menschlichen Natur und hofften, in den breiteren Schichten die besten und eifrigsten Bürger zu finden. Vor allem das Haus der Alkmeoniden ging in solchem Optimismus mit gutem Beispiel voran. In der Tat mußte man bekennen, daß unter der Führung des Perikles dieses vereinsenge und eigensüchtige Athen zu einzigartiger kultureller Herrlichkeit und einzigartiger künstlerischer Hoheit heranwuchs, so daß sich alle Schatten von einer höheren Rechtfertigung überstrahlt sahen. Darum finden wir einen Pheidias und Sophokles, ja sogar Nichtathener wie Herodot und Anaxagoras auf der Seite der Alkmeoniden, auf der Seite des radikalen Athen. Bei Tanagra kämpften 457 auch alle oligarchisch Gesinnten für das demokratische System, und man hat den Eindruck, als ob die Bürgerschaft in ihrer Gesamtheit während des Zweifrontenkriegs eine echte Gemeinschaft gebildet habe. Perikles bemühte sich, auch während der nachfolgenden Friedenszeit eine ähnlich geschlossene Stimmung aufrechtzuerhalten, jedoch nicht immer mit gleichem Erfolg. Immerhin konnte niemand leugnen, daß das demokratische Athen unter diesem Staatsmann zum Garanten der persönlichen Freiheit und allen Fortschritts, daß es zum Mäzen, ja zur hohen Schule des geistigen Griechentums geworden war, auch wenn es der Idee der menschlichen Gleichberechtigung nicht über den eigenen Kreis hinaus diente. Eine grundsätzliche Freiheit des Geistes schien diesem Kreis wesentlich zu sein, die Freiheit der „Bundesgenossen" bemühte ihn aber nicht. Hier war (wie leider auch sonst allzuoft) die politisch-rechtliche Ungleichheit von Machthabern und Untertanen die wirtschaftliche Voraussetzung, um jenen Überschuß zu erzielen, der zur Schaffung einer für das Schöngeistige optimalen Atmosphäre unerläßlich ist. Die Unterdrückung der Bundesgenossen schien hierdurch gerechtfertigt zu sein.

Der Ausbau des Attischen Reiches

Die radikale Demokratie und mit ihr zugleich Perikles arbeiteten systematisch an einem Umbau des Seebundes in ein Reich und damit an einer Deklassierung der Bundesstaaten zu Untertanengemeinden. Obgleich durch den Vertrag des Kallias die Organisation ihre ursprüngliche Bestimmung als Kriegsbund bis zu einem gewissen Grad eingebüßt hatte, duldete Athen doch keine Austritte und bestrafte alle derartigen Versuche mit noch stärkerer Unterdrückung. So wurden 446 das aufständische Euboia und 439 Samos aufs härteste getroffen. Die meisten Gemeinden waren nun verpflichtet, Tribute zu zahlen, lediglich Chios und Lesbos behielten vorerst noch das Recht auf eigene Schiffskontingente. Verschiedentlich hatte man den Städten die seeseitigen Mauern niedergerissen, um sie gegenüber attischen Geschwadern wehrlos zu machen. Auch mußten sie mehrfach attische Besatzungen dulden. Der lokalen Rechtspflege wurden die attischen Gerichte als letzte Instanz übergeordnet. Sogar das Münzrecht suchte man den Bündnern allmählich zu entziehen. Besonders schwer sahen sich aber jene Gemeinden betroffen, welche strafweise Ackerboden an attische Siedler abzugeben hatten. In der Aussendung solcher Kleruchien glaubte Athen ja überhaupt ein besonders wirkungsvolles Mittel zur Niederhaltung der untertänigen Gemeinden gefunden zu haben. Wohl blieben die attischen „Siedler" gar oft in Athen, doch verpachteten sie ihr Grundstück an die Einheimischen und kamen so in den Genuß einer Rente.

Immerhin macht das Attische Reich in der Zeit nach der Niederwerfung des samischen Aufstandes einen durchaus konsolidierten Eindruck. Nur im karischen Hinterland verlor es damals Boden, dagegen war die Stellung in Ionien, auf den

Inseln, an den Meerengen und in Thrakien gefestigt. Einen besonderen Machtzuwachs brachte an der thrakischen Küste das 437 neu gegründete Amphipolis.

Im Grunde glich die Rechtsstellung der athenischen Untertanengemeinden jetzt der von lakedaimonischen Perioiken. Hier wie dort lag die Führung der Außenpolitik und der Kriege in den Händen der Zentralregierung, ohne daß die übrigen Gemeinden auch nur den mindesten Einfluß darauf hatten. Hier wie dort waren sie auch zu Kriegsleistungen verpflichtet. Nur handelte es sich bei den Perioikengemeinden um kleinere Plätze ohne Bedeutung, die niemals bessere Zeiten gesehen hatten und gar nichts Besseres wollten. Unter den Teilnehmern des Attischen Seebundes befanden sich aber auch Städte von höchstem Rang und großartigen Traditionen wie Chalkis, Milet und Samos. Kein Wunder, wenn sie diese Wendung der Dinge als Unglück empfanden. Auch stellten die Perioiken allein im Kriege Soldaten, auf den attischen Bündnern lastete dagegen Jahr für Jahr der Druck der Tribute, von den übrigen Herrschaftsmaßnahmen Athens ganz zu schweigen. Zudem bestritt Athen mit diesen Geldern nicht nur die Bundesausgaben und schuf nicht nur Rücklagen für künftige Kriege, es zweigte Beträge des Bundesschatzes ab, um die attische Bürgerschaft im Dienst der demokratischen Einrichtungen zu ernähren, und finanzierte zugleich die Prachtbauten auf der Akropolis.

Was vermochte Athen seinen früheren Bundesgenossen und nunmehrigen Untertanengemeinden für die Preisgabe ihrer Selbständigkeit zu bieten? Man verdankte ihm zweifellos den Frieden und die Unabhängigkeit von Persien. Jeder Vernünftige mußte einsehen, daß allein die aus den Tributen fließende gewaltige Finanzkraft den Athenern die Erhaltung ihrer mächtigen Flotte ermöglichte und daß allein diese Flotte, nicht aber der Kallias-Vertrag, die Ägäis vor persischen Angriffen schützte. Damit fanden Bund und Reich immer noch eine gewisse Berechtigung. Ferner brachte die attische Herrschaft für die meisten Gemeinden eine Begünstigung des demokratischen Regimes. Doch hatten die Demokraten der untertänigen Städte die Unterstützung von seiten ihrer athenischen Gesinnungsgenossen mit dem Verlust ihrer eigenen Selbständigkeit schwer genug zu bezahlen.

So ist es begreiflich, wenn Athen in den Untertanengemeinden recht geringe Sympathien genoß, ja wenn es je länger desto mehr in ganz Griechenland als Feind der Freiheit angesehen wurde. Manchenorts warf man sogar die Frage auf, ob die attische Herrschaft nicht noch schlimmer sei als die Persiens. Daß dadurch die Werbekraft des demokratischen Gedankens beeinträchtigt wurde, versteht sich von selbst. So lag im Vorgehen Athens eine unleugbare Kurzsichtigkeit. Im Interesse seiner Vormachtstellung wie auch der Demokratie hätte es darauf bedacht sein müssen, die Bundesgenossen am Bestand des Reiches zu interessieren, so wie Sparta dies im Peloponnesischen Bund erreichte. Wollte man den Bund aber zu einem Reich umgestalten, so wäre das am ehesten durch eine liberale Bürgerrechtspolitik möglich gewesen. Eine solche hat später Rom eingeschlagen, hat ganze Gemeinden, kleinere Gruppen und Einzelindividuen immer wieder bereitwillig mit dem Bürgerrechte beteilt und hierdurch sein italisches Imperium gegen alle Fährnisse, sogar gegen den Angriff Hannibals gewappnet. Wohl wird man einwenden, daß es dem Wesen der griechischen Polis widersprochen hätte, Bürgerrechte an auswärtige Gemeinden zu verleihen. Doch zögerte Athen in höchster Not keineswegs, alle Samier zu Mitbürgern zu machen. Das war nach der Katastrophe von Aigospotamoi, also schon viel zu spät. Wie aber verhielt man sich in den guten Zeiten? Da schränkte man das Bürgerrecht eher noch ein und sprach es sogar den Kindern attischer Väter ab, wenn sie nichtattische Frauen zu Müttern hatten. Zwar war das ein Schlag gegen die zwischenstaatlichen Heiraten der Adelskreise, doch entsprach das Gesetz von 451 zugleich der neidischen Absicht, den Kreis der Nutznießer an den Festtagsgeldern, am Richtersold, an Getreidespenden und allem, was der attische Staat seinen Bürgern sonst noch zu bieten hatte, möglichst eng zu halten.

Man hat den Eindruck, daß die attische Bürgerschaft damals an einem Scheidewege stand, zu wählen zwischen der höheren Verpflichtung und dem Vorteil, oder wenn man will, zwischen Vorteilen auf längere und solchen auf kürzere Sicht. Die Entscheidung fiel zugunsten des raschen, billigen und vergänglichen Gewinns. Daß dies im „perikleischen Athen" geschehen konnte, muß überraschen und stellt uns vor die Frage nach der Rolle des großen Staatsmanns in der attischen Politik.

Perikles

Perikles war von der Mutter her Alkmeonide. Das bedeutete nicht nur Familienzugehörigkeit, sondern zugleich absolute Bindung an die Traditionen dieses ebenso reichen wie ehrgeizigen Hauses und seiner Anhängerschaft. Die Erbfeindschaft gegen die Philaiden und gegen die Oligarchen war ihm ebenso vorgezeichnet wie die Unterstützung der jeweils radikalsten unter den demokratischen Strömungen. Bei alledem handelte es sich um Verpflichtungen, die weit stärker waren als der persönliche Wille. Hierin lag der Gegensatz zu einem Themistokles, der viel eher Alleingänger werden konnte, da er kein mächtiges Haus hinter sich hatte. Das attische Volk hat denn auch den Perikles in seiner Eigenschaft als Alkmeoniden emporgetragen und würde ihn wohl fallen gelassen haben, wenn er der traditionellen Alkmeonidenpolitik abgesagt hätte. Wollte er sich als Führer halten, so mußte er dem Programm der Radikalen treu bleiben, auch wenn es (wie in der Bürgerrechtsbeschränkung) Bedenklichstes vorausahnen ließ. Doch wir wissen gar nicht, ob sich Perikles überhaupt mit solchen Bedenken trug, denn er war gewiß kein Zukunftsdeuter vom Format des Themistokles, seine Kräfte und Leidenschaften waren nicht die eines revolutionierenden Titanen. Selbst daß er als Feldherr von Bedeutung war, ist unbewiesen. Eines aber steht außer Zweifel: Perikles war einer der größten Kulturförderer aller Zeiten. Sein unvergängliches Verdienst lag darin, daß er die radikale Demokratie, in der neben Kleinbauern doch Hafenarbeiter, Bergknappen und Ruderknechte den Ausschlag gaben, für ein edelstes Mäzenatentum der Künste gewann. Die Verbindung zu den ihm sozial so fern stehenden Schichten des Volkes erreichte er mit Hilfe der Idee eines immer herrlicher erstrahlenden, repräsentativen Athen. Dieser Gedanke war wohl bereits von den Peisistratiden gefaßt und von Kimon vertreten worden. Ihn nun aber auch in den breitesten Schichten des Volkes durchzusetzen, war an sich schwer und gelang nur, weil Perikles an diesem Athen und seinem Mäzenatentum der Künste mit einem wahrhaft hinreißenden Glauben hing. Alles, was uns von der schier magischen Kraft seines Auftretens in der Volksversammlung berichtet wird, wurzelt in dieser Sendung. Nicht als Politiker und Organisator, auch nicht als Feldherr war Perikles elementar, wohl aber als Anwalt attischer Kunst, und deshalb ließen sich seine Mitbürger gern überzeugen, solange sie nur im demokratischen Athen ein Ideal erblickten.

Freilich zeigte sich auch seine Einstellung zur Kultur nicht eigenwillig begründet, sondern von den Traditionen des Hauses vorgezeichnet. Die Alkmeoniden waren als Adelige ja immer schon mit den Künsten verbunden, zugleich aber bildete es stets ihren größten Stolz, modern und fortschrittlich zu sein. Dem entsprachen auch die Neigungen des Perikles. Seine ganze Leidenschaft gehörte von Jugend auf der Musik und der Aufklärung. Daher das innige Verhältnis zu seinem Lehrer, dem berühmten Musiktheoretiker Damon, und zu seinem philosophischen Freunde Anaxagoras. Dieser Verbindung von Kunst und Fortschritt blieb er zeit seines Lebens treu, so in der Verehrung der klassischen Meisterschaft eines Sophokles und Pheidias, zugleich auch in seinen Beziehungen zu Hippodamos, dem Vertreter des modernen Städtebaus, zu Herodot, dem damals bahnbrechenden Historiker, und zu Protagoras, dem Begründer der Sophistik. In den Künsten war Perikles Idealist, als Aufklärer jedoch neigte er einem modernen Rationalismus zu. Als moderner Mensch trennte er sich von seiner attischen Gattin und schloß ein Lebensbündnis mit der geistvollen (und schon hierdurch für damalige Vorstellungen so unbürgerlichen) Aspasia. Sein Verhältnis zum Religiösen war sicherlich korrekt, dürfte aber mehr von patriotischen als von persönlichen Impulsen bestimmt worden sein. Fast hat man den Eindruck, als hätte ihm der Kult alles Schönen so etwas wie einen Ersatz für alte Religionsvorstellungen bedeutet. Auch stand ihm, obgleich er selbst nicht forschte, die Freiheit des Geistes von religiösen und staatlichen Bindungen als dringliche Forderung stets vor Augen. Mit dieser Einstellung aber legte er geradezu die Grundfesten für eine neue Epoche der Menschheit.

Aus dem Glauben an die Kulturmission Athens ergab sich für Perikles zu Anfang sein politischer Optimismus, der ihn das Wagnis des Zweifrontenkrieges mitmachen ließ, später aber seine Mäßigung und Friedenspolitik. Allerdings bedeutete letzteres für ihn einen schmerzlichen Verzicht, denn die unleugbare Tatsache der kulturellen Erhabenheit Athens hätte in seinen Augen eigentlich eine panhellenische Anerkennung gefordert. Daher während der Waffenruhe etwa um 450 sein Vorschlag eines panhellenischen Kongresses, den aber Sparta, wie zu erwarten war, ausschlug, und dann die Gründung von Thurioi in Italien (444) als ein von Athen inauguriertes, aber doch panhellenisches Unternehmen. Kein Zweifel, im stillen nährte Perikles immer noch die Hoffnung, seiner Vaterstadt doch einmal die Prostasie, den Ehrenvorrang von Hellas, zu erringen, den das so unkünstlerische und rückständige Sparta auch weiterhin ohne Recht in Anspruch nahm. Vorerst begnügte er sich allerdings mit dem Attischen Seebund und seiner Ausgestaltung zum Reich. Die Ausbeutung der früheren Bündner rechtfertigte sich in seinen Augen durch die überragende Kulturmission Athens, desgleichen aller demokratischer Radikalismus; fand er doch durch viele Jahre in der demokratischen Majorität der Volksversammlung alle Unterstützung, der er für seine großartigen Pläne bedurfte.

Der Initiative des Perikles verdankten nun jene herrlichen Bau- und Bildwerke ihre Entstehung, welche den größten Ruhm Athens für alle Zeiten ausmachen sollten: Im Gotteshaus der Athene Parthenos fand der dorische Tempelbau nach den Entwürfen des Iktinos seine höchste Verklärung; in den Standbildern der Athene Parthenos und der Promachos vollendete Pheidias die hieratische Richtung der klassischen Kultplastik; im Fries und in den Metopen des Parthenon-Tempels offenbarte sich die erstaunliche Fülle der Bildhauerbegabungen, über die Athen damals verfügte; der gewaltige Torbau der Propyläen wurde nach den Meisterplänen des Mnesikles in Angriff genommen; zu Eleusis schuf man ein neues Telesterion für Demeter und Persephone; dazu der Glanz der Panathenäen, denen man nun auch Musikfestspiele beifügte und die schöpferischen Wettkämpfe tragischer Dichtung in den Dionysien! Was bedeuteten schon alle situationsbedingten politischen Mängel des damaligen Kurses im Vergleich zu den unendlichen Herrlichkeiten, die Perikles den Athenern, allen Griechen und aller Zukunft erschloß? Unser Staatsmann mag das so empfunden oder wenigstens geahnt haben, als er durch solches Mäzenatentum seinem Zeitalter für alle späteren Zeiten den Stempel des „Perikleischen" aufdrückte.

Dabei vernachlässigte man aber keineswegs die nötigen Nutzbauten: Durch die Langen Mauern, die Athen mit der Küste verbanden, wurde die Stadt in ihrer Versorgung von jeder Bedrohung der Landverbindungen unabhängig gemacht. Die Hafenanlagen erfuhren immer weitere Ausgestaltungen, der Peiraieus sah sich nach den Plänen des Hippodamos zur Hafenstadt ausgebaut. Gewaltige Reserven an Edelmetall wurden gehortet. Neben den Tributen brachte aber auch die Ausfuhr des athenischen Kunstgewerbes, des attischen Öls und Weins, brachte ferner der Überseehandel Wohlstand und Reichtum nach Athen. Sinope und Amisos, die wichtigsten Griechenstädte an der Südküste des Schwarzen Meeres, wurden — zugleich im Interesse des Handels — durch attische Bürger verstärkt. Mit italischen und sizilischen Plätzen knüpfte man aus denselben Gründen Beziehungen an. So drängte sich nun alles Aufblühen, aller Fortschritt und friedlicher Erfolg auf die wenigen glücklichen Jahre zusammen, als wären sie zwischen Alltagsnöten ein einziger großer, unvergeßlicher Feiertag.

Meister und Werke der Hochklassik

Die Hochklassik stellt als zweite Phase Höhepunkt und Vollendung der griechischen Klassik dar. Es besteht für uns keine Möglichkeit, die Hoheit und Würde, welche für sie bezeichnend ist, auch nur annähernd mit Worten zu schildern, doch soll wenigstens auf die bedeutendsten Werke, von denen wir Kenntnis haben, und auf ihre Meister hingewiesen werden.

In der Architektur bildet der Parthenon (vgl. Tfl. 26) nicht nur den Höhepunkt der griechischen Entwicklung, sondern wohl aller menschlichen Baukunst schlechthin. Seinem dorisch-festländischen Stil, seinen Ausmaßen kamen manche älteren Tempel nahe, und doch besteht ein ungeheurer Unterschied der künstlerischen Wirkung zwischen diesen Annäherungen und dem vollen Gelingen. So bewährt sich hier wieder die alte Erfahrung, daß das geringste Nochnichterreichen, die geringste Abweichung vom Optimalen bereits eine gewaltige Niveausenkung bedeutet, daß erst das volle Optimum sich plötzlich in weit höhere Sphären erhebt.

Iktinos können wir als den maßgeblichen Schöpfer des Parthenon bezeichnen. Derselbe Meister schuf auch den Apollon-Tempel von Bassai (Phigalia) und das Demeter-Heiligtum von Eleusis. Mit seinem Wirken hat die Idee des dorischen Stils ihre Vollendung gefunden. Von da an begann sich die Schattenwirkung geltend zu machen: Anstelle der ausgeschöpften dorischen bevorzugte man jetzt die zartere ionische Ordnung.

In der Plastik machte der betonte Ernst, das Schwermütige des Strengen Stils, nunmehr der reinen Schönheit erhabener Anmut Platz. In diesem Sinne schuf Pheidias die hoheitsvollen Kultbilder der Athene und des olympischen Zeus. Den Geist dieses Meisters atmete ferner der plastische Schmuck des Parthenon, so viele Hände daran auch tätig waren (Tfl. 27). Mit höherer Kühnheit verband die Ausgewogenheit des Klassischen ein zweiter attischer Bildhauer, Myron. Er stellte die erhabene Anmut der Göttin Athene (Tfl. 25) der Triebhaftigkeit des Silens Marsyas gegenüber, auch erhob er wie kein anderer im „Diskuswerfer" einen Akt gymnastischer Leistung in eine erlauchtere Sphäre. So recht im Sinne der klassischen Ausgewogenheit vertiefte schließlich Polyklet von Argos die Lehre von der Harmonie der menschlichen Formen bis ins Gesetzmäßige und verband mit seinem „Speerträger" (Tfl. 28) die Herrlichkeit des athletischen Körpers mit dem Geiste edelster Männlichkeit.

Wie schon die Plastik den Menschen in höhere Spären erhob, ja in schier göttlicher Erhabenheit darstellte, finden wir auch in den Tragödien des Sophokles das Menschliche dahin emporgehoben, wo es seine innere Größe am besten bewährt. Schon Aischylos hatte damit begonnen und die Klassik auch auf dem Gebiete der Dichtung begründet. Sophokles aber war es erst vergönnt, die erhabenste Sphäre der Menschennatur im menschlichen Leid zu entdecken. Damit nahm er eine Erkenntnis vorweg, welche in anderen Entwicklungsläufen erst den Meistern der realistischen Stufe, so Michelangelo oder Richard Wagner, völlig offenbar wurde. Stand hierin Sophokles somit eigentlich schon im Realismus, so blieb er in einem andern doch voll und ganz Vertreter der Hochklassik: In seinen beiden Oidipus-Dramen, im Philoktet und im Aias (um nur die bedeutendsten Beispiele zu nennen) erschüttert und versöhnt uns das Unglück zugleich. Gottgewolltes und von Menschen getragenes Schicksal findet sich hier zum hehrsten Einklang zusammen.

Wie in den Tragödien des Sophokles Klassik und Realismus gleichermaßen anklingen, so zeigt sich auch in den attischen Grabreliefs der Zeit ab 410, von denen wir erst S. 236 ff. eingehender berichten werden, ein Zusammenklang dieser beiden Stilprinzipien. Den klassisch ist auch bei ihnen noch die ausgeglichene Erhabenheit der Form und der Stimmung, in der Wahl der schlicht bürgerlichen Stoffe aber beginnen Züge der neuen realistischen Zeit ihren Einzug zu halten.

Mit den erwähnten Meistern und Werken hat die Idee des Klassischen auch in der Plastik und der Tragödie die letzte Vollendung gefunden. Weitere Steigerungen schienen unmöglich zu sein. So wagten sich folgende Generationen an solche Zielsetzung gar nicht mehr heran. Auch hier mußte die Folgezeit also nach neuen Stoffen und Zielen suchen.

9. KAPITEL

Die große geistige Wandlung

Einleitung

In den Werken über griechische Geschichte lesen wir fast noch mehr von Politik und von Kriegen, als über die großen Umwälzungen des Geistigen. Die eine gewaltige Wandlung, welche durch die Entdeckung der Schöpferpersönlichkeit, des Genies, hervorgerufen wurde, hat man in der großen Geschichtsschreibung bisher noch kaum beachtet. Wir haben sie daher S. 97 ff. besonders ausführlich behandelt. Die zweite Umwälzung ergab sich dadurch, daß sich der Mensch zum Maß aller Dinge und über jegliche ältere Andacht, ja über das Göttliche schlechthin zu erheben suchte. Diese Wandlung wurde stets schon gebührend vermerkt, doch muß sie auch hier in einer Weise berücksichtigt werden, welche ihrer hohen Bedeutung entspricht.

Die Fragwürdigkeit des griechischen Götterglaubens

Bei den Bauern und Städtern des Orients hatten wir schon früher die Autorität von Göttern, Tempelherrschaften, Priestern und Glaubenssatzungen als völlig unantastbar kennengelernt. Dagegen traten uns im urzeitlichen Kreis der indoeuropäischen Stammesverbände mehr verschwommene Gottesvorstellungen von weit geringerem Ansehen entgegen. Wohl gab es auch hier verschiedentlich Priester, doch war ihre Autorität nicht größer als die ihrer göttlichen Herren.

An der Ägäis wirkte in minoischer Zeit zwar die Meeresluft befreiend, die Erdbebengefahr aber verschüchternd, eine Unterwelt hob sich hier drohend ins Alltagsbewußtsein. Bei den Achäern Mykenais übten ähnlich wie auf Kreta in erster Linie wohl Fürstlichkeiten und beamtete Priesterinnen die gottesdienstlichen Funktionen aus. Mit dem Zusammenbruch der mykenischen Herrschermacht verlor das königliche Priestertum aber seine Bedeutung.

In der archaischen Ära und im gesamten Griechentum der historischen Zeit verblieb die priesterliche Funktion vorwiegend im privaten Kreis einzelner Geschlechter oder in der staatlichen Sphäre. Zur Konstitution eines autonomen priesterlichen Standes und einer priesterlichen Theologie kam es — im Gegensatz zu vielen orientalischen Religionen — nicht. Selbst in Delphi, wo Ansätze zur Bildung einer Art „Tempelherrschaft" vorlagen, trieb man viel lieber Politik als

Theologie; auch hier wurden die griechischen Religionsvorstellungen nicht durch Priester kanonisiert.

Dennoch blühte das religiöse Leben in seinen lokalen und panhellenischen Formen in der Zeit zwischen 700 und 430 wunderbar auf durch Heiligtümer und Orakelstätten, durch vielfältige Feste, welche mit gymnischen und musischen Agonen, mit Festzügen und dergleichen verbunden waren, durch die eleusinischen Mysterien, durch die Neubelebung des Dionysos-Kults und des orphischen Seelenwanderungsglaubens, vor allem aber durch den engen Zusammenhang, in den die Kunst mit den Mythen und Gottheitsvorstellungen trat.

Vor allem die epische Dichtung hatte zu Anfang eine schier einzigartige Rolle gespielt, da sie nicht nur — wie in anderen Kulturen — bereits vorgeformtes Glaubensgut zur Darstellung brachte, sondern die Dichter selbst immer wieder als Schöpfer und Bildner der Göttergestalten hervortreten ließ. Nach griechischen Vorstellungen waren ja nicht Priester, sondern — neben vereinzelten Sehern und Priesterinnen — vor allem die Dichter durch die ihnen von Zeus, Apollon oder den Musen zuteil werdende Intuition die Träger göttlicher Offenbarungen. Ihnen oblag es daher, über Götter und Mythen Maßgebliches auszusagen. In diesem Sinne haben wir bereits das schillernde Wesen der Götter in Ilias und Odyssee zu verstehen, noch mehr aber den Inhalt der homerischen Hymnen und der Theogonie Hesiods. Da die einzelnen Dichter jedoch aus individueller Verantwortung schufen, trugen ihre Offenbarungen immerzu den Charakter subjektiver Spekulationen, auch sah sich aller Glaube in das Mythische und Fabulose umgesetzt, zugleich freilich in besonderem Maße mit Schönheit verbunden.

So stellt sich die Religion der Hellenen als ein höchst liberales System von schier unerhörter Elastizität des Glaubens und der Interpretationsmöglichkeiten dar. Sie gestattete Schwergewichtsverlagerungen ebenso nach der aristokratischen wie nach der bürgerlich-demokratischen und nach der bäuerlichen Seite. Man konnte in den griechischen Göttern entweder die hehren Hüter und Wahrer des Rechts erblicken oder die eifersüchtigen Neider und dämonischen Zürner; sie konnten das unergründliche Schicksal darstellen oder die Naturgewalten; man mochte in ihnen das unnahbar Hohe oder das vital Menschliche, ja auch das Allzumenschliche erahnen.

So handelt es sich bei der griechischen Religion um eine Vorstellungswelt, die alle Möglichkeiten und Wagnisse offen ließ. Sie glorifizierte die schöpferische Intuition als göttliche Eingebung, führte den technischen Fortschritt auf die Hilfe Athenes zurück, ließ alle gymnischen Wettkämpfe zu Ehren der Götter vor sich gehen, beflügelte mit ihren Inspirationen den Dichter, bot der Plastik die herrlichsten Stoffe, richtete die Schöpferträume der Architekten — und gab sich schließlich preis, als die Stunde für Aufklärung und Philosophie gekommen war.

Noch zur Zeit Kimons und des Strengen Stils schien der Götterglaube, besonders der Kult der Polis-Gottheiten, gefestigt und innig zu sein. Dennoch stellt sich bei näherem Zusehen schon seit dem 6. Jahrhundert eine steigende Anfälligkeit und Fragwürdigkeit der ererbten Anschauungen heraus. Schon aus der Variabilität der Mythen und anderer Religionsvorstellungen von Polis zu Polis, ja von

Dichter zu Dichter ergab sich eine Toleranz und eine Laxheit, die Zersetzungskeime in sich bargen. Der oft allzu menschliche Charakter der homerischen Götter trat zu den sittlichen Forderungen des menschlichen Gewissens in Widerspruch und stieß nicht selten geradezu ab. Vor allem war es aber die Engstirnigkeit in der Deutung der Naturphänomene als Äußerungen göttlichen Willens, die je länger desto mehr Mißtrauen und Unwillen erregen mußte. Noch als 413 die attische Expedition in Sizilien zur rettenden Heimfahrt entschlossen war, faßte sie eine Mondfinsternis als göttliche Warnung auf, verzichtete vier Wochen lang auf alle Unternehmungen und verfiel hierdurch dem Verderben. Sowohl die allzu menschliche, ja mitunter fast novellistische Art des griechischen Götterglaubens, wie auch der griechische Aberglaube wurden jetzt als geistige Belastung empfunden. Kein Zweifel, der Antrieb zur profanen Fragestellung nach dem Wesen des Daseins lag nicht *nur* in einem profanen Erkenntnisverlangen begründet, sondern auch in einer recht verständlichen Unzufriedenheit mit dem allzu naiven und in vieler Hinsicht einfach unzulänglichen Glauben der Väter.

„Naturphilosophie" in Ionien

Spekulationen über die Tatbestände des Weltendaseins finden wir bei allen Völkern, doch halten sie sich in der Regel im Rahmen der jeweiligen religiösen und mythischen Vorstellungen. Dies gilt auch noch für Hesiod, von dem wir S. 103 f. berichteten. Doch überraschten uns bei diesem griechischen Dichter bereits die Folgerichtigkeit des begrifflichen Denkens und die Systematik, mit der er seine Begriffswelt gliederte. Was er gewann, war ein mythisches Weltbild höchst individueller Schau, und wir bestaunen das Selbstvertrauen des Denkers, der sich bei seinen Spekulationen ungescheut als Gefäß einer höheren Gnade empfand.

Hesiod wirkte im griechischen Mutterland. Hier waren die religiösen Traditionen stark und rein, hier galten die Götter als Hüter des Rechts. Für profanes Philosophieren war noch kein Boden, daher gab es auch keinen Fortschritt über Hesiod hinaus.

In Ionien dagegen mit seinem aufgelockerten Felde des Geistes, wo die Götter durch Homer am meisten einer profanierenden Vermenschlichung unterlagen, begann nun die Unruhe, und in der ionischen Polis erwies sich auch die öffentliche Meinung duldsam genug, ein profanes Nachdenken über das Weltendasein zu tolerieren. Das konnte um so leichter geschehen, als sich mit diesem Bestreben meist eine Art neuer Gottsuche verband. Dabei vermittelten die Variabilität der angestammten Mythen, der enge Kontakt mit den Kleinasiaten, die weiten Seefahrten und die Kunde von fremden Kulturen eine Ahnung von der Relativität aller Glaubensinhalte. Schon seit dem Beginn des 6. Jahrhunderts machten begnadete Persönlichkeiten von der Freizügigkeit des ionischen Geistes Gebrauch. Milet war die Stadt ihres Wirkens. Thales, Anaximander und Anaximenes bildeten hier die älteste Philosophendynastie.

Es handelt sich dabei um Männer, die es wohl als erste im menschlichen Dasein wagten, in der Welt nicht den göttlichen Ursprung und ein göttliches Wirken, sondern die ihr innewohnenden „weltlichen" Prinzipien und Gesetze, Ur-Substanzen und Kräfte zu suchen. Hatte sich in der Lyrik der griechische Geist dem Einzelnen und dem Augenblick hingegeben, so ging es nun um das Generelle, Allgültige und Grundsätzliche des Daseins; es ging um das Wesen der Welt schlechthin. Göttliches Wirken war immer irgendwie als spontan empfunden worden. Nun suchte man nach natürlichen Ursachen und Wirkungen, nach folgerichtig (und damit unspontan!) im Rahmen der Zeit sich abspielenden Veränderungen, Prozessen, Entwicklungen und Abläufen, ja nach der Notwendigkeit von Werden und Vergehen.

In den Urgrund der Dinge sich zu versenken, hatten auch die Inder versucht, doch ging es ihnen um eine Enthebung vom Diesseits. Ganz anders unsere Philosophen. Sie schlossen die Urgründe auf, um aus ihnen das Diesseits neu zu begreifen. Die Winde und Blitze, das Erdbeben, die Mondphasen, der Lauf von Sonne und Sternen, die lebendige Welt und das Leben selbst sollten auf solchem Wege erklärt werden. Dabei waren diese Männer nicht weltfremde Theoretiker, sie standen inmitten des Polis-Getriebes. Thales berechnete bereits Sonnenfinsternisse, Anaximander entwarf die ersten Erdkarten. Im Praktischen gab es da viel vom Orient zu lernen, doch dem Aufschwung in die theoretische Sphäre, der Frage nach einer autonomen Natur und ihren Gesetzen brachen erst die Griechen Bahn. Die Art, wie man in Milet die Fragen stellte, entspricht noch heute den Zielen des naturwissenschaftlichen Denkens. Hier gewann man mit einem Schlag bereits die Vorstellung vom Gesetz, von Grundprinzip und Substanz, vom Ablauf, von der Rolle der Zeit, vom Generellen und Wiederholbaren. Die Fragestellungen sind von 600 v. Chr. bis auf den heutigen Tag dieselben geblieben. Wie sah es aber mit der Beantwortung aus?

Den ionischen Forschern standen noch keine naturwissenschaftlichen Methoden und Disziplinen zur Verfügung, auch gab es für sie noch keinerlei Experimente, ja überhaupt noch keinen induktiven Aufbau des Wissens. Sie antworteten allein aus dem Lichtstrahl ihrer individuellen Erleuchtung. Was sie in der Welt nicht mehr suchten, das Spontane, das repräsentierten sie selbst um so mehr: Aus spontaner Wesensschau schuf jeder seine besondere Hypothese. So nahm Thales den Aggregatzustand des Flüssigen (das „Wasser") als Urzustand an, Anaximenes aber den des Gasförmigen (die „Luft"). Für Anaximander galt das Grenzenlose (und damit das Amorphe) als Urprinzip, auch spielte für ihn die Antithese von Gestalt und Amorphem, von Warm und Kalt eine entscheidende Rolle. Für ihn gab es auch schon ein Werden und Vergehen und eine Vielzahl von Welten.

Es läßt sich unschwer erkennen, daß hier schon Großartiges erschaut oder wenigstens erträumt wurde, nur fehlte begreiflicherweise jeder engere Zusammenhang mit einer Einzelforschung. Wohl trachtete man die Hypothese nachträglich am „Material" zu verifizieren, doch beschränkte sich dieses deduktive Bemühen meistens auf recht primitive, ja mitunter fast kindlich anmutende Bemühungen. Das konnte nicht anders sein, nimmt aber den Entwürfen nichts von ihrer denkerischen Größe.

Die ionischen Naturphilosophen hatten es nicht darauf abgesehen, sich gegen die alten Gottheitsvorstellungen zu wenden, sie waren noch keine Aufklärer aus Passion, doch war es für sie schwierig genug, den alten Glauben nicht zu verletzen, ihn nicht wenigstens totzuschweigen. Freilich waren für Thales alle Dinge der Götter voll, und sicher glaubte der Weise, persönlich an solcher ehrenvoller Erfülltheit entsprechenden Anteil zu haben. Im übrigen begann man sich mit einer allegorischen Umdeutung der alten Götter zu helfen. Vor allem aber trat neben die einzelnen Gottheiten allmählich die Vorstellung des „Göttlichen" schlechthin.

Im ganzen gesehen handelt es sich also bei den Bemühungen unserer Philosophen um dreierlei, um eine Grundlegung des naturwissenschaftlichen Denkens auf dem Wege einer neuen Art von Begriffsbildung und Fragestellung, ferner um eine Grundlegung der Philosophie, nicht zum wenigsten aber auch um die Grundlegung eines neuen, unpersönlichen Gottesbegriffs. Noch nicht begründet wurden damals allerdings die Einzeldisziplinen, so sehr man sich auch schon auf vielen Gebieten um Einzelforschung bemühte.

Der Anspruch auf höchste Geltung

Wenn sich die Milesier auch in spekulative Sphären erhoben, sie verblieben mit ihren Ansprüchen auf Geltung doch immer in einem schlichteren Rahmen, wie er Fachleuten und Praktikern zukommt. Anders die Männer, welche nun folgten, in Ionien und im griechischen Westen: sie fühlten sich alle als große priesterliche Verkünder, als die Majestäten schlechthin unter den Wahrheitssuchern. So haftete ihnen etwas besonders Anspruchsvolles an. Man gewinnt den Eindruck, als ob sie wirklich die *ganze* Wahrheit zu wissen vermeinten.

In diesem Sinne wurden die Milesier schon von Heraklit weit überragt, der um 500 im benachbarten Ephesos wirkte. Königlicher Familie entstammend, war er der Stolzesten einer unter den Philosophen. Er meinte, ihm sei als erstem der große Durchbruch des Denkens zum wahren Erkennen, zum Logos, gelungen. Die Seele sei hierzu ja grundsätzlich befähigt, da sie als erkennendes Organ unermeßlich und allem Dasein verbunden sei. Das Wesen der Dinge lasse sich aber am besten aus der Polarität alles Seienden und aus den durch solche Gegensätze hervorgerufenen Spannungen, Wandlungen und Schwankungen erfassen. In diesem Sinne sei alles im Fluß und werde von Gegensätzlichkeit, ja auch vom Negativen her fruchtbar bestimmt. Dennoch vereinige sich alle Dialektik letztlich in allverbindenden, universellen Harmonien einer höchsten Ordnung, die man — vielleicht — als Zeus zu bezeichnen vermöchte. Wohl zeigte sich Heraklit erbittert über die blutigen Opfer, ja selbst über das Ritual der Mysterien, doch widmete er sein Werk immerhin der ephesischen Artemis. Das Göttliche suchte er freilich in einer weit erhabeneren Sphäre, als sie der Mythos bot.

Toleranz gegenüber neuen Ideen zeigte nicht nur Ionien, sondern auch die Peripherie im Westen, das Griechentum Unteritaliens und Siziliens. Nach Unteritalien wanderten daher zwei der bedeutendsten ionischen Denker aus: Pythagoras von Samos entzog sich hierdurch der Tyrannis des Polykrates, Xenophanes floh 546 vor dem Zugriff der Perser.

Pythagoras fand seit etwa 530 vor allem in Kroton eine neue Wirkungsstätte. Hier gründete er seine Schule, einen geistlich-geistigen Orden, dessen Lebensgestaltung kaum noch in die archaische Zeit paßte, sondern eher der geistigen Haltung des Strengen Stils entsprach. Der Weise selbst fühlte sich auserwählt und erhaben, weit mehr noch als Heraklit. Die orphische Lehre von der Seelenwanderung bestätigend, erklärte er sich begnadet, als einziger das Gedächtnis behalten zu haben aus allen früheren Verkörperungen seines Daseins in Pflanzen, Tieren und Menschen. So sei er des Urwissens kundig und vermöchte auch zu erkennen, daß die Zahl das Wesenselement alles Daseins bilde. Darum spiele sie in Mathematik und Geometrie, in der Musik, ja in allem materiellen und geistigen Dasein als unmittelbarer Tatbestand und als Symbol die entscheidende Rolle. Die Ergebnisse, welche Pythagoras trotz dieser fast mystischen Schau für die Praxis gewann, waren auf dem Gebiet der Mathematik und Physik aber von solchem Gewicht, daß sie z. T. bis auf den heutigen Tag gültig blieben. Der pythagoreische Orden war auch nach dem Tode des Meisters auf Ehrfurcht vor dem Göttlichen (das man Apollon nannte) und vor dem Meister abgestimmt, nur blieb man nach innen gewandt und tradierte die Lehren gleich einem heiligen Geheimnis. Trotz dieser Abwendung vom Leben behauptete sich die Sekte mit erstaunlicher Zähigkeit bis in viel spätere Zeiten.

Xenophanes von Kolophon fand seine neue Heimat im unteritalischen Elea, doch blieb er zeitlebens wandernder Sänger, Rhapsode. Als Dichter trug er allerdings keine Heldenepen vor, sondern seine eigene Philosophie. Erbittert polemisierte er gegen Homer, gegen die Mythen und die menschengestaltigen Götter. In seiner Suche nach dem Höchsten gelangte er als erster unter den Griechen zur großartigen Vorstellung des einen, allmächtigen, allwirkenden und schlechthin absoluten, zugleich aber auch aller Menschengestalt entratenden Gottes. Das war allerdings bereits ein ziemlich unpersönlicher Monotheismus, den Xenophanes mit beachtenswerter Unduldsamkeit vortrug. Der Gott lenke vom Jenseitigen aus das Geschehen des Diesseits, doch bleibe alle Erkenntnis des Irdischen ungewiß, alle Bewertung von subjektiven Wertmaßstäben abhängig und daher relativ; auch trete das Seiende stets in mancherlei graduellen Abstufungen in Erscheinung. So inaugurierte Xenophanes die Kritik am menschlichen Erkennen und Werten. Wie hochfliegend seine Gottesschau auch war, im Diesseitigen verhielt er sich nüchtern, seine Ergebnisse auf dem Gebiet der praktischen Forschung waren (z. B. hinsichtlich der Verdampfung des Wassers) von nicht geringer Bedeutung.

Wie sehr die Philosophen mit den Göttern nun machten, was sie eben wollten, zeigt des Xenophanes Nachfolger in Elea, Parmenides (um 480). Auch er war Dichter und Denker zugleich. Seine Lehre brachte er in einem prachtvoll poetischen Rahmen: auf dem Rennwagen seines forschenden Geistes sei er zum Palast der „großen Göttin" emporgelangt, die ihm alle Erkenntnis eröffnete. Diese galt vor allem dem Sein als einem übersinnlichen, absoluten Prinzip, dem das sinnlich Erschaute als eine Welt trügerischen Scheines gegenüberstehe. So wurde hier das menschliche

Erkennen noch weit energischer als bei Xenophanes zum Problem erhoben. Grundlegende Erkenntnisse dauernder Art scheint Parmenides über die Kugelgestalt der Erde und ihre Zoneneinteilung gewonnen zu haben.

Als jüngsten und letzten wollen wir in diesem Zusammenhang des Empedokles gedenken (um 450). Er stammte aus einer der vornehmsten Familien seiner Heimatstadt Akragas in Sizilien und stand als Persönlichkeit hier in solchem Ansehen, daß er sogar Gelegenheit gehabt haben soll, eine „Königskrone" auszuschlagen. Er war wohl Politiker und Staatsmann, zugleich aber auch eine Berühmtheit als praktischer Arzt und Hygieniker, als Redner und Dichter, als Philosoph und Mystiker, Seher und Wundertäter. Seine philosophische Lehre veröffentlichte er ebenfalls in Versen und gewann durch die Annahme von vier Urstoffen ein neues Weltbild. Positive und negative Kräfte seien innerhalb dieser Grundstoffe wirksam. Je nach ihrem wechselnden Wirken und dem sich damit wandelnden Zueinandertreten der Ursubstanzen ergebe sich das Werden und Vergehen der Welt. Bei aller Bedeutsamkeit dieser Lehre erkennen wir doch im Leben dieses Philosophen bereits ein Auseinanderklaffen von geistigen Strebungen, welche die Älteren noch zu verbinden wußten. So sehr auch Empedokles dem Pythagoras nacheiferte, der Rationalist in ihm vermochte sich mit dem Mystiker nicht mehr zu einen, und auch seine philosophischen Spekulationen blieben ohne rechten Zusammenhang zwischen Mystik und Ratio.

Im ganzen gesehen charakterisieren sich diese Denker nicht nur durch eine gewisse Überheblichkeit ihres schier priesterlichen Geltungsanspruchs, sondern auch durch ihr Verlangen, zu einer neuen Schau des Religiösen zu gelangen. Erst bei Empedokles brechen diese Bestrebungen auseinander. Das weist uns darauf hin, daß im 5. Jahrhundert das Verhältnis des religiösen Anliegens zum wissenschaftlich-rationalen Streben in ein kritisches Stadium trat.

Aufklärung und Atomistik

Nichts zeigt uns die Wendung zu der um die Mitte des 5. Jahrhunderts einsetzenden „Aufklärung" deutlicher als ein Vergleich des neuen Forschertypus mit den im letzten Abschnitt besprochenen Philosophen. Dort waren es meistens Dichter gewesen, mehrfach auch Mystiker, und immer hatten sie sich priesterlich erhaben gefühlt. Die neuen Leute hingegen sind nicht mehr von aristokratischem, sondern von durchaus demokratischem Zuschnitt. Sie geben sich schlicht und prosaisch, verzichten auf die Dichtkunst und bleiben selbst in ihren Spekulationen durchaus nüchtern. Gerade aus dieser Nüchternheit erklärt es sich auch, wenn in ihren Systemen die alten Götter keinen Platz mehr finden und wenn sie auch keinen ernsthaften Versuch machen, das Religiöse in irgendeiner Form noch zu „retten". Wir haben es hier also im Grunde bereits mit einer mitunter fast atheistischen Strömung zu tun, die nicht mehr Religion durch Religion ersetzen, sondern profanes Erkennen an ihre Stelle bringen will.

Als „Atheist" wurde daher auch Anaxagoras bezeichnet, der zwar aus dem ionischen Klazomenai stammte, aber der erste Philosoph war, der seine Lehrtätigkeit nach Athen verlegte. Perikles wurde hier sein Freund und Gönner, Euripides wird unter seinen Schülern erwähnt, auch Thukydides geriet wohl in den Bannkreis seiner Gedanken. In großartiger Intuition schuf Anaxagoras sein Weltbild aus einem Gegenüber von Stoff und Kraft. Stoff war ihm eine atomisiert gesehene Materie. Sein Begriff der Kraft verbarg sich zwar unter Bezeichnungen wie *Nus* (Geist) oder Zeus, hatte aber mit dem Göttlichen insofern schon nichts mehr zu tun, als ihm alle Spontaneität mangelte. Man gewinnt vielmehr den Eindruck, daß mit diesem *Nus* zugleich die Gesetzmäßigkeit der Welt, mit seinem Walten aber die naturwissenschaftliche Kausalität gemeint war. So konnte man nicht zu Unrecht unseren Denker schon in der Antike als den naturwissenschaftlichsten *(physikotatos)* bezeichnen. Dem entsprach es, daß ihm naturwissenschaftliche Beobachtung und Ergründung über alles ging. Er befand sich in der Tat mit seiner naturwissenschaftlichen Erklärung der Nilüberschwemmungen, der Erdbeben, der Finsternisse, der Mondphasen, der Himmelskörper auf dem richtigen Wege. Fern von der Vaterstadt und von heimatlichen Bürgerpflichten lebte Anaxagoras in Athen als einer der ersten Vertreter der *vita contemplativa.* Seine Lehre wurde von den athenischen Bürgern allerdings nicht als Kontemplation, sondern weit eher als revolutionierend empfunden.

Dem Anaxagoras stand mit seiner atomistischen Auffassung der Materie Leukippos nahe, der ebenfalls Ionier war, von dem wir aber so wenig wissen, daß wir nicht einmal seine Heimatstadt anzugeben vermögen. Er trat hinter seinem größeren Schüler Demokrit zurück[65], der um 430 im ionischen Abdera am thrakischen Küstensaum wirkte. Bei ihm tritt uns die atomistische Lehre in ihrer klassisch-monistischen Form entgegen. Die Materie bestand für ihn aus einer unendlichen Vielzahl von Atomen, die sich im Leeren bewegen, doch faßte er diese Bewegung nicht mehr als selbständiges Prinzip auf, sondern schrieb sie dem Wesen der Atome selbst zu. Mit den Göttern suchte Demokrit in einer recht originellen Weise fertigzuwerden. Er erblickte in ihnen natürliche Wesen, die in höheren Lüften hausen und auf durchaus natürlichem Wege auch mit den Menschen in mancherlei Beziehungen zu treten vermögen.

Da die Atomisten das religiöse Erlebnis durch naturwissenschaftliche Erkenntnis zu ersetzen suchten, können wir sie zu den Aufklärern rechnen. Gleiches gilt von den Sophisten. Diese appellierten zwar nicht so sehr an die Naturwissenschaft, suchten aber grundsätzlich den menschlichen Geist von der Blickrichtung nach oben zu befreien. Ihrer Lehre wollen wir uns nun zuwenden.

Der Mensch als Maß aller Dinge

Kritik war eines der Hauptanliegen des neuen Geistes. Zuerst wandte man sich gegen das Märchenhafte der Mythen, dann gegen die Mythen selber, zuerst gegen das Allzumenschliche der alten Götter, dann gegen diese selbst. Heraklit kritisierte den Ritus, Xenophanes verurteilte Homer und heldische Epik. Die Eleaten übten außerdem Kritik durch ihre Feststellung der Relativität aller Erkenntnis und Wertung. Im Grunde ging es hier schon vielfach um den Abbruch ehrwürdigster

Kulturwerte, vor allem des Religiösen und Ritterlichen. Das war geraume Zeit aber nicht allzu gefährlich, denn die Kritiker lebten jeder für sich, jeder als Kritiker auch aller anderen, zudem saßen sie weitverstreut an der Peripherie, von Ionien und Südthrakien bis nach Unteritalien und Sizilien. Erst mit dem Einbruch ins griechische Mutterland und seine Geisteszentrale Athen wurde die Lage für das Alte bedrohlich. Er erfolgte durch das Auftreten des Anaxagoras, von dem wir bereits sprachen, vor allem aber durch die neue kritische Richtung der Sophisten, die ganz bewußt auf die Eroberung des Mutterlandes ausgingen.

Urheber und Bahnbrecher war Protagoras, wieder ein Ionier von der Peripherie, aus demselben Abdera stammend wie Demokrit. Er zog die letzten Folgerungen kritischen Bemühens und erhob durch seinen homo mensura=Satz den Menschen schlechthin zum „Maß aller Dinge". Was die Eleaten rein erkenntniskritisch mein= ten, nutzten nun die Sophisten zu einer Kritik am gesamten griechischen Kultur= und Gesellschaftsgefüge.

Das war etwas grundsätzlich Neues. Für die archaische Zeit hatte das Prinzip gegolten: Je älter, desto ehrwürdiger. Noch als man in Sparta reformierte, erklärte man das Neue als ältestes Altes und schrieb es dem Heros Lykurgos zu. Erst Kleisthenes spielte moderne Ratio kühnlicher aus. Er war der Tat nach gleichsam der erste Sophist. Protagoras und seine Genossen sagten der Ehrfurcht aber grund= sätzlich ab, glaubten an den Fortschritt und zogen alle bestehenden Einrichtungen und Wertvorstellungen in ihre kritische Fragestellung ein. Sie kamen zu dem Er= gebnis, daß Sitte und Gesetz, der Staat und seine Institutionen gar nicht bindende und verpflichtende Tatbestände darstellten, sondern von mehr oder weniger klugen Menschen jeweils gemacht worden seien. Bezeichnenderweise stellte man dabei nur die Alternative von „naturgewachsen" oder „von Menschen gemacht". Die dritte Möglichkeit einer göttlichen Eingebung wurde schon gar nicht mehr in die Fragestellung aufgenommen. Wie Sitte und Staat wurde auch alles Politische, Rechtliche und Religiöse als relativ und von der Meinung der jeweiligen Gesell= schaft abhängig aufgefaßt und dadurch in den Kreis des Revisionsbedürftigen ein= bezogen. Denn auf Revision, ja auf Abbruch lief es bei diesen auf Kulturerneue= rung bedachten Männern vielfach hinaus. Man begann mit der Fragestellung, war aber im Nu bei der Infragezienung angelangt. Alles, was man bisher ehrfurchts= voll hochgehalten, dem man gedient, zu dem man aufgeblickt hatte, sah sich nun vor den Richterstuhl des menschlichen Intellektes zitiert, denn dieser Intellekt war das Maß aller Dinge. Da ging es nicht mehr um Kritik am Einzelnen, um einzelne Neuerungen. Es kam darauf an, alles und jedes dem kritischen Verstand zu unter= werfen.

Die neue Einstellung bedeutete eine Umwälzung ungeheurer Art. Das gesamte bisherige Bindungsgefüge, der Patriotismus, der Verein der Politen, das National= gefühl, die Sitte, alle Normen des Brauchs und des Rechts, selbst der Götterglaube des breiten Volkes ging nun seines übergeordneten Platzes verlustig. Aller Dienst, alle Gefolgschaft gegenüber diesen Bindungen und den ihnen zugrunde liegenden Ideen wurde irgendwie problematisch. Mit einem Male gab es nichts Zuverlässiges und Sicheres mehr, geschweige denn etwas Höheres und metaphysisch Verwurzel=

tes, denn alles war nun unsicherer als das Urteil des beurteilenden Menschen, und selbst von den Göttern vermochte Protagoras nicht mehr zu sagen, als daß er nicht wisse, ob sie sind oder nicht sind. Bisher hatten Bahnbrecher wohl Teilrevisionen gewagt und das nur dort, wo sie selber Besseres zu bieten vermochten. Auch hatten sie diese Teilrevisionen immer noch ehrfürchtig im Dienst einer höheren Welt unternommen. Nun aber ergab sich aus dem neuen Beginnen eine generelle Deklassierung, ja z. T. auch Abschaffung dieser höheren Werte, und dies, ohne daß man sich um einen hinreichenden Ersatz hierfür zu bemühen brauchte. Das Höchste war nun der (sophistische) Mensch als erkennendes und vor allem urteilendes Wesen. Was weder die Milesier noch die Eleaten gewagt, ergab sich als nüchterne Selbstverständlichkeit aus dem Kalkül der Sophisten.

Natürlich erhoben die sophistischen Lehrer den Anspruch, das beste Verständnis für die Beurteilung der Tatbestände der Kultur erst selbst in die Welt zu bringen. Um dabei nicht ganz in der Luft zu schweben, suchten sie aber nach natürlichen Grundhaltungen der menschlichen Natur und glaubten solche im Rechtsempfinden, im Gewissen u. dgl. zu finden, doch gelangten sie hierüber zu keiner rechten Einigung. Vor allem zogen sie jedoch die Utilität als Hauptmaßstab aller Beurteilung heran, und hierin waren sie sich in der Praxis irgendwie einig. Damit wurde dem Denken für die Zukunft die Richtung gewiesen. Das Ich hatte sich auf den Thron erhoben, erkennend und urteilend, jetzt fand auch der Wille seine Aufgabe, sein Ziel, dem Nutzen zu dienen. Früher diente der tüchtige Mann zuerst einmal Bindungen und Idealen, setzte sich für Ideen ein, opferte sich ihnen auf und gedachte des eigenen Nutzens in zweiter Linie. Jetzt fragte man zuerst nach dem Nutzen und nachher oft nach nichts anderem mehr. Freilich sollte es der gemeinsame Nutzen sein, doch nur, weil der Einzelne erst in der Gemeinschaft gedeiht. So einte sich auf das Ich nunmehr alles, das Erkennen, das Urteilen, der Wille, der Nutzen. Im Ich erstand das neue Kultbild, es trat das Erbe der Götter und alles Heiligen an.

Nicht unwesentlich erschien den Sophisten die qualitative Stufung dieses menschlichen Ichs. Am höchsten stand im griechischen Kreis nun der sophistisch Gebildete, denn er verfügte über das richtige Urteil und lenkte seinen Willen auf die richtige Utilität der Gesellschaft. Dagegen irrten alle, die sich triebhafter Besitzgier und kurzsichtigem Egoismus hingäben, dadurch aber nur Mißgunst und Schaden ernteten. So trauten sich die Sophisten den Aufbau einer neuen, voraussetzungslosen, praktischen Gesellschafts- und Sittenordnung zu. Kein Zweifel, in gewissem Sinne waren sie Idealisten; auch sie dienten und blickten auf, jedoch nur zum Laternchen des eigenen Intellekts. Was sie als Bestes boten, waren sittliche Forderungen, geboren aus bestverstandener Utilität. An dieser Vernunftmoral konnten sie sich gar nicht genugtun. Sie mögen darin so eine Art von Religionsersatz erblickt haben.

Doch waren die Sophisten zu sehr (wenn das Wort erlaubt ist) moderne Menschen, um nicht neben aller Moral und höheren Utilität in der Praxis auch die Bedeutung des unmittelbaren Erfolgs herauszustellen. Vor allem wollten sie selbst erfolgreich sein, und zwar als Erzieher. Sie haben ja als erste die Erziehungsidee in ihrer Bedeutung erkannt, zugleich freilich auch schon weit überschätzt. Ihr Ziel ist es nicht zum wenigsten gewesen, gegen klingenden Lohn zur Weisheit und zum Erfolg zu führen. Sophistische Erziehung vermöchte den Menschen zu bilden, ihn zu bessern, vor allem aber auch ihn praktischer, wendiger und erfolgreicher werden zu lassen. Die wichtigsten Mittel zu vollem Erfolg seien dabei Rede und Dialektik, womit man schließlich sogar aus einer schwächeren Sache die stärkere machen erlernte.

In ganz Hellas treten uns nun Sophisten als Wanderlehrer entgegen. Sie scheuten sich nicht davor, Propaganda zu machen, und gewannen um so höhere Achtung, je höhere Honorare sie verlangten. Sie stellten einen neuen Menschentypus dar, und zwar in vielen Variationen. So treffen wir Protagoras als großen Theoretiker, Gorgias als Bahnbrecher der neuen Rhetorik, wir treffen auch Alleskönner wie Hippias, Advokaten wie Thrasymachos. Dieser und Kallikles verherrlichten als letzte Konsequenz den erfolgreichen Typus der Machtpersönlichkeit. So handelte es sich hier um eine viel bedeutendere Breitenwirkung als bei den bisherigen Philosophen. Die neue Bewegung kam dem erwachenden Bildungsbedürfnis, dem persönlichen Ehrgeiz und der rücksichtslosen Entfaltung eines egoistischen Individualismus entgegen. Sie begünstigte zugleich die elementare Neigung der Griechen, zu siegen, zu strahlen, ja auch zu blenden. Früher war ersteres durch harte Leistung, auch im Kampf und im Sport, gelungen. Jetzt wurden kritischer Geist und Schlagfertigkeit der Zunge zu den neuen und schärferen Waffen. Kein Wunder also, wenn die Erfolge gewaltig waren und auch in Athen das Auftreten eines Gorgias als großartige Sensation empfunden wurde.

Übersehen wir die geschichtliche Leistung der Sophisten in ihrer Gesamtheit, so müssen wir ihnen eine der bedeutendsten Umwälzungen der menschlichen Geistesgeschichte zuschreiben, haben sie doch als erste in der Welt das menschliche Ich mit seinem Intellekt und seiner Vernunft in konsequenter Weise an die Spitze des Daseins gestellt. Soviel wir wissen, ist vor ihnen weder im Orient noch sonst irgendwo eine ähnliche Revolution auch nur versucht worden. Freilich wirkten sich die sophistischen Lehren unmittelbar eher destruktiv als aufbauend aus. Wohl besaßen sie die Kraft des Niederreißens, doch vermochten sie selbst noch keinen hinreichenden Ersatz zu bieten. Sie haben eher einem intellektualistischen, kraß egoistischen Individualismus, dem Individualismus des kleineren und kleinsten Mannes, der schon nichts wahrhaft Schöpferisches mehr in sich trug, die Bahn gebrochen und ihn mit dem nötigen Rüstzeug versehen. Der bisher gültige, erhabene Individualismus des Schöpfers und wahren Ingeniums hatte sophistischer Kunstgriffe niemals bedurft. Er wurde nun durch das Wuchern der neuen, unschöpferischen Individualistik eher eingeengt als gefördert.

Die sophistische Bildungsidee führte bei aller Verbreitung eben doch zur Verflachung des Gebotenen. Sie war eine billige Ware, die man bloß teuer verkaufte. Der wohlfeile Effekt verlockte und bedrohte zugleich die wahrhafte Leistung. Wir wollen es offen gestehen: Inmitten der so herrlich aufgewachsenen griechischen Geisteswelt wurde nun die Saat zu einem Gegenbilde, zu einer geistigen Gemeinplätzigkeit ausgestreut, die schließlich gleich Unkraut den Weizen gar oft überwuchern sollte. Es war die Saat einer billigen Rhetorik, einer klingenden Phrase, des geistreichen Blendwerks und äußeren Erfolges. Von nun an trat neben die sachliche eine nur mehr rhetorische Leistung, trat auch neben den von der Sache ergriffenen der rhetorisch genießende Kulturmensch. Die Kultur selbst konnte nun viel müheloser errungen werden als durch ernste Vertiefung und ernste Erbauung, sie sank teilweise ab in die seichteren Sphären des Erfolges, der Eitelkeit, der Spitzfindigkeit und der Lust *(Hedoné)*.

Doch war es nicht nur die Saat des Niedergangs, die von den Sophisten ausging. Als sie den Acker des Geistes umstachen, ahnten sie nicht, welch bedeutsame und höchst wertvolle Folgerungen die Zukunft aus ihrer billigen Lehre ziehen werde. Die großen Gedanken, welche in diesem Sinne bevorstanden, haben sie selber freilich kaum „angedacht". So waren sie sich schwerlich darüber im klaren, wie sehr sie mit ihren Thesen den Weg freimachten für eine künftige Wissenschaft. Vor allem wußten sie aber noch nichts von der logischen Notwendigkeit, dem neuentdeckten Ich als Gegenpol und neues Ziel einer Ehrfurcht die Menschheit als Ganzes, die Welt und das Universum gegenüberzustellen. Dieser Gedankenaufbau sollte erst später und ganz allmählich folgen, sollte erst in der Stoa und endlich im Christentum kulminieren.

Auch die Humanitätsidee ist den Sophisten noch keineswegs aufgegangen. Allerdings zeigen sich etwa zur Zeit, da Protagoras in Athen weilte, hier erste Ansätze zu einem humanen Empfinden, nur gingen diese nicht von Sophisten aus. Noch weniger war freilich der attische Bürgerverband Träger humaner Gefühle, nutzte er doch die Bundesgenossen aus, vernichtete später die unschuldigen Melier und dachte auch gar nicht daran, am Institut der Sklaverei zu rütteln. Humanität war ja allen engeren Vereinigungen, sei es der Ritter, sei es der Polis-Bürger, von Haus aus fremd. Dennoch finden wir nun bei einigen der erhabensten Geister des perikleischen Athen die ersten Züge einer humanen Haltung. Das gilt u. a. von Herodot, gilt vor allem aber von Sophokles, der uns schlichte Menschengröße in ihrer Pflichterfüllung und ihrem Leid schon rein menschlich erleben läßt. Oidipus, Antigone und Philoktet sollen nicht mehr so sehr als Mitglieder einer bevorzugten Klasse aufgefaßt werden, denn als tragisch verstrickte Menschen. Bei Homer war das noch ganz anders gewesen, bei ihm hatte es sich um ritterliche Gestalten gehandelt, die ritterlich fühlten und auch vom Zuhörer ritterlich genommen werden wollten. Sophokles brachte jetzt sein Publikum dahin, von Mensch zu Mensch mitleidend zu fühlen. Doch war das nicht mehr als ein erstes Morgenrot: Auch der Humanitätsgedanke gelangte erst später zur höheren Vollendung.

Soweit der Ausblick in eine freundlichere Zukunft. Vorerst brachte der von den Sophisten aufgerufene Individualismus vor allem aber eine Steigerung der allgemeinen Eigensucht. Wie ungünstig sich das in politischer Hinsicht auswirkte, wie sehr darunter die Ethik der bürgerlichen Vereinsidee leiden mußte, liegt auf der Hand. Wir werden in einem nachfolgenden Abschnitt feststellen, daß sich damit auch noch eine ungünstige Entwicklung in der Polis-Idee selbst schicksalshaft zusammenfand.

Noch sind wir den Sophisten aber den Versuch schuldig geblieben, sie aus der geistigen Situation ihrer Zeit, aus der Ordnung der Gesamtentwicklung zu verstehen. Das sollen die folgenden Zeilen nachholen.

Was diese Leute lockte und in den Bann schlug, war die wunderbare Neuheit ihrer Idee und die Öffnung ganz ungeahnter, ja unerhörter Wege. Da bot sich ihnen ein folgerichtiger Rationalismus, ein bestrickender Relativismus an, empfahl sich ein Nützlichkeitsfanatismus. Man glaubte, mit neuen dialektischen und empiristischen Methoden den Schlüssel zur großen Wahrheit, zur neuen Zeit gefunden zu haben. Es handelte sich bei diesen Bahnbrechern um ausgesprochen intellektualistisch gestimmte Menschen, die nun das Glück hatten, sich gleichsam selbst zu entdecken, und sich solchem Rausche hingaben, ohne viel nach den Folgen zu fragen. So manchen spornte auch echter Forschungstrieb an. Die Jagd nach dem Erfolg geschah freilich nicht nur nebenbei, auch sie gehörte zu den neuerschlossenen, neuerrungenen Lizenzen.

Im Grunde taten aber die Sophisten nichts anderes, als daß sie als erste einem Anruf folgten, welcher, entwicklungsgeschichtlich gesehen, damals an den griechischen Geist erging, dem Anruf zu einer erhöhten Mündigkeit des menschlichen Intellekts. Seit der Entdeckung des schöpferischen Ingeniums war der Prozeß der Emanzipation und des Sich-für-mündig-Erklärens sowohl in politischer wie in geistiger Hinsicht von Stufe zu Stufe fortgeschritten. Jetzt war zugleich mit der Kulmination der Demokratie auch im „Moralischen" ein entscheidender Akt zeitig geworden. Der Kairos war eingetreten, das Stichwort mußte nun fallen. Daraufhin öffneten sich die Pforten wie von selbst und gaben jedermann Einlaß, sofern er sich eingeladen fühlte.

Wenn sich derartige entwicklungsgeschichtliche Möglichkeiten eröffnen, dann kann es wohl gar nicht anders sein, als daß man sie eben versucht, daß man sich ihnen hingibt, bis sie ihre Erfüllung gefunden haben. Ob es jeweils zum „Heil" oder zum „Unheil" gereicht, danach scheint die entdeckungshungrige Logik eines dynamischen Kulturablaufs kaum zu fragen. Daher lag im Aufwallen der intellektualistischen Flut etwas Elementares. Der Versuch mit einer absoluten menschlichen Mündigkeit war jetzt gleichsam „an der Reihe". So mußte er eben gemacht werden!

Die neuen Gebildeten

In alter Zeit war Bildung ritterlicher Art gewesen. Sie betraf die Schulung zum Wettkampf, zu Fahren und Reiten, zum Wettlauf, zum Waffenwerk, zur Jagd, sie galt der Schönheit des Körpers, der vornehmen Sitte, dem Anstand, der Führung von Haus und Hof, dem Auftreten in Rat und Gericht, dem Singen und Sagen beim Gastmahl. Nicht wenige Ritter verstanden sich damals auf das Dichten, das Rezitieren, auf den Gesang; oft spielten sie selbst die Leier.

Auch im 6. Jahrhundert blieb den Vermögenden dieselbe Vorstellung von Bildung. Immer noch war die alte Kalokagathia in Geltung, wenn auch Literatur, Musik und Wirtschaftsinteressen eine beträchtliche Bereicherung erfuhren.

Die große Wandlung brachte auch hier erst das 5. Jahrhundert. Die geistigen Interessen und Bildungsgüter gewannen nun dermaßen an Fülle, Vielfalt, Bedeutung und Problematik, daß sie nicht mehr von jedermann und nicht mehr nebenher verfolgt werden konnten. Bildung wurde exklusiv und entfernte sich vom breiteren Volk. Theoretische Fragen drängten sich vor, Spezialwissen wurde höher gezüchtet und verlangte Vertiefung. Für viele waren die Verstiegenheiten der neueren Philosophen wohl überhaupt unverständlich. Wer aber auf dem laufenden blieb, durfte sich nun mit Fug als Gebildeter eines neuen, moderneren Stils empfinden. Wohl betrieb die Jugend zugleich noch immer die körperliche Ertüchtigung, einen organischen Zusammenhang zwischen körperlicher und geistiger Bildung gab es aber nicht mehr. Die Preise der Wettspiele holten sich ohnehin immer häufiger die Berufsathleten.

Es konnte nicht ausbleiben, daß die neue Geistesbildung auch in Attika festen Fuß zu fassen begann, das ja schon längst zur Zentrale der Künste geworden war. Für Perikles scheint es ein Hauptziel der Kulturpolitik gewesen zu sein, seine Heimatstadt geradezu zur Hochburg dieser modernen Bestrebungen werden zu lassen. Darum übertrug er dem Protagoras die Erziehung seiner Söhne und die Ausarbeitung der Verfassung für die Kolonie Thurioi. Dabei hatte die neue Richtung nichts Klassisches mehr an sich. Sie gehörte der Klassik schon gar nicht mehr an, sondern den nachklassischen Stufen (Näheres dazu S. 236ff.). Das zeigt sich nicht zum wenigsten auch an Euripides. Daher fehlte dieser Moderne die Harmonie, die Ausgeglichenheit und Abgeklärtheit, sie war ein geistiger Bauplatz voll widerstreitender Pläne.

Perikles wollte einerseits klassisch vollenden, andererseits aber auch eine neue Zukunft eröffnen. Er glaubte fest an den Fortschritt und glaubte auch an die Lehrer und an die geistige Freiheit, welche die neue Bildung erschloß. Es war wohl nicht zum wenigsten Perikles selbst zu danken, wenn das Interesse an der neuen Bildung nun in Athen so schnell erstarkte. So fanden der Historiker Herodot, der Baumeister Hippodamos, der Aufklärer Anaxagoras und der Sophist Protagoras gastliche Aufnahme. Die Athener hatten selbst noch nicht allzuviel für die neue Richtung geleistet, doch wurde ihre Stadt durch Perikles zum Schauplatz auch für diesen Zweig des Fortschritts.

Nun gab es Gebildete und Ungebildete, wie früher Reiche und Arme, Adelige und gewöhnliches Volk. Die Gebildeten konnte man fast als neue Aristokratie bezeichnen. Bildung bezog man in reichen Häusern von berühmten Lehrern und bezahlte sie fürstlich. So finden wir den hochangesehenen Damon im Haus der Alkmeoniden. Vor allem wurden später jedoch Sophisten als Lehrer gesucht. Bildung vermochte sich zur Not aber auch der Arme im Schweiß geistigen Bemühens selbst zu erringen, so daß sie fast ein demokratischeres Gut war als die in den Palästren erworbene Schönheit des Körpers.

Nur waren die neuen Gebildeten unter sich keineswegs einig. Sophokles, der doch sicher zu ihnen gehörte, der auch die Lehren Heraklits, des Anaxagoras und der Sophisten kannte, verhielt sich gegenüber religiösen Zweifeln ablehnend. Auch Herodot und später der Komödiendichter Aristophanes verurteilten den Abbruch der alten Götterwelt, verurteilten die Apotheose des menschlichen Intellekts und blieben weiter den alten Kulturwerten dienend verbunden. Diesen Gebildeten einer mehr konservativen Einstellung standen die Radikalen gegenüber, welche sich dem Fortschritt um den Preis der Aufgabe alles Alten verschrieben hatten. Ihnen gehörte Perikles wenigstens insofern an, als er sie protegierte. Allerdings stand er auch einem Sophokles und einem Herodot immer noch nahe genug. Er trachtete eben, wie schon angedeutet, beiden Richtungen gerecht zu werden.

Haben wir von einer neuen Formierung der Bevölkerung in Gebildete und Ungebildete gesprochen, so entstand also daneben noch eine weitere, vorerst sogar bedeutsamere Frontenbildung. Auf der einen Seite befanden sich die extrem fortschrittlichen Kreise, die der Aufklärung anhingen, den Sophisten folgten und sich aus den alten Göttern meist nichts mehr machten. Ihnen gegenüber bildete sich eine Abwehrfront der Konservativen, die teils aus Gebildeten, vor allem aber auch aus der Masse des ungebildeten Volkes bestand. Sie war dem Abbau der alten Götterwelt und alten Frömmigkeit ebenso abhold wie der Hybris des neuen Intellektualismus. Dieser Phalanx der Abwehrenden gereichte zum Vorteil, daß sie die Mehrzahl darstellte. So bestimmte sie, wenn es darauf ankam, die öffentliche Meinung der Volksversammlung. Hierdurch wurde die demokratische Bürgerversammlung dem Fortschritt gegenüber zum erstenmal mißtrauisch, ja intolerant. Doch soll das erst S. 194 f. und dann S. 202 ff. eingehender dargestellt werden.

Euripides

Es gibt kein besseres Beispiel für die drängende Schnelligkeit der griechischen Entwicklung als die rasche Aufeinanderfolge der drei großen Meister der attischen Tragödie. Aischylos vertrat den Strengen Stil und mutet darin frühklassisch an. In Sophokles erfüllte sich die Hochklassik, doch neigt er in der Vertiefung des Leides schon dem Realismus zu. Euripides aber führt vom Realismus bereits in den Naturalismus hinüber. Viel langsamer vollzog sich die entsprechende Entwicklung in der deutschen Literatur des 19. Jahrhunderts, wo sich nach der Klassik zuerst die (in Griechenland kaum vertretene) Zwischenepisode der Romantik einschob und sich hierauf der Realismus in den Werken Hebbels, Richard Wagners und vieler anderer Dichter mit all dem Reichtum, welcher dieser Idee innewohnt, auszugeben vermochte. Dann erst begann mit Ibsen, Zola und Strindberg der Naturalismus. In Athen jedoch war Aischylos um 524 geboren und starb 456. Sophokles lebte etwa von 496 bis 405 und Euripides zwischen 484 und 406. So standen Aischylos und Euripides ihrem Alter nach nicht einmal 50 Jahre voneinander ab. Dennoch verkörperten die drei Meister völlig verschiedene Entwicklungsstufen.

Wenn Euripides niemals den reinen Realismus vertrat, wie er uns in der griechischen Plastik entgegentreten wird (dazu eingehender S. 236 ff.), sondern ihn von Anfang an mit naturalistischen Zügen vermischte, so lag das vielleicht gar nicht so sehr in der inneren Ökonomie der dichterischen Entwicklung begründet, sondern folgte vor allem aus der Teilhabe des Dichters an Aufklärung und Sophistik. Hätte der Meister sein Weltbild aus rein künstlerischer Lebensschau gewonnen, so hätte es wohl dem der Plastik entsprochen, hätte er also an einer Vertiefung in die Probleme der bürgerlichen Welt und in bürgerliche Innigkeit Genüge gefunden. Sein Weltbild entstammte in Wahrheit aber der aufklärerischen Zeitkritik seines Lehrers Anaxagoras und auch des Protagoras. Diese hatten nun gar nichts Poetisches an sich, dafür brachten sie das Übermaß an Gesellschaftskritik in die Werke des Dichters. Euripides hat nicht wenig darunter gelitten, daß er von seinem Räsonieren nicht loskam, der Öffentlichkeit blieb aber nichts anderes übrig, als die Nöte des Meisters mit auszukosten.

Daß Euripides darauf angewiesen war, mythische Stoffe zu wählen, tat seinen Werken keinerlei Eintrag. Daß er die Gestalten der Sage von den hochklassischen Kothurnen zu bürgerlichem Ernst und Innigkeit herabholte, entsprach dem Entwicklungsverlauf und findet sich auch in der Plastik. Was ihn entwicklungsgeschichtlich darüber hinaustrug, war aber sein Pessimismus und seine Neigung, der blinden Leidenschaft und dem Pathologischen in der Tragödie allzu freie Bahn zu gewähren. So verlockte es ihn immer wieder, aufgespaltene Naturen zu schildern, die in sich uneins und gleichsam zerrissen waren, Menschen, wie sie im Alltagsleben überhaupt erst jetzt etwas häufiger in Erscheinung zu treten begannen, da nun die alten Zentralwerte ja zusammenbrachen (s. S. 192 ff.) und die Ära des liberalistischen Interessenseparatismus (eingehend dazu S. 226 f.) ihren Anfang nahm.

Als Jünger der Aufklärung hatte Euripides das Vertrauen auf die Götter verloren. Er glaubte nur mehr an die Vernunft — und fand an ihrer Stelle doch ein vernunftloses Rasen elementarer Leidenschaften. An diesem Widerspruch seines Intellektualismus und einer in Roheit versinkenden Wirklichkeit vollendete sich das tragische Schöpfertum des Euripides. Der Meister war und blieb ein Gebildeter. Er verfügte über eine für damalige Verhältnisse bedeutende Bibliothek und kannte gewiß alle philosophischen Meinungen seiner Zeit. Wohl schloß er sich keiner Auffassung ganz an, doch zergrübelte er nun die Götter, die Mythen, die Menschen und beugte sich nur vor dem, was er nicht zu zerdenken vermochte, vor dem blinden Diktat der Affekte. Wo er dieses schildert, zeigte er sich allerdings in seiner ganzen dichterischen Schöpfergröße.

War Euripides mit seinen naturalistischen Zügen der eigenen Zeit auch voraus, so führte seine Richtung doch schon hinab in eine Welt von betrüblicher Bitternis. Seine Zeitgenossen empfanden das und lehnten ihn ab. Für Alexander und den Hellenismus galt er dafür als der Meister schlechthin. Erst in diese spätere Ära paßte er ja hinein, deren flackernden und in sich selbst so uneinigen Geist seine Dichtkunst vorausschauend verklärte.

10. KAPITEL

Der Niedergang der Poliswelt

Politik ohne Zukunftsideale

Immer wieder treffen wir in der Geschichte und im privaten Leben auf eine Abfolge, die als Generationen-Schema bezeichnet wird. Die Väter bauen hingebungsvoll in heiligem Eifer auf, die Söhne vollenden, der hohen Aufgabe noch immer bewußt, die Enkel aber wachsen im Vollendeten auf, sie wissen nichts mehr vom heißen Bemühen, alles Errungene dünkt ihnen selbstverständlich, bis sie es schließlich verspielen.

Auch Athen hatte in mehreren Generationen seinen Aufstieg als Demokratie und Großmacht mit heißen, idealischen Kämpfen erstritten. Durch dieses Ringen war nicht nur das staatliche Leben, sondern auch der Kultus der Staatsgottheiten, die tragische Dichtung, die Baukunst und Plastik in unerhörter Weise beflügelt worden. Wie einst das Ritterliche den Zentralwert der alten Adelskultur, ja der frühen Gesamtkultur der Hellenen dargestellt hatte, wie dieses Wertzentrum alle übrigen Kulturbelange mit Impulsen versah, so stellte in der Zeit bis etwa 440 das Hochziel des demokratischen Staates den Zentralwert für das gesamte Geistesleben Athens dar. An ihm hatten von Solon bis Kimon alle in ihrer Weise gebaut, und Perikles war schließlich sein radikalster und damit endgültiger Vollender.

Verwirklichte Ziele hören jedoch auf, stimulierende Ideale zu sein, man kann sie bloß noch als statischen Bindungsgehalt bewahren. Dies war auch für die einmal vollendete perikleische Demokratie die einzige positive Möglichkeit eines Fortlebens, und ähnliches war in Sparta mit dem Kosmos geschehen. Allerdings verfügen derartige Bindungen nun nicht mehr über die gleiche motorische Kraft wie offene, noch unerfüllte idealische Hochziele. Grundsätzlich hätte die Idee des demokratischen Staates aber auch noch als Bindungsgut die Rolle als Zentralwert zu spielen vermocht, sofern man ihr nur eine wirklich unbedingte Hochwertung und Verehrung entgegenbrachte, wie solches beim Kosmos der Fall war.

Dann aber hätte das gesamte Kultursystem Athens einen mehr statisch-bindungsmäßigen Charakter annehmen müssen. Es wäre selbst zu einem zweiten Sparta geworden und wäre mit dem Strömen der griechischen Kulturdynamik in Widerspruch geraten.

Man braucht sich dies nur vorzustellen, um seine Unmöglichkeit sogleich zu erkennen. Die Kulturdynamik der Hellenen ließ sich ihres Schwunges gar nicht berauben, solange sie noch Neues und Unerfülltes künftig zu bieten hatte. War es unvermeidlich, daß die Demokratie statisch „verkalkte" und institutionell erstarrte[66], so mußte sich das griechische Kulturleben einfach von ihr lösen, um seine zukunftsfrohe Dynamik nicht einzubüßen. In der Tat ist es so geschehen. Der statisch gewordene demokratische Staat blieb wohl weiter bestehen, doch verlor er seine Stellung als Zentralwert. Wir finden ihn von nun ab gleichsam auf einem Neben-, ja auf einem Sackgleis.

Dabei war es nicht einmal mehr ein Hochbild, das sich im attischen Staat erhielt. Nein, dieses Bild sank nun ab, denn es geriet in die Hände von Egoisten und Utilitaristen, die nicht anders verfuhren, als eben „Enkel" im oben besprochenen Generationsschema verfahren. Wir werden im nächsten Abschnitt sehen, daß in ihren Augen der Staat zum einfachen Nutzungsinstitut herabsank, und gleiches galt vom Attischen Reich.

Und noch ein anderes: der griechische Geist fand auch in kommenden Zeiten keine neuen Möglichkeiten einer Staatsgestaltung mehr, die zündend und mitreißend gewirkt hätten. Es war nicht nur der demokratische Staat, es war das Staatliche schlechthin, das sich nunmehr als unfähig erwies, als zentraler Wertgehalt eine dynamische Rolle zu spielen. Wohl experimentierte man in der Praxis noch weiter, wohl schuf man in der Theorie sogar mächtige Phantasiegebäude, doch die Hellenenkultur wurde nie wieder durch solche Bemühungen als Ganzes erfaßt und bestimmt.

Der Staat als Nutzungsinstitution

Auf die Generation seiner Mitkämpfer konnte sich Perikles wohl einigermaßen verlassen, sie blieben vom Jugenderlebnis her zeitlebens noch irgendwie Idealisten. Anders das neue Geschlecht, das vor seinen Augen heranwuchs. Wir ahnen, daß sich hier eine stille Auseinandersetzung abspielte, zwischen denen, die im Sinne eines Aischylos und Sophokles ehrfürchtig bleiben wollten, um einem echten staatlichen Zentralwert andächtig zu dienen, und jenen anderen, die als Gesinnungsgenossen eines Kleon im Staat samt seinen Staatsgöttern vor allem den Garanten von Wohlstand und Renten erblickten. Mit Absicht sprechen wir dabei von einer stillen Auseinandersetzung. Denn vielfach fand sie auch in den Herzen der einzelnen Bürger statt, die sich gern noch voll Biederkeit als Staatsverteidiger gaben und doch schon weit mehr an ihren Nutzen dachten. Die Athener standen damals gleichsam an der Wegegabel, wie einst Herakles (und immer wieder führt die Zwiespältigkeit der menschlichen Natur vor ähnliche Alternativen). Wie wir aus dem weiteren Verlauf der Geschichte erkennen, scheint man sich schließlich damit zufrieden gegeben zu haben, eine Fassade betonter Andacht aufrechtzuerhalten, sich mit pharisäerhaftem Eifer auf die Staatsgötter als Schirmherren zu berufen, im Grunde aber doch nur dem Nutzen, der Sicherheit und sonstigen materiellen Beweggründen Rechnung zu tragen.

Begünstigt wurde dieser Egoismus in der Einstellung der Bürgerschaft, ohne daß sie es freilich wußte und wahrhaben wollte, auch noch durch die von ihr so viel verlästerten Freiheitsparolen der Aufklärung und der Sophistik. Die Bürgervereinigungen der Polis waren ja, wie diese selbst, religiöse Institutionen gewesen, Kultvereinigungen, dem Schutz der Götter vertrauend. Es hieß der Polis ihre höchste Weihe, ja ihre Garantiefunktion rauben, wenn man ihre Gottheiten der Aufklärung opferte. Die Sophisten aber erhoben grundsätzlich das Individuum über die Institution, also auch über den Staat. Sie predigten eine immer weitergreifende Entfaltung der persönlichen Freiheit und der individuellen Ungebundenheit. Hier war die Abwertung des Staates in eine bloße Nutzungseinrichtung bereits stillschweigend mit eingeschlossen. Die braven Bürger lehnten die Freiheitsparolen wohl mit Entrüstung ab, taten aber in der Praxis gerade das, was jene in der Theorie empfahlen.

Der Drang zu einer weitergreifenden Individualisierung und damit Atomisierung der Gesellschaft kam ja gar nicht von den Sophisten allein, er entsprang einem bereits seit Generationen vorhandenen, allmählich sich steigernden Entwicklungsverlauf, von dessen Beginn wir S. 97 ff. berichteten. Angefangen hatte es mit der Befreiung des schöpferischen Ingeniums. Immer mehr Leute wollten aber im Verlauf der Zeit als Invididualitäten und Persönlichkeiten gewertet werden, auch das breite Volk lockte schließlich die Bewegungsfreiheit des Individualisten. Und da die kleinen Leute nichts Schöpferisches vollbringen konnten, wandten sie die neugewonnene Freiheit des Geistes gar oft dem Eigennutz zu. Solange freilich der idealistische Kampf der Demokratie gewährt hatte, waren sie als echte Gefolgschaft des Perikles noch mit höheren Zielen befaßt gewesen. Nach de n Sieg aber griff die Besinnung auf das eigene Ich nur um so stärker um sich. Die Sophisten brauchten somit das alles nicht erst hervorzurufen, sie boten nur der individualistischen Bewegung eine ihr adäquate (den Spießbürgern allerdings allzu offenherzige) Theorie. Platon berichtet im Grunde ganz richtig von Perikles, daß er die Athener mit der „prosperity" der Rente bekannt gemacht und sie dadurch zu Bequemlichkeit und Geldgier verlockt habe (Gorgias 515 E). Wohl glaubten auch diese Leute, noch brave, ja musterhafte Demokraten zu sein, und lehnten daher die sophistische Aufrichtigkeit entrüstet ab; in Wahrheit waren sie jedoch vor allem an den Vorteilen interessiert, welche ihnen das Regime bot. Und um dieses Regime zu sichern, hielten sie an den Göttern fest, sie wetterten gegen die „Atheisten", waren jedoch selbst schon vom selben Utilitätsrationalismus erfüllt.

Die Gefahr für den perikleischen Staat kam somit nicht nur von den Oligarchen, nicht nur von Sparta, sondern fast mehr noch von den nutzgierigen Demokraten. Außerdem lag die Bedrohung auch in der zwiespältigen Gesinnung des Staatsmannes selbst. Perikles begünstigte grundsätzlich die Freiheit des Geistes, er protegierte daher auch jene Geistesströmungen, die seinen eigenen Staatsbau unterminierten. Darum die Verwirrung der Fronten, als es um die Erhaltung des demokratischen Hochbildes ging: Die Satten und die Spießer, die mißtrauischen Altgläubigen, die zu Opfer und Dienst bereiten Idealisten, die individualistischen Geschäftemacher und die glaubensverachtenden Intellektuellen, sie alle standen nun durch- und gegeneinander. Der große Strom der öffentlichen Meinung aber hielt sich an die Devise, das Errungene zwar zu erhalten, es aber vor allem zu nützen, die eigenen Opfer (auch solche künstlerischen Mäzenatentums) nach Möglichkeit einzuschränken und es sich (aus Gründen der Sicherheit) auch mit den Göttern nicht zu verderben. Es war die Losung des Spießertums, welches rings um den alternden Perikles also emporwuchs.

Was sich in Athen an institutioneller Erstarrung hiermit anbahnte, hatte sich bereits seit längerem in oligarischen Staaten eingestellt. Jetzt griff sie allmählich auch auf die Demokratien über: der Staat wurde durch die Brille parteilicher Nutzung gesehen, für Oligarchen und Demokraten war er gleichermaßen eine Art Melkkuh. Die Ideale verflachten, die phrasenreiche Fassade blieb, nicht um andere, sondern vor allem um sich selbst zu täuschen.

Wir sind in unserer Darstellung mit der Behandlung der Ursachen dem Niedergang der Polis selbst bereits vorausgeeilt. Darum sei hier gleich ein Abschließendes gesagt: Die Polis war aus einer neuen Weihe des alten, indo=europäischen Vereinsgedankens erwachsen, und alle Teilnehmer, also die Bürger, dienten ihrer erhabenen großen Idee. Nun aber wurde das Untere zum Oberen: Nun diente die Polis umgekehrt dem einzelnen Bürger, und auch der Politenverein sank von einer echten Gemeinschaft zu einer vornehmlich utilitaristischen Genossenschaft herab, um Sicherheit und Wohlstand zu wahren. Das Wertverhältnis erfuhr eine absolute Umdrehung.

Wir wollen darob keine Anklage erheben. Wie alles, so hatte auch die Polis ihre große Zeit. Sie hat sie wunderbar genützt und ist dann abgesunken, nicht anders, als auch sonst alles absinkt, was groß war, um neuem Großen Raum zu geben.

Kleinbürgerliche Reaktion

Schon in früheren Abschnitten wiesen wir darauf hin, daß in den Friedensjahren seit 446 eine neue Generation heranwuchs, in der das Banausische und Spießbürgerhafte in den Vordergrund trat. In ihrem kurzsichtigen Egoismus waren diese Leute kaum mehr imstande, bei höherfliegenden Plänen Gefolgschaft zu leisten. Auf Tagegelder und Löhne kam es vor allem an. Da wurde man verdrießlich ob der hohen Kosten von Bauten und Kunstwerken. Diese Mißgunst wandte sich gar bald gegen Perikles, der diese Aufwendungen empfahl und beantragte. Nun begann man auch zu vermerken, wie wenig sich der Staatsmann eigentlich mit dem Volke gemein mache, daß nur Künstler, Gelehrte und Literaten ihm und seiner landfremden Lebensgefährtin nahestünden.

Das war Wasser auf die Mühlen der oligarchisch Gesinnten. Thukydides, der frühere Gegner des Perikles (und nicht mit dem gleichnamigen Historiker zu verwechseln), kam nach zehnjähriger Verbannung 433 nach Athen zurück und gefiel sich nun als eifrigster Hetzer. Entscheidend war aber nicht diese alte Mißgunst, sondern die neue im eigenen demokratischen Lager. Die breite Masse gab ja in der Volksversammlung den Ausschlag, diese aber wurde nun schwankend in ihrem Verhältnis zu Perikles und seinen allzu idealen Zielen.

Dabei traf sich die Mißgunst der Demokraten mit derjenigen der Oligarchen in folgendem wichtigen Anliegen: Die einen wie die anderen waren in der Mehrzahl zur Frömmigkeit geneigt und von Mißtrauen gegen den freien, gottlosen Geist der Aufklärer erfüllt. So stieß sich das Volk an den modernen Neigungen des Staatsmanns, an seiner Freundschaft mit Anaxagoras, an seinem Zusammenleben mit Aspasia. Und nun sollte es sich zeigen, wie hilflos zu Athen ein Führer des Volkes war, wenn das ihm entgegengebrachte Vertrauen zu wanken begann. Noch wagte man sich nicht so sehr an ihn selbst heran, da man ihn immerhin brauchte, aber man suchte diejenigen zu treffen, die ihm am nächsten standen. Anaxagoras mußte wegen Gottlosigkeit das Land verlassen. Aspasia konnte nur mit Mühe vor einer Verurteilung bewahrt werden. Den Pheidias warf man unter wohlfeilen Anschuldigungen in den Kerker.

Perikles schätzte die aus der Aufklärung drohenden Gefahren nicht allzu hoch ein, die aus der satten Spießbürgerlichkeit aufwachsende Bedrohung erkannte er aber um so deutlicher und nahm sie ernst. Alles kam nun darauf an, die Bürgerschaft aus dieser satten Bequemlichkeit wieder aufzurütteln. Es durfte nicht geschehen, daß sie sich daran gewöhnte, im Staat vornehmlich eine Versorgungsinstitution zu sehen; begeistert und hochgemut, opferfreudig und wagend sollte sie wieder werden wie einst, als man Kimon gestürzt hatte. Da er aber kein anderes Mittel fand, dieses Ziel zu erreichen, begünstigte er schließlich einen neuen Waffengang mit Sparta, den er auf weite Sicht ohnehin für unvermeidlich hielt. Also wollte er ihn führen, solange er selbst noch einigermaßen das Vertrauen der Mitbürger besaß. Wohl würde es ein langwieriges Ringen werden, an seinem Ende aber stand ein lockendes Ziel, das sich bisher immer versagt hatte: die Führung in ganz Hellas, die griechische Prostasie. Perikles glaubte an den Fortschritt, an die Moderne und Aufklärung. Darum war er überzeugt, daß der Sieg schließlich der fortschrittlicheren Stadt gehören werde.

Jedenfalls war Perikles entschlossen, die entscheidenden Schritte zu wagen. Auf sein Anraten hin unterstützte Athen 433 die Kerkyräer in ihrer Auseinandersetzung mit Korinth. Hierdurch bedrohte man den korinthischen Handel mit den adriatischen Küsten. Bald wandte man sich mit besonders groben Mitteln und ohne zwingenden Anlaß auch gegen die korinthische Kolonie Poteidaia und gegen den Isthmosstaat Megara. Den bedrängten Korinthern und Megareern blieb nichts anderes übrig, als den Hegemon des Peloponnesischen Bundes um Hilfe zu bitten. Sparta, kriegsunlustig wie gewöhnlich, tat alles, um eine bewaffnete Auseinandersetzung zu vermeiden, die von Perikles erregte und aufgestachelte attische Volksversammlung lehnte jedoch jeglichen Ausgleichsversuch ab. So begann im Jahre 431 der zweite Bruderkrieg zwischen Athen und Sparta[67].

Der Peloponnesische Krieg

Als Peloponnesischen Krieg bezeichnet man das Ringen zwischen den beiden Großmächten in der Zeit zwischen 431 und 404. Doch handelt es sich eigentlich um zwei aufeinander folgende Waffengänge, die von der kurzen Spanne eines schwankenden Friedens getrennt wurden.

Gegeneinander standen nicht nur Athen und Sparta, sondern das Attische Reich und der Peloponnesische Bund. Die Untertanengemeinden des ersteren waren allerdings von der athenischen Volksversammlung gar nicht erst um ihre Zustimmung gefragt worden. Die Teilnehmer des Peloponnesischen Bundes jedoch hatten Gelegenheit, in einer Vollversammlung die korinthischen Klagen anzuhören und über Krieg oder Frieden zu entscheiden. Erst auf Grund ihres Majoritätsbeschlusses begann Sparta den Krieg. Die Sympathien der griechischen Nation galten überwiegend der spartanischen Sache, denn Athen war damals zwar auf der Höhe seiner Selbstverherrlichung, verkörperte aber zugleich in den Augen der Untertanen seines Reiches und aller anderen Griechen ein Höchstmaß von Eigensucht und Rücksichtslosigkeit. Mochte Athen in der Innenpolitik einen freiheitlicheren Standpunkt, Sparta gegenüber Perioiken wie Heiloten einen um so diktatorischeren einnehmen, in der Außenpolitik verhielt es sich gerade umgekehrt. Sparta übte weitestgehende Toleranz, während Athen unterdrückte, wo es nur konnte. Darum traten nun auch Boiotien, Phokis und Lokris auf Spartas Seite. Militärisch war Sparta zu Lande ebenso weit überlegen wie Athen zur See. So wich man sich gegenseitig aus und führte den Krieg gleichsam aneinander vorbei, was auf die Anwendung einer reinen Ermüdungsstrategie hinauslief. Sparta fiel jährlich in Attika auf ein paar Wochen ein, um durch Verwüstungen die attische Landwirtschaft systematisch zu schädigen. Athen hingegen zernierte zur See die Peloponnes und war bestrebt, den korinthischen Handel zum Erliegen zu bringen. Dazu kamen dann noch allerlei Aktionen im attisch-boiotischen Grenzbereich. Entscheidende Schläge erfolgten Jahre hindurch nicht.

Um so bedeutsamer sollte die innenpolitische Wandlung werden, welche sich inzwischen zu Athen vollzog. Am Anfang des Krieges hatte Perikles, wie zu erwarten war, das Steuer des Staatsschiffs wieder fest in seine Hand bekommen. Aber bald geschah etwas ganz Unerwartetes. Unter der attischen Bevölkerung, die sich infolge eines spartanischen Einfalls in die Befestigungszone zwischen Athen und der Küste zusammengedrängt hatte, brach 430 eine furchtbare Kriegsseuche aus. Schwere Vorwürfe trafen nun Perikles, den man zeitweise sogar seiner Führerstellung entkleidete. Wohl folgte bald seine Rehabilitierung, doch fiel der Staatsmann unmittelbar darauf selbst der Krankheit zum Opfer (429).

Mit dem Tod des großen Idealisten war der Weg frei, zwar nicht für die zahlenmäßig viel zu schwachen Oligarchen, wohl aber für eine mehr banausische und spießbürgerliche Ausdeutung der Demokratie. Aus dieser neuen Einstellung heraus verschloß sich die attische Bürgerschaft instinktiv jeder starken Persönlichkeit und wollte nur Leute geringeren Geistes an ihrer Spitze sehen. Exponent eines billigen Radau-Chauvinismus war nun der Besitzer einer großen Gerberei, ein Emporkömmling namens Kleon. Die Interessen eines altererbten, jedoch kleinlich gesinnten Wohlstands vertrat Nikias.

Die Entscheidung des Krieges wurde schließlich durch zwei Rückschläge herbeigeführt. Bei Kämpfen an Messeniens Küste gelang es dem siegreichen Kleon, auf der Insel Sphakteria 120 Spartiaten gefangenzunehmen (425). Ein Vorstoß des spartanischen Feldherrn Brasidas nach der Chalkidike und nach Thrakien brachte

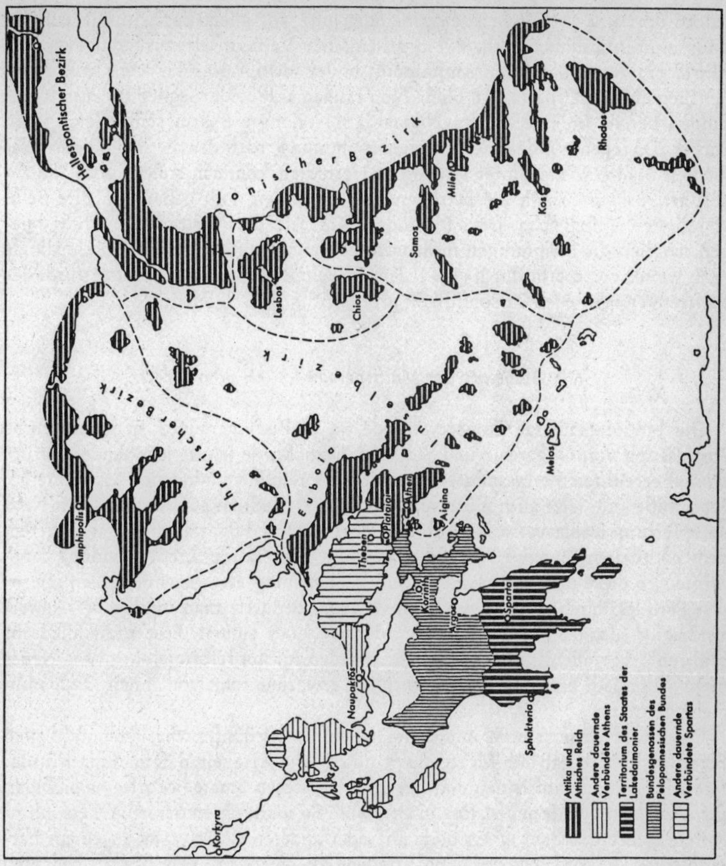

Karte 8: Attisches Reich und das spartanische Bündnissystem am Beginn des Peloponnesischen Krieges

jedoch dort 424 die Untertanengemeinden und vor allem das wichtige Amphipolis zum Abfall von Athen. Ein athenischer Versuch, sie zurückzugewinnen, führte 422 zur Schlacht von Amphipolis, in der sowohl Brasidas wie Kleon fielen, der Sieg aber den Spartanern blieb. Nun fanden sich beide Gegner zu Unterhandlungen bereit. Im Frieden des Nikias (421) erlangte Sparta seine Gefangenen zurück. Dagegen wurde eine Vertragsbestimmung, nach der die chalkidisch=thrakischen Städte wieder unter athenische Herrschaft kommen sollten, nicht durchgeführt, weigerten sich die betreffenden Gemeinden doch beharrlich, ihre Selbständigkeit aufzugeben. Da auch andere Klauseln des Vertrages unerfüllt blieben, wollten die Spannungen nicht weichen, ja sie wurden durch zwei Umstände noch weiter verschärft, durch eine Krisis im Peloponnesischen Bund und durch das Auftreten einer neuen Persönlichkeit großen Stils, des Alkibiades.

Die Ablösung der Machtpersönlichkeit vom Staat

Die bindungsmäßige, konservierende, ja vielfach geradezu spießbürgerliche Auffassung von Oligarchie und radikaler Demokratie lehnte jede Änderung des einmal erreichten Verfassungsstandes und der damit verbundenen Vorrechte ab. Man mißtraute jetzt auch allem auf Reformen bedachten staatsmännischen Neuschöpfertum. Daher versagten sich die Oligarchen und Sparta schon seit längerem dem politischen Ingenium. In Athen, wo die Demokratie ihre Vollendung fand, zeigte sich diese persönlichkeitsfeindliche Einstellung erst gegenüber dem alternden Perikles, blieb dann aber bestehen. Wohl bedurfte man infolge der Ämterverlosung (dazu S. 149) führender Männer, doch sollten diese nicht allzusehr „führen", vor allem nicht unersetzlich werden, nichts reformieren, nichts Neues mehr genialisch ersinnen. Geschicklichkeit erwartete man von ihnen, doch nicht mehr Format.

Da aber auch jetzt noch immer staatsmännisch=schöpferische Persönlichkeiten heranwuchsen, ergab sich für sie die peinliche Schwierigkeit, daß man ihrer Initiative weder im oligarchischen noch im demokratischen Staate bedurfte, ja daß man ihr Auftreten geradezu als störend empfand. So vermochten derartige Persönlichkeiten weder mit dem einen noch mit dem anderen Staatstypus zu einem harmonischen Akkord gemeinsamen Strebens zu gelangen. Was das zu bedeuten hatte, lehren uns nun Alkibiades, Lysander und die sogenannten Condottieri der nachfolgenden Zeit. Ob sie wollten oder nicht, sie mußten sich vom heimatlichen Staat immer mehr entfernen, sie konnten mit ihm schöpferisch nichts mehr anfangen. Da ihrer weder die Oligarchie noch die Demokratie bedurfte, strebten sie schließlich immer mehr persönlichen Machtzielen nach, für die sie dann allerdings auch ihren Heimatstaat nach Möglichkeit heranzuziehen suchten. Das war etwas durchaus Neues im griechischen Geistesleben, denn bisher hatten die Politiker zuerst an ihre Heimatstadt und an eine von ihnen verfochtene Vaterlandsidee gedacht. Kypselos und Peisistratos, Solon und Kleisthenes, Themistokles, Kimon und Perikles, sie waren alle Polis=Fanatiker gewesen und damit Diener des Glau=

bens an eine Mission zu höheren Zwecken. Erst der neue Typus erkannte nun nichts mehr über sich an und erblickte in der eigenen Machtvollkommenheit das höchste Ziel. Im Grunde handelte es sich dabei um dasselbe Streben nach Autarkie, dem wir seit der Sophistik im gesamten griechischen Geistesleben begegnen. Das Phänomen des autarken Machtgenies stellt also eine Teilerscheinung in einem viel umfassenderen Wandlungsvorgang dar.

Alkibiades

Gleich Perikles entstammte Alkibiades der Verwandtschaft des Alkmeonidenhauses, doch bedeutete das nicht mehr dasselbe, denn seither hatte sich eine höchst bedeutsame Wandlung im Verhältnis des Individuums zu den ererbten Bindungen vollzogen. Für einen Perikles war Versippung noch Schicksal gewesen, Alkibiades hingegen war bereits ganz im Geist der Aufklärung und Sophistik aufgewachsen. Für ihn galt auch seine Familie nur mehr als geeignetes Mittel zum Aufstieg und zur Gewinnung von Macht. Schon vom ungebärdigen Wesen des Knaben berichten zahlreiche Anekdoten. Die trotzige Bindungslosigkeit des jugendlichen Brausekopfes und späteren Abenteurers kündete sich damit an. Auch in seinem Kulturverhalten war Alkibiades ein weit modernerer Typus als der noch idealistisch gestimmte Perikles: Weder Athen noch die Künste stellten für ihn eine übergeordnete Wertwelt dar, auch galt er als ausgesprochener Verächter der alten Religion. Dank seiner unerhörten genialischen Vitalität bestimmte jedoch seine Initiative sogleich den Lauf der Geschichte, sobald er nur die politische Bühne betrat.

Zuerst machte er durch Interventionen auf der Peloponnes eine Annäherung von Athen und Sparta unmöglich. Als seine Bemühungen, in Griechenland einen neuen Krieg zu entfesseln, fehlschlugen, gewann er die Mitbürger für einen Plan von erstaunlicher Kühnheit: Sizilien werde man erobern, das dort allmächtige Syrakus unterwerfen. Daran könne sich die Auseinandersetzung mit Karthago anschließen und die Gewinnung des gesamten westlichen Mittelmeers. Das werde Ersatz bieten für den Verzicht auf die Levante, zu dem man im Vertrag des Kallias (s. S. 162) gezwungen war.

Dieser wagemutige Entwurf des Alkibiades war von einem für Hellas bisher ganz unerhörten Format und reichte fast an die Konzeption eines Alexander heran. Athen wäre viel zu schwach gewesen, derartige Anschläge zu verwirklichen, wenn nicht ein Ingenium gleich Alkibiades an seiner Spitze stand. Die Durchführung des Plans hing somit davon ab, ob sich ein harmonisches Verhältnis zwischen Polis und diesem im Grund schon völlig autarken Individuum aufrechterhalten ließ. Alsbald sollte sich zeigen, daß dies nicht der Fall war. Wohl rüstete Athen nun eine gewaltige See=Expedition gegen Syrakus, doch noch vor ihrem Abgang wurde Alkibiades nächtlich übermütiger Religionsfrevel angeklagt (eingehender hierzu S. 204). Wie einst im Vorgehen gegen Perikles waren es nicht mißgünstige Oligarchen allein, sondern vor allem die demokratisch gesinnten Kleinbürger, welche hier gegen die Aufklärung aufbegehrten. Man ließ

Alkibiades mit seiner Flotte zwar absegeln (415), doch schon auf der Fahrt ereilte ihn ein Befehl, das Kommando seinen Kollegen Nikias und Lamachos zu überlassen, um zu seiner Verantwortung heimzukehren. Der also Gekränkte kam diesem Auftrag gar nicht erst nach. In einem italischen Hafen stahl er sich vom Schiff. Als Deserteur wandte er sich voll bitteren Grolls nach Sparta, um als Emigrant bei den Feinden zu leben, von dort aus Rache an Athen zu nehmen.

Die attische See-Expedition, ihres Urhebers und wahren Führers beraubt, begann inzwischen mit dem Angriff auf Syrakus. Allenthalben zeigte sich aber das Unvermögen der Kommandierenden. Wohl kargte Athen nicht mit weiterer Unterstützung, doch erhielt auch Syrakus als korinthische Kolonie von seiner Mutterstadt und vor allem von Sparta wertvolle Hilfe. Dem nach Sizilien entsandten spartanischen Feldherrn Gylippos gelang es, die athenischen Belagerer in die Defensive zu drängen, ja sie schließlich vernichtend zu schlagen (413). Wer von den Besiegten die Niederlage überlebte, wurde entweder in die Sklaverei verkauft oder ging in den Steinbrüchen von Syrakus zugrunde.

Das Mißglücken der sizilischen Expedition brachte im Schicksal Athens eine ähnliche Wandlung wie einst die ägyptische Katastrophe zur Zeit des Perikles. Der spartanischen Regierung aber gab sie erhöhte Zuversicht, auf die Pläne des Alkibiades einzugehen. Seinen Vorschlägen folgend, begnügte sie sich nun nicht mehr mit vorübergehenden Einfällen in Attika, sondern besetzte für alle Dauer den strategisch so trefflich gewählten Platz Dekeleia, was einer ständigen Zernierung Athens von der Landseite her gleichkam. Der Initiative des Ungetreuen mag es ferner entsprochen haben, wenn Sparta nun mit Nachdruck die Untertanengemeinden des Attischen Reichs zum Aufstand aufrief und ihnen hinreichende Flottenhilfe zusagte. Die entscheidende Änderung der Lage erfolgte jedoch dadurch, daß nunmehr auch Persien den Athenern den Krieg erklärte, die Rückgabe Ioniens verlangte und mit Sparta ein Bündnis schloß. Damit war, wie einstmals im ersten Bruderzwist, für Attika von neuem der so unheilvolle Zweifrontenkrieg heraufbeschworen. Außerdem trat dem an sich so finanzkräftigen Athen nun die noch gewaltigere Finanzkraft des persischen Imperiums drohend entgegen.

Die wider Athen gerichtete Koalition war voll innerer Unaufrichtigkeit. Persien führte den Krieg allein durch sein Geld, das es den Spartanern zu Erbauung und Unterhalt großer Flotten beisteuerte; dafür verlangte es die ionischen Städte zurück. Sparta führte mit diesen Geschwadern den Krieg in den ionischen Gewässern, dachte aber gar nicht daran, die Plätze dort tatsächlich an den Großkönig abzutreten. Dieser war sich über das Doppelspiel der Spartaner durchaus im klaren, doch begrüßte er es, wenn sich die Griechen gegenseitig zerfleischten, und finanzierte daher ihren Bruderkrieg. Nicht minder hinterhältig zeigte sich der dritte Partner im Bunde, Alkibiades. Er spielte im spartanischen Flottenkommando die maßgebende Rolle. Seinen Aufrufen war es zu danken, wenn das wichtige Chios und Milet von Athen abfielen. Doch bezweckte der Listige hierdurch nicht die Vernichtung der Vaterstadt, sondern nur ihre Demütigung. Athen sollte sich gezwungen sehen, ihn wieder aufzunehmen, ja ihm für die Heimkehr zu danken. In der

Tat gelang dem Abenteurer sein gewagtes Spiel. Zuerst wechselte er zu den Persern hinüber. Als dann zu Athen die Oligarchen vorübergehend zur Macht gelangten (411), verhandelte er mit der athenischen Flotte, bestärkte sie in ihrer demokratischen Gesinnung und übernahm schließlich ihre Führung. Die attische Oligarchenherrschaft brach alsbald zusammen, Alkibiades aber besiegte die Spartaner in mehreren Seeschlachten und kehrte 408 im Triumph nach Athen zurück.

Noch einmal schien durch dieses Bündnis von Polis und autarkem Ingenium den Athenern der entscheidende Erfolg zu winken. Doch wieder vermochte das mißtrauische Bürgertum den Genius nicht zu ertragen. Da es nicht gelang, den Frieden mit Persien herzustellen, sah sich das Volk enttäuscht, und als einer der Unterfeldherren eine an sich bedeutungslose Schlappe erlitt, entzog man dem Alkibiades das Kommando (407). Verbittert begab sich dieser auf seine thrakischen Besitzungen in selbstgewählte Verbannung. Athen aber beraubte sich so seines besten, ja einzigen Trumpfes, und das gerade in dem Augenblick, da das Schicksal der Gegenseite die Persönlichkeit eines Lysander beschied!

Lysander

Als Sparta 408 den ebenso energischen wie klugen und listigen Lysander als Admiral nach Ionien sandte, ahnte es nicht, daß es hierdurch einer der bedeutsamsten Machtpersönlichkeiten der griechischen Geschichte die Bahn des Aufstiegs eröffnete. Lysander war es, der dem Unterfeldherrn des Alkibiades die oben erwähnte Schlappe beibrachte. Lysander gewann auch den persischen Prinzen Kyros, der eben als Vizekönig in Anatolien eintraf, für eine energische Kriegführung gegen Athen.

Wie schwer es aber auch dem Kosmos fiel, einer Persönlichkeit von Format zu vertrauen, sollte sich alsbald erweisen. Ein aus Kleinbürgerneid geborenes Gesetz verbot, daß ein spartanischer Admiral länger als ein Jahr im Dienst verbleibe. So mußte Lysander alsbald wieder nach Hause zurückkehren. Es bedurfte der vernichtenden Niederlage, die sein Nachfolger 406 in der Seeschlacht bei den Arginusen erlitt, es bedurfte auch der energischen Proteste des Kyros, bis sich die spartanische Regierung entschloß, Lysander ein zweites Mal auszusenden. Nun aber sollte sich das Schicksal des Krieges erfüllen, denn auf der einen Seite verband sich das Genie mit den Möglichkeiten, welche die persische Finanzkraft bot, Athen hingegen war ausgeblutet, hatte seine finanziellen Möglichkeiten erschöpft und sah sich durch den Abfall weiterer Untertanengemeinden noch mehr geschwächt. Wie sehr es aber vor allem die Belastung der Nerven nicht länger ertrug, zeigte nach Absetzung des Alkibiades noch der wahnwitzige Prozeß gegen die in der Seeschlacht bei den Arginusen siegreichen Feldherren. Man verurteilte sie zum Tod, bloß weil sie nicht imstande gewesen waren, ihren schiffbrüchigen Kameraden im Sturme Hilfe zu bringen.

Den entscheidenden Schlag führte Lysander 405 am Hellespont. Er fingierte ein defensives Verhalten, bis die Athener sorglos und nachlässig wurden. Dann über=

fiel er ihr Schiffslager an den Ziegenflüssen (Aigospotamoi) und bemächtigte sich der gesamten Flotte. Damit war nun alles zu Ende. Der Rest der Untertanengemeinden fiel ab, das Attische Reich löste sich auf. Athen wurde von den nunmehr auch zur See allmächtigen Spartanern ausgehungert und zur Übergabe gezwungen. Es mußte die langen, nach der Küste führenden Mauern niederreißen, mußte auf seine bisherige Vormachtstellung verzichten und behielt nur wenige Inseln. Das demokratische Regime brach zusammen und wurde durch eine Oligarchenherrschaft ersetzt (404).

Lysander errichtete nun allenthalben im Umkreis des früheren attischen Reiches oligarchische Verfassungen und stellte an die Spitze der Städte sogenannte Dekarchien mit Männern, die ihm persönlich ergeben waren. So schien es, als würde anstelle der attischen Organisation ein Reich Lysanders erstehen. Ähnlich wie vorher Alkibiades trat nun auch er aus dem Rahmen des Heimatkreises heraus. Die stolze Weihung nach Delphi — eine Statuengruppe, in der Lysander von Poseidon bekränzt wurde — bekundete ganz offen den hochfahrenden Sinn des glücklichen Siegers, der es sogar zuließ, daß ihn ionische Oligarchen als Gott verehrten.

Eine Auseinandersetzung mit dem autarken Genius konnte unter solchen Umständen dem Kosmos ebensowenig erspart bleiben wie vorher der attischen Polis. Und in der Tat ergab sich alsbald ein unleugbarer Parallelismus, nur daß sich jetzt alles in weniger dramatischer Form abspielte. Lysander suchte wohl die spartanische Politik und Regierung unter seiner Kontrolle zu halten, doch schon 403 erfuhr sein Machtsystem eine schwere Einbuße. Die Oligarchen Athens hatten durch Willkür und innere Zwietracht ihre Stadt so sehr in Blut und Unglück gestürzt, daß der zu ihrer Unterstützung ausgesandte Spartanerkönig Pausanias die Wiedereinrichtung einer Demokratie gestattete. Noch schwerer traf es jedoch Lysander, daß man bald darauf die Dekarchien im Bereich des früheren attischen Reiches auflöste und der Spartanerkönig Agesilaos ihn schließlich aus der Überseepolitik vollkommen ausschaltete. So erlangten der konservative Kosmos und das spartanische Königtum wieder die Oberhand, bevor noch der Kühne seine unabhängige Stellung hinreichend ausbauen konnte. Lysander mußte wieder in die Reihe der kleineren Anführer zurücktreten und starb schon 395 im Kampf um Haliartos den schlichten Soldatentod. Der Kosmos hatte sich aber gerade in dem Augenblick des Ingeniums entledigt, als man seiner am dringendsten bedurfte, denn schon drohte die Auseinandersetzung mit Persien. 407 gab die attische Polis den Alkibiades preis, 396 der spartanische Kosmos den Lysander. In beiden Fällen vergab man damit die einzige Möglichkeit, sich siegreich zu behaupten.

Modernistenverfolgung

Wir wiesen schon früher darauf hin, daß der attische Staat seit dem Tode des Perikles der Erstarrung verfiel und nicht mehr imstande war, der Kulturentwicklung zu folgen. Zwar haben weite Kreise Athens wenigstens versucht, einen engeren Zusammenhang von Staat und Kultur zu erhalten, da aber der Staat nun statisch verblieb, konnte auch seine Einflußnahme auf das Kulturelle kaum anders als konservierend und fortschrittsfeindlich sein. Das hatte schon am Ende der Perikleischen Zeit zur Bildung der S. 194 f. besprochenen Abwehrfront geführt und steigerte sich während des Peloponnesischen Krieges zeitweise zu einer richtigen „Modernistenverfolgung".

Der Ausdruck „Modernisten" findet sich in der Antike ebensowenig wie der Terminus „Aufklärung". Dieser stammt aus der Geistesgeschichte des 18., jener aus der des 19. Jahrhunderts. Dennoch möchten diese Ausdrücke gestattet sein, da sie die antiken Tatbestände, auf die wir sie beziehen, in zureichender Weise benennen.

Wie weit es eine Front gegen die Neuerer auch in anderen griechischen Staaten gegeben hat, entzieht sich meistens unserer Kenntnis. In Athen aber bestimmte diese Gegenbewegung, gezeugt aus einer merkwürdigen Vermischung von Vernunft und Unvernunft, die geistige Physiognomie der letzten Jahrzehnte des 5. Jahrhunderts in besonderem Maße.

Drei Beweggründe vermögen wir zu erkennen, die hier maßgebend waren und die sich vielfältig miteinander vermischten: Einmal die Feindschaft des unschöpferisch Mittelmäßigen gegen die geniale Persönlichkeit, ferner der Wunsch, die ererbte Religion gegen die Aufklärer zu schützen und schließlich ein immerhin noch aus Gemeinschaftsgefühlen genährter Widerstand gegen Bindungslosigkeit und Intellektualismus, also gegen eine Einstellung, wie sie zugunsten des extremen Individualismus von den Sophisten vertreten wurde. Die Lauterkeit des zuletzt genannten Motivs darf man freilich nicht allzuhoch einschätzen; denn die Leute, welche sich hier zu Schützern des bürgerlichen Gemeinschaftsgedankens aufwarfen, waren vielfach schon selbst den Verlockungen des autarken Egoismus erlegen. Oft handelte es sich daher um nichts anderes als um eine schlichtere und dumpfere Form des Egoismus gegenüber einer intelligenteren und anspruchsvolleren.

Als Träger aller drei Motive treten uns die breiteren Schichten der Volksversammlung entgegen, besonders seitdem Athen eine Reihe von militärischen und politischen Rückschlägen hinnehmen mußte. Dabei hat man sich die Persönlichkeitsfeindlichkeit meist gar nicht offen eingestanden, doch wirkte sie triebhaft aus einer tieferen Seelenschicht. Um so eifriger bekannte man sich zu den beiden anderen Motiven und bezichtigte die Gottlosen und Philosophen der Entfesselung des göttlichen Zornes. Die Vornehmen und Reichen, auch wenn sie Sparta nahestanden, zeigten sich damals gespalten. Manche interessierten sich selbst für die modernen Bestrebungen, ja ließen sich von Sophisten unterrichten. Andere hielten an der alten Religion um so eifriger fest und lehnten den neuen Intellektualismus ab.

Wie zuerst Aufklärung und Sophisterei, so wurde nun Modernistenhaß in Athen gleichsam zur billigen Mode, ja zur Psychose. Kein Wunder, wenn man ihn auch bei Austragung politischer Gegensätze einmischte: wollte man seinem Gegner eins am Zeug flicken und mangelten andere Vorwürfe, so warf man ihm wenigstens seine Freigeistigkeit vor.

Schon als Diopeithes das Gesetz gegen die Gottesleugner einbrachte und Kleon den Anaxagoras des Atheismus bezichtigte, spielte das Politische herein: man wollte Perikles treffen. Als sich 427 Aristophanes in seiner Komödie Daitaleis („Die Schmausdörfer") gegen die Erziehungsmethoden der Sophisten wandte, geschah das aus einer zwar konservativen, aber durchaus gesunden Abwehr. In seinen „Wolken" jedoch steigerte sich 423 diese Ablehnung zu Oligarchenborniertheit. Wieder zog der Dichter gegen Gottlosigkeit und Unmoral der Sophisten zu Felde, doch wußte er hierfür keinen geeigneteren Vertreter als — Sokrates. Dieser Treffliche war nun weder gottlos noch unmoralisch noch stand er dem Sophistenklüngel irgendwie nahe. Seine einzige Unmoral und Gottlosigkeit bestand darin, daß er als Original und Persönlichkeit aus der Reihe des Durchschnitts (wie auch aus der der Respektablen!) fiel. Daß selbst ein begnadeter Dichter wie Aristophanes dem Irrtum einer solchen Begriffsverwirrung verfiel, echte Persönlichkeit, pseudopersönlichen Egoismus und Gottlosigkeit durcheinander zu werfen, zeigt uns eine Engstirnigkeit, die sich der Verpflichtung eines kritischen Unterscheidens und damit aller Verantwortung entzog. So hart dieses Urteil erscheinen mag, wir müssen leider auch Aristophanes zu den Exponenten blinder Leidenschaftlichkeit rechnen, wie sie bei Oligarchen nicht minder als bei radikalen Demokraten daheim war. Wenn hiervon selbst große Meister befallen waren, so kann es nicht überraschen, daß wir uns bei nächster Gelegenheit einem noch viel elementareren Ausbruch des Hasses gegenübersehen.

Es war im Jahre 415, da löste die nächtliche Verstümmelung der athenischen Hermenbilder eine Modernistenverfolgung größten Stils aus. Eine sich seit Jahren steigernde Spannung suchte damit Entladung. Mehr noch als bisher mischten sich auch politische Leidenschaften ein. Wohl sollten die Schänder und Gottesfrevler gefaßt werden, darüber hinaus aber auch alle Aufklärer und Gottesleugner, ja noch mehr: da nun einmal der Demos an der Macht war, bog sich die Modernistenverfolgung schier in eine Oligarchenverfolgung um. Und weil die Menge außerdem der allzu autarken Genialität des Alkibiades mißtraute, führte die Verfolgung schließlich zur Anklage auch dieses Mannes, hatte er doch nach Aussage von Zeugen beim Gelage die heiligen Mysterien von Eleusis verhöhnt. Für Denunzianten war nun eine große Zeit gekommen, es hagelte Anklagen über Anklagen. Viele Hunderte zitierte man vor Gericht, man zog Vermögen ein, wer nicht fliehen konnte, verfiel dem Henker. Chauvinismus, Mißtrauen und Dummheit einten sich zu Orgien des Blutrauschs. Protagoras verließ damals Athen; mitsamt seinem Schiff ging er auf der Fahrt nach Sizilien zugrunde.

Diese unglückselige Kette von Gewaltakten hatte ein trauriges Ergebnis: die modernistischen Strömungen verminderten sich keineswegs, nur der Sturz des Alkibiades gelang, und zahlreiche oligarchisch gesinnte Bürger wurden ausgerottet. Aufklärung, Philosophie und Sophistik waren als geistige Impulse viel zu sehr erstarkt, sie lockten mit neuen Möglichkeiten, lockten den Intellekt und den Spürsinn, die Eitelkeit und den Egoismus, so daß sie durch den Unwillen einer Volksversammlung und den Protest von Biedermännern nicht mehr aus der Welt geschafft werden konnten. Die Generation des Peloponnesischen Krieges mochte sich noch so sehr entrüsten, die nachfolgende mußte die gleichen Erscheinungen bereits als etwas durchaus Selbstverständliches hinnehmen, und alles deutete darauf hin, daß der Widerspruch ohne weitere dramatische Akzente verebben werde.

Da besannen sich gleichsam im letzten Augenblick noch einige Männer, daß dem schwindenden Wahn ein letztes Opfer gebracht werden könne. Wichtigtuer waren es, die glaubten, wieder einmal den Staat retten zu müssen, Politiker dritten Ranges, die sich in den Vordergrund spielten. Sie wußten nichts Klügeres zu unternehmen, als Sokrates unter Todesanklage zu stellen, und warfen dem so redlichen und gütigen Greise vor, daß er den alten Götterglauben schädige, neue Götter einführe und die Jugend verderbe. Das war ein Angriff mit schärferen Waffen, als sie einst Aristophanes verwendet hatte. Nichts zeigt klarer als der nun folgende Prozeß, wie unmöglich ein Zusammenklang zwischen Masse und Persönlichkeit seither geworden. Nicht nur die Anklage, auch die ungebeugte Verteidigung des Sokrates selbst mußte zu seiner Verurteilung führen. So mutet sein Ende fast wie ein freiwilliges Opfer an. Wie damit die geistige Freiheit vom Staate für alle Zukunft erkauft wurde, soll uns ein späterer Abschnitt lehren.

Die Vorherrschaft Spartas

Mit der Katastrophe Athens stand ganz Hellas am Ziel seiner Wünsche, denn bis dahin hatte die Drohung des attischen Zentralismus auf dem gesamten Bereich der Ägäis gelastet. Als sich aber nach gewonnenem Sieg die Frage der Neugestaltung der Verhältnisse stellte, zeigte sich sogleich, wie wenig die Vorherrschaft Spartas gefestigt war. Es hatte den Krieg an der Spitze der peloponnesischen Konföderation und zugleich im Bunde mit seinen Alliierten in Mittelgriechenland geführt. Dabei war es niemals zu Übergriffen gekommen, hatte Sparta seine Machtstellung niemals mißbraucht. Als aber Athen gedemütigt daniederlag, trachteten Korinth und Theben, den Sieg zur entscheidenden Stärkung ihrer eigenen Macht zu nützen. Nichts Geringeres verlangten sie als die Zerstörung Athens. Korinth hätte sodann den attischen Handel an sich gerissen, Theben jedoch wollte auf diese Weise zur Vormacht ganz Mittelgriechenlands aufsteigen. Ziel beider Städte war zugleich, sich nun auch gegen jede spartanische Bevormundung zu sichern.

Daß dieser Anschlag gegen Athen nicht gelang, ist dem Widerspruch Spartas zu danken. Es lehnte ihn nicht nur aus machtpolitischen Gründen ab, sondern auch unter Hinweis auf die überragenden nationalen Verdienste der wunderbaren Stadt. Nie war Sparta größer als bei diesem denkwürdigen Entscheid.

Korinth und Theben aber wurden zu Feinden Spartas. Als in Athen die Demokratie wieder hergestellt war, gesellte sich auch diese Stadt, allein schon aus Gründen des Verfassungsgegensatzes, zu den schweigenden Neidern. Dazu kam noch Argos, das seinen jahrhundertealten Haß gegen Sparta auch jetzt nicht vergessen konnte. So bildete sich wie von selbst eine Koalition flüsternder Mißgunst, nicht zu gemeinsamen Aufbauzielen, sondern einfach aus dem ehrgeizigen Verlangen, den jeweils Stärksten zu stürzen.

Zu diesen latenten äußeren Gefahren kam aber noch eine zweite Bedrohung, die nicht der Vorherrschaft, sondern dem Kosmos selbst galt. Um materiellen Verlockungen zu entgehen und sich vor den Sirenentönen des Fortschritts zu sichern, hatte sich Sparta mit einer Art „Eisernem Vorhang" umgeben. Spartiaten reisten nicht und bekamen wenig Besuch. Der Kosmos bildete für sich eine abgeschiedene Welt. Seit man aber im gesamten Hellas allmächtig geworden war, überall Kommandanten und Truppen zu halten hatte, schlich sich auch in der spartanischen Bürgerschaft ein höheres Interesse für das frohere, reichere, bewegtere Leben der Umwelt ein. Wohl bewährte sich die eiserne Zucht und bewahrte den Kosmos vor einer Auflösung, doch schien er geraume Zeit einem solchen Umschwung nahe zu sein; es war wohl nur der Kürze der spartanischen Herrschaft zu danken, daß er vermieden wurde.

Worauf beruhte nun damals Spartas Macht? Nicht wie bisher allein auf dem Peloponnesischen Bund und auf seinem guten Verhältnis zum Großkönig, sondern zugleich auf seiner Nachfolge als Haupt der ägäischen Seestädte. Zwar wurden die oben erwähnten Dekarchien bald wieder beseitigt, die Abhängigkeit von Sparta blieb aber weiter. Allerdings empfand man sie nicht so schmerzlich wie den Druck Athens. Sparta verzichtete ja auf manche allzu zentralistische Maßnahmen und ließ den Städten ihre Rechtspflege, ihr Münzrecht; es sorgte nur dafür, daß nach Möglichkeit die Oligarchen ans Ruder kamen, und forderte Tribute, um damit die Flotte zu erhalten. Hieran nahmen die Städte keinen Anstoß, handelte es sich doch um eine durch die persische Nachbarschaft auferlegte, zwingende Notwendigkeit. Daß aber Sparta in einzelne Plätze Besatzungen legte und daß sich die Kommandanten oft auf eigene Faust auch in die inneren Angelegenheiten der Bürger einmischten, wurde als sehr drückend empfunden.

Die guten Beziehungen zu Persien beruhten auf der Sympathie, die der über Westkleinasien gebietende persische Prinz Kyros dem hellenischen Wesen im allgemeinen, vor allem aber dem spartanischen Lebensstil entgegenbrachte; auch hoffte er, mit Hilfe griechischer Hopliten seinen Bruder, den Großkönig Artaxerxes, zu stürzen. So ist es verständlich, wenn die immer noch offene Frage nach der Zugehörigkeit der ionischen Städte nicht dringlich erschien. Im Jahre 401 wagte es Kyros, an der Spitze seiner asiatischen Truppen, begleitet von über zehntausend griechischen Söldnern, den Angriff auf die persischen Reichszentralen zu unternehmen. Es gelang ihm, bis nach Babylonien vorzudringen, wo er bei Kunaxa auf das Heer des Großkönigs traf. In der Schlacht siegten die griechischen Söldner, Kyros aber fiel selbst im Kampfe. Mit Mühe nur retteten sich die Reisläufer, unter denen der Schriftsteller Xenophon hervorragte, durch Armenien ans Schwarze Meer. Schließlich gelangten sie nach der Ägäis zurück und traten hier in spartanische Dienste. Artaxerxes aber entschloß sich zum Krieg gegen Sparta.

So brachte der unerwartete Tod des Kyros der spartanischen Ostpolitik gerade das Gegenteil des Erhofften. Zur lauernden Mißgunst in Hellas gesellte sich nun die offene Feindschaft des durch seine unermeßlichen Kapitalien so furchtbaren

Riesenreichs. Und in dieser verzweifelten Lage entkleidete man damals den besten Mann der führenden Stellung!

Der Kosmos wäre niemals imstande gewesen, Athen zu bezwingen. Sparta dankte den Sieg von Aigospotamoi allein dem Lysander. Nur er hätte die spartanische Herrschaft auch zu erhalten vermocht. Allerdings hätte der Kühne daraus sein eigenes, ein Lysander-Reich, geschaffen, und darum mußte er nun abtreten. Die Tage der Herrschaft jedoch waren von da ab gezählt, denn dem Kosmos mangelte alle Fähigkeit, den Griechen in ihrer Gesamtheit wahrhaft voranzustehen. Sein allzusehr vom Hopliten-Gehorsam bestimmter Stil befand sich im inneren Widerspruch nicht nur zu Seegeltung und überseeischer Politik, sondern ganz allgemein zu der griechischen Kulturentfaltung. Athen bot den Schöpfernaturen eine Heimstatt, auch wenn seine Spießbürger dagegen eiferten. Das konservative Sparta jedoch war seit Generationen außerstande, einem Schöpfer geeignete Umwelt zu sein. So ward es dem Neuen abhold und mußte es immerzu bleiben. Wohl galt seine so mannhafte und biedere, schlichte und ehrenfeste Lebensart, auch wenn sie gelegentlich wankte, in oligarchischen Kreisen immer noch als vorbildlich. Was aber konnte solch vornehm engstirnige Haltung für eine Nation bedeuten, die vom Schicksal ausersehen war, an Schöpfergnaden aller künftigen Welt und Menschheit voranzustehen?

Der Sieg des persischen Goldes

Sparta gedachte den Krieg, der ihm von Persien aufgezwungen wurde, auf folgende Weise zu führen: Die große Flotte, welche man mit Hilfe der ägäischen Seestädte und ihrer Tribute unterhielt, sollte irgendein spartanischer Haudegen befehligen, wenn er auch noch so wenig vom Seewesen verstand. Auf Siegeslorbeeren hoffte aber König Agesilaos. Dieser ebenso biedere wie kurzsichtige Fürst war es, der Lyander aus seiner maßgebenden Stellung im überseeischen Krieg verdrängt hatte und nun von Ionien aus zu Lande mancherlei Vorstöße gegen die asiatischen Barbaren zu unternehmen gedachte. Das war eine Strategie, wie sie einstmals im zehnjährigen Krieg gegen Attika angewandt worden war und bereits dort versagt hatte. Gegen Persien versprach ein derartiges Vorgehen noch weniger, zumal die Spartaner an Reiterei unterlegen waren.

Weitaus großzügiger muten uns die persischen Pläne an. In Westkleinasien wollte man allerdings in der Defensive bleiben, dafür war man aber entschlossen, die eigene finanzielle Überlegenheit um so offensiver in der Ägäis zur Geltung zu bringen. Gewaltige Geldmittel wurden nun nach Griechenland übergeführt, um dort die maßgeblichen Politiker zu beeinflussen und einen Aufstand gegen Sparta zu finanzieren. Gleichzeitig erbaute man auf Kypros und in Phoinikien eine mächtige Flotte. An ihre Spitze stellte der Großkönig nicht nur den Perser Pharnabazos als seinen Vertreter, sondern zugleich den Griechen Konon, den bedeutendsten unter den früheren Seestrategen Athens.

Dieses großzügige persische Vorgehen wurde denn auch von durchschlagenden Erfolgen begleitet. In Griechenland erhoben sich 395 Theben und Athen, Korinth und Argos. Auf diese Weise begann hier der sogenannte Korinthische Krieg, der Agesilaos zur Rückkehr nach Hellas zwang. Der König besiegte auf seinem Heimmarsch zwar die Thebaner bei Koroneia (394), doch vermochte er im Landkrieg keine Entscheidung herbeizuführen. Von ausschlaggebender Bedeutung war es hingegen, daß im gleichen Jahr die persische Flotte unter Konon bei Knidos einen vollkommenen Sieg über die spartanischen Geschwader erfocht. Hierdurch ging den Spartanern das Ägäische Meer mit den meisten Seestädten verloren. Da nun keine weiteren Tribute einliefen, konnten sie nicht mehr an die Wiederaufrichtung einer Seemacht denken. Persien aber triumphierte, als seine Flotte an der Küste des griechischen Mutterlandes erschien und Pharnabazos 393 großartig auf dem Isthmos Audienzen erteilte.

Konon zeigte sich nach seinem Sieg jedoch nicht bereit, weiterhin den persischen Interessen zu dienen. Mit seiner Hilfe wurden nicht nur die langen Mauern wieder instandgesetzt, der Admiral arbeitete sogar offen darauf hin, seiner Vaterstadt wieder die Seeherrschaft in die Hände zu spielen. Das veranlaßte den Großkönig, seine Gunst erneut dem nunmehr hinreichend geschwächten Sparta zuzuwenden. Hier war man jetzt zu allen Zugeständnissen bereit und gab ohne Zögern die ionischen Städte preis, um die Hegemonie im übrigen Hellas zu retten. Das Ergebnis der Verhandlungen war der sogenannte Königsfriede von 386, der ganz Hellas unter das Protektorat des Großkönigs brachte. Niemand wagte sich dagegen zu erheben, denn niemand vermochte etwas gegen die Überlegenheit des persischen Goldes.

Die Oberhoheit des Großkönigs

Der Königsfriede von 386 stellte kein Übereinkommen dar, es handelte sich vielmehr um einen Erlaß des Großkönigs an die Hellenen. Wenn man gelegentlich von einem „Frieden des Antialkidas" spricht, so bezieht sich diese Bezeichnung auf den damaligen Gesandten Spartas beim Großkönig. Folgendes befahl Artaxerxes: Die gesamte westkleinasiatische Küste und ebenso Kypros hätten als persisches Territorium zu gelten. Im Mutterland jedoch und auf den ägäischen Inseln müßten alle griechischen Städte, ob groß oder klein, als autonom anerkannt werden. Wer diesem Erlaß widerstreite, den werde der Großkönig zu Land und zur See und mit seiner Finanzkraft bekriegen.

Mit diesen Bestimmungen warf die persische Diplomatie das Schlagwort der Autonomie als Apfel der Zwietracht zwischen die Griechen. Damit konnte man von nun ab alles und jedes nach Belieben verbieten oder gestatten. Insonderheit ließ sich jeder hegemonische Zusammenschluß verhindern, der dem Großkönig gefahrvoll erschien. Vorerst sollte der Friede Theben seiner mittelgriechischen Machtstellung entkleiden, um so mehr aber den Spartanern zugute kommen. Diese waren nun nicht mehr in der Lage, größere Geldmittel aufzubringen und mit ihrer Hilfe eine Flotte zu schaffen; zur reinen Landmacht waren sie herabgesunken, welche weder das Übergewicht der persischen Flotte noch das des persischen Kapitals je wieder bedrohen konnte. Die Spartaner sollten daher Büttel der Perser sein und den Frieden von Hellas bewachen.

Sparta hat diese Rolle auch ohne Zögern gespielt. Nun war es zu Ende mit der Toleranz, welche den früheren Peloponnesischen Bund so lange ausgezeichnet hatte. Man errichtete über dem kontinentalen Hellas eine Herrschaft, die zwar der des Attischen Reichs an zentralistischen Tendenzen nicht gleichkam, sie aber an Brutalität übertraf. Ohne jeden Rechtsgrund wandte sich Sparta jetzt gegen Plätze, die einer mißgünstigen Gesinnung verdächtig waren. Das peloponnesische Mantineia wurde niedergerissen und seine Bevölkerung in Dörfer umgesiedelt (385). Andere peloponnesische Städte, die ihren Oligarchen nicht hinreichend entgegenkamen, demütigte man mit bewaffneter Hand. Der Bund auf der Halbinsel Chalkidike wurde aufgelöst, das hochfahrende Olynth gewaltsam unterworfen (379), ja sogar nach Theben legte man eine spartanische Besatzung (382). Der Perserkönig ließ das alles ruhig geschehen. Ihm genügte es, wenn Sparta auf überseeische Absichten verzichtete und gleichzeitig durch sein Übergewicht auch Athen in Schranken hielt.

Die attische Regierung verfolgte damals eine sehr kluge Neutralitätspolitik, die weder den Persern noch den Spartanern Anlaß zum Einschreiten bot. Die Bedeutung Athens lag nicht zum wenigsten in der Begabung seiner Feldherren Iphikrates und Chabrias. Diese hatten im Korinthischen Krieg mit großem Erfolg Leichtbewaffnetenverbände in neuartiger Weise verwendet und waren hierdurch als Strategen berühmt geworden. Da sie aber in der Heimatstadt keine weiteren Betätigungsmöglichkeiten fanden, verdingten sie sich als Anführer von Reisläufern ins Ausland. Wir wollen den Typus dieser Söldnergenerale, die zugleich kühne und wagende Glücksritter waren, als den der Condottieri der griechischen Geschichte bezeichnen. Unter ihnen wurde alsbald auch der Athener Timotheos, ein Sohn des Konon, bedeutend. Sie sind uns in ihrer Gesamtheit von besonderer Wichtigkeit, da sie uns erneut zeigen, daß sich die griechische Machtpersönlichkeit in der Enge der Polis nicht mehr zu entfalten vermochte.

Wenn Persien damals seine 386 so demonstrativ betonte Überlegenheit nicht systematischer ausnützte und den griechischen Vorgängen mitunter einfach ihren Lauf ließ, so lag das daran, daß es ständig von Aufständen im Levantebereich in Atem gehalten wurde. Vor allem war Ägypten abgefallen und widerstand den feindlichen Angriffen. Kypros lag unter König Euagoras gleichfalls viele Jahre hindurch mit Artaxerxes im Krieg. Aber sogar persische Große zeigten sich seit neuestem immer unverläßlicher. Das Beispiel der bindungslosen, allein auf sich selbst gestellten Condottieri scheint auch im Orient geworben zu haben.

Dennoch griffen die Perser wenigstens noch diplomatisch ein, erwiesen dabei aber ihre Ohnmacht. Unterstützt von Athen, erhob sich Theben und vertrieb die spartanische Besatzung (Ende 379). Da alle Versuche, die Stadt aufs neue zu bezwingen, scheiterten, gewann die attische Politik erhöhte Bewegungsfreiheit. Sie nützte diese 377 zur Gründung eines neuen, des sogenannten Zweiten Seebundes. Um den Königsfrieden nicht zu verletzen, durften ihm keine kleinasiatischen Städte angehören, auch sollte die Autonomie der Mitglieder strengstens gewahrt bleiben. Da man sich also vor Übergriffen Athens geschützt glaubte, trat eine größere Zahl von griechischen Seestädten der neuen Organisation bei. Freilich mußten sie auch jetzt wieder jährliche Zahlungen leisten, doch wurden diese nun als freiwillige Beiträge und nicht mehr als Tribute aufgefaßt. So war Athen in der Lage, eine beträchtliche Flotte aufzustellen. Versuche Spartas, im Seekrieg Widerpart zu leisten, scheiterten kläglich. Dem Großkönig jedoch blieb nichts anderes übrig, als die vollendete Tatsache des neuen Seebundes anzuerkennen. 375 kamen seine Gesandten nach Hellas und schärften die Beachtung der Autonomieklausel besonders ein. Das Nebeneinander des Peloponnesischen und des Attischen Bundes mußten sie zulassen. Doch hat man den Eindruck, als ob der persischen Diplomatie schon damals die Führung der Angelegenheiten immer mehr entglitt und daß bei den Hellenen selbst das Bedürfnis einer Verständigung untereinander überhand nahm. Da aber die Feindseligkeiten stets von neuem aufflackerten und vor allem Theben in Böotien weiter um sich griff, sandte Sparta neuerdings den Antialkidas zum Großkönig mit der Bitte um Unterstützung. Daher kam 371 eine weitere persische Gesandtschaft nach Griechenland. Sie berief einen Kongreß ein, erkannte die Hegemonien Spartas und Athens an, nicht aber die Vormachtstellung Thebens in Böotien. Das brachte für den Augenblick den Thebanern Isolierung, konnte aber doch die Schlacht von Leuktra (zu dieser s. u.) und damit den Zusammenbruch der spartanischen Macht nicht aufhalten. Sparta suchte später noch einmal den Großkönig für die Wiederherstellung der alten Lage zu gewinnen (367), mußte aber eine schwere Enttäuschung erleben. Da bald darauf der Satrapenaufstand das persische Imperium selbst an den Rand des Abgrunds brachte, war es nun endgültig zu Ende mit der persischen Finanzhilfe, mit der Maßgeblichkeit des Königsfriedens und auch mit dem persischen Protektorat. Der Protektor und sein spartanischer Protégé gingen somit ungefähr gleichzeitig ihrer maßgeblichen Rolle verlustig.

Die Verschiebung des politischen Schwergewichts

Chalkis, Korinth und Argos waren die ältesten hellenischen Machtzentren gewesen. Seit dem 7. und 6. Jahrhundert hatte sich aber das Schwergewicht der politischen Geschichte nach Sparta und Athen verlagert. Im Laufe des 4. Jahrhunderts stellen wir nun eine weitere Verschiebung fest, welche in nordwestlicher Richtung erfolgte und anstelle Spartas die noch unverbrauchten Landschaften Arkadien und Messenien, anstelle Athens aber Theben, Thessalien und Phokis in den Vordergrund rückte (vgl. S. 304 f. und Karte 11 bis 13).

Thebens Ziel war es immer gewesen, die Vormachtstellung über die anderen böotischen Städte zu gewinnen. Darum hatte es früher mit Athen und dann mit Sparta gerungen. Diese Anstrengungen der Thebaner traten in ein neues Stadium, als das Schicksal der Stadt ein Ingenium ganz großen Stils, den Epameinondas, beschied. Schon als Politiker und Organisator von hoher Bedeutung, war er als Stratege der genialste unter allen griechischen Schlachtenlenkern. Bis dahin hatte man nur die frontale Angriffstaktik der einander gegenüberstehenden Phalangen gekannt. Erst Epameinondas vertrat den Gedanken, daß durch ein Variieren der Aufstellung einer Schlachtreihe der Initiative des Feldherrn eine entscheidende Rolle zufallen könne. Darum massierte er in der Schlacht von Leuktra seine Phalanx an dem den Spartiaten unmittelbar gegenüberstehenden Frontabschnitt zu fünfzig Mann Tiefe und formierte sie in „schiefer Schlachtordnung" als Angriffsflügel. In den darauffolgenden Schlachten von Kynoskephalai und Mantineia setzte Theben in ebenso unerhörter Weise die Reiterei in den Entscheidungskampf mit ein und erfocht so zum erstenmal in der griechischen Geschichte seine Siege nach dem Prinzip der „verbundenen Waffen".

Die Schlacht von Leuktra schlug Epameinondas 371, als sich das isolierte Theben militärisch und politisch in einer höchst schwierigen Lage befand. Die Folgen des Sieges waren gewaltig. Spartas Vollbürgerschaft war im Lauf der Zeit ohnehin immer mehr zusammengeschrumpft und umfaßte damals kaum mehr als tausend Waffenfähige von zwanzig bis fünfundfünfzig Jahren. Nun verlor es etwa vierhundert Mann. Unter den Toten war auch der König, welcher das Heer befehligt hatte. Das bedeutete nicht nur einen schweren Aderlaß, sondern zerstörte den Nimbus der Unbesieglichkeit, der die spartanische Phalanx bisher umgeben hatte. Nun begannen auch auf der Halbinsel allenthalben die Demokraten zu revoltieren, die Bundesgenossen von Sparta abzufallen. Epameinondas konnte mit seinen Thebanern bis in die Peloponnes, ja bis in die Nähe von Sparta selbst vorrücken. Was aber das Entscheidende war: unter thebanischer Ägide entstanden auf der Peloponnes zwei neue Machtzentren, die allein schon durch ihr Dasein der bisherigen Vorzugsstellung Spartas ein Ende bereiteten, Messenien und Arkadien.

Messenien war an die drei Jahrhunderte in spartanischen Händen gewesen. Seine Bewohner hatten während dieser Zeit als Heiloten Sklavendienste geleistet, ihren Herren alle Handarbeit abgenommen und ihnen das dauernde Soldatendasein im Kosmos ermöglicht. Mit der Befreiung Messeniens (369) verlor Sparta sein bestes Fruchtland und seine besten Arbeitskräfte. In stolzer Bergeshöhe entstand nun auf dem Gipfel des Berges Ithome die messenische Hauptstadt. Hier würde man niemals die Zeiten der Knechtschaft vergessen. Den Spartanern lauerte von nun ab ein ebenso starker wie erbitterter Hasser an ihrer Flanke.

Arkadien war bisher in eine größere Anzahl von Städten und ländlichen Gauen zerfallen gewesen. Unter dem Schutz der Thebaner wurde die Landschaft zu einem einzigen Staat vereinigt und eine neue Hauptstadt, Megalopolis, erbaut. Hierdurch bildete sich auch im Innern der Peloponnes ein Machtfaktor von hoher Bedeutung. Arkadien wurde so zu einer weiteren Trutzburg der Demokratie gegen jedes Oligarchenregiment und gegen Sparta. Seinen Aufschwung verdankte es nicht zum wenigsten seinem Staatsmann Lykomedes. Es war ein schwerer Verlust für das Land, daß dieser bereits 366 ermordet wurde.

Mehr noch als in der Peloponnes stand in Mittel- und Nordgriechenland die Machtverschiebung im Zeichen der starken Einzelpersönlichkeit. In Thessalien war es Iason von Pherai, der dieses Land, wenn auch nur vorübergehend, politische Bedeutsamkeit gewinnen ließ. Eine Alkibiadesnatur von unstillbarem Machtverlangen, war er so recht ein Kind seiner Zeit. 380 gewann er die Herrschaft in seiner Vaterstadt. Bald dehnte er sie über ganz Thessalien aus, wurde zum Herzog gewählt, bedrohte Euboia und Phokis, brachte sogar Epeiros unter seinen Einfluß. Seine militärische Stärke beruhte auf einem Korps von sechstausend Söldnern, die er persönlich ohne Unterlaß schulte. Entscheidende Überlegenheit gab ihm die Schärfe seines von keinerlei alten Traditionen belasteten, rational gerichteten Verstandes, der es ihm ermöglichte, nüchtern zu bleiben, auch wenn er nach höchsten Zielen strebte. Sein Plan ging dahin, unter systematischer Ausnutzung aller verfügbaren Machtmittel sowie der damals in Hellas herrschenden Zwietracht die Hegemonie über ganz Griechenland zu gewinnen, eine Seemacht zu gründen und sogar den Nationalkrieg gegen Persien wieder aufzunehmen. So war Iason, ähnlich wie vorher schon Alkibiades, eines der modernen Machtingenien, in denen sich Alexander der Große ankündigte. Doch fiel er 370 einem Attentat zum Opfer, bevor er entscheidende Schläge zu führen vermochte. Thessalien sank damit sogleich wieder zu seiner früheren Bedeutungslosigkeit herab.

Ein etwas anderer Verlauf tritt uns in Böotien entgegen. Theben hatte seine Machtstellung allein durch Epameinondas gewonnen. Dieser war allerdings ebensowenig wie der gleichfalls bedeutende Pelopidas ein bindungsloses Machtingenium neuen Stils. Beide dienten nicht ihren persönlichen Interessen, sondern allein dem Vaterlande, das ganz von ihrem Vermögen und ihrem guten Willen abhängig war. Solange Epameinondas an der Spitze des Staates stand, war Theben die mächtigste Stadt in Hellas, fand die Freundschaft des (damals freilich schon recht machtlos gewordenen) Großkönigs und trug sich zeitweise sogar mit Flottenplänen. 364 aber fiel Pelopidas und 362 Epameinondas, beide im Getümmel der von ihnen siegreich gewonnenen Schlachten. Und nun war es wie nach dem Tode des Iason: auch Theben trat wieder zurück; es vermochte wohl die Herrschaft über Boiotien zu behaupten, von einer darüber hinausreichenden Hegemonie war aber kaum noch die Rede.

Thebens vergeblicher Versuch, mit Hilfe des Kultverbandes der das delphische Heiligtum betreuenden Amphiktyonen das unbotmäßige Phokis zu demütigen, führte dazu, daß seit 356 diese Landschaft geschichtlich in den Vordergrund trat. Wieder waren es starke Persönlichkeiten, die das Geschehen bestimmten. Philomelos und Onomarchos wurden wohl von den Phokern mit unumschränkter Vollmacht an die Spitze des Staates gestellt, ihre Macht gründeten sie aber auf die geworbenen Söldnermassen. Um diese zu bezahlen, besetzten sie das delphische Heiligtum und bestritten durch Einschmelzung der Weihgeschenke ihre Ausgaben. Wahrhaftig eine Kriegführung, wie man sie bindungsloser und moderner kaum erdenken kann! Philomelos fiel wohl schon 354 in einer Schlacht, Onomarchos aber behauptete sich erfolgreich, bis er 352 zusammen mit seinen Söldnern vom makedonischen Heerbann vernichtet wurde. Nun trat auch Phokis wieder in den Hintergrund.

Das Charakteristische für all diese Vorgänge liegt darin, daß die politische Schwergewichtsverlagerung nach den noch unverbrauchten Staaten fast überall im Zeichen starker Persönlichkeiten vor sich ging, ja von diesen geradezu abhängig war. In manchen Fällen hat man den Eindruck, als ob das Heimatland für diese Machthaber nicht viel anderes war als die Basis zum Aufbau ihrer persönlichen Macht, auch bedienten sie sich verschiedentlich landfremder Söldner als einer ihnen persönlich ergebenen Truppe.

Das Ende der Hegemonie

Die älteste Ära des Hellenentums war, wenn wir noch einmal zurückschauen, eine Zeit der Freizügigkeit von Rittern und Sängern, ja selbst von Bauern gewesen. Dann aber errichtete die Polis um so strengere Grenzen der Unduldsamkeit und Eifersucht von Kleinstaat zu Kleinstaat. Bürgerverein stand nun intolerant neben Bürgerverein, und so gab es keine andere Form der Zusammenarbeit mehr als die Symmachie, das Militärbündnis unter der Führung eines hegemonischen Staates. Jede Vereinigung dieser Art gründete sich auf freie Willensentschließung und auf das Vertrauen, das man dem erwählten Führer entgegenbrachte. Von ihm erwartete man die doppelte Fähigkeit, sich im Krieg zu bewähren und doch seine Stellung nicht gegen die Bündner selbst zu mißbrauchen.

Sparta hatte als erster Staat im Peloponnesischen Bund das hohe Amt übernommen und es in vorbildlicher Weise fast ein Jahrhundert lang bekleidet. Als man dann Athen die Hegemonie des Seebundes übertrug, war es wegen des Kriegszustands von Anfang an gezwungen, diese Symmachie straffer zu organisieren. Die Härte seines Kommandos nahm aber um so mehr zu, je geringer die Gefahr durch die Perser wurde. Schließlich verfolgte es ungescheut die Absicht, die Bündner zu Untertanen zu erniedrigen und den Bund in ein Reich umzuwandeln. Nach dem Zusammenbruch dieser attischen Vormacht wollten Korinth und Theben aber auch von der bisher so loyalen Hegemonie Spartas nichts mehr wissen. Dieses antwortete jetzt mit größerer Härte, und nach 386 mit offener Despotie. So kam auch diese Hegemonie in Verruf. Den Seestädten des ägäischen Umkreises bot nun Athen einen zweiten Seebund mit sanfterer Führung an, und Theben errichtete eine neue Hegemonie in Mittelgriechenland. Nach dem Tod des Epameinondas versagten aber alle außerboiotischen Bündner den Thebanern die weitere Gefolgschaft, und in den Jahren 357 bis 355 befreiten sich die Seestaaten von der wieder drückend empfundenen attischen Führung.

Grundsätzlich hatte sich nun die Hegemonie in so schlechten Ruf gebracht, daß die Begründung irgendeines neuen hegemonialen Bundes ausgeschlossen erscheinen mußte, auch wirkte das Schlagwort der Autonomie seit dem Frieden des Antialkidas weiter und ließ jeden einzelnen Kleinstaat eifrig über seine Bindungslosigkeit und Unabhängigkeit wachen. Das von den Sophisten propagierte Autarkieverlangen des einzelnen übertrug sich damit auf die Staaten und führte hier zu derselben Aufspaltung und Zersetzung wie in der Gesellschaft. Dies lag sowohl an der seit längerem erwiesenen Unfähigkeit der stärkeren Städte, Hegemonie ohne Eigensucht auszuüben, als auch an dem jetzt erst wirksam werdenden Widerwillen der schwächeren Staaten, sich in ein hegemoniales System einzufügen. So versagte die Polis zu einer Zeit, da man des Zusammenschlusses am nötigsten bedurfte, und machte alle Zueinanderordnung der für sich allein allzu schwachen Kleinstaaten unmöglich. Autonomie und Freiheit des Einzelstaates führten daher zur Entmachtung der gesamten Nation. Daß darunter schließlich gerade die Kleinstaaten selbst zu leiden hatten, versteht sich von selbst. Wie bereits seit längerem der Hegemon aus Kurzsichtigkeit und Gier versagt hatte, so versagte aus Kurzsichtigkeit und Mißtrauen nun auch der einzelne Bündner. Das zog um so schwerere Folgen nach sich, als der in späterer Zeit so beliebte hegemonielose Bündnistypus (dazu S. 306 ff.) um die Mitte des 4. Jahrhunderts noch nicht panhellenische Geltung erlangt hatte.

Die Wandlung des Krieges

Die ältesten hellenischen Kriege waren im adeligen Kreis aus Sippenfeindschaft und gekränkter Ehre entstanden. Gelegentlich handelte es sich auch um ein Stück Grenzraum, das, wenn es fett genug war, heftig umkämpft wurde. Die Gegner riefen ihre Gastfreunde zu Hilfe und kämpften als Ritter mit Rittern.

Mit der Wandlung vom Adelsregime zur bürgerlichen Polis verlagerte sich auch der Krieg in die staatliche Ebene. Jetzt kämpften nicht mehr Geschlechter, sondern Staaten und Bürger gegeneinander. Man focht auch nicht mehr mit ritterlichen Waffen: Hopliten waren es, also die breite Masse aller besitzenden Bürger, die sich in Phalangen gegenübertraten. Gekämpft wurde nicht mehr um Frauen und auch nicht so sehr um Grenzstreifen, sondern — in den Perserkriegen — um das Höchste und Gemeinsamste, um die Freiheit der Nation. Dann folgten die Kämpfe um die Ausformung der staatspolitischen Ideen der Oligarchie und Demokratie, auch um die Hegemonie von Athen und Sparta. Dem äußeren Anschein nach blieb das so bis ins 4. Jahrhundert. In Wahrheit wandelte sich nun aber das Wesen des Krieges in bedeutsamer Weise. Schon das grausame Vorgehen Athens in der zweiten Hälfte des Peloponnesischen Kriegs, dann die Brutalität Lysanders ließ eine Einstellung ahnen, die nicht mehr so sehr im ideellen wie im machtpolitischen Denken wurzelte. Man hat den Eindruck, daß für Macht jetzt jeder Preis gezahlt wurde, auch wenn man damit die ionischen Städte den Persern verriet oder wenn man mit seiner Brutalität die eigene Verfassungsidee in Verruf brachte. Mit der Besitzgier und mit der Furcht steigerte sich die kriegerische Rücksichtslosigkeit. So führte man manchen Krieg nur mehr um die Entscheidung, wer den andern aus seiner Heimat vertreiben könne. Gerade weil ideelle Abklärung fehlte, triumphierte der Chauvinismus, das Machtbedürfnis der starken Einzelpersönlichkeit trat verschärfend hinzu. Den eigenen Zielen dienend, hetzte Alkibiades zum Krieg, formte Lysander seinen Sieg über Athen. Auch Iason von Pherai trat einzig und allein mit dem Kapital seiner starken Persönlichkeit vor die Griechen.

Überblicken wir diesen Ablauf als Ganzes, so stellen wir in den Kriegen bis zu den Freiheitskämpfen und bis zur ersten, noch rein durch Ideen bestimmten Auseinandersetzung zwischen Athen und Sparta einen Anstieg des Sittlichen in der Kriegsidee fest. Dann aber erfolgte ein um so jäheres Absinken.

Aber nicht nur die Beweggründe, auch der Charakter der Kriegführung selbst änderte sich im Laufe der Zeit. Zuerst waren die Ritter, dann die Hopliten, gegen Ende des Peloponnesischen Kriegs schließlich die Rudermannschaften entscheidend. Der Kreis der Kämpfer weitete sich ständig aus. Seit dem Durchbruch des autarken Individualismus machte sich aber bei den Bürgern eine steigende Wehrunlust bemerkbar. Man empfand es nicht mehr als selbstverständlich, für die Polis ins Feld zu ziehen, sondern suchte den Kriegsdienst nicht selten auf den neuen Stand der Berufssoldaten abzuschieben.

So weit war es nämlich zu Beginn des 4. Jahrhunderts bereits gekommen: Die Hirtensöhne Arkadiens und andere kräftige Burschen verdingten sich gegen klingenden Lohn zum Kriegsdienst an jedermann. Im Kampfe zu streiten, wurde ihnen ein Handwerk wie jedes andere. Nun bildete sich neben den Hopliten auch noch die leichtere Truppe der Peltasten heraus, wieder eine Waffengattung mit spezieller, meist beruflicher Schulung. Viele Zehntausende von Griechen übten, völlig losgelöst von der Heimat, das Söldnergewerbe aus, zuerst im Orient als Reisläufer der Perser oder ihrer aufständischen Gegner, dann auch im Dienst eines Iason oder Onomarchos. Man konnte sie kaufen nach Gattung und Qualität, man konnte auch Feldherrn kaufen, wenn man das Geld hierfür zur Verfügung hatte. Das Moment der Kriegfinanzierung wurde so auch für den Landkrieg zum entscheidenden Problem.

Bis zu den Perserkriegen hatte Griechenland seine Schlachten ohne Geld geschlagen. Dann ergab sich zunächst die Notwendigkeit, den Seekrieg unter Aufwendung gewaltiger Finanzmittel zu führen. Persien hatte dabei den längeren Atem, zahlte den Rudermannschaften die höheren Löhne und konnte schließlich im Frieden von 386 triumphieren. Nun griff das Übel der hohen Kosten auch auf den Landkrieg über! Dabei stellte sich immer mehr heraus, daß diese Berufssoldaten besser zu kämpfen verstanden als die Aufgebote der Bürger. Wohl war der griechische Polite gymnastisch geschult, gegen die im dauernden Training stehenden Reisläufer vermochte aber der Bürger selbst mit äußerstem Heldenmut kaum mehr aufzukommen. Die Söldner traten jetzt, was die Überlegenheit der Ausbildung betraf, an die Stelle der spartanischen Phalanx.

Welch erbärmlicher Zustand, Folge griechischer Zwietracht: Die Polis-Autonomie lehnte jede hegemonische Bindung ab, und doch hätte erst eine Hegemonie jene Ballung von Geldmitteln ermöglicht, ohne die sich kein Seekrieg und bald auch kein Landkrieg mehr führen ließ. So stürzte sich die Autonomie nur selbst in Ohnmacht.

Doch ergab sich noch etwas weit Schlimmeres: Dank der herrlichen Fortschritte der griechischen Mechanik wurden die Belagerungsmaschinen immer mehr verbessert, so daß sie jetzt imstande waren, jede Stadtmauer zu bezwingen. Die griechische Polis vermochte indes diese teuren Maschinen — die eigenen „Fortschritte“! — kaum mehr zu bezahlen, doch jeder Nichtgrieche, der genug Geld besaß, konnte sie gegen griechische Mauern wenden. Damit wurde die letzte Zuflucht der griechischen Polis=Autonomie, die Ummauerung der Heimatstadt, ihrer abwehrenden Kraft und Zuverlässigkeit beraubt.

So sehen wir, daß der Krieg nun finanziell und technisch über die Polis hinaus=, ja ihr, wenn der Ausdruck erlaubt ist, schier über den Kopf wuchs. Dabei war es aber gerade diejenige Art von Krieg, die die Polis selbst mit solchem Fleiß ent=wickelt hatte.

Die Unmöglichkeit einer Rückkehr zur Verfassung der Väter

Erstarrt war schon längst als bindungsmäßiges Hochbild der Kosmos. Als dann auch die Oligarchie und schließlich die Demokratie sich zu konservieren began=nen, befand man sich bereits auf der viel tieferen Ebene des Nützens und Aus=nützens. Anstelle des ideellen trat nun ein mehr materielles Gegenüber, das sich immer mehr zu einem harten Entweder=Oder verschärfte.

Doch gab es noch Männer genug, die weiterhin den Staat über die Parteiung stellten und danach strebten, zu einer Rückbildung der Extreme und zu einem Kompromiß, einer „Mischverfassung", zu gelangen. Das schien sich um so mehr zu empfehlen, als der attische Staat von Solon bis Kimon in wechselnden Mischungsgraden ohnehin eine Zwischenstellung zwischen Oligarchie und De=mokratie eingenommen hatte. Konnte man nicht einfach zur Verfassung der guten alten Zeit, zur *patrios politeia* zurückkehren, um allen Hader zu über=winden und die Idee der Heimatstadt wieder über die Parteien zu stellen? Nach dieser *patrios politeia* verlangte man in der Tat sowohl in Athen als auch in anderen Staaten, seit die innerpolitischen Gegensätze die Gemeinden zu zer=reißen drohten. Es ist aber niemals gelungen, sie zu rechtem Leben zu erwecken. Schon über das Ziel dieses Wünschens vermochte man sich nicht zu einigen: Die einen erblickten es in einer gemilderten Oligarchie, die anderen in einer gemäßig=ten Demokratie. Bis zur Mitte wollte aber niemand nachgeben. Der Begriff der *patrios politeia* wurde also nicht minder auseinandergerissen als die Idee des Staates selbst. Es gelang daher nicht, sie zu erneuern, so sehr man sich auch gelegentlich darum bemühte. Vergangenes, wenn es noch so trefflich gewesen, ist nicht wiederherzustellen. Was einmal ins Extreme gesteigert worden, stirbt ab oder erstarrt, läßt sich aber kaum je zum vernünftigen Mittelmaß zurück=biegen. Aber hatten nicht die Sophisten überreichlich Vernunft in die Welt ge=bracht? Im griechischen Staat finden wir sie nimmermehr. Zu welch traurigen Folgen die Gegensätze vielmehr führten, wird der nächste Abschnitt lehren.

Entwurzelung

Wie sehr in der ersten Hälfte des 5. Jahrhunderts die Polis=Idee noch über den Parteiungen stand, zeigte uns die Treue, mit der die Oligarchen Athens im Zwei=frontenkrieg von 462 bis 449 Schulter an Schulter mit Demokraten für den Staat ihrer Heimat stritten. Seit dem Peloponnesischen Krieg verlor dieser Patriotis=mus aber seine Werbekraft. Im 4. Jahrhundert stellte sich in breiteren Schichten der Mitbürger vielmehr eine Unduldsamkeit ein, die den staatlichen Rahmen sprengte. Wenn jetzt die Demokraten ans Ruder kamen, hatten die Oligarchen nur allzu oft Schlimmstes zu befürchten. Es geschah immer häufiger, daß sie in die Fremde flüchteten oder von den Siegern vertrieben wurden. Gewannen aber die Oligarchen die Oberhand, dann traf die führenden demokratischen Kreise zuweilen das nämliche Los. Schließlich kam es so weit, daß in manchen Griechenstädten nur die eine Parteigruppe im Staate saß, während sich die andere heimatlos in der Fremde aufhalten mußte. Das bedeutete nichts Geringeres als eine Zerreißung des Bürgertums und auch des Staates.

Die Heimatlosen hatten ein Schicksal zu beklagen, das etwa dem der Flüchtlinge und Vertriebenen unserer Zeit entspricht. Sie ließen sich in irgendwelchen anderen Griechenstädten nieder und führten dort ein auf Erwerb gerichtetes Leben. Die meisten hofften, ja lauerten auf einen Umschlag der politischen Verhältnisse in der Heimat und auf eine Rückkehr, andere aber fanden sich mit ihrem Schicksal ab und kümmerten sich um politische Streitigkeiten überhaupt nicht mehr.

In wirtschaftlicher Hinsicht konnten sich diese Leute bei einiger Tüchtigkeit zufriedenstellend durchbringen. Sie wurden in der Klasse der „Metoiken" geführt, hatten Abgaben zu zahlen und allerlei Beschränkungen in Kauf zu nehmen, blieben aber sonst unbehelligt. Am Staatsleben des Gastlandes durften sie allerdings in keiner Weise teilnehmen. Sie gingen der Polis verloren, sahen sie nur mehr von außen, bedrohten sie höchstens noch durch ihre Rückkehrpläne mit dauernder Unruhe.

Wir können es recht wohl verstehen, wenn die von der Polis wegführenden Lehren der Sophisten gerade im Kreise solcher Gastelemente besonderen Anklang fanden. Da mußte sich jeder sein Schicksal auf eigene Faust gestalten, der Individualismus wurde ihm gleichsam aufgezwungen. Die Verhältnisse sorgten von selbst dafür, diesen Leuten den Patriotismus zu verleiden.

Es handelte sich bei diesen Metoiken übrigens um geistig höchst regsame und vor allem auch um zahlenmäßig immer stärker werdende Bevölkerungsklassen. Sie machten schließlich einen beträchtlichen Teil der hellenischen Nation aus, zugleich vielleicht ihren „fortschrittlichsten", der am stärksten auf rationalistische Sachlichkeit eingestellt war. Wir erkennen daraus, daß sich nicht nur die große Einzelpersönlichkeit damit abgefunden hatte, ohne Polis durchs Leben zu gehen, sondern daß auch sehr breite Schichten des Griechenvolks sich damals daran gewöhnten, ein polisentwurzeltes Dasein zu führen.

Hilflose Polis

Zur Zeit des Kimon und Perikles trat uns die Polis in prangendem kulturellen Reichtum und als schier universelle Repräsentantin der griechischen Gesittung entgegen. In wechselseitigem Verhältnis war ihre Idee verflochten mit den Kulten der Götter, mit den Ideen der Staatsverfassung, der Freiheitskriege, der Hegemonie und der Macht, der Kunst und der gymnastischen Leistung. In ihr vermochte sich alle Persönlichkeitskraft und Originalität zu erfüllen. Mit Recht konnten wir die Polis jener Zeit als den zentralen Wertkomplex der griechischen Gesittung bezeichnen.

Im 4. Jahrhundert steht dagegen dieselbe Polis im Zustand einer völligen Verarmung vor unseren Augen. Die große Persönlichkeit mußte sich von ihr abwenden, da sie weder dem Feldherrn noch dem Staatsmann weitere Schaffensmöglichkeiten bot. Die Philosophen pflegten sie vielfach zu ignorieren. Um weiter die Rolle eines Mäzens zu spielen, mangelte ihr meist das Geld. Alle Macht war ihr ja entschwunden, und jede Gelegenheit, Staatsschätze anzusammeln, war vorbei. Die Möglichkeiten der Hegemonie hat sie blindlings verspielt. Einen modernen Krieg zu führen, war sie nicht nur finanziell, sondern auch technisch schon fast außerstande. Selbst die sportlichen Lorbeeren holten sich eher Berufsathleten als Bürger. Breitere Bevölkerungsschichten gewöhnten sich an ein polisloses Dasein. Was der Polis als Ideenverflechtung noch geblieben war, beschränkte sich auf die alte Religion, die selbst schon wankte, und auf die unschöpferisch gewordenen Verfassungskonzepte der Oligarchie und Demokratie. So war es, wie wenn der Blinde mit dem Lahmen ginge.

Eines konnte die Polis wohl stolz verbuchen: Sie hatte sich die Freiheit erhalten; doch war es eine allzu isolierte, desorganisierte und unschöpferisch gewordene Freiheit, ja eine Freiheit der völligen Hilflosigkeit. Immerhin handelte es sich hierbei um einen Tatbestand, auf den man noch stolz sein konnte, und die Polis wußte ihn geschickt mit einem zweiten, noch stolzeren Gut zu verbinden, mit der großartigen Tradition ihrer Vergangenheit. Zum ersten Male begann man nun hinter sich zu sehen auf die unmittelbare Vergangenheit der letzten Jahrhunderte, während bis dahin alle Rückschau der längst vergangenen mykenischen Zeit gegolten hatte. Wir werden beobachten, wie dieses Pochen auf die vergangene Blüte der Polis nun immer mehr mit zum Lebensinhalt der kommenden Generationen wird.

Dennoch würden wir damit der neuen, verarmten Polis nicht völlig gerecht werden. Gerade aus dem Negativen, wie wir es eben umrissen, erwuchs ihr nämlich eine neue Funktion von allerhöchster kultureller Bedeutung: Einen völlig neutralen Schauplatz und Rahmen des geistigen Daseins zu bieten. Doch soll hierüber erst später berichtet werden.

11. KAPITEL

Die Veränderung der Weltlage

Der Verfall des Perserreiches

Die Erfolge, welche der Großkönig durch seine kluge Diplomatie, durch seine Flotte und seine Geldzahlungen in der Zeit des Königsfriedens (386) über Hellas errungen hatte, dürfen uns nicht darüber hinwegtäuschen, daß sich das Riesenreich bereits im Verfall befand. Es war einst durch die von den Persern geführten Iranier errichtet worden, und persisch-iranisch war die regierende Oberschicht. Innerhalb dieser Herrenschicht gab es aber von Anfang an die von uns S. 142 ff. besprochene gefährliche Spannung, daß der Großkönig im Sinne eines autokratischen Zentralismus seine Würdenträger als Beamte zu sehen verlangte, während die Würdenträger selbst sich im Sinn des feudalen Föderalismus als Lehensträger betrachteten.

Diese Gegensätze wurden immer bedrohlicher, als die Oberschicht, der Hof sowohl wie die Würdenträger in den Provinzen, einem zunehmenden Sittenverfall unterlagen. Es war wohl eine Vergiftung durch die eigene Macht, die das Übel heraufbeschwor. Wie der Herrscher im Gesamtreich, so verfügten seine Würdenträger, besonders in den nichtiranischen Reichsteilen, über eine allzu autokratische Stellung. Damit wandelte sich diese grundsätzlich so sehr auf Verantwortung bedachte Herrschaft nicht selten zu ungescheuter Willkür, von der man sich zwar immer wieder zurückzuhalten versuchte, die aber dennoch nur zu oft durchbrach. Nun schwand das Treueverhältnis zwischen Lehensherrn und Lehensträger immer mehr, Mißtrauen und Willkür traten an seinen Platz. Die Feudalherren sahen sich in ihrer Eigenschaft als Satrapen und Feldherrn dauernder Gefährdung durch Hofintrigen, durch Verleumdung und Neid ausgesetzt. Ja selbst, wenn sie zu tüchtig oder zu mächtig erschienen, konnte das allein schon zu ihrem Sturz Anlaß geben. Nicht minder fühlte sich aber der Großkönig bedroht durch Mißachtung seiner Anordnungen, durch die Ausbildung provinzialer Landeshoheit, durch die Koalition widerwilliger Satrapen, ja durch den Abfall von Statthaltern und Provinzen. Zu diesen Gefahren gesellte sich dann noch seine Angst vor dem Hofe selbst, vor Giftmord, Palastrevolten, Attentaten, Prätendenten und Verschwörungen. Auch das Wohlleben der großen und kleinen Gewalthaber, ihr Aufwand und Prunk, die Ausschaltung jeder Kritik von seiten der Untertanen, trugen dazu bei, das ganze System irgendwie verlottern zu lassen.

Bezeichnend dafür war die fatale Bedeutung, welche die Frauen und die Eunuchen des Hofes für die Regierung gewannen.

Etwa hundertfünfzig Jahre nach seiner Begründung klaffte das Reich daher in allen Fugen. Bergstämme hatten vielfach ihre Unabhängigkeit zurückgewonnen, zwischen Susa und Persepolis hoben sie vom Großkönig sogar eine Durchzugssteuer ein, sobald er dort reiste. Die Statthalter der Randprovinzen trieben jetzt ungescheut Politik auf eigene Faust. Schon ließ sich das Imperium mit Hilfe der iranischen Kräfte allein nicht mehr halten, man bedurfte griechischer Söldner, um sich im Krieg zu behaupten. Mit den Söldnern kamen aber griechische Generale und mit ihnen der autarke Individualismus des griechischen Condottiere, der nun gierig von den iranischen Würdenträgern der Westprovinzen aufgegriffen wurde. Mit griechischen Truppen, griechischer Strategie und autarken Machtgelüsten erhoben sie sich und brachten im großen Aufstand von 366 bis 359 das Reich an den Rand des Abgrunds. Wohl konnte sich die Zentralregierung dank ihrer finanziellen Überlegenheit noch einmal durchsetzen und die Reichseinheit ein letztes Mal wiederherstellen. Doch mußte es zweifelhaft bleiben, ob die mittelmeerischen Teile des Reichs gegen die griechischen Einflüsse und vor allem gegen die siegreich eindringende griechische Lebensform auf die Dauer zu halten waren.

Die Ausbreitung der griechischen Lebensform

Seit der Entdeckung des Ingeniums und dem hierdurch bedingten dynamischen Anstieg hatte die griechische Gesittung dermaßen an faszinierendem Glanz und an werbender Kraft gewonnen, daß sie immer mehr als Vorbild empfunden und nachgeahmt wurde.

Überall warb wohl griechisches Gut, die Kunst, der Mythos, Literatur und Dichtung, das Symposion, die Urbanität, der Lebens- und Liebesgenuß, die Kriegskunst. Allmählich warb aber noch stärker fast die Fortschritts- und Freiheitsidee, das Abwerfen von Bindungen, das Wagen des Unerhörten. Eine neue Art, Mensch zu sein, das Dasein anzupacken und die Zukunft zu formen, wurde an den Hellenen offenbar.

Allein im Orient hatte man sich geraume Zeit hindurch gegenüber den griechischen Lockungen zurückhaltender erwiesen. Dort verfügte man ja selbst von ältesten Zeiten her über reife und gefestigte Stadtkulturen, fühlte sich den Hellenen also weit überlegen. Allerdings bedurfte man schon früh der griechischen Hopliten, einfach weil nur gymnastisch geschulte Männer in schweren Rüstungen zu kämpfen vermochten. In Phoinikien und Kilikien zeigte man sich auch für die griechischen Künste etwas aufgeschlossener.

Als aber das Griechentum in der Sophistik den Weg der Befreiung von Bindungen und die Straße des autarken Individualismus beschritt, gewannen die hellenischen Lebensformen auch im Vorderen Orient gewaltig an Werbekraft. Kein Zweifel, die Länder rund um das östlichste Mittelmeer waren nunmehr unter griechischem Einfluß daran, ihr orientalisches Wesen weitgehend preiszugeben, allen voran wieder die Küstensemiten in der Levante, welche von Anfang an dem dynamischen Wesen des indo-europäischen Kreises am nächsten standen (dazu S. 335 ff.) und in der griechischen Kulturdynamik etwas Verwandtes erblickten. Nur eine Einschränkung blieb immer gültig: in religiösen Belangen lehnten es die Orientalen ab, von ihrem Glauben, von ihren Göttern und Kulten abzugehen. So behielten sie jenen festen Halt, der den Griechen selbst immer mehr entglitt.

Von höchster Bedeutung sollte es für alle Zukunft werden, daß diese Hellenisierung von den Mittelmeervölkern aus freien Stücken durchgeführt wurde. Hellenische Staaten hatten keinen Einfluß darauf und wurden auch gar nicht gefragt. Die Mittelmeerumwelt löste höchst selbstherrlich das griechische Wesen vom griechischen Menschen, um es sich einzuverleiben. Gerade hierin lag der lockende Zauber des Griechentums, daß es in seiner Zersplitterung machtlos war, daß es nichts aufzwingen wollte, sich nicht einmal wehren konnte, wenn man sich seiner Errungenschaften bemächtigte. Wie gefährlich diese Selbsthellenisierung den Griechen werden sollte, werden wir allsogleich sehen.

Die Schüler wider den Lehrer

Als Kleinstädter, Ackerbauer und Händler hatten die Griechen die Küsten rund um das Mittelmeer besiedelt. Als Nachbarn und Kaufleute waren sie aber auch zu Bringern griechischer Kulturelemente geworden. Im Zeichen dieser Entlehnungen erstarkte das „Hinterland“, und das Verlangen der „Eingeborenen“ nach hellenischen Errungenschaften steigerte sich dadurch nur um so mehr. Mit alledem stellte sich aber auch das Verlangen ein, die eigenen Küsten freizubekommen, d. h. sie den Griechen wieder abzunehmen, ihre Städte entweder zu unterwerfen oder sie zu vernichten. Von den Griechen lernte man ja den Wert der Freiheit, insonderheit den Wert des freien Meeres zu schätzen. Von den Griechen gewann man zudem die Mittel, solche Ziele auch durchzusetzen, man lernte die neue Bewaffnung, die Kriegskunst und Strategie. Sie mit der eigenen naturwüchsigen Jugendkraft zu verbinden, fiel leicht genug. Man gewann daraus die nötige Überlegenheit, um erfolgreich gegen den Lehrer aufzutreten.

Diesen Dank des mündig gewordenen Schülers erstatteten zuerst die Lyder, deren „philhellenische“ Herrscher die ionischen Städte bezwangen. Schon im 6. Jahrhundert begann sich aber auch in Italien der Widerstand zu versteifen. 473/72 erlitt die Stadt Tarent eine furchtbare Niederlage durch die benachbarten Iapyger, doch konnte sie die Lage durch einen späteren Sieg wiederherstellen. Schlimmer wurde es seit etwa 445. Der Druck der Bergstämme auf die Bauern und Städter der Ebenen bildete in Italien gleichsam eine naturgegebene Tatsache. Schon der Hunger, welcher sich bei den Hirten im Gebirge einstellte, sobald die Bevölkerung überhand nahm, zwang zu Angriffen auf das Flachland. Seit sie in griechischer Weise zu fechten gelernt hatten, kam diesen Hirten ihre rohe Naturkraft erst recht zugute, zumal sie sich selbst nun bei Griechen als Söldner verdingten. Vor allem die „Kampaner" begannen als Eroberer oder als Söldner furchtbar zu werden. Von den samnitischen Bergen her warfen sie sich 443 zu Herren Kampaniens auf (daher ihr nunmehriger Name!) und erstürmten 421 Kyme, die ehrwürdigste aller griechischen Kolonien. Neapolis konnte sich damals noch halten, sah sich aber um 400 gezwungen, den Barbaren die Tore zu öffnen.

Vielfach kam den italischen Stämmen nun die griechische Uneinigkeit zugute, besonders der Gegensatz zwischen dem ausbreitungslüsternen Syrakus und den auf Partikularismus bedachten übrigen Kolonien. So fielen allmählich die schwächeren Städte in die Hände der Bergstämme. Um 400 wurden Poseidonia (Paestum), Pyxos und Laos von den Lukanern gewonnen, nur Elea konnte sich halten. 389 erlitt im gleichen Bereich Thurioi durch die Lukaner eine schwere Niederlage. Zwar suchten sich die noch übrigen Kolonien durch ein Verteidigungsbündnis vor den Angriffen der Bergstämme und auch des Dionysios zu sichern, doch konnten sie nicht verhindern, daß sowohl der Tyrann als auch die Italiker die Stellung der unteritalischen Griechen immer mehr schwächten. 356 eroberten die Bruttier Terina und Hipponion, 350 Sybaris am Traeis. Auch Tarent fühlte sich immer mehr bedrängt und rief Archidamos III. von Sparta zu Hilfe. Aber die Lukaner und Messapier erwiesen sich als überlegen, 338 verlor der König Schlacht und Leben. Nun wandte man sich an Alexander von Epeiros, doch hatte auch dieser König auf die Dauer gegen die andrängenden Messapier und Samniten, Lukaner und Bruttier keinen Erfolg. Er fand um 330 seinen Untergang.

Noch schlimmer als den Städten in Unteritalien erging es jenen, die an der Küste Makedoniens und auf der Halbinsel Chalkidike gelegen waren. In einem späteren Abschnitt (s. S. 248 f.) werden wir berichten, wie sie Philipp von Makedonien in den Jahren von 356 bis 348 entweder unterwarf oder zerstörte.

Im ganzen gesehen läßt sich erkennen, daß die griechische Polis auch im Kolonialbereich dem Kampf ums Dasein nicht mehr gewachsen war. Zwietracht schwächte die Städte, und wenn sie sich schon verbanden, so waren auch diese Bünde (zumal sie keiner Stadt hegemonische Rechte gestatteten) nicht stark genug, sich gegen die geballte Volkskraft der unverbrauchten, ländlichen Bergstämme zu behaupten. Ein gewisser Gegensatz, nicht nur von Stadt und Land, sondern auch von alt und jung, tritt uns hier entgegen. Nicht ohne Erstaunen wird uns bewußt, daß die bisher so dynamischen, frischen Griechen mit einem Male Züge des Alterns und des Verbrauchtseins zeigen. Von der republikanischen Staatsform gilt dasselbe: Wohl war uns ihr Niedergang schon vom Mutterland her geläufig. In Italien aber erkennen wir, daß die Republik auch gegenüber den Barbaren versagte. Sie konnte die Städte kaum mehr verteidigen, sie auf die Dauer nicht mehr retten. Daher wandte man sich auf Sizilien, wo Karthago noch gefährlicher drohte als das Bergvolk in Unteritalien, wieder der verfemten Tyrannis zu, als dem einzigen Mittel, die Existenz zu erhalten.

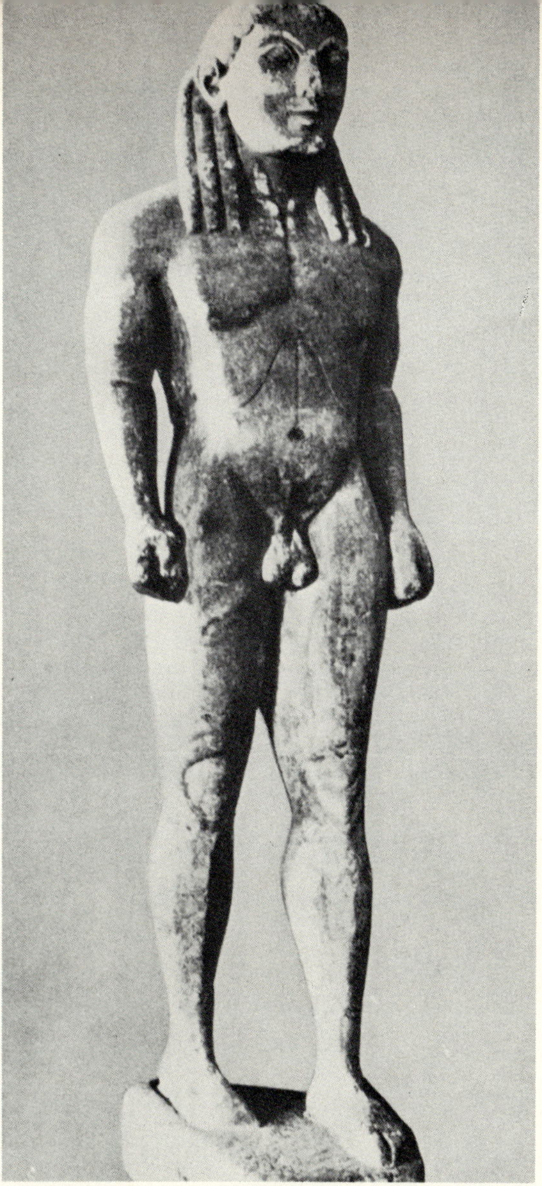

Tafel 15: Archaisches Standbild. Aus der Gruppe Kleobis und Biton zu Delphi. Das Formelhafte und Unpersönliche des archaischen Stils kommt hier deutlich zum Ausdruck. Entstehungszeit um 600 v. Chr.

Tafel 16, links: Der „Kalbträger" von der Akropolis. Dieses wunderbare Werk eines attischen Bildhauers zeigt bereits eine gewisse Milderung und Auflockerung der archaischen Stilprinzipien. Entstehungszeit ca. 570 v. Chr.

Tafel 17, unten: Amphore des Exekias. Herstellungszeit um 530 v. Chr. Man vergleiche Tafel 14, um zu ermessen, welche großartigen Fortschritte die griechische Vasenmalerei innerhalb der letzten 150 Jahre erzielte.

Tafel 14, rechts: Polyphem-Vase aus Eleusis. Herstellungszeit ca. 680. Der obere Fries zeigt Odysseus, wie er den Polyphem blendet. Der mittlere Fries bietet eine „Tierüberfallung" und der untere eine Szene mit Gorgonen, Athene und Perseus.

Tafel 18, unten: Dionysos-Schale des Exekias. Der poesievolle Zauber dieses feiertäglichen Bildes findet höchstens in minoischen Wandgemälden Parallelen.

Tafel 19: Bronzehelm aus Olympia. Weihung des Philaiden Miltiades (des Marathonsiegers?) als Dank für den erfochtenen Sieg.
A: Seitenansicht im Zustand der Auffindung.
B: Wiederherstellung.

Militärmonarchie in Sizilien

Gelon hatte als Tyrann von Syrakus die Karthager 480 so vernichtend geschlagen, daß sie sich siebzig Jahre hindurch überhaupt nicht in griechische Angelegenheiten mischten. Sie beschränkten sich auf die Westspitze Siziliens und überließen die Hellenen sich selbst. So konnten diese die Tyrannen vertreiben und ihre republikanischen Bürgerzwiste ausfechten, ohne gestört zu werden. Auch bei der Belagerung von Syrakus durch die Athener (dazu S. 200) verhielten sie sich neutral. Doch mögen sie durch die damaligen Vorgänge der Schwäche der sizilischen Griechen gewahr geworden sein. Darum nützten sie ein Hilfegesuch von Segesta und machten sich mit größtem Einsatz an die Eroberung der Insel. 409 brachen sie mit ihrer überlegenen Belagerungskunst den Widerstand von Selinus und zerstörten die Stadt. Bald darauf vernichteten sie Himera und marterten als Sühne für die hier 480 erlittene Niederlage dreitausend Gefangene zu Tode. 406 wurde auch Akragas gewonnen. Aus Gela und Kamarina flohen die Griechen nach Syrakus. Mit Ausnahme der Ostküste war nun ganz Sizilien verloren. So wie damals Persien mit Hilfe der an Sparta gezahlten Subsidien Athen zugrunde richtete, betrieb auch Karthago die Vernichtung des sizilischen Griechentums.

In höchster Not übertrug man den Oberbefehl einem fünfundzwanzigjährigen Jüngling, von dem das Fluidum der großen Persönlichkeit ausstrahlte, Dionysios. Er erreichte den ersehnten Frieden und stieg zum Beherrscher des griechisch verbliebenen Sizilien auf. Nun baute er Syrakus zur mächtigsten Festung am Mittelmeer aus, er schuf die größte Kriegsflotte seiner Zeit und gestaltete das Kriegswesen nach neuesten Fortschritten der Technik. Dann eroberte der Herrscher in einem wechselvollen Kampf (397–392) so gut wie die gesamte Insel von den Karthagern zurück, auch versuchte er, Großgriechenland zu gewinnen und schreckte vor einem Bündnis mit den Lukanern nicht zurück (388). An der Adria begründete er Stützpunkte bis an die Mündung des Po, ja 384 griff er sogar die Küsten Etruriens an. Eine Großmacht schien so entstanden zu sein.

Dionysios hatte aber seine Kräfte überschätzt. Im zweiten Krieg gegen Karthago mußte er auf das westliche Drittel der Insel verzichten, denn sein lukanisches Bündnis kostete ihm die Sympathien Großgriechenlands. Der Ausbau der italischen Reichshälfte kam nicht zum Abschluß. Auch unter den sizilischen Griechen hatte er mehr heimliche Gegner als wahre Freunde. So stützte er sich nicht zum wenigsten auf seine italischen, iberischen und keltischen Söldner, die er in Massen nach Sizilien rief und schließlich als Neubürger in Syrakus ansiedelte. Seine Macht gründete sich ja in erster Linie auf die Armee, so daß wir mit Fug von einer Militärmonarchie reden können. Für die Polishellenen, welche in bisher unerhörter Weise auch unter Steuern zu leiden hatten, schien Dionysios nur so lange erträglich, wie sie in Karthago das größere Übel erblickten. Daß der Herrscher gegen Karthago regierte, stand außer Frage. Ob er für die Hellenen herrschte, konnte man aber fast bezweifeln. Er war ein Monarch modernster Art, der vor allem der Herrschaft selber wegen regierte. In seinem über alle Bindungen hinwegschreitenden rationalistischen Machtstreben stand Dionysios Alexander dem Großen nahe.

Sein Sohn und Nachfolger, Dionysios II., konnte sich nur 367 bis 357 in Syrakus behaupten. Nach vielen Wirren stellte erst Timoleon die Freiheit der Städte und ihre republikanische Verfassung her. Die erneut vordringenden Karthager warf dieser treffliche Mann zurück (341), auch schuf er allgemeinen Frieden und ein Städtebündnis mit Syrakus als Hegemon an der Spitze. Dann trat er in das Privatleben zurück. Es war die letzte große Leistung, welche die Polis im Westen vollbrachte, Timoleon freie Hand für sein Wirken gelassen zu haben. Und da man hier noch einmal vertraute, so rechtfertigte dieser Edle wie kaum ein zweiter die hohe Meinung, welche die Öffentlichkeit von der Retterpersönlichkeit hatte. Timoleon war wirklich Retter und wollte nichts anderes sein. Doch „rettete" er nur für kurze Zeit. Die Zwietracht von Oligarchen und Demokraten, von Hellenen und Karthagern, von Syrakusanern und Umwohnenden führte bald wieder zu neuen Kämpfen. Die Polis hatte noch einen Timoleon hervorgebracht, stabile Verhältnisse konnte sie nicht mehr garantieren.

12. KAPITEL

Der Ausbau des geistigen Reiches

Das Anwachsen des kulturellen Reichtums

Die Zeiten der strengen Bindung waren längst vergangen, auch die Ära einer allmählichen, nur für die Schöpfer geltenden Lockerung dieses Gefüges war überholt. Schon trat man in die Epoche einer umfassenden Freiheit ein, die sogar dem Alltagsmenschen alle Wege beliebiger Entschließung eröffnete. Doch die alten, ehrwürdigeren Zeiten blieben durch ihre Werke dem aktuellen Bewußtsein erhalten. Für das Mythische waren nach wie vor Homer und die Dichter zuständig. Wohl sah sich der Vater der Dichtkunst mancherlei Angriffen ausgesetzt, doch wurde er niemals entthront. Hesiod, die Lyriker, Tragödie und Komödie gehörten weiterhin zum unveräußerlichen geistigen Rüstzeug. Überall in griechischen Landen wurden nun Theater erbaut, und die Aufführungen von Tragödien der drei attischen Großmeister galten weiterhin als höchste Steigerung kultureller Festlichkeit, wobei besonders Euripides den Spielplan beherrschte. Um die Freundschaft großer Schauspieler bemühten sich jetzt sogar Könige. In den bildenden Künsten standen Tempel und plastische Weihgeschenke aller Stilarten den Griechen ständig vor Augen. Die politische Größe Athens und Spartas aber wurde stets aufs neue von den Lehrern im Unterricht traktiert und von den öffentlichen Rednern als Beispiel zitiert.

Das Vergangene war also weder tot noch verloren, es blieb neben dem Neuen dauernd wirkende Wirklichkeit. So gewann die Kulturentwicklung, je weiter sie voranschritt, immer größeren Reichtum an stets gegenwärtigen Leistungen vergangener Zeiten. So sehr auch das staatliche Dasein der Hellenen verfiel, ihr geistiger Besitz wurde immer vielfältiger und umfassender. Möglichkeit über Möglichkeit wurde verwirklicht, wo immer sich an der Spitze des Fortschritts aus der jeweiligen Geisteslage der stärkste Anreiz zu weiterem Schaffen bot.

Auf diese Weise entstand ein Gebilde, das man als ein für und für sich erweiterndes Reich des Geistes bezeichnen könnte. Freilich war dieses „Reich" nur locker gefügt, und seitdem die alten Zentralwerte ihre Werbekraft verloren hatten, ermangelte ihm sogar ein geistiger Mittelpunkt. So war es ein gleichsam föderalistisch gliederndes Wachstum, ja man könnte es fast mit dem der griechischen Staatenwelt vergleichen. Dieser ganz ähnlich neigte man ja auch in den Gefilden des Geistes zu autonomistischem Partikularismus, zu Zwietracht, Mißgunst, ja Neid, entfaltete aber doch gerade durch dieses Hin und Her eine großartige Vielfalt.

Liberalistischer Interessenseparatismus

Als Zentralwerte hatte man bis ins 6. Jahrhundert das Adelstum anerkannt, dann war immer mehr das Staatliche an seine Stelle getreten. Mit dem Peloponnesischen Krieg ging aber die Zentralwertigkeit auch dieses Staatlichen verloren, und nun waren die Hellenen nicht mehr imstande, andere Wertkategorien in verbindlicher Weise zu zentraler Bedeutung zu erheben. Wohl gab es auch jetzt noch Zentralwert-Altäre, doch errichtete sie sich jeder auf eigene Faust. Der Condottiere sah alles nur vom militärischen Standpunkt aus, der Lehrer vom Werte der Bildung, der Arzt gar vom kranken und gesunden Menschen. Was aber fehlte, war eine allgemeine Verbindlichkeit dieser Höchstwertungen, welche die Menschen zu einer großen Familie des Geistigen hätte umschaffen können. Es mangelte nun an Hierarchie, an Ordnung und Zuordnung. Im Grunde lebte jetzt jeder sein eigenes Kulturleben und setzte die Akzente nach eigenem Belieben. Man gewinnt nun den Eindruck, als hätten sich die einzelnen Wert- und Kulturkategorien gleichsam selbständig gemacht, da sie keine Zentripetalkraft mehr zusammenhielt. Von zentrifugalem Schwung getragen, zerflatterten sie in die Weite[68].

Bezeichnend ist nun die zunehmende Rücksichtlosigkeit, mit der einzelne Kulturinteressen auf Kosten anderer vorangetrieben werden. Die Demokraten und ebenso Oligarchen verjagen je nach Erfolg ihre Gegner, ohne zu berücksichtigen, wie sehr sie damit ihre Heimatstadt und die Polis-Idee schädigen. Die einzelnen Städte verfechten ihre partikularistische Duodezfreiheit bis zum letzten, ohne darauf zu achten, daß sie hierdurch die Nation als Ganzes entmachten. Die Machtpersönlichkeit eines Alkibiades oder Lysander lebt sich auf Kosten der Polistraditionen aus. Die Aufklärer können sich an Mythenkritik nicht genug tun, auch wenn darüber die ererbte Religion in Brüche geht. Die Rhetoren propagieren in der Historie ihren Schwulst, obgleich sie damit den wissenschaftlichen Charakter der Geschichtsschreibung korrumpieren. Die Ingenieure treiben die Technisierung des Krieges voran, ohne darauf Rücksicht zu nehmen, daß die Polis den verteuerten Krieg gar nicht mehr bezahlen kann. Die Sophisten deklassieren die Staatsidee zugunsten einer Aufwertung der kritischen Vernunft, auch verherrlichen manche die Macht auf Kosten des Rechts. Platon eifert im Interesse der philosophischen Wahrheit gegen die Dichtung. Die Kyniker wünschen alle Kultur zum Teufel, nur um zur Natur zurückzukehren.

Eine gewisse Rücksichtslosigkeit einzelner Kulturwerte gegenüber anderen hatte es auch schon vorher gegeben — ja es ist anders überhaupt kein Fortschritt auf der Welt möglich —, sie war aber durch die alten Zentralwerte immer in engeren Grenzen gehalten worden. Nun fallen solche Beschränkungen weg, und jede Wertrichtung lebt überwiegend ihren eigenen Zielen. Hieraus ergeben sich manche recht peinliche Folgen, denn Radikalismus und Hyperthrophien werden nun zu alltäglichen Erscheinungen, zumal wenn den einzelnen Kulturinteressen auch noch der Windhauch des Egoismus (in Form von Besitzgier, Eitelkeit oder Eifersucht) die Segel zum Schwellen bringt.

Manchen Kulturbelangen ermöglichte diese Autonomie eine erhöhte Ballung des Einsatzes und hierdurch mitunter eine geradezu grandiose Leistungssteigerung. Besonders die Philosophie und die Wissenschaft, die sich ja anderen Zentralwerten nicht unterordnen können, kamen erst so zu ihren größten Erfolgen. Wissenschaft bedarf der Autonomie, und Philosopohie will um jeden Preis selbst eine hierarchische Spitze darstellen, auch wenn es ihr nur selten wahrhaft gelingt.

In der griechischen Kulturentwicklung kam diese Befreiung der Sonderinteressen von jeglicher Einordnung keineswegs zufällig. Sie nahm vielmehr einen logisch bedingten Platz ein und wurde zur gleichen Zeit Wirklichkeit wie die von den Sophisten propagierte Erhebung des Alltagsindividuums zur freien Individualität. Hier erkennen wir erneut, wie alles von der primären Entdeckung und Befreiung der Schöpferpersönlicheit ausging; von dort her machte der Befreiungsgedanke Schule und drang immer weiter in die Öffentlichkeit ein. Zuerst waren es nur die Ingenien, dann wollte jeder Durchschnittsmensch freie Persönlichkeit sein. Sogar der Egoismus wurde nun frei, und es ist gar nicht verwunderlich, wenn in diesem allgemeinen Abwerfen von Bindungen auch die einzelnen Kulturdisziplinen ihre Autonomie anmeldeten.

Man darf dabei nicht vergessen, daß sich der vorderasiatische Orient kaum jemals einem ähnlich weitgehenden Interessenseparatismus hingegeben hat[69]. Immer hielt er an seinen religiösen Zentralwerten fest und an einer hierarchischen Ordnung der Werte. Darum blieb ihm auch meist die höhere Weisheit gewahrt, wie sie allein aus Rücksichtnahme, Harmonie und Ausgeglichenheit aufwächst.

Sokrates

Immer wieder stellen wir fest, daß im Kreise der indo-europäischen Tochtervölker das Vereinsleben zu gewissen Universalansprüchen neigte, die das gesamte geistige Leben zu erfassen, ja auch zu kontrollieren trachteten. In besonderem Maße zeigte sich die demokratische Polis mit allem Geistigen verflochten. Allerdings nahm das ein Ende, als dieser Staat erstarrte und die Kulturentwicklung nach neuen, polisfremden Zielen strebte. Der demokratische Staat wurde nun fortschrittsfeindlich. In ihm vermochte die öffentliche Meinung über die Volksversammlung geradezu fortschrittsbehindernd und fortschrittsgefährdend zu wirken. So drohte die Gefahr, daß der athenische Staat eine nicht geringere Sterilisierung seines Geisteslebens herbeiführen werde, als sie der Kosmos in Sparta schon seit Generationen erzielt hatte. Diese Gefahr wurde nun, so überraschend das auf den ersten Blick erscheinen mag, durch den Prozeß des Sokrates für alle Zukunft abgewendet. Durch das darin ausgesprochene Todesurteil wurde die Unfähigkeit der attischen Bürger, Kulturpolitik zu betreiben, ja in so beschämender Weise offenbar, daß sie darauf verzichteten, fürderhin ernsthafte Eingriffe zu unternehmen.

Sokrates war kein Neuerer von der Art, die blindlings niederreißt, ohne befriedigenden Ersatz zu bieten, auch konnte der freundliche Alte, der aus breiteren

Volksschichten stammte, fast harmlos erscheinen, selbst wenn ihm die noblere Jugend besonders anhing. Sokrates gründete keine Sekte gleich Pythagoras, er blähte sich nicht auf wie Empedokles, er war kein kalter Rationalist wie Demokrit und schon gar nicht ein Geschäftemacher sophistischen Stils. Trotzdem war und blieb er den biederen Bürgern ein Stein des Anstoßes, er bot ihnen Ärgernis, bis sie ihn schließlich vernichteten.

Dabei hielt sich der Weise bei seiner Wahrheitssuche durchaus in Grenzen, die das attische Recht, das Gesetz und der Götterglaube festgelegt hatten. Doch stach er vom Durchschnitt, vom Standardtypus des athenischen Bürgers allzusehr ab. Wohl geschah dies eher in positivem Sinne, doch erweckte er gerade hierdurch die Mißgunst. So trat er in Staatsprozessen mutigen Herzens der Menge entgegen, um das Recht auch wider die Leidenschaften seiner Mitbürger zu wahren. Er nahm es mit der Tugend ernst und begnügte sich nicht mit der behäbigen, pharisäerhaften Selbstgerechtigkeit der Athener, die alle Sittlichkeit gepachtet zu haben vermeinten. Sokrates vertrat ja den Standpunkt, daß niemand die Tugend bereits besitze, daß er sie in heißem Bemühen und durch selbständiges Denken erst aufzusuchen, erst zu ergründen und zu erringen habe. So weckte er das Individuum auf, doch nicht zur Eitelkeit und zum Erfolg, wie es Sophisten versuchten, sondern zu erhöhter Selbstbesinnung. Er weckte es auf vom „Ich lieg und besitz" der athenischen Spießer. Auch im Religiösen suchte er nicht zu ernüchtern, sondern zu vertiefen. Er hing den ererbten Göttern bedingungslos an, erlebte aber auch seine „innere Stimme", horchte zugleich in sich selbst hinein. Diese individuelle Stellungnahme zum Problem des Religiösen verstimmte die Durchschnittsbürger besonders. Was ihnen aber den meisten Ärger schuf, war die ihnen unerklärliche Tatsache, daß dieses doch etwas absonderlich wirkende Original einen so tiefen Eindruck auf die Jugend machte. Natürlich kam diese Wirkung von der starken und echten Persönlichkeit des Philosophen, aber gerade die Ahnung solcher Persönlichkeitswerte verbitterte. Daher erging es Sokrates nun ähnlich wie später einem Kallisthenes: Man beurteilte ihn nach seinen Schülern und sprach nach diesen das Urteil; Alkibiades und Kritias seien unter der Schar seiner Freunde gewesen, also habe Sokrates ihre Missetaten gesät.

In Wahrheit gingen von unserem Weisen ganz andere, starke und weitreichende, ja großartige Impulse aus. Fern aller grauen Theorie, verzichtete er auf jede schriftliche Formulierung und wirkte allein durch mündlichen Zuspruch als Lehrer. Dabei richtete er sein Suchen und Denken nicht mehr auf naturphilosophische Spekulationen wie noch Anaxagoras und Demokrit, sondern auf die Begründung einer neuen Moralphilosophie. In diesem Bemühen glich er wohl den Sophisten, trat ihnen darin aber zugleich auch am schärfsten entgegen. Nicht der Mensch sei ein Maß aller Dinge und der Intellekt das einzige Absolute. Das Sittliche wäre vielmehr eine höhere Welt für sich und erhaben über dem menschlichen Dasein als das einzige und wahrhaft Absolute. Im vermöchten die Menschen aus ihrem natürlichen Zustand des „Nichtwissens" nur durch strenges begriffliches Denken einigermaßen nahe zu kommen. Dieser Schulung des Denkens wandte Sokrates all sein Bemühen zu.

Hier stand nun echte und schönste Bescheidenheit gegen den Dünkel, aufrichtiges Streben nach Höherem gegen die Selbstzufriedenheit, Gottsuche gegen den Spießerglauben, ein Mensch ganz für sich gegen eine erstarrte Vereinsroutine. In der Tat haben wir in Sokrates das erste große Aufbrechen des Humanen zu erblicken. Schon S. 167 stellten wir ein Morgenrot dieses neuen Gedankens fest. Mit Sokrates trat er aber, gleich einem Sonnenaufgang, über die entscheidende Schwelle. Dabei war es vor allem der Opfertod, welcher für alle Zukunft nun zeugte und Zeugnis auch ablegte. Schon S. 205 berichteten wir von der Anklage, vom Urteil. Sokrates nahm sein Schicksal wie mit offenen Armen auf, er nahm es auf, als ob er wüßte, was es für die Zukunft, für das Humane und für die geistige Freiheit bedeute. Und in der Tat, mit seinem Wirken und mit seinem Opfer ward er nun der Urheber einer Geistesfreiheit, die Athen zur Heimstätte aller künftigen Philosophie machen sollte.

Das Höchstmaß an Freiheit

Es gibt Besonderheiten in der Geschichte, die sich erst mit Hilfe der vergleichenden Methode als solche erkennen lassen. Ich möchte zu ihnen auch den Verzicht der im übrigen so selbstherrlichen und eifersüchtigen attischen Bürgerschaft rechnen, sich in das geistige Leben der eigenen Stadt in Hinkunft noch einzumischen. Die beschämende Erinnerung, der Selbstvorwurf und das Bewußtsein der Schuld, wie sie der Aburteilung des Sokrates auf dem Fuße folgten, führten die Wandlung herbei und lassen sie auch verständlich erscheinen. In der Regel pflegten der Staat, die Obrigkeit und die offiziellen Stellen in allen Ländern feste Beziehungen zum gleichzeitigen Geistesleben zu unterhalten und dieses dadurch zu kontrollieren. Man vergegenwärtige sich nur die Verhältnisse in Ägypten und in Mesopotamien, bei den Indern und Persern, ja selbst bei den Makedonen und in der älteren Zeit der Hellenen, um diese Verflochtenheit auf Schritt und Tritt verfolgen zu können. Wohl hatte sich das aristokratische Milet des 6. Jahrhunderts toleranter verhalten. Die demokratische Polis Athens hatte nach dem Tod des Perikles aber einen recht unduldsamen Standpunkt vertreten.

Nun aber trat die Bürgerschaft und ihre öffentliche Meinung von der Bühne der geistigen Auseinandersetzung ab und gab sie den Berufenen frei. Wohl begehrte sie noch einige Male auf, wenn es Atheisten allzu toll trieben, doch ließ sie einen Platon, einen Antisthenes völlig ungestört. Sie verzichtete sogar darauf, auf die Erziehung der Jugend Einfluß zu nehmen. Mit einem Wort, sie gestattete Lehrfreiheit. Wir können nicht anders, als in diesem auf den ersten Blick so ärmlich anmutenden Entschluß eine große und dankenswerte Tat zu erblicken. Gewiß, der Vereinsgedanke nahm so sein geistiges Ende, er opferte sich auf und gab sich nicht minder preis, als sich vorher Sokrates preisgegeben hatte. So wurde es möglich, daß Athen die ihm eigene großartige Kulturtradition auch unter geänderten Verhältnissen weiterzuführen vermochte: In einer Zeit, da sich alles Geistige nach der privaten Seite hin zu verlagern begann, fand es hier, und nur hier, eine Freizone, in der es sich völlig ungestört entfalten konnte. So kamen nun Denker aller

Länder in dieser Stadt zusammen, entwickelten hier ihre Theorien, befehdeten einander, gründeten ihre Schulen. Die obrigkeitliche Volksversammlung aber ließ das alles geschehen, als müsse es so sein, als ginge sie das gar nichts an. Man gewinnt den Eindruck eines stillschweigenden Paktes, da sich die Philosophen nicht um das attische Staatsleben, der attische Staat nicht um die Philosophen kümmerte. Freilich konnte man so auch nicht mit Unterstützungen von seiten der öffentlichen Hand rechnen. Wohl blieben mit den Staatskulten auch die Theateraufführungen Sache der staatlichen Betreuung, wurden gelegentlich auch noch Aufträge an Bildhauer und Architekten erteilt. Die philosophischen Schulen, wie sie im Laufe der Zeit entstanden, mußten sich aber mit einer Finanzierung von privater Seite begnügen. Das machte sie vom Staate jedoch auch in materieller Hinsicht richtig unabhängig.

Die geistige Freiheit Athens wurde nun Vorbild für andere Städte, ja selbst für manche Fürstenhöfe. Der Philosoph und Gelehrte mochte sich nun als vom Staat eximiert, als sein eigener Herr, als ein Fürst neben Fürsten fühlen. Da indes das Freiheitsprinzip an den Höfen nicht immer in gleichem Maße zu realisieren war, fühlten sich die Philosophen doch nur in der republikanischen Polis, vor allem in Athen selbst, erst richtig zu Hause.

Der Gedanke der Freiheit und Unabhängigkeit vom Staat vererbte sich von Athen übrigens weiter ins Abendland, an seine Akademien und Universitäten. Er steht hier immer noch so weit in Ansehen, daß er uns als etwas völlig Selbstverständliches anmutet. Gerade das aber war er nicht, ist er doch in aller übrigen Welt völlig unbekannt gewesen. Die Griechen haben die Welt zuerst mit ihrer Entdeckung des schöpferischen Ingeniums beschenkt, nun beschenken sie sie auch mit dem für sein Wirken nötigen freien Raum. —

Mit dieser Sicherstellung der Gedankenfreiheit in der griechischen Polis hat die Entwicklung der menschlichen Freiheit im Altertum die höchste Stufe erreicht. Zu Anfang der Hellenengeschichte befand sich das Bindungsmoment in seiner maximalen Geltung. Dann wurden Bindungen in immer steigendem Maße gelöst, Freiheit allmählich errungen, zuerst nur für große schöpferische Taten, dann aber Freiheit schlechthin und für jedermann. Nun sind die Bindungen teils verschwunden, teils halten sie sich, wie z. B. der Staat und seine Verfassungen, nur noch aufrecht, weil es der Nützlichkeit und den Bedürfnissen des praktischen Daseins entspricht.

Wie bei jeder Geschichtsperiode handelt es sich auch hier um ein Nicht-Mehr und um ein Noch-Nicht. Man brauchte nicht mehr an die Götter zu glauben, war aber auch auf keine philosophische Lehre verpflichtet, man brauchte sich nicht mehr um den Staat zu kümmern, um die Nation, um die geltende Sitte. Andererseits brauchte man noch vor keinem Fremdherrscher den Rücken zu beugen. Es lockten noch keine orientalischen Kulte zu neuer Gläubigkeit, auch die Ideen der Menschheit und der Menschlichkeit verpflichteten noch nicht zu sehr.

Also war auch diese Ära der Freiheit nicht von uneingeschränkter Dauer, blieb doch die Freiheit selbst nur solange wahrhaft begehrt, als man sie noch zu Schöpfungszwecken zu nutzen vermochte. Der weitere Verlauf der Geschichte wird uns lehren, daß man sich alsbald mit dem Aufbau einer neuen Bildungswelt zu beschäftigen beginnt. Auf dem Gebiet der Macht und des Staates setzt diese Gegenbewegung ein, greift dann auf das Religiöse, ja schließlich auf das gesamte Geistesleben über. Dieser Vorgang dauert jedoch sehr lange Zeit, länger als vorher das Niederreißen der alten Bindungswelt, zu dem es nur wenige Jahrhunderte bedurft hatte. Der Neuaufbau braucht mehr als ein Jahrtausend und vollendet sich erst im frühen Mittelalter, etwa um 1000 n. Chr. Darüber wird erst viel später zu berichten sein. Vorerst mag uns der Hinweis genügen, daß sich auch die Ungebundenheit irgendwie abnützte, daß ein Übermaß an unschöpferischer Freiheit diese irgendwie schal erscheinen ließ, ja Überdruß erzeugte, und daß der Fluß der Geschichte schließlich auch die Freiheit verschlang.

Fürsten als Mäzene

Nicht allzu schwer wog der Verzicht auf staatliche Unterstützungen, mit dem die Philosophie ihre Freiheit erkaufte. Viel wäre von der Volksversammlung ohnehin nicht zu erwarten gewesen, und auch die Adelsfamilien traten nun kaum mehr als Gönner hervor. Um so bedeutsamer sollte jetzt aber das Mäzenatentum fremder Fürsten werden. Wir stellen darin einen Parallelismus zur Machtwelt fest. Wie man dort von Königen und Tyrannen die Rettung aus nationaler Machtlosigkeit und Desorganisation erhoffte, ließ man sich auch ihre Munifizenz gefallen, zumal diese Herrscher im Geistigen auf freiheitsbeschränkende Anmaßungen verzichteten.

Im griechischen Mutterland gab es Könige allerdings nur mehr zu Sparta, und diese kamen, da völlig im Kosmos versponnen, hier gar nicht in Frage. Doch traten nun kyprische Fürsten als Gönner der neuen Bildung hervor. Noch bedeutsamer war aber das Interesse, welches man in der Militärmonarchie Siziliens an den Fortschritten der Philosophie nahm. Einst waren Pindar und Aischylos am Hofe von Syrakus gewesen, nun lud man Platon ein und erhoffte Ratschläge für die Regierung. Brachten diese Versuche allen Beteiligten auch nur Enttäuschungen, so blieb doch die Meinung, daß es künftig Sache der Philosophen sein werde, Fürsten zu beraten oder wenigstens Prinzen zu erziehen.

Die höfischen Interessen an griechischer Bildung traten besonders im Kreise der nichtgriechischen Nachbarschaft stärker hervor. Allen voran im Philhellenismus war dabei schon stets Makedonien gewesen, wo bereits Pindar vorübergehend zu Gaste weilte. Archelaos, der auch als Herrscher bedeutend war, ließ seinen Palast vom größten hellenischen Meister, von Zeuxis, mit Fresken schmücken und zog noch andere große Künstler an seinen Hof. So gewann er in einer Zeit, da das Schicksal Athens immer bedrohter erschien, den Dichterkomponisten Timotheos, den Vertreter einer neuen Epik Choirilos, den Tragiker Agathon, vor allem aber den greisen Euripides, dessen Ingenium sich an makedonischer Leidenschaftlichkeit zum letzten Mal in der naturalistischen Tragödie der Bakchen entzündete. Auch Sokrates scheint damals eingeladen gewesen zu sein, doch ist er dem Ruf nicht gefolgt Daß man sich sogar in kynischen Kreisen mit der Gestalt des

Archelaos auseinandersetzte, lehrt uns ein Dialog des Antisthenes, der seinen Namen trägt.

Unter den folgenden Herrschern treten uns vor allem Perdikkas III. und der große Philipp als Förderer hellenischer Bildung entgegen. Zu Perdikkas begab sich zwar nicht, wie man gehofft haben mag, Platon selbst, doch sandte der Weise seinen Schüler Euphraios. Dieser spielte am Hof eine bedeutsame, doch nicht sehr sympathische Rolle, ja man erzählte sich hämisch, daß nun beim Königsmahl nur mehr Ritter geduldet würden, die sich hinreichend auf Philosophie und Mathematik verstünden. Philipp erhob manchen Griechen von geistigem Rang in den makedonischen Ritterstand, auch übertrug er die Erziehung der Jugend des Hochadels den Rhetoren und Philosophen. Wir finden an seinem Hof Platoniker und den Historiker Theopomp, vor allem aber berief er für die Heranbildung des Thronfolgers den größten Denker seiner Zeit, Aristoteles.

An der Küste Kleinasiens zeichneten sich Hermias und der Hof des Maussolos durch ihr Mäzenatentum aus. Hermias war vom bithynischen Sklaven zum Schüler Platons und schließlich zum Dynasten von Atarneus aufgestiegen. In dieser Eigenschaft eröffnete er seinen Mitschülern Aristoteles und Xenokrates für mehrere Jahre eine politisch-philosophische Wirkungsstätte im benachbarten Assos. Maussolos entstammte dagegen dem Fürstengeschlecht von Karien und gab als Bauherr von Halikarnassos besonders den Architekten und Bildhauern reiche Wirkungsmöglichkeiten. Nach seinem Tode verherrlichte ihn Theodektes in einer Dichtung. Sein großartiges Grabmal schmückten die berühmtesten Bildhauer der Zeit, Skopas, Leochares, Timotheos und Bryaxis. Über die Ägäis hinaus griff der Philhellenismus nach Osten bis Phoinikien aus und ließ auch dort die Fürsten zu Auftraggebern der bildenden Künstler werden.

Dabei haben wir zu beachten, daß die Leiter der einzelnen philosophischen Schulen immer in Athen verblieben und sich nur ausnahmsweise in Fürstenland begaben. An die Höfe sandten sie dagegen prominentere Schulmitglieder, damit sie dort als Berater, Lehrer und Prinzenerzieher wirkten. Dabei standen nicht nur die philosophischen Richtungen in einem gewissen Konkurrenzkampf, sondern es neideten einander vor allem Philosophen und Rhetoren den Einfluß.

Das damalige Mäzenatentum bildete gleichsam einen Typus für sich, der durch besondere Hochachtung vor der griechischen Bildung, Philosophie und Kunst charakterisiert wurde. Die Herrscher blickten zur griechischen Kultur wie in eine höhere Sphäre auf und empfanden es als beglückend, an ihr teilhaben, ihr dienstbar sein zu dürfen. So lag es ihnen im allgemeinen auch fern, auf den Inhalt der Lehre und auf den Charakter der Leistungen von sich aus irgendwelchen Einfluß zu nehmen. Wir werden sehen, daß das unter Alexander und den Ptolemäern alsbald ganz anders wurde.

Vorerst bildete das Mäzenatentum der Fürsten eine glückliche Ergänzung zur Neutralität der Polis. Das geistige Leben erhielt so eine wertvolle Bewegungsfreiheit, nach Bedarf zwischen Polis und Fürstenhöfen zu wechseln. Wie sehr man davon Gebrauch machte, zeigen uns Platon und Aristoteles. Ersterer wechselte in seinem Wirken zwischen Athen und Syrakus, letzterer atmete zuerst athenische

Polisluft, begab sich dann zu Hermias, nachher in eine lesbische Polis, von wo er nach Makedonien berufen wurde, bis er schließlich in Athen seine Schule gründete. So konnte der weitere Ausbau des geistigen Reiches allenthalben auf breiter Basis und unter günstigsten Bedingungen vor sich gehen.

Platon und die Akademie

Sokrates hatte durch seinen Opfertod die geistige Freiheit errungen, seine Schüler vermochten sie dann zu nützen. Ihr dankte es auch Platon, wenn er zu Athen völlig ungestört das gewaltigste Werk errichten konnte, welches philosophische Spekulation, Gottsuche und Staatsdenken je bei den Griechen hervorbrachten. Als Fundament diente dem Weisen vor allem das den Begriffen geltende Erkenntnisstreben des Sokrates und die mystisch theologische Versenkung der Pythagoreer in die Welt der Zahl und der Harmonie. Den Aufbau schuf Platon in mehreren Stufen. Aus ihnen lernen wir, wie sehr er bis ins hohe Alter immer noch Neues hinzugewann, wie er mancherlei besserte und seine Erkenntnis immer tiefer begründete.

Wie man richtig beobachtete, beruhte die philosophische Schau Platons zugleich auf einer glücklichen Vereinigung der parmenideischen Vorstellung vom unwandelbaren Sein mit Heraklits Prinzip des Werdens und Vergehens. Platon glaubte, das Seiende in den „Ideen" zu finden. Damit führte er auch das sokratische Streben nach den Hintergründen des Begrifflichen zum glücklichen Abschluß. Hinter und über dem Scheinen würde das Absolute, Ewige und Unantastbare von den Ideen verwirklicht. Sie seien die einzige Realität, erhaben über Wandel und Trug der sinnlich erkennbaren, diesseitigen Welt. Die der Körperwelt angehörige Natur zu ergründen, sei daher nicht so wichtig. Nur die Astronomie führe davon in die Sphäre der Ideen empor, desgleichen natürlich Mathematik, Geometrie und Musik, in denen Zeitlosigkeit, Ordnung und Harmonie das Ewige deutlich machen. An den Ideen habe auch das Seelische Anteil. So bleibe es über den Tod hinaus erhalten und verkörpere sich (im Sinne der Orphiker und Pythagoreer) immer von neuem.

Sokratische Gedankengänge vollendend, erblickte Platon die höchste seiner Ideen im Guten, im Guten zugleich aber das Göttliche. Demgegenüber dünkten ihm alle ererbten Gottesvorstellungen trivial und verächtlich. Er wollte sie zeitweise schon fast verdammen, duldete sie dann aber doch für die breiteren Massen als die ihnen angemessene Gottesschau. Der Weise selbst erhob sich freilich zu der anderen, höheren Erkenntnis eines wahrhaft Göttlichen als der höchsten Idee des Guten, zugleich der erhabensten Realität und des Inbegriffs aller Ordnung und Harmonie.

Als Platon schließlich durch ionische Freunde mit den Lehren und Anhängern des Zoroasterglaubens in Berührung kam, empfand er es als beglückend, daß auch im Iran die Erhebung des Guten zum göttlichen Prinzip bereits erschaut worden sei. Er selbst lernte dabei ein Neues hinzu, die Lehre vom Gegenbilde des Guten, vom Bösen, dem gegengöttlichen Faktor im Dasein. Wohl hat er es nicht mehr vermocht, diese letzte, elementarste Schau in sein Lebenswerk systematisch einzubauen, doch mag er erahnt haben, daß erst die iranische Antithese eine völlige Verifizierbarkeit der Idee des Göttlichen ermögliche, daß erst sie von der optimistischen Gedankenblässe eines „Gottes der Philosophen" in die Welt der wahren Realität hineinzuführen vermöchte. Daß sich Platon darüber hinaus auch noch von den Spekulationen der iranischen Zahlenmystik, vom Zurvanismus, angezogen fühlte, wird man bei ihrer inneren Verwandtschaft mit der pythagoreischen Zahlenlehre leicht verstehen.

Die Bedeutung Platons lag aber nicht nur in der Erhabenheit seiner philosophisch-theologischen Schau, sondern auch in seiner intensiven Beschäftigung mit der Frage der Regeneration. Wie sehr man sich im damaligen Griechentum nach einer Wiedergeburt des staatspolitischen und nationalen Daseins sehnte, werden wir weiter unten behandeln. Während eine Generation später Alexander der Große die Neuschaffung der Welt vom Makrokosmos her anstrebte, war es Platons Verlangen, eine Regeneration des griechischen Daseins vom Mikrokosmos, d. h. von der Polis her, zu erzielen.

Nicht unzutreffend erkannte er, daß ein derartiges Neubeginnen allein aus einem Höchstmaß an Bindungen erfolgen könne, daß daher eine der individuellen Freiheit verschriebene Verfassung, wie sie die Demokratie darstellte, als Ausgangsbasis schwerlich geeignet sei. Er ahnte also die Notwendigkeit einer Rückkehr von der nunmehr erreichten Diastole, der Entspannung, zu einer neuen Anspannung und Systole.

Platon schwebte ein Staatswesen vor, das sich mit Hilfe von strengster Auslese und Erziehung der jeweils am besten Geeigneten in eine Reihe scharf abgetrennter Kasten und Klassen aufteilte, von denen jede im Staate besondere Funktionen auszuüben habe. Die Regierung aber werde durch eine Denkerzentrale der Philosophen, also durch eine Art Gehirntrust, gebildet. Unter ihr stehe eine feudale Kriegerkaste, weit tiefer stuften sich dann die Klassen der Handwerker und der Bauern.

Der Weise hat seiner Staatsplanung vor allem in zwei großen Werken Ausdruck gegeben, von denen das eine gleichsam seinen Idealstaat darstellte, während das andere eine die realen Verhältnisse stärker berücksichtigende Kompromißform darbot. Doch handelte es sich in beiden Fällen um theoretische, ja schier utopische Gedankengebilde. Wie wir in diesem Buche nachzuweisen versuchen, ist eine Regeneration vom Willen und von vernünftigem Räsonieren her überhaupt nicht zu erwarten. Sie kann nur aus dem unbewußten geschichtlichen Wachstum heraus erfolgen (eingehend dazu S. 395 f.). Platon hingegen erwartete von seiner Planung das Wunder des Neuwerdens, er vertraute in aufklärerischem Optimismus den Kräften des philosophischen Denkens. Ohne es zu wissen, stellte er sich damit auf dieselbe Stufe mit den (von ihm so bekämpften) Sophisten. Wohl kalkulierte er in seine Konstruktion das Metaphysische mit ein, doch blieb sie dennoch ein Produkt der Ratio und der Vernunft. Auch war ihm nicht klar, daß eine Bindung erst dann zur Bindung wird, wenn sie aus freier Wahl, aus innerem Antrieb, mit einer gewissen Selbstverständlichkeit, ja am besten ganz ahnungslos und unbewußt übernommen wird. Plato vermeinte die Regeneration von oben her einleiten zu können, während sie in Wahrheit nur aus breiteren Schichten her zu erfolgen pflegt (s. dazu S. 393 ff.). Auch zog er den Widerspruch nicht in Rechnung, den die menschliche Natur einer mechanischen Entmündigung und Bevormundung stets entgegenstellt. So schuf er in seinem Planen eine Art Termitenstaat, der die freiere Dichtung ausschloß und die Gottesleugner mit Inquisition verfolgte, der sich also zwar nicht nach außen, wohl aber nach innen der brutalen Macht bediente, wo die vernünftige Überzeugung allein nicht genügte. So wäre es ein Kosmos geworden, gleich dem von Lakedaimon mit seinen Klassen der Spartaner, Perioiken und Heiloten, nur nicht von einer Kriegerkaste, sondern von Philosophen geleitet. Der Kosmos aber war kein Ergebnis der Frühzeit, obgleich er dies von sich behauptete, sondern das Produkt einer auf Einseitigkeit gerichteten und in Einseitigkeit erstarrenden Sonderentwicklung.

Man glaube nicht, daß Platon in seinen Theoremen schon volles Genügen gefunden hätte. Wohl verzichtete er darauf, seine Vorschläge in Athen zu verwirklichen. Ebenso streng hielt er hier gegenüber der Demokratie am Grundsatz der Nichteinmischung fest, wie die Demokratie selbst gegenüber Platon. In Sizilien fand er sich aber um so lieber bereit, praktische Politik zu betreiben. Der Erfolg blieb ihm freilich versagt, doch beharrte er auf der Behauptung, daß nur Philosophen oder wenigstens philosophisch gebildete Fürsten geeignet seien, Staaten zu leiten.

Mit Platons Zeit begann im griechischen Staatsdenken eine neue Ära. Es entfernte sich vom Staate der Wirklichkeit und wandte sich der Theorie und dem Wunschbilde zu. Xenophon schuf damals in seiner Kyrupaideia das Wunschbild eines obersten Kriegsherrn der Nation, Platon das einer autoritär gestuften Polis. Bald folgten Onesikrit und Hekataios, von denen aber erst später berichtet werden soll. Hier sei nur darauf hingewiesen, daß Platon in seinem Bild von der Insel Atlantis den Typus eines im Technischen und Zivilisatorischen vereinseitigten Staates erstmalig skizzierte [70] und auch schon verurteilte.

Völlig verfehlt wäre es aber, Platons Staatsdenken oder gar seine philosophische Leistung nach der „Richtigkeit" von Einzelheiten zu werten. Erkennen und Verkennen gingen bei ihm gleichermaßen in eine absolute Großartigkeit ein, in eine titanische Kraftentfaltung und heilige Verinnerlichung, wie wir sie *mutatis mutandis* etwa bei Michelangelo wiederfinden. So wenig wir beim ‚Jüngsten Gericht' nach einer Richtigkeit des inhaltlich Dargestellten fragen, so wenig ziemt es, diese Frage Platon gegenüber allzusehr in den Vordergrund zu stellen. Alles ist bei ihm der dichterisch gehobene und verklärte Ausdruck derselben Größe, Ausdruck zugleich einer der gewaltigsten Persönlichkeiten der Menschheit und ihres titanischen Ringens mit letzten Problemen. Darum tritt Platon auch gerade in jener Phase der griechischen Entwicklung auf, die wir in der Kunst als Realismus oder besser als Hochrealismus bezeichnen und die solches Ringen mit zum wichtigsten Gegenstand hatte.

388 gründete Platon im heiligen Bezirk des Heros Akademos seine von nun an als „Akademie" bezeichnete philosophische Schule. Damit wurde der platonischen

Lehre für das künftige Altertum in Athen eine feste Heimstatt geschaffen. Die Schulzucht war nicht ganz so beengend und esoterisch wie bei den Pythagoreern, doch handelte es sich immerhin um eine wohlorganisierte Gemeinschaft, deren Haupt in der Lage war, Verhandlungen mit Fürsten zu führen, Mitglieder als Erzieher an Höfe zu beordern, also Kulturpolitik größeren Stils zu betreiben. Auf Platon folgte nach seinem Tode (347) sein Neffe Speusippos. Unter den weiteren Nachfolgern seien Xenokrates, Polemon, Krates, Arkesilaos und Karneades genannt. Getrieben wurde, dem Beispiel des Meisters folgend, vor allem Mathematik, Astronomie und Moralphilosophie. So war die Akademie das erste Beispiel für eine organisierte wissenschaftliche Zusammenarbeit und blieb darin Vorbild für alle Zeiten.

Als Platon zu Grabe getragen wurde, folgten ihm alle Einwohner des Quartiers, in dem die Akademie lag. Sie ahnten wohl, daß einer der größten unter den Mitbürgern dahinging und daß er — wenn auch ohne Volksversammlung — für die Größe der Heimatstadt Größtes geleistet hatte.

Realismus der Kunst

Für die dem Klassischen folgende Stufe der griechischen Kunstentwicklung bietet uns sowohl die Renaissance wie auch die neuere deutsche Literatur- und Musikgeschichte wertvolles Parallelmaterial. In Italien vertrat sie vor allem Michelangelo mit seinem die Ausgewogenheit Raffaels preisgebenden Ringen um letzte Erlebnisintensitäten. In der deutschen Kunst folgten dagegen auf die Klassik zweierlei Tendenzen zur Erweiterung des Stofflichen. Deren eine suchte die bürgerliche Innigkeit einzubeziehen, wie das bei Gottfried Keller und bei Otto Ludwig der Fall ist. Die andere Richtung sprengte gleich Michelangelo das bisher so ausgewogene Verhältnis von Inhalt und „glatter" Form und wandte sich wie dieser mehr einem inhaltlichen Ringen um letzte Probleme zu. Dies finden wir im zweiten Faust und bei Hebbel, in der Musik beim späteren Beethoven, bei Hugo Wolf und Bruckner, vor allem aber im Musikdrama Richard Wagners. Es läßt sich dabei erkennen, daß gerade so große Meister wie Goethe und Beethoven den Wechsel vom Klassischen zur folgenden Stufe mitmachten, ja eigentlich ihn erst selbst inaugurierten. Kein Zweifel, nach Erfüllung der klassischen Möglichkeiten empfanden sie selbst die Erweiterung oder Wandlung des Stofflichen als notwendig. In der deutschen Literaturgeschichte bezeichnet man diese auf das Klassische folgende Stufe mit ihren beiden Neigungen, hier zur Bürgerlichkeit, dort zum titanischen Ringen, zusammenfassend als „Realismus" und schreibt ihre konzentriertesten Werke dem sogenannten „Hochrealismus" zu. Aus Zweckmäßigkeitsgründen werden wir diese Bezeichnungen auch für die analoge Phase im Griechischen übernehmen.

In der griechischen Kunst tritt uns *mutatis mutandis* der Realismus mit denselben zwei Ausrichtungen entgegen wie in der deutschen Literatur. Nachdem die Hochklassik durch Pheidias, Polyklet und Myron ihre Vollendung gefunden hatte und alle Erhabenheit des Überirdischen und auch des in höhere Sphären gehobenen Menschlichen in einer für Hellenen nicht mehr überbietbaren Weise verwirklicht worden war, sahen sich manche Künstler veranlaßt, ihren Stoffbereich auf die Gestalten und Probleme des Alltags, d. h. der bürgerlichen Welt, zu verlagern. Das entsprach durchaus der Demokratisierung des öffentlichen Lebens und ebenso dem neuen, von den Sophisten propagierten Individualismus. Damit hatte schon Euripides begonnen, als er die Problematik der eigenen Zeit so sehr in den Mythos hineintrug, daß seine Dramen den Charakter bürgerlicher Trauerspiele annahmen. Nun griff die gleiche Neigung nach Verbürgerlichung auch auf die Plastik über. Man erschloß sich — ohne die klassische Formgebung allsogleich aufzugeben — der Poesie des Alltags, der Schönheit des Schlichten. Vor allem sind es die attischen Grabreliefs der Jahrzehnte vor und nach 400, welche von alledem beglückendsten Ausdruck geben. Als bestes Zeugnis hierfür sei das Bild der „Hegeso" erwähnt (Tfl. 29).

Bald zog dieses Verlangen nach bürgerlicher Innigkeit und schlichterer Anmut auch die Götterdarstellungen in ihren Bann. Vielfach wankte der Glaube an das Dasein der Unsterblichen, wurde das Kultbild oft schon weit weniger als das Kunstwerk geschätzt. Nicht mehr unnahbar, als schöne Menschen, ja oft schon ins Genrehafte verbürgerlicht, wurden die Olympier dargestellt. Der praxitelische Hermes sei hierfür ein jedem Leser geläufiger Beleg (Tfl. 32). Auch die von Lysippos vertretene Richtung (vgl. Tfl. 33) zeigt eine ungemein anmutige, gelöste und unbeschwerte, aber zugleich doch völlig verweltlichte Art der Darstellung. Seit dem Anfang des 4. Jahrhunderts hielt auch die Porträtkunst ihren Einzug in die griechische Plastik (vgl. Tfl. 30).

Die zweite Erweiterung des Stofflichen, gerichtet auf das Ringen mit letzten, dunkelsten Problemen, hatte schon Sophokles vorbereitet. Euripides baute daran weiter, steigerte den Realismus aber ins Pathologische und damit bis zum krassen Naturalismus. Im 4. Jahrhundert wandten sich auch die Bildhauer den tragischen Stoffen (noch nicht aber dem Naturalismus!) zu. Letzte Abgründe des Leides und der Erschütterung wurden nun von ihnen aufgerissen. Das echte, große Pathos bestimmte ihre Kunst und bestimmte auch ihre Kunstform, die nun nicht mehr abgeklärt sein konnte. So war es das Inhaltliche, das jetzt das Kunstschaffen weit initiativer bestimmte als der Formungswille. Doch blieb, wie uns die wunderbaren Werke eines Skopas und seiner Mitarbeiter am Maussoleion zeigen, das Streben nach höchster Schönheit gleichzeitig immer noch beglückende Selbstverständlichkeit (vgl. Tfl. 31).

Während die spätere abendländische Dichtung erweist, welch vielfältige Schaffensmöglichkeiten die Kunstrichtung des Realismus gerade den Dichtern zu bieten vermag, sehen wir uns bei den Hellenen in dieser Hinsicht fast enttäuscht. Nach der einzigartigen Meisterschaft des Sophokles hatte sich schon Euripides allzusehr zersplittert und hatte, wie schon erwähnt, mehr der Idee des Naturalismus als dem Realismus gedient. Nach ihm vermochte die griechische Dichtung aber überhaupt nichts Bedeutendes mehr zu leisten. In den Theatern erfreute man sich daher weit mehr an Wiederholungen der drei „Klassiker" als an neuen Stücken.

Unglücklicherweise zeigte sich der griechische Geist nun auch außerstande, irgendeine andere neue Dichtungsart zu erfinden, welche Schöpfungsmöglichkeiten von Gewicht hätte eröffnen können. Das musikdramatische Wirken des Timotheos erwies sich im Dichterischen als völlig hohl, und der Versuch des Choirilos, epische Dichtungen aus Stoffen der neueren Zeit zu gewinnen, fand keinen besonderen Anklang. Es bleibt uns nichts übrig, als eine Analogie zum staatsmännischen Schaffen der Hellenen festzustellen: Hier wie dort mangelte es nun an neuen Ideen, die als Schöpfungsimpulse an die Stelle der alten hätten treten können. Der Quell der Dichtung, der sich durch Generationen so überreichlich ausgegeben hatte, versiegte bis auf bescheidene Rinnsale.

Wie verschiedentlich in der Entwicklung[71] ahnen wir auch hier eine doppelte Ursache dieses Defizitphänomens. Auf der einen Seite fehlte hinreichender „Nachschub" an neuen, noch unverbrauchten Ideen. Auf der andern wirkten sich Akzentverstärkungen anderer Kultursparten störend und hindernd aus. In unserem Falle erfolgte die Akzentverstärkung im Bereich der Vernunft und des Verstandesmäßigen. So ist es fast, als ob die an sich nun schon schwächer fließende Quelle der Dichtung vom Sand des allenthalben überhandnehmenden Intellektualismus erst richtig erstickt worden sei. Die Pseudokünste der Rhetorik und auch der philosophische Dialog schoben sich in den Vordergrund. In dieser Hochflut echter und unechter Geistigkeit gab es anscheinend für Poesie nicht nur kein Publikum, sondern auch keine Dichter, die sich fürs Dichten interessierten. Platon gibt uns hierfür ein Beispiel. Er selbst war ja — wie uns die Dialoge lehren — dichterisch hochbegnadet, bediente sich aber dennoch der Prosa und traf alle freiere Dichtung mit seinem Verdikt. Es bedurfte dann mehrerer Generationen, bis die Zeit für eine Regeneration der Dichtkunst endlich reif wurde. Das einseitige Interesse am Philosophischen und Rhetorischen ebbte erst im Hellenismus ab. Da kam dann auch eine Spätblüte der Poesie in Gestalt der idyllischen Dichtung und der Großstadtkomödie endlich zur Reife (dazu S. 318 ff.).

Im ganzen gesehen haben die Hellenen nach Sophokles in der Stufe des Realismus die Palme des Höchsten doch nicht errungen. Während in der vorhergehenden Klassik das Licht der griechischen Kunst in Literatur, Plastik und Architektur für alle Zeiten als hellstes erstrahlte, reichte Euripides kaum an Hebbel, geschweige denn an Shakespeare heran, Timotheos niemals an Richard Wagner, auch Skopas nur ausnahmsweise an Michelangelo. Kein Zweifel, der Einbruch des philosophischen und sophistischen Intellektualismus hat in dieser Zeit den reineren Ausfluß der Kunst allzusehr gestört.

Rhetorik und Fachwissenschaften

Der Rede Kraft und Gewandtheit bedurfte man immer schon in der Volksversammlung und vor den Gerichten. Gorgias aber machte daraus eine der Schönheit und Logik vermählte Kunst des formvollendeten Darstellens, Argumentierens und Überzeugens. Er glaubte, in ihrem Vollbesitz könne der Redner zum Künstler werden, der unter Umständen sogar Bleibendes schaffe und als Autor ins Schrifttum eingehe. Gorgias selbst gehörte zu den Sophisten und war einer der rührigsten unter ihnen (dazu auch schon S. 185 f.), Rhetorik war für ihn eine sophistische Technik.

Dann aber löste sich dieses Technische des kunstgerechten Redens und der Redelehre als etwas Selbständiges ab und wurde von Berufsrhetoren weitertradiert, die mehr dem Bildungsgedanken an sich als dem philosophischen Fortschritt dienten. Sie erblickten ihre Aufgabe darin, den Schülern ein allgemeines Kulturverständnis und Wissen, vor allem aber eine gepflegte und überzeugende Art des rednerischen und schriftlichen Ausdrucks beizubringen. So ergänzte sich die rhetorische Bildung durch die philosophische, so sehr auch Philosophen und Rhetoren im einzelnen oft als Konkurrenten auftraten.

Die Tätigkeit der Rhetoren war darauf gerichtet, die Bildung zu heben, zugleich aber wirkte sie uniformierend. Ihrer Breitenwirkung entsprechend, zeigte sie mancherlei Tendenz, zu verwässern und zu verbilligen, zumal sie auf formalistisches Geplätscher kaum je verzichten wollte. Schlechthin erlernbar gemacht, konnte hellenische Bildung jetzt auch von griechisch sprechenden Barbaren gewonnen werden. Da Athen in der Rhetorik alsbald zum bevorzugten Zentrum aufstieg, bot es nun auch für Nichtgriechen reiche Möglichkeiten, zu griechischer Bildung aufzusteigen. Die Scheidung von Gebildeten und Ungebildeten ging bald so weit, daß man den rhetorisch gebildeten Fremdling in gleichgesinnten Kreisen oft schon als besseren Griechen ansah als die Ungebildeten unter den eigenen Volksgenossen. Hieraus ergab sich ein weiterer Fortschritt in der Entfaltung der Humanitätsidee, ein Schritt, der sich ohne jedes Bewußtsein von seiner Tragweite vollzog, für die Zukunft aber um so bedeutsamer werden sollte.

Als größter unter den Rhetoren trat im 4. Jahrhundert Isokrates auf, der in Athen eine Schule von panhellenischem Ansehen schuf. Er selbst war freilich weit mehr als nur Lehrer, hatte seine Stimme vor allem doch auch in der großen Politik besondere Geltung. In seinen rhetorisch gehaltenen Proklamationen trat er, dem Gorgias folgend, für eine Wiederbelebung des nationalen Gedankens ein, verband ihn aber mit einer Hochschätzung der Polis-Tradition und mit dem Bekenntnis zur großen Einzelpersönlichkeit monarchischer Prägung. Hiervon wird aber erst später berichtet.

Ähnlich wie die Sophistik stellte die Rhetorik eine geistige Errungenschaft von hoher Bedeutung dar, doch teilten sich beide in dasselbe Negative: sie öffneten die Wege zum Abgleiten ins Angenehme, Bequeme und Billige. Schon der sophistische Individualismus hatte nach dieser Richtung die Schranken geöffnet. Die Rhetorik aber führte dazu, daß man das Angenehme der Darstellung über die Verläßlichkeit und den Wert des Inhalts zu stellen lernte, daß man nach bequemer, einschmeichelnder Lektüre griff. Denn seit es Rhetorik gab, erstanden auch solche gleichsam journalistisch geschriebene Bücher (wenn dieser Ausdruck erlaubt ist), weit mehr bestrickend als sachlich geschrieben, Interessantes verlockend anbietend. Da sich der rhetorische Stil alsbald der gesamten Erziehung bemächtigte, verband sich das phrasenhafte Geklimper schließlich von Jugend auf mit dem Ohr und wurde zur Selbstverständlichkeit. So begann sich das bisher so gehaltvolle griechische Geistesleben mit Zügen feiler Gewöhnlichkeit zu durchsetzen. Mit der Rhetorik hielt der *Graeculus* seinen Einzug in die Geschichte.

Die Rhetorik wirkte sich schon auf die Dichtung des 4. Jahrhunderts negativ aus, zog sie doch viel Interesse von der Poesie ab, um es der Schönheit der Reden zuzuwenden. Außerdem schlich sich in die Dichtungen selbst allmählich immer häufiger rhetorisches Blendwerk ein und billige Effekthascherei. Früher war jeder Autor darauf angewiesen, aus eigener Kraft, mit eigenen Mitteln zu wirken. Jetzt konnte man aber erlernen, wie man Wirkung erziele, und machte vom Erlernten nur allzu willig Gebrauch.

In besonders schmerzvoller Weise wurde aber die neuerstandene Geschichtsforschung von der Rhetorik beeinflußt. Geschichte zu schreiben hatte man in Ionien begonnen, wo man damit gern die Darstellung von Ländern und Völkern verband. So hielt es auch noch Herodot, der mit seiner Darstellung der Auseinandersetzung von Morgen- und Abendland das erste historische Monumentalgemälde schuf. Er hob darin die großen Leitlinien und das geschichtlich Bedeutsame in so wunderbarer Weise heraus, daß man ihn mit Recht als Vater der Geschichte preist. Als Kind seiner Zeit war er sich schon der Pflichten des Zweifels bewußt, doch mangelte ihm noch eine kritische Methode. Wissenschaftler war Herodot also noch nicht.

Mit einem Schlag gelang dann dem Athener Thukydides die höchste Vollendung. In seinem Werk über den Peloponnesischen Krieg vereinigte er dreierlei in optimaler Weise: der Wahrheit vorurteilsfrei zu dienen, in der Darstellung höchste Meisterschaft zu gewinnen und das Wesen des Geschichtlichen zu ergründen. Im Dienste der Wahrheit wendete Thukydides durch Heranziehung von Urkunden und möglichst authentischen Berichten bereits Methoden an, wie sie auch heute kaum besser geübt werden können. In seiner Darstellung wurde er überhaupt nie wieder erreicht. In seiner tiefdringenden Schau vom Wesen des Geschichtlichen, die er mit Recht auf die stets von neuem gültigen Wesenszüge der menschlichen Natur zurückführte, müßte er uns noch heute Vorbild sein.

Thukydides fügte auch Reden in sein Geschichtswerk ein, um so die handelnden Personen sich selbst charakterisieren zu lassen. Sie waren ihm Kunstmittel seiner Darstellung, doch keineswegs Selbstzweck. Die nachfolgenden Historiker vermochten aber den Standard des Meisters nicht mehr zu halten. Sie nahmen von ihm am liebsten nur das, was sich am leichtesten verbilligen und verniedlichen ließ, die Verwendung von Reden und die Bedachtnahme auf das Darstellerische. Um Wesensprobleme des Historischen kümmerten sie sich überhaupt nicht mehr, und auch die kritische Verpflichtung stellten sie mehr oder weniger zurück. Verminderte sich der Gehalt, so steigerte sich doch der Umfang, Ephoros verfaßte die erste Universalgeschichte in nicht weniger als neunundzwanzig Büchern, Theopomp beschrieb die Zeit des großen Philipps in über siebzig Büchern. Im ganzen gesehen konstituierte sich eine Geschichtsschreibung mit teils recht aufdringlichen „journalistischen" Zügen, der es dann mehr auf Wirkung als auf die strenge Feststellung der Wahrheit ankam. Eine richtige Geschichtswissenschaft bildete sich nicht.

Nur vereinzelt übten Geschichtsschreiber in Hinkunft ihr Handwerk nach wissenschaftlichen Gesichtspunkten aus.

In weit glücklicherer Lage befand sich damals die Medizin. Sie wurde von Anfang an von einem eigenen Berufsstand, den Ärzten, betrieben und blühte vor allem in den Asklepios-Heiligtümern von Kos und von Knidos sowie in Kroton und auf Sizilien. Der bedeutendste Meister des Fachs war um 430 Hippokrates von Kos. Unter seinem Namen hat sich das Corpus der „hippokratischen" Schriften erhalten, das uns zeigt, daß bereits im 5. Jahrhundert eine reiche medizinische Fachliteratur bestand. Die Rhetorik fand in dieses auf Sachlichkeit gerichtete Schrifttum weit weniger Eingang als in die Historie.

Die anderen naturwissenschaftlichen Fächer wurden vorerst noch nicht von Spezialisten, sondern von den Philosophen betrieben, und gleiches galt für die Mathematik, doch nahm in den letzten Generationen die Fachliteratur immer mehr zu, glaubten doch die Sophisten, sich zutrauen zu dürfen, über alles nur Mögliche monographisch zu schreiben. Daneben gab es auch manche Biedere, die ihre Erfahrungen und Ratschläge zum besten gaben, wie dies Xenophon in seinen Spezialschriften über die Hauswirtschaft, über die Jagd und die Reitkunst tat.

Aristoteles

Wohl war Aristoteles Schüler des Platon, doch verließ er nach dessen Tod sogleich die Akademie, um völlig andere Wege zu beschreiten. In Temperament und Zielsetzung waren die Meister ja durchaus verschieden. Platon strebte nach Vertiefung in dunkelste Gründe, Aristoteles nach umfassender Klärung. Einer Ärztefamilie entstammend, stand ihm die Körperwelt der Natur weit näher als seinem Lehrer. Er sah in ihr nicht bloß Erscheinungen, sondern suchte auch das ihnen innewohnende Ziel *(telos)* und die sie treibende jenseitige Kraft. Damit nahm er den Faden der naturwissenschaftlichen Forschung, der Platon entglitten war, wiederum auf, legte das Schwergewicht aber nicht mehr auf die kosmologische Spekulation, sondern auf eine Konstituierung der Einzelwissenschaften, um so mit Hilfe des Materials zu tieferen Erkenntnissen zu gelangen. Nachdem er mehrere Jahre hindurch als Erzieher Alexanders in Makedonien geweilt hatte, wandte er sich wieder nach Athen und begründete dort 335 im Lykeion-Gymnasium die als „Peripatos" bezeichnete Schule. Ihre Aufgabe sollte es sein, die einzelnen Disziplinen in voraussetzungsloser Forschung zu betreuen. Er sorgte für gewaltige Ansammlungen von wissenschaftlichem Material, wobei ihn für Zoologie und Botanik Alexander in großzügiger Weise unterstützte. Für die Lehre vom Staat wurden im Peripatos selbst nicht weniger als einhundertachtundfünfzig Staaten eingehend untersucht und ihre Verfassung (samt der Verfassungsgeschichte) monographisch erfaßt. Aristoteles selbst lehrte an Naturwissenschaften u. a. Zoologie samt Anatomie und Physiologie, Physik, Meteorologie, auch versuchte er sich in Astronomie. An philosophischen Fächern trieb er mit bahnbrechendem Erfolge die Logik und Ethik, ferner las er über Ästhetik und gesondert auch über

Poetik. Sehr eingehend behandelte er die Staats- und Verfassungskunde der griechischen Polis. Besonders am Herzen lag ihm schließlich die Psychologie, wobei er die Seele in seinen späteren Jahren als eine besonders erhabene Funktion des Körperlichen auffaßte, den menschlichen Geist aber vom göttlichen Prinzip herleitete. Ganz verzichtete Aristoteles auf eine Hereinziehung der Geschichtswissenschaft, doch verfaßte sein Schüler Dikaiarchos ein anscheinend vortreffliches kulturbiologisches Werk. Theophrast, ein anderer Schüler, erhielt vom Meister die Botanik übertragen und betreute dieses Fachgebiet mit glänzenden Erfolgen.

An dieser Aufgliederung der Wissenschaften erkennen wir zum ersten Mal in der Geistesgeschichte der Menschheit den Willen zu einer ebenso universalistischen wie systematischen Bewältigung der Welt. Aristoteles wurde hierdurch gleichsam der Vorgänger Alexanders. Der Weise blieb auch nicht bei der Aufspaltung in Einzeldisziplinen stehen, sondern sah in ihnen das Mittel zur Ergründung des kosmischen Ganzen. Gemäß dieser Auffassung nahm er ein in diesem Ganzen wirkendes Prinzip eines göttlichen Geistes an, der sich als Beweger der Welt allenthalben erschließen lasse und auch vom eigenen Ich aus den Gestirnen und ebenso aus den Tiefen der Seele erahnt werden könne. Gegen die älteren Götter polemisierte er nicht mehr; die Zeit des Kulturkriegs schien ihm vorbei.

Dennoch sollte sein Lebensabend ob des religiösen Problems verdüstert werden. Mit Alexander war es zwar 327 zum Bruch gekommen, Aristoteles blieb jedoch weiter makedonischer Untertan und Baron, vor allem aber Freund des makedonischen Protektors von Hellas, Antipater. Als sich Griechenland nach Alexanders Tod gegen die Fremdherrschaft erhob (dazu auch noch S. 258), richtete sich die Mißgunst auch gegen den Philosophen. Man verklagte ihn wegen Gottlosigkeit, doch war das schon nichts mehr denn ein Vorwand. In Wahrheit wollte man den Exponenten des makedonenfreundlichen Teils der Griechen treffen. Der Weise verließ damals Athen und zog sich in den Schutz der makedonischen Waffen auf sein Landgut bei Chalkis zurück. Hier ist er bald darauf verstorben (322). Seine Schule blieb in Athen aber weiter in Blüte und fand in Theophrast sogleich einen würdigen Leiter.

Mit Aristoteles und dem frühen Peripatos erreichte die Wissenschaftspflege des griechischen Mutterlands ihren Scheitelpunkt. Zugleich erhob sich nochmal die Idee des Nationalstolzes in der Philosophie und Wissenschaft zu höchstem Ansehen, wovon wir im nächsten Abschnitt noch eingehender berichten werden. Mit Platon und Aristoteles, mit Akademie und Peripatos war das stolze Gebäude der griechischen Idealphilosophie für alle künftigen Generationen als wirkende Macht des Geistes errichtet.

13. KAPITEL

Das Problem der nationalen Regeneration

Privatisierung der Wertwelt

Wohl haben wir die Umwertung der Werte, wie sie uns bei Besprechung der Aufklärung, der Sophistik und des Interessenseparatismus entgegentrat, schon in früheren Abschnitten behandelt, doch soll sie uns nun in geschlossener Folge vor Augen treten, damit wir ihre umwälzende Gewalt richtig ermessen und auch das Regenerationsverlangen der damaligen Zeit verstehen können.

Abgewertet wurde durch die fortschreitende Demokratisierung und nicht minder durch die Engstirnigkeit der Oligarchen selbst die einstige Wertwelt der ritterlichen Ära. Was aus ihr an Sitte und Brauch entstammte und bisher als ehrwürdiger Besitz der Nation gegolten hatte, fiel fast völlig der kritischen Revision der Sophisten zum Opfer. Götterglaube und Mythos verloren durch die Aufklärung, Philosophie und Wissenschaft ihre Bündigkeit. Der Polis-Patriotismus vermochte keine Anziehungskraft mehr auszuüben, die stärker gewesen wäre als der Egoismus von Einzelnen und von Gruppen. Gleiches galt von den Ideen der Oligarchie und Demokratie. Die Bauern trennten sich leichter von der Scholle, um in der Stadt zu leben, und die aus der Heimat Vertriebenen gewöhnten sich an das Leben in der Fremde. In Bürgerkreisen ließ der Wehrwille nach, und von Wehrbündnissen oder Hegemonien wollte man nichts mehr wissen.

Alle diese Ideen verblaßten nun in ihrer gemeinschaftsbildenden Funktion vor der Autarkie und Egozentrik des Individuums. Damit wurde der Grieche in seiner Eigenschaft als *zoon politikon* aufs schwerste gefährdet. Wohl blieben weiter die Werte der Kunst in Geltung, ja es steigerten sich die der Philosophie und Wissenschaft. Doch handelte es sich hier um Kulturgüter, die nur den Gebildeten voll zugänglich waren und die auch in diesen Kreisen höchstens engste esoterische Zirkel und Schulen, nicht aber geschichtlich wirksame große Gemeinschaften zu bilden vermochten. Die breiteren Massen hingegen waren nun allenthalben von einer starken Aufwertung des eigenen selbstsüchtigen Ich bestimmt. Demgegenüber sahen sich alle übrigen einst so verehrten Kulturgüter zu Beziehungswerten herabgemindert und nur mehr nach ihrer Eignung für den Nutzen des Individuums eingeschätzt.

Der Verlust des Gemeinschaftsgeistes führte zu weitgehender Atomisierung des politischen und kulturellen Daseins und verurteilte die Griechen zu immer größerer Machtlosigkeit. Vielfach wurde daher das Verlangen nach einer Besserung der Verhältnisse laut. Es galt entweder einer Erneuerung und Wiedergeburt der vergangenen Herrlichkeit oder völlig neuen, noch weiter gesteckten Zielen. Die einen hofften nun vom nationalen Gedanken her den Gemeinschaftsgeist zu beleben, den anderen aber ging bereits eine Ahnung auf von einer weitesten, höchsten aller Gemeinschaften, der Menschheit.

Der Appell an die Idee der Nation

Wie sehr die Polis samt ihren Verfassungen an Wert verloren hatte, haben wir genugsam gesehen. Nun pflegt sich aber bei dynamischen Entwicklungen der Werthorizont schrittweise vom engsten Kreis aus zu erweitern, zuerst zu dem der Nation, dann erst zu dem der Menschheit. Auch bei den Hellenen trat daher der nationale Gedanke in den Vordergrund, nachdem die Polis-Idee abgebraucht war.

Zur Zeit der Perserkriege war es die Polis gewesen, welche sich zur Nation bekannte. Ein Jahrhundert später war jedoch der Nationalismus mehr eine Gesinnung zahlreicher Einzelindividuen, denn die Polis blieb mißtrauisch auf ihre Autonomie bedacht. Gorgias hatte als erster den Wunsch nach einem Wiederaufleben der nationalen Gemeinschaft zum Ausdruck gebracht. Als einzigem unter den Sophisten bedeutete ihm ja die Hellenennation einen absoluten Wert. So hoffte er auf einen neuen Perserkrieg als Quelle für einen Zusammenschluß des Griechentums. Seinem Wirken war es zuzuschreiben, wenn die Rhetorik auch in Zukunft den nationalen Gedanken verfolgte.

Tiefgründiger als der doch etwas zu intellektuelle Gorgias zeigte sich in seiner Sehnsucht nach nationaler Gesundung der biedere Xenophon. In seiner Hochschätzung der soldatischen Lebensform traf er sich etwa mit Kimon. Selbst Kriegsmann und Truppenführer, hatte er das militärische Gefolgschaftsverhältnis erlebt und den Gemeinschaftsgeist der Kriegskameradschaft in sich aufgenommen. Aus dieser Sphäre erwuchs für ihn das Idealbild der rettenden Persönlichkeit, wie es sich in der Idealgestalt seines großen historischen Romans, im älteren Kyros, abzeichnet. Dieser Perser wurde von Xenophon in der Kyrupaideia nicht etwa als Orientale geschildert, sondern als Heerkönig schlechthin, der eine Nation zu großen Taten aufruft und anführt. Begrifflich finden wir den Regenerationsgedanken bei Xenophon noch nicht formuliert, doch spricht sich eine Sehnsucht im genannten Roman um so deutlicher aus, die Sehnsucht nach einer Wiedergesundung durch die starke, mitreißende Persönlichkeit.

Xenophon gehörte zu den ihrer Heimat entfremdeten Griechen. Wir finden ihn fern von Athen unter den Söldnern und später als Grundbesitzer von Spartas Gnaden in der Peloponnes. Sein Nationalismus war bis zu einem gewissen Grad vielleicht der Nationalismus all der vielen Söldner und Metoiken, die sich in der Fremde nicht mehr als Arkader, Athener oder Argiver, sondern einfach als Hellenen fühlten.

Viel deutlicher spricht die Not von Hellas aus dem Munde des Isokrates. Auch er appellierte an die große Persönlichkeit in ihrer Verbundenheit mit der Nation.

Zwei Wertideen hatten seiner Auffassung nach zu gelten, die Polis und die Gemeinschaft des Hellenenvolkes. Dabei stand ihm die Gemeinschaft der Nation bezeichnenderweise bereits über der Polisgemeinschaft. Die rettende Elementarkraft der großen Persönlichkeit sollte daher ihren Ausgang und Ansatz auch nicht so sehr in der Polis finden, sondern sich der Nation zur Verfügung stellen. Dem Einzelnen traute er den größeren Idealismus zu, mächtig zu sein, ohne den Verlockungen des Machtmißbrauchs zu verfallen. Zweifellos hat Isokrates seine Gedanken folgerichtig aufgebaut. Wie sehr er auf dem Boden der Tatsachen stand, zeigte er darin, daß er bestimmte Persönlichkeiten des öffentlichen Lebens als künftige „Retter" in Aussicht nahm, so z. B. Iason von Pherai und besonders Philipp von Makedonien; auch wußte er dem neuen Retter mit dem Plan der Wiederaufnahme des Perserkrieges sogleich eine konkrete Führungsaufgabe zu stellen. Allerdings beschwerte sich unser politisierender Literat allzu wenig mit dem Gedanken, ob denn der Retter bei den traditionsstolzen und mißtrauischen Polisregierungen oder bei den bloß auf allerkürzeste Sehweite eingestellten Volksversammlungen den richtigen Widerhall, die nötige Gefolgschaft und Unterstützung finden werde.

Eine beträchtliche Festigung fand der nationale Gedanke bei den Idealphilosophen und ihren Schulen. Platon begeisterte sich zwar für die Lehren Zoroasters, plante seine regenerativen Staatsentwürfe aber ausschließlich für griechische Verhältnisse. Aristoteles lehnte dann die Heranziehung iranischen Fremdgutes überhaupt ab, richtete seinen Peripatos ausschließlich als hellenische Forschungsstätte ein und vertrat auch Alexander gegenüber den Standpunkt, daß nur die Griechen als Herrennation zu behandeln seien.

Das eine Problem lag nunmehr darin, ob sich ein Retter von Qualität überhaupt einstelle, das andere, ob solch eine helfende Persönlichkeit zugleich auch die Billigung der Nation finden werde. Im Zusammenhang mit der Gestalt Philipps von Makedonien wurde, wie wir sogleich sehen werden, vor allem das zweite Problem akut.

Das Eingreifen Makedoniens

Nicht zu Hellas gehörte Makedonien, sondern zum Rumpf der Balkanhalbinsel: Weit die Ebenen und die sie begrenzenden Beckenlandschaften; stolz und abweisend die Berge; dem Meere sogar der unmittelbare Küstensaum durch seine Hafenarmut abgewendet; ein Land der Bauern und Hirten, in dem die Bevölkerung keinen Anreiz fand zur Begründung städtischer Zentren. Hier mangelte also der aktivierende Einfluß des Meeres und der urbanen Betriebsamkeit. So verblieb man im Frühstadium einer statischen Verhaltenheit, gleich den Thrakern und den übrigen indo-europäischen Völkerschaften Rumpfeuropas, das heißt, man bewahrte die alten, noch unentfalteten, aber harmonischen Bindungen und Kulturzustände der Anfangszeit. So handelte es sich um ein behäbiges, freies Landvolk, dessen Oberschicht die tüchtigen Adelssippen bildeten. Als *primus inter pares* regierte ein König der Familie der Argeaden, der sich zugleich auch auf das Vertrauen der nichtadeligen Schichten stützte.

Was uns in Makedonien somit als politischer Zusammenhang entgegentritt, ist nichts anderes als die Dreigliederung der indo=europäischen Urzeit, bestehend aus Heerkönigtum, Adel und Gesamtheit aller Wehrfähigen. So haben wir ja auch die Machtverteilung der älteren Griechen kennengelernt (s. S. 84), zuletzt noch in der Geometrischen Ära (S. 100).

Bei all dieser Übereinstimmung zwischen Makedonien und Hellas erhob sich indessen Griechenland nicht nur durch seine Urbanität und Meeresoffenheit, sondern auch durch das Hereinspielen mykenischer Traditionen zu einem größeren Reichtum an Zukunftsmöglichkeiten. Hellas hatte die große mykenische Ära als Vergangenheitsideal hinter sich, den Makedonen fehlte jedoch ein solches Idol. Daher gewann schon das geometrische Verhaltenheitsstadium der Hellenen einen etwas anderen Charakter, war bei aller Statik belebter und gleichsam sprungbereit. Es war nur ein Stadium der Sammlung von Kräften für etwas Unerhörtes, während in Makedonien alles weit mehr auf Zeitlosigkeit eingestellt blieb.

Stellen sich die geschichtlichen Tendenzen der beiden Bereiche auch recht verschieden dar, so gab es zwischen beiden Extremen doch manche Übergangserscheinungen, besonders in den nordöstlicheren, polislosen Teilen Griechenlands. Vor allem stand Thessalien mit seinem reisigen Feudaladel der makedonischen Lebensform viel näher als dem Polis=Hellenentum.

Während aber die Thessaler ohne jeden Zweifel zu den Hellenen gehörten, läßt sich von den Makedonen nicht mehr gleiches behaupten. Makedone zu sein, bedeutete eine eigene und spezifische Volkszugehörigkeit. Auch die makedonische Sprache wurde nicht als hellenischer Dialekt empfunden. Nichts ist dafür bezeichnender, als daß die Makedonen es unterließen, ihre Muttersprache für schriftliche Äußerungen zu benützen. Jeder Hellene schrieb zu Anfang in seinem angestammten Dialekt, die Makedonen aber taten es nicht. Ihre Sprache war eben kein griechischer Dialekt, darum verwendeten sie lieber gleich das Attische als Schriftsprache.

Dennoch darf man den Abstand nicht überschätzen. Wohl handelte es sich in historischer Zeit um zweierlei Völker, doch waren sie einander ursprünglich zum mindesten engstens verwandt, wenn nicht überhaupt gleichen Stammes. Erst seit ihrem Auftreten an der Ägäis haben sie sich durch räumliche, kulturelle und schicksalsmäßige Trennung immer mehr auseinandergelebt. Dennoch legte Makedonien und besonders sein Herrscherhaus seit dem 6. Jahrhundert Gewicht auf engere Beziehungen zu Hellas. Die Könige leiteten sich von Herakles her und erlangten für ihre Dynastie sogar das Recht zur Teilnahme an den olympischen Festen. Das bedeutete nichts weniger als die Anerkennung ihrer Zugehörigkeit zur Hellenennation, galt aber nicht für das übrige makedonische Volk. Wie wir S. 231 ff. ausführten, zogen die Herrscher griechische Künstler und Philosophen an ihren Hof und ließen von griechischen Lehrern die Jugend des Adels erziehen. Doch nur die feudale Oberschicht nahm an dieser Hellenisierung teil, das Wesen der kernigen, völlig unkomplizierten Bauern und Hirten wurde hiervon nicht berührt.

Gänzlich fern blieb den Makedonen der Polis-Hader der Griechen. Sie hatten kein Verständnis für den republikanischen Geist und für die Demokratie. Während die Hellenen um solche Ideen kämpften, befehdeten sich die makedonischen Junker wegen verletzter Ehre, weil sie verschiedene Prätendenten des Königshauses unterstützten oder einfach, weil sie eine „Rache" gegeneinander hatten. Etwas Hitziges, primitiv Elementares schied die Makedonen von den Hellenen. Hierdurch gewannen die Leidenschaften des Streites, der Freundschaft, der Liebe, der Rache bei ihnen die düster leuchtenden Farben.

Kein Wunder, daß auch die Geschichte der Dynastie ungewöhnlich blutig war. Nach indo-europäischen Traditionen spielten in der Thronfolge Erwählung durch das Heer und Erbgang die Hauptrollen, ja machten sich gegenseitig Konkurrenz. So handelte es sich um einen Zwiespalt von Wahl- und Erbkönigtum, wie er uns auch aus der germanischen und deutschen Geschichte geläufig ist. Streitigkeiten gab es aber nicht nur zwischen Prätendenten des Königshauses selbst, sondern ebenso zwischen den Königen und den ihnen unterstehenden Gaufürsten der Randlandschaften. So zeigen sich mancherlei föderalistische, ja zentrifugale Züge, wie sie uns auch von anderen indo-europäischen Völkern genügend bekannt sind.

Philipp II., der 359 als Vormund zur Herrschaft kam und nachher zum König ausgerufen wurde, unterschied sich an Rücksichtslosigkeit in nichts von seinen Vorgängern, war aber weit reicher an bestrickenden Zügen. Als echt makedonische Vollblutnatur neigte er zur Leidenschaft für schöne Frauen und zu ausschweifenden Gelagen. In seinem Scharfblick, seinem persönlichen Charme und Witz übertraf er sogar die Hellenen. Als Regent und Organisator, als Politiker und Diplomat gehört er zu den einzigartigen Gestalten der Weltgeschichte.

Daß sich in dieser noch so bindungsstarken Sphäre nunmehr ein Ingenium entdeckte und frei entfaltete, kam nicht von ungefähr. Makedoniens Hof geriet schon seit Archelaos und seit der Anwesenheit des Euripides immer mehr in den Bannkreis der griechischen Aufklärung. So schwenkte die makedonische Oberschicht in ein Abhängigkeitsverhältnis gegenüber den Hellenen ein. Makedoniens Gesittung wurde zum Satelliten der hellenischen Kultur.

Wenn statisch gebundene und damit konservative Frühkulturen in solche Berührung mit einer dynamisch entfalteten, routinierten, gleichsam reifen Hochkultur geraten, dann ergeben sich hieraus immer dieselben Folgen: Die bisherigen Bindungen verlieren ihre Kraft und werden doch nicht durch neue ersetzt. Nun mangelt der Halt, die Beschränkung, im Alten und Neuen. Dadurch gewinnt der Einzelne einen Betätigungsraum von erstaunlicher Weite. Hier sinkt er in frivoler Zuchtlosigkeit zu Laster und Untat herab, dort steigt er mühelos auf zur ungehemmten Schöpferpersönlichkeit. Also geschah es den barbarischen Heerführern der Völkerwanderungszeit und den Merowingern, die in den Bann des spätrömischen Daseins gerieten, geschah es später in Rußland, und geschieht es heute in aller Welt, wo der Europäismus bodenständige Kulturen traf oder trifft.

Allenthalben brachte und bringt hier das Schwinden der alten Bindungen eine Entfesselung menschlicher Leidenschaften, von den Bluttaten der Brunhilde und Fredegunde bis zu den Bruderkriegen in China und Indien, allenthalben aber auch die starke Persönlichkeit, Gestalten wie Alarich, Chlodwig, Peter den Großen, Atatürk und Ghandi.

Philipp hielt viel auf seine makedonische Sendung, warf also bei weitem nicht alle Bindungen ab. Er wahrte sich aber so weit Bewegungsfreiheit, daß er sein Schöpferdasein unbeschränkt auszuleben vermochte. Bewegungsfreiheit erhielt auch Olympias und nutzte sie für düstere Triebe. Bewegungsfreiheit gewann Alexander und gab dann sämtliche Bindungen preis. Mit allem Nachdruck sei darauf hingewiesen, daß die erwähnten Persönlichkeiten und ebenso die darauffolgenden Diadochen zu dem Zeitpunkt auftraten, da sie von der Logik des griechischen Entwicklungsablaufs gleichsam gefordert wurden. Das Hellenentum hatte den Gedanken der starken, auf sich selbst gestellten Machtpersönlichkeit entwickelt, besaß aber nicht mehr die Fähigkeit, solche Persönlichkeiten selbst zu stellen oder hochkommen zu lassen. Dagegen gewann gleichzeitig der hellenische Geist die entsprechende Assimilationskraft, um den nächsten Nachbarn zum Satelliten zu gewinnen und ihm das Hervorbringen der benötigten Machtpersönlichkeiten zu überlassen. So bewährte sich auch hier wieder die Ökonomie des geschichtlichen Ablaufs.

Philipps Hinneigung zum Hellenentum läßt sich als elementare Äußerung eines in mancher Hinsicht noch etwas barbarischen Bemächtigungstriebes deuten. Grob verlangte er nach den hellenischen Territorien und Städten an der makedonisch-thrakischen Küste. Soweit sie sich wehrten, schlug er sie nieder und machte sie dem Erdboden gleich. 357 listete er den Athenern Amphipolis ab und baute es als Reichsfestung aus. 356 vernichtete er Poteidaia, 354 erstürmte er Methone, 350 legte er Stageira, 348 Olynthos in Trümmer, 341/0 belagerte er, allerdings vergeblich, Perinthos. Im ganzen glich sein Vorgehen dem der lydischen Herrscher gegen die ionischen Städte der anatolischen Küste.

Eine zweite, weit weniger brutale Art seiner Hinneigung zum Hellenentum galt der griechischen Kultur und Zivilisation. Für seine eigene Person war er darin zwar kein beflissener Schüler, sein Adel und sein Hofstaat aber sollten immer hellenischer werden. Darum zog er weit mehr noch als seine Vorgänger griechische Fachleute an seinen Hof und erhob sie vielfach in den Stand der Ritter. Besonders schätzte er die griechische Technik und ihre Ingenieure, deren Kriegskunst er zur Niederwerfung griechischer Städte verwendete. So machte er die Drohung zur Wirklichkeit, welche wir S. 215 f. andeuteten, als wir darauf hinwiesen, wie sehr die griechische Kriegstechnik den Griechen selbst über den Kopf wuchs. Philipp, der als Schüler des Epameinondas gelten kann, reorganisierte das makedonische Heer, führte für seine Hirten und Bauern eine Art allgemeiner Wehrpflicht ein, bildete sie zu schweren und leichten Fußkämpfern aus, verstärkte die Adelsreiterei und schuf durch dauerndes Exerzieren das geschulteste Heer seiner Zeit. Die Bergwerke von Thrakien boten ihm hierfür die finanzielle Basis. Kein Zweifel, weder die Bürgergarden der Polis noch die griechischen Söldner würden dieser bestorganisierten und wunderbar durchgebildeten Heeresmacht auf die Dauer widerstehen. Der Schüler wird den Lehrer übertreffen und über=winden.

Die dritte Art der Bemächtigung war zugleich die edelste. Sie galt der Ge=winnung der Hegemonie über die Griechen. Was Isokrates plante und hoffte, fand bei Philipp volles Verständnis. Der Herrscher lebte seiner makedonischen Mission, den Heimatstaat zum Herrn über die Balkanländer zu machen. Darüber hinaus wollte er aber auch einer griechischen Mission sein ehrliches Wollen weihen: Den Hellenen die ersehnte Einheit in Gestalt eines neuen Bundes zu bringen und ihnen als Bundeshegemon voranzustehen, vor allem im Kampf gegen den persischen Erbfeind. Auch hoffte er für die Griechen auf diese Weise in Anatolien den so dringend nötigen neuen Siedlungsraum zu erringen. Philipp empfand als nationaler Herrscher, daher hatte er auch volles Verständnis für die nationalen Ziele des Hellenentums. Bei der engen Verwandtschaft der beiden Völker schien ihm die Union der beiden Machtkörper, des Volkskönigtums und der Hegemonie, eine für beide Teile beglückende Lösung darzustellen. Die Make=donen waren hierin mit dem König eines Sinnes, die Meinungen der Hellenen über Philipp gingen aber um so weiter auseinander. Wohl gelang es Philipp, in Abwehr phokischer Übergriffe 352 Thessalien zu „befreien" und dort als Lan=desherzog gewählt zu werden, auch wurden seine Gesandten nun in den Rat der delphischen Amphiktyonen aufgenommen, dann aber verhinderte der Wider=stand Athens jeden weiteren Fortschritt. Es zeigte sich, daß es hier jenes Zwanges bedurfte, den jede Einigung erfordert, sofern es gilt, zusammenzubinden, was sich da wehrt aus Beharrung im alten Fürsichsein. Wie konnte man auch von der Polis erwarten, sie werde verzichten und abdanken gerade in ihrer einstmals erhabensten Mission, das griechische Schicksal aus Polislogik zu gestalten?

Der Widerstand der Polis=Ideologie

Gar viele hofften auf den „Retter" des Griechentums, hofften sogar auch auf Philipp, doch waren dies vor allem Einzelne. Die Polis aber blieb mißtrauisch. Nicht so sehr die ländlichen Gaue und kleineren Städte, die sich ja ohnehin vor den größeren fürchteten. Die traditionsgeladenen „Großmächte" der griechischen Staa=tenwelt lehnten Neuerungen jedoch ab, von denen eine Minderung ihres Pre=stiges oder gar ihrer Souveränität drohte. So standen sie der allgemeinen Ent=wicklungstendenz eher entgegen und schufen mit ihrer Starrköpfigkeit den schwersten allgemeinen Schaden. Doch liegt es im Wesen vergangener Größe, daß sie zugrunde geht wie ein kämpfendes Schiff, stolz und mit wehenden Flaggen.

Philipp brachte als Hegemon nicht unbedingt die besten Empfehlungen mit. Wohl bemühte er sich, im griechischen Mutterlande den alten Städten loyal und schonend zu begegnen, doch war er zugleich allzu brutal gegen die hellenischen Kolonien an seinen Küsten vorgegangen. Der Zerstörer von Poteidaia, Stageira und Olynthos wollte nun panhellenisch wirken unter möglichster Berücksichtigung des partikularistischen Prestiges der Einzelstaaten. Dabei war er der Sympathien eines Isokrates sicher, unterhielt engste Beziehungen zu Platon, Speusippos und der Akademie. Mit seinem Charisma gewann er Gesandte wie Aischines, auch sparte er nach Bedarf nicht mit Beweisen klingender Gunst. Aber auch seine Gegner in Athen wollten nicht nur Partikularisten sein, sondern als solche erst recht Panhellenen. Für sie brachte allein der Stadtstaat die Freiheit, Philipp aber brachte nicht Hegemonie, sondern Knechtschaft. Für sie war er auch nicht Hellene und Heraklide, sondern einfach der Gewalttätigste unter den Barbaren. Auf welch schwankenden Boden sich dieser griechische Stolz mit seinen Ansprüchen gründete, zeigten freilich die schwachen Stunden, in denen sich die Abwehr der Barbaren im Norden mit dem alten Erbfeind, den noch weit „barbarischeren" Persern verbündete. Die zersplitterten Griechen standen damals zwischen den Großmächten wie das zersplitterte Deutschland im Dreißigjährigen Krieg zwischen Frankreich, Schweden und Spanien.

Immerhin war es Athen 352 gelungen, das Eindringen Philipps in Mittelgriechenland zu verhindern. Seit 349 trat dann immer maßgeblicher Demosthenes an die Spitze des Widerstandes, zuerst in Athen, ja schließlich in ganz Hellas. Er vertrat nun den antimakedonischen Standpunkt auf das großartigste. Nicht nur als Redner, sondern auch als Staatsmann und Politiker von hoher Begabung, gestaltete sich in seinem Wirken noch einmal aller Politenstolz zu einem zwar engstirnigen und überlebten, doch darum nicht weniger grandiosen Bekenntnis. So wurde er zum letzten Bannerträger der Polis=Glorie.

Als Anwalt der von Philipp bedrohten Griechenstädte an der makedonisch-thrakischen Küste glaubte Demosthenes, mit den Interessen seiner Heimatstadt auch die Wahrung der panhellenischen Freiheit verbinden zu können. Nur hatte er dauernd mit jenen Schwierigkeiten zu kämpfen, die so häufig einem demokratischen Regime entgegenstehen, sobald es zu einem absoluten in Gegensatz tritt. Alle und jede diplomatische oder kriegerische Maßnahme mußte ja in Athen erst durch die Volksversammlung beschlossen werden. Oft wußte man vorher gar nicht, wofür sich die Mehrheit entscheiden werde, ob Furcht, ob Erbitterung oder kluge Überlegung die Oberhand behielten. Überdies geschah alle Entschließung in voller Öffentlichkeit und wurde Philipp sogleich übermittelt. Auch die übrigen griechischen Staaten waren bei ihrer Beschlußfassung nicht weniger schwerfällig. Kein Wunder, wenn so die griechischen Maßnahmen niemals ein Überraschungsmoment auszuspielen vermochten, wenn sie selbst immer nachhinkten gleich Synkopen in der Musik und wenn die Gegenschläge nur allzuoft viel zu spät geführt wurden.

Als 346 der Friede des Philokrates zustande kam, hofften Isokrates, Speusippos und Aischines auf ehrlichen Frieden und glaubten, daß Philipp schließlich auf friedlichem Wege die Anerkennung aller Hellenen erringen werde. Demosthenes sah darin aber nur eine Atempause zu neuen Rüstungen, zu Bündnissen unter den Griechen und auch mit Persien. In Wahrheit vermochte freilich Philipp so wenig Ruhe zu halten wie ein Demosthenes. Der König griff nun die hellenischen

Städte an den Meerengen an (341/0), doch Demosthenes gelang zusammen mit den neugewonnenen Bundesgenossen und der persischen Hilfe eine höchst erfolgreiche Abwehr. Nun sah sich der Herrscher einem antimakedonischen Block gegenüber, den er mit friedlichen Mitteln kaum mehr auflösen konnte. So appellierte er wieder mit dem Argument der blutigen Tat. Delphische Händel nahm er zum Anlaß und drang überraschend in Mittelgriechenland ein. Dagegen erhob sich ganz Hellas, ein Rausch panhellenischer Begeisterung schlug den Makedonen feindlich entgegen, Demosthenes sah seine kühnsten Hoffnungen noch übertroffen. Dann aber brach in der entscheidenden Schlacht von Chaironeia (338) das Unheil herein. Heldischer Opfermut wurde vom moderneren Heer, von der Taktik der verbundenen Waffen, vor allem von der makedonischen Adelsreiterei niedergerungen. An der Spitze der Ritter stand damals bereits der junge Kronprinz, stand Alexander.

Nationale Einigung im Korinthischen Bund

Als Sieger jetzt Herr von ganz Griechenland, bemühte sich Philipp sogleich, die Spuren der Gewalt zu tilgen. Sein Verhalten gegenüber Athen und den meisten anderen Städten (Theben etwa ausgenommen) war von so delikater Aufmerksamkeit, als suche er nun über verbitterte Herzen nochmals zu siegen. Es schien, als sollte es fürder keinen Haß und keine Besiegten mehr geben. Auch gedachte er nicht, Makedonien und Hellas gewaltsam zusammenzuspannen, sein Verlangen stand nicht nach einer mechanischen Reichserweiterung, sondern galt der Gründung eines rein hellenischen Bundes unter seiner persönlichen Leitung[72].

Auf seinen Vorschlag schlossen die Griechenstaaten für alle Zeiten einen unkündbaren Landfrieden. Dieser Frieden verbürgte den einzelnen Teilnehmern ihre Autonomie, schloß jeden künftigen Krieg zwischen ihnen aus und sicherte die bestehenden Verfassungen, oligarchische wie demokratische, gegen jeden Umsturz. Zu seiner Wahrung und zur Durchführung gemeinsamer Aktionen wurde ein Bundesrat eingerichtet, der sich zu Korinth traf. Von den Gesandten der teilnehmenden Staaten und Landschaften gebildet, hatte er über Verletzungen des Friedens Gericht zu halten und gemeinsame Belange zu behandeln. Zur militärischen Durchführung der Beschlüsse schufen die Friedensteilnehmer einen Wehrbund und wählten für alle Zeiten den jeweiligen König Makedoniens zum Oberbefehlshaber der aufzubietenden Bundeskontingente.

Partikulare Autonomie, nationale Selbständigkeit und hegemonische Leitung sollten sich in diesem „Korinthischen Bund" zusammenfinden. Vom Standpunkt des formellen Rechts schien nicht nur die Autonomie der Polis, sondern auch die Freiheit der Nation fast absolut zu sein, denn Philipp gehörte dem Bunde nicht als Teilnehmer an, hatte gar nicht mitzubeschließen. Seine Stellung beschränkte sich im wesentlichen auf die Funktionen als Vorsitzender des Rates und als ausführendes Organ. Aber selbst diese bekleidete er nicht als Exponent Makedoniens. So sehr sie sich auch an die gleichzeitige Ausübung der heimatlichen Regierung banden und sich mit ihr vererbten, war es doch nicht der makedonische König, sondern der hellenische, von Herakles abstammende Argeade, der die Griechen zu führen hatte. Makedonien und Hellas standen untereinander in keiner anderen Verbindung als in der durch den jeweiligen Argeadenkönig hergestellten Personalunion.

Allerdings waren nun Bund und korinthischer Rat ohne die Exekutive machtlos. Ihre Aufbietung und Leitung war ja dem makedonischen König übertragen. Wohl konnte Philipp ohne Bundesbeschluß nichts unternehmen, der Bund aber auch nichts ohne ihn. Es war eine Ehe ohne Möglichkeit einer Scheidung. Für alle Zeit sah sich Hellas bestimmt zum ewigen Frieden, zur ewigen Selbständigkeit und — ewigen Machtlosigkeit, der Makedone aber zum ewigen Exekutor Griechenlands. Und immer würde der Argeade durch die Mehrzahl der kleineren Staaten und ländlichen Gaue im Norden für seine Absichten über eine feste Majorität im Bundesrat verfügen. Nie würde künftig eine bewaffnete Aktion gegen seinen Willen möglich sein, ja auch nur eine der so beliebten Revolten. Also der Bund, an dem alle Griechen teilhatten mit Ausnahme von Sparta. Dieses hatte sich ja schmollend zuerst vom Kampf und nun auch von der Vereinigung ferngehalten, und der Herrscher beließ es in weiser Zurückhaltung in solcher Selbstisolierung.

Im Vergleich zu den früheren Hegemonien erwiesen sich die Bestimmungen der neuen Vereinigung als großzügig. Da gab es keine Tribute und keinerlei Eingriffe in bestehende Verfassungen, keinen Zwang zu einer Außenpolitik, die man nicht selbst beschlossen hatte. Auch Besatzungen sollte es nicht geben, doch hielt sich Philipp in Anbetracht der vorerst allzu labilen Verhältnisse im Augenblick noch nicht daran. Immerhin vermehrten sich Wohlstand und Sicherheit. Man überwand den Partikularismus zwar nicht, faßte ihn aber in einen soliden panhellenischen Rahmen. Was die neue Institution den Griechen nahm, war freilich die machtpolitische Eigendynamik. Zwar leistete diese seit längerem nur mehr Leerlauf statt fruchtbarer Arbeit, doch war sie immer noch voll zuckender Bewegung. Nun sollte sie plötzlich stillestehn. Außerdem schien das Leben im neuen Bunde schrecklich vernünftig, und nichts war den Griechen furchtbarer, als im Politischen ewig vernünftig bleiben zu müssen. So aber wollte es das Schicksal: Erst hatten sie selbst mit ihrer Sophistik die Ratio auf den Thron erhoben, jetzt wurden sie die Herrschaft der also gerufenen Geister solcher Vernünftigkeit nicht mehr los.

Die Griechen aber blieben gespalten. Die einen standen zu Philipp und fühlten sich als Panhellenen im Sinne des Korinthischen Bundes. Man könnte sie zugleich auch als Vertreter einer moderneren und zukunftverbundenen Vernunftspolitik bezeichnen. Die anderen aber blieben rückschauend, sie haßten schweigend und hofften auf eine Finanzierung des Widerstandes durch Persien. Auch sie fühlten sich als Panhellenen und wußten sich eins mit der Gesinnung von vielen tausenden Söldnern, die damals in persischen Diensten standen. Die Stärke der antimakedonischen Front lag darin, daß sie mehr von einem aus der Vergangenheit genährten Glauben bestimmt war als von vernünftigen Erwägungen. Alte

Zeiten und Kräfte schwebten ihr vor Augen, die in Wahrheit längst schon vergangen waren. In diesem blinden Glauben lag die Gefahr für Philipps Konzeption: Seine griechischen Gegner ließen nicht mit sich reden.

Der Herrscher durchschaute die Spaltung und wollte ihr durch überzeugende Taten begegnen. Darum entschloß er sich sogleich zum nächsten Schritt auf der von Isokrates vorgezeichneten Bahn. Um die allzu vernunftgeborene neue Vereinigung mit der motorischen Kraft eines romantischen Glaubens und Ideals zu erfüllen, rief er den Korinthischen Bund zum Rachekrieg gegen Persien auf. Zu rächen habe sich für die Schmach von 480 auch Makedonien. Hellenen und Makedonen würden nun Schulter an Schulter den Erbfeind bekämpfen.

Die Ziele des Krieges galten nicht nur der Rache, sondern auch der von Isokrates vorgeschlagenen Gewinnung anatolischen Landes für die aus ihrer Heimat vertriebenen Griechen. So plante Philipp gewiß die Eroberung Kleinasiens. Ob er, perikleische Pläne aufnehmend, auch die Levante und Ägypten vom persischen Joch zu befreien gedachte, müssen wir dahingestellt sein lassen. Über den Euphrat wäre er schwerlich nach Osten gegangen, denn darüber hinaus hatten weder das Griechentum noch die Makedonen irgendwelche Interessen.

Schon machte sich das Heer zum Ausmarsch bereit, da wurde Philipp als Opfer privater Rache ermordet (336). Mit diesem Schlag schien der eben errichtete Bau sogleich wieder zusammenzubrechen. Alles weitere hing nun von dem Jüngling ab, den das Schicksal zum Nachfolger des genialen Vaters bestimmte.

Alexander als Hegemon der Hellenen (336–330 v. Chr.)

Alexanders eigentliches Wesen und seine endgültigen Ziele werden wir erst in späteren Abschnitten zu begreifen suchen. Hier soll nur das Wirken Alexanders bis 330 v. Chr. behandelt werden, also die Zeit, in der sich der Herrscher in dem Rahmen des griechischen (und makedonischen) Nationalismus hielt. Auch wird uns das Bild beschäftigen, das sich die Griechen in Vertrauen und Mißtrauen, in Verehrung und Ablehnung von ihrem Hegemon entwarfen [73].

Unmittelbar nach dem Tod seines Vaters hielt man ihn für einen unerfahrenen Jüngling, dem hegemonische Fähigkeiten nicht zuzutrauen seien. Schon glaubten Athen und Theben der Zügel ledig zu sein, da traf Alexander mit seinem Heer überraschend in Griechenland ein, ließ sich in Korinth als Führer bestätigen und das Kommando des Perserkrieges übertragen. Als sich aber der Herrscher vorerst um eine bessere Rückendeckung im Balkan bemühte und schließlich in den illyrischen Gebirgen sogar als verschollen galt, erklärten sich Theben und Athen vorschnell für frei, zumal es im Argeadenhaus keinen Nachfolger mehr gab. Sogleich knüpfte man mit den Persern an. Doch bald tauchte der Herrscher von neuem auf und erreichte in schnellen Gewaltmärschen Mittelgriechenland. Das mächtige Theben wurde von ihm erstürmt und unter dem Jubel der umliegenden Kleinstädte vernichtet, seine Bevölkerung in die Sklaverei verkauft. Nach diesem Exempel fand das übrige Griechenland, fanden sogar Athen und Demosthenes

Verzeihen und Gnade. Die Katastrophe von Theben schuf jedoch bei den Griechen eine Atmosphäre von Grauen und Furcht; die Hegemonie war nun sichergestellt, doch war sie auf Schrecken gegründet.

Dabei konnte man dem jungen König gewiß keinen Mangel an Interesse für griechische Bildung vorwerfen, verehrte er doch voll Stolz die griechischen Heroen Achilleus und Herakles als seine Vorfahren. Auch war Aristoteles Jahre hindurch sein Lehrer gewesen. Unter seinen Gastfreunden ragte der korinthische Ritter Demaratos hervor. Als liebste Freunde hatte er griechische Altersgenossen, mit griechischen Schauspielern stand er auf vertrautem Fuß. Seine Begeisterung für Homer und die tragische Dichtung war aufrichtig und voll heiligen Eifers. So konnte man mitunter fast meinen, er stehe den Hellenen näher als seinen Makedonen. Aber Thebens Vernichtung wirkte sich lähmend aus. Die Antimakedonen hatten zwar nicht die Freiheit erreicht, ihre Provokation führte jedoch über Theben zu einer dauernden Vergiftung des griechisch-makedonischen Verhältnisses.

334 begann die Heerfahrt gegen Persien. Die Armee bestand vorwiegend aus Truppen des makedonischen Reichs. Kontingente der Staaten des Korinthischen Bundes wurden fast mehr als Geiseln denn als Kampftruppen mitgenommen, doch waren griechische Freunde, Ingenieure, Philosophen und Professoren in größerer Zahl im Hoflager. Der Historiker Kallisthenes, ein Neffe des Aristoteles, war ausersehen, der griechischen Öffentlichkeit über die Heerfahrt in einem fortlaufend erscheinenden Geschichtsbericht zu unterrichten.

In Makedonien blieb damals Antipater als Vizekönig zurück. Von hier aus hatte er als Vertreter Alexanders auch die Geschäfte des Korinthischen Bundes wahrzunehmen. Seine Stellung war freilich schwach, da man ihm nur geringe Geldmittel zurückließ. Den Griechen gegenüber verhielt er sich maßvoll. Aristoteles kam nun nach Athen und gründete dort seine Schule. Alexanders Erlasse sicherten ihm bei der Durchführung seiner naturwissenschaftlichen Studien die Unterstützung sämtlicher makedonischer Stellen, und mit Antipater war der Philosoph besonders befreundet. Isokrates freilich war bald nach der Schlacht von Chaironeia verstorben. Abgesehen von den Philosophenschulen scheinen die griechischen Sympathien nun aber doch weit mehr den Persern oder zumindest den griechischen Söldnern in persischen Diensten gegolten zu haben.

Im persischen Lager stand also Griechenland. Schon früh hatten Satrapen, ja hatte der Großkönig selbst zu tausenden hellenische Söldner in Dienst genommen. Der jüngere Kyros war mit zehntausend solchen Reisläufern gegen seinen Bruder Artaxerxes II. gezogen. Auch die persische Herrschaft in Kleinasien stützte sich nicht zum wenigsten auf griechische Kontingente, auf Söldner und auf die Truppen der Oligarchen in den ionischen Städten, vor allem aber auf das Genie eines persischen Feldherrn griechischer Herkunft, auf Memnon. Dieser rhodische Edelmann hatte als Flüchtling einst am makedonischen Hofe geweilt. Er wußte von der Überlegenheit der feindlichen Macht und kannte auch ihren einzigen Mangel, die Schwäche der Seestreitkräfte: Zu Lande sei Alexander dagegen nicht aufzuhalten. Im Rücken des nach Osten vorrückenden Feindes müsse man also zur See, von den ägäischen Inseln aus, durch Söldneranwerbung und Finanzierung eines griechischen Aufstands den makedonischen Angriff zuschanden machen. Darum erbat er sich von seinem Herrn, Dareios III., Geld und eine starke Flotte aus den phoinikischen Werften.

So wenig der Großkönig mit dem Erbetenen kargte, er fühlte sich als Lehensherr seiner in Anatolien bestellten Feudalherrn verpflichtet, deren Lehensbestand mit ritterlichen Waffen zu verteidigen. Daher stellte er die Blüte der iranischen Ritterschaft dem Feind auf dessen Vormarschstraße entgegen. Alexander hatte ungefährdet den Hellespont übersetzt und in pietätvoller Weise auch Troja besucht. Nun traf er am Granikos auf das feindliche Reiterheer. In einem Kampf von Rittern gegen Ritter siegte die bessere Bewaffnung der Makedonen und der allen Widerstand brechende Angriffsgeist des jungen Königs.

Nun aber kam Memnons Abwehrplan zum Tragen. Alexander blieb zur See völlig machtlos. Die aus der Levante rechtzeitig eingetroffene persische Flotte beherrschte die Ägäis, und Memnon gewann mit ihr Insel um Insel. Auch die ionischen Städte verteidigten sich tapfer, fielen jedoch der Belagerungstechnik Alexanders zum Opfer. Der Herrscher setzte hier nun Demokratien ein, vereinigte die Plätze aber nicht mit dem Korinthischen Bund, sondern behielt sie unter seiner unmittelbaren Leitung. Memnon freilich blieb auf den Inseln und auf der Flotte unangreifbar. Er warb Söldner und schürte Gluten des Aufstands in Griechenland.

Der Herrscher aber verwirklichte nun einen Plan von höchster Kühnheit: Memnon, die Ägäis und Griechenland sich selbst zu überlassen, der feindlichen Flotte aber systematisch alle festländischen Basen bis nach Ägypten hin zu entziehen und auch den finanziellen Nachschub von Persien her zu unterbrechen. Er gewann zuerst die Häfen von Lykien und Pamphylien, unterwarf dann das Innere Kleinasiens und erreichte schließlich die Häfen Kilikiens. Doch hatte sich in seinem Rücken das Schicksal bereits von selbst gewendet: Memnon war plötzlich verstorben. Der Perserkönig verzichtete nun auf eine Fortsetzung der bisherigen Strategie und beorderte alle Söldner zur See nach den syrischen Häfen. Im persischen Reichsheer sollten sie kämpfen, der König werde sich nun gegen den König zur Entscheidung stellen. So kam es 333 zur Schlacht von Issos. Unbesiegt blieben darin die griechischen Söldner, ähnlich wie einst zu Kunaxa. Die iranischen Reiter aber versagten gegen die Kavallerie Alexanders, auch versagte Dareios als Feldherr gegenüber dem Ingenium seines Gegners. Die Perser flohen über den Euphrat, und auch die Rolle der Söldner war nunmehr ausgespielt. Griechenland blieb so unter Alexanders Hegemonie, doch zeigte sich der Herrscher nun auch gegen seine hellenischen Neider gnädig und großzügig.

Alexander gewann Phoinikien, brach den Widerstand von Tyros und „befreite" Ägypten, wo er dann Alexandria gründete. Nutznießer von alledem waren die Griechen, welche nun Handels- und Siedlungsraum in größter Fülle, auch treffliche Häfen erhielten. Griechische Funktionäre waren es zumeist, denen der Herrscher die Verwaltung Ägyptens anvertraute. In diesen Jahren sahen sich die Griechen in der Tat den Makedonen wahrhaft gleichgestellt, ja ihnen fast vorgezogen. Kallischenes konnte nun das Lob des Hegemons in vollsten Tönen verkünden.

Er berichtete vom Wunder des Meeres, das vor dem Herrscher zurückwich, vor allem aber vom Spruche des Zeus, der im Orakel der Ammon-Oase Alexander als seinen Sohn begrüßte. Gottessohnschaft gemahnte an die Dioskuren, an Achilleus, Theseus und Herakles. Sie war so recht aus griechischen Vorstellungen entnommen. Die Makedonen aber, vom Balkan her an keine Gottessöhne gewöhnt, verhielten sich demgegenüber kühl und zurückhaltend; so vor allem auch Parmenion und seine Verwandten, die alle Schlüsselkommandos im Heere bekleideten.

Als Hegemon und Rächer folgte der Herrscher schließlich über den Euphrat, den Tigris und besiegte Dareios zum letzten Male bei Gaugamela (331). Im Gedenken an die Sieger von 480 zeichnete er deren Nachkommen aus und betonte damit erneut seine hegemonische Würde. Dann gelangte er nach Babylon und nach der Reichszentrale Susa, schließlich drang er in das Stammland der Perser ein und gewann auch Persepolis. Hier fand der Rachekrieg nun seinen symbolischen Abschluß, als Alexander Feuer an den Königspalast legte, wie einst die Perser Athen gebrandschatzt hatten. Damit war der Rache Genüge getan. Bald darauf entließ der König die Bundeskontingente nach Hause. Das Programm des Isokrates und des Philipp war erfüllt. Nun aber begann das Programm Alexanders, das nicht mehr der Hegemon durchführte, sondern der Weltherrscher. In Griechenland aber hielt Antipater das Heft jetzt fester denn je in der Hand, da er 331 auch das widerstrebende Sparta besiegt und in den Bund hineingezwungen hatte.

Als Vorschau:
Der Zusammenbruch des isokrateischen Hegemoniegedankens

Zweihundert Jahre war die persische Drohung am östlichen Himmel gehangen, Alexander hatte sie nun beseitigt. Seit mehr als einem halben Jahrtausend hatte man mit den Phoinikern um die Öffnung der Levante gerungen, Alexander erschloß sie den Griechen. Seit Generationen bedurfte man neuen Siedlungslandes, Alexander bot davon mehr als man bedurfte. Sicherheit, Wohlstand und Ausbreitung waren nun gleichermaßen gewährleistet. So müßte man erwarten, die Hellenen hätten ihren Hegemon nunmehr als den größten Wohltäter in der Geschichte gepriesen. Sie aber nahmen hin, was ihnen der Herrscher erschloß, und entboten ihm jenen Undank, den diktatorisch erwiesene Wohltaten im geschichtlichen Leben stets nach sich ziehen. Zu sehr empfand man das Unheimliche an Alexanders Walten, man duckte sich vor den kommenden Dingen.

Vor allem aber stellte sich der Herrscher selbst seit 330 völlig neue, kosmopolitische Ziele, die ihn von den hellenischen Nationalinteressen immer weiter abführten. Wir werden über diesen „zweiten", eigentlichen und wahren Alexander erst im nächsten Kapitel eingehender berichten. Hier sei nur ein kurzer Vorgriff auf das Schicksal des Griechentums während der Jahre 330 bis 328 gestattet, um den Ablauf des hellenischen Strebens nach nationaler Einigung bis an sein tragisches Ende zu verfolgen.

Seit 330 gelangten wundersame Meldungen nach der Heimat. So von der Hinneigung des Herrschers zu orientalischen Sitten, von seinem unermeßlichen Vormarsch nach Osten, von seiner Vermählung mit einer Iranierin, zugleich aber auch von Streitigkeiten im Hoflager. Der König wolle die Makedonen und Griechen nicht mehr als Sieger, die Orientalen nicht als Besiegte behandeln. Dann kam die Nachricht vom Fußfall, den Alexander nun sogar von freien Hellenen fordere, vom Protest des Kallisthenes, vom Bruch zwischen ihm und dem Herrscher, von der Verhaftung des Historikers, der nachher eine lautlose Liquidierung folgte. Dazu gesellte sich noch die despotische Behandlung der griechischen Söldner. Freiwillig waren sie mit Alexander gezogen in der Hoffnung auf siegreiche Heimkehr. Nun wurden sie wider ihren Willen im äußersten Osten, in Zentralasien und Indien, zwangsweise angesiedelt, unschuldig aus Reichsräson auf Lebenszeit von der Heimat verbannt. Es ist verständlich, daß sich nun auch der Peripatos entrüstet und geschlossen von Alexander abwandte. In seinen Schriften gedachte er empört des Schicksals, das Kallisthenes erdulden mußte. Aristoteles selbst erhob seine Stimme, trat für die Söldner ein und verlangte für die Hellenen als einer Gattung freierer Menschen die Wahrung des Rechts. Alexander ging so seiner treuesten Stütze im geistigen Griechenland verloren. Voll Groll gedachte er von nun an seines einstigen Lehrers. Doch auch das Vertrauensverhältnis Alexanders zu Antipater brach jetzt zusammen. Als der Herrscher aus Indien zurückkehrte, gab er die Griechenlandpolitik seines Vizekönigs preis. So säte er von seinen östlichen Heerfahrten aus eine Saat von Unzufriedenheit, Mißvergnügen und dumpfem Groll im ägäischen Raum. War es doch so, daß sich die Hellenen nicht einmal der Öffnung Ägyptens erfreuen durften, denn Kleomenes aus dem griechischen Naukratis, den Alexander über die Finanzen Ägyptens gestellt hatte, konnte ungestraft die Getreidepreise aus rein fiskalischen Gründen so weit in die Höhe treiben, daß in Hellas Jahre hindurch Hungersnot herrschte.

Wohl zog Alexander im Hoflager griechische Freunde nun noch enger an sich heran, sofern sie ihm blind ergeben waren. So stieg Eumenes vom Kabinettssekretär in den Generalstab auf, wurde Nearch zum Admiral der Flotte, sahen sich schmeichlerische Philosophen und geistreiche Zecher besonders geschätzt. Auch nützte Alexander die hellenische Bildung als zivilisatorischen Faktor im gesamten Reich. Würde es aber nicht die Kraft des Griechentums übersteigen, bis nach Indien hin mehr zerstreut als verbreitet zu werden? Würden die der fernsten Ferne Preisgegebenen nicht verloren bleiben für alle Zeiten?

Als Alexander von Indien nach dem Vorderen Asien zurückkehrte, stellte er an die Griechen das Ansinnen, ihn als Gott zu verehren. Das wurde ihm ohne Bedenken zugebilligt. „Wenn Alexander Gott sein will, so soll er es sein." Das sagte man offen und wäre wohl froh gewesen, wenn er nicht weit mehr hätte sein wollen als griechischer Gott. (Näheres dazu S. 270 ff.)

Viel schwerer traf die zweite Botschaft des Königs. Sie wies die einzelnen Staaten an, alle Vertriebenen in ihre Heimatpolis zurückzunehmen. Dieser Befehl war wohl gut gemeint, entbehrte aber gerade jetzt, da man schier unbegrenzte neue Siedlungsräume gewonnen hatte, der zwingenden Notwendigkeit. Da die Befehle des Herrschers direkt an die einzelnen Staaten ergingen, stellten sie eine flagrante Verletzung der Bundesakte dar, handelte es sich doch um eine Ausschaltung der Bundesinstitution schlechthin. So brach der König das von Isokrates erträumte und von Philipp gewährte Recht.

Für die einzelnen Griechenstaaten bedeutete die neue Verordnung oft schwere innere Veränderungen, am meisten sah sich aber Athen bedroht, da es die seit Jahrzehnten besiedelte Insel Samos nun an die vertriebenen Samioten zurückzugeben hatte. Athen ließ sich hierauf nicht ein, beschritt den Weg der Verhandlungen, pochte aber zugleich auf seine Flotte, die immer noch die größte im Mittelmeer war. Auch hoffte man auf das Geld, welches Alexanders flüchtiger Finanzminister dahin entführt hatte, und auf die Fülle unbeschäftigter Söldner, die neuer Dienste harrten. Kriegsstimmung herrschte nun in Athen und auch im königlichen Hoflager. Die ohnehin schon brüchige Hegemonie-Idee stand an ihrem Ende, Alexander selbst hat sie endgültig zerschlagen.

In dieser zur Entscheidung drängenden Spannung entzündete 323 die Nachricht vom Tod Alexanders den Aufstand. Argeaden waren nicht mehr vorhanden, makedonischen Generälen wollte man sich nicht unterordnen. So fanden sich die Griechen (ohne Sparta) zu einem gemeinsamen nationalen und zugleich antimakedonischen Freiheitsbund zusammen. Athen trat ein letztes Mal an ihre Spitze, und sein Stratege Leosthenes führte den Landkrieg gegen Antipater mit größtem Erfolg. Dann aber geschah das Unvermeidliche: Wie einst der Perserkönig durch seine finanzielle Überlegenheit zur See am gefährlichsten war, so drohte das Unheil nun von den makedonischen Seerüstungen in der Levante. Wie stark sich die Seestreitkräfte der Griechen auch fühlten, aus überlegenen Geldmitteln geschaffen, trat ihnen eine überlegene Reichsflotte entgegen und besiegte sie in der Schlacht bei Amorgos (322). Da das von Asien her verstärkte Reichsheer schließlich auch zu Lande die Oberhand gewann, war der Traum der Freiheit ausgeträumt, war es zu Ende mit einem Hellenenbund und mit dem Gedanken einer nationalen Einigung. Nie wieder gab es in Hinkunft einen Zusammenschluß der Nation, nie wieder eine umfassende Hegemonie. Zwietracht und Zersplitterung blieben von da an das griechische Schicksal.

Überblick

Ebenso wie die „Geschichte" gern vom Engeren zum Weiteren strebt, ist im menschlichen Dasein zwischen der Ausgangsform des Gau-, Stamm- oder Stadtstaates und dem Endziel einer gesamten Menschheit ein Zwischentypus vorhanden, der als „Volk" oder (sofern er mit besonderen Wertakzenten versehen ist) als „Nation" bezeichnet wird. Er gründet sich auf gewisse Zusammenhänge der Sprache, der Kultur und des Schicksals, bedarf vor allem auch der zusammenfügenden Landesnatur. Meist waren es recht komplizierte historische Vorgänge, durch die solche Völker entstanden und dieser Entstehung auch inne wurden. Bei den Griechen bedurfte es vor allem der Mischung von mittelmeerischen mit indo=europäischen Elementen und dann des Gegensatzes zum minoischen Kreta, um ihr Volk und schließlich das Nationalbewußtsein der Achäer zu erzeugen. Durch die Wanderungen des 12. Jahrhunderts brach zwar diese ältere Nation zusammen, die Bildung einer neuen hellenischen ging aber verhältnismäßig rasch vor sich. Das Vorbild der durch die Sänger in Erinnerung gehaltenen alten wirkte hier zweifellos fördernd. Doch ließ sich in der neuen Entwicklung das primäre Prinzip des Partikularismus nicht unterdrücken. Wie in allen neubeginnenden Kultur=abläufen meldete sich auch hier zuerst der Kleinstaat zu Wort. Und weil er beim panhellenischen Adel nicht hinreichend Gehör fand, drängte er sich in der Polis=Idee um so energischer vor. Als sich jedoch im 5. und 4. Jahrhundert dieser Typus des Kleinstaates ausgegeben und verbraucht hatte, wurde die ihn über=windende Idee eines nationalen Zusammenschlusses erst richtig reif. Doch wollte es das Schicksal, daß dieser neuen Stufe keine volle Entfaltung beschieden war. Auf der einen Seite erwiesen sich die Polis=Traditionen als allzu widerstands=kräftig und war es vor allem Demosthenes, der einen Fortschritt erschwerte. Auf der andern Seite stürmte Alexander aber gar bald zur nächsten Stufe eines bereits menschheitsumfassenden Aggregats vor. Philipp, recht eigentlich der Exponent einer Entfaltung des nationalen Gedankens, erhielt eine allzu kurze Spanne des Wirkens zugemessen.

So finden wir die Stufe der nationalen Einigung in der griechischen Geschichte zwar an dem Platz, der sich aus der Logik der Dinge ergibt, doch ist sie in ihrer Entfaltung eingeschränkt und verkümmert. Analoges haben wir übrigens in der Geschichte der Kunst festgestellt, wo wir an der Stufe des „Realismus" gleichfalls Verkümmerungserscheinungen beobachteten. Hier war es Euripides gewesen, der zur übernächsten Entwicklungsphase des Naturalismus hinstrebte und so der zunächstliegenden des Realismus nicht voll gerecht wurde. Wir erkennen daraus, wie sehr eine einzelne große Schöpferpersönlichkeit den Lauf der Dinge mitunter zu beeinflussen vermag, ohne allerdings die logisch bedingte Abfolge aus der Welt verbannen zu können. Darum wandte sich z. B. die griechische Plastik trotz Euripides dem Realismus zu, darum kehrte man auch nach Alexander nochmals zum nationalen Gedanken zurück, aber nur in den Überseestaaten und unter Ver=zicht auf eine politische Einigung aller Hellenen (s. dazu S. 275 f.). In beiden Fällen ließen sich die negativen Folgen nicht mehr beheben: In der griechischen Dichtung vermochte sich der Realismus nach Euripides nicht mehr zu erholen, in der grie=chischen Politik blieben die besten Möglichkeiten des philippischen Kurses un=ausgeschöpft. —

In diesem Kapitel haben wir die Idee der nationalen Einigung in geschlossener Abfolge von Gorgias bis Alexander verfolgt, um so ein zusammenhängendes Bild vom Wesen und Schicksal dieses bedeutsamen Gedankenguts zu vermitteln. Nun müssen wir nochmals in die Zeit vor Alexander zurückkehren, um auch die andere Geistesbewegung, welche bereits der Welt der Gesamtmenschheit galt, von ihren Anfängen an zu verfolgen.

14. KAPITEL

Die Welt, das Weltreich und Alexander

Autarkie des Individuums und Universalismus vor Alexander

Ein bloß aus dem Alltag erwachsener, seiner selbst kaum bewußter Individualismus bedarf keines Gegenbildes und sucht sich ein solches auch nicht. Die Sophisten schufen dem Individualismus aber eine Theorie. Da konnte es bei einem so folgerichtig denkenden Volk, wie es die Hellenen waren, nicht ausbleiben, daß man dem Wertbild des eigenen „Ich" schließlich die „Welt" und die „Gesamtmenschheit" als einzig angemessenen Gegenwert gegenüberzustellen versuchte. Bei den Sophisten merkt man hiervon allerdings so gut wie nichts, und auch in der nächsten Generation erfolgte noch kein entscheidender Durchstoß nach dieser Richtung. Alexander kam nicht nur für ein Sichausleben der nationalistischen Stufe zu früh, er war auch einer philosophischen Theorie des Universalismus und Kosmopolitismus weit voraus. Dennoch finden wir die Erscheinung Alexanders bis zu einem gewissen Grad in der Philosophie vorbereitet, freilich nicht im Hinblick auf seine Weltreichsidee, sondern durch die Autarkie des Tatmenschentums, der die konsequentesten Fortsetzer der Sophisten, die Kyniker, das Wort redeten.

Diese Kyniker hatten keinen geschlossenen Schulbetrieb wie die Akademiker und Peripatetiker, sie waren eine locker zusammenhängende Gruppe von Einzelgängern. Bahnbrecher und bedeutendster Vertreter war zweifellos Antisthenes, der zu Athen im Gymnasion von Kynosarges lehrte. Hiervon stammt auch der Name der Kyniker, den sie selbst später nicht ungern in „Hunde" (von *kyon*, d. h. Hund) umdeuteten. Antisthenes gehörte keiner vornehmen Familie an wie Aristoteles oder gar Platon; er war das Kind eines Atheners und einer thrakischen Sklavin. Diogenes stammte aus dem fernen Sinope, sein Vater soll Geldwechsler gewesen sein. Onesikrit war Seefahrer von der Kykladeninsel Astypalaia. Krates, aus reicher thebanischer Familie, wählte die freiwillige Armut. Bei aller Verschiedenartigkeit waren sich diese Leute als Fortsetzer der sophistischen Kulturkritik doch darin einig, daß die so hochgezüchtete hellenische Gesittung einen Irrweg darstelle und daß alle geltenden Werte für den Abbruch reif seien. Jegliche Gemeinschaftsformen belegten sie mit Acht und Bann, die Familie, die Bevölkerungsklasse, die politische Parteiung, den Bürgerverband und die Nation. Nichts wollten sie wissen vom geltenden Staat, vor allem auch nichts von der Demokratie, nichts von Vaterland und Patriotismus, auch nichts von Kriegsbegeisterung. Nicht minder verurteilten sie alle Äußerungen des Bemächtigungstriebes, so das Verlangen nach Reichtum, nach politischer Macht und nach Wohlleben. Selbst das Privateigentum als solches lehnten sie vielfach ab, doch auch den alten Götterglauben, allen Kultus, die Vorbildlichkeit der mythischen Zeiten und Helden trafen sie mit ihrem Verdikt. Vom Wissen hielten sie nichts, und für völlig sinnlos galt ihnen die Wissenschaft. Bei all diesen vermeintlichen Werten handle es sich in Wahrheit um Illusionen, Vorurteile und Selbsttäuschung, ja selbst um Verlogenheit. So ging es ihnen in schier existentialistischem Fanatismus um die Niederreißung aller Fassaden, damit die ungeschminkte menschliche Natur in ihrer so erfrischenden und im Grunde ja trefflichen Gemeinheit offenbar werde.

„Natur" *(physis)* hatten schon die Sophisten der „Kultur" *(thesis)* gegenübergestellt, wenn auch in weit milderen Antithesen. Diese Natur wollten nun die Kyniker in exemplarischer Weise vorleben. Ihr sei die sokratische Tugend gemäß, auch die Willenskraft zu Einfachheit und schlichter Selbstbescheidung, ferner die Arbeitsfreudigkeit, die Tüchtigkeit und die Leistung. Verehrtes Vorbild war den Kynikern der etwas engstirnige, aber um so leistungstüchtigere Herakles. Außerdem schätzten sie den biederen Xenophon. Doch auch die Tierwelt hatte es ihnen angetan. Vielleicht erschien manchem der Ameisenstaat naturgemäßer als die attische Demokratie.

Anspruchslos, in freiwilliger Armut, in Selbstgenügsamkeit und Autarkie zu leben, war des Kynikers höchstes Ideal. Bärbeißig und bissig, zu „Kapuzinerpredigten" stets bereit, zogen sie gleich Bettelmönchen im Lande umher und fühlten sich als wahre Weisen den „Gebildeten" weit überlegen. Das war nun etwas Neues, das lockte auch die, denen Bildung ohnehin fehlte, das war gleichsam ein Gegengewicht zu den „Gebildeten" und zu einer vom Intellektualismus bestimmten Oberschichtbildung.

Im ganzen gesehen, stellt sich uns die kynische Weltanschauung als ein Produkt fast völliger Bindungslosigkeit dar. Viel hatten die Sophisten bereits angezweifelt, die Kyniker warfen nun aber fast den gesamten Bestand über Bord, sogar die sophistische Bildung. Vom kynischen Herakles-Ideal führte aber ein direkter Weg zu Alexander, dem bindungslosen Tatmenschen schlechthin. Nur fehlte dem Titanen die nötige Selbstgenügsamkeit. Daher lehnte ihn ein Diogenes ab. Um so besser erkannte jedoch Onesikrit, daß es auch noch andere Formen der Autarkie gebe, als die, in einem Fasse zu leben, und daß der Herrscher mit seiner Absage an die familiären, heimatlichen und nationalen Bindungen ebenso wie mit seinem Tatfanatismus dem kynischen Ideal um so besser entspreche.

Nicht in gleichem Maße vermochten die Kyniker Alexanders Universalismus vorzubereiten. Den Sophisten gleich erahnten sie in Welt und Menschheit noch keine Hochwerte, doch räumten sie dafür mit den zwischen Individuum und Menschheit stehenden Zwischenformen um so entschlossener auf. Unterschiede zwischen Hellenen und Barbaren kannten sie nicht mehr, auch fühlten sie sich schon irgendwie als Weltbürger und ahnten mitunter eine Weltordnung, ohne aber diese Gedanken je in den Vordergrund zu stellen. Immerhin zeigt sich bei Antisthenes ein bereits wohlpräzisierter Glaube an einen einzigen Gott. Damit folgte er Xenophanes und bereitete die stoische Idee einer gottgewollten kosmischen Ordnung vor.

Eine Parallelerscheinung zu Antisthenes bildete Aristippos von Kyrene, der Begründer der kyrenaischen Schule. Auch er verherrlichte als Lebensziel den bindungslosen Weisen, der überall zu Gast sei, nur warf er, im Gegensatz zu den Kynikern, auch die Tugend und das Göttliche mit über Bord. Den einzigen wahren Wert bilde nämlich das „Glück". Es war so recht eine Philosophie des praktischen Egoismus, eine „Lebensphilosophie", der es nicht auf Erkenntnis ankam, sondern auf das beste Rezept, die menschliche Vernunft zugunsten des Hedonismus einzusetzen. Mit seinem Atheismus trieb es Aristippos so weit, daß es sogar den schon längst tolerant gewordenen athenischen Spießbürgern zuviel wurde. Es kam zwar zu keiner Verurteilung, doch mußte er Attika verlassen. So hat der Kyrenäer die kynischen Kollegen an Bindungslosigkeit noch übertroffen. Für Alexander bedeutete er aber keine Vorstufe; wir haben ihn hier nur erwähnt, weil er gleichsam den Gipfel an Bindungslosigkeit darstellt, einer Bindungslosigkeit, die sich in ihrem Extrem bereits als völlig steril erwies und daher bald wieder überwunden wurde. Schon S. 229 ff. sagten wir voraus, daß man nach Erlangung der höchsten Freiheit allmählich mit dem Aufbau einer neuen Bindungswelt beginnen werde. Athen bot damals ein Maximum an geistiger Bewegungsfreiheit, Aristippos hat sie in maximaler Weise zu Abwerfung von Bindungen benützt. Bald wird dann die Entwicklung den Gegenkurs einschlagen.

Preisgabe der griechisch-makedonischen Bindungen

Wir wiesen bereits S. 247 f. darauf hin, wie leicht autarker Individualismus übermächtig wird, wenn in Satellitenbereichen Bindungen brüchig werden und die benachbarte Hochkultur doch keine neuen an ihre Stelle setzt. So war es auch am makedonischen Hofe geschehen, als die Altvätersitte verblaßte und euripidäische Zügellosigkeit überhandnahm. Alexanders Großmutter, die wilde Eurydike, neidete ihren Söhnen die Herrschaft und regierte Makedonien zusammen mit ihrem Geliebten. Olympias, Alexanders Mutter, trieb es dann in ihrer Wut noch schlimmer. Nicht für das Volk, wohl aber für einzelne Mitglieder des Hofs schienen alle Schranken gefallen zu sein.

Autarken Individualismus predigten aber — wie erwähnt — auch die Kyniker und Kyrenaiker, und von Alexanders Lehrern zählte Philiskos zum kynischen Kreis. Sowohl für Makedonien wie für die griechische Geistesgeschichte kam somit die Autarkie Alexanders keineswegs unerwartet. Doch gab es in Makedonien ebenso wie bei den Hellenen auch noch die andere, vorerst weit zeitgerechtere Einstellung, welche den Dienst an der eigenen Nation über alle Ungebundenheit erhob. Diesen Standpunkt vertraten Philipp und Isokrates in glanzvoller Weise, auch Aristoteles betrachtete ihn als Selbstverständlichkeit.

So konkurrierten bei Griechen und Makedonen zwei Tendenzen miteinander. Dabei verteidigte der Nationalismus des Philipp, Isokrates und Aristoteles das

Bestehende und suchte es noch zu erhöhen, während Antisthenes, Aristippos und Alexander die entwicklungsgeschichtlich jüngere These einer der Nation bereits entratenden, absoluteren Bindungsfreiheit vertraten.

Alexander gewann seine Autarkie allerdings nicht nur aus lokalen Umwelt-bedingungen, auch nicht so sehr durch das Beispiel von Familienangehörigen oder durch die Lehre seiner Professoren, sondern in erster Linie einfach aus dem Geheiß seiner eigenen titanischen Natur, die so übergewaltig war, daß sie sämtliche Schranken zerspellte. Ein Jahrhundert früher hätte die Umwelt einem solchen „Alexander" noch keine adäquaten Betätigungsmöglichkeiten geboten. Bei den Griechen wäre ihm das Schicksal eines Themistokles bereitet worden, bei den Makedonen wäre er Kleinfürst geblieben, einfach weil Makedonien um 450 noch nicht über die technischen Möglichkeiten verfügte, sich zur Weltmacht aufzu-schwingen. Jetzt aber kam der autarke Alexander in die Welt, als diese Welt für Gewaltnaturen großen Stils eben reif zu werden begann.

Die Umweltbedingungen, unter denen der Fürstensohn aufwuchs, waren solcher Art, daß sie ihm eine engere Bindung an Heimat, Vaterland und an das eigene Volk schon von Anfang an verleideten. Seine Mutter, die er so innig liebte, stammte ja aus der Fremde, war Epeirotin. Seine Erzieher waren Griechen und waren zum Teil gleichfalls von epeirotischen Sympathien beeinflußt. Seine Freunde fand er unter den Hellenen am Hofe. Der makedonische Adel lehnte Olympias ab und sah auch in Alexander fast einen Bastard. Als Philipp seine Gattin schließlich verstieß, verließ auch der Sohn verbittert das Land. Man holte ihn zwar zurück, doch empfand er so wenig als Makedone, daß er sich bei Gelegenheit sogar einem karischen Fürsten als Eidam und Nachfolger anbot.

Wie wenig ihm die Familie Philipps galt, zeigte sich nach dessen Tod. Alexander ließ damals die männlichen Angehörigen des Argeadenhauses wegen Verschwö-rungsverdacht einfach beseitigen. Den Makedonen aber näherte er sich als neuer Herrscher jetzt um so eifriger, da er ihrer vorerst dringend bedurfte. Er verstand es nunmehr, sich mit den maßgeblichen Adelshäusern des Parmenion und des Antipater gut zu stellen, desgleichen nahm er — wie bereits S. 254 ff. näher aus-geführt — den Griechen gegenüber den philippischen Hegemoniegedanken bereit-willigst auf. Niemand konnte damals ahnen, wie schnell der Herrscher den natio-nalen Gedanken nachher preisgeben werde.

Es kann aber kein Zweifel darüber bestehen, daß Alexander schon in sehr jungen Jahren von weltweiten Eroberungsplänen träumte. Als ihn dann sein Ingenium von Eroberung zu Eroberung in immer fernere Fernen hinaustrug, blieb er zu Anfang freilich nicht ungern makedonischer Volkskönig und griechischer Hegemon. Als ihm nach 330 sein Werk aber weit über makedonisch-hellenischen Zuschnitt hinauswuchs, empfand er diese Würden als Hemmungen, die er all-sogleich abwarf. Das riesige Reich, welches er nun besaß, das Weltreich, dem er nun zustrebte, ließ sich von der Enge nationaler Blickrichtungen aus schon gar nicht regieren. Wie unbedenklich er nun gegen die Griechen verfuhr, haben wir bereits S. 256 ff. dargestellt. Schwieriger war es aber für ihn, sich auch von den Makedonen zu lösen, hatten sie ihn als siegreichen Heerkönig doch erst so recht lieben gelernt. Er galt ihnen nun als Bester der Ihren. Sie wollten ihn nicht hergeben, sie waren voll Eifersucht gegenüber allen Besiegten. Alexander konnte aber keine Sieger und keine Besiegten mehr gebrauchen, als künftiger Weltenherr mußte er sich allen tauglichen Gliedern des Reichs als wohltuender König gleichermaßen verschenken. Im Grunde waren diese neuen Beziehungen zu Makedonen, Griechen, Iraniern und Semiten aber alle schon nicht mehr primär und elementar. Es handelte sich bei diesen Völkern nur mehr um Werkzeuge zum höheren Zweck des Reichs.

Die Nachfolge im Perserreich

Soweit Alexander den Feldzug als Hegemon der Griechen und Volkskönig der Hellenen führte, haben wir ihn bereits S. 253 ff. verfolgt. Nichts konnte sich für ihn nun glücklicher treffen, als daß 330 v. Chr. der Perserkönig von seinen eigenen Leuten ermordet wurde. Nun durfte er als sein Rächer auftreten und damit auch sein Rechtsnachfolger werden. Jetzt war es sein Wille, dem ewigen Haß von Morgen- und Abendland in entscheidender Weise Einhalt zu tun. Fern lag ihm die Hybris so vieler Triumphatoren, sich an schrankenlosen Vergeltungen zu berauschen und die Sieger sich sättigen zu lassen an einer Rechtlosigkeit der Besiegten. So handelt es sich um den großartigen Versuch, den Gegensatz zwischen Orient und Abendland aufzuheben. Zwei Welten waren es bisher gewesen, sich im Gegensätzlichen fruchtbar ergänzend, doch meist sich in Feindschaft belauernd, befehdend. Fremd waren sie einander in jedem Falle geblieben. Sie zu vereinigen, war das neue Ziel Alexanders.

Jetzt war unser Herrscher zum Großkönig geworden, der nun Persertreue belohnen und Persersch ande rächen würde. Ganz Makedone war er ja nie gewesen, auch zum Perser würde er füglich nicht werden, aber das sollte auch gar nicht sein. Alexander war in erster Linie ja immer nur — Alexander, der Mann also, den seine eigene Titanenkraft zwang, die alten Welten außer Geltung zu setzen, um an die Erschaffung einer neuen zu gehen. Doch würde er den Iraniern ein nationaler König wenigstens insoweit sein, als er es im Rahmen seines übernationalen Wesens oder — was damit gleichbedeutend war — im Rahmen des Weltreichs und seiner Räson vermöchte[74].

Alexander eilte nun den nach Osten fliehenden Mördern nach. Niemand wagte mehr, sich ihm in der Feldschlacht entgegenzustellen. Auch warb der Sieger allenthalben mit Gnade, Verzeihen, Versöhnung und beschränkte das Ziel seiner Rache auf Bessos, den eigentlichen Mörder. Doch im baktrischen Osten trat ihm das Iraniertum in einer noch unverbrauchten, gesunden Volkskraft entgegen. Hier hatten die Ritter sogar dem Perserkönig nur lässig Gefolgschaft geleistet. Von einem Alexander, seinen Makedonen, seiner hellenischen Bildung und seinen griechischen Pflanzstädten wollten sie schon gar nichts wissen. Drei Jahre (330—327) brauchte der Herrscher, um diese weiten Bereiche des heutigen Afghanistan und Turkestan zu unterwerfen, dann freilich war er Herr des gesamten Iraniertums.

Ihm hatte sich Alexander inzwischen durch die Übernahme persischer Sitten und Insignien immer mehr genähert, auch ließ er für sich das heilige Königsfeuer brennen, wie es bisher für die Achaimeniden gebrannt hatte. Iranier erhob er nun zu Ämtern und Würden, ja er bestellte sie nach Möglichkeit auch zu Statthaltern. Die nationaler Gesinnten unter den Paladinen im Lager trauerten nun freilich dem Philipp nach und verurteilten die Toleranz Alexanders. Doch brachte dieser den Philotas durch einen Hochverratsprozeß, den Parmenion durch Meuchelmord zum Tode, Kleitos erschlug er im Rausch. Sein Bestreben, die Perser zu versöhnen, krönte der Herrscher schließlich durch die Ehe mit der iranischen Adelstochter Roxane.

Wie die hellenische Hegemonie trat nun auch das makedonische Volkskönigtum für Alexander gegenüber der neuen Würde des „Königtums von Asien" zurück. Diese faßte er freilich noch viel weiter, als es die Achaimeniden je versucht hatten. Sie sollte auch Indien gelten, Arabien und Afrika, eine Weltherrschaft würde sie allmählich werden.

Der Ausbau des Imperiums

Um Alexanders Pläne recht zu verstehen, müssen wir uns das geographische Weltbild seiner Zeit vor Augen halten. Man glaubte die Gruppe der Kontinente Europa, Asien und Afrika von einem Weltmeer umspült, auch hielt man Asien und Afrika für viel kleiner, als sie es sind. Die nördlichen Teile Europas und Asiens sah man wegen der dort herrschenden Kälte als unbewohnbar an, desgleichen wegen der Hitze die südlichen Teile Afrikas und Asiens. Nur in der Mitte ziehe sich an den Küsten des Mittelmeers und weiter nach Asien hin ein bewohnbarer Streifen mit gemäßigtem Klima, die Oikumene. Sie beginne im Westen bei den Säulen des Herakles und reiche im Osten bis zur ozeanischen Küste Indiens[75].

Die bewohnte Welt, wie Alexander sie sah, mußte ihm somit gar nicht groß und recht wohl erfaßbar erscheinen. Er mochte glauben, bereits über die Hälfte unter seiner Herrschaft zu haben. Was noch fehlte, war das seiner Meinung nach nicht sehr ausgedehnte Indien und gegen Abend das westliche Mittelmeer. Diese Gebiete zu erobern, wurde ihm immer mehr zum verlockenden Ziel. Doch lockte ihn nicht nur die Eroberung, sondern auch die Erforschung. Den Schüler des Aristoteles ergriff die Leidenschaft des Entdeckers. Er wollte nichts unversucht lassen, um auch die unbewohnbaren Teile der Erde wenigstens zu erkunden. Vielleicht ließen sich die kalten und heißen Ränder der Kontinente entlang dem Ozean auch noch für Schiffahrt und Handel nutzen.

Von Zentralasien stieß Alexander nicht weiter nach Nordosten vor, da er in dieser Richtung nur Wüsten zu finden vermeinte. Er wandte sich vielmehr nach Indien und hoffte in einem Marsch gegen Osten das Ende der Welt und den Ozean zu erreichen[76]. Trotz härtester Gegenwehr bezwang Alexander auch hier jeden Gegner. Das Land erwies sich aber ganz unerwartet als von schier ungeheurer Größe, auch mutete es in seiner Kultur dermaßen fremdartig an, daß seine Aufnahme ins Reich fast als sinnlos erscheinen konnte. Dennoch wich der Herrscher von seinen Plänen nicht ab. Er drang durch die unsäglichen Fluten des sommerlichen Monsunregens immer weiter nach Osten vor, bis ihm das Heer den Gehorsam versagte (327). Da übertrug er die eben eroberten Gebiete seinem treuesten indischen Fürsten und wandte sich gegen Süden, um wenigstens in dieser Richtung das Weltmeer zu erreichen. Er folgte dem Indos und sah sich 325 vor dessen Mündung am Rande des Weltmeers. Alexander empfand das als großen Erfolg. Doch auf seinen Plan, die Oikumene im Osten ganz zu erfassen, mußte er verzichten.

Um so begieriger wurde er nun, das Reich nach anderen Richtungen auszubauen. Schon vom Indos aus ließ er die Küste des Ozeans durch eine Flotte bis zur Tigrismündung befahren. Eine andere Expedition sollte die Gestade des Kaspischen Meeres untersuchen, er selbst wollte mit Heer und Flotte von Mesopotamien aus die arabischen Küsten entdecken und dem Reiche gewinnen.

Für künftige Zeiten trug er sich aber mit noch großartigeren Plänen[77]. Eine gewaltige Westexpedition sollte von der Levante aus entlang der Nordküste Afrikas zur See und zu Lande nach Westen vordringen, Karthago unterwerfen und über die Meerenge von Gibraltar entlang dem Südrand Europas auch diese Bereiche gewinnen. Vielleicht hätte sich hieran auch noch der Versuch einer Umsegelung Afrikas angeschlossen.

Damit wäre nach Alexanders geographischen Vorstellungen die Eroberung der Oikumene bereits abgeschlossen gewesen. Dann hätte es höchstens noch einiger Forschungsexpeditionen bedurft, um auch den Verlauf der Nordküste der Kontinente zu ermitteln.

Die Idee des Weltreichs

Der Gedanke einer Eroberung der Welt war, wie wir S. 141 f. gesehen, eigentlich schon von den Machthabern des Alten Orients gefaßt worden. Dieses Streben fand seinen Sinn damals in der Nutzung der Unterworfenen, in der Gewinnung letzter Sicherheiten, vor allem aber im Hochgefühl göttlicher Auserwähltheit und unbeschränkten Herrschens. Die Ziele waren also utilitaristisch-imperialistischer Natur. Sie kamen ebenso den Herrschern, der Dynastie und der eigenen Nation zugute. Den Anspruch, alle Umwelt als Objekt der Gewaltregierung und Nutzung zu betrachten, gewann man dabei aus dem Geheiß der heimischen Götter.

Aus Babylonien übernahmen die persischen Achaimeniden den Gedanken des Weltreichs (s. auch schon S. 143 ff.). Für Kyros war er zugleich auch der Ausfluß seiner genialischen Kraft. Nur änderte sich die Meinung, welche man mit der Eroberung verband. Für die Perser sollte das Imperium nicht mehr allein das Objekt egoistischer Erobererrechte auf Herrschaft und Nutzung darstellen, es sollte dem Herrscher und Herrenvolk zugleich auch die Verpflichtung des Wohltuns auferlegen. Hebung des Wohlstands sollte den Verlust der Freiheit ersetzen.

Alexander fand die Weltreichsidee im griechischen Geistesleben noch keineswegs vor, doch stand sie ihm bei den Persern um so deutlicher vor Augen. Wie wenig man an der Ägäis die Gedanken auf Weltkonzeptionen richtete, zeigt uns

Isokrates, der wohl an einen Krieg gegen das Weltreich dachte, doch nimmermehr daran, nun selbst den Reichsgedanken zu übernehmen. Auch Alexander wäre niemals auf eine solche Idee gekommen, hätte ihn nicht sein Ingenium nach dieser Richtung getrieben. So war für ihn, ähnlich wie einst für Kyros, die Weltreichsidee ebensowohl Ausfluß seines eigenen Schöpferpotentials wie ein vom Orient übernommenes Geistesgut. Wo aber die Achaimeniden schon nach den ersten Rückschlägen erlahmt waren, wagte der Makedone den kühneren Sprung: Die Welt sollte nun wirklich in ihrer Gesamtheit gewonnen werden. Vor allem aber entschloß sich Alexander zu einer konsequenten Umkehrung der Wertung. Hatten die altorientalischen Herrscher die Welt gewissermaßen als grammatisches Objekt aufgefaßt, so erhob er sie zum alleinigen unmittelbaren Wert, zum alleinigen Subjekt. Damit stieß er über den persischen Versuch weit hinaus in ein Neuland vor: Die Achaimeniden hatten zuerst an Iran, daneben noch an die Welt gedacht; Alexander dachte nur an die Welt und erniedrigte vor ihr sogar Makedonien und sein eigenes Volk.

Herr war in Alexanders Augen nur mehr das Gesamte. Dem mußte sich jeder Teil, mußte sich auch Makedonien, mußten sich auch die Griechen und alle Völker unterwerfen. Denn er erkannte in allen traditionellen Teilbildungen von Völkern, Stämmen, Städten und Einzelstaaten das Unvollkommene und glaubte allein im Gesamten das Vollkommene erahnen zu dürfen. Darum war er bereit, das gewordene Endliche zu entmachten, es nach Bedarf zu entrechten, ihm seinen Eigenwillen, seine Eigenständigkeit zu nehmen, um dem Unendlichen zu genügen.

So sanken nun auch die Sieger zu Objekten der Ausnutzung herab, nur wurden weder sie noch jemand anderer der Selbstsucht irgendeines anderen Teils geopfert. Selbstsucht wurde allein dem Gesamten zugebilligt, dem aber schrankenlose, totale Selbstsucht. Damit wuchs aus der Oikumene ein gigantischer Moloch allgieriger Weltreichsräson empor. Wir dürfen daher von einer Kosmopolis im Sinne eines Weltstaates sprechen, nicht aber von einer Kosmopoliteia im Sinne freierer Weltbürgerlichkeit. Allein einer gemeinsamen Untertänigkeit, einem gemeinsamen Dienst galt ja die Vereinigung des Menschengeschlechts, nicht einer gemeinsamen Freiheit. Eine Einheit war es, die primär von einer selbstzweckhaften Institution, zugleich von einem Fürstendiktat, vom Throne und einem zu erobernden Universalterritorium her gesehen war. Vom Throne aus ließ sich zu dieser Zeit allerdings nichts anderes anbefehlen, als Alexander befahl. Echte weltbürgerliche Freiheit wäre damals ja doch noch nicht reif gewesen.

Es gab nun alles nur Denkbare an Frieden und Duldung und Nutzen, nur gab es fürderhin keine Freiheit, die sich auf Eigenrecht und Eigenwert von Einzelnen und Völkern gründete. Alexander bemühte sich auch gar nicht, ein Kompromiß zu gewinnen zwischen den Eigenrechten des Individuums oder der einzelnen Völker und dem seines Weltreichs. Er löschte die bisherigen Eigenrechte einfach aus und beließ nur das seiner Schöpfung. Wohl befreite er so die Welt von vielen drückenden Vorurteilen, nur erhielt das neue Dasein zugleich beinahe etwas Ameisen- oder Termitenhaftes. Es handelte sich eben doch um einen allzu autokratischen Wohlfahrtsstaat, der alle übrigen Rechte beugte und opferte. Geboren aus der Selbstherrlichkeit einer übermenschlichen Vernunft, fragte Alexander nicht darnach, ob er die also Beglückten mit seinen kategorischen Wohltaten auch wahrhaft beglücke. So war es ein Wohltun ohne Pardon.

Hiervon gemahnt nicht weniges an den von Platon erträumten Ordnungsstaat, gewandelt freilich ins Imperiale und Makrokosmische. Der Gedanke, die ganze Welt als staatliche Einheit zu erfassen und sie zugleich als den absolut alleinigen Höchstwert zu verkünden, war aber allen gleichzeitigen Denkern der Griechen so weit voraus, daß man ihn durchaus als geistiges Eigentum Alexanders bezeichnen kann. Hätte er seine Idee nur als Schriftsteller und Philosoph vertreten, so würde man sie als die bedeutsamste Staatsutopie aller Zeiten bezeichnen und würde ihn unter die größten der Denker erheben. Darum wollen wir über dem praktischen Wirken des Herrschers niemals vergessen, daß seine *geistige* Leistung grandios war und an Gehalt seine Taten noch übertraf.

Reichsräson

Wir wollen nun die Fülle der Grundsätze und Maßnahmen kurz überblicken, die Alexander aus Gründen der Reichsräson verwirklichte.

Das Hauptanliegen seiner Weltordnung dürfen wir in einem Umfassen aller Menschen und bewohnten Länder durch das neue Reich erblicken, das Frieden und Freundschaft auf der gesamten Erde herstellte, alle Feindschaften und Eroberungsakte ausschaltete und alle Selbständigkeit von Staaten und Völkern aufhob. Eigenstaatlichkeit wurde nur Fürsten verstattet, die sich zu Untertänigkeit und Gehorsam verpflichteten und so die Rolle von Statthaltern spielten. Dies galt unter anderem für die östlichsten Teile Indiens, für Kypros und Karien. Im übrigen war das Reich unter Weiterführung der persischen Organisation in Provinzen (Satrapien) eingeteilt, die von beamteten, jederzeit absetzbaren Statthaltern verwaltet wurden.

Die Oberschicht des Reichs sollten der makedonische und iranische Adel sowie geeignete griechische Kräfte bilden. Von diesen bevorzugten Elementen wünschte der Herrscher, daß sie sich durch wechselseitige Heiraten als einziger und gemeinsamer Adelsstand konstituierten. Bei dem 324 zu Susa abgehaltenen Hochzeitsfest nahm Alexander selbst zu seiner bisherigen Gattin noch zwei persische Prinzessinnen zur Ehe und verheiratete etwa neunzig seiner makedonischen und griechischen Paladine mit iranischen Adelstöchtern. Aus dieser Oberschicht sollten die Statthalter, die Generale, die Spitzen der Finanzverwaltung und alle anderen höheren Beamten genommen werden.

Die einzelnen Völker seien je nach ihrer Eignung heranzuziehen. Die Makedonen sollten weiterhin besonders Soldaten und Offiziere stellen. Gleiches erwartete Alexander von den Hellenen, die außerdem als Siedler der neugegründeten Städte bevorzugt in Frage kamen, da man sie als Künstler, Pädagogen und Philosophen, als Ingenieure, Händler, Seefahrer und Werkmeister im ganzen Reiche benötigte. Griechisch sollte die allesverbindende Reichskultur sein und die Lebensform der neugegründeten Reichsstädte, griechisch auch die allen geläufige Schrift und die wichtigste unter den Verwaltungssprachen. Die Iranier würden sich gleich den Makedonen und Griechen als bevorzugtes Militär- und Verwaltungselement empfehlen, sie hätten vor allem Soldaten zu liefern. Wertvolles Menschenmaterial entdeckte der Herrscher auch in den Semiten, die in der Levante schon so weit hellenisiert waren, daß er sie anstelle der mitunter recht widerwilligen Griechen für Kolonisationszwecke heranzog. So wollte er ihnen die Besiedlung der Küsten des Persischen Meerbusens und auch die Schiffahrt daselbst übertragen. Den Städten der phoinikischen Küste räumte er eine den Griechen ähnliche Sonderstellung ein. Im westlichen Mittelmeer hätte er gewiß nicht nur mit Hilfe der Griechen, sondern auch unter Heranziehung von Semiten weitere Städte gegründet.

Besonders wichtig erschien es dem Herrscher, daß diese Völker in Hinkunft kein allzu eigenständiges Leben führten, sondern sich bis zu einem gewissen Grade vermischten. Daher finanzierte er beim Hochzeitsfest von Susa die Ehen von zehntausend seiner Soldaten mit orientalischen Frauen. Auch in seinen nachgelassenen Plänen war von Vermischungsprojekten in Form von Umsiedlungen asiatischer Elemente nach Europa und europäischer nach Asien die Rede.

Das neue Reichsheer sollte gleichfalls nach dem Mischungsprinzip aufgebaut werden. In der Phalanx hätten Makedonen und Iranier Schulter an Schulter in denselben Formationen zu kämpfen. Auch in der Adelsreiterei wurden gemischte Formationen eingerichtet. Schon in ihrer Heimat wurden jetzt die iranischen Mannschaften nach makedonischer Art gedrillt. Die Kinder aus Mischehen kamen unter staatliche Erziehung und sollten später einmal im Reichsheer eine besondere Rolle spielen.

Alexander duldete im Reich keine andere Regierung als seine eigene und die seines Hoflagers. Er duldete daher auch keine Hauptstadt, weder zu Babylon noch sonstwo. Reichszentrale war dort, wo er sich eben befand. Alexander duldete auch keine von ihm unabhängig und gleichsam selbständig arbeitenden „Ämter". Nur in der Finanzverwaltung mußte er eine Ausnahme machen. Sie wurde dezentralisiert und hatte an mehreren Schlüsselstädten des Reichs ihren Sitz.

Die Ablehnung der Beamtenhierarchie und aller stabilen Regierungsbehörden brachte schwere Nachteile mit sich. Als Alexander im fernen Indien weilte und als es dann hieß, er sei in der Gedrosischen Wüste verschollen, gab es im gesamten Reich niemanden, der eine Zentralregierung zu repräsentieren vermochte. Nicht einmal der Nachfolger oder auch nur Vertreter eines verstorbenen Statthalters konnte damals bestimmt werden. Die Satrapen machten nun, was sie wollten, mieteten sich auf eigene Faust Söldnerheere und erhoben die schwersten Zölle an ihren Provinzgrenzen, um die Kassen zu füllen. Man erkannte bei dieser Gelegenheit so recht, daß es sich nicht um ein makedonisches Reich handelte, daß auch das Perserreich nicht mehr bestand, sondern daß es nur ein Reich Alexanders gab. Wie Atlas trug er allein die Welt auf den Schultern.

Glanzvollen Aufschwung sollte nach des Herrschers Wünschen die Wirtschaft nehmen. Die Ausmünzung der persischen Reichsschätze brachten das nötige Kapital, um Handel und Wandel neu zu beleben. Eine großartige Rolle hatten dabei die neugegründeten Reichsstädte zu spielen, so Alexandreia als neues Zentrum Ägyptens, ferner die Plätze in Baktrien, Sogdiana und Indien. Hier siedelte Alexander überall, teils sogar gegen ihren Willen, griechische Elemente als Kolonisten an und teilte ihnen die Rolle von Patriziern und Großgrundbesitzern zu. Mit ihrer hellenischen Urbanität hätten sie Beispiel zu geben den mitangesiedelten Orientalen.

Für den Verkehr bediente man sich zumeist der trefflichen persischen Reichsstraßen. Im Westen war eine Straße entlang der Nordküste Afrikas in Aussicht genommen. Besonderes Gewicht legte der Herrscher jedoch auf die Förderung der Schiffahrt. Indos und Tigris wurden dem Schiffsverkehr erschlossen, und Gleiches sollte in großzügiger Weise mit dem Persischen Meerbusen, mit dem Seeweg nach Indien und im Laufe der Zeit wohl auch mit anderen Abschnitten der ozeanischen Küstenfahrt geschehen.

So sehr nun alles auf ein Neugestalten des Daseins ausgerichtet war, so wachte der Herrscher doch über der Erhaltung angestammter Traditionen, sofern sie nicht sein Reichsprogramm störten. Vor allem galt seine Toleranz den Religionen und Kulten der verschiedenen Völker. Er selbst trat ja als neuer Pharao in den ägyptischen Kultus ein und näherte sich als König von Asien den religiösen Anschauungen der Iranier. In Babylon scheint er „die Hände Marduks" ergriffen zu haben. So ging es dem König nicht um blindes Nivellieren, am wenigsten im kultischen Bereich. Er beließ, was ihn nicht störte, fühlte sich als Rechtsnachfolger in Karien und in Ägypten, in Babylon und bei den Persern und ließ alles Vorhandene bestehen, sofern es sich nur in sein Reich einfügte. Auch die griechische Kultur und Zivilisation sollte daher nur verbinden, vermitteln und werben, nicht aber mechanisch zerstören. Darum verehrte er auch Kyros gleich einem Heros und befahl einen großartigen Neubau des Tempelturms von Babylon. Selbst den indischen Yogis erwies er seinen Respekt.

Überblicken wir Alexanders Reichsordnung in ihrer Gesamtheit, so ringt uns ihre geschlossene Folgerichtigkeit höchste Bewunderung ab. Sie war wohl der größte Triumph, den aufklärerische Vernunft im Altertum je errungen hat, denn Aufklärer war Alexander trotz aller Religiosität. Alexanders Werk war das großartigste staatspolitische Experiment auch, das in der Antike jemals versucht wurde.

Das Gottkönigtum Alexanders

Wir erkennen an seinem neuen Weltschöpfungsplan, wie wenig es Alexander allein auf Eroberungen ankam. Ihm lag viel mehr an der Erschaffung einer völlig neuen irdischen Welt. Solchen Plänen nur theoretisch nachzuhängen, wäre billiges Studierstubenspiel gewesen. In Alexanders Wähnen aber war alles konkret und wurde ohne Verzug in die Praxis überführt. Erst hierdurch gewann sein Wirken solches Format, wie es der Hellene normalerweise nicht einmal seinen Göttern, kaum einem Zeus, zuzubilligen vermochte. Nicht nur die Sterblichen, auch den olympischen Götterdurchschnitt stellte Alexander mit seiner Realplanung und

Realleistung in den Schatten. Bedenkt man, wie übernatürlich der König sein eigenes Wesen, sein Ingenium und seine erhabene Mission empfand, wie sehr er sich über alle bürgerlichen Wertungen hinweghob, wie sehr er sich als das Maß aller Dinge fühlte, wie er alles ganz anders, gleichsam von einem jenseitigen Standpunkt aus sah und beurteilte, so erscheint es beinahe folgerichtig, wenn sich der Herrscher mehr in die Klasse der Götter als in die der Sterblichen einreihen wollte.

Allzuviel bedeutet das in einem vom Indo=Europäischen her bestimmten Geisteskreis allerdings nicht. Da hatte man ja immer schon verstorbene Helden heroisch verehrt, da fehlte von Anfang an der absolute Respekt, gab es niemals eine absolute Trennung von Menschen und Göttern. Nur zu gern glaubte man die eigene Sippe, das eigene Volk von Göttern gezeugt. Freilich gab es da mancherlei Unterschiede. So zeigten sich die Makedonen den Göttern in höherer Ehrfurcht verbunden und blieb Alexander zeitlebens zutiefst religiös gestimmt. Um so unbedenklicher lockerten die Hellenen ihre diesbezüglichen Bindungen. Freigebig heroisierten sie schon früh Städtegründer und Gesetzgeber. Als dann die Polis ihre Schöpferkraft verlor und man immer mehr auf das Ingenium einzelner „Retter" angewiesen war, konnte es geschehen, daß sogar eine lebende Persönlichkeit, wie etwa Lysander, von seinen Anhängern mit göttlichen Ehren bedacht wurde. Je mehr das Vertrauen auf die Olympier absank und je weniger man auf ihre Hilfe baute, desto mehr hielt sich der Hilfsbedürftige eben an das Geniale, an das Göttliche im Menschen, wie es im „Wohltäter" und „Retter" zutage trat. Darum hatten auch Platon und Aristoteles gelegentlich schon auf den begnadeten „Göttlichen" unter den Menschen hingewiesen. Alexander wurde außerdem von den Städten, die er neu gegründet oder geordnet hatte, ohnehin schon als Gott verehrt, weil dies allgemein so üblich war.

Für den Herrscher selbst lag die elementarste Wurzel seines Anspruchs allerdings nicht in den erwähnten Vorstufen und Präzedenzen des griechischen Geisteslebens, sondern in der Übernatürlichkeit seines eigenen Wesens, wie er sie ganz unmittelbar empfand. Fühlte er sich als göttlich, als Gottes Sohn, als Gott selber, dann wollte er nun auch den Menschen so erscheinen, damit sie fürderhin nicht mit ihm haderten, sondern seine Neuordnung der Welt als ein höheres, gottgesandtes Schicksal aufnähmen.

Auf die Formen der Bildhaftmachung solch göttlicher Würde kam es dem Herrscher weniger an. Nach Bedarf bediente er sich der landläufigen, überkommenen Vorstellungen. So hat er das Ammon=Orakel im Sinne einer Zeus=Sohnschaft verstanden, ließ er sich von seinem neuen, mystischen Vater die Weltherrschaft verbürgen. Auch trat er dauernd als Zweitbild des Herakles und später gelegentlich als das des Dionysos auf. Mit der Proskynese verlangte er von seinem Generalstab die Anerkennung eines ihn umgebenden (auf das persische Königsfeuer zurückgehenden) göttlichen Nimbus. Und als man sich am Orientalischen dieses Fußfalls stieß, wies er die griechischen Staaten an, sie möchten ihn schlechthin als Gott verehren.

Das Wesentliche bestand für Alexander somit auf der einen Seite in der Überzeugung, *de facto* göttlich zu sein, auf der anderen aber in dem Anliegen, durch göttliche Würden im Abendland an Autorität zu gewinnen. Im Orient brauchte er sich über Mangel an Autorität nicht zu beklagen, dort bedurfte er also auch keiner besonderen Vergöttlichung. Für die Ägypter war er ohnehin Pharao und als solcher auch „guter Gott", mehr konnte man da nicht verlangen. Für die semitischen Reichsteile war die Autorität des Großkönigs und Weltherrschers seit zwei Jahrtausenden eine traditionell gefestigte Tatsache. Herrschervergöttlichung war dort unbekannt und auch gar nicht notwendig. Die Iranier kannten gleichfalls keinerlei Herrschervergöttlichung, doch sorgte ihr heiliges Königsfeuer [78] für die Autorität des Großkönigs.

Bei Makedonen und Griechen aber fehlte das nötige Ansehen. Jene wollten in Alexander immer noch ihren Volkskönig, also den *primus inter pares*, sehen. Für die Griechen hatte sich aber seit der Sophistik alles Autoritäre verflüchtigt. Daher versuchte es der Herrscher mit einer neuen Begründung seines Ansehens im Göttlichen. Weiter den Hegemon und den Volkskönig zu spielen, entsprach nicht mehr seiner diktatorischen Art. Einem Gott zu gehorchen, möchte den Hellenen leichter fallen, und auch die Makedonen würden sich vielleicht auf diesem Wege an bedenkenlosen Gehorsam gewöhnen.

Da aber brach über den Herrscher das Irdische in seiner elementarsten Erscheinungsform herein. Schier göttlich hatte er geplant, gewirkt, als Mensch aber fiel er einer tückischen Krankheit zum Opfer, so sehr der damals erst Vierunddreißigjährige auch in den letzten Tagen um sein flackerndes Leben kämpfte. Ein schwerer Anfall von Malaria, zu dem sich noch eine Lungenentzündung (oder ein akuter Anfall von Leukämie) gesellte [79], machte dem Leben der großartigsten Schöpferpersönlichkeit, welche die Menschheit hervorgebracht hatte, im Frühsommer 323 zu Babylon ein Ende.

Der Entwicklung voraus

Wir wiesen bereits darauf hin, wie schwer es Alexander geworden ist, die Umwelt für seine Pläne zu begeistern. Er konnte wohl seine nächste Umgebung faszinieren, aber richtiges Verständnis für seine große Idee fand er nur ausnahmsweise. Die Ursache erblicken wir darin, daß seine Weltreichskonzeption gleichsam einen Anachronismus darstellte, daß sie in die damals bei den Griechen erreichte Entwicklungsstufe noch gar nicht hineinpaßte.

Was der Herrscher mit der geistigen Strömung seiner Zeit gemein hatte, war sein autarker Individualismus. Wie schon S. 261 f. betont, teilte er ihn mit den Sophisten, den Kynikern und Aristipp. Zwar stand dieser autarken Strömung damals eine nationalgerichtete Tendenz als weit stärkere Bewegung gegenüber, doch fiel die Autarkie des Herrschers nun schon nicht mehr aus dem Rahmen des Möglichen.

Anders verhielt es sich mit der Weltreichsidee. Für sie war allein der Orient dank seiner viel älteren Vergangenheit längst schon reif geworden. Da hatte es seit dem 3. Jahrtausend v. Chr. immer schon Weltreiche gegeben. Darum fiel Alexander die Eroberung und Unterwerfung unter seine Weltreichsorganisation hier so leicht, darum konnten sich auch die Semiten Syriens und Phoinikiens damit weit besser abfinden als die Griechen. Selbst die Perser hatten bereits Jahrhunderte vor Kyros unter assyrischen Weltreichseinflüssen gestanden und dann zweihundert Jahre im eigenen Weltreich gelebt.

Hellenen und Makedonen jedoch waren auf ein solches Dasein in keiner Weise vorbereitet. Für sie wäre viel eher Philipps Kurs einer nationalen Prosperität die Erfüllung von Sehnsüchten und Notwendigkeiten gewesen. Niemand dachte bei ihnen daran, sich denkerisch mit Weltreichsplanungen abzugeben, geschweige denn derartiges in der praktischen Politik zu versuchen. Weltreichsdasein bedeutet ja immer eine gewisse Entsagung, bedeutet Verzicht auf nachbarlichen Wettkampf. Dafür waren damals weder Hellenen noch Makedonen hinreichend abgeklärt, sie waren dafür noch zu jung. Alexanders Anschlag bedeutete für sie gleichsam die operative Aufpfropfung einer viel späteren Entwicklungsphase. Die Tragik, solches wider alle Natur zu erdulden, war Schicksal der Griechen und Makedonen. Die Tragik, solches kraft seines Ingeniums auferlegen zu müssen, warf ihren Schatten aber auch in das Schöpferglück Alexanders. Er warb um Verständnis und konnte doch bestenfalls Schmeichelei, persönliche Verehrung oder verständnislosen Gehorsam erfahren.

Haben wir uns mit diesen Erkenntnissen einmal vertraut gemacht, so kann es uns nicht überraschen, wenn wir in den nächsten Abschnitten den sofortigen Zusammenbruch des Reiches erleben und wenn wir mitansehen werden, wie alles zurückkehrte zu philippisch-isokrateischen Wertungen eines national bestimmten Kurses. Nur die Philosophie übernahm den Weltreichsgedanken und bereitete ihn für die Zukunft vor. Erfüllung kam dann von Rom, kam nun allmählich und zeitgerecht. Das wird dann kein Weltreich werden, das allein der Wille eines Einzelnen vor der Zeit schon ertrotzte, sondern ein Weltreich, das gewachsen ist gleich einem tief gewurzelten Baum und das sich dann durch Jahrhunderte in schwersten Stürmen behauptet.

15. KAPITEL

Die Großmächte in Übersee

Die Auflösung des Alexanderreichs

Der Entwicklung weit vorauseilend, hatte Alexander sein Reich erbaut, und deshalb war er auch so schwer zu begreifen. Ohne den Herrscher mußte dieses Gebäude, dem die Fundamente eines natürlichen Gewachsenseins mangelten, unweigerlich zusammenstürzen. Dies deutete sich schon an, als Alexander im fernen Indien weilte und in der Gedrosischen Wüste verschollen schien (s. S. 269).

Als der Titan dann so plötzlich verstarb, fühlten sich alle, seine Bewunderer und seine heimlichen Gegner, in gleichem Maße ratlos. Die Bestürzung war um so größer, als der Herrscher ja längst schon alle männlichen Mitglieder seiner Familie ausgerottet hatte, bevor er nach Asien gezogen war. Nur den schwachsinnigen Arrhidaios hatte er geschont. Auch gebar nachher Roxane posthum ein Knäblein, das man nach seinem Vater benannte.

Alle Macht lag so bei den Generalen. Man kann verstehen, daß keiner von ihnen daran dachte, den gewonnenen Ländermassen noch weitere Eroberungen hinzuzufügen. Was man aber besaß, mußte man auch behalten, denn niemand gibt Land und Macht freiwillig preis. Die makedonischen Barone, von Alexander zu Stabsoffizieren befördert, der Heimat entrissen und in eine neue Welt versetzt, mußten nun sehen, was man mit dieser Welt anfangen konnte. Es war ein gewaltiger Sprung von innigster Bodenverwurzelung zu plötzlicher Wurzellosigkeit. Es half aber nichts, die Generale mußten, sich selbst überlassen, Alexander spielen oder wenigstens Alkibiades. So kam es zum Kampfe aller gegen alle und hierdurch zur Ausmerzung der Schwächeren und der allzu Gierigen.

Zwei Bestrebungen zeichnen sich nunmehr ab. Die eine galt der Erhaltung des Reichs, die andere seiner Auflösung. Die stärksten und bedeutendsten unter den Feldherrn strebten nach Vormundschaft über Arrhidaios und den kleinen Alexander, ihr Ziel war die Herrschaft im gesamten Reich. Hierum kämpfte Perdikkas, hierfür setzte sich Antipater ein. Das Reich zu erhalten, war auch Eumenes bemüht, es zu seinem Besitz zu gewinnen, verlangte Antigonos. Doch scheiterten alle Einheitsbestrebungen an der Front der übrigen Generale, denen es darauf ankam, Sonderherrschaften zu begründen. Der entschlossenste unter den Separatisten war Ptolemaios. Einst Alexanders korrektester Generalstäbler, verriet er nun als erster das Programm seines Königs und sicherte sich Ägypten als alleinigen

Besitz, als künftiges Teilreich. Ähnliche Ziele verfolgten bald auch Kassander, Lysimachos und Seleukos, um nur die bedeutendsten zu nennen.

Ebenso wie in den Kämpfen aller gegen alle die Schwächeren ausgerottet wurden, erfaßte dieser Ausmerzungsprozeß auch die Dynastie. Da es keine männlichen Prätendenten mehr gab, griffen die königlichen Frauen mit um so größerer Leidenschaft in die Streitigkeiten ein und bedrohten sich gegenseitig mit Vernichtung. Besonders Olympias, Alexanders dämonische Mutter, wütete im Fleisch des königlichen Hauses. Sie selbst und auch Roxane samt ihrem Söhnchen ließ schließlich Kassander, der Sohn des Antipater, beseitigen.

Nachdem sämtliche Angehörige der Dynastie ihr Ende gefunden hatten und 301 v. Chr. Antigonos als letzter Vertreter des Einheitsgedankens Schlacht und Leben verlor, war es mit dem Reich als politischem Faktor zu Ende. Auch die Weltreichsidee verschwand für die nächsten Generationen aus der Politik. Das Erbe traten die „hellenistischen" Teilreiche an.

Wir bitten bei dieser Gelegenheit, den Unterschied zwischen den Bezeichnungen „hellenisch" und „hellenistisch" wohl zu beachten. „Hellenismus" und „hellenistisch" betrifft nach der herrschenden Terminologie die Zeit seit Alexander dem Großen. Wir werden über diese Ausdrücke und ihre Bedeutung S. 323 f. noch eingehender handeln. Doch sei schon hier hervorgehoben, daß wir als „hellenistisch" vor allem auch alles überseeische Griechentum in den von Alexander eroberten Ländern und alle Gräzisierungserscheinungen bei ursprünglich nichtgriechischen Volkselementen bezeichnen. Von „Hellenen" und „Hellenischem" sprechen wir dagegen dort, wo sich im Sinne der alten Traditionen das Griechentum reiner erhielt, ja sich mitunter noch immer betont von den sogenannten „Barbaren" absetzte.

Die Rückkehr zu Philipps Nationalgedanken

Nicht nur, daß sich das Reich aufgelöst hatte und daß seine Idee sich in die Philosophie zurückzog, auch mit dem von Alexander vertretenen Gleichstellungsgedanken wurde nun radikal gebrochen. Philipp hatte einst als gleichberechtigte Nationen nur Makedonen und Griechen anerkannt. Sein großer Sohn jedoch schied grundsätzlich nicht mehr zwischen Siegern und Besiegten, auch nicht zwischen Hellenen und Barbaren. Nationalistischer Dünkel hatte vor seinen Augen die Daseinsberechtigung verloren.

Nach Alexanders Tod gaben die makedonischen Generale sogleich die Gleichstellung der Orientalen preis. Die meisten entließen ihre orientalischen Gattinnen. Eumenes, der sich militärisch zeitweise auf die iranischen Barone stützte, ging zugrunde. Einhellig waren die übrigen Großen der Meinung, daß man zum alten nationalistischen Kurs Philipps zurückkehren müsse, der allein Griechen und Makedonen als Herrenvölker anerkannte.

So bildeten sich in den Teilreichen, in die Alexanders Imperium auseinanderbrach, überall Oberschichten, die lediglich aus Makedonen und Griechen bestanden. Irgendwelche Gegensätze scheint es zwischen diesen beiden Elementen kaum mehr gegeben zu haben. Die Makedonen waren ja in den Überseegebieten zahlenmäßig viel zu schwach und hätten sich ohne Griechen hier niemals behaupten können. Sprachlich und kulturell gingen sie in den neuen Reichen allenthalben in der Masse der Griechen auf. Zwar gab es verschiedentlich eine eigene Kategorie, welche den Titel „Makedonen" trug, was wohl auf die Ansiedlung von Soldaten aus Alexanders Armee zurückging, es gab aber oft auch eine Kaste von „Hellenen", und vielfach verschmolzen beide.

So feierte nun die Idee Philipps ihre Triumphe. Was im Bereich der Ägäis mißglückt war und immer mißglücken sollte, gelang in den Überseeländern aufs beste: die griechische Zwietracht zu überwinden, ja sogar Hellenen und Makedonen zu einer Einheit zusammenzuschweißen. Da gab es praktisch nur mehr *eine* Oberschicht, die das gleiche Griechisch sprach, die gleich empfand und fühlte, deren Angehörige sich nur noch der Herkunft und dem Stammbaum nach unterschieden. Das war nicht viel anders, als wenn sich die heutigen Amerikaner hier auf englische, dort auf deutsche oder skandinavische Voreltern zurückführen. Dabei stammten die Familien der Herrscher, ihrer Paladine wie auch mancher Militärsiedler von Makedonen ab, die übrigen Städter und Grundbesitzer, die Kaufleute, die Künstler, Techniker oder Wissenschaftler aber aus Hellas.

Alle diese Zuwanderer bildeten überall in den Gemeinden der neuen Reiche die Bürgerschaft. Nur sie hatten das Recht auf autonome Verwaltung, nur sie sollten sich irgendwie „frei" fühlen. Die Orientalen jedoch waren rechtlose Untertanen. Über sie gebot ein maßvolles und humanes Regiment, im übrigen hatten sie zu gehorchen und Steuern zu zahlen.

Genau genommen mußten aber auch die Angehörigen der gräkomakedonischen Oberschicht gehorchen und zahlen. Aber sie durften sich eben doch als etwas Besseres fühlen, durften ihrem Nationalstolz huldigen, so tun, als wären sie frei, als zahlten sie nur freiwillige Beiträge. Vor allem aber waren sie gleichsam „hoffähig", denn die Dynastien betrachteten sie als zur Oberschicht gehörig und entnahmen nur ihr die höheren Beamten.

So können wir alle Überseestaaten als gräkomakedonische Nationalstaaten bezeichnen, getragen von Philipps Geist. Mit anderen Worten, die Entwicklung kehrte wieder dorthin zurück, wo sie Alexander durch sein Vorausgreifen außer Kurs gesetzt hatte. Wir sehen, daß selbst dieser gewaltige Titan es nicht vermocht hat, den natürlichen Ablauf entscheidend zu stören.

Die Begründung der Überseereiche

Nachdem Antigonos Monophthalmos als letzter Vertreter der Reichseinheit in der Schlacht von Ipsos 301 das Leben verloren hatte, kam es zu einer ersten Abklärung der bisher so verworrenen Machtverhältnisse. Fest stand, daß Ptolemaios sich in Ägypten ein Teilreich gesichert hatte, das jeglichem Angriff zu trotzen vermochte. Ihm war auch Kyrene zeitweise untertan, Palästina und das südliche Syrien hielt er gleichfalls besetzt. Von seiner Hauptstadt Alexandreia aus verfügte er über den ungehinderten Zugang zu allen griechischen Häfen und konnte griechische Auswanderer, soviel er nur wollte, gewinnen. Sie ersetzten ihm, was ihm an makedonischer Wehrkraft mangelte. Da er das seit den pharaonischen Zeiten eingespielte Steuersystem übernahm, standen ihm so reiche Geldmittel zur Verfügung wie keinem anderen Fürsten seiner Zeit.

Die große Landmasse des übrigen Vorderasien bildete den Machtbereich des Seleukos. Auf Indien und den Hilmend-Bereich hatte dieser Reichsgründer allerdings verzichtet. Um so weiter dehnte sich sein Imperium nach Westen bis nach Kleinasien aus. Schier zahllos waren die Massen der einheimischen Untertanen, im Westen vornehmlich Anatolier und Semiten, im Osten Iranier. Seleukos stützte sich aber vor allem auf die hier verbliebenen Reste des gräkomakedonischen Alexanderheeres und trachtete, möglichst viele hellenische Einwanderer hinzuzugewinnen. Doch war es für ihn wesentlich schwerer, den Zugang zu den heimischen Quellen der griechischen Auswanderung offenzuhalten, da die Straßen quer durch Kleinasien dauernd umstritten blieben. So mußten sich die Seleukiden darauf beschränken, allein Nordsyrien, vor allem den Bereich rund um die neue Hauptstadt Antiocheia, ethnisch mit griechischen Städten wirklich zu durchdringen. Im übrigen legten sie nur an Schlüsselpositionen griechische Städte an. Vor allem gründeten sie in Mesopotamien Seleukeia, das anstelle des alten Babel als Zentrale des Iraq zu dienen hatte. Die Größe des Reiches, die ablehnende Haltung der Iranier und der Mangel an griechischen Siedlern bildeten die Ursache dafür, daß das Seleukidenreich immer etwas Unnatürliches und Schwächliches an sich haben sollte.

Während die Südküste Anatoliens vorerst kleineren Dynasten vorbehalten blieb, gewann Lysimachos von Thrakien aus die Meerengen und das übrige Westkleinasien zu einem eigenen Reich. Er hatte damit die Schlüsselstellung inne zwischen Ägäis und Vorderasien, beherrschte den Durchgang zum Schwarzen Meer und kontrollierte in hohem Maße den griechischen Auswandererstrom. Seine Hauptstadt, Lysimacheia mit Namen, begründete sich der Herrscher auf der thrakischen Chersonnes.

In Makedonien regierte vorerst Kassander und suchte von dort aus auch Griechenland zu beherrschen. Nach seinem Tode (298) gewannen vorübergehend Demetrios, der Sohn des Antigonos Monophthalmos, und Pyrrhos aus Epeiros die Macht.

Die Generale, welche sich um die Beute stritten und schließlich Teilreiche formten, bezeichnen wir gemeinhin als Diadochen. Wir sprechen daher auch von einer Diadochenzeit und von Diadochenreichen. Von den Diadochendynastien behaupteten sich auf dem Thron vorerst nur die des Ptolemaios und des Seleukos. Dagegen fiel Lysimachos mitsamt seiner Herrschaft in der Schlacht von Kurupedion einem Angriff des Seleukos zum Opfer (281), doch konnte letzterer seine Absicht, auch Makedonien zu gewinnen, nicht mehr durchführen. Immerhin schien nun den Seleukiden der Zugang zur Ägäis einigermaßen gesichert zu sein. Doch wurde diese so wichtige Verbindung durch den Einfall der Kelten, die sich in Zentralanatolien niederließen (278), erneut gefährdet.

Auf der Balkanhalbinsel hatten die Kelten schon vorher Makedonien überrannt (279) und waren bis gegen Delphi vorgedrungen. Doch richtete Antigonos Gonatas, der Sohn des Demetrios, die Verteidigung Makedoniens neu ein, vertrieb die Barbaren und begründete für sich und seine Familie ein neues makedonisches Volkskönigtum.

In Westkleinasien verstanden es die Attaliden als Herren von Pergamon, sich von der seleukidischen Oberhoheit immer mehr zu befreien, zumal sie sich um die Abwehr der Kelten verdient machten.

So sehen wir uns in der Mitte des 3. Jahrhunderts vier Dynastien gegenüber, den Antigoniden, Attaliden, Seleukiden und Ptolemäern. Hierzu gesellte sich als fünfte bald noch diejenige von Baktrien. Sie wurde durch seleukidische Statthalter begründet, die sich von der Reichszentrale unabhängig machten.

Die den Diadochen nachfolgende Generation pflegt man in der Regel als „Epigonen" zu bezeichnen. Sie wurde bei den Seleukiden durch Antiochos I. vertreten, fand aber besonders in Ptolemaios II. Philadelphos eine glanzvolle Verkörperung. Im ganzen nennt man Diadochen, Epigonen und die nachfolgenden Herrschergenerationen auch einfach „hellenistische" Könige.

Die hellenistischen Großmächte

Von den hellenistischen Reichen blickte nur eines auf angestammte Traditionen zurück, Makedonien. Hier setzte die Familie des Antigonos Gonatas einfach das alte makedonische Heer- und Volkskönigtum fort. Ohne moderne Fermentierung ging es zwar auch hier nicht ab. So drangen Urbanität und kapitalistische Wirtschaftsformen stärker ein, vor allem, seit Kassander die Städte Kassandreia und Thessalonike gegründet hatte. Man verschrieb sich natürlich auch stoische Philosophen und trieb in Griechenland grobschlächtig-imperialistische Politik. Dabei erwies sich die makedonische Großmacht als die am besten begründete, beruhte sie doch auf der soliden Basis seines kernigen Volkes. Hier gab es noch echte, ländliche Treuherzigkeit, gab es eine Heeresversammlung, hier bedurfte man keiner Vergöttlichung des Herrschers. Das organische Verhältnis von Dynastie, Adel und Volk als Gesamtheit hat sich von den Argeaden auf die Antigoniden weiter vererbt. Was Makedonien mangelte, waren freilich ein entsprechendes Wirtschaftspotential und die für eine Großmachtspolitik so notwendigen Geldmittel. Die gesunde Kraft des makedonischen Heeres konnte diese Mängel nicht völlig ausgleichen.

Im Gegensatz zu dem aus Wurzeln natürlicher Volkhaftigkeit erwachsenen Makedonien, stellen die drei Überseestaaten des Hellenismus, Pergamon, das Seleukiden- und Ptolemäerreich Kunstprodukte herrscherlichen Willens dar.

Von ihnen verfügte wenigstens Pergamon über eine solidere ethnische Basis. Es gehörte dem ägäischen Raume an, war den griechischen Kolonien unmittelbar benachbart, hatte als bodenständige Bevölkerung Kleinasiaten, die sich anthropologisch von den Griechen nicht unterschieden, schon längst hellenisiert waren und sich auch der griechischen Sprache mühelos bedienten. Da man auch zuwandernde Griechen bedenkenlos aufnahm, entstand hier eine echte Erweiterung des hellenischen Siedlungsraums, anschließend an den Mutterbereich und nicht in der Ferne irgendwo zusammenhanglos hingestreut. Immerhin wurde auch dieser Staat nicht von einem Volkstum organisch hervorgebracht, sondern von einer landfremden, sich makedonisch gebärdenden Dynastie, die durch ihren Philhellenismus, ihre politische Klugheit, ihre vortreffliche Organisationsbegabung und nicht zum wenigsten durch ihre militärischen Erfolge hervorragte. Von Hellas übernahm man hier alles, was sich nur übernehmen ließ, die Urbanität, die Sprache, das kulturelle und zivilisatorische Dasein. Man übernahm neben Rationalem auch Irrationales, soweit es Hellas noch zu bieten hatte, vor allem die Hochschätzung der Künste. Irgendwie setzte die Dynastie Traditionen fort, wie sie Euagoras auf Kypros oder Maussolos in Karien vorgebildet hatten. Es handelte sich also nicht um ein patriarchalisches Königtum nach Art des makedonischen, es trug weit mehr schon den Stempel moderner Aufgeklärtheit und eines betonten Mäzenatentums. So wurde Pergamon eine neue Heimstätte der griechischen Plastik und Architektur. Auch Wissenschaft fand hier Beachtung. In Hellas selbst stifteten die pergamenischen Fürsten Bauten und Weihegeschenke, zeigten sich als echte Freunde und fühlten sich mit dem Griechentum viel enger verbunden als etwa Makedonien. Denn dieses trachtete danach, Griechenland zu unterwerfen, die Pergamener jedoch hatten Interesse an einem freien und starken Hellas. Zu einem Volksstaat ist Pergamon jedoch nie geworden. Wohl schwanden die einheimischen Idiome dahin, Griechentum war aber viel zu sehr schon eine Sache der Weltuniversalität geworden, als daß sich aus ihm noch ein spezifisches Volkstum hätte bilden können. Auch richtige Großmacht ist Pergamon nie geworden. Hierzu war sein Territorium und auch sein wirtschaftliches Potential allzu beschränkt.

Stellt Pergamon gleichsam einen gemilderten Fall des Übersee-Hellenismus dar, so bieten die Reiche der Seleukiden und Ptolemäer dessen spezifische Eigenart mit um so größerer Deutlichkeit dar.

Das Seleukidenreich setzte in seiner gewaltigen Ostwesterstreckung sowie in seiner Struktur bis zu einem gewissen Grade das Perserreich fort. Es war der größte Flächenstaat seiner Zeit und hatte die größten Schwierigkeiten, seine so weit entfernten äußersten Grenzbereiche im Westen und Osten zu behaupten. Dabei konnte man nur die eingewanderten Makedonen und Griechen als Stützen des Regimes betrachten. Wohl hatte gerade Seleukos I. seine iranische Gattin auch nach Alexanders Tod bei sich behalten, ja diese war sogar die Mutter seines Sohnes und Nachfolgers Antiochos I. Auch kam man den Iraniern und Babyloniern in der Verwaltungssprache entgegen, setzte in Babylon das „babylonische Königtum" fort, gab beträchtliche Geldmittel für die Tempel der Einheimischen aus. Von einer Gleichstellung oder Vermischung war aber nicht mehr die Rede. Man bot den Orientalen eine gewisse Toleranz, damit sie sich damit abfänden, auf den geltenden Staat ohne jeglichen Einfluß zu sein und Fremde über sich herrschen zu lassen.

Verwaltungsmäßig ließ sich das Riesenreich nur unter Beibehaltung der von den Persern überkommenen Satrapiengliederung bewältigen. Die Statthalter gehörten nun der gräkomakedonischen Oberschicht an, aber auch sie bemühten sich, wie einst ihre iranischen Vorgänger, ihre Provinz auf Lebenszeit und als vererblichen Besitztitel zu gewinnen, ja in den entfernteren Ländern suchten sie sogar die volle Unabhängigkeit von der Zentralregierung zu erlangen. Letzteres glückte unter anderem den Attaliden in Pergamon und den Satrapen in Baktrien. Auch in Parthien wagte man einmal ähnliches. Sogar die großen Vizekönige der östlichen Provinzen und Mitglieder des königlichen Hauses neigten zu Spaltung und Abfall. Da war oft fast mehr Verlaß auf einheimische Dynasten, wie sie mitunter seit altersher einzelne Landschaften verwalteten, oder auf die einheimischen Tempelherrschaften, sofern man sie nur in Ruhe ließ und von ihnen keine zu großen Leistungen verlangte. Eine wirklich sichere Stütze bildeten aber allein die neugegründeten Griechenstädte, deren Dasein und Wohlstand ganz von einem starken Königtum abhing.

So befand sich das Reich fast stets in einem Zustand der Kränklichkeit und Anfälligkeit, laborierend an Abfall, Zwietracht und innerer Auflösung. Nur wenn ausnahmsweise ein starker Herrscher regierte, vermochte er für seine Zeit Autorität und Zusammenhalt zu stärken. Schied er von hinnen, so zeigte sich sogleich, daß dem Reich selbst nicht die Festigkeit innewohnte, auch schwächere Herrscher ohne Schaden zu ertragen.

Kämpfte das Seleukidenreich dauernd gegen seine schleichenden Zerfallsneigungen, so zeigte sich das Imperium der Ptolemäer um so besser gefügt und zentralisiert. In seiner Verwaltung ging es nicht auf die persische Lotterwirtschaft, sondern auf den Pharaonenstaat mit seinem hochgezüchteten Berufsbeamtentum zurück. Von Föderalismus und Feudalismus war hier kaum die Rede. Die Ptolemäer konzentrierten nun alles in ihrer neuen Hauptstadt Alexandreia, die Beherrschung der Einheimischen und auch die Waltung zugunsten der gräkomakedonischen Zuwanderer. Diese wurden meist auf dem Lande als Grundbesitzer angesetzt und hatten als Militärkolonisten ihre eigene Organisation. Griechenstädte gab es außerhalb Alexandreias fast überhaupt nicht. In der Hauptstadt allein sollte sich alle Zauberkraft moderner Urbanität verwirklichen. Eher noch stärker als im Seleukidenreich betonte in Ägypten die gräkomakedonische Oberschicht ihre nationalistische Überheblichkeit.

Nicht zufrieden mit ihrem wohlfundierten Reich in Ägypten und ihrer Außenzone im südlichen Syrien, suchten die Ptolemäer die gesamten Küsten des östlichen Mittelmeeres mit ihren Stützpunkten zu besetzen. Seitdem Seleukos I. ermordet und Antiochos durch die Kämpfe mit den Kelten in Anspruch genommen war, entstand hier unter Ptolemaios II. und III. ein gleichsam thalassozentrisches Außenreich. Dieses umfaßte Kypros und Kilikien, zeitweise sogar den Hafen von Antiocheia, Seleukeia, ferner Lykien und die Mehrzahl der ionischen Städte, den Hellespont und das südliche Thrakien. Auch Inseln wie Samos und Lesbos wurden ptolemäisch, desgleichen die Ostspitze Kretas, vor allem aber traten die Kykladen als „Bund der Nesioten“ in Abhängigkeit von Alexandreia.

Für diese Bereiche bedeutete die ptolemäische Herrschaft jedoch keine zu schwere Unterdrückung, sparte die Zentrale doch nicht an Zuwendungen vieler Art. Ägyptische Subsidien flossen in reichstem Maße auch nach dem griechischen Festland, um hier die Gegner Makedoniens zu unterstützen.

Die Ptolemäer verbanden mit dieser Ausbreitung ihrer Macht die Absicht, Makedonien und die Seleukiden von Griechenland fernzuhalten, ja das Seleukidenreich nach Möglichkeit auch vom Mittelmeer und von jeder nach Griechenland reichenden Seeverbindung auszuschalten. Weit davon entfernt, eine Gesamtherrschaft des früheren Alexanderreichs anzustreben, genügte es ihnen, die anderen Reiche, in denen sie so etwas wie Konkurrenzunternehmungen erblickten, wirtschaftlich, militärisch und politisch als die schwächeren zu sehen und den Zutritt zum griechischen Mutterland nach Möglichkeit für sich allein zu nutzen. Dauernde Kriege waren die Folge, vor allem mit den Seleukiden, mit denen man sich immer wieder um Syrien stritt, auch mit Makedonien, das man vergeblich aus Griechenland und aus der Ägäis zu verdrängen suchte. Solche militärischen Auseinandersetzungen vermochten das finanzkräftige Ägypten vorerst nicht zu schwächen. Solange der zweite und dritte Ptolemäer regierten (bis 221), blieb die ägyptische Verwaltung in Ordnung, konnte man eine überlegene Seemacht bezahlen und die Küstenpositionen rund umher halten. Unabhängig von Alexandreia blieb trotz allen ptolemäischen Bemühungen allerdings das see- und handelsmächtige Rhodos. Es bildete eine Großmacht im Kleinen und war nun als einzige altgriechische Polis in Politik und Wirtschaft zu einem internationalen Machtfaktor aufgestiegen.

Zu den hellenistischen Staatsgründungen können wir auch die des Agathokles und des Pyrrhos im Westen rechnen. Agathokles von Syrakus war gleich Dionysios im Kampf gegen Karthago zur Herrschaft gelangt (317). Wie jener errichtete er ein sizilisches Reich, doch mißglückte ihm ein Angriff auf Karthago. Bessere Erfolge hatte der Gewaltherrscher als Protektor der noch verbliebenen unteritalischen Griechenstädte, doch machte 289 sein Tod allen weiteren Plänen ein Ende. Nun versuchte Pyrrhos von Epeiros aus ein hellenistisches Reich in Unteritalien und Sizilien zu begründen (280—275). Die sizilischen Griechen lehnten seine Herrschaft aber bald ab, und aus Italien vertrieben ihn die Römer. Damit waren die letzten Versuche des Griechentums, im Westen Großmachtpolitik zu betreiben, gescheitert. Zwei Mächte gewannen die Oberhand, welche nicht von Königen regiert und nicht von königlichen Fähigkeiten abhängig waren, Rom und Karthago. Zwischen ihnen allein sollte der Kampf um das westliche Mittelmeer schließlich ausgetragen werden.

Könige, die Geschichte machen

Alexander hatte aus seinem Persönlichkeitspotential das Weltreich geschaffen, Generale rissen es dank ihrem Potential in Fetzen auseinander. Da von seiten der an Fremdherrschaft gewöhnten Orientalen keine Gegenwirkung erfolgte, hatten die neuen Machthaber nur gegeneinander zu kämpfen. Zur Legalisierung ihrer Ansprüche beriefen sie jeweils die ihnen unterstehenden Truppen als Heeresversammlung ein, ja ließen sich von ihnen schließlich als Könige ausrufen. Auch schrieben sie nachträglich ihren Familien göttliche Herkunft zu.

Im Grunde mimten diese Emporkömmlinge alle irgendwie Alexander, um zum Erfolg zu gelangen. Sie mimten vor allem seine Kühnheit, seinen Wagemut, seine Dreistigkeit. Seleukos wagte nach der Schlacht von Gaza mit wenigen tausend Mann einen Marsch durch die Arabische Wüste, um gleichsam aus dem Nichts in Babylonien ein neues Reich aufzubauen (312). Demetrios flüchtete aus der Katastrophe von Ipsos, schiffte sich nach Griechenland ein, gewann von dort aus Makedonien und plante, von dieser Basis erneut den Orient zu erobern. Als Keraunos von seinem Vater Ptolemaios I. enterbt wurde, flüchtete er zu Lysimachos, dann zu Seleukos I. Diesen ermordete er 280, als sein greiser Beschützer nach dem Sieg über Lysimachos nach Europa übersetzte. Er gewann das Heer, ließ sich von ihm zum König ausrufen und eroberte nun Makedonien, doch fiel er bald darauf im Kampf gegen die Kelten.

Diese drei Beispiele mögen uns genügen, um die Kühnheit der vielen zu begreifen, die damals voll Wagemut ihr Glück zu machen versuchten. Diese Kühnheit, sie leitete sich letzten Endes von Alkibiades und den Condottieri her, kulminierte in Alexander und bestimmte von dorther das nächste halbe Jahrhundert. Während solch bindungsbefreiter Wagemut aber vor Alexander immer noch gleichsam am Rand der Geschichte aufgetreten war, etwa als Ausnahme, die solidere Regeln bestätigte, sah sich in der Zeit nach Alexander die Geschichte als Ganzes dem Typus des Heißsporns restlos ausgeliefert; nur daß er sich nicht bewährte und daß allein die überlebten, welche zugleich auch eine andere Alexandertugend, die kühle Berechnung, mit zu ihren Gaben zählten.

Die Reichsgründer, ein Ptolemaios, Seleukos und Antigonos Gonatas, waren nun in der Tat in Wagemut und Klugheit Persönlichkeiten von hohem geschichtlichen Format. Alles, was sie an Macht besaßen, war aus eigenem Wirken geschaffen. Auch sie trugen wie Alexander ihre Gründung zuerst einmal gleich Atlas auf ihrem eigenen Nacken. In den Überseeländern konnten sie ihr Reich mit Fug als ihre private Eroberung speergewonnenen Landes, als ihr persönliches Territorium ansprechen. Es gab hier keine anderen Rechtstitel und eigentlich auch keine andere Idee. Die Herrscher waren Unternehmer allergrößten Stils, und alle, welche sich in Griechenland und Makedonien diesem Unternehmen anschlossen, waren mit seinem Gedeihen untrennbar verbunden, es sei denn, daß der eine oder andere Paladin bei den Seleukiden es wagte, ein eigenes Konkurrenzunternehmen zu eröffnen.

Indessen stellte es sich bei diesen an sich sehr tüchtigen Herrschern heraus, daß ihre Schultern auf die Dauer doch etwas zu schwach waren, um das Reichsgebäude allein zu tragen. Alexander hatte es vermocht, er hatte keine Beamten und keine Ämter, ja nicht einmal eine Hauptstadt geduldet; von seinem jeweiligen Hauptquartier aus hatte er regiert. Die Diadochen und ihre Nachfolger gesellten sich aber zahlreiche Mitarbeiter, ja gleichsam Ministerien zu, die ihnen die laufenden Arbeiten abnahmen. Noch gaben sie die Direktiven, hatten die Initiative, die

Routinetätigkeit aber besorgten die Ämter. In Ägypten funktionierte dieser Regierungsapparat vortrefflich, da hier Beamtentum immer schon in Blüte gestanden war. In Antiocheia hingegen mangelten solche Traditionen. Zusammen mit den Ämtern traten jetzt auch die Hauptstadt und der „Palast" entscheidend in den Vordergrund. Ähnlich wie in minoischen Zeiten können wir wieder von einer Hof- und Palastkultur sprechen, zumal wenn (wie in Ägypten) vom Herrscher auch Kunst und Wissenschaft gefördert wurden.

An der Spitze der jeweiligen gräkomakedonischen Interessengemeinschaft erfreuten sich König und Dynastie, solange das Unternehmen florierte, bei allen Interessenten großer Beliebtheit und aufrichtiger Verehrung. Auch die stoische Philosophie forderte im Sinn ihrer Lehre einer hierarchischen Weltökonomie eine monarchische Spitze. In Nachwirkung des von Alexander gegebenen Beispiels konnte sogar eine Vergöttlichung auf die Dauer nicht ausbleiben. In den vielen Städten, welche die Herrscher gründeten, erhielten sie allein schon als Gründungsheroen göttliche Ehren. Dazu gesellte sich bald die Verehrung, welche der Sohn und Nachfolger seinem verstorbenen Vorgänger zollte, bis er sich schließlich schon zu Lebzeiten in den Genuß seiner Göttlichkeit setzte. Da sich die Könige weit nützlicher machten als die Olympier, stieß ihre Apotheose auf keinen Widerspruch. Nur in Makedonien war davon natürlich gar keine Rede, da dort das Volkskönigtum ganz anderer, traditioneller Art war und die makedonischen Traditionen eine göttliche Verehrung ausschlossen. In den Überseereichen erhielten die vergöttlichten Herrscher zum Kult auch noch eigene Kultnamen, was letzten Endes wohl auf ägyptisch-pharaonische Traditionen zurückging. So wurde der verstorbene erste Ptolemäer als „Retter" (Soter) verehrt, Seleukos I. jedoch als der „Siegreiche" (Nikator). Ptolemaios II. ließ sich zusammen mit seiner schwesterlichen Gattin noch zu seinen Lebzeiten als die „geschwisterliebenden Götter" *(theoi philadelphoi)* verehren, was ihm den Beinamen Philadelphos eintrug. Ptolemaios III. nahm den Kultnamen „Wohltäter" (Euergetes) an. Das war schon nicht mehr Gottesgnadentum, die Könige selbst erhoben sich zu Vertretern und Repräsentanten des göttlichen Prinzips.

Schwerer als die Schöpfung war die Erhaltung der Reiche. Das zeigte sich schon an den Eintagsgründungen des Demetrios, des Lysimachos und Pyrrhos. Immerhin wies sowohl die Familie der Antigoniden wie die der Attaliden eine ziemlich geschlossene Reihe begabter Herrscher auf. Bei den Seleukiden ragten wohl Seleukos I. selbst und sein Sohn Antiochos I. Soter (280—261) hervor. Dann aber war erst wieder Antiochos III. (223—187) von Bedeutung, doch konnte er in dieser Spätzeit den allgemeinen Niedergang schon nicht mehr aufhalten.

Die Familie der Ptolemäer war vom Schicksal mit der Aufeinanderfolge dreier ausgezeichneter Könige begnadet. Der erste Vertreter des Hauses war groß als Begründer und Inaugurator: Ein klar denkender Arbeiter großen, praktischen Formats, eine umfassende, alle Seiten des Daseins berücksichtigende Herrschernatur, hielt er sich frei von Illusionen und wußte doch das zu seinen Lebzeiten Mögliche bis an die Grenzen zu verwirklichen. Ihm folgte Philadelphos (285–246) als großartiger Ausgestalter und Vollender. Er begründete das Reich der Küstenstützpunkte rund um das östliche Mittelmeer, hob die Förderung der Künste und Wissenschaften in höchste Sphären und wußte in aller Machtpolitik doch immer maßvoll zu bleiben. Sein Sohn Ptolemaios III. Euergetes (246—221) kann als der große Erhalter des Bestehenden gepriesen werden, ein glänzender Friedensfürst, der durch kluge Politik die Stellung des Reiches fast noch besser zu wahren wußte als durch gelegentliche kriegerische Unternehmungen. Erst mit Ptolemaios IV. Philopator (221—204) begann dann der Niedergang. Dieser Herrscher überließ die ganze Arbeit seinen Ministern, gab sich dem Genuß der Künste und auch des Wohllebens allzusehr hin und rief, als ihn Antiochos III. bedrohte, die einheimischen Ägypter unter die Waffen. Welche furchtbaren Folgen dieser Schritt für das Ptolemäerreich, ja für den ganzen Hellenismus nach sich ziehen sollte, wird uns ein späterer Abschnitt lehren. Für jetzt schließen wir unsere Übersicht mit der Feststellung, daß unter den Paladinen Alexanders wirklich die Besten sich in die Herrschaft teilten und daß sie sich meistens bewährten, solange sie unter sich blieben. Und gleiches galt auch von ihren Reichen. Was aber geschehen würde, wenn sie einmal von frischen volkhaften Kräften angegriffen würden, konnte allerdings erst die Zukunft lehren. Die vielfach so unglückliche Begegnung mit den keltischen Heerhaufen in Kleinasien (hier als Galater bezeichnet; s. S. 296) ließ Schlimmes befürchten.

Die große Auswanderung

Im griechischen Mutterland verfügte jeder Staat über seine Feld- und Gartenflur, von deren Erträgnissen man sich ernährte. Es handelte sich dabei um enger beschränkte Räume, denn alles übrige war unfruchtbarer Felsboden, der keine Erweiterung der Nutzungsfläche gestattete. So mußte bei zunehmender Einwohnerzahl immer wieder Übervölkerung eintreten, mußte der Gedanke an Auswanderung naheliegen. Daher schon das Ausschwärmen der Achäer zur mykenischen Periode, daher vor allem die Epoche der großen Kolonisationsunternehmungen in der Archaischen Zeit. Die Kolonisten vermochten es damals noch, sich in durchaus gesunder Weise in der Fremde einzuwurzeln. Wohl brachte „Kolonistenmentalität" mitunter einige Verwässerung, doch blieben die Auswanderer auch in Syrakus oder Kroton, in Elea oder in Massalia der alten Kultur verbunden und in ihrer geistigen Haltung stark vom Irrationalen bestimmt.

Seit dem Ausgang des 6. Jahrhunderts ließen sich Koloniegründungen aber kaum mehr durchführen. Den Osten sperrte Persien, den Westen Karthago ab, vor allem aber hatten nun Skythen, Kelten und Italiker von den Hellenen bereits so viel Kriegskunst erlernt, daß sie jede Neugründung zu verhindern vermochten. Die Italiker gingen, wie wir S. 221 f. berichteten, sogar zum Gegenangriff über und hatten damit im 4. Jahrhundert viel Erfolg.

Das Hellenentum suchte sich daher einen andern, freilich nur unzulänglichen Weg, seinen Bevölkerungsüberschuß loszuwerden: Die wehrfähige Jugend verdingte sich als Söldner in fremde Kriegsdienste. Es ist bezeichnend, daß vor allem die Söhne Arkadiens, also der unfruchtbarsten Landschaft Griechenlands, ähnlich wie später die der Schweiz, der Reisläuferei huldigten (s. schon S. 215).

Aber nicht nur die Überbevölkerung schuf Voraussetzungen für die große Auswanderung des Hellenismus, sondern auch das Vorhandensein eines fluktuierenden, entwurzelten Elements in Griechenland selbst, das wir bereits S. 216 f. besprachen. Es waren die zahlreichen Vertriebenen und Flüchtlinge, welche ihren politischen Gegnern gewichen waren. Söldner wie Vertriebene hatten sich also von ihrer Heimat schon weitgehend gelöst.

Als Alexander und seine Nachfolger zur Auswanderung nach den überseeischen Ländern aufriefen, waren es aber nicht nur solche Elemente, die ihr Schicksal der Fremde anvertrauten, sondern auch viele Tausende und Zehntausende von bis dahin völlig bodenständigen Griechen Ioniens, der Inseln, ja auch des Festlands, die sich zur Übersiedlung bereitfanden. So setzte die größte Wanderung der Antike ein, die sich an Bedeutung mit der Auswanderung des europäischen Bevölkerungsüberschusses nach dem amerikanischen Kontinent vergleichen läßt.

Alexander siedelte Griechen vor allem in den von ihm begründeten Städten an, so zu Alexandreia in Ägypten, dann in den vielen Neugründungen im Osten, die seinen Namen trugen. Waren in jenen östlichen Weiten keine zivilen Siedler zur Hand, so zwang er griechische Söldner, zu solchen zu werden und in den Neugründungen das Bürgertum zu repräsentieren.

Gegenüber dem, was noch kommen sollte, waren allerdings die Unternehmungen Alexanders nur ein erster Anfang. Die Umsiedlungen großen Stils setzten erst unter seinen Nachfolgern ein, als Antigonos und Demetrios, als Lysimachos und die Seleukiden Hunderte von neuen Städten gründeten oder wenigstens alte zur Polis erhoben.

Die Auswanderer kamen in der Regel aus freien Stücken, bereits in der Absicht, sich eine neue Heimat zu gründen, wo immer die Initiative hellenistischer Herrscher Land vergab oder Städte erstehen ließ. Unterschiede der Herkunft aus dieser oder jener altgriechischen Polis spielten keine Rolle mehr. Es gab im neuen Reiche keine Athener, Milesier oder Samioten, sondern nur schlechthin Hellenen.

Allein die Makedonen hätte man von Reichs wegen etwa noch höher gewertet, da man ihre Wehrkraft besonders schätzte, aber sie wanderten weder zur Zeit Alexanders noch später aus. Sie bildeten allein die Heere des großen Königs und der Diadochen, soweit diese Gelegenheit hatten, in der Heimat zu rekrutieren. Makedonenblut war somit kostbar. Man suchte es für Verwaltung und Heer, wollte es u. a. auch durch Anlage von richtigen Militärkolonien erhalten und fortpflanzen. Da es aber niemals zureichte, waren es in der Mehrzahl eben doch Griechen, die man der Wehrkraft wegen berief. Auch als Vertreter der städtischen Lebensweise, der Künste, der Wissenschaften kamen natürlich nur Griechen in Frage. Als Städter berief man sie nach den asiatischen Ländern und nach Alexandreia. Im übrigen Ägypten wollten die Ptolemäer die griechischen Einwanderer allerdings lieber als ländliche Grundbesitzer sehen, damit ihre Wehrkraft nicht leide.

Für Hellas selbst bedeutete die Auswanderung zuerst zweifellos Entlastung und Erleichterung. Wie sehr sie schließlich aber dem Mutterland gerade die besten Kräfte entzog und zu seiner Ausblutung führte, soll später gezeigt werden.

Die neuen Städte

Es kam Alexander und der Mehrzahl der Diadochen darauf an, nicht nur Hellenen im Lande zu haben, sondern gerade auch hellenische Städte mit allem Drum und Dran der Poliskultur und -zivilisation. Für Alexander sollten sie die großen Sendestationen sein, die künftige Reichskultur auszustrahlen. Als Stützen der Reichsmacht bedurfte er ihrer nicht, da er diese auf das breite Volkstum der Makedonen, Griechen und Iranier zu gründen gedachte. Ganz anders verhielt es sich in den Nachfolgestaaten. Sie wollten sich nicht auf Orientalen stützen und hatten der Makedonen nur allzuwenig. So blieb ihnen nur das Griechentum als ethnische Kernsubstanz ihrer Herrschaft.

Als Hellenen mußte man den Kolonisten diejenige Freiheit lassen, welche ihnen die wichtigste war, die kommunale. Jede Stadt bildete eine Gemeinde mit Selbstverwaltung. Lysimachos faßte dabei seine Städte härter an, die Seleukiden aber waren loyaler. Bei ihnen war die Stadt mit dem König im Bund, war ihm also gleichgeordnet, erkannte ihn bestenfalls als Hegemon und natürlich immer als „Wohltäter" an. Aber eigene Außenpolitik hatte sie in der Praxis nicht, auch wurde sie in irgendwelchen Formen finanziell herangezogen, erhielt nach Bedarf Garnisonen, diente Reichsbeamten, Statthaltern, ja dem König selbst als Aufenthalt und richtete sich im allgemeinen nach den Wünschen des Herrschers.

Immerhin bildeten solche Städte irgendwie Stadtstaaten und glaubten damit Polistraditionen fortzusetzen, nur waren sie nicht Staaten schlechthin, sondern Staaten im Staate. Von der Satrapienverwaltung waren sie bei den Seleukiden in der Regel freilich ausgenommen, und das bedeutete schon viel. So hat man das Seleukidenreich denn auch mit Recht auf eine Kombination der beiden Ideen des Flächenstaates und des Stadtstaates zurückzuführen versucht. Im Grund war die Rechtsstellung dieser Überseestädte nicht besser als ihr Daseinsziel, das sich auf friedliche Prosperität beschränkte.

Weil den Städten in der Regel außenpolitische Sonderprätentionen mangelten und man sich auf sie sogar besser verlassen konnte als auf die Statthalter des Reichs, wurden sie in den asiatischen Diadochenstaaten als sicherste Stütze der Herrschaft empfunden. Daher die Ketten von Polisschöpfungen in Kleinasien (hier besonders der großen Westoststraße entlang), Kilikien, Syrien, Transjordanien und in Nordwestmesopotamien, dann zahlreiche einzelne Plätze weiter im Osten, unter Bevorzugung der für Politik, Kriegführung und Handel wichtigen Punkte.

Zusammen mit der Gründung war auch die Namengebung Sache des Herrschers (bzw. der Mitglieder seines Hauses). Daher die verschiedenen Seleukeia, Antigoneia, Antiocheia, Apameia, Laodikeia, Philadelpheia [80] und wie sie sich sonst von den Namen der Fürstlichkeiten ableiteten. Daneben finden wir manchmal auch Namen der makedonischen Heimat, wie Pella oder Edessa.

Während ein Teil der Polisgründungen auf völlig neuem Platze erfolgte, benützte man für andere bereits bestehende Orientalenstädte. Zu jeder Polis gehörten die entsprechenden Politen, d. h. Griechen und Makedonen mit Polisbürgerrecht, welche die „Bürgerschaft" ausmachten. Zu diesen Polis-Städten gehörten in der Regel aber auch asiatische Bewohner, die zwar nicht an der Verfassung der Polis, wohl aber an ihren zivilisatorischen Lebensformen einigermaßen teilhaben sollten. Von diesen Elementen kann aber erst später berichtet werden. In den neu organisierten Reichsstädten hatten die Griechen ihre eigene Volksversammlung, ihre Beamten und Gerichte, auch verhandelten sie direkt mit dem Herrscher. Ihnen blieben auch die Gymnasien und Palästren vorbehalten.

Die Städte hatten dabei nicht nur durch ihr Polis-Statut, sondern auch durch ihre äußere Erscheinung und Lebensform ein Bekenntnis zum Griechentum abzulegen. In ihnen herrschte die griechische Bauweise, ihr Stadtplan zeigte nach griechischem Vorbilde sich rechtwinklig kreuzende, gerade Straßen. Säulenhallen, Tempelbauten, Bäder, Theater, vor allem Gymnasien und die Agora, natürlich auch die Ummauerung, gehörten zum unerläßlichen baulichen Inventar der Neugründungen. Wasserleitungen erforderte das Klima noch gebieterischer als in Griechenland. Mit der hellenischen Architektur hielt auch die Dutzenderzeugung an plastischem und malerischem Schmuck ihren Einzug. Allein die große Zahl der Parkanlagen und Gärten gemahnte an orientalischen oder iranischen Einfluß.

Griechisch sollte auch das Leben in den Städten sein: Sprache, Kleidung, Umgangsformen und nicht zum wenigsten die geistigen Interessen, vor allem also Kulte und Bildung. Die Politen, oftmals nach Phylen gegliedert, verfügten über reichen Landbesitz und wuchsen immer mehr in die Rolle behäbiger Grundbesitzer hinein. Sie boten das Vorbild im gesellschaftlichen Umgang, in der modernen Bildung und mit ihrer Agonistik in der körperlichen Ertüchtigung. Das Gymnasium pflegte ja neben der Agora das eigentliche Zentrum der Stadt und mehr noch als jene den gesellschaftlichen Sammelpunkt des Hellenentums zu bilden. Es mangelte auch keineswegs an einer Art von Rassendünkel, und gerne blickte man als Hellene mit Geringschätzung auf das Gewimmel der Orientalen herab.

So sehr man aber den guten Willen der Gründer und auch der griechischen Siedler zu achten hat, eine Wiedererweckung echt griechischen Daseins ist all den erwähnten Bemühungen doch nicht beschieden gewesen. Wohl erwuchsen die Städte zu Zentren des Handels und Verkehrs, des Wohlstands und Reichtums, ja selbst des Luxus. Wohl spielte sich das alles rein äußerlich in unleugbar griechischen Formen ab, aber es fehlte den Überseestädten die geistige und politische Gespanntheit und jene kulturelle und politische Initiative, welche das eigentliche Griechentum einstmals ausgemacht hatte. An der großen Politik waren sie allein aus Sicherheitsgründen einigermaßen interessiert, sie stellten selbst aber kein Vaterland von irrationalem Werte dar und wurden von Leuten bewohnt, die für alle Zeit Kolonisten, d. h. Entwurzelte blieben. Selbst der Betrieb in den Gymnasien und die literarische Bildung machten einen mehr formalistischen Eindruck, und die Agora diente neben kommunalen Streitigkeiten nur dem Erwerb. Der Gemeinschaftsgeist war lau und wurde durch Eitelkeit oder Utilitätsinteressen bestimmt. Vor allem aber war es die lähmende Uniformität, die ermüdende Gleichartigkeit, welche den asiatischen Griechenstädten zu eigen blieb. Allein die Lage in der Landschaft und die Verschiedenartigkeit der beigemischten Orientalen gab ein gewisses Relief. Das Griechentum mutet hingegen wie Fabrikware an, wirkt darob ungeistig und müßte fast als ungriechisch bezeichnet werden. Die Langweiligkeit seines Zivilisationsgutes gemahnt an analoge Erscheinungen des römischen Kaiserreichs oder an das ewige Einerlei europäischer Siedlungen in Übersee, in Kanada, Australien oder Neuseeland.

Die neue Umwelt stellte den griechischen Auswanderern eben fast ausschließlich zivilisatorische Aufgaben, ließ sie zu Pionieren werden und ließ sie bei materiellem Erfolg im materiellen Wohlstand verbleiben. Die alten irrationalen Bindungen hatte man meist in der Heimat zurückgelassen. So lebten die Auswanderer in der Fremde ein mehr rationales Dasein. Wie sehr diese Nüchternheit schließlich zum Überdruß werden mußte und in einen gewissen Heißhunger nach orientalischen Irrationalismen umschlagen sollte, werden uns erst spätere Zeiten lehren.

Eine Ausnahme machten nur die Reichshauptstädte. In ihnen, vor allem in Alexandreia, fühlte man sich in eine völlig andere Welt versetzt, sobald man sie nur betrat. Hier standen sich, bei aller Weltuniformität, doch noch ausgesprochene Individualitäten an spezifischer Urbanität gegenüber. Hier gab es noch kulturelles Leben mit Initiative, ja das griechische Schöpfertum hatte sich, wie wir noch sehen werden, zum großen Teil hierher verlagert.

Überblicken wir aber die hellenistische Kolonisation als Ganzes, so müssen wir feststellen, daß eine völlige ethnische Durchdringung allein im westlichen Kleinasien gelang. Nur dort vermochte sich auch die griechische Sprache vollkommen durchzusetzen. Außerdem konnte auch die ländliche Besiedlung mancher Teile Ägptens, so im Fajûm, als dauernder Erfolg gebucht werden. In den Weiten Vorderasiens jedoch blieb die Kolonisation allzusehr auf Urbanität und punktweise Festsetzung beschränkt, ohne das flache Land zu erfassen. Während z. B. die moderne europäische Auswanderung nach Übersee die weiten Räume der Neuen Welt auch volkhaft wirklich bewältigt, erinnert die punktweise Siedlung der Griechen in Vorderasien eher an die deutschen Städte des ausgehenden Mittelalters und der Neueren Zeit im ost- und südosteuropäischen Raum. So wie vor deren Toren die ersten slavischen Dörfer lagen, traf man auch in der unmittelbaren Umgebung von Antiocheia auf Siedlungen semitischer Fellachen. Das bot auf die Dauer keine hinreichende Festigung, denn Städte ohne volkseigenes, bäuerliches Hinterland vermögen sich — wenigstens zumeist — in ihrer ethnischen Spezifität auf die Dauer nur schwer zu behaupten. So wurden in Vorderasien Hekatomben griechischen Volkstums geopfert, ohne daß hierdurch neues Volkstum entstand. Die Folgen sollten sich schon nach wenigen Generationen einstellen.

Der Abbau der Freiheit

Für die Freiheit von fremder Bedrückung hatte man in den Perserkriegen gekämpft, für die Freiheit von der Tyrannis im eigenen Kreis hatten sich Harmodios und Aristogeiton geopfert, für die Freiheit des Geistes und der Lehre war Sokrates gestorben. Nach seinem Tode hatte die Freiheit nach allen Richtungen hin ihren höchsten Stand erreicht. Von da setzte jedoch die Gegenbewegung ein zum Aufbau eines neuen Bindungsgefüges. Das drückte sich darin aus, daß man Freiheiten preisgab, ohne sich viel daraus zu machen. Es waren Freiheiten, mit denen man nichts mehr anzufangen wußte. Mit dem Rückgang der griechischen Schöpferkraft wurden ja überhaupt manche Freiheiten uninteressant. Man hatte sie einst erstritten, weil man ihrer zu Schöpfertaten bedurfte; man gab sie jetzt wieder preis, da nun die Schöpfung vollzogen war.

Einen derartigen Verzicht auf gleichsam hundertprozentige Freiheit durfte man allerdings nicht auch vom Mutterlande erwarten. Dort bildete ja gerade die politische Selbständigkeit die größte Errungenschaft, war Tradition geworden und gehörte sozusagen zum alten Schlendrian. In Übersee aber stand man den sich wandelnden Realitäten des Daseins viel aufgeschlossener gegenüber, hier gab man die staatliche Selbständigkeit und Unabhängigkeit mitsamt einer „eigenen" Außenpolitik ohne weiteres preis. Man erkannte auch einen König über sich an und tröstete sich damit, daß er ja ohnehin Wohltäter sei und Gott. Das war um so vernünftiger, als dieser König an der Blüte seiner Städte in der Tat kein geringeres Interesse hatte als diese am Bestand des Königtums. Zweifelos gingen damit wichtige Unterpfänder verloren, vor allem die Wehrfreiheit. Was aber sollte man mit einer solchen beginnen, da doch der moderne technische Krieg weit über die wirtschaftlichen, organisatorischen und technischen Möglichkeiten einer griechischen Einzelstadt hinausgewachsen war? Im Grunde war alles in bester Ordnung. Man hatte nur auf ein paar alte Ressentiments verzichtet, die ohnehin sinnlos geworden waren und deren Aufrechterhaltung mehr Opfer gefordert als Nutzen gebracht hätte.

Allerdings war es nun nicht mehr möglich, als schöpferischer Staatsmann oder Feldherr groß und berühmt zu werden. Der Rang eines Generals oder Ministers ließ sich in königlichen Diensten allerdings erreichen, auch konnte man in Schlachten oder bei der Steuereintreibung erfolgreich sein. Nur berühmt konnte man auf diese Weise kaum mehr werden, denn den Ruhm heimste begreiflicherweise der Chef des Unternehmens, der König selber, ein. Er hatte das Monopol auf die Leistungen seiner Regierung und auf das hieraus erwachsende „geistige Eigentum". Höchstens als Gesandter in Indien oder als Entdeckungsreisender auf dem Kaspisee konnte man noch von sich reden machen. Verwaltung und Heerführung waren aber Sache des Königs. So blieb man, auch wenn man sich als Beamter durch besondere Tüchtigkeit auszeichnete, vor der Geschichte doch immer irgendwie anonym. Man war ein Trumpf, den der oberste Spieler, der König, im Kartenspiel gegen die anderen Spieler und Herrscher ausspielte. Nur wer als Autor schöngeistig oder wissenschaftlich produktiv war, wurde genannt, ja mit ihren Künstlern, Schriftstellern und Gelehrten prunkten die Könige.

Im übrigen ergab sich die Alternative, im öffentlichen Leben Werkzeug des Herrschers zu bleiben, auf die Freiheit also zu verzichten, oder aber Privatmann zu sein und die Freiheit im Privatleben zu suchen. Das brachte wirtschaftlichen Erfolg und brachte vor allem häusliches Glück. Wer als Privatmann durchaus nach initiativer öffentlicher Betätigung verlangte, sah sich dann noch auf die Kommunalpolitik seiner Heimatstadt verwiesen. Dort konnte man nach Geltung streben, Anträge stellen, wählen und gewählt werden, Stürme im Wasserglas entfachen. Auch stand es frei, in der Heimat Zirkusparteien zu bilden, für diese oder jene „sportliche" Größen sich zu ereifern, überhaupt sich an öffentlichen Spielen jene Aufregungsbereitschaft abzureagieren, die im alten Lande von der großen Politik absorbiert worden war.

Mit dieser Abwendung verlor das große politische Leben an öffentlichem Interesse. Geschichte machte man nicht mehr selbst, man überließ sie dem König. Und wenn er sich schon nicht darauf verstand, so hatte er seine Beamten, die dafür bezahlt wurden. Nichts ist für diese Einstellung bezeichnender, als daß man unter den vielen literarischen Papyri der griechischen Grundbesitzer Ägyptens kaum einen findet, der die hellenistische Zeitgeschichte zum Gegenstand hat. Die war gar nicht interessant, man verlangte von ihr nur das eine, in Ruhe gelassen zu werden.

Beachtung verdient, wie sehr man sich mit dieser Einstellung den vielgeschmähten Orientalen näherte. Auch diese gehorchten, zahlten Steuern und wünschten nichts mehr, als ihr privates Leben in Ruhe zu führen, nur daß sie entweder überhaupt keine Selbstverwaltung hatten oder eine anderer Form. Allein die Zuwanderer konnten den König als den ihren, ja schier als einen *primus inter pares*, ansprechen. Dem Prestige nach waren die Kolonisten den Einheimischen also weit überlegen, ob sie sie auch in ihrer geistigen Haltung übertrafen, konnte man fast bezweifeln.

Alexandreia

Schon Alexander hatte seine Gründung in Ägypten als prächtige Weltstadt geplant, und Kleomenes hatte noch zu Lebzeiten des großen Königs das Projekt unter Aufwendung ungeheurer Geldmittel in einem wahren Blitztempo zur Wirklichkeit werden lassen. Ein bautechnisches Wunderwerk entstand so in kürzester Zeit, eine Stadt, von zahllosen Kanälen durchzogen (darin etwa Amsterdam oder Alt=Hamburg vergleichbar), Nil= und Seehafen in einem, gleichzeitig am Meer, auf einer Nehrung und an einem Strandsee gelegen, ein amphibisches Wesen unerhörter Art, so recht eine Repräsentantin der unbegrenzten Möglichkeiten, welche die überseeischen Länder einem starken Willen eröffneten.

Hatte Kleomenes die Weltstadt, den Welthafen erbaut, so schufen die Ptolemäer daraus die glänzendste Residenz des Hellenismus. Sie war völlig anders als die langweiligen ägyptischen Landstädte, anders auch als die Griechenstädte in Syrien, ja selbst als das derbere Antiocheia. Die Steigerung der städtischen Lebensform zur höfischen, geadelt durch eine erlesene Geistigkeit von Dichtern und Denkern, ist hier in wunderbarer Weise gelungen. Wir sehen uns in Alexandreia, wenngleich an der Mündung des kanopischen Nils, einer europäischen Hofkultur gegenüber mit einer Atmosphäre, wie sie einst wohl Knossos besaß, dann das augusteische Rom und später das Rom der großen Renaissance-Päpste, Paris oder Wien. Durch diesen Glanz, diese Atmosphäre mutete alles viel leuchtender, lebensvoller und bedeutender an: der doppelte Hafen mit einem riesigen Leuchtturm, die Palaststadt mit dem Museum, das Grab Alexanders, die prächtigen, mit Säulenreihen geschmückten Hauptstraßen, die Parkanlagen und Alleen, die Vorstädte mit den Villen der Reichen, die großartigen Sportanlagen, der Zoologische Garten; nicht minder das bunte Gewimmel der Menschen, die höfischen Kavaliere und Damen, die griechischen Beamten, Gelehrten und Kaufleute, die makedonischen Offiziere, die Matrosen und Söldner, die Leute aus den Quartieren der Ägypter, Juden und Syrer. Es war ein ganz besonderes, spezifisches Temperament, das sie alle verband, sie zu einer Einheit werden ließ, in einer Stadt, die gar nicht zu Ägypten gehörte. Verwaltungsmäßig war Alexandreia ja ein freier und republikanischer Stadtstaat griechischer Nation, in dem dann auch die verschiedenen anderen Nationalitäten je nach Quartieren ein gewisses Maß von Selbstverwaltung besaßen. Damit vertrug sich aber ohne weiteres, daß in dieser Freistadt der König seinen Palast besaß, daß er von hier aus Ägypten regierte. So war es ein buntgewürfeltes Durcheinander von Völkern und Rassen, von Autonomie und Monarchie, Aufklärung und Despotie, Freiheit und höfischer Unterordnung, Noblesse und Gemeinheit, Servilität und Dreistigkeit, welche den Charme ausmachte und dieser einzigartigen Metropole ihren Zauber gab.

Die Blüte der Überseewirtschaft

Durch wirtschaftliche Tatbestände wurden die Menschen schon seit frühesten Zeiten weit mehr geprägt, als es ihnen selbst zu Bewußtsein kam. Die ältesten Formen des *food producing*, hier im Sinne des ackerbautreibenden Fellachentums, dort in dem des unsteten Hirtenkriegertums, scheinen sogar Dauerstigmatisierungen hinterlassen zu haben, welche sich bis in die spätesten Zeiten hin auswirkten (s. S. 14 f., 29 ff.). Wirtschaftliche Antriebe führten später u. a. die Tyrannenherrschaften, die Messenischen Kriege und die sizilische Expedition der Athener herbei, nur spielten dabei immer auch noch allerlei andere, vor allem geistige Faktoren mit, ja standen gerade im Griechentum doch vielfach voran.

Im Hellenismus, als Ideen höherer, kultureller Art im Staatlichen schon kaum mehr galten, schob sich die Wirtschaft entscheidend in den Vordergrund. Kein Zweifel, der *homo politicus* wurde nun weitgehend von dem *homo oeconomicus* abgelöst, auch waren die großen Überseereiche in erster Linie Wirtschaftsstaaten, wobei sich der Zusammenhang sogleich weiter verknüpfte zu Finanzkraft und Finanzierung von Heer und Flotte.

Schon früher hatten die Hellenen vor dem Wirtschaftspotential des persischen Weltreichs gebangt, doch ersetzten sie durch Energie in Handel und Gewerbe, was die Perser mit ihrer verschlafenen Oikos-Wirtschaft an Substanz voraus hatten. Alexander und die Diadochen erweckten den Orient aber aus seiner wirtschaftlichen Lethargie und erfüllten die weiten Räume mit griechischem Unternehmungsgeist.

Leider ist uns von den wirtschaftlichen Verhältnissen des Seleukidenreichs nur wenig bekannt. Sicher ist aber, daß hier die Verwaltung und auch die Besteuerung weitgehend dezentralisiert waren, und daß Satrapien, Städte, Tempelherrschaften und halbautonome Stämme nicht nur eigene Verwaltungs-, sondern auch eigene Wirtschaftskörper bildeten. Sie zahlten runde Summen als Tribute oder als „Beiträge“ an den Herrscher. Immerhin gelang es den Seleukiden, darüber hinaus auch noch unmittelbare Steuern und Monopole durchzusetzen. Bei manchen Abgaben, wie bei Kopf- und Grundsteuern, auch bei Zöllen, Abgaben für Vieh, Handelsumsatz und Anbauertrag, wissen wir nicht, ob sie der Herrscher direkt oder über seine Satrapen einzog, mit anderen Worten, ob sie im Tribut verrechnet wurden oder zusätzlich bezahlt werden mußten. Bedeutsam wurden für die Wirtschaft auch die neuen, besonders in Syrien errichteten Industrien, die den Zweck verfolgten, sich von der Einfuhr aus dem griechischen Mutterland unabhängig zu machen. Zu einer richtigen Planwirtschaft scheint es aber im Seleukidenreich nie gekommen zu sein. Hierfür mangelte es wohl auch an einem entsprechend geschulten Beamtenapparat. Immerhin war im Vergleich zum Mutterland das seleukidische Wirtschaftspotential unvorstellbar groß.

Eine bedeutende Rolle spielte im Wirtschaftsleben des Hellenismus die Ein- und Durchfuhr von Luxuserzeugnissen aus dem fernen Osten, vor allem aus Indien, z. T. aber auch aus China. Die Seleukiden trachteten, diese Importe auf Landwegen quer durch ihr Reich nach ihren Mittelmeerhäfen zu leiten. Doch konnte der Chinahandel auch auf einer nördlichen Route das Seleukidenreich umgehen und am Pontus das Mittelmeer erreichen (daher der steigende Reichtum der pontischen Küstenstädte). Den Indienhandel zur See pflegten Araber, leiteten ihn teils in den Bereich südlich des Persischen Golfes, teils aber nach Südarabien und von dort weiter von Oase zu Oase nach Petra und Alexandria. Später nahmen die Ptolemäer selbst die Seefahrt nach Indien auf.

Das Imperium der Ptolemäer übertraf die wirtschaftliche Potenz des Seleukidenreiches bei weitem. Ägypten war seit pharaonischen Zeiten ein wirtschaftlich gelenktes und schwer besteuertes Land, in welchem dem Herrscher seit eh und je eine wohlgeschulte Berufsbeamtenschaft zur Verfügung stand. Zur Zeit Alexanders hatte nun Kleomenes, selbst ein in Ägypten beheimateter Grieche, diese gesamte Verwaltung, Wirtschaftsdirektion und Besteuerung mit geschicktesten Händen in das neue Regime überführt und die steuerliche Ausbeutung sogar noch weiter erhöht. Vom Blutsauger Kleomenes übernahmen sodann die Ptolemäer dieses den makedonischen Zwecken bereits vortrefflich angepaßte Regime.

Erst die Wirtschaft eröffnet uns so recht den Zugang zum Wesen des ptolemäischen Königtums. Dieses war wohl „aufgeklärt“, diente aber keineswegs der

Idee einer generellen Wohlfahrt. Mit modernen Methoden wurden vielmehr die Einheimischen zu immer fleißigerer Arbeit angetrieben, ohne daß ihnen die entsprechenden Gewinne zugekommen wären. So handelte es sich um einen Staat für die Wohlfahrt der Krone und — bis zu einem gewissen Grade — der Bourgeoisie griechischer Kolonisten, die Ägypter hingegen wurden vor allem ausgenutzt. Die Verwaltung führten amtliche Stellen, deren höchste Passion darin bestand, aus dem Land für den Fiskus soviel wie möglich herauszupressen. Dabei trat „der König" sowohl als Inhaber des Thrones, des Staates bzw. Staatsbesitzes in Erscheinung wie auch als Unternehmer. Ungescheut schanzte er dabei in seiner Herrscherfunktion sich selbst als Unternehmer alle nur möglichen Begünstigungen und Vorteile zu. Wir kennen kaum ein anderes Regime, in dem ein Fürst so sehr zugunsten des eigenen Säckels regierte.

Als Staatsoberhaupt gewann der Herrscher Einkünfte aus einer Unzahl von Steuern, so für Haus-, Grund-, Sklaven- und Viehbesitz, ferner von Erträgnissen, Handelsumsätzen, Erbschaften, Import und Export. Allenthalben wurde die Ablieferung durch eigene Steuerpächter und eine Art von geheimer Wirtschaftspolizei bespitzelt und kontrolliert. Als Unternehmer verfügte der Herrscher über riesige Domänen, ausgedehnte Industrien und gewerbliche Betriebe. Ohne Zweifel war der jeweilige Ptolemäer der größte Grundbesitzer, Industrielle und Händler des Reiches, auch verfügte er über mancherlei Monopole, so von Salz und Pflanzenöl, Produkte, die im Kleinhandel nur gegen besondere Lizenz verkauft werden durften. So gut wie völlig beherrschte die Krone zudem den Handel mit Papyros.

Privateigentum wurde in Ägypten ebenso respektiert wie die persönliche Freiheit der arbeitenden Klassen, doch fehlte es an Möglichkeiten, sich zu verändern und nach eigenem Gutdünken zu disponieren. Vielfach wurde vom Staat vorgeschrieben, was der Bauer an Nutzpflanzen anzupflanzen habe. Natürlich durfte er nur gegen normierte Preise verkaufen, was praktisch auf eine Ablieferungspflicht hinauslief. Im Grunde blieb den Fellachen nichts anderes übrig, als Jahr für Jahr sich fleißig zu mühen, weit fleißiger noch als unter den Pharaonen und Persern. Man ließ die Armen freilich nicht hungern und nicht verkommen, doch wurde ihnen nur soviel belassen, wie nötig war, um ihre Arbeitskraft zu erhalten. Die Möglichkeit, sich wirtschaftlich emporzuarbeiten, bestand nur in Ausnahmefällen. Besser waren die Tempelherrschaften gestellt, die eigene Wirtschaftskörper bildeten mit eigenen Gewerbebetrieben. Zwar wurden auch sie schwer besteuert, doch blieb u. a. ihr Vorrecht gewahrt, allein den weltberühmten Byssos (ein besonders feines Gewebe) herzustellen.

Nicht minder zielbewußt als die Besteuerung stellt sich uns die Planwirtschaft zur Erzielung höherer Erträgnisse dar. Durch Meliorationen und künstliche Bewässerung erschloß man ausgedehntes Neuland der Kultivierung. Die Art des Anbaus wurde modernisiert, die Anpflanzung von Wein und Oliven gefördert. Um dem Ziel der Autarkie näherzukommen, errichtete man neue Industrien zur Erzeugung von Wolle, Glas, Keramik und Fayencen. Diese Unternehmungen wurden durch Zollschranken besonders geschützt. Charakteristisch für die Modernisierung des Handels mag uns erscheinen, daß neben den Tauschhandel immer mehr der Geldverkehr trat und daß im Geschäftsleben die Schriftlichkeit, vor allem die Urkunde, an Bedeutung gewann. Neueste Methoden wurden auch in der Landvermessung eingeführt. So können wir allenthalben von gewaltigen Fortschritten sprechen. Sie führten jedoch nicht zur Hebung des allgemeinen Wohlstands, sondern kamen nur der Krone zugute und den Griechen der Oberschicht, die als Grundbesitzer, Betriebsunternehmer, als Steuerpächter, vor allem aber als königliche Beamte dem Herrscher am nächsten standen. Von den Nichtgriechen gelang es nur dem einen oder anderen, in diese bourgoise Gesellschaft aufzurücken, der Mehrzahl blieb der Aufstieg verschlossen.

Es war ein Hauptziel der ptolemäischen Wirtschaftspolitik, die Handelsbilanz Ägyptens gegenüber den anderen Teilen des eigenen Reichs, vor allem aber auch gegenüber allem Ausland, aktiv zu erhalten. Zwar konnte man Einfuhr griechischen Weines und Öles wie auch griechischer Kunstgegenstände nicht ganz verhindern, doch belegte man sie wenigstens mit entsprechenden Schutzzöllen. Marmor mußte man gleichfalls aus Hellas beziehen. Aus dem Süden führte man Elfenbein ein, aus Kypros Kupfer, von ebendieser Insel wie auch von Anatolien und Phoinikien Holz. Als Ausfuhrposten überragte das Getreide alles andere. Seitdem die Balkanhalbinsel durch die Kelten, Südrußland aber durch die Sarmaten in Unruhe gebracht worden, war Hellas weitgehend von der ptolemäischen Getreideeinfuhr abhängig, zumal Ägypten weniger unter Mißernten litt als das griechische Mutterland. Wichtig war schließlich der Durchzugshandel, der nubische und indische Güter über die ptolemäischen Häfen nach Griechenland und dem Westen weiterleitete. Daß man sich da zum Teil der Araber bediente, schließlich aber selbst den Seeweg nach Indien fand, haben wir schon oben betont.

Es liegt auf der Hand, daß bei der so sehr auf die Gewinnung von Überschüssen gerichteten ptolemäischen Verwaltung gewaltige Summen für Ausgaben zur Verfügung standen. Diese wurden vor allem zur Erhaltung der mächtigen Flotte verwendet, für das Heer, für die Kriege mit den Seleukiden und für die Subsidien, welche man in Hellas an die Feinde Makedoniens zahlte. Mit anderen Worten, man finanzierte mit diesen Kapitalien die machtvolle Außenpolitik gegenüber den anderen hellenistischen Staaten. Die Ptolemäer wußten nur zu gut, daß materielle Aufwendungen in ihrer Zeit die Kriege zu entscheiden pflegten und daß im Kampf ums Dasein gefüllte Kriegskassen einen ausschlaggebenden Faktor bildeten. Doch war es auch noch ein anderes, das erst mit Hilfe dieser schon fast erpresserischen Einnahmenwirtschaft der Finanzämter Alexandreias möglich wurde: das so großartige Mäzenatentum zugunsten der Wissenschaften und der Dichtung, welches den Ruhm der Ptolemäer für alle Zukunft bilden sollte. Derartiges vermochte weder die lässiger geführte Staatswirtschaft der Seleukiden noch die der Antigoniden. Wir werden S. 310ff. hierauf noch eingehender zu sprechen kommen. Hier genüge uns der Hinweis auf den engen Zusammenhang zwischen wirtschaftlichen Überschüssen und Kulturetat, welcher es auch rechtfertigen mag, daß wir hier so ausführlich über den Staatshaushalt der Ptolemäer berichteten.

Gegenwirkungen

Nachdem Alexander die persische Gegenwehr gebrochen hatte, wagten die Orientalen auch unter seinen Nachfolgern zunächst keinen Widerstand. So konnten die Diadochen sich in Ägypten, Syrien, Mesopotanien und im Iran nach Lust bekriegen, ohne eine wesentliche Gegenwirkung von Einheimischen zu erfahren. Anders verhielt es sich mit Kleinasien, dessen östliche Teile Alexander mehr durchzogen als unterworfen hatte. Hier gab es seit der Perserzeit einen starken iranischen Adel, der auf seinen Rittergütern saß und in seiner Reiterei über eine von den Gegnern gefürchtete Waffe verfügte. Eumenes hatte es verstanden, diese reisigen Herrn zeitweise für sich zu gewinnen. Später machten sie sich von den Diadochen selbständig und ließen sich in Kappadokien und am Pontus von Geschlechtern des alten persischen Satrapenadels regieren. Sie hielten an der iranischen Religion und z. T. sogar an der von den Persern einstens verwendeten aramäischen Kanzleisprache fest. Von den Griechen nahmen sie nur weniges an.

Auch im nordwestlichen Anatolien vermochten sich die hellenistischen Großmächte nicht durchzusetzen. Paphlagonien blieb als schwer zugänglicher Berggau immer abgesondert. In Bithynien aber betrieben die einheimischen Herrscher selbst die Hellenisierung des Landes mit allem Eifer. Als unabhängige Griechenstaaten erhielten sich in diesen Bereichen u. a. Byzanz, Herakleia und Sinope.

Nach Osten zu gab es unabhängige iranische Staaten in Armenien und im Atropatenischen Medien. So reichte ein Gürtel selbständiger Staaten vom Marmarameer bis zum Kaspischen See. In ihm besaß die hellenistische Kulturidee nur im Westen wirkliche Kraft. Je weiter nach Osten, desto fester behauptete sich das iranische Wesen. Hier hatte der arische Ritter mehr Geltung als der griechische Städter.

Im äußersten Nordosten gelang den Satrapen von Baktrien die Loslösung vom Seleukidenreich vor allem durch eine äußerst glückliche Symbiose von griechischer Urbanität und iranischem Rittertum. Bei den Griechen handelte es sich um Söldner, die Alexander zwangsweise dort angesiedelt hatte. Nach seinem Tode mußte man sie mit Gewalt daran hindern, nach Hause zurückzukehren. Allmählich lebten sie sich aber ein und verständigten sich mit dem heimischen Adel. Gemeinsam wehrte man nun die Einfälle der nördlichen Wüstennomaden ab und fand sich auch sonst in friedlicher Ergänzung. Beim Abfall von den Seleukiden gingen Griechen und Iranier gleichfalls zusammen. So entstand hier ein Reich, dem als einzigem ein organisches Zusammenleben von Eroberern und Einheimischen auf der Basis der Gleichberechtigung gelang. Auf diese Weise erstarkt, glückte ihm nicht nur die Abwehr der Seleukiden und der Nomaden, sondern zeitweise sogar eine Ausdehnung seiner Herrschaft über Nordindien. Einen ähnlichen Versuch, durch Zusammengehen mit den Einheimischen die seleukidische Herrschaft abzuschütteln, machte ein Satrap von Parthien, doch wurde er bald von Wüstennomaden seines Landes beraubt.

Im übrigen Seleukidenreich gab es wohl manche Unruhen, so in der fast autonomen Persis, dem alten Stammland der Achaimeniden, im übrigen beschränkte sich die Gegenwirkung der Iranier aber darauf, daß sie sich von der griechischen Urbanität und Lebensform fernhielten. Der iranische Ritter dachte nicht daran, vor dem griechischen Städter zu kapitulieren.

Akute Gefahren drohten im 3. Jahrhundert weit mehr schon dem Westen der griechischen Welt. Hier zeigte sich Karthago und vor allem Rom dem etwas kurzatmigen Persönlichkeitspotential eines Agathokles oder Pyrrhos überlegen. Seit etwa 275 hatte Rom ganz Unteritalien in seinem Besitz, und bald nach 264 gewann es auch den größten Teil Siziliens, doch waren die beiden Großmächte vorerst mit ihrem eigenen Zweikampf so sehr beschäftigt, daß sie nicht daran dachten, ernsthaft nach Osten auszugreifen.

Gefahren ganz anderer Art erwuchsen von den Barbaren im Norden. Schon S. 34 ff. wiesen wir darauf hin, daß sie in ihren Kargräumen von Hunger bedroht waren und jeden Schwächezustand in der Agrarzone dazu benützten, Einbrüche zu versuchen. So schien keltischen Stämmen, die bisher im Donaubereich auf der Lauer gelegen waren, mit dem Zusammenbruch des lysimachischen Reichs der richtige Augenblick für einen Einbruch gekommen zu sein. Wie schon S. 277 f. besprochen, überschwemmten sie zuerst Makedonien, dann gründete sich Komontorios ein Reich in Thrakien, während andere Schwärme nach Kleinasien hinüberzogen, sich in Zentralanatolien festsetzten und von dort aus die gesamte Halbinsel verheerten. Es ist bezeichnend für die Schwäche der seleukidischen Wehrmacht, daß sie mit diesen zwar wilden, zahlenmäßig aber schwachen Gegnern nicht fertig wurden. Es bedurfte mehrere Jahrzehnte, bis endlich die Eindringlinge, durch Wohlleben und südliches Klima erschlafft, von den Attaliden besiegt werden konnten, worauf sie sich in ihren Sitzen ruhig verhielten.

Noch gefährlicher sollten in Zukunft dem agrarischen Kulturgürtel aber die Wüstennomaden werden, welche etwa um 250 in Parthien einbrachen, dort Herrschaft und Namen gewannen (von nun an hießen sie Parther). Da sie selbst Arier waren gleich der Bevölkerung des Hochlandes, fiel es ihnen weit leichter, in den Bereichen des iranischen Hochlandes Wurzel zu fassen. Von ihnen mußte man daher fürchten, daß sie immer weiter um sich greifen würden, zumal ihre Reiterei der seleukidischen Kavallerie überlegen war.

Trotz diesen warnenden Anzeichen blieb die hellenistische Welt im Bereich des einstigen Alexanderreichs bis etwa 220 v. Chr in ihrem Besitzstand und in ihrem Machtpotential erhalten. Wie groß dieses eigentlich war, mußten erst künftige Auseinandersetzungen klären, die ja mit Rom und den Parthern früher oder später zu erwarten waren.

16. KAPITEL

Verarmtes Mutterland

Zwischen den Großmächten

322 v. Chr. hatten die makedonischen Generale den griechischen Freiheitsbund zerschlagen, die Kleinstaaten ihres Zusammenhangs beraubt, in wichtigere Plätze wie Athen, Korinth und Chalkis Besatzungen gelegt und nach Belieben auch oligarchische Verfassungen eingerichtet. Für alle Zeiten war nun die Einigung der Hellenen dahin, nie wieder würden sie aus eigener Initiative zu einem neuen Bund zusammentreten, und wenn sie schon Vereinigungen bildeten, so waren es nur Teilbünde, die gegeneinander stritten. Die Saat der im Grund doch etwas engstirnigen Apotheose, welche die Polis in ihrer Isoliertheit durch die Idealphilosophie Platons und Aristoteles' erfahren hatte, ging nun auf. Der nationale Gedanke wurde durch die neuerliche Not und Hilflosigkeit nicht mehr angefacht. Wie die große politische Rhetorik eines Isokrates von hinnen gegangen war, ging auch die Idee der nationalen Einigung und „Rettung" endgültig verloren. An die Stelle der Männer, die — um moderne Parallelen heranzuziehen — gleich einem Robert Schumann und Paul Henri Spaak für das größere Ganze die Stimme erhoben hätten, traten nun wieder die Kleinstaatroutiniers, die nicht mehr planten und hofften, sondern von der Hand in den Mund lebten und ihre Staaten am liebsten von den Subsidien der überseeischen Großmächte erhalten ließen.

Dabei kam zu den Nöten der eigenen Zwietracht nunmehr die Abhängigkeit von den auswärtigen Mächten. Nicht genug mit dem Hader von Gemäßigten und Radikalen, von Tyrannen, Bünden u. dgl., konnte man sich auch des Einflusses der Großstaaten nicht mehr erwehren. Kriegserfolge und weltpolitische Macht hingen nun von Wirtschaftspotentialen ab. Darin wäre Hellas als organisiertes Ganzes auch den Makedonen, ja selbst den Seleukiden und Ptolemäern gewachsen gewesen. Der einzelne Kleinstaat oder der einzelne griechische Sonderbund war aber zu schwach gegen die ausgedehnten Territorialgebilde der hellenistischen Königreiche.

Dennoch bildete für diese Riesenstaaten gerade Hellas die wichtigste Beute ihrer gegenseitigen Streitigkeiten. Sie setzten daher alles daran, Griechenland irgendwie in ihren Machtbereich einzubeziehen, ging doch von diesem Bereich die große Auswanderung aus, von der die Überseestaaten lebten, bedeuteten die griechischen Heimatbereiche für sie doch den einzigen Born, aus dem man immer wieder frische Siedler- und Soldatenkräfte, immer wieder auch geistige Nahrung und schöpferische Persönlichkeiten zu gewinnen vermochte. Auch war es für jede Großmacht verlockend, diesen Born den übrigen Reichen vorzuenthalten und ihn allein für sich zu nutzen. Zudem bedeutete Hellas immerzu eine Flankenbedrohung für Makedonien und Kleinasien, ja es war das richtige Sprungbrett für eine Eroberung dieser Länder.

Wir können es verstehen, daß Griechenland nun zum Kampfplatz für die Großmächte im Norden, Süden und Osten wurde, daß man sich darum stritt, solange hellenistische Dynastien mächtig waren. So geschah es den Griechen wie später dem zersplitterten Deutschland des 17. und 18. Jahrhunderts zwischen Frankreich, Spanien, Schweden und Österreich oder dem ähnlich zersplitterten Europa nach 1945 n. Chr. zwischen den neuen Weltmächten in Ost und West: es wurde ob seiner Uneinigkeit zum Widerspiel der Weltstaaten, zum Schauplatz ihrer politischen Intrigen, ihrer Bündnis- und Protektionspolitik, ihrer Eifersucht und ihrer Kriegsdrohungen. Die einzelnen griechischen Staaten wurden hin- und hergezerrt, unterstützt, bekämpft, belagert, besetzt und befreit, je nachdem die eine oder die andere Großmacht am Zuge war.

Jede hellenistische Großmacht legte es darauf an, Hellas militärisch zu beherrschen; war sie zu schwach dazu, so organisierte sie einen Bund unter ihrer Hegemonie oder sie verkündete eine allgemeine „Freiheit", auch warb sie Parteigänger und zahlte – wenn sie über Geld verfügte – Subsidien. Die „Freiheit der Griechen" hatte schon Polyperchon vertreten, als ihm die anderen Diadochen über den Kopf wuchsen. Für sie waren später Antigonos Monophthalmos und Demetrios, gelegentlich auch Ptolemaios eingetreten. Eine Erneuerung des einst von Philipp begründeten hegemonischen Bundes versuchten vorübergehend Ptolemaios I. (308 v. Chr.) und Demetrios (302), dann mit mehr Erfolg Antigonos Doson (224) und sein Nachfolger Philipp V. Subsidien konnte auf die Dauer nur das Ptolemäerreich zahlen, es unterstützte mit Geld, mit der Flotte, wenn nötig wohl auch mit Lebensmittelspenden. So half es dem bedrängten Rhodos beim Angriff des Demetrios, half später dem makedonischen Vizekönig Alexander, als er sich gegen Antigonos Gonatas erhob, half vor allem den spartanischen Königen Areus und Kleomenes und dem Achäischen Bund in ihrer antimakedonischen Politik. Vor allem stritten sich nach dem Abtreten des Demetrios Makedonien und das Ptolemäerreich um den Einfluß in Griechenland; die Seleukiden waren zu schwach, um über Ionien hinauszugreifen, und Pergamon trat erst seit 215 mit seiner philhellenischen, antimakedonischen und vor allem auf Rom vertrauenden Politik auf den Plan.

Am konsequentesten bemühte sich Makedonien darum, Griechenland auf die Dauer zu gewinnen, und zwar zumeist unter Ausspielung militärischer Machtmittel. So hielt Kassander Athen, Korinth, Chalkis besetzt und begünstigte die Oligarchen. Auch Antigonos Gonatas stützte sich auf makedonische Besatzungen, begünstigte zugleich aber auch Tyrannen von Makedoniens Gnaden. Erschwert wurde den Makedonen die Erhaltung des jeweils Gewonnenen durch die Einfälle barbarischer Völkerschaften aus dem balkanischen Hinterland und durch die Krisen, welche jeder Thronwechsel in Makedonien gerade für die Griechenlandpolitik nach sich zog. So ging Hellas mit dem Tod des zweiten Demetrios fast ganz verloren (229). Antigonos Doson konnte erst seit 224 mit Hilfe des von ihm gegründeten Hellenenbundes den Einfluß Makedoniens erneut durchsetzen. Eine weitere Schwäche bedeutete es für Makedonien, daß es an einer schlagkräftigen Flotte (und wohl auch an Geld, eine solche zu erbauen) mangelte. Nur Antigonos Gonatas konnte einmal eine solche aufstellen und bei Kos sogar die ptolemäische Armada schlagen (um 257), doch ist sie bald wieder verfallen.

Der wirtschaftliche Niedergang

Mit dem politischen Niedergang ging der wirtschaftliche Hand in Hand. Wirtschaftliche Schwäche ließ schon im 4. Jahrhundert die griechischen Kleinstädte machtlos werden. Diese Machtlosigkeit führte nunmehr dazu, daß Hellas zum Kriegsschauplatz der Großmächte wurde und hierdurch im 3. Jahrhundert wirtschaftlich nur noch mehr verfiel.

Die Kleinräumigkeit und Zersplitterung wirkte sich in Griechenland noch weit fühlbarer aus, seit Alexander die Weiten des Orients der modernen Weltwirtschaft eröffnet hatte, seit großräumige, zentral gelenkte Wirtschaftsmächte auf den Plan traten und im eigenen Kreis Gewerbe, Industrie, Weinproduktion und Ölerzeugung auf Kosten der griechischen Ausfuhr förderten. Schon im 4. Jahrhundert waren die westlichen Märkte durch das Hochkommen sizilischer und unteritalischer Konkurrenzproduktion verlorengegangen. Jetzt mußte man auch in Ägypten und der Levante bei Ausfuhr von Keramik, kunstgewerblichen Erzeugnissen, Wollfabrikaten, ja selbst bei Wein und Öl, gegen die dortige Eigenproduktion und vor allem auch gegen die Schutzzölle ankämpfen.

Sogar die Schiffahrt zentralisierte sich nicht mehr wie bisher in Athen und Korinth, sondern wich nach den Inseln aus. Rhodos bildete da die neue Zentrale, der tapfere Freistaat, der seine Selbständigkeit gegen Demetrios und die Ptolemäer erfolgreich verteidigt hatte und nun die große, von allen Mächten anerkannte Drehscheibe des Welthandels bildete. Rhodos erlebte jetzt seine „große Zeit", so ähnlich wie einst im dritten Jahrtausend die Kykladen und im zweiten Kreta. Rhodos lag ja in der Mitte zwischen Ägypten, Syrien, Pontus und Griechenland. Da es frei war von königlicher Steuerausbeutung und imperialem Dirigismus konnte es die Rolle eines Freihafens spielen. Hier hatten die großen Handelshäuser und Reedereien ihren Sitz, hier gab es alle Möglichkeiten des Warenumschlags, gab es großartige Hafen-, Speicher- und Dockanlagen, hier war die bedeutendste Bank- und Verrechnungszentrale. Zwischen Alter und Neuer Welt, alte Freiheit mit moderner Organisationskunst verbindend, sammelte Rhodos beachtlichen Reichtum an, der auch in seinen öffentlichen Bauten, in den prachtvollen Säulenterrassen des Lindischen Heiligtums (Plan 6 S. 320) und im berühmten Koloß von Rhodos zum Ausdruck kam. Selbst Philosophen, Literaten und Redner wurden vom Wohlstand, von der Freiheit und vom Charisma der zauberhaften Insel angelockt.

Auch Delos und Chios blühten damals als Umschlagplätze und Verrechnungszentren. Delos hatte beste Beziehungen nicht nur zu den Ptolemäern und Rhodos, sondern auch zu Makedonien und dem Pontus. Die starke Stellung von Chios gründete sich außerdem noch auf seine Ausfuhr von Qualitätsweinen. Paros war durch den Export seines berühmten Marmors begünstigt. Kos hatte zwar unter dem Steuersystem der Ptolemäer zu leiden, war aber Sommerfrische des vornehmen Alexandreia, ja auch des Hofes, und wurde wegen seiner Ärzte von zahlreichen begüterten Kranken besucht.

Um so schlechter erging es dem griechischen Festland. Am schlimmsten war die Peloponnes daran, nicht zum wenigsten infolge des antimakedonischen Heldentums Spartas, das immer wieder neue Kriege heraufbeschwor. Doch hatte auch das übrige Hellas unter Kriegsnöten dauernd zu leiden, wurde durch Plünderungen, systematische Verwüstungen, Requirierungen, Kontributionen und vor allem durch Menschenraub aufs schwerste betroffen. Mitunter führte der Sieger ja Tausende und Zehntausende davon, um sie auf den nächsten Sklavenplätzen zu verkaufen. Besonders wüteten damals die einst so harmlosen und biederen bäuerlichen Aitoler. Auch die stillen Kretenser erwachten zu Seeraub und Piraterie und terrorisierten die Küsten. So gab es vom Saronischen Golf rund um die Peloponnes eine Gefahrenzone, welche sich über das Ionische Meer hinaus durch das Unwesen der illyrischen Piraten bis in die Adria fortsetzte.

Die Folgen dieser Nöte waren eine allgemeine Verarmung der Städte, eine Minderung der Kaufkraft der Bürger, das häufige Auftreten von Hungersnöten und ein Ansteigen der Arbeitslosigkeit. Wohl suchten sich einzelne Städte durch Anleihen zu helfen, doch bekamen sie diese mitunter nur gegen Sicherstellung auf das Privatvermögen der Bürger.

Daß durch all diese Unbilden das harte Los der ärmeren Schichten nur um so trauriger wurde, versteht sich von selbst; auch das demokratische Programm fand dafür keine Linderung mehr. Wie sich in den Überseestaaten die griechische Bourgeoisie als führende Schicht konsolidierte, wie von allen Monarchien, auch von der makedonischen, die besitzenden Kreise gestützt wurden, so bildete sich während des 3. Jahrhunderts auch im freien Griechenland die Bourgeoisie immer mehr zum eigentlichen Repräsentanten des Kleinstaates heraus. Selbst die Tyrannen setzten sich für das arme Volk nicht mehr ein, da sie ja allein von makedonischen Gnaden lebten. Nur in Sparta zeigten sich einige Male Ansätze zu einer Sozialreform, doch sind diese Versuche kläglich gescheitert. Die Ära proletarischer Zukunftspläne war eben vorbei, es fehlte an Ideen ebenso wie an Führern. In einer Zeit, da große Imperien die Welt regierten, hatten die armen Leute von der Politik nichts mehr zu erhoffen.

Etwas besser als das übrige griechische Festland waren die Städte mit makedonischer Besatzung, so Chalkis, Athen und zeitweise Korinth, daran, solange sich nur die makedonischen Könige stark genug erwiesen, ihr Territorium zu schützen. Die makedonische Besteuerung scheint keine wesentliche Rolle gespielt zu haben. Athen stand als Zentrum eines beachtlichen Fremdenverkehrs und als Sitz der Philosophenschulen immer noch einigermaßen in Blüte. So lebte es, wenn auch nicht im großen, pulsierenden Strom der Wirtschaft, wenigstens in einem geschützten Winkel am Ufer und fand sein Auskommen. Im übrigen hatte sich aber der große Verkehr von Hellas als einem Bereich der Desorganisation weitgehend zurückgezogen. Denn Organisation war nun alles, und wenn sie versagte, blieb Stagnation das unausweichliche Schicksal.

Der geistige Ausverkauf

In Ägypten das gewaltige wirschaftliche Potential, eingesetzt für ein in seiner Intensität geradezu einzig dastehendes Mäzenatentum der Wissenschaften und der Dichtung, auf dem Festland hingegen wirtschaftlicher Niedergang und Verarmung. Die Folge war nicht nur die S. 284 ff. geschilderte große Auswanderung, sondern auch ein Ausverkauf, der den bisherigen Griechenbereich eine Fülle von geistigen Schätzen und schöpferischen Begabungen kostete. Es war ein Ausverkauf von Büchern und Menschen. Werke der bildenden Kunst scheinen weniger gefragt gewesen zu sein.

Die Sammlung von Bücherschätzen war höchster Ehrgeiz der Ptolemäer. Im Dienst des königlichen Willens stand der Spürsinn und Eifer der Aufkäufer, vor allem aber auch sehr viel Kapital. Wurden die Angebote abgelehnt, so scheute man sich nicht, gelegentlich auch politischen Druck auszuüben, um das Erwünschte zu erwerben. Die Bücher wurden in allen Teilen des griechischen Mutterlands und in den Kolonien aufgekauft; die besten, wertvollsten und seltensten Handschriften, darüber hinaus wohl alles, was man überhaupt bekommen konnte.

Aus diesem Tatbestand spricht nicht nur die Munifizenz eines großgesinnten königlichen Willens, sondern auch die Macht des Reichtums gegenüber den Armen. Übersee kaufte, und das Mutterland hatte dem nichts entgegenzustellen. Verkauf war hier also gleich Ausverkauf. Kein Zweifel, daß durch die Konzentration des griechischen Bücherbestandes die alexandrinische Wissenschaft befruchtet, ja daß sehr viel wertvolles Schrifttum auf diese Weise der weiteren Öffentlichkeit überhaupt erst zugänglich wurde. Die Förderung der Wissenschaften war auch das hervorragendste Ziel des Unternehmens. Die Eifersucht auf Pergamon, dem man zeitweilig sogar die Papyrusausfuhr sperrte, läßt aber erkennen, daß es den Ptolemäern nicht so sehr auf die Wissenschaft an sich, als auf die Wissenschaft in Alexandreia ankam. Wie fatal sich in fernerer Zukunft die Vereinigung der Bücherbestände auf einem einzigen Platz auswirken sollte, lehrt uns der Brand der großen Bibliothek im Jahre 47 v. Chr., der die Mehrzahl der gehorteten Schätze mit einem Schlage vernichtete.

Dem Mutterland wurden aber nicht nur die Bücher weggekauft, sondern auch die Autoren, die schöpferischen Menschen, die Kapazitäten, die Wissenschaftler, Ärzte und Dichter, wenn möglich sogar die Philosophen. Im alten Lande gab es ja keine staatlichen Kulturinstitute und Forschungsstellen, da mußten sich sogar die philosophischen Schulen in Athen, wie es eben ging, aus eigenen Mitteln, d. h. durch Zahlungen von Schülern und Freunden, erhalten. Alexandreia hingegen machte sein Angebot, und wen das Geld nicht lockte, den warb die günstige Arbeitsmöglichkeit, der Reichtum der Bibliothek, die Finanzierung von Laboratorien und Versuchen. Ptolemaios I. hätte am liebsten den ganzen Peripatos nach Alexandreia verpflanzt. Und wenn sich damals auch noch die Besten versagten, so wurde mit der Zeit die Zahl der Naturforscher und Ärzte, Literarhistoriker und Dichter, die nach Alexandreia übersiedelten, immer größer. (Näheres S. 310ff.)

Für das griechische Mutterland bedeutete dieser Ausverkauf einen schweren Verlust und eine drückende, ja beschämende Tatsache. Einen Trost konnte man allerdings darin finden, daß Sikyon durch seine Bildhauerschule bedeutsam blieb, daß Rhodos und Kos dank ihrem größeren Wohlstand und ihrer freieren Lebensform auf die Vertreter von Dichtung und Wissenschaft eine nicht unbeträchtliche Anziehungskraft ausübten. Vor allem aber erstrahlte Athen als Zentrum des philosophischen Geistes jetzt heller als je, da sich zu Akademie und Peripatos auch noch die Stoa und die Schule Epikurs gesellt hatten. Auch die Neue Komödie und die Geschichtsschreibung blühten nun in Athen und legten damit ein Zeugnis zum freieren Geiste ab. Die damaligen Lyriker, Philologen, Naturwissenschaftler und Mediziner ertrugen anscheinend leichter einen obersten Herrn, sofern er nur Wohltäter war. Was sich aber in Athen traf, hatte gelernt, auf fürstliche Gnadenbeweise zu verzichten.

Eine Rolle für sich spielte Syrakus, das in Sizilien die althellenische Polistradition in modernisierter Form fortführte, in seiner Allgemeineinstellung aber dem Technischen und Zivilisatorischen besonders nahestand und in seinen Herrschern auch Mäzene stellte, die über beträchtliche Geldmittel verfügten. Hier blühten daher Mathematik, Physik und Technik, daneben auch noch die Baukunst, ja selbst die Historie und eine (in manchen Zweigen allerdings schon vergröberte) Dichtung. Dabei brauchte Sizilien die schöpferischen Geister nicht von auswärts zu holen, brachte es doch selbst Ingenien ersten Ranges hervor, so vor allem den großen Archimedes. Der Historiker Timaios und der Meister der Bukolik, Theokrit, verließen allerdings die Insel, der eine, um in Athen, der andere, um in Alexandreia und auf Kos neue Wirkungsstätten zu finden.

Soviel über den geistigen Ausverkauf, der zum Teil gelang, dem Hellas aber zum andern Teil widerstand. Dabei hat man den Eindruck einer fast sinnerfüllten Ökonomie, denn alles, was dem Mutterland in so schmerzlicher Weise weggekauft wurde, fand tatsächlich in der Fremde auch bessere Entfaltung. Was man aber nicht zu erkaufen vermochte, das gedieh in der Heimat besser, als es je in Alexandreia gediehen wäre.

Neuerliche Verlagerung des machtpolitischen Schwergewichts

Schon öfter berichteten wir über Verschiebungen des machtpolitischen Schwergewichts von „ermüdeten" zu noch unverbrauchten Staaten. So hatten im 4. Jahrhundert zeitweise Theben, Arkadien, Phokis und Thessalien die Stelle Athens und Spartas eingenommen. Allerdings hatte es sich eigentlich um Epameinondas, Lykomedes, Philomelos, Onomarchos und Iason von Pherai gehandelt, die in den Vordergrund traten. Nach ihrem Tod fielen die genannten Staaten wieder zurück. So standen zur Zeit Alexanders doch wieder Athen und Sparta voran, ersteres mit seiner Weigerung, Samos preiszugeben, letzteres mit seinem allerdings vergeblichen Angriff auf Antipater.

Athens Machtambitionen wurden freilich gleich nach Alexanders Tod endgültig gebrochen. Die Geltung Athens hatte immer auf seiner Seemacht beruht; nun ward völlig klar, daß es nicht mehr über die finanziellen Mittel verfügte, mit einer Flotte von „hellenistischem" Zuschnitt zu konkurrieren. Makedonische Besatzungen rückten ein und bezogen im Peiraieus, ja mitunter auch noch in der Stadt selbst feste Stützpunkte. Die Makedonen sorgten zudem für eine gemäßigte oligarchische Regierung bester Art. Trefflichere Staatsführer als Phokion (von 322 bis 318) und Demetrios von Phaleron (317 bis 307) hätte man in der Tat kaum zu finden vermocht. Doch war es nur mehr Kommunalpolitik, die sich jetzt betreiben ließ, so etwa, wie sie irgendein Seleukeia im Seleukidenreich trieb.

307 befreite aber ein anderer Demetrios, der Sohn des Antigonos Monophthalmos, die Stadt und ließ sich von den dankbaren Bürgern dafür als Gott verehren, legte aber 294 selbst eine makedonische Besatzung hinein. Ein letztes Mal versuchte Athen im Chremonideischen Krieg (ab 267) in die große Politik einzugreifen. Es verbündete sich mit Sparta und den Ptolemäern gegen den makedonischen Erbfeind, doch mißglückte auch dieser Anschlag. Wieder mußte man (263) eine Besatzung aufnehmen, die erst 229 die Stadt verließ. Wie letzteres geschah, mag die ärmlichen Verhältnisse der damaligen Zeit beleuchten. Der königliche Stadtkommandant war schon bereit, Athen freizugeben, doch schuldete er seinen Söldnern seit längerem den Sold. Diese wollten nicht weichen, bevor nicht die Summe bezahlt sei. So mußte man denn in ganz Griechenland sammeln und borgen, um die Soldaten zufriedenzustellen. Dann erst zogen sie ab, und Athen erhielt seine Freiheit, die es nun durchaus vernünftig für eine Abkehr von jeder aktiven Außenpolitik und ein Bekenntnis zu künftiger Neutralität nützte. Athens Schicksale im 3. Jahrhundert zeigen uns recht deutlich, wie tief das politische Hellas damals gesunken war. Daß die Stadt als geistiges Zentrum ihren höchsten Rang behielt, bleibt um so wunderbarer.

Weit schwerer als Athen war Lakedaimon zu brechen. Die Zucht des Kosmos hatte sich bei der Hegemonieführung einstmals nicht bewährt. Für ein isoliertes, ganz auf sich selbst gestelltes Sparta bedeutete das Kasernendasein der Bürger aber immerhin einen festen inneren Halt und einen militärischen Vorsprung. So konnte es Sparta wieder und wieder wagen, sich gegen Makedonien zu stellen, freilich nie mit Erfolg. Das lag nicht zum wenigsten an den inneren Schwierigkeiten, an denen man am Eurotas wie an schleichenden Krankheiten litt. Da war es das Mißverhältnis von Bürgern, Peroiken und Heiloten, das immer schon eine Belastung bedeutet hatte. Dazu kam nun immer mehr der Zwiespalt zwischen den wenigen reichen und einer Mehrzahl verarmter Bürger. Auch haderten stets von neuem die beiden Dynastien wider einander, haderten tüchtige Könige mit den Ephoren, begannen neben Disziplin und Bürgermut auch Geld und Solddienst eine Rolle zu spielen.

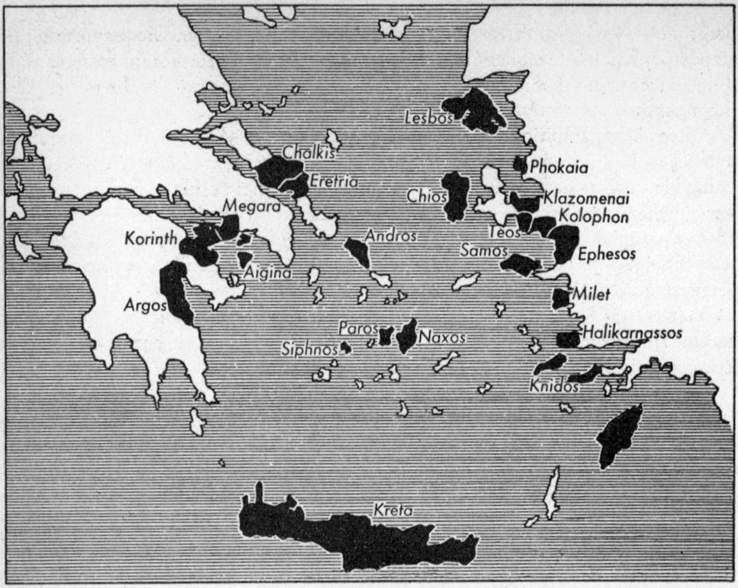

Karte 11: Die geschichtlichen Schwerpunkte in der archaischen Zeit

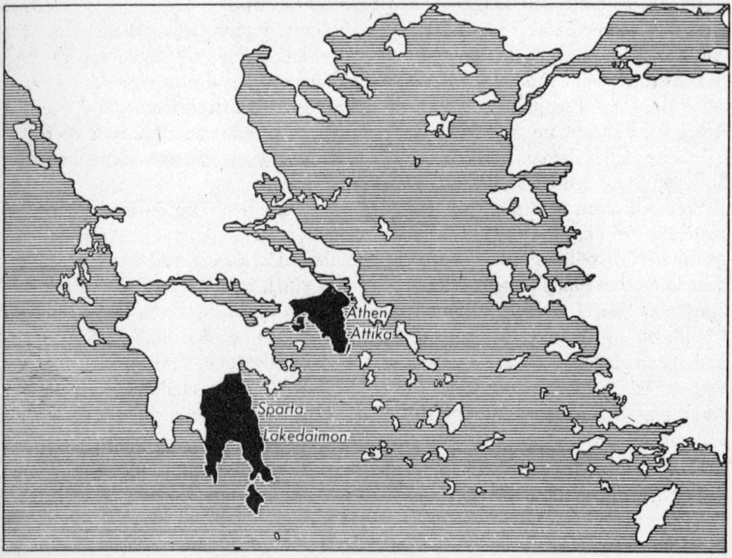

Karte 12: Die geschichtlichen Schwerpunkte im 5. Jahrhundert

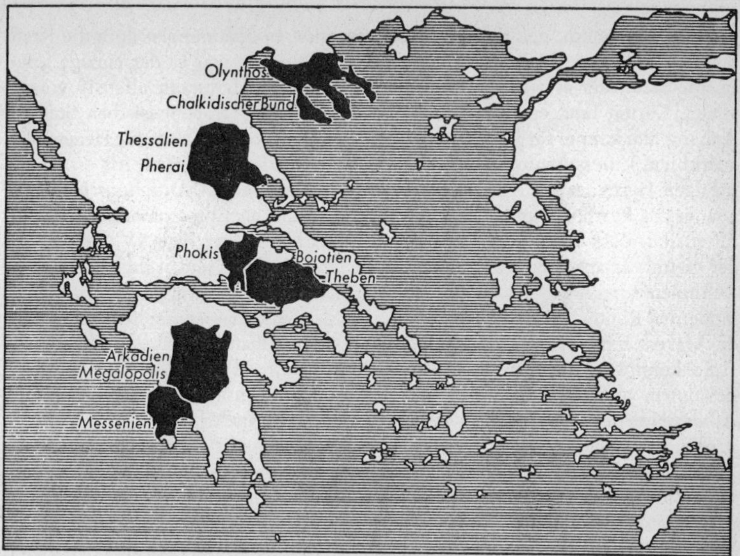

Karte 13: Die geschichtlichen Schwerpunkte im 4. Jahrhundert

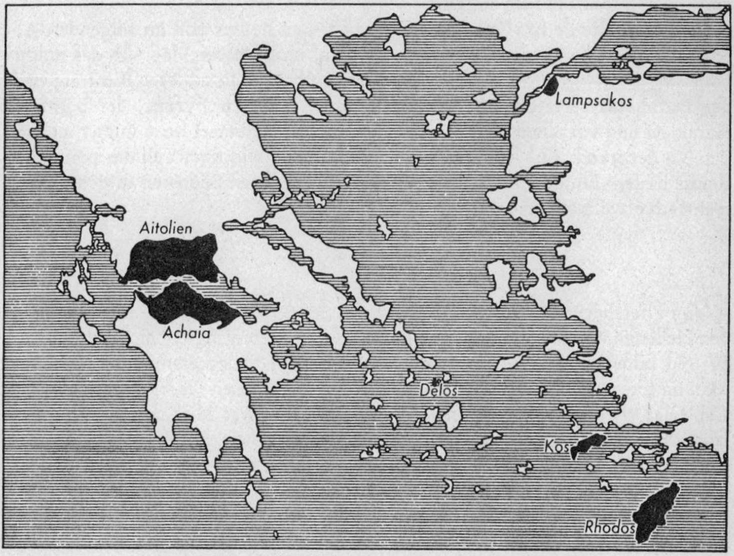

Karte 14: Die geschichtlichen Schwerpunkte im Hellenismus

Es ist erstaunlich, daß Sparta trotz dieser inneren Spannungen doch die Kraft und den Mut zum initiativen Handeln fand. Zeitweise war es der einzige griechische Staat, der es wagte, gegen die makedonische Herrschaft offensiv vorzugehen. Darum fand es gelegentlich auch bei anderen peloponnesischen Städten Anhang und konnte für kürzere Zeiten sogar wieder so etwas wie eine Hegemonie aufrichten. Unterstützungen steuerten zeitweise die Ptolemäer bei. Als erster der mutigen Herrscher sei Areus erwähnt, der sich 281 gegen Antigonos Gonatas, 272 gegen Pyrrhos wandte und dann die Führung im Chremonideischen Krieg übernahm, doch ist er schon 265 gefallen. Nach ihm war Agis IV. bedeutend, der gleichfalls antimakedonische Politik betrieb, aber mit seinen innerpolitischen Reformen scheiterte (241). Als letzter sei Kleomenes genannt, Exponent eines modernen Königtums und eines modernen Kriegs, der aber schließlich doch gegen die Makedonen bei Sellasia (222) Schlacht und Herrschaft verlor.

So konnte auch Sparta seine alte Stellung im 3. Jahrhundert nicht wiedergewinnen, obgleich es sich mit weit heroischerem Einsatz darum bemühte als Athen. Nun traten vielmehr zwei andere Bereiche entscheidend in den Vordergrund, die bisher überhaupt keine Rolle gespielt hatten, Aitolien und Achaia. Beide Landschaften waren von nordwestgriechischen Elementen besiedelt und waren bisher fast immer neutral gewesen. In ihnen bestanden Bünde mit gleichberechtigten Teilnehmern. Gerade dieses parataktische Prinzip des hegemonielosen Nebeneinanders sollte nun werben. Das wichtigste war aber die Frische und Unverbrauchtheit der Bevölkerung selbst; sie gab die richtige ethnische Substanz ab, Träger der neuen Idee zu sein.

Was diese Bünde für Griechenland zu bedeuten hatten, soll im folgenden Abschnitt dargestellt werden. Hier sei nur darauf hingewiesen, daß sich das machtpolitische Schwergewicht des Griechentums auch noch in anderer Richtung nach der Peripherie verschob. Im Nordosten traten nunmehr Byzanz, das pontische Herakleia und vor allem die Kolonien rund um die Halbinsel Krim immer mehr in den Vordergrund. Aus letzteren sollte sich bald ein wichtiger Teil des pontischen Reichs bilden. Ein anderer Schwerpunkt entstand gegen Südosten in dem bereits mehrfach erwähnten Rhodos.

Bund gegen Bund

Von altersher gehörten die Aitoler mehr der Sprache als ihren Sitten nach zu den Hellenen. Sie wohnten in den nordwestlichen Gebirgsbereichen gegen Epeiros zu und bildeten einzelne Gaue, die untereinander in lockerem Bunde standen. Man mochte sie als bieder bezeichnen, doch standen sie den Stadtkulturen als echte Gebirgler eher feindlich und neidisch gegenüber. Zwar blieben sie lange recht friedlich, seit der Zeit des großen Philipp aber wurden sie unruhig. Vielleicht trieb sie Übervölkerung, vielleicht empfanden sie ihre gesunde Kraft dadurch deutlicher, daß sie sie mit der Erschlaffung der übrigen Hellenen verglichen. Jedenfalls wandten sie sich gegen die Akarnanen und waren nach Alexanders Tod die resolutesten im griechischen Aufstand. Als Antipater damals den Freiheitsbund zerschlug, ließen ihm die Ereignisse in Asien nicht mehr Zeit, auch die Aitoler zu bezwingen. So wurden diese immer zuversichtlicher, schlossen und brachen Verträge mit verschiedenen Diadochen, dehnten ihren eigenen Bund immer weiter aus, gewannen die Majorität in der delphischen Amphiktyonie und nach dem Keltensturm auch das Heiligtum selbst. Schließlich reichte ihr Verband von Meer zu Meer, vom Ambrakiotischen bis zum Malischen Golf, ja er umfaßte zeitweise sogar Teile Thessaliens.

Die Aitoler waren von ihrer Bergheimat geprägt und außerdem, in negativem Sinne, vom Mangel an Urbanität. Im Kriege und ebenso in den (auch im Frieden unternommenen) Raubzügen oder Seeräubereien mochte man sie reißenden Wölfen vergleichen. Der gesamte Umkreis ihres Bereichs, vor allem die Peloponnes, hatte unter ihrer rohen Kriegführung und ihrer Treulosigkeit zu leiden. Etwas manierlicher benahmen sie sich nur als Schutzherrn von Delphi, dessen Priesterschaft mildernd eingewirkt haben mag. Da eine Hauptstadt fehlte, spielte das Heiligtum auch die Rolle eines Hauptorts im Bund. An der Bundesversammlung nahmen alle Bundesmitglieder teil, hier wurden jährlich die Bundesbehörden gewählt. Zwar behielten die eigentlichen Aitoler im allgemeinen die Oberhand, eine rechtliche Schlechterstellung der anderen Bündner war damit aber nicht verbunden. Bei dem tiefen geistigen Niveau der aitolischen Stämme, bei ihrer Roheit und Tücke, konnte von einer wahrhaften Autorität dieses Bundes in der griechischen Öffentlichkeit natürlich keine Rede sein. Sie taugten als Freiheitshelden gegen Makedonen und Kelten, nicht aber dazu, in Hellas eine neue Zeit der Einheit heraufzuführen. Wohl überschritten sie mit Erfolg die Grenzen von Kleinstaat zu Kleinstaat, doch war ihr Bund zu sehr auf Gewalt und auf Ungeistigkeit gegründet, um jemals den Anspruch auf eine Erfassung von ganz Hellas erheben zu können.

So war es kein Wunder, wenn auf der Peloponnes ein zweiter Bund entstand und aus fast zufälligen Ansätzen rasch an Bedeutung gewann. Seine Basis bildete das Bündnis der kleinen Landstädte Achaias. Sie dachten nicht im entferntesten daran, je eine Rolle in der großen Politik spielen zu wollen, bis Aratos von Sikyon seine Vaterstadt vom Tyrannen befreite und den Achäern den Anschluß anbot (251). Nun folgte bald die Angliederung weiterer Plätze, vor allem solcher, in denen bisher Tyrannen geherrscht hatten. Aratos blieb dabei die Seele der Bundesführung, und wenn er auch in den Schlachten versagte, so zeigte er sich um so geschickter in seinen Überfällen. Daher gelang es ihm sogar, das wichtige Korinth den Makedonen zu entreißen (243). Natürlich kam der Bund immer wieder mit Sparta und vor allem mit den Aitolern in Konflikt. Die beiden großen Bünde fühlten sich ja als Konkurrenten und fanden daher nur ausnahmsweise einträchtig zueinander. Dabei schied sie eigentlich kein Abstand des staatspolitischen Programms, und man kann auch nicht behaupten, daß der eine etwa die Demokratie gegen die oligarchische Einstellung des anderen vertreten hätte. Sie waren einfach Konkurrenten, so wie Ptolemäer und Seleukiden es waren. Antimakedonisch blieben beide gesinnt. Als aber der Spartaner Kleomenes in der Peloponnes immer mächtiger wurde und den Achäischen Bund abzuwürgen drohte, da entschloß sich

Aratos, den makedonischen Erbfeind wieder nach Hellas zu rufen (224). Gerade dieser Akt des nationalen Verrats zeigt uns wieder, wie sehr den Griechen der partikulare Ehrgeiz über der nationalen Verpflichtung stand. Makedonien schien immer noch besser als Oberherr denn Sparta. So bildete auch der Achäische Bund einen Herd der Sonderung und der Zwietracht, wie sehr er auch den Aitolischen an geistiger Substanz und an Kulturfähigkeit übertraf. Aber er hat nach dem Ende des Kleomenes immerhin einigen Teilen der Peloponnes zu einer politischen und wirtschaftlichen Spätblüte verholfen. Auch stand seine Verfassung wahrhaft über den Einzelstädten und verkörperten die Bundesbeamten eine überstaatliche Regierung besten Sinnes.

So ist im Hellas des 3. Jahrhunderts tatsächlich noch etwas Neues in der Staatspolitik großgeworden: der über den Kleinstaaten stehende, auf strikter Gleichberechtigung fußende „parataktische" Bund. Die Lösung befriedigte allgemein und hätte der Theorie nach eigentlich das Ende der griechischen Zwietracht bedeuten können. Nur daß diese die Polisgrenzen überwindende Lösung nicht bloß einmal, sondern mehrmals, bei den Aitolern, den Achäern und auch noch in Gestalt kleinerer Bünde (so seit längerem schon bei den Boiotern) bestand. Wir erkennen daraus, daß das Übel der griechischen Zersplitterung nicht allein in der Polis lag. Auch als man die Polisgrenzen überwand, blieb dieses Übel, blieben die Sonderkörper, nur waren sie nunmehr größer. Daher haben wir bereits S. 258 angedeutet, daß den Griechen des Mutterlandes in hellenistischer Zeit an der Einheit nichts gelegen war. Ein gewisser Stolz und Dünkel blieb ihnen immer noch. Griechisch sprach nun aber die ganze östliche Mittelmeerwelt. Der persische Erbfeind war längst verschwunden, der makedonische konnte kaum mehr zu den Barbaren gerechnet werden. So fehlten die einstigen Gegensätze, die als Stimulantien gedient hatten, und alle Not brachte den Gedanken nicht mehr zur Kraft, daß man durch Einigung das Übel bekämpfen könne. Wir kommen daher zu dem Schluß, daß immer noch Zwietracht zu den liebsten Leidenschaften der mutterländischen Griechen zählte und daß sie nichts mehr fürchteten, als daß einmal die Zeit kommen könne, da es zu Ende sei mit den „Kampfspielen", die sie einander aufführten.

17. KAPITEL

Spätblüte der griechischen Kunst und Wissenschaft

Königliches Mäzenatentum im Hellenismus

Mit der Aufklärung trat überall an der griechischen Peripherie, wo es eben noch Herrscher gab, der aufgeklärte Absolutismus in Erscheinung, der vom Fürsten den Dienst am geistigen Fortschritt verlangte. Schon S. 231 ff. lernten wir in Archelaos, Maussolos und Hermias Regenten kennen, deren höchster Stolz ihr Mäzenatentum war. Wohl sollte auf diese Weise zunächst der Glanz ihrer Herrschaft erhöht werden, doch kam auch noch echte Ergriffenheit hinzu. Zweifellos erblickte ein Archelaos in Euripides, ein Hermeias in Aristoteles etwas Besseres, als er selbst darzustellen vermeinte. Sie sahen zu den Geistesgrößen empor und ließen ihnen daher auch volle Freiheit in ihrem Wirken.

Anders verhielt es sich mit Alexander. Dem Titan kam es nicht so sehr darauf an, die Gedanken seiner gelehrten Begleiter zu verstehen, als selber von ihnen verstanden zu werden. So wie von Lysipp wollte er auch von Kallisthenes und von Onesikrit verständnisvoll abgebildet und verklärt werden. Voll Bitterkeit empfand er es, wenn ein Kallisthenes und Aristoteles solches Verständnis schließlich nicht mehr aufbrachten. Für ein richtiges Mäzenatentum war Alexander somit allzu egozentrisch, es mangelte ihm jene Bescheidenheit, die hohe Geister in voller Freiheit gewähren läßt.

Daß später ein hellenistischer Fürstenhof nicht unbedingt großzügigem Mäzenatentum huldigen mußte, lehrt uns das Beispiel der Seleukiden. Wohl fehlte es in Antiocheia nicht an Prunk, Luxus und Wohlleben, auch hatten die Architekten manche Gelegenheit, Paläste, Säulenstraßen und Nutzbauten zu errichten, es blühten die dekorativen Künste. Doch blieb die Residenz eher eine Stadt der protzigen Banausen, wurde nie eine der Dichter und Gelehrten. Das Reich war durch seine riesigen Ausmaße eben allzusehr auf praktische Erfordernisse hin ausgerichtet. Es war hier auch gar nicht so leicht, qualifizierte Kräfte zu gewinnen (wir wissen nur von Aratos, daß er einige Zeit bei Antiochos I. verweilte), auch standen, und das war wohl die Hauptsache, bei weitem nicht die reichen Geldmittel zur Verfügung wie in Alexandreia. Erst Antiochos III. bemühte sich um eine systematische Berufung mutterländischer Größen, doch geschah das unmittelbar vor dem Zusammenbruch der seleukidischen Großmachtstellung und damit viel zu spät. Unter seiner Regierung gab es in Antiocheia übrigens auch eine Bibliothek, doch wird sie in den Quellen als *demosios* bezeichnet, war also nicht vom König, sondern von der Polis Antiocheia gegründet. Auch das zeigt uns, wie wenig sich die Herrscher hier bemühten. Allerdings wurden trotzdem manche geistigen Leistungen im Seleukidenreich geschaffen, auf eigene Faust, ohne staatliche Förderung, dafür aber in größerer Freiheit.

Sehr viel bedeutsamer war das Mäzenatentum, das Antigonos Gonatas in Makedonien entfaltete. Der Herrscher hatte selbst in jungen Jahren zu Athen studiert und war Schüler Zenons gewesen. Den Stoikern blieb er zeitlebens zugetan und erhob Zenons Lieblingsschüler Persaios zu hohen Ehren. Auch andere Philosophen und Dichter, so Aratos, zog er an seinen Hof. Hier blühte außerdem die Geschichtsschreibung, hier schuf der größte Historiker des Hellenismus, Hieronymos von Kardia, sein Werk. Nichts spricht aber mehr für die wissenschaftliche Sachlichkeit des Kreises um Antigonos Gonatas, als daß hier ein Krateros (vielleicht der Halbbruder des Herrschers) die einzige größere Sammlung historischer Urkunden herausgab, die im Altertum je veranstaltet wurde. Der König selber scheint sich durch eine Schrift über Hieronymos literarisch betätigt zu haben. Die Nachfolger des großen Königs teilten bedauerlicherweise diese geistigen Interessen nicht, auch vergiftete der politische Gegensatz das Verhältnis zwischen Makedonen und Griechen, ganz abgesehen davon, daß Pella nicht über größere Geldmittel verfügte. So fanden die kulturellen Bemühungen des Antigonos keine Fortsetzung.

In um so großartigeren Formen tritt uns das Mäzenatentum bei den Ptolemäern entgegen. Diesem klugen und weitblickenden Geschlecht kam es vor allem darauf an, für Reich und Hauptstadt die führende Rolle im hellenistischen Kreis sowohl auf den Gebieten der Politik und der Wirtschaft als auch auf jenem des Geistes zu gewinnen und zu behaupten. Schon Ptolemaios I. begründete diese Kulturpolitik. Als Ratgeber hatte er einen der Besten zur Seite, den Peripatetiker Demetrios von Phaleron, der etwa 294 zu ihm kam. Außerdem war der König selbst literarisch tätig und verfaßte gegen Ende seines Lebens eine großangelegte, auf Aktenmaterial basierende Geschichte Alexanders. Schon Ptolemaios I. begründete nach dem Beispiel des Peripatos von Athen in Alexandreia die großartige Institution für Forschung und Dichtung, welche den Titel Museion trug. Hier wurde eine riesige Bibliothek geschaffen und ein Kreis von Gelehrten für die Bearbeitung der Bücherschätze gewonnen. Ptolemaios II. Philadelphos baute diese Schöpfung in glanzvoller Weise aus und stiftete noch eine zweite Bibliothek, auch erweiterte er den Kreis der Forscher und Dichter zu einem großen Tiasos der Musen. Er und sein Nachfolger begünstigten besonders die Mathematik und die Naturwissenschaften. Ptolemaios IV. glaubte selbst dichterisch begabt zu sein und verfaßte vor allem Tragödien.

Was das Museion vom Lykeion des Peripatos unterschied, war sein staatlich-höfischer Charakter. Es bildete einen Teil des Palastes. An der Spitze standen zwei königliche Funktionäre, ein Kurator, der zugleich als Musenpriester fungierte, und außerdem ein für alle wissenschaftlichen Belange zuständiger oberster Chef der Bibliothek. Die Zahl der Buchrollen scheint etwa eine halbe Million betragen zu haben. Gewaltige Arbeit wurde hier durch Katalogisierung, literarhistorische

Bearbeitung und durch Neueditionen geleistet. Dichtung und Gelehrsamkeit gingen dabei Hand in Hand. An naturwissenschaftlichen Einrichtungen werden uns ein Anatomisches Institut, ein Zoologischer Garten und eine Sternwarte genannt. Für Versuche und technische Einrichtungen scheinen stets Geldmittel zur Verfügung gestanden zu sein. Überhaupt müssen wir uns darüber klar sein, daß allein schon für die Bücherschätze der Bibliothek unerhörte Summen aufgewendet wurden, zumal sich die nach Hellas entsandten Aufkäufer nicht damit begnügten, Abschriften zu nehmen, sondern die Originale selbst erwarben (s. schon S. 301). Auch für die Gewinnung der Gelehrten und Dichter wurden Geldmittel in großzügigster Weise bereitgestellt. Der Kulturetat der Ptolemäer dürfte anteilmäßig wohl der größte in der gesamten Geschichte gewesen sein.

Die wahrhaft glänzenden Arbeitsmöglichkeiten verlockten ebenso Naturwissenschaftler wie auch Vertreter der Geisteswissenschaften. Freilich hatten der höfische Betrieb inmitten der Weltstadt und die Zugehörigkeit zum Palast auch ihre Schattenseiten. Die Nähe des Hofs, die Vereinigung von Dichtung und Gelehrsamkeit behagte nicht jedem Poeten. Darum lehnte Menander ab, zog sich Apollonios später nach Rhodos zurück. Doch auch die Philosophen fühlten sich in der Hofluft nicht wohl und nicht frei genug. Demetrios von Phaleron, der den ersten Ptolemäer so trefflich bei der Begründung des Museions beraten hatte, und der ihm auch bei der Schöpfung des Sarapiskultes zur Seite gestanden, mußte nach dessen Tod erfahren, was es hieß, in Ungnade zu fallen. Ptolemaios II. ließ ihn sogleich deportieren, und in Verbannung starb der Arme, wie es hieß, „am Biß einer Schlange". Sotades aber, der sich erdreistet hatte, über die Geschwisterehe des Herrschers zu lästern, wurde, als man seiner habhaft geworden, nach der einen Meldung gefangen gehalten, nach der anderen im Meere ersäuft. Beachtung verdient, daß die Philosophen auf alle Fälle der Toleranz der attischen Bürgerschaft mehr vertrauten als der der Ptolemäer. Die einzelnen Schulen sandten nach Alexandreia wohl Sendboten, dachten aber nicht daran, ihren Sitz dahin zu verlegen.

So viel über das Mäzenatentum der Ptolemäer. Und nun sei der Leser nochmals an unsere Darstellung der ägyptischen Staatswirtschaft mit ihrer systematischen Dauerausbeutung von Land und Leuten erinnert. Das Königtum war uns dort fast wie ein unersättlicher Moloch erschienen, dem das ägyptische Fellachentum preisgegeben war. Nun werden wir uns darüber klar, daß die Regierung ihre Gelder wenigstens in würdiger Weise auszugeben wußte. Seleukidische Steuern waren damals vielleicht weniger drückend, doch reichten sie nie für ein Mäzenatentum größeren Stils.

Im späteren Hellenismus erstand mit dem Hochkommen der Attalidenmacht zu Pergamon ein neues Zentrum griechischer Kulturpflege. Nach den Siegen über die Galater hatte das Reich solchen Wohlstand gewonnen, daß es imstande war, großartige Repräsentativbauten aufzuführen, unter denen der Zeus-Altar seinen Ruhm bis auf den heutigen Tag behielt (Tfl. 37). Auch die den Galaterkämpfen geltenden plastischen Weihgeschenke gehören zu dem Besten, was uns die hellenistische Kunst hinterließ (vgl. Tfl 36). So übertraf man im Mäzenatentum der bildenden Künste sogar noch Alexandreia. Und man bewies damit so recht eine noch genuin griechische Gesinnung, denn immer gab die Plastik den beredtesten Ausdruck von hellenischem Kunstwollen.

In der Pflege von Dichtung und Wissenschaft vermochte Pergamon an die Erfolge der Ptolemäer allerdings nicht heranzukommen, doch gelangte die Bibliothek schließlich zu beträchtlichem Ansehen. Auch unterhielt man beste Beziehungen zu den Philosophenschulen, bezeichnenderweise zuerst zu dem mehr nationalistisch eingestellten Peripatos und zur Akademie, erst später zur Stoa. Dem griechischen Nationalgedenken getreuer blieb Pergamon auch mit seiner Philologenschule, die eine attizistische Erneuerung der Literatursprache propagierte. Bedeutend war die antiquarische Forschung, und selbst den Mathematiker Apollonios finden wir für einige Zeit in diesem Kreise. Im ganzen gesehen, ergeben sich manche Unterschiede zwischen dem Mäzenatentum der Ptolemäer und Attaliden. In Pergamon war alles schlichter, hellenischer und künstlerischer, in Alexandreia gab es dagegen den großen wissenschaftlichen Betrieb, war alles weltstädtischer und manches auch kaltschnäuziger. Im Grunde ergänzten beide Zentren einander aber aufs beste und holten aus der hellenistischen Zeitstufe eine reiche Fülle von Schätzen heraus, wie sie das griechische Wachstum in diese Entwicklungsphase hineingelegt hatte.

Historismus

Die Rückschau der Hellenen galt anfangs nicht ihrer eigenen Entwicklung, sondern dem längst abgelaufenen Entwicklungsreigen der mykenischen Zeit. Was ihre Sagen hierüber zu wissen glaubten, schwebte somit gleich des Olympos Gipfel ohne kontinuierlichen Zusammenhang mit dem aktuellen Dasein über den Wolken. Erst in der Perikleischen Zeit, als es galt, das große Geschehen der Perserkriege vor dem Vergessenwerden zu bewahren, begann man auf die eigene Entwicklung zurückzublicken. Je weiter sie dann voranschritt, je mehr man davon hinter sich ließ, desto wichtiger nahm man diese Vergangenheit. An Werthaftigkeit schien sie bald die Gegenwart zu übertreffen, denn mit dem Niedergang der Polis empfand man die einstige Blüte als große Zeit. Seitdem die großen Tragiker der Vergangenheit angehörten, begann man sich auch für Literaturhistorie zu interessieren. Mit Aristoteles setzte dann die umfassende Inventarisierung des vergangenen griechischen Geisteslebens ein. Der Peripatos und die Alexandriner führten sie fort und brachten sie schließlich zur Kulmination.

Gerade im literarischen Treibhausklima von Alexandreia, wo man vor allem zeitpolitischen Geschehen völlig abgeschirmt war, konnte das Interesse für die Vergangenheit am ungestörtesten gedeihen. Man erlebte sie hier nicht so sehr in ihren historischen Zusammenhängen wie in ästhetischem und individualistisch-charakterologischem Sinne. Das lag ja Forschern am nächsten, die selbst Individualisten waren und meistens auch Schöngeister, ja sich als Dichter gebärdeten. Nun interessierten vor allem Persönlichkeiten und ihre literarische Leistung, wandte man sich daher den dichterischen Werken und der Literaturgeschichte zu. Das ergab sich schon aus der unendlichen Fülle von literarischen Werken, die in der großen Bibliothek nach Bearbeitung verlangten. So entstand hier aus praktischen Notwendigkeiten und zugleich aus innerem Antrieb eine klassische Philologie von erstaunlicher Reife, die bereits alles bot, was wir heute von dieser Disziplin erwarten: Textkritik, die Herstellung des alten Originaltextes, seine Neuausgabe, Exegese, Kommentierung, Feststellung der Autoren, Biographie und Literaturgeschichte. Daß man sich dabei vor allem um Homer bemühte, um die Herstellung des Textes der Epen und um die Autorenfrage, versteht sich von selbst. Dabei stand vielfach Freude und Interesse am einzelnen Objekt, am einzelnen Vers, an der einzelnen Szene, am einzelnen Werk im Vordergrund. Man gab sich solchermaßen einer mehr antiquarisch-ästhetischen Ergötzung hin. Doch schuf man auch zusammenhängende Darstellungen z. B. über die attische Komödie und Tragödie. Im ganzen gesehen, kann man die Philologie Alexandreias zu den großartigsten geistesgeschichtlichen Leistungen aller Zeiten zählen. Selbst die hohen Schulen Athens hatten nichts damit Vergleichbares aufzuweisen.

Während die strenge Philologie auf die Hauptstadt der Ptolemäer beschränkt blieb, erfaßte die Freude am geschichtlichen bzw. kulturgeschichtlichen Detail, an Kultusaltertümern, Kuriositäten und Merkwürdigkeiten die ganze hellenistische Welt. Noch mehr stand aber auf geschichtlicher Ebene das Biographische im Vordergrund. In der Zeit eines schrankenlos herrschenden Individualismus, in einer Zeit, da Männer die Geschichte machten, war man nur zu leicht geneigt, alle Historie vom Individuum, von seinem Charakter, seinem Erleben, seinem Schicksal aus zu betrachten. Daß Theophrast dem Charakterlichen, dem Leben und Lebensschicksal von der Naturwissenschaft aus nahezukommen suchte, daß sein peripatetischer Kollege Dikaiarch die griechische Geschichte kulturmorphologisch als einen großen „Lebensgang von Hellas“ auffaßte, zeigt uns, wie sehr auch in Athen das biographische Prinzip gewürdigt wurde. In Alexandreia entstanden nun zahlreiche Biographien von Dichtern und von geschichtlichen Persönlichkeiten. Die Darstellungsweise galt dabei oft freilich weniger den historischen Zusammenhängen als dem isolierten Objekt des einzelnen Lebens, Charakters und Schicksals.

Die Darstellung historischer Zusammenhänge und damit die eigentlich große Geschichtsschreibung war in hellenistischer Zeit jedoch mehr in Athen und Makedonien als in Alexandreia daheim. Sie schlug recht verschiedene Wege ein. Auf der einen Seite begegnen wir dem Praktiker und aktenkundigen Fachmann, so in Gestalt des Hieronymos von Kardia oder des ersten Ptolemaios. Auf der andern Seite waren es Literaten, die entweder das Pathos des Erlebens oder die Formfreudigkeit der Rhetorik voranstellten, nicht aber die Verläßlichkeit ihrer Berichte als hauptsächlichstes Anliegen betrachteten. Galten diese Bemühungen auch mehr der Zeitgeschichte, so wurde in Athen doch auch antiquarische Stadtgeschichte geschrieben, z. T. sogar in vielbändigen Werken.

Entsprechend der stärker nationalistisch betonten Einstellung der Wissenschaftspflege im Peripatos und in Alexandreia fehlte ein wirkliches Interesse an der Geschichte des Alten Orients, obgleich man seine Denkmäler nun unmittelbar vor Augen hatte. Ein Idealbild der Pharaonenzeit entwarf zwar Hekataios von Abdera, doch gründete es sich nicht auf Forschung, so daß es eher zu den damals üblichen Staatsutopien gerechnet werden muß. Die Werke, welche auf Grund der einheimischen Literatur von Orientalen in griechischer Sprache für die Hellenen verfaßt wurden (dazu S. 337), fanden bei diesen keine Leser. Die Rückschau der wissenschaftlichen Kreise beschränkte sich damals somit auf die eigene Vergangenheit.

Mit den rückschauenden Interessen der Geisteswissenschaften gingen die analogen Wünsche des Leserpublikums Hand in Hand. Aus ägyptischen Papyrusfunden erkennen wir, daß Werke früherer Historiker wie Herodot und Thukydides immer noch eifrig gelesen wurden, die modernen Geschichtsschreiber aber kaum. Die Zeitgeschichte interessierte weit weniger als die Historie der großen griechischen Vergangenheit. Gleiches galt von den dichterischen Werken. Die hellenistische Tragödie brachte es nicht zu einem größeren Leserkreis, dagegen standen die großen Klassiker des attischen Dramas und unter den Epikern Homer durchaus im Vordergrund. Von der modernen Dichtung vermochte sich bezeichnenderweise nur die naturalistische Komödie des Menander einigermaßen durchzusetzen, ferner Theokrit mit seinen Idyllen und der antiquarisch-ästhetische Kallimachos.

Mathematik und Naturwissenschaften

Mathematik, losgelöst von symbolistischen Spekulationen, stellt sich uns als das Erzeugnis eines bereits rationaleren Geistes dar. Auch Naturwissenschaften werden erst dann zu ernsterem Anliegen, wenn sie sich frei fühlen können von allen einschränkenden Direktiven, wie sie in älteren Entwicklungsstufen von irgendwelchen Zentralwerten ausgehen. Diese Wissenschaften gedeihen am besten, wenn sie sich im Sinne des S. 226 f. besprochenen Interessenseparatismus isoliert fühlen können. Daher steht ihr Optimum bei den Hellenen auch am Ende der großen Entwicklung. Daß Mathematik und Naturwissenschaften am besten in Alexandreia zur Blüte gelangten, ergab sich aus den rationalen Neigungen aller sekundär begründeten Überseekulturen, aus den technischen Aufgaben und aus den Finanzierungsmöglichkeiten, die sich dort darboten. Außerdem richtete sich das persönliche Interesse des zweiten und dritten Ptolemäers besonders auf diese Fächer.

Euklid faßte in Alexandreia das gesamte mathematische Wissen seiner Zeit zusammen und machte mit seinem Werk weit über das Altertum hinaus Epoche. Archimedes wurde bahnbrechend in der Darstellenden Geometrie, Konon und Apollonios von Perge förderten die Theorie der Kegel und Kegelschnitte, letzterer begründete wahrscheinlich auch die Lehre von den Irrationalgrößen.

Der Astronomie kam nun zugute, daß man von den Orientalen Methoden und Beobachtungsmaterial beziehen konnte. Die großartigste Erkenntnis gewann aber Aristarch, der als erster die Ansicht vertrat, daß sich die Erde um sich selbst und zugleich auch um die Sonne drehe. Er stellte somit der bisherigen Theorie der Geozentrik seine These des heliozentrischen Systems entgegen. Doch fand er übermächtige Gegner nicht nur bei den übrigen Astronomen, sondern auch bei der stoischen Philosophie. Da Apollonios von Perge mit seiner Epizyklentheorie eine Erklärung der Planetenbahnen auch auf geozentrischer Grundlage zu bieten schien, ist diese bedeutendste naturwissenschaftliche Erkenntnis der Antike unfruchtbar geblieben und der Vergessenheit anheimgefallen. Erst Kopernikus und Kepler haben in einem späteren, abendländischen Entwicklungsablauf die Auffassungen Aristarchs erneut gewonnen.

Daß auch die geographische Wissenschaft nunmehr zur Blüte kam, ergab sich schon aus dem gewaltigen Zuwachs an Material und aus der Notwendigkeit, die neuen Räume und Handelswege in wissenschaftlicher Erkenntnis zu bewältigen. Seleukiden und Ptolemäer hatten besonders an den Handelsverbindungen mit Indien das größte Interesse (vgl. S. 292). Pytheas gelangte von Massalia aus bis in die Nordsee und nach Nordbritannien, doch fanden seine Berichte keinen Glauben. Man hielt ihn für einen Utopisten, der in der damals modernen Weise Phantasiereisen über phantastische Länder schrieb. Als bedeutendster Geograph der Antike wirkte in Alexandreia nunmehr Eratosthenes, der die Gradmessung in entscheidender Weise förderte, damit eine bessere Vorstellung von der Größe des Erdballs gewann und auf Grund einer exakten Auswertung des ihm zur Verfügung stehenden Materials eine neue Erdkarte entwarf.

In der Physik gelangte vor allem die Sonderdisziplin der Mechanik zu namhaften Erfolgen. Archimedes begründete die Lehre vom Schwerpunkt wie auch vom spezifischen Gewicht und entdeckte das hydrostatische Prinzip. Doch wandte man sich allzu sehr der praktischen Auswertung zu. Archimedes selbst fühlte sich zwar in erster Linie als Theoretiker, aber schon Heron ging fast ganz in der Praxis auf.

Naturgeschichte wurde eifriger im Peripatos als in Alexandreia gepflegt. Theophrast überragte als Botaniker mit seiner Pflanzengeographie und Physiologie alle anderen Fachgenossen. Auch Zoologie wurde von den Peripatetikern betrieben.

Um so mehr stand Alexandreia in der Medizin im Vordergrunde. Hier war man nun aufgeklärt genug, am Sezieren von Leichen keinen Anstoß mehr zu nehmen. Herophilos entdeckte jetzt das menschliche Nervensystem und beinahe den Blutkreislauf. Als praktischer Arzt bediente er sich vor allem der Arzneien. Erasistratos nahm an Verbrechern sogar Vivisektionen vor und verwandte das Tierexperiment. Er erkannte den Unterschied zwischen motorischen und Empfindungsnerven, galt als großer Chirurg und empfahl anstelle von Arzneien lieber Diät.

Soviel über die größten Meister der Mathematik, der Naturwissenschaften und der Medizin. Es war die höchste, zugleich aber auch die letzte Blüte dieser Disziplinen im griechischen Kulturablauf. Niemand konnte um 200 v. Chr. ahnen, daß auf so glänzende Erfolge bald eine völlige Stagnation folgen werde.

Architektur und Technik

Für Baukunst und Technik waren die Griechen hervorragend begabt. Bis in Urzeiten führten die Traditionen zurück, und später verehrte man die Baumeister Agamedes und Trophonios als die heroischen Urheber des Monumentalbaus mykenischer Zeit. Die Technik aber fiel unmittelbar in das Ressort der Göttin Athene, die ja überhaupt als Schutzherrin allen Fortschritts galt. In den archaischen und klassischen Entwicklungsstufen waren Architektur und Technik in das damals noch bestehende organische Gesamtsystem der Kultur eingebaut. Man beschränkte sich darauf, den Göttern würdige Wohnungen in Gestalt von Tempeln zu errichten, die Städte mit starken Mauern zu umgeben und Wasserleitungen anzulegen. Die Technik diente vor allem dem Schiffsbau.

Als aber der Hellenismus begann, als reiche und mächtige Herrscher Geschichte machten, als auch in den neugegründeten Überseestädten eine materiellere Auffassung zum Durchbruch gelangte, da änderte sich der Bauwille. Repräsentative Funktionen hatte man einst auch einem Parthenon zugedacht, doch fand er seine Vollendung im richtigen Maß. Nun gewann das repräsentative Bauen etwas Maßloses, Überladenes und Überschwengliches. Man konnte sich nicht genugtun an Prachtentfaltung. Neben den Tempeln wuchsen bald monumentale Altaranlagen (vgl. Tfl. 37) und Fürstengräber empor. Allgemein verlegte man sich auf die prunkvolle Ausgestaltung von Aufgängen, Prachtstraßen und Prachtplätzen durch Treppen, Terrassen, Säulenstellungen und Säulenhallen (Plan 5), Statuen und monumentale Friese. Vieles davon ist prachtvoll gelungen, anderes blieb einfach protzig. Irgendwie stand die Architektur damals zwischen Künstlerschaft und Banausentum. Wir stellten sie hier mit der Technik zusammen, da der Architekt vor allem auch Nutzbauten wie Wasserleitungen, Stadtmauern, Hafenanlagen u. dgl. zu schaffen hatte. Auch die sollten nicht nur nützlich sein, sondern zugleich prächtig wirken.

Die Technik trat im Hellenismus stark in den Vordergrund, angespornt durch die Bedürfnisse der überseeischen Großreiche, aber vielfach auch durch die Fortschritte der Naturwissenschaften, die eine praktische Verwertung nahelegten. Entsprechend den Intentionen der königlichen Mäzene mußte vor allem die Kriegstechnik gefördert werden, besonders durch Konstruktion schnelladender und weitreichender Artillerie. Auch Geschütze, die ihre Geschosse mit komprimierter Luft antrieben, wurden damals gebaut. Bei der Flotte versuchte man es mit immer größeren Schiffen, doch bewährten sich diese infolge ihrer schlechten Manövrierfähigkeit nicht.

Für friedliche Zwecke lernte man nun Schrauben, Flaschenzüge und Hebel verwenden, man baute Schraubenpressen, konstruierte Pumpen, Wasseruhren und allerlei optische Apparate. Doch fällt uns auf, daß viele neue Errungenschaften in den Anfängen steckenblieben und bloß spielerischen Zwecken dienten, so der Konstruktion von Orgeln, Automaten und Wasserspielen. Auch die Entdeckung der motorischen Kräfte des komprimierten Wasserdampfes verwendete man nur für Kindereien. Ohne Zweifel fehlte der Wille zum folgerichtigen Ausbau und

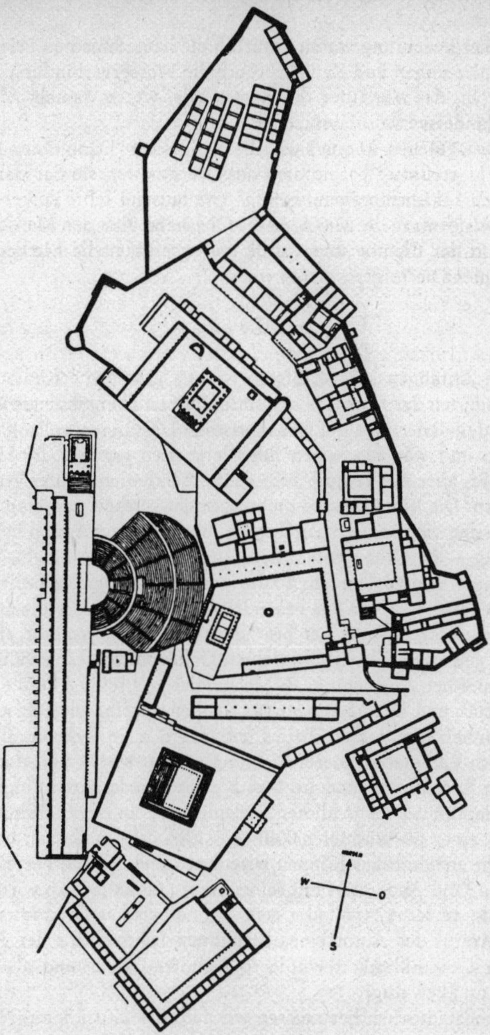

Plan 5: Hellenistische Residenz zu Pergamon (Paläste, Tempel, Theater, Magazine, Kasernen)

ebenso eine hinreichende Verbindung von Erfindung, Erzeugung und Geschäft (s. dazu noch S. 430f.).

Von großer Bedeutung waren natürlich die bautechnischen Leistungen an Straßen, Wasserleitungen und Kanälen. Auch die Wasserverbindung zwischen Rotem Meer und Nil, der Vorläufer des Suezkanals, wurde damals wieder hergestellt und vom Handelsverkehr benützt.

Im ganzen gesehen können wir die technischen Erfolge des Hellenismus als beachtlich, ja großartig bezeichnen, doch vermochten sie das damalige Zeitalter weder so radikal umzuprägen, wie das zweitausend Jahre später im Abendlande geschah, noch gewann die Maschine die Oberhand über den Menschen; auch fehlte die Disziplin der Chemie und wurde die experimentelle Methode kaum jemals mit Konsequenz verfolgt.

Die Künste

Von den Anfängen her verfolgten wir die griechische Kunst Stufe um Stufe und bewunderten das rasche, ja sich mitunter fast überstürzende Getriebe, in dem sich die Aufeinanderfolge der künstlerischen Leistungen vollzog. Alles schien da zu drängen und war aus besten Schöpferkräften gezeugt. Im Hellenismus verlangsamt sich aber das Tempo, auch geht die Sicherheit in der Wahl der Richtungen verloren. Die Künstler sind nun ungemein gescheit und klug, sie beherrschen das Technische wie nie zuvor, doch fehlt ihnen — das erstemal in der griechischen Entwicklung — die Geborgenheit derer, die im Traum wandeln. Das verstandesmäßige Wägen und Wollen tritt an die Stelle des blinden Müssens.

An der Poesie wird uns das besonders deutlich. Irgendwie wurde sie nun vom Großstadtintellektualismus her bestimmt. Da finden wir vor allem den *doctus poeta*, den gelehrten Dichter, als wahren Goldschmied des gewählten Wortes und der antiquarischen Anspielung, als Meister der geistreichen Pointe, als Kenner, der in Lyrik, Epik und Drama wieder für Kenner schreibt, als Feinschmecker bis zur Verschrobenheit. Ein solcher Typus tritt uns u. a. in Lykophron entgegen, doch gehörte auch Kallimachos dieser Richtung an, nur war er höfischer und geschmeidiger, auch feinsinniger und im Besitz eines wunderbaren Fingerspitzengefühls für alle Nuancen des menschlichen Seelenlebens; ein echter Dichter, doch mit dem Geschmack einer überzüchteten Zeit. Als großartig muß man bei den gelehrten Dichtern ihr erstaunliches Können bezeichnen und die unerhörte, allesmeisternde Routine. So fand Apollonios mit seiner Argonautika endlich wieder zum Heldenepos zurück, verfaßte Apollodor sein chronologisches Geschichtswerk in Versen und war Aratos der Autor eines berühmten Lehrgedichts der Astronomie. Mit artistischer Geschicklichkeit wurde so jeglicher Gegenstand als poetischer Stoff präpariert und bewältigt.

Vom Großstädtischen her müssen wir auch das „Zurück zur Natur" des Theokrit verstehen. Seine Idyllen künden von dem verlorenen Paradies des ländlichen Daseins ähnlich wie später die Schäfergesänge des Rokoko. In seiner Art war Theokrit ein großer Meister, nur war er kein Hesiod, sondern ein Vertreter jener stadtflüchtigen Stimmung, die sich in übersättigten Stadtkulturen auch sonst nicht selten einstellt.

Ganz ungescheut gab sich die neue Komödie Menanders als Großstadtkind. An ihr erkennen wir so recht, daß die Leute nur um so kleiner werden, je größer die Städte sind. Freilich ist es z. T. eine negative Auslese, die uns der Dichter bietet, mitunter schon nach dem Prinzip des „Mistkübels" zusammengestellt[81]. Dirnen, Zuhälter, Prahlhänse, Schwindler, Hypochonder beherrschen die Bühne. Sie werden zwar mit kraß naturalistischer Manier, doch in wunderbarer Lebensechtheit vor unser Auge gestellt. Bedenkt man, was für ein verwöhnter Lebemann Menander selbst gewesen, so kommt einem zu Bewußtsein, daß auch hier keine naive Dichtung mehr vorliegt, allerdings auch keine sentimentalische wie etwa bei Theokrit, sondern eine köstlich pointierende, gleichsam durchtriebene Poesie mit einem kräftigen Schuß Dekadenz.

War Menander als Künstler und Zeitkritiker einer der größten Meister der Weltliteratur, so machten sich für gröberen Geschmack allerlei Unterhaltungsmanieren auf primitiveren Schaubühnen breit, die nur mehr darauf hinzielten, das Publikum zum Lachen zu bringen oder in Obszönitäten zu wühlen. Seitdem der Söldner in der Welt eine so bedeutende Rolle spielte und oft auch mehr Geld hatte als der kleine Bürger, bestimmte er ja gleichsam „das andere Ende" des Zeitgeschmacks und forderte zu letzten Steigerungen an Plattheit und Gemeinheit auf.

Weit mehr als früher trat mit fortschreitendem Hellenismus die Prosa in den Vordergrund, nicht so sehr bei den griechischen Kolonisten und Grundbesitzern, die brav ihre Klassiker lasen, wohl aber im Gewimmel der Weltstädte. Hier interessierten allmählich Romane und Reportagen weit mehr als jede Dichtkunst. Da gab es Reiseberichte, Abenteuer- und Hintertreppenromane, auch allerlei utopistische Schilderungen, welche nun die Phantasie der Großstädter fesselten, wurden sie doch hierdurch aus der Enge ihres alltäglichen Zusammengepferchtseins herausgehoben. Bezeichnenderweise trat neben die fachhistorischen Darstellungen des Alexanderzugs ein richtiger Alexanderroman.

Wir beobachten mit alledem eine neuartige Ausweitung des künstlerischen Horizonts von der geistigen Sphäre der griechischen Polis in die der hellenistischen Großstadt und damit auch schon in die des Weltbürgertums. Dabei begegnen wir allenthalben Phänomenen, die irgendwie bereits am Rande des Künstlerischen, ja z. T. schon jenseits desselben liegen. Es fehlte zwischen ihnen auch an Zusammenhang. Die antiquarischen Neigungen eines Kallimachos erweisen sich als etwas ganz anderes als die vornehme Lüsternheit des Menander oder der Weltschmerz Theokrits. Aber wir hören aus allen diesen Stimmen doch irgendwie denselben leichten Mißton einer Übersättigung heraus. Das liegt nicht an der Kunst dieser Meister, sondern an der Gestimmtheit ihrer Zeit, die schon etwas Unechtes und Abgestandenes in sich trägt. Die Art, wie sie diese Stimmungen zum Ausdruck brachten, also das unmittelbar Künstlerische, war dagegen von höchster Vollendung. Da war alles gekonnt bis ins Letzte, stilistisch ebenso wie in der psychologischen Beobachtung, es waren Äußerungen höchster individualistischer Meisterschaft. Sie muten an wie wunderbare Orchideen, die auf einem bereits absterbenden Baum erblühen.

Über die Architektur haben wir nicht ohne Absicht bereits im Zusammenhang mit der Technik berichtet. Ausdruck des damaligen, sich an Äußerlichkeiten so sehr erfreuenden Zeitgefühls war der Korinthische Stil. Es entsprach aber der rückschauenden Geisteshaltung jener Zeit, daß daneben auch der ionische und der dorische Stil weiterverwendet wurden. Die Bauten des Hellenismus wirkten nicht nur in ihrer Prunkentfaltung, sondern auch in ihrer imponierenden Anordnung vielfach großartig. Nur kann man das nicht mehr so sehr als Ausfluß individueller Genialität bezeichnen. Der Parthenon war noch einmalig gewesen unter der Vielzahl anderer Tempel. Das neue Großartige wurde aber vom rationalen Verstand, vom guten Geschmack und von der Routine gemacht. Es war gleichsam Allgemeingut der Architekten, das diese lieferten, sobald man ihnen die nötigen Aufträge und Geldmittel anbot. Daher finden wir auch überall die gleichen prachtvollen Treppenanlagen, Terrassen und Säulenhallen. Wir bewundern also gerne

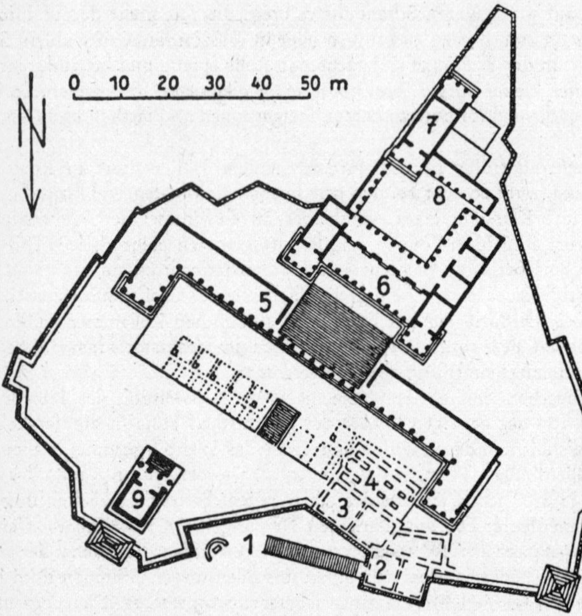

Plan 6: Heiligtum mit Treppenanlagen und Tempelterrassen zu Lindos

die gewaltige Breitenwirkung, welche die „schöne Architektur" damals gewann, doch steckte darin zuviel routiniertes Können, als daß sie uns wahrhaft zu ergreifen möchte (vgl. dazu unsere Pläne 5 und 6).

Ähnliche Erscheinungen einer gewissen Ziellosigkeit bei höchster technischer Vollendung und Routine treffen wir auch in der hellenistischen Plastik. Da sich nichts Neues anbot, das wahrhaft zu befriedigen vermochte, verblieb man immer noch gern im Realismus, und zwar sowohl in seiner hochdramatischen Art wie in seiner zweiten, die durch bürgerliche Innigkeit bestimmt wurde (s. dazu S. 236 ff.). Die erste Richtung leitete sich von Skopas her und fand immer neue Verwirklichungen bis herab zu den Galaterskulpturen (Tfl. 36) und dem Zeusaltar von Pergamon (Tfl. 37). Ein Nachlassen des inneren Spannungsmoments läßt sich hierbei nicht verkennen. Man hat diese Richtung eines betonten und schwungvollen Pathos nicht zu unrecht als „antikes Barock" bezeichnet. Die bürgerliche Schlichtheit, welche von den attischen Grabreliefs ihren Ausgang genommen hatte, lebte einerseits etwas ernüchtert weiter in den Porträtsstatuen eines Demosthenes oder Menander, andererseits aber, ins Anmutsvolle gesteigert, bei Lysippos (s. S. 237). Dann wurde die Anmut immer liebenswürdiger und reizender, teils aparter — man denke an das Mädchen von Antium mit seinem neuen Typus der sachlich kühlen und doch um so anziehenderen jungen Dame (Tfl. 39) — teils aber verspielter und in eine Art von „antikem Rokoko" mündend (Tfl. 40).

Daß man sich vom Realismus so schwer trennte, kann als symptomatisch bezeichnet werden. Wie schon erwähnt, fand man ja keine neue Richtung mehr, die dem feinsinnigen, auf das Schöne gerichteten Kunstgeschmack der Hellenen noch völlig entsprochen hätte. Wohl bot sich der Naturalismus an in seinen verschiedenen Formen als allein noch nicht verwirklichtes Programm, als einziges offenes Feld, das noch nicht mit Leistungen vollauf bepflanzt worden war. Doch handelte es sich dabei fast noch mehr als auf dem Gebiete der Dichtung um Abseitigkeiten, denen sich die Griechen im Grunde nur zögernd hingaben. Immerhin entschlossen sich nunmehr einzelne Bildhauer zur Wiedergabe des Niedrigen, Häßlichen und Gemeinen, wie es uns z. B. in der „Trunkenen Alten" entgegentritt (Tfl. 41), oder sie verlegen sich auf eine Übersteigerung des Grauenvollen nach Art der „Laokoongruppe". Andere neue Möglichkeiten suchte und fand der Verstand in der Darstellung des Exotischen, so von Skythen (Tfl. 38), Kelten u. dgl., oder in der Erotik (Tfl. 42). Manche Bildhauer begnügten sich aber einfach mit einer gewissen Massierung des Stofflichen, so z. B. im Vater Nil mit seinen (die sechzehn Ellen der Überschwemmung darstellenden) Kindern. Wir bezeichnen diese Abseitigkeiten in ihrer Gesamtheit als hybride Spielformen.

Soweit unser Überblick über die Plastik, der uns bis tief ins 2. Jahrhundert herabführt, da Realismus und Naturalismus so lange nebeneinander hergehen, daß sich hier zeitliche Grenzen kaum ziehen lassen. Auch in der Plastik trat uns allenthalben hervorragendes Können entgegen, dem aber zum Teil würdige Aufgaben bereits mangelten. Wiederum mühte sich nun der Verstand um neue, noch nicht verwirklichte Ziele, gelangte aber nur auf dem Wege der psychologischen Verfeinerung zeitweise zu einigen neuen Höhepunkten. Im übrigen stellen wir eine gewaltige Ausweitung der Produktion fest, zumal ja die moderne Architektur immer mehr der Statuen zu ihrem Schmucke bedurfte.

Mit der Entwicklung der Plastik ging im großen und ganzen die der Malerei Hand in Hand, nur daß man in der Malkunst erst zur Zeit Alexanders im Technischen jene Stufe erreichte, welche eine volle Ausschöpfung der realistischen Idee in Gemälden gestattete. Hier können wir nun in der Meisterschaft eines Apelles, eines Theon und Aëtion wohl den Gipfelpunkt der griechischen Malkunst erahnen. Mehr noch als in der Plastik vermochte man jetzt gewisse Feinheiten des Psychologischen und mancherlei Stimmungsmomente zum Ausdruck zu bringen. Daß infolge des erwachenden Naturgefühls auch die Wiedergabe von Landschaften, Gärten u. dgl. erfreute, versteht sich von selbst. Leider ist uns von den Werken der großen Malerei kein einziges mehr erhalten, doch wurde vieles kopiert und ging in die Skizzenbücher über, nach denen bis in die römische Zeit die Wandmaler und Mosaikmeister arbeiteten (vgl. Tfl. 35 und 43). So gewinnen wir über Antiocheia und Pompeii wenigstens eine ähnlich entfernte Vorstellung von den dahinterstehenden Meisterwerken wie etwa über die Kirchenmalerei in Bayern und Österreich eine solche von Michelangelo.

Damit sind wir am Ende unseres Überblicks über die Künste im Hellenismus angelangt. Wir bewundern das reiche Können dieser Zeit, stellen aber in der Wahl des Stofflichen eine derartige Unsicherheit fest, daß wir fast zweifeln, ob wir hier noch von einer richtigen Blüte sprechen dürfen. Das steht im Gegensatz zu der gleichzeitigen echten und vollen Blüte der Wissenschaft. Diese hatte viel später begonnen, im griechischen Kulturablauf eine Rolle zu spielen, nun hatte sie aber den längeren Atem. Nicht mehr so sehr die Kunst als die Wissenschaft prägte den Zeitgeist des Hellenismus.

Was war aber die Ursache dieses so unverkennbaren Nachlassens des griechischen Kunstschaffens? Zweifellos handelt es sich darum, daß nun die Möglichkeiten, welcher der Phantasie der Hellenen in der einmal eingeschlagenen Richtung (dazu bes. S. 428 ff.) offenstanden, einfach erschöpft waren. Daher mangeln seit dem 1. Jahrhundert v. Chr. auch die neuschöpferischen Impulse. Es wird nun überhaupt nichts Originales und wahrhaft Neues mehr geschaffen. Man beschränkt sich allenthalben auf eine Wiederholung des Alten und begnügt sich mit klassizistischen Renaissancen, so in der Literatur mit dem Attizismus, der zweiten Rhetorik und zweiten Sophistik. Auch in den bildenden Künsten erfolgt alles weitere Schaffen immer wieder nach den bisherigen Stilarten und kommt von griechischer Seite nichts mehr, was wir als neu bezeichnen könnten (vgl. dazu auch noch S. 368).

18. KAPITEL

Hellenistisches Weltbürgertum

„Hellenismus" als Spätstadium der Kulturentwicklung

Als „Hellenismus" bezeichnet man gemeinhin den mit Alexander beginnenden letzten großen Abschnitt der griechischen Geschichte. Der Ausdruck stammt in dieser Bedeutung nicht aus der Antike, er gehört erst der modernen Gelehrtensprache an. Daher wird auch Mehrfaches unter dieser Bezeichnung verstanden, so u. a. das Ausgreifen der griechischen Besiedlung nach den Überseeländern des Orients, ferner das weltweite Ausstrahlen der hellenischen Gesittung in einer schon mehr zivilisatorischen und kosmopolitischen Ausdeutung ihres Bestandes, schließlich die innige Vermischung von griechischem Abendland und Orient mit allen Auswirkungen ihrer gegenseitigen Beeinflussung. Im Grunde handelte es sich bei allem, was wir hier aufzählten, aber um denselben entwicklungsmäßig bedingten Tatsachenkomplex, lediglich nach seinen verschiedenartigen Manifestationen erschaut.

Alle dynamische Geschichte strebt in die Weite. Bei den Hellenen hatte es mit der engen Kaste des Adels begonnen, dann griff die Polis lokal auf die Gesamtheit der Bürgerbevölkerung des Kleinstaates aus. Darauf empfahl Isokrates den etwas weiteren Kreis der Nation als höchsten Wert. Nun geht das Verlangen auch noch darüber hinaus und gilt dem Dasein in einer weiten, überseeischen Welt.

Rein biologisch ergab sich der Drang nach den überseeischen Ländern schon aus der Übervölkerung des griechischen Mutterlandes. Der Überschuß an Politenblut bedurfte der Öffnung der Schleusen, und gleiches galt von der Überkraft des makedonischen Adels. Hier handelte es sich also um ein gleichsam naturgemäßes Überschäumen, das sich nach der Richtung des lockendsten Ziels und geringsten Widerstands ergoß.

Vorbereitet und begleitet wurde dieser Vorgang aber durch eine grundlegende Veränderung in der Struktur der griechischen Gesittung. Ihr Schwergewicht verlagerte sich nämlich immer mehr vom Irrationalen zum Rationalen und vom Kulturhaften zum Zivilisatorischen, eine entwicklungsmäßig bedingte Abfolge, die mit der Ablösung von den irrationalen Bindungen der Frühzeit begann. Zuerst führte sie nur zur Anerkennung des schöpferischen Ingeniums, dann aber zog sie eine „Befreiung" auch des alltäglichen Individualismus, Intellekts und Rationalismus nach sich. Kein Zweifel, der irrationale Kulturgehalt wurde hierdurch weitgehend verdünnt und von rationalen Elementen durchsetzt.

Dabei erwies sich diese Ausgestaltung der Rationalfaktoren für die nun einsetzende große Auswanderung als außerordentlich nützlich. Zur Bewältigung der gewaltigen Räume bedurfte man ja nicht so sehr irrationaler Versponnenheit wie rationaler Wachheit. Auf das Praktische kam es nun an, auf die organisatorische Leistung, auf die Routine und auf das Technische. Eine Kolonistenmentalität bildet sich mit gesteigerter Nüchternheit. An die Stelle des Einsatzes für höhere Ideen traten nun häufig genug Utilität und egoistisches Streben. Wohl hielt man grundsätzlich an der Wertschätzung des großen Irrationalen im Nationalen, Schönen und Religiösen fest, doch blühte es gleichsam nur mehr am Rande des breiten Stromes zivilisatorischer Nützlichkeiten. So wurde von Übersee her die auch im Mutterland durch die Entwicklung bedingte Steigerung des Rationalen noch weiter begünstigt.

Im Bereich des Irrationalen ist eine Verständigung zwischen Völkern und Kulturen, die einander an sich ferner stehen, zwar nicht ganz unmöglich, aber doch nur recht schwer zu gewinnen. So blieb z. B. den Griechen das iranische Lehensverhältnis der gegenseitigen Treue von Lehensherren und Lehensträgern immer unverständlich. Die Orientalen vermochten dagegen die demokratischen Leidenschaften griechischer Politen kaum zu begreifen. Auch wir bemühen uns fast vergeblich, gewisse Wesenszüge der ägyptischen Religion oder der indischen Asketik nachzuempfinden.

Ganz anders verhält es sich im Bereich des logisch völlig Erfaßbaren und Rationalen. Hier können wir uns über alle Völker hin mühelos verständigen. Der Intellekt stellt sich als eine allgemein-menschliche Anlage heraus, und auch der Egoismus des Einzelnen baut ebenso wie der (meist als Utilität bezeichnete) Gruppen-Egoismus Brücken des Verständnisses von Völkern zu Völkern.

Die Rationalisierung machte die griechische Gesittung in ihrer neuen Form nun auch für Nichtgriechen verstehbar und zur Übernahme geeignet. Aus rationaler Betrachtung hatten ja seit der Sophistik die Griechen selber schon manche rationalen Formeln für ihr eigenes Geistesgut gefunden, sogar auch für solches, das einst aus sehr irrationalen Quellen entstanden war. Für die Übernahme des städtischen Wesens, der Athletik, der Baukunst und der dekorativen Künste, der Rhetorik und Technik lagen bereits rationale Rezepte vor, nach denen man unschwer verfahren konnte. Je nach Begabung und Einstellung mochte der einzelne Nichtgrieche dann noch tiefer eindringen und sich vielleicht sogar die irrationalen Quellen erschließen. Wer sich aber nicht sonderlich bemühte, dem konnte ein dürftiger Firnis genügen.

So bildete sich neben dem in seiner Entwicklung gewachsenen nationalstolzen Hellenentum ein von der griechischen Volkhaftigkeit und Vergangenheit eigentlich schon unabhängiger international verwendbarer Hellenismus heraus, der sogar im Mutterland allmählich Boden gewann und hier schließlich Pietätlosigkeit neben Pietät stellte. Von pietätloserem Geist waren aber auch schon die Kolonisten bestimmt, meist ohne es selbst zu wollen. So sehr sie auf ihre Abkunft stolz waren, die Palästren besuchten und die Klassiker lasen, im Grunde waren sie nun doch Nützlichkeitsmenschen, für welche die alte Kultur mehr Formsache als wirklicher Inhalt war. Das weite Fremdland forderte ihnen diese Umstellung auf die Welt des Nützlichen und Praktischen gebieterisch ab.

Was daher die Kolonisten an Griechentum brachten, war für die Unterworfenen nicht mehr schwer zu übernehmen. Das alte Irrationale lag für sie in rationalen Formeln bereit. Das Rationale bedeutete aber überhaupt kein Fremdgut. Das Problem lag nur darin, wie weit man sich aus dem eigenen ererbten Kulturstatus loslösen konnte und wollte, um in den Hellenismus überzugehen.

Nichts ist hierfür bezeichnender, als daß selbst in Kreisen der griechischen Intelligenz die Auffassung zusehends Anhänger gewann, daß Griechentum gar nicht auf die eigene Volkhaftigkeit beschränkt bleiben müsse, sondern auch von Fremdlingen erlernt werden könne; daß Griechentum also (um mit den Sophisten zu sprechen) nicht etwas Naturgegebenes, sondern ein aus der Umwelt gewonnenes *(thesei!)* Bildungsgut darstelle. Darüber müssen wir uns aber im klaren sein: Wie der große Schrittmacher der hellenistischen Geistesexpansion das Rationale war, so wurde auch dieses übernationale Griechentum gar oft weit mehr mit Vernunft und Intellekt als mit dem Herzen erfaßt.

Zusammen mit der übrigen, jetzt so weltwärts gerichteten Gesittung übernahmen die Nachbarn von den Griechen auch den aus späthellenischer Geisteshaltung geborenen Typus der selbstherrlichen Machtpersönlichkeit. Wir treffen ihn nicht nur bei Alexander und den makedonischen Diadochen, sondern auch in Epeiros, bei den Karthagern (man vergleiche Hamilkar Barkas und Hannibal), schließlich auch bei den Römern, wo Sertorius eine besonders krasse Ausprägung darstellt. Unter den Orientalen repräsentierten Mithradates VI., Eupator und Tigranes diesen Typus.

Bei der weltweiten Ausbreitung der griechischen Gesittung konnte es schließlich nicht ausbleiben, daß die griechische Denkweise und damit auch die griechische Philosophie kosmopolitischen Charakter annahm. Wir haben erste Ansätze hierzu bereits in den Anschauungen der Kyniker angetroffen. In nachfolgenden Abschnitten wollen wir das Aufblühen und die Verbreitung neuer, rein weltbürgerlicher Philosophien eingehend behandeln.

Noch haben wir aber die Frage nach dem Wohin der Ausbreitung zu stellen. Die Auswanderung ging allein nach dem Osten, da nur nach dieser Richtung ein wesentliches Machtgefälle herrschte und die makedonischen Heere allen Gegnern überlegen waren. Gegen Westen zu befand sich das Griechentum dagegen vor Italikern, Karthagern und Römern im Zurückweichen. Gerade im Osten kam es daher zu einem dauernden und besonders engen Kontakt zwischen griechischen Kolonisten und Einheimischen, kam es auf breitester Basis zu einem geistigen Neben-, ja schließlichen Ineinander. Was die Griechen in diesem Austausch anboten, war das ungeheure Inventar ihrer nun weltbürgerlich und rational gewordenen Kultur, was sie dafür schließlich gewannen, war aber ein neues Irrationales, ein neuer Glauben. Doch sollte letzteres erst etwas später zur übermächtigen Tatsache werden, es wird daher auch von uns erst später behandelt. Im Augenblick wollen wir festhalten, daß beides, die Überschichtung des orientalischen Fremdlandes und die daraus erwachsende Gegenwirkung (Subversion) sich mit entwicklungsgeschichtlicher Notwendigkeit ergab und daher mit zu den Hauptthemen des Hellenismus gehörte.

Dem Westen gegenüber blieben die Griechen kulturell immer die Gebenden. Karthago nahm von ihnen mehr die rationale Form der Gesittung an, Rom jedoch gewann ein weit tieferes Verständnis. Es erlebte daher eine Hellenisierung besonderer Art, über die weiter unten noch eingehender zu sprechen sein wird. Wie Rom schließlich seine Dankesschuld abzahlte, indem es den Hellenismus vor Parthern und Arabern rettete, soll gleichfalls erst später dargestellt werden.

Leben nach der Schablone

Nichts ist für zivilisatorische Spätzeiten, insbesondere in überseeischen Ländern, bezeichnender als die Neigung zu einer Standardisierung des Daseins nach der Schablone von Durchschnittstypen. Im Hellenismus tritt uns diese Erscheinung besonders eindrucksvoll entgegen.

Schon die Weiträumigkeit des Koloniallandes, die Tatsache, als Fremde über Fremden im Fremdland zu stehen, also auf einen gewissen Zusammenhalt aus Gründen der Nützlichkeit und der Selbsterhaltung angewiesen zu sein, übte eine nivellierende Wirkung aus. Dabei konnten sich die griechischen Siedler nicht einmal als Beherrscher der einheimischen Unterschichten fühlen. Wohl bildeten sie die höhere, bevorzugte Klasse und verfügten anfangs allein über das Bürgerrecht in den Polisstädten, wohl waren die Städte selbst mit einer Art Autonomie ausgestattet, im Grunde waren aber auch diese Griechen und die wenigen vorhandenen Makedonen nichts anderes als Untertanen des Königs und seinem Willen unterworfen. Sie wurden angesiedelt, wie es eben die Staatsräson von ihnen verlangte, und es darf uns nicht wundern, wenn sie in diesem Status einer gehobenen Untertänigkeit nicht die gleiche Spannkraft und Initiative entfalteten wie einst die hellenischen Kolonisten in Abdera, Syrakus, Sybaris oder Kroton.

Kaum weniger als diese über allen Großreichskolonisten waltende Königsherrschaft wirkte sich allgemein der so sehr den Eigennutz betonende neue Individualismus schablonisierend aus, und gleiches gilt von der Fülle der Anforderungen einer neuen Zeit, welche vorwiegend auf die materiellen Interessen der Wirtschaft ausgerichtet war. So wenig man in der großen Politik noch irgendwie mitzureden hatte, man erfreute sich doch einer privaten Freiheit und eines privaten Lebens, das man ungescheut in den Dienst einer individualistischen Egozentrik stellen durfte. Das alte Vereinsprinzip war ja schon längst veräußerlicht, und lau waren die Anforderungen, welche jetzt der Bürgerverein (d. h. seine öffentliche Meinung) an die Haltung seiner Mitglieder stellte. Jeder konnte nun weit mehr nach seiner Fasson leben, nur daß diese Fasson, da sie stets demselben Alltagsstile galt, sich in der gesamten hellenistischen Welt von Fall zu Fall beängstigend ähnlich sah.

Die Leute duckten sich alle in gleicher Weise vor den Steuern, fürchteten sich vor Krankheiten, vor dem Tod und vor künftigen Kriegen, gingen aus Nützlichkeitsgründen zwar viele wirtschaftlichen und beruflichen Engagements ein, lebten im übrigen aber ihrem Wohlbefinden, ihrem Geltungs- oder Ruhebedürfnis, ihrer Bequemlichkeit, Vergnügungen, Haßgefühlen und Lüsten, immer aber dem Verlangen nach Sicherheit und Geborgenheit. Da die Menschen in all den erwähnten Vitaltrieben und Vitalemotionen meistens recht gleichartig zu sein pflegen, ergab sich aus der Betätigung dieses Trieblebens eine allmähliche Nivellierung und Vermassung der Bevölkerung. Natürlich blieben dabei mancherlei Schattierungen, blieben die merkwürdigen Idealisten, welche den Wissenschaften nachhingen, blieben die Dichter und Künstler. Im allgemeinen aber bildeten sich Standardtypen, die allesamt ihr privates Leben am wichtigsten nahmen und sich nur durch die Art, *wie* sie es wichtig nahmen, nach Sonderschablonen gliederten. Daß auch die Anhängerschaft der neuen Lebensphilosophien nach solchen Schablonen geformt waren, wird uns später noch beschäftigen.

Zum Standard gehörte auch ein entsprechendes Bildungsniveau, wie uns die zahlreich gefundenen literarischen Papyri zeigen. Wir können also auch von einer Standardisierung der Bildung und des auf der Rhetorik aufgebauten Unterrichts sprechen, zumal sich der sprachliche Ausdruck im Sinne der sogenannten Koine gleichfalls vereinheitlichte.

Diese Standardisierung des Menschen griff auch auf das Wesen der hellenistischen Stadt und des städtischen Lebens über, vor allem auf die neugegründeten Städte in Übersee. Aber auch im Mutterlande gab es eine Reihe von Neugründungen und Neuorganisationen, besonders dort, wo die Hand eines hellenistischen Fürsten durch Erweiterung, Verlegung, Neuanlage oder Zusammensiedlung eingriff. Auf diese Weise machte sich z. B. in Pagasai, Chalkis, Sikyon, Korinth, Ephesos und Milet eine moderne Nivellierung des urbanen Stils bemerkbar. Individualitäten blieben unter den Städten vor allem die, welche sich durch eigene Kraft seit vielen Generationen zu tonangebenden Zentren emporgearbeitet hatten, Athen und Sparta, ferner Syrakus und Rhodos. Individualitäten wurden auch die neuen Haupt- und Residenzstädte Alexandreia, Antiocheia und Pergamon, wo allein schon das von Fall zu Fall so verschiedenartige höfische Klima ein eigenes Profil gab.

Für das standardisierte hellenistische Dasein spielte im äußeren Sichgeben die Repräsentation eine erste Rolle. Daß Vermögen und Wohlstand entsprechende Voraussetzungen bildeten, versteht sich von selbst. Dabei handelte es sich meistens um Grundbesitzer, so bei den griechischen Landjunkern in Ägypten und bei den Patriziern in den asiatischen Überseestädten, doch waren auch die Bankiers, Großkaufleute, Reeder und Besitzer größerer Betriebe aus der Oberschicht keineswegs ausgeschlossen. Neben dem Wohlstand war die Zugehörigkeit zur Klasse der Hellenen bzw. Makedonen für diesen Standardtypus die Hauptsache. Man fand sich nun in den Gymnasien und Palästren, auf dem Marktplatz, bei den Rhetoren und im Theater zusammen, man bewarb sich um kommunale Ämter, stiftete Statuen und öffentliche Bauten. Auch diskutierte man über die Rettung der Seele, über das Wesen des Göttlichen oder über das Trojanische Pferd, klagte über die Höhe der Zölle, las und verfaßte Traktate oder Gedichte. Dem Standard entsprach auch die Wohnkultur mit der Gleichartigkeit der Wandgemälde, der Mosaikfußböden, der Bäder, der Möbel von Makedonien bis Ägypten, von Korinth bis nach Seleukeia am Tigris. Diese standardisierten Tatbestände waren allenthalben rational faßbar, daher auch erlernbar und übernehmbar. In welchem Ausmaß solche Übernahmen wirklich erfolgten, werden uns spätere Abschnitte lehren.

Natürlich hatten Großstädte wie Alexandreia, Antiocheia und Athen neben ihren spezifischen Eigenheiten auch noch eine Art von Sonderschablonen gemeinsam. Für diese waren dann u. a. ein besonders hochfahrender Lokalpatriotismus und eine damit verbundene Überheblichkeit charakteristisch, ferner eine ausgeprägte Routine in allem Beruflichen, auch eine Verfeinerung und Differenzierung in allen Künsten und Genüssen, nicht zu vergessen die Sensationslust, welche jedem Großstädter aus Übersättigung irgendwie anhaftet.

Recht bezeichnend ist es für die damalige Zeit, daß sich allenthalben ein gewisses Verlangen erkennen läßt, diesen Alltagsschablonen zu entfliehen. Daher das große Interesse an Magie und Zauberei, an fernen, noch nicht schablonisierten Ländern und Völkern. Daher die Abenteuerromane, welche den Leser auf die Weiten des Meeres, vor allem aber an die Grenzen der Welt entführten. Daher auch der faszinierende Eindruck, den der Berufssoldat in seinem romantischen Glanz und seiner strahlenden Männlichkeit auf den schlichten Alltagszivilisten machte. Auch das Interesse an Wundern und Wundergeschichten und die Versenkung in vergangene Zeiten fiel in das Verlangen, sich über das Einerlei des schablonisierten Alltags zu erheben. Dabei zeigt sich, daß der Landmann nicht selten mit seiner Schablone unzufrieden ist und in die Stadt strebt. Andererseits entdecken aber vor allem die Großstädter ein schier unbezähmbares Verlangen, zum Landleben und zur „Natur" zurückzukehren. So ist zuletzt jeder irgendwie unlustig.

Der Mikrokosmos des Alltags

War das Dasein auch auf den Status des individualisierten Privatlebens schablonisiert, so erblühte innerhalb solcher Schablonen doch immerhin die Kleinwelt des Alltäglichen. Wie sich der Hellenismus einerseits den makrokosmischen Universalorganisationen verschrieb, fand er andererseits am Mikrokosmos des Einzelindividuums ein gleichsam aus dem Kontrast geborenes Gefallen.

Wie schon angedeutet, wirkte sich die Verdünnung des von den indo-europäischen Einwanderern einstmals nach Griechenland gebrachten Vereinsprinzips und seiner Gemeinschaftshaltung irgendwie befreiend aus. Man gewinnt nun fast den Eindruck, als ob die griechische Welt in die Zeit vor der indo-europäischen Einwanderung zurückkehre und an altkretisch-minoische Daseinsformen anknüpfe, besonders in der Intensivierung des Naturgefühls und der gesteigerten Wertung der Weiblichkeit.

Wie innig sich die Minoer in den Zauber ihrer Gärten, in die Pracht herrlicher Blüten oder in das geheimnisvolle Leben der Meerestiefen versenkten, lehren uns ihre Fresken (Tfl. 4) und andere kunstgewerbliche Darstellungen. Diese hauchzarten, traumhaften Naturstimmungen werden erst im Hellenismus wieder so recht lebendig, und auch hier ist es vor allem die Malerei, die ihnen am besten gerecht wird. Nun finden wir auch die gleiche Liebe zu den Blumen und Tieren. Wie man auf Kreta die Götter am liebsten auf Berggipfeln, in Hainen und in Höhlen verehrte, werden im Hellenismus die Kulthöhlen und heiligen Haine immer bedeutsamer. Von Hirtenidyllen, für die der Hellenismus so sehr schwärmte, ist auf Kreta allerdings noch nichts zu bemerken. Diese Neigung wurde wohl erst aus der späteren Großstadtübersättigung geboren (vgl. Tfl. 43).

Die höhere Wertung des weiblichen Prinzips äußerte sich besonders in dem allmählichen Ansteigen der Sehnsucht nach einer weiblichen Hochgottheit, wie sie in der Eleusinischen Demeter den Verfall der griechischen Religion überstanden hatte und in Isis und Kybele vom Orient her großartig in Erscheinung treten sollte. Aber auch im alltäglichen Leben wurde die Würde der Mutter nunmehr weit höher geschätzt, die Bedeutung der Frau und des Familienlebens weit besser beachtet. Anstelle der Heroinen und Dämoninnen der attischen Tragödie trat jetzt die bürgerliche Frau als Geliebte, Gattin und Mutter. Am Hof von Alexandreia war es die höfische Dame, welche eine fast an Kreta gemahnende Rolle spielte und in Gestalt der Gattin des Ptolemaios II. sogar vergöttlicht wurde. Frauen finden wir in großer Anzahl auch in den Zirkeln Epikurs. In der Göttin Psyche fand das weibliche Seelenleben seine Apotheose.

So sehr auch die Zahl der Geburten zurückging, das Kind, Kindheit und Kinderpsyche rückten nun bedeutsam in den Vordergrund des Interesses. Die Freude an rührenden Szenen war ja für das so sehr ins Privatleben zurückgedrängte Lebensgefühl des Hellenismus charakteristisch. Daher fand nun auch in den Kultlegenden die Jugendzeit der Götter besondere Aufmerksamkeit, wurden die göttlichen Kinder und Knäblein besonders ins Herz geschlossen. Auch in der Argumentation der Philosophen spielten Kindheitsalter und Kinderpsychologie eine große Rolle. In Kulte und Mysterien wurden die Nachkommen vielfach schon im Kindheitsalter eingeführt und eingeweiht.

Im Zuge der Beschränkung auf das Private und Intime steigerte sich das Interesse an allen Äußerungen und Nuancen des Seelenlebens. Einstmals zogen nur die Stimmungen der großen Meister der Lyrik und das Erleben der tragischen Heroen die Aufmerksamkeit auf sich. Nun befinden wir uns aber in der Zeit des extremen Individualismus und des Naturalismus, in der schlechthin alles Seelische, auch das Gemeine und Pathologische, Interesse fand, in der man dem psychischen Alltagsgeschehen seinen Reiz abgewann, in der man zwar die verschiedenen Charaktere in ihrer Typenbildung studierte, aber doch auch das Einzelne als Einzelnes zu werten wußte. Vor allem vermochte man nun aber eine Gefühlswärme, ein humanes Empfinden und ein Verständnis für den Nächsten zu entfalten, das den früheren Hellenen mit ihrer starren Vereinsgesinnung völlig fremd gewesen war. Wie sehr sich hier in aller Stille eine Wandlung von höchster Bedeutung vollzog, soll aber erst weiter unten behandelt werden.

Die Neigung zum Privaten und Intimen führte dazu, die bescheidenen Höhepunkte des alltäglichen Daseins übermäßig wichtig zu nehmen. Die Wettkämpfe und Spiele, die jährlichen Feste, die Wahlen der Gemeinde bildeten große Ereignisse. Darüber hinaus zeigte sich allgemein eine gewisse Verspieltheit, die sich neben anderem in der Wertschätzung von Virtuosentum und Artistik, von Arbeiten der Kleinkunst, von ziselierten Versen, Automaten, Wasserspielen u. dgl. offenbarte. Man hielt das eigene Dasein, die eigene Familie, die Gesundheit, Freundschaft, alles Liebe und Schöne für höchst bedeutsam. Es gab viele Leute, die „die beste Art zu leben" über alles andere erhoben und in dieser Lebenskunst das einzig Wichtige erblickten. Sie machten daraus eine Weltanschauung, eine Art von Religion, und suchten sich so über ein Dasein zu erheben, das sie irgendwie als schal und abgestanden empfanden.

Auch die neuen philosophischen Richtungen zeigen uns an, wie die Besten aus der Menge der privaten Existenzen mit einem verspielten Leben im Alltag wenig zufrieden waren; wie sie die kleinen Freuden nicht mehr schätzten und nur mehr die Ängste wahrhaft empfanden. So beginnen wir zu ahnen, daß wir es beim hellenistischen Dasein nicht nur mit einem Aufsteigen zum wahrhaft Menschlichen, sondern auch mit einem Abgleiten ins Fellachenhafte zu tun haben. Denn diese Leute waren keine Herren und keine Freien mehr wie die alten Hellenen, sondern brave, gehorsame Steuerzahler, die nichts Höheres mehr besaßen als ihr persönliches „Glück" und sich nicht einmal darüber einigen konnten, worin dieses Glück denn eigentlich bestehe.

Epikur

Die Naturforscher von Alexandreia gingen ganz in ihren Fachdisziplinen auf, vor allem in Mathematik, Physik und Astronomie, ohne auf das philosophische Weltbild Einfluß auszuüben. Die maßgeblichen Impulse zu einem naturwissenschaftlichen Denken größeren Stils kamen daher auch im Hellenismus immer noch von Demokrit und der Atomistik. Aber die Welt hatte sich inzwischen völlig gewandelt. Seit Beginn der Diadochenzeit war es zu Ende mit der Maßgeblichkeit des alten Polisdaseins. Der Allerweltsindividualismus, den bereits die Sophisten in seiner Autarkie herausgestellt hatten, fand nun in den überseeischen Ländern seinen richtigen, auf Utilität und Nützlichkeit ausgerichteten Rahmen. Noch fehlte aber das philosophische System, welches den naturwissenschaftlichen Materialismus Demokrits mit dem kleinbürgerlichen Materialismus des hellenistischen Alltags verband. Hier gab es also noch ein unerfülltes Pensum, einen offenen geistigen Raum, und es war nun Epikur, der diese gleichsam von der Entwicklung selbst angebotene Aufgabe auf sich nahm, um sie kraft seiner hohen Begabung in ebenso großzügiger wie folgerichtiger Weise zu bewältigen.

Epikur entstammte einer attischen Grundbesitzerfamilie von Samos. Er verarmte, als Athen die Insel preisgeben mußte, setzte sich aber später mit seiner Philosophenschule in Lampsakos und schließlich in Athen (seit 306) durch. Er nahm in seinen Kreis auch Frauen und Sklaven auf, bekannte sich also zur selben Gleichheitsidee wie die Kyniker und stellte sich damit in Gegensatz zum Nationalstolz des Peripatos.

Von Epikur wurde nun zur Vollendung und Synthese gebracht, was die Aufklärer und Sophisten „angedacht“ hatten. Man gelangte durch Ablehnung aller menschlichen Unterschiede zu einem Allerweltsuniversalismus, doch ohne den richtigen Aufbau im Sinn einer Kosmopolis zu versuchen. Von den Bindungen an Staat und Bürgerschaft, an Nation, Stand und an alles Kulturgut wurde nunmehr das letzte, was etwa noch übrig war, ausgeschaltet und damit hinter die nach diesem Ziel gerichtete Entwicklung gleichsam ein Schlußpunkt gesetzt.

Auf Demokrit fußend, baute Epikur sein Weltbild in streng naturwissenschaftlicher Weise auf: alles sei „Natur“ und bewegte (bzw. belebte) Materie. In der Unendlichkeit gebe es eine Unzahl von Welten, werdend, seiend, vergehend. Keine höhere Macht leite dieses Gewimmel, allein der blinde Zufall walte darin. Auch unsere irdische Welt sei ein Zufallsprodukt, ohne Planung und Ziel geworden. Der Mensch sei aus der Tierwelt entstanden und unterscheide sich von dieser nur graduell. Darum besitze seine Natur auch so viele Mängel. Doch sei es uns beschieden, das Los dieser Unzulänglichkeit zu erleichtern, indem wir es lernen, uns auf dem Weg des Erkennens aus Nöten zu befreien und uns über den irdischen Jammer zu heben.

Das größte Übel im menschlichen Dasein erblickte Epikur einerseits in den Erregungszuständen, andererseits in den Vorstellungen der ererbten Religion. Die Angst vor den Göttern regiere die Menschheit zu ihrem Unglück. Es sei Aufgabe der auf Naturwissenschaft gegründeten Philosophie, mit diesem Aberglauben ein Ende zu machen. Wohl gebe es nach Anschauung aller Menschen irgendwelche Götter, doch lasse sich deren Eingreifen nirgends erweisen. Man müsse sie sich daher als ferne Wesen höherer Natur vorstellen, die irgendwo zwischen den einzelnen Welten ein von Erregung freies Leben der ewigen Lust führen, die sich um die Welten aber nimmermehr kümmern und auch mit den Menschen in keinerlei Kontakt stünden. Unsinnig sei daher alle alte Frömmigkeit, alles Gebet um irgendwelche Hilfe. Allein grundsätzliche Verehrung habe man ihnen zu zollen, frei von Furcht und von Hoffnung. In dieser Weise habe man künftig den Kultus aufzufassen und alle Religion. Daß derartige Thesen für die Praxis einer Negation des Religiösen gleichkamen, verstand sich von selbst. Doch blieb ein gewisses Dekorum gewahrt, kein Epikureer brauchte sich je mit den Kulten seiner Heimatgemeinde in Widerspruch zu setzen.

Voll Geringschätzung zeigte sich Epikur gegenüber der Dichtung, welche die alten Wahnvorstellungen so sehr begünstige, und gegenüber den anderen Künsten. Auch Wissenschaft zu betreiben sei sinnlos, am schlimmsten aber, sich in Politik zu mischen. Der Staat sei ja nichts anderes als ein unvermeidliches Übel, und jeder Vernünftige tue gut daran, sich um ihn so wenig wie möglich zu kümmern. Aller Ehrgeiz und jegliche Lebensgier, ja selbst Liebe und Haß seien verwerflich. Der wahre Weise halte sich frei von solchen Affekten, vor allem auch frei von jeglicher Furcht vor dem Tode. Das Ende des Lebens hätten wir ja zu verstehen als eine Auflösung des Organismus in seine Atome. Von einem Nachleben nach diesem Tod sei keine Rede. Dabei seien alle diese Erkenntnisse durch die naturwissenschaftliche Forschung gesichert. Diese selbst sei als Selbstzweck zwar völlig sinnlos, biete aber um so größeren Nutzen für eine Philosophie, deren Ziel auf die Erringung der wahren Lebenskunst gerichtet sei. Auch Philosophie als Erkenntnis zu bewerten, sei unvernünftig. Doch habe sie um so mehr der Lebenskunst zu dienen, mit anderen Worten der Kunst, vom Standpunkt der individuellen Eigensucht die beste Methode zur besten Lust zu ermitteln. Nur Eigensucht sei ja vernünftig und nur die Lust bilde das wahre, das einzige Gut. Der Weg dahin führe über eine Befreiung von allen falschen Wertvorstellungen, von allen Wahnbildern der Sinnenlust, des materiellen Besitzes, der öffentlichen Geltung. Die wahre Lust finde man erst in der Gelassenheit, ja in der Meeresstille des eigenen Inneren, im Frieden des Überstandenhabens, in der Verachtung des äußeren Schicksals mit seinen unangenehmen Zufällen und Notwendigkeiten. Hier falle dann Wahrheit, höchste Vernunft und vollkommenes Leben in Eins zusammen.

Epikurs Lehre erregte in der hellenistischen Welt gewaltiges Aufsehen. In Athen und weit darüber hinaus warb sie zahlreiche Anhänger, die sich zu Freundschaftszirkeln zusammenschlossen und aus ihrem privaten, der Öffentlichkeit abgewandten Leben eine besondere Tugend machten. Sie überließen das politische Treiben und alles Regieren den Herrschern oder Berufspolitikern und lebten einträchtig, friedlich dahin. Epikur selbst aber wurde als Retter und Erlöser von alten Irrlehren gepriesen und höher verehrt als alle seine außerweltlichen Götter. Seine Schule blieb in Athen erhalten, und seine Lehre wurde die eine der beiden großen „Lebensphilosophien" des Hellenismus.

Es braucht wohl nicht besonders betont zu werden, daß diese Weltanschauung Epikurs etwas Untertanenhaftes, ja Fellachenhaftes an sich hatte. Vor Machtlosigkeit und Desillusion flüchtete man hier aus der Geschichte in ein geschichtslos statisches Dasein, ja — um es ganz platt auszudrücken — in eine Art von Stadtrand- und „Schrebergarten"-Mentalität. Daß auf solche Weise Behagen, Lust, ja mitunter sogar höchste Lust gewonnen werden konnte, wird niemand leugnen. Doch blieb es eine Lust, die nicht mehr aus schöpferischer Gestaltung, sondern aus Apathie erwuchs. So mutet uns die Lehre doch ein wenig an wie abgegriffenes, billiges Münzgeld.

Viel Unfreundliches hat man der Lehre Epikurs nachgesagt, besonders vom Standpunkt der zweiten großen hellenistischen Lehre, der Stoa, doch auch vom Standpunkt der Polis, der Nation oder des Idealismus. Im Entwicklungsverlauf der griechischen Geistesgeschichte mußte dieser Schlußstein der Desillusionierung und Bindungsabwerfung aber unbedingt kommen. Die Art, wie Epikur diese vielleicht schon etwas traurige Aufgabe löste, darf aber immerhin als großartig bezeichnet werden. Der Meister hat hier wirklich überall die letzten Konsequenzen erkannt und gezogen, ja ich möchte meinen, er hat damit als letzter Grieche eine philosophische Großtat gesetzt. Daß diese Großtat aber den Gedanken der Volkhaftigkeit bereits völlig ignorierte und der Epikureer Metrodor gar bald erklärte, daß es gar keinen Sinn mehr habe, sich um die Rettung der griechischen Nation noch weiter zu kümmern, zeigt, wie sehr das Griechentum über seinen nationalen Kreis hinauszuwachsen begann.

Der Epikureismus hob die Menschen wohl über mancherlei Nöte hinaus, doch nicht über sich selbst; er machte sie — wenigstens vor der Geschichte — eher noch kleiner als sie ohnehin schon waren, und reduzierte sie auf das einzige, was ihnen in ihrem kleinlichen Dasein blieb, auf den Kult der eigenen Seele.

Selbsthellenisierung im Orient

Unter den hellenistischen Herrschern mußten sich die Orientalen rechtlos fühlen. Man respektierte zwar ihre Tempel und Götter, beließ ihnen ihre Gesittung und meist auch ihre alten Städte, im übrigen waren sie aber eigentlich nur als Objekte der fiskalischen Ausbeutung von Wichtigkeit. Nicht ungern wurde es von den Königen freilich gesehen, wenn sich die Einheimischen bemühten, hellenischen Firnis anzunehmen. Daher setzten sie in den neuorganisierten, griechischen Polisstädten auch Orientalen an, gewährten ihnen zwar nicht das hellenische Bürgerrecht, doch immerhin das Recht sich zu organisieren, und hatten nichts dagegen, wenn diese Leute hellenische Eigennamen, die griechische Sprache und Lebensform annahmen. Dabei übte man auf die Einheimischen — wenigstens in der Regel — keinen hierauf hinzielenden Druck aus. Die griechischen Kolonisten standen dieser Selbsthellenisierung von Orientalen ziemlich teilnahmslos gegenüber.

Nicht weniger bedeutsam sollte für diese Vorgänge die Tatsache werden, daß einer Übernahme der damaligen griechischen Gesittung keine inneren Schwierigkeiten mehr entgegenstanden. Wie wir S. 324 hervorhoben, war sie ja schon weitgehend rationalisiert und lag in rationalen Formeln zur Übernahme für jedermann bereit. Das galt von der Sprache, den Umgangsformen, der Kleidung, den Eigennamen, galt auch von der Erziehung durch Rhetoren und in Palästren, vom Besuch des Theaters, von der erforderlichen Kenntnis griechischer Literatur, Geschichte und Sage, ja selbst vom Bürgerrecht. All das konnte unter Umständen erworben, gelernt oder wenigstens verliehen werden. Problematisch blieb höchstens die Übernahme des griechischen Nationalgefühles und des Stolzes auf das Volkstum, auf die kulturelle Glorie und die ruhmreiche Vergangenheit des Hellenentums.

So leicht es im übrigen war, „Hellene" zu werden, so fand diese Möglichkeit doch nicht bei allen morgenländischen Völkern entsprechende Gegenliebe. Überhaupt nichts wollten die Iranier davon wissen; für sie war und blieb nicht der griechische Städter, sondern der iranische Ritter das Idealbild. Sie hielten an den eigenen religiösen Vorstellungen unwandelbar fest, lehnten griechische Urbanität, griechische Philosophie und Religion grundsätzlich ab. Nur in den Künsten öffneten sie sich gewissen Einflüssen, so in der Architektur, der Plastik und im Dekorativen.

Auch in Indien zeigte es sich, wie wenig die griechische Religion oder Philosophie zu interessieren vermochte. Wieder war es allein die Kunst, welche sich fruchtbar auswirkte, ja im nordwestlichen Indien sogar eine völlig neue Richtung, den sogenannten Gandara-Stil, heraufführte. Der griechische Städter und Militärkolonist fand hier und in Baktrien aber höhere Schätzung als im Iran.

Weit stärker warb die griechische Gesittung freilich in Kleinasien, Syrien, Mesopotamien und Ägypten. In Ägypten und Mesopotamien waren es allerdings weniger die Landleute als die Städter, die sich um die neue Kultur bemühten. Besonders eifrig erwiesen sich die orientalischen Beisassen in griechisch organisierten Städten. Sie fanden sich in der neuen Atmosphäre schnell zurecht. Vielfach übernahmen sie die hellenische Lebensweise mit allem Drum und Dran, verlernten die heimische Sprache und waren von den geborenen Griechen bald kaum mehr zu unterscheiden. In anderen Fällen, wenn sich die Hellenisierung nicht mehr so intensiv durchsetzen konnte, behielten die Einheimischen ihre alten Kulte und blieben vielleicht auch doppelsprachig. Manchmal aber erwarb man überhaupt nur eine leichthin übernommene, oberflächliche Tünche und behielt sogar die alte Kleidung oder die alten Lebensgewohnheiten weitgehend bei. In allen diesen Fällen einer nur geringeren Hellenisierung bewährte sich als stärkstes orientalisches Kulturelement der alte Götterglaube und die Aufgehobenheit in einem nicht wissenschaftlich oder philosophisch, sondern religiös bestimmten Weltbild. So konnte es denn geschehen, daß sich schon bald nach den Polisgründungen in diesen Städten Tempel orientalischer Gottheiten erhoben, und daß hier überall orientalische Priester dem Kult mit einem gewissen Stolz, ja mit dem Gefühl der Überlegenheit über die glaubensarmen Griechen nachgingen. Wie sehr die Kolonisten von dieser Glaubenssicherheit des Orients beeindruckt wurden, werden uns spätere Abschnitte lehren.

Dem Beruf nach waren die hellenisierten Orientalen vielfach Händler. Da sie durch ihre angestammte Tüchtigkeit auf diesem Gebiet und ihre trefflichen Verbindungen trotz aller Besteuerung gar bald zu Reichtum gelangten, bildeten sie mit der Zeit eine eigene plutokratische Schicht der Neureichen, die der auf Bürgerrecht und Grundbesitz gegründeten Aristokratie der Hellenen an die Seite trat.

Zwischen europäischen Siedlern und hellenisierten Orientalen kam es in allen Schichten je länger desto mehr zu Mischehen, die zu noch weiterer Verwischung der Gegensätze beitrugen. Vor allem führte man aber die Ausschließung der Orientalen vom Bürgertum nicht überall in konsequenter Weise durch. Es mehrten sich die Fälle, in denen eine Erlangung des Bürgerrechts auf diesem oder jenem Wege möglich wurde, ein Ziel, das besonders für die begüterten Beisassen in den hellenistischen Städten erstrebenswert gewesen sein mag. Dazu kam, daß man schon aus wehrtechnischen Gründen, im Interesse einer Vermehrung der Schwerbewaffneten, bei der Aufnahme von Mischlingen und Einheimischen in die Klassen der „Makedonen" oder „Hellenen" vielfach wohl recht liberal verfuhr. Zugehörigkeit zur obersten Militärkaste brachte aber auch den Anspruch auf Bürgerrecht. Anstelle der ethnischen Scheidung trat nun immer mehr die nach irgendwelchen sozialen Klassen. Schon in persischer Zeit war damit begonnen worden, indem z. B. die Klasse der „Perser", welche bei entsprechenden Vorrechten gewissen militärischen Verpflichtungen unterlag, zugleich Angehörige anderer Völker, z. B. zahlreiche Juden enthielt. Auch in hellenistischer Zeit gab es immer noch diese „Perser"-Klasse, daneben die der „Makedonen" bzw. der

Tafel 20: Athene-Kopf aus Olympia. Tonplastik aus der Zeit um 480 v. Chr. Mit der frühklassischen Ära des „Strengen Stils" beginnt sich eine neue Schönheit zu erschließen.

Tafel 21: Zeus und Ganymed. Frühklassische Tonplastik (sog. „Strenger Stil") aus Olympia (ca. 470 v. Chr.).

Tafel 22: Atlas-Metope von Olympia. Die Metopen des Zeustempels von Olympia (ca. 470–457 v. Chr.) gehören zu den bedeutendsten Leistungen des „Strengen Stils" und damit der Frühklassik.

Tafel 24: Akropolis von Athen.

Tafel 23: Kopf des Zeus vom Artemision. Großbronze der Frühklassik („Strenger Stil"). Herstellungszeit ca. 460 v. Chr.

„Hellenen". Andere Gruppen stellten in Ägypten die „Kreter" und „Myser" dar, bei denen es sich anscheinend um Klassen mit besonderer militärischer Verpflichtung für Spezialtruppen handelte, Klassen, welche ihren Angehörigen wohl auch eine besondere Rechtsstellung als Militärkolonisten brachten. Mit dieser Aufgliederung der Bevölkerung in Klassen ging die in Berufe und Berufsorganisationen parallel. Überall war somit das utilitaristische Moment der rechtlichen und materiellen Stellung daran, die nationale und ethnische Sonderung zu verdrängen. Diese Umschichtung nach Klassen entkleidete das Griechentum immer mehr seines ethnischen Charakters. Die Reichsstädte, als Hochburgen des Hellenentums gedacht, wurden allmählich zum Schauplatz friedlicher Verschmelzung von Völkern und Kulturen und zur Heimstätte eines weltbürgerlich geprägten Universalismus.

Das Eingreifen der Levante

In besonderem Maße trat die bürgerliche Bevölkerung der Levante, also Kiliens, Syriens, Phoinikiens und z. T. auch Palästinas dem Griechentum nahe, ja es kam vielfach vor, daß sie sich mit diesem völlig identifizierte. Kilikien hatte seit Urzeiten ein besonders inniges Verhältnis zum ägäischen Bereich, denn die Vorderasiatischen Kulturtrift des beginnenden Neolithikums hatte von diesen Gebieten ihren Ausgang genommen (S. 18 ff.); auch gab es dort seit den Wanderungen des 12. Jahrhunderts manche griechische Siedler. In Phoinikien, Syrien und Palästina handelte es sich aber um Westsemiten, und diese hatten in ihrer geistigen Haltung vieles an sich, das sie mehr mit den Griechen als mit den Orientalen verband.

Wir haben S. 17 f. die Orientalen als Fellachen charakterisiert und auch ihren Städten eine Art von geduldig tragender Fellachenmentalität zugeschrieben. Wir gewannen dieses Bild aus den Verhältnissen, wie sie in Ägypten und Mesopotamien herrschten. Hierzu passen aber die Westsemiten von Phoinikien nicht, und auch in Palästina und dem gebirgigen Syrien nahmen sie eine ähnliche Sonderstellung ein, denn dort gab es ja nur wenig fruchtbares Land, daher auch keine Fellachen. Sie leiteten sich vorwiegend von beduinischen Stämmen ab, Hirtenkrieger waren ihre Vorfahren gewesen. Hirtenkrieger waren zwar auch in Mesopotamien und Ägypten oftmals eingebrochen, dann jedoch in der Masse der Fellachen untergegangen. Im Bereiche der Westsemiten gab es aber diese Massen nicht, da behielt die Bevölkerung im steinigen, ärmlichen Lande ihren unruhig fluktuierenden Charakter. Daher haftete diesen Leuten auch etwas Herrisches, Rücksichtsloses und Überhebliches, etwas Revolutionäres und Kritisierendes an, sie wurden stark von der Neigung zum Ausgreifen und von Bemächtigungstrieben bestimmt. In allen diesen Eigenschaften glichen sie aber den indo-europäischen Elementen, die neben den mittelmeerischen die zweite Hauptkomponente des griechischen Volkstums gebildet hatten. Auch die Voreltern dieser indo-europäischen Zuwanderer waren ja Hirtenkrieger gewesen, wenn auch schon nicht mehr in kraß beduinischen Formen. Wohl gab es zwischen Hellenen und Westsemiten vielerlei Unterschiede. Aber in ihrem dynamischen, revolutionären Kulturtemperament standen sie sich um so näher, und ebenso in psychischen Einzelelementen, wie sie seit der aus den Urzeiten wirkenden Stigmatisierung durch die Wirtschaftsform des Hirtenkriegertums in Kraft geblieben waren.

Um so inniger verbanden sich die phoinikischen und schließlich auch die syrischen Städter mit dem griechischen Wesen. Nichts ist dafür bezeichnender, als daß sich die phoinikischen Kolonien wie Karthago und Gades als Republiken organisierten und dem Typus der griechischen Polis irgendwie nahe kamen. Selbst Tyros und Sidon mit ihren Kaufmannsgeschlechtern und ihrer dynamischen Betriebsamkeit hatten etwas Hellenisches an sich, denn schon die Meerluft machte sie innerlich freier. Fremdes Kulturgut zu übernehmen und zu verwerten, gehörte seit ältesten Zeiten zu den phoinikischen Traditionen. Schon im zweiten Jahrtausend hatte man von Ägypten, Kreta und Mykenai, seit der Jahrtausendwende dann von den Hellenen, den Ägyptern, Kleinasiaten und Assyrern eine Menge Dekorationselemente übernommen und daraus eine phoinikische Kunst gebaut. Darum nahm man in Sidon im 4. Jahrhundert immer mehr griechische Lebensformen, bald auch Kleidung, Eigennamen, die Sitten des Symposions und den Verkehr mit griechischen Hetären an, auch ließ man sich schon früh die Sarkophage von griechischen Bildhauern schmücken.

Alexander der Große berücksichtigte die Sonderstellung des Phoinikertums und die Eigenart der Westsemiten. Ersteren gab er eine Autonomie wie den ionischen Städten, die Westsemiten wollte er in ähnlicher Weise wie bisher die Griechen zur Kolonisation heranziehen und beabsichtigte, ihnen vor allem die Besiedlung und Kultivierung der Länder am Persischen Golf zu übertragen.

Das war nun (um mit Toynbee zu sprechen) ein „Anruf" und ein Appell an die diesen Elementen innewohnenden Fähigkeiten, der nicht ohne Echo bleiben konnte. Mit dem Beginn der Diadochenzeit setzte hier wie in Kilikien, mit einem Wort im ganzen Bereich der Levante, eine großzügige Selbsthellenisierung ein, die gar bald zum Schwinden der Unterschiede zwischen der griechischen und der levantinischen Urbanität führte. Nur bei den Juden ergaben sich Schwierigkeiten aus dem Widerstand der gesetzestreuen Kreise. Hauptzentren der Selbsthellenisierung waren im übrigen Kition auf Kypros, Soloi und Tarsos in Kilikien, Berytos, Sidon und das wiedererbaute Tyros, ferner Askalon an der palästinensischen Küste und vor allem Gadara jenseits des Jordans. An dem zuletzt genannten Orte hatte vielleicht schon Antigonos makedonische Militärkolonisten angesiedelt. Später wurde diese Stadt zu einem Zentrum der Selbsthellenisierung einheimischer Elemente.

Sowohl den Westsemiten wie auch der Elite Kilikiens eignete neben überragender Intelligenz auch etwas Ausgreifendes. So begnügten sie sich nicht damit, in ihrer Heimat als Hellenisten aufzutreten, manche wandten sich nach dem Westen, nach Alexandreia, nach Griechenland, ja schließlich nach Rom. Griechisches Auftreten, die griechische Sprache, die ins Griechische transformierten oder neu angenommenen Eigennamen bildeten ja einen Freipaß für jeglichen Ortswechsel. Da sich die Staaten damals nirgends abschlossen, konnten sich die einstigen Phoiniker dank ihrer außerordentlichen Fähigkeiten als Reeder, Händler und Bankiers erfolgreich durchsetzen. Wir finden sie in allen größeren Hafenstädten, so z. B. in Puteoli oder auf Delos. Sie richteten dort ihre Kontore ein, wie einst die assyrischen Händler in Ostanatolien (s. dazu S. 37), sie bildeten auch größere Gruppen und Zirkel, die nachkommenden Heimatgenossen das Einleben erleichterten, und erfreuten sich großen Wohlstandes.

Besonders bedeutungsvoll sollte für Griechenland aber das Auftreten levantinischer Intellektueller werden. Wir finden sie in der Folgezeit in verschiedenen Berufen, als Rhetoren und Grammatiker, als Ärzte, ja selbst als Traumdeuter, vor allem aber als Philosophen. In Athen war ihr Wirken vielfach von großen Erfolgen begleitet. In den nationalstolzen Peripatos fanden sie in der Regel allerdings keine Aufnahme. Für die Akademie bildete dagegen Krantor aus Soloi eine Zierde, ja Krates von Tarsos hat es sogar zum Leiter der platonischen Schule gebracht. Groß war die Zahl der Levantiner natürlich bei den Epikureern. Hier finden wir u. a. den Syrer Mithres als Mäzen der Schule. Andere Mitglieder stammten aus Tarsos oder Sidon. Menippos, der Kyniker, Zeitkritiker und Dichter, war ebenso wie der Satiriker Meleager in Gadara geboren. Von epochemachender geistesgeschichtlicher Bedeutung sollte aber die Begründung der Stoa werden (s. unten).

Während es diesen Levantinern gelang, nicht nur ein sehr fruchtbares geistiges Wirken zu entfalten, sondern unmittelbar in die griechische Geistesgeschichte einzugehen, blieben die Versuche von ägyptischer und babylonischer Seite, für die alt-orientalische Vergangenheit durch griechisch geschriebene Werke zu werben, erfolglos. Manetho hat ein derartiges Buch über ägyptische Geschichte verfaßt, Berossos eines über das alte Babylonien, doch konnten sie sich über den dürren Chronistenstil des Morgenlandes nicht erheben und stießen durch die endlos langen Königslisten mit ihren für die griechische Zunge unaussprechbaren Namen die hellenischen Leser ab.

Die von der Levante ausgehende Unterwanderung müßte vom Standpunkt einer Reinerhaltung des griechischen Volkstums als bedauerlich angesprochen werden, in einer universelleren Betrachtung erweist sie sich dagegen als fruchtbar. Vor allem haben wir in Betracht zu ziehen, daß das genuine Griechentum nun bereits recht deutliche Anzeichen einer Ermüdung, ja eines Erlahmens seiner schöpferischen Kräfte zeigte. Gerade im Zusammenhang mit der Begründung und Ausgestaltung der Stoa werden wir im nächsten Abschnitt sehen, daß die Zuwanderer zugriffen, wo die Hellenen versagten, daß sie sich in einer Richtung einschalteten, die sich aus der griechischen Entwicklung selbst in logischer Weise ergab, für deren Verfolgung den gebürtigen Hellenen aber bereits die Kräfte mangelten. So offenbart sich hier ein Vorgang voll tieferer Ökonomie. Wollen wir die von der Levante ausgehende Unterwanderung aber vom Standpunkt des ewigen Wechselspiels von Orient und Okzident aus betrachten, so können wir darin die ersten Anzeichen einer Flutwende erblicken, eines Gegenstoßes, der nach dem Überschäumen des Griechentums vom Orient her kommen mußte. Wie nach jedem Siege war nun auch hier der Sieg der Besiegten fällig.

Die stoische Philosophie

Schon S. 186 wiesen wir darauf hin, daß so manche Ideen, welche in früheren Zeiten, etwa von Heraklit oder Demokrit, von Sokrates oder den Sophisten, gleichsam nur „angedacht" worden waren, erst im Hellenismus ihre konsequente und abschließende Formung fanden. Ein solches abschließendes System trat uns in den Lehren Epikurs entgegen.

Noch war aber ein anderer geistiger Raum offen, den als erster eigentlich Alexander der Große erschlossen hatte. Es handelte sich dabei um die Idee, anstelle der bisherigen Trennung von naturwissenschaftlich erschauter Gesamtwelt und politischem Einzelstaat oder gesonderter Nation die Vorstellung von einem Weltstaat, einer Kosmopolis zu gewinnen. Die naturwissenschaftliche Weltidee hatten längst schon die Naturphilosophen konzipiert, die Grenzen zwischen den Staaten und Völkern waren bereits von den Kynikern niedergelegt worden. Die ganze Welt aber als einen Staat zu sehen, diesen Gedanken hatte erst Alexander in prägnanter Weise aufgestellt und mit seinen Taten bereits auch verwirklicht. Es war nun an den griechischen Philosophen gelegen, diese Idee aufzugreifen und theoretisch weiterzuverfolgen. Doch fand Alexander unter den hellenischen Denkern vorerst keinen Nachfolger, ja Epikur wandte sich ostentativ von jeglichem Staate ab. So konnte es geschehen, daß der Phoiniker Zenon aus Kition den Gedanken des großen Makedonen aufgriff. Er war es, der in Athen 294 v. Chr. die Stoische Schule begründete und die Alexander-Idee zu einem großartigen philosophischen Weltbild ausweitete.

Zenon war nicht nur Begründer, sondern bereits auch der Ausgestalter der neuen Lehre. Er bot nicht nur eine Theorie des Weltorganismus, sondern führte sie auch in allen Einzeldisziplinen durch. So kam es, daß er die Ethik, Logik und Psychologie auf eine ganz neue Basis stellte, daß er auch in der Physik neue Gesichtspunkte einführte, ja eine Art Vererbungslehre und eine Tierpsychologie begründete. Kein Zweifel, Zenon schuf nicht nur eine universalistische Lehre, sondern war selbst ein wahrhaft universeller Geist.

In Athen wurde die neue Schule zu Anfang als Fremdkörper empfunden. Sie fand ihren Zulauf vor allem aus der Levante. Manche kamen aus dem semitischen Bereich, mehr noch aus dem kilikischen Tarsos und Soloi. Unter den hellenischen Anhängern treten nur solche aus den asiatischen Kolonien etwas stärker hervor. Mit Ausnahme des Kleanthes aus Assos stammten in der Zeit zwischen 294 und 129 sämtliche Schulhäupter aus dem Orient, erst in der zweiten Hälfte des 2. Jahrhunderts trat in der Gestalt des Panaitios ein Hellene maßgeblich hervor.

Den Zuwanderern aus dem Osten mußte es begreiflicherweise sehr darauf ankommen, daß man ihren Wahlhellenismus ernst nahm. Also konnten sie sich nur für eine Philosophie einsetzen, welche die alte Scheidung von Hellenen und Barbaren nicht mehr anerkannte, sondern einen grundsätzlichen Zusammenschluß des Menschengeschlechtes befürwortete. Doch haben die Stoiker diesen Gleichstellungsgedanken nicht erst ad hoc erfunden, er ergab sich vielmehr aus der griechischen Gedankenwelt selbst, er bildete eine notwendige Folgerung aus den Ideen der Sophistik, der Sokratik und der Wissenschaft. Denn in diesen gab es nur Individuum neben Individuum, Tugend neben Tugend, Forscher neben Forschern und keine Unterschiede zwischen hellenischen und barbarischen Weisen oder Gelehrten. Das haben schließlich auch die anderen Schulen konzediert und darum trat selbst ein Eratosthenes in Alexandreia zur Stoa über.

Echt griechisch und ganz unorientalisch war der Gedanke, nicht aus irgendeiner Offenbarung, sondern aus der wissenschaftlichen Erkenntnis ein Weltbild (samt zugehöriger Religion!) aufzubauen. Solches hatten schon Xenophanes, Heraklit und Platon angestrebt. Freilich lagen bei den Stoikern die Akzente etwas anders, so z. T. mehr auf dem Individuellen und auf dem Religiösen, auch galt ihnen die wissenschaftliche Erkenntnis nicht mehr als Selbstzweck, sie bildete vielmehr (wie bei Epikur!) das Mittel zur vernunftgemäßen Lebensführung. Das Religiöse im Guten und Sittlichen zu suchen, entsprach gleichfalls griechischen Gedanken. Es fand sich bei Sokrates und Platon. Gleiches galt von der Auffassung, daß das Göttliche nicht zum wenigsten in der eigenen Seele zu finden sei. So sehr die stoische Lehre unter den einzelnen Schulhäuptern Schwankungen unterlag, so sehr sie in ihrer Kasuistik und Dialektik orientalische Züge erkennen läßt, in den meisten Leitgedanken erweist sich dieses von Levantinern errichtete Lehrgebäude doch als eine Fortsetzung griechischen Gedankenguts zu einer nicht nur großartigen, sondern auch griechisch erdachten Synthese. Nur die Idee des universellen Gottesstaates klingt zugleich an Vorstellungen der altorientalischen Religionen an. Auch manche Überspitzungen könnten darauf zurückzuführen sein, daß es eigentlich Fremdlinge waren, die hier griechisches Denken fortsetzten. Daß solchen Übernahmen aber Erfolg beschieden war, dürfte doch wohl auf die indo-europäisch westsemitischen Geisteszusammenhänge zurückgeführt werden, die sich uns schon S. 335 f. aus der analogen Herkunft von primären Hirtenkriegerkulturen ergab.

Für Zenon und seine Schule erfüllte sich — im Gegensatz zu Epikur — das Dasein in einer einzigen Welt. Sie bilde einen Organismus von kausalbestimmter, sich selbst gestaltender Physis geistig-stofflicher Art. Das Geistige dieses natürlichen Seins sei von universaler Immanenz, es walte zugleich als „Logos" und Weltgesetz, repräsentiere sich aber am reinsten in dem (schon von Heraklit ähnlich aufgefaßten) Elemente des Feuers. Logos, Feuer und Gestirne seien göttlich vor allem, die Schöpfung, die Welt als Ganzes, aber sei schlechthin der Gott. Ihn könne man etwa als Zeus bezeichnen, doch gebe es (trotz Kleanthes!) keine menschengestaltigen Götter. Der Volksglaube dürfe daher auch nur allegorisch verstanden werden, enthalte insofern jedoch einen richtigen Kern. In Wahrheit fielen aber im Göttlichen die Weltvernunft, das Weltgesetz und die Vorsehung zusammen. Letztere wirkte sich allerdings nicht so sehr für den Einzelnen aus als durch die Fürsorglichkeit, mit der die Natur die Menschheit als Ganzes bedachte.

Im Zentrum des Weltenraums befindet sich nach stoischer Auffassung die Erde als dessen schwerster und dichtester Teil. Durch zentrifugale und zentripetale Kräfte steht sie mit dem umgebenden Universum stets in Verbindung. Die Erde ist zugleich auch der Herd der Gottesverehrung, denn die darauf wohnenden

Menschen haben teil an der göttlichen Vernunft. Auf animalischer Basis sich aufbauend, steht die menschliche Natur den „Göttern" näher als Tieren und Pflanzen. Nur ihr ist ja Religion und Weltanschauung beschieden, ja dem Weisen steht der Weg zu höchster Vollendung offen. Nur der Menschen wegen hat die Weltvernunft auch Tiere und Pflanzen erschaffen. Dem Menschen gezieme es, sich seiner höheren Natur entsprechend immer mehr im Sinne göttlicher Vernunft zu vollenden. Der Weise stehe so dem Toren gegenüber, er sei das Ideal und oberstes Wunschbild.

Der göttlichen Vernunft im Menschen entspräche es zugleich, sich von allen Störungen und Irrungen zu befreien. Ähnlich wie Epikur sahen die Stoiker in den Affekten und feilen Begierden die eigentlichen Feinde, nur zeigten sie mehr Toleranz und begnügten sich in der Praxis gerne damit, diese Wallungen im Zaum zu halten. Sich vom niedrigen Egoismus zu lösen und aufzusteigen zu einer höheren Autarkie und Selbstgenügsamkeit, blieb aber auf alle Fälle der Weg zur Vollendung.

Im Gegensatz zu den Epikureern suchte die Stoa das Ziel solch sublimerer Glückseligkeit nicht auf dem Weg einer Abkehr vom öffentlichen Leben. Die Menschen würden vielmehr durch ihre Natur zueinander gezogen, hänge doch die Selbsterhaltung des einzelnen vom Erblühen der Gemeinschaft ab. Sie seien daher Gemeinschaftswesen und bildeten von Natur aus eine große Familie, in der sich nicht Völker und Rassen, sondern nur die Grade der Weisheit als wichtigste Unterschiede voneinander abheben. Vor allem gebe es keine Unterschiede zwischen Freien und Sklaven, es sei denn, daß man die Hörigkeit gegenüber den eigenen Begierden als Sklaverei auffasse und nur die Weisen als Freie. Denn im Gegensatz von Gierigen und Enthaltsamen, von Leidenschaftlichen und Gefaßten, von Toren und Weisen bestehe der Hauptunterschied unter den Menschen.

Im übrigen sei die Menschheit schon durch ihre Natur nicht nur eine große Familie, sondern trage auch die Disposition in sich, einen Staat zu bilden und darzustellen. In gewissem Sinne war damit ein Ersatz geboten für die alte Polisidee, welche ihre Werthaftigkeit ja vollkommen eingebüßt hatte. Von diesem großartigen Gedanken einer Kosmopolis entgleiste Zenon allerdings selbst in seiner Sonderschrift über den Staat, worin er ein Zusammenleben der Idealmenschen schilderte, ein Paradies etwas merkwürdiger Art: Hier gebe es keine Gesetze mehr und keine staatliche Disziplin, auch keine Tempel, keine Ehen, kein Geld, ja vielleicht auch gar kein Privateigentum. Alles das sei nun nicht mehr nötig, weil die Weisen ohnehin selbst Disziplin hielten, sich in allem nach dem Vernunftgesetz richteten, da sie über Besitzgier, Wohlleben und niedriges Behagen erhaben seien. Das war nun ein Traumbild, mit dem die Schule nicht gerade viel Staat machen konnte. Man wendete sich daher lieber praktischen Fragen zu und entschloß sich grundsätzlich für ein handfestes Bekenntnis zum aktuellen Staat. Das stoische Weltbild war ja als hierarchische Ordnung gedacht, und dieses Ordnungsprinzip spiegelte sich auch in jedem Einzelstaat wider. Der Einzelstaat entspräche somit — wenn auch als unzureichender Ersatz und als eine Art Vorbereitung für den Weltstaat — weitgehend der menschlichen Natur. Wohl vermochte er dem richtigen Stoiker niemals den entscheidenden Lebensinhalt zu bieten, er war ihm aber immerhin der angemessene Lebensraum für die im Sinne der Weltvernunft nötige Gemeinschaftsbetätigung. Freilich bedeute solch äußerlich öffentliches Wirken für den Weisen mehr Last und Verpflichtung als Freude, aber es sei immerhin ein *nobile officium*, und auch das Amt des Regenten sei als solches zu betrachten. So faßte denn auch der stoisch geschulte Antigonos Gonatas seine Regierungspflichten auf, und selbst Kleomenes von Sparta ließ sich bei seinen Reformen von Stoikern beraten. Die Stoa bot in der Tat eine verläßliche philosophische Basis für jede aufgeklärte Monarchie und unterstützte im kommunalen Leben die Besitzenden gegenüber den ärmeren Volksmassen, nur verlangte sie von Regenten und Reichen Wohltun und humane Gesinnung anstelle von Willkür und Rücksichtslosigkeit. In trefflicher Weise eignete sich die stoische Anschauung auch für weitgedehnte Flächenstaaten, kam doch deren Organisation dem Weltstaat schon räumlich näher. Ganz unwesentlich erschien den Stoikern, ob der Herrscher der eigenen Nation entstamme oder einer fremden; wenn er nur weise und human regiere, dann könne er auch aus der Fremde sein. So erhob sich hier der Humanitätsgedanke über den nationalen, allerdings nicht als Eigenwert, sondern als Ausdruck der Weltvernunft. Das entsprach im Grund der Konzeption Alexanders, der ja selbst die Weltvernunft zu repräsentieren vermeinte.

Bei aller individuellen Selbstbezogenheit der stoischen Wertlehre bildete sich so immerhin ein für die Antike völlig neuer Gedanke heraus, der einer wohltätigen und humanen Pflicht gegenüber der Umwelt und einer damit zusammenhängenden Verantwortlichkeit gegenüber der Weltordnung. Hierin liegt die bedeutendste Schöpfung der Stoa, mit der sie nachwirkt bis auf den heutigen Tag. Selbstzweck lag allerdings auch hierin nicht, denn das letzte Ziel war bei Stoikern und Epikureern eben doch die innere Glückseligkeit und Vollendung, der Seelenfrieden des Einzelindividuums. Freilich wurde dieser von Zenon durch weit edlere Mittel gewonnen als bei Epikur, durch die Erkenntnis einer höheren Tugend, eines höheren Guten. Daß man dabei die Leidenschaften und die Begierden im Zaume halten, ja nach Umständen unterdrücken solle, haben wir bereits oben S. 140 vermerkt. Bei den Stoikern wurde so das Animalische durch das Geistige überwunden.

Äußere Kennzeichnung dieses Sieges über die eigenen Schwächen sollte die „stoische Haltung" bieten. „Haltung" hatten früher der Adelskomment, der spartanische Kosmos, ja selbst die perikleische Demokratie gefordert. Sie entsprang letzten Endes dem alten indo-europäischen Vereinsgedanken. Daß nun Zenon eine ähnliche Forderung nicht nur stellte, sondern auch praktisch schon vorlebte, mag im Sinne unserer Ausführungen auf S. 335 f. als bemerkenswert zu verzeichnen sein.

Das Großartige an der stoischen Lehre liegt nicht zum wenigsten auch in ihrer Anpassungsfähigkeit und „Dehnbarkeit". Die Selbstbezogenheit der orthodoxen Individualistik konnte wohl bis zu einem Kulturverzicht nach Art der Kyniker führen, die These von der Gemeinschaftsverhaftung des Menschen gab aber auch die Wege für altruistisch-idealistische Neigungen frei. Man konnte aus der Stoa ebensowohl den Weltverzicht eines Yogi wie jeden kategorischen Imperativ zum öffentlichen Wirken ableiten, darin ebenso eine Weisung zur *vita contemplativa* wie zur *vita activa* erkennen. Man mochte in ihrem Rahmen mehr selbstbezogen oder mehr altruistisch, mehr kosmopolitisch oder mehr einzelstaatlich, mehr theoretisch oder mehr praktisch, als Reicher oder als Armer, als Vornehmer oder als Knecht, als gütiger Herr oder als geduldiger Fellache leben, man konnte nach Wissenschaft streben oder sie lassen, die Götter allegorisch verehren oder sie preisgeben – und stand doch mit alledem im Zeichen derselben optimistischen neuen Lebensauffassung, die alle Rückschläge gering schätzen ließ und gegen alle Leiden unempfindlich machte. Hier bot sich ein sittlicher Halt, man gewann eine praktische Lebensanweisung auf ein besseres, vernünftigeres und beglückteres Dasein. Was aber bei dieser Dehnbarkeit das wichtigste war: so sehr die Stoa in der Theorie in eine Art von gehobenem Egoismus ausmündete, in der Praxis machte sie die Menschen wirklich besser, ließ sie edler, humaner empfinden, hob ihre Sittlichkeit und damit ihre Menschenwürde. So schuf sie einen neuen Adel, der sich zwar als Adel der Weisheit ausgab, aber recht oft doch auch echter Adel des Herzens war.

Hierin liegt nun das Versöhnende dieser Lehre, wenn ihr auch in der Theorie eine immerhin recht einseitige Nüchternheit anhaftete. Müssen wir es denn nicht als Kälte empfinden, daß das Gute nur eine Sache des Wissens und der Vernunft bildete, daß Liebe, Mitleid, Treue und Güte als Regungen des Herzens im Grunde doch zu den Affekten gezählt wurden, die man zu beherrschen, ja als Schwäche eher zu meiden habe? Auch gab es selbst für den frommen Stoiker keine Götter, die im Einzelfall halfen, kein helfendes Gebet, keine göttlichen Schauer, ja überhaupt kein Geheimnis, natürlich auch kein Jenseits und kein Fortleben nach dem Tode. Etwas Nüchternes lag auch im strengen Determinismus des irdischen und kosmischen Geschehens, im unvermeidlichen Walten der Vorsehung und im stereotypen Weltablauf von Weltenbrand zu Weltenbrand mit seiner ständigen Wiederkehr.

Wir ahnen nun schon, worin der eigentliche Mangel der stoischen Philosophie lag. Sie war das Kind einer verstandesmäßigen, wissenschaftsstolzen Zeit, und wenn sie gleichsam unter der Hand den Anliegen des Herzens auch breiteren Raum gewährte, so vermochte sie dem religiösen Gefühl und dem menschlichen Hilfsbedürfnis doch nicht völlig gerecht zu werden. Die menschliche Natur verlangt eben nicht so sehr nach Wissen und Beweis des Göttlichen, sondern weit mehr noch nach göttlicher Hilfe und Führung in den Gefahren des Daseins, sie verlangt nicht nach dem seienden, sondern nach dem von Fall zu Fall spontan wirkenden Gott. Einen solchen bot aber die Stoa so wenig wie Epikur. Auch sehnte sich manches Menschenherz nach einem vom Wissen befreiten Glauben und ahnte im Göttlichen immer noch das Geheimnis. So mußte es geschehen, daß sich die hellenistische Welt zu spalten begann. Während sich in der Stoa die Ratio vollendete, erschloß der Orient, wie wir sehen werden, den Unbefriedigten erneut die Welt des Glaubens und des Geheimnisses.

Unter den philosophischen Lehren gewann die Stoa freilich den führenden Rang. Sie stellte auch die letzten beiden großen Denker des Hellenismus, Panaitios von Rhodos und Poseidonios. Ersterer gewann als griechischer Edelmann die römische Aristokratie für die Stoa und für eine versittlichte Herrschaftsauffassung. Er trat für eine besonders hohe Wertung des Einzelstaates und der staatsbürgerlichen Pflichten ein, ahnte aber doch schon im römischen Imperium die künftige Kosmopolis. Er war ein weitherziger, aufgeschlossener Mann, der sich um die Auflockerung allzu rigoroser Thesen verdient machte, die Anforderung des praktischen Lebens für wichtiger nahm als eine spekulative Doktrin und in manchem wieder zu Sokrates und Platon zurückkehrte. Selbst für die Schönheit der Natur und des menschlichen Körpers konnte er sich erwärmen, Mantik und Astrologie lehnte er ab.

Sein großer Schüler Poseidonios war hellenisierter Syrer aus Apameia. Er zog es vor, in Rhodos und nicht in Athen zu lehren. An ihm erkennen wir noch ein letztes Mal die ganze Weite des stoischen Systems. Auf der einen Seite spielte für Poseidonios das Religiös-Spekulative, ja selbst eine gewisse Dämonenfurcht eine bedeutsame Rolle, auf der andern vermochte er als Wissenschaftler in einer Fülle von Einzeldisziplinen die höchste Stufe des Altertums zu erreichen. Als erstem und einzigem Hellenisten gelang es ihm, zwischen Historie und Naturwissenschaft tragfähige Brücken zu schlagen und eine befriedigende Auswertung der Idee der Naturgeschichte zu erringen. Auch als Geschichtsschreiber höchst bedeutsam, hat er auf weiten Reisen eine große Zahl von Erfahrungen gesammelt, wurde zum bedeutendsten Ethnologen und Anthropogeographen der Antike, gewann ein vertieftes Verständnis für Ablauf und Periodisierung im naturhaften wie im geschichtlichen Vorgang und kam in fast modern anmutender Weise zu neuen Erkenntnissen der physikalischen Geographie, der Geomorphologie und der Klimakunde. Auch erkannte er die Zusammenhänge zwischen Logik und Mathematik besser als bisher.

Als Denker stand Poseidonios der Idee einer unsterblichen Seele näher als die meisten anderen Stoiker, auch gewann er neue Vorstellungen über das Verhältnis von Mensch und Tier sowie über das Wesen der menschlichen Individualität. Doch vertrat er unter Berücksichtigung der erwiesenen Anziehungskraft des Mondes wieder die Berechtigung der Astrologie und war auch bereit, die Wahrsagekunst anzuerkennen. Gleich Kleanthes lehnte er Aristarchs These vom heliozentrischen Weltsystem ab.

Hier erkennen wir nun die Grenzen, welche die Stoa sich und selbst einem Poseidonios gesteckt hatte. Es ist auch bezeichnend, daß nach Poseidonios von der stoischen Schule keine weiteren Impulse der Wissenschaft zugute kamen. Sie entfernte sich von der fachlichen Forschung, zog aber immer mehr die Lehren der anderen Sokratischen Schulen an sich. Das Verwandtschaftliche von Stoa, Akademie, Peripatos und Kynismus wurde so immer deutlicher. Nur den Epikureismus lehnte man ab. Kein Zweifel, die stoische Idee hatte sich nunmehr vollendet. Neues war nicht mehr von ihr zu erwarten. Wir aber haben ihrer in diesem Buche so ausführlich gedacht, weil sie für die Entfaltung des rationalen Geistes im griechisch-hellenistischen Entwicklungsgang die letzte Vollendung und vornehmste Erfüllung bedeutete. Dieser mit Aufklärung und Sophistik groß anhebende Entwicklungsgang ist nun zu Ende. Alles Künftige — auch der Neuplatonismus (dazu S. 382) — gehört schon dem neuen Irrationalismus an.

Neue Gläubigkeit aus dem Osten

Vom blinden, naiven Glauben war die griechische Entwicklung ausgegangen. Dann hatte der Intellekt das große Abenteuer gewagt, sich selbständig zu machen und alles Geistige dem rationalen Verstand anheimzustellen. Großartig waren die Leistungen, welche auf solchen Wegen erzielt wurden. Kein Zweifel, das Wagnis gelang und brachte einen reichen Segen von Früchten bis auf den heutigen Tag. Mit der Erfüllung und restlosen Verwirklichung des rationalen Programms stellte sich aber die griechische Unrast wieder ein. Ein rational erschautes Dasein befriedigte wohl die einen, doch nicht auch die andern. Der „Gott der Philosophen" war nur den Gebildeten einigermaßen verständlich, und auch sie empfanden ihn mitunter wohl als Surrogat. Was hungrig blieb bei den Lehren des Epikur und der Stoa, war das religiöse Gefühl. Auch wenn man sich selber so wichtig nahm, daß man vermeinte, das Göttliche durch Teilnahme an der Weltvernunft in der eigenen Brust zu empfinden, vermißte man in Nöten doch göttliche Hilfe. Daher also das Bemühen der Philosophen, die Ängste und Befürchtungen zu bekämpfen und alle Nöte zu bagatellisieren. Hier hatten ihre Lehren ja die schwächsten Stellen: denn im Fieber oder im Seesturm half weder die Weltvernunft, noch das Sternenzelt, noch der Gott in der eigenen Brust.

Den menschlichen Nöten verdankte Asklepios, der Heilgott der Kranken, die Erhaltung seines Ansehens. Auch Nothelfer wie die Dioskuren oder die Kabiren als „große Götter" von Samothrake überstanden den Abbruch des olympischen Götterhimmels, denn sie rief man an, sobald Gefahren drohten. Dazu noch der unergründliche, ekstatische Dionysos und die Demeter als Hort des Fruchtbarkeitsmysteriums. Sie überdauerten den Bildersturm ob ihrer elementaren, geheimnisvollen Art. Aber diese Gestalten und Kulte waren doch nur Relikte. Demeter blieb auf Eleusis beschränkt, andere Helfer auf Samothrake. Ihre Gesamtheit bildete keine Religion mehr.

Den Kolonialgriechen, welche die alten Heiligtümer in der Heimat zurücklassen mußten, mag die religiöse Verarmung am krassesten bewußt geworden sein. Wohl baute man auch in der neuen Welt manch prächtige Tempel und feierte Feste, doch galt das mehr der Freude an Repräsentation als einer Befriedigung religiöser Bedürfnisse. Zeitweise versuchte man in der Tyche (dem Zufall und „guten Stern") von Staaten, Städten und Einzelnen eine Gottheit zu verehren, doch trug diese Gottheitsvorstellung allzusehr das Stigma des Surrogats an sich. Als Zeichen der Unzufriedenheit stellen wir fest, daß nun vielfach der Aberglaube über die Herzen Gewalt gewann, daß das Gewerbe der Wahrsager und Traumdeuter, der Zauberer und der weisen Frauen blühte wie nie zuvor.

In dieser Zeit der religiösen Ratlosigkeit war es nun der Orient, der neue göttliche Hilfe und eine neue Welt des Irrationalen anbot. Noch blieben die Philosophen mit ihrer rationalen Weltdeutung im 3. Jahrhundert die stärkeren. Seit dem 2. Jahrhundert beobachten wir aber immer häufiger eine Erscheinung, welche man am besten als Flucht ins Irrationale bezeichnen könnte.

Orientalische Kulte hatten schon früher ägyptische und asiatische Sklaven oder Metoiken nach Hellas gebracht, doch war davon noch keine sonderliche Werbekraft ausgegangen. Die Griechen, welche nach Übersee auswanderten, lebten dort aber nicht nur als Nachbarn der Einheimischen, sondern wurden nun erst so recht Zeugen der Innigkeit, mit welcher die Orientalen ihren Kulten anhingen. Da der Glaube an die Olympier allenthalben verblaßte und die Philosophie nicht jedermann zu befriedigen vermochte, begann die Sehnsucht der Unbefriedigten nach neuen Möglichkeiten zu suchen. Das religiöse Gefühl war nun — um einen treffenden Ausdruck Galsworthys auf unseren Stoff zu übertragen — zu „vermieten". Die Sehnsucht suchte und fand erstaunt bei den Orientalen nebenan den von aller Verstandeskritik unberührten Glauben. Wenn diese Leute aber so felsenfest glaubten, dann mußte doch etwas daran sein, dann mußten ihre Götter auch helfen! Allerdings konnte man die Eigenart der fremden Kulte so wenig verstehen wie diese Gottheiten selbst. Gerade hierin und in der damit verbundenen Absage an jeden Rationalismus lag aber das Verlockende. Dieses Unverständliche und Geheimnisvolle war zudem gegenüber jeder Kritik des Intellekts von vornherein immun und konnte so als neues Glaubensgut seine werbende Wirksamkeit entfalten.

Wir dürfen uns das freilich nicht so vorstellen, als ob nun eine gewaltige Bekehrungswelle über die griechische Welt hereingebrochen wäre. Bescheidene Rinnsale waren es anfangs, in denen dieses Fremdgut allmählich, aber unaufhaltsam vordrang. Auch von einer orientalischen Propaganda darf man sich keine übertriebenen Vorstellungen machen. Am meisten wirkte das Beispiel der Orientalen selbst und die inbrünstige Art ihres Kultus, vor allem bei den Überseegriechen, ferner an den internationalen Plätzen mit größeren orientalischen Minderheiten, so zu Athen, Delos, Rhodos, zu Puteoli und Rom im Westen. Auch waren es ganz bestimmte Kulte und Gottheiten, welche jeweils besonders halfen und damit besonders warben. Eine gewisse Rolle mögen bei der Übernahme griechisch-orientalische Mischfamilien gespielt haben. In solchen Kreisen dürften vielfach auch die höchst merkwürdigen Umgestaltungen vorgenommen worden sein, denen man die „orientalischen Kulte" unterzog.

Diese Kulte wurden zumeist nicht in ihrer ursprünglichen Gestalt übernommen, sondern für den hellenistischen Gebrauch in mittelmeerischem und individualistisch-kosmopolitischem Sinne zurechtgemacht. An die Stelle des gemeinverbindlichen Bekenntnisses trat nun eine dem Orient fremde Erlösungssehnsucht des Einzelindividuums und kleinerer Gruppen, anstelle der öffentlichen Feste und Begehungen wurden nach dem Vorbild von Eleusis und der Dionysien die (dem Morgenland fast unbekannten!) Mysterien gesetzt. Die orientalische Gewißheit des Glaubens sah sich zur besonderen Offenbarung im Rahmen des Individual-

und Gruppenerlebnisses umgedeutet, auch wurden die Kulte durch Allegorisierung griechischer Mythen, durch synkretistische Gleichsetzung mit bereits bekannten Gottheiten, durch Heranziehung philosophischer Anschauungen noch mundgerechter gemacht. So blieb vom Orient mitunter nicht viel übrig. An die Stelle der im Morgenland herrschenden Allgemeinkulte traten bei den Neubekehrten irgendwelche Sekten und Mysteriengemeinschaften mit romantischem Ritual und Weihungen in mehreren Graden. Da gab es vielerlei Sakramente, Taufgebräuche, heilige Mahle, Neueinkleidungen, Mysterienspiele, da gab es richtige Priesterschaften und richtigen Gottesdienst, da winkte Neugeburt schon im Diesseits und ewiges Leben im Jenseits.

Was aber die entscheidende Wendung ausmachte: In diesen Kulten war nun alles wieder auf einen persönlichen Gott (und nicht mehr auf ein abstraktes Göttliches) abgestimmt, auf einen Gott, der half und erhörte, der erhaben war über alle menschliche Ratio und der als das große irrationale Geheimnis empfunden wurde. Da gab es nun keine Überheblichkeit mehr, die sich „als Maß aller Dinge" fühlen durfte, da gab es nur Dienst, Aufschauen und Sehnsucht nach einer Teilhabe von unten her. Da galt auch keine weitere Kritik und kein „Beweisen", sondern nur blinder Glaube. Und wenn der Einzelne als Einzelner Erlösung suchte, so fühlten sich die Glaubensgenossen doch auch als Einheit. Es begann sich innerhalb der einzelnen Sekten ein neues Gemeinschaftsgefühl zu bilden. So kam die von den Sophisten inaugurierte Egozentrik, welche selbst von der Stoa immer noch aufrechterhalten wurde, bei den Gläubigen des neuen Stils ins Wanken, zum Schwinden.

Von orientalischen Gottheiten wurden vorerst besonders jene übernommen, die dem alten zirkummediterranen Kreis der neolithischen Ackerbaukulturen entstammten, mit anderen Worten die große Erd-, Mutter- und Fruchtbarkeitsgöttin samt ihrem Geliebten, dem alle Sommer sterbenden Frühjahrsgott. Wir haben über diese Urvorstellungen schon S. 23 einiges berichtet. Nun fanden Isis, Atargatis, Kybele und die Große Mutter vom Ida, Osiris, Adonis und Attis Aufnahme im Hellenistischen Kreis. Die anatolischen Gestalten der Kybele und des Attis behielten die ihnen eigene düstere Orgiastik bei. Adonis, Osiris und Isis erfuhren jedoch eine Wandlung der äußeren Erscheinung ins Griechische. Osiris setzte man mit Dionysos, Isis mit Aphrodite gleich. Der Isis schuf man auch griechische Standbilder und Tempel. Sie wurde jetzt aber ganz unägyptisch und ungriechisch als die große universale Allgottheit verehrt, welche alle Seiten des menschlichen Daseins und der menschlichen Gesittung repräsentiert und betreut. Adonis aber blieb Zeuge der tragischen Vergänglichkeit jeder Schönheit. Mit alledem setzte nun eine Art von Renaissance der Religion der vorgriechischen (d. h. der vor-indo-europäischen) Mittelmeerwelt und des minoischen Kreta (dazu schon S. 50) entscheidend ein. „Mutterrechtliche" Züge der ältesten Urzeit gewannen die Oberhand, die Betonung des Stimmungsmäßigen und der Appell an das Gefühl gingen damit Hand in Hand. Wir konnten S. 329 bereits auch im bürgerlichen Leben eine analoge Wendung beobachten.

Eine höchst merkwürdige Neuschöpfung der frühhellenistischen Ära war der Gott Sarapis. Vielleicht schon von Alexander als eine Kombination ägyptischer, vorderasiatischer und griechischer Religionsvorstellungen erschaut, wurde sein Kult auf Veranlassung Ptolemaios' I. von dem ägyptischen Priester Manetho und dem griechischen Philosophen Demetrios von Phaleron auf verstandesmäßiger Basis als Verehrung eines helfenden Heilgottes konzipiert. Er war für Griechen und Orientalen, für Kranke und Hilfsbedürftige, vor allem auch für die breiteren Volksmassen gedacht. Kühle Verstandesrechnung hatte zu seiner Bildung geführt, doch als man den Gott um Hilfe anflehte, da half er wirklich und fügte Wunder an Wunder. Man erkennt auch hierin, wie sehr wir uns in einem geistigen Grenzbereich, an der Schwelle zum Irrationalen befinden.

Fassen wir die neuen Kulte als Gesamterscheinung ins Auge, so treten sie uns bereits als diejenige Religionsform entgegen, welche man gemeinhin als *Gnosis* bezeichnet und die erst vom Christentum nachher allmählich abgelöst wurde. Es herrschte darin noch Polytheismus, und es verschlug nichts, wenn sich der Fromme gleichzeitig an mehreren Kultgenossenschaften beteiligte. Noch gab es keinen eifersüchtigen Gott, und auch die universale Isis duldete andere Gottheiten neben sich. Abgesehen von diesen Zügen einer gegenseitigen Kulttoleranz offenbaren die neuen Sekten aber bereits mit aller Deutlichkeit die geistige Flutwende. Vom Glauben war einst die Entwicklung ausgegangen, hatte zu Triumphen des glaubensfreien autarken Intellekts geführt und kehrte nun in den Glauben zurück, so daß sich gleichsam ein Kreis schließt. Noch waren freilich die philosophischen Lehren in Blüte und genügten einem Teil der hellenistischen Welt. Schon aber kündigt die neue Zeit, der neue Glaube sich an, um über Philosophie und Wissenschaft schließlich die Oberhand zu gewinnen.

19. KAPITEL

Die Krisis der hellenistischen Welt

Die Erscheinung des geschichtlichen „Alterns"

Wir haben in den vorausgegangenen Abschnitten den Hellenismus in all dem Glanz seiner kulturellen und zivilisatorischen Leistungen kennengelernt und schließlich erfahren, daß sich die griechische Entwicklung ins Kosmopolitische wandelte und durch das Eingreifen der Levante sowie durch die Übernahme orientalischer Glaubenssicherheit immer noch neue Bereicherung erfuhr. Dennoch will es uns scheinen, daß aus dieser unleugbaren Blüte des Hellenismus bereits eine Warnung des Alterns zu uns spricht.

Der Begriff des „Alterns" gehört der Sphäre des individuellen Lebens an und läßt sich nicht so ohne weiteres auf historische Vorgänge übertragen. Doch treten uns in der Geschichte immerhin auch Individualkomplexe entgegen, und zwar in der Gestalt von „Abläufen" der einzelnen Völker oder Kulturen. Wir wollen uns hier nicht darüber aussprechen, ob und wie Völker „altern". Daß aber eine Gesittung in ihrem Entwicklungsgang zu altern vermag, zeigen uns gewisse Erscheinungen gerade in der hellenistischen Phase des griechischen Kulturablaufs; Erscheinungen, welche überraschende Analogien zum menschlichen Einzelschicksal darbieten.

Was uns im individuellen Dasein als Los des Alterns besonders zu Bewußtsein kommt, ist das schrittweise „Abschreiben" von Neigungen, Leidenschaften, Hoffnungen und Illusionen bis zu einem mehr betrachtenden und quietistischen Verzicht auf äußere Wirksamkeit, ja bis zur resignierenden „Weisheit" des Alters und zur Rückkehr in den Glauben der Kinderzeit. Diese Erscheinungen finden wir nun Zug um Zug im Geistesleben des Hellenismus wieder. So wie im Einzelleben die Jugend sich am liebsten „heldisch" betätigt, die Interessen sich nachher der politischen Wirksamkeit zuwenden, den Künsten auch und der Wissenschaft, bis sich das Alter mehr einer Rückschau hingibt und einer stillen Betrachtung, so finden wir auch bei den Hellenen zuerst die Freude am Ritterlichen, dann die großen Leistungen auf den Gebieten der Politik, der Kunst und der Wissenschaften, bis sich die hellenistischen Lebensphilosophien vom äußeren Wirken des Menschen immer mehr auf eine quietistische Seelenpflege zurückziehen, ja die gnostischen Sekten zum blinden Glauben zurückkehren. Auch das Rückschaumoment tritt in den antiquarischen Interessen Alexandreias und Athens recht deutlich in Erscheinung.

Hinter alledem steht im Einzelleben wie in der Geistesgeschichte der schrittweise Verzicht. Was der einzelne Mensch an Hoffnungen und Bestrebungen auch erlebte, es verliert für ihn im Laufe des Alterns an Bedeutung. Manches ist ihm in Erfüllung gegangen und so zur Selbstverständlichkeit geworden, anderes stellte sich als unerfüllbar heraus, sehr vieles erwies sich schließlich als eitel und weder des Wünschens noch der Erfüllung wert. So verzichtet der alternde Mensch Schritt für Schritt auf seine Träume, bis das Leben mit seinen Verlockungen und Affekten, mit seinem Wahn von ihm abfällt, so daß der Tod endlich eine wunschlos gewordene Seele erlöst.

Diesen Vorgang des schrittweisen Verzichtens beobachten wir auch in der griechischen Geistesgeschichte. Die bis dahin so hoch gepriesene Ritterlichkeit verlor schon im 6. Jahrhundert an Werbekraft. Seit der Sophistik schwand der Ehrgeiz, im Staat als Politiker oder Reformator eine Rolle zu spielen. Der Staat selbst wurde immer weniger wichtig, die angestammte Religion immer weniger glaubwürdig. An der Dichtung glaubte Platon verzweifeln zu müssen, alles öffentliche Wirken gaben die Epikureer preis, alle Kultur schlechthin die Kyniker. Auch die Stoa kannte das „äußere" Wirken nicht mehr als Passion, sondern nur mehr als Pflicht. Die wahrhafte Vervollkommnung fand sie allein in der Hinwendung der Seele zu ihrem eigenen göttlichen Wesen. Der Gnostiker aber verzichtete sogar auf die Errungenschaften der Wissenschaft und des rationalen Geistes.

Wie den alternden Menschen mitunter fremde Jugend erfreut, so begann sich das reifende Griechenland an der Weisheit der Barbaren zu erbauen. So fand schon Xenophon wahre Gefolgschaftstreue vor allem bei den Persern, Onesikrit kynischen Weltverzicht bei den indischen Yogis, bot Hekataios von Abdera in seinem Hyperboreerbuch einen Sittenspiegel, in dem die unverdorbenen Barbaren als Vorbilder hingestellt wurden.

So vorsichtig wir bei derartigen Parallelisierungen auch zu Werke gehen müssen, so sehen wir hier doch immerhin, daß im Dasein eines Einzelmenschen und einer ganzen Kultur analoge Grundprinzipien der Ökonomie wirksam sind. Es schien mir daher am Platze zu sein, auf diese Analogien hinzuweisen, auch wenn wir daraus noch keine „biologischen" Folgerungen ziehen. Der nächste Abschnitt wird uns übrigens zeigen, wie mit dem Absterben der Illusionen und Hoffnungen auch ein schrittweises Versagen der schöpferischen Phantasie Hand in Hand ging.

Das Erlahmen der schöpferischen Phantasie

Die Griechen übertrafen die meisten, wenn nicht alle anderen Völker des Altertums im Reichtum an schöpferischer Phantasie. Doch bedarf jeder einzelne Schöpfungsakt eines bestimmten Anrufs durch die geistige Situation und des Widerhalls in der Brust des Begnadeten. Hierauf kommen wir aber erst später (S. 428 ff.) zu sprechen. Hier sei nur darauf hingewiesen, daß sich auch die griechische Phantasie keineswegs als unerschöpflich erwies. Einige Beispiele mögen uns das belegen.

Nach Homer und Hesiod fand man bald schon keine wirklich fruchtbaren Möglichkeiten mehr für die Epik, nach Pindar keine zur Fortsetzung der Lyrik, doch schien das ganz unbedenklich, da man jeweils zu neuen Dichtungsgattungen hinüberwechseln konnte. Nach Euripides versagte aber für einige Zeit die dichterische Phantasie überhaupt. Noch schwerwiegender wirkte es sich aus, daß nach Verwirklichung von Oligarchie und Demokratie auch das staatspolitische Denken der Griechen keine neuen, gangbaren Wege zu finden vermochte. Nur in der Außenpolitik propagierte der Festlandshellenismus im Typus des hegemonielosen Bundes (s. S. 306 ff.) noch einmal etwas fest Neues. In der Kunst fand man im späteren Hellenismus nur mehr abseitige und gleichsam peripherische Möglichkeiten (dazu schon S. 321 f.). Alles wahrhaft Fruchtbare und Befriedigende war damals bereits verwirklicht. Wohl kam die Dichtung noch zu einer Spätblüte, doch auch sie beschränkte sich des öfteren bereits auf die Auswertung mehr peripherischer Möglichkeiten (so die Bukolik und die antiquarische Dichtung; s. S. 318 f.).

Am längsten währte der Schöpfungsreigen in den am spätesten erschlossenen Kulturzweigen der Philosophie und der Wissenschaft. Aber die besten philosophischen Leistungen des Hellenismus stammten schon nicht mehr von geborenen Griechen, sondern von Wahlhellenen, die vom Osten zugewandert waren. Nach Poseidonios wurde dann weder von Stoikern noch von Epikureern, weder von Hellenen noch von Levantinern auf dem Gebiet der Philosophie etwas Neues erdacht. Nur in der Wissenschaft blieben die Wege offen, doch müssen wir feststellen, daß in der geistigen Flutwende des 2. Jahrhunderts das Interesse an der rationalen Einzelforschung dahinschwand.

Zugleich mit dem Rückgang der schöpferischen Phantasie zeigte sich auch ein gewisser Niedergang in der Wertung der Schöpferpersönlichkeit. Besonders galt das von den Künstlern, die seit dem 3. und 2. Jahrhundert immer mehr an Ansehen verloren. Staatsmänner, Reformatoren und Feldherrn gab es überhaupt nicht mehr, denn alles Regieren erfolgte im Überseehellenismus vom „König" her, worunter sich die anonymen Kräfte seines jeweiligen Beamtenapparats verbargen. Die Philosophen und Gelehrten aber wurden zu Professoren, und oft war es schon mehr der Rang als „Schulhaupt", der hier den Namen machte, und nicht mehr die Originalität der Gedanken.

Worauf diese Erschlaffung des Schöpferischen zurückzuführen sei, soll uns erst später beschäftigen. Hier muß es uns genügen, das Phänomen als solches zu erkennen, da von ihm geschichtliche Folgen von größter Tragweite ausgingen. Allgemeine historische Erfahrung lehrt uns nämlich, daß Kulturen mit wacher, aufstrebender Schöpfungsdynamik fast unüberwindliche Abwehrkräfte gegenüber fremden Angriffen aufbringen. So gelang seinerzeit die Rettung vor dem Ansturm der Perser. Wenn sich der Schöpfungsreigen aber seinem Ende zuneigt, die Phantasie zu versagen beginnt, verringern sich damit die Abwehrpotenzen. Die folgenden Abschnitte werden uns lehren, daß auch im fortschreitenden Hellenismus Schöpferphantasie und Abwehrkraft in gleichem Maße erlahmten. Daran vermochte alles Können und alle Routine nichts mehr zu ändern.

Routine

Zugleich mit der schöpferischen Phantasie schwand das Müssen dahin, während das Können um so großartigere Triumphe feierte. Durch mehr als ein halbes Jahrtausend hatte man die technischen Methoden verbessert, hatte man aus der Praxis Erfahrungen gewonnen, hieraus Theorien abgeleitet, die wieder auf die Praxis wirkten. Alle Zweige des kulturellen Lebens erfuhren so eine Technisierung, und der rationale Verstand mühte sich immer wieder, alles noch besser, geschickter und treffender zu gestalten.

Man halte sich nur vor Augen, zu welch großartigen Ausdrucksmöglichkeiten die Bildhauer im Hellenismus gelangten. Jegliche Bewegung, jede Spielart des menschlichen Charakters, alle Eigenart des Einzelantlitzes, jede gefühlsmäßige Regung vermochten sie darzustellen. Zuerst waren es große Meister gewesen, die solches erschlossen. Mit der Zeit lernten aber auch die kleineren, was sich davon erlernen ließ. Nie erreichten sie ihre Vorbilder, doch hob sich das Niveau des allgemeinen Könnens nun gewaltig. Ganz ähnlich verhielt es sich mit den technischen Fortschritten der Malerei, wo zur Charakterisierung auch noch die Einführung des Hintergrunds, der Perspektive und die Scheidung von Licht und Schatten traten. Die Baukunst bediente sich nun modernster Hilfsmittel und verwendete sogar schon den Flaschenzug. Die Verskunst stieg auf zu raffiniertester Versdrechselei, die Dichtung behandelte selbst Chronologie und Astronomie, die Rhetorik sah sich im Vollbesitz ihres gleisnerischen Inventars. Nachschlagewerke, Lehrbücher der Theorie und Praxis waren jedem Fachmann zur Hand.

Bei alledem spielte der Überblick eine bedeutsame Rolle, den man über die vorausgegangene Gesamtentwicklung besaß. Man befand sich in der Blüte des Historismus, überblickte alle Vergangenheitsstufen, beherrschte gleichzeitig die dorische, ionische und korinthische Ordnung, hatte die Rezepte zur archaischen Kunstart ebenso bereit wie die der nachfolgenden Stufen. So konnte man sich rühmen, alles zu überschauen und alles zu können, alles zu beherrschen mit souveräner Manier.

Auch in der Kunst des Regierens dominierte nun das technische Können. Zu Anfang waren die Diadochen selbst die Schmiede ihres Glücks gewesen, dann überließen sie die Verwaltung aber dem eingespielten Beamtenapparat. Er lief von selbst gleich einer Maschine, und alles vollzog sich nach demselben Schematismus. Sogar die Herrscher vermochten bisweilen kaum etwas zu wollen gegenüber der allmächtigen Bürokratie. Es fehlte vielfach der Schwung, und es erstarb vor allem in Ägypten die Initiative im Technischen der Verwaltung.

So sehen wir, daß sich im Hellenismus schließlich das Können gleichsam über eine innere Leere wölbte. Es mangelte die schöpferische Phantasie und der damit verbundene elementare Antrieb. Man konnte alles, wußte aber nicht recht, wozu man dieses Können nun eigentlich noch verwenden solle. Auf diese Weise wurde das Können notwendigerweise zum Selbstzweck, das heißt, es sank herab zu Manier und wurde zur bloßen Routine.

Die Schwäche der Großreiche

Wir haben bereits in früheren Abschnitten angedeutet, woran der Großreichhellenismus Überfluß hatte und was ihm mangelte. Gewaltig war hier die Anreicherung an wirtschaftlichen Potenzen, an Kapital, an technischen Kriegsmitteln, an praktischem Können, an eingespielter Verwaltung und Organisation. Mit alledem war in erster Linie Ägypten reichlich versehen, doch auch das Seleukidenreich bildete einen imponierenden Machtfaktor.

Was aber mangelte, war vor allem eine wahrhaft tragende, volkhafte Substanz. Die Herrenschicht bestand aus zugewanderten Griechen und Makedonen sowie aus Einheimischen, die als Wahlhellenen in die bevorzugten Kreise aufgestiegen waren. Alle diese Leute bildeten zusammen aber nur eine geringe Minorität. Schon den Persern war die Beherrschung Vorderasiens schwergefallen, obgleich sie sich auf die Gesamtheit der iranischen Volksmassen stützten. Bei den Seleukiden basierte die Herrschaft aber nicht auf geschlossenem Volkstum, sondern nur auf den „Sprachinseln" der einzelnen Städte. Vor deren Toren lagen im Kreise allenthalben bereits die Dörfer der semitischen Fellachen. In solchen Fällen pflegt die Landbevölkerung schließlich der stärkere Faktor zu sein und die Städte zu übermannen. Denn derartige Inselstädte verfügen über keine Reserven, die Einheimischen aber treten in geschlossenen Massen auf. Auch bei Vermischungen zeigt sich das Übergewicht der einheimischen Komponente, da nur diese und nicht das Kolonistenelement über die erwähnten Reserven verfügt. Etwas besser als bei den Seleukiden lagen die Dinge in Ägypten, wo die griechischen Grundbesitzer auch weite Strecken des flachen Landes bewirtschafteten. Doch bildeten sie natürlich auch hier nur die Minorität.

So handelte es sich bei diesen Staaten zwar um gewaltige zivilisatorische Apparate der Staatsräson, aber doch um Kunstprodukte mit völlig unnatürlicher Struktur. Zudem mangelte es auch den Kolonisten selbst an einem lebendigen Staatsgefühl. Als Patrizier und Großgrundbesitzer lebten sie ein bequemes Leben, als Epikureer wollten sie vom Staate nichts wissen, als Stoiker kümmerten sie sich mitunter mehr um die Weltvernunft als um den Wehrdienst, als Großstädter sehnten sie sich nach idyllischem Landleben. Wer nicht selbst Beamter war, kam nur als Untertan und Steuerzahler mit der Regierung in Fühlung und gewöhnte sich daran, die Obrigkeit für alles Nötige sorgen zu lassen.

Selbst die Heere konnten nur in technischer Hinsicht als hochwertig bezeichnet werden, denn die Militärkolonisten waren durch Wohlleben verweichlicht, und die Söldner blieben unzuverlässig. Es fehlte ein kerniger Bauernstand, der allein jeder Kampftruppe erst die richtige Kraft verleiht.

Die orientalischen Untertanen wagten zu Anfang nichts gegen das neue Regime zu unternehmen. Soweit sie sich hellenisierten, blieben sie mit den Monarchen noch irgendwie verbunden. Mit Ausgang des 3. Jahrhunderts begannen die Widerstände aber deutlichere Formen anzunehmen. Kleinfürsten und Städte, welche sich durch Selbsthellenisierung gewandelt hatten, strebten nach Selbständigkeit von den Großmächten, Tempelherrschaften wurden renitent. Die schwersten Folgen zeitigte ein Mißgriff Ptolemaios' IV. Als sich dieser Herrscher von den Seleukiden bedroht fühlte, stellte er zwanzigtausend Ägypter als Schwerbewaffnete in seine Phalanx ein. Wohl errang er so zu Raphia einen glänzenden Sieg (217), doch forderten die Eingeborenen nun ein besseres Recht. Sie entschlossen sich schließlich zum offenen Widerstand, so daß eine Zeit der Unruhen und Aufstände folgte. Ihr Ziel, ein neues, nationales Pharaonenreich zu begründen, blieb allerdings unerreicht. Die Thronstreitigkeiten unter den nachfolgenden Ptolemäern führten aber doch zu vielfältigen Konzessionen an die Unzufriedenen. Die Tempel wurden durch Asylrechte begünstigt, Ägypter gelangten zu hohen und höchsten Würden. Wohl griff die griechische Sprache auf dem flachen Land immer noch weiter um sich, doch stellen wir im Kultus und in der Kunst bereits eine kulturelle Gegenassimilation fest. Nun breitete sich sogar der ägyptische Malstil auf Kosten des griechischen aus. Eine Stärkung der ptolemäischen Wehrkraft hat der Ausgleich mit den Ägyptern aber nicht gebracht.

Die gegenseitigen Streitigkeiten bildeten eine weitere Hauptursache für die machtpolitische Anfälligkeit des Hellenismus. Jeder Herrscher suchte den andern zu schwächen und zu übervorteilen und verbarg durch glanzvolles Auftreten die eigene Schwäche. Eingehender haben wir darüber schon S. 278 ff. gehandelt.

Immerhin schien der hellenistischen Welt wenigstens ein Irrationalfaktor in besonderem Maß zu Gebote zu stehen, die große Persönlichkeit, auf deren wunderwirkende Zauberkraft man sich alles zugute tat. Um von Alexander nicht zu reden — was waren die Diadochen doch für schicksalbezwingende Kraftgestalten, was hatten sie — gleichsam aus dem Nichts — für gewaltige Reiche erschaffen, allein durch ihr göttliches Ingenium und ihren starken Willen zur Macht! So glaubte man sich berechtigt, in einer Art von Übermenschentum die Gewähr für die Zukunft zu erblicken. Welch bitterer Täuschung man sich da hingab, konnte nicht offenbar werden, solange nur Hellenisten gegen Hellenisten standen. Sobald aber Feinde von auswärts drohten, sollte sich zeigen, wie wenig sich Übermenschentum vererbte und wie klein die Könige waren, auf die man sich zu sehr verließ.

20. KAPITEL

Der Ausgang der griechisch-hellenistischen Geschichte

Die Wolke im Westen

Was das Wesen Roms ausmachte und wodurch die alten Römer befähigt wurden, ihre weltgeschichtliche Rolle zu spielen, soll erst in späteren Abschnitten dargestellt werden. Hier gilt es nur, den Gegensatz herauszuarbeiten zwischen dem volkhaft gesund aufstrebenden Rom und den staatlichen Kunstprodukten des Hellenismus.

Rom hatte als bäuerlicher Stadtstaat begonnen, war aber immerhin zugleich Haupt des Latinischen Bundes. Als Schützer des Acker- und Gartenbaus in den Ebenen vor den Hirtenstämmen im Gebirge und vor den Barbaren im Norden machte es sich im Laufe der Zeit so sehr verdient, daß immer mehr italische Gaue und Städte sich unter römische Ägide begaben. Selbst Capua und das griechische Neapel zogen die Sicherheit unter den Römern einer gefahrvollen Unabhängigkeit vor. Auf diese Weise bildete sich ein Schutzsystem über ganz Italien, das seine Zentrale in Rom fand. Widerstrebende Hirtenstämme wurden in hartnäckig geführten Kämpfen unterworfen, desgleichen Gemeinden, die sich der Abrundung des römischen Machtbereichs widersetzten. In den Jahren nach 280 behauptete man sich sogar gegen Pyrrhos und bestand so die erste Feuerprobe gegenüber dem Hellenismus.

Rom begnügte sich aber nicht damit, Schutzmacht und Hegemon zu sein, sondern trachtete, die Bündner immer enger an sich heranzuziehen, sie am Bestand des Imperiums zu interessieren. Es verteilte an die treuesten der Bundesgenossen, an Einzelne, an Gruppen, an ganze Gemeinden, Gaue und Stämme das eigene Bürgerrecht. Damit verbreitete es das eigene Staatsvolk, die eigene Herrschaft über weite Bereiche Italiens. Garant dieser weitblickenden Politik war die römische Regierung, bestehend aus Volksversammlungen, gewählten Jahresbeamten und einer Art Adelsrat, dem Senat. Es war eine wunderbare Verfassung, die allen Volksschichten ihr Recht gab.

Die Halbinsel wurde im wesentlichen von Bauern und Hirten besiedelt, die alle noch bestes und williges Truppenmaterial bildeten. Die meisten waren zudem Italiker, und wenn sie sich auch in zahlreiche Stämme und recht verschiedenartige Mundarten gliederten, so wirkten doch die Gleichheit der Kulturstufe, die Einheit der Landesnatur, das enge Verhältnis zu Rom und vielfach auch schon das römische Bürgerrecht als verbindende Faktoren.

Die Truppenmassen, welche Rom auf der italischen Halbinsel aufzubieten vermochte, waren seit etwa 260 v. Chr. so ungeheuer, daß sie allein schon aus Gründen der Verpflegung niemals gleichzeitig im Felde standen. Rom konnte im Laufe der Jahre immer neue und wieder neue Heere aufstellen und hatte damit einen Atem, der überhaupt nie sein Ende fand. Es gab damals im gesamten antiken Raum keine andere Macht, die auch nur einen größeren Bruchteil dieser Zahlen zu mobilisieren vermochte. Hatten sich andere Staaten bereits ausgeblutet, fing Rom gleichsam erst an. So ward hier Volkskraft für die Zwecke der Macht in einem Ausmaß organisiert, wie es das Altertum bisher noch nie erlebt hatte. Makedonien hätte ähnliche Möglichkeiten auf dem Balkan gehabt, ließ sie aber ungenutzt, da es nach Hellas und nach dem Orient strebte. Rom aber baute zuerst seine eigene Welt aus, bevor es sich mit fremderen Welten befaßte. Was dem Imperium im Augenblick freilich noch mangelte, war Bargeld und damit eine Flotte.

Durch sein Machtpotential wurde das Reich schließlich doch in die Weltpolitik hineingezogen. Damit begann jener Anreicherungsprozeß, welchen wir in der Wirtschaft beim Kapital, in der Geschichte aber im Bereich der Macht fast immer beobachten. Wenn man bei der Konzentration solcher Güter eine gewisse Schwelle überschritten hat, treibt der eigene Besitz zu immer neuen Anreicherungsaktionen. So ließ sich Rom als Schutzmacht sizilischer Griechen in den Kampf mit Karthago ein und vollbrachte schließlich das Wunder, den Gegner auch zur See zu überwinden. Durch diesen ersten Punischen Krieg (264—241) gewann Rom seine erste Provinz, Sizilien.

Im zweiten Punischen Krieg (218—202) sah sich Rom dann in ähnlicher Weise wie einst durch Pyrrhos dem Angriff eines Ingeniums, nunmehr des Hannibal ausgesetzt. Doch zeigten sich die volkhafte Substanz und der sie zusammenhaltende Kitt des Bürgerrechts auch dieser Belastungsprobe gewachsen. Um freilich Karthago ganz in die Knie zu zwingen, mußte auch Rom nun neben dem altbewährten Faktor seiner Volkskraft einen neuen und zweiten, das schöpferische Ingenium, mobilisieren. Was das für die römische Entwicklung bedeutet, werden wir erst später betrachten. Hier sei nur erwähnt, daß dadurch auch der zweite Punische Krieg gewonnen wurde und Rom jetzt über die reichen Provinzen Sizilien, Sardinien, Spanien und die Poebene verfügte. Das Imperium ward hierdurch zur ersten Finanzmacht der damaligen Welt und konnte sich nun auch die stärkste Flotte leisten. So fügte sich alles zusammen, eine Wehrkraft fast ohne Ende, eine in aller Außenpolitik wohlerfahrene Regierung, ein ungeheures Territorium, gewaltige Finanz- und Flottenbestände. Darum sprach schon 217 ein griechischer Diplomat die seherischen Worte auf der Konferenz von Naupaktos: „Wenn erst einmal die Wolken, welche von Westen her aufsteigen, sich über Hellas entladen, dann fürchte ich sehr, daß es zu Ende sein wird mit den Kongressen, den Kriegen und mit den Kampfspielen, die wir jetzt gegeneinander aufführen. Dann werden wir zu den Göttern beten, daß sie uns die Freiheit zurückgeben, einander zu befehden und wieder Frieden zu schließen, so wie wir es wollen, und alle unsere Streitigkeiten nach eigenem Ermessen zu schlichten." Was der Grieche damals befürchtete, bedrohte nicht nur Hellas, sondern die gesamte hellenistische Welt. Die ungeheure Überlegenheit Roms mußte früher oder später in diese Räume geringeren Machtpotentials hineingezogen werden. Zudem stiegen gleichzeitig auch andere Wolken im Osten und im Südosten auf, von denen die Griechen noch überhaupt nichts ahnten. Sie sollten kaum minder gefährlich werden als Rom.

Rom überwältigt die Großmächte

Es gab eine einzige Großmacht, welche die hellenistische Welt verteidigen konnte, und das war Makedonien. Nur sie vermochte ländliche Volkskraft aufzubieten gegen die Volkskraft Italiens. Zwar verfügte man in Makedonien über zahlenmäßig weit schwächere Kontigente, doch war es immerhin ein Kampf mit grundsätzlich gleichen Waffen. Wäre Makedonien von den Hellenen, von Pergamon und von Rhodos unterstützt worden, so hätte es einen Schild gebildet für die hellenistische Welt und hätte wenigstens für einige Zeit noch die Abwehr behauptet. In völliger Verkennung der machtpolitischen Lage vermeinten die kleineren Nachbarn aber größer zu werden, wenn sie dem Vorkämpfer in den Rücken fielen.

Die Gegensätze begannen, als sich Rom an der Westküste der Balkanhalbinsel festsetzte, um die Adria als ein *mare nostrum* zu gewinnen. Wohl versuchte Philipp V. von Makedonien während des zweiten Punischen Krieges die Römer aus diesen Positionen zu drängen, doch sah er sich alsbald auf allen Seiten angefallen von den Neidern, welche die römische Diplomatie gegen ihn aufbot. Vor allem Pergamon trat nun feindlich hervor. So schloß der Herrscher 205 einen Frieden, ohne Wesentliches erreicht zu haben.

Sobald aber die Auseinandersetzung mit Karthago ihr Ende gefunden hatte, wandte sich Rom mit aller Kraft gegen Makedonien. Zuerst wurde es diplomatisch isoliert und mit Hilfe von Pergamon, Rhodos und anderen Bundesgenossen eingekreist, dann auch mit Waffen angegriffen (200 v. Chr.). Nach einigen Jahren Stellungskrieges brachte schließlich eine einzige Schlacht bereits die Entscheidung. Bei Kynoskephalai siegte 197 die modernere römische Kampfesweise über die ehrwürdige makedonische Phalangentaktik, wie man sie seit den Glanzzeiten treulich bewahrt hatte. Philipp aber war zuwenig altväterisch, um bis zum letzten weiterzukämpfen, er war zu sehr Hellenist, um Rückschläge ertragen zu können. Schon nach der ersten Niederlage gab er den Widerstand auf, um sich in den Frieden zu retten. Im Hinblick auf das damals sich mächtig ausdehnende Seleukidenreich beeilte sich jetzt auch Rom mit dem Frieden, diktierte aber immerhin ein „Versailles", demzufolge Makedonien auf Griechenland zu verzichten, seine Flotte auszuliefern und eine riesige Kriegsentschädigung zu leisten hatte. 196 verkündete der siegreiche Feldherr Flamininus bei den Isthmischen Spielen die „Freiheit" Griechenlands. Freiheit, vom Sieger geschenkt und nicht selbst errungen, pflegt freilich ein Danaergeschenk zu sein. Auch der Perserkönig hatte einst die „Freiheit" von Hellas verkündigt (s. S. 208).

Als nächstes Schlachtopfer bot sich der überlegenen römischen Diplomatie und der nicht minder überlegenen römischen Kriegskunst das Seleukidenreich an. Seit

Antiochos III. 223 die Regierung angetreten hatte, befand sich diese Großmacht in jähem Anstieg. Der Herrscher hatte sich zum Ziel gesetzt, die Macht seines Hauses in der ursprünglichen Ausdehnung wiederherzustellen, ja wenn möglich auf den Umfang des Alexanderreichs zu erweitern. 212 gewann er die Oberhoheit über Armenien, die Jahre bis 205 fanden ihn auf der Heerfahrt nach Osten in siegreichem Vordringen bis an Indiens Grenzen. Nicht minder bemühte sich der König um den Westen. Wohl mißlang sein erster Anschlag auf Ägypten (217), doch nahm er in späteren Kämpfen (201—198) ganz Südsyrien und Phoinikien den Ptolemäern ab. Nun griff er, unter Ausnutzung des römisch-makedonischen Gegensatzes, auch nach dem europäischen Thrakien über. Die hierdurch unvermeidlich gewordene Auseinandersetzung mit Rom sollte alle bisherigen Erfolge krönen.

Der König ahnte nicht, welches Schicksal er damit herausforderte. Ungenügend war sein Aufgebot, phantastisch sein Planen. Wohl hatte ihm sein Glücksstern Hannibal beigesellt, der vor römischen Häschern zu ihm geflohen war. Antiochos aber wollte selber Feldherr und Sieger sein. So blieb das Genie des Flüchtlings ungenützt. 192 rief der König Griechenland zur „Freiheit" auf und setzte dahin mit seinen Truppen über. Doch schon im folgenden Jahre wurde er unrühmlich aus Hellas vertrieben und mußte sich in Asien zur Entscheidung stellen. Bei Magnesia wurde das seleukidische Heer 190 vernichtend geschlagen.

Diese einzige Schlacht, dieser einzige Schlag genügte, um dem Übersee-Hellenismus die Larve vom Gesicht zu reißen. Der Seleukidenfürst doch ein Unfähiger, das mehr als zweifach überlegene Aufgebot des tönernen Kolosses doch nur ein unzulänglicher Haufe, sobald es galt, gegen echte Volkskraft anzutreten. Nun zeigte es sich, daß auch die vielgerühmte hellenistische Persönlichkeit nicht imstande war, sich gegen die Kräfte ländlicher Volkhaftigkeit zu behaupten.

So genügte diese einzige Schlacht auch, um das Seleukidenreich von seiner Großmachtstellung zu stürzen. Antiochos mußte Kleinasien räumen, das nun größtenteils an Pergamon und Rhodos kam. Der Tauros wurde zur Westgrenze, auch mußte man auf Seeschiffahrt nach dem Westen verzichten. Sogleich begann im fernen Osten der Abfall. Und als sich der Herrscher anschickte, wenigstens hier die Reichsautorität zu wahren, fand er in einem unglücklichen Scharmützel ein jähes Ende (187). Die Römer aber ordneten mit Diktaten und Strafexpeditionen die Verhältnisse Kleinasiens. Sie trieben die Kelten zu Paaren und unterstellten sie der pergamenischen Aufsicht. Die kappadokischen Fürsten wurden gnädig als Freunde angenommen, Bithynien und Pontus blieben selbständig.

Antiochos' Nachfolger, Seleukos IV., konnte nicht daran denken, das Reich vom römischen Druck zu befreien. Als er 175 ermordet wurde, erkannte der Senat seinen Bruder, Antiochos IV. Epiphanes, als Herrscher an, behielt aber Demetrios, den erbberechtigten Prinzen, als Geisel und ständige Bedrohung des nunmehrigen Regenten in Rom zurück. Antiochos IV. war die vielleicht bedeutendste Herrscherpersönlichkeit des späteren Hellenismus. Ihm soll daher der nächste Abschnitt gewidmet sein (S. 361 f.).

Inzwischen hatte sich aber Makedonien von der Niederlage und vom Gewaltfrieden einigermaßen erholt. Philipp V. widmete den Rest seiner Regierung ganz der inneren Konsolidierung des Reichs und einer nach dem Balkan gerichteten Politik. Auch sein Sohn Perseus, der ihm 179 folgte, arbeitete im stillen an der Stärkung der makedonischen Macht und trachtete in Bithynien, Rhodos und im Seleukidenhaus Freunde zu gewinnen. Doch wieder machte Pergamon den Büttel, und auf seine Hetze hin eröffnete Rom den Krieg (171). Anfangs konnte sich Perseus im Feld behaupten. Als es aber 168 bei Pydna zur Entscheidungsschlacht kam, wurde die Phalanx erneut geschlagen. Der König ließ nun alles im Stich, das Heer, das Reich, seine Krone. Unerkannt hoffte er auf einem Schiff zu entkommen, doch griff man ihn alsbald auf und brachte ihn nach Rom zu Triumph und Gewahrsam. Das makedonische Staatswesen wurde aufgelöst und in vier republikanische Verwaltungsbezirke geteilt. Mit der Herrschaft der Antigoniden war es zu Ende. Die letzte Großmacht im Osten war so zerschlagen.

Aber auch Rom hatte sich in den letzten Jahrzehnten völlig gewandelt. Der philhellenische Idealismus hatte sich verflüchtigt, durch Machtvergiftung verlor die neu heranwachsende Generation allen sittlichen Halt. Schon seit der Freiheitserklärung des Flamininus hatten römische Besatzungstruppen und Senatskommissionen Hellas immer wieder ausgebeutet und ausgeplündert. Nun wurden gegen tausend vornehme Griechen des Achäischen Bundes kurzerhand nach Italien deportiert. In Epeiros zerstörte man siebzig Ortschaften und verkaufte einhundertfünfzigtausend Einwohner in die Sklaverei. Rhodos sah sich durch die Einrichtung eines römischen Freihafens und Handelszentrums auf Delos schwerstens geschädigt, auch verlor es die Besitzungen auf dem Festland und das Protektorat über die Kykladen. Selbst die Attaliden fielen in Ungnade und mußten die ganze Miß-

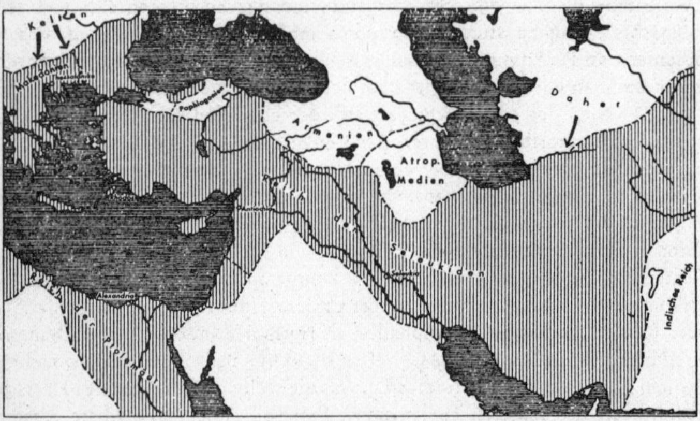

Karte 15: Die hellenistische Welt um 281/0 v. Chr.

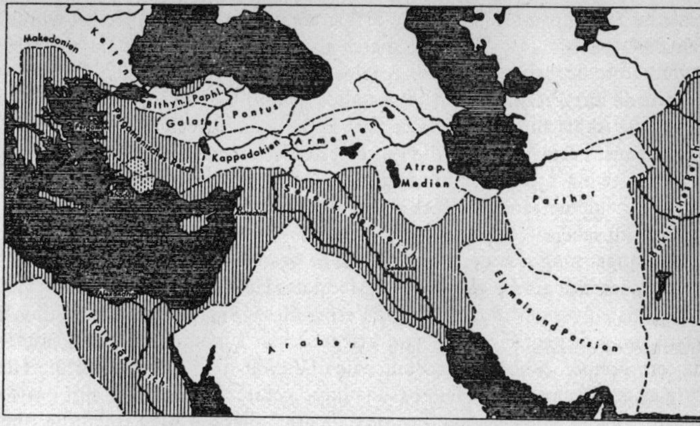

Karte 16: Die hellenistische Welt um 185 v. Chr.

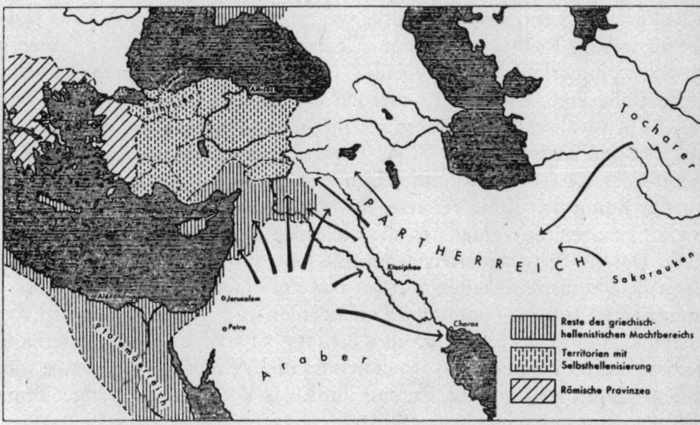

Karte 17: Die hellenistische Welt um 133/129 v. Chr.

achtung von seiten des neuen Weltbeherrschers erdulden. Rom säte Zwietracht in ihrem Herrscherhaus und hetzte Bithynien und die Galater gegen Pergamon.

Infolge des schweren Drucks der römischen Despotie kam es in Makedonien zu einem Aufstand, worauf das Land 148 in eine römische Provinz umgewandelt wurde. Zur gleichen Zeit erhob sich das verarmte Griechenland unter der Führung des Achäischen Bundes ein letztes Mal gegen die Fremdherrschaft. Noch einmal standen fast alle Hellenen für diese große Sache zusammen. Kämpfend ging die griechische Freiheit unter (146). Die Sieger zerstörten Korinth, Hellas wurde zur Provinz Macedonia geschlagen ud später als eigene Provinz Achaia eingerichtet. 133 vermachte der letzte Attalide, Attalos III., auch Pergamon den Römern, sein Reich wurde zur Provinz Asia umgestaltet. Damit war der Traum der Freiheit rund um die Ägäis ausgeträumt. Die Saat Epikurs und der Stoa war aufgegangen. Nicht umsonst hatte Metrodor die Rettung der Hellenen in den Wind geschlagen. Panaitios, der um 150 nach Rom kam, und Polybios, den man dahin deportierte, wußten sich keinen andern Rat, als in der Weltherrschaft Roms das Ziel der Geschichte zu sehen.

Schon längst mag sich der Leser die Frage gestellt haben, ob nicht wenigstens das Ptolemäerreich als die glanzvollste Macht des Hellenismus den Römern Widerstand zu leisten vermochte. Der innere Verfall dieses Staates hatte inzwischen aber so rasch um sich gegriffen, daß von kriegerischen Unternehmungen keine Rede mehr sein konnte. Schon unter Ptolemaios IV. war die Regierung in die Hände machtgieriger Beamten und feiler Günstlinge geraten. Wohl hielt sich das Reich noch durch seinen eingespielten Beamtenapparat, aber die allzu friedliche Außenpolitik, die Heranziehung der Ägypter zum Kriegsdienst und vor allem die grausame Ausmerzung fast aller Glieder der Dynastie kündigten bereits den inneren und äußeren Verfall an. Es folgte dann Epiphanes, ein Knabe und nachher ein Spielball im Hader ehrgeiziger Reichsverweser, die ob des inneren Zwists fast das ganze auswärtige Reichsgut verloren. Als der Herrscher mit dreißig Jahren vergiftet wurde, hinterließ er in Ptolemaios VI. Philometor wieder ein Kind als König. Eine fürstliche Frau, ein Eunuche und ein zur Macht gelangter syrischer Sklave waren die Sachwalter der Mißwirtschaft. Im Jahre 168 wäre Ägypten beinahe den Seleukiden zur Beute gefallen. Schon stand Antiochos IV. vor Alexandreia, da verlangte der römische Gesandte seinen Abzug. Er forderte die Entscheidung, bevor der König den Kreis verlasse, den der Römer mit seinem Stock um den Herrscher gezogen. So verdankten die Ptolemäer der römischen Intervention ihr weiteres Dasein. Sie vegetierten dahin unter der zweifelhaften Schirmherrschaft des Senats. Thronstreitigkeiten wurden nun zur Dauererscheinung. Je nach der Lage bedienten sich die feindlichen Prätendenten auch der einheimischen Ägypter, der Juden oder der Syrer, um ihre Stellung zu stärken. Roms hinterhältiges Schiedsrichtertum verhinderte Konsolidierung und Wiederaufstieg. Lange währte solch hoffnungsloses Siechtum, das nur durch das Vortreten ehrgeiziger Prinzessinnen noch eine besondere Note erhielt.

Antiochos IV. und die Wiedererweckung der Alexander-Idee

Die vielleicht einzige wirkliche Persönlichkeit unter den hellenistischen Herrschern des 2. Jahrhunderts war Antiochos IV. Als jüngerer Sohn Antiochos' III. und Bruder des Seleukos IV. weilte er vierzehn Jahre als Geisel in Rom, dann wurde er gegen Demetrios, den Sohn des Seleukos, ausgetauscht. Als man diesen Herrscher ermordete, gewann sich Antiochos auf diplomatischem Wege den Thron (s. S. 357).

Antiochos IV. war nun der erste seleukidische Herrscher, welcher Alexanders Gedanken einer Gleichstellung der Orientalen und einer Vermischung zum Regierungsprogramm erhob. Fast alle Diadochen und Epigonen waren ja zum nationalistischen Standpunkt eines Aristoteles und eines Philipp zurückgekehrt und hatten den Einheimischen höchstens in Zeiten der Not Konzessionen gemacht. Als Antiochos IV. nun endlich den Alexander-Gedanken einer echten Toleranz aufnahm, war es dafür allerdings schon reichlich spät, doch sah er darin den einzigen Ausweg. Die Niederlage von Magnesia hatte die Seleukiden aus der Ägäis verbannt, ihnen die Verbindung mit Ionien gesperrt. Auch in Syrien, Mesopotamien und im Iran zeigten sich überall Schwierigkeiten. Die Werbekraft des Hellenismus begann zu erlahmen, Rom schürte Zwietracht im Fürstenhaus, und seine Kommissionen beschnüffelten die Zurüstungen der Armee. Baktrien und Armenien waren verloren und im Iran drohten die Parther.

Antiochos sah den Westen versperrt, sah sich aus dem Abendlande verstoßen. Selbst aus Ägypten wurde er, als er siegreich vor Alexandreia stand, vom römischen Gesandten hinausgewiesen. So wollte er nun ein Orientreich schaffen mit einer möglichst gleichartigen Mischbevölkerung, und alle Kräfte schienen ihm gut genug, um hierzu beizutragen: die Nachkommen der Kolonisten, die Wahlhellenen der Levante und alle, die sich im Orient für den Hellenismus in Hinkunft gewinnen ließen. Neue Siedler suchte man sich aus Hellas zu verschreiben. Selbst das Beispiel Roms nachzuahmen, scheute man sich bei mancher Gelegenheit nicht.

Hellenistische Gesittung, bereichert durch Kulturelemente des Orients, sollte die Reichsbevölkerung dereinst verbinden. Im griechischen Mutterland weihte Antiochos Götterbilder, auch ließ er Tempel und Theater erbauen. Im eigenen Reich huldigte er den olympischen Göttern mit Bauten, Weihungen und rauschenden Festen. Die Levantinerstädte in Kilikien und Phoinikien stellte er auf dem Wege von Neugründungen den erlauchtesten Hellenenstädten gleich. Vor allem aber sollten die ehrwürdigen Zentren der altorientalischen Kulturen, sollten Babylon, Ekbatana und Jerusalem sich zum Hellenismus bekennen und mit ihren Gymnasien, Palästren und Theatern vollwertige Glieder im Kreise der Reichsgemeinschaft werden. Da der Hellenismus aber den Römern so sehr unterlegen war, sollte er nun sogar mit einem Einschlag römischen Wesens vermählt werden. Antiochos führte den Kult des Jupiter Capitolinus ein, ließ Gladiatorenspiele abhalten und bewarb sich höchstpersönlich auf dem Marktplatz von Antiocheia um das Ädilenamt. Daß er sich aber als echter Hellenist auch göttlich verehren ließ, verstand sich von selbst. Als „leibhaftiger Gott" (Epiphanes) wurde er im Kultus bezeichnet. Als Gott vermählte er sich bezeichnenderweise mit der großen „Syrischen Göttin" der Orientalen. Den Einheimischen gegenüber zeigte er sich überhaupt höchst tolerant, hoffte er doch, sie auf solche Weise für seine Reichsidee und seinen Kultursynkretismus zu gewinnen. Erst wo er auf Verstocktheit traf, wie zu Jerusalem und in anderen Tempelherrschaften, griff er zu brutaler Gewalt und füllte mit der Beute zugleich seine Kassen. Vielleicht hat er sogar geplant, seine Hauptstadt aus Antiocheia, das römischen Zugriffen allzusehr ausgesetzt war, nach Babylonien zu verlegen.

Schon früh fiel der König aber einer Krankheit zum Opfer (163). Mit seinem Tode ist die letzte noch irgendwie schöpferische Regentengestalt der großen hellenistischen Dynastien dahingegangen. Sein frühzeitiges Ende ließ das Seleukidenreich nun rasch und ruhmlos der Auflösung entgegengehen, den Juden aber brachte es Befreiung von einer ihr Dasein bedrohenden Gefahr.

Der Aufstand der Makkabäer

Bereits sehr früh hoben sich die Juden vom übrigen Westsemitentum ab, wobei sie das Unterscheidende selbst erst schufen: das Bekenntnis zu einem all-einzigen Gott, den Bund, der zugleich Auserwählung bedeutete unter allen Völkern der Erde, und das Gesetz. Mit Hilfe ihres Gesetzes zwangen sie sich zu Konsolidierung, Zentralisation und einem völligen Anderssein. So handelten sie ähnlich wie in Hellas die Spartiaten, und es ist kein Zufall, wenn im Altertum der Kosmos nicht selten mit dem jüdischen Gesetzesstaat verglichen wurde. Doch war bei den Juden der Ritualismus nicht militärischer, sondern kultischer Art.

Der jüdische Gott war und blieb zu allen Zeiten der Gott Jerusalems, dem nur in dieser Stadt Opfer und Kult dargebracht wurden. Er war ein durchaus persönlicher Gott, jedoch kein anthropomorpher. Für ihn gab es keine Mythologie, auch widerstand er jeglicher allegorischen Ausdeutung. Nichts „Mutterrechtliches" war in dem Glauben an ihn eingemischt. Auch war er ein eifersüchtiger Gott, der keine anderen Götter neben oder unter sich duldete. Er allein hatte die Welt und das Dasein geschaffen, er allein regierte, richtete und strafte darin.

Durch diesen all-einzigen wahren Gott wurde den Juden dank ihrem Bunde und ihrer Auserwähltheit eine besondere, gehobene Stellung in der Welt garantiert. Was einst die großen Mächte des Alten Orients, die Babylonier und Assyrer, die Ägypter auch und die Perser, mit den Waffen angestrebt hatten, im Auftrag ihrer Götter die Welt zu gewinnen, das übernahm nun ein kleines, unmächtiges Völklein, ein kleiner, aber festgefügter und mit stärkstem Willen erfüllter Verein. Indem er auf seinen Gott als auf den all-einzigen Weltherrn vertraute, schuf er sich eine Sonderstellung in dieser Welt und machte sich gegenüber jeder kosmopolitischen Zersetzung immun. Im Grunde handelte es sich beim jüdischen Staat um eine Art Theokratie, um das, was man in Ägypten und Vorderasien als Tempelherrschaft bezeichnet, jedoch mit einer einzigartigen theologischen und soziologischen Ausrichtung.

Schon im Persischen Weltreich bildete sich neben dieser nationalen Zentrale in Palästina eine auswärtige Diaspora von weltweiter Verbreitung. Auch diese Verstreuten — wir finden sie als Krieger und Söldner, als Handwerker und Händler — schlossen sich überall als Sondergemeinden zusammen und zinsten gemeinsam nach Jerusalem, hatten dort ihre Opfer und fanden dort ihren geistigen Mittelpunkt. Diaspora und Jerusalem bildeten zusammen einen personalen Staat mit Zentrale, doch fast ohne Territorium.

Was sich unter den toleranten Persern angebahnt hatte, entwickelte sich weiter unter der hellenistischen Herrschaft. Die Ptolemäer duldeten die Sonderstellung Jerusalems. Hellenistische Städtegründungen gab es nur in den Randgebieten Palästinas. Jüdischer Zustrom nach Ägypten, Alexandreia und Kyrene wurde gefördert. Auch die Seleukiden begünstigten die Ausbreitung der Juden. Sie wurden zeitweise nicht nur als Krieger und Militärkolonisten, sondern auch als willkommene Helfer im Hellenisierungswerk geschätzt. Deshalb zog man sie auch in manchen neuen Polisgründungen neben den Griechen als städtische Siedler heran, so in Phrygien und Lydien. Einen besonders wichtigen Stützpunkt gewannen sie auf diese Weise im anatolischen Handelszentrum Apameia Kibotos.

Hellenistische Kulturart wurde im Umkreis Palästinas dermaßen zur Selbstverständlichkeit, daß hier schließlich auch das Judentum einer zunehmenden Infiltration unterlag. Gerade die Toleranz, welche die Ptolemäer und später auch Antiochos III. übten, verstärkte die hellenistische Infektion dermaßen, daß die bisherige geistige Sonderhaltung der Juden schließlich als ernstlich bedroht angesehen werden mußte. Die Folge war eine Vertiefung der Spaltung, die dem Judentum seit längerem bereits eigen war und ihm auch in späterer Zeit nie ganz verlorengehen sollte: Auf der einen Seite standen unentwegt die Orthodoxen, zu allen Zeiten die eigentlichen Träger des jüdischen Gedankens, auf der anderen die reformfreundlichen, vielfach stark intellektuellen Modernisten, welche sich aus dem Gesetz nicht allzuviel machten, nach Übernahme des Hellenismus strebten und bereit waren, darin aufzugehen. Auch gab es noch eine dritte Gruppe, die mehr von materiellen als von geistigen Zielen bestimmt war, vor allem also nach Reichtum und Macht strebte. Zwischen den Altgläubigen und den beiden anderen, nicht immer scharf voneinander trennbaren Gruppen spielte sich nun der erbitterte Kampf um die Zukunftsgestaltung ab, der Kampf um Aufgehen im Hellenismus oder Gesondertbleiben.

Die entscheidende Krisis wurde darin von Antiochos IV. heraufbeschworen. Bisher hatte der Hellenismus für sich selber geworben, der Seleukide aber führte nun Zwangshellenisierung ein. Also mußte ihm auch die Eigenständigkeit und Sonderart des Judentums ein Dorn im Auge sein. Da er sich zudem einig wußte mit den Wünschen der jüdischen Modernisten, gestaltete er Jerusalem zu einer hellenistischen Polis um. Die Reformpartei nahm nun griechische Tracht an, und jüdische Knaben übten alsbald im Gymnasion. Zwiste unter den Reformjuden brachten jedoch diesen ersten Versuch zum Scheitern. Nun wagte Antiochos den entscheidenden Schritt: Er ließ den Tempel ausräumen, befahl das alte Jerusalem aufzugeben, ließ einen Neubau griechischer Art auf anderem Platz erstellen und verbot in Judäa ebenso wie in der Diaspora den alten Glauben (167).

Gerade diese allzu radikalen Maßnahmen unterbrachen aber den schon weit fortgeschrittenen Hellenisierungsprozeß. Die Unterdrückung brachte den Altgläubigen Entschlossenheit und reichlichen Zulauf. Die Vereinigung von nationaler und religiöser Erbitterung schuf todesmutige Freiheitskämpfer. Schon 166 brach der Aufstand, der zudem von Rom unterstützt wurde, los und hatte unter der Führung der Makkabäer vollen Erfolg. Antiochos kämpfte zur gleichen Zeit im Osten des Reiches und fand dort, wie bereits S. 362 erwähnt, ein frühes Ende.

Die nachfolgenden Seleukiden konnten zwar zeitweilig die Oberhoheit über Palästina wieder gewinnen, sahen sich aber gezwungen, den Judenstaat in seinen früheren, traditionellen Formen zu tolerieren. Durch Thronstreitigkeiten geschwächt, blieb ihnen schließlich nichts anderes übrig, als mit den Makkabäern zu paktieren, ja diesen sogar die Statthalterschaft der südlichen Grenzprovinz zu übertragen. Antiochos Sidetes gelang es 134 noch einmal, die volle Reichsautorität wiederherzustellen, doch wagte er es nicht, den Versuch von 167 zu erneuern. Als der Herrscher 129 gegen die Parther fiel, war es mit der seleukidischen Herrschaft unwiderruflich zu Ende. Der Judenstaat erlangte seine volle Selbständigkeit und brachte es durch Eroberung von Nachbargebieten zu einer beträchtlichen Machtentfaltung. Wohl stellten sich in Äußerlichkeiten auch jetzt wieder gewisse Hellenisierungsneigungen ein, die tragende Idee des jüdischen Vereinsgedankens und Kultes blieb aber weiter in Geltung. Mit Rom blieb man in bestem Einvernehmen. 139 empfahl die römische Regierung in einem Rundschreiben für das ganze östliche Mittelmeer die Diaspora einer besonders loyalen Behandlung. So trug das Judentum das Seine bei zur Auflösung des hellenistischen Machtsystems und zur Überführung der östlichen Mittelmeerwelt in das Römische Reich.

Parther und Araber im Osten

Schon am Anfang unseres Buches wiesen wir darauf hin, daß sich vom Mittelmeer bis nach Indien im Altertum ein klimatisch begünstigter Vorzugsraum hinzog, der dauernd von den Barbaren der nördlichen und der arabischen Kargräume bedroht wurde. Solange das Persische Reich und dann das hellenistische Machtsystem stark genug waren, konnte diese Vorzugszone mit Erfolg verteidigt werden. Im 2. Jahrhundert brach die Abwehr aber zusammen, und nun strömten die Nomaden von beiden Seiten in das Kulturland ein.

Im Nordosten setzten sich innerasiatische Völkerbewegungen der Mongolen und der Tocharer bis an die Grenzen von Baktrien und des Seleukidenreiches fort. Auch hatten sich arische Reiternomaden schon im 3. Jahrhundert in Parthien eingedrängt und sogar den Namen dieser Landschaft angenommen. Um 160 gelang dieser Völkerschaft die Eroberung von Medien, um 141 drangen die Parther nach Mesopotamien vor. Seleukidische Gegenstöße endeten 129 mit einer furchtbaren Katastrophe. Die hellenistische Heerführung war der listenreichen, beweglichen Kampfesweise der parthischen Reiterscharen einfach nicht gewachsen. Antiochos Sidetes verlor sein gesamtes Heer und sein Leben. Selbst Mesopotamien mußte nunmehr preisgegeben werden, und es war nicht einmal sicher, ob sich Syrien vor den parthischen Angriffen werde behaupten können. Etwa zur gleichen Zeit brach weiter im Osten das baktrische Reich unter den Schlägen der innerasiatischen Tocharer zusammen. Wie weite asiatische Räume der Großreichshellenismus auch bis kurz vorher noch umfaßt hatte, bis auf das syrische Wrack war jetzt alles verloren.

Die Herrschaft über Iran und Mesopotamien traten nunmehr die Könige der Parther, das Haus der Arsakiden, an. Mit ihrem neuen Titel „König der Könige" mochten sie sich fast als Nachfolger der Achaimeniden fühlen. In Sitte und Lebensgewohnheiten paßten sie sich ganz den stammverwandten Iraniern an, auch gründeten sie ihre Herrschaft auf das Lehenswesen, begnügten sich also mit einer mehr lockeren Fugung des Reichs.

Den Griechen gegenüber erwies sich die parthische Regierung als durchaus loyal. Sie ließ den Städten ihre Autonomie und billigte es, wenn man darin die griechische Gesittung und Sprache pflegte. Einzelne Herrscher nannten sich sogar „Philhellenen" und trugen diesen Titel im Hinblick auf ihre Toleranz zu Recht. Übernommen haben die Parther an griechischen Gesittungselementen aber nur wenig. Sie legten sich keine griechischen Namen bei und opferten keinen griechischen Göttern. Ihre Hofetikette entlehnten sie der Achaimenidentradition. Wohl übernahmen sie die Bezeichnungen einiger hellenistischer Ehrenämter und ließen sich von griechischen Artisten unterhalten. In ihrer Lebens- und Umgangsform wurde das hellenistische Element aber niemals maßgeblich. Der vornehme Mann war für sie nicht mehr der griechische Städter, sondern der iranische Ritter. Nur in der Kunst blieb der griechische Einfluß bedeutsam, doch schufen sich die Parther mit Hilfe griechischer Elemente eine im Grunde recht eigenständige Architektur und Plastik.

Im ganzen genommen bedeutete das Arsakidenreich nicht so sehr eine Anerkennun als eine Überwindung des Hellenismus. Die Werbekraft der Allerweltszivilisation versagte den Parthern gegenüber nicht minder als vorher schon gegenüber den bodenständigen Iraniern. Die Arsakiden nahmen nicht das Erbe der Diadochen auf, auch nicht das Alexanders, ja genau besehen nicht einmal das der Achaimeniden, sondern das der medischen Könige. Der achaimenidische Gedanke war ja immer Weltreichsgedanke, die Parther haben sich aber mit Iran und Mesopotamien zufriedengegeben. Da sie sich den Iraniern völlig assimilierten, könnten wir fast von einem iranischen Nationalstaat sprechen. Die Regierungszentralen verlegten sie allerdings nach dem semitisch-hellenistischen Mesopotamien, und hierdurch gewann ihre Herrschaft doch etwas Kosmopolitisches.

Der Niedergang der Seleukidenmacht verlockte aber nicht nur die Hirtenkrieger im Norden, sondern auch die Beduinen im Süden, das heißt die arabischen Stämme, zum Einfall in das Kulturland. Noch war in Mesopotamien die parthische Herrschaft ja nicht gefestigt, auch hatte Rom noch nicht die Sicherung Syriens übernommen. Daher drängten sich Beduinentrupps ins Fruchtland ein. Sie kamen als Hirten und Räuber, machten sich dann aber seßhaft, gewannen Ackerland, bemächtigten sich fester Plätze, übernahmen einige Zivilisationstünche und bezeichneten ihre Scheichs als Könige. So geschah es in Südostmesopotamien, wo Araber schon unmittelbar nach der Katastrophe von 129 die Herrschaft von Mesene begründeten. Andere „Königreiche" erstanden in Obermesopotamien zu Hatra und Edessa. In Syrien und am Orontes nisteten sich Araberstaaten unmittelbar vor den Toren der hellenistischen Städte ein. Einer hatte nun Emesa als Zentrum. Zwischen Libanon und Antilibanos entstand der Staat Chalkis, begründet durch den Stamm der bogenkundigen Ituräer. Im Süden Palästinas konstituierte sich um Hebron der Stamm der Idumäer. Am Wüstenrand blühte das Nabatäerreich um Petra immer mehr auf.

Alle diese neuen Staatsgebilde neigten zur Übernahme mancher hellenistischer und iranischer Zivilisationselemente, auch machten sie sich eine gewisse Polistünche und Ritterallüren zu eigen, doch blieben sie ihrem semitischen Sprach- und Volkscharakter, wie auch den semitischen Göttern treu. Zu weiterer Expansion wären sie gerne bereit gewesen, doch fehlte ihnen ob ihrer kleinstaatlichen Zersplitterung der rechte Schwung. Daher bildete sich keine nationale Bewegung größeren Stils, die einzelnen Trupps drangen nur dort ins hellenistische Kulturland ein, wo dieses selbst aus innerer Schwäche zur Verteidigung nicht fähig war. Dennoch wäre es den Arabern ohne Zweifel gelungen, Syrien und Mesopotamien dem Hellenismus abzuringen und diese beiden Länder dem semitischen Element zurückzugewinnen, wenn ihnen nicht Parthien und Rom in den Arm gefallen wären. Das Eingreifen dieser beiden Mächte war daher von höchster weltgeschichtlicher Bedeutung: Es hat die Machtrenaissance des Semitentums um nicht weniger als siebenhundert Jahre verzögert. Erst der islamische Sturm konnte schließlich die Abwehr brechen und das Zweistromland samt Syrien der semitischen Machtwelt zurückerobern.

Rom als Schutzmacht des Hellenismus

Nach der Einrichtung von Provinzialverwaltungen in Makedonien, Hellas und Westanatolien strebte Rom vorerst nicht nach weiteren Gebietserwerbungen im Osten. Es begnügte sich vielmehr damit, das übrige Kleinasien, Syrien und Ägypten mit diplomatischen Mitteln in einem Zustand der Schwäche zu halten. Da der Weltenherr durch den Niedergang seiner staatsbürgerlichen Moral und durch inneren Zwiespalt aber selbst immer mehr an Kräften verlor, konnte es geschehen, daß ihm das östliche Kleinasien seiner Kontrolle entglitt und dort zwei Iranier, der König Armeniens, Tigranes, und der pontische Herrscher Mithradates VI. Eupator, auf eigene Faust Großmachtspolitik zu treiben versuchten. Tigranes gewann vom kleinasiatisch-mesopotamischen Grenzbereich aus für einige Zeit Kilikien und Syrien, konnte dann aber ziemlich leicht besiegt werden. Eupator jedoch bedeutete für die römische Herrschaft im Mittelmeer geraume Zeit eine wirkliche Gefahr, gelang ihm 88 v. Chr. doch die vorübergehende Eroberung der Provinz Asia und die Besetzung Griechenlands. Er bediente sich mit Geschick der Zwistigkeiten in Rom und plante zum Schluß noch einen „Hannibalszug" zu Land von der Nordküste des Schwarzen Meeres durch Südosteuropa nach Italien. Selbst so treffliche Feldherrn wie Sulla und Lucullus vermochten ihn nicht völlig niederzuringen. Erst Pompeius gegenüber brach der Widerstand dieses ungewöhnlich zähen Feindes zusammen (67 v. Chr.).

Da auch die Seeräuberplage in diesen unruhigen Zeiten furchtbar überhand genommen hatte und ein Weiterbestehen der bisherigen Zustände Syrien unweigerlich den Parthern und Arabern ausliefern mußte, entschloß sich Pompeius zur Ausgestaltung des römischen Herrschaftssystems am östlichen Mittelmeer. Damit hoffte er zugleich die Gefahr zu bannen, daß sich in Hinkunft irgendwelche feindliche Großreichsbildungen im östlichen Mittelmeerbereich vollziehen könnten. Da Bithynien schon 74 römische Provinz geworden war, erweiterte er nun dessen Bereich über die Nordküste Kleinasiens. Im Südosten aber schuf er zwei neue Provinzen, Kilikien und Syrien. Damit war das ohnehin nicht mehr lebensfähige Seleukidenreich ausgetilgt, den Seeräubern die Basis entzogen, den Arabern und Parthern Halt geboten (63 v. Chr.). Durch die syrische Provinz schob sich Rom nun bis an den Euphrat vor und grenzte so unmittelbar an das parthische Großreich. Voll Eifersucht belauerten sich in Hinkunft die beiden Imperien, von denen das eine den iranischen Orient, das andere aber das Mittelmeer repräsentierte.

Noch blieben freilich im Innern und Osten Kleinasiens zahlreiche Kleinstaaten bestehen, doch wandelten sich ihre Herrscher immer mehr zu römischen Funktionären. Auch in dem stets unruhigen Palästina suchte sich Rom meist mit solcher Selbstverwaltung zu behelfen.

Dauernden Frieden brachte allerdings auch die römische Herrschaft vorerst noch nicht, wurden doch die Provinzen und Klientelfürsten in die Bürgerkriege Caesars, des Antonius und Octavians hineingezogen. Erst nach der Schlacht vor Aktium begann dann die neue Ära des Augusteischen Friedens (30 v. Chr.). Ägypten wurde jetzt Besitz des Kaisers und insofern dem römischen Imperium einverleibt. Damit war der Kreis um das östliche Mittelmeer geschlossen. Da nun auch die Provinzialverwaltung auf Ausbeutung verzichtete, mochte sich der Hellenismus unter römischem Schutz eines geruhsamen Daseins erfreuen. Wie sehr er jetzt aber seine bisherige rationale Schöpferkraft eingebüßt hatte, werden uns spätere Abschnitte lehren. Epikur und Stoa waren und blieben in der Antike das letzte Wort in der Entfaltung des rationalen menschlichen Geistes.

Das Ende der griechischen Kulturdynamik

Im Hellenismus des 3. und 2. Jahrhunderts stand die griechische Wissenschaft und Philosophie noch in Blüte. Immerhin fiel uns auf, daß mit die Besten unter den Philosophen bereits aus der Levante stammten und daß es eines Zenon bedurfte, die vornehmste Aufgabe zu bewältigen, welche die damalige Entwicklungsstufe zu stellen hatte. Auch in der Wissenschaft stammte der letzte große Gelehrte, Poseidonios, aus dem Osten. Seine Wirksamkeit fiel in die erste Hälfte des letzten Jahrhunderts v. Chr., reichte also noch etwas weiter herab. Dann war es zu Ende mit allen Neuschöpfungen, sowohl auf philosophischem wie auch auf wissenschaftlichem Gebiet. Man hat das mit dem politischen und wirtschaftlichen Niedergang der hellenistischen Welt in Zusammenhang gebracht, doch warnt uns vor einer solchen Annahme die Tatsache, daß das Griechentum auch in der nachfolgenden Augusteischen Zeit noch vielbändige Riesenwerke schuf und zum Absatz brachte. Das Interesse war somit da, desgleichen die wirtschaftliche Voraussetzung. Dennoch handelte es sich bei diesen Monsterwerken nicht mehr um Neuschöpfungen, sondern um zusammenfassende „Abschlußarbeiten", die mit richtigem Instinkt für die Endsituation dieser Zeit noch einmal alles vereinigten, was in der Vergangenheit an Stofflichem angesammelt worden war. So haben wir das geographische Werk Strabons zu verstehen, die „Historische Bibliothek" Diodors, die Weltgeschichte des Nikolaos von Damaskos, später die Werke des Astronomen Ptolemaios und des Arztes Galenos. Auch in der Philosophie wurden nun Zusammenschau und Zusammenfassung immer wichtiger. Besonders näherten sich die auf sokratischer Basis errichteten Lehren, vor allem also die Schulen Platons, des Aristoteles und der Stoa; man begann eklektisch zu vermischen und zu vereinigen. In alledem erkennen wir, wie nun auf dem Gebiet der Philosophie und Wissenschaft ein richtig epigonenhafter Geist seinen Einzug hielt. Es war dabei gar nicht so, daß etwas abstarb. Nein, was aus der Vergangenheit da war, wurde sorgfältig gehegt. Aber es wuchs nichts Neues mehr nach.

Analoge Erscheinungen stellen wir auf den Gebieten der Literatur und der Künste fest. Dichter sind nun der hellenistischen Welt nicht mehr entsprossen. In der Literatur stellte man dem Wuchern des Asianischen Stils ein attizistisches Ideal entgegen, nahm also die attischen Redner und Schriftsteller der klassischen Zeit zum Vorbild. Das war kein Durchbruch zu Neuem, das war Renaissance, war Klassizismus. Auch bei der „Zweiten Sophistik" und der damit verbundenen Neublüte der Rhetorik handelte es sich um Neuauflagen des Vergangenen. Nur der Roman wurde jetzt in fruchtbarer Weise weiter ausgebaut, doch haftete ihm immer etwas Hintertreppenmäßiges an. Zur hohen Kunst ist er niemals aufgestiegen.

In den bildenden Künsten fand man gleichfalls keine neuen Wege mehr. Von den hybriden Spätversuchen, über die wir S. 321 f. berichteten, kehrte man zurück zu Renaissancen des Realismus, der Klassik, ja selbst des archaischen Stils. Was an Neuem zuwuchs, kam aus Rom oder dem Orient, fand aber nur allmählich im hellenistischen Kreise Aufnahme.

Da auch die Staatskunst und Politik keine Betätigungsmöglichkeiten mehr hatte, müssen wir gestehen, daß im Zuge der bisherigen Entwicklung das Neuwerden so gut wie überall aufgehört hat. Man steckte nun allenthalben im Historismus fest, in der Fülle und Präsenz der großartigen Leistungen des Bisherigen und Bewahrten. Von dieser Basis aus wußte die schöpferische Phantasie keine weiteren produktiven Wege zu finden.

So kehrte die dynamische Entwicklung, welche von der Statik der Frühzeit ihren Ausgang genommen hatte, in eine Statik der Spätzeit und des Erfüllthabens zurück. Über die tieferen Ursachen dieser Wandlung und dieser Rückkehr werden wir erst später handeln.

Hier sei nur darauf hingewiesen, daß sich in der aufkeimenden Frömmigkeit der Gnosis schon etwas wirklich Neues rührte, doch gehört das nicht mehr der bisherigen Entwicklung an, sondern bereitet die metaphysische Basis für neue und andere Abläufe vor. Im übrigen blieb aber die Statik der Erfüllung die ganze Spätantike hindurch weiter in Geltung und wird uns S. 436 f. nochmals beschäftigen.

21. KAPITEL

Das Weltreich beschließt die Antike

Vom Bauernstaat zur Weltmacht

Um die Rolle recht zu verstehen, welche Rom für die griechische Geschichte spielte, müssen wir uns noch einmal in die Frühzeiten zurückbegeben. Wie die übrigen europäischen Mittelmeerländer erhielt auch Italien seinen Ackerbau von den Kulturtriften, die von Vorderasien und Nordafrika ihren Ausgang genommen hatten. Die Völkerschaften der Frühzeit entstammten also der mediterranen Welt, doch kam es bei ihnen (im Gegensatz zu Hellas) noch nicht zu einer echten städtischen Kultur.

Dann stellten sich indo-europäische Zuwanderer ein, die wir in ihrer Gesamtheit als Italiker zu bezeichnen pflegen, die aber in die Gruppen der Latiner und der Sabeller zerfielen. Sie alle verbanden sich mit den Einheimischen zu neuen Stämmen und lebten je nach Landesnatur entweder als Bauern oder als Hirten. Sie wohnten in Hochsiedlungen auf Hügelplateaus, die dem Anblick nach fast etwas Städtisches an sich hatten, dem Wesen nach aber bäuerlich blieben. Die Gesittung all dieser Leute verharrte im Statischen und im Gebundenen.

Eine gewisse Auflockerung erfolgte durch die Einwanderung der etruskischen Adelsgeschlechter, welche in mehreren Wellen im 9., 8. und 7. Jahrhundert aus Kleinasien in das Land zwischen Arno und Tiber übersiedelten[82]. Sie waren von Anatolien her das städtische Dasein gewohnt und gründeten nun auch in Italien eine Reihe städtischer Plätze. An der Tiberbrücke, wo es bisher nur dörfliche Höhensiedlungen der Italiker gegeben hatte, organisierten etruskische Geschlechter gleichfalls eine größere Stadt und nannten sie Roma. Etwa um 500 wurden die etruskischen Herrscher aber vertrieben, die Stadt wandelte sich zur Republik und gewann immer mehr ein italisches Gepräge. Wohl blieb dem Baulichen und der Ausdehnung nach der städtische Charakter, bei der Bevölkerung schlug aber jetzt wieder das Bäuerliche durch, ja wurde noch besonders betont. Auch beim römischen Adel handelte es sich nicht mehr so sehr um Ritter als um ebenso wohlhabende wie traditionsverhaftete Grundbesitzer.

So konnten die Römer diese Verhaltenheitsstruktur ihres Daseins mit all der bindungsmäßigen und vorbildlichen Geltung von Moral und Anstand — selbst bei dem steilen Anstieg ihrer äußeren Macht — in der städtischen Sphäre erhalten. Die öffentliche Meinung blieb bis etwa 200 v. Chr. stark genug, um maßgeblich in dieser Richtung zu wirken, und auch die Beispiele der Vorfahren führten dahin, daß Rom bis in die Zeit Hannibals als Palladium der Rechtlichkeit und Rechtssicherheit im gesamten Mittelmeerkreis galt. Freilich war es nicht mehr eine beliebige Verhaltenheitsstruktur gleich der der Thraker, Illyrier oder älteren Makedonen. In Rom erhielt der archaische Bindungsstatus eine besondere Ausrichtung und Zuschärfung auf das Staatliche, wie sie uns mit dieser Folgerichtigkeit weder bei Kelten noch bei Germanen noch auf dem Balkan entgegentritt.

Wieder war es der indo-europäische Vereinsgedanke, der dieser Ausrichtung und Wertung zugrunde lag. Staat und Staatsgesinnung wurden als Zentralwerte empfunden. Sein gesamtes Dasein richtete Rom auf die Staatsgesinnung aus. Allein die staatswesentlichen Belange wie Bauernschaft, Recht, Religion, Familie und Organisation wurden gepflegt und für werthaft gehalten. Die Funktionsteilung zwischen dem in Senat und Magistraten vertretenen Großgrundbesitz und der von den Comitien (der Volksversammlung) verkörperten weiteren Gemeinschaft bot trotz mancher Spannungen eine befriedigende Verfassungsform. Selbst im sogenannten Ständekampf ging es allein um die Zulassung neuer Großgrundbesitzer zu Amt und Senat, nicht aber um demokratische Ziele. So gelang den Römern, was den Spartanern wegen der Vernachlässigung von bäuerlicher Arbeit und familiärer Verpflichtung mißlungen war: den festen Block einer bindungsmäßig verhafteten, statisch ruhenden Gemeinschaft voll zugunsten des staatlichen Daseins auszuwerten.

Die grandiose Einseitigkeit dieser allein im Staatsbürgerlichen verhafteten Typisierung brachte allerdings manche Mangelerscheinungen mit sich. Vor allem wurde nun die Dichtung und überhaupt alles Schöngeistige vernachlässigt. Es gab hier keine *oral poetry* und auch keinen Homer, um der schöpferischen Persönlichkeit Bahn zu brechen. Man duldete natürlich auch sonst keine Ingenien, es galt der hochgezüchtete Durchschnitt der senatorischen Familien. Gerade diese Unabhängigkeit vom Einzelnen und damit vom Zufall (dem der Einzelne ja unterliegt), machte Rom auf die Dauer so stark und verläßlich. Darum fand es als Schutzmacht der Bauern und Städter gegen die Hirten, der Kulturträger gegen die „Barbaren", immer mehr Bundesgenossen und Anhänger.

Wir haben bereits S. 354 ff. umrissen, wie Rom auf diese Weise zusehends wuchs, wie es durch liberale Austeilung seines Bürgerrechts ganz Italien gewann, wie es dann in Auseinandersetzung mit Karthago eine Provinz zur anderen fügte.

Bis zum zweiten Punischen Krieg verdankt Rom dieser alten Statik und bäuerlich staatlichen Gebundenheit, dieser Konzentration auf die Gemeinschaftsidee und auf die Pflichten des Bürgers all seine Größe. Nun aber brach eine Flut von Neuem über dieses groß und mächtig gewordene Rom herein. Allein schon das Bewußtsein der so unerhört angewachsenen eigenen Machtfülle wirkte sich lockernd, zersetzend und demoralisierend auf viele Kreise der römischen Bürgerschaft aus. Als zweiter Faktor trat hierzu der griechische Einfluß, der sich vom Hellenismus her — im Wege des römischen Philhellenismus — einerseits durch die Entdeckung des Genies, andererseits durch die Individualisierung des Alltagsindividuums und auch durch eine Steigerung der egoistischen Einstellung aller Bürger auswirkte.

Schon nach dem Krieg mit Pyrrhos setzte unter griechischem Einfluß eine entsprechende Wertschätzung der Dichtung und des Dichters ein. Homer wurde am Tiber heimisch, und seit etwa 250 gab es die ersten römischen Autoren, zuerst mehr Übersetzer und Bearbeiter griechischer Dichtung, bald aber auch originellere Nachahmer hellenischer Dichtungsarten mit römischen Stoffen. Man lernte auch griechische Philosophen schätzen und verehren, mit einem Wort, am griechischen Beispiel entdeckte man die Sonderart des geistigen Schöpfers schlechthin. Alle diese Tatbestände führten bereits zu einer Lösung der bisherigen Bindungsstrenge. Von entscheidender Bedeutung sollte aber werden, daß der senatorische Durchschnitt, wie er sich als Erzeugnis der altrömischen Haltung bisher wunderbar bewährt hatte, den neuen, überseeischen Kriegs- wie Organisationsaufgaben nicht mehr gewachsen war. Wollte man sich in Spanien behaupten, wollte man in Afrika gegen Hannibal siegen, so mußte man auch von römischer Seite das Ingenium in das Staatsleben einführen, sich dieses Ingeniums bedienen. Daß es sich hierbei vom Standpunkt des alten Bindungssystems um eine Bankerotterklärung handle, war allen Konservativen klar. Dennoch mußte den Scipionen der Weg freigegeben werden, dem Flamininus, ja schließlich sogar einem Marius.

Seit dem 2. Jahrhundert griff aber ganz allgemein die individualistische Auflösung auch in den Kreisen des Alltagsidividuums weit um sich. So verflüchtigten sich immer mehr der alte Gemeinschaftsgeist und die sich aufopfernde, ganz auf die Bürgerpflichten konzentrierte Staatsgesinnung. Es kam zu einer völligen Verrottung des staatlichen Lebens, so daß schließlich nur noch der starke Wille eines großen Feldherrn, sei es Marius, Sulla oder Pompeius, dank seiner überragenden militärischen und organisatorischen Fähigkeiten das Ansehen und die Sicherheit Roms garantieren konnte.

Eigenständigkeit und Satellitentum in der römischen Geschichte

Im Machtpolitischen begann die dynamische Ära Roms eigentlich schon um 330 v. Chr., als man die Schutzherrschaft über Kampanien übernahm. Von da an fügte sich Schutzherrschaft an Schutzherrschaft, Bündnis an Bündnis, zuerst in Italien, dann allmählich in der übrigen Mittelmeerwelt. An der geistigen Beschaffenheit des Römers änderte sich bis zum Ersten Punischen Krieg aber nichts. Erst im Zweiten und in den Auseinandersetzungen mit den hellenistischen Staaten fand durch den Einbruch des Individualismus das statische Zeitalter auch in geistiger Hinsicht sein Ende und machte einem dynamischen Platz. Das könnte als Analogie zur gleichen Wandlung in der griechischen Entwicklung aufgefaßt werden, doch erfolgte diese Veränderung bei den Hellenen nur schrittweise, galt anfangs, d. h. von den Zeiten Homers an, allein der schöpferischen Persönlichkeit, und wurde erst etwa dreihundert Jahre später durch die Sophisten auch auf das Alltagsindividuum übertragen. Am Tiber jedoch fand von etwa 250 an die

Sonderstellung des Dichters nicht aus eigenen Impulsen, sondern einfach in Nachahmung der Griechen einige Anerkennung. Als sich seit dem Zweiten Punischen Krieg die Ereignisse überstürzten, war es gleichfalls nicht so sehr der innere Antrieb, wie der Zwang der neuen Machtposition, die nicht sachte, sondern schlagartig sogleich die Anerkennung des schöpferischen und des Alltagsindividualismus heraufbeschwor. Das Moment der geistigen kulturschöpferischen Dynamik war also zum Teil von den Griechen erborgt, erwuchs zum anderen Teil zwar aus der eigenen Entwicklung, jedoch auf dem Umweg über das Machtprinzip.

Wurde somit Rom fast wider seinen Willen in den Strudel dynamischen Treibens hineingezogen, so vermochte es darin doch manches Eigene zu behaupten und zu entfalten. Die alte Staatsgesinnung ging durch den Individualismus allerdings verloren, doch erhielt sich der *mos maiorum*, erhielten sich die *exempla* der alten Zeit immerhin als eine Art geistiger Ahnengalerie. Dafür entwickelte man in der neuen, dynamischen Ära nun Kriegs- und Feldherrnkunst, Außenpolitik, Rechtspflege, Herrschaftsorganisation und innerpolitische Problematik in großartiger Weise. Die Methode, den Gegner mehr noch durch den Friedensschluß als durch den vorausgegangenen Krieg zu Boden zu zwingen, die Heeresreform des Marius, die Reformprogramme der Gracchen können mit Fug als originalrömische Leistungen angesprochen werden. In großartiger Weise verband sich nun auch der schrankenlos gewordene Individualismus mit Organisationsbegabung im römischen Kapitalisten- und Händlerstand. Der römische Kaufmann übertraf zeitweise an expansivem Vermögen sogar seine griechischen und levantinischen Konkurrenten. Daß man nun auch staatspolitische Rücksichten preisgab, zeigt uns die Wandlung in der Bürgerrechtspolitik. Gleich den attischen Demokraten verweigerte seit dem Zweiten Punischen Krieg die römische Volksversammlung eine Erweiterung ihres Kreises, damit die Zahl der Nutznießer nicht allzu sehr anwachse. Sie konnte es nunmehr tun, denn Rom war jetzt stark genug, sich auch schwerste Fehlgriffe leisten zu können. Obwohl nun alle Neuerungen, vornehme und gemeine, durch den römischen Individualismus gefördert wurden, blieb vorerst der Ertrag an schöngeistigen Werken bescheiden. Auf dem Gebiet der Geschichtswissenschaft brachte man am Tiber allerdings sowohl durch die historischen Epen wie durch die Annalistik etwas Originalrömisches zustande. Die übrigen dichterischen Leistungen der republikanischen Zeit zeigten jedoch sehr starke Abhängigkeit von den Griechen, vor allem von der attischen Tragödie und von Menander. In der bildenden Kunst gab es überhaupt kaum etwas Eigenes, hierin wie auch in der Baukunst war man mehr von Etruskern abhängig als von den Hellenen. Philosophie und Wissenschaft kannte man nur von den Griechen.

Wir erkennen also, daß sich in der kulturellen Entfaltung Roms Eigenständiges und satellitenhaft Entlehnten vereinigten. Vergleichen wir damit parallele Fälle, so finden wir die Makedonen in weit höherem Maße von Hellas abhängig, während Mykenai in seinem Verhältnis zu Kreta oder Persien zu Babylon dem römischen Typus näherkommen. Vielleicht war Rom noch etwas eigenständiger, doch von einer völlig autonomen Entfaltung kann auch hier keine Rede sein. Das römische Geistesleben zeigt seit den Punischen Kriegen ja die für Satellitenentwicklungen so charakteristischen Züge der Schnellreife und der Lückenhaftigkeit.

Im Sinne der Schnellreife haben wir es zu verstehen, wenn mit dem zweiten Punischen Krieg der schöpferische und der Alltagsindividualismus fast gleichzeitig zum Durchbruch gelangen, wenn von da ab in einem einzigen Jahrhundert schon ein völliger Zerfall des Bindungsgewebes zur Tatsache wird, nach fünfzig weiteren Jahren Caesar bereits sein kosmopolitisches Programm entwickelt und nach weiteren zwanzig Augustus zur nationalen Regeneration aufruft. Im griechischen Ablauf hat dagegen die Entwicklung von Homer bis zu den Diadochen mindestens vierhundert Jahre gedauert. Die Lückenhaftigkeit zeigt sich besonders in den Künsten, wo die klassische Phase der Augusteischen Zeit ohne eigenständige archaische Vorstufe entsteht und sich viel mehr an griechische Vorbilder als an römische Traditionen anlehnt. Nur in der Rhetorik zeigte sich ein kontinuierlicher Anstieg.

Daß es aber doch unter Augustus zu einer echten Klassik kam, muß wieder als Zeichen eigenständiger Kraft gebucht werden, die sich bei aller sonstigen Satellitenhaftigkeit einem Wunder vergleichbar zutage rang. Sowohl Vergil wie Horaz oder Livius und die Skulpturen der *ara pacis* zeigen dieselben Züge klassischer Ausgewogenheit von Form und Inhalt, denselben hohen Stil, denselben Hauch höchster Vollendung. Hier fanden sich alle guten Geister der römischen Religiosität und des nationalen Sendungsbewußtseins noch einmal zusammen. Dabei hatte Horaz seine Vorbilder bei den archaischen Lyrikern der Griechen, Vergil bei Homer, und trotzdem ist das alles ganz zwanglos umerlebt in eine klassische Art des Erlebens. So stellt sich die Augusteische Zeit in würdiger Weise neben die Perikleische. Sie erregt unsere Bewunderung nicht zum wenigsten auch durch den bereits erwähnten Mangel an römischen Vorstufen und durch die Spontaneität, mit der hier echt römische Werke entstanden.

Besonders starke Impulse eigenständiger Art zeigte von der Augusteischen Zeit an für einige Generationen die römische Baukunst. Der mehrgeschossige monumentale Ziegelbau, der Triumphbogen, die Palastarchitektur und das Amphitheater geben davon beredtes Zeugnis.

Was dabei die augusteische Klassik von der perikleischen schied, war die stärkere Rückbezogenheit auf die Vergangenheit. Vergil, Livius und der Versuch einer Regeneration altrömischer Kulte und Sitten haben im Athen des 5. Jahrhunderts keine Parallelen. Livius' Geschichtswerk und Vergils Aeneis können sogar schon als zusammenfassende Abschlußwerke angesprochen werden. Gleiches gilt von den antiquarischen Arbeiten Varros und später von der *naturalis historia* des Älteren Plinius. Auch in der Perfektion und Routine der damaligen römischen Verskunst, in der Geschicklichkeit, jeglichen Stoff poetisch behandeln zu können, zeigt sich eine gewisse spätzeitliche Reife. Die Dichtung hielt nur das erste nachchristliche Jahrhundert durch und schwand dann dahin, während Rhetorik und Geschichtsschreibung bis an den Anfang des folgenden blühten, dürfte doch Tacitus erst kurz vor 120 n. Chr. gestorben sein. Beachtung verdient, daß auch die Führung in den beiden großen Lebensphilosophien wenigstens zum Teil auf Rom und auf Römer überging. So traten unter den Epikureern Lukrez, unter den Stoikern vor allem Seneca, Musonius und Marc Aurel hervor, neben denen auf griechischer Seite nur Epiktet einen bedeutsamen Beitrag zur Stoa leistete. Seit etwa 180 n. Chr. ging es mit der römischen Schöpferkraft dann ähnlich zu Ende wie zweihundert Jahre früher mit der des Hellenismus.

Im großen und ganzen nahm die römische Entwicklungsdynamik den gleichen Weg in die Weite, zum Individualismus und schließlich zum Kosmopolitismus, wie die griechische, nur war in Rom alles mehr vom Machtmäßigen und Organisatorischen her bestimmt. Mit dem theoretischen Kosmopolitismus gelangte man am Tiber zuerst durch die Stoa in Berührung. In der Praxis führte das stoische Bekenntnis des römischen Adels aber noch nicht vom römischen Nationalgedanken weg, es galt nur einer Verpflichtung zum humanen Herrschen. Dann aber begann die Preisgabe des Nationalstolzes auch vom eigenen Weltreich her nahegelegt zu werden. Die Subversion der Besiegten wirkte auf Rom nicht minder ein als vorher auf den Reichshellenismus. Und wie bei den Griechen Alexander noch vor der Zeit das kosmopolitische Programm als erster voll erfaßte und sogleich zu verwirklichen trachtete, eilte auch Caesar seiner Zeit voraus und suchte eine Reichsidee zu gestalten, die erst weit später reif werden sollte. Daher kam es in beiden Fällen nach dem Tode der Titanen zur nationalen Regeneration, unter den Diadochen ebenso wie unter Augustus. Erst in diese augusteische Renaissance des altrömischen Wesens fiel bezeichnenderweise dann die bereits erwähnte klassische Stufe der Künste. Hier wurde gleichsam etwas nachgeholt, das bei dem überstürzten Tempo der römischen Entwicklungsdynamik vorher nicht hatte anlaufen und ausreifen können. Mit griechischer Geisteshilfe erstand es nun als ein römisches Geisteswunder.

Allmählich und in verschiedenen Etappen glitt die römische Kaiserzeit vom Status des römisch-italischen Nationsgefüges in den Kosmopolitismus hinüber, was um so leichter war, als Latein und Griechisch als Reichssprachen, die Reichsurbanität und auch das seit Caesar und Augustus wieder freigebig verteilte römische Bürgerrecht den gemeinsamen Nenner für eine allverbindende Reichzivilisation und eine Selbstromanisierung in ihrem Dienste bildete. Nun schalteten sich schon unter Augustus die Kelten Oberitaliens als römische Bürger maßgeblich in das römische Geistesleben und in die Reichsverwaltung ein. Unter den Claudiern traten vor allem Hispanier hervor, unter den Severern Semiten und unter den nachfolgenden Herrschern Illyrier. Da die Kräfte der eigentlichen Römer und Italiker offenbar schon längst verbraucht waren, erfolgte die Regeneration immer wieder aus den Provinzen. Daß die weltbürgerlichen Philosophien Epikurs und vor allem der Stoa diesen Prozeß der Vereinheitlichung forderten und förderten, braucht hier nicht mehr besonders betont zu werden.

So mündete die römische Entwicklung verhältnismäßig rasch in den Hellenismus ein, nur daß sie unter lateinischem Vorzeichen verblieb und als Weltromanismus neben den Welthellenismus trat. Wohl zeigen sich in der Gesittung der beiden Partner auch weiterhin mancherlei Unterschiede im einzelnen, doch standen sie kulturmorphologisch nun auf derselben Ebene. Hier wie dort handelte es sich ja um die gleiche entwicklungsmäßige Endstufe, in der nicht nur die alten Irrationalismen längst schon verblaßt waren, sondern auch die Möglichkeiten des rationalen Denkens bis zu einem gewissen Abschluß durchgedacht waren.

Republik und Monarchie

Aus dem Zerfall der römischen Staatsgesinnung hatte sich schon im 1. Jahrhundert v. Chr. die Unmöglichkeit ergeben, das Reich durch eine republikanische Regierung weiterzuführen. Ein kleinerer Staat hätte auch bei desolaten inneren Verhältnissen mit der Republik durchzukommen vermocht, das Reich aber forderte eine stärkere Hand. Doch war in Rom die Sitte der Väter und ihre Verfassung immer noch idealistische Atrappe, die berücksichtigt werden mußte. Caesar erkannte die Notwendigkeit einer monarchischen Leitung, faßte sie jedoch zu kosmopolitisch auf. So fiel er nicht nur den Republikanern, sondern auch der Feindschaft der national empfindenden Römer zum Opfer. Augustus schuf aber als Ausgleich das vielleicht großartigste staatspolitische Werk aller Zeiten: Italien sollte weiterhin Republik bleiben und die inneren Provinzen behalten, die Grenzprovinzen aber und das Heer würde er selbst verwalten. So trug er dem Reiche Rechnung und den altrömischen Ressentiments. Schon zu seinen Lebzeiten ging aber dank der Autorität des Herrschers auch der republikanische Reichsteil in die kaiserliche Reichsverwaltung über, wobei jedoch die republikanischen Formen gewahrt blieben. So führte in Rom die Lösung des Individuums von der Gemeinschaftsidee nicht anders als im Hellenismus zur monarchischen Staatsform. Die Freiheit zog sich damit in die private Sphäre zurück.

Ein Reich von der Größe des römischen ließ sich aber nicht von einer einzelnen Person regieren. Nicht einmal Augustus vermochte solches zu leisten, geschweige denn ein Tiberius, Caligula oder Claudius. Die Routinearbeit der Verwaltung übertrugen die Kaiser daher einem Beamtenapparat. Kaiserliche Sklaven und Freigelassene waren es schließlich, die das Reich wahrhaft regierten. Auch der Ritter- und Senatorenstand hatte an dem Reichsgetriebe seinen Anteil. So gab es also wie bei den Ptolemäern eine eingespielte Regierung, ganz gleich wie der jeweilige Kaiser hieß und wie er sich aufführte. Da kamen edle Gestalten, die sich auch als Herrscher republikanisch und senatorisch gaben, da kamen düstere Gewaltherrscher und feile Lüstlinge, ja auch Philosophen im Purpur. Sie kamen und gingen, der Regierungsapparat aber blieb und tat seine Arbeit. Er war es, der das Reich garantierte.

Einheitszivilisation

Im Mittelmeerbereich gab es einstmals eine Fülle von eigenständigen Gesittungen. Im Orient waren es seit ältesten Zeiten städtische Hochkulturen, auch in Hellas, in Etrurien und Karthago hatte sich die städtische Lebensform siegreich durchgesetzt. Die übrigen Gesittungen auf dem Balkan, in den Donauländern, in

Gallien und Hispanien trugen mehr ländlichen Charakter und verharrten allesamt im zeitlosen statischen Frühstadium, wie wir es bei den Hellenen im geometrischen Zeitalter kennengelernt haben (S. 85 ff.). Mit dem Hellenismus begann dann auf dem Balkan, in Kleinasien und im Orient eine Nivellierung auf griechischen Nenner, dem in Epeiros, in Bithynien und Phoinikien die älteren Gesittungen (bis auf die heimischen Götter!) zum Opfer fielen.

Im römischen Weltreich kam es nun in weit größerem Ausmaß zu einer Vernichtung der lokalen Kulturen. In allen noch nicht hellenisierten Provinzen gingen sie zugrunde und machten dem siegreich vordringenden Weltromanismus Platz. Es handelte sich um einen ähnlichen Vorgang, wie wenn heutzutage der Europäismus die statischen Frühkulturen der farbigen Völker zum Absterben bringt. Von einer Übernahme echter Kulturelemente aus den mittelmeerischen Hochkulturen konnte jedoch nur selten die Rede sein. Was übernommen wurde, war vielmehr eine Zivilisationstünche, ein Firnis, unter dem die Reste der heimischen Gesittung bescheiden weitervegetierten.

Zu diesem Reichsfirnis gehörte die lateinische (bzw. griechische) Sprache, die römische Verwaltung, die Übernahme der Kulte des öffentlichen römischen Lebens, die Urbanität und die Einrichtung einer wohlhabenden Bourgeoisie in den Städten. Natürlich hatten sich die Bürger nun nach römischer Art zu gebärden, örtliche Ämter anzustreben, Weihungen vorzunehmen. Dem Status des Reichs entsprachen auch die üblichen Legionslager mit zugehörigen Zivilstädten, die Limesanlagen, die Reichsstraßen und Poststationen. Überall traf man nun die gleichen Standardtypen der römischen Beamten und Offiziere, des Munizipaladels, der Händler und Zöllner. Auch die Bauten wurden stets in derselben Weise aufgeführt, die Mauern und Tore, die ländlichen Villen, die Bäder, die Amphitheater und selbst die Mithräen. Welthandel und Weltverkehr sorgten dafür, daß auch die Gebrauchsgegenstände, die *terra sigillata*, die Glasgefäße und Schmuckstücke, ja selbst die Heizungseinrichtungen eine weltweite Verbreitung fanden. Sogar die Mosaikfußböden wurden im ganzen Reich auf die gleiche Weise gelegt, einfach weil die Vorlagebücher der Handwerker im ganzen Reiche kursierten.

Das Heimische konnte sich vielfach nur in römischem Gewand behaupten. So finden wir zahlreiche lokale Götter unter lateinischen Namen als Mars, Jupiter, Juno usw. Verschiedentlich erhielten sich auch Elemente der einstigen Volkstrachten, so die bekannte norische Haube. Gelegentlich stellen sich in den Haustypen Besonderheiten ein, die sich aus heimischen Traditionen deuten lassen. Dabei müssen wir uns vor Augen halten, daß das, was die Ausgrabungen aus den Städten, Lagern und noblen Villen bringen, immer weit römischer ist als der ländliche Durchschnitt. Doch blieb das Heimische, so stark es sich mitunter auch erhielt, immer behindert und konnte im Rahmen der Reichszivilisation zu keiner Entfaltung kommen. So wurde im römischen Imperium der Reichtum eines vielfältigen organischen Kulturlebens einer mechanischen Nivellierung zum Opfer gebracht, die sich zwar stolz auf ihre Fortschrittlichkeit und ihr hohes Niveau berief, im Grunde aber doch das Signum der Schablone, der inneren Leere und auch der — Langeweile an sich trug.

Stagnierende Reichskultur

Man könnte die Statik der bindungsstarken Frühzeit mit dem Grundwasser in den Gebirgen vergleichen, die dynamische Entwicklung mit den immer größer werdenden Bächen und Flüssen, die Statik am Schluß aber mit dem Meere oder besser noch mit einem Endsee. Unter „Endsee" verstehen die Geographen ein Wasserbecken, das wohl Flüsse aufnimmt, jedoch keinen Abfluß mehr hat, Becken also, wie wir sie vom Toten Meer, vom Kaspi- und Aral-See her kennen. Das Wasser darin schmeckt brackig und salzig, da es stagniert und sich nur durch Verdunstung zu regulieren vermag.

Mit einem solchen Endsee möchte ich das Stagnieren der antiken Kultur vergleichen, wie es uns im Römischen Kaiserreich entgegentritt, handelte es sich hier doch um eine Welt für sich, nach außen durch Limes und Armeen gepanzert, im Innern ausgeglichen, traditionserfüllt und geschichtslos verharrend. Der Augusteische Friede, der eingespielte Beamtenapparat und die humanen Grundsätze der kaiserlichen Regierung ermöglichten es Bürgern und Nichtbürgern, als riesige Herde von Untertanen und Zivilisten ein beschauliches Dasein zu leben. Sie wollten von Wehrdienst und staatsbürgerlichen Pflichten so wenig wie möglich wissen, waren außenpolitisch nur mit der Angst und dem Geldsack interessiert, zeigten sich grundsätzlich stets loyal, sofern man Handel und Wandel begünstigte und sie ansonst in Ruhe ließ. Natürlich gab es ehrgeizige Bürgerfamilien, welche ihre Karriere im Reichsdienst machten, im übrigen begnügte man sich aber mit den lokalen Ehrenstellen der eigenen Heimatstadt. Es war die auf Wohlstand und Repräsentation bedachte Welt einer kapitalistisch denkenden Bourgeoisie, die vom Euphrat bis nach Hispanien, vom Rhein bis zum Nil von demselben Wunsche beseelt war, am Bestehenden nicht zu rütteln. Da nirgends feindliche Völker und Staaten einander gegenüberstanden und alles Unterschiedliche sich auf die Reichsnenner des Welthellenismus und Weltromanismus nivellierte, fehlte nun auch aller Kampf ums Dasein im geschichtlichen Sinne.

Kampf ums Dasein ist dem Menschen von Natur aus gesetzt als der wichtigste Anruf der Umwelt. Von ihm geht jene stählende Wirkung aus, der wir alle für unser Schaffen bedürfen. Fällt er aus, so fallen auch die von ihm ausgehenden Spannungen und Anforderungen weg. Eine Unmenge von Fähigkeiten, welche dieses Anrufs bedürfen, bleiben nun ohne Aktivierung, dafür machen sich Erschlaffung, Bequemlichkeit, Gleichgültigkeit, kleinlicher Egoismus, Eifersucht, Lüsternheit und Zügellosigkeit gleich Sumpfblüten breit. Diese Erscheinungen beobachteten wir schon in der „verwirklichten" Aristokratie der früharchaischen Zeit und in der „verwirklichten" Demokratie seit Perikles, wir beobachteten sie aber auch in der verwirklichten Machtwelt Roms seit der Niederwerfung Karthagos und der übrigen Großmächte.

Was das Reich und seine befriedeten Untertanen auf einen höheren Nenner erhob, waren aber die philosophischen Lehren, deren Breitenwirkung allmählich so stark wurde, daß ihnen die kaiserliche Verwaltung nicht minder folgte als alles bürgerliche Leben. Man braucht nicht zu betonen, daß diese Welt ziviler Ungestörtheit für die „Ohne-uns"-Philosophie der Epikureer ebenso wie auch für die Lehren der Stoa einen trefflichen Nährgrund bildete. Auch bei den Stoikern tritt übrigens das „Ohne uns" nun etwas stärker als früher hervor. Den Dienst am Staate empfand man immer mehr auch in römischen Kreisen als bittere Pflicht. Wohl schärfte sich der Pflichtbegriff hierdurch weiter zu und brachte in Männern wie Seneca und Marc Aurel trefflichste Diener des Staates hervor, die Allgemeinstimmung verlagerte sich aber auch in Rom immer mehr auf das innere Dasein des Einzelnen.

So merkwürdig es erscheinen mag, der Friede, die Eintracht, der Wohlstand, vor allem aber die Sättigung mit überkommenen Kulturwerten trefflichster Art, mit Moral und rationalistischer Weltvernunft führte in allen feinfühliger empfindenden Kreisen zu Überdruß, ja mitunter zu einer Art von Abscheu. So griff die Neigung um sich, der Welt auszuweichen, sich ihrer zu entheben, sie mitsamt ihrem Wohlstand und ihren weltlichen Gütern gering zu schätzen. Es war wohl das ewige Einerlei des Weltreichs, das Uniforme und Einförmige, das Profillose, der Mangel an Unterschieden und Konturen, die nie abreißende Alltäglichkeit, das Fehlen des religiösen und des geschichtlichen Erlebnisses, die absolute Diesseitigkeit des Daseins, vor allem aber auch der Mangel an schöpferischer Weiterentwicklung und die dadurch bedingte Unfruchtbarkeit, wodurch diese Weltmüdigkeit entstand, die den Einzelnen immer mehr auf das eigene Ich verwies. Das Fehlen echter Gemeinschaftsformen, vor allem der Völker, machte sich nun in fataler Weise bemerkbar. Der Lokalpatriotismus zugunsten der einzelnen Heimatstädte (die sich alle glichen wie ein Ei dem andern) oder zugunsten irgendeiner Sportplatzpartei bot dafür keinen Ersatz.

In den beiden großen Lebensphilosophien wurde nun eine Art von Seelenheilkunde betrieben. Jeder Anhänger der Stoa oder Epikurs dokterte an sich herum und hoffte aus seiner Philosophie die Kunst zu gewinnen, die Trivialität des materiellen Daseins zu überwinden. Nach den Rezepten der Stoa schien es sogar zu gelingen, die Transzendenz eines besseren Jenseits (das man nach dem Tode ja leugnete) der eigenen Seele bereits im Diesseits zu erschließen.

Da man im extremen Individualismus der damaligen Zeit im Grunde nur sich selber besaß, nahm man dieses Selbst viel zu wichtig. So entwickelten sich um dieses herum Wehleidigkeit und Lebensangst, wogegen man die Philosophie mit all ihren Tröstungen zu mobilisieren suchte. Und doch blieb die Angst samt der Furcht vor dem Schicksal, vor dem Zufall, vor den eigenen Begierden und Lastern, vor dem Leben schlechthin, vor der Vergänglichkeit und dem Tode. Vielleicht hatten die Leute auch Angst vor dem leeren Raum, den sie in ihrer extremen Ichsucht geschaffen hatten und in dem sie sich selbst überlassen blieben. In dieser hochgestimmten, melancholischen Isolierung suchte man durch Absage an alle Begierden, Triebe und Gefühlsregungen die Freiheit von Welt und Schicksal zu gewinnen und damit das Seelenheil der Zufriedenheit zu erringen.

Bei solchen Seelenkuren handelte es sich um einen gehobenen und veredelten Egoismus, der unfruchtbar bleiben mußte. Wohl wurde in der Stoa der Mensch auch weiterhin als Gemeinschaftswesen aufgefaßt, doch entsprach das Gemeinschaftsverhalten des einzelnen nur der Vernunft und der Pflicht, doch nicht mehr der Liebe (s. auch schon S. 340 f.). Liebe gilt ja als Trieb und Affekt und schien schon deshalb verwerflich zu sein. Auch zu heiraten und Kinder aufzuziehen, wurde allein als vernunftgemäße Pflicht anerkannt, desgleichen der staatliche Dienst. Sogar das Ausweichen in die höhere Tugend erfolgte nicht um dieser selbst willen, sondern im Interesse der eigenen Glückseligkeit. Wohl troffen alle diese philosophischen Lehren von billiger Moral, doch wurden sie gerade hierdurch nur um so schaler, denn auch die Moral war nicht Ziel, sondern nur Mittel zugunsten der eigenen Vervollkommnung.

Um in der Welt doch irgendwelche Gegner zu finden, stritten sich die Philosophen untereinander, vor allem aber wandten sich die Weisen gegen die Ungebildeten, die Toren und Unbelehrbaren, die nun mit Kritik und Satire bedacht wurden. Die Weisen dichteten sich auch Idealseelen zusammen wie Platon einst Idealstaaten, sie fühlten sich als Kämpfer und als Heroen ihrer introvertierten Tugend. Dennoch blieben sie alle im Kleinbürgerlichen des eigenen Alltags stecken, empfanden das Sinnlose ihres Daseins, fühlten sich weiter von Angst getrieben und heimatlos. Der eine suchte im Landleben das Zurück zur Natur, der andere kultivierte in seiner Seele überdies den „Geist" der Weltvernunft, manche zogen sich gar in die Wüsteneien zurück. Keinem einzigen dieser erhabenen Geister fiel es aber ein, das Heil in der Arbeit zu suchen. Wer arbeitete, arbeitete mit Mißvergnügen, weil ihn das von seinen Seelenkuren abhielt, er sah darin also ein Unheil. Nicht einmal die Wissenschaft war für den Philosophen von Interesse, es sei denn, daß sie im Dienste der Seelenwissenschaft (als der einzigen wahren Wissenschaft) und der Seelenheilung stand. Ähnliches galt von der Kunst, welche man am meisten als Seelenarznei zu schätzen geneigt war, und von der Geschichte, die nur mehr den Kampf von Tugend und Laster darzustellen hatte. Im Grunde wußte der Weise aber ohnehin schon alles, er brauchte sich also kaum weiter noch zu bemühen. Man besaß ja bereits die Höchstsumme an äußeren Gütern und Möglichkeiten — und war im Grunde eigentlich stolz darauf —, es kam daher nur darauf an, die Seele aus diesem Irdischen und Allzuirdischen zu erheben. Darum brauchte auch in der äußeren Welt nichts weiter an Neuem zu geschehen. Die Statik, von der wir sprachen, wurde von der Philosophie also ganz bewußt gezüchtet.

In der Praxis wirkten sich die philosophischen Lehren dahin aus, daß die Leute weniger gierig waren, auf Neuerungen verzichteten, brave Untertanen blieben, ihren Pflichten zwar nicht freudig, aber gewissenhaft nachkamen. Das Wohlleben blieb weiter, aber mit weniger Exzessen, das öffentliche und private Dasein wurde vernünftiger und abgeklärter. Da, wie erwähnt, alles Wirken im Staat, in der Familie, in den Geschäften und Wissenschaften nur mehr dem Pflichtgebot, nicht aber den Passionen entsprach, fehlte allerdings der dynamische Antrieb. Alles Neue und Unerhörte würde ja doch nur im Rahmen der Außenwelt geschaffen werden und bliebe allein hierdurch schon ohne tieferen Sinn. Darum sei es auch am besten, beim eingespielten Bisherigen zu verbleiben, da es ohnehin trefflich eingerichtet sei. Es habe nicht einmal einen vernünftigen Zweck, durch Revolutionen die Armen zu bereichern oder die Sklaven zu befreien, denn äußerer

Reichtum habe nichts zu bedeuten, auch sei es für den Stoiker eine Lust, als Sklave seine Unempfindlichkeit gegenüber äußeren Unbilden zu bewähren. Die Welt litt unter dem ewigen, ausweglosen Einerlei und warf sich den Philosophien in die Arme. Die Philosophien aber sorgten dafür, daß die ohnehin schon steril gewordene Welt sich wenn möglich noch mehr allem Schöpferischen versagte.

Wir erkennen, wie in diesen negativen Funktionen sich nicht nur die Lehren Epikurs und der Stoa einander näherten, sondern wie sie beide immer mehr zum Kynismus zurückfanden. Dieser selbst erlebte damals eine Renaissance, und kynische Bettelpriester traf man auf allen Wegen. Die Wirksamkeit der philosophischen Lebensanschauung reichte vom Kaiserthron eines Marc Aurel bis zum Sklaven, war aber doch in den Kreisen der Gebildeten am stärksten. Durch sie wurde der Abschluß des hellenischen Entwicklungsablaufs bzw. die Rückkehr von der Dynamik in die Endstatik der Kaiserzeit geistesgeschichtlich in eindeutiger Weise repräsentiert. Es besteht kein Zweifel, daß sich diese Rückkehr aus einer logischen Weiterverfolgung der individualistischen Idee ergab. Wenn daneben eine neue Geisteswelt des blinden Glaubens erstand, so war das bereits nicht mehr Fortsetzung der alten Entwicklung, sondern ein richtiges Neubeginnen.

Die neuen Heilslehren

Von den alten Gemeinschaftsformen war alle Entwicklung ausgegangen, die Entdeckung des schöpferischen Individuums hatte dann in logischer Abfolge zur Befreiung des Alltagsindividuums und schließlich zu seiner völligen egozentrischen Isolierung geführt. Damit ging der Weg von der Herrschaft des Irrationalen zum konsequenten Rationalismus parallel. Von diesen Extremen, in die man sich festgerannt hatte, konnte nun ein Zurück zu einem neuen Irrationalismus nicht durch logische Evolution erfolgen, sondern nur durch die Anziehungskraft des Kontrastes. Kein Zweifel, die Menschheit bekam die Isolierung des Individuums und auch die philosophische Weltvernunft schließlich satt. So wandten sich immer mehr dieser Unzufriedenen von einem Extrem zum andern, d. h., sie wandten sich einem blinden Glauben zu und verbanden sich mit Glaubensgenossen zu neuen Religionsgemeinschaften. Schon zur Zeit der hellenistischen Großreiche haben wir die Anfänge dieser Gegenbewegung kennengelernt (s. S. 345 ff.) und dort das neue Sektenwesen in seiner Gesamtheit als Gnosis bezeichnet.

Die Konfessionen, welche nunmehr erstarkten, waren etwas völlig anderes als das, was vom alten Glauben noch übriggeblieben war. Dieser lebte ja nur mehr in der öffentlichen Sphäre, in den Feierlichkeiten und Festen noch einigermaßen weiter, war also mehr eine Sache des Dekorums und Brauchtums geworden. Die neuen Bekenntnisse aber stiegen meistens aus dem privaten Leben auf. Sie gründeten sich nicht mehr auf Vernunft und auf wissenschaftliche Erkenntnisse, es handelte sich bei ihnen vielmehr um eine Revolte gegen Verstandeskühle, gegen erklügelte Weisheit und alle Gescheitheit. Sie gaben sich ganz den Affekten hin, steigerten das Pathos mitunter bis zur Ekstase, erlebten das Göttliche auf dem

Wege der Offenbarung als Irrationalismus und Geheimnis. Ein höheres Jenseits wurde nun zum Zentralwert. Das Aufschauen erahnte übergeordnete Mächte, von welchen dem Diesseits Gnade und Hilfe erwuchs. Im Diesseits schon wurde dem Gläubigen Erbauung und Aufstieg, ja selbst Erlösung zuteil, im Jenseits erwartete ihn vielleicht noch die ewige Seligkeit.

Unter den vielen Kulten, die derartig aufwuchsen, war zuerst der des Heilgottes Sarapis im Vordergrund gestanden und derjenige der Allmutter Isis. Das wurde der Hilfsbedürftigkeit der privaten Sphäre gerecht und knüpfte auch an urzeitlich begründete elementare Gefühlswelten an. Schon S. 346 wiesen wir darauf hin, daß es sich bei Isis und Kybele um mutterrechtliche Kulte handelte, wobei Osiris, Adonis und Attis als jährlich sterbende Vegetationsgottheiten fungierten.

Während der Römischen Kaiserzeit wurde der ganz anders geartete Mithras-Kult besonders bedeutsam. Er kam aus dem Iran, erhielt in der Mittelmeerwelt zwar ein Mysterienritual, blieb aber seiner ursprünglichen Eigenart im wesentlichen treu. Es handelte sich um eine Religion für Männer und für Soldaten, die für das Gute eintraten und so im Kriegsdienst standen gegen das Böse. Hier lag also eine vaterrechtliche Auffassung des Daseins und ein sittlich gerichteter Dualismus vor. Zeitweise mochte es scheinen, als ob diese handfeste und ehrenwerte Gesinnung dem Mithras-Kult eine Aussicht eröffnete, die große Religion der Zukunft zu werden. Dann aber wurden die Muttergöttinnen und Vegetationsgottheiten, die Heilgötter, Berggötter, Sonnengottheiten, ja selbst Mithras in den Schatten gestellt vom Gotte der Christen.

Alle die anderen neuen Bekenntnisse hatten der ungestillten Sehnsucht nicht die volle Befriedigung gebracht. Darum mußte es der Fromme einmal bei dieser, dann wieder bei jener Sekte versuchen. Man wollte doch gläubig und gut sein, um mit Gott eins zu werden. Und überall lockte und winkte das Göttliche, aber es lockte in allzuvielen Formen, nur nicht in *einer* Form, in *einer* Gestalt schlechthin. Das Bedürfnis nach einer absoluten göttlichen Autorität wurde daher immer dringlicher. Isis, Sarapis und Mithras wurden von ihren Verehrern wohl zu Universalgottheiten proklamiert. Unbedingtheit und Ausschließlichkeit wurde aber auch auf diesen Wegen nicht gefunden; da die verschiedenen Kulte alle dasselbe verhießen und kein Bekenntnis das andere grundsätzlich ausschloß, bot das Ersehnte im Grunde kein einziger Kultus ganz. Auch die abschließende Summierung und Zusammenfassung von Kultus und Philosophie im Religionssystem des Neuplatonismus befriedigte nur engere Kreise. Plotin und seine Mitarbeiter schufen wohl eine großartige Synthese der geistigen Welt auf religiöser Grundlage, doch keine Erlösung.

Das Christentum

Auf dem Trümmerfeld unbefriedigter Hoffnungen vollzog sich schließlich die Auslese zugunsten desjenigen Bekenntnisses, welches der neuen Sehnsucht am überzeugendsten entgegenkam, die Auslese zugunsten des Christentums. Christus hat die Konfession, welche seinen Namen trägt, natürlich nicht fertig geschaffen, wohl aber ging sie von seinem Leben und seiner Lehre aus. Wundermänner und „leibhaftig" erscheinende Gottmenschen gab es in diesen Zeiten mehrfach, doch hatte keiner das Format einer wahrhaft jenseitigen Erscheinung, besaß auch keiner die Kraft eines weltbewegenden Glaubens an seine göttliche Sendung und an die Erlösung der Menschen. Christus allein war dieses überirdische Potential an Glauben, Liebe und Opferbereitschaft zu eigen, ohne sein Dasein wäre es niemals zu einer auch nur ähnlichen Religion gekommen. Denn nicht aus Urväterzeiten leitete sich dieses Bekenntnis her, nicht aus einem Vegetationsmythus, nicht aus einer philosophischen Abstraktion oder Allegorie, nicht aus der Anthropomorphisierung von Sonne, Himmel oder Gewitter, nicht aus religiöser oder dichterischer Phantasie oder Symbolik, sondern aus dem realen Tatbestand des Menschensohnes, der im Schöpfer seinen Vater erblickte und der durch Leben und Werke, Lehre und Beispiel, vor allem aber durch seinen Opfertod das neue Evangelium der Liebe verkündete.

Durch Christus wurde die Liebe als höchstes irdisches Gut und als Vermittlerin von Diesseits und Jenseits eingesetzt. Liebe erhob sich nun über den jüdischen und gnostischen Ritualismus, über den iranischen Dualismus von Gut und Böse, über die philosophische Antithese von Wissen und Unwissen. In der Liebe und im daraus erwachsenden Mitleid wurde der Menschheit für die Zukunft das entscheidende neue Ziel gewiesen. Das „Gute" mitsamt der „Tugend" hatten die Philosophen und Rhetoren zerdacht und zerredet. Die Liebe jedoch erwies sich gegen den Intellekt und gegen die Phrase immun.

Christus selbst entstammte dem Handwerkerstand, und auch seine Jünger waren an Arbeit gewöhnt. In diesen Kreisen bildete sich also keine hochgeistige Lehre, die sich zuerst einmal an die gebildete Bourgeosie gewandt hätte. Das neue Evangelium war handfester und schlichter Art, dafür aber von echter Tiefgründigkeit. Im Gegensatz zu Epikur und Stoa wurde das Diesseits ganz ernst genommen. Wohl sollte es Vorbereitung sein für eine jenseitige Glückseligkeit, doch hing von dieser Vorbereitung alles Jenseitige ab. Gefordert wurde nun Nächstenliebe, wodurch sich die Tore öffneten für alle künftigen Gemeinschaftsformen. Gefordert wurde aber auch werktätige Liebe, und alle Arbeit fand so ihre Weihe. Der Gläubige sah sich aus seiner Isolierung befreit, sah über sich den liebenden Gott, sah um sich eine liebende Menschheit. Es lag in alledem ein ungeheurer Fortschritt gegenüber den Lehren der Philosophen wie auch gegenüber den gnostischen Religionen. Die Wandlung lag vor allem in der Abkehr von der Beschaulichkeit und vom Erkennen, wie in der Hinwendung zum Handeln, ferner darin, daß in der Liebe ein neuer Zentralwert gewonnen wurde, ja eine neue Kulturidee. Hierdurch erstanden neue Möglichkeiten zur Konstituierung einer neuen ganzheitlichen Daseinssphäre. Das Individuum trat demgegenüber nunmehr zurück, blieb weder Maß aller Dinge, noch sah es in sich weiterhin einen Selbstzweck. Allein schon die Liebe schloß solche Egozentrik ja aus. Doch fügte es sich passend dazu, daß im Rahmen der neuen Gemeinschaft doch auch der Einzelne nach der ewigen Seligkeit strebte, zumal ja der Jüngste Tag und der Untergang der diesseitigen Welt ohnehin bevorzustehen schien.

Von höchster Bedeutung sollte es schließlich werden, daß das Christentum im Gott der Juden seinen Gottvater fand. Jehova war ja ganz anders als alle die Götter, er war ein eifersüchtiger Gott, war als Gott einzig, allein, war Schöpfer und Richter schlechthin. Mit der Dreieinigkeit wurde das Christentum nun der Vielfältigkeit des Göttlichen Prinzips ebenso gerecht wie dem monotheistischen Gedanken. Gerade nach einem Monotheismus strebte ja die unbewußte Sehnsucht der ausgehenden Antike. Für eine sich in Zukunft bildende statische Bindungswelt mußte sich eine monotheistische Gottesauffassung am besten eignen.

Im Gottesdienst benötigte man nicht bombastische Mysterien mit Ekstasen und übertriebenem Pathos, auch hielt man sich von billigen Effekten frei. Im Vordergrund standen das heilige Mahl, die Predigt und das Gebet. Auch der Wunderglaube spielte eine große Rolle. Daß das Christentum in seiner Liturgie von den verschiedenen gnostischen Sekten stärkstens beeinflußt wurde, versteht sich von selbst, doch sah sich dadurch mehr die Form als der Inhalt betroffen. Sehr viel wesentlicher sollten die Einwirkungen der Stoa und des Neuplatonismus werden. Von dieser Seite bekam das Christentum nun einen beträchtlichen Einschlag an Leibesverachtung und asketischen Neigungen, welche in der so lebensnahen ursprünglichen Lehre noch nicht enthalten war. Noch stärker wirkte aber das organisatorische Moment des römischen Reichs auf die neue Glaubenswelt ein und ließ die weltweite christliche Kirche mit all ihrer Hierarchie erstehen. Vom Staate durch zweieinhalb Jahrhunderte ausgeschlossen und verfolgt, mußten die Christen ja einen eigenen Weltstaat im Weltstaate bilden, so wie dies vorher auch die Juden mit iherer Organisation getan hatten.

Mit der geistigen Welt der Antike, mit den Maximen des bisherigen römischen Reichs war eine monotheistische Religion kaum in Einklang zu bringen. Es war schon eine ungern gewährte Ausnahme, daß Rom die Juden von den Staatskulten und den vorgeschriebenen Opfern dispensierte; doch handelte es sich bei ihnen um eine personal beschränkte Gruppe, die zwar überall zu finden war, auch überall Proselyten machte, aber doch für sich blieb und niemals das Reich bedrohte. Ganz anders bei den Christen, die sich mit solcher Progression vermehrten und besonders in den unteren Volksschichten einen so unerhörten Zulauf fanden, daß die Anhänger der alten Kulte in absehbarer Zeit zur Minorität herabsinken mußten. Die Abwehr der Kaiser galt also einem Kampf ums Dasein, der aber mangels neuer Ideen nur mit mechanischen Mitteln geführt wurde. Dem Imperium standen ja einzig und allein verwirklichte Ideen zur Verfügung, der neue Glaube fand seine geschichtliche Verwirklichung aber erst in der Zukunft. Wie so oft, war auch hier die Zukunft stärker als die Vergangenheit und erzwang unter Constantin die Anerkennung des Christentums (313 n. Chr.).

Nun mußte es sich zeigen, ob eine neue Religion, die so viele frische Kräfte des Geistes und der Hingabe ausgelöst hatte, auch imstande sei, das altgewordene Reich zu regenerieren. Die Geschichte lehrt uns, daß das Christentum vorerst enttäuschte, daß es als Sieger sogleich der Subversion des Besiegten, der spätantiken Reichszivilisation, unterlag. Die Kirche stieg alsbald zur Staatsreligion auf und bildete nunmehr einen theokratischen Weltstaat im Rahmen des weltlichen. So wurde sie Mitträger des römischen Staatsgedankens und hatte wohl eine neue, gleichsam zentralistische Weltanschauung und Konfession zu bieten, doch keine neue politische Form, keine neue Zivilisation und Bildung. Der Rationalismus wurde zwar etwas abgeschwächt, aber keineswegs beseitigt. Die Routine beherrschte weiter das Dasein. Nicht einmal auf dem Gebiete der Kunst vermochte das Christentum revolutionierend zu wirken, denn was damals an Neuem dazukam, stammte zumeist aus dem Orient, nicht von der Kirche. Wir müssen daher gestehen, daß das Reich durch den neuen Glauben weder verjüngt, noch vor dem Abbruch bewahrt wurde. Irrig wäre es freilich, dieses Versagen dem Christentum und der neuen Kirche zur Last legen zu wollen. Was Widerstand leistete, war das historisch gewordene kulturelle, zivilisatorische und politische Gefüge des Reichs, das auch dann, wenn man es mit einem neuen Glauben erfüllte, in seinem erstarrten Bestand immer noch zusammenhielt. Dieses Gebäude zum Einsturz zu bringen, konnte nur der Gewalt gelingen. Nimmermehr kam solche Gewaltausübung aber einem Bekenntnis zu, das seine Verbreitung bis Constantin nicht zuletzt der Gewaltlosigkeit verdankt hatte. Diese Abbrucharbeiten mußten also von außen her geleistet werden.

Bis dieser Zusammenbruch erfolgte, hatte die Kirche gleichsam ihre Wartezeit, in der sie so sehr von spätantiker Seite beeinflußt wurde, daß ihr von ihrer Jugendfrische manches abhanden kam. Doch bewahrte sie immerhin für die Zukunft alle jene neuen Elemente auf, welche nach der Völkerwanderung für die Bildung einer neuen kulturellen Ausgangssphäre ihre Bedeutung gewinnen sollten: Die Bindung an einen alleinseligmachenden Glauben, an die monotheistisch erschaute göttliche Autorität, an die Hierarchie der Kirche und an ein Sittengesetz, das im Grundsätzlichen immer noch die Liebe als höchstes menschliches Gut vor Augen stellte.

Aufbau im Niedergang

Seit der Mitte des 2. Jahrhunderts n. Chr. befand sich das Weltreich offensichtlich im Niedergang. Thronstreitigkeiten und Aufstände von Statthaltern führten häufiger als bisher zu inneren Kriegen, der Beamtenapparat wurde zerrüttet, das Militär griff mit groben Händen in Regierung und Verwaltung ein, selbst die Lehren der Philosophen verloren ihre Maßgeblichkeit. Seit dem 3. Jahrhundert wurde dann der Druck der Feinde an den Grenzen immer stärker. Germanen bedrohten das Imperium vom Rhein bis zum Schwarzen Meer, im Neupersischen Reich, das 224 n. Chr. das Parthische abgelöst hatte, entstand jetzt auch an der Ostgrenze ein härterer Gegner.

An die Stelle des dauernden Friedens trat nun dauernder Krieg. Jetzt zeigten sich die furchtbaren Folgen der zweihundert Jahre währenden Ausschaltung des Kampfes ums Dasein. Die Herde der Zivilisten fand einfach nicht wieder in den

Geist einer Landes- und Reichsverteidigung zurück. So mußte man sich u. a. germanische Söldner, Militärkolonisten und Hilfsvölker verschreiben, um die Angriffe der größeren germanischen Völkerschaften aufzufangen, auch bemühte man sich, von den Persern die Kampftaktik der schweren Reiterei zu erlernen. Handel und Wandel litten durch die allgemeine Verwirrung unsäglich, der Verkehr kam ins Stocken, und alle Routine versagte. Das Reich hörte auf, im Innern noch eine Einheit zu bilden, vielfach waren die einzelnen Teile geraume Zeit hindurch auf sich selbst angewiesen. Bald wurde es daher unmöglich, daß nur ein Kaiser von nur einer einzigen Hauptstadt aus die weiten, nicht mehr hinreichend organisierten Bereiche des Imperiums verteidige. So kam es zur Teilung in eine östliche und eine westliche Hälfte. Trotzdem mußten sich die einzelnen Provinzen und Landschaften gelegentlich noch auf eigene Faust der Feinde erwehren. Lokale Kräfte sahen sich hierdurch aufgerufen. Selbst in der Kunst nahmen nun die Unterschiede überhand, setzten sich lokal bedingte Impulse mitunter mit bemerkenswerter Originalität in den einzelnen Landschaften durch. So begannen sich allmählich kleinere Raumeinheiten aus der größten auszugliedern. Einst hatte sich die Geschichte vom Kleinen zum Größeren und Größten entwickelt, jetzt verfolgen wir einen Vorgang, der in entgegengesetzter Richtung abläuft.

Eines erscheint aber besonders bedeutsam: Teils von den Neupersern entlehnt, teils von den Germanen angeregt, teils aus eigenen Impulsen entsprungen, bildete sich nicht nur im Heere eine schwere gepanzerte Reiterei, sondern in den Kreisen der Herren und Gutsbesitzer eine Art ritterlicher Feudalität. Die Junker bauten sich ihre Sitze mitunter zu Festungen um, auch führten sie das Aufgebot ihrer Grundherrschaft im Kampf und lebten von Naturalabgaben der Grundholden.

Mit diesen Ansätzen zur Ausbildung eines Rittertums und mit dem Zerfall des Reichs in kleinere Einheiten kündigt sich ein und dasselbe an wie mit dem Christentum und der seit Constantin so engen Verbindung von Kirche und Staat: das Mittelalter. Das richtige Mittelalter setzt freilich den Zusammenbruch der Antike voraus, es bedeutet im Ablauf der Weltgeschichte ein Neuwerden und eine Wiedergeburt des schöpferischen Geschichtsdaseins. Als etwas Wunderbares empfinden wir aber, daß sich diese Regeneration bereits im niedergehenden Altertum vorbereitete, daß also die absterbende Antike selbst eine Reihe wichtiger Elemente zur künftigen Wiedergeburt vorbereitete und beisteuerte. Und das geschah, ohne daß es die damals Lebenden auch nur ahnten. Hier beginnt also das Unbewußte in der Geschichte wieder bedeutsam zu wirken, so wie dies bei allen Vorgängen des Neuwerdens der Fall ist. Ähnliches haben wir schon bei der Konstituierung der hellenischen Frühzeit erlebt (siehe S. 73 ff.). Wollten wir uns mit der Ausbildung der mittelalterlichen Geistessphäre eingehender beschäftigen, so würde uns das im einzelnen noch deutlicher werden. Dieser ungeahnte und unbewußte Bildungsprozeß beginnt aber, wie wir jetzt gesehen haben, bereits im ausgehenden römischen Reich. Mit dessen Zusammenbruch fällt dann alles andere in Trümmer, nur das im Niedergang neugeborene Christentum und das Rittertum erhält sich.

Der Zusammenbruch des Reiches

Zuerst ein kurzer Rückblick: Die Küsten des Mittelmeeres bildeten im Altertum einen klimatisch begünstigten „Vorzugsbereich" (s. schon S. 34ff.), der aus den nördlichen Kargräumen häufig von „Barbaren", zuletzt von Kelten, Germanen und Sarmaten, angegriffen wurde. Rom hatte mit seiner Weltreichspolitik nicht zum wenigsten deshalb so viel Erfolg, weil es den Abwehrbedürfnissen der Mittelmeerwelt entgegenkam. Durch die Einbeziehung der Kelten in den Reichsverband gelang es, wenigstens den einen Störenfried auszuschalten, ja seine Kräfte für die Verteidigung zu gewinnen. Der Versuch des Augustus, die Germanen gleichfalls in das Reich einzubeziehen, scheiterte im Jahre 9 n. Chr. in der Schlacht vom Teutoburger Wald. Rom mußte sich nun mit den Stromgrenzen von Rhein, Donau und Euphrat begnügen, legte darüber hinaus im Lauf der Zeit aber noch beträchtliche Außenzonen an, so zwischen Donau und Oberrhein, in Dakien und in Obermesopotamien. In der Zeit bis etwa 150 n. Chr. faszinierte das Imperium durch seine Größe, seinen Reichtum an Machtmitteln und seine treffliche Organisation. So begaben sich sogar manche Stämme und Häuptlinge von jenseits der Grenzen in ein Schutzverhältnis zum Kaiser. Angriffe gegen das Imperium vorzutragen, wagte man damals im allgemeinen nicht, doch stauten sich so im Barbarenland die zurückgedämmten Kräfte und Volksmassen bedenklich auf, es bildete sich eine Spannung, die bei den ersten Anzeichen der Schwäche des Reichs zu gefährlichen Entladungen führen mußte.

Als Rom 162 n. Chr. im Krieg gegen die Parther eine solche Schwäche zeigte, brach wenige Jahre später der Sturm der Markomannen, Quaden und Sarmaten los. Es erwies sich nun, wie leicht es war, das unvorbereitete Imperium zu überfallen. Immerhin gelang es Marc Aurel, die Donaugrenze zurückzugewinnen, doch nicht auch, die Sudetenländer als schützende Vorzone zu organisieren. Als dann seit 224 die Sassaniden an die Stelle der Arsakiden traten und das Parthische durch das Neupersische Reich abgelöst wurde, gestalteten sich für Rom auch am Euphrat die Grenzverhältnisse immer schwieriger.

Der Druck der germanischen Stämme verlagerte sich nun nach der unteren Donau. Vor allem wurden hier die Goten von ihrem neugegründeten südrussischen Reich aus gefährlich. Immer neue Angriffe richteten sich gegen die angrenzenden Provinzen, so daß schließlich Dakien preisgegeben werden mußte (275 n. Chr.). Im 4. Jahrhundert verdichteten sich auch die Attacken gegen die Rheingrenze. Sie wurden nun vor allem von Alamannen und Franken vorgetrieben. Wohl gelang es mit Hilfe germanischer Wehrkräfte, die man in römische Dienste nahm, die Katastrophe hinauszuschieben, am Anfang des 5. Jahrhunderts brach aber die Verteidigung am Rhein zusammen. Als neue dynamische Angriffskräfte hatten sich inzwischen aus dem nordkaukasischen Bereich die Alanen auf Westwanderung begeben, vor allem aber richteten die zentralasiatischen Hunnen an der mittleren Donau eine Herrschaft auf. Von dort aus zogen sie die germanischen Stämme zur Heeresfolge heran und beuteten das Kulturland durch Tribute und Plünderungen aus.

Wohl kehrten die Hunnen nach dem Tod Attilas in ihre asiatischen Gefilde zurück, die germanischen Stämme richteten sich aber in den Provinzen Westroms häuslich ein. So schufen die Vandalen in Afrika, die Westgoten in Hispanien und Südgallien, die Burgunder im Rhonegebiet eigene Herrschaften. Die Alamannen und Franken dehnten ihre Gebiete auf beiden Seiten des Rheins aus. 476 setzte in Italien Odoaker den letzten weströmischen Kaiser ab. Wenige Jahre später begründeten die Ostgoten von Pannonien aus ihr Reich in Italien.

Diesen Zusammenbruch des Westreichs in seinen Einzelheiten zu beschreiben, mußten wir uns hier versagen, da unser Buch ja der griechischen und nicht der römischen Geschichte gilt. Dennoch wollten wir diese Vorgänge wenigstens kurz umreißen, da mit ihnen erst die Antike im Westen zu Ende ging, und so hier der Weg für neue Entwicklungen frei wurde. Im Gegensatz hierzu hielt das östliche Reich, mit anderen Worten das Territorium des Hellenismus, den feindlichen Angriffen im wesentlichen stand. Hier kam es nie zu einem Abbruch des alten Systems. So blieb die Antike gleichsam als „subantike" Form im Byzantinischen Reiche weiter. Es war ein mühsames Fortsetzen und Weiterrücken auf einem Sackgeleise, von dem kein Weg zu einem wirklichen Neuwerden führte. Das Reich wurde von Slaven, Bulgaren, Arabern und Seldschuken immer weiter eingeschränkt. Den Rest beseitigten schließlich die Osmanen (1453).

Der Sinn all dieser Vorgänge ist klar. Es handelt sich um die Überschwemmung der überalterten Kulturländer durch jugendfrische Barbaren aus den Karggebieten. Die von diesen Völkerwanderungen betroffenen Kulturen und ihre Träger hatten traurige Schicksale zu erdulden. Vom Standpunkt der geschichtlichen Ökonomie aus handelte es sich aber um notwendige und daher höchst sinnvolle Erneuerungsprozesse. Wir haben derartiges schon in den Wanderungen der Zeit um 2000 und dann wieder um 1200 v. Chr. erlebt (vgl. S. 53 ff. und S. 69 ff.). Auch von den Kelten drohte eine solche Weltkatastrophe, als sie sich seit etwa 500 v. Chr. im Stadium der höchsten Kraft[83] befanden. Doch zersplitterten sie sich, auch zeigte sich das damals noch jugendfrische Rom und auch die griechische Welt imstande, das Schlimmste abzuwehren. Dann aber kamen die Germanen und zerstörten schließlich das Weltreich. Ihnen folgten die Slaven und von semitischer Seite die Araber, dann die Seldschuken und Osmanen, denen das Ostreich zum Opfer fiel. Aus allen diesen Katastrophen, Wanderungen und Überschichtungen erwuchs stets neues geschichtliches Leben.

Überschau

Daß erst mit der Zeit der Völkerwanderungen der von den Griechen inaugurierten Geschichtsentwicklung ein Ende gesetzt wurde, mag uns eine Rückschau erweisen. Das Ergebnis dieses Ablaufs läßt sich nämlich in folgenden Reihungen zusammenfassen:

1. Im Weg aus der Gemeinschaftsbindung zur Emanzipation zuerst des schöpferischen und dann auch des Alltagsindividuums.

2. In der Ausrichtung der geistigen Entwicklung vom naiven Irrationalismus zum routinierten Rationalismus.

3. In der Anhäufung der (vor allem durch das schöpferische Individuum geschaffenen) Kulturleistungen an Literatur, Dichtung, bildenden Künsten, Philosophie und Wissenschaft zu einem stets präsenten Bestand von schließlich ganz ungeheurer Mächtigkeit.

4. In der Erweiterung des soziologischen und politischen Horizonts von kleineren Einheiten bis zur Erfassung von Gesamtwelt und Kosmopolis bzw. bis zur Konzeption der Humanitäts- und Menschheitsidee.

5. In der Ausweitung der Macht bis zu ihrer Monopolisierung im Weltreich, wie sie zuerst von Alexander und dann vom römischen Imperium verwirklicht wurde.

Diese fünf Reihungen kamen nun nicht mit dem Niedergang der hellenistischen Staatenwelt im 2. Jahrhundert v. Chr. und auch nicht mit der Anerkennung des Christentums als Staatsreligion (313) zum Abschluß und Abbruch. Auch im Reich des Constantin und Theodosios war ja weder die Emanzipation des Alltagsindividuums noch die Routine und Ratio überwunden. Das System der antiken Vergangenheitsleistungen lastete immer noch mit ganzer Schwere auf dem geistigen Dasein, und das Weltreich bestand grundsätzlich weiter, wie sehr auch seine Zerteilung damals schon nahe lag. Diese Traditionen und Institutionen waren so stark, daß die regenerativen Gegenkräfte, auch wenn sie allmählich erstarkten, nicht dagegen aufzukommen vermochten. Erst mit der germanischen Völkerwanderung und der Zertrümmerung Westroms ging daher der alte, einst von den Griechen inaugurierte Geschichtsablauf tatsächlich zu Ende. Das wohl großartigste Abenteuer des menschlichen Geistes hatte sich damit ausgelebt und kam so zum Abschluß. Der Weg in die Zukunft, zu neuen, unahnbaren Möglichkeiten, war frei.

ANHANG

Versuch einer Theorie zur griechischen Geschichte

Einleitung

Die Darstellung des Ablaufs der griechischen Geschichte hat den Leser bereits mit seiner Struktur und inneren Sinnerfülltheit einigermaßen vertraut gemacht. Nun sollen im folgenden die bisher verstreut dargebotenen Beobachtungen zusammengefaßt und zu einer Theorie der griechischen Geschichte ausgestaltet werden.

Wer freilich die Auffassung vertritt, daß jeder geschichtliche Tatbestand etwas absolut Einmaliges, Nur-Individuelles darstellt, dem müßte die Erforschung von Ablaufstrukturen fast sinnlos erscheinen, da alles Geschichtliche dann als unvergleichbar angesehen werden müßte und demzufolge nichts Grundsätzliches auszusagen hätte. Andererseits müssen wir auch jene anderen Forscher enttäuschen, welche im Geschichtlichen einen blinden Wiederholungsschematismus erkennen und dem Tatbestand der Einmaligkeit keinen Raum geben wollen.

Schon bei früheren Gelegenheiten — zuerst 1941 — vertrat ich diesen beiden Extremen gegenüber den Standpunkt, daß das Wesen des Geschichtlichen weder im Individuellen (und „Ideographischen") allein — wie manche Philosophen wollten — noch auch im Nur-Generellen — das von den Naturwissenschaften repräsentiert wird — begründet liegt, sondern in einer untrennbaren Symbiose und Vereinigung beider Prinzipien, der Einmaligkeit und der Wiederholbarkeit. Darüber muß noch einiges gesagt werden.

Die grundsätzliche, wenn auch relative Wiederholbarkeit des Geschichtlichen entspricht vor allem der analogen Wiederholbarkeit des menschlichen, soziologischen und geographischen „Typus" [84]. Beim geschichtlichen Typus handelt es sich, um eine Formulierung L. Gabriels zu gebrauchen, um „sich erneuernde Zeitgestalten". Sehr schön ist auch die Fassung von F. Kainz: „Geschichte bewegt sich ausschließlich in Individualstrukturen, die aber sinnvoll unter Typenmorphologie zu subsumieren sind, wenn man den Blick auf gewisse Invarianten und Konstanten richtet." Mit Recht betont schließlich A. Flitner: „Das Individuelle läßt sich nicht bezeichnen, wenn wir nicht zum Typischen unsere Zuflucht nehmen" [85]. Schon vor Jahrzehnten hat man mit der „ewigen Wiederkunft" ungefähr Ähnliches erahnt; kein Wunder, da es sich doch um Tatbestände handelt, die unvoreingenommen ganz mühelos erkennbar sind.

In beglückender Weise hat auch Benedetto Croce, ein wahrer Meister der Geschichtsphilosophie, das Entscheidende erkannt: Bereits in der Formulierung einfacher historischer Aussagen wie „Perikles war ein Staatsmann" sei das Prädikat („war ein Staatsmann") nur auf Grund eines pluralistischen Denkens in Kategorien und Typen möglich; stellt der Begriff „Staatsmann" doch bereits die Abstraktion aus einer Fülle von Einzelerscheinungen dar, welche seit eh und je vom menschlichen Denken auf ihre Ähnlichkeit hin verglichen wurden. So gehört also das Vergleichen, das Verbinden und Scheiden, die Beobachtung des typisch sich Wiederholenden zu den unabdinglichen Bestandteilen nicht nur des naturwissenschaftlichen, sondern auch des historischen Denkens.

Den geschichtlichen Typus setzt m. E. auch der sogenannte historische Sinn voraus, da unsere Ergriffenheit, unsere Anteilnahme am Geschichtlichen nur durch dessen theoretische Wiederholbarkeit erweckt wird, d. h. durch die Möglichkeit, daß „das gleiche etwa auch uns geschehen könnte". Auf die Wiederholbarkeit des Geschichtlichen gründet sich außerdem die historische Begriffsbildung und die Aufstellung von geschichtlichen Kategorien: Wenn wir in China, in der Antike und im Abendland von „Reformen", von „Revolutionen", von „Koalitionskriegen" u. dgl. sprechen, so ergibt sich allein schon aus diesen Termini die Tatsache von Parallelbildungen. Auch wirken sich landschaftliche und seelisch-psychische Faktoren, wirkt sich mancherlei zweckrationales Handeln[86] mit einer gewissen typischen Wiederholungskonsequenz im Geschichtlichen aus.

Allerdings müssen wir uns stets vor Augen halten, daß alle diese Wiederholungen nie eine Identität bedeuten, sondern nur dem Typus gelten, sich realiter aber in der Form zeitlich und räumlich spezifizierter Einmaligkeitserscheinungen manifestieren. Im Grunde verhält es sich so wie mit den platonischen Ideen: Es gibt nicht „die" Revolution schlechthin, sondern eine Unzahl von Einzelfällen, von denen ein jeder etwas Besonderes, einen Sonderfall darstellt, die aber doch genügend Strukturähnlichkeiten untereinander aufweisen, um unter ein und demselben Terminus erfaßt zu werden. Es gibt auch nicht den „siegreichen Feldherrn" schlechthin, sondern nur zahlreiche einzelne, die sich durch zahllose Einzelheiten voneinander scheiden. So bleiben Personen, Konstellationen und Abfolgen in gewissem Sinne einmalig und unwiederholbar, und doch kehrt das Typische an ihnen in analogischer Weise mit größeren oder geringeren Abweichungen wieder, indem es *mutatis mutandis* stets von neuem „zutrifft". Das hat schon Thukydides richtungweisend erkannt, es blieb der gesamten Antike bewußt. Wenn sich Historie und Wissenschaftslehre zeitweise von dieser Erkenntnis wie mit Scheuklappen abgeschirmt haben, so kann das kaum als Fortschritt bezeichnet werden. Wir empfinden es daher als besonders erfreulich, wenn jüngst ein Historiker vom Range Joseph Vogts mit überzeugenden Belegen für die Anerkennung einer eingeschränkten, gleichsam relativen Wiederholbarkeit geschichtlicher Phänomene eintrat[87].

Wir haben an historischen Tatbeständen m. E. nun folgendes zu unterscheiden: Sie gehören mit manchen Seiten ihres Wesens einer universalen Wiederholbarkeit an, mit anderen gehören sie aber schon zu etwas eingeschränkteren Gruppen, mit wieder anderen Zügen oder Charakterzugskombinationen stehen sie vielleicht überhaupt allein, mit ihrer spezifischen Lokalisierung in Raum und Zeit müssen sie unbedingt ohne Parallele bleiben. Als Beispiel sei die griechische Geschichte selbst herangezogen. Sie gehört allgemein in die Kategorie der Geschichts- und Kulturentwicklungen. Sie reiht sich ferner ein in die engere Gruppe der sogenannten „Hochkulturen" und schließlich in die noch speziellere Kategorie der besonders hochdynamisierten Gesittungen, die zu allerhöchsten geistigen Spitzenleistungen führen. Erst innerhalb dieser zuletzt genannten Kategorie hebt sich die griechische Geschichte durch eine Fülle weiterer Sonderzüge zu einem einmaligen Tatbestand heraus. Auch bleibt sie in ihrer räumlichen und zeitlichen Fixierung, im Ägäisbereich und in den beiden Jahrtausenden vor Christus, völlig unwiederholbar.

Wenn wir nun die Struktur der griechischen Geschichte untersuchen, so gewinnen wir daher Elemente, die als universalgeschichtlich angesprochen werden können. Andere Elemente dürften sich bei allen Hochkulturen, wieder andere nur bei den hochdynamisierten und der Rest allein bei den Hellenen finden. Auch bei Elementkombinationen und Elementabfolgen scheinen sich dieselben Abstufungen zu erweisen. Wir wollen in diesem Buch allerdings mehr das Griechische „an sich" suchen und die Frage nach der eventuellen Wiederkehr oder Nichtwiederkehr in anderen Kulturen nicht allzusehr in den Vordergrund stellen, könnte ich es mir doch gar nicht zutrauen, über Analogien in Indien oder China ein Urteil abzugeben. Nur zum Näheren Orient werde ich einiges anmerken, da mir seine Kulturen hinreichend vertraut sind. Insonderheit werde ich alles das festzustellen trachten, was in der ägyptischen oder in den vorderasiatischen Kulturen *nicht* vorhanden ist, um auf diese Weise zu verhindern, daß der Leser unsere, der griechischen Entwicklung geltenden Darlegungen allzu universalistisch ausdeutet. Die Parallelen, welche Antike und Abendland verbinden, werde ich in einer besonderen Arbeit behandeln.

Auf eines sei gleich in dieser Einleitung hingewiesen: Der erste, uns leider nur schattenhaft bekannte, große Geschichtsablauf der Ägäisländer, der in der minoischen und mykenischen Hochgesittung kulminierte, soll in unsere theoretischen Betrachtungen nicht unmittelbar einbezogen werden, da für ihn in der Hauptdarstellung das Nötige bereits gesagt wurde und uns durch Mangel an Einzelkenntnissen genauere Analysen versagt bleiben. Wir wollen unsere kultur- und geschichtsmorphologischen Untersuchungen vielmehr auf den zweiten, der Hellenen-Nation zugehörigen Ablauf beschränken, da wir erst bei ihm über die erforderlichen Einzelkenntnisse verfügen, wie sie für unsere Zwecke unerläßlich erscheinen.

Die Grundlegung der Hellenenkultur

Mit der Wanderungskatastrophe des 12. Jahrhunderts brach der alte, durch Kreta und Mykenai repräsentierte Kulturablauf zusammen und schuf damit Platz für die Grundlegung eines neuen Entwicklungsreigens (dazu oben S. 73 ff.). Es handelt sich hierbei um einen Vorgang, der eine schlagende Parallele findet in dem durch die germanische Völkerwanderung ausgelösten Zusammenbruch der hellenisch-römischen Antike. Wohl läßt sich der Tatbestand der minoisch-mykenischen Welt mit dem der hellenisch-römischen nicht in allem und jedem vergleichen. In beiden Fällen fand aber ein altes, bereits unfruchtbar gewordenes Kultursystem sein Ende, es wurde von fremden Barbaren zertrümmert und ließ nur noch Fragmente und Einzelbestände zurück. Hierdurch verlor das Traditionsgut seine bisherige autoritative und verbindliche Kraft. Gerade durch die Zertrümmerung wurde also der Weg zum Neuschöpfen frei. Vor allem ging nun die bisherige Differenziertheit und Routine des Daseins, ging die alte Kunst, die Mehrzahl der zivilisatorischen Errungenschaften und die politische Machtwelt zugrunde. Erhalten blieb nur das religiöse Bekenntnis, eine Ehrfurcht erweckende Tradition von der alten Herrlichkeit und manche Einzelerrungenschaft, so der Bewaffnung, der Baukunst, der sozialen Gliederung, der politischen Ideenbildung, des Heldengesanges usw. Wie wir schon S. 73 ff. ausführlich dargestellt haben, bedeutete diese so weitgehende Zertrümmerung das Ende der alten Verpflichtung, im bisherigen Rahmen zu bleiben, ja es war solches Verbleiben gar nicht mehr möglich, da dieser Rahmen und überhaupt das alte, bisher die Basis des Kulturlebens bildende System nicht mehr bestand. So ergab sich hieraus eine Befreiung der Phantasie und des logischen Denkens von der Allgegenwart der bisherigen Errungenschaften, von der hierdurch bedingten Befangenheit und Gerichtetheit. Es war, wie wenn man einer Last ledig geworden wäre.

Im Vergleich zur vorausgegangenen minoisch-mykenischen Hochkultur trat nach der Katastrophe des 12. Jahrhunderts eine ausgesprochene Primitivierung, eine konzentrierte Selbstbescheidung und Integrierung[88] des Daseins, seine „Systole", ja gleichsam eine Rückkehr zum Naiven ein. Sie zeigt sich in Hellas in den förmlich prähistorisch anmutenden Gräbern vom Kerameikos, im Schwinden von Palästen und Burgen, ja selbst des Steinbaus und alles besseren Kunstgewerbes; sie ergab sich aber auch aus dem Eindringen der bisher vor allem von Viehzucht lebenden Dorier und Nordwestgriechen. Am Ende der Antike waren es in ähnlicher Weise die germanischen und slavischen Stämme, welche als Inauguratoren einer primitiveren Geisteshaltung anzusehen sind.

Diese Primitivierung der geistigen Haltung blieb aber keineswegs auf die Zuwanderer beschränkt. Sie teilte sich vielmehr auch den alteingesessenen, aber verarmten Nachkommen der einstigen Hochkultur mit. So kam Athen und bis zu einem gewissen Grad auch Ionien in den Genuß der neuen Schlichtheit, Einfachheit und Gläubigkeit. Kein Zweifel, die neueinströmenden geistigen Kräfte waren stärker als die verbrauchten alten. Von höchster Bedeutung sollte dieses Zueinanderfinden auf primitiverem Nenner für die Rolle des Religiösen werden. Wohl blieb der alte Glaube, doch wandelte er sich seinem Wesen nach. Anstelle der minoisch-mykenischen Palastkulte traten schlichte heilige Bezirke auf den Ruinen der alten Herrensitze. Ähnlich folgte in der Völkerwanderungszeit am Ende des Altertums der constantinischen Reichskirche der neue, schlichtere Pionierglaube der Mönche von Monte Cassino, von Schottland und Irland. Damit ging die übersteigerte Routine der Hochkulturen zu Ende, die Freude an der rationalen und der technischen Leistung. Das soziale und politische Leben verzichtete auf Expansionsbestrebungen und zog sich auf engere und intensiver erlebte Kleinkreise zurück. Im ganzen gesehen, entsprach der Trümmerbestand der Zeit um 1000 v. Chr. dem der Welt um 600 n. Chr.: Nachkommen der alten Hochkulturpopulation, durcheinandergewürfelt mit primitiveren Zuwanderern, auch geistige Bestände der großen Vergangenheit, gemischt mit der Schlichtheit der Harmlosen. Basis blieb in beiden Fällen die ererbte, aber der Schlacken entkleidete religiös-metaphysische Grundlage.

Auf diesem von Wanderungen umgepflügten und mit Trümmern übersäten Schlachtfeld vollzog sich nun in beiden Fällen das Wunder eines Neuwerdens. Aus den heterogenen Elementen bildeten sich in erstaunlich kurzer Zeit die neuen Kultursysteme, hier der sogenannten „Geometrischen Ära", dort des abendländischen Mittelalters, wobei es sich beide Male um den „Verhaltenheitstypus" handelte, wie wir ihm u. a. auch bei vielen anderen primitiveren Völkern begegnen.

Das Wunderbare an dieser Wandlung lag aber darin, daß die Menschen damals in der Regel keine Ahnung davon hatten, was sich an ihnen eigentlich vollzog und wo der geschichtliche Prozeß hinsteuerte. Bei diesem Werdegang spielten „Männer, die Geschichte machten" keine hervorragende Rolle. Es handelte sich um Vorgänge, die im Bewußtsein jener Zeit kaum mehr als ein epigonenhaftes, müdes „Sichdurchfretten" innerhalb des Trümmerfeldes empfunden wurden — und doch unbewußt[89] und rasch zur Bildung einer neuen Geistessphäre führten.

Vom kultur- und geschichtsmorphologischen Standpunkt aus erscheinen uns diese Feststellungen höchst bedeutungsvoll, vermögen wir aus ihnen doch zu erkennen, daß es im geschichtlichen Leben positive, schöpferische Gestaltungskräfte gibt, die noch *vor* einer Subjekt-Objekt-Spaltung (um mit Jaspers zu sprechen) liegen, die gar nicht ins menschliche Bewußtsein treten und auch nicht von diesem Bewußtsein (oder wenigstens nicht über dasselbe) gesteuert werden. So könnte man bei diesem Unbewußten von einem in Kantischem Sinne „naturhaften" Werden sprechen[90]. Wir beginnen daraus zu erahnen, daß sich das Spontane in der Geschichte durchaus nicht nur durch das einzelne Schöpferingenium offenbart, sondern daß es in manchen Zeiten ein gleichsam unindividuelles[91], mehr kollektives und anonymes Aufwachsen gibt, das uns nicht minder „spontan" anmutet.

Es mag wohl die Annahme gerechtfertigt erscheinen, daß auch die vielen anderen Verhaltenheitskulturen sowohl europäischer wie auch nichteuropäischer, ja auch farbiger Völker durch solche schöpferische, aber völlig unbewußte Wachstumsprozesse ihre Ausformung und Ausgeglichenheit erhielten, ja daß jeder ethnischen Umwälzung, Einwanderung, Überschichtung usw. ein solcher in der Regel unbewußter Konstituierungs- und Ausgleichsakt folgte. Das würde besagen, daß zwischen der primären Entstehung archaischer Verhaltenheitskulturen und einer „sekundären" Rückkehr dahin (d. h. nach dem Zusammenbruch einer vorausgegangenen Hochkultur) kein grundsätzlicher Unterschied besteht.

Haben wir uns so weit geeinigt, dann eröffnet sich noch eine weitere bedeutsame Erkenntnis: Da diese Konstituierungsvorgänge eines Bewußtwerdens nicht bedurften, ist es doch wohl so, daß man sie vom Willen und vom Bewußtsein aus gar nicht einleiten kann. Man kann sie nicht planen und nicht „machen", sie vollziehen sich entweder von selbst, und dann — sobald die Stunde gekommen — eigentlich schnell und leicht, oder sie vollziehen sich überhaupt nicht. Natürlich wirkten ein Karl der Große oder ein Bonifazius bewußt im Sinne des neuen Wachstumsprozesses, doch hatte dieser Prozeß in Italien und Frankreich, Deutschland und England schon vorher begonnen und hätte sich auch ohne die genannten Männer vollendet. Bei den Griechen ist aber von Persönlichkeiten, welche maßgeblich an der Konstituierung der Geometrischen Ära mitgewirkt hätten — von Kodros etwa abgesehen — überhaupt nicht die Rede. Mehr als Einzelpersönlichkeiten wirkte da vielfach der Kreis der Sänger und wirkten vor allem die Adelsversippungen. Aber auch sie sahen bloß das Zunächstliegende, doch nicht das große Gesamtziel ihrer Geschichtsepoche.

Einigermaßen ungewiß muß uns bleiben, unter welchen Voraussetzungen und Bedingungen ein Regenerationsprozeß nach Art des hellenischen oder des mittelalterlichen erfolgen konnte oder gar erfolgen mußte. Sicherlich dürfte als Voraussetzung der Umstand eine Rolle gespielt haben, daß das alte minoisch-mykenische ebenso wie später das antike Kultursystem bereits überreif und altersschwach geworden war, daß es schließlich zerschlagen und unverbindlich wurde. Gern wüßten wir, welche Bedeutung das Zuströmen frischer, kulturell noch unverbrauchter Volkselemente hatte. Vielleicht war dabei nicht so sehr das „frische Blut" wie das Zuströmen einer kulturell noch unverbrauchten Geisteshaltung wichtig. Am Ausgang der Antike wurde die Regeneration, wie wir S. 385 f. gesehen haben, noch durch eine allmähliche Übernahme neuer religiöser und sozialer Bindungen besonders vorbereitet. Ob etwa ähnliches auch am Ausgang der kretisch-mykenischen Zeit der Fall war, entzieht sich unserer Kenntnis, da wir ja überhaupt nicht wissen, wie weit in diesem ältesten Ablauf eine vorherige Liberalisierung Platz gegriffen hatte.

Ob sich mit dem Eintreffen der hier aufgezählten Voraussetzungen und Bedingungen der große Schöpfungsakt der Bildung einer neuen Verhaltenheitskultur auch wirklich vollziehen *mußte*, wird uns wohl immer ungewiß bleiben. Im Grunde dünkt uns die anonyme Schöpferkraft des Geschichtlichen ja doch irgendwie unableitbar, wir empfinden ihren Ursprung und ihr Einsetzen, wenigstens für unser gegenwärtiges Erkenntnisvermögen, daher als transzendent. —

Das wichtigste Ergebnis dieses Abschnittes gewannen wir durch die Feststellung eines vom Bewußtsein und Willen der Beteiligten so gut wie unabhängigen schöpferischen Werdens, das zur Konstitution der neuen Verhaltenheitsstufe der Griechen führte. Wir haben diesen Tatbestand des Unbewußten hier allerdings nicht darum so sehr herausgestellt, weil er in diesem Zusammenhang allein vorkommt — der Anteil des Unbewußten ist überall in der Geschichte beträchtlich —, sondern nur, weil er hier eine besonders dominierende Rolle spielt.

Der Zustand statischer Verhaltenheit

Ähnlich wie der soeben geschilderte Vorgang der Konstituierung bzw. Rekonstituierung von Verhaltenheitszuständen einen mehr universellen Charakter zu tragen scheint, dünkt uns auch der Typus der Verhaltenheitskultur selbst universeller Natur zu sein. Überall, wo Kulturen einigermaßen statisch in ihrem einmal erreichten Zustand verharren und ihr Bestand noch nicht die Dynamik und Komplexität von Hochkulturen erstrebt oder erreicht, können wir vom Verhaltenheitstypus sprechen. Dabei kann die Ebene, auf der sich diese Verhaltenheit abspielt, von Fall zu Fall durchaus verschieden sein. Bei manchen Stämmen handelte es sich vorwiegend um Viehzüchter, bei anderen um Ackerbauer, die einen wohnten in Lagern, die andern in Dörfern, wieder andere aber in Kleinstädten. Im Altertum können wir die Verhaltenheitskulturen am besten in Makedonien, bei den Thrakern, Skythen, Illyriern, Kelten und Germanen studieren, in der Neueren Zeit aber an vielen farbigen Völkern. In der Regel währten diese Verhaltenheitszustände so lange, bis entweder fremde Eroberer hereinbrachen oder aber Einflüsse von benachbarten Hochkulturen der alten Eigenständigkeit ein Ende bereiteten. Im ersteren Fall kam es aus der Symbiose von Siegern und Besiegten meistens zur Begründung neuer Verhaltenheitskulturen, in letzterem fielen die Betroffenen häufig der Expansion der Hochkulturen zum Opfer.

Im Grunde handelt es sich bei dem Verhaltenheitstypus [92] um die ausgewogenste und ebenmäßigste Kulturart, welche Menschen überhaupt hervorbringen. Der Reichtum an Einzelbelangen pflegt hier harmonisch und maßvoll in sich abgestimmt zu sein. Alles Dasein ist irgendwie im Metaphysischen begründet. Man findet sich darin aufgehoben, wird davon ergriffen und gibt Ausdruck von dieser Ergriffenheit durch das in „edlem Spiel" sich vollziehende Kulturdasein [93]. Man empfindet daher auch nichts als unzulänglich oder übermäßig, auch bleibt man frei vom Überdruß. Leicht findet man das als „vollkommen" Erscheinende. Infolgedessen erfahren Wille und Phantasie keinerlei Antrieb, etwas Besseres oder gar Unerhörtes anzustreben. Nur kriegerisches Heldentum vermag sich freier zu entfalten. Das Einzelindividuum spezifiziert sich nur in dem Spielraum, den Gewohnheit, gute Sitte, kriegerische Tüchtigkeit und ein bereits vorgegebener geistiger Horizont ihm lassen. Noch melden sich keine revolutionären Ingenien, es gibt keinen Vorstoß des Geistes in den Bereich des Unerhörten. Am angesehensten sind neben den „Helden" immer die Alten, welche das Alltagsleben in allen seinen bescheidenen Schwankungen am besten kennen. Es gibt ja entweder überhaupt keine Weiterentwicklung oder nur eine ganz langsame, die sich gleichsam im Zeitlupentempo vollzieht.

Die absolute Eintracht, Ausgewogenheit und Harmonie der einzelnen Kulturbelange führt zu einem Kulturleben, das ausschließlich von Bindungen bestimmt wird. Sie gelten dem Stamm, den Göttern, den Ahnen, den heldischen Vorbildern der Vergangenheit, der Obrigkeit, dem Recht, dem eigenen Stand, der ständischen Stufung, der Sippe, der Familie, dem Brauch, dem Komment. Zutreffend haben die Soziologen diese Gebundenheit als „Standortverhaftung" angesprochen.

Das Kunstgewerbe erweist sich hier als Ausdruck des Lebensgefühls, zeigt sich darüber hinaus aber einer allmählichen Veränderung zugänglich. Das erkennen wir daran, daß bei Thrakern, Illyriern usw. das prähistorische Inventar doch allmählichen Wandlungen unterlag, obgleich ihr Lebensstil derselbe blieb. Offenbar spielten hier Anregungen des Handels mit herein und Ausstrahlzentren, denen stärkere Schöpfungsimpulse zu eigen waren. Doch entstehen kaum Kunstwerke großen Stils, wie sie nur von selbstbewußten Ingenien geschaffen werden. Die Kunst bleibt daher durchaus in der handwerklichen Sphäre. Auch in der Dichtung herrscht die autorenlose und anonyme, ja eigentlich handwerkliche *„oral poetry"*. Wenn es in den Verhaltenheitskulturen soziale Schichtungen gibt, bleiben sie meist stabil, und wo wir auf Adel und Ritterschaft treffen, hält man sich an einen stets gleichbleibenden Komment.

Wenn wir die verschiedenen statischen Kulturen schlichterer Art hier unter dem Begriff der „Verhaltenheit" zusammenfassen, so darf das nicht in dem Sinn verstanden werden, daß wir darüber gleichsam einen Käfig stülpen. Wohl ist, solange es zu keiner dynamischen Höherentwicklung kommt, alles mehr oder weniger Verhaltenheit, doch brauchen Statik und Verhaltenheit nicht in allen Einzelfällen so absolut zu sein, wie wir es soeben geschildert haben. Auch muß man bedenken, daß durch Kriege, Wanderungen und Überschichtungen immer wieder neue ethnische Kombinationen und neue, andersartige Verhaltenheitsnuancen entstanden. Wichtig ist dabei nur, daß der dynamische Faktor der Geschichte immer weit mehr in den Tatbeständen der Wanderungen, der Überschichtungen, der neuen Stamm- und Volksbildungen als in einer autonomen Kulturentwicklung lag. Neue Kulturen erwuchsen daher mehr aus den immer wieder neueintretenden ethnischen Kombinationen, also dadurch, daß bei ein und demselben Volk nun eine sehr wesentliche geistige Weiterentwicklung erfolgte.

Wo es aber trotzdem zu einer solchen Weiterentwicklung des Geistigen über den einmal bezogenen Status hinaus kam, entfernte man sich aus dem Verhaltenheitszustand und schlug den Weg zur Hochkultur ein. Dies ist in Mesopotamien, Ägypten, Indien, China und auch auf Kreta schon früh geschehen. Wir wollen keineswegs leugnen, daß es auch in anderen Verhaltenheitskulturen Versuche gegeben hat, sich dieser Verhaltenheit zu entschlagen und anstelle der bisherigen Statik sich einem dynamischeren Kulturdasein zu verschreiben, doch kamen sie über Ansätze meistens nicht hinaus. Die Grenzen der Begriffe sind aber hier wie auch sonst im Geschichtlichen immer unscharf, es gibt Zwischenformen (z. B. bei den Etruskern), die zwischen dem statischen und dem dynamischen Typus stehen.

Kehren wir wieder zu den etwas reineren Fällen der Verhaltenheit zurück, so müssen wir von ihrem statischen Kulturbestand aussagen, daß er durchaus im Bewußtsein seiner Träger lebt und daß auch die Bewahrung dieser Statik und die Abwehr von Fremdeinflüssen durchaus über das menschliche Bewußtsein und den menschlichen Willen erfolgen. Werden fremde Anregungen aufgenommen, so geschieht dies gleichfalls durch bewußte Entschließung. Auf die mehr unbewußte Kulturbildung folgt hier also die bewußte Kulturerhaltung. Der Träger dieser konservierenden Haltung ist das „man", d. h. die öffentliche Meinung der maß-

Tafel 25: Athene von Myron. Aus der Gruppe Athene und Marsyas, die zu den großartigsten Leistungen der griechischen Hochklassik zählt. Entstehungszeit ca. 450.

Tafel 27, oben: Parthenon-Fries. Auf dem Fries wurde der Festzug der Panathenäen dargestellt. Unsere Abbildung zeigt die an der Prozession teilnehmende attische Reiterei. Anordnung der Blöcke an der Cella-Wand unter dem Gebälk. Der Fries stellt eines der bedeutendsten Werke der Hochklassik dar und wurde (wohl unter Aufsicht des Phidias) ca. 440 v. Chr. geschaffen.

Tafel 26, unten: Parthenon. Tempel der Athene Parthenos, von Iktinos entworfen, 448—432 erbaut und mit seinen Skulpturen vollendet.

Tafel 28: Doryphoros von Polyklet. An diesem hochklassischen Werk hat Polyklet um 430 v. Chr. den von ihm ermittelten Kanon der Körpermaße zur Anschauung gebracht. Unsere Abbildung zeigt den Bronzenachguß in der Münchener Universität.

Tafel 30: Sokrates. Im Gegensatz zu anderen Sokrates-Büsten, welche den Denker einfach als Silen darzustellen pflegen, zeigt die Skulptur im Museo Nazionale Romano zu Rom schon mehr persönliche Züge.

Tafel 29: Grabdenkmal der Hegeso. Vom Kerameikos in Athen. Entstehungszeit ca. 400—390 v. Chr.

gebenden Kreise, die in solchen Verhaltenheitskulturen das kulturelle Dasein beherrscht.

Den Verhaltenheitskulturen entspricht ein bestimmter Typus des geschichtlichen Daseins. Die Dynamik liegt hier nicht so sehr in der Kulturentwicklung wie in kriegerischen Explosionen und Katastrophen. Leiden Stämme, die in besagter Weise statisch dahinleben, an Übervölkerung, so kann es vorkommen, daß sie sich in ihrer Gesamtheit oder wenigstens in Teilen zur Auswanderung entschließen und sich in irgendwelchen Fernen als Oberschicht eine neue Heimat gründen, bis sie schließlich mit den Unterworfenen eine neue völkische und kulturelle Einheit bilden. So steht hier kulturelle Statik zwischen dynamischen Umwälzungen: Auswanderung, Einwanderung, Unterwerfen und Unterworfenwerden, Zusammenwachsen zu neuen Stammeskörpern u. dgl. Die Einzelpersönlichkeit spielt dabei als Kriegsfürst eine Hauptrolle, was ja durchaus in die Normwelt der Verhaltenheitskulturen paßt. Die durch ethnische Vermischung bedingte Neukonstitution von frischen Verhaltenheitsgesittungen ergibt sich dagegen mehr von ungefähr und ist meistens nicht das Produkt einer verstandesmäßigen Planung.

Im großen gesehen vollzog sich in der an sich etwas primitiven Welt der Verhaltenheitskulturen aber doch ein allmählicher Aufstieg. Das zeigen uns vor allem die indo-europäischen Völkerschaften des prähistorischen Europa in ihrem Übergang zur Bronzezeit, dann zur Hallstattkultur und zu La Tène. Schon die vielen Völkerbewegungen förderten ja den Austausch, ebenso der Handel, und vom Südosten kamen immer wieder Impulse aus den Bereichen der Hochkultur, die zu Nachahmungen, vor allem in Agrikultur und Metallurgie, anregten. Überhaupt muß uns klar sein, daß bei der Neukonstitution einer frischen Verhaltenheitskultur, also bei diesem unbewußten Elementarprozeß, jeweils auch frische Kräfte für das Kunstgewerbe frei wurden, so daß sich auch dieses jeweils neu und schöpferisch zu konstituieren vermochte, wobei es dann freilich in seiner jeweiligen Eigenart mehr statisch festgehalten wurde, bis die nächste Wanderungskatastrophe einsetzte.

Verhaltenheit als Schwelle zu weiterem Kulturanstieg

Geschichtliche Erfahrung lehrt uns, daß die meisten Verhaltenheitskulturen nicht zu dem grundsätzlich immer möglichen Anstieg in höhere Kultursphären führten, daß sie vielmehr weiterdauerten, bis fremde Eroberer oder fremde Kulturen ihnen ein Ende brachten. Dennoch hat es nicht wenige Fälle gegeben, in denen das Verhaltenheitsstadium tatsächlich die Schwelle zu Höherem bildete. Wir können das u. a. auf Kreta an den Verhaltenheitsstufen von Frühminoisch I und II studieren, aus denen sich der steile Kulturanstieg von Frühminoisch III spontan entfaltete. Auch bei der Entstehung der verschiedenen Hochkulturen des Orients müssen wir annehmen, daß die Anfangszeiten einer gewissen Verhaltenheit zugleich jene Kräfte sammelten, die bei weiterem Anstieg dann ausströmten. Warum die Statik in den einen Fällen dauernd blieb, in den andern aber von einer jäh aufsteigenden Dynamik abgelöst wurde, müßte erst durch Spezialuntersuchungen beleuchtet werden, doch glauben wir nicht, daß sich eine erschöpfende Erklärung dafür wird geben lassen. Nur bei der hellenischen und der abendländischen Entwicklung bietet sich eine Erklärung wie von selbst an, doch wollen wir darauf erst weiter unten eingehen.

Soll ein Verhaltenheitsstadium als Durchgangsstufe für weiteren Anstieg dienen, so scheint dafür nicht unwesentlich zu sein, wie viele und starke Bindungen es aufzuweisen hat. Alle weitere Entwicklung erfolgt ja in hohem Maße auf dem Wege der Lösung solcher Bindungen (dies hat z. B. auch H. Berve in seiner Griechischen Geschichte zutreffend betont). Solche Bindungen bilden somit gleichsam das Kapital, mit dem ein Geschichtsverlauf das Verhaltenheitsstadium verläßt, um seine Reise in die Sphäre der Hochkulturen anzutreten. Sind diese Bindungen alle gelöst und damit aufgebraucht, dann ist es mit der weiteren Entwicklung in der Regel zu Ende.

Unter den vielen Verhaltenheitsstadien scheinen, wie bereits angedeutet, das der Hellenen und das des Mittelalters eine Art Ausnahmestellung eingenommen zu haben. Sie hatten sich nicht nach dem Zusammenbrechen anderer Verhaltenheitskulturen, sondern aus der Katastrophe älterer Hochkulturen auf deren Trümmern konstituiert, und wenn sie auch zurückfanden in statische und bindungsmäßige Lebensformen, so blieb ihnen doch aus den überkommenen Trümmern mancher Stachel erhalten, das Bindungsgeflecht schließlich erneut zu durchbrechen. Besonders war das im Mittelalter der Fall, wo das antike Geisteserbe bei aller sonstigen Verhaltenheit durch Christentum, Romidee usw. eine auflockernde Rolle spielte und sich die Verhaltenheit auf einer so erhabenen Ebene stabilisierte, daß wir schier an die Hochkulturen des Orients gemahnt werden. Auch in der Geometrischen Ära der Griechen zeigt sich aber, zumal wenn wir sie mit der Gesittung z. B. der benachbarten Makedonen oder Thraker vergleichen, ein beachtliches Niveau und — vor allem in Ionien — eine lockerere Fugung.

Wenn wir uns alle diese Zusammenhänge recht vor Augen halten, so wird uns die fortzeugende Kraft der Geschichte erst richtig deutlich[94]. Es handelt sich dabei um folgende Kette: Hochkultur → Katastrophe → Neukonstituierung einer frischen Verhaltenheitskultur aus dem Unterbewußten → Verhaltenheitskultur mit stimulierendem Erbgut aus der vorausgegangenen Hochkultur → neue Hochkultur.

Umgesetzt in die uns angehende Abfolge, würde sich das folgendermaßen darstellen: Minoisch-mykenische Hochkultur → Katastrophe des 12. Jahrhunderts → Konstituierung der neuen Verhaltenheitsgesittung aus dem Unbewußten im 11. und 10. Jahrhundert → Geometrische Verhaltenheitsära mit mykenisch-minoischen Stimulanselementen → Hellenisch-hellenistisch-römische Hochkultur → Katastrophe der Völkerwanderung → Konstituierung der neuen Verhaltenheitsgesittung aus dem Unbewußten im 7. bis 10. Jahrhundert → Mittelalterliche Verhaltenheitsära mit antiken Stimulanselementen → Abendländische Hochkultur (seit der Renaissance).

Der Aufstieg zur Hochkultur: Ein Vergleich zwischen dem Vorderen Orient und Hellas

Schon in ihrem Verhaltenheitszustand zeigte uns die griechische wie später die abendländische Geschichte gewisse Besonderheiten. Mit dem Aufbruch zu einer höheren Entwicklung trennen sich die Wege aber endgültig von anderen Geschichtsabläufen; der hellenische Modus läßt sich nun, soviel ich sehe, nur mehr mit dem der Renaissance vergleichen. Da aber letztere offensichtlich unter dem Einfluß der Antike stand und gleiches auch für die weitere Fortsetzung der abendländischen Entwicklung gilt, so wollen wir auf diese jüngeren Tatbestände hier nicht mehr eingehen, zumal darüber in einer besonderen Arbeit gehandelt werden soll. Hier möchte ich nur darauf hinweisen, daß im Umkreis Vorderasiens und Europas, also in dem uns zunächst angehenden Lebensbereich dieser Erde, allein die Hellenen aus elementarem Spontanantrieb diese besondere Art Kulturdynamik entwickelt haben.

Um diese Sonderart richtig zu erkennen, ist es notwendig, den bereits S. 16 ff. geschilderten Modus der orientalischen Hochkulturen Ägyptens und Mesopotamiens nochmals zu skizzieren. Dort erfolgten Aufstieg und Weiterentwicklung in gleitender Weise unter grundsätzlicher Wahrung der Bindungen an die irdischen und überirdischen Autoritäten. Pharaonen und assyrische Herrscher mochten gelegentlich wohl einmal gestürzt werden, ihre Nachfolger rückten aber stets in die alten Würden ein. Die Würden selbst sahen sich nie in Frage gestellt. Absolute Autoritäten waren nicht minder die heimischen Götter. An ihrem Dasein, ihrem Walten, an ihrer göttlichen Befähigung zu zweifeln, kam niemandem bei, und wenn irgendwo eine neue Religion begründet wurde, so nahm diese alsbald dieselben bindungsmäßigen Formen an wie die vorhergegangenen. Religionen konnten daher unter Umständen wechseln, wie Dynastien wechselten, die Autorität aber war die gleiche.

Die Strukturierung der orientalischen Gesittungen war und blieb daher durchaus auf die Zentralwerte der göttlichen und der davon abhängigen menschlichen Autoritäten eingestellt. Aller dynamischer Fortschritt über anfängliche Verhaltenheitszustände hinaus erfolgte im Dienste der Götter, Priester und Könige. Es war eine Welt von Dienern: Priester und Könige dienten den Göttern, die übrige Bevölkerung aber wieder den Königen, den Priestern, den Göttern. Dieses hierarchische Kultursystem entsprach der Wesensart der orientalischen Ackerbaugesittungen, die ja des Schutzes durch eine starke obrigkeitliche Zentralgewalt gegen äußere Feinde bedurften. Um dieses Schutzes willen beugten sie den Nacken und waren „Fellachen", ganz gleich, ob sie in Dörfern wohnten oder in Städten. Nur dort, wo sich das aufbegehrende Beduinenblut stärker erhielt, wie etwa bei den Juden, oder wo die Meerluft freier machte, wie bei den Phoinikern, war das anders (dazu schon S. 335 f.).

Die Dynamik des normalen orientalischen Kulturaufstiegs ging in geistiger Hinsicht fast ausschließlich von den Tempeln und Palästen aus. Nur wirtschaftlich spielte auch der Privatmann, so vor allem der reiche Kaufherr, eine Rolle. Aus dieser Struktur ergab sich notwendigerweise eine gewisse Beschränkung der kulturellen Zweckhaftigkeit des darauf gerichteten Wollens und der Phantasie. Die Kunst war vorwiegend Hof-, Tempel- und Gräberkunst. Privates ging wohl daneben her (so in der ägyptischen Genrekunst), wurde aber niemals führend. Das Schrifttum nahm in Mesopotamien gleichfalls vom König oder von den Tempeln seinen Ausgang, und auch in Ägypten entwickelte sich eine nur bescheidene Privatliteratur. Wissenschaft verblieb im Rahmen eines mehr praktischen Interesses, trug also vielfach technischen Charakter. Theoretischen Erwägungen gab das festgelegte religiöse System ebensowenig Raum wie einer Kritik am Grundsätzlichen. Unter diesen Umständen vermochte sich der Typus der Schöpferpersönlichkeit nur unzureichend und kaum je zu wirklicher Autonomie zu entwickeln, auch der Schutz des geistigen Eigentums blieb unzulänglich, da dieses nur zu oft von den Herrschern selbst usurpiert wurde. Begreiflicherweise kam es im Orient niemals zu einer völligen Lösung der gesamten Bindungen, da doch deren wichtigste, die religiösen und monarchischen, ein *noli me tangere* jeder Entwicklung bildeten. Aller „Individualismus", „Liberalismus" und „Materialismus" spielte sich hier allein im Rahmen dieser Bindungen ab.

Im ganzen führten die orientalischen Kulturen also nur so hoch hinan, wie Religion und Monarchisches zu führen vermochte. Wohl handelte es sich dabei um gewaltige Höhen, aber es blieb ihnen doch immer etwas Gemessenes und Reguliertes. Ein abenteuerndes Sichaustoben der menschlichen Schöpferphantasie wurde nie zur Tatsache, der Abstand zwischen Herrschern und Untertanen verhinderte eine völlige Ausschöpfung der den Menschen verliehenen letzten Möglichkeiten. Einsame Spitzenleistungen, wie sie später in den Tragödien des Sophokles, in den Dialogen Platons, in der Sixtinischen Kapelle, in der IX. Symphonie Beethovens und im Tristan entstanden, wurden weder erreicht noch angestrebt.

In ihrer Gefaßtheit und weisen Selbstbeschränkung vermochten die Orientkulturen immer ihre Würde zu wahren. Nie sind sie in Würdelosigkeit verfallen, nie haben sie ihr Gesicht verloren, nie haben sie in blinder Freiheitsnarretei herostratisch gegen sich selbst gewütet. Vor allem vermochten sie sich aber durch weite Zeiträume zu erhalten, ohne dem Überdruß zu verfallen. Gerade weil sie auf letzte Höchstleistungen verzichteten, verblieben sie immer im Bereich von Normen, so hochgesteigert und erlaucht diese auch waren. Die Normen wurden gelegentlich wohl verändert, doch geriet man dadurch niemals in ein allzu rasches und zu gefährliches Treiben. So handelte es sich bei den Orientkulturen um großartige, immer majestätische Gebilde des Geistes, die sich in epischer Breite und Geruhsamkeit in den Zeiträumen der Geschichte hinlagerten und grundsätzlich verschieden waren von den ikarischen Sonnenflügen und Katastrophen, welche sich im Abenteuer des griechischen Geistesfluges abspielten.

Der Leser verzeihe diesen etwas zu ausführlichen Exkurs in den Alten Orient. Wir hielten ihn aber für unerläßlich, um die Sonderart der hellenischen Entfaltung anschaulich zu machen. Gerne würden wir auch noch die minoische Hochentwicklung zum Vergleich heranziehen, doch sind wir über sie zu wenig unterrichtet. Sicher scheint aber zu sein, daß sich auch bei ihr aller Anstieg im Rahmen einer festgelegten religiösen und monarchischen Norm vollzog. Nur handelte es sich, wie das allein schon durch die insulare Lage von Kreta bedingt war, um eine etwas freiere und lockere Art solcher Bindungen.

Für das Warum der hellenischen Sonderart läßt sich etwa folgendes ermitteln:

1. Einen wesentlichen Faktor haben wir in der Neigung der indo-europäischen Komponente zu erblicken, selbstherrliche und der monarchischen Leitung abholde Vereinigungen zu bilden. Wir haben schon S. 29 ff. vermutet, daß diese Neigung den ältesten Indo-Europäern durch ihre früheste Wirtschaftsform einer ortswechselnden Herdenhaltung, verbunden mit primitivem Ackerbau, aufgeprägt worden ist. Für sich allein würde diese indo-europäische Eigenart freilich noch keinen hinreichenden Antrieb zu höherem Kulturaufstieg gebildet haben, da zahlreiche andere indo-europäische Völkerschaften von sich aus keinen solchen Aufstieg inaugurierten.

2. Auch die an sich günstige Verbindung dieser indo-europäischen Elemente mit der ägäischen Mittelmeerbevölkerung wirkte sich hier noch nicht entscheidend aus, da sich ja in Anatolien und auf dem Balkan ganz analoge Vermischungen vollzogen haben, ohne besondere Folgen zu zeitigen.

3. Eine sehr bedeutsame Rolle scheint dagegen die Landesnatur gespielt zu haben, obgleich auch diese nicht mit Notwendigkeit den hellenischen Entwicklungstypus hervorgebracht haben müßte, da z. B. der minoische doch einen recht anderen Charakter trug.

4. Auch die städtische Siedlungsform war als Voraussetzung ungemein wichtig, da nach unseren Erfahrungen nur in Städten ein Aufstieg zu Hochkulturen — allerdings ganz verschiedener Art — vollzogen werden kann.

5. Als glücklich müssen wir auch den räumlichen Abstand zu den Hochkulturen des Orients ansehen. Er war nicht zu weit und war doch auch nicht so eng, daß er ein satellitenhaftes Abhängigkeitsverhältnis bedingt hätte, wie es den Medern und Persern beschieden war.

6. Mit zu den wichtigsten Faktoren gehörte schließlich die bereits geschilderte Präzedenz der mykenisch-kretischen Hochkultur, von der man in günstigster Weise durch die Katastrophe ihrer Zertrümmerung und die geometrische Verhaltenheitsstufe geschieden war, die aber mit den von ihren Trümmern ausgehenden Fernwirkungen sehr bedeutsame Impulse beigesteuert haben mag.

Soweit die Voraussetzungen, Vorbedingungen und z. T. auch wohl „Ursachen“, die wir ermitteln konnten. Doch glaube ich nicht, daß wir damit eine „Ableitung“ bis zum letzten erzielt haben, da dies dem Wesen des Geschichtlichen widerspräche. Dennoch wäre es verfehlt, sich von *jeder* Ableitungspflicht zu dispensieren. Nichts Geschichtliches ist ganz ableitbar, aber es gibt auch nichts Geschichtliches, das nicht wenigstens partiell der Ableitung zugänglich wäre. Das Wesen alles Geschichtlichen liegt vielmehr in der Kombination von Ableitbarkeit und Spontaneität. Wir haben es daher allenthalben mit teilweisen Ableitungsmöglichkeiten zu tun und sind verpflichtet, diesen, soweit sie eben führen, nachzugehen. In diesem Sinne sind alle unsere Ableitungsversuche zu verstehen.

Und nun zum dynamischen Aufstieg selbst, der die Hellenen so sehr von ihren Nachbarn heraushob: Zwei Erscheinungen bestimmten seinen Charakter: das Eindringen der republikanischen Staatsform in die städtische Sphäre sowie die Entdeckung der Schöpferpersönlichkeit und ihrer autonomen Sonderstellung in einem im Wesentlichen von Privatleuten bestimmten Geistesleben.

Verfassungen republikanischen Charakters gab es in primitiveren Stammeskulturen zu allen Zeiten. In die städtische Sphäre war aber diese Verfassungsform bisher nur selten eingedrungen. Im Orient wurden die Städte von Königen oder von Oberpriestern regiert. Auch in der Ägäis finden wir zu Dimini, im Früh- und Mittelhelladikum verschiedentlich Herrscherhäuser, auf Kreta und in der mykenischen Ära stand der Herrscher mit seiner Hofhaltung völlig im Vordergrund des Kulturlebens.

In der Geometrischen Ära haben wir zuerst (ähnlich wie z. B. in Makedonien) eine Dreiteilung in Herrscher, Adel und Gemeinschaft der Freien anzunehmen. An ihrem Ende jedoch wurde diese Ausgewogenheit durch die Abschaffung des Königtums und das Vordringen des Adels gesprengt. An ihre Stelle trat die Einseitigkeit der Adelsrepublik. Damit wurde nicht nur der dynamische Reigen eines künftigen Kampfes von Einseitigkeiten gegen Einseitigkeiten, von Machtmonopolen gegen Machtmonopole auf dem Boden des republikanischen Staatsrechts eröffnet, sondern auch noch eine weitere Grundtatsache für die Zukunft geschaffen: Die Kultur geht in der Ägäis in Hinkunft nicht vom Herrscher und seinem Palast aus, sondern von Adeligen und Bürgern, im Grunde also von Privatleuten. Damit wurde gleichsam die Idee der Kulturschöpfung auf eigene Faust im städtischen Rahmen erstmalig entscheidend in den Vordergrund gestellt. Das hatte es weder in Mykenai noch in Knossos gegeben, und auch im Orient waren private Schöpfer höchstens als Religionsstifter oder Propheten bedeutsam geworden. So wurde hier städtische Kultur von den Prinzipien der Macht und des Hierarchischen in einer bisher kaum erhörten Weise befreit.

Nicht minder bedeutsam sollte gerade durch diese Privatisierung des Geisteslebens dann die Entdeckung des Ingeniums in seiner nun erst richtig autonomen geistigen Sonderstellung und Sonderberechtigung werden. Bisher war der Umkreis der Phantasieleistungen normativ festgelegt gewesen. Ingenien, welche sich darüber hinaus erhoben hätten, wären verlacht, verachtet oder wenigstens nicht beachtet worden. Darum konnte es bisher auch keine Spitzenleistungen auf dem Gebiete der Kunst usw. geben, darum verblieb alles im Handwerklichen. Geistiges Eigentum fand noch keinen Schutz, einfach weil es (auch in der *oral poetry!*) noch kein geistiges Eigentum gab.

S. 98 und 101 f. haben wir dargestellt, wie sich in der Persönlichkeit Homers der Tatbestand des Genies erstmalig manifestierte und auch sogleich Anerkennung fand. Der Eintritt des Ingeniums in die Geschichte war also bereits irgendwie „zeitig" geworden. Daß dieses Ingenium nun zugleich in einer privaten Geistessphäre erblühen konnte, bedeutete aber das Großartige und Entscheidende.

Und nun kam es Schlag auf Schlag zu einem Noch und Noch immer neuer Schöpfer. Dabei handelte es sich nicht nur darum, daß diese Ingenien in Zukunft lediglich die schöpferischen Organe der Allgemeinheit sein würden. Nein, sie stiegen oft ganz allein in ungeahnte Höhen und zogen ihre Anhänger mit empor. Jetzt folgten im Epos die Kykliker und Hesiod, folgten bald auch die Lyriker mit Archilochos und Kallinos an der Spitze, signierten die Bildhauer, die Vasenmaler stolz ihre Werke, ja mußte jede neue Erfindung und jeder Weisheitsspruch seinen namentlichen Autor und Schöpfer haben. So kam es zu einer wahren Flut von Findern und Erfindern, nichts wurde so sehr geachtet wie die Autorschaft als Schutz der genialen Leistung und das Eigentumsrecht des Schöpfers. Die kulturelle Differenzierung setzte damit ein, und zwar mit gewaltiger Macht.

Mit alledem wurde nun nicht nur der Kulturzustand ins Dynamische gewandelt, sondern auch der spezifische Charakter dieser Dynamik bereits festgelegt. In den Palästen waren es Herrscher und Hofschranzen gewesen, nach deren Zustimmung und Geschmack sich die Künstler zu richten hatten. Könige hatten dann auch den Ruhm der Kunstleistungen für sich in Anspruch genommen und die Künstler wohl mit Lob oder Geld abgefunden. In Hellas hingegen waren die Ingenien nun frei, waren auf sich selbst gestellt. Sie nahmen das Steuer in die Hand, Tempo und Richtung zu bestimmen.

Die Entwicklung sah sich hierdurch völlig in die Sphäre des privaten Müssens, Wollens und Könnens der schöpferischen Ingenien versetzt. Sie vollzog sich nicht mehr als Resultierende aus den Kräften des höfischen Auftrags und der genialen Sendung, nein, hier war der genialen Sendung das erste Mal der Weg völlig freigegeben, und so entstand ein Geistesleben, das sich seine Entfaltung ganz aus eigenem Ermessen ausrichtete. Wohl gab es anstelle der Paläste nun Adelshöfe, gab es die öffentliche Meinung der Ritterkreise und der einzelnen städtischen Bürgerschaften, doch zeigt uns die griechische Geschichte, daß die Bewegungsfreiheit der Schaffenden, von wenigen Ausnahmen abgesehen, gegenüber ihrer Umwelt vollkommen war.

Die Folgen der Schöpferfreiheit

Diese Wandlung sollte für alle griechische Zukunft von höchster positiver, schließlich aber auch etwas zwiespältiger Bedeutung werden: Zuerst ließ sich alles bestens an, setzte im Geistigen doch die bereits erwähnte, äußerst anspornende Befreiung, Funktionsteilung und Differenzierung ein, welche auf den einzelnen Sondersparten, so der Dichtkunst, der Plastik, der Architektur, des Gewerbes, der Kriegstechnik, der Schiffahrt, der Geographie, der Medizin usw. zu gewaltigen Fortschritten führte. Dabei hielt sich die Sonderung der Einzelsparten zunächst in mäßigen Grenzen, da über ihnen noch die Zentralwerte des Adelskomments, dann die des Staatlichen dominierten. So gab es über Thesis und Antithesis immer noch eine übergeordnete und verbindende Synthesis. Die Freiheit der Schöpfer sah sich zwar allenthalben anerkannt und bot die Chance zur spontanen Initiative, die Ingenien selber machten aber nur im Rahmen dieses noch von Zentralwerten bestimmten Gesamtgefüges davon Gebrauch. Auch beschränkte sich das Konkurrenzprinzip auf diese schöpferischen Kreise und bevorzugten Eliten, betätigte sich daher mehr in gehobenen Sphären.

Vorschauend müssen wir aber folgendes feststellen: Im 5. Jahrhundert verlangten — z. T. durch eine fortschreitende Demokratisierung des Alltags unterstützt — immer weitere Bevölkerungsschichten, ja schließlich die breiten Massen in ihrer Gesamtheit die Vorrechte einer Individualisierung (eingehend hierüber schon S. 191 ff. Seit etwa 440 v. Chr. ging der Zentralwert des Staatlichen verloren, ohne daß er durch einen anderen ersetzt wurde. So erfolgte jene Lösung, welche wir S. 226 f. als „Liberalistischen Interessenseparatismus" bezeichnet und eingehend beschrieben haben: Die einzelnen Sparten des Kulturellen sahen sich aller Schranken ledig und nützten triumphierend diese Freiheit zu rücksichtsloser Hypertrophie auf Kosten verschiedener Nachbarsparten. Als Folge davon stellten sich allerlei Mißstände ein, von denen auch schon oben die Rede war. Wir lernen daraus, daß die Freiheit, nachdem man sie einmal gleichsam „entdeckt" hatte, nun immer weiter und gieriger um sich griff, bis sie schließlich ihr Maximum erreichte. Wir haben darauf schon S. 229 ff. hingewiesen und werden S. 434 f. nochmals darauf zurückkommen. Hier sei nur festgehalten, daß im 7. Jahrhundert mit dem Eintritt in die Hochdynamisierung die Entscheidungen für die folgenden Jahrhunderte unwiederbringlich gefallen waren. Erst im ausgehenden Hellenismus gab es wieder so etwas wie eine Rückkehr aus diesem unerhörten Abenteuer des wagenden Geistes.

Die „Achsenzeit" bei Karl Jaspers

Zu den bedeutendsten Äußerungen von philosophischer Seite über das Problem des Geschichtlichen gehört das Werk von Karl Jaspers „Vom Ursprung und Ziel der Geschichte". So sehr diese Arbeit mit vollem Recht auch in den Kreisen der Fachhistorie hoch geschätzt wird, so fällt es uns doch schwer, uns mit dem dort herausgestellen Terminus einer universellen „Achsenzeit" zu befreunden. Damit erfaßt Jaspers den Zeitraum zwischen 800 und 200 v. Chr., in dem die „Achsenvölker", d. h. die Hellenen, Juden, Iranier, Inder und Chinesen übereinstimmend einen Durchbruch in die Freiheit, in das hellere Bewußtsein des Geistes und zu höherer Menschenwürde zu vollziehen vermochten.

Was dem Fachhistoriker bei dieser Auffassung bedenklich erscheint, ist zunächst das universelle Schema, in das hier weit auseinanderliegende, gar nicht miteinander zusammenhängende Phänomene gepreßt werden, zeigt uns doch eine Überschau über die verschiedenen Kulturabläufe der Erde, daß sie in recht verschiedenartigen Folgen und Rhythmen vor sich gingen. Mit einer Synchronisation der einzelnen Aufklärungszeiten wird aber ein *a priori* in die Geschichte hineingetragen, welches ihr schwerlich zukommt. Weit eher ließe sich darüber reden, wenn wir anstelle der Synchronisation durch eine Achsen-„Zeit" nur ein Achsen-„Phänomen" annehmen würden, das bei verschiedenen Völkern und Kulturen zu verschiedenen Zeiten eintreten kann. Doch will es uns scheinen, daß auch die von Jaspers herangezogenen konkreten Tatbestände, nämlich die hellenische Hochentwicklung, die jüdischen Propheten, Zarathustra, Buddha, Konfuzius und Laotse nicht recht zueinander passen. Über Buddha und die Chinesen fühle ich mich zu Aussagen nicht berufen. Aber bei Zarathustra scheint es mir zweifelhaft, ob man ihn mit den hellenischen Philosophen und Aufklärern zusammenstellen darf. Als Religionsstifter gehörte er viel eher mit Christus zusammen, und man gewinnt fast den Eindruck, daß Zarathustra von Jaspers in die Phänomenologie seiner Achsenzeit nur aufgenommen wurde, weil er in die Ära zwischen 800 und 200 v. Chr. hineinfiel, Jesus aber nicht, da mit ihm der (von der griechischen Hochkurve gewonnene) Zeitraum bereits überschritten war. Auch die Vereinigung der jüdischen Propheten mit der hellenischen Naturphilosophie und Aufklärung will nicht recht einleuchten. Das Schöpfertum der Propheten betraf ja den sittlich-religiösen Geistessektor, also gerade jene Sparte, in der die Griechen völlig versagten und die Juden das Hellenentum überragten. Andererseits zeigen sich im Judentum der Prophetenzeit keine Ansätze dafür, daß sich seine Schöpferkraft auch auf die von den Hellenen gepflegten Geistessparten (z. B. die Kunst, die Wissenschaft, die Philosophie) ausgebreitet hätte. Vergleichbar ist freilich, daß griechische wie jüdische Schöpfer aus der privaten Sphäre entsprungen sind und von ihr aus, jede in ihrer Weise, das Geistesleben revolutionierten. Was schließlich die Beobachtung von Jaspers betrifft, daß der Achsenzeit allenthalben ältere und noch im mythischen Weltbild aufgehobene Hochkulturen vorausgegangen seien, so scheint uns das vollinhaltlich zuzutreffen, nur war die Reaktion auf diese älteren Gesittungen vielleicht doch zu verschiedenartig und verschiedenzeitig, um daraus ein System gewinnen zu können.

Durchaus zustimmen müssen wir der hohen Bewertung, welche die griechische Hochentwicklung durch Jaspers erfährt. Leider will er es im Banne seines chronologischen Schematismus aber nicht wahrhaben, daß sich dieses Achsenphänomen hellenischer Prägung im Abendland durch die Renaissance erneut vollzog (dazu S. 443 f.).

Spitzenleistung, Schattenwirkung und Überdruß

Die Eigenart der hellenischen Entwicklungsdynamik läßt sich erst richtig verstehen, sobald wir uns über das Wesen der sie bestimmenden Spitzenleistungen klargeworden sind. Die Epen Homers, die Iamben des Archilochos, die Vasenbilder des Exekias, die Tragödien des Sophokles, die Dialoge Platons und all die anderen großen Meisterwerke, welche wir aufzuzählen hätten, charakterisieren sich dadurch, daß sie nicht nur den Ausdruck ihrer Zeit, sondern vor allem den Ausdruck der geistig-persönlichen Erhabenheit ihrer eigenen Schöpfer darstellten. Die großen Meister waren sich dabei ihrer über alles menschliche Normalmaß hinausragenden Leistungskraft in der Regel wohl bewußt, und auch weite Kreise der Öffentlichkeit wollten sie mit vollem Bewußtsein so haben, wie sie sich als Schöpfer gaben und wie sie ihre Werke schufen.

Was jedes dieser großen Ingenien als sein Opus in die Welt setzte, war einmalig, in einsamer Höhe geschaffen und durchaus unwiederholbar. Schon in ihren eigenen Zeiten hätte man einen Versuch, zu wiederholen oder gleichzutun, als Epigonentum empfunden. So geschah es z. B. mit den Kyklischen Epen, die von den Hellenen weit weniger geschätzt wurden als Ilias und Odyssee.

Mit ihren Werken repräsentierten die großen Meister jeweils die Verwirklichung bestimmter kultureller Ideen. Sie füllten gleichsam einen bis dahin noch offenen geistigen Raum aus und besetzten ein noch ungenütztes Arbeitsfeld. So repräsentierte denn Homer die Idee der Ritter- und Seefahrtsepik, Hesiod die Idee der bäuerlichen Gedankenepik, Sophokles die des hochklassischen bzw. hochrealistischen Dramas, Iktinos die des harmonischesten Tempelbaus dorischen Stils. Mitunter genügte freilich nicht ein Meister allein, um ein neuerschlossenes Arbeitsfeld zu bewältigen. So bedurfte es zahlreicher Schöpfer, um die reichen Möglichkeiten, welche die Idee der griechischen Lyrik den Dichtern bot, hinreichend auszuschöpfen.

War aber ein bislang freier geistiger Raum durch Spitzenleistungen erfüllt, so kam es, wie uns die Erfahrung lehrt, daselbst zu keiner weiteren Ansammlung solcher Spitzenleistungen. Es scheint sich also, nachdem der Zustand der Sättigung erreicht war, sowohl bei den Meistern selbst wie auch bei ihrem Publikum eine Art von Überdruß eingestellt zu haben, der keineswegs den geschaffenen Spitzenleistungen galt, wohl aber jedem Versuch, bei der hiervon repräsentierten Idee schöpferisch noch weiter zu verweilen. Mit anderen Worten, man lehnte es ab, Spitzenleistungen zu „normieren". Dem Prinzip des Vollkommenen trat das des Andersartigen, des Neuen und Unerhörten entgegen. Das lehrt uns die Geschichte der hellenischen Entwicklung immer wieder, und lag wohl in der grundsätzlichen Unvereinbarkeit von höchster Spitzenstellung und Kanonisierung begründet. Daher wandten sich die nachfolgenden Meister vom erfüllten Geistesraum ab, um mit einer gewissen Selbstverständlichkeit jeweils andere, noch unerfüllte Räume und Ideenbezirke aufzusuchen. Nichts kann uns dafür bezeichnender sein, als daß sich Polyklet wohl zeitlebens um die Feststellung des Kanons der schönsten Körperformung bemühte, daß aber seine Nachfolger von diesem Kanon wieder abrückten, um neuen Ausmessungen nachzugehen.

Von den bereits vollzogenen Spitzenleistungen ging also jene abwehrende und gleichsam sterilisierende Wirkung aus, die wir als „Schattenwirkung" bezeichneten. Sie trieb vom Erfüllten weg zum Unerfüllten und war ein Motor der Entwicklung. Die nachgeborenen Meister empfanden jedoch die von den älteren Werken ausgehende Schattenwirkung kaum als beengend, da es ihnen wohl gar nicht in den Sinn kam, sich bei diesen einzudrängen. Jeder von ihnen hatte ja seine eigene Weltenschau, repräsentierte allein schon in seiner geistigen Eigenart einen eigenen neuen Geistesraum, eine eigene neue Idee. Auch sorgte der Fluß der Zeit für immer neue Aspekte.

Wir behandeln diese Wechselwirkung von Spitzenleistung und Schattenwirkung hier deshalb etwas ausführlicher, weil sie für die griechische Entwicklung so außerordentlich charakteristisch ist und im Gegensatz steht zu der ganz andersgearteten künstlerischen Einstellung des Orients. Auch dort strebte man nach Hochsteigerung der Leistung, trachtete aber dieses Optimum nach Möglichkeit festzuhalten und zu kanonisieren. Dies tritt uns vor allem in der ägyptischen Kunst entgegen, doch auch in den asiatischen Kulturleistungen. Darum gab es dort in der Regel weder den Begriff noch den Schutz des geistigen Eigentums. Kanonisiertes Gut ist ja Allgemeingut. Erst bei den Hellenen treffen wir die Zusammenhänge zwischen einsamer Spitzenleistung, geistigem Eigentum und Schattenwirkung klar ausgebildet und dann wieder im Abendland, wo seit der Renaissance diese Erscheinungen unser abendländisches Geistesleben beherrschen. Gewisse Parallelen zeigen sich in Jerusalem und auch in Indien und Ostasien, doch bleiben diese Bereiche in unserer Darstellung (nach den S. 11 f. geäußerten Grundsätzen) außer Betracht.

Wie bereits angedeutet, bildete die Schattenwirkung einen beschleunigenden Motor der griechischen Entwicklung. Erst hierdurch wurde diese Entwicklung in so hohem Maße und über alles orientalische Tempo hinaus dynamisiert. Wir haben sie daher als „hochdynamisiert" bezeichnet, während man die Kulturen des Alten Orients als „temperiert dynamisch" charakterisieren könnte.

Es gab in der hellenischen Entwicklung aber auch geistige Räume, welche leistungsmäßig zwar erfüllt wurden, die aber nicht den Vorzug hatten, durch ehrwürdige Spitzenleistungen repräsentiert werden zu können. Besonders gilt das vom Bereich der politischen Ausformungen. Ideen wie die des Kosmos, der Oligarchie und Demokratie wurden verwirklicht, so gut es die Unzulänglichkeit der menschlichen Natur eben gestattete. Um einsame Meisterwerke handelte es sich aber, wenigstens bei den Oligarchien und Demokratien, nicht. Bei solchen Erfüllungen in mäßiger Höhe stellte sich dann wohl der Verzicht ein, in der angegebenen Richtung weiter zu projektieren, doch scheute man sich kaum, das einmal Erreichte beizubehalten. Zwar ergaben sich daraus keine Bindungen, deren Werthaftigkeit man unbedingt als besonders heilig empfand, wohl aber Institutionen, welche durch die Gewöhnung legitimiert wurden. Ein Überdruß trat hier also wenigstens nicht so stark in Erscheinung, daß er zu einem dauernden Kurswechsel geführt hätte. Eher näherte sich der spartanische Kosmos dem Typus des „einsamen Meisterwerkes". Darum empfanden manche Spartiaten ihm gegenüber auch eine Art von Überdruß.

Die logische Abfolge der Entwicklungsphasen

Im vorigen Abschnitt wurde gezeigt, wie sich die Relation Spitzenwerke — Schattenwirkung im Sinne einer gewaltigen Beschleunigung des Entwicklungstempos auswirkte. Nunmehr wollen wir darlegen, daß sich derartige Wandlungen in den einzelnen Kultursparten keineswegs blindlings und zufällig, sondern in einer logischen Ordnung vollzogen. Wir können uns dabei etwas kürzer fassen, weil diese Tatbestände in der Einzeldarstellung schon erläutert wurden. Beginnen wollen wir mit den Künsten, wo sich die Auswirkungen der Spitzenwerke am besten verfolgen lassen[95].

In der Plastik wurde zuerst das geistige „Feld" des „Daidalischen Stils" und dann das der „Archaik" von den Bildhauern beackert, und zwar augenscheinlich so lange, bis sich eine vollendete Auswertung und Durcharbeitung dieser Stil-Programme und infolgedessen eine Art Überdruß einstellte. Deutlich ist dabei zu merken, wie der archaische Stil gegen Ende zu Erscheinungen der Überzüchtung, des Manierismus und somit der Degeneration neigt. Er war folglich bereits erfüllt und zum Abbruch reif. In gewissem Gegensatz zur Archaik, aber gerade hierdurch um so folgerichtiger, wurde dann der „Strenge Stil" als Grundlegung des klassischen Ideals kreiert, worauf die „Hochklassik" diese Entwicklung krönte. Die Meisterschaft eines Myron, eines Polyklet und eines Pheidias (samt seiner Mitarbeiter) erfüllten aber das hochklassische Ideal in so vollendeter Weise, daß die nächsten Generationen nach neuen, noch nicht erfüllten Zielen strebten. Diese fanden sie nun in einer Erweiterung des Stofflichen auf den Bereich der bürgerlichen Innigkeit (Grabreliefs) und auf eine letzte Ausschöpfung des tragischen Konflikts (Skopas usw.). Damit war die Stufe erreicht, welche wir S. 236 ff. als „Realismus" bezeichneten. Erst als auch diese Stilstufe durch zahlreiche Meister in ihren Möglichkeiten ausgeschöpft war, wandte man sich dem Bizarren, Exotischen, Krankhaften, Erotischen und Unschönen als Hauptgegenstand zu, womit die Stufe des „Naturalismus" erreicht war. Damit zusammen gingen mancherlei hybride Versuche und Experimente, ferner ein antikes „Rokoko".

Die Entwicklung vollzog sich somit vom technisch und formal gebundenen Stadium archaischer Schlichtheit zuerst zu den Hochformen des Geistigen und stieg dann über das Tragische und das Bürgerliche zum Niedlichen, Gewöhnlichen und Gemeinen hernieder. Auch erfolgte gleichzeitig eine Entwicklung vom Standbild (das nicht einmal Götter von Menschen schied) zu einer immer weiter greifenden Individualisierung und psychologischen Spezifizierung im Sinne des Porträthaften und schließlich sogar der ethnischen Differenzierung. Außerdem können wir natürlich auf Schritt und Tritt die allmähliche Steigerung der technischen Mittel und die darstellerischen Feinheiten beobachten.

Im ganzen gesehen, erweckt das Material in uns den Eindruck, als ob alle Möglichkeiten, die der griechischen Phantasie offenstanden, fast systematisch durch ständige Erweiterung des stofflichen Rahmens und Anreicherung von Darstellungsmitteln realisiert und verwirklicht wurden. Bemerkenswert ist dabei, daß der Naturalismus als letzte unter den Phasen in Erscheinung tritt. Nicht daß es vorher an einzelnen naturalistischen Begleitzügen bei gelegentlicher Darstellung von Silenen, Kentauren u. dgl. gefehlt hätte: Zum Hauptthema wurde der naturalistische Stoffbereich erst erhoben, nachdem die übrigen Arbeitsgebiete infolge ihrer Sättigung keine hinreichenden Anregungen mehr boten.

Dieselbe logische Abfolge wie in der Plastik dürfte sich *mutatis mutandis* auch in der griechischen Malerei ergeben haben, über die wir aber zu wenig wissen. Die gleiche Stufenfolge kehrt außerdem im Abendland wieder in der Entwicklung der bildenden Künste von Renaissance-Barock und nochmals in der deutschen Literatur und Musik des 18. bis 19. Jahrhunderts (hier um den Stilbereich der Romantik bereichert). Auch in der ägyptischen Plastik scheint sie sich vollzogen zu haben, aber ohne einsame Spitzenleistungen und daher in weit langsamerem Tempo. Anders sehen die Abfolgen der Kunststile bei Sumerern und Minoern aus, wo die Stufe eines gleichsam naiven Realismus am Anfang zu stehen scheint. Es gibt also wohl gelegentliche Übereinstimmungen, aber auch mancherlei Abweichungen. Von einem universellen Rezept kann jedenfalls keine Rede sein. Auch dort, wo wir im Grundsätzlichen Übereinstimmungen erkennen, finden wir immer wieder Sonderbildungen (so den Strengen Stil bei den Griechen und die Romantik im neueren Abendland). Auch glaube man nicht, daß bei der griechischen Abfolge die einzelnen Stufen wie die Eisenbahnwagen aufeinanderfolgten. Je nach Lebensdauer der sie vertretenden Meister kamen da weitgehende Überschneidungen vor, was uns am Dreigestirn der attischen Tragiker noch besonders deutlich wird (vgl. S. 189).

Wenn wir nun zur griechischen Dichtung übergehen, so werden wir leicht begreifen, daß diese ihren Ausgang von der Epik nahm, die ja von der *oral poetry* der Verhaltenheitsstufe so trefflich vorbereitet worden war. Unter der von Homer und Hesiod ausgehenden Schattenwirkung wandten sich die Begabteren unter den Dichtern aber der Lyrik zu, was als eine Folge der Entdeckung des schöpferischen Individuums und seiner bevorzugten Erlebnisfähigkeiten nur zu verständlich ist. In ähnlicher Weise schloß sich ja auch im Mittelalter der ausgereiften Epik die Lyrik an. Der so vielfältige Ideenbereich der Lyrik fand bei den Griechen seine Verwirklichung in der Reihe von Meistern, die von Archilochos bis Pindar reichte, mit letzterem aber jäh zu Ende ging. Durchaus folgerichtig entstand dann zu Pindars Zeiten auf Grund der Errungenschaften der homerischen Epik, der Jambendichtung und der dorischen Chorlyrik das attische Drama, das durch die drei großen Dramatiker in den drei Generationen und Stilstufen einer mehr frühklassischen, einer hochklassisch-hochrealistischen und einer realistisch-naturalistischen Tragödie vertreten wurde. Dabei überschnitt sich die Lebensdauer dieser Meister weitgehend, ist doch Euripides, obgleich der jüngste, früher gestorben als der etwa zwölf Jahre ältere Sophokles. Mit der von dem attischen Dreigestirn ausgehenden Schattenwirkung neigte sich nicht nur die Tragödie, sondern überhaupt die Dichtung vorerst dem Ende zu, Redekunst und philosophischer Dialog traten an ihre Stelle. Die dichterische Phantasie der Hellenen hatte sich vorerst erschöpft. Erst in der hellenistischen Ära lebte die Poesie wieder etwas auf, da man die alten Dichtungsarten zum Ausdruck eines völlig gewandelten Lebensgefühls zu verwenden lernte. So schuf nun Menander die Großstadtkomödie, wurden das antiquarische Epos, die hellenistische Hofpoesie und die großstadtflüchtige Idyllendichtung beliebt. Jetzt trat allmählich auch der Roman etwas stärker in den Vordergrund.

Auch in der Abfolge der Literaturgattungen zeigt sich also bei den Hellenen eine gewisse logische Entwicklung, die hier allerdings stärker als in der Plastik von der geistigen Allgemeinentwicklung des Hellenentums mitbeeinflußt erscheint. Wir erkennen daran mit besonderer Deutlichkeit, was für alle kulturellen Einzelsparten gilt: Sie haben auf der einen Seite ihre eigenen logisch bedingten Entwicklungstendenzen, werden aber auf der anderen auch vom Geflecht der gleichzeitigen Entwicklungsgänge der übrigen Sparten, sowie von der Gesamtstruktur und Entwicklung laufend mit beeinflußt. Der *de facto* eingeschlagene Kurs stellt somit ein Kompromiß, eine Resultierende aus mehreren Kräften, dar (eingehender dazu S. 433 f.).

Was die griechische Architektur betrifft, so mag der Hinweis darauf genügen, daß der dorische Stil im Parthenon seine Kulmination fand und daß auch von diesem Wunderwerk eine gewisse Schattenwirkung ausging. Daher wandte man sich von nun ab mehr dem ionischen und dann dem korinthischen Stil zu, die dem nachfolgenden Zeitgeschmack auch besser entsprachen.

Von gewissen Schattenwirkungen können wir in der griechischen Geistesgeschichte auch im Hinblick auf Wissenschaft und Philosophie sprechen. Einmal suchte mancher Forscher und jeder Weise seinen eigenen und besonderen Beitrag zu bieten, der sich von dem Bisherigen abhob. Dann aber läßt sich erkennen, daß gewisse Disziplinen nach den Großleistungen des Peripatos, andere nach dem Wirken der großen Physiker, Mathematiker und Astronomen von Alexandreia, Syrakus usw. einfach keine Nachfolge fanden. Auch hier scheint sich ein gewisser Überdruß eingestellt zu haben, der dazu führte, daß sich weite Kreise von der Wissenschaft ab und den gnostischen Religionen zuwandten. Ähnliches gilt schließlich von der Philosophie, die mit den Neuplatonikern ja gleichfalls den Übertritt in die religiöse Sphäre vollzog.

Folgerichtigkeit läßt sich auch in der Entwicklung des Politischen erkennen. Zu Anfang war die Ausgewogenheit der drei Faktoren Herrscher – Adel – Gemeinfreie (Volksversammlung) maßgeblich gewesen. Seit etwa 700 v. Chr. beseitigte der Adel die Monarchie, entmachtete die Volksversammlung und richtete Adelsrepubliken ein. Diese einseitige Ausgliederung des aristokratischen Faktors führte nun zur Konzeption einer Reihe von Gegenverfassungen: Zuerst versuchte die ältere Tyrannis die Harmonie der Grundfaktoren unter monarchischer Führung nochmals herzustellen, dann aber trat der dritte Faktor, die Volksversammlung der weiteren Gemeinschaft, mit dem demokratischen Programm in den Vordergrund. Die aristokratische Idee konstituierte sich im spartanischen Kosmos zu einer „einsamen Spitzenleistung“ und wurde außerdem noch in der timokratischen Oligarchie auf entsprechend niederer Ebene vielfältig dargestellt. Nachdem schließlich zu Athen auch die Demokratie ihre bestmögliche Vollendung gefunden hatte, war eigentlich alles, was den Griechen an innerpolitischer Konzeption praktischer Natur eingefallen war, verwirklicht. Wohl experimentierte man noch eine Zeitlang mit der Idee der Mischverfassung, aber ohne Erfolg. Platon wandte sich dem Idealstaat und der Staatutopie zu, nicht ohne dabei folgerichtig zum streng bindungsmäßigen Anfangstypus zurückzukehren. Für die Praxis eignete sich seine Planung aber nicht.

An außenpolitischen Konzepten stand zu Anfang die Idee der Hegemonie im Vordergrund, welche im Attischen Seebund und im Peloponnesischen Bund kulminierte. Dann traten sogleich Überdruß und Schattenwirkung ein, letztere aber nicht wegen der einsamen Meisterschaft der Staatskunst, sondern weil die Hegemone versagt hatten. Man flüchtete daraufhin in den Bund mit paritätischen Teilnehmern ohne Hegemon, der sich für das Zusammenleben der Städte bewährte, beim Schutz der nationalen Selbständigkeit aber versagte.

Als Gesamtentwicklung scheint, wie schon S. 229 ff. angedeutet, die griechische Geschichte von Gläubigkeit und Standortgebundenheit auszugehen, worauf sich zuerst das schöpferische Individuum zu einer freien Waltung durchrang, dann der Individualismus auf die Gesamtbevölkerung übergriff, bis ein Maximum an Freiheit erreicht war, worauf dann ein allmählicher aber systematischer Abbau dieser Freiheit und ein erneuter Aufbau von Bindungen einsetzte (vgl. dazu auch S. 385 f.).

Aus dem Angeführten scheint mir hervorzugehen, daß in allen Kultursparten die jeweiligen Neuerungen in Auseinandersetzung mit den vorausgegangenen Leistungen erfolgten, daß sie entweder weiter aufbauten oder aber in Gegensatz traten, daß also das logische Verhalten der Kulturträger und Kulturschöpfer dabei eine wesentliche Rolle spielte. Doch gab es keine bestimmte, determinierte Logik, die für jedermann galt, sondern ein kompliziertes Gewebe von Entschließungen, die sich zwar niemals vorausberechnen, wohl aber nachträglich einigermaßen überschauen ließen.

Das Logische und das Spontane im Individuum und in der Geschichte

Daß sich geschichtliche Vorgänge in Formen eines logischen Aufbaus vollziehen, wurde gelegentlich als triadische Abfolge von Thesis, Antithesis und Synthesis gedeutet. Für Hegel, der Geschichte als Selbstentfaltung des Geistes auffaßte, handelte es sich dabei um vernunftgemäße und daher logische Prozesse. Andere Geschichtsdenker ließen das Moment des Logischen in der Geschichte aber auf Kosten des Spontanen um so mehr in den Hintergrund treten, witterten sie doch in Logik zugleich Kausalität und Determinismus, was mit ihrer Vorstellung von der Freiheit des Geistes im Widerspruch zu stehen schien. Daher können wir auch vom Standpunkt der Fachhistorie aus mit den aprioristischen Thesen mancher neuerer Philosophen nichts Rechtes anfangen. Ihre Scheidelinien zwischen kausal und spontan, zwischen generell und individuell, nomothetisch und ideographisch usw. sind ja für eine Abgrenzung des Geschichtlichen völlig ungeeignet. Es bleibt uns also nichts anderes übrig, als das Problem von der Praxis aus und ausschließlich vom historischen Primärmaterial her anzupacken, auch wenn auf diese Weise das Durcheinanderwirken der vorliegenden Sachverhalte in seiner ganzen (für den Theoretiker recht mühseligen) Kompliziтät aufgedeckt werden muß.

Geschichte kann als solche keine Logik „haben", da sie realiter gar nicht existiert, sondern nur von uns als solche erlebt, gesehen und nacherlebt wird. Logische Fähigkeiten sind daher allein in den Personen der jeweiligen Geschichtsperioden selbst und dann in der rückschauenden Betrachtung durch den Historiker anzunehmen. Die logischen Kalküle der späteren Geschichtsforschung brauchen uns hier aber nicht zu kümmern, da sie als Faktoren der einstigen Kulturentwicklung begreiflicherweise nicht in Frage kommen. So bleibt nur das logische Vermögen und Verhalten der einstmals lebenden Einzelindividuen als primärer Tatbestand übrig, und an diesen müssen wir uns vorerst halten.

Dabei ist strengstens zu scheiden zwischen der uns hier allein angehenden, auf der historischen Bühne verwendeten „Logik" und der Fachdisziplin, welche den gleichen Namen trägt. Bei letzterer handelt es sich um die Lehre vom richtigen Denken und von den Methoden des Erkennens. Die in der Geschichte agierenden Personen dienen zwar vorwiegend einem irgendwie zweckrationalen Handeln, sind aber von solchem richtigen Denken meistens himmelweit entfernt. Sie glauben wohl, irgendwie logisch und vernünftig zu handeln, doch wird ihr Verhalten gleich einer Wetterfahne von Trugschlüssen, falschen Analogien, besonders aber von Interessen, Begierden, Hoffnungen, Befürchtungen und tausenderlei anderen Affekten hin und hergetrieben. Diese Logik ist nicht nur ein Organ der Vernunft, sondern zugleich auch ein solches des frohen Spiels[96], ja sogar der Unvernunft, weshalb sie — mit oder ohne Methode — teils auf den Bahnen einer spielerischen Befreitheit, teils auf denen des Unsinns wandelt. Hierdurch verliert diese Wald- und Wiesenlogik aber nur an fachlogischem Wert, nicht an historischer Bedeutsamkeit. Meines Erachtens ist das logische (oder eigentlich pseudo-logische) Verhalten der Menschen vielmehr einer der wichtigsten, ja häufig der entscheidende Faktor des geschichtlichen Lebens. Er umfaßt alle Ratio, alles Kalkulieren und Räsonieren, zugleich aber auch die rationelle Berücksichtigung von anscheinend Irrationalem wie z. B. des Götterzornes, der Vorzeichen und dergleichen mehr. Das praktische Leben unterscheidet ja nicht zwischen Ratio, Trieben, Affekten, Göttlichem und Irdischem, es wirft das alles irgendwie in denselben Topf. Den Leser aber müssen wir bitten, diesen Unterschied zwischen fachlicher Logik und dem, was wir vom historischen Standpunkt aus als „Logik" bezeichnen, immer vor Augen zu behalten.

Wenn wir uns nun unserer historischen „Logik" zuwenden, so haben wir zu beachten, daß sich in der Geschichte nicht nur der Einzelne logisch zu verhalten glaubte, sondern daß sich derartige quasi-logische (ja paralogische und antilogische) Verhaltensweisen der Einzelnen z. B. in der „öffentlichen Meinung", in dem ästhetischen Sichhingeben eines Konzertpublikums, in der Vaterlandsliebe, in der Sportbegeisterung, dem Hin- und Herschwanken der Stimmungsdemokratie, in den Beschlüssen der Volksversammlungen und im „Chauvinismus der Massen" zu mancherlei Gruppen zusammenschlossen, die sich von Fall zu Fall mit einer gewissen Einhelligkeit entschieden und dafür auch logische Kalküle ins Treffen zu führen vermeinten. Wichtiger als diese massierten „kleinen" Individuen waren aber zu manchen Zeiten doch die „größeren" Einzelnen, die Politiker, Beamten, Würdenträger, Feldherrn, Fürsten und alle die Schöpferpersönlichkeiten, welche als Einzelne in der Geschichte mit ihren Entschließungen wirkten.

Das logische Verhalten und Vermögen dieser Einzelpersönlichkeiten und der verschiedenen Gruppen ist als ein richtiges Proteusgewebe anzusprechen. Ihre Kalküle hingen nicht nur von der jeweils wechselnden Situation, sondern auch von deren Beurteilung ab, wobei diese je nach der beurteilenden Person immer wieder anders war, sich mitunter aber auch in der Person selbst zu wandeln vermochte. Das Beispiel der Mitmenschen, Aufklärungen von dritter Seite, Gesetzesparagraphen, Sitte und Brauch, suggestive Einflüsse, Regungen des eigenen

Gefühls und der Leidenschaft (Neid, Eitelkeit, Furcht, Haß, Begierde) mischten sich ein, wozu sich nicht minder die charakterlichen und begabungsmäßigen Veranlagungen der Individuen gesellten. Je nachdem diese von Natur aus starrköpfig oder wankelmütig, verschlossen oder aufgeschlossen, selbstzufrieden oder lernbereit waren, je nachdem sie gewisse Eigenschaften und Fähigkeiten besaßen oder nicht, je nach ihrer „Sichtweite"[97] und Intelligenz mußte notwendigerweise das logische Kalkül oft recht verschieden ausfallen. Zu alledem dürfen wir schließlich die Rolle des Zufalls nicht vergessen, der bei der Fällung logischer Entscheidungen nicht selten eine recht merkwürdige, ja peinliche Rolle spielte (s. dazu auch noch S. 423). So ergibt sich, daß weder eine bestimmte geschichtliche Situation noch das Verhalten einer bestimmten Persönlichkeit als absolut determiniert betrachtet werden kann. In vielen Fällen handelte es sich vielmehr um Tatbestände, die allein schon in ihrer logischen Ebene (also ganz abgesehen vom Hinzutreten des Spontanen) als in hohem Maße undeterminiert zu bezeichnen sind. Eines müssen wir aber festhalten: Bei aller Vielfalt der Entscheidungsmöglichkeiten wird jedes Individuum doch immer der Überzeugung sein, daß es vernunftgemäß und also nach logischen Gesichtspunkten handle. Dabei gibt es Abstufungen eines mehr oder weniger „vernünftig", es gibt aber auch Fälle, in denen (wie z. B. im Schachspiel) die Wahl zwischen mehreren höchst seriösen logischen Entscheidungen einfach offen bleibt. Es sei uns gestattet, eine besonders erlauchte und eindrucksvolle Alternative, die wir schon S. 169 ff. berührt haben, dem Leser nochmals vor Augen zu führen.

Rom hat zwischen 330 und 270 in Italien ein Imperium aufgerichtet, das auf eine Fülle von Bündnissen mit den verschiedenen italischen Gemeinden, Stämmen usw. gegründet war. Der Senat scheint sich darüber im klaren gewesen zu sein, daß das Schicksal dieser Organisation von dem Interesse abhing, das die Bundesgenossen an ihr fanden. Darum teilte man in freigebigster Weise das latinische und auch das römische Bürgerrecht an Einzelne, ganze Gemeinden, Gemeindeverbände und Stämme aus und ließ sie so allmählich zu Römern werden. Die Richtigkeit dieses logischen Kalküls bestätigte sich im Hannibalischen Krieg, als die Bündner die Befreiungsdevise des Puniers in der Mehrzahl einfach ablehnten. So blieb die römische Machtstellung in Italien erhalten und wurde zur Basis für das darauf errichtete römische Weltreich.

Ganz anders verhielt sich unter ähnlichen Bedingungen hundertfünfzig Jahre früher Athen. Auch diese Stadt hatte auf dem Weg eines Bündnissystems eine Art Imperium aufgerichtet, benutzte es aber, um die Bundesgenossen immer mehr auszubeuten und zu Untertanen herabzudrücken. Von Austeilung des Bürgerrechts war hier keine Rede. Da die Bündner am Fortbestehen der Organisation also mitnichten interessiert waren, nahmen sie im Peloponnesischen Krieg die Gelegenheit zum Abfall wahr, worauf die attische Herrschaft zusammenbrach.

So will es scheinen, daß die attische Bürgerschaft nach einer kürzersichtigen und damit „schlechteren" Logik gehandelt hätte, daß sie sich auch mehr von Begierden leiten ließ, daß sie ein *carpe diem* vorzog und damit die Zukunft verspielte. Bei näherem Zusehen ergibt sich aber, daß erst durch diese finanzielle Ausbeutung der Bündner Athen die Möglichkeit fand, in Attika die griechische Hochklassik zur höchsten Vollendung zu führen. So hat sich Athen doch auch die Zukunft erobert, nur nicht im Bereiche der Machtgeschichte, sondern in dem der Kunst. Also stand hier ein erlauchtes Kalkül wider das andere. Das eine war im Denken der Senatoren entstanden, das andere in dem des Perikles, der seine Mitbürger für das Mäzenatentum Athens zu begeistern vermochte.

Wir erkennen aus diesem Beispiel wie aus vielen anderen Fällen, daß uns die Denkform eines ernstzunehmenden logischen Schließens die Entscheidung keineswegs abnimmt, daß sie also keine fixen und eindeutigen Lösungen zu bieten braucht. Dennoch gibt es zahlreiche Situationen, in denen vernünftigerweise nur eine einzige Verhaltensweise nahe liegt und sich einem logischen Kalkül nur diese und keine andere empfiehlt[98]: So, wenn sich im 7. Jahrhundert die durch das Adelsregime bedrängten breiteren Volksschichten in den Schutz eines Vertreters ihrer Interessen, eines Tyrannen, begaben, oder wenn sich etwa hundert Jahre später die inzwischen schon mündiger gewordenen Volkskreise von den Lasten dieser Tyrannis wieder befreiten; auch wenn man nach Ausschöpfung aller übrigen Möglichkeiten der Kunst sich dem Naturalismus zuwandte, einfach weil es sonst nichts Unausgeschöpftes mehr gab.

Daraus ergibt sich, daß ein gewisser Determinismus nicht in der logischen Schlußfolgerung an sich liegt, wohl aber in mancher Situation, welche u. U. eben nur ein einziges Weiterschreiten duldet. Diese determinierende Richtungsweisung mancher Situationen vom historischen (oder philosophischen!) Standpunkt leugnen zu wollen, wäre ebenso verfehlt, wie umgekehrt bei anderen Situationen das Offenstehen vieler Lösungsmöglichkeiten zu bestreiten. Determinierung und Nichtdeterminiertheit finden sich somit *promiscue* im Wesen der geschichtlichen Situation und der von ihr ausgehenden „Aufforderung" mit eingeschlossen. Damit wären wir bei Toynbees „Anruf" angelangt[99], einem Begriff, den dieser Forscher nicht zu Unrecht so sehr in den Vordergrund gestellt hat, dessen Beantwortung aber von mehr Momenten abzuhängen pflegte, als er selbst anzunehmen scheint.

Um ein wirklich fruchtbares, logisches Kalkül aufzustellen und eine geschichtliche Entscheidung zu fällen, bedarf es ja noch eines Faktors von wesenhafter Bedeutung: des positiven Beitrags der Phantasie. Damit haben wir aber auch schon den Grenzbereich betreten, der vom Ableitbaren und Logischen hinüberführt in das Gebiet des Spontanen.

Wir wollen nicht leugnen, daß es durch logische Schlußfolgerungen möglich ist, zu neuen Ergebnissen und Schlüssen zu gelangen, ohne daß die Phantasie hierfür einen Beitrag geliefert hätte. Die Erfahrung lehrt uns aber, daß gerade die besten und fruchtbarsten neuen Gedanken durch schöpferisches Reagieren der Phantasie auf eine begünstigende Situation entstanden sind, und daß nicht selten das logische Kalkül gleichsam erst nachträglich zur Überprüfung der Stichhaltigkeit und Verwendbarkeit des intuitiv Gewonnenen aufgestellt wurde.

Nun kann die Produktivität der menschlichen Phantasie bis zu einem gewissen Grad von der Erbveranlagung der einzelnen Individuen abgeleitet werden. Mitunter will es auch recht wohl gelingen, im geschichtlichen Leben feste Zusammenhänge zwischen Veranlagung und auslösender Funktion herzustellen, so z. B. bei hochbegabten Feldherrn, wenn man sie mit kriegerischen Aufgaben betraute. Doch kehrte sich die Kausalität mitunter auch um, wenn sich ein militärisches Genie gleich Alexander oder Napoleon für seine Begabung die nötigen kriegerischen Situationen erst selber schuf.

Jedenfalls will es uns vom historischen Standpunkt aus nicht einleuchten, daß die schöpferische Leistung nichts anderes darstellt als das verwirklichende Abschnurren einer von einer bestimmten Situation begünstigten Erbveranlagungsmanifestation. Mitunter sind ja die Situationen durchaus nicht begünstigend oder wenigstens unerheblich. So scheint uns die Erbveranlagung eher die allgemeinqualitativen Voraussetzungen zu liefern, während das durch Intuition geleistete einzelne Werk gegenüber der Veranlagung immer etwas Spontanes darstellt. Archilochos hat mitnichten die Textierung aller seiner Elegien, Jamben usw. durch glückliche Erbkonstellation von seinen Vorfahren „ererbt", sondern verdankt dem Erbgang nur grundsätzlich sein eminent dichterisches Vermögen. Seine Erbveranlagung bildete für die blitzartigen Götterfunken seiner Intuition wohl die Voraussetzung, aber darum können Erbveranlagung und Intuition keineswegs identifiziert werden. Die geniale Ausformung des auf intuitivem Wege konzipierten Einzelwerkes liefert also unter allen Umständen einen Tatbestand, der in hohem Maße als spontan bezeichnet werden muß.

Der Leser wird vielleicht Enttäuschung darüber empfinden, daß wir uns nicht mit geschwellter Brust zu der zuversichtlichen Vorstellung durchgerungen haben, solche Leistungen wären ganz und gar und hundertprozentig spontan. So einfach liegen die Dinge nicht. Wie sehr wir es z. B. bei der einzigartigen Meisterschaft eines Exekias oder Myron auch mit dem Ausfluß einer spontanen Wunderkraft zu tun haben, so hielten sich diese Meister in der Ausführung der technischen Details (der Gewandfalten u. dgl.) doch im Rahmen der damaligen Entwicklung. Wohl standen sie mit an der Spitze dieser Entwicklung, doch erweist es sich, daß sie mit einer gewissen Selbstverständlichkeit deren logische Bahnen in ebenso logischer Weise weiter verfolgten. Gewiß hat der eine oder andere Meister je nach seiner speziellen Veranlagung, Begabung und Intuition auch eine gewisse Sonderstellung bezogen (und gerade bei Exekias und Myron war solches der Fall), im großen und ganzen wurde ihnen ihre logisch bedingte Einstellung zur bisherigen Entwicklung aber erst durch die jeweilige Situation nahegelegt und durch das technisch-materielle Rohmaterial, an dem sie dann ihre eigenen Fortschritte durchführten. Wir erkennen daraus, daß auch die Phantasie — dieses schillernde Kind der Begabung, der Intuition und auch des Spielbetriebs — unbewußt der Steuerung durch eine gewisse logisch-vernünftige Stellungnahme zu dem bisher Erreichten und Erfahrenen unterlag. Deshalb machten selbst die größten Meister der Kunst in der Regel auch keine Sprünge, vermochte also ein spätarchaischer Bildhauer wie Antenor noch nicht im lysippischen Stil, ein Archilochos noch nicht so wie Kallimachos zu schaffen. Sprünge im Technischen waren ja überhaupt kaum möglich. Eher konnte dies in der geistigen Substanz des Neuen versucht werden. In diesem Sinne hat Euripides den Sprung in den Naturalismus, Alexander den in die

Kosmopolis gewagt, doch mußten sie beide erleben, daß die Öffentlichkeit Bedenken trug, diese logisch noch nicht vorbereiteten Eskapaden mitzumachen.

So sehen wir, daß die Freiheit des Schöpfers, ja sogar seine Freiwilligkeit, seine Intuition und Phantasie doch immer wieder gewissen Beschränkungen unterlagen, selbst wenn diese gar nicht zu Bewußtsein kamen. Es waren nicht so sehr Beschränkungen eines Nichtdürfens, als eines Nichtkönnens, da die Phantasie etwas ihr allzu Ferneliegendes, zu dem Erfahrung, Vernunft oder Logik keine Brücken schlugen, nur schwer zu erdenken vermochte. Wenn sich hingegen vom logischen Standpunkt aus günstig erscheinende Wege öffneten, wurden sie von der Phantasie weit eher beschritten, doch waren es in der Regel nicht Durchschnittsmenschen, welche solches vermochten, war es nicht die Durchschnittsphantasie. Gerade beim Auffinden des besten logischen und damit auch in der Leistung fruchtbarsten Weges zeigte sich eben der rechte Meister und oft auch der große Schöpfer. Diesen besten Weg, diese beste logische Entschließung anstelle von anderen, schlechteren in freier Wahl allen denen zu weisen, welche dies infolge ihrer minderen Einsicht von sich aus nicht vermögen, war und ist zu allen Zeiten das *nobile officium* des großen Mannes.

Logik und Entschlußfreiheit schließen sich somit keineswegs aus, nur beschränkt sich die Freiheit im oben angegebenen Sinne. Sie beschränkt sich auch noch darin, daß in der Intuition der Meister nicht mehr ihr Wollen, sondern ihr Müssen zur Geltung kommt, daß in ihnen gleichsam (und nicht nur gleichsam) eine höhere Logik, ein höherer Wille lebendig wird, der den Schöpfer zum Gefäß der Gnade, ja irgendwie gottähnlich werden läßt, über alle engstirnige Entschlußlosigkeit hinweg. Eine solche Begnadung wird von den damit Beglückten aber nicht als Beschränkung, sondern als eine Ausweitung ihres Wirkens empfunden.

Sobald also die griechische Geschichte und besonders die griechische Kunst in ein dynamisches Treiben geraten ist, sobald es daher Meister, Meisterwerke, Schattenwirkungen und ein Fortschreiten zu immer wieder neuen Möglichkeiten gab, waren es die Schöpferpersönlichkeiten selbst, welche die Entwicklungskurven schufen. Allerdings blieben sie dabei von ihren Veranlagungen abhängig und sahen sich jeweils in eine ganz bestimmte Situation versetzt. In diesem Raum wirkte die spontane Kraft ihres schöpferischen Wollens und Müssens. Aber auch diese spontanen Impulse, so sehr sie Zeugen einer höheren Freiheit waren, wirkten nicht plan- oder steuerlos. Denn die Schöpfer verfügten auch in ihren Intuitionen immer noch über logisches Orientierungsvermögen, und sie *haben* sich desselben auch bedient, soweit es ihren Intuitionen entsprach. So bauten sie ihr Neues — wenigstens in der Regel — in einem gewissen Abfolgeverhältnis zum jüngst Vergangenen auf, sei es durch fortsetzende Überhöhung, sei es durch bewußte Antithese, sei es durch neuartige Kombinationen oder Erschließung völlig neuer Wege. Gerade dieses weitgehend logische Verhalten der einzelnen Schöpfer, ganzer Gruppen, ja sogar ganzer Populationen ist es, welches den Aufbau der griechischen Entwicklung sich so geordnet vollziehen ließ. Wohl spielten, wie wir gesehen haben, viele in ihrer Spontaneität unkontrollierbare Wirkkomponenten in die Entwicklung hinein, die dafür sorgten, daß von einer Vorausbestimmtheit keine Rede sein konnte, doch handelte es sich um eine Ordnung, die aus einem Zusammenwirken von Kausalität und Spontaneität geboren wurde und zugleich Zeugnis ablegte für die Schönheit des griechischen Werdens.

Kausalität und Spontaneität

Seit längerem hat man versucht, verschiedene Arten von Kausalität zu unterscheiden. Wie mir scheint, haben wir es vor allem mit drei Formen zu tun, die allesamt im geschichtlichen Leben irgendwie zur Geltung gelangen, die aber auf ganz verschiedenen Ebenen liegen[100]. Die eine Art der Kausalität kommt der toten Materie und ihren Kräften zu. Sie löst rein mechanische Vorgänge aus, ist an keine zeitlichen Voraussetzungen gebunden und ganz unspezifisch. So sehr mit ihr vor allem die Naturwissenschaften zu tun haben, so wird sie doch auch im geschichtlichen Leben keineswegs aufgehoben, bildet dafür vielmehr eine gleichsam selbstverständliche Grundlage und Voraussetzung, ja oft einen wichtigen Faktor in der Bildung geschichtlicher Situationen. Bei geschichtlicher Betrachtung wird sie aber meistens außer acht gelassen, sofern nicht etwa ein Seesturm Flotten oder ein Erdbeben Städte zerstörte.

Viel bedeutsamer erscheint uns die zweite Art der Kausalität, welche wir als „biologische oder Wachstumskausalität" bezeichnen können[101]. Sie geht von Akten der Befruchtung und Zeugung aus und sucht in ihrer Formungstendenz ein bestimmtes, in den Keimzellen beschlossenes, finales Entwickungsprogramm zu verwirklichen. Ihr Verhältnis zur Zeit wird durch eine mehr oder weniger umrissene Rhythmisierung und vor allem durch eine Terminisierung bestimmt. Diese Wachstumskausalität wirkt sich auf geschichtlicher Ebene nicht nur in einer ganz allgemeinen biologischen (und damit zeitlichen) Determiniertheit der einzelnen Generationen und Persönlichkeiten durch Geburt, Heranwachsen, Altern, Tod, Fortpflanzung usw. aus, sondern auch im jeweiligen Vorhandensein oder Fehlen von Erbveranlagungen, Talenten und Begabungen. So wenig die Wachstumskausalität dem Geschichtlichen allein spezifisch ist — sie bestimmt ja auch Tier- und Pflanzenwelt —, so bedeutsam wirkt sie sich doch im Historischen aus. Als Hauptgegenstand der Betrachtung kommt sie allerdings für die biologischen Fächer und nicht für die Historie in Betracht.

Eine dritte Art der Kausalität, welche wir als die „historische" bezeichnen wollen, scheint auf die Sphäre des menschlichen Bewußtseins, des Geistes und des Geschichtlichen beschränkt zu sein. Sie spielt sich in einem raum-zeitlichen[102] Rahmen ab und geht von der jeweiligen historischen Umweltsituation aus, stellt also gleichsam die geistige Umwelt dar und bringt so die Träger des biologischen Erbgutes, d. h. die Einzelindividuen und Gruppen, im Rahmen ihrer jeweiligen Veranlagung zu einem Reagieren, das nicht mehr mechanisch abläuft, sondern über einen gewissen Spielraum an freiem Ermessen verfügt. Diese historischen Situationen unterliegen dabei aber selbst einem dauernden, teils schwächeren, teils intensiveren Wandel, da ja auch sie von sich wandelnden Individuen, Populationen und Ideenbeständen gebildet werden. Dabei bestehen dauernd dialektische Wechselbeziehungen und Wechselvertretungen zwischen dem Prinzip der situationsmäßigen Umwelt und demjenigen des Reagierens, in dem jeder Reagierende dem andern wiederum selbst Umwelt und Situationsbildner wird. Es handelt sich also vielfach um Wechselkausalitäten[103], wobei der Tatbestand der Ursache A wohl eine „Wirkung" auf B hervorbringt, der Tatbestand B aber umgekehrt auch auf A wirkt und infolge von Spontanfaktoren außerdem die Relation zwischen Ursache und Wirkung auch noch mit einem teils größeren, teils geringeren Unsicherheitskoeffizienten behaftet bleibt.

Am besten erläutern wir das durch ein Beispiel: Wenn wir in einem Dampfkessel ein bestimmtes Quantum Wasser auf über 100 Grad erhitzen, so ergibt sich daraus die Dampfentwicklung und eine vorher genau berechenbare Arbeitskraft als Wirkung. Im Geschichtlichen aber können wir wohl für die Ereignisse nach dem März des Jahres 44 v. Chr. die Ermordung Cäsars als Ursache ohne weiteres greifen. Die Wirkungen dieser Schreckenstat ließen sich aber keineswegs vorausberechnen. Diese Unmöglichkeit resultiert dabei nicht nur aus der Komplexität der Zusammenhänge, sondern vor allem auch daraus, daß sie von allzuvielen Spontanfaktoren belastet waren. Nur die Ursache stellt also in der historischen Kausalität gleichsam ein Fixum dar, die Wirkung bleibt dagegen variabel und kann bestenfalls innerhalb gewisser Varianzgrenzen abgeschätzt werden. Wir pflegen daher in der Geschichte zwar ganz ungescheut von Ursachen zu sprechen, verwenden anstelle von Wirkung aber lieber den Ausdruck „Folge".

Im allgemeinen pflegen historische Umweltsituationen auf den Reagierenden in zweierlei Gestalt und Tendenz kausal zu wirken. Tendieren sie durch Hochwertung von Tradition, Beispiel und Norm nach einer Konservierung des Bestehenden, so führen sie eher zur Bildung statischer Kulturen, wie wir sie u. a. in der Geometrischen Ära kennengelernt haben. Wenn dagegen die Umwelt zugleich auch durch mancherlei Ideen gebildet wird, die noch nicht zu Ende gedacht sind, oder durch Aufgaben, die der Erfüllung harren, das von der Umwelt gebotene Kultursystem sich also in Bewegung befindet, dann wird auch der Einzelne in diese Bewegung hineingezogen, seine Phantasie wird je nach Veranlagung und spontaner Begnadung manches beizusteuern haben.

Kausalität für sich allein müßte eigentlich eine Art Automatik bedeuten, ein Ablaufen, das sich — wenn es nicht von anderen Kausalitäten durchkreuzt und aufgehoben wird — ohne weiteres Zutun wie von selbst vollzieht. In der naturwissenschaftlichen Kausalität läßt sich dies noch ziemlich rein darstellen, in der biologischen steht die Reinheit bereits in Zweifel; bei der historischen Kausalität ist eine Reindarstellung dagegen völlig unmöglich, denn hier ist allenthalben der Spontanfaktor mit im Spiel und läßt sich nicht ausscheiden. Ebenso unmöglich wäre es aber auch, in umgekehrter Weise die Spontaneität von der Kausalität gewaltsam abzulösen.

Wir haben im vorhergehenden Abschnitt bereits von der Spontaneität im Prozeß des schöpferischen Denkens gesprochen. Nun scheint es an der Zeit, diesen Tatbestand der Spontaneität in seinem Gesamtumfang zu behandeln, da sich daraus weitere Schlüsse ergeben. Wenn wir das Spontane als einen Tatbestand auffassen, dessen Verursachung für mein Verstehen grundsätzlich transzendent bleibt, von dem aber Wirkungen ausgehen, die unserem Erkennen einigermaßen zugänglich sind, so nehmen wir damit einen Ursprungsraum an, der sich für unsere Erkenntnis als akausal und damit als echter „Ursprung" darstellt. Er würde sich irgendwie mit den Vorstellungen decken, welche man sich von einer göttlichen Allmacht zu machen pflegt, gleichsam von einer „vierten Kausalität", die über den drei von uns aufgezählten steht und das Geschehen letzten Endes von der höheren Warte einer Vorsehung aus lenkt.

In früheren Zeiten war dieser Raum des als spontan Angesehenen viel weiter ausgedehnt und hatte u. a. die Erdbeben, das Wetter, die Krankheiten mitumfaßt. Heute zeigt er sich durch die Fortschritte der Naturwissenschaften beträchtlich eingeschränkt, und niemand vermag zu sagen, ob er sich nicht noch weiter einengen wird. Im Zeichen des naturwissenschaftlichen Optimismus nährt man sogar die Hoffnung, daß er vor einer weiterschreitenden wissenschaftlichen Erkenntnis schließlich überhaupt verschwinden werde, was nichts anderes als die Ausschließung eines im Diesseits noch wirkenden überrationalen Faktors, einer göttlichen Gewalt bedeuten würde. Dem steht allerdings jene andere Auffassung gegenüber, welche die Möglichkeit einer weiteren Einschränkung der vorerst noch spontan anmutenden Tatbestände zwar zugibt, es aber für ebenso ausgeschlossen hält, daß die menschliche Erkenntnis bis zu den letzten Dingen vorstößt, wie daß sich uns alle Spontanbestände in Hinkunft auf dem Wege einer unserer Erkenntnis immanenten Kausalität erklären ließen.

Als Historiker haben wir zu dieser Streitfrage, in der es um die letzten Dinge geht, nicht Stellung zu nehmen. Uns obliegt es, das Spontane einfach in dem Umfang zu ermessen, der jetzt die Grenze unserer gegenwärtigen Erkenntnis darstellt, und systematisch die Tatbestände aufzuzählen, welche sich derzeit außerhalb unseres historischen Ableitungsvermögens befinden.

Nur kurz sei zuerst gestreift, wie es außerhalb des historischen Stoffs mit dem Spontanen aussieht. Gleichsam die feste Burg aller Transzendenz bleibt hier ja das Vorhandensein der Schöpfung in ihrer Gesamtheit. Sie kann als schlechthin unableitbar gelten. Ob innerhalb der toten Materie von Physikern Spontanes beobachtet wird, mag uns unerheblich dünken, da ja hier eine nachträgliche Ableitung durch weitere Fortschritte der Wissenschaft immer noch offen bleiben müßte. Innerhalb des biologischen Naturgeschehens bereitet aber die kausale Ableitung der Entstehung des Lebens selbst und vor allem der Entstehung der einzelnen Arten augenblicklich noch die größten Schwierigkeiten. Es muß der Zukunft überlassen bleiben, wie weit sie sich beim Fortschreiten der naturwissenschaftlichen Erkenntnis beseitigen lassen.

Was uns hier weit mehr angeht, sind die Spontanphänomene im Rahmen des menschlichen und damit auch des geschichtlichen Lebens. Ihre Kategorien seien im Nachfolgenden aufgezählt.

Ich möchte zu ihnen als erstes die Wachstumsprozesse rechnen, die sich bei der Bildung von Verhaltenheitskulturen einstellen und die wir im Zusammen=

hang mit der Entstehung der Geometrischen Ära S. 73 ff. und 393 ff. besprochen haben. Ebenso scheint mir hierher der Aufbau von Bindungen zu gehören, der sich in der ausgehenden Antike vollzog und am Beginn des Mittelalters die Basis zur neuen Verhaltenheitskultur bot (s. S. 385 ff.). Diese Vorgänge wurden in ihrem Wesen vom Denken der damals lebenden Menschen überhaupt nicht erfaßt und konnten auch gar nicht erfaßt werden. Dennoch vollzogen sie sich durch Menschen, an Menschen, vollzogen sich auch für die menschliche Zukunft. So ergaben sich Ordnungsakte, die erst eine spätere Rückschau zu erkennen vermag, Ordnungsakte, die Intention hatten, ohne von den Geschichtsträgern selber intendiert zu werden. Ob sich hierfür je eine erschöpfende kausale Erklärung und Ableitung ergeben wird, muß füglich bezweifelt werden.

Spontanerscheinungen einer anderen Art spielten sich nicht so sehr außerhalb des Bewußtseins der einstigen Menschheit, als in diesem selbst ab. Sie offenbarten sich uns in den intuitiv bestimmten schöpferischen Einzel- und Spitzenleistungen der griechischen Entwicklungsdynamik. Intuition bedeutet dabei Eingebung und Müssen zugleich. Sie wurde von den Hellenen den Musen, Zeus, Apollon oder Athene zugeschrieben. Es handelt sich dabei um einen überraschenden Durchstoß des Erwartungshorizontes. Das Ingenium durchstößt im Zustand der Intuition sogar seinen *eigenen* Erwartungshorizont. Wir haben über diese Art der Spontaneität bereits oben S. 416 ff. eingehend gesprochen[104]. Wir versuchten dort auch das Spontane gegenüber den Steuerungsfunktionen des Logischen einigermaßen abzugrenzen, behandelten auch die Kombination von Ableitbarkeit und Unableitbarkeit, wie sie für alle Kunstwerke gilt. Wer das Spontane mit dem Göttlichen zu identifizieren geneigt ist, müßte hier annehmen, daß dem Ingenium jeweils ein Quentchen göttlicher Allmacht zu freier (oder wenigstens vermeintlich freier) Waltung übertragen wurde. So sehr übrigens die großen Meister aus ihrem Bewußtsein (oder über dieses) ihre Werke schufen, so blieb ihnen doch die höhere Ordnung, in deren Dienst sie damit gleichsam standen, weitgehend verborgen. Denn erst nach Vollzug der gesamten Entwicklung läßt sich für die einzelne Leistung erkennen, welche Rolle sie im Gesamtverlauf gespielt hat. Im Grunde verhält es sich nicht anders als beim Leben des Einzelindividuums, wo auch erst eine spätere Rückschau die Wendepunkte und das Wesentliche richtig zu erkennen vermag.

Als nächstes haben wir den sogenannten „Freien Willen" des nichtschöpferischen Individuums und Alltagsmenschen zu besprechen. Er spielt in der Kunsthistorie eine nur unwesentliche Rolle, in der politischen und Wirtschaftsgeschichte aber eine nicht geringe, denn vielfach wird diese von unschöpferischen Menschen gemacht. Kampfplatz ist da das menschliche Bewußtsein, als Akteure treten mancherlei Motive, logisch sein wollende Kalküle und mancherlei Leidenschaften auf, der Chor wird durch traditionelle Prägungen, Sitte, Brauch, Vorbilder und Gesetzesparagraphen gebildet, die Kulissen liefert die geschichtliche Situation. Es handelt sich hier um die Mikrowelt der Spontaneität, in der sich Gut und Böse, Liebe und Haß unterscheiden lassen, wo Schuld und Reue ihren Platz haben. Je mehr wir uns allerdings von diesem Geschehen im kleinen entfernen, desto schwerer wird es uns, konsequent mit moralischen Maßstäben zu rechnen. Doch gibt es immerhin Tatbestände, in denen selbst über die Distanz der historischen Betrachtung hinweg sich das Gute noch anempfiehlt und das Böse noch anzuprangern scheint. Seine geschichtliche Bedeutung bekommt der einigermaßen freie Wille dieser Mikrowelt aber nicht nur in seiner moralischen Entscheidung, sondern vor allem in seiner logischen. Wie sich Volksversammlungen, Politiker oder Potentaten den Schachspielern vergleichbar auf Grund logischer oder logisch sein wollender Kalküle so oder so entschieden, das ist unter Umständen von ganz hervorragender geschichtlicher Bedeutung. Über diese Erscheinungsart des spontanen freien Willens im Rahmen logischer bzw. logisch-sein-wollender Gedankengefüge haben wir aber bereits S. 416 ff. eingehend gehandelt.

Als letztes gehören in den Rahmen des rational nicht mehr erfaßbaren und daher spontan Anmutenden schließlich die Vorstellungen von höherer Sinnerfülltheit, von Moira, Schicksal, Heimarmene, von einem absoluten Sein. Hierzu im einzelnen Stellung nehmen zu wollen, liegt aber außerhalb der Zuständigkeit einer fachhistorischen Arbeit.

Als Anhang sei noch einer „Spontaneität" gedacht, die uns bereits ein wenig illegitim anmutet, aber doch nicht unerwähnt bleiben dürfte, nämlich des Zufalls. Ich möchte ihn als ein nicht kalkulierbares Zusammentreffen von zwei oder mehreren Kausalketten definieren. Als Beispiel diene uns das spartanische Erdbeben von 464 v. Chr., das den Sturz Kimons und den ersten athenisch-spartanischen Krieg nach sich zog. Weiter sei daran gedacht, daß 430 sowohl Perikles als auch Thukydides an der Pest erkrankten, aber nur der Historiker mit dem Leben davonkam. Auch der frühe Tod Alexanders 323 gehört zu den mehr zufälligen Ereignissen. Besonders schwer werden in der Regel Einzelpersonen oder ganze Dynastien und monarchische Herrschaftssysteme von der Zufälligkeit der Kinderlosigkeit, früher Todesfälle, mancher Krankheiten usw. betroffen. Größere Gruppen von Individuen unterliegen dem Zufälligen vor allem durch Erdbeben und Seuchen. Die Frage, ob in allen derartigen Ereignissen nichts anderes zu erblicken sei als eben Zufälle, oder ob hier eine höhere Steuerung im Sinne der von uns S. 421 besprochenen vierten Kausalität vorliegt, fällt nicht in die Zuständigkeit des Historikers.

Was wir in diesem Abschnitt zusammengestellt haben, vermochte, wie wir hoffen, dem Leser zu zeigen, daß wir weder die Kausalität noch das Spontane aus der Geschichte ausschalten können, und daß beides vereint erst das Wesen des Geschichtlichen ausmacht.

Geschichte und Naturwissenschaften

Wir haben im Lauf unserer Untersuchungen eine Reihe von Feststellungen machen müssen, die uns zeigten, daß sich der griechische Ablauf keineswegs als Modellfall eignet, sondern daß sich jede Geschichtsentwicklung ihre eigene Ordnung schafft. Immerhin vermochten wir — ausgehend vom griechischen Stoff — aber auch eine Reihe von Erfahrungen über das Geschichtliche schlechthin zu sammeln, und so soll in diesem Abschnitt der Versuch gemacht werden, zur alten Streitfrage nach dem Wesen des Geschichtlichen Stellung zu nehmen.

Freilich begeben wir uns damit auf ein Kampfgebiet, in dem seit Generationen die erbittertsten Schlachten geschlagen wurden. Zwei Parteien standen einander vor allem gegenüber: Auf der einen Seite Vertreter des naturwissenschaftlichen Denkens, welche zeitweise nicht übel Lust verspürten, auch die Historie mit einzusacken, auf der andern aber eine mehr idealistisch gerichtete Philosophie, die mit ihrem noli me tangere in der Geschichte den reinen Geist zu retten vermeinte. Da diese letztere ständig glaubte, in die Defensive gedrängt zu sein, war sie um eine möglichst scharfe Trennung bemüht, um eine Art von Eisernem Vorhang, damit nur ja keine Übergriffe einer naturwissenschaftlich anmutenden Denkweise den Genuß der geistigen trübe. So wurde durch diese Forscher die Scheidung von Naturwissenschaften und Geistes- bzw. Geschichtswissenschaften auf den vermeintlichen Gegensatz von generell und individuell, von wiederholbar und nicht wiederholbar, von nomothetisch und ideographisch, von gesetzlich und einmalig, von kausal und spontan gegründet, was dem Geschichtlichen die Forderung eintrug, nur individuelle und unwiederholbare Tatbestände zu enthalten, hingegen der Gesetze, des Generellen, ja selbst der Kausalität zu entraten.

Nun gibt es zwei Möglichkeiten, sich mit dem Geschichtlichen zu beschäftigen. Man kommt nämlich entweder von einer allgemeinen Wissenschaftstheorie her oder aber vom geschichtlichen Handwerk und seinem Primärmaterial. Die erwähnten Theoretiker hatten mit Primärmaterial, wenn überhaupt, dann höchstens in Gestalt der Philosophiegeschichte zu tun. Letztere stellt aber eine Sonderkategorie des Geschichtlichen dar, aus der sich über dessen allgemeines Wesen nur wenig lernen läßt. Mitunter gewinnt man auch fast den Eindruck, als ob es einzelnen Philosophen nicht so sehr darum gegangen sei, das Geschichtliche aus seinem ureigensten Wesen zu ergründen, als *a priori* die Welt des Geistigen vor den Naturwissenschaften zu bewahren, auch wenn auf diese Weise mit einer Art Shylock-Methode aus dem, was in der historischen Praxis als Historie gilt, das Nurindividuelle usw. als gesondertes Produkt herauspräpariert wurde. Schien es auf diese Weise doch möglich, dem sich selbst erkennenden oder sich selbst erlebenden Geist einen ruhigen Platz zu sichern.

Die Erfahrungen, welche ich in der Praxis sammeln konnte, scheinen mir aber eher darauf hinzuweisen, daß ein solcher reiner Geist nicht in der Geschichte, sondern — wenn überhaupt — allein in der Göttlichkeit und Weisheit eines überirdischen Schöpfertums dargestellt sein kann. Denn nur das Göttliche läßt sich als schlechthin einmalig, schlechthin akausal und schlechthin spontan auffassen. Die Menschen aber, mit denen die Geschichte zu tun hat, empfangen zwar manch göttlichen Hauch, sind selbst aber noch lange keine Götter. Geschichte ist keine rein geistige, sondern — nur — eine „humane" Angelegenheit.

Wir haben schon in früheren Abschnitten zu zeigen versucht, wie das Spontane in der Geschichte immer im Rahmen des Kausalen auftritt, ja dieses Rahmens durchaus bedarf. Wir mußten ferner darauf hinweisen, daß das Prinzip des Spontanen selbst in der Existenz des Kosmos und ebenso bei der Entstehung der biologischen Arten zur Geltung zu kommen scheint (s. S. 419), so sehr dort im übrigen die Kausalität auch herrscht. Noch schwerer, ja ganz unmöglich ist es aber, die S. 419 ff. besprochene geschichtliche Kausalität vom geschichtlich Spontanen abzulösen.

Ebenso wie wir nicht ohne Kausalität auskommen, ist Geschichte auch ohne eine gewisse Wiederholbarkeit und ohne das Moment eines wenn auch eingeschränkten Generellen völlig unmöglich. Allerdings verhält es sich damit so wie mit der Kausalität: Auch das Generelle und die Wiederholbarkeit sind in der Geschichte von anderer Art als in der Naturwissenschaft. Wie bereits S. 391 ff. angedeutet, bedürfen wir für unser historisches Denken der Begriffe, und diese formulieren wir nicht willkürlich, sondern lauschen sie dem Typischen, d. h. dem typisch sich Wiederholenden ab. Es wiederholt sich also zwar nicht der einzelne Fall, wohl aber das Typische an diesem Fall. Der Unterschied zur toten Materie bleibt dabei groß genug, denn in dieser ist ja alles auswechselbar, nicht zeit-, ort- und entwicklungsgebunden, zeigt auch kein denkerisches Innenleben und repräsentiert weder Vernunft noch spontanes Vermögen.

Nun sieht neuerdings der englische Geschichtsphilosoph Collingwood, ein besonders eifriger Purist des Geistigen, Geschichte als Nachvollzug des Denkens der geschichtlichen Persönlichkeiten an. Damit kämen wir aber doch wieder in stärker „naturwissenschaftlich" fermentierte Gedankengänge hinein. Die in der Weltgeschichte agierenden Personen waren ja weder puristische Historiker noch Philosophen, die darauf ausgingen, den Geist zu retten. Mit anderen Worten, sie berücksichtigten sehr wohl Kausalitäten und vermerkten forwährend Wiederholungen, wie sie sie aus ihrer Erfahrung für vielerlei Analogieschlüsse nützten. So taten sie alles das, was nach puristischer Orthodoxie einem Historiker gar nicht erlaubt wäre. Die Geschichte kann sich auch nicht darauf beschränken, nur die Gedanken eines einzigen Akteurs nachzuvollziehen, sondern muß z. B. neben dem Denken Alexanders auch dem seiner Paladine, seiner Anhänger, Gegner usw. gerecht werden. Das aber verlangt Vergleichung[105], verlangt immer wieder Zusammenfassung des Ähnlichen zu Typen, z. B. der Alexander huldigenden „Schmeichler" oder der ihn schließlich befehdenden Peripatetiker; auch müssen wir Alexander mit den Großen anderer Zeiten vergleichen, um seiner weltgeschichtlichen Bedeutung gerecht zu werden; außerdem haben wir zahllose Kausal-Konnexe zu berücksichtigen, mit einem Wort, es sind hier Denkprozesse zu leisten, bei denen es nicht darauf ankommen darf, ob sie der Historie allein und nicht auch den Naturwissenschaften zu eigen sind.

Ich habe daher den Eindruck, daß man der Aufgabe einer Scheidung zwischen Geschichte und Naturwissenschaften nicht dadurch gerecht werden konnte, daß man ein So und ein Nicht-So statuierte. Der Geschichte fehlt nicht die Kausalität, sie hat vielmehr eine besondere Art der Kausalität. Der Geschichte fehlt nicht das Generelle und die Wiederholbarkeit, sondern es ist ihr eine besondere Art des Generellen und des Wiederholbaren zu eigen, auch hat sie einen anderen Zeitbegriff als z. B. die Biologie[106]. Und ähnlich verhält es sich schließlich mit der Frage nach den Gesetzen, der wir uns noch zuwenden müssen.

Die naturwissenschaftlichen Gesetze sind unter denselben Bedingungen immerzu gültig, von der Zeit unabhängig, und wirken gleichsam absolut. In der Geschichte kann es dergleichen Gesetzesabsolutismus nicht geben, da durch die Freiheit der logischen Entschließung und sonstiges Mitwirken des Spontanen eine Fülle von Faktoren beliebigen Variierens dauernd hereinspielt. Ähnlichkeiten, ja typische Abfolgen lassen sich aber verschiedentlich feststellen. Ich habe sie früher einmal als „Gesetzlichkeiten" bezeichnet, möchte das aber nicht mehr beibehalten, da dieser Ausdruck den wahren Sachverhalt nicht zu erhellen vermag.

Wie mir seither klar wurde, baut sich jede geschichtliche Entwicklung aus den ihr spezifisch zukommenden Wirkfaktoren in einer logischen und zugleich spontan beeinflußten Weise ihre eigene Struktur[107], d. h. eine nur ihr spezifische Abfolge auf, die ich als „Ordnung" bezeichnen möchte. Diese Ordnung ist ebenso das Produkt ihrer inneren Freiheit wie wohl auch ihres inneren Müssens. Man könnte sagen, jede geschichtliche Entwicklung schafft sich mit ihrer Ordnung ein nur ihr eigenes Gesetz. Ein nur für einen Individualfall gültiges „Gesetz" kann aber mit diesem Ausdruck schon nicht mehr bezeichnet werden. Der Terminus „Ordnung" bietet dagegen eine unserem Tatbestand adäquate Aussage. Es liegt nun im Wesen einer gewissen Einheitlichkeit der menschlichen Natur und einer hierdurch bedingten gegenseitigen Verflechtung alles Geschichtlichen, daß die verschiedenen, an sich ureigensten Ordnungen in ihren Einzelelementen und Strukturen untereinander grundsätzlich vergleichbar, daß sie daher sozusagen verwandt, doch nie identisch sind und teils gewisse Ähnlichkeiten, teils Unterschiede aufweisen. Erst aus dem Vergleich erhält der einzelne Ablauf, die einzelne Ordnung, das ihr eigene Relief und verdient unser Interesse. Erst aus dem Vergleich werden wir auch der spezifischen Schönheit und Würde der einzelnen Bildungen gewahr. So steht also dem generellen Gesetz der Naturwissenschaften die spezifische Ordnung des jeweiligen geschichtlichen Ablaufs gegenüber. Eingehender wollen wir die Tatsache dieser spezifischen Ordnung noch weiter unten (S. 436 ff.) im Hinblick auf die griechische Geschichte behandeln.

Ergänzend sei noch angefügt, daß wir es im Historischen weit mehr als in den Naturwissenschaften mit Denkakten zu tun haben, welche auf das Verstehen ausgerichtet sind (auch wenn wir es nie vermögen, erschöpfend zu verstehen), ferner daß es im Geschichtlichen auf das Auslegen und auf Sinndeutung besonders ankommt. Historie ist Mit- und Nacherlebnis, bedeutet Mitdenken und Mitempfinden. Doch sei das alles nur kurz der Vollständigkeit halber erwähnt, denn darüber bestehen ja keinerlei Meinungsunterschiede, und so bedarf es auch keiner Argumentation.

Zum Eigenleben der Ideen

Nun erst dürfen wir es wagen, gewissen Analogien näherzutreten, die das Geschichtliche mit dem Biologischen, d. h. mit dem Tatbestand des Lebens und seinen Funktionen, verbindet: wir haben von dem merkwürdigen „Eigenleben" zu sprechen, welches Ideen zeigen, solange sie im „Wachsen" sind.

Wenn der Zugang zu einer neuen Idee erschlossen wurde, so war es dem schöpferischen Denken, welches diese aufschließenden Akte vollzog, in der Regel nicht möglich, den eben erst betretenen Ideenbereich sogleich in allen seinen Dimensionen mit Leistungen zu erfüllen. Als Archilochos und Kallinos der Idee der Lyrik zum Durchbruch verhalfen, als Thespis die Idee des Dramas inaugurierte, als Protagoras die Ideenwelt der Sophistik aufschloß, haben sie diese Bereiche nur in mehr oder weniger intensiver Weise „an-gedacht". Protagoras hat die sophistischen Lehren allerdings zu einem nicht unbeträchtlichen Teile selbst entwickelt, Thespis konnte aber zu seiner Zeit die weiteren Konsequenzen seiner Neuerungen noch gar nicht überschauen. Und als Politiker wie Solon und Kleisthenes mit demokratischen Ideen zu operieren begannen, übersahen sie noch nicht, wie weit diese zu führen vermöchten.

Es will uns scheinen, daß dieses Inaugurieren und An-denken neuer Ideenbezirke jeweils an gewissen Stellen der Gesamtentwicklung „zeitig" wurde, so wie etwa die Schneeglöckchen im Frühjahr, die Rosen im Sommer und die Geranien im Herbst ihre Blüte haben. Die Zeit eines Thersites mochte wohl bei einzelnen Benachteiligten gelegentlich schon demokratischen Groll erweckt haben, für die demokratische Idee war sie aber einfach noch nicht reif. Ebensowenig hätte man zur Zeit Hesiods schon ein System der Sophistik zu entwickeln vermocht.

Wenn ein größerer Ideenbezirk aber in der Zeit, da seine Erschließung zeitgerecht war, von irgendwelchen Inauguratoren an-gedacht wurde, dann geschah etwas höchst Merkwürdiges: Diese Ideen entfalteten nun eine Art dynamischen Eigenlebens, das nach völliger Entwicklung und völliger Verwirklichung der ihnen innewohnenden Möglichkeiten strebte. Wie mit magischer Gewalt zog z. B. die Idee der Lyrik die Dichter an, bis diese Lyrik in vielfältigsten Formen ihre Erfüllung fand, ebenso faszinierte später die Idee des Dramas alle Poeten, die der Sophistik die kritisch geneigten Denker und die demokratische Idee alle breiteren Volksschichten. Diese Ideen stellten nun jeweils ein gewaltiges Stimulans dar, sie bemächtigten sich des menschlichen Denkens, der menschlichen Phantasie, der menschlichen Hoffnungen und Träume. Sie lockten und — quälten die Menschen so lange, bis sie zu Ende gedacht, zu Ende verwirklicht waren. Wann dieses „Ende" eintreten würde, vermochte vorher niemand zu sagen, man merkte es erst, wenn es da war. Sobald niemandem mehr eine weitere Ausgestaltung, eine weitere Verwirklichungsmöglichkeit einfiel, sobald die Möglichkeiten, welche die anfangs so stark angeregte und verlockte Phantasie bot, erschöpft waren, verloren die Ideen ihre Werbekraft. Sie wurden mit einem Male uninteressant, sie büßten ihren Aktualitätswert ein, sahen sich in die Sphäre der Behäbigkeit überführt, in der sie für den Schöpfer völlig gleichgültig blieben, für die Öffentlichkeit je nach ihrer Art aber einen Erbauungswert, einen praktischen Nutzen u. dgl. behielten. Sie wurden zu verwirklichtem Gut, dem der Zauber der lebendigen Bewegtheit, mit andern Worten des „Wachsens", abhandengekommen ist. So die Demokratie nach Perikles, die Tragödie nach Euripides, der Peripatos nach Theophrast. Wohl ist man in späteren Perioden unter neuen Bedingungen gelegentlich noch in der Lage gewesen, einiges anzuflicken, z. B. im Hellenismus die Tragödie der alexandrinischen Antiquare, im großen und ganzen aber hat die Blütezeit der betreffenden Idee, ihre aktuelle geschichtliche Dynamik, ihr „Leben“ also, nur so lange gedauert wie ihr Wachstum. Hatte dieses Wachstum sein Ende gefunden, dann kam nur noch das „Nachleben“ des ausgewachsenen, des durch Verwirklichung im Grunde erledigten Bestandes. Damit änderte sich die geschichtliche Rolle. Man hielt solche verwirklichten Ideen wohl weiter in Ehren, wußte sie auch zu nutzen, im Sinn einer Weiterbildung arbeitete man aber nicht mehr an ihnen. Allerdings bildeten sie unter Umständen den Nährgrund für die Entstehung neuer Ideen. So sproß aus der verwirklichten Epik und Lyrik die Idee der Tragödie auf oder aus der verwirklichten Sophistik die kynische Ideenwelt und später die Epikurs. So handelt es sich hier nicht nur um Lebensprozesse, welche vom Wachstum her bestimmt wurden und mit ihrer Verwirklichung sich selbst terminierten, sondern auch um gleichsam genealogische Fortpflanzungserscheinungen, um Filiationen im Geistigen.

Diese Wachstumsneigungen einer in Verwirklichung stehenden Idee finden im animalischen Leben unleugbare Analogien[108]. Hier wie dort strebt ein finales Entwicklungsprogramm mit immanenter Dynamik nach Verwirklichung und terminiert sich die „Lebendigkeit“ durch ihr Erfülltwerden. Natürlich handelt es sich hier und dort nicht um die gleichen Vorgänge und auch nicht um dieselben Substanzen. Aber Analogien kann man da nur leugnen, wenn man sich entschließt, den Kopf in den Sand zu stecken. Es ist übrigens auch nicht allzuschwer, solche Ähnlichkeiten zu erklären. Letzten Endes steht doch alles Geistige in engstem Zusammenhang mit dem menschlichen Leben, ja es geht in gewissem Sinne von ihm aus. Warum sollten da die Ideen nicht ähnliche Formen für ihre Entfaltung annehmen, wie sie sich in den physiologischen Lebensprozessen bewährt haben?

Dem Leser wird es übrigens nicht entgangen sein, daß mit diesem „Eigenleben“ der Ideen Tatbestände bezeichnet wurden, die wir auch früher schon einmal erläuterten. Wenn wir S. 407 ff. von Spitzenwerken, Schattenwirkung und Überdruß handelten, so haben wir die Phänomene vom Meister und seinem Werk her beschrieben. Nun betrachteten wir dieselben Prozesse von den Ideen aus. Wir sind daher jetzt in der Lage, den Tatbestand der Schattenwirkung und des Überdrusses noch weiter zu beleuchten. Der geistige Raum, den es jeweils durch Meisterwerke zu erfüllen gilt, zeigt sich einerseits vom Wesen der Ideen, andererseits von der Reichweite und Leistungsfähigkeit der menschlichen Phantasie bestimmt. Letztere kann nicht weiter reichen, als es dem Wesen der Idee angemessen ist, doch auch die Idee läßt sich nur so weit verwirklichen, als es die schöpferische Phantasie vermag. So stehen Idee und Phantasie in einem schier geheimnisvollen Verhältnis zueinander, über das ich als Historiker nichts weiter auszusagen wage.

Phantasie und Entwicklungsrichtung

Bei unseren bisherigen Betrachtungen mußten wir es offenlassen, was jeweils zuerst seine Grenzen findet, die Idee oder die Phantasie. Das Merkmal einer gewissen Terminiertheit ist aber für beides vorhanden und läßt sich verschiedentlich studieren, so z. B. am griechischen Staatsleben nach Perikles. Kosmos und Oligarchie waren schon früher erfüllt worden, nun traf das gleiche auch die Planung der Demokraten. Es bestanden an sich wohl noch andere Möglichkeiten zur Ausgestaltung der Demokratie, so z. B. ihre parlamentarische Form, es bestanden auch noch andere Möglichkeiten der Staatsverfassung überhaupt. Die griechische Phantasie gab diese Möglichkeiten aber in einer für praktische Zwecke geeigneten Ausformung nicht mehr her.

Eine ähnliche Aus- und Erschöpfung des Ideenschatzes zeigt sich in der Kunst, als die Hellenen schließlich nur mehr den Naturalismus und allerlei hybride Spielformen (Exotik, Erotik, rokokoartige Verzärtelung usw.) übrig hatten. Nun mußten sie diese ihnen an sich gar nicht liegenden Unerfreulichkeiten ausschöpfen, wenn sie nicht immerzu das Alte nochmals umwälzen und wiederholen wollten. Und als sie sich genügend mit dem Naturalismus und den übrigen Enderscheinungen abgegeben hatten, blieb ihnen nur das Wiederholen des bisherigen (dazu s. S. 368 f.). Es fiel ihnen nichts anderes mehr ein, ihre Phantasie (oder ihre Idee der Kunst) gab nichts weiteres mehr her.

Mitunter gelangen in der griechischen Entwicklung allerdings noch nachträgliche Aufstockungen, insonderheit wenn völlig neue Lebensbedingungen eintraten. Solches gelang in hellenistischer Zeit ganz vortefflich mit der jüngeren Komödie, während die nun einsetzende antiquarische Tragödie unzulänglich blieb. Mit Lyrik und Epik hatte man schon im 4. Jahrhundert eine Aufstockung versucht, doch ohne Erfolg. Erst im Hellenismus gelangen der antiquarischen und der stadtflüchtigen Richtung manche originelleren Werke. Das Staatsdenken blieb in der Spätzeit ohne praktisch verwertbare Einfälle, ebenso schließlich die Welt der bildenden Künste.

Dabei steht außer Zweifel, daß z. B. der Idee der Kunst an sich noch viele andere Möglichkeiten grundsätzlich offenstanden, so wie sie sich u. a. in den Künsten der Inder, der Chinesen, des Abendlandes usw. zeigen. Offenbar waren aber bei den Hellenen die hierfür nötigen logischen Voraussetzungen einfach nicht vorhanden. Jenseits des logisch Möglichen vermag sich die Phantasie jedoch nicht zu entfalten. Auch die Phantasie kann nur die logisch greifbaren Teilbestände einer Idee erfassen. Das Eigenleben der Ideen ist also partiell und wird vom logischen Rahmen begrenzt. Wir kommen damit zur Beschränkung der Spontaneität auf die logisch denkbaren Möglichkeiten zurück, von der wir schon S. 426 f. sprachen. Die Entwicklung ging eben von einer gewissen spezifischen Basis aus, wuchs in einem spezifischen „Klima" von Stigmatisierungen, Prägungen und Traditionen auf und hatte so eine ganz bestimmte „Richtung", in der allein die schöpferische Phantasie produktiv zu werden vermochte. Im Grunde wurde diese Richtung schon vom Wesen und den Umständen des anfänglichen Verhaltenheitsstadiums irgendwie abgesteckt[109], entfaltete sich dann aber mit einiger Freiheit weiter. Sie umfaßte ein reiches Inventar von Möglichkeiten, dessen Umfang vorher niemand ermessen konnte, das aber doch nicht unendlich war. Die Grenzen wurden offenbar, sobald man sie schließlich erreichte. Wie wir im folgenden sehen werden, konnten sie vom Willen allein überhaupt nicht durchbrochen werden, da es unter allen Umständen eines neuen Zuschubs schöpferischer Phantasie bedurfte, um bisher noch nicht erspähte Möglichkeiten aufzufinden. War aber in der eingeschlagenen Richtung wirklich schon alles entfaltet, so war es in der Regel mit der Fruchtbarkeit der betreffenden Ideen eben zu Ende.

Nicht einmal das philosophische Streben und die Wissenschaft haben sich bei den Hellenen ins Ungemessene fortsetzen lassen. Die großen Leistungen der athenischen Schulen haben den Raum, der dem philosophischen Denken der Griechen offenstand, anscheinend voll ausgeschöpft und erfüllt, so daß sich der Primat der Interessen verlagerte und das schöpferische Vermögen sich religiösen Fragen zuwandte. In der Wissenschaft hat ihre Phantasie aber niemals den Weg zu einer konsequent induktiven Methode und auch nicht zum Experiment gefunden. Ihre Hochachtung vor der Natur ist nie in unersättliche Gier nach ihrer Ausnutzung und Beherrschung umgeschlagen. Auch die Wissenschaft ist daher schließlich stehengeblieben und hat den religiösen Interessen das Feld geräumt. So sehen wir, wie eine Sparte nach der anderen aus Mangel an weiteren Möglichkeiten, bzw. aus dem Unvermögen der Phantasie, solche zu entdecken, der Unfruchtbarkeit verfiel.

Das Moment eines gewissen Versagens hat auch Toynbee vielfach bemerkt, aber ein anderes Phänomen, das der Machtvergiftung, davon mitunter zu wenig geschieden. Auch zeigt er sich geneigt, das Versagen den Akteuren der Geschichte irgendwie zum Vorwurf zu machen. Mangel an Phantasie bedeutet aber keine Schuld, am wenigsten dann, wenn er als Er- und Ausschöpfungsfolge am Ende einer so überreichen Schöpfungskette auftritt, wie das bei den Griechen der Fall war.

Dennoch ginge es allzuweit, wollten wir uns der Auffassung Toynbees gänzlich verschließen. Mag in vielen Fällen wirklich die absolute Unmöglichkeit, weitere logisch gangbare Wege zu finden, allein für das Absterben einer Sparte verantwortlich gewesen sein, in einem Fall wie in dem des Versagens der Wissenschaft im niedergehenden Hellenismus muß die Frage nach einem Nichtwollen doch auch gestellt werden. Wie schon erwähnt, spielten Mangel an experimentellen Methoden, an induktiven Forschungsimpulsen und das Fehlen einer eigenen chemischen Disziplin bei dem Versanden der hellenistischen Naturwissenschaften eine entscheidende Rolle. Zu solchen neuen Einstellungen zu gelangen, wäre dem Hellenismus vom logischen Standpunkt aus aber keineswegs unmöglich gewesen. Bei gutem Willen hätten sich in der Tat Brücken schlagen und Wege eröffnen lassen. Wir mußten aber schon S. 316 ff. auf eine gewisse Verspieltheit hinweisen, wenn es galt, naturwissenschaftliche Erkenntnisse technisch auszuwerten, ebenso S. 380 auf den Widerwillen, mit dem der Grieche dem Prinzip entsagungsvoller Arbeit gegenüberstand, auch fiel uns bereits früher auf, in welch leichthingleitender Weise der Hellenismus aus dem Kreise wissenschaftlicher Interessen in den der nur-religiösen Besinnung zurückfand. So gewinnen wir den Eindruck, daß bei den Griechen nun nicht nur die Phantasie, sondern auch der Wille versagte.

Irgendwie scheint sich im hellenistischen Menschen der Impuls konsequenter Sachlichkeit, Fachlichkeit und Arbeitsamkeit doch in engeren Grenzen gehalten zu haben als etwa im abendländischen. Im gesamten griechischen Geschichtsablauf und auch im Hellenismus blieb ja das Moment des Humanen und Menschlichen [110] gegenüber dem Sachlichen immer im Vordergrund. Das Menschliche in Gestalt des Heroischen, des Politischen, des Schicksalhaften, des Spekulierenden, Ermessenden, Charakterologischen und Seelischen wurde immer viel wichtiger genommen als die „Sache" und die „Arbeit" an sich, auch hielt sich dieses Menschliche immer im Rahmen einer in Anmut und Schönheit prästabilierten gesellschaftlichen Kultur. Mit feiner Witterung vermieden die Menschen des Hellenismus daher alle Wege, die zur „Maschine" und zur einseitigen Versachlichung oder Mechanisierung des Daseins führten.

Freilich stehen wir vor der Frage, ob der Hellenismus diese Wege überhaupt nicht erahnte (also seine Phantasie versagte) oder ob er sie nicht einschlagen wollte. Doch möchte ich fast meinen, daß hier beides in eines zusammenfiel. Die Phantasie pflegt sich in der Regel nur das auszumalen, was der Wille nicht von vornherein ablehnt. So scheint hier vielleicht doch eine Ablehnung vom Willen her vorzuliegen. Damit kommt Toynbees Auffassung von einem „Versagen" im Sinne eines willentlichen „Sich-Versagens" doch irgendwie zum Tragen. Im Hintergrund standen in unserem Fall grundsätzliche Entscheidungen, die von ebenso grundsätzlichen Werthaltungen traditionell bestimmt wurden. Diese traditionellen Werte und Werthaltungen aufzugeben, hätte für den Hellenismus die Preisgabe aller bisherigen Kulturvergangenheit bedeutet, hätte also nur unter zusammengefaßter Willensanstrengung und unter Zahlung eines vielleicht viel zu teuren Preises erfolgen können. So wurden diese neuen Möglichkeiten abgelehnt, nicht weil sie logisch zuwenig greifbar waren, sondern weil sie von der bisher verfolgten Richtung echter Menschenwürde viel zu weit ab- und herabführten.

Damit sind wir wieder zu unseren „Richtungen" zurückgekehrt und begreifen nun, daß ihre Fortsetzungen nicht nur von den logischen Möglichkeiten, sondern auch von den geltenden Werthaltungen, nicht nur von der Phantasie, sondern bis zu einem gewissen Grad doch auch von einem Zuschuß des Wollens oder Nichtwollens mitbestimmt werden. Auch stellen wir ein gewisses Beharrungsvermögen bei diesen „Richtungen" fest. Sie setzen sich zwar fort, wollen sich dabei aber nach Möglichkeit nicht aus der einmal eingeschlagenen Bahn bringen lassen. Mit der Moral hat das hier besprochene Versagen, das Sich-Versagen und die daraus sich ergebende Beharrlichkeit aber nicht das mindeste zu tun. Auch Vorwürfe machen zu wollen, wäre mehr als töricht. Jede Entwicklung stellt sich ihre Regeln ja selbst, um ihnen dann zu folgen, sie ist in dieser Hinsicht durchaus autonom.

Wenn wir auch darüber klargeworden sind, daß jede Kultur eine eigene genetische Ablaufstruktur darstellt und daß ihr Baugefüge jeweils einen eigenen Ausgangspunkt und zugleich eine eigene Ausrichtung aufweist, müssen wir uns doch davor hüten, in den Fehler Spenglers zu verfallen, die einzelnen Kulturentwicklungen völlig zu isolieren. Spengler sprach von spezifischen Kulturseelen und nahm für jede eine von Anfang an gleichsam spezifische Seelensubstanz an. So gab es für ihn, auch wenn er alle Gesittungen nach dem gleichen Schematismus ablaufen ließ, von Kultur zu Kultur doch keine Brücken. Es wurden Momente der Verwandtschaft und der Beeinflussung zu sehr vernachlässigt.

Nach unserer Auffassung waren dagegen die ethnischen und „seelischen" Substanzen, z. B. in den beginnenden Kulturen der Griechen, Römer, Inder usw., gar nicht so weit voneinander entfernt. Unterschiede ergaben sich freilich bereits aus der verschiedenen örtlichen oder auch wirtschaftlichen Geprägtheit, aus der Nachbarschafts- und Zeitsituation. Die verschiedenartige Ausrichtung wurde zwar grundsätzlich schon im Verhaltenheitsstadium zur Tatsache, zeigte sich in allen ihren Folgerungen aber erst im Verlauf der Zeit mit völliger Deutlichkeit. Immer spielte dabei das Prägende der geographischen und historischen Umwelt, spielte das „Antworten" auf diese Faktoren des Sichdurchkämpfens eine große Rolle. Das Fürsichsein des einzelnen Kulturorganismus war also nicht so sehr substanziell wie durch sein spontanes Wachstum bestimmt, das von Fall zu Fall immer wieder andere Wege einschlagen mußte, da bei der Unzahl der Möglichkeiten an Ausgangssituationen, an „Antworten" bei Wahl des Kunststiles, der sozialen Struktur, der Wert- und Interessenhierarchie usw. eine absolute Wiederholung gar nicht möglich gewesen wäre.

Gewiß zeigt sich also schon früh bei jeder Kulturentwicklung das Spezifische ihres Gerichtetseins. Es wird als System kultiviert und übt auf alle ihm angehörigen Erscheinungen eine Art Systemzwang aus. Da aber die ethnisch-seelischen Substanzen nicht sehr verschieden zu sein brauchen, ergibt sich bei aller Spezifität jeder Entwicklung doch die Möglichkeit gewisser Verwandtschaftsbeziehungen, Ähnlichkeiten, Analogien und vor allem die Möglichkeit ein- oder wechselseitiger Beeinflussungen. So stand z. B. das abendländische Kultursystem in hohem Maße unter dem Einfluß des antiken. In Gleichzeitigkeit verflochten war z. T. das Kultursystem der Griechen und Römer, der Minoer und Achäer. Viele Parallelen zeigt die Entwicklung Mesopotamiens mit derjenigen Ägyptens. Einflüsse hin und her finden wir überall auch innerhalb der abendländischen Entwicklung.

Was wir in diesem Buche „Entwicklungsrichtung" nannten, entspricht übrigens ungefähr dem, was einstmals Rothacker als stilistische Physiognomien, Prägungen, Einstellungen, Stilstrukturen und Haltungen bezeichnete. Ich möchte hier aber den Ausdruck „Stil" lieber nicht verwenden, da er in der Kunstgeschichte (wo er primär hingehört) eine zu enge Bedeutung gewonnen hat. Eher könnte man schon von Prägungs- oder noch besser von Richtungsphysiognomien sprechen. Denn erst durch die Formulierung als „Richtung" wird anschaulich, daß es sich um eine von einem Ausgangspunkt ausgehende Bewegung handelt, wobei diese Bewegung immer wieder und wieder der Fortsetzung unterliegt. Natürlich muß bei diesem Fortsetzen aber vieles errungen und durchgekämpft werden, so daß sich die „Richtung" mitunter auch gewissen Deviationen ausgesetzt zeigt. Denn jede Entwicklung stellt etwas organisch Gewachsenes dar und zeigt damit auch eine gewisse Flexiblität des Wachstums. Derartige Deviationen pflegen sich in der Regel aber doch in Grenzen zu halten, die einer grundsätzlichen Richtungstreue entsprechen.

Mehrfache Bewirkung

Der Leser mag nun die Frage stellen, ob das Absterben der einzelnen Ideen und ganzer kultureller Sparten wirklich durch ein „Fertigwerden" ihrer Verwirklichung und ein damit zusammenhängendes Versagen der Phantasie bedingt wird, ob es nicht vielleicht einfach äußere Einflüsse waren, die zu solcher Sterilisierung führten. Demnach hätte somit die makedonische Herrschaft ein Absterben des griechischen Staatsdenkens, die Ausbreitung des römischen Imperiums über Alexandreia und Pergamon das Absterben der Künste, das Eindringen östlicher Elemente in den Hellenismus das Absterben der Wissenschaft hervorgerufen.

Doch haben wir zu beachten, daß Absterbeprozesse auch schon vorher, z. B. an der älteren Epik und Lyrik, an der Tragödie zu beobachten sind, ohne daß äußerliche Ursachen dafür ersichtlich wären. Auch versagte das praktische Staatsdenken bei den Hellenen schon hundert Jahre vor der makedonischen Ära, setzte die Sterilität der hellenistischen Künste schon vor Pompeius, Caesar und Augustus ein, haben die levantinischen Elemente die Spätblüte der Wissenschaften nicht verkürzt, sondern weit eher über eine natürliche Dauer hinaus verlängert.

Doch wir wollen immerhin zugeben, daß wir es in der Entwicklung vielfach mit einem Phänomen zu tun haben, welches von soziologischer Seite (K. Mannheim) mit Recht auf die Mehrdimensionalität der konkreten Wirklichkeitszusammenhänge zurückgeführt wurde und das wir als „mehrfache Bewirkung" oder wenigstens „mehrfache Einordnung" bezeichnen wollen. Ich meine damit, daß Erscheinungen allein schon innerhalb der Entwicklung der engeren Kultursparte als logisch bedingt auftreten können und außerdem auch noch in Nachbarsparten und besonders in der Gesamtentwicklung ihren logischen „Ort" haben, also gewissermaßen mehrfach bedingt sind. Wieso dabei das interne Geheiß der Einzelsparte, das Geheiß von Nachbarsparten und dasjenige der Gesamtentwicklung so trefflich übereinstimmen, läßt sich schwerlich klären und gehört zu den Geheimnissen des „Wachstums". Diese Übereinstimmung wird allerdings nicht immer absolut sein, so daß wir verschiedentlich einfach mit Kompromissen zwischen der Einzel- und der Gesamtentwicklung, natürlich auch zwischen einander gegenseitig beeinflussenden Einzelsparten usw. zu rechnen haben. Im Grunde handelt es sich hier um Erscheinungen der Wechselkausalität, wie wir sie bereits S. 419 f. besprochen haben. Als Beispiele wollen wir anführen die Übereinstimmung, daß einerseits durch die von Homer ausgehende Schattenwirkung die Epik abstirbt und so der Weg für die Lyrik frei wird, das sich andererseits durch Homer aber auch die Bahn der Schöpferindividualistik öffnet, was dann gleichfalls die Entstehung der Lyrik begünstigte. — Ein zweites Beispiel wäre, daß sich die Lyrik zur gleichen Zeit abschließend erfüllt und verwirklicht (durch Pindar!), als politisch Athen entscheidend in den Vordergrund tritt und den Schauplatz für die Tragödie bietet. Hier unterstützte die allgemeine Geschichtsentwicklung also den in der Literatur fälligen Übergang von Lyrik zum Drama. — Ein drittes und besonders eindrucksvolles Beispiel bietet der Zusammenfall der Sterilisierung des praktischen Staatsplanens durch die verwirklichte Demokratie mit dem Aufkommen der Sophistik und der damit Hand in Hand gehenden staatsablehnenden Indvidualistik. Hier trafen sich somit aufs beste die logischen Ketten der politischen und der philosophischen Entwicklung. Auch beim Absterben von Kunst und Wissenschaft fiel der Mangel an weiteren produktiven Ideen mit dem Schwinden der Widerstandskraft im Bereiche der Macht zusammen. Fremdeinflüsse wurden erst darum bedeutsam, weil die eigene schöpferische Lebenskraft zusehends nachließ (eingehender hierüber im nächsten Abschnitt).

So gab es also innerhalb der Gesamtentwicklung immer wieder mehrfach ineinander verschlungene logische Ableitungen. Allerdings dürfte dabei am stärksten immer die Logik der jeweiligen Einzelsparte im Vordergrund gestanden haben, z. B. der Literatur, Plastik, Wissenschaft, Verfassung usw., und außerdem das logische Gewebe der Gesamtentwicklung. Aber auch diese Gesamtentwicklung bestand ja aus Einzelsträngen, von denen jeder jeweils jeden andern zu beeinflussen vermochte. Natürlich gesellten sich hierzu auch Beeinflussungen von fremden Entwicklungsabläufen. Die griechische Geschichte war ja niemals ein völlig autonomer Prozeß; sie wurde zwar verhältnismäßig wenig von außen beeinflußt, blieb aber doch nie ganz ohne Fremdeinwirkung, besonders von seiten des Orients.

Der Abschluß der Entwicklungsdynamik

Den Beginn der Entwicklungsdynamik haben wir schon früher eingehend geschildert. Ihm folgte die Hochkurve mit allen ihren gewaltigen Spitzenleistungen, und wenn sich hierdurch geistige Räume leistungsmäßig erfüllt hatten, so luden allsogleich weitere zu Erfüllung ein. Im Lauf dieses Schaffensreigens griff auch die Lösung von Bindungen immer weiter um sich. Vorerst gab es noch eine Hierarchie der Werte, da zuerst das Adelstum und dann die Politeia in ihren verschiedenen Formen ordnend der Wertwelt voranstanden. Nachdem sich aber diese Zentralwerte verbraucht hatten, fand man keine neuen mehr. So mangelte es von nun ab an einer allgemeinverbindlichen, gemeinschaftsbildenden Wertspitze. Anstelle der Hierarchie trat eine liberalistische Anarchie der einzelnen Kultursparten. Das führte zu großartigen Fortschritten in den abgelösten, freigewordenen Spezialgebieten, doch auch zu einem vielfältigen Durcheinander und Gegeneinander (Näheres hierüber schon S. 226ff. und 406). Dennoch blieb eine gemeinsame Gerichtetheit, ein gemeinsamer Rahmen gewahrt, indem man immer noch das Schöne über alles schätzte und die menschlichen Anliegen über die sachlichen stellte.

Freilich schaltete sich auch im Menschlichen selbst eine gewisse Anarchie ein, als sich seit der Sophistik der Einzelne immer mehr zum höchsten Wert und Ziel erhob. Dagegen konnte weder Platon noch Aristoteles aufkommen, und schließlich fand die Autarkie des Ichs durch Epikur und durch den Seelenkult der Stoa noch eine besondere Verherrlichung. Wohl wirkte der stoische Imperativ zum Wirken im Staat in gegenteiligem Sinne, kam aber mehr der römischen Expansion als der Erhaltung des hellenistischen Machtsystems zugute.

Die Anarchie der Werte und auch die hier materialistisch, dort philosophisch begründete Ichsucht können wir wohl als die eine Wurzel des schließlichen Niedergangs der griechischen Gesamtentwicklung und auch des hellenistischen Machtsystems auffassen, denn sie brachten Desorganisation und ein Brachliegen wertvollster Kräfte.

Das zweite Übel, das sich besonders im Machtpolitischen auswirkte, lag in der griechischen Uneinigkeit, die sich auch in der Eifersucht und Konkurrenz innerhalb der hellenistischen Großstaaten wiederfindet. Sie brachte Kräftevergeudung und sinnlose innere Reibung. Wir haben eingehend hierüber in der Geschichtsdarstellung berichtet.

Als dritten Negativfaktor müssen wir schließlich das Versagen der schöpferischen Phantasie bezeichnen. Schon in den letzten Abschnitten wiesen wir nach, daß den einzelnen Ideen und kulturellen Sparten in der Richtung, die sie in der hellenischen Entwicklung genommen hatten, nicht eine unbeschränkte, sondern nur eine letzten Endes beschränkte Zahl von Möglichkeiten zur Verfügung stand oder, von der Phantasie aus gesehen, daß die Phantasie der Hellenen nur eine beschränkte Anzahl von solchen Möglichkeiten zu erkennen und zu verwirklichen vermochte. Der Reihe nach erfüllte sich bei den Griechen nun ihre Epik, ihre Lyrik, ihre Tragödie, die Idee der Adelsrepublik, des Kosmos, der Oligarchie, der Demokratie, der Hegemonie, der Sophistik, der Idealphilosophie, der Künste, der Wissenschaft und der weltbürgerlichen Philosophien. Im 2. Jahrhundert v. Chr. war schließlich nichts mehr übrig, was sich nicht in abschließend erscheinender Weise verwirklicht und erfüllt hatte. Wir erkennen das nicht zum wenigsten aus der überraschenden Tatsache, daß die Hellenen von nun ab keine großen Geister, keine Schöpfer, keine Ingenien mehr stellten.

Dabei dürfen wir nicht annehmen, daß einer so schöpferischen Nation wie der hellenischen von jetzt ab grundsätzlich alle genialen Naturen gemangelt hätten. Nein, die Ursache des nunmehrigen Versagens kann nur darin zu finden sein, daß alle Möglichkeiten, welche in der Richtung der griechischen Entwicklung gelegen waren, durch Spitzenleistungen bereits Erfüllung gefunden hatten. Von diesen Spitzenleistungen ging die bereits S. 407 ff. besprochene Schattenwirkung aus. So konnten nunmehr die genialen Naturen unter den Hellenen ihre Genialität einfach nicht mehr „an den Mann bringen". Es ist daher bezeichnend, wie seit etwa 100 v. Chr. die Wertschöpfung des Ingeniums auch in der Kunst abnahm und die gnostischen Sekten, die Religionen der Isis, des Mithras usw. durch anonyme Kräfte ausgestaltet wurden. Nur der Arzt und der theologisierende Seelenphilosoph hatten schließlich mitunter noch Anspruch auf persönliche Geltung.

Aus diesem sterilen Endzustand hätte sich der Hellenismus höchstens durch eine entschiedene Wendung nach logisch zwar nicht allzu ferne liegenden, in der Richtung aber weitab führenden neuen Zielen zu befreien vermocht. Daß derartiges möglich gewesen wäre, lehrt uns das Beispiel des Abendlandes. Dieses wandte sich aus der Fülle seines Entwicklungsreichtums der radikalen Sachlichkeit zu, warf sich der induktiven Forschung, den experimentellen Naturwissenschaften und der Technik in die Arme, verschrieb sich einem rigorosen Arbeitsethos und gab um des künstlerischen Neuschöpfens willen sogar das Prinzip der Schönheit preis. Der Hellenismus wollte sich zu einem solchen Beginnen, das er gewiß als herostratisch empfunden hätte, nicht entschließen. Allzusehr hing er an seinem beschaulichen Lebensstil und an seiner das Humane bevorzugenden Bewertung des Daseins. Auch fühlte er sich stolz für die herrlichen Leistungen der Vergangenheit verantwortlich und verzichtete lieber auf eine (im Grunde doch ungewisse) schöpferische Zukunft, um sich seine schöpferische Vergangenheit zu bewahren.

Die Statik des Endstadiums

Seitdem im fortschreitenden Hellenismus das Neuschöpfertum immer mehr dahinschwand und man gezwungen war, sich mit Hilfe der Vergangenheitsleistungen kulturell aufrecht zu halten, blieb nichts anderes übrig, als sich auf gebahnten Wegen und in den alten Geleisen zu bewegen. Was die Ingenien abgelehnt hatten, das brachten nun die kleinen Leute fertig, nämlich Epigonen zu sein und schlecht und recht das bisherige zu wiederholen. In den Künsten versuchte man es z. B. mit mancherlei „Renaissancen", holte im „Attizismus" die alte Klassik wieder hervor, experimentierten die einen Meister gelegentlich mit einer Anlehnung an archaische Stilformen, während andere sich in realistischen und naturalistischen Reprisen gefielen. Eigenständige große Spitzenleistungen konnten auf diese Weise aber nicht mehr in die Welt gesetzt werden. Es war eine hochroutinierte, technisch ausgezeichnete Alltagskunst, geschaffen von kleinen Geistern für eine ebenso alltägliche Umwelt von Alltagsbanausen.

Sowie aber alle Sparten bereits erschöpft und verwirklicht waren, also kein „Ausweichen" in noch unerschöpfte Möglichkeiten mehr erfolgen konnte, stellte sich gegenüber der Gesamtkultur mit ihrem Überreichtum an Erfülltem ein starker Überdruß ein. Man flüchtete aus den Städten in die Idyllen des Landlebens, ja an den Rand der Wüste, man flüchtete aus dem öffentlichen Leben in die Freundschaftszellen des Epikureismus, man flüchtete aus den Errungenschaften der bisherigen Kultur in die Seelenautarkie der Stoa oder in die Jenseitshoffnungen neuer Offenbarungsreligionen. Die große Masse werkelte aber ihr materialistisches Alltagsleben im Besitz aller Routine, Technik und Gefinkeltheit in ziellosem Einerlei dahin. So stellte sich eine neue Statik ein, die jedoch durchaus im Gegensatz zu der des einstigen Verhaltenheitszustandes stand. Jene alte Statik — wir können sie „Anfangsstatik" nennen — war zeugungsträchtig und taufrisch, voll noch unausgewerteter Kräfte. Die nunmehr eintretende „Endstatik" dagegen, dadurch entstanden, daß alle Kräfte bereits ausgegeben waren, ließ alles in schalem Überdruß am Übermaß zivilisatorischer Routine ersticken. Verfehlt wäre es aber, den damals lebenden Menschen die Schuld hieran zuzumessen. Sie waren einfach von der Zeitstufe geprägt, in die sie hineingeboren wurden.

Die Endstatik begann gleichzeitig mit dem Zusammenbruch der hellenistischen Mächte unter den Schlägen der Römer, Parther und Araber, doch überdauerte sie diese Katastrophen noch um viele Jahrhunderte. Rom hielt ja schützend seine

Hände über den Mittelmeerrand und bewahrte so wenigstens diesen vor der Eroberung durch die Parther, Neuperser und Araber. Im Rahmen des Römischen Imperiums gesellte sich zur griechischen Endstatik allmählich das analoge Stadium des römischen Satellitenablaufs. Beide standen im Zeichen der großen Vergangenheitsleistungen, waren hochgezüchtet, auch trefflich eingespielt und gingen immer mehr ineinander auf. Zu einem systematischen Neuschöpfertum vermochte sich aber auch diese Vereinigung nicht durchzuringen. Weder Seneca, noch Marc Aurel oder Epiktet können wir als Neuerer bezeichnen. In der Politik starb der augusteische Prinzipatsgedanke zugunsten der von Dareios, Alexander und Caesar vertretenen absoluten Herrschaftsprinzipien allmählich ab. Auch hier gab es also nichts Frisches und Neues. Nur in Einzelsparten rührte sich mitunter noch selbständiges Leben. So in der Porträtsplastik der römischen Hauptstadt, im Realismus der gallischen Provinzialplastik oder in der bildenden Kunst und Architektur der östlichen Provinzen, die unter morgenländischen Einflüssen standen. Bei alledem handelte es sich aber um Einzeltatbestände ohne logische Zusammenhänge und ohne daraus sich ergebende eigenständige Entwicklung.

Im Grunde war das Imperium schon im 3. Jahrhundert n. Chr. zum Abbruch reif, erhielt sich aber durch das Beharrungsvermögen seines wohlorganisierten Territoriums, durch seine technische Überlegenheit und das Heranziehen von Hilfsvölkern bis zu den großen Völkerwanderungen.

Der geschichtliche Ablauf als „Ordnung"

In folgenden Phasen steht der Ablauf der hellenischen Geschichte vor unseren Augen: Die Katastrophe des 12. Jahrhunderts, die Konstitution der neuen Verhaltenheitsära im 11. und 10. Jahrhundert, die Verhaltenheitsära selbst (von uns auch als die frühe Statik bezeichnet; von 900 bis 700), die dynamische Hochentwicklung von 700 bis 120, die späte Statik (auch unter römischer Herrschaft) von 120 v. Chr. bis 500 bzw. 700 n. Chr., die Katastrophe der Völkerwanderungen. Dieser Ablauf stellt sich uns als ein von seinen Frühzeiten her irgendwie ausgerichteter Vorgang dar, den die Hellenen in einer durch ihre Spitzenleistungen charakterisierten und somit besonders sublimen Weise auswerteten. Das Wachstum war — durch die Spitzenleistungen bedingt — ungewöhnlich rasch, das Stadium der Vollendung und Erfüllung wurde daher verhältnismäßig bald erreicht.

Halten wir uns die angeführten Tatbestände recht vor Augen, so wird uns ihr dynamischer, auf das Ziel einer gewissen Selbstvollendung gerichteter Charakter ohne weiteres deutlich. Es kann da gar nicht ausbleiben, daß wir, ähnlich wie bei einzelnen Ideen, so auch hier bei der griechischen Gesamtentwicklung einen gewissen Parallelismus zu den finalen, gezielten Lebensprozessen der biologischen Welt erkennen. Wieder müssen wir uns daran erinnern, daß alles geistige Leben erst auf dem Nährgrund des biologischen erwächst. So braucht es uns gar nicht wunderzunehmen, wenn sich die Aktivität und Lebendigkeit des Geistigen ähnlicher Erscheinungsformen bedient wie das „biologische" Leben selbst. Nur liegt dem biologischen Leben die Uniformität der jeweiligen Art zugrunde, es ist also weitgehend schicksalgebunden. In der Geschichte jedoch baut sich jede Entwicklung ihren Weg, ihre Richtung, ihre Prägung und ihr System erst selber aus. Schicksalsmomente (Spenglerscher Formulierung) melden sich erst in den Endstadien mit dem S. 428 ff. besprochenen Versagen der Phantasie.

So wie jedes biologische Leben in sich mit einer gewissen inneren Ökonomie geordnet erscheint und eine biologisch gegebene Ordnung darstellt, möchte ich auch im Ablauf der griechischen Geschichte eine „Ordnung" erkennen. Dabei handelt es sich aber nicht um eine generell gültige, sondern um eine individuelle und einmalige Ordnung. Diese zeigt sich in der Weltgeschichte von anderen Ordnungen, z. B. der Perser, der Karthager, Roms usw., umgeben, und eine jede war ebenso etwas Einmaliges und Besonderes. Im Grunde muß das so sein, denn jede Ordnung geht von einer spezifischen Basis aus und nimmt die nur ihr spezifische Richtung, schafft ihr eigenes System. Bei aller Eigenständigkeit bleiben die verschiedenen Abläufe und Ordnungen aber doch noch vergleichbar und zeigen, wie S. 425 f. betont, manche Ähnlichkeiten. Ohne diese Vergleichbarkeit wäre es für das geschichtliche Denken auch völlig unmöglich, für jede einzelne Ordnung das ihr eigene Relief, die ihr eigene Sonderart zu erkennen. Erst durch Vergleichen werden wir der Individualität der einzelnen Ordnung völlig gewärtig.

So wie uns jede Ordnung gerade mit Hilfe der Vergleichung als etwas Besonderes vor Augen steht, bildet sie in ihrer Kombination von Kausalität und Spontaneität ein wunderbares Gewebe, dem wir all unsere Ehrfurcht schuldig sind. Wer will — von der Geschichte geht da freilich kein Geheiß aus —, könnte darin sogar eine Schöpferkonzeption von besonderer Erlauchtheit erahnen. Eine andere Ausdeutung würde dahin führen, in solchen Ordnungen die vornehmste Offenbarung des Geistigen zu erkennen. Der „Geist" basierte dann auf dem kulturellen Leistungsvermögen der Geschichtsträger und äußerte sich sowohl in der Freiheit des Gebrauchs der Vernunft wie im spontanen Schöpferantrieb. Nur wäre es kein von natürlichen „Verflechtungen" völlig reiner und somit absoluter Geist, das muß gegenüber den philosophischen Puristen betont werden. Doch sind es immerhin sinnvolle, ja wunderbare Ordnungen, die er erzeugt. Daß jede Ordnung immer wieder etwas weitgehend Neues darstellt, darf dabei als ein Tatbestand gelten, der dem Wesen des Geistigen besonders entspricht.

In gewisser Hinsicht handelt es sich bei diesen Abläufen bereits um eine Art von „höheren" Ordnungen. Sie stehen über den einzelnen geschichtlichen Akteuren, die von ihnen nichts wissen und sie höchstens erahnen. Sie stehen auch über den einzelnen Phasen des Ablaufs, in denen man wohl das Näherliegende, doch nicht das Gesamte zu erkennen pflegt. Die Ordnungsidee steht sogar über dem ganzen Ablauf, soferne sie nämlich erst nach dessen Beendigung völlig überschaubar wird. Es ist somit eigentlich erst der Geschichtsforschung und Geschichtsschreibung vorbehalten, das Ordnungsprinzip der einzelnen Abläufe in voller Klarheit zu ermitteln.

Welches ist nun der den einzelnen Entwicklungsabläufen innewohnende Sinn? Oder, von der andern Seite her gefragt, haben die einzelnen Abläufe im Rahmen eines noch größeren oder größten Geschichtszusammenhanges eine bestimmte Funktion und Aufgabe? Wie mir scheint, liegt der Sinn des einzelnen Ablaufs nicht zum wenigsten darin, daß er die Schöpferkraft des Geistigen in einer zusammenhängenden Gruppe von Schöpfungsmöglichkeiten zur Manifestation bringt. Jede neue Ordnung führt dann in ihrem Ablauf eine Gruppe von neuen Möglichkeiten zur Verwirklichung. Vom Standpunkt der Ordnung bedeutet jeder Ablauf einen Tatbestand von Schönheit, zu dem alle Teile gleichermaßen gehören. Auch die Zeiten des Niedergangs zählen dazu, und alle Phasen stehen „unmittelbar zu Gott"[111]. Das bleibt auch in Geltung, wenn wir darüber hinaus noch von Abschnitten eines besonderen „Erblühens" sprechen. Die einzelnen Meisterwerke der Kunst oder dergleichen sind ja in der Tat als die herrlichsten Blüten dieses Flors aufzufassen. So gesehen, würde ein einziges Gedicht des Archilochos, eine einzige Tragödie des Sophokles schon genügen, um das Dasein des griechischen Ablaufs und auch die Tragik seines schließlichen Absterbens zu rechtfertigen.

Nicht jede Geschichte trägt allerdings finalen Charakter. Der Verhaltenheitsstatus, den wir auch als die „Frühe Statik" bezeichneten, vermag (wie schon S. 397 ff. angedeutet) auf unbeschränkte Zeit ohne Änderung zu verharren. Man könnte das als die Zeiten des „ruhenden Geistes" bezeichnen. Insbesondere bei den Farbigen blieben solche Frühkulturen seit undenklichen Zeiten auf demselben Stand. Sobald die Geschichte aber einen mehr oder weniger dynamischen Charakter annimmt, zielt sie auf eine besondere Art der Selbstverwirklichung, am meisten natürlich, sobald sie den Weg der Hochdynamisierung und damit der Spitzenleistungen einschlägt. Dann ist sie Manifestation eines sich bewegenden, eines „lebendigen Geistes", sie neigt zu einem teils schnelleren, teils langsameren Wachsen, bis die einmal eingeschlagene Richtung erfüllt ist. Dieser Erfüllungsweg stellt ein „Abenteuer des Geistes" dar, und dieses Abenteuer wird um so großartiger, je stärker es mit Spitzenleistungen begnadet ist. Bei den Griechen mußte allerdings diese intensive Dynamisierung und leistungsmäßige Höchststeigerung mit einer um so kürzeren Terminisierung erkauft werden. Darum folgte hier alsbald das Endstadium der zweiten Statik, und dieses brach schließlich unter den Schlägen fremder Eindringlinge zusammen. Die Katastrophe bedeutete jedoch nur das Ende des verflossenen Ablaufs, nicht aber des kulturellen Lebens schlechthin. Der Zusammenbruch hat die Verbindlichkeit des alten Kulturbestandes und das Lasten der alten Schattenwirkung beseitigt, vor allem aber auch die bis dahin eingeschlagene (und leistungsmäßig bereits ausgeschöpfte) Richtung des bisherigen Kulturlebens aus der Welt geschafft. Die Fragmente des alten Bestandes waren nun nicht mehr richtungweisend, man konnte mit ihnen machen, was man wollte, man konnte sie bei einem neuen Anheben nun mühelos sogar in eine neue Entwicklung mit ganz anderer Richtung einbauen. Da wirkten sie nun wie eine Saat, wurden nun äußerst fruchtbar. Hierin offenbart sich so recht die fortzeugende Kraft des Geistes und seines kulturellen Lebens (s. dazu noch S. 440 ff.).

Noch eine Frage wird uns der Leser stellen: Wenn durch diese fortzeugende Kraft des Geistes die jeweils jüngeren Entwicklungen bis zu einem gewissen Grad doch auf den Trümmern der vorausgegangenen aufbauen, kann man da nicht zugleich den Vollzug eines gewissen Fortschritts als Wahrscheinlichkeit annehmen? Würde es also die Aufgabe der einzelnen Entwicklung etwa sein, eine Stufe zu bilden im Stufenbau der Weltgeschichte, wie ihn u. a. K. Breysig annimmt? Im Grund könnte der Historiker eine solche Frage nur auf Grund seiner geschichtlichen Erfahrung beantworten. Ein gewisses Aufsteigen läßt sich in der Tat von der minoischen zur hellenischen und von dieser weiter zur abendländischen Gesittung erkennen. Wenn ich aber unseren derzeitigen Status an kulturellem Dasein mit dem der wenigen farbigen Stämme vergleiche, welche vom europäischen Zivilisationseinfluß noch nicht verseucht wurden, so beschleicht mich eine gewisse Unsicherheit. Auch möchte ich fast bezweifeln, daß die Kulturfähigkeit des Menschen ins Uferlose gesteigert werden kann. Die Erfahrung scheint mich vielmehr zu lehren, daß Vervollkommnungen auf der einen Seite nicht selten durch Defizite auf der andern erkauft werden müssen[112]. Ich möchte zwar nicht behaupten, daß die Kulturfähigkeit des Menschen einen immer gleichbleibenden Durchschnittswert darstellt, glaube aber doch, daß er zu sehr an seine natürliche Beschaffenheit gebunden ist, um sich über gewisse Oszillationsgrenzen hinaus moralisch oder allgemein geistig zu erhöhen. Insofern wird sich eher eine Anreicherung an zivilisatorischen Einrichtungen des materiellen Lebens erzielen lassen, als ein kontinuierlicher Aufstieg des Sittlich-Kulturellen. Wohl hat uns die Antike erstmalig die Idee der Spitzenleistung in den Künsten, der Philosophie und den Wissenschaften gebracht, ja sogar auch das Christentum. Doch haben wir seither vielfältige Schwankungen erlebt und befinden uns gegenwärtig in einem etwas problematischen Zustand, der zu Aufstiegsoptimismus nicht unbedingt ermutigt. So würde Optimismus ein schlechtes Surrogat für unser Nichtwissen bilden. Gewiß ist nur, daß sich bisher das geschichtliche und und kulturelle Leben aus den Niederbrüchen stets wieder erholt und erhoben hat. Ob es sich bei solchen Neuerhebungen grundsätzlich immer noch höher heben *muß* als bisher, wer könnte das schon mit Gewißheit behaupten?

Der Aufbau der neuen Bindungen

Wir haben schon in der Geschichtsdarstellung eingehender über den Aufbau einer neuen Bindungswelt im Rahmen der ausgehenden Antike berichtet. Es handelt sich dabei aber um einen kulturmorphologisch so bedeutsamen Tatbestand, daß er auch hier seinen Platz finden muß.

In der Anfangsstatik hatten sich die Griechen im Zustand einer bindungsstarken Aufgehobenheit in Götterglauben und sozialer Ordnung befunden. Seit dem 7. Jahrhundert gab man diese Aufgehobenheit zugunsten der Freiheit immer mehr preis, da nur auf solchen Wegen der nötige Bewegungsraum für den nun einsetzenden Schöpfungsreigen zu gewinnen war. Bei Rückgang der schöpferischen

Impulse verlor aber auch die Freiheit wieder an Wert und stieg erneut die Schätzung der Geborgenheit[113]. So ging man im Laufe der Zeit neuen Bindungen an den Staat als absolute Obrigkeit, an neue Kulte und Kultgenossenschaften ein, ohne den damit verbundenen Verlust an Freiheit überhaupt zu bemerken. Dabei hielten sich die Unterordnung unter den hellenistischen König und römischen Kaiser, die Zugehörigkeit zu gnostischen Sekten und der Glaube an Isis noch durchaus im Rahmen der antiken Kulturtradition. Wohl handelte es sich um eine Art Umkehr, doch nicht um Abkehr. Die Monarchie war antiken Vorstellungen angepaßt, ja aus solchen zum Teil erwachsen, die Mysterienkulte hatten Eleusis zum Vorbild. Menschen, die sich derart in den Schutz von Autoritäten begaben, blieben noch immer antike Menschen. Sie blieben weiter in der eingespielten Routine verhaftet, trugen die Reichtümer an tradierten Vergangenheitsleistungen und trugen darüber hinaus auch noch die neuen Bindungen. Neue Jugend und Morgenfrische wurden damit nicht gewonnen.

Erst im Christentum tritt uns eine Bewegung entgegen, die anfangs offensichtlich zur Abkehr vom antiken Bildungsgut und der antiken Routine entschlossen war. Hier wären also Ansätze zu einer wahren Regeneration zu finden gewesen. In den Anhängern des christlichen Glaubens haben wir in den drei Jahrhunderten der Verfolgung so etwas wie Toynbees „inneres Proletariat" zu erkennen. Freilich hat Toynbee aus dem vorliegenden Einzelfall des frühen Christentums die Meinung abgeleitet, daß solche innere Proletariate eine allgemeine Erscheinung in der Weltgeschichte und einen integrierenden Faktor auch in verschiedenen anderen Geschichtsabläufen darstellen. Diese Ausweitung scheint mir von der geschichtlichen Erfahrung nicht ohne weiteres gerechtfertigt zu werden. Im frühen Christentum kam aber in der Tat so etwas wie ein inneres Proletariat zum Zuge, das sich von der Antike mit ihrem abgebrauchten „Geist" und den von ihr ausgehenden Schattenwirkungen abkehrte. Diese Abkehr war freilich schon während der Verfolgungszeit nicht vollständig. Nach Übernahme des Christentums durch Constantin als Reichsreligion (313 n. Chr.) wurde dann aber das Scheitern dieser geistigen Revolution endgültig offenbar. Die antike Kulturtradition, das antike Bildungsgut und der antike Rationalismus mit all seiner Routine und Eingespieltheit fanden nun sogleich im Christentum Eingang und nahmen von ihm Besitz. Der grandiose Versuch einer Regeneration allein aus dem religiösen Offenbarungserlebnis war mißglückt, die materielle Welt der institutionell erstarrten Antike und ihres bereits ermüdeten, in seiner Prägung unbeweglich gewordenen Geistes hatte nochmals den Sieg der Beharrung davongetragen. Das religiöse Bindungsgewebe, welches man im Laufe dieser Zeit aufgerichtet hatte, verfiel seit Constantin einer Umwandlung in Äußerlichkeiten (vgl. die Dogmenstreitigkeiten usw.), wie ja auch das ganze Weltreich nur noch ein Gerippe von solchen intellektuellen und materiellen Äußerlichkeiten darstellte. Die Kirche selbst zeigte sich völlig damit zufrieden, in den Hafen der materiellen Wohlgeborgenheit, wie ihn das Imperium bot, einzulaufen. Der Utilitarismus hatte über die Welle einer echten Hingabe an Höheres gesiegt.

So erkennen wir, daß sich wohl der Aufbau eines neuen Bindungsgewebes vollziehen ließ, daß dieses aber doch unter der Schattenwirkung des antiken Kultursystems aufwuchs und folglich steril bleiben mußte. Doch wäre es verfehlt, in unserm Fall das Schwergewicht der Feststellung auf die Tatsache der Sterilität zu legen. Denn daß alles steril verbleiben mußte, solange das Organisationsgerüst des Imperiums und die erstarrte Prägung seiner Kulturtradition weiterbestand, versteht sich eigentlich von selbst. Das Wesentliche liegt vielmehr darin, daß sich der Gegenaufbau eines neuen Bindungsgewebes in dieser absterbenden Welt überhaupt zu vollziehen vermochte. Im Grunde handelte es sich hierbei um etwas Großartiges. Dieser Bindungsaufbau bildete ja später nach der Katastrophe der Völkerwanderung bestes Saatgut für das nun einsetzende, das Abendland begründende neue Verhaltenheitsstadium des Mittelalters. Es war nur der Widerstand des römischen Imperiums, der die ganze Umwälzung verzögerte und die fällige Katastrophe des äußeren Zusammenbruchs bis zum Eingreifen des „äußeren Proletariats", d. h. in diesem Falle der Germanen, Slaven und Araber, hinausschob. Dann erst vermochte auch das Christentum und die Kirche die ihr innewohnende kulturelle Aufbaukraft voll zu entfalten.

So erkennen wir, wie die fortzeugende Kraft des geistigen Lebens für eine Zukunft sorgte, von der sich die damaligen Menschen noch nicht die mindeste Vorstellung zu machen vermochten. Auch dieser Aufbau eines neuen Bindungsgewebes kann daher — wenigstens bis zu einem gewissen Grade — zu den unbewußten Prozessen gerechnet werden, von denen wir bereits S. 395 handelten. Wir aber empfinden es als beglückend und beruhigend, wenn wir feststellen, wie in den Endzeiten der Sterilität und des schließlichen Zusammenbruchs die Kraft eines weitgehend unbewußten Geistes das Geschäft eines Wiederaufbaus betrieb, der vom bewußten Willen allein niemals hätte geleistet werden können. Denn das Neuwerden kann man nicht intendieren und nicht erzwingen, es muß sich letzten Endes „von selbst" vollziehen, aus einer elementaren Spontaneität, die uns geheimnisvoll bleibt.

Der Entwicklungsparallelismus von Antike und Abendland

Verlockend wäre es nun, diese neue Etwicklung, die das Abendland seit dem Mittelalter eingeschlagen hat und der ja auch wir noch angehören, zu verfolgen, um sie mit der antiken zu vergleichen. Ich hatte die Skizze eines solchen Vergleichs ursprünglich als letzten Teil dieses Buchs in Aussicht genommen, doch hätte das die vorliegende Arbeit allzusehr ausgeweitet. So möchte ich es mir vorbehalten, diesen Abriß gelegentlich als selbständige Veröffentlichung erscheinen zu lassen, und will hier nur einige Hinweise geben, die mir zum Verständnis der Zusammenhänge unerläßlich erscheinen.

Vor allem sei betont, daß der zwischen Antike und Abendland tatsächlich auf weite Strecken vorhandene Entwicklungsparallelismus nicht als Spontananalogie aufgefaßt werden darf und damit auch nicht zur Konstruktion vermeintlicher

Universalschemata — die es in Wahrheit nicht gibt — verwendet werden sollte. Wie mir scheint, gehen die Übereinstimmungen vielmehr darauf zurück, daß die abendländische Entwicklung, so selbständig sie sich auch begründete, doch unter vielerlei antiken Einflüssen stand und daß vor allem die für den weiteren Ablauf richtunggebende Renaissance erst durch die Wirksamkeit antiker Vorbilder zur Tatsache wurde. Wie sehr sich der abendländische Ablauf vom antiken u. U. zu emanzipieren vermag, erleben wir allerdings gerade in unserer Zeit, da wir das antike Vorbild insofern preisgegeben haben, als wir neue Schaffenswege einschlugen, die im Altertum niemals betreten wurden. So scheint es zweifelhaft zu sein, ob wir gegenwärtig vom Vorhandensein des erwähnten Entwicklungsparallelismus überhaupt noch sprechen dürfen. Um das Verhältnis Antike und Abendland richtig zu beurteilen, ist es daher nötig, nicht nur die Übereinstimmungen, sondern auch die Unterschiede zu notieren. Im folgenden soll das Wichtigste schlagwortartig zusammengestellt werden.

Als Übereinstimmungen verdienen unsere besondere Beachtung:

1. In beiden Fällen nahm die Entwicklung ihren Ausgang von einem Stadium der Verhaltenheit, bei den Griechen von ihrem „Geometrischen Zeitalter“, im Abendland vom Mittelalter (eingehend darüber S. 397 ff.).

2. Hier wie dort erfolgte der Übergang zur dynamischen Hochkurve durch die Entdeckung und Hochbewertung des Genies und des geistigen Eigentums. Im Altertum stand diese Wandlung im Zeichen Homers, im Abendland erfolgte sie durch die Renaissance.

3. In beiden Fällen schloß sich hieran ein großartiger dynamischer Reigen höchster Spitzenleistungen.

4. Das Streben von engeren Ausgangsbereichen zu weltweiter Expansion auf dem Wege der Entdeckungen, der Kolonisation und des Handels stimmt ebenfalls überein.

5. Wie bei den Hellenen spielte auch im Abendland die Aufklärung eine entscheidende Rolle bei der Begründung der Autonomie des Individuums, der Philosophie und der Wissenschaften.

6. In beiden Entwicklungen trat an die Stelle einer von einem Zentralwert bestimmten Werthierarchie schließlich ein liberalistischer Interessenseparatismus.

7. Beiden gemeinsam ist leider auch das Unheil der inneren Zwietracht, wie sie in Hellas zwischen den einzelnen Städten, in Europa aber zwischen den Staaten und Nationen herrschte. Dieser hier wie dort allein durch Unvernunft herbeigeführten Zwietracht ist der Rückgang der machtpolitischen Geltung zuzuschreiben, der in Hellas wie im Abendland weit vor einer Beendigung der Entwicklung bereits einsetzte.

8. In Parallele stehen auch der Hellenismus auf eigene Faust mit dem analogen Europäismus, den die modernen Überseevölker gegen Europa ins Treffen führen.

9. Der Undank, mit welchem sich Fremdvölker als Schüler gegen ihren Lehrer wenden, traf sowohl Griechenland wie auch Europa.

Als wichtigste Unterschiede wollen wir dagegen festhalten:

1. Das mittelalterliche Verhaltenheitsstadium zeigt durch antike Einflüsse und durch das Christentum eine stärkere Aufgelockertheit.

2. Monarchien, Dynastien und Flächenstaaten spielen unter antikem Einfluß im Abendland lange Zeit eine weit maßgeblichere Rolle.

3. Die Basis der abendländischen Entwicklung ist weit größer als die von Hellas, sie umfaßt beinahe einen ganzen Erdteil und zahlreiche große Nationen. Hieraus erklärt sich, daß wir im Rahmen des abendländischen Ablaufs eine Fülle von regional, zeitlich oder soziologisch bedingten Einzelentwicklungen feststellen, die sich gegenseitig ergänzen oder einander abwechseln. Erst wenn wir die Summe dieser Erscheinungen zusammennehmen, ergibt sich „die" abendländische Entwicklung. Durch diesen inneren Reichtum wurde die Gefahr eines allzu frühen Sterilwerdens gebannt und wird der dynamische Schöpferreigen nun schon seit Jahrhunderten aufrechterhalten. Wir wollen hoffen, daß uns diese Schaffensfülle auch in Zukunft zur Verfügung bleibt.

4. Im Gegensatz zum antiken Kulturablauf haben wir auch noch die neuen Schaffensmöglichkeiten der induktiven Forschung und der Naturwissenschaften erschlossen, Chemie und Biologie als neue Grunddisziplinen hinzugewonnen, auch die technische Auswertung von Erfindungen und wissenschaftlichen Erkenntnissen als hauptsächlichstes Betätigungsfeld eines rigorosen Arbeitsstrebens erwählt. In den Künsten schlug man gleichfalls neue Bahnen ein, die allerdings von der traditionellen Schönheit nun grundsätzlich wegführen. Mit den neuen Schaffensmöglichkeiten übernahmen wir neben der Sicherstellung unserer Fortschrittsdynamik allerdings auch manche Gefahren, ja ein gewisses Risiko für das Weiterbestehen der gesamten Menschheit. Die Griechen sind solchen Experimenten aus dem Wege gegangen, da sie das Sachliche nie über das Menschliche erhoben.

Aus der zuletzt aufgezählten Besonderheit des abendländischen Schöpfungsreigens ergibt sich, daß wir das Abenteuer des Geistes noch viel weiter vorantreiben als die Hellenen und daß sich so, wie bereits angedeutet, der uns mit der Antike verbindende Parallelismus löste. Ob der abendländische Ablauf in diesen Parallelismus einmal wieder zurückfinden wird, ist ungewiß, kann als Möglichkeit aber immerhin offen bleiben.

Evolution und Revolution

Gedanken zum Establishment: Wer etabliert wen?

Als die beiden primären Gegebenheiten des geschichtlichen Daseins möchte ich die menschliche Natur und die sie umgebende Umwelt ansehen. Die menschliche Natur verfügt über eine Fülle von allgemein verbreiteten Erbanlagen. Hierbei handelt es sich nicht um die im Menschengeschlecht zwar gleichfalls allgemeinen, aber schütter verstreuten Spezialbegabungen für Musik, Mathematik und dergleichen, auch nicht um irgendwelche Unterschiede im Konstitutionellen und schon gar nicht um Rassenmerkmale, deren Vorhandensein ja nur im Körperlichen völlig exakt nachgewiesen werden kann, sondern allein um das „Humanum" schlechthin, so wie es in der menschlichen Gesellschaft überall anzutreffen ist.

Diese allgemein menschlichen Erbanlagen beinhalten, jede für sich, eine erstaunliche Fülle von Reaktions- beziehungsweise Manifestationsmöglichkeiten, die je nach den verschiedenartigen Umweltreizen zum Zuge kommen.

Bei den Umweltreizen handelt es sich um solche der Landesnatur, der wirtschaftlichen und sozialen Verhältnisse (z. B. beduinische, agrarische und urbane Lebensweise), des jeweiligen Kulturstiles und überhaupt um die jeweilige Stufe der in Frage kommenden Entwicklung. Daher manifestierte sich ein und dieselbe Menschennatur in Ionien zur Zeit Homers ganz anders als in Sparta zur Zeit der Perserkriege und wieder anders als im hellenistischen Alexandria. Insofern werden also die Reaktionen des menschlichen Erbgutes von der Umwelt her aufgebaut, d. h. etabliert, und in diesem Sinn wäre die Umwelt gleichsam ein Regent des Humanums.

Doch hat diese Herrschaft ihre Grenzen. Aufbau und Fortsetzung einer Entwicklung werden gar nicht allein durch ein solches gleichsam automatisches Abschnurren von Umweltreiz und Reaktion (beziehungsweise Manifestation) bewirkt, sondern es kommt dem Menschen dank seiner Phantasie und seinem Vermögen zu logischen (oder wenigstens logisch sein wollenden) Entscheidungen noch etwas Willensmäßiges und Schöpferisches zu. Das nimmt den vorher beschriebenen Vorgängen die Automatik und bringt das Moment des „Spontanen" in das menschliche Bewußtsein wie in die Geschichte. Ich habe die Rolle von Phantasie und Logik bereits S. 409 ff. und 428 ff. ausführlich behandelt, betone aber auch hier wieder, daß erst durch eine Kombination dieser beiden Tatbestände eine

Entwicklung zur schöpferischen Weiterführung gelangt. Dank diesen Fähigkeiten sieht sich der Mensch auch imstande, in die im übrigen so automatisch anmutende Auseinandersetzung von Erbmasse und Umwelt aktiv einzugreifen, da er sich mit Hilfe von Phantasie und Logik seine Umwelt initiativ zu suchen und aufzubauen vermag. Vor allem erweist er sich in diesem Sinne auch als Bauherr seiner eigenen Kultur und ihrer Entwicklung, mit anderen Worten, die Kultur wird von der menschlichen Initiative her im Rahmen der jeweiligen Umweltbedingungen etabliert. Daher sprechen wir von einer „etablierten Kultur", etabliert vom Menschen in Auseinandersetzung mit der teilweise von ihm selbst geschaffenen Umwelt. Nur müssen wir dabei berücksichtigen, daß sich gerade die menschliche Logik doch wieder den durch die Umweltsituation bedingten „besten" Fortschrittsmöglichkeiten zuwenden wird, so daß auch sie sich einer gewissen Umweltsteuerung nicht entziehen kann.

Wenn wir alle diese Verflechtungen richtig überlegen, dann wird uns klar, daß erst durch die wechselseitige Etablierung von Humanum und Umwelt ein umfassendes Establishment entstehen kann. Dieses baut sich dann auf der allgemein menschlichen Basis von erblichen Reaktionsmöglichkeiten wie Umweltreizen mit Hilfe der Phantasie und Logik solange weiter aus, bis in der von der Entwicklung eingeschlagenen Richtung die Phantasie nichts mehr zu bieten hat. Damit ist dann die Entwicklung beendet, denn mit Hilfe der Logik allein läßt sich kein Fortschritt erzielen.

Im Nachfolgenden können natürlich nicht alle Elemente eines Establishments besprochen werden. Über die Rolle, welche Kultur, Zivilisation und auch Schattenwirkung in einer Entwicklung spielen, haben wir ja ohnehin schon im vorausgegangenen Text S. 399 ff. eingehend gesprochen. Das Phänomen der Kulturstile werde ich demnächst im Rahmen der Sitzungsberichte der Österreichischen Akademie der Wissenschaften in einer gesonderten Arbeit untersuchen. Hier aber wollen wir uns auf Grund der aus der Geschichte des Altertums gewonnenen Erfahrungen vor allem mit der, wie mir scheint, besonders dringlichen Frage beschäftigen, welchen Wandlungen die Manifestation der menschlichen Natur im Rahmen einer geschichtlichen Entwicklung unterliegt. Dann wollen wir uns dem Phänomen der Kulturkrisen zuwenden und werden mit einem Hinweis auf das Anrecht der überzeitlichen Meisterwerke, wie auch auf das Anrecht der geschichtlichen Erinnerung, über alle Kulturkrisen und alle „dark ages" hinweg erhalten zu werden, diesen Nachtrag beschließen.

Wie manifestiert sich die menschliche Natur im geschichtlichen Ablauf?

Moralisten schreiben dem Menschengeschlecht allein eine Ambivalenz von Gut und Böse zu, in der Geschichte manifestiert sich das Humanum dagegen mit einer erstaunlichen Multivalenz. Nicht daß wir eine derartige Variabilität im Sinne von rassisch begrenzter Vererbung aufzufassen hätten oder daß wir sie mit dem Wogenschlag der jeweils geltenden Kulturstile verwechseln dürften. Die

Tafel 31: Relief vom Maussoleion zu Halikarnassos. Der Reliefschmuck des Grabmals des Maussollos wurde von Skopas, Leochares, Bryaxis und Timotheos gearbeitet. Entstehungszeit um 350.

Tafel 32: Hermes des Praxiteles. Hermes, nun schon nicht mehr in göttlicher Majestät, sondern in durchaus irdischer Schönheit gesehen, spielt mit dem Dionysos-Knaben. Entstehungsjahr vermutlich 343 v. Chr.

Tafel 34: Hellenistische Herrscherbildnisse.
A: Makedonische Tetradrachme der Zeit Alexanders des Großen. Der Herakleskopf zeigt bereits Porträtzüge des Herrschers.
B: Ptolemäer-Kameo. Er stellt wahrscheinlich Ptolemaios II. (280—246) und Arsinoe dar.

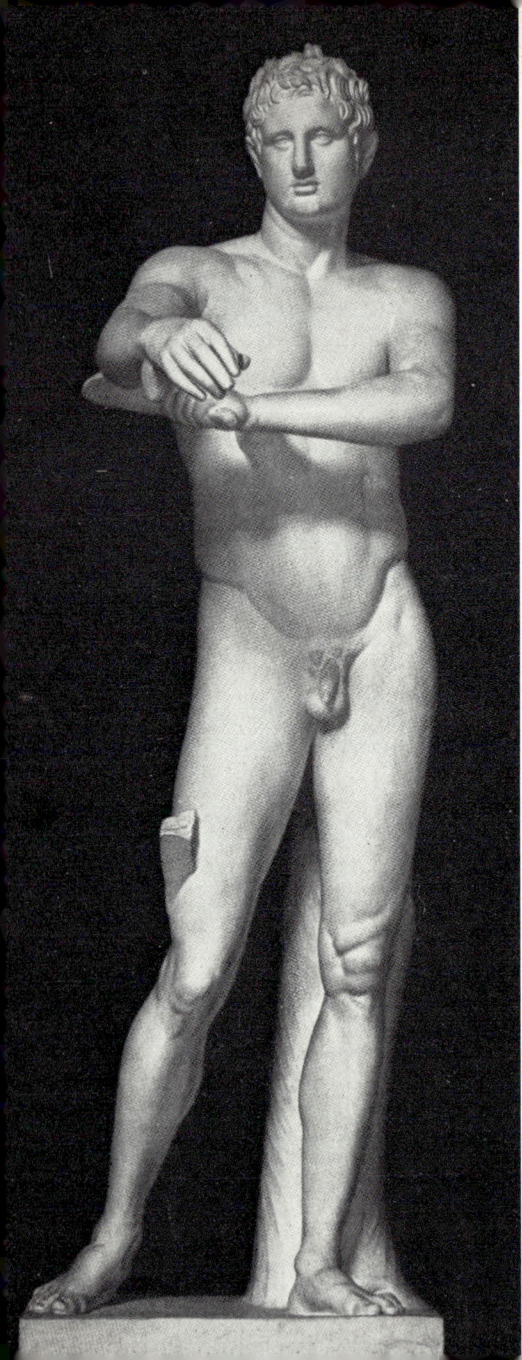

Tafel 33: Apoxyomenos des Lysippos. Gipsabguß der Marmorkopie im Vatikan. Entstehungszeit um 330 v. Chr.

Tafel 36: Galliergruppe aus Pergamon. Weihegeschenk Attalos I. von Pergamon. Um der Gefangenschaft zu entgehen, tötet der Galater sein Weib und sich selbst. Schon beginnt man nun, Barbaren mitunter in einem idealeren Licht zu erblicken. Geschaffen ca. 230—220. Kopie aus römischer Zeit.

Tafel 37: Zeus-Altar von Pergamon. Teilansicht der Wiederherstellung. Das tragische Szenenbild, zur Zeit des Skopas in seiner ganzen Tiefe empfunden (s. Tafel 31), wendet sich nun schon seichterer Pathetik zu. Charakteristisch ist jetzt die Massierung der Gestalten und der Schwung der Linienführung. Entstehungszeit ca. 180—160 v. Chr.

Tafel 39: Mädchen von Antium. Im Museo Nazionale Romano zu Rom. Kühle, etwas zurückhaltende Sachlichkeit charakterisiert nicht nur die hier tätige Bildhauerschule, sondern auch den in der Skulptur dargestellten hellenistischen Frauentypus. Entstehungszeit 3. Jahrh. v. Chr.

Tafel 38: Skythe, ein Messer schleifend. Marmorkopie in den Uffizien zu Florenz. Das Streben nach Erweiterung des stofflichen Rahmens führt nun zur naturalistischen Darstellung von Barbarengestalten. Entstehungszeit zweite Hälfte des 3. Jahrhunderts.

Multivalenz, die wir hier im Auge haben, ist, soviel ich sehe, aller menschlichen Gesellschaft grundsätzlich zu eigen. Sie tritt uns entgegen in einer Fülle von Spannungen zwischen jeweils extremen Polen. Um das zu erläutern führen wir einige Beispiele an: Wir beobachten eine solche Spannung zwischen sozialer Verbundenheit und individualistischer Ungebundenheit, eine andere zwischen dem Aufschauen zu höheren Wertvorstellungen und einer Selbstherrlichkeit im Sinne des „homo mensura"-Satzes, Spannungen zwischen gläubiger Naivität und kritischem Intellektualismus, zwischen einer statisch unschöpferischen Zufriedenheit und einer dynamisch schöpferischen Unrast, zwischen Gebundenheit und Geborgenheit auf der einen Seite, Freiheit und Autarkie auf der anderen, auch zwischen Konformismus und Pluralismus, zwischen organischem Zusammengehören und mechanischem Funktionieren, zwischen Gemeinschaft und Gesellschaft (im Sinne von Tönnies), zwischen Vernunft und Leidenschaft, zwischen der schöpferischen Phantasieleistung und einer auswertenden Routine und schließlich das Triptychon von Schaffen — Bewahren — Zerstören.

Die hier aufgezählten Polaritäten werden in der Regel durch Zwischenglieder zu einer Art Kontinuum verbunden, neigen in der Geschichte aber vielfach doch gerade zu extremen Ausformungen. Sie sind der Menschheit zwar irgendwie angeboren, vermögen sich aber in ihrer Polarität niemals gleichzeitig zu manifestieren. So kommt es immer wieder zu Verdrängungen, und erst im Lauf einer weitausgreifenden dynamischen Entwicklung gelangt der hier angelegte Reichtum allmählich zum Zug, indem einmal diese, dann wieder jene „Eigenschaften" durch die entwicklungsbedingten Umweltsituationen aktiviert oder desaktiviert werden.

So mag dem Leser bereits aufgefallen sein, daß wir einige Polaritäten gesondert genannt haben, obwohl sie — wenigstens was den einen Pol betrifft — einander recht nahe zu stehen, ja fast identisch zu sein scheinen. Ich habe sie unabhängig voneinander angeführt, da ihre entwicklungsmäßige Einordnung doch nicht immer die gleiche war. Eines müssen wir allerdings einräumen: Soziale Verbundenheit zusammen mit den hierher gehörigen Tugenden, das Aufschauen zu höheren Wertvorstellungen, gläubige Naivität, Zufriedenheit mit statischer Geborgenheit innerhalb eines wohlstrukturierten organischen Gemeinschaftslebens gingen zu Beginn aller Entwicklungssysteme ganzheitlich zusammen und gaben da in der Manifestation der menschlichen Natur den Ton an. Gegenkräfte vermochten sich in diesen Frühzeiten einfach nicht durchzusetzen. Wir wollen dieses in historischer Hinsicht so bedeutsame Bündel von Manifestationen im folgenden daher als das „elementare Humanum" bezeichnen, betonen aber schon jetzt, daß nachher die Gegenpole der hier aufgezählten Manifestationen (die schöpferische Unrast, die individuelle Ungebundenheit, das kritische Denken) durchaus nicht in der gleichen Geschlossenheit auftreten.

Der „elementare" Charakter dieses Humanum wird uns auch durch die Völkerkunde, die Prähistorie und durch die Volkskunde bestätigt. Er zeigt sich schon bei den überseeischen Naturvölkern, denn hier vereinigen sich als selbstverständliche Tugenden und Verpflichtungen die Schätzung von Redlichkeit und Wahrhaftigkeit, von Mut und Treue, von Güte und Anstand, die Einordnung in den familiären und sozialen Kreis, die Achtung vor dem Bewährten und die Ehrfurcht vor dem Übernatürlichen.

Eine ähnliche Geisteshaltung können wir für die Anlaufzeiten zu allen Hochkulturen des Morgen- wie Abendlandes voraussetzen, und wir beobachten sie sogar beim abendländischen Landvolk, solange es noch ein mit der Natur enger verbundenes, schlichtes, wohlgeordnetes und von städtischen Verlockungen freies Leben führte.

Wir finden dieses schlichte Humanum natürlich auch in der Antike, und zwar sowohl bei den frühen Hellenen und älteren Römern wie bei den sie umgebenden „Barbaren". Schon damals erkannte man jedoch, daß jenes enge Zusammenleben in Städten zwar einen erstaunlichen Kulturanstieg ermöglichte, zugleich aber die alten Sitten einer Abnutzung unterzog und die alte Schlichtheit gefährdete. Daher lehnte Sparta das städtische Leben überhaupt ab und fingierte ein Dasein in „Dörfern" (vgl. dazu S. 125 ff.). Am Tiber aber versuchte man mit der „altrömischen Haltung" wenigstens eine Art von ländlichem Stil zu konservieren.

Immerhin waren sich auch die griechischen Städter, vor allem in Athen, durch lange Zeit und auch noch während ihres großartigen geistigen Aufschwunges des Wertes der alten Tugenden bewußt. Auf diese beriefen sich Solon und Kleisthenes, als sie die attische Demokratie begründeten (vgl. S. 121 f. und 131 ff.), für sie traten dann Aischylos und Sophokles in ihren Tragödien ein. Wohl schwand nun die Naivität dahin, sie wich der Vernunft wie dem kritischen Denken, auch manche Bindungen lösten sich, und die Idee der Freiheit griff weiter um sich. Doch versuchte man noch zur Zeit des Perikles und des Phidias das Aufschauen, die soziale Verbundenheit und eine Art von patriotischem Konformismus beizubehalten, obgleich man damals in den Künsten in großartige schöpferische Kulminationen eingetreten war.

Als aber die zentralen Werte des Staates ihre Anziehungskraft verloren und an Stelle des Konformismus der Pluralismus (von mir S. 226 f. als „liberalistischer Interessenseparatismus" bezeichnet) trat, wurden die kulturellen Bestrebungen voneinander autark; dadurch erreichten Philosophie und Wissenschaft erst ihre höchste Blüte. Auch der Individualismus der kleinen Leute konnte sich nun endlich von aller Bevormundung befreit fühlen. Allerdings entledigte sich gleichzeitig auch der Egoismus in seinen vielfältigen Formen und mancherlei Triebhaftigkeit weitgehend der bisherigen Fesseln: Diesen Prozeß schildern uns die Tragödien des Euripides und die Komödien des Aristophanes mit größter Anschaulichkeit. In Rom vollzog sich später ein ähnlicher Vorgang.

Alle diese Wandlungen erfolgten im Zeichen der Freiheit; sie führten zu weiteren großartigen Kulturfortschritten und zur Hochblüte eines in seiner Autonomie gleichsam jubilierenden Geistes. Im Lauf der Zeit verlockten sie aber auch zu allerhand Mißbrauch des Freiheitsgedankens und zu einer Übertreibung der Ungebundenheit. Der Gesellschaft gerieten ihr Moralbewußtsein und auch ihre sittliche Haltung in Verfall, und sie verlor ihre innere Sicherheit. Die Folge davon war eine Desorganisation des Politischen, des Machtmäßigen und des Staatlichen;

es setzte ein Potentialschwund ein, eine Art von Vakuum, das höchst unerfreuliche Zuchtmeister auf den Plan rief: Griechenland verlor seine Selbständigkeit an Makedonien, wurde zum Kriegsschauplatz für fremde Mächte und mußte es sich schließlich gefallen lassen, von römischen Statthaltern ausgeplündert zu werden. Den römischen Bürgern blieb aber nichts anderes übrig, als sich resigniert unter der Willkür ihrer eigenen Imperatoren zu beugen. Die geistige Freiheit gab man nachher weitgehend zugunsten einer neuen konfessionellen Geborgenheit preis. Der Sittenlosigkeit der antiken Großstädte wurden zudem vom christlichen Sittenkodex strenge Zügel angelegt. So verlor im Römischen Kaiserreich der späten Antike die Idee der Freiheit jeden Wert und man schätzte erneut nur die Geborgenheit, auch bekannte man sich wiederum zu einem — nun allerdings reichlich utilitaristisch gerichteten — Konformismus. Nur die urbane Routine mit ihrem abgegriffenen Individualismus erhielt sich weiter — eine echte Naivität vermochte sich noch nicht einzustellen.

So haben wir bei dieser Überschau über die Gesamtentwicklung der Antike zuerst ein „elementares" Humanum, dann ein „schöpferisch kulminierendes" und ein in Freiheit „jubilierendes" Humanum kennengelernt, schließlich aber ein gleichsam „resignierendes" Humanum. Auch konnten wir beobachten, wie alle Seiten der menschlichen Natur im Lauf der Zeit zum Zuge kamen. Dabei können wir den Wechsel von Geborgenheit und Freiheit als einen richtigen Kreislauf bezeichnen, der von der Geborgenheit seinen Ausgang nahm, sich zur Freiheit aufschwang, um nach Übersteigerung der Freiheitsidee wieder zur Geborgenheit zurückzukehren. Andererseits bietet der Wechsel von Naivität zu Routine keinen Kreislauf, sondern einen einfachen Ablauf, da im Rahmen der antiken Entwicklung gegen Ende zu bei aller Resignation noch keine Rückkehr zur alten Naivität erfolgte, sondern diese als Folge des Zusammenbruchs der antiken Urbanität erst nach der Auflösung des Römerreiches wieder in Erscheinung trat.

So die Erfahrungen, die uns das Altertum bietet. Das nachfolgende Entwicklungssystem unseres Abendlandes, in dem wir uns selbst noch befinden, zeigt im frühen Mittelalter wiederum die charakteristische Dominanz des elementaren Humanum, dann setzt, vor allem mit dem Hochmittelalter und der Renaissance, der Weg in die Freiheit zu einem schöpferisch kulminierenden Humanum ein. Allerdings vollzog sich diese Entwicklung nunmehr verteilt auf verschiedene Nationen und Länder, die sich gegenseitig im Vorantreiben des Fortschrittes ablösten. Auch kam es zu etlichen Kulturkrisen, doch setzte sich das System immerhin fort bis in unsere Zeit. Daher treten gegenwärtig die Naturwissenschaften und die Technik in einer für das Altertum ganz unerhörten Weise mit „schöpferischen Kulminationen" in den Vordergrund, ebenso läßt sich in der westlichen Welt ein Trend zu „jubilierender" Freiheitlichkeit nicht verleugnen, obwohl sich bereits auch schon Stimmen der „Resignation" melden. So lassen sich Parallelen zum Altertum nur schwer bis in die Moderne verfolgen. In einem aber scheint sich aus dem antiken Beispiel eine Art von Warnung zu ergeben: Dort loderte auf der Höhe der griechischen wie der römischen Entwicklung das Feuer der Freiheit wohl großartig auf, doch müssen wir erkennen, wie es sich an seinem eigenen Überschwang alsbald verzehrte. Wer also die Freiheit liebt und Freiheit erhalten möchte, dürfte gut tun, damit haushälterischer umzugehen als solches im Altertum geschehen ist.

Umwälzungen innerhalb ein und desselben Entwicklungssystems

Manche Revolutionen entspringen der Hybris und dem persönlichen Ehrgeiz, andere einem gleichsam animalischen Antrieb und Unverstand. Wir aber wollen hier allein von Umwälzungen sprechen, in denen müde und unschöpferisch gewordene Eliten durch aufsteigende schöpferische Kräfte ersetzt wurden, in denen oft auch eine schlechtere Moral einer besseren, eine verbrauchte Tüchtigkeit einer noch unverbrauchten, die verwirklichte Idee einer noch unverwirklichten wich, wobei sogar Staatsverfassungen, Gesellschafts- und Wirtschaftsstile ausgetauscht werden konnten. Im Grunde geschah hier in gewaltsamer Weise und mit dem Affekt der Ungeduld, was ohnehin reif war, aber infolge der Beharrung einer älteren Generation nicht zum Durchbruch gelangen konnte. Diese Umwälzungen vollzogen sich somit in der von der Entwicklung eingeschlagenen Richtung und leisteten gewaltsam, was sich ansonsten in sanfterem Fließen verwirklicht hätte. Unschwer erkennen wir, daß sich solche Vorgänge in ein und derselben Entwicklung abspielten, ja daß sie darin als eine Art von „Entwicklungshilfe" angesehen werden dürfen.

Als Urheber solcher Umwälzungen haben wir in der Regel ein „inneres Proletariat" anzusehen, um einen Ausdruck von Toynbee zu gebrauchen. Revolutionen richten sich sowohl gegen die Form der jeweils etablierten Gesellschaft wie auch gegen Züge der darin etablierten Kultur. Ihnen liegt eine dynamische Unrast zugrunde, die dann eintritt, wenn eine Ära die ihr zukommende Aufgabe vollkommen erfüllt hat. Dabei konnte es natürlich geschehen, daß die bisher maßgeblichen Eliten durch ein Übermaß an Wohlstand und Macht ihre Elitehaltung verloren, ihre Macht mißbrauchten und auf eine moralisch tiefere Stufe absanken, doch war Toynbee, wie mir scheint, im Irrtum, wenn er hierin ein entscheidendes Versagen erblickte. Die eigentliche Fehlleistung lag nämlich darin, daß den Vertretern dieser vorausgegangenen Entwicklungsstufe nach Erfüllung ihres Auftrags einfach nichts Neues mehr einfiel. Es versagte vor allem ihre Phantasie, was begreiflich erscheinen muß, wenn wir bedenken, daß diese allzusehr auf den vorausgegangenen, bereits verwirklichten Aufgabenkreis festgelegt war. Die Umwälzung erfolgte somit nicht, weil die Repräsentanten des vorausgegangenen Establishments ihre Aufgaben schlecht, sondern weil sie sie gut gelöst hatten, als Inauguratoren des nachfolgenden Entwicklungsfortschritts aber gerade darum nicht mehr in Frage kamen.

Von den aufsteigenden Revolutionären hätten wir nach den geschichtlichen Erfahrungen folgendes zu erwarten: Einerseits müßten sie frischere Kräfte und eine bessere Moral mitbringen, worunter ich verstehe, daß sie noch nicht durch privilegiertes Wohlleben erschlafft oder durch Machtausübung verdorben sind.

Vor allem aber sollten sie neue Ideen anbieten, ihnen zum Durchbruch verhelfen und sie verwirklichen. Fehlt ihnen dieser Schatz an neuen Ideen, dann läuft die ganze „Revolution" auf eine sinnlose Bilderstürmerei hinaus. Wer Neues bietet, weiß auch das Alte zu schätzen und entfernt es nur soweit, als es zugunsten des Neuen geschehen muß: Wem aber nichts Neues einfällt, dem zerbricht wertvolles Altes unter den Händen.

Zwei Beispiele aus der athenischen Geschichte möchte ich dazu anführen. Hier kam es 462 zu einer Umwälzung, nachdem die vorausgegangene Generation der „Marathon-Kämpfer" das ihr auferlegte Programm verwirklicht hatte. Aber die neue Jugend verfügte damals bereits über das völlig neue und schöpferische Konzept des Ephialtes (dazu S. 164 ff.), auch zeichnete sie sich durch ein Höchstmaß von Einsatzbereitschaft und Bürgertugend aus. So erfolgte hier eine durchaus berechtigte und auch wohlgelungene Umwälzung. Abgebrochen wurde dabei nur, was sogleich durch konkretes Neues ersetzt werden konnte, nämlich die gemäßigte demokratische Verfassung durch eine radikalere, alles andere blieb davon unberührt, und selbst der gleitende Übergang vom strengen Stil zur Hochklassik in der plastischen Kunst vollzog sich ganz unabhängig davon.

Als dagegen in der Zeit zwischen 435 und 430 mit der nächsten Generation eine Jugend von Wohlstandssöhnen, erfüllt von übersteigertem Individualismus und intellektualistischem Ehrgeiz, zum Zuge kam, gelang keine echte Umwälzung, denn hier fehlte der Ideenschatz und das bessere Ethos. Als Folge dieser Unruhe stellte sich eine allgemeine Zersetzung und Desorganisation ein, die das von Perikles so großartig aufgebaute Establishment in politischer Hinsicht erschütterte und die Machtstellung Athens so sehr untergrub, daß sie im Peloponnesischen Krieg für alle Zeiten zusammenbrach.

In der späteren Antike verursachte — um ein weiteres Beispiel anzuführen — das Christentum eine ganz anders geartete, aber höchst bedeutsame geistige Revolution des inneren Proletariates. Es erhoben sich vor allem Bevölkerungsschichten, deren elementares Humanum noch nicht durch die urbane Routine verschüttet war, als Repräsentanten einer besseren Moral mit einem echten neuen Schöpfungsprogramm gegen die resignierende, stagnierende Reichszivilisation. Auch hier ließ man nach errungenen Siegen fast alles andere beim alten und änderte nur, was im Sinne der zur Herrschaft gelangenden neuen Konfession der Änderung wahrhaft bedurfte. Später verzichtete die christianisierte Bevölkerung des Reiches überhaupt darauf, größere Unruhen hervorzurufen, da neue Ideen fehlten und außerdem die Bedrohung durch die benachbarten Germanen und Perser viel zu gefährlich schien, um hybriden Versuchen Raum zu lassen. Wir lernen daraus, daß es angesichts äußerer Gefahren wohl überlegt werden muß, innere Unruhen zu wagen, sofern nicht neue Ideen drängen, da sonst nur das eigene Establishment unnötig erschüttert und der eigene Untergang zugleich mit einer Knechtschaft unter fremdem Diktat herbeigeführt werden könnte.

Über elementare Katastrophen

Ganz anders als mit den bisher besprochenen Umwälzungen verhält es sich mit Ereignissen größten Stils, die mit der Gewalt eines Naturgeschehens hereinbrechen und daher von uns als „elementare Katastrophen" bezeichnet werden sollen. Sie erfolgten gar nicht innerhalb ein und derselben Entwicklung, sondern beendeten das eine Entwicklungssystem und leiteten ein neues ein. Wir kennen aus dem Altertum nur zwei Vorgänge dieser Art. Der ältere fiel am Schluß der mykenischen Ära in die Wanderungszeit des 12. Jahrhunderts v. Chr., als das minoisch-mykenische Entwicklungssystem (s. S. 46, 66 ff.) zu Ende ging und sich das neue System der hellenisch-römischen Antike begründete.

Die zweite elementare Katastrophe erfolgte in der germanischen Völkerwanderung im 5. und 6. Jahrhundert n. Chr., welche das antike System abschloß und das Entwicklungssystem unseres Abendlandes einleitete.

Es handelte sich in beiden Fällen um einen grundsätzlichen Abbruch und um ein grundsätzliches Neuwerden. In beiden Fällen wurde die Umwälzung durch ein „äußeres Proletariat", dort durch die sogenannten „Seevölker" mit den nachfolgenden Doriern und Nordwestgriechen (dazu S. 69 ff., 72 ff.), hier aber durch die germanischen Stämme herbeigeführt. Eingehender kann ich auf den Parallelismus dieser beiden Ereignisreihen erst in meinem Beitrag zur Festgabe für Joseph Vogt zu sprechen kommen, doch möchte ich im vorliegenden Zusammenhang wenigstens das Grundsätzliche herausheben.

Abgebrochen wurde am Ende der mykenischen Zeit der einstmals vom minoischen Kreta her übernommene zentrale Wertbestand des Palastes, der Palastkulte und der Hofhaltung. Am Ende der Antike verfiel der zentrale Wertkomplex des Imperialen — das Weströmische Reich, sein Kaisertum, seine Verwaltung, sein Heerwesen und seine Autorität — dem nämlichen Schicksal. Dadurch wurde in beiden Fällen das bisherige Establishment seines zentralen Ideenschatzes und damit auch seiner Struktur beraubt, doch gingen hier wie dort nicht etwa bloß beliebige Entwicklungsphasen zu Ende, sondern die beiden Entwicklungssysteme als Ganzes. Kein Zweifel, daß solches nur geschehen konnte, weil sich beide Systeme schöpferisch verausgabt hatten, also zu keinen neuen Phantasieleistungen und daher auch zu keiner erfolgreichen Abwehr mehr fähig waren. Allerdings dürfen wir nicht vergessen, daß auch die Last des angesammelten Traditionsgutes von dem Zeitpunkt an eine schwerere Bürde bedeutete, da die eigenen Schöpferkräfte zu versagen begannen.

Nun müssen wir uns darüber klar werden, daß in beiden Fällen nur diese Zentralwerte sowie die bisher herrschende Struktur und das bisherige Entwicklungssystem abgebrochen wurden, daß aber im übrigen vielerlei Einzelbestände der zuletzt etablierten Kultur weitgehend erhalten blieben. Nur bildeten sie jetzt kein in sich zusammenhängendes Establishment mehr, sondern ein frei zur Verfügung stehendes Baumaterial, das man aus Ruinen beliebig herausbrechen konnte, das man nach Belieben verwendete oder nicht verwendete und so oder so manipulierte. Nachdem die ersten Stürme hinweggebraust und hier die Palastidee, dort die Reichsidee vernichtet worden war, erfolgte keine weitere Bilderstürmerei, man war jetzt vielmehr durchaus bereit, das noch vorhandene Kulturgut zu übernehmen. Dabei konnte diese Übernahme ohne Vergangenheitszwang und Vergangenheitsdruck in völliger Freiheit erfolgen.

Wer aber waren die Übernehmenden? In beiden Fällen die übriggebliebenen Nachkommen des vorausgegangenen Establishments, hier also der Achäer, dort der römischen Reichsbevölkerung. Diese hatte schon bei Übernahme des Christentums mancherlei an Hybris, Routine und allzu individualistischer Betriebsamkeit eingebüßt. Die Vernichtungsschläge, die das Reich zertrümmerten, führten nun zu einer fast völligen Desintellektualisierung, denn mit der antiken Urbanität brach auch die höhere Bildung zusammen.

Dazu kamen aber noch die neuen Einwanderer, auf der einen Seite die Dorier und die Nordwestgriechen, auf der anderen die germanischen Stämme. Sie brachten, da sie bisher noch wie Naturvölker gelebt hatten, ländliche Energien mit, Schlichtheit und Naivität. Zwar schien bei den Germanenkämpfen zeitweise alles Humane in Blut- und Gewalttaten erstickt zu werden. Bald aber legte sich dieser Rausch und machte der Bereitschaft Platz, antikes und christliches Kulturgut so weit zu übernehmen, als es das damals naive Denken überhaupt begriff.

Bei diesem Übergang vom alten Establishment in ein frisch zu bildendes neues zeigte sich aber noch eine weitere bedeutsame Tatsache: Weder in der griechischen noch in der mittelalterlichen Frühzeit hatte man nämlich auch nur das mindeste Verlangen, die Freiheit, über die man nun gegenüber allem Kulturgut verfügte, im Sinne eines liberalistischen Pluralismus zu gebrauchen. Man dachte gar nicht daran, die einzelnen Kultursparten in ähnlicher Weise autonom werden zu lassen, wie das einst am Ende der perikleischen Zeit geschehen war (S. 226 ff.). In den schweren Zeiten der Demütigung und Unsicherheit wurden jetzt nicht nur die Nachkommen der Reichsbevölkerung, sondern auch die zugewanderten Sieger unsicher und verlangten nach einem festen Halt. Einen solchen übergeordneten Wertbestand und Maßstab vermochten den frühen Hellenen nur die Rhapsoden mit ihrer Verherrlichung der traditionellen Ritterlichkeit zu bieten, den Germanen aber bot ihn die Kirche mit dem christlichen Weltbild und ihrer ins Religiöse übertragenen Reichsidee. Freilich vermochte man nicht alles, was den Untergang überlebt hatte, zu verstehen und zu behalten; vor allem im frühen Mittelalter blieb das meiste der alten Bildung und Kunst vorderhand ungenutzt. Was man aber zu begreifen vermochte, das schloß sich im Zeichen einer neuen Schlichtheit wie von selbst dort an den ritterlichen, hier an den christlichen Wertkomplex an, wodurch diese beiden Komplexe zu Zentralwerten aufstiegen, um die sich hier wie dort eine neue Struktur und ein neues Establishment bildete. Dieses stand hier wie dort im Zeichen einer gewissen Schlichtheit und Naivität, doch war es immerhin ein vollwertiges Anfangsestablishment von der Art, wie sie zu allen Zeiten den Beginn eines Entwicklungssystems zu bilden pflegt. Die menschlichen Fähigkeiten zu freischaffendem Intellektualismus und individueller Künstlerschaft wurden durch diese Totalzusammenbrüche allerdings durch Jahrhunderte desaktiviert oder wenigstens beträchtlich eingeschränkt.

Damit lernen wir, daß in den beiden Elementarkatastrophen das Neuwerden nicht von der Voraussetzung abhing, möglichst viel Kulturgut zu zerschlagen, sondern daß 1. beim vorausgegangenen Establishment die Phantasie in entscheidender Weise versagt hatte, 2. hier der maßgebliche Wertkomplex herausgebrochen wurde, 3. die selbstherrliche Zivilisationsroutine mit ihrem teils hybriden, teils resignierenden Individualismus einer naiveren Haltung im Sinne des elementaren Humanums wich.

So viel vermag ich aus den beiden uns hier zur Verfügung stehenden Beispielen zu entnehmen. Doch müssen wir die Möglichkeit, daß sich künftige Elementarkatastrophen in ganz anderen Formen, mit anderen Voraussetzungen und anderen Folgen abspielen könnten, durchaus offen lassen.

„Barbaren" und kulturelle Neubeginner

Der Begriff des „Barbaren" läßt sich am besten in dem Sinn umschreiben, daß es sich dabei um Elemente handelt, die auf irgendwelche Verlockungen hin ihr bisheriges (meist wohl elementares) Humanum weitgehend preisgeben, um in einem gleichsam rauschhaften Zustand fremde Kulturen samt ihren Institutionen und Kulturgütern, gelegentlich auch deren Träger, zu vernichten, nur weil ihnen deren Existenz irgendwie unheimlich und bedrückend dünkt, weil sie damit nichts anzufangen wissen, ganz abgesehen davon, daß ein solches Zertrümmern auch ein primitives Vergnügen bereitet. Vielfach liegt dem Wüten barbarischer Horden auch eine Art von Stammes-Chauvinismus zugrunde, der alles Fremde haßt und es vernichten möchte, ohne danach zu fragen, was an die Stelle des Zerstörten treten soll. In diesem Sinne haben wir die Stürme der alten Kimmerier, der Cimbern und Teutonen, vor allem die der Mongolen aufzufassen. In der Regel wird die Zerstörungswut allerdings mit einem primitiven Aneignungsverlangen nach Beute verbunden. In manchen Fällen klärt sich dann dieser Aneignungsdrang und bezieht sich nun auf den dauernden Gewinn von Kulturland, auf die Ausübung gehobener Herrschaftsrechte wie auf kulturelle Güter.

Dennoch wäre es verfehlt, von solchen „bekehrten" Barbaren unter allen Umständen schon einen alsbald erfolgenden Aufstieg zu kultureller Reife zu erwarten. Wenn die überrannten Völker bereits wohletablierte Kulturen besaßen, die sich in bestem Wachstum befanden und die sich trotz solcher Zuwanderungen zu erhalten vermochten, so waren sie auch imstande, die barbarischen Eroberer ohne weiteres und sehr rasch zu assimilieren. Dies geschah bei der Eroberung von Unteritalien durch die Normannen oder gelegentlich der Zuwanderung von Turkstämmen in den islamischen Bereich des Iran. Etablierte Kulturen erweisen ja auch sonst ihre Assimilationskraft, so vor allem gegenüber heranwachsenden Generationen. Jugend hat stets etwas Revolutionäres an sich, doch geht es ohne eine gewisse Assimilation nicht ab, denn die von ihr angebotenen neuen Ideen verlangen nach Einordnung, um im Rahmen des Establishments fruchtbar werden zu können.

Anders verhielt es sich allerdings, wenn die Kultur und das Establishment, worauf die Barbaren trafen, bereits am Ende der Entwicklung stand und hier auch noch die Struktur zerstört wurde. Zerstörtes kann keine Assimilationskraft ausüben. Da blieben auch bekehrungsbereite Barbaren auf den Trümmern der alten Gesittung weitgehend unassimiliert; es bedurfte dann eines langen schwierigen Aufstiegs, denn jedes höhere Kulturverständnis (z. B. im Künstlerischen) mußte nunmehr durch eigene geistige Arbeit in zahlreichen Generationen erst allmählich wieder erworben werden.

Ein solches Neubeginnen „ab ovo" fiel sowohl den Griechen nach der Zerstörung der mykenischen Welt wie auch dem frühen Mittelalter nach der Zerstörung der römischen zu; auch die Nachkommen, hier der mykenischen, dort der antiken Lebenssphäre, mußten, nachdem sie durch Schicksalsschläge in die elementare Naivität und geistige Schlichtheit zurückgeworfen worden waren, mit von vorne anfangen.

Das ging so ein halbes Jahrtausend in mühsamem Anstieg dahin, bei den Griechen auf tieferer, im Mittelalter aber auf einer weit höheren Stufe, die dennoch von Naivität, von Verhaltenheit und vielfältigen Bindungen bestimmt war. Die Befreiung des schöpferischen Geistes erfolgte bei den Hellenen erst seit dem Auftreten Homers, im Mittelalter seit dem 12. Jahrhundert. So lange mußte man warten, um mit neuen Abenteuern des Geistes beginnen zu können.

Die „Benediktiner" und ihre Aufgabe

Zweierlei steht einander gegenüber: Hier die Vergänglichkeit der einzelnen Entwicklungsphasen wie auch der großen Entwicklungssysteme, dort aber die Forderung nach dauernder Erhaltung, die sowohl von den „überzeitlichen Meisterwerken" wie von der „geschichtlichen Erinnerung" angemeldet wird.

Hier wollen wir zuerst von den „überzeitlichen Meisterwerken" sprechen. Diese wurden wohl einmal in einer bestimmten Zeit und in einem bestimmten Kulturstil geschaffen, sie erhoben sich aber durch die Schöpferkraft ihrer Urheber weit über diese Zeit und ihren Stil, um der Zukunft und der ganzen Menschheit anzugehören. Als solche Meisterwerke haben wir in der Antike die Dichtungen Homers und der großen Tragiker wie Lyriker anzusehen, ferner die Spitzenleistungen der bildenden Künste, des philosophischen Denkens und der Wissenschaft. So verhält es sich mit ihnen nicht anders wie mit den Lehren der jüdischen Propheten oder mit denen der großen Religionsstifter des Morgenlandes, die gleichfalls Menschheitsgut geworden sind.

Infolge der Wechselfälle der Geschichte, besonders aber vom Niedergang des Römischen Reichs und dem Beginn der „dark ages" an, ging ein großer Teil der für die Ewigkeit bestimmten Kunstwerke zugrunde. Was von diesem Kulturgut an literarischen Meisterwerken gerettet wurde, verdanken wir einerseits den Byzantinern, andererseits den Bemühungen der Kirche, der geistlichen Orden und seit dem Hochmittelalter nicht zum wenigsten den Benediktinern.

Im Wirken dieser Bewahrer lag etwas so Bedeutsames, daß wir für sie unbedingt eine generelle Bezeichnung benötigen. Wir wollen sie daher in ihrer Gesamtheit einfach als „Benediktiner" bezeichnen, wobei dieser Ausdruck hier als Terminus verstanden werden soll. Das Großartige ihrer Bemühungen lag darin, daß sie die Bedeutung der Werke und Werte, die sie bewahrten und die sie für ihren Schulunterricht schlecht und recht heranzogen, gar nicht voll zu erfassen vermochten, daß sie aber doch eine Ahnung von ihrer Erhabenheit hatten. Sie übten ihre Tätigkeit in einer Zeit aus, die solcher Werke gar nicht bedurfte. Wir können in ihnen daher die großen Konservatoren des Geistigen erblicken, die demütig über die dunklen Zeiten der Unbildung hinweg bewahrten, wofür erst wieder eine spätere Zukunft reif werden sollte.

Daß sowohl Zeiten des Niederganges wie auch solche einer „ab ovo" neubeginnenden Entwicklung das Verständnis für höchste Kunstwerke einfach nicht mehr (beziehungsweise noch nicht) aufzubringen vermögen, scheint sich mir folgendermaßen zu erklären: Alle diese Großleistungen erheben sich nicht nur auf der Höhe einer durch viele Generationen aufgebauten Kunstentwicklung, sondern sie loten gleichzeitig aus dieser schwindelnden Höhe unmittelbar hinab in die Urgründe des elementaren Humanums. So bringen sie dieses edlere Menschentum schlackenrein zutage und vereinigen es mit den Weihen höchster Geistigkeit. Hierdurch sieht sich menschliches Wesen zur höchstmöglichen Würde, zum „schöpferisch kulminierenden Humanum" erhoben.

Solange nun die Umwelt das Verständnis sowohl für die höchste Entfaltung des Künstlerischen wie auch für die Erschließung des Humanen besaß, konnten diese Kunstwerke durchaus verstanden werden. Als aber im niedergehenden Römischen Reich mit der Betriebsamkeit einer leeren Großstadtroutine das Gespür für elementare Menschlichkeit wie auch für große Meisterkunst immer mehr verschüttet wurde, schwand auch das Verständnis für solche Werke dahin.

Wohl kehrte nach den Zeiten des Reichszusammenbruchs im beginnenden Mittelalter das elementare Humanum in seiner naiven Form wieder zurück, doch mangelte immer noch das feinere Kunstverständnis, das in den „dark ages" völlig verlorengegangen war. Erst als sich dieses Kunstverständnis allmählich wiederum aufbaute und das Verständnis für das elementare Humanum immer noch hinreichend vorhanden blieb, ja, als dieses Humanum seit der Renaissance selber den Weg zu neuen schöpferischen Kulminationen fand, da setzte auch die Kommunion mit dem alten Meistergeist wieder ein. Nun begannen die antiken Werke nicht nur zu beglücken, sondern sie bildeten einen großartigen Ansporn, und erst mit Hilfe dieser Ermunterung, ja, gleichsam im Wettkampf mit der antiken Meisterschaft erreichte auch die abendländische Kunst eine ähnlich großartige Leistungshöhe. Dabei war von einer Schattenwirkung nun keine Rede mehr, denn die neue Entwicklung erfolgte in einer ganz anderen Gesamtrichtung. Dante konnte jetzt neben Homer, Hölderlin neben Pindar, ja, die Iphigenie Goethes neben die des Euripides treten. So bilden die antiken und die abendländischen Meisterwerke für uns Moderne eine Gemeinsamkeit, die uns dazu verpflichtet, für ihre Erhaltung mit aller Kraft einzutreten

Wir hoffen, den Unterschied zwischen der Vergänglichkeit der „Kulturen" und den gleichsam der Unvergänglichkeit zugeordneten „überzeitlichen Meisterwerken" einigermaßen klargemacht zu haben. Es läge nun im Sinn einer allgemeinen Weltökonomie, daß sich diese Überzeitlichkeit gegenüber der sonstigen Vergänglichkeit alles „Irdischen" wie gegenüber der Lust an barbarischen Zerstörungen auch in Zukunft behaupte. Barbarische Attacken gibt es zu allen Zeiten. Solange Kulturen aber noch schöpferische Kräfte zu eigen haben, pflegt das Barbarische entweder abgewehrt oder als Auffrischung in die laufende Entwicklung eingebaut und assimiliert zu werden. Erst wenn eine Entwicklung auszulaufen beginnt, kann Barbarentum siegreich bleiben; es pflegt dann auch zu schwereren Zerstörungen zu kommen. Dann aber müssen „Benediktiner" am Platze sein, um bei der etwa eintretenden Vernichtung eines Establishments das wertvolle Meistergut der Vergangenheit zu retten. Sie haben es über künftige „dark ages" für eine spätere, aufnahmefähigere Zukunft zu bewahren, in der dieses hohe Menschengut wieder voll verstanden und als Ansporn auch dringend benötigt wird.

Eine solche Aufgabe des Rettens haben wir aber nicht nur im Hinblick auf die überzeitlichen Meisterwerke zu erfüllen, sondern auch im Hinblick auf die geschichtliche Erinnerung an frühere Kulturen. In aller Vergangenheit und damit auch in der Historie liegt etwas Großes und ein Erfahrungswert. Im Wesen der „Größe" finden wir aber bereits die Forderung nach Denkwürdigkeit und nach überzeitlicher Bewahrung mit eingeschlossen.

Würden wir diese Forderung einer Erhaltung des Geschichtlichen ganz grundsätzlich ablehnen, so würde die Menschheit aufhören, im geistigen Sinne Menschheit zu sein und würde auf die Stufe eines tierischen Daseins, das in den Tag hineinlebt, herabsinken. In dieser Bewahrung liegt nun die Aufgabe und zugleich auch der tiefere Sinn der Geschichtsschreibung.

Allerdings müssen wir zugestehen, daß nicht alle Zeiten in gleichem Maße einen Bedarf an geschichtlicher Erinnerung anmelden. Die einen übersättigen sich schier daran, ja, sie flüchten geradezu in die Geschichte, andere wieder fürchten den Vergleich und wollen sich von vergangenen Kulturerinnerungen lieber frei erhalten. Aber gerade in Zeiten, die sich vom Geschichtlichen eher abwenden, bedarf es erst recht der Bewahrung über den aktuellen Bedarf hinaus, denn Historie wird nicht allein für die Gegenwart, sondern vor allem für die Zukunft geschrieben.

In diesem Sinne gehört die Geschichtsschreibung nicht minder als das Bewahren der künstlerischen Meisterleistungen zur Benediktiner-Arbeit und Benediktiner-Verpflichtung. Und wenn sie ihr Pensum im Dienst der menschlichen Überzeitlichkeit leistet, dann erfüllt sie, wie alles Benediktiner-Wirken, den ihr zugewiesenen Anteil an der großen und vielseitigen Aufgabe, die wir im Ideal einer universalen und im Prinzip sozial aufgebauten Menschlichkeit erblicken.

NACHTRÄGE DER ZWEITEN AUFLAGE

Die ältesten Kulturen im Bereich des östlichen Mittelmeeres (S. 15 ff.)

Innerhalb der letzten zehn Jahre, die seit der Abfassung der ersten Auflage verflossen sind, ist das Bild dieser ältesten Kulturen durch Neufunde sehr viel reicher geworden. In Palästina und Jordanien (vor allem im Umkreis des Jordan und des Toten Meeres) fanden sich zahlreiche weitere Plätze der Jericho-Kultur, durch die sich unsere Kenntnisse des Übergangs von der Stufe der *food gatherer* (meist Wildbeuter) zu der der *food producer* (hier schon Ackerbauer) erweitern. Analoge Übergangskulturen sind schon seit längerem aus Kurdistan (Qalat Jarmo) und seit neuerem auch aus Syrien (Ugarit, unterste Schichten) bekannt. Mit noch weit größerer Bedeutsamkeit schiebt sich wider Erwarten jetzt aber das östliche Kleinasien in den Vordergrund. Durch die epochemachenden Funde von James Mellaart in Tschatal Hüyük (vgl. dessen Werk „Catal Hüyük, Stadt aus der Steinzeit", 1967) wird uns der Aufstieg der Jägerbevölkerung des östlichen Anatolien zu einer eigenartigen Kleinstadtkultur bezeugt, die sich im 6. und 5. Jahrtausend bereits durch eine ganz überraschende Entwicklungshöhe auszeichnete. Jagd und Ackerbau wurden hier gleichzeitig betrieben. Anstelle der Gefäße aus Holz traten solche aus gebranntem Ton, die Kleinplastik entfaltete sich zu einer erstaunlichen Vielfalt der Motive, die Steinschalen waren von bester Qualität, die bunten Wandmalereien zeigen einerseits Szenen der Jagd, kultische Festlichkeiten (Tänze als Jagdzauber), auch Bilder mythologisch-symbolischer Art (riesige Geier über Menschen ohne Kopf), andererseits aber großflächige Ornamente, die gewiß bunte Wandteppiche nachahmten. In kultischer Hinsicht stand einerseits der Jagdzauber, andererseits aber schon die große Fruchtbarkeits- und Muttergottheit im Vordergrund. Diese wurde in der Plastik auch mit ihrem Kind oder im *Hieros Gamos* mit ihrem jungen Geliebten dargestellt. Zusammen mit dem Panther wurde sie als „Herrin der Tiere" (Potnia Theron) abgebildet. Eine große Rolle spielte auch der Wildstier, der an den Wänden kultisch abgebildet wurde und dessen Schädel wie Hörner man in den Kulträumen aufstellte. Alles in allem eine Kultur von erstaunlichem Reichtum, die mit derjenigen von Jericho vielleicht die kultische Schädelabtrennung wenigstens zeitweise gemeinsam hatte, die aber in vieler Hinsicht auf einer noch höheren Stufe stand. Das bereits etwas länger bekannte, mehr westlich gelegene Hacilar kann als ein Außenposten dieser Gesittung angesehen werden. Andere Plätze gab es wohl bis zur Ägäis hin.

Zur Vorderasiatischen Kulturtrift (S. 18 ff.)

Meine These von der Vorderasiatischen Kulturtrift, so wie ich sie seit La nouvelle Clio I (1950) immer wieder vertreten habe, bewährt sich im Lichte der neuesten Funde bestens (vgl. dazu meine Darstellung in „Das Ägäische Neolithikum", in: Studies in Mediterranean Archaeology VI [1964], S. 4 ff.). S. Weinberg („The Stone Age in the Aegean", 1965) vertritt jetzt mit Recht die Auffassung, daß diese Beeinflussungen bereits in der vorkeramischen Zeit begannen und dann in weiteren Stößen durch viele Jahrhunderte fortwirkten. Dabei sind immer wieder östliche Auswanderer nach den zum Ackerbau einladenden Gebieten von Griechenland (Thessalien, Spercheios-Ebene, Kephisos-Tal) wie Makedonien (Hauptfundort jetzt bei Nea Nikomedia) gelangt, weiter nach den Lößböden im Donaubereich (z. B. Starcevo und die ältesten Schichten von Vinca). Andere Ausstrahlungen richteten sich nach dem adriatischen Bereich und nach Sizilien.

Das Neolithikum von Kreta wurde jetzt durch die Ausgrabungen von John Evans in Knossos (wo es damals schon eine Stadt gab) und von Doro Levi in Phaistos besser bekannt. Von Ostkleinasien sah sich die Insel vor allem in kultischer Hinsicht beeinflußt, und man übernahm von dort (sei es im Neolithikum oder bald danach) den Kultus der großen Muttergöttin mitsamt den in Tschatal Hüyük vorgebildeten Kombinationen (Mutter mit Kind, Göttin mit Geliebtem, Göttin und Leoparden), weiter die kultische Rolle des Stiers, der Stierschädel und Stierhörner (sogenannte Kulthörner). Auch die Urform der minoischen Doppelaxt findet sich einmal in einer Wandmalerei von Tschatal Hüyük.

Die morgenländischen Einflüsse gelangten nicht nur zu Lande, sondern auch zur See nach Griechenland und Makedonien. Daher finden sich manche Beziehungen zu Syrien, die anscheinend unter Umgehung von Kleinasien nach der Ägäis gelangten. Die Kykladen wurden damals noch kaum besiedelt, da es hier kein für den Ackerbau geeignetes Gelände gab.

Zum Ausgang des ägäischen Neolithikums (S. 24 ff.)

Es wird uns nun immer klarer, daß sich in Anatolien und im Ägäisbereich, dann weiter in der Balkanhalbinsel bis in den Bereich des bei Belgrad gelegenen Vinca, zwischen dem Neolithikum und der Frühen Bronzezeit eine lange währende Periode mit schwarzpolierter Keramik einschiebt, die in der Plastik, im Hausbau und in der Tonware einen etwas anderen, fast ärmlicheren Eindruck hinterläßt als die vorausgegangenen Zeitstufen. Andererseits kommen nun Gefäße aus Gold und Silber auf, und die Metallurgie beginnt eine größere Rolle zu spielen. Auch die schwarzpolierte Keramik bemüht sich, Metallgefäße in Formengebung und Glanz der Oberfläche nachzuahmen. Ob diese Ära der schwarzpolierten Ware durch irgendwelche Zuwanderer (woher?) herbeigeführt wurde, oder nur durch eine intensivere Wendung der gewerblichen Interessen zum Metallurgischen, möchte ich offenlassen. Die anscheinend vom Donaubereich ausgehenden Vorstöße der „Dimini-Leute" nach Griechenland (und vielleicht auch nach Kleinasien?) trafen bereits auf diese Ära des „Schwarzpolierten".

Handelsexpansion des Ägäischen Bereiches in der Frühbronzezeit (S. 26 ff.)

Durch die neuen spanischen, portugiesischen und deutschen Ausgrabungen in den Küstenbereichen der Iberischen Halbinsel wurden in Spanien Befestigungen und Kuppelgräber gefunden, die an ägäische Typen erinnern (gelegentlich auch Fischgräten-Mauerung). Dazu ergaben sich seit 1964 bei Grabungen in Portugal durch E. Sangmeister und H. Schubart in Zambujal bei Torres Vedras auch Befestigungen, welche weitgehend den frühbronzezeitlichen Stadtmauern in Griechenland und auf den Kykladen entsprechen (Vorberichte in den Madrider Mitteilungen des Deutschen Archäologischen Instituts). Gleiches gilt für Lebous in Südfrankreich (Antiquity 38 [1964], S. 191 ff.). So scheint von der Ägäis aus schon damals ein Handelsverkehr nach allen Teilen des westlichen Mittelmeeres und mit Stützpunkten rund um die Iberische Halbinsel betrieben worden zu sein, was darauf hindeutet, daß die Seewege nach den Zinn-Inseln und nach Cornwall bereits von den kykladischen Seefahrern erschlossen waren.

Zur indo-europäischen Sprach- und Stammesverwandtschaft (S. 31 ff.)

Wer noch nicht begriffen hat, daß wir es bei dieser Verwandtschaft mit einer Realität zu tun haben, die wir einfach hinnehmen müssen, der lese den Sammelband von A. Scherer, „Die Heimat der Indogermanen", 1968, der Beiträge der maßgeblichen Sprachforscher, Prähistoriker und Ethnologen aus aller Herren Länder zusammenstellt. Was sich in den indo-europäischen Tochtervölkern an Gemeinsamkeiten der Gesittung findet, fußt nicht auf gemeinschaftlicher Rassenveranlagung, sondern auf der gemeinsamen Prägung primär durch das Hirtenkriegertum, so wie es den indo-europäischen Horden der Urzeit zu eigen war, wozu dann später noch eine Zusatzprägung im Sinne der nachher übernommenen Agrarwirtschaft kam. Solche Prägungen erhalten sich in der Tradition von Kulturstilen über viele Generationen hinweg, worüber ich an anderer Stelle mit ausführlichen Belegen handeln werde. Der prägende Faktor war in diesen Fällen die Wirtschaftsform, die allerdings wieder von der Landesnatur abhing.

Was die „Herkunft" und „Urheimat" dieser ursprünglich ständig in Bewegung befindlichen Horden anbetrifft, die von der Jagd nur allmählich zur Herdenhaltung übergingen, so kann man für sie höchstens einen weitesten Bewegungsraum abstecken, der alle die eurasischen Weiten vom Tienschan und Aralsee zum Kaspischen Meer, zum Pontus und weiter bis Polen, ja vielleicht bis Ostdeutschland umfaßte. Eine besondere Rolle scheinen dabei Horden gespielt zu haben, die durch ihre Hügelgräber bemerkenswert sind, wobei man auch von Kurgan-

Kulturen zu sprechen pflegt. Dazu verweisen wir auf die ausgezeichnete Arbeit von Marija Gimbutas, „Die Indoeuropäer. Archäologische Probleme", in: American Anthropologist 65 (1963), S. 815 ff. (bei Scherer S. 538 ff.).

Die Einwanderung der ältesten Griechenstämme (S. 38 ff.)

Die mit der Einwanderung zusammenhängenden Katastrophen setzten, wie J. Caskey, „Greece, Crete and the Islands in the Early Bronze Age", in: Cambridge Ancient History, Kap. I, XXVI a (1964), S. 18 ff., erkannte, bereits am Ende der zweiten Stufe des Frühhelladikums ein und zogen sich bis zum Beginn des Mittelhelladikums (etwa 1900) hin. Für die Zuwanderer war es vielfach charakteristisch, daß sie ihre Toten innerhalb von Steinkreisen beisetzten, die von einem gemeinsamen Tumulus überhöht waren. Dieser Grabtypus läßt sich jetzt bis nach Epirus und Albanien zurückverfolgen (vgl. N. G. L. Hammond, Annual British School at Athens 62 [1967], S. 77 ff.) und dürfte letzten Endes von den oben erwähnten Kurgan-Gräbern im Bereich des Schwarzen Meeres abzuleiten sein. Daß die große griechische Einwanderung mit diesen Katastrophen zusammenhängt, wird jetzt von allen Forschern, die das archäologische Material wirklich kennen, so auch von Mylonas, Caskey und Emily Vermeulle angenommen. Ich selbst habe darüber mit eingehender Beweisführung in Klio 32 (1939), S. 235 ff.; RE XXII, S. 1489 ff., und zuletzt auf dem Mykenologischen Kongreß in Rom (Atti e memorie del I. congr. int. di micenologia I [1967], S. 297 ff.) gehandelt, was F. Kiechle, Gymnasium 75 (1968), S. 141, entgangen zu sein scheint.

Kreta in minoischer Zeit (S. 43 ff.)

Für die Zeit der „Älteren Paläste" (etwa 2000—1700) hat Doro Levi durch seine Grabungen in Phaistos sowohl die verschiedenen Baustufen des Älteren Palastes wie auch das daran anschließende Quartier der Stadt eingehend untersucht.

Da bei den Umwälzungen, die um 1700 im östlichen Mittelmeer erfolgten, vielleicht auch Kreta in Mitleidenschaft gezogen wurde, ist es von Interesse, daß die durch Bietak durchgeführten österreichischen Ausgrabungen in Tell Daba im östlichen Nildelta die Nekropole einer großen Hyksossiedlung (wohl Aweris) angeschnitten haben (zu S. 45, 54, 56).

Für die Zeit der „Jüngeren Paläste" (ab 1700) wurde jetzt durch S. Marinatos in Thera (Santorin) unter der Vulkanasche eines etwa 1520 erfolgten Ausbruchs eine mehrstöckige Haus- oder Palastanlage mit reichen keramischen Funden und Fresken angetroffen. Es besteht die begründete Hoffnung, daß dieser Platz die Rolle eines zweiten Pompeji spielen wird. Andere minoische Stützpunkte wurden von J. Caskey auf Keos (mit Fresken und tönernen Großplastiken) und von G. Huxley auf der Insel Kythera aufgedeckt.

In besonderem Maße werden unsere Kenntnisse von der jüngeren Palastzeit aber durch die Erschließung eines neuen Palastes an einer kleinen Bucht der jetzt so einsamen Ostküste von Kreta in Kato Zakro bereichert (hier auch einige Linear A-Texte). Derselbe steht in Anlage und Größe den Palästen von Knossos, Phaistos und Mallia kaum nach, seine Blütezeit fällt in das 16. Jahrhundert, in der ersten Hälfte des 15. Jahrhunderts wurde er dann zerstört. Für die Frage nach den Katastrophen, in denen die jüngeren Paläste von Kreta ihr Ende fanden, werden (was S. Marinatos schon seit 1937 immer wieder behauptete) nun in der Tat die großen Vulkanausbrüche von Thera bedeutsamer. Wir wissen jetzt, daß es auf dieser Insel mehrere, weithin wirksame Elementarereignisse gegeben hat. Näheres wird sich nach Fortsetzung der Grabungen auf Thera selbst sagen lassen.

Die Entstehung der mykenischen Kultur (S. 55 ff.)

Die gelegentlich immer wieder vertretene These, daß die Griechen nicht schon am Beginn der Mittelhelladischen Zeit (2100—1900), sondern erst zu Anfang der Späthelladischen, d. h. der Mykenischen Ära (1600) nach Hellas gelangt wären, wurde durch die Funde des letzten Jahrzehntes erneut widerlegt. Wird es doch immer klarer, daß die mykenischen Grabtypen des Steinkreises mit Beisetzungen darin, des Schachtgrabes und des Kuppelgrabes bereits in der Mittelhelladischen Periode vorbereitet waren. Auch zeigt sich über die Schwelle von 1600 hinweg überall eine absolute Siedlungskontinuität und keine Spur von Störung. Den Anstoß zur Bildung der mykenischen Kultur bildete erst der enge Kontakt, in den festländische Fürsten einerseits mit Kreta, andererseits mit der Levante (wohl Ägypten) traten, wobei sie von den Minoern das Höfische übernahmen, vom Osten aber den Streitwagen und die ritterliche Kampfesweise.

Über die anscheinend sehr komplizierten geschichtlichen Vorgänge der damaligen Umwälzung läßt sich noch immer nichts Sicheres sagen, doch wird nun klarer, daß dabei nicht nur die Herrscher von Mykenai, sondern auch Fürsten, die an der Westküste der Peloponnes residierten, eine beträchtliche Rolle spielten (vgl. die Ausgrabungen von Marinatos zu Peristeria).

Zur Geschichte der mykenischen Zeit (S. 59 ff.)

Was die frühmykenische Zeit betrifft, so vermuten wir jetzt, daß man damals alle Aufwendungen dem Gräberprunk zuwandte, daß man sich aber mit den kleinen, aus dem Mittelhelladikum stammenden Fürstenhäusern mit Megaron begnügte und überhaupt noch keine größeren Paläste errichtete. Solche scheinen erst im 15. und 14. Jahrhundert entstanden zu sein. Durch neue, sehr schwierige Ausgrabungen erfahren wir jetzt auch Näheres über die Residenz von Theben (einige Linear B-Texte und viele orientalische Siegelzylinder). Leider befinden sich ihre Reste unter der modernen Stadt.

Auf der Burg von Mykenai entdeckte Lord William Taylour 1968 im sogenannten „Citadel-House" Tonplastiken von Gottheiten (bis 60 cm hoch) und von heiligen Schlangen, weiter auch wohlerhaltene Fragmente von Fresken (Illustr. London News, 4. 1. 1969, S. 25 ff.).

Über die auf Kreta im 15. Jahrhundert einsetzende mykenische Herrschaft mykenischer Fürsten und Ritter erfahren wir Näheres durch die Gräber, die bei Knossos und Phaistos (vgl. dazu meine Ausführungen in Jahreshefte des Österr. Archäol. Inst. 45 [1960], S. 62 — wo auf S. 62 Zeile 1 „1470/60" statt „1570/60" zu lesen ist — und „Die minoische Kultur des alten Kreta", 1964, S. 273 ff.) wie auch bei Heraklion gefunden wurden (dazu jetzt St. Alexiou, „Hysterominoikoi taphoi limenos Knossou-Katsaba", 1967), und durch die Grabungen des Ehepaares Sakkellarakis in der knossischen Sommerresidenz von Archanes, wo sich auch wichtige Grabanlagen fanden. Wieweit der Palast von Knossos nach 1400 noch weiter benützt oder wiederhergestellt wurde, ist umstritten.

Im Jahre 1964 wurden vom Schweizer Institut für Bauforschung in Kairo im Totentempel Amenophis III. (1413—1377) in West-Theben bedeutsame Grabungen durchgeführt, bei denen auch fünf Statuenbasen zutage kamen, die eine Fülle von Namen fremder Länder und Städte aufweisen. Auf ihnen behauptete der Pharao, daß diese „schwerzugänglichen Länder" und Fürsten ihm Gesandtschaften und Geschenke gesandt hätten zum Zeichen ihrer Untertänigkeit. Die eine dieser Basen führt nun als einleitenden Namen den von Keftiu an, was soviel wie Kreta bedeutet (vgl. J. Vercoutter, „L'Egypte et le monde égéen préhellenique", 1956, und meine Ausführungen in Jahreshefte des Österr. Archäol. Inst. 45 [1960], S. 44 ff.). Anschließend wird eine Reihe von ägäischen Ortsnamen aufgezählt, unter anderem Knossos, Amnisos, Lyktos, Kydonia und wahrscheinlich auch Phaistos, also gerade die Plätze, welche in den damaligen Linear B-Texten am häufigsten genannt werden. Weiter finden sich aufgezählt Kythera, das, wie uns die englischen Ausgrabungen lehren, eine bedeutende Rolle als Seehafen spielte, und Mykenai (m-u-k-a-n). Fraglich, aber doch recht wahrscheinlich sind dann noch die Lesungen dreier weiterer Ortsnamen als Massenia, Nauplia und als Ilion (w-i-r/l-ja). Einige andere Namen lassen sich noch nicht identifizieren. Alle diese Ortsnamen dürften aus der ägyptischen Hofkanzlei Amenophis III. und seiner Vorgänger stammen. Außerdem wäre noch möglich, daß nach der Katastrophe des Palastes von Knossos um 1400 irgendwelche vornehme Flüchtlinge aus Kreta nach Ägypten gelangten. Dabei muß aber immer im Auge behalten werden, daß Kreta schon seit etwa 1470 von mykenischen Griechen beherrscht wurde und daß im letzten knossischen Palast (1470—1400) bereits mykenische Fürsten residierten. Sehr zu beachten ist ferner, daß die Linear B-Texte (wahrscheinlich kurz vor 1400) und die Angaben der Amenophis-Basis zeitlich zusammengehen. Eine Erwähnung von Ilion braucht nicht zu überraschen, da dieser Platz nach unseren Kenntnissen zu Beginn des 14. Jahrhunderts sicher noch nicht zerstört war, sondern gerade damals in höchster Blüte stand (Troia VI!). Außerdem fallen die Texte der erwähnten Basen gerade in die Zeit der sogenannten El Amarna-Korrespondenz, so daß die Vorderasien betreffenden

Listen der vier anderen Statuenbasen eine treffliche Ergänzung zu unserm Wissen von den damaligen diplomatischen Beziehungen des Pharaonenhofes bieten. Alle Listen hat nun Elmar Edel, „Die Ortsnamenliste aus dem Totentempel Amenophis III.", in Bonner Biblische Beiträge 25 (1966), veröffentlicht.

In der mykenischen Spätzeit dehnte sich die griechische Schiffahrt nicht nur bis Sizilien, den Äolischen Inseln und bis Ischia, sondern — wie uns erst jetzt der Fund mykenischer Keramik in Luni bei Tarquinia beweist — auch nach Etrurien aus (Journ. Hell. Stud. Report 1967/68, S. 40 f.). In der Richtung des westlichen Balkan fand sich nicht nur an der Küste von Epiros, in Barga, ein mykenisches Kuppelgrab und im Inneren mykenischer Import, sondern frühmykenische Importstücke kamen sogar in Gräbern im Innern von Albanien ans Licht (N. G. L. Hammond, Annual British School at Athen 62 [1967], S. 79 ff.).

Auf Kypros scheinen mykenische Ansiedler als friedliche Metöken bereits seit dem 15. Jahrhundert aufgetreten zu sein. Etwa um 1230 wurde dann sowohl die Stadt von Enkomi wie die von Kition von griechischen Eroberern besetzt und stark befestigt. Aber schon um 1200 wurden die Plätze von Kontingenten der barbarischen Seevölker (zu diesen S. 69 ff.) gebrandschatzt und neu besiedelt. Griechische Ansiedler traten in Enkomi erst wieder im Lauf des 11. Jahrhunderts auf, doch wurde diese Stadt bald nach der Küste (nach Salamis) verlegt.

Zum Zusammenbruch der mykenischen Kultur (S. 69 ff.)

Meine erstmalig in der „Etruskischen Frühgeschichte", 1929, S. 54 ff., ausgesprochene Auffassung, daß die mykenische Kultur nicht durch die Dorier, sondern durch die sogenannten Seevölker (Illyrier und andere) vernichtet wurde, scheint sich allmählich durchzusetzen. Wichtige neue Ergebnisse verdanken wir zur Frage der Seevölker vor allem den in Israel von Frau Dothan durchgeführten Philisterforschungen und den von Schaeffer, Dikaios und Karageorghis in Enkomi wie in Kition vorgenommenen Grabungen.

Über den Zusammenbruch der mykenischen Gesittung handelte mein früherer Schüler Per Alin in seiner Wiener Dissertation „Das Ende der mykenischen Fundstätten auf dem griechischen Festland" (Stud. Mediterr. Archaeol. I [1962]) und V. R. Desborough, „The last Mycenaeans and their Successors", 1964.

Zu den Neufunden der ägäischen Frühzeit vgl. im allgemeinen die Jahresberichte im Bulletin de Correspondance Hellénique und im Report des Journal of Hellenic Studies. Einen ins einzelne gehenden Bericht über die Funde von 1961 bis 1965 bereite ich im Auftrag des Deutschen Archäologischen Institutes als selbständige Publikation vor.

Zum allmählichen Mündigwerden des griechischen Menschen in der Archaischen Zeit (S. 97 ff. 116 ff.)

Auf diese Tatbestände konnte ich in der ersten Auflage noch nicht so eingehend zu sprechen kommen, da eine Darstellung der hier in Frage kommenden Entwicklungsvorgänge dem damals in Vorbereitung befindlichen Werk „Die Frühe Klassik der Griechen" (erschienen 1966) vorbehalten bleiben sollte, wo es S. 34 ff. dann möglich war, die Nachweise im einzelnen zu bringen.

Die Archaische Zeit wurde, wie mir scheint, mit der Entdeckung des schöpferischen Ingeniums und mit der Anerkennung des geistigen Eigentums durch die Einführung des Autorennamens eröffnet. Dabei handelte es sich um zwei grundlegende Neuerungen, die erstmalig für Homer als Dichter und als Autor der ältesten geschriebenen Buchwerke zur Anwendung gelangten. Hierdurch wurden in allen Kultursparten, in Gewerbe und Handel, in der Politik, in der Literatur und bis zu einem gewissen Grad auch in den Künsten einer dynamischen Entfaltung freie Bahn gebrochen. Insofern zeigte die Archaische Ära bereits einen ziemlich modernen Charakter.

Das Altertümliche dieser Periode liegt aber in folgendem: Noch verzichtete man auf ein theoretisches und begriffliches Denken, verzichtete auf alle Fragen prinzipieller Natur, auf alle Kritik an Göttervorstellungen und Mythen. Die Natur wurde durchaus der göttlichen Sphäre zugeordnet und alles Übernatürliche allein in Bildern, einzeln und nebeneinander, erschaut. In diesem Tabu, mit dem man eine höhere Welt vor kritischen Denkakten abschirmte, liegt das Naive und zugleich das Bestechende der Archaischen Zeit. Auch in der damaligen bildenden Kunst zeigt sich die Freude an schlicht aneinander gereihten Einzelheiten, so bei den Metopenbildern am Tempelgebälk, ja bei Statuen selbst der Bauelemente, aus denen der menschliche Körper besteht. Die Kraft des Archaischen lag darin, daß sich alles rationale Vorwärtsstreben in einem noch unberührten irrationalen Rahmen abspielte und daß es sich um eine gleichsam problemlose Zeit handelte, in der die Menschen das Nachdenken über die Welträtsel noch weitgehend den Göttern überließen.

Im Laufe des 6. Jahrhunderts traten allerdings an der Peripherie der griechischen Welt in Ionien und Unteritalien die S. 177 ff. besprochenen Denker auf, die das bisherige Tabu des Metaphysischen durchbrachen, die Natur als einen diesseitigen Tatbestand begreifen wollten, die Götter und Mythen einer Kritik unterzogen und das rationale Denken gegenüber dem Irrationalen immer mehr in den Vordergrund rückten. Eine stärkere Wirkung war diesen Philosophen allerdings erst seit dem Ausgang des 6. Jahrhunderts beschieden. Damals setzte durch die Einführung der Demokratie in Athen auch im Politischen und Rechtlichen ein intensiveres und unabhängiges Denken ein. Schon hatte es fast den Anschein, als würden sich die Mythen nicht mehr mit dem neuen bürgerlichen Rechtsdenken vertragen. Die naturwissenschaftliche Erklärung von Gewittern, Stürmen und Erdbeben trat in Gegensatz zu den traditionellen Vorstellungen vom Wirken des Zeus und des Poseidon. Das bürgerliche Selbstbewußtsein und das Pochen auf die heimischen Polisgötter stimmte schlecht zur Annahme eines umfassenden göttlichen Weltregiments. Da sich auch die beiden Verfassungsideen, die demokratische und die oligarchische, immer mehr zu befeinden begannen, mußte man fürchten, daß das bisher so harmonische und durch den staatlichen Zentralwert wie religiösen Grundwert ganzheitlich zusammengehaltene System der griechischen Kultur in autonome Einzelsparten, also in eine Art von „Pluralismus" auseinanderbrechen werde (eingehend hierüber S. 226 ff.).

Zu Kleisthenes als Begründer der attischen Demokratie (S. 131 ff.)

Hierüber habe ich in „Frühe Klassik", S. 61 ff., ausführlich gehandelt. Auf Kleisthenes Initiative hin übernahm die Demokratie von den Tyrannen das Mäzenatentum der Künste, was sich noch durch Bauaufträge (Schatzhaus zu Delphi, Beginn von Tempelbauten auf der Akropolis), durch die Betrauung bester Baumeister (Antenor) mit der Herstellung der Tempelplastik, durch die Unterstützung von Musik (Dithyramben-Wettkämpfe) und Tragödie (staatliche Aufführungen) auswirkte.

Zu den Perserkriegen (S. 145 ff.)

Zu meinen Ausführungen S. 146 f. über die Schlacht von Marathon: Ich stützte mich dabei auf meine Abhandlung in Histor. Zeitschr. 172 (1951), S. 1 ff.; vgl. jetzt aber zutreffend auch noch v. Fritz, „Die griechische Geschichtsschreibung", Bd I (1967), S. 432 ff., und Anmerkungsband, S. 210 f., 101. Die Rolle, welche in den Plänen des Hippias die spartanischen Karneen spielten, habe ich seinerzeit überschätzt; vgl. dazu die Richtigstellung von K. Kraft, Hermes 92 (1964), S. 153 ff. Nicht folgen kann ich N. G. L. Hammond, Journal of Hellenic Studies 88 (1968), S. 47 ff., der sich damit begnügt, die Suda-Notiz „choris hippeis" einfach dem Demon zuzuschreiben. Er hat übersehen, daß schon Theopomp („Fragmente Griechischer Historiker" 115, F. 153) auf eine für Athen weniger günstige Version der Schlacht Bezug nimmt.

Über Themistokles vgl. jetzt meine monographische Behandlung in „Frühe Klassik", S. 84 ff.

Über die vielumstrittene Themistokles-Stele vgl. unter anderem H. Berve, Sitzber. Bayer. Akad. 1961, H. 3; C. Habicht, Hermes 89 (1961), S. 1 ff., und A. Raubitschek, Studi in onore di Luisa Banti, 1965, S. 285 ff. Meine Auffassung habe ich in Jahreshefte des Österr. Archäol. Inst. 46, 1961/3, S. 158 ff., darzulegen versucht.

Über den mißglückten Versuch Spartas, nach dem Sieg von Plataiai seine Führungsstellung auf dem griechischen Festland auszubauen, habe ich in „Frühe Klassik", S. 108 ff., gehandelt.

Zur Ära der Frühen Klassik (S. 131 ff. 141 ff. 154 ff.)

Unter dem Begriff der Frühklassik fasse ich jetzt die Zeit vom Ende des 6. Jahrhunderts an, also auch Kleisthenes und die Perserkriege, mit der Kimonischen Ära zusammen und lasse sie mit dem Sturz Kimons (462), der Vollendung des Tempels von Olympia und mit dem Tod des Aischylos enden.

Die Ära der Frühklassik ist in ihrer Eigenart durch lange Zeit unerkannt geblieben. Manche Literaturhistoriker erblickten darin nur einen Ausläufer der Archaischen Zeit, während sie für Archäologen und Historiker gelegentlich nichts anderes als eine Vorstufe der Hochklassik war. So wie ich sie in meiner „Frühen Klassik", S. 13. 272 ff., auffaßte, handelt es sich aber um eine ganz spezifische und in ihrer Eigenart gut abgegrenzte, durchaus eigenständige Periode. Ihr Wesen wurde nicht zum wenigsten bestimmt durch die Nöte der Perserkriege und die großen Siege. Das ließ die panhellenische Eintracht erneut aufleben und führte zu einer Toleranz zwischen den konkurrierenden Verfassungsformen wie auch zwischen ihren Exponenten Athen und Sparta, es führte vor allem aber zu einer Erneuerung des Glaubens an die Macht und die Hilfsbereitschaft der Götter. Man bemühte sich dabei um eine Läuterung der alten Göttervorstellungen und Mythen, aber nicht mehr durch die Kritik der Philosophen und Naturforscher, sondern mit Hilfe der Tragödien, der Lyrik und der bildenden Kunst. Auf diese Weise sollte der alte Glaube mit dem neuen staatsbürgerlichen Denken in Einklang gebracht werden. So bildete die Frühklassische Ära auf dem griechischen Festland ein durchaus harmonisches und geschlossenes Kultursystem, dessen Struktur durch den Grundwert des Religiösen und den Zentralwert des Staatlichen bestimmt war. Hauptvertreter der Frühklassik waren im Politischen Kimon, in der Malerei Polygnot, in der tragischen Dichtung Aischylos, in der Chorlyrik Pindar, wozu noch die großen Meister des Strengen Stils in der Plastik und der Schöpfer des Tempels von Olympia kamen. Nur die philosophischen Lehren der an der Peripherie wirkenden Neudenker blieben ausgeschlossen.

Perikles und die Hochklassik (zu S. 170 ff. 172 ff.)

In der Besprechung, die H. Schaefer zur ersten Auflage dieses Buches geliefert hat, bedauerte er nicht zu Unrecht, daß die Abschnitte über die klassische Ära zu kurz ausgefallen wären. Ich hatte damals die Manuskripte für eine monographische Behandlung dieses Stoffes bereits zum großen Teil fertig, mußte aber immer noch mit einzelnen stofflichen wie darstellerischen Problemen ringen: daher meine Zurückhaltung. Leider konnte der Band über die Frühklassik erst 1966 erscheinen. Die Veröffentlichung des folgenden Werkes über Perikles und seine Zeit mußte sogar noch weiter hinausgeschoben werden, zumal die Darstellung für einen einzigen Band zu umfangreich geworden wäre. So habe ich mich, gleichsam in letzter Stunde, entschlossen, zuerst einmal eine Monographie über Perikles zu veröffentlichen, die hoffentlich noch in diesem Jahre erscheinen kann. Ihr soll in Kürze ein weiterer Band über das Geistesleben der Perikleischen Zeit nachfolgen.

In der Perikles-Monographie versuche ich, den Staatsmann als den großen Vereiniger von standortgebundenem Patriotismus und freier Geistigkeit im Sinne einer großen kulturpolitischen Toleranz zu charakterisieren. Sein Ziel lag, wie mir scheint, in der Schaffung eines nicht nur demokratischen, sondern auch aufgeklärten Regimes. Zugleich galt die perikleische Politik einer panhellenischen Geltung Athens, einem großartigen Kulturprogramm, dem Ausbau des Seebundes zu einer Reichsorganisation und nicht zum wenigsten auch dem bürgerlichen Wohlstand. In mancher Hinsicht bildet die Stellung und vor allem der Kreis dieses Staatsmanns eine Analogie zum Präsidenten der Vereinigten Staaten, denn in seiner Umgebung finden wir nicht nur Künstler und Intellektuelle, sondern auch erfolgreiche Vertreter der Wirtschaft. Aus einer erneuten Durcharbeitung des prosopographischen Materials ergab sich, daß sich Perikles allerdings gar nicht so sehr auf die Familie der Alkmeoniden gestützt hat (falsch noch S. 170 der ersten Auflage), sondern auf eine Reihe von anderen Familien, die mit ihm zusammen eine Clique bildeten, bis schließlich die jüngste Generation, verdorben durch Wohlstand und durch die (teilweise mißverstandenen) Lehren der Sophisten, versagte. Alles das soll in der Perikles-Monographie im einzelnen ausgeführt werden. Als Vorstudien habe ich in den letzten Jahren folgende Abhandlungen erscheinen lassen: „Stesimbrotos und seine Schrift über die Staatsmänner", in Sitzungsberichte d. Wiener Akad., Phil.-hist. Kl. 247, 6 (1965); „Religionspolitik und Religiosität bei Perikles", ebd., Bd 258, 3 (1968); „Sophokles und die perikleische Politik", in Lesky-Festschrift, Wiener Studien 79 (1966), S. 45 ff.; und „Damon", in Festschrift für Franz Altheim, 1969, S. 192 ff. Die Gegenwirkungen, welche die Führungsstellung des Perikles gefährdeten, gingen vor allem von der seit etwa 435 zum Zuge kommenden jungen Wohlstandsgeneration aus und wurden einerseits vom Ultrademokraten Kleon, andererseits von Diopeithes, dem konservativen Fanatiker und Theologen, noch besonders angefacht.

Im nachfolgenden Band über die Perikleische Geistesgeschichte sollen die beiden Geisteshaltungen, hier die auf Harmonisierung bedachte der Hochklassik und dort der nach einer Autonomie der kulturellen Einzelelemente strebende Pluralismus einander gegenübergestellt werden. Wiederum wird uns Perikles als Vermittler entgegentreten, der jedoch die Gegensätze auf die Dauer nicht zu überbrücken vermochte. Worauf es mir in diesem Band ankommen wird, ist die Darlegung der absoluten Notwendigkeit, mit der die Hochklassik schließlich durch neue Bestrebungen ersetzt wurde. Ihre Höchstleistungen widerstrebten ja der Kanonisierung, und so mußte, gerade weil sie ihr geistiges Programm in vollendeter Weise erfüllt hatte, nun etwas Neues an ihre Stelle treten. Daher war im Künstlerischen ein Hinneigen zu Realismus, Romantik und Naturalismus ebensowenig zu vermeiden, wie im allgemeinen Geistesleben anstelle des bisherigen Konformismus die Hinneigung zum kulturellen Partikularismus. In diesem Sinne ging die Hochklassik ungefähr gleichzeitig mit dem Tod des Alkmeoniden zu Ende. Eine „spätklassische" Nachblüte stellte sich nur in den Künsten, in Tragödie und Plastik, ein. Im übrigen Kulturleben verspüren wir schon während des Peloponnesischen Krieges nichts mehr von einem klassischen Geist.

Liberalistischer Interessenseparatismus (S. 226 ff.)

Ich hätte auch die geläufigere Bezeichnung „Pluralismus" anführen können. Die entwicklungsgeschichtliche Notwendigkeit seiner Entstehung und seine positiven Auswirkungen würde ich jetzt noch mehr unterstreichen.

Alexander der Große (S. 253 ff. 262 ff.)

Noch mehr als bei anderen historischen Persönlichkeiten können wir bei Alexander von einer Ambivalenz, ja, Multivalenz sprechen. In meiner 1949 erschienenen Monographie über den Herrscher habe ich ihn in seinem eigenen Persönlichkeitspotential und aus der sich hieraus ergebenden Auseindersetzung mit der Umwelt zu zeichnen versucht. In einer Griechischen Geschichte mußte er aber in derjenigen Multivalenz gesehen werden, wie ihn die Griechen selber sahen, zuerst als barbarischer Nationalfeind oder als Hegemon, nachher aber als der Repräsentant einer nur schwer verstehbaren Weltreichsidee.

Zu den Hellenistischen Städten (vgl. S. 249 und besonders S. 286 ff.)

Daß der Gedanke der hellenistischen Städte-Autonomie unter argeadischer Oberhoheit zuerst schon von Isokrates gefaßt worden war, hat jetzt G. Dobesch erkannt („Der panhellenische Gedanke im IV. Jahrhundert v. Chr. und der ‚Philippos' des Isokrates", 1968, S. 186 f., 237).

Zum Anhang (Versuch einer Theorie zur Griechischen Geschichte, S. 390 ff.)

Über meine Absicht, diesen Anhang zu einem eigenen Buch auszubauen, äußerte sich der Ordinarius für Philosophie an der Freien Universität Berlin, Michael Landmann, in seiner in der Zeitschrift für philosophische Forschung 20, 1966, S. 176 ff., erschienenen detailierten Besprechung meiner „Griechischen Geschichte" mit folgenden Worten: „Schachermeyrs Buch liefert einen neuerlichen Beweis dafür, wie häufig heute philosophisch Relevantes nicht von den Fachphilosophen, sondern von Einzelwissenschaftlern anhand konkreten Materials erarbeitet wird. Wir können den Verfasser nur ermuntern, sein angekündigtes Vorhaben durchzuführen und den theoretischen Schlußteil noch zu einem eigenen Werk auszubauen." Leider konnte ich diese Absicht bisher noch nicht zur Ausführung bringen, und es scheint mir zweifelhaft zu sein, ob ich hierzu noch die Kraft finden werde. Darum habe ich in der hier vorliegenden Zweiten Auflage den Anhang um eine Reihe von einschlägigen Abschnitten erweitert, die auf Grund der vom althistorischen Material gebotenen Erfahrung auch zu den jetzt vieldiskutierten Fragen des Establishments und der Kulturkrise Stellung nehmen.

Anmerkungen

[1] Über *food gatherer* und *food producer* vgl. u. a. Gordon Childe, Stufen der Kultur 1952 S. 34 ff. und S. 60 ff. Ausnahmsweise setzte die seßhafte Siedlungsweise gelegentlich auch schon im Wildbeuterstadium ein, so zu Jericho, wo zu Anfang eine befestigte Station von Gazellenjägern bestanden zu haben scheint.

[2] Sie wurden vor allem von Robert Braidwood zu Jarmo (sprich Dschermo) und von Kathleen Kenyon zu Jericho durchgeführt; vgl. laufend die Fundberichte in den letzten Bänden des Archivs für Orientforschung.

[3] Meine Auffassung von der ägäischen Sprachgruppe habe ich ausführlich in meiner „Etruskischen Frühgeschichte" 1929 S. 233 ff. sowie neuerdings in meinem Buche „Die ältesten Kulturen Griechenlands" 1955 S. 239 ff. und unter dem Schlagwort „Prähistorische Kulturen Griechenlands" in der Realencyclopädie der klassischen Altertumswissenschaft (abgekürzt RE) Bd. XXII (1954) S. 1494 ff. auseinandergesetzt. Ebenda auch über die anderen sprachlichen Fragen, welche wir hier berühren.

[4] Noch eingehender habe ich hierüber in den Ältesten Kulturen S. 37 ff. und 49 ff. gehandelt, doch tragen die daselbst vorgelegten Annahmen in Anbetracht des noch allzu schütteren Materials notwendigerweise einen etwas hypothetischen Charakter.

[5] Vgl. Anatolian Studies 1958 S. 127 ff.

[6] Zur Vorderasiatischen Kulturtrift vgl. besonders meine Ausführungen in Saeculum V 1953 S. 268 ff. Sie wurden durch die englischen Ausgrabungen zu Hacilar trefflich bestätigt.

[7] Eingehender handelte ich hierüber Älteste Kulturen S. 67 ff. und RE Bd. XXII S. 1359 ff.

[8] Über diese Wanderungen bandkeramischer Elemente handelte ich eingehend in meiner Arbeit „Dimini und die Bandkeramik" (Heft 4 der Prähist. Forsch. 1954). Aus einer eingehenden Untersuchung des Vergleichsmaterials von Siebenbürgen und der Walachei, die ich 1959 durchführen konnte, ergab sich nicht nur eine Bestätigung der hier vorgetragenen Annahmen, sondern auch eine genauere chronologische Fixierung.

[9] Nachweise im einzelnen in den Ältesten Kulturen S. 151 ff.

[10] Es war, wie ich nun schon längst völlig überzeugt bin, durchaus verfehlt, die Stigmatisierungen aus irgendwelchen rassischen Veranlagungen ableiten zu wollen, so naheliegend solches auch erscheinen mochte.

[11] Einen ortsfesten Platz haben wir z. B. in Vinca zu erblicken. In der mitteleuropäischen Bandkeramik scheint sich die Ortsfestigkeit erst ganz allmählich eingebürgert zu haben, je nachdem man sich mit der Auffrischung des Bodens vertraut zu machen wußte.

[12] Was wir im folgenden über Heimat und Urzustand der indo-europäischen Völkerfamilie angeben, trägt naturgemäß hypothetischen Charakter.

[13] Eingehend habe ich meinen Standpunkt RE Bd. XXII S. 1534 ff. dargelegt. Doch sei auch hier auf den hypothetischen Charakter dieser Annahmen hingewiesen.

[14] Ausführlich habe ich darüber gehandelt in meinem Buche „Poseidon und die Entstehung des griechischen Götterglaubens" 1950.

[15] Ich habe über den Begriff des „Vorderasiatischen Kulturgürtels" eingehender gehandelt Mitt. d. Wiener Geogr. Ges. 1924 S. 512 ff. und Reallex. d. Vorgeschichte s. v. Vorderasien Bd. XIV S. 189.

[16] Eine Ausnahme machten gewisse skythische Bereiche Südrußlands, die dem Ackerbau günstig waren.

[17] In dieser Zeit vermochte auf die Dauer weder Dareios noch Xerxes, noch der Druck von Kimmeriern, Skythen und Kelten etwas gegenüber dem Hellenentum. Auch die Gallier eroberten später Rom nur vorübergehend und konnten seinen Aufstieg in keiner Weise verhindern.

[18] Eine ausführliche Begründung meiner Auffassung habe ich in RE XXII S. 1489 ff. gegeben.

[19] Durch neuere Ausgrabungen erfahren wir allerdings, daß wenigstens zu Lerna und Argos die Vorratsgruben auch noch in mittelhelladischer Zeit in Gebrauch blieben (Anzeiger für Altertumsforschung 10 1957 S. 92 f.).

[20] Wobei wir mit der Möglichkeit zu rechnen haben, daß sich damals der ionische Dialekt von dem arkado-aiolischen noch gar nicht abgespalten hatte.

[21] Einzelnachweise zur mittelhelladischen Kultur RE XXII S. 1452 ff.

[22] Vgl. dazu auch meine Nachweise Archiv für Orientforschung XVI 1952 S. 83.

[23] Eingehend habe ich mich mit diesen Fragen auseinandergesetzt in „Poseidon und die Entstehung des griechischen Götterglaubens" 1950. Dort auch die Begründung meines Standpunktes.

[24] Zumal wir, wie bereits erwähnt, gar nicht feststellen können, ob sich der ionische Dialekt damals vom arkado-aiolischen bereits abgespalten hatte.

[25] Der Terminus „Anruf" wird hier im Sinne Toynbees gebraucht.

[26] Tributleistungen wären so ziemlich während der ganzen Zeit zwischen 2000 und 1580 möglich gewesen, nachher aber wohl nicht mehr.

[27] Diese Identifizierungen sind zwar noch umstritten, doch halte ich sie für sicher.

[28] Zu meiner Interpretation der Nachrichten und Funde vgl. Hrozny-Festschrift Archiv Orientalni XVII (1949) 3/4 S. 331 ff. Ich mache aber darauf aufmerksam, daß meine Annahmen, dem unzulänglichen Quellenmaterial entsprechend, notwendigerweise hypothetischen Charakter tragen.

[29] Alle Einzelheiten sind uns unbekannt. Wir können nichts anderes feststellen, als daß die aus der Zeit zwischen 1460 und 1400 stammenden Linear B-Texte von Knossos bereits in griechischer Sprache abgefaßt sind und uns einen Herrscher nachweisen, der von den übrigen kretischen Zentren Tribut erhielt und über die ganze Insel gebot.

[30] Das ergibt sich aus den Freskendarstellungen von Volksfesten, welche keine bevorzugten männlichen Teilnehmer erkennen lassen (dazu auch S. 50). Unsere nachfolgenden Angaben sind gleichfalls mit Hilfe des minoischen Bildermaterials gewonnen.

[31] Material zusammengestellt bei Kornemann „Die Stellung der Frau in der vorgriechischen Mittelmeerkultur" (Orient und Antike Heft 4) 1927.

[32] Eingehend habe ich meinen Standpunkt begründet in der Arbeit „Streitwagen und Streitwagenbild im Alten Orient und bei den mykenischen Griechen" (Anthropos 46, 1951 S. 705 ff.).

[33] Etruskische Frühgeschichte 1927 S. 7 ff.

[34] Eingehend hierüber in meinem Buche Hethiter und Achäer 1935. Daß es sich bei dem hethitischen Achijawa um Achäer gehandelt hat, wird jetzt allgemein anerkannt. Dagegen ist noch umstritten, wo dieses achäische (Groß-) Königtum eigentlich gelegen habe, ob auf dem griechischen Festland, auf Rhodos, Kreta, Kypros oder auf dem anatolischen Festland; vgl. dazu meine Ausführungen Minoica (Sundwall-Festschr.) 1959 S. 365 ff.

[35] Eine Ausnahme bildet die Gemme mit dem bärtigen Fürstenkopf, die zweifellos von einem minoischen Künstler gefertigt wurde und doch einen mykenischen Herrscher darstellte. Nur dürfen wir nicht vergessen, daß einzelne Beisetzungen dieses Gräberrundes bis in die Zeit der Schliemannschen Schachtgräber herabreichen.

[36] Daß sich, wie man mitunter annimmt, zusammen mit der Übernahme des Streitwagens auch irgendwelche arischen Spezialisten in Mykenai einstellten, um Streitwagenkampf und Rittertum exemplarisch vorzuleben, wäre grundsätzlich natürlich durchaus möglich, doch hat sich hierfür bisher keinerlei Beweis aufstellen lassen.

[37] Der Palast von Iolkos wurde erst 1956 von Theocharis entdeckt, den von Pylos kennen wir für die Zeit von etwa 1400 bis 1240. Doch hat es hier in der Nachbarschaft gewiß auch schon ältere Fürstensitze gegeben.

[38] Ich habe meine Auffassung eingehend in „Hethiter und Achäer" 1935 S. 92 ff. dargelegt.

[39] Vgl. zur Entzifferung das Monumentalwerk von Ventris und Chadwick, Documents in Mycenaean Greek 1956; vgl. dazu Saeculum 10 1958 S. 48 ff.

[40] Eingehend hierüber Hethiter und Achäer S. 156 ff

[41] Vgl. hierzu Hethiter und Achäer S. 141 ff. und Μνήμης Χάριν, Kretschmer-Gedenkschrift II (1957) S. 118 ff.

[42] In extenso habe ich dieses Problem in Hethiter und Achäer, passim, behandelt.

[43] Eingehend hierüber Poseidon S. 189 ff.

[44] Meine Auffassung habe ich Poseidon S. 174 ff. dargelegt.

[45] Ich habe meine Auffassung der großen Wanderung Etruskische Frühgeschichte S. 27 ff. dargelegt.

[46] Kretschmer, Miscellanea Acad. Berolinensia 1950 S. 173 ff. und Milojcic, Archäol. Anzeiger 1948/49 S. 12 ff.; Sprockhoff-Festschr. I (Jahrb. Zentr. Mus. Mainz II 1955) S. 153 ff.

[47] Meine Auffassung, daß die Einwanderung der Dorier und Nordwestgriechen erst zu einem Zeitpunkt erfolgte, da die mykenische Kultur durch die Barbaren des Philistersturms bereits zerstört war, habe ich Etruskische Frühgeschichte S. 50 ff. vertreten, doch findet sie immer noch Widerspruch. Vgl. aber, daß Milojcic und Kretschmer ganz unabhängig von mir zu analogen Erkenntnissen gelangten (dazu A. 46).

[48] Eingehende Begründung in meinem Poseidon S. 189 ff.

[49] Das gilt besonders von den kretischen Kultstätten zu Gazi und Karphi, welche der spätestmykenischen Zeit entstammen.

[50] Eine Ausnahme machte im Orient allerdings die weit freier denkende Bevölkerung von Syrien und Palästina. Dazu aber erst S. 335 ff.

[51] Darum konnte auch die Familie des Hesiod ganz ohne Schwierigkeiten vom aiolischen Kyme nach Boiotien übersiedeln.

[52] Was der Dichter den adeligen Landrichtern an Bestechlichkeit nachsagt, kann man noch nicht als eine konsequente Bedrückung des Bauernstandes auffassen.

[53] Meine Auffassung zum Etruskerproblem habe ich in der Etruskischen Frühgeschichte 1929 und nachher auf dem Internationalen Historiker-Kongreß zu Rom 1955 dargelegt.

[54] Nachdem vorher schon Greif und Sphinx in minoisch-mykenischen Zeiten auch im ägäischen Bereich eine große Rolle gespielt hatten.

[55] Meine Auffassung der griechischen Tyrannis habe ich in der Behandlung der Stichwörter Peisistratos, Peisistratiden, Periandros, Orthagoriden und Theagenes in der RE begründet.

[56] Einen parallelen Vorgang haben wir im Abendland zu erkennen, als die bisher weitgehend intereuropäische Fürsten- und Adelswelt nach den Umwälzungen am Ende des 18. Jahrhunderts im 19. Jahrhundert von den Nationalstaatsideologien abgelöst wurde. Der Nationalpartikularismus der europäischen Moderne zog eine ähnliche Auflösung Europas nach sich wie der Polispartikularismus eine Auflösung Griechenlands.

[57] Daß sich die Tyrannis nicht grundsätzlich gegen den Adel wandte, läßt sich daraus erkennen, daß zeitweise die Peisistratiden von der Adelsreiterei Eretrias und Thessaliens unterstützt wurden, ja auch in den thebanischen und argivischen Adelskreisen wichtige Helfer hatten. Zudem haben z. B. die Alkmeoniden bis zur Ermordung des Hipparchos nicht nur im Frieden zu Athen gelebt, sondern auch die höchsten Ehrenstellen bekleidet (vgl. dazu meine Ausführungen Histor. Zeitschr. 172/1 1951 S. 9 auf Grund der neugefundenen Archontenliste Hesperia VIII 1930 S. 59 ff.).

[58] Die Tatsache dieser Grundrechte hat Aristoteles in seiner Politeia nicht erfaßt und so das Wesen des griechischen Bürgerrechts völlig verzeichnet.

[59] Die Begründung meiner Auffassung der Ereignisse von Marathon habe ich Histor. Zeitschr. 172/1 1951 S. 1 ff. veröffentlicht.

[60] Vgl. meine Ausführungen Histor. Zeitschr. 172 1951 S. 33.

[61] Ich freue mich, in meiner Auffassung von der griechischen Klassik weitgehend mit derjenigen von Ernst Langlotz, Antike Klassik in heutiger Sicht 1956, zusammenzugehen.

[62] Daher halte ich es auch für durchaus verfehlt, wenn man neuerdings Pindar als „archaischen" Dichter zu charkterisieren versuchte.

[63] Nur gewisse Anträge wurden grundsätzlich verboten oder konnten wenigstens nur unter erschwerten Bedingungen eingebracht werden.

[64] Vielleicht wurde Perikles zu einer Art von Oberstrategen erwählt, doch scheint mir das Vorhandensein einer solchen bevorzugten Strategie immer noch recht problematisch zu sein.

[65] Vielleicht spielte Leukippos in den Schriften Demokrits eine ähnliche Rolle wie Sokrates in jenen Platons.

[66] Der treffliche Terminus der „institutionellen Erstarrung" stammt von W. Hellpach.

[67] Ich hoffe, meine Ansicht über die Rolle des Perikles in den Verhandlungen vor dem Peloponnesischen Krieg in einer Sonderabhandlung vorlegen zu können.

[68] Vgl. hierüber auch S. 406.

[69] Von Indien möchte ich in diesem Zusammenhang allerdings nicht sprechen, da ich die dortigen Verhältnisse zu wenig übersehe. Zu Palästina vgl. S. 335 f.

[70] Ich hoffe, darauf noch einmal in einer besonderen Abhandlung eingehen zu können.

[71] Vgl. hierzu eingehend S. 432 f.

[72] Meine Auffassung vom Korinthischen Bund habe ich in meinem Buch über Alexander den Großen (1949) S. 36 dargelegt.

[73] Daß Alexander vom Standpunkt des Griechentums notwendigerweise ganz anders beurteilt werden muß als von dem seiner eigenen titanischen Logik aus, wird von manchen Forschern anscheinend nicht recht verstanden. Wir stellen mit Absicht hier die beiden Bilder nebeneinander. Ausführlicher handelte ich über Alexanders Wesen und Werk in meinem Alexanderbuch (1949).

[74] Ich habe mir erlaubt, einige Formulierungen aus meinem Alexanderbuch S. 245 ff. zu übernehmen.

[75] Über Alexanders geographische Vorstellungen vgl. in meinem Alexanderbuch S. 364 ff.

[76] Meine Auffassung habe ich in der Abhandlung „Alexander und die Gangesländer", Innsbrucker Beiträge zur Kulturwissenschaft III (Natalicium C. Jax I) 1955 S. 123 eingehend begründet.

[77] Die Beweisführung für meine Auffassung habe ich in der Abhandlung „Alexanders letzte Pläne" Jahreshefte d. Österr. Archäol. Inst. XLI 1954 S. 118 ff. vorgelegt.

[78] Für Alexander und das iranische Königsfeuer habe ich in meinem Alexanderbuch S. 310 f. die Belege angeführt.

[79] Zur Krankheit Alexanders vgl. die Ausführungen in meinem Alexanderbuch S. 462 ff. Doch lernte ich inzwischen die Krankheitsgeschichte des Naturforschers Raoul Francé (1874–1943) kennen, welche mit der Alexanders große Ähnlichkeiten zeigt. Auch Francé litt unter Malaria, zu der dann aber eine (durch die Malaria hervorgerufene) akute Leukämie trat.

[80] Die Ptolemäer gründeten zwar in Ägypten keine neuen Griechenstädte, wohl aber in ihren vorderasiatischen Machtbereichen.

[81] Im Sinne der in Frankreich gebräuchlichen existentialistischen Terminologie zu verstehen.

[82] Vgl. dazu S. 446. A. 53.

[83] Vgl. zu diesem Terminus Etruskische Frühgeschichte S. 27 f.

[84] Die englische Forschung verwendet hierfür bekanntlich den Ausdruck „pattern".

[85] Zu Flitner vgl. J. Jungius-Ges. Das Problem der Gesetzlichkeit I 1949 S. 13 f. Hier auch: „Die Beschreibung des Einmaligen gelingt demnach nur, indem diesem Persönlichen allgemeine Inhalte vorgegeben und gesetzt sind." Rothacker äußerte sich gelegentlich: „Individualisation vollzieht sich erst innerhalb dieser vorweggenommenen typischen Gestaltung." Auch an Max Webers „Idealtypen" sei hier erinnert.

[86] Der Ausdruck stammt von Max Weber. Zur Frage des zweckrationalen Handelns bei Thukydides vgl. jetzt E. Topitsch, Wissenschaft und Weltbild 1956 S. 118 ff.

[87] J. Vogt, Gesetz und Handlungsfreiheit in der Geschichte 1955. Auch die Arbeiten von H. J. Diesner sind hier heranzuziehen (z. B. Agathokles-Probleme Wissensch. Ztschr. Halle 1958 S. 931).

[88] Zu Integration und Differenzierung vgl. u. a. die Arbeiten von Erich Jäntsch.

[89] Über das Kollektiv-Unbewußte handelte wiederholt C. G. Jung. Etwas zu weitgehend spricht Hegel in solchen Fällen von einer List der Kultur bzw. der Geschichte. Beachte ferner seinen Terminus der Heterogonie der Zwecke.

[90] Wobei wir wohl seine Bemerkungen in der „Idee zu einer allgemeinen Geschichte in weltbürgerlicher Absicht" (1784) mit denen der „Kritik der Urteilskraft" verbinden dürfen. Über die weitere Entwicklung des Kantschen Geschichtsdenkens vgl. jetzt Collingwood, Philosophie der Geschichte 1955 S. 112 f.

[91] Wobei wir immer zu bedenken haben, daß sich, mikroskopisch gesehen, kollektive Verbände im Grunde doch wieder in eine große Zahl von noch nicht ausdifferenzierten Einzelindividuen auflösen lassen. Mit Recht betont übrigens Gabriel, daß solche Kollektive besonders dann schöpferisch in Erscheinung treten, wenn sie noch ideell gerichtete, kleinere Gemeinschaften bilden, d. h. noch nicht individualistisch aufgespalten sind.

[92] Ich freue mich, auch hier wieder von der Einzelforschung aus zu ganz ähnlichen Resultaten gekommen zu sein, wie Leo Gabriel vom philosophischen Standpunkt aus. Vgl. in seiner Logik der Weltanschauung die „integrale Stufe". Auch spricht er von einem „nuklearen" oder „Kern-Status". Heideggers In-Sein scheint gleichfalls hierher zu gehören.

[93] Über gehobene Verhaltenheitskulturen der archaischen Zeit handelte bekanntlich auch Huizinga, Homo ludens passim.

[94] Goethes Systole und Diastole gehören hierher, nicht aber Toynbees „Rückzug" und „Wiederkehr". Eher ist schon dessen „Anruf" und „Antwort" einschlägig, doch wirken sie sich mehr in zahllosen Einzelheiten aus, während sie für das große Aufundab nicht zureichen.

[95] Ich möchte hier bemerken, daß Pinders Ablaufschema: Architektur, Plastik, malerische und nachklassische Stile für die antike Kunstentwicklung nur mit Einschränkungen gilt.

[96] Wenn auch aus emotionalen Ansätzen entstanden, hat doch auch das Spiel seine Logik und entwickelt eine gewisse (gespielte) Ratio.

[97] Der Ausdruck stammt von Max Scheler. Vgl. weiter K. Manheim, Mensch und Gesellschaft im Umbau 1935 S. 20. Auch die Annahme eines voraussehbaren Verhaltens der Partner gehört hierher; s. dazu E. Topitsch a. a. O. S. 123.

[98] Zur Beschränktheit der menschlichen Spontaneität und des freien Willens auf enger umrissene Spielräume vgl. auch F. Ehrenberg in Hauptprobleme der Soziologie. Erinnerungsgabe für Max Weber 1923 S. 31 f.

[99] Den Terminus „Anruf" hat übrigens in ganz ähnlicher Weise schon Rothacker gebraucht, wie nachher Toynbee seinen Ausdruck „challenge".

[100] Einzelne Forscher haben den Begriff Kausalität besonders eng aufgefaßt und auf den naturwissenschaftlichen Typus allein beschränkt. Als Historiker fasse ich den Begriff aber so weit, daß ich auch alle Ableitungsmöglichkeiten historischer Art als „kausal" bezeichne, dafür aber drei verschiedene Kausalitätsarten unterscheide.

[101] Mit Meyer Abich (J. Jungius-Ges, Die Probleme der Gesetzlichkeit II 1949 S. 73 ff.) stimme ich wenigstens insoweit überein, daß die biologische Kausalität gegenüber der naturwissenschaftlichen und der historischen gleichsam in der Mitte steht (ebenda S. 115). Im übrigen scheint mir der genannte Forscher zu sehr von Hegelscher Dialektik bestimmt zu sein, was m. E. zu einer zu weitgehenden Vermischung der drei Kausalitätsarten führte.

[102] Wobei die „Zeit" genauso wie die „Kausalität" im biologischen Geschehen etwas anderes darstellt als in der Geschichte.

[103] Nicht zu Unrecht hat man behauptet, daß aus der Frage nach der Verursachung zugleich auch die Forderung nach näherer Erklärung zu folgern pflegt. Doch gilt das im Grunde nicht nur von der historischen, sondern auch von der biologischen Kausalität.

[104] Diese Art der Spontaneität stellt zugleich eine der erlauchtesten unter den positiven Erscheinungsformen des Irrationalen dar. Daran lag es wohl, wenn Rothacker im Irrationalen ein Moment schöpferischer Neuartigkeit sah. Manheim hatte dagegen mehr negative Erscheinungsformen des Irrationalen im Auge, wenn er darin ein blindes Wüten von Unvernunft und Triebhaftigkeit erblickte, von dem nur die Ratio erreten könne.

[105] Vgl. zur Wichtigkeit der vergleichenden Methode in der geschichtlichen Betrachtung u. a. Eulenburg, Hauptprobleme der Soziologie (Erinnerungsgabe M. Weber 1923) S. 64 f.

[106] Vgl. dazu auch schon S. 448. A. 102.

[107] Ich möchte es aber vermeiden, von Strukturgesetzen zu sprechen.

[108] Diese Analogien beziehen sich aber, wie ich besonders betone, nur auf die Ideen, nimmermehr aber auf bestimmte staatliche Gebilde, da es sich bei diesen gar nicht um Ideen, sondern um Institutionen handelt

[109] Eine treffende Formulierung steuert mir Gabriel bei: „Das Ursprungsgeschehen konstituiert jeweils die epochalen Ebenen zusammenhängender Ereignisfolgen."

[110] Zuerst allerdings nicht auf das Allgemein-Menschliche, sondern auf engere Kreise bezogen.

[111] Dieser Ausdruck stammt bekanntlich von Ranke. Mit dem genannten Forscher stimme ich auch in der Betonung der „Mannigfaltigkeit der Entwicklungen" überein.

[112] In diesem Sinne möchte ich auch Goethes Kompensationsprinzip sowie *la loi du balancement* von Geoffroy de St. Hilaire auffassen, wozu noch Mayer Abichs Ausführungen a. a. O. S. 103 und 106 zu vergleichen sind. Nicht zustimmen kann ich freilich dessen Auffassung, daß der moralische Anstieg einer bestimmten Menschengruppe durch das entsprechende Absinken einer anderen kompensiert würde. Nein, Ausgleich und Kompensation tritt in ein und derselben Menschengruppe in Erscheinung, indem durch Hypertrophie bestimmter Kulturinteressen Defiziterscheinungen in anderen Kultursparten hervorgerufen werden.

[113] Über einen Teilausschnitt des modernen Geborgenheitsverlangens hat bekanntlich O. F. Bollnow, Neue Geborgenheit 1955 gehandelt.

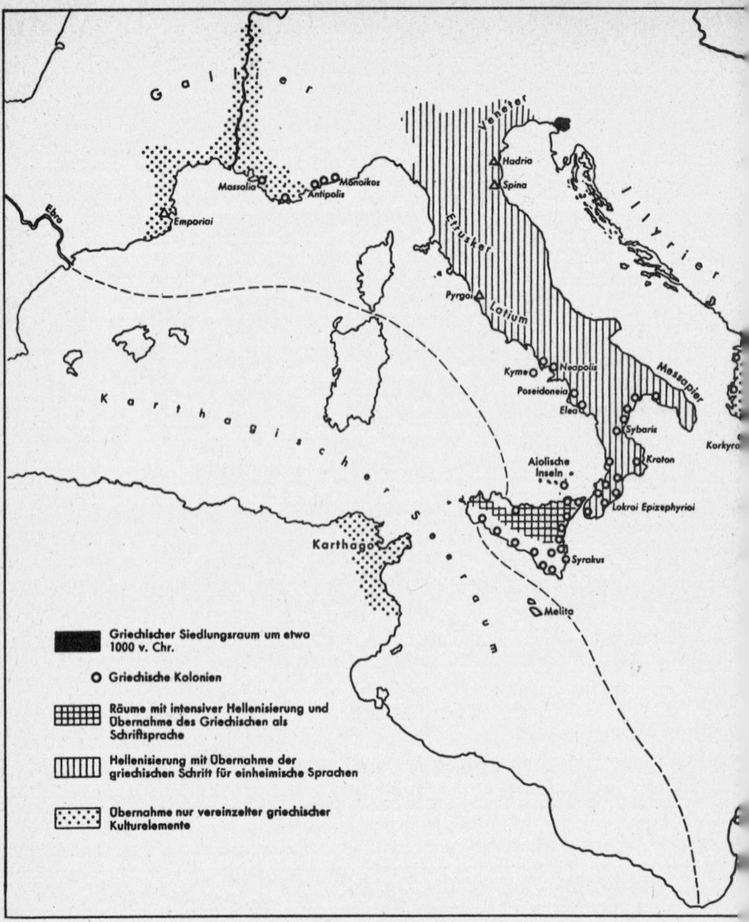

Karte 4: Griechische Kolonien und Hellenisierung des Mittelmeerraums

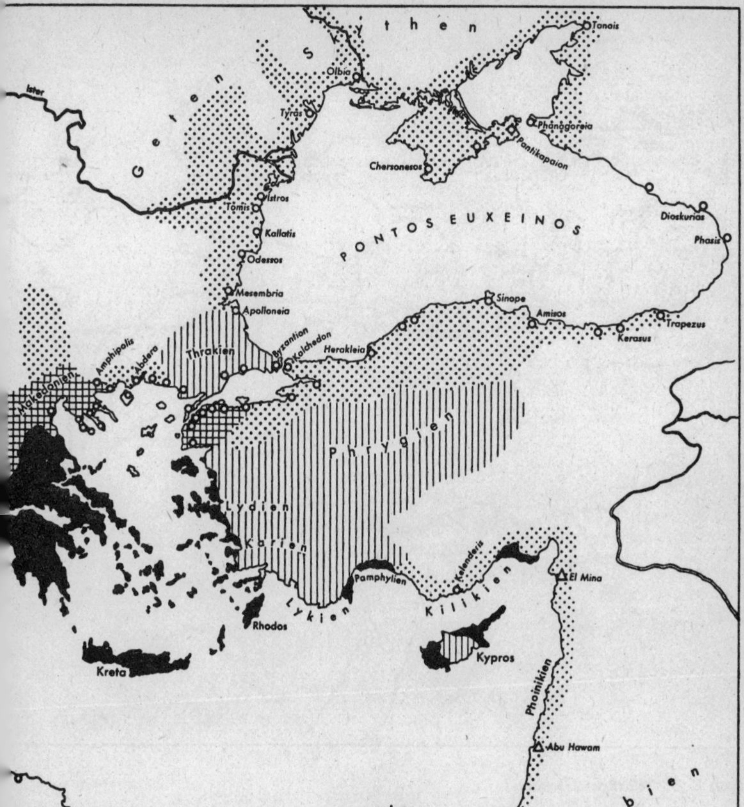

Skythen
Geten
Ister
Olbia
Tyras
Tanais
Phanagoreia
Pantikapaion
Chersonesos
Istros
Tomis
Kallatis
Odessos
Mesembria
Apolloneia
PONTOS EUXEINOS
Dioskurias
Phasis
Sinope
Amisos
Trapezus
Kerasus
Herakleia
Byzantion
Kalchedon
Amphipolis
Abdera
Thrakien
Makedonien
Phrygien
Lydien
Karien
Pamphylien
Kelenderis
Kilikien
Lykien
Rhodos
Kreta
Kypros
El Mina
Phoinikien
Abu Hawam
Arabien
Ägypten
Naukratis
Kyrene
Z

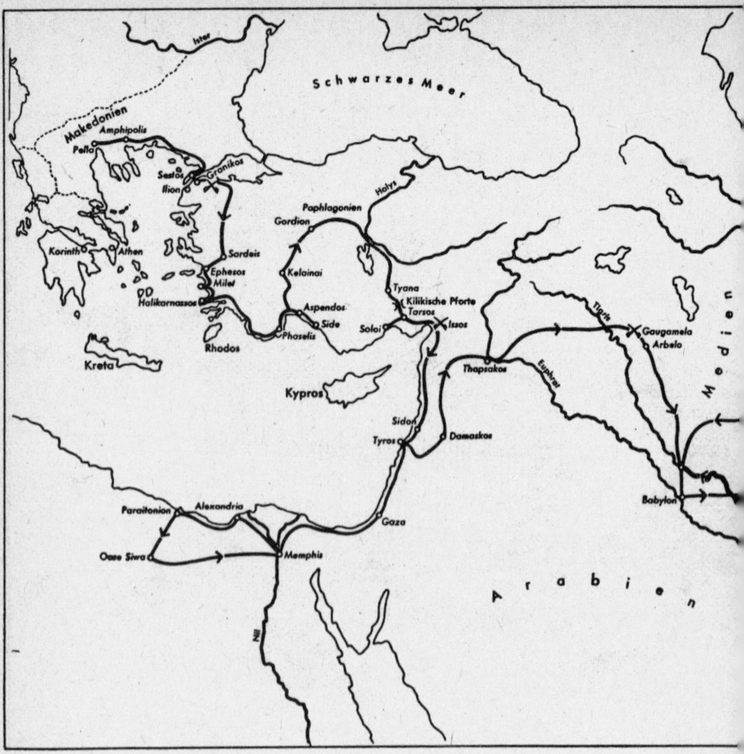

Karte 9: Die Feldzüge Alexanders

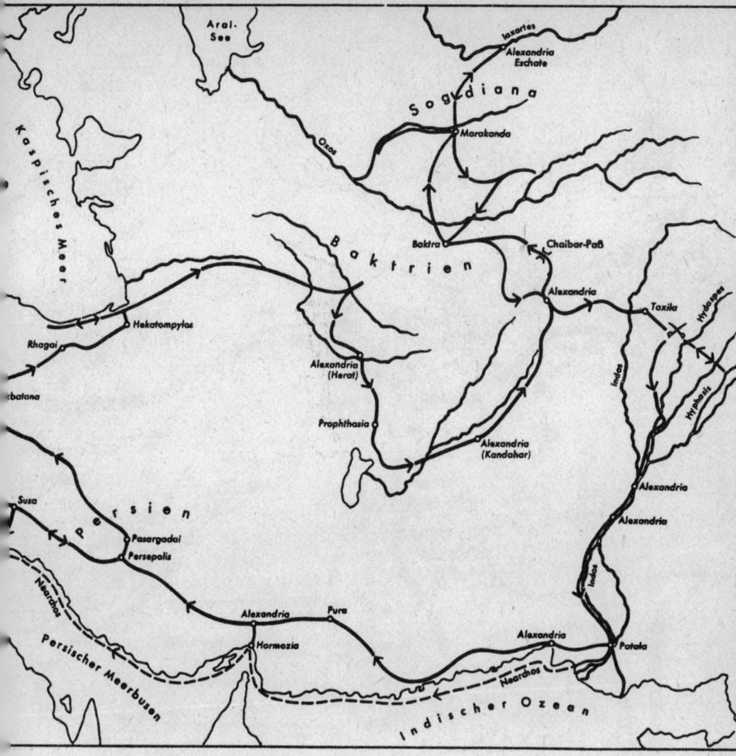

Aral-See
Iaxartes
Alexandria Eschate
Sogdiana
Marakanda
Oxos
Kaspisches Meer
Baktra
Chaibar-Paß
Baktrien
Alexandria
Taxila
Hydaspes
Hekatompylos
Rhagai
Alexandria (Herat)
Indos
Hyphasis
Prophthasia
Alexandria (Kandahar)
Alexandria
Alexandria
Susa
Persien
Pasargadai
Persepolis
Nearchos
Indos
Alexandria
Pura
Hormozia
Alexandria
Patala
Persischer Meerbusen
Nearchos
Indischer Ozean

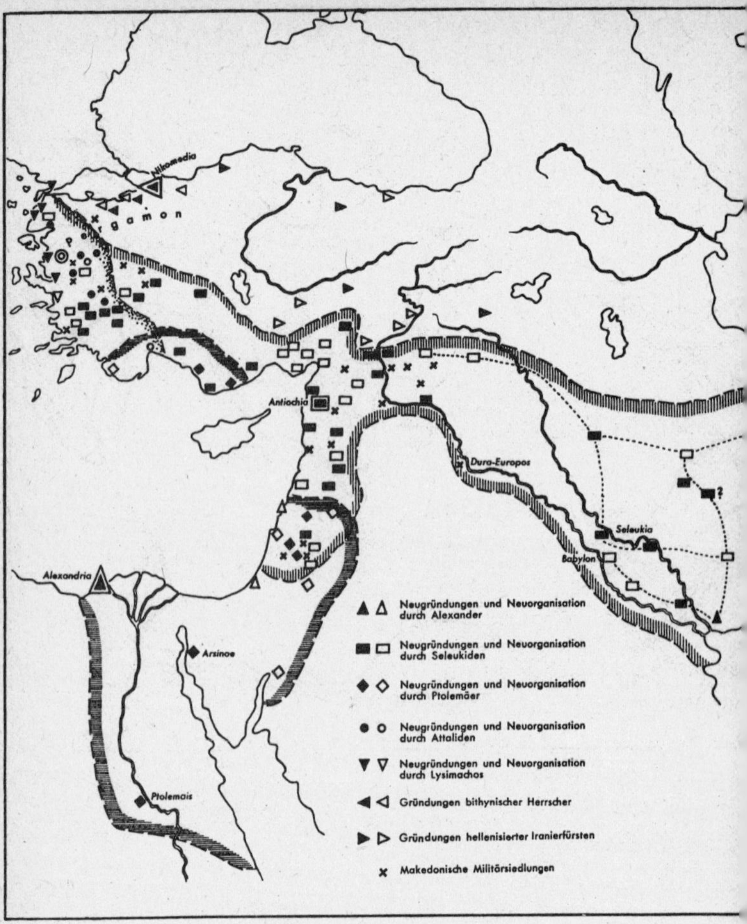

Karte 10: Die hellenistischen Stadtgründungen

Bei den ausgefüllten Zeichen handelt es sich um Neugründungen, bei den anderen um Neuorganisation bereits bestehender Plätze.

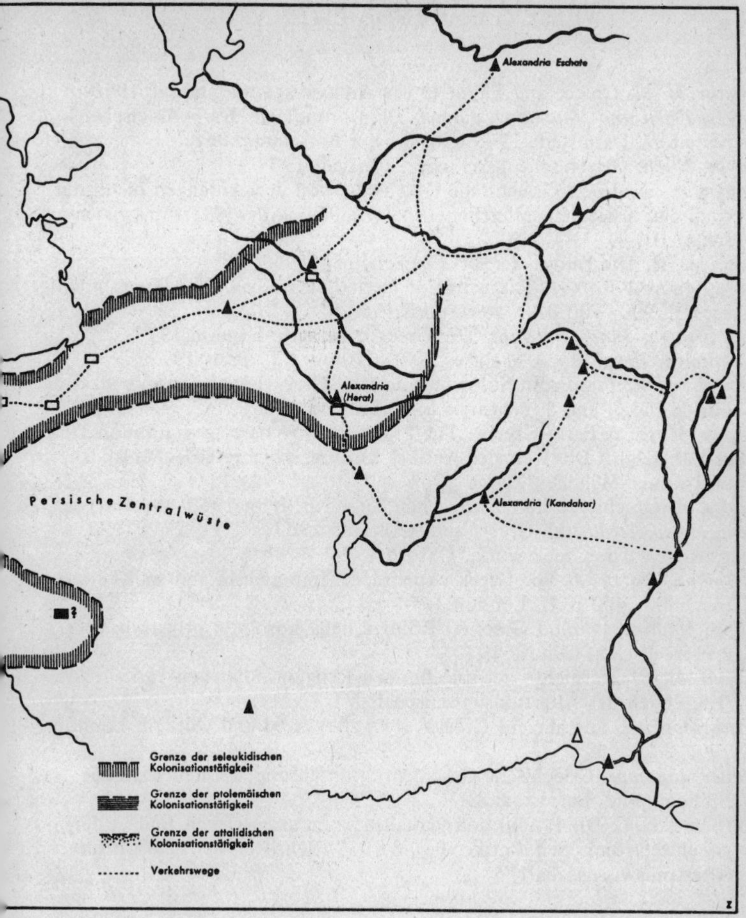

Alexandria Eschate
Alexandria (Herat)
Alexandria (Kandahar)
Persische Zentralwüste
Grenze der seleukidischen Kolonisationstätigkeit
Grenze der ptolemäischen Kolonisationstätigkeit
Grenze der attalidischen Kolonisationstätigkeit
Verkehrswege

WEITERFÜHRENDE LITERATUR

Austin, M. M. Greece and Egypt in the Archaic age. Cambridge 1970

Bayer, Erich und Heideking, Jürgen. Die Chronologie des perikleischen Zeitalters. Darmstadt 1975 (Erträge der Forschung. 36)

Bayer, Erich. Griechische Geschichte. Stuttgart 1968

Bengtson, Hermann. Griechische Geschichte von den Anfängen bis in die römische Kaiserzeit. München 1969 (Handbuch der Altertumswissenschaft III, 4)

Bonnard, A. Die Kultur der Griechen. Leipzig 1963

Burn, Andrew Robert. The world of Hesiod. A Study of the Greek middle ages, C. 900–700 b. C. New York 1966

Desborough, Vincent Robin. The Greek dark ages. London 1972

Effenterre, Henri van. L'age grec, 550–270 av. J.-C. Paris 1973

Ehrenberg, Victor. From Solon to Socrates. Greek history and civilization during the 6. and 5. centuries b. C. London 1968

Finley, Moses J. Early Greece. The bronze and archaic ages. London 1970

Grant, M. (Hgb.) Die Welt der Antike. Kulturgeschichte Griechenlands und Roms. München/Zürich 1964

Lesky, A. Geschichte der griechischen Literatur. Bern 1963

Levi, Mario Attilio. La Grecia antica. Torino 1963

Ling, Roger. The Greek world. Oxford 1976

Littmann, Robert J. The Greek experiment. Imperialism and social conflict, 800–400 b. C. London 1974

Neppi Madona, Aldo. J Greci e i Romani nella Loro vita privata in casa e fuori di casa. Genova 1970

Nilson, M. P. Geschichte der griechischen Religion. München 1955–1961 (Handbuch der Altertumswissenschaft V)

Pope, Maurice. The ancient Greeks. How they lived and worked. London 1976

Weiler, Ingomar. Griechische Geschichte. Einführung – Quellenkunde – Bibliographie. Darmstadt 1976

Welskopf, E. C. Die Produktionsverhältnisse im alten Orient und in der griechisch-römischen Antike. Berlin 1957 (Schriften der Sektion für Altertumswissenschaft, 5)

ZEITTAFEL

2600–2000 Frühminoische Periode Kretas Hellas von „Kleinasiaten“ bevölkert

2000–1580 Mittelminoische Periode Kretas.

Um 1900 Einwanderung der Griechen.

Um 1580 Beginn der Spätminoischen Periode Kretas. Einfluß auf Griechenland. Im 16. Jahrhundert Schachtgräberperiode in Hellas.

Im 15. Jahrhundert in Kreta Palaststil, Beginn der Kuppelgräberperiode in Griechenland

Um 1400 Besetzung Kretas durch die Achäer

Nach 1190 griechische Kolonisation an der Westküste Kleinasiens
Beginn der Thessalischen und Dorischen Wanderung

Mitte des 8. Jahrhunderts Beginn der Zweiten Kolonisation

Um 700 Hesiod

683/82 Beginn der attischen Archontenliste

Mitte des 7. Jahrhunderts Gründung von Naukratis

624 Gesetzgebung Drakons

594/93 Solon

585 Thales berechnet die Sonnenfinsternis

561 Peisistratos wird Tyrann von Athen

547 Kyros unterwirft die griechischen Städte Kleinasiens.

528 Hipparchos folgt dem Peisistratos, wird 514 ermordet.

508/07 Kleisthenes

500–493 Aufstand der ionischen Griechen gegen Persien. 494 Zerstörung Milets.

493/492 Hipparchos, Führer der Peisistratidenpartei, wird Archon Athens

495 Niederlage der Griechen bei Lade

493/492 Themistokles legt als Archon sein Flottenprogramm vor. Befestigung von Piräus

492 Zug des Mardonios nach Thrakien

490 Feldzug der Perser gegen Griechenland. Schlacht bei Marathon

487/486 Das Archontat in Athen wird Losamt

486/465 Xerxes I.

482/481 Bau der attischen Flotte

480 Feldzug des Xerxes. Schlachten bei Artemision, den Thermopylen und Salamis.

479 Schlachten bei Platäa und Mykale

477 Gründung des attisch-delischen Seebundes

472 „Perser“ des Aischylos

470 Ostrakismos des Themistokles

468/467 Ächtung des Themistokles

466	Kimons Sieg am Eurymedon
464–425	Artaxerxes I.
464	Aufstand der Messenier
462	Kimons Hilfszug nach Ithome.
461	Ostrakismos des Kimon
457	Schlachten bei Tanagra und Oinophyta
454	Katastrophe in Ägypten. Bundesschatz von Delos wird auf Akropolis gebracht
451	5 jähriger Waffenstillstand mit Sparta
450	Argos und Sparta Friedensschluß für 30 Jahre
449	Seesieg der Athener bei Salamis
449/448	Kalliasfriede auf „ewige Zeit“
447	Scheitern des panhellenischen Kongresses. Beginn des Parthenonbaus, Niederlage der Athener bei Koronea. Gründung des oligarchischen Bundesstaats in Bootien
446	Perikles schließt 30jährigen Frieden mit Sparta
444/443	Gründung von Thurioi
443	Ostrakismos des Thukydides.
440	Abfall von Samos
438	Aufstellung der Athena des Phidias im Parthenon
437	Beginn des Propyläenbaues
433	Epimachie zwischen Athen und Korkyra, Schlacht bei den Sybotainseln
432	Abfall von Potidäa. Sparta beschließt Krieg gegen Athen
431–421	Archidamischer Krieg
430	Pest in Athen
429	Tod des Perikles
428	Abfall von Lesbos
425	Kapitulation von Sphakteria
424	Niederlage der Athener bei Delion. Brasidas nach Thrakien
424–404	Darius II. Nothos; erneuert 424/423 den Kalliasfrieden auf ewig
422	Niederlage und Tod des Kleon bei Amphipolis
421	Nikiasfriede auf 50 Jahre
418	Schlacht bei Mantinea
416	Überfall auf Melos
415/13	Athenische Expedition gegen Sizilien.
413	Besetzung von Dekeleia durch Sparta
413–404	Dekeleisch–Ionischer Krieg
412	Bündnis Persiens mit Sparta
411	Staatsstreich der Oligarchen in Athen; Herrschaft der 400
410	Sieg des Alkibiades bei Kyzikos
408	Alikibiades kehrt nach Athen zurück.
407	Sieg Lysanders bei Notion
406	Sieg der Athener bei den Arginusen
405	Niederlage der Athener bei Aigospotamoi

405–367	Dionysios I. von Syrakus
404	Kapitulation Athens
404–359	Artaxerxes II. Mnemon
404–403	Herrschaft der Dreißig in Athen
403	Wiederherstellung der Demokratie
401	Schlacht bei Kunaxa (Zug der Zehntausend)
400–386	Perserkrieg der Spartaner
399	Hinrichtung der Sokrates
396	Agesilaos nach Asien
395	Lysander fällt bei Haliartos
394	Konon siegt bei Knidos, Agesilaos bei Koronea
392	Friedensverhandlungen scheitern am Eintreten Athens für die kleinasiatischen Griechen
389	Versuch des Thrasybulos, den Seebund wiederherzustellen
386	Königsfriede („Antialkidasfriede“)
379	Befreiung Thebens
377	Gründung des II. Attischen Seebundes
371	Epaminondas besiegt die Spartaner bei Leuktra
367	Pelopidas verhandelt in Susa
367/66	Ätolischer Bund
362	Epaminondas siegt und fällt bei Mantinea
359–338	Artaxerxes III. Ochos
359–336	Philipp II. von Makedonien
357	Philipp erobert Amphipolis, Kriegserklärung Athens
357–355	Bundesgenossenkrieg
356	Geburt Alexanders des Großen
356–346	Phokischer Krieg
353	Philipp besiegt den Onomarchos auf dem Krokosfeld
349	Olynthischer Krieg
348	Philipp erobert und zerstört Olynth
347	Platons Tod. Aristoteles geht nach Assos
346	Friede der Philokrates
344	Timoleon geht nach Sizilien
343/44	Artaxerxes III. Ochos erobert Ägypten
340	Philipp II. belagert Perinth und Byzanz
338	Philipp siegt bei Charonea. Beginn des Korinthischen Kongresses
337	Gründung des Konrinthischen Bundes. Beschluß des Rachefeldzugs gegen Persien
336	Parmenion und Attalos beginnen den Krieg in Kleinasien
336	Ermordung Philipps. Alexander erneuert den Korinthischen Bund. Bereitet als Bundesfeldherr den Krieg gegen Persien vor.
334	Alexander siegt am Granikos
333	Alexander siegt bei Issos
332	Alexander erobert Tyrus und besetzt Ägypten.

331	Alexander siegt bei Gaugamela, Antipater bei Megalopolis
330	Entlassung der griechischen Kontingente, Ende des panhellenischen Rachekrieges. Tod des Dareios.
330–327	Alexander erobert den Ostiran und startet
327–325	den indischen Feldzug
325/324	Entdeckung des Seewegs vom Indus zum Tigris und Euphrat durch Nearchos
324/323	Vorbereitung der arabischen Expedition
323	13. Juni: Tod Alexanders
323/322	Lamischer Krieg
321	Ermordung des Perdikkas, Antipatros wird Reichsverweser. Diadochenkämpfe.
319	Polyperchon wird Reichsverweser
316	Tod der Olympias und des Eumenes
315–301	Koalitionskrieg gegen Antigonos
308	Ptolemaios versucht, den Korinthischen Bund wiederzuerwecken
306	Demetrios besiegt Ptolemaios bei Salamis. Antigonos nimmt den Königstitel an
305/304	Demetrios belagert vergeblich Rhodos
302	Erneuerung des Korinthischen Bundes durch Demetrios
301	Antigonos fällt bei Ipsos
289	Tod des Agathokles von Syrakus
285–246	Ptolemaios II. Philadelphos
283	Tod des Demetrius und Ptolemaios I.
281	Lysimachos fällt bei Kurupedion, Ermordung des Seleukos, Ptolemaios Keraunos wird König von Makedonien
280	Pyrrhos zieht nach Italien. Neugründung des Achäischen Bundes
279	Kelteneinbruch in Makedonien und Griechenland
278	Pyrrhos nach Sizilien
277	Antigonos Gonatas siegt bei Lysimacheia über die Kelten, wird König von Makedonien (276–239)
274–271	I. Syrischer Krieg des Ptolemaios Philadelphos
273	Philadelphos schließt Bündnis mit Rom
272	Tod des Pyrrhos
267–261	Chremonideischer Krieg
	261 Seesieg des Antigonos über Philadelphos bei Kos
253	Ende des II. Syrischen Krieges
246–221	Ptolemaios II. Euergetes
241	Rom erobert den karthagischen Teil Siziliens
239–229	Demetrios II. von Makedonien
227	Sozialreformen in Sparta durch Kleomenes III.
224	Antigonos Doson gründet den Hellenenbund, siegt
222	über Kleomenes bei Sellasia
220–217	Bundesgenossenkrieg gegen Ätolien

217	Philopator schlägt Antiochos III. bei Raphia
215	Bündnis Philipps V. mit Hannibal
215–205	I. Makedonischer Krieg
210	Rom annektiert das frühere Königreich Syrakus, Sizilien wird Provinz
205–181	Ptolemaios V. Epiphanes
200–197	II. Makedonischer Krieg
197	Schlacht bei Kynoskephalai
196	Freiheitserklärung des Flaminius
192–188	Krieg Roms gegen Antiochos III. (Syrischer Krieg)
191	Schlacht bei den Thermopylen
190/89	Antiochos III. bei Magnesia besiegt
171–168	III. Makedonischer Krieg
168	L. Aemilius Paullus siegt bei Pydna. Antiochos IV. wird zum Verlassen Ägyptens gezwungen.
148	Makedonien wird römische Provinz
146	Zerstörung Korinths. Griechenland wird dem Prokonsul von Makedonien unterstellt.
129	Einrichtung der Provinz Asia. Die Seleukiden verlieren Babylonien an die Parther
96	Die Cyrenaica fällt durch Testament des Ptolemaios Apion an die Römer
88	Ermordung von 80000 Italikern
86	Sulla erobert Athen
74	Die Cyrenaica wird römische Provinz
	Pompeius macht Bithynien und Potus zu römischen Provinzen.
64/63	Der Rest des Seleukidenreichs wird von Pompeius zur Provinz Syria vereinigt.
63	Pompeius erobert Jerusalem.
51–30	Kleopatra VII.
48–47	Alexandrinischer Krieg Caesars
32	Rom erklärt Kleopatra den Krieg
30	(1. August) Octavian erobert Alexandrien. Tod der Kleopatra. Ende der Lagidendynastie.

PERSONENLEXIKON UND -REGISTER

Achilleus. Held der griechischen Mythologie. Urenkel des Zeus, Enkel des Äakus, Sohn des Myrmidonenkönigs Peleus und der Nereide Thetis. Seine Mutter salbt ihn, um ihn unsterblich zu machen, mit Ambrosia und taucht ihn bei Nacht in Feuer oder siedendes Wasser (dies die ältere Fassung). Sie wird dabei von Peleus überrascht. Er entreißt ihr das Kind, Thetis kehrt zu den Nereiden zurück. Das Motiv der Achillesferse findet sich erst in späteren Quellen: danach taucht Thetis ihren Sohn in die Styx, um ihn unverwundbar zu machen; die Ferse, an der sie ihn hält, bleibt dabei unbenetzt. Hier trifft ihn später der Pfeil. *66, 82, 86, 254, 256*

Achmose. Ägyptischer Pharao. *45*

Adonis. Gestalt der griechischen Mythologie, Sohn des Kinyras und dessen Tochter Smyrna (Myrrha), die von Aphrodite zur Vaterliebe verführt wird. Nach Entdeckung des Frevels wird sie auf eigenen Wunsch in einen Myrrhenbaum verwandelt, der Adonis hervorbringt. Dieser wird, als Kind der Persephone übergeben, von Aphrodite geliebt, worüber es zum Streit kommt, den Zeus dergestalt schlichtet, daß Adonis ein Drittel des Jahres bei Persephone im Hades, ein Drittel bei Aphrodite auf der Erde, das letzte Drittel nach freier Wahl verbringen müsse. Adonis entscheidet sich für Aphrodite. Wird auf der Jagd von einem Eber zerrissen. Ursprünglich vorderorientalischer Vegetationsgott, wird er zum Sinnbild des ständigen Verblühens. *346, 382*

Aetion. Griechischer Maler und Bildhauer Mitte und 2. Hälfte des 4. Jahrhunderts. Seine Kunst nur durch literarische Überlieferung bekannt. Gerühmt wird sein Werk, das die Hochzeit Alexanders mit Roxane schildert. Tätig in Milet und Syrakus. *322*

Agamedes. Gilt mit seinem Bruder Trophonius als Erbauer des Apollotempels in Delphi, der Schatzhäuser des Hyrieus und Augeias und des Heiligtums in Lebadeia. *68, 306*

Agamemnon. Ursprünglich ein an verschiedenen Orten der Peloponnes und Boiotiens verehrter Heros chtonischen Charakters, gelegentlicher Beiname des Zeus. Bei Homer erscheint Agamemnon als Sohn des Pelopiden Atreus, Bruder des Menelaos und Gemahl der Klytaimestra, Vater von Chrysothemis, Laodike, Iphianassa und Orestes. Im Feldzug gegen Troja Oberbefehlshaber der verbündeten Achäer. König von Mykene. *62,66*

Agariste. Tochter des Tyrannen Kleisthenes von Sikyon, Gattin des Alkmaioniden Megakles, Mutter des Atheners Kleisthenes. Die berühmt gewordene Werbung um sie ist um 575 anzusetzen. *84*

Agathokles von Syrakus. (360–289 v.Ch.). Sohn des Karkinos, eines Verbannten aus Rhegion, der in Thermä lebte. Übersiedelt mit 18 Jahren nach Syrakus, erhält nach der Schlacht am Krimisos durch Timoleon das Bürgerrecht. Arbeitet sich, protegiert durch den reichen Syrakuser

Damas, dessen Witwe er später heiratet, in eine Spitzenposition als Führer der demokratischen Partei gegen die oligarchische des Sosistratos und und Herakleides, die ihn zunächst auf das italienische Festland abdrängen. Nach der Verbannung der oligarchischen Gegner (322) Rückkehr, wird 316 Strategos autokrator. Der Versuch, die Herrschaft auf ganz Sizilien auszudehnen, führt zu einer langen Auseinandersetzung mit Karthago (311–305). Nimmt 304 den Königstitel an, knüpft dynastische Beziehungen zu den Ptolemäern und zu Pyrrhus von Epirus. Kurz vor seinem Tod gibt er Syrakus die demokratische Verfassung zurück. *281, 286*

Agesilaos II. (444/43–360). Spartanischer König aus dem Haus der Eurypontiden. Verdrängt mit Hilfe des Ephoren Lysander seinen Neffen vom Thron. Führt von 396 bis 394 ein Kommando gegen Persien, besiegt am Paktolos Tissaphernes, kann aber keinen entscheidenden Erfolg setzen. Siegt nach seiner Rückkehr im August 394 über die Boioter, erzielt im Korinthischen Krieg 391/90 Erfolge, zwingt auf dem Friedens-Kongreß in Sparta den Thebanern den „Königsfrieden" auf. 371 scheitert diese Gewaltpolitik und führt zur Katastrophe von Leuktra gegen Epeimanondas. Agesilaos kann im Winter 370/69 Sparta vor der Eroberung durch Epeimanondas retten, ebenso 362. Geht dann, um Subsidien für Sparta zu gewinnen, als Kondottiere in den Dienst des Pharaos Tachos gegen Phoinikien und Syrien, stellt sich dann aber auf die Seite des Usurpators Nektanebos II. Stirbt auf dem Heimweg 360/59 in Kyrene. *202, 207f.*

Agis IV. von Sparta. (*241 v. Ch.). Sohn des Eudamidas II., regiert von 244 bis 241 und stürzt über seine Sozial- und Bodenreformvorhaben. Wird auf Betreiben seines Mitkönigs Leonidas II. hingerichtet. Plutarch schrieb eine Biographie über ihn. *306*

Aias der Große. Held der griechischen Mythologie. Sohn des Königs Telamon von Salamis. Neben Achilleus der stärkste Held der Griechen vor Troja. Rettet den Leichnam des Achilleus, gerät wegen dessen Waffen mit Odysseus in Konflikt und begeht, nachdem der Schiedsspruch gegen ihn lautet, Selbstmord. *173*

Aischines. (390/89–315). Athenischer Redner und Politiker. Sohn des Atrometos aus dem attischen Demos Kothokidai. Seine Familie verarmt im Peloponnesischen Krieg. Nach Epheben- und Kriegsdienst (Teilnahme an den Schlachten von Mantineia 362 und Euboia 357 und 350) bringt er es zum Grammateus und wird politisch tätig. 348 ist er mit Eubolos Gesandter in der Peloponnes. Vertritt dann gegen Demosthenes eine makedonienfreundliche Politik (346 Gesandtschaften zu Philipp), die ihm zwei Anklagen wegen Hochverrats einbringt. Wird 343 mit knapper Mehrheit freigesprochen. Bewirkt 339 als Pylagore der delphischen Amphiktyonie das Eingreifen Philipps im 4. Heiligen Krieg, was schließlich zur makedonischen Oberherrschaft in Griechenland führt. Wird 330 nach einem verlorenen Prozeß aus Athen verbannt, geht nach Kleinasien und Rhodos, wo er eine Rednerschule gegründet haben soll. Erhalten sind drei Reden. *250*

Aischylos. (525/24–456/55). Sohn des adligen Gutsbesitzers Euphorion. Erlebt in seiner Jugend das Ende der Tyrannis und die Stabilisierung der Demokratie in Athen. Kämpfte in den Perserkriegen bei Marathon und Salamis. Ende der 70er Jahre und 482 unternahm er Reisen nach Sizilien. Von seinem Werk sind 79 Titel überliefert, vollständig erhalten aber nur 7 Dramen: Perser (472), Sieben gegen Theben (467), Hiketiden (472), Orestie (Agamemnon, Choephoren, Eumeniden) und Prometheus. Gilt als Begründer der Tragödie als literarischer Kunstform. *156, 158, 160, 192, 231*

Alexander III. der Große. (356–323), 336–323 König von Makedonien. Sohn Philipps II. und der Olympias von Epirus. Von Aristoteles erzogen, kommt er 20jährig nach der Ermordung seines Vaters auf den Thron, schlägt zunächst verschiedene Aufstände in Griechenland nieder und läßt sich 336 in Korinth als Hegemon des griechisch-makedonischen Heeres für den Feldzug gegen Persien ausrufen. In den Schlachten am Granikos 334, bei Issos 333 und Gaugamela 331 schlägt er den Großkönig Dareios III., erobert 332/31 Ägypten (seit 525 persische Satrapie), gründet 331 Alexandria und erobert 330–327 die ostiranischen Provinzen, stößt bis über den Iaxartes und 327–25 bis nach Indien vor, wo die Truppen am Hyphasis den Weitermarsch verweigern. Auf dem Rückzug stirbt er in Babylon am Fleckfieber.

Alexander IV. Posthumer Sohn Alexanders d. Gr. und der Roxane. Seine Reichsverweser waren nacheinander Perdikkas, Antipatros, ab 319 Antigonos. 318 flieht Roxane zu Olympias, wird 316 durch Polyperchon nach Makedonien gebracht. 311 wird Alexander getötet, nachdem seine Mutter schon früher von Kassander ermordet worden war. *274*

Alexander II. von Epeirus. Sohn des Pyrrhos. Kämpft nach 272 gegen die Illyrer. Wird später von Antigonos vertrieben, mit Hilfe der Aitoler wieder eingesetzt. *222*

Alkaios. Neben Sappho bedeutenster Lyriker des aiolischen Sprachraums. Stammt aus Mytilene (Lesbos). Sein Leben und seine Dichtung steht ganz im Zeichen der politischen Auseinandersetzungen der adeligen Seite, an deren Spitze er sich befand, gegen den Demos. Zentrales Thema ist der Kampf gegen den vom Volk zum Schiedsrichter gewählten (590 bis 80) Pittakos, was ihm langjährige Verbannung einträgt, die ihn nach Ägypten führt. Im Mittelpunkt seines Werkes stehen politisch veranlaßte, kämpferische Verse, Stasiotika, darunter eine Allegorie auf das gefährdete Staatsschiff. Diese politische Tendenzdichtung berührt sich mit den Skolia und Sympotika, Liedern, die aus politischer Erregung Augenblicksstimmungen wiedergeben, Spott und Appelle beinhalten. *106, 130*

Alkibiades. (ca. 450–404). Sohn des Kleinias und einer Alkmaionidin, wächst auf im Haus seines Onkels und Vormunds Perikles, zeitweilig unterwiesen durch Sokrates, entwickelt sich aber zum Prototyp eines sophistisch gebildeten Politikers, zum den Rahmen der Polis sprengenden Machtmenschen. Neigte zuerst den extremen Demokraten zu, profiliert sich als Gegner Kleons. Nach dem Nikiasfrieden (421/20) wird er zum

Strategen gewählt. Sein Versuch, Sparta zu isolieren und ein Defensivbündnis gegen Sparta zu bilden, wird von Athen nur halbherzig mitgetragen. 418 siegt König Agis von Sparta bei Mantineia über den Sonderbund. Alkibiades wird nicht mehr gewählt. Die Radikalen unter Hyperbolos fordern den Ostrakismus, um den politischen Gegensatz zwischen Nikias und Alkibiades zu entscheiden, worauf sich beide verbünden und Hyperbolos zu Fall bringen. 417/16 wird Alkibiades wieder zum Strategen gewählt, er überfällt das neutrale Melos und vernichtet dessen Bürgerschaft. 416 erringt er in Olympia den Rennsieg, was seine politische Stellung verstärkt. Diese nützt er für seinen Plan aus, einen Sizilienfeldzug zu starten, der das dorische Syrakus einbringen soll. Alkibiades, Nikias und Lamachos werden zu Strategoi autokratores ernannt. Nach der Verstümmelung der Hermen in Athen vor der Ausfahrt der Flotte wird Alkibiades der Mittäterschaft und der Profanierung der eleusinischen Mysterien beschuldigt, der Prozeß gegen ihn aber verschoben. Er wird dann von Sizilien zurückberufen, verläßt in Thuriori das attische Staatsschiff Salaminia und geht nach Sparta, wo er die Jungspartiaten für seine Rachepläne gewinnen kann. In Athen wird Alkibiades in Abwesenheit zum Tod verurteilt. Ein Bündnis zwischen Sparta und Tissaphernes nutzt Alkibiades als Druckmittel gegen die demokratische Verfassung von Athen, indem er erklärt, Tissaphernes sei nach einer Verfassungsänderung zu einem Bündnis mit Athen bereit. Dies wirkt mit auslösend für den oligarchischen Umsturz von 411, ein Rückruf unterbleibt, was Alkibiades veranlaßt, mit der demokratisch gesinnten attischen Flotte bei Samos Kontakte aufzunehmen. Er wird von der Flotte 411 zum Strategen gewählt und erhielt dadurch ein Machtinstrument für seine Politik. Er schlägt 410 die spartanische Flotte bei Kyzikos vernichtend, wird von der wiedererstellten Demokratie in Athen zurückberufen und hält 408 einen triumphalen Einzug. Vollkommen rehabilitiert wird er zum Hegemon autokrator gewählt. Als das spartanisch - persische Bündnis 407 einen Teilsieg gegen die attische Flotte bei Notion landen kann, wird Alkibiades abgesetzt. Er zieht sich auf seine thrakischen Besitzungen zurück, flieht nach der Katastrophe Athens 404 an den Hof des Satrapen Pharnabazos, der ihn auf Betreiben des Spartaners Lysandros und der Dreißig in Athen ermorden läßt. *198–201, 204, 214, 282*

Alkman (ca. 650–600). Stammt wahrscheinlich aus Sardes, gilt im alexandrinischen Lyrikerkanon als Archeget der melisch-chorischen Dichtung, die er in Sparta als choregischer Didaskalos und Dichterkomponist zur musischen Bereicherung kultischer und anderer Feiern ausübt. Sein Grabmal befand sich bei den Heiligtümern der Hippokontiden und des Herakles. Im Mittelpunkt seines Schaffens stehen hymnische Dichtungen für Chöre, von Kithara oder Flöte zu Tanzbewegungen begleitet, die Göttern, Göttinnen und Heroen zu Ehren an sakralen Festen vorgetragen wurden. *107*

Alyattes. Vorletzter König der Lyder, Sohn des Sadyattes, Vater des Kroisos. Regierungszeit nach Herodot von 619 bis 560. Er ist der eigentliche Begründer der lydischen Großmacht. Die Ausdehnung des Reiches bis zum Halys führt zum Zusammenstoß mit dem Mederkönig Kyaxares; der Krieg wurde im sechsten Jahr durch die während einer Schlacht eintretende Sonnenfinsternis vom 28. Mai 585, die Thales vorhergesagt haben soll, beendet. *141*

Anaxagoras von Klazomenai (500/496–428). Sohn des Hegesibulos, lebte längere Zeit in Athen, war mit Perikles befreundet und wirkte auf Euripides und Sokrates. Einer Anklage wegen Asebeia wich er aus und ging nach Lampsakos, wo er auch starb. Seine Philosophie bemüht sich in der Tradition der ionischen Naturphilosophen um die Erklärung der Welt und ihrer Entstehung. Seine Theorie arbeitet mit einem allen Dingen zugrundeliegenden Urstoff, der in sich schon differenziert ist und aus dem durch Mischung und Trennung die sichtbaren Dinge entstehen. (Vorstellung einer zentrifugalen Verteilungskraft). Dieser mechanische Prozeß wird aber durch Nous (ein all beherrschender Geist) sinnhaft gelenkt. Damit gibt er den Ansatz zum philosophischen Dualismus (Platons). Überliefert nur ein bezeugter Titel: Peri Fyseos. *167, 171, 181f., 188, 190, 195, 204*

Anaximander (610/09–547/46). Sohn des Praxiades von Milet, Schüler und Nachfolger des Thales. Verfaßte als erster eine die Natur erklärende Proschrift. Er geht aus von einem Urstoff (Apeiron), der allem zugrunde liegt, und der selbst nach Masse und Qualität unbestimmt ist, präexistent und unvergänglich. Was sich aus ihm realisiert, muß mit Notwendigkeit wieder in ihn zurückfallen. Denn die Ungerechtigkeit des Entstehenden, aus dem Potential der Möglichkeiten nur eine zu realisieren, zieht die Strafe des Untergangs nach sich. Die Erde sieht er als Zylinder, auf dessen oberer Kreisfläche sich die Oikoumene befindet. *177ff.*

Anaximenes (*528/25). Sohn des Eurystratos von Milet, wahrscheinlich Schüler des Anaximander. An Stelle des nicht konkreten Apeiron des Anaximander setzt er die Luft als Urstoff und erklärt die übrigen Elemente aus der Verdünnung (Feuer) oder Verdichtung (Wasser, Erde) der Luft. Dadurch kommt er, da nach seiner Vorstellung auch die Seele ein Lufthauch ist, zu einer Parallelsetzung von Kosmos und Mensch. Die Erde sieht er als Scheibe. *177ff.*

Antenor. Sohn des Eumares, attischer Bildhauer Ende des 6. Jahrhunderts v. Ch. Seine Signatur findet sich auf einer überlebensgroßen Kore (um 510). Wahrscheinlich ist die von Xerxes 480 entführte Gruppe der Tyrannenmörder ebenso ein Werk von ihm wie möglicherweise die Giebelskulpturen des Alkmaionidentempels in Delphi, die stilgleich mit der Kore sind. *417*

Antalkidas (*371). Macht 386 den Königsfrieden von Sparta für die griechischen Poleis verbindlich. *208, 210, 213*

Antigone. Tochter des Oidipus und der Iokaste, Schwester der Ismene, des Eteokles und Polyneikes. Die maßgebende Darstellung ihres Schicksals gibt das Drama des Sophokles. *186*

Antigonos Doson. Sohn des Demetrius des Schönen, 230 makedonischer

Reichsverweser für Philipp, den Sohn des Demetrios II., dessen Witwe er heiratet. Nimmt 227 den Königstitel an, vereinigt 224/23 als Hegemon die Achäer, Thessaler, Epeiroten, Akarnanen, Böoter, Phoker, Lokrer und Euböer zu einem hellenischen Staatenbund, besetzt Korinth und zerstört Mantineia. Nach dem Sieg über Sparta 222 Zwangsbeitritt. Wehrt 221 den Einfall der Illyrer ab. *298f.*

Antigonos Gonatas. Kämpft 291 mit seinem Vater Demetrios Poliorketes in Griechenland und ist 287 dort sein Statthalter. Seit 283 formal König von Makedonien, kann er sich erst 276 de facto durchsetzen. Wird 274/73 von Pyrrhus aus Makedonien vertrieben, verbündet sich mit dem Spartanerkönig Areus und festigt die makedonische Herrschaft in Griechenland durch Einsetzen von Tyrannen in Elis, Megalopolis und Argos. Im chremonidischen Krieg schlägt er 265 bei Korinth das peloponnesische Heer des Areus, 262 bei Kos die Flotte des Ptolemaios II. und erobert 262 Athen. Seine Hegemonie in Griechenland wird 250 durch den Abfall seines Neffen Alexander in Korinth und den achaeischen Bund unter Aratos bedroht. Er stirbt 239. *278, 282, 298f., 306, 310, 341*

Antigonos Monophtalmos. Makedonischer Feldherr, 333 Satrap von Phrygien. Erhält nach dem Tod Alexanders Pamphylien, Lykien und Großphrygien und 321 die Strategie von Asien. Vertritt in den Diadochenkämpfen die Reichseinheit, besiegt 316 Eumenes und erobert die oberen Satrapien. Gründet den Nesiotenbund und gewinnt durch den Erlaß von Tyros „Freiheit der Hellenen" Einfluß in Griechenland. Nimmt als erster Diadoche den Königstitel an. Fällt im Kampf gegen die Koalition des Ptolemaios, Lysimachos, Kassandros und Seleukos 301 bei Ipsos. *274–277, 285, 298*

Antiochos I. Soter. 294 Statthalter der oberen Satrapien und Mitregent des Vaters Seleukos I., der ihm seine Gemahling Stratonike abtrat. 281 während des Zuges des Seleukos gegen Ptolemaios Statthalter des Gesamtreiches. Seit 281 König, überläßt im syrischen Erbfolgekrieg 278 dem Antigonos Gonatas Makedonien. Schlägt 275 in der „Elephantenschlacht" die eingefallenen Kelten und siedelt die Reste in Großphrygien an. 262 wird er von Eumenes bei Sardes besiegt. Starb 261. *278, 280, 283, 309*

Antiochos III. Megas. Zweiter Sohn des Seleukos II., seit 223 König, stellt die Seleukidenmacht wieder her. 212–205 gewinnt er Armenien und zwingt Parthien, Baktrien und die Araber von Gerrha unter seine Oberhoheit. Im 5. syrischen Krieg erwirbt er Koilesyrien und Phoinikien, vermählt 194 seine Tochter Kleopatra mit Ptolemaios V. Seine Eroberungen in Kleinasien und die Unterwerfung Thrakiens führt 192 zum Krieg mit den Römern. Wird von den Aitolern zum Strategos autokrator gewählt, kehrt 191 nach der Niederlage bei den Thermopylen nach Kleinasien zurück, wird 190 von den Römern bei Magnesia besiegt, und muß im Frieden von Apameia auf Kleinasien diesseits des Tauros verzichten. Wird 187 bei der Plünderung eines Beltempels bei Susa erschlagen. *283f., 309, 357, 360, 363*

Antiochos IV. Epiphanes. Zweiter Sohn des Antiochos III., der ihn 189 als Geisel nach Rom schickte. Wird 175 mit Hilfe des Eumenes II. von Pergamon König. Erobert im 6. syrischen Krieg 170–168 Ägypten außer Alexandria und krönt sich als Vormund seines Neffen Ptolemaios VI. in Memphis zum König von Ägypten. Muß 168 auf römischen Druck auf Ägypten verzichten. Errichtet in Jerusalem einen Zeustempel und verbietet den Jahvekult, löst damit die Erhebung der Makkabäer aus. Stirbt 164 nach einem Feldzug gegen König Artaxias von Armenien. *357, 360ff.*

Antiochos VII. Euergetes Sidetes. Sohn des Demetrios I. Soter, Bruder des Demetrios II. Nikator, dem er 138 folgt, als dieser in parthische Gefangenschaft geriet. Zwingt nach langer Belagerung Jerusalem zur Kapitulation, schleift die Mauern, läßt aber die Religion unangetastet. Schlägt 130 die Parther, gewinnt Babylonien und Medien zurück und nimmt den Titel eines Großkönigs an. 129 wird sein Heer im Winterquartier in Medien überfallen und aufgerieben. Er selbst findet den Tod. *364*

Antipater (um 400–319). Sohn des Iolaos, führte als Vertrauter Philipps 338 und 336 Verhandlungen mit Athen, ist unter Alexander Reichsverweser in Makedonien, verhindert die Expansionsversuche Memnons und den Aufstandsversuch Spartas 331/30. 324 von Alexander nach Babylon berufen. Kann nach dem Tod Alexanders die Herrschaft seiner Dynastie begründen, schließt sich 322 der Koalition gegen Perdikkas an, wird nach dessen Ermordung Reichsverweser und führt die Teilung von Triparadeisos durch, wobei er seinen Sohn Kassandros zum Chiliarchen des Antigonos ernannte. *242, 254, 256ff., 263, 274f., 306f.*

Antisthenes (ca. 455–360). Sohn des athenischen Bürgers Antisthenes und einer thrakischen Sklavin. Zunächst von Gorgias unterrichtet, schließt er sich Sokrates an. Gehörte zu der Schar der Schüler, die sich am Todestag des Sokrates bei diesem versammelten. Eröffnet nach 399 im Gymnasion Kynosarges eine eigene Schule, die zum Ausgangspunkt des Kynismus wurde, der die Bedürfnislosigkeit in den Mittelpunkt stellt und von daher zu einer scharfen Kritik am Herkömmlichen findet (Kritik am Nomos). Das führte folgerichtig nicht nur zur Negation des Staates, sondern auch der Religion. Antisthenes hielt am ethischen Intellektualismus des Sokrates fest, wonach die Arete erkennbar und lehrbar ist. Von seinem Werk sind nur zwei epideiktische Reden erhalten. *229, 232, 260 bis 263*

Apelles. Sohn des Pytheas von Kolophon, berühmter Maler, Zeitgenosse Alexanders des Großen, der ihn bevorzugte. Galt als der größte Maler, beberühmt neben den Portraits Alexanders vorallem die Aphrodite anadyomene. Seine Charis in seinen Bildern wie in seinem Charakter werden gerühmt. Erhalten blieb nichts. *322*

Aphrodite. Griechische Göttin der weiblichen Schönheit und des Liebeslebens, in die indogermanisch-hellenische, ägäisch-kleinasiatische und semitisch-orientalische Komponenten einfließen. *110, 346*

Apollon. Griechischer Gott der Mantik und der Musik mit umfassender göttlicher Kompetenz. Seinen mantischen und kathartischen Komponenten korrespondieren die apotropäischen, schützenden und heilenden Eigenschaften. Der Bogenschütze, der mit lautlosen Pfeilen Tod und Verderben sendet, ist folgerichtig auch als Bewahrer davor verstanden. Alle Quellen weisen auf den Einklang iatrischer, musischer und mantisch-kathartischer Momente der apollinischen Sphäre. *41, 91f., 134, 151, 180*

Apollonios von Perge. Berühmter Geometer, der in Alexandria unter Ptolemaios Euergetes lehrte. *312, 314f.*

Apollonios von Rhodos. Rhetor des 2. Jahrhunderts v. Ch., Schüler des Menekles, siedelt vor 120 nach Rhodos. Er vertrat eine der Philosophie abgeneigte, vorwiegend asianisch beeinflußte Richtung. *311, 318*

Aratos von Sikyon (271–213). Flieht nach der Ermordung seines Vaters Kleinias 264 nach Argos, befreit 251 Sikyon von der Tyrannis und schließt es dem achaiischen Bund an. Protegiert von Ptolemaios III. von Ägypten, der seit 243 das Ehrenkommando des Bundes hatte, war er zwischen 245–213 16mal Strategor. Er erweiterte den Bund durch die Vertreibung der Makedonier aus Korinth (243), den Gewinn von Megalopolis (235) und die Befreiung von Argos und Athen (229). Als Ptolemaios die Subsidien von ihm abzieht und Sparta zuwendet, muß er sich Makedonien anlehnen unter Anerkennung der makedonischen Vorherrschaft in Griechenland. Er stirbt 213, wahrscheinlich vergiftet. *307f.*

Aratos von Soloi (*315/305). Freund des Kallimachos, wird 277 mit Antigonos Gonatas bekannt und an den Hof von Pella berufen. Erhalten sind nur die „Phainomena“, ein Lehrgedicht von kaum zu überschätzender Wirkung. *309, 310, 318*

Archelaos von Makedonien. Bastardsohn des Perdikkas II. von Makedonien, als legitim anerkannt. Ermordet nach dem Tod seines Vaters 413 alle Verwandten. Führt Makedonien wirtschaftlich, militärisch und kulturell in eine Blütezeit, teils durch Zuzug griechischer Künstler. Fällt 399 einer Verschwörung zum Opfer. *231f., 247, 309*

Archidamos II. von Sparta. Folgt 476 seinem Großvater Leotychidas, der in die Verbannung gehen mußte, als König. Rettet bei dem Erdbeben 464 Sparta vor den Messeniern und den lakonischen Heloten. Geht nur zögernd in den Peloponnesischen Krieg, dessen erster Abschnitt er kommandiert und in Hoffnung auf ein Einlenken Athens betont langsam führt. Stirbt 429.

Archidamos III. von Sparta (um 400–338). Sohn und Nachfolger Agesilaos II. Führte nach der Schlacht von Leuktra ein Restaufgebot zurück nach Sparta (371), führte 367 und 364 an Stelle seines erkrankten Vaters das Kommando in Arkadien. 362 verteidigt er Sparta gegen Epameinondas. Im Winter 361/60 wird er König, unterstützt im 3. heiligen Krieg die Phoker. 344/43 folgt er mit einem phokischen Söldnerheer dem Hilferuf Tarents gegen die Lukanier und Messapier, wird 338 geschlagen und fällt in der Schlacht. Erwirbt sich als Kondottiere hohes Ansehen, das soweit reicht, daß Isokrates ihn in seinem 9. Brief auffordert, in Hellas Frieden zu stiften und es gegen die Barbaren zu führen. *222*

Archilochos. Frühester griechischer, in Resten seiner Dichtung faßbarer Lyriker und Iambograph, Bahnbrecher des individuellen, subjektiven Dichtens. Geboren auf der Kykladeninsel Paros aus der Verbindung des Telesikles mit der Unfreien Enipo, lebte etwa 680 bis 640 auf Paros, später auf Thasos. *50, 104f, 407, 411, 417, 427*

Archimedes (um 287–212). Sohn des Astronomen Pheidias in Syrakus, befreundet mit König Hieron II. Lernt in Alexandria die Mathematikerschule kennen und ist mit Konon und Dositheos eng befreundet. Arbeitet nach seiner Rückkehr an der Erweiterung der abstrakten Mathematik und der praktischen Mechanik. Seine Maschinen und physikalischen Apparate galten als Wunder der Technik (berühmt sein Wasserheber, die archimedische Schnecke, seine Winden, Flaschenzug- und Hebelwerke). Bei der Einnahme von Syrakus durch die Römer 212 wird er erschlagen. *302, 314f.*

Ares. Griechischer Gott des Krieges, Inbegriff des blutigen Schlachtenmords und des wütenden Kampfes. Etymologisch als „Schädiger, Strafer, Rächer" zu sehen, stellt er die spätere Personalisierung einer zunächst nicht personenhaft fest umrissenen dämonischen Schadensmacht dar, die die früher auch als regelrechte Appellative zu den Namen Zeus und Athene verwendet wurde. *91*

Areus I. Spartanischer König von 309 bis 265, Sohn des Königs Akrotatos und der Chilonis, führt 281 die Erhebung Griechenlands gegen Antigonos Gonatas. Im chremonideischen Krieg fällt er 265 bei Korinth. *306*

Aristarchos von Samos (etwa 310–230). Schüler des Stratos von Lampsakos. Berühmt wegen seines heliozentrischen Sonnensystems, auf das sich Kopernikus beruft. Nach Aristarchos stehen die Sonne und die Fixsterne still, während die Planeten und die Erde um die Sonne kreisen. Dabei ist der Durchmesser der Erdbahn gegenüber der Fixsternspäre zu vernachlässigen. *314f., 343*

Aristippos von Kyrene (ca. 435– nach 366). Gehörte in Athen zum engeren Kreis um Sokrates, löst sich dann und gibt Unterricht gegen Entgelt, was ihm Kritik seitens der Sokratiker einträgt. Das zentrale Thema seiner sich mit der Ethik beschäftigenden Philosophie ist die Hedone; jene innere Freiheit, jeder Lebenslage ein Höchstmaß von Hedone abzugewinnen, ohne von materiellen Gütern abhängig zu sein. *262f.*

Aristophanes. Sohn des Philippos aus Kydathen. Komödiendichter, dessen erstes Stück 427 aufgeführt wurde und dessen höchster Ruhm um 404 eintritt. Das letzte Stück, das er selbst aufführte (Plutos), fällt in das Jahr 388. Biographisch weiß man darüberhinaus nur, daß er das Landleben liebte und konservativ war. In Alexandria zählte man unter seinem Namen 44 Titel, darunter "Babylonier" (426), "Acharner" (425), "Ritter" (424), "Wolken" (423), "Vögel" (414). *188, 204*

Aristoteles (384 - um 322). Sohn des Nikomachos, aus Stageira (Chalkidike). Sein Vater war Arzt aus einer der Asklepiadenfamilien, befreundet mit dem König Amyntas II. von Makedonien. 367/66 tritt

Aristoteles in Platons Akademie ein, der er bis 348/47 angehört und die er aus Widerspruch gegen den von Platon designierten Nachfolger Speusipp verläßt. Auf Einladung des Hermeias von Atarneus eröffnet Aristoteles mit Xenokrates eine platonische Schule in Assos, heiratet die Nichte des Hermeias, Pythias, und begibt sich nach dessen Sturz (345) nach Mytilene. 343/42 wird er von Philipp II. als Erzieher Alexanders berufen, Aristoteles siedelt nach Pella über und hat bis etwa 340 erzieherischen Einfluß. Als nach dem Tod des Speusippos Xenokrates zum Schulhaupt der Akademie gewählt wird, löst sich Aristoteles von der Akademie und gründet 335 eine eigene Schule, das Lykeion, an der er bis 323 arbeitet. Nach dem Tod Alexanders wurde Aristoteles, der als Anhänger der makedonischen Partei galt, eine Anklage angehängt, der er durch seinen Weggang nach Chalkis auf Euböa auswich. Aristoteles ist der erste Philosoph der Antike, der seine Philosophie in streng systematischen Abhandlungen darstellt. Er begründet die formale Logik („Organon") als Lehre von den Begriffen, Urteilen und Schlüssen. Kernpunkt seines Werkes ist die Metaphysik („erste Philosophie"), in der er den Dualismus Platons aufhebt. In seiner „Politik" gibt er eine Lehre der Staatsformen, aber auch vom Haushalt und den Gemeinschaften schlechthin. *232f., 241f., 245, 254, 257, 262f., 265, 271, 309, 312, 434*

Arkesilaos von Pitane (*241/40). Begründer der mittleren Akademie. Hört in Athen zunächst im Peripatos Theophrast, wird dann von Krantor für die Akademie gewonnen, steht unter den Einfluß von Polemon, Krates und Krantor; nach dem Tod des Krates (um 265) wird er Haupt der Akademie. Er versteht sich als Wahrer der Tradition und knüpft wieder an die sokratische Dialektik an. Er geht in der Frage, ob Erkenntnis überhaupt möglich sei, über Sokrates hinaus, indem er das Urteil über die bestätigenden und verneinenden Gründe einer These als unmöglich ansieht. Vor dem Abgleiten in den Agnostizismus bewahrt er sich aber dadurch, daß er einen relativen Wahrheitsgehalt (Pithanon) anerkennt und als Maßstab ethischer Entscheidungen das Eulogon gelten läßt. Schriften hat Arkesilaos keine hinterlassen. *236*

Arridaios (*317). Schwachsinniger Sohn Philipps II. und der Philinna, Halbbruder Alexanders des Großen, nach dessen Tod (323) er, von der makedonischen Phalanx neben Alexander IV. zum König erhoben (Philipp III.), mit verschiedenen Reichsverwesern (Perdikkas, Antipatros, Polyperchon) regiert. Wird 317 von Olympias gefangengenommen und hingerichtet. *274f.*

Artaphernes. Bruder des Dareios, nach dem Skythenzug als Statthalter in Sardes eingesetzt. *146*

Artaxerxes II. (451/443–363/357). Ältester Sohn von Dareios II. Nothos und der Parysatis, tritt 404 die Thronfolge an, muß den Thron 401 gegen seinen Bruder Kyros den Jüngeren verteidigen, dessen Tod bei Kunaxa die Frage entscheidet. Während seiner Regierungszeit ständig im Kampf mit Ägypten. 368–356 bringt ihn ein Aufstand der Küstensatrapien in Schwierigkeiten. Einen Krieg mit Sparta schließt der Friede des Antalkidas. *206, 209, 254*

Artemis. Griechische Göttin, Tochter des Zeus und der Leto, Schwester des Apollon. Schon im mykenischen Hellas verehrt in einem weit umfassenderen Wesensbestand als sie Homer vorstellt. Vermittelt sie dort das Bild einer prähellenischen Potnia (Tierherrin, jungfräuliche Geburtshelferin und Kurotrophus, tötende und lebensspendende Muttergöttin), wird sie bei Homer verengt dargestellt als unnahbare Jungfrau, Jägerin und Todesgöttin. *41, 179*

Asklepios. Griechischer Gott der Heilkunde, Sohn des Apollon und der Koronis. Die Etymologie weist auf vorgriechische Herkunft des Namens. Die Schlangen- und Maulwurfetymologie trifft sich mit dem Charakteristikum eines anfänglich tiergestaltigen Erddämons (reptilien- und rattenartiges Getier) und führt auf prähellenische-mediterrane Vorformen der Synthese von magischer Thaumaturgie und therapeutischer Divination. *241, 344*

Aspasia aus Milet. Kommt Anfang der 40er Jahre des 5. Jahrhunderts nach Athen, wird die 2. Frau des Perikles, gebiert zwischen 445 und 440 einen einen Sohn (Perikles), der nach dem Bürgerrechtsgesetz von 451 vom Bürgerrecht ausgeschlossen blieb. Gewinnt offensichtlich auch politischen Einfluß auf Perikles und wird auf Betreiben der Konservativen um Thukydides 433/32 wegen Gottlosigkeit und Kuppelei angeklagt. Perikles erreicht nur mühsam einen Freispruch. *171, 194f.*

Atargatis (Dea Syria). Eine gemeinsam mit dem westsemitischen Wettergott Baal-Hadad verehrte Göttin, die in Wesensverwandtschaft steht mit der phönizischen Aphrodite-Astarte und der kleinasiatischen Rhea-Kybele. Die große Fruehtbarkeitsgöttin, deren Kult (das Schleier- und Blumenattribut, Omphalossymbol, Seeprozession, Hydrophorie, Lavatio, Baumverbrennung, ekstatischen Tanz, Eviration und Phallolatrie) die animalische Fruchtbarkeit über Luft und Wasser andeutet. *346*

Athene. Griechische Göttin, Tochter des Zeus, der Sage nach mutterlos seinem Haupt entsprungen, verkörpert die männergleiche, mit physischer und geistiger Kraft ausgestattete kämpferische Jungfrau. Wahrscheinlich ist eine im indoatlantischen Sprach- und Kulturraum beheimatete bewaffnete Hierodulengöttin als Stammform der hellenischen Pallas anzusetzen. Belegt ist in der mittelmykenischen Periode eine gesamthellenische Verehrung einer „mächtigen Herrin Athene", die als Potnia des mykenischen Kriegeradels als Schildjungfrau, Streitwagenlenkerin, die die Aigis schwingende Kampfgefährtin, die die Scharen antreibt, die Einzelkämpfer schirmt und die Beute sichert, gilt. Seit Homer wird die wehrhafte Potnia der mykenischen Griechen auch in die Position einer unkriegerischen ägäischen Polias eingerückt, der Schützerin einer bäuerlich-handwerklichen Kultur. *41, 65, 91, 120, 172f., Parthenos 172; Promachos 172*

Attalos III. Philomezor Euergetes (*133). Sohn des Eumenes II. und der Stratonike. Wird 138 König, kümmert sich wenig um die Staatsgeschäfte, gilt als Sonderling, der Studien über Giftpflanzen, Gartenbau und Landwirtschaft betrieb. In seinem Testament setzt er das römische Volk als Erben seines Königslandes ein, erklärt aber die Griechenstädte für frei. *360*

Attila. 434–453. König der Hunnen. *388*

Attis. Gestalt der phrygischen Religion im Umkreis der Großen Mutter. Attis versprach Kybele, die ihn liebte, Keuschheit; als er es nicht hielt, machte sie ihn rasend und er entmannte sich unter einer Fichte, wobei er starb (in einer anderen Version: sich in eine Fichte verwandelte). Die Göttin stiftete ein Trauerfest: ihre Priester ziehen in die Berge, um Attis zu suchen. Finden sie sein Bild, folgt eine Orgie bis zur Selbstverstümmelung und Entmannung. Das Fest symbolisiert schon im Altertum das alljährliche Absterben und Wiedererstehen der Vegetation. Tod und Auferstehung des Attis, verbunden mit einem kultischen Mahl und später mit Taurobolien waren religiöse Ereignisse. *346, 382*

Augustus (Gaius Octavius) (63 v. Ch. - 14 n. Ch.), seit 27 v. Chr. römischer Kaiser. *374f., 387*

Aurelius siehe *Marc Aurel*

Bach, Johann Sebastian (1685–1750). *155*

Beethoven, Ludwig van (1770–1827). *156, 236*

Bellerophontes. Korinthischer Sagenheld, Sohn des Glaukos und der Eurymede, Enkel des Sisyphos. Während eines Aufenthalts bei König Proitos in Tiryns verliebt sich dessen Frau in Bellerophontes, der sie zurückweist. Sie behauptet daraufhin bei ihrem Gatten, Bellerophontes habe ihr nachgestellt. Dieser schickt seinen Gast zu seinem Schwiegervater König Iobates von Lykien mit einem Brief, der die Weisung enthält, den Überbringer zu töten. Iobates stellt ihm drei Aufgaben, die nach menschlichem Ermessen tödlich enden müssen: Bellerophontes tötet das Ungeheuer Chimaira, besiegt die Solymer und kämpft mit den Amazonen. Als er auch noch einem Hinterhalt entgeht, erkennt Iobates seine göttliche Abkunft und gibt ihm seine Tochter zur Frau, mit ihr die Hälfte des Reiches. Er hat drei Kinder: Isandros, der im Krieg fällt, Hippolochos, der lykischer König wird, und Laodameia, die Zeus den Sarpedon gebiert. In späteren Versionen kehrt Bellerophontes nach Tiryns zurück, um sich an der Frau des Proitos zu rächen: er stürzt mit ihr bei einem gemeinsamen Ritt auf dem Pegasos bei Melos ins Meer. *66*

Berossos von Babylon. Balpriester zur Zeit Alexanders des Großen. Schreibt nach einheimischen Urkunden drei Bücher „Babyloniaka", die er Antiochos I. Soter widmet. *337*

Berve, Helmut (*1896). Althistoriker, 1927 Professor in Leipzig, 1943 in München, 1954-62 in Erlangen. U. a.: „Griechische Geschichte" 1931ff. „Gestaltende Kräfte der Antike" 1949. *400*

Bessos (*328). Persischer Satrap und als Artaxerxes IV. König von Baktrien, ermordet den vor Alexander fliehenden Dareios III. und ernennt sich zum Gegenkönig. Wird von Alexander in Ekbatana hingerichtet. *264*

Bollnow, O. F. Anm. 113

Braidwood, R. Anm. 2

Brasidas (*422). Sohn des angesehenen Spartiaten Tellis. 431 rettet er die Küstenstadt Methone vor einem Handstreich der athenischen Flotte, wird 431/30 eponymer Ephor. 429 und 427 ist er Berater des spartanischen Nauarchen im Ionischen Meer, erreicht 424 ein energisches Vorgehen Spartas gegen Athen im chalkidisch-thrakischen Raum. Rüstet in Korinth ein Heer aus Heloten und peloponnesischen Söldnern, das er im Herbst 424 nach Makedonien führt, dessen König Perdikkas II. sich ihm anschließt, ebenso die seit 432 gegen Athen aufständigen Chalkidier. Er erobert nacheinander attische Seebundstädte (Akanthos; Stageiros; Amphipolis, deren Hafen aber Thukydides noch halten kann). Im Sommer 422 kommen athenische Verstärkungen unter Kleon. Beim Angriff auf Amphipolis fielen beide Feldherren. Brasidas wurde in Amphipolis bestattet und erhielt von der Bevölkerung die Ehren eines Stadtgründers. *196, 198*

Breysig, Kurt (1866–1940). Historiker, Begründer einer Theorie der Kulturentwicklung mit spiralförmiger Fortschrittstendenz. *10, 440*

Bruckner, Anton (1824–1896). *236*

Bryaxis von Athen. Bedeutender Bildhauer des 4. Jahrhunderts v. Ch. Einer der vier Künstler, die das Maussoleion zu Halikarnass schmückten (wahrscheinlich Nordseite). Er muß demnach bei Baubeginn (351) schon bekannt gewesen sein. *232*

Caesar (Gaius Iulius) (100–44 v. Ch.). *374ff.*

Catilina (Lucius Sergius) (108–62). Führer einer Verschwörung gegen den römischen Senat, die 63 Cicero aufdeckt. *118*

Cato (Marcus Porcius) (234–149), zeichnet sich im 2. Punischen Krieg gegen Hannibal aus, ist 184 Censor und übt dieses Amt so streng aus, daß er den Beinamen Censorius erhält. Gegner der Aufnahme der hellenischen Kultur. *67*

Chabrias (*357). Athenischer Feldherr und prominenter Kondottiere. Nach dem Antalkidasfrieden im Dienst der Pharaonen Hakoris und Nektanebis I. (Schutz des Nildeltas gegen persische Angriffe). Wird 380 von Athen zurückberufen, 378 Befehlshaber der athenischen Hilfstruppen für Theben, taktische Erneuerung durch Ausbau der starken Phalanx. Schlägt im Herbst 376 die spartanische Flotte bei Naxos und bewirkt dadurch eine Stärkung des attischen Seebundes. Nach einer Anklage wegen Landesverrats 367/66 geht er wieder in ägyptischen Dienst und wird Flottenkommandant für den geplanten Vorderasienfeldzug. Kehrt nach dem Sturz des Pharao Tachos 359 nach Athen zurück, fällt 357 im Bundesgenossenkrieg als Triearch im Hafen von Chios. *209*

Choirilos von Samos. Epiker. Kenntnis der Verse des Choirilos vermitteln Aristoteles, Ephoros, Ktesias, Herodian. Der Peripatetiker Praxiphanes bezeichnet ihn als Zeitgenossen des Komikers Platon und des Tragikers Agathon, bald nach 404 muß er am Hof des Archelaos von Makedonien gestorben sein. Seine Leistung liegt vorallem darin, erstmals einen bedeutenden historischen Stoff zum Inhalt eines Epos gemacht zu haben, womit er für die Epik bis ins späte Altertum beispielhaft war. *231, 238*

Christus. 75f., 347, 382–385, 389, 441
Cimabue. 155
Claudier, R. G. 375
Collingwood. 425, Anm. 90
Constantin der Große (Flavius Valerius Constantinus) (280–337). 306–377 römischer Kaiser. *384ff., 441*
Croce, Benedetto (*1866), Kulturhistoriker und -philosoph. *392,*

Damater (Demeter). Griechische Göttin der Agrikultur und des Getreides, deren mütterlich-nährende Wesenheit als zweiter Bestandteil des Namens auftaucht. Die erste Wortsilbe geht wahrscheinlich zurück auf ein vorgriechisches Lallwort „da", „Erde". Ihre Kulttitel wie „Förderin der grünen Saat", „Spenderin der Feldfrucht", „Mehlfrau" belegen die Präponderanz als Getreidespenderin, die Frucht als Geschenk der milden Göttin, das sie im Zorn versagen kann. Ernten heißt deswegen auf Kypros damatrizein, „der Demeter huldigen". In der chtonischen Urform ist sie als Personifikation jedweden von der Erde geschenkten Reichtums zu sehen. Zum Teil spielt die tellurische Fruchtbarkeit in die sexuelle mit hinein, so daß Demeter auch das Frauenleben beaufsichtigt. *41*
Damon. Sohn des Damonides, Athener, bedeutender Sophist, zum Kreis des Prodikos gehörig, in der Musik Schüler des Agathokles oder des Lamprokles. Lehrt Perikles in der Musik und bleibt sein politischer Ratgeber (veranlaßt ihn zur Einführung des Richtersolds und anderer Diäten, was zum Ostrakismus gegen Perikles geführt hatte). Damon lehrt die innige Verwandtschaft der Musik mit den Äußerungen der Seele und plädiert für deren Nutzbarmachung in der Erziehung. *171, 188*
Dareios I. der Große. Großkönig von 521–485, Vater von Xerxes I. *146f.*
Dareios II. Nothos. Großkönig von 423–404, Vater des Artaxerxes II.
Datis. Persischer Feldherr, Führer des Unternehmens gegen Griechenland 490. *146*
David. Gestalt des Alten Testaments. *71*
Demaratos. Korinther, Gastfreund des makedonischen Königshauses und Führer der makedonischen Partei in Korinth. Für die Vermittlung der Versöhnung Philipps II. mit Alexander ernennt ihn dieser zu einem seiner Hetairoi. Nimmt teil an der Schlacht am Granikos (334) und begleitet Alexander bis zu seinem Tod kurz vor dem Aufbruch nach Indien. *254*
Demeter s. *Damater*
Demetrios I. Poliorketes (*283). Seit 306 Mitregent, seit 301 König von Makedonien. *277f., 282f., 285, 303*
Demetrios II. von Makedonien (*nach 229). Seit 262 Mitregent, 239–229 König von Makedonien.
Demetrios I. Soter (*175). König von Baktrien und „der Inder". *298, 357, 360*
Demetrios von Phaleron (*vor 344). Staatsmann und Philosoph, hörte bis 323 Aristoteles, war Freund des Theophrast. Von 317 bis 307 war er

Prostates von Athen, zugleich Anhänger der makedonischen Partei. Wird 307 von Poliorketes vertrieben, geht zuerst nach Theben, dann nach Alexandreia, wo er Vertrauter des Ptolemaios Lagu wurde, Mitglied der Gesetzgebungskommission. Der Nachfolger Ptolemaios II. verbannte Demetrios aufs Land,; er stirbt dort am Biß einer Giftschlange. Wichtig die Darstellung über die 10 Jahre seiner Staatsführung und die Archontenliste. *303, 310f., 347*

Demokrit von Abdera (469/60–380/70). Schüler des Leukippos, Hauptvertreter der Atomistik. Ein Verzeichnis seiner Schriften von Kallimachos umfaßt 60 Titel, dazu 9 außerhalb der tetralogischen Ordnung. Die Prinzipien der Physik des Demokrit sind die Atome und das Leere. Die Bewegung der Atome ist Naturgesetz, das Prinzip der Weltentstehung, aber auch der Erkenntnis. Denn die Verbindung der Atome bewirkt die sekundären Qualitäten und reflexiv die Möglichkeiten der Wahrnehmung. Denn auch die Seele ist stofflich. *182, 330f., 338*

Demosthenes (384–322). Sohn des Feldherrn Demosthenes, aus dem Demos Paiania in Attika, der berühmteste Redner des Altertums. Sein Vater besaß eine Waffenmanufaktur und war vermögend, seine Mutter Kleobule war wahrscheinlich skythischer Abstammung. Verliert 7jährig seinen Vater, die Vormünder verwirtschaften das Vermögen. Er nimmt später Unterricht bei Isaios, dem besten Anwalt in Erbschaftssachen und gewinnt mit 23 Jahren einen Teil des Vermögens zurück. Neben Studium Platons und des Isokrates ist er selbst als Rhetoriklehrer tätig. 355 tritt er er im Gefolge des Politikers Eubulos mit mehreren Reden in die Politik. Seit 349 (1. Philppika) kämpft er gegen die makedonische Expansionspolitik. 346 muß er allerdings für den Frieden mit Philipp sich einsetzen. Innenpolitisch stellte er sich aber an die Spitze der Gegner der makedonischen Partei, er ließ 346 Aischines durch Timarchos der Bestechung und des Betruges anklagen, als der Prozeß aber gegen den Kläger ausging, führte er 343 selbst eine Anklage gegen Aischines („Über die Truggesandtschaft"). Aischines wird zwar freigesprochen, aber es festigt sich die antimakedonische Front in Athen, was er durch die 3. und 4. Philippika beschleunigte. 340 brach der erwünschte Krieg gegen Philipp aus, als dieser Perinth und Byzantion angriff. Demosthenes wurde Flottenkommissar, und es gelang ihm, neben einer großen Zahl kleinerer Städte auch Theben in die Koalition gegen Philipp zu ziehen. Im August 338 unterliegt die vereinigte athenische und böotische Armee bei Chaironeia, Demosthenes wird Mitglied des Mauerbauausschusses und Vorsteher der Theaterkasse, deren Fonds er mit eigenen Mitteln aufstockte. Ktesiphon beantragt deswegen die Bekränzung des Demosthenes an den Dionysien im Theater, während Aischines eine Anklage erhob, die erst 330 zur Verhandlung kam. Demosthenes rechtfertigt sich mit der „Rede über den Kranz". In der aktuellen Politik war er inzwischen inzwischen in einen Bestechungsskandal verwickelt, in dem ihn der Areiopag zu 50 Talenten Geldstrafe verurteilte. Er mußte nach Troizen fliehen. Nach Alexanders Tod macht er eine politische Rundreise durch die Peloponnes, um für eine allgemeine Erhebung gegen Makedonien zu werben. Die in Athen an die Macht gelangte Kriegspartei unter Hypereides ermöglicht ihm eine triumphale Rückkehr und bezahlt seine Strafe aus der Staatskasse. Nach der Niederlage Athens 322 verlangt Antipatros seine Auslieferung, es gelingt die Flucht aus Athen, aber im Poseidontempel auf Kalaureia kann er sich der Festnahme nur noch durch Selbstmord entziehen. *250f., 253f., 321*

Dikaiarchos. Peripatetischer Philosoph aus Messene in Sizilien, Schüler des Aristoteles und des Theophrast. Wichtig sind seine Seelenlehre, seine biographischen Studien, eine Kulturgeschichte Griechenlands, eine Politeia, die kritisch auf Platons Staatslehre eingeht, und seine geographischen Arbeiten, die Strabon zu den größten zählt. *242, 313*

Diodoros aus Agyrion (*nach 36 v. Ch.). Tätig in Alexandrien und Rom. Seine Universalgeschichte reicht von der Entstehung der Welt bis zur Eroberung Britanniens (54 v. Ch.). Entwickelt eine „organische" Konzeption der Weltgeschichte. *368*

Diogenes von Sinope (*323 v.Ch.). Sohn des Geldwechslers Hikesias, hörte in Athen Antisthenes, stirbt hochbetagt in Korinth. Kyniker, der sein Leben als praktische und provokative Kritik an der Konvention (Nomos) führte. Sein Ziel der Autarkeia und der Askesis (Lebensmethode) verweigert alle Bindungen an die Gesellschaft (Polis). *260*

Diomedes. König der thrakischen Bistonen, Sohn des Ares und der Kyrene. Vorhomerischer Held. *110*

Dionysios I. von Syrakus (430–367). Begründer der längsten und mächtigsten Tyrannenherrschaft der Antike; im Besitz des sophistischen Wissens seiner Zeit. Nimmt 407 am oligarchischen Umsturzversuch des Hermokrates teil, erreicht im Winter 406/05 die Abwahl der Strategen und die Neuwahl des Kollegiums, in das er berufen wurde. Im Frühjahr 405 wird er zum alleinigen Strategos autokrator gewählt, läßt sich im Sommer nach einem fingierten Attentatsversuch eine starke persönliche Leibwache bewilligen, erweitert seine Anhängerschaft durch eine radikale soziale Umschichtung, indem er die Sklaven befreite, die Oligarchen enteignete und den Bodenbesitz umverteilte. Zudem baute er bis 402/01 Syrakus zur größten Festung der damaligen Welt aus. Sein politisches Hauptziel, die Verdrängung der Karthager aus Sizilien, beschäftigte ihn sein ganzes Leben mit wechselndem Erfolg. Er war eng mit Sparta verbündet (369 ließ er durch ein Söldnerheer Sparta vor dem Zusammenbruch retten), schloß 367 auch mit Athen ein Defensivbündnis (seit 368 war er Ehrenbürger Athens), unterhielt regen kulturellen Kontakt mit Griechenland. *222ff.*

Dionysios II. (*um 397). Ältester Sohn und Nachfolger von Dionysios I. Wird 367 von den Militärs im Interesse einer geordneten Sukzession anerkannt, nachdem ihn sein Vater zunächst von der Regierung ferngehalten hatte. Neigt zu verschwenderischer Hofhaltung, hat Interesse an Literatur und Philosophie (bis 360 aufgeschlossenes Verhältnis zu Platon, den Dion an den Hof von Syrakus geholt hatte). Wird 357 von Dion gestürzt, kann sich aber in Lokroi halten und von dort aus 347 die Macht in Syrakus zurückgewinnen. 345 verliert er Lokroi und Syrakus an Hiketas und Leontinoi; als dieser im Bündnis mit den Karthagern seine Festung Ortygia belagert, übergibt er sie dem von Korinth gesandten Timoleon gegen freien Abzug und lebte dann in Korinth als wohlhabender Exulant. *224*

Dionysos. Griechischer Gott, Sohn des Zeus und der Semele. Entstammt dem Funktionskreis eines jugendlich sterbenden Vegetationsdämon der ägäischen Welt. Seine verschiedenen Erscheinungsformen: jugendlich-feminin, bärtig-männlich, der Wechsel in verschiedene Tiergestalten (Stier, Bock), die Berauschtheit im weitesten Sinn manifestieren magisch-religiöse Grundkräfte. *65, 92, 110, 120, 160, 172, 176, 271, 344ff.*

Diopeithes. Athenischer Stratege, der 343 v. Ch. Athens Position auf der thrakischen Chersonnes durch eine Kleruchie sichern sollte, dabei aber auch versuchte, in das mit Philipp II. verbündete Kardia Kleruchen zu legen. Eine gütliche Einigung verweigerte Athen, Demosthenes erreichte sogar zusätzliche Mittel für das Unternehmen. Daraus wird wahrscheinlich, daß es sich bei dem Vorgehen des Diopeithes um eine geplante Provokation gegen den Frieden von 346 handelte, um Philipp zu einem neuen Krieg zu bewegen. *204*

Drakon. Bedeutender athenischer Gesetzgeber um 624, über dessen Leben kaum etwas bekannt ist. Sein Gesetzgebungswerk (Desmoi) richtet sich vor allem gegen die auf Blutrache beruhenden Adelsfehden sowie dessen Gewaltakte gegen die übrigen Bürger. Drakon berücksichtigt als erster die Willensrichtung des Täters, indem er zwischen vorsätzlicher und nichtvorsätzlicher Tat unterschied. Die vorsätzliche Tötung wurde von den gesetzlich definierten Angehörigen des Getöteten geahndet. Diese durften aber erst nach Ankündigung der Fehde und nach ergangenem Urteil zur Selbsthilfe greifen. Bei Flucht des Täters waren Repressalien gegen dessen Angehörigen möglich. Bei nichtvorsätzlicher Tötung konnten die Angehörigen des Opfers einen Friedensvertrag schließen, blieb dies aus, wurde der Täter verbannt. Friedensschutz wurde ihm bei Verlassen des Landes gewährt. In jedem Fall ging ein formelles Beweisverfahren beim Basileus voraus, die Entscheidung über Vorsätzlichkeit, Unvorsätzlichkeit etc. trafen die von Drakon eingesetzten Efetai. *121*

Ehrenberg, F. Anm. 98

Eileithya. Kretisch-minoische Geburtsgöttin aus dem Umkreis der kretischen Frauen- und Muttergöttin Demeter. Tochter der Hera. Verstanden als „die zur Geburtshilfe Kommende“. *41, 65*

Empedokles von Agrigent (483/82–423). Der letzte der großen Naturphilosophen des 5. Jahrhunderts. Er führte ein Wanderleben als „Redner-Arzt-Sühnepriester-Magier“ vor allem in Sizilien und der Peloponnes. Seine Welterklärung geht davon aus, daß alles Sein und Werden aus Mischung und Austausch der Elemente hervorgehe. Mithin gibt es kein Entstehen aus dem Nichts und kein Vergehen in ein Nichts. Nur die Mischungsformen und Mischungszustände können sich ändern. Das als kugelartig vorgestellte Weltganze mit den in ihr wirkenden antithetischen Kräften ist die Summe des Seins, das göttlich ist. *181*

Enyalios siehe *Ares Enyalios. 65*

Epaminondas (um 420–362). Thebanischer Feldherr, siegt durch die von ihm entwickelte schiefe Schlachtordnung 371 über die Spartaner in der Schlacht bei Leuktra. Weitere Erfolge brachten zeitweilig eine thebanische Hegemonie in Griechenland. *210ff., 248*

Epiktet (55–135). Aus Hierapolis in Phrygien, Sklave des Freigelassenen Epaphroditos. Hört den Stoiker Musonios Rufus, erteilt nach seiner Freilassung in Rom Unterricht, wird 89 von der Ausweisung der Philosophen aus Rom durch Domitian betroffen, geht nach Nikopolis, wo er bis zu sei seinem Tod lehrt. Seine Lehrvorträge wurden von seinem Schüler Flavius Arrianos gesammelt (Diatribai in 8 Büchern, von denen 4 erhalten sind). Die Quintessenz seiner Philosophie faßte Epiktet selbst zusammen in dem berühmten Handbuch Egcheiridion. Seine Philosophie konzentriert sich darauf, die Menschen aus ihren wirren Leidenschaften zu führen, sie dem Logos zu öffnen und damit ihnen zu ihrem Glück (Eudaimonia) zu verhelfen. Der Logos ist ein Aspekt der Allnatur, des Göttlichen. Die Frage seiner Philosophie kreist somit um das Thema welche Aufgabe die göttliche Dioikesis dem Menschen stellt. Der stoische Begriff der Freiheit wird dadurch in theologischen Bezug gerückt. *375, 437*

Epikur (342–271). Sohn des Neokles, Begründer der epikureischen Schule. Athenischer Bürger, auf Samos ansässig, dann im Exil in Kolophon. Nach Studienjahren seit 311 Lehrtätigkeit, zuerst in Mytilene, dann in Lampsakos. 306 läßt er sich in Athen nieder und gründet eine Schule, der es nicht nur auf Erkenntnisgewinn ankam, sondern um die praktische Bewährung der Erkenntnis im Zusammenleben der Schul- und Hausgemeinschaft. Erhalten sind u. a. 3 Lehrbriefe (An Herodot über Physik, an Pythokles über Himmelserscheinungen, an Menoikeus über Lebensführung). Epikur unterscheidet sich dadurch radikal von Platon, daß er das Sein in den Dingen und relativ zum Werden sieht. Deswegen leugnet er jede Absolutheit. Der Wert der Erkenntnis liegt in ihrer Bezogenheit auf die Befreiung des Menschen von Verwirrung, Unruhe und Angst für einen Zustand in sich ruhender Freude, intensiv gelebten Lebens. Daraus folgert die Warnung, die Lebensbereiche zu meiden, die immanent nicht störungsfrei sind (etwa Politik), vielmehr sich dem Leben in kleinen Gemeinschaften widmen, das den Durchbruch zur Ataraxia ermögliche.*329 bis 333, 338, 344, 350, 360, 375, 379ff., 381, 434, 430*

Erasistratos. Aus Iulis auf Keos, Arzt um 250 v. Ch., einer der bedeutendsten hellenistischen Mediziner, im Einflußbereich Theophrasts, Demokrits und Epikurs. Als theoretischer Mediziner ist er im Gegensatz zu den Hippokratikern Solidarpathologe, der von einer Vielzahl isolierter Atome im Körper ausgeht. Seine Leistungen liegen vor allem in der Physiologie und Anatomie, wo er Organveränderungen nachwies und kurz vor der Entdeckung des großen Kreislaufs stand, hätte ihn die theoretische Spekulation des Pneumas nicht gehindert, die Arterien richtig einzuordnen. *315*

Eratosthenes von Kyrene (vor 276/72–202). Studierte bei dem Akademiker Arkesilaos, bei dem Peripatetiker Ariston, dem Grammatiker Lysanias und dem Dichter Kallimachos. Arbeitet als Prinzenerzieher, Philologe, Geograph und Bibliothekar in Alexandria. Seine Schriften sind bis auf Fragmente verschollen. Die Geographica sind aus Strabon bekannt. *315, 339*

Euagoras I. (435–374). Entstammt den Teukriden, erblichen Stadtkönigen von Salamis auf Kypros. Nach dem Sturz des Abdemon 411 Machtergreifung, Festigung des griechischen Elements durch Ansiedlung von Flüchtlingen. Kann bis 386 fast ganz Kypros und Teile Kilikiens und Phoinikiens erobern. Nach dem Antialkidasfrieden (386) richtet sich die persische Politik jedoch stärker auf ihn, 382 Invasion eines persischen Heeres, 381 Niederlage in der Seeschlacht bei Kition, wird in Salamis eingeschlossen, erreicht diplomatisch ehrenvolle Friedensbedingungen und regiert unter persischer Oberhoheit weiter. *209, 279*

Euklid (um 300). Griechischer Mathematiker, tätig in Alexandria. Das wichtigste Werk sind die 13 Bände Elemente. *304*

Eumenes von Kardia (362–316). Wird mit 20 Jahren Kanzler (Grammateus) des makedonischen Königs Philipp II. 326 Trierarch der Stromflotte. Bei der Massenhochzeit in Susa 324 gab ihm Alexander seine Schwägerin Artonis zur Frau. Erhält die Hipparchie des Perdikkas. Während der Diadochenkämpfe tritt er für die Reichseinheit ein, erhält 323 Paphlagonien und Kappadokien und wird von Perdikkas zum Strategos autokrator von Armenien und Kappadokien ernannt, schlägt 321 dessen Gegner Krateros, wird aber nach dem Tod des Perdikkas geächtet. Kämpft dann als Strategos autokrator des Reichsverwesers Polyperchon gegen Antigonos, wird nach der unentschiedenen Schlacht in Paraitakene 316 bei Gabiene von Antigonos besiegt, ausgeliefert und getötet. *257, 274f., 295*

Euphraios. Schüler Platons. *232*

Euripides (485–406). Sohn des Mnesarchos, Athener. Seine Lebenszeit wird beherrscht vom Kampf Oligarchie - Demokratie, Peloponnensischem Krieg, philosophisch von der Sophistik (Protagoras) und künstlerisch vom Spätwerk des Aischylos und dem Schaffen von Sophokles. Überliefert sind Titel von 92 Tragödien, erhalten 17 Tragödien, 1 Satyrspiel und zahlreiche Fragmente. Erhaltene Dramen: Alkestis, Medea, Herakliden, Hippolytos, Hekabe, Hiketiden, Herakles, Elektra, Troerinnen, Helena, Iphigeneia bei den Taurern, Ion, Phoinissen, Orestes, Iphigeneia in Aulis, Bakchen, Kyklop. *188ff., 225, 237, 411, 417; bei den Makedonen 249, 262, 309*

Eurydike. Frau des Orpheus, die jungvermählt an einem Schlangenbiß starb. Orpheus steigt in die Unterwelt und erreicht durch Gesang und Leierspiel, daß Euridike ihm folgen kann. Er verliert sie, weil er sich unerlaubt auf dem Weg in die Oberwelt umwendet.

Eurydike. Gattin des makedonischen Königs Amyntas III. seit 390, Mutter Phillips II.. Heiratet nach dem Tod des Amyntas Ptolemaios von Aloros, den Mörder ihres Sohnes Alexander (II.). *262*
Exekias. 50, 156, 407, 417

Flaminius (Titus Quinctius). Wird 198 Konsul und übernimmt den Oberbefehl auf dem Balkan, wo seit 200 der 2. Makedonische Krieg gegen Philipp V. geführt wurde. Sein Oberbefehl wird von 197–194 verlängert. Im Juni 197 schlägt er die Entscheidungsschlacht gegen Philipp bei Kynoskephalai. Danach gelingt ihm eine völlige Neuordnung Griechenlands (Verzicht Philipps auf alle griechischen Gebiete, 196 Proklamation der Freiheit an die Hellenen). *356, 372*
Flitner, A. 391, Anm. 85

Gabriel, L. 391, Anm. 91, 92, 109
Galenos aus Pergamon (129–199 n.Ch.). Der letzte große Arzt der Antike. Beginnt als Gladiatorenarzt in Rom und Pergamon. Wird bei seinem ersten Aufenthalt in Rom (161–66) als Diagnostiker berühmt. Nach einem Aufenthalt in Pergamon, fordert ihn Marc Aurel und Verus als Leibarzt an. In dieser Zeit bis zu seinem Tod schreibt er die beiden anatomischen Hauptwerke. *368*
Gelon von Syrakus (*478). Sohn des Deinomenes, aus angesehenem Priestergeschlecht aus Gela. Steigt unter dem Tyrannen Hippokrates von Gela zum Befehlshaber der Reiterei auf. Verdrängt nach dessen Tod 491 dessen Söhne und vereinigt den gesamten Herrschaftsbereich in seiner Hand. Wird 485 von den syrakusanischen Gamoren zu Hilfe gerufen, bringt dadurch Syrakus in seine Hand, macht es zur Hauptstadt und Residenz. Regiert gestützt auf die aristokratische grundbesitzende Oberschicht und Söldner, wovon er 10000 das Bürgerrecht gab und dadurch die Volksversammlung zur gefügigen Abstimmungsmaschine machte. Baut eine mächtige Kriegsflotte auf, mit der er den Karthagern entgegentreten konnte. Übergibt die Herrschaft bei seinem Tod seinem Bruder Hieron. *148*
Geoffrey de St. Hilaire. Anm. 112
Giotto di Bondone(1266–1337). Italienischer Maler. *155*
Goethe, Johann Wolfgang (1749–1832). *76, 156, 236, Anm. 94, 112*
Goliath. Gestalt des Alten Testaments. *71*
Gorgias von Leontinoi (etwa 480–380). Sohn des Charmantidas, berühmter Rhetoriklehrer. Hält sich im Sommer 427 als Mitglied einer Gesandtschaft aus Leontinoi in Athen auf. In seiner zweiten Lebenshälfte unterwegs als „wandernder Redner“, der Festreden in Olympia und Delphi hielt und für bestaunte Honorare Unterricht gab. Von seinen Schriften sind u. a. erhalten eine Verteidigungsrede Helenas, die von dem Axiom ausgeht, daß die Wirkung des Redners es sei, Affekte zu erzielen (peuthein), und die Rede deswegen unwiderstehlich sei. Sollte Helena durch eine Rede des Paris verführt worden sein, träfe sie keine Schuld;

eine Verteidigung des Palamedes und Fragmente einer Techne. Gorgias war der erste, der die pathetische Kraft der Rede losgelöst vom Gegenstand betrachtete, was ihm u. a. die Kritik Platons einbrachte. *185, 238f., 244*

Gyges (ca. 680/650 v. Ch.). König Lydiens, Begründer der Dynastie der Mermnaden. Er soll durch Entthronung des assyrischen Heraklidenkönigs Kaudales und nach Beseitigung rivalisierender Prätendenten zur Herrschaft gelangt sein, durch Übersendung kostbarer Weihegeschenke nach Delphi zunächst friedliche Beziehungen zu Griechenland gesucht haben, dann aber expansiv auf die griechischen Kolonien in Kleinasien ausgegriffen haben, dehnte sein Reich bis zum Ägäischen Meer, zur Propontis und zum Hellespont aus. Milet, Priene, Kolophon, Smyrna und die ganze Troas wurde lydisch. Gyges nutzte für seine Expansion den sozialen Gegensatz zwischen Adel und Demos in den Städten aus. Um 675 verbündet er sich mit dem assyrischen König Assurbanipal und dem Pharao Psammetich gegen die einfallenden Kimmerier. Findet in einer Schlacht den Tod. *141*

Gylippos (*wahrscheinlich 404). Spartiate, Sohn des Kleandridas. Wird 415 von Syrakus als Befehlshaber angeworben, verhindert die Einschließung der Stadt durch die Athener und kann diese zurückdrängen. Kann auf der Flucht die Athener stellen, zur Kapitulation zwingen, die beiden athenischen Feldherrn werden dabei gegen seinen Willen ermordet (Demosthenes und Nikias). Kehrt 412 nach Sparta zurück. 404 soll er im Auftrag Lysanders die in Athen gemachte Beute nach Sparta überführen; er wird beschuldigt, einen Teil der Beute für sich behalten zu haben. Ein Teil der Quellen berichtet von Selbstmord, andere sprechen von Verbannung. *200*

Hamilkar Barkas (*229). Vater Hannibals, karthagischer Feldherr. Im 1.Punischen Krieg Flottenkommandant, plündert von der Bergfeste Heirkte bei Panormos aus die Küste Italiens bis Kyme, Meister des Kleinkriegs. 241 Oberbefehlshaber. Wird vom Volk zum Strategen über Libyen und die karthagischen Stützpunkte an der Südküste Spaniens gewählt, geht 237 nach Spanien (mit seinem 9jährigen Sohn Hannibal, den er ewige Feindschaft gegen Rom schwören ließ), unterwirft die Gebiete um den Baetis und gründet 230 Akra Leuke (Alicante). Beginnt mit einer für die karthagische Politik ungewöhnliche Annexion größerer Gebiete und schafft sich dadurch eine beträchtliche Hausmacht. Fällt im Kampf gegen die Oretaner. *325*

Hammurapi (1728–1686 v. Ch.). Babylonischer König und Reichsgründer, Gesetzgeber. *37, 44*

Hannibal (247/46–183). Sohn des Hamilkar Barkas. Wird 221 vom karthagischen Heer in Spanien zum Oberbefehlshaber ausgerufen, erobert 219 die mit Rom verbündete Stadt Sagunt und betreibt Kriegsvorbereitungen gegen Nordspanien. Als Rom den Krieg erklärt, überquert er mit seinem Heer die Pyrenäen und Alpen und fällt im Herbst 218 in Norditalien ein.

Tafel 35: Mosaik einer Alexanderschlacht. Das Mosaik wurde zu Pompeji gefunden und geht auf ein frühhellenistisches Gemälde zurück.

Tafel 40: Kinderkopf aus dem Vatikanischen Museum. Die Freude des Hellenismus am Kindlichen spricht aus diesem reizvollen Knabenkopf mit aller Deutlichkeit. Man beachte außerdem die Meisterschaft, mit der in dieser Spätzeit Psychisches in feinsten Nuancierungen zum Ausdruck gebracht wird. Entstehungszeit 3. Jahrhundert.

Tafel 41: Trunkene Alte. Kopie der Glyptothek, München. Es handelt sich um eine Plastik der grobnaturalistischen Richtung. Die Erweiterung der Stoffauswahl hat nun auch die Welt des Häßlichen und Gemeinen mit einbezogen. 3. oder 2. Jahrh. v. Chr.

Tafel 42: Aphrodite und Pan. Im Bestreben, neue Stoffgebiete zu erschließen, wenden sich die Bildhauer nun auch der Darstellung von platt erotischen Szenen zu (2. Jahrh. v. Chr.?).

Tafel 43: Hellenistisch-römisches Landschaftsbild aus Pompeji. Es geht auf die hellenistische Landschaftsmalerei der östlichen Mittelmeerländer zurück und hat hier seine literarische Entsprechung in der bukolischen Dichtung Theokrits.

Tafel 44: Römische Herrscher als Schutzherren griechischer Städte. Dargestellt ist die 138 v. Chr. in Anwesenheit von Hadrian erfolgte Adoption des Marc Aurel und Lucius Verus durch Antoninus Pius. Szene aus dem Verus-Denkmal von Ephesos. Routine-Arbeit der 2. Hälfte des 2. Jahrh. n. Chr.

Römische Heere können seinen Vormarsch nicht aufhalten (Schlachten an der Trebia, am Trasimenersee und bei Cannae). Hannibal sichert sich in Süditalien Stützpunkte, kann aber aufgrund der Verzögerungstaktik des Q. Fabius Maximus Cunctator keine große Schlacht mehr schlagen. 212 erobern die Römer Syrakus zurück, Hannibal marschiert gegen Rom (211), kann aber nichts ausrichten und muß sich nach dem Verlust Capuas nach Bruttium zurückziehen. Das karthagische Ersatzheer unter seinem Bruder Hasdrubal wird am Metaurus geschlagen (207). Als P. Cornelius Scipio Karthago bedroht, wird Hannibal zurückgerufen, 202 bei Zama von Scipio geschlagen. 195 muß er vor innenpolitischen Gegnern fliehen, geht zu Antiochos III., muß nach dessen Niederlage gegen die Römer bei Magnesia 190 erneut fliehen, wendet sich zu Prusias I. von von Bithynien. Als dort Rom interveniert und seine Auslieferung verlangt, begeht er Selbstmord. *325, 355, 357*

Haydn, Joseph (1732–1809). *155*

Hebbel, Friedrich (1813–1863). *155, 236*

Hegel, Georg Wilhelm Friedrich (1770–1831). *413*

Heidegger, Martin. Anm. 92

Hekataios von Abdera. Lebensdaten sind nahezu unbekannt. Befand sich während der Regierung des Ptolemaios I. in Theben (womöglich in dessen Auftrag als Gesandter auch in Sparta), Ptolemaios II. scheint er nicht mehr erlebt zu haben (seit 285). Tätig als philosophierender Literat der Übergangszeit zum Hellenismus. Schrieb einen Staatsroman in Form eines Idealstaatsgemäldes und einen Reiseroman als philosophisch ethnische Utopie. *235, 314, 349*

Hekataios von Milet (*ca. 560/50). Sohn des Hegesandros, aus alten Adel. Bedeutender Vertreter der frühen griechischen Historiker und Prosaschriftsteller. Warnt vor dem Aufstandsversuch der ionischen Städte (500/494), soll sich nach dessen Scheitern bei dem Satrapen Artaphernes für Milde eingesetzt haben. Befand sich sehr viel auf Reisen, auf denen er sein Wissen erweiterte. Verbessert die Erdkarte Anaximanders und fügt ihr eine literarische Erdbeschreibung bei, die in der üblichen Form der Umwandelung (von Spanien über Europa, Asien, Ägypten bis zu den Säulen des Herkules) angelegt ist. In seiner Genelogiai, das wohl als ältestes griechisches Geschichtswerk anzusehen ist, tritt an Stelle der epischen Genealogien eine systematische Sammlung und Ordnung der Heldensage in Prosa. *151*

Hekate. Eine in Kleinasien beheimatete Göttin, deren Herkunft nicht klar bestimmbar ist. Die frühesten Zeugnisse ihres Kultes (archaischer Rundaltar, Kultgesetz der Molpoi) stammen aus Milet, ein Haupttheiligtum ist Lagina. Bei Hesiod wird sie als Allgöttin bezeichnet, die als Hilfreiche mit zu Gericht sitzt, von Zeus einen Anteil an Erde, Meer und Himmel erhalten hat, Jägern, Hirten und Fischern beisteht, und teilweise artemisgleich als Kurotrophos geführt. So galt sie vor allem als Hüterin der Tore und der Dreiwege, womit die für sie charakteristischen Hundeopfer verbunden sind. *41*

Hellpach, W. Anm. 66

Hera. Griechische Göttin, deren Name und Herkunft nicht eindeutig geklärt ist. In der Mythologie ist sie als Tochter des Kronos gleichzeitig die Schwester und Gattin des Zeus. Sie ist die Göttin der Frauen, deren Rechte sie schützt (Eherecht). Als Fruchtbarkeitsgöttin spielt sie keine Rolle, wie sie überhaupt nur als Gattin, nicht als Mutter der Kinder des Zeus gilt. Das in ihrem Kult gebräuchlichste Opfertier scheint die Kuh gewesen zu sein (Hekatombaia). *91*

Herakles. Sohn des Zeus mit Alkmene, wird von Hera verfolgt. Sie schickt ihm schon als Knaben Schlangen, später einen Wahnsinnsanfall, in dem er seine Kinder aus der Ehe mit Megara tötet. Er besteht viele, in frühklassischer Zeit schon auf die Anzahl von Zwölf genormte, Mühen (athloi); veranlaßt ist dies durch den Spruch des Zeus, daß der nächstgeborene Perseusnachkomme über Mykenai herrschen werde, Hera die Geburt verzögert, und Herakles nun im Dienste des früher geborenen Eurystheus die 12 Mühen bestehen muß. Die Gestalt des Herakles unterliegt verschiedenen Ausdeutungen, die adelig-tapfer (Epos, Tragödie), komisch-derb (Komödie) oder menschlich-selbstlos (Philosophie) orientiert sind. Die Pythagoräer machten Herakles zum Sinnbild des sittlichen Dulders, der vorbildhaft verstanden wird. *86, 110, 252, 254, 256, 261, 271*

Heraklit (um 540–480). Lebte in Ephesos, an dessen politischen Kämpfen er als Gegner der Demokratie teilnahm. Seine Philosophie lehnt jeden statischen Begriff von Natur und Welt ab. In seiner arche, dem Feuer, ist die ständige Wandelbarkeit archetypisch inkorporiert. Damit stellt sich Heraklit in Gegensatz zur Naturphilosophie und zur künftigen Grundfrage der griechischen Philosophie, die durch Werden und Vergehen zu einem Begriff des Seins vordringt. Das ständige Fließen der Zustände erlaubt ihm diese Frage nicht, es gibt in seinem Konzept keine Phase des Geschehens, die das Prädikat „sie ist" zuließe. Das Geschehen ist eine ständige Palitropia (Sich-ins-Gegenteil-wenden) von Gegensätzen; dies trifft auch auf das Göttliche zu, das keine fixe Aktualität hat, sondern als gespanntes Potential höchster Wandelbarkeit verstanden wird. *179, 233, 338f.*

Hermes. Die Ableitung des Namens aus hermaion deutet auf ein ursprüngliches Numen des Grenz-, Grab- und Wegsteins hin, in dem die wichtigen Funktionsbereiche des Hüters der Türen und Tore, der Wege und Wanderer, des nächtlichen Geleiters und des Begleiters in die Totenwelt schon vorgeformt sind. Mitberührt wäre auch eine Personifikation eines polylithischen Hügelmals bzw. des aus ihm herausragenden monolithischen Pfeilers als Typus des Pfahlgötzen oder des verlebendigten Phallos im Bereich des anikonischen Stein- oder Klotzkults. Daraus wäre der andere Aspekt des in den phallischen Hermen des elischen Kyllene und der arkadischen Weidegebiete repräsentierten animalischen Fruchtbarkeitsgottes ableitbar, mit Nymphen und Bocksdämonen vertrauten Herdenwächters und -vermehrers, den Prototyp und Schutzpatron des wehrhaften Nomadenhirten. In dieses Bild fügte sich auch der Komplex des primitiv-pastoralen Musikers. *91, 237*

Hermias. Bithynier, Sklave des Tyrannen Eubulos von Atarneus, hörte in Athen Platon und wurde Schüler und Freund des Aristoteles. Wird in Atarneus Mitherrscher des Eubulos, den er ermordet haben soll. Schließt als Tyrann ein Bündnis mit Erythrai, holt 348/47 Aristoteles (vermählt ihn mit seiner Nichte Pythias), Xenokrates und andere Philosophen der platonischen Schule an seinen Hof. Liefert in einem Geheimabkommen mit Philipp II. Sommer 342 diesem in der Aiolis einen Brückenkopf aus. Artaxerxes III. läßt Hermias gefangennehmen und hinrichten. Seine philosophische Haltung wird u. a. von Aristoteles in einem Hymnos und einem Epigramm für das Kenotaph des Hermias in Delphi gewürdigt. *232f., 309*

Herodot (um 480 - um 424). „Vater der Geschichtsschreibung". Geboren in Halikarnass, Sohn des Lyxes. Flieht nach einem Umsturzversuch gegen den Tyrannen Lygdamis nach Samos, ist 455 am Sturz wiederum beteiligt. Beginnt dann große Reisen nach Ägypten, Phoinikien und Mesopotamien und zu den Skythen. 445/44 war er in Athen (Ehrung).Lebt dann in Thurioi. Sein Geschichtswerk (9 Bücher) schildert die Geschichte des alten Orients und Griechenlands, mit Schwerpunkt auf die Perserkriege, bis zum Jahr 479. *167, 171, 186, 188, 240*

Heron von Alexandreia. Lebt um die Wende des 1. Jahrhunderts nach Christus, Mathematiker und Ingenieur. Behandelt in einem Euklid-Kommentar das Problem der Allgemeingültigkeit geometrischer Sätze und gibt Definitionen und Begriffserklärungen, die zum Teil über Euklid und die Klassiker hinausgehen. In drei Büchern Metrica geht er auf praktische Probleme der Vermessung ein. In einer Mechanik gibt er die Theorie der einfachen Maschinen. Physikalisch wichtig ist die Einleitung zu Pneumatica, die die Existenz des Vacuums zur Frage hat. *315*

Herophilos. Aus Chalkedon, um 290 v. Ch. Arzt in Alexandreia, Schüler des Praxagoras. Einer der wichtigsten antiken Mediziner. Betreibt als einer der ersten Ärzte im alexandrinischen Museion deskripitive Anatomie an Menschenleichen. Beharrt in einem empiristischen Skeptizismus auf dem Vorrang der Phänomene und hat Vorbehalte gegenüber der Ätiologie und Interpretation der Phänomene. Seine anatomischen Forschungen (Erstbeschreibung und Benennung des Duodenums) legt er in den Anatomika nieder. In der Physiologie bemüht er sich um das Problem des Blutkreislaufes (Puls). Als Praktiker hatte er eine Vorliebe für Pharmakologie, die von den Empirikern (Philinos von Kos) weiter ausgebaut wurde. *315*

Hesiod. Epischer Dichter um 700 v. Ch. Aus Askra in Boiotien. Erhalten von seinem Werk sind die Theogenie und die Erga. Die Theogonie ist als genealogischer Katalog aufgebaut, beginnend mit den Urwesen (Chaos, Eros, Gaia) und deren Entfaltung; bis zur Überwindung des Geschlechts der Gaia durch Zeus, der dann als Götterkönig eingesetzt wird, und den Ehen und Abstammungen des Zeus. *100, 103ff., 176, 408, 411*

Hieronymos von Kardia (um 360 - um 260). Griechischer Historiker, schildert die Diadochenkriege nach Alexanders Tod, die er größtenteils als Augenzeuge verfolgte im Dienst des Euemes und des Antigonos

Monophtalmos. 291 war er Statthalter des Demetrios Poliorketes in Boiotien. Von seinem Werk sind selbst Titel und Buchzahl ungesichert. Bedeutsam ist, daß er in die Erzählung eine archailogia Roms einschiebt, die die erste in der griechischen Literatur ist. Das Werk ist nicht erhalten, hatte aber großen Einfluß auf spätere Historiker (Diodor, Arrian, Plutarch). *310, 313*

Hippias. Sohn des Peisistratos, Bruder des Hipparchos. Übernimmt nach dem Tod des Vaters 528/27 v. Chr. die Herrschaft in Athen, zunächst liberal, nach einem Umsturzversuch des Harmodios und Aristogeiton drükkender, kann seine Herrschaft bis zum Eingreifen der Spartaner 510 aber halten. Exil zunächst in Sigeion, dann in Lampsakos, schließlich am Hof des Großkönigs. Nimmt am Feldzug des Datis und Artaphernes gegen Griechenland teil. *146*

Hippias von Elis. Sophist gegen Ende des 5. Jahrhunderts, jüngerer Zeitgenosse des Protagoras. Sein Werk ist verloren bis auf die Titel dreier peripherer Werke. Die erhaltenen Zeugnisse lassen auf eine Theorie über das Wesen der Gesetze zurückschließen, die er als Tyrannen der Menschen und und damit naturwidrig erklärt. Platon hat ihn in zwei Dialogen zum Gesprächspartner des Sokrates gewählt, in denen er seinen sophistischen Anspruch auf volle Autarkie bloßstellt. Eine bedeutende wissenschaftliche Leistung ist die Konstruktion des Quadratrix, das das klassische Problem der Drei- und Mehrteilung des Winkels löst und auch zur Kreisrektifizierung und -quadratierung geeignet ist. *185*

Hippodamos von Milet. Sohn des Euryphon. Bedeutender Architekt und Städtebauer des 5. Jahrhunderts v. Ch. Soll am Bau von drei Stadtanlagen beteiligt gewesen sein: Peiraieus, Thurioi, Rhodos. Aristoteles überliefert ihn außerdem als Staatstheoretiker, der eine soziale Schichtung erstellt und eine Prozeßordnung entworfen hat. *171., 188*

Hippokrates von Kos (460–370). Berühmtester Arzt der Antike. Sohn eines Arztes Herakleides, aus einer Asklepiadenfamilie auf Kos, Schüler des Herodikos von Selymbria. Viel und weit gereist, galt schon zu seinen Lebzeiten als außerordentlicher Arzt. Die sichere Zurechnung seines Anteils am Corpus Hippocraticum ist bisher ungelöst; es spricht aber für die Sogkraft seines Namens, daß sich darin Schriften aus 5 Jahrhunderten befinden. Am wahrscheinlichsten ist die Zurechnung der Epimedien I und III und des damit zusammenhängenden Prognostikon. Geht man von dem daraus abziehbaren Eindruck aus, dann ist Hippokrates ein eher expektativer, in der Theorie zurückhaltender („passiver") Arzt gewesen, der das Schwergewicht auf genaue Beobachtung und die Umweltfaktoren legte, und sich dafür ein theoretisches Rüstzeug (Naturbegriff, Begriff der Krise usw.) erarbeitete. *241*

Hölderlin, Friedrich (1770–1843). *160*

Homer. Ursprünglich soll er Melesigenes geheißen haben, der Name Homer („Bürge") als Eigenname zu verstehen. Erhalten sind sieben antike Biographien. Geboren möglicherweise in Smyrna, war Homer im nördlichen Teil des ionischen Kleinasiens beheimatet. Beziehungen zu Chios und Tod auf Ios können historisch sein. Seine Lebenszeit ist in das 8. Jahrhundert v. Ch. zu legen. Verfasser der Illias und Odyssee und 30 erhaltener Hymnen. *66, 76, 101 f., 106, 108, 176, 180, 254, 372, 404, 407 f., 411, 443*

Horaz (Quintus Horatius Flaccus) (65–8 v.Ch.). Neben Vergil Hauptvertreter der augusteischen Literatur. *374*

Huizinga, Johan (1872–1945), bedeutender Kulturhistoriker. *Anm. 93*

Iason von Pherai. Seit etwa 380 Tyrann von Pherai, Sohn oder Schwiegersohn des Lykophron. Als Anhänger des Sophisten Gorgias legimierte er seine Tyrannis mit dem Ausspruch, man müsse zuweilen Unrecht tun, um viel Gerechtes tun zu können. Bringt Thessalien unter seine Herrschaft und strebt die Hegemonie in Griechenland an. Unterwirft im Bündnis mit Amyntas von Makedonien die Maraker, Doloper und die Molosser, tritt dem 2. attischen Seebund bei und rüstet für einen Krieg gegen Persien. Verbündeter Thebens in der Schlacht von Leuktra 371, wo er den freien Abzug der Spartaner vermittelt. Kommt in den Besitz der spartanischen Kolonie Herakleia Trachis in Phokis und erreicht dadurch freien Zugang zum Mittelmeer. Wird 370 bei einer Musterung der Reiterei Ermordet. *211 f., 214 f., 245*

Iktinos. Architekt unbekannter Herkunft. Erbaute zusammen mit Kallikrates 448–437 den Parthenon auf der Akropolis in Athen. Wird weiter als Architekt des Telesterion in Eleusis und des Apollotempels in Phigaleia genannt. Gilt als Begründer der eigentlichen attischen Bauform. *172, 408*

Ion von Chios. Sohn des Orthomenes aus führendem Geschlecht. Studiert Mitte der 60er Jahre des 5. Jahrhunderts in Athen. Als Tragiker und Philosoph in Athen tätig, bekannt mit Kimon, Aischylos, Sophokles, Archelaos und Sokrates. Von seinen Tragödien sind noch 11 Titel bekannt (Agamemnon, Alkmene, Argeioi, Eurytidai, Laertes, Mega Drama, u.a.). In Prosa schrieb er ein den Pythagoräern verpflichtetes Buch, in dem er die Welt durch eine Dreiteilung (Erde, Feuer, Luft) erklärt, außerdem ein Memoirenwerk, – das erste bekannte der Weltliteratur –, in dem er seine Begegnungen mit berühmten Zeitgenossen verarbeitet. *158*

Iphikrates. Athener aus Rhamnus, prominenter Kondottiere der 1. Hälfte des 4. Jahrhunderts v. Ch. Führt im Korinthischen Krieg 393 das Kommando über die von Konon angeworbenen Söldner und bildet daraus eine hervorragende Peltastentruppe. Gebraucht als erster das dauernd befestigte Lager. Führt 392 weite Streifzüge in die Peloponnes hinein, vernichtet 390 eine spartanische Mora bei Korinth, hat 388/87 das Kommando am Hellespont. Kämpft dann im Dienst des Thrakerkönigs Kotys, dessen Tochter er heiratet und von dem er die Städte Drys und Antissa erhielt. 373 im Auftrag Athens Söldnerführer im Feldzug des persischen Satrapen Pharnabazos gegen Ägypten. Überwirft sich nach dem Sieg mit Pharnabazos und kehrt nach Athen zurück. Leitet 372 eine Flottenexpedition ins Ionische Meer, kämpft 360 mit Kotys gegen Athen, ist 357/56 im Bundesgenossenkrieg wieder athenischer Stratege, wird wegen seiner zögernden Kriegsführung des Verrats angeklagt, zwar freigesprochen, aber abgesetzt. Stirbt kurze Zeit danach. *209*

Isis. Ägyptische Göttin, Schwester und Gemahlin des Osiris, Mutter des Horus. Sinnbild der Naturkraft. *329, 346, 382*

Isokrates. (436–338). Sohn des Theodoros aus dem attischen Demos Erchia, berühmter Redner. Schüler des Gorgias, verliert im Peloponnesischen Krieg sein Familienvermögen (sein Vater war Flötenfabrikant), nimmt eine Tätigkeit als Logograph auf, gibt dies um etwa 390 auf und wirkt als Oberhaupt einer Schule, aus der angesehene Politiker hervorgehen (Timotheos, Likurgos). Sein Bildungsprogramm ist in seiner 13. Rede ausgebreitet, in der er seine Ziele gegen die eristischen Philosophen wie gegen die formalistische Rhetorik abgrenzt. Er formuliert das Ideal einer Ausbildung, die durch Synthese von gewichtiger Thematik und profunder rednerischer und stilistischer Schulung auch Persönlichkeitsprofile bildet. Eine seiner wichtigsten Reden ist der 380 abgeschlossene Panegyrikos, in der er (in einem fingierten Vortrag vor allen Griechen) für ein gemeinsames Vorgehen unter Führung Athens gegen die Perser wirbt. Nach dem Niedergang Athens sucht er die Führungsmacht zunächst bei Dionysios I. von Syrakus, nach dessen Tod bei Philipp II. Auf seine politischen Ziele gibt er in seinem Alterswerk Panathenaikos Rückblick. *239, 244f., 249f., 253f., 256ff., 262f., 297*

Iupiter. Gott des himmlischen Lichtes. Ursprünglich waren alle Vollmondtage Kulttage: an allen Idus wurde ein weißes Schaf über die Sacra via auf die Arx geführt und dort vom flamen Dialis geopfert. Der älteste Staatskult scheint der des Iupiter–Feretrius gewesen zu sein. Als Himmelsgott ist Iupiter auch gleichzeitig Wettergott (Iovis Tempestati), Gott der Blitze (Iupiter Fulgur), und davon zweifellos abhängig auch des Weinbaus (Vinalia). Iupiter Dapalis bekam vor der Aussaat einen Becher Wein und eine Mahlzeit. Als oberster Staatsgott ist Iupiter auch Gott des politischen Erfolgs, für Rom gleichbedeutend mit Kriegsglück (Iupiter Victor, Iupiter Stator). In historischer Zeit war der Haupt- und Staatsgott Roms Iupiter Optimus Maximus. Optimus ist einer, der in höchstem Maß ops besitzt („hilfreiche Macht"). Sein Tempel stand auf der Südseite des mons Capitolinus, bildet einen Mittelpunkt politischen Geschehens, wenn die Konsuln am Beginn ihres Amtsjahres Dank und Opfer brachten (weiße Stiere) und für ihr Jahr gelobten und danach im Tempel die erste Senatssitzung des Amtsjahres stattfand. *361*

Jachhotep. 62
Jaspers, Karl. 10, 295, 406

Kainz, F. 391

Kallias (gegen Ende des 6. Jahrhunderts – etwa 440). Sohn des Hipponikos, vermählt mit Elpinike, der Tochter des Miltiades und Halbschwester des Kimon. Gilt als reichster Mann seiner Zeit. Bezeugt sind drei olympische Siege. War Daduchos und Proxenos der Spartaner. Führte als Führer einer Gesandtschaft Athens in Susa die Verhandlungen mit Artaxerxes I., die 449 mit dem Kallias-Frieden enden, dessen Ergebnisse ihm wahrscheinlich einen Prozeß durch die enttäuschten Athener einbrachten. 446/45 ist er Mitglied der Friedensgesandtschaft nach Sparta. *162,169, 199*

Kallikles. Lebt Ende des 5. Jahrhunderts v. Ch. Sophist, Schüler des Gorgias. Bekannt nur aus Platons Dialog Gorgias, in dem er als extremer Verfechter einer relativistischen Rechtstheorie vorgestellt wird, der sein Argument dadurch stützt, daß alle Rechtssetzung nur dem Schutz der Schwachen gegen die Starken diene und mithin keinen absoluten Wert darstelle. Platon wendet sich in seinem Dialog gegen die Behauptung, es gebe nur zweckgebundene Werte. *185*

Kallimachos (*etwas vor 300). Alexandrinischer Dichter aus Kyrene, Sohn des Battos. Zunächst als Elementarlehrer in Alexandria tätig, erhält er dann eine Anstellung an der Bibliothek und am Hof. Wird der gefeierte Hofdichter und Lehrer einer Generation von Grammatikern. Sein Werk umfaßte einmal 800 Rollen, davon gingen die in ihrer Wirkung wichtigen wissenschaftlichen Werke bis auf Fragmente verloren. Die 120 Rollen seiner Pinakes boten einen vollständigen Katalog der Bibliothek und damit eine wertvolle Bibliographie, die mit Biographien versehen das Gerippe einer Literaturgeschichte darstellt. In seinem größten Werk, Aitia, leistet er einen wichtigen Beitrag zur antiken Volkskunde und begründet gleichzeitig seinen Ruf als princeps elegiae und der Liebesdichtung. *318f., 417*

Kallinos. Elegiker aus Ephesos des 7. Jahrhunderts. Das längste der erhaltenen Fragmente fordert die müßige Jugend zum Kampf gegen den Feind auf, ein anderes bittet in einem Gebet an Zeus um Hilfe für die Smyrnäer. *106, 427*

Kallisthenes von Olynth (ca. 370–327). Historiker und Philosoph, wächst bei seinem mutmaßlichem Großonkel Aristoteles auf. Begleitet als Hofhistoriker Alexander den Großen auf dem Asienfeldzug. Wird anläßlich der Pagenverschwörung hingerichtet. Hauptwerke sind die Hellenika und Taten Alexanders. *254f., 257, 309*

Kambyses II. 530–522 persischer König. Erobert 525 Ägypten. *143, 145*

Kant, Immanuel (1724–1804). *395, Anm. 90*

Karneades (*129/28). Berühmtester Philosoph der Mittleren Akademie, Schüler des Hegesinos, hält als dessen Nachfolger von etwa 160 bis 137 das Scholarchat inne. Gerühmt wurde sein dialektischer Scharfsinn und seine Rednerkunst, die ihn berühmt machte (so hielt er beispielsweise 156/55 während der Philosophengesandtschaft in Rom an einem Tag eine Rede für, am nächsten gegen die Gerechtigkeit). Schriften hinterließ er nicht. Greift die skeptischen Grundsätze des Arkesilaos wieder auf, bestreitet die Zuverlässigkeit der Sinne, ebenso die Tauglichkeit der Dialektik und kommt so zur Ableugnung eines Wahrheitskriteriums. Praktische Entscheidungen sind nur nach Plausibilitätsgründen möglich. *236*

Kassander (um 355–298/97). Ältester Sohn des Antipatros, 305–297 König von Makedonien. *275, 277f., 298*

Keller, Gottfried. 155, 236

Kenyon, K. Anm. 2

Kimon (510–450). Philaide aus dem Demos Lakiadai, Sohn des Miltiades und der thrakischen Prinzessin Hegesipyle. Bedeutender Staatsmann und Feldherr, der sich, obwohl aus dem Feudaladel stammend, der Polis verpflichtete, wenn er auch die konservativen Institutionen (Areopag) bevorzugte. Vertritt außenpolitisch einen Kurs freundschaftlicher Beziehungen zu Sparta. Erzielt eine Reihe großer militärischer Erfolge, von denen sein Doppelsieg am Eurymedon über Flotte und Heer der Perser (469/66) den Höhepunkt seiner Laufbahn bildet. Wird 461 durch die demokratische antispartanische Partei gestürzt. Erst 450 erhält er wieder ein Flottenkommando, stirbt aber während der Belagerung von Kition. *153, 155–162, 166, 171, 176, 191, 423*

Kleanthes von Assos (Ende des 4. Jahrhunderts–232/31). Aus armer Familie, verdient er sich den Studienaufenthalt in Athen als Taglöhner. Ist 19 Jahre Schüler des Zenon von Kition, dem er 262 in der Schulleitung folgt. Trotz großen persönlichen Ansehens konnte er die Aufsplitterung der Stoa nicht verhindern. In seiner Philosophie (30 ethische, 3 logische Schriften) dominiert ein konservativer Grundzug. *338f., 343*

Kleisthenes (um die Wende des 6. Jahrhunderts). Sohn des Alkmeoniden Megakles und der Agariste. Reformer der athenischen Verfassung. Während der Tyrannis des Peisistratos und seiner Söhne verbannt, beginnt er nach 510 mit seinem Reformwerk, kann sich aber erst nach Vertreibung seines reaktionären Gegenspielers Isagoras (508) durchsetzen. Grundlage seiner Neuordnung war die territoriale Neugliederung Attikas, die die Entmachtung der alten Phylen bedeutete. Er teilte die drei attischen Zonen in je 10 Teile und bildete 10 jeweils nach lokalen Heroen benannte Phylen, in denen aus jeder Zone ein Teil integriert wurde. Die kleinste Verwaltungseinheit innerhalb der Phyle bildete der Demos, an dessen Spitze der Demarchos steht. Die Phylen stellten je einen Strategen und entsandten jeweils 50, aus den Demoi proportional zur Bevölkerungszahl genommene, Buleuten in den auf 500 Mitglieder erweiterten Rat. Jede Phylenvertretung führte für 36 Tage den Vorsitz und die Geschäfte des Rates. Das demokratische Kontrollinstrument des Ostrakismus wurde wahrscheinlich ebenfalls von Kleisthenes eingesetzt, allerdings erst 487 erstmals angewendet. *121, 129f., 131–134, 145, 155, 160, 183, 427*

Kleitos der Schwarze. Sohn des Dropidas, Bruder der Amme Alexanders des Großen, Lanike. Rettet am Granikos dem König das Leben und wird nach der Philotasaffäre zum Führer einer Hetairenreitertruppe ernannt. Alexander ermordete ihn kurz vor seiner Abreise in die ihm zugewiesene Satrapie Sogdiane bei einem Gelage; im Hintergrund sind aber politische Gegensätze (makedonische Opposition) zu sehen. *265*

Kleomenes von Naukratis. 322 von Alexander dem Großen mit der Verwaltung Ägyptens östlich des Deltas betraut, leitet den Bau Alexandreias und das Münz- und Steuerwesen. Wird nach Ausscheiden der ägyptischen Monarchen Statthalter. Kann durch unlautere Steuermachenschaften ein Ausfuhrmonopol für Getreide in seine Hand bringen, erwirbt damit ein Privatvermögen von 8000 Talenten. Wird 323 Hipparchos unterstellt, verurteilt und hingerichtet. *257, 290, 292*

Kleomenes III. von Sparta (260–219). König von Sparta, setzt die Reformpläne des Königs Agis IV. fort; nachdem er 227 durch einen bedeutenden Sieg über den Achaiischen Bund seine Stellung in Sparta gefestigt hatte, überfiel er die Ephoren, ließ sie bis auf einen ermorden und verbannte die gegnerischen Großgrundbesitzer. Durch Einbürgerung von 4000 Perioiken kann er die spartanische Bevölkerung, die auf 700 zusammengeschmolzen war, verstärken und aus dem eingezogenen Großgrundbesitz zu Landeigentümern machen (das Land war bis dahin bei 100 Familien konzentriert). Schafft das Ephorat ab und erneuert die altspartanische Jugenderziehung und Lebensform. 226 schlägt er bei Dyme den Achaiischen Bund vernichtend, Sparta wird die Hegemonie zugestanden (wenn auch später von Aratos vereitelt). In einem neuen Krieg gegen den Bund erobert Kleomenes Argos, Aratos ruft aber 225/24 Antigonos Doson zu Hilfe, gegen den sich Kleomenes nicht durchsetzen kann. Im Sommer 222 wird das spartanische Heer bei Sellasia vernichtend geschlagen, Sparta muß in den griechischen Bund des Antigonos eintreten, die Reformen des Kleomenes wurden aufgehoben. Kleomenes war zu Ptolemaios IV. geflohen, dieser verweigerte ihm jede Hilfe und behandelte ihn wie einen Gefangenen. Kleomenes macht 219 einen gewaltsamen Befreiungsversuch, bei dem er den Tod findet. *306, 341*

Kleon (*422). Erster bedeutender attischer Staatsmann aus der Schicht der Gewerbetreibenden, von den Aristokraten bekämpft. Schon am Anfang des Peloponnesischen Kriegs Gegner des Perikles, ist er der schärfste Vertreter der Kriegspartei, vereitelt 425 nach der Besetzung von Pylos die Waffenstillstandsverhandlungen und erzielt den bedeutenden Sieg von Sphakteria. Erhöht die Tribute der Bundesgenossen. Fällt nach anfänglichen Erfolgen als Stratege gegen Brasidas bei Amphipolis. *192, 196, 198, 204*

Kodros. Sagenhafter König von Athen, Sohn des Melanthos. Als er in einem Krieg gegen die Peloponnesier erfuhr, daß das Orakel diesen den Sieg versprach, wenn sie den athenischen König nicht töteten, drang er als Bettler verkleidet in deren Lager ein und fand den Tod. Die Peloponnesier zogen, über den Sachverhalt aufgeklärt, kampflos ab. *396*

Konon (vor 444–etwa 390). Einer der führenden Feldherrn Athens. Entkam 405 der vernichtenden Niederlage von Aigospotamoi und floh zum Großkönig, der ihn zum Admiral seiner Flotte ernannte. Im August 394 vernichtet er mit dem Sieg bei Knidos die spartanische Seeherrschaft. Bleibt dann mit der persischen Flotte in Griechenland und bezieht sein Standquartier in Athen. Arbeitet mit am Neuaufbau (Lange Mauern) und der Rückgewinnung der politischen Macht. Sparta tritt darauf mit Persien in Friedensverhandlungen, Konon kommt als Mitglied der athenischen Friedensgesandtschaft nach Sardeis, wird dort vom persischen Satrapen als Verräter gefangengenommen, kann fliehen und lebt nur noch kurze Zeit auf Kypros. Konon ist der Vater des berühmten Timotheos. *207–209*

Konon von Samos. Mathematiker (Theorie der Kegelschnitte) und Astronom. Lebte im 3. Jahrhundert v. Ch. *314*

Konstantin siehe *Constantin*

Kornemann, E. Anm. 31

Krantor aus Soloi (340/35–275). Akademischer Philosoph, Schüler des Xenokrates und Polemon, Freund des Krates und Arkesilaos. Schrieb den ältesten bekannten Kommentar zu Platons Timaios. Mit seiner Schrift Peri penthous hatte er großen Einfluß auf die Trostliteratur. *337*

Krateros. Möglicherweise der 321 geborene Halbbruder des Antigonos, der ab 280 als Repräsentant des Antigonos in Korinth residierte. Verfasser einer Sammlung von Volksbeschlüssen. *310*

Krates von Athen (*268/65). Akademischer Philosoph, eng befreundet mit Polemon, nach dessen Tod Schulhaupt der Akademie. Gewinnt philosophisch kein unterscheidbares Profil. *236, 260*

Kretschmer, Paul. 72

Kroisos. König der Lydier um 560–547. Der delphische Orakelspruch, er werde ein großes Reich zerstören, wenn er den Halys überschreite, erfüllt sich zugunsten seines Gegners Kyros II. *141, 144*

Kybele. Kleinasiatische, vorphrygische Berggöttin. Seit dem 7. Jahrhundert v. Ch. Schutzgöttin der lydischen Mermnaden in Sardeis mit Bergkult auf dem Tmolos. Kybele ist die bekannteste Ausformung der altanatolischen erdhaften Muttergottheit. *329, 346, 382*

Kypselos. Korinther, konnte die herrschenden Bakchiaden vertreiben und 30 Jahre (zwischen etwa 657 und 600) als Tyrann regieren. Soll in Delphi das Schatzhaus der Korinther erbaut haben. *119–122, 124, 130*

Kyros der Ältere (II.). Persischer König 559–530, Begründer der Vormachtstellung im Vorderen Orient. *143, 244, 266f., 270*

*Kyros der Jüngere (*423–401), Sohn des Dareios II., jüngerer Bruder des Artaxerxes II. Satrap in Lydien, erstrebt mit griechischer Unterstützung gegen seinen Bruder die Königswürde, fällt in der Schlacht bei Kunaxa, während sein Heer siegt. Den Feldzug beschreibt Xenophon, der mit 10000 griechischen Söldnern daran teilgenommen hatte, in der Anabasis. *201, 206, 254*

Lamachos. Athener aus Oie, Sohn des Xenophanes. Etwa 436/35 mit Perikles im Pontos, verliert 423/22 als Stratege bei Herakleia durch ein Unwetter seine Schiffe, 422/21 einer der athenischen Gesandten in Sparta (Nikiasfriede). 416/15 mit Alkibiades und Nikias Strategos autokrator auf dem Sizilienfeldzug, fällt vor Syrakus. *200*

Langlotz, E. Anm. 61

Leochares aus Athen (*nach 320 v. Ch.). Bildhauer. Arbeitete 356 die Bronzestatue des Isokrates in Eleusis, um 350 am Maussoleion in Halikarnassos, um 338 die Elphenbeinstatuen des Philipp II. und seiner Familie. Berühmt wurde er durch seine Götterbildnisse und den Raub des Ganymedes. Verbürgt ist noch die Statue des Pankratiasten Autolykos im Prytaneion zu Athen und eine gemeinsam mit Sthennis gearbeitete Familiengruppe auf der Akropolis. *232*

Leonidas. Spartanischer König 488–480, Sohn des Königs Anaxandridas, verheiratet mit Gorgo, der Tochter des Kleomenes I. Besetzt im Juli 480 mit etwa 7000 Mann, darunter 300 Spartiaten, den Thermopylenpaß gegen die persische Invasion. Am dritten Tag wird der Paß umgangen, der Großteil der Griechen flieht, Leonidas stellt sich mit den 300 Spartiaten und 700 Thesoiern dem Kampf, in dem alle getötet werden. Xerxes ließ die Leiche des Leonidas verstümmeln. In Sparta setzte man ein eidolon als Ersatz für den Leichnam bei, 40 Jahre später wurden die Gebeine nach Sparta in ein Leonideion überführt. Leonidas erhielt kultische Ehren mit einem jährlichen Agon und einem Logos Epitaphios. *147*

Leosthenes (*322). Athener, Gegner Makedoniens, übernimmt 324/23 zahlreiche auf Befehl Alexanders des Großen von den Satrapen entlassene Söldner, die er mit Mitteln Athens ausrüstet. Bei Alexanders Tod befehligt er eine Truppe von 8000 Mann. Zieht Athen mit in den Lamischen Krieg hinein, gewinnt die Aitoler, Lokrer und Phoker für die Koalition, besetzt als Feldherr der Verbündeten die Thermopylen, schlägt bei Plataiai die Boioter, bei Herakleia Antipatros und schließt ihn in Lamia ein. Fällt während der Belagerung. *258*

Leukippos (*etwa 480/70). Begründer der Atomistik, Lehrer des Demokritos. Wahrscheinlich aus Milet, dann infolge der aristokratischen Revolution in Milet (450/49) über Elea nach Abdera gekommen. Aristoteles und Theophrastos schreiben Leukippos die Schriften Megas diakosmos und Peri nou zu. Die erste gibt eine physikalische Erklärung der Weltentstehung und -ordnung, die zweite eine Lehre der sinnlichen Wahrnehmung. Leukippos geht aus von einem Prinzip des Vollen (Atomon) und einem Prinzip des Leeren, da dies Vorbedingung für Bewegung ist. *182*

Livius (59 v. Ch.–17 n. Ch.). Römischer Geschichtsschreiber (Ab urbe condita libri). *374*

Lucullus (L. Licinius) (117–56 v. Ch.). 74 Konsul, erhielt Cilicia und den Oberbefehl gegen Mithridates und über Asia. Hatte als Prokonsul die (kriegsbedingte) Ausnahmegewalt in Cilicia (73–68), Asia (73–69), in

Bithynia und Pontus (73–67). Beginnt 69 die Offensive gegen Tigranes, zu dem Mithridates geflohen war, besiegt ihn bei Tigranokerta, 68 bei Artaxata, ohne eine Entscheidung herbeiführen zu können, 67 erleidet dann Triarius eine Niederlage; Lucullus wird abberufen, bleibt jedoch beim Heer, ohne das Vordringen des Mithridate stoppen zu können. *367*

Ludwig, Otto. 236

Lukrez (Titus Lucretius Carus) (*55 v. Ch.). Römischer Dichter, schreibt das bedeutende Lehrgedicht De rerum natura, eine dichterische Darstellung der epikurischen Philosophie. *375*

Lykomedes (*366). Aus Mantineia, 370 Mitbegründer des arkadischen Bundes und der Stadt Megalopolis. Schlug das spartanische Söldnerheer des Polytropos und erobert 369 Pelene. Schließt 366 ein Bündnis mit Athen, wird auf der Rückreise von einem arkadischen Verbannten ermordet. *211*

Lykophron. Schreibt nach 197 des Gedicht Alexandra. *318*

Lykurgos. Der sagenhafte Begründer der spartanischen Verfassung. Schlichtet mit Hilfe des delphischen Orakels in Sparta den Streit zwischen Volk und Königtum. Aus Delphi erhielt er die Große Rhetra, die die Hauptpunkte der Verfassung angibt: das Zusammenwirken von Doppelkönigtum, Rat der Alten (Gerusia) und Heeresversammlung (Apella). Auf Lykurgos werden auch eine rigorose Bodenreform und die gesamte spartanische Lebensordnung und Jugenderziehung (Agoge) zurückgeführt. Als Verfassungsgründer erscheint Lykurgos erstmals bei Herodot. Entstanden ist die spartanische Verfassung wohl stückweise bis Ende des 6. Jahrhunderts, die Große Rhetra stammt vom Ende des 8. oder Anfang des 7. Jahrhunderts. *127, 183*

Lysander. (*395). Spartaner aus verarmten Herakleidengeschlecht. 408/07 Nauarch der peloponnesischen Flotte in Ionien, schlägt 407 die attische Flotte bei Notion. Entscheidet 405 durch Vernichtung der attischen Flotte bei Aigospotamoi den peloponnesischen Krieg. Liquidiert danach die Reste des attischen Seebundes und zwingt durch eine Blokkade Athen 404 zur Kapitulation; setzt die extrem oligarchischen „Dreißig" ein. Verhilft 399 dem Agesilaos zur Thronfolge, begleitet ihn 396 zum Perserkrieg nach Kleinasien. Fällt im Krieg mit Theben im Herbst 395. Lysander war der erste Grieche, der zu Lebzeiten übermenschliche Ehren erhielt. *198–201, 214, 271*

Lysimachos (um 361–281). General Alexanders des Großen. Seit 306 König von Thrakien und Teilen Kleinasiens. Fällt in der Schlacht von Kurupedion gegen Seleukos I. *275, 277, 282f., 285, 296*

Lysippos aus Sikyon. (um 400/390–Ende des 4. Jahrhunderts). Der bedeutendste Bildhauer der Peloponnes im 4. Jahrhundert, Haupt einer grossen Werkstatt und Schule. Zahlreiche Arbeiten, die Götter, Heroen, Musen, Athleten, Könige (vor allem Alexander), Staatsmänner und Philosophen (Sokrates) zum Thema haben. Überschreitet die Klassik durch Neuerungen, die bewußt optische Wirkungen (Raum) in seine Plastiken einbeziehen. Sein Bestreben soll gewesen sein, die Menschen nicht so darzustellen wie sie sind, sondern wie sie erscheinen. *237, 321, 410, 417*

Mannheim, Karl 433; Anm. 95, 97 104

Marc Aurel (Marcus Aurelius Antoninus) (121–180 n. Ch.). 161–180 römischer Kaiser. Stirbt während des 2. Markomannenkrieges an der Pest. War ernster Anhänger der stoischen Philosophie und selbst schriftstellerisch tätig („Selbstbetrachtungen"). *375, 379, 387, 437*

Mardonios. Neffe des Dareios I., Schwiegersohn und Schwager. Stratege des Feldzugplans des Xerxes gegen Griechenland. Übernimmt nach der Schlacht von Salamis den Oberbefehl, erobert nach gescheiterten Verhandlungen Athen und zerstört es. Geht dann nach Boiotien zurück und erwartet bei Plataiai den griechischen Angriff unter Pausanias. Fällt in der Schlacht. *148*

Marduk. Ursprünglich unbedeutende Gottheit von Babylon, die dann mit dem Aufstieg der l. Dynastie zur beherrschenden Figur des babylonischen Pantheon wurde (um 1100 v. Ch.). Die theologische Rechtfertigung spricht dem Marduk den Sieg über Tiamat, der die Götter vor dem Untergang bewahrte, zu, wofür ihn die Götter zum obersten Gott machen. *270*

Maussollos. Sohn des Hekatomnos, regiert 377–353 in Karien als Satrap, beteiligt sich 362 am Satrapenaufstand. Unterstützt im athenischen Bundesgenossenkrieg die abgefallenen Bündnispartner (357). Lebte in kinderloser Ehe mit seiner Schwester Artemisia. *232, 309*

Megakles, Sohn des Alkmaion, Vater des Kleisthenes und Hippokrates, heiratet 575 diesykonischeTyrannentochter Agariste. Am Ende der Machtkämpfe zwischen Megakles (Führer der Faralioi), des Lykurgos (Pedieis) und des Peisistratos (Diakrioi) stand die endgültige Tyrannis des Peisistratos. Megakles mußte ins Exil. Sein Sohn Kleisthenes war unter Peisistratos 525/24 Archon. *131*

Meleagros aus Gadara. Sohn des Eukrates, Epigrammatiker, hatte seine beste Zeit unter Seleukos VI. (96–95 v. Ch.), wohnte im Alter auf Kos. Schrieb zuerst Satiren, in Kos verfaßte er eine Sammlung von Epigrammen vor allem hellenistischer Dichter („Stephanos"). *337*

Memnon (*333). Aus Rhodos, Schwager des Artabazos, Satrap von Lydien, Feldherr des Dareios. *254f.*

Menandros (342/41–293/92). Sohn des Diopeithes aus Kephisia, der bedeutendste Dichter der Neuen Komödie. Holt sich philosophische und allgemeine Bildung bei Theophrast, die künstlerische Schule durchläuft er bei seinem Onkel Alexis. Man zählte 108 Stücke (u. a. Epitrepontes, Karakteres). *311, 319, 321, 411*

Menippos von Gadara. Kyniker, lebt in der 1. Hälfte des 3. Jahrhunderts. Seine literarischen Nachwirkungen reichen bis Varro und Lukian. Seine Schrift Diathekai eröffnet eine Literaturgattung fingierter Testamente, die F. Villon fortgeführt hat, mit den Epistolai eröffnet er die heroische

Briefdichtung, die Ovid in seinen epistulae Heroidum zu einem Höhepunkt führte. Sprachliche Ausdrucksform ist ihm eine Mischung von Prosa und Versen verschiedenster Metra. *337*

Metrodoros. 360

Meyer Abich, A. Anm. 101, 112

Michelangelo (1475–1564). 155f., 173, 236

Midas II (738–696/95). König von Phrygien. Gegenspieler des assyrischen Expansion in Kleinasien unter Sargon II. *141*

Milojcic, V. 72

Miltiades (um 550–489). Ist in Athen der Führer des entschlossenen Widerstandes gegen die Perser und bestimmt entscheidend den Kampf um die Unabhängigkeit. Setzt 490 den Volksbeschluß zum Ausrücken des Hoplitenaufgebots nach Marathon durch, um den Weg nach Athen zu versperren. Am Abhang des Agrieliki gingen 9000 Athener und 1000 Plataier in Stellung, die spartanischen Truppen kamen wegen religiöser Hindernisse erst nach der Schlacht. Kann die persischen Landungstruppen zurückwerfen und kehrt sofort nach Athen zurück. Die Perser verzichten auf einen Angriff auf die Stadt. 489 führt er eine erfolglose Operation gegen Paros, wird dabei verwundet, wegen des Scheiterns vor Gericht gestellt und zu 50 Talenten Buße verurteilt. Stirbt kurz darauf an seinen Verletzungen. *146f., 149f., 157, 161*

Minos. Sagenhafter kretischer König, nach dem die Archäologie die kretische Kultur der Mitte des 3. bis zum Ende des 2. Jahrtausends benennt. Gilt als Sohn des Zeus aus der Verbindung mit Europe, erhält von Zeus aber einen sterblichen Vater in dem kretischen König Asterios, dem er Europe zur Frau gab. Verheiratet mit Pasiphae, der Tochter des Helios und der Perseis. Der Herrschaftsbereich umfaßte die ganze Insel bis auf die Polichniten und Praisier, als Residenz galt vorwiegend Knossos. Mit dem Beginn der Herrschaft des Minos ist die Sage mit einem Stieropfer verbunden. Minos bittet Poseidon, ihm für das Opfer einen Stier aus dem Meer zu senden. Das tritt ein, der Stier ist so schön, daß Minos einen anderen opfert. Der erzürnte Poseidon macht darauf den Stier rasend und verführt Pasiphae zu der widernatürlichen Verbindung mit dem Stier, aus der Minotauros hervorgeht. *44, 47, 89*

Mithradates VI. Eupator (132–63), 120–63 König von Pontos. Organisiert sein Heer nach griechischem Vorbild und setzt die Expansionspolitik seines Vaters Mithradates V. fort. Kommt damit 95 in Konflikt mit den Römern, der zum ersten Krieg gegen Rom (89–84) führte, den er siegreich, mit der Ermordung von 80000 Römern und Italikern (Blutbefehl von Ephesos) beendet. Kann sich bis 66 mit wechselndem Kriegsglück gegen die Römer behaupten, erleidet dann aber am Lykos eine vernichtende Niederlage. Läßt sich auf der Flucht, als keine Hoffnung mehr bestand, von einem keltischen Söldner erstechen. *325, 366f.*

Mithras. Indoiranischer Gott, Schützer des vertraglichen Rechts. *382*

Mnesikles. Berühmeter Architekt in Athen zur Zeit des Perikles, Erbauer der Propylaia der Akropolis (437/36–432/31), die aus politischen und religiösen Gründen nicht vollendet wurden. *172*

Mozart, Wolfgang Amadeus (1756–1791). *156*

Myron von Eleutherai. Bildhauer, in der Mitte des 5. Jahrhunderts für Athen, Olympia, Delphi, Aigina, Kleonai, Sparta, Argos und Ephesos tätig (Götter-, Athleten- und Heroenbilder sowie berühmte Tierdarstellungen). In Kopien sind nachgewiesen der Diskobol und die Athena-Marsyas-Gruppe. *156, 173, 410, 417*

Nearchos. Nimmt als enger Vertrauter Alexanders des Großen am Asienzug teil, seit 334/33 Satrap von Lykien und Pamphylien. 326 Admiral der Stromflotte, die den Hydaspes, Akesines und Indos hinabfuhr, und der im Herbst 325 startenden See-Expedition, die den Seeweg vom Indios zum Persischen Golf erkundete. Heiratet bei der Massenhochzeit in Susa 324 eine Tochter Mentors und der Barsine. Nach Alexanders Tod 323 tritt er in die Dienste des Antigonos gegen Eumenes. Durch Arrian und Strabon ist seine Schrift über Indien und die Flottenfahrt kenntlich. *257*

Nestor. Mythischer Herrscher von Pylos (nach heutiger Annahme das messenische Pylos). Sohn des Nereus und der Chloris, verheiratet mit Eurydike, hat 2 Töchter (Peisidike und Polykaste) und 7 Söhne (darunter Peisistratos, Antilochos und Thrasymedes). Vor Troia der greise Berater der Achaier. *62, 66, 89*

Nikias. Sohn des Nikeratos aus dem Demos Kydantidai, Besitzer eines Silberbergwerks, Anhänger des Perikles, dessen Politik er fortsetzt. Erobert als Stratege 427 die Insel Minoa, siegt 426 über die Tanagräer. Muß 425/24 seinem politischen Gegner Kleon Zugeständnisse machen, kann 423 einen einjährigen Waffenstillstand mit Sparta erreichen und nach dem Tod Kleons 421 den nach ihm benannten 50-jährigen Frieden mit Sparta. Kann sich dann gegen Alkibiades und dessen Sizilienplan nicht durchsetzen, wollte dann nur begrenzte Ziele in Sizilien ansteuern, wird dann nach der Abberufung des Alkibiades und dem Tod des Lamachos alleiniger Oberbefehlshaber, versucht Syrakus einzuschließen, verzögert aus Angst vor der Volksjustiz in Athen den militärisch dringenden Abzug und muß sich schließlich nach Verlust der Flotte mit dem Restheer ergeben und wird 413 in Syrakus hingerichtet. *196, 198, 200*

Nikolaos von Damaskus (*um 64 v. Ch.). Literat, Hofhistoriker und Philosoph des Herodes, von Augustus sehr geschätzt. *368*

Nikosthenes. Töpfer im letzten Drittel des 6. Jahrhunderts v. Ch. Erhalten sind mehr als 100 von ihm signierte Gefäße. In der Fachsprache heißt eine bestimmte Form der Bandhenkelamphora nikosthenisch. *136*

Odoaker (430–493). Sohn des unter Attila dienenden Skiren Edico, geht in römische Dienste, setzt 476 den letzten weströmischen Kaiser Romulus Augustulus ab und läßt sich zum Heerkönig der germanischen Truppen ausrufen. Macht sich zum von Ostrom anerkannten Herrscher Italiens. Wird 489 durch die Ostgoten entmachtet, 493 ermordet. *60, 388*

Odysseus. Mythischer Fürst von Ithaka, Held der Odyssee, der nach 10jährigem Kampf um Troia und 10jährigen Irrfahrten heimkehrt. Die Vielgestaltigkeit des Namens läßt auf eine vorgriechische Figur schließen, der zahlreiche Kulte gewidmet sind. Stammt väterlicherseits über Laertes und Arkeisios von Zeus, mütterlicherseits über Antikleia und Autolykos von Hermes ab. Nach den Kyprien ist Sisyphos der eigentliche Vater: er verführt Antikleia, die Tochter seines Gastfreundes Autolykos, und gibt die Schwangere dem Laertes zur Frau. Verheiratet mit Penelope, der Nichte des Tyndareos; sein einziger Sohn ist Telemachos. *82, 86, 100, 110*

Oidipus. Hauptheld des thebanischen Sagenkreises. *173, 186*

Olympias. Tochter des Königs Neoptolemos, seit 357 mit Philipp II. verheiratet, mit dem sie Alexander (356) und Kleopatra (355) als Kinder hat. Verläßt nach einer neuen Eheschließung Philipps das Land, rächt sich aber nach Philipps Tod durch ständige Fehde mit Antipatros. Schließt sich 319 Polyperchon an, vernichtet Philippos Arrhidaios, wird 316 von Kassander gefangen und ermordet. *262, 275*

Onesikritos aus Astypalaia. Schüler des Kynikers Diogenes. Teilnahme am Indienzug Alexanders und bei der Expedition des Nearchos. Verfaßt nach dem Tod Alexanders eine Alexandergeschichte, in der er den König als kynische Idealfigur feiert. *235, 260, 309, 349*

Onomarchos. Phokischer Feldherr und Politiker. Verteidigt 371 Elateia gegen die Thebaner, sammelt im heiligen Krieg 355 nach dem Tod des Philomelos bei Neon das geschlagene phokische Heer, drängt zur Fortsetzung des Krieges und nimmt sich als Strategos autokrator aus den delphischen Tempelschätzen die Mittel für Waffen und Söldner. Kann sich bis 353 als führenden Politiker in Griechenland aufbauen (zwei Siege über Philipp II.), wird aber 352 auf dem Krokosfeld am Pagasäischen Golf von Philipp II. geschlagen, fällt im Kampf. Den Leichnam ließ Philipp kreuzigen, 3000 Gefangene als Tempelräuber ins Meer werfen. *212, 215*

Orpheus. Mythischer Vertreter der Musik, in dessen Figur sich die Bedeutung der Musik im frühen Griechentum spiegelt. Sein Mythos frühestens im späten 7. Jahrhundert belegt, bildet dann ein ständiges Motiv in der Literatur und mystisch-religiösen Strömungen. Vater ist neben der allegorisch hergeleiteten Abstammung von Apollon Oiagros, Mutter die Muse Kalliope, beheimatet wird er in Thrakien. Steht unter den mythischen Archegeten und „Erfindern" der Musik an erster Stelle und beeinträchtigt selbst den Ruhm Apollons, ohne in einen verhängnisvollen Konflikt mit diesem zu geraten. Orpheus ist Kitharode, als erster Sänger gilt er auch als erster Dichter und als Erfinder des Hexameters. Als größter Triumph seiner Kunst gilt die Hadesfahrt, mit der er seine Gattin Eurydike aus dem Hades befreien wollte. *68*

Osiris. Ägyptischer Gott, Bruder und Gatte der Isis. Herrscher des Totenreichs. *346*

Paiaon. Name eines mit Asklepios und Apollon identifizierten Heilgottes, sowie der Ruf und Gesang zu Ehren dieser Götter. *65*

Pan. Ein ursprünglich arkadischer Hirtengott, dargestellt mit Bocksbeinen und und Bockshörnern. *92*

Panaitios von Rhodos (185–109 v. Ch.). Stoiker, Schüler des Krates, des Diogenes und des Antipatros. Ist zwischen 170 und 150 Priester des Poseidon Hippios in Lindos. Kommt 144 nach Rom, befindet sich dort im Kreis des jüngeren Scipio, begleitet diesen auf der Asienreise 141. Übernimmt nach dem Tod des Antipatros die Schulleitung (129), die er bis zu seinem Tod innehat. Entwickelt in Entschärfung des theoretisierenden stoischen Rigorismus eine Pflichtenlehre, in der die Abwägung der Gemeinschaft im Zentrum steht. *338, 343, 360*

Parmenides von Elea (5. Jahrhundert v. Ch.). Neben Zenon wichtigster Philosoph der eleatischen Schule. Vermittelt seine Philosophie in der Form des Lehrgedichts. Er ist der Urheber des erkenntnis-theoretischen Dualismus, der die vom Denken erfaßbare Wahrheit scharf von dem den Sinnen zugänglichen Scheinenden trennt. Die Wahrheit erschließt sich nur dem Denken, denn sie ist selbst Denken. Darum kann sich das Denken nur auf das Sein richten, nicht auf das Werden, denn Gewordenes müßte dem Nicht-Sein entstammen. Hat damit großen Einfluß auf Platons Ontologie. *180f.*

Parmenion (*330). Bedeutendster Feldherr Philipps II. und Alexanders des Großen. Schließt 346 zusammen mit Antipatros den Philokratesfrieden mit Athen und leitet seit 337 den Kampf gegen Persien. Schließt sich 336 dem Persienzug Alexanders an, entfremdet sich aber den politischen Zielen Alexanders und wird zum Zentrum der konservativen makedonischen Opposition. Es scheint zu ständigen Auseindersetzungen auch in militärischen Fragen mit Alexander gekommen zu sein. Dieser läßt Parmenion nach der Verurteilung des Philotas in Ekbatana töten. *256, 268, 265*

Pasiphae. Griechische Göttin („die Allerscheinende"), Tochter des Helios, Gattin des Minos, Mutter des Minotauros. *47*

Pausanias I. (*467). Spartanischer Feldherr aus der Familie der Agiaden, seit 480 Regent für den unmündigen König. Sieger über die Perser bei Plataiai 479. Wird später verräterischer Beziehungen zu den Persern bezichtigt, freigesprochen; nach einer siebenjährigen Herrschaft in Byzantion vertrieben, wird ihm die Rückkehr nach Sparta befohlen, wo er mit den Heloten staatsfeindliche Kontakte unterhalten haben soll. Als ein Briefwechsel mit Artabazos aufgedeckt wird, flieht er in den Tempel der Athena Chalkioikos, wo ihn die Ephoren verhungern ließen. *148, 150f.*

Pausanias II. (* nach 390). Spartanerkönig, 445/44–427/26 unter der Vormundschaft des Kleomenes, seit 408 (bis 394) selbständig. Ermöglicht 403 durch seine Stellungnahme gegen Lysander die Wiedereinführung der Demokratie in Athen, wird deswegen angeklagt, aber freigesprochen. Wird wegen der Niederlage von Haliartos 394, bei der Lysander fiel, und die dem erst nach der Schlacht eingetroffenen Pausanias angelastet wurde, zum Tod verurteilt. Flieht nach Tegea. *202*

Peisistratos (um 600–528/27). Nach erstem Hervortreten im Krieg gegen Megara wird ihm nach einer (wahrscheinlich selbst beigebrachten) Verwundung von der Volksversammlung eine Leibwache bewilligt, mit der er 561/60 oder 560/59 die Akropolis besetzen und die Tyrannis gewinnen konnte, die kurze Zeit später am Bündnis des Megakles und des Lykurgos zerbrach. Peisistratos wird verbannt, sein Besitz öffentlich versteigert. In seinem 10jährigen Exil hielt er sich in Makedonien und Thrakien, wo er Gold- und Silberminen besaß, auf, und sammelt Kräfte, mit denen er sich in Marathon festsetzt. Sammelt dort weitere Anhänger um sich und marschiert gegen Athen, siegt beim Athene-Heiligtum von Pallene und zieht in die Stadt ein. Seine politischen Gegner fliehen oder werden von ihm als Geisel auf Naxos interniert. Kann seine Tyrannis durch Zerschlagung des Großgrundbesitzes, neues Münzwesen, Bodenertragssteuer und eine ihm ergebene Söldnertruppe stabil halten bis zu seinem Tod. *119–122, 137ff., 146, 151, 160*

Pelopidas. Thebaner, Sohn des Hippokles, Freund des Epameinondas. Flieht 382 vor den Spartanern nach Athen, befreit 379 die Kadmeia und vertreibt als Polemarch die Spartaner. Seit 378 mehrfach Boiotarch, siegt als Führer der heiligen Schar 375 bei Tegyra und 371 bei Leuktra über die Spartaner. Unterstützt die Thessalier gegen Alexandros von Pherai, besetzt 369 Larisa, wird 368 von Alexander gefangen, 367 von Epameinondas wieder befreit. Schlägt 364 in einem Feldzug gegen Alexander bei Kynoskephalei eine siegreiche Schlacht, fällt aber. *212*

Perdikkas III. (*359). König der Makedonen 365–359. Sohn des Amyntas III. und der Eurydike, beseitigte seinen Vormund Ptolemaios von Aloros. Gibt auf Platons Rat seinem Bruder Philipp eine Teilherrschaft. Schließt nach dem Verlust von Pydna und Methone an den athenischen Feldherrn Timotheos ein Bündnis mit Athen. Schlägt 360 bei Amphipolis Timotheos und kann seine Herrschaft auf Lynkestis, Eleimiotis und Orestis ausdehnen. Fällt 359 in einer Schlacht gegen die Illyrer. *232*

Perdikkas, Diadoche. 274

Periandros. Sohn des Kypselos und der Krateia, etwa 600–560 Tyrann von Korinth. Gilt als Prototyp des harten Tyrannen, wegen seiner Staatsführung, die den Höhepunkt der archaischen Geschichte Korinths bildet, aber auch als einer der 7 Weisen. Dämmte durch Gesetze den Luxus ein, geht gegen Landflucht und Übergewicht der Sklavenwirtschaft vor und sorgt für Erhaltung des Bauerntums, verzichtet auf Besteuerung und deckt die Staatskosten aus Markt- und Hafenabgaben. Genoß internationale Geltung. *119*

Perikles (gegen 490 v. Ch. – 429). Großneffe des Kleisthenes. Seit 461 gestützt auf die Vertreter der Demokratie und in demokratischen Formen als Stratege nahezu Alleinherrscher in Athen. Umgestaltung des attischen Staats zum Fürsorge- und Wohlfahrtsstaat (zum Teil auf Kosten der Bundesgenossen des attischen Seebundes). Beendet 449 im Kallias-Frieden mit Artaxerxes I. die Perserkriege, schließt 446/45 mit Sparta einen 30-jährigen Friedensvertrag, den er zum Bau der Langen Mauern und Aufrüstung benutzt. Dennoch kommt es aufgrund der Zuspitzung der Gegensätze 431 zum Peloponnesischen Krieg. Wird während der Pest 430 des Amts enthoben, wegen Unterschlagung verurteilt, 429 rehabilitiert, stirbt an der Pest. *156, 158f., 161 – 174, 182, 188f., 191, 193, 194f., 198f., 416, 423*

Persaios von Kition. Schüler des Stoikers Zenon; folgt 276 v. Ch. einem Ruf des Antigonos Gonatas als Philosoph und Stratege. Er ist 243 Stratege von Akrokorinth, wird von Aratos überrumpelt und begeht Selbstmord. Es werden von ihm 10 Schriften überliefert, darunter eine Arbeit über Platons Nomoi. *310*

Perseus (212 – 165/62). Letzter König von Makedonien (ab 179). Versucht vergeblich, Makedonien gegen die Römer zu behaupten. Wird 168 in der Schlacht von Pydna gefangen genommen, in Rom ermordet. *358*

Pharnabazos. Satrap von Daskyleion. Unterstützt seit 413 Sparta gegen Athen, schließt dann 409 einen Vertrag mit Athen. Läßt 404 Alkibiades auf Verlangen Lysanders ermorden. Vernichtet mit Konon 394 die spartanische Flotte bei Knidos, erobert 393 Melos und Kythera. 388 – 86 und 373 Feldzüge gegen das aufständische Ägypten, die ohne Erfolg bleiben. *207f.*

Pheidias. Sohn des Charmides, Athener, gilt als der bedeutendste klassische Bildhauer Athens. Tätig zwischen 460 und 430. Um 432/31 wurde ihm wegen angeblicher Veruntreuung von Gold, das für die Athenastatue bestimmt war, der Prozeß gemacht, stirbt im Gefängnis. Seinen Ruhm begründeten vorallem die Kolossalstatuen der Athena Parthenos und des Zeus (Olympia). *156, 167, 171ff., 195, 410*

Pheidon von Argos. König von Argos etwa Mitte des 8. Jahrhunderts. *107*

Philipp II. (um 382 – 336). 359 – 336 König von Makedonien. Reorganisiert das makedonische Heer, kann durch den Sieg bei Chaironeia 338 seine Vorherrschaft in Griechenland endgültig stabilisieren. Gründet den Korinthischen Bund, als dessen Bundesfeldherr er den Rachezug gegen Persien vorbereitet. *222, 232, 245 – 253, 256, 262f.*

Philipp V. (238 – 179), König von Makedonien 221 – 179. Nachfolger des Antigonos Doson, führt 218/17 gegen die Ätoler und Römer in Illyrien Krieg, plante, mit Hannibal verbündet, einen Einfall in Süditalien. Die Römer besiegten ihn im Bündnis mit einer griechischen Koalition im 1. Makedonischen Krieg (215 – 2o5). Im 2. Makedonischen Krieg wird Philipp 197 von den Römern besiegt und verliert die Hegemonie in Griechenland. *298, 356*

Philiskos aus Milet (*etwa 320). Schüler des Isokrates. Schreibt ein Rhetoriklehrbuch, *262*

Philokrates. Athener aus dem Demos Hagnus. Nach ihm ist der Frieden von 346 benannt, der mit Philipp ausgehandelt wurde. Setzt den Friedensschluß gegen Demosthenes durch und setzt sich für Verständigung mit Philipp ein, wird 343 wegen Hochverrats angeklagt, in Abwesenheit zum Tod verurteilt. *250*

Philoktet. Achaiischer Held aus der südthessalischen Halbinsel Magnesia, berühmter Bogenschütze. Fährt mit 7 Schiffen gegen Troia, wird auf Tenedos von einer Schlange gebissen, wegen des Gestanks seiner unheilbaren Wunde von den Achaiern auf Lemnos ausgesetzt, nach 10 Jahren zurückgeholt, von Machaon geheilt. Erschießt Paris. *173, 186*

Philomelos. Sohn des Theotimos, Führer der Phoker im 3. Heiligen Krieg. Besetzt Delphi und zwingt Pythia zu dem Spruch, er dürfe tun, was er wolle. Plündert die Tempelschätze und wirbt 10000 Söldner an, siegt über Lokrer und Thessaler, unterliegt den Boiotern bei Neon und begeht Selbstmord. *212*

Philotas. Namen verschiedener Truppenführer Alexanders. Bedeutendster Träger des Namens der Sohn des Parmenion, 335 Führer eines Teils der Hetairenreiterei, im Perserkrieg Führer der gesamten Reiterei. Wird wegen angeblicher Verschwörung durch die Heeresversammlung in Phrada verurteilt und hingerichtet. *265*

Phokion (402/01–318). Sohn des Phokos, attischer Stratege und Politiker. Schüler Platons und Freund des Xenokrates. Führt mit Demades die promakedonische Opposition gegen Demosthenes, tritt 343 für Aischines ein, versucht 338 den Entscheidungskampf mit Philipp zu verhindern, bewirkt nach der Niederlage von Chaironeia milde Friedensbedingungen für Athen. Nach der Kapitulation Athens vor Antipatros nimmt er als leitender Staatsmann die Besetzung der Munichia durch die Makedoner (Nikanor) hin. Als dieser plötzlich Piräus besetzt, wird Phokion des Verrats und Verfassungsumsturzes angeklagt, 318 durch die Volksversammlung zum Tod verurteilt. 317 durch Staatsbestattung und eine Statue rehabilitiert, 305/04 durch ein Ehrendekret geehrt. *303*

Pindar (522/18–nach 466). Erhalten sind seine Loblieder auf die Sieger der panhellenischen Spiele (Epinikien). Dithyramben, Opferlieder und Mymnen sind nur noch in Fragmenten bekannt. Die Gedankenwelt seiner Dichtung resultiert aus ihrer Funktion als Lobesdichtung: Die menschliche Leistung beruht auf dem Segen der Götter und Erziehung und Übung. Götter und Menschen stammen von derselben Urmutter ab, dennoch sind die Götter unvergleichlich zum Menschen, dessen Leben eines Schatten Traum ist. Die Werte des Menschen (Schönheit, Macht, Reichtum, Mut, Gastfreundschaft, Liebe, Weisheit) gehen zurück auf diese gemeinsame Herkunft, das Ererbte, das als Anlage durch Erziehung nur aktiviert werden kann. *160, 231, 411*

Pinder, W. Anm. 95

Pittakos. (*651/50). Staatsmann in Mytilene auf Lesbos, beseitigt 612 den Tyrannen Melanchros. Schlägt im Krieg um Sigeion 607/06 die Athener und tötet den attischen Olympioniken Phryon im Zweikampf. Arrangiert sich dann mit dem an die Macht gekommenen Tyrannen Myrsilos und regiert mit ihm Mytilene. Nach dem Tod des Myrsilos und wieder aufflammenden Geschlechterkämpfen wählten die Bürger Pittakos zum Aisymnetes mit Vollmacht gegen die vertriebenen Aristokraten. Hat diese Stellung zwischen 598/97 und 580/79, legt, nachdem er den Parteienkampf zwischen den Adelsfamilien beendet und neue Gesetze erlassen hatte, nach etwa 10 Jahren sein Amt nieder. Wird zu den 7 Weisen gezählt. *121*

Platon (428/27–349/48). Sohn des Ariston von Athen, durch seinen Stiefvater Pyrilampes mit einer der bedeutendsten oligarchischen Familien

(Kritias) verwandt. 27 Dialoge, die als unbestritten echt gelten, sind erhalten, der autobiographisch wichtige 7. Brief wird überwiegend als echt gewertet. War bis zum Tod des Sokrates (399) 8 Jahre dessen Schüler. Zwischen 399 und 388 macht Platon die erste große Reise nach Unteritalien und Sizilien (Begegnung mit Dionysios I. von Syrakus). Gründet nach seiner Rückkehr in Athen eine eigene Schule nach Vorbild der pythagoreischen Lebensgemeinschaften. 366 und 361 folgt er dem Ruf des Dionysios II. nach Syrakus in der Hoffnung, sein im „Staat" formuliertes Ideal verwirklichen zu können. Kernstück seiner Philosophie ist die Ideenlehre. Die Ideen machen die Urgestalt der seienden Dinge aus; da sie unsinnlich, unveränderlich und ewig gültig sind, ist ihre Erfassung nicht Erfahrung, sondern Besinnung („Erinnerung"). *193, 226, 229, 231f., 233–36, 238, 241, 245, 250, 271, 339, 343, 407, 412, 434*

Plinius d.Ä. (Gaius Secundus Plinius) (23/24–79). Römischer Schriftsteller, von dessen Werk die „Naturgeschichte" erhalten ist. *374*

Plotin (205–270). Begründer des Neuplatonismus, seit 245 Haupt seiner Schule in Rom. Seine Schulvorlesungen wurden von seinem Schüler Porphyrios herausgegeben (Enneaden). Für Plotin ist der oberste unteilbare Begriff des „Eine", aus dem der Geist hervorgeht, in dem die Ideen ihre Stätte haben, dann folgt die Seele, die Körperwelt und die Materie. Dieser Emanationsbewegung entspricht eine als Rückwendung gerichtete Sehnsucht aller Wesen nach ihrem göttlichen Ursprung. Der Mensch kann diese Rückvereinigung in ekstatischer Schau erreichen. Großer Einfluß auf die Kirchenväter (Augustinus), Scholastik und Mystik. *344, 382, 412*

Polemon II. König von Pontos 38–63 n. Ch., des Bosporischen Reiches bis 41, von Kilikien 41–68. Sohn des Thrakerkönigs Kotys. Von Caligula 38 zum König von Pontos eingesetzt. Verheiratet mit Berenike, der Tochter des Herodes. *236*

Polybios (um 211–120). Griechischer Geschichtsschreiber, kam als Geisel nach Rom, befreundet mit Scipio dem Jüngeren, nimmt mit diesem am 3. Punischen Krieg teil. Schrieb eine römische Geschichte der Zeit von 264 bis 144 v. Ch., in der die Integration des Mittelmeerraums unter der sich entfaltenden römischen Weltherrschaft geschichtsphilosophisch vom Kreislauf der Verfassungen gedeutet wird. *360*

Polygnotos von Thasos. Schüler des Aglaophon, Maler und Erzgießer, zwischen 480 und 440 tätig, erhielt das attische Bürgerrecht und die delphische Proxenie. Malte vorwiegend in Athen mythologische Szenen in der Stoa Poikile, im Thesauros, in der Pinakothek der Propyläen, in Plataiai im Pronaos des Tempels der Athena Areia, in Thespiai und Delphi (Lesche der Kniedier). *158, 160*

Polykleitos von Argos. Einer der bedeutendsten Bildhauer und Erzgießer der Antike, arbeitete zwischen 450 und 410. War Haupt einer einflußreichen Schule, die zu einem „Typus" fand, der die im frühen 5. Jahrhundert entdeckte Funktionalität des menschlichen Körpers formal beherrscht. *173, 408, 410*

Polykrates. Tyrann von Samos. Regiert seit der Entwaffnung der Bürger und

Besetzung der Burg 538 mit seinen Brüdern, seit 532 allein. Besitzt durch Seeraub die Herrschaft über viele Küstenstädte und Inseln Kleinasiens. Fördert durch Einfuhr von Schafen und Ziegen die Wollmanufaktur in Samos, baut eine Hafenmole, Schiffshäuser und die berühmte, durch einen Bergstollen führende, 1 km lange Wasserleitung des Eupalinos. Zieht viele Künstler an seinen Hof. 524 belagern Spartaner und Korinther über 40 Tage lang die Stadt Samos, um ihn zu stürzen. 522 lockt ihn der Satrap Oroites nach Magnesia und läßt ihn hinrichten. Seinen Reichtum und sein übergroßes Glück spiegelt die Geschichte mit dem Ring, mit dessen freiwilligem Opfer er den Neid der Götter beruhigen wollte. *119, 151, 180*

Polyperchon. Makedonischer Feldherr, der sich unter Alexander auszeichnet, 324 aber (womöglich wegen Opposition gegen Alexander) als Stellvertreter des Krateros nach Hause geschickt wird. Kommt in Gegensatz zu Kassander, verliert in den Kämpfen seine Positionen, zuletzt die Peloponnes an Ptolemaios und Demetrios Poliorketes. *298*

Pompeius. (Gnaeus Pompeius Magnus) (106–28). Römischer Staatsmann und Feldherr. Besiegte 71 die letzten Anhänger des Spartacus in Oberitalien, erreicht 67 vom Senat Sondervollmachten über das gesamte Mittelmeer zur Bekämpfung der Seeräuber. 66 erhält er den Oberbefehl gegen Mithradates. Schließt nach Konflikt mit dem Senat 56 das 1. Triumvirat mit Caesar und Crassus, heiratet die Tochter Caesars, Julia. Nach Julias Tod und dem Herrschaftsanspruch Caesars betraut ihn der Senat mit der Verteidigung der Republik, kann sich aber in Italien nicht halten, flieht nach Griechenland und unterliegt 48 in der Schlacht von Pharsalos. Flieht nach Ägypten und wird dort ermordet. *367, 372*

Poseidon. Gott des Meeres, Sohn des Kronos und der Rhea. Der Kosmos wurde unter Zeus, Poseidon und Hades geteilt. *41, 65, 89, 91f.*

Poseidonis von Apameia (etwa 135–51/50). Stoischer Philosoph, Schüler des Panaitios. Lebte dann auf Rhodos und war 87 Gesandter von Rhodos in Rom. Er ist bedeutend als Geograph, Historiker und Philosoph. Erweitert den Ansatz der Stoa erheblich, indem er den Menschen in einen Lebenszusammenhang mit dem Kosmos stellt. *343, 350, 368*

Praxiteles. Bildhauer des 4. Jahrhunderts. Tätig etwa zwischen 370 und 320, schuf vor allem wegen ihrer vollendeten Ruhe berühmte Götterbilder. *237*

Protagoras von Abdera (um 485–415). Einer der ersten Sophisten, führte ein Wanderleben als Lehrer der Redekunst und des richtigen Lebens; längere Zeit in Athen, wo er große Wirkung hatte. Zwei Schriften sind bekannt: Kataballontes und Alethaia. Zentraler Satz ist die wohl erkenntnistheoretische Relativierung „Der Mensch ist das Maß aller Dinge“. 444 erhielt er den Auftrag, für die neugegründete Stadt Thurioi die Verfassung und Gesetze zu erarbeiten. *171, 183–88, 190, 204, 427*

Ptolemaios I. Soter (vor 360–283). Seit 306 König von Ägypten, seit 323 Satrap. Freund Alexanders des Großen, nimmt in den Diadochenkämpfen den Königstitel an und begründet die Dynastie der Ptolemäer. *247, 276f., 282ff., 298, 302, 310ff., 313, 347*

Ptolemaios II. Philadelphos (* 246). Sohn des Ptolemaios I., seit 285 Mitregent, seit 283 Alleinherrscher. *278, 280–83, 310f., 329*
Ptolemaios III. Euergetes (*284). Sohn des Ptolemaios II. 246–221 König von Ägypten *280–83, 310*
Ptolemaios IV. Philopator (* nach 240). 221–204 König. *284, 310, 353, 360*
Ptolemaios V. Epiphanes (210). Seit 210 sofort Mitregent, 204–197 König unter der Vormundschaft der Minister Sosibios, Agathokles, Tlepolemos und Aristomenes. 197 Krönung, 180 vergiftet. *360*
Ptolemaios VI. Philometor (* 145). 180–170 Regierung unter Vormundschaft, 170–168 besetzt Antiochos Ägypten bis auf Alexandreia und krönt sich als Vormund des Ptolemaios zum König, wird 168 durch Rom zum Abzug gezwungen. *360*
Ptolemaios Keraunos. Sohn des Ptolemaios I. und der Eurydike, 287 von der Thronfolge in Ägypten ausgeschlossen, ging zu Seleukos, ermordete ihn nach dem Sieg über Lysimachos, wird vom Heer zum König von Makedonien ausgerufen, besiegt Antiochos. Heiratet die Witwe des Lysimachos, Arsinoe, fällt 280/79 gegen die Kelten. *282*
Ptolemaios. Berühmter Mathematiker, Astronom, Astrologe, Geograph und Erkenntnistheoretiker, der in Alexandreia bis etwa 170 n.Ch. lebte *368*
Pyrrhos (319–272). 306–301 und 297–272 König von Epirus. *277f., 281, 283, 296, 306, 354*
Pythagoras von Samos. Verläßt Samos 532/31 und läßt sich in Kroton nieder und begründet hier die religiöse Lebensgemeinschaft. Siedelt im hohen Alter wegen Anfeindungen nach Metapontion über, wo er 497/96 starb. Pythagoras legte seine Lehre nicht schriftlich nieder, die Überlieferung ist äußerst verschwommen. Als Leitgedanken dürfen gelten: die Katharsis (Lebensführung in Reinheit als Vorbedingung für Erkenntnis), Erkenntnis als die höchste Art der Lebensführung, da der Mensch von dem geformt wird, was er tut, und Erkenntnis ihn zu den Göttern erhebt, Mathematik und Harmonie. *179ff., 233*
Pytheas von Massalia. Berühmter Seefahrer und Geograph. Seine Schrift Peri tou okeanou muß zwischen 347 und 300 entstanden sein; sie behandelt eine Reise, die ihn bis zum Kap North Foreland in Kent und bis zur Elbe gebracht hat, wobei nicht auszuschließen ist, daß er auch noch Thule besucht hat. *315*

Raffael (Raffaelos Santi) (1483–1520). *156, 236*
Ramses III. Ägyptischer König um 1196–1165 v.Ch. *71*
Ranke, Leopold von (1795–1886). *Anm. 111*
Rhadamanthys. Sohn von Zeus Asterios und Europe, Bruder des Minos und Sarpedon. Mythischer Gesetzgeber auf Kreta (untergeordnet unter Minos), der zum Sinnbild der Gerechtigkeit wird. Bei Platon wird er als Totenrichter im Hades aufgeführt. *47, 89*
Rhea. Tochter des Uranos und der Gäa, Mutter des Zeus, später der Kybele gleichgesetzt. *41*

Rickert, H. 12

Rothacker, Ernst. 432; Anm. 85, 99, 104

Roxane. Tochter des Oxyartes. 327 von Alexander geheiratet, begleitet ihn bis zu seinem Tod, ließ dann die von ihm 324 geheiratete Stateira töten und verkörpert seit 321 mit dem posthum geborenen Sohn Alexanders die Idee der Reichseinheit. Wird von Antipatros nach Makedonien gebracht, flieht nach dessen Tod nach Epeiros, versucht mit Olympias Politik zu machen, wird von Polyperchon wieder nach Makedonien zurückgeholt, fällt in die Hände Kassanders und wird von diesem 310 ermordet. *265, 274*

Sappho (* um 630). Geboren in Eresos, lebt dann in Mytilene, 603–595 auf Sizilien. Tiefe Natur- und Liebeslyrik. *106*

Sarapis. Aus ägyptisch Osiris-Apis entstanden, Bezeichnung der vergöttlichten Apisstiere von Memphis, in die von griechischer Seite Züge des Zeus und des Pluton eingehen. Wird unter Ptolemaios I. zum Reichsgott. *311, 347, 382*

Scheler, Max. Anm. 37

Schiller, Friedrich. 156

Schliemann, Heinrich. 59

Seleukos I. Nikator (um 358–280). Feldherr Alexanders des Großen. 321–316 Satrap von Babylon, seit 312 Begründer des Seleukiden-Reichs. Dringt bis Indien vor und gewinnt Armenien und Syrien. *275, 277, 279f., 282f.*

Seleukos IV. Philopator (* nach 220). 189–187 Mitregent seines Vaters. Seit 187 Alleinherrscher, versucht das geschwächte Reich aus den politischen Konflikten herauszuhalten. Muß für die Kriegsentschädigungen an Rom bei den Juden Kontributionen eintreiben, wird 175 von Heliodor ermordet. *357, 360*

Seneca (L. Annaeus Seneca) (Ende des 1. Jahrhunderts–65 n. Ch.). Philosophischer Schriftsteller und Dichter, Erzieher und erster Berater Kaiser Neros, der ihn zum Selbstmord zwang. Vertreter der Stoa. *375, 379, 437*

Serapis s. Sarapis

Sertorius (123–72). Anhänger des Marius, flieht vor Sulla nach Spanien, bildet einen Gegensenat und ernennt eigene Beamte (seit 78). Wird 72 von Pompeius geschlagen. *325*

Skopas von Paros. Bildhauer und Architekt des 4. Jahrhunderts v. Ch. Architekt des Athenatempels in Tegea, zugeschrieben werden ihm auch die Giebelskulpturen (um 350/40). *155,232, 237, 410*

Sokrates (um 470–399). Sohn des Steinmetzen Sophronikos und der Hebamme Phainarete, Bürger des attischen Demos Alopeke. Verheiratet (wohl erst in höherem Alter) mit Xanthippe. Seine Philosopie versucht durch die Hinterfragung des scheinbar Selbstverständlichen um Wissen des Nichtwissen hinzuführen, d.h. zu einem Wissen zu gelangen, das von sich selbst Rechenschaft geben kann, weil es in objektiven Begriffen denkt. Das sittliche Handeln setzt diese Selbstgewißheit des Einzelnen voraus (Tugend ist Wissen). *205, 227ff., 231, 338f.*

Solon (* um 640 v. Ch.). Athenischer Staatsmann und Dichter. Wurde 594/93 Archon. Schafft gegen die Mißstände der aristokratischen Herrschaft eine Verfassung mit beschlußfassender Volksversammlung, hebt die Schuldknechtschaft der Bauern auf, schafft die Hörigkeit ab, verändert das Erb- und Familienrecht. Zählt zu den 7 Weisen. Stirbt um 560 v. Ch. *121f., 191*

Sophokles (497–406/05). Sohn des Sophillos, Athener aus dem Demos Kolonos. 480 Vorsänger beim Siegespaian nach der Schlacht bei Salamis. 468 erzielt er den ersten Sieg bei den Großen Dionysien. 443/42 Hellenotamias. 411–39 zusammen mit Perikles Stratege im samischen Krieg, 428 Stratege im Krieg gegen die Anaier, 413–11 Mitglied des Probulenkollegiums. Von seinen über 120 Tragödien sind 7 erhalten. (Trachinierinnen, Aias, Antigone, Oidipus Tyrannos, Philoktetes, Oidipus Coloneus, Elektra). *156, 167, 171, 173f., 186, 188f., 192, 237, 407f., 411*

Sotades aus Maroneia. Dichter. Verfasser von Kinaidoi in ionischem Dialekt. Berüchtigt wegen seiner Angriffsfreude, die nicht nur Ptolemaios II., sondern auch Lysimachos und anderen Königen und Privatpersonen galt. *311*

Spengler, Oswald. 10f., 431f., 438

Spengler, Oswald. 10f., 431f., 438

Speusippos (* 340/39). Neffe Platons und Nachfolger als Haupt der Akademie (ohne Wahl). Bleibt innerhalb der Philosophie Platons, doch wird ihm ein Verhalten (ethos) vorgeworfen, das unverträglich war. Die Wahl seines Nachfolgers Xenokrates wird als bewußte Korrektur vorgenommen. *236, 250*

Strabon von Amaseia. (63 v. Ch.–nach 23 n. Ch.) Stoischer Historiker und Geograph. Verfaßte eine Erdbeschreibung Geographika. *368*

Strindberg, August (1849–1912). *189*

Sulla (Lucius Cornelius Sulla) (138–78). 88 Konsul. Als 84 der Oberbefehl im Krieg gegen Mithradates Marius übertragen wird, obwohl er Sulla zustand, marschiert er gegen Rom und erzwingt den Oberbefehl für sich. Siegt nach seiner Rückkehr 83 über die Marianer, wird 82 Diktator, stellt die Herrschaft des Senats wieder her und zieht sich 79 zurück. *367, 372*

Tacitus (Publius Cornelius) um 55–120 n. Ch.). Römischer Historiker („De origine et situ Germanorum“, „Ab excessu divi Augusti“, „Historiae). *374*

Terpandros. Aus Antissa auf Lesbos, erste faßbare griechische Musikerpersönlichkeit vom Anfang des 7. Jahrhunderts v. Ch. Hauptvertreter der lesbischen Kitharodenschule, hauptsächlich in Sparta tätig, wo er 676 an den Karneen siegte. Ausgestaltung des Nomos, Erfindung bzw. Weiterentwicklung von Instrumenten, Einbeziehung des Mixolydischen in die Harmonik, Verwendung der Musik zu therapeutischen und psychagogischen Zwecken. *107*

Thales von Milet. Philosoph und Politiker der 1. Hälfte des 6. Jahrhunderts v. Ch. Authentische Zeugnisse über seine Philosophie gibt es nicht, selbst seine Annahme, daß das Wasser die Ur-Substanz der Welt sei, ist nicht zweifelsfrei belegt. Wichtig ist allerdings, daß er seine Philosophie aus der Legitimation des Mythos herausnimmt. *177ff.*

Thaletas aus Gortyn. In Sparta tätiger Musiker der 1. Hälfte des 7. Jahrhunderts v. Ch. 665 an der Einrichtung von Gymnopädien beteiligt. Er soll die kretischen Rhythmen eingeführt und sich besonders dem Hypocherma und dem Paian gewidmet haben. *107*

Theagenes. Tyrann von Megara in der 2. Hälfte des 7. Jahrhunderts. Führer der Landbevölkerung gegen die Oligarchie der Großgrundbesitzer, erhält vom Volk eine Leibwache, die die Grundlage seiner Macht bildet. Kann das soziale Problem nicht lösen. *119*

Themistokles (um 525–459). Athenischer Politiker, Schöpfer der athenischen Flotte, erringt 480 den Seesieg über die Perser bei Salamis. 471 durch Ostrakismus verbannt, flieht er zu Artaxerxes I., der ihm Lampsakos und Magnesia übertrug. *130, 147–51, 157, 166, 170*

Theodektes. Rhetor und Tragiker, geboren etwa 400, kommt jung nach Athen, hört Platon und Isokrates, später noch den jungen Aristoteles. Tätig als Logograph und Redelehrer. Von seinen Tragödien sind 9 Titel bekannt (Aias, Alkmeon, Helene, Lynkeus, Maussolos, Oidipus, Orestes, Tydeus, Philoktetes). *232*

Theognis aus Megara. Verfasser von an Kyrnos gerichteten Ratschlägen in elegischer Form, in denen die traditionelle Ethik des Adels des 6. Jahrhunderts vorbildhaft ausgebreitet wird. *99, 118*

Theokritos. Griechischer Dichter um 270 v. Ch., Begründer der bukolischen Poesie. *302, 398f.*

Theon von Samos. Maler der 2. Hälfte des 4. Jahrhunderts. Berühmt seine Fantasiai. *322*

Theophrastos von Eresos. (um 370–286). Schüler und Nachfolger des Aristoteles. Übernimmt 322/21 das Scholarchat. Berühmt durch seine „Charaktere“ und die „Pflanzengeschichte“. *242, 313, 325*

Theopompos von Chios (* 378/77). Historiker. Lebt längere Zeit am Hof Philipps II. Berühmt wegen seiner Hellenika. *232*

Thersites. Figur bei Homer, der als Meuterer, Lästerer, Prahlhans gemeine Gesinnung verkörpert. *427*

Theseus. Staatsheros der Athener. Sohn Poseidons oder des attischen Königs Aigeus. Befreit Athen von dem Menschentribut an den kretischen König Minos. Einigt dann als König Attika und beschränkt die Königsgewalt. Gilt seit dem 6. Jahrhundert in Athen als Begründer der Demokratie. *44, 47, 62, 89, 256*

Thespis aus Ikaria. Sohn des Themon. Schöpfer der Tragödie, indem er als Einzelsprecher in Prolog und Rhesis dem Chor gegenübertrat. Seine Wirkung als Dichter begann in vorpeisistrateischer Zeit. *160, 427*

Thrasybulos von Milet. Kann sich um 600 als Tyrann festsetzen. Verteidigt Milet gegen Alyattes. Wird von Herodot als willkürlicher Despot bezeichnet. *119*

Thrasymachos aus Chalkedon. Griechischer Rhetor und Sophist der 2. Hälfte des 5. Jahrhunderts. Beschäftigt sich mit der Frage der Emotionen und der wirkungsvollen Vortragsweise, entwickelt die Rhetorik entscheidend weiter. Gerichtsreden und Stellungnahmen zu politischen Fragen. *185*

Thukydides (um 455–396). Griechischer Historiker. Flottenkommandant im Peloponnesischen Krieg. Nach dem Fall von Amphipolis von den Athenern verbannt, sammelt er auf Reisen Material für die Geschichte des Peloponnesischen Krieges (bis 411). Sieht im Machtstreben die einzige geschichtswirksame Kraft. *240f., 392, 423*

Thukydides. Sohn des Melesias aus Alopeke, verwandt mit Kimon, oligarchischer Gegner des Perikles ab 450, greift vor allem das Bauprogramm an. Wurde 443 ostrakisiert, nach seiner Rückkehr 433 Urheber der Prozesse gegen Anhänger und Freunde des Perikles (u.a . Anaxagoras). *194*

Thutmosis III. Regiert 1490–36, anfangs unter Vormundschaft seiner Tante und Stiefmutter Hatschepsut. Erweitert Ägypten bis zum Euphrat. *45*

Tiglatpilesar I. Assyrischer König 1116–1078. Kämpft gegen die Aramäer im Charbugebiet, dringt bis zum Mittelmeer vor. Erste Bibliothek in Assur. *71*

Tigranes I. 95–ca. 55 König von Armenien. *366*

Timaios von Tauromenion. Griechischer Geschichtsschreiber, lebte nach seiner Verbannung 315 etwa 50 Jahre in Athen. Schrieb die letzte umfassende klassische Geschichte Siziliens und des Westens. *302*

Timoleon (* ca. 410 v. Ch.). Korinther, läßt als überzeugter Demokrat seinen Bruder Timophanes ermorden, als dieser 365 die Tyrannis in Korinth an sich gebracht hatte. Befreit Syrakus 344 von Dionysios II., richtet die Demokratie wieder ein, bildet einen Hellenischen Bund und stellt in einem Krieg mit Karthago die Hegemonie für Syrakus im griechischen Sizilien wieder her. Legt 337/36 die Macht nieder. *224*

Timotheos. Bildhauer, dessen Herkunft ungeklärt ist. Gesichert ist seine Mitarbeit am Asklepiostempel von Epidauros (um 380) und am Maussoleum von Halikarnass (nach 352). *232*

Timotheus (* 354). Sohn des Konon, athenischer Feldherr. Seine imperialistische Politik führt 357 zum Bundesgenossenkrieg und zur Auflösung des 2. Attischen Seebundes (355). *209*

Timotheos von Milet (ca. 450–360). Lyriker, hielt sich zeitweise in Athen auf, befreundet mit Euripides. Von seinem Dithyrambos „Die Perser" sind etwa 250 Zeilen erhalten. *231, 238*

Topitsch, Ernst. Anm. 86

Toynbee, Arnold. 10, 336, 426, 430f., 411; Anm. 25, 94, 99

Thophonios. Boiotischer Heros, ursprünglich chthonischer bzw. Fruchtbarkeitsgott mit Orakel in einem großen Heiligtum am Unterweltseingang bei Lebadeia. In der Legende ist er Baumeister des delphischen Apollotempels und des Schatzhauses des Königs Hiereus und des Augias. *68, 316*

Tyrtaios. Lyriker in der Mitte des 7. Jahrhunderts in Sparta. Schrieb 5 Bücher Elegien (teilweise politischen Inhalts). Die Kampfparänese nimmt breiten Raum ein. Besingt die Tapferkeit als einzig wichtige Tugend des Mannes. *106*

Varro (M. Terentius Varro) (116 v. Ch.–27 v. Ch.). Römischer Gelehrter und Dichter. *374*

Vergil (P. Vergilius Maro) (70 v. Ch.–19 v. Chr.). Römischer Dichter (Aeneis). *374*

Vogt, J. 392

Wagner, Richard (1813–1883). *155, 173, 236*

Weber, Max (1864–1920). *Anm. 86*

Windelband, Wilhelm (1848–1915). *12*

Wolf, Hugo (1860–1903). *105, 236*

Xenokrates von Chalkedon (339/38–315/14). Schüler Platons. Nach Speusipps Tod zum Haupt der Akademie gewählt. Einflußreich war seine auf Platon basierende Dämonologie: Scheidung in gute und böse Geister. *232, 236*

Xenophanes von Kolophon (570–475/70). Verläßt 545 seine Vaterstadt und wandert dann 67 Jahre als Rhapsode, läßt sich im hohen Alter in Elea in Lukanien nieder. Beachtung fand er vor allem durch die Bekämpfung der anthropomorphen Gottesvorstellung und seine Behauptung, daß es nur einen Gott geben könne, der ewig sei und weder tier- noch menschengestaltig vorgestellt werden könne. Dieser Gott durchdringe alles aus sich selbst als Ganzem. *180f., 262, 339*

Xenophon. (um 426–nach 355). Aus wohlhabender konservativer Familie aus Athen: Vorliebe für Sparta, Ablehnung der Demokratie. Schließt sich nach Dienst in der attischen Reiterei dem griechischen Söldnerheer des gegen Artaxerxes II. rebellierenden Kyros an. Einer der Führer des Heeres nach der Niederlage bei Kunaxa. Die Söldner treten nach der Rückkehr in den Dienst Spartas, werden seit 396 von Agesilaos geführt. Xenophon bleibt auf spartanischer Seite, auch als es 394 gegen Athen geht. Wird 399 oder 394 verbannt, Sparta stellt ihm ein Landgut in Skillus bei Olympia und behandelt ihn als Staatsgastfreund. Nach der Niederlage Spartas bei Leuktra 371 flüchtet Xenophon nach Korinth, kehrt nach Aufhebung der Verbannung nach Athen zurück. Schließt erst nach 371 seine Schriften, die für ein attisches Publikum bestimmt sind, ab. Aus seinem Werk sind bedeutend die Anabasis, der Bericht über den Zug der Zehntausend, die Hellenika, eine Geschichte Griechenlands von 411 bis 362, die Sokratischen Schriften, die Apologie und die Memorabilien. *206, 235, 241, 244, 261, 349*

Xerxes I. (519–465). 486–465 persischer König. Beginnt 480 den Feldzug gegen Griechenland. Wird durch den Führer seiner Leibgarde Artabanos ermordet. Umfassender Ausbau der Residenz Persepolis. *147f., 150*

Zarathustra s. *Zoroaster*

Zenon von Kition (ca. 334–263). Begründer der stoischen Schule. Zunächst Schüler des Kynikers Krates, gründet etwa 300 seine eigene Schule. In seiner Naturlehre arbeitet er mit der Annahme eines aktiven und eines passiven Prinzips (die leidende qualitätslose Materie). In seiner Ethik bezeichnet er die Tugend als einziges der Güter hinreichend für die Glückseligkeit. Die Tugend besitzt jedoch nur der Weise, der Mensch, der frei von Affekten ist, die Zenon als übermäßige und unvernünftige Bewegungen der Seele sieht. *310, 338–344*

Zeus. Griechischer Gott; aus dem indogermanischen Wortstamm div (leuchten), an den sich Momente der kretischen Kultur angeschlossen haben, ist die indogermanische Herkunft gesichert. Im Wesen des Vaters Zeus liegt die überragende Stellung auch für alle Gebiete des Lebens, was sich teilweise in Tendenzen zu einem Zeus-Monotheismus niederschlägt. Als König der Götter und der Menschen ist er der Beschützer der menschlichen Ordnung schlechthin. *65, 78, 91f., 173, 179, 271, 338*

Zeuxis von Herakleia. Maler Ende des 5., Anfang des 4. Jahrhunderts. Man schätzte besonders seine Technik, die durchdachte Wiedergabe von Licht und Schatten, seine veritas. Begründet die Illusionsmalerei. *231*

Zola, Emile (1840–1902). *189*

Zoroaster. Reformator, der die aus indo-iranischer Zeit überlieferte polytheistische Naturreligion des alten Iran durch eine moralische Religion ersetzte, die als einzigen Gott Ahura Mazdah verehrt. Seine Lehre ist niedergelegt in den 17 Gathas. Geboren spätestens 600 v. Ch. *143, 233f., 245, 407*

SACHREGISTER

Abdera 182f.
Abendländischer Kulturablauf 443f.
Abenteuer des Geistes 406, 439, 444
Ablauf, Ablaufstruktur 9, 391ff., 409–413, 426, 431, 437 bis 440, 443f.; s. auch Dynamik und Entwicklung; A. in den Vorstellungen der ionischen Naturphilosophen 178
Ableitbarkeit geschichtlicher Tatbestände 403, 416, 422
Abschlußarbeiten 368, 374
Abydos 109
Achäer 58–71, 76, 78, 80, 81 bis 83, 88, 107, 108, 126; Achäernation 58f.
Achaia 72, 78, 129, 162, 306ff., 360
Achäischer Bund 306ff., 358f.
Achaimeniden 265ff., 365
Achijawa 64
Achsenzeit 10, 406f.
Ackerbauer-Religion 15, 17f., 23, 41, 50
Ackerbaukulturen: im Orient 14–18, 29, 32–36, 50, 141f., 401; ihre Ausbreitung nach Europa 18–28, 50; im frühen Italien 354, 370
Adel 56, 62ff., 66, 75, 82ff.; bei den Hellenen 56, 83–89, 96, 100f., 126, 378; in Sparta 126; in Athen 129–131, 157; in Thessalien und Theben 147; im Iran 142f; Adelskomment 83–86; Adelsrepublik 100f, 378, 404, 412, 416; Adelsversippungen 129–131; s. auch Ritter, Rittertum
Adriatisches Meer 223, 300
Ägäis 16, 26f., 81
Ägäische Sprachfamilie 16, 19, 24ff., 31f.
Ägina, s. Aigina
Agonales Prinzip 85
Agrarkolonien 109
Agrarkrise, Agrarreformen 118 bis 120
Ägypten 17f., 22, 35f., 44f., 54f., 59f., 63, 70f., 95, 107, 111, 113, 117, 143f., 145, 162, 209, 255ff., 270, 272, 274f., 353, 357, 401
Aigina 45, 162
Aigospotamei 170, 202
Aiolier, Aiolisch 78, 80 82
Aiolis 103
Aitoler, Aitolien 78, 300; Aitolischer Bund 306ff.
Akademie, platonische 233–236, 250, 302, 312, 337, 343.
Akarnanen 306
Akkad 142
Akragas 181, 223
Akropolis 158f.
Alamannen 387
Alaschia 70
Alexander-Roman 319
Alexandreia-Städte in Vorderasien 270, 285
Alexandreia in Ägypten 255, 270, 276f., 280, 285f. 288, 290ff., 300ff., 312–315, 329, 336, 339, 363
Alkmeoniden 130–133, 146, 149, 157, 160f., 167f., 170, 188, 199
Allmacht, göttliche 421f., 438
Alltags-Individualismus, s. Individualismus
Altern, Alterserscheinungen in der Geschichte 222, 348
Amisos 172

Amorgos 258
Ammon-Oase 256, 271
Amphiktyonie 212, 249, 307
Amphipolis 169, 198, 248
Anatolisch-ägäische Kulturgemeinschaft 24ff., 43
Anlaufzeit 42, 73, 85–87, 399f.
Anonyme Schöpferkräfte 71–76, 81–85, 393–399
Anruf, nach Terminologie Rothackers und Toynbees 186, 336, 416, Anm. 25, 94, 99
Antigoniden 278, 283
Antiocheia 277, 280, 283, 286, 288, 291, 309f., 361
Antwort, nach Toynbees Terminologie Anm. 94
Apameia 286, 343
Apameia Kibotos 363
Apulien 63
Arabien, Araber 32, 36, 266, 292, 294, 365ff., 442
Aramäer, Aramäisch 36, 71, 295
Aratos v. Soloi, Stoiker 309, 310, 318
Arbeit und Arbeitsethos 103, 380, 383, 430f., 444
Archaische Stufe 116–140, 159, 409f.
Architektur, griechische 113, 156, 173, 316ff., 320, 412, Anm. 95; römische 374
Areiopag 132, 157f., 161
Argeaden 246ff., 250, 252f., 258, 263, 278
Arginusen 201
Argolis 60, 72, 76f., 88, 139
Argos 77, 82, 96, 107, 129, 162, 205, 208
Arier 36, 38, 45, 53f., 56, 67, 72, 142f., 147
Arkader, Arkadien 66, 78, 80, 92, 96, 210f., 285
Arkado-Aiolier 39
Armenien 38, 53, 107, 295, 361, 366
Arsakiden 365
Artemision, Kap 147, 160
Asia, römische Provinz 360, 367
Asianischer Stil 368
Asien, Königtum von 265, 270
Asine 40
Askalon 336
Aspendos 158
Assos 232, 338
Assyrien, Assyrer 36f., 54, 71, 142, 401; a. Handelskolonien 37, 40, 54, 337
Astronomie 178, 233, 314f.
Atarneus 232
Atheismus im griechischen Geistesleben 181f., 204, 229, 262
Athen 22, 60, 62, 70, 72, 82, 96, 108, 119, 121f., 126, 129 bis 134, 136, 145–153, 154–174, 182, 185, 188ff., 191–205, 207f., 209f., 227f., 233–236, 239–242, 249ff., 253f., 258, 260, 297–301, 303, 313, 316, 330, 332, 338, 343, 345, 415f. siehe auch Attika
Atlantis 235
Atomistik 182
Atreiden 89
Attaliden 278, 280, 283, 296, 311, 358
Attika 60, 72, 78, 80, 82, 108, 120, 130, 136, 154
Attischer Seebund: Erster 126, 139, 150–153; 158, 165, 168–170, 172, 196, 200ff., 412, 415f.; Zweiter 209f., 213
Attizismus 368, 436
Aufbau im Niedergang 230f., 289f., 385f., 413, 422, 440ff.
Aufforderung 416
Aufgeklärter Absolutismus: vor Alexander 231f.; unter Alexander 265–270; im Hellenismus 278–284, 309–312

Aufklärung 91f., 130f., 139, 181–190, 192, 199f., 203, 226, 243, 278, 331, 340
Aufstockung von Kulturideen 238, 318ff., 429
Ausverkauf, geistiger 301ff.
Auswanderung in hellenistischer Zeit 284–288, 325
Autarkie: des Individuums 199–202, 213, 227, 243, 260, 262, 340ff., 434, 436; des Intellektes 182–190; der Kultursparten 226f.
Autonomie: der Polis 208, 213ff.; des Individuums, s. Autarkie und Individualismus
Autorenname 87ff., 404f., s. auch Geistiges Eigentum
Autoritative Kultursysteme im Orient 17f., 99f., 141–144, 272, 401f.

Babylon 16, 36f., 44, 54, 67, 71, 114, 142f., 148, 226, 269f., 277, 279, 282, 361f.
Bakchiaden 96, 130
Bakterien 264, 278, 280, 295, 333, 361, 364
Bandkeramik 23f., 27, 37
Barbaren 83
Barka 63
Barock, antikes 321
Bassai 173
Bauernstand, griechischer 84f., 103f., 120
Beduinen s. Hirtenkrieger u. Nomaden
Befestigungskunst 25
Befreiung von Bindungen, s. Bindungen
Begründung neuer Verhaltenheitskulturen, s. Verhaltenheitskulturen, sekundäre
Beharrungsvermögen kultureller Richtungen 431
Belagerungstechnik 215f., 248f.
Berufsbeamtentum 280, 282f.
Berufssoldaten, s. Söldner
Berytos 336
Bewegungsbilder, minoische 49
Bewußtsein im geschichtlichen Denken 398; vgl. auch Unbewußtes
Bibliotheken 190, 301ff., 310ff.
Bildung, s. Gebildete
Bindungen: im Verhaltenheitszustand 74–86, 90, 94, 109, 155, 397–401; in Sparta 125–129; deren Lockerung und Lösung 74, 97ff., 100, 106f., 109, 114ff., 177–190, 220, 225ff., 330–333, 400–408; absolute Bindungslosigkeit 260ff., 330–333; profane Nützlichkeitsbindungen 184, 191 bis 194, 330–333; Lösung von B. in mykenischer Zeit? 86; B. in Sparta 125–129; B. und deren Lösung im Orient 17, 100, 220; in Makedonien 247f., bei Alexander 262ff., 271; in Rom 371–376
Biologie 444
Bithyner, Bithynien 71, 295, 357f., 359, 367
Boiotien 72, 78, 83, 96, 139, 169, 210ff., 213
Botanik 242, 315
Bourgeoisie 286ff., 326–330, 378, 383
Brauron 40
Britannien 108
Bruttier 22
Bürgerrechtspolitik: Athens 169f., 415f.; Roms 169f., 354f.,
Burgunder 388
Bürokratie: im Hellenismus 351; bei den Ptolemäern 280, 282f.; im römischen Kaiserreich 376
Byzantinisches Reich 388
Byzanz 109, 295, 306

Campanien, s. Kampanien
Capua 354
Carnuntum 19
Chaironeia 251
Chaldisch 32
Chalkidike 40, 109, 196, 198, 209, 222
Chalkis 83f., 96, 106, 109, 139, 169, 297f., 300
Chalkis in Syrien 366
Chattisch 32
Chemie 444
Chersonnesos 130, 139
Chian 45
China 292
Chios 168, 200, 300
Chremonideischer Krieg 303, 306
Christentum 75f., 347, 382–385, 389, 441
Condottieri 198, 209, 220, 226, 282
Cuamae, s. Kyme

Daidalischer Stil 135, 409
Daker 387
Damaskos 368
Dame, höfische, europäische 47, 50f., 58, 329
Danaer 59
Deduktive Methode bei den Griechen 178
Dekeleia 200
Delischer Seebund 151ff., s. auch Attischer Seebund
Delos 151f., 300, 337, 345, 358
Delphi 82, 134f., 160, 212, 251, 278, 306f.
Demokratie, demokratische Tendenzen: in Sparta 128; in Athen im ausgehenden 6. Jh. 129, 132f., 412; im 5. Jh. 149, 155ff., 161–172, 427; in institutioneller Erstarrung 191–194, 196, 202, 205, 216, 218, 226f., 235, 237, 243, 251, 260, 429, 433f; D. und Alexander 255; D. im Hellenismus 300, 307
Determinismus in der Geschichte 413, 416
Diadochen 276ff.
Dialekte, griechische 76–81
Dialog 232, 233ff., 238, 411
Diastole 74, 234 Anm. 94
Dichtung, Griechische 87ff., 101–106, 160, 173f., 225, 231f., 238, 318f., 411
Dimini Anm. 8
Dioskuren 92, 344
Dodona 78
Dor 71
Dorier 39, 41, 59, 72, 74, 76–78, 81f., 83, 85, 90, 92, 106f., 109, 125f., 154, 156, 394
Doris 76f., 80
Dorischer Stil 136f., 154, 173
Drama, griechisches 160, 173f., 225, 231
Dymanen 76ff.
Dynamik in der geschichtlichen Entwicklung 36, 43, 55, 67, 74ff., 82, 94–100, 108, 114, 220, 350, 372ff., 393, 400 bis 437, 439, 443; temperierte D. 17f., 99, 401f.; intensivere D. 17, 97–102, 220, 293, 399f., 401–413, 437, 439, 443; das Ende der D. in einem Entwicklungsablauf 348–351, 368, 434–437; durch Wanderungen hervorgerufene D. 398f.

Edessa 287
Egoismus 186, 192, 203, 372, 435; s. auch Egozentrik
Egozentrik 186, 243, 330ff., 340, 342, 372, 435
Eigensucht, s. Egoismus, Egozentrik
Einmaliges in der Geschichte 391, 424
Ekbatana 361

Elam 32
Elea 180, 222
Eleusis 92, 172f., 176, 344f., 441
El Obaid 16
Emesa 366
Ende: des kretisch-mykenischen Ablaufes 46, 52f., 66–73; des griechischen Ablaufes 348 bis 353, 368f., 376, 434ff., 436–439; des römischen Ablaufes 376, 436–439; vgl. auch 378–381, 434ff.
Endpaläolithikum 13
Entwicklung, s. Dynamik in der geschichtlichen Entwicklung; sprunghafte E. 189f., 272f., 275f., E.-Abläufe der Griechen 59, 73–76; E.-Kurven 16, 75; E.-Phasen 409–413; E.-Parallelismus Antike-Abendland 442–444
Entwicklungsrichtung 90, 428 bis 432
Entwurzelung 216f.
Epeiros 78, 111, 212, 222, 263, 277f., 281, 358
Ephesos 78, 179
Ephyräische Vasengattung 68
Epigonen 278
Epik 87ff., 91f., 101–104, 176, 231, 238, 411
Epikureer 329–333, 338, 344, 350, 360, 375, 379ff., 381, 434, 436.
Erbveranlagungen 415ff.
Erdgöttin 41
Eretria 83f., 139, 146
Erklären im Geschichtsdenken Anm. 103
Erlosung der Beamten zu Athen 149, 166
Erziehung: bei den Sophisten 184; bei den Rhetoren 238ff.
Eteokreter 107
Etrusker 32, 69, 111, 136, 148, 159, 223, 371
Euboia 80, 96, 106, 162, 168, 212
Europa, europäisch 47, 52
Europäismus 377, 443
Eurymedon 158
Expansion: der mykenischen Gesittung 60–64; der hellenischen Kultur und Civilisation 108–111, 220ff., 274–334, 443; des Abendlandes 443
Experiment, experimentelle Naturwissenschaften 178, 315, 444.

Fachwissenschaften bei den Hellenen 240ff., 314f.
Fajum 288
Fellachen im Orient 14, 17f., 141ff., 144, 291f., 311, 330, 332, 335, 401
Fertigwerden einer Idee durch Realisierung 191–194, 426ff., 428–433
fertile crescent 35
Filiation d. Geistigen, siehe Fortzeugung
Finanzkraft und Finanzierung von Flotten und Kriegen 151ff., 200ff., 207f., 210, 214ff., 220, 254f., 291ff.
Finno-Ugrier 32
Flächenstaaten 17f., 137, 141f.
Folge (statt Wirkung) 420
food gatherer 13ff., 17, 19
food producer 14ff., 18f., 29, 33f.
Fortschritt im geschichtlichen Dasein 440
Fortschrittsglaube des Perikles 188
Fortzeugung des geistigen Lebens 400, 428, 442
Freies Ermessen 418f.
Freigeistigkeit 77, 91f., 168, 171, 203

Freiheit: im Verlauf der Entwicklung gewonnen 74, 440; F. des Schöpfers 9, 205, 405f., 417f.; F. des Willens 9, 418, 422f.; F. des Entschlusses 418; F. der Phantasie 417f.; F. der Kultursparten, vgl. Liberalistischer Interessenseparatismus; F. von der staatlichen Kontrolle 205, 225, 229ff.; F. der Polis 208, 218, 298, 356; Umsichgreifen der Idee der F. im Orient 220; Abbau der F. 289f., 441.
Freimütigkeit, indo-europäische 114
Frühe Bronzezeit 24–28, 38f., 43
Frühhelladikum 26, 38ff.
Frühlingsgott 23, 28, 50, 92
Frühminoikum 25f., 43ff.
Frühstadien der Entwicklung, s. Verhaltenheitsstadium
Fruchtbarkeitsgöttin 15, 23, 27f., 41, 50, 91f.

Gadara 336f.
Gades 108, 336
Galater, s. Kelten
Gandara 333
Gartenbau 14, 17, 34f.
Gaugamela 256
Gaza 282
Gebildete 158, 187ff., 190, 226, 239f., 261
Geborgenheit 230, 289f., 441, Anm. 113
Gedrosien 269, 274
Geist 438f.; ruhender 439; lebendiger 439
Geistige Fortpflanzung, s. Fortzeugung
Geistiges Eigentum 69, 87–91, 97ff., 101f., 404f., 409, 443
Gela 223
Generationswechsel 161, 191f., 194, 419
Generelles in der Geschichte 12, 424f.; in der ionischen Naturphilosophie 178
Genie, s. Ingenium
Genre-Kunst 28, 49, 136
Geometrie 180, 233
„Geometrische“ Periode 40, 42, 55, 74ff., 82, 106, 395–400, 443
„Geometrischer“ Stil 82, 89ff., 108, 112, 154
Gerichtetheit, s. Entwicklungsrichtung
Germanen 34f., 42, 66, 70, 85, 371, 385f., 387, 394ff., 442
Geschichte: ihr Wesen 9–12, 424ff.; ihr Verhältnis zu den Naturwissenschaften 423–426
Geschichtsschreibung 9, 240f., 368
Gesellschaftskultur, europäische 51f.
Gesetze: G. und Gesetzlichkeiten in der Geschichte 424ff.; G. in der ionischen Naturphilosophie 178, 182
Gesetzgeber 121f.
Gla 70
Gläubigkeit, religiöse: in Anfangszeiten 73–76, 85, 91ff., 394f.; Wiedergewinnung der G. in den Spätstufen der Antike 344 bis 347, 369, 381–386, 412, 441
Gleichgewicht, vorderasiatisches 54
Glockenbecher-Kultur 71
Gnosis 347, 369, 381, 383, 412, 441
Goten 387f.
Gott der Philosophen, Suche nach neuer Gottesidee 177–182, 233–236, 242, 338–344
Gottkönigtum: Alexanders 270ff.; im Hellenismus 283
Grabreliefs, attische 174
Gracchen 373

Graeculus 240
Granikos 255
Griechen 39–42, 55–450
Griechische Geschichte, ihre Sonderart 8–12, 94–100, 401 bis 409
Großgriechenland 110
Gurnia 45

Hacilar 19
Hackbau, primitiver 14, 29, 32, 35
Hades 91
Haliartos 202
Halikarnassos 80, 232
Hamiten 36
Hatra 366
Hatschepsut 45
Hattusas 70
Hebron 366
Hedonismus 262, 331f., 340
Hegemonie 164, 213f., 224, 305, 412
Hegemonieloser Bund 306ff., 412
Heiloten 126, 165, 303
Helladikum, Helladische Perioden 26, 39–42, 55
Hellenen 59, 81–444, 447–450
„Hellenen" als Klasse 286–288, 327, 334f.
Hellenen-Nation 81ff.
Hellenisierung, Selbsthellenisierung 108–114, 220ff., 266–270, 295, 326, 333ff., 335ff.
Hellenismus 275–389; zum Ausdruck 275, 323–326; Welthellenismus neben Weltromanismus und Europäismus 375f., 388, 443
Hellespont 147, 201f., 280
Herakleia am Pontos 295, 306
Herakliden 250
Heterogonie der Zwecke Anm. 89
Hethiter 34, 36f., 54, 67, 69, 71, 142
Hierarchische Kultursysteme im Orient 15–18, 141f., 340f., 401f., 404
Himera 148, 223
Hippoboten 96f., 106
Hipponion 222
Hirtenkrieger: im Orient (Beduinen) 14f., 18, 29ff., 34–37, 365; in Europa 29ff.; bei den Indo-Europäern 31–34, 34–37, 295f., 364ff., 403; in Italien 354, 370
Hispanien 110, 375
Historischer Sinn 392
Historismus 312ff., 369
Hochdynamisierung, s. Dynamik
Hochklassik, s. Klassik
Hochkulturen, dynamische 43, 47, 73, 95, 99f., 393, 400–408; vgl. auch Dynamik
Hochkurven, s. Kurven
Hochrealismus, s. Realismus
Höfische Kulturen 43ff., 47, 55f., 66, 283, 404f.
homo mensura 183f.
Hoplitenpolis 133f., 157f., 161
Humanität, Humanitätsidee 167, 186, 229, 239, 341, 389, 431, 436
Hunnen 365, 387f.
Hurriter 38, 53f.
Hybride Spielformen 321, 410, 429
Hyksos 45, 56
Hylleer 76f.
Hypertrophie kultureller Einzelsparten 214ff., 218, 226f., 406; Anm. 112

Iapyger 221
Iberer 223
Ida 346
Ideen: ihr Eigenleben in der Geschichte 426–428; Anm. 108; ihre Aus- und Erschöpfung 427, 429; ihr Nachleben 428

Ideographisches in der Geschichte 391, 424
Idumäer 366
Ilias 101f.
Ilion, s. Troja
Illyrier 34, 36, 66, 70, 72, 78, 85, 87, 94, 253, 300, 371, 375, 395ff.
Imperialismus, Beginn des 137ff.
Inder, Indien 14, 34, 36, 178, 257, 265, 268ff., 274, 277, 292, 294f., 333
Individualisierung der griechischen Staatenwelt 106f.
Individualismus: I. in mykenischer Zeit 68, 73; seine Reduktion in der geometrischen Ära 86, 99, 106; im Archaischen Stil 135; in Sparta 127ff.; I. im Orient 145, 220, 401f.; I. beim schöpferischen Ingenium 97–106, 145, 150, 185, 193, 230, 323, 371ff., 388, 404ff., 413, 434; beim Alltagsindividuum 185f., 193f., 215, 220, 226f., 230, 260ff., 323, 326, 330, 371ff., 388, 406, 413, 434
Individuelles und Nur-Individuelles in der Geschichte 391, 424
Individuum, s. Individualismus
Indo-Europäer, indo-europäisch: 29–37, 399ff.; i. Wanderungen und Zuwanderungen 29–37ff., 50f., 53f., 56, 58, 70ff., 370, 399ff.; i. Verhaltenheitsstadium 76; i. Vereinsgdanke (personales Prinzip) 33f., 56, 84, 124, 127, 139, 144, 164, 335f., 341, 371, 403; Stigmatisierung durch frühes Hirtenkriegertum 33f.; 335f.; Freigeistigkeit und Freimütigkeit 33, 91f., 114, 175, 271; vaterrechtliche Züge 33, 50; Gliederung des Staatlichen 246f.; Verwandtschaft der i. Ursprache mit dem Ägäischen? 16; ähnliche Stigmatisierung auch bei den Westsemiten 335f., 339
Indogermanen, s. Indo-Europäer
Indos 266, 270
Ingenium: seine Entdeckung bei den Griechen 97ff., 114; in der Levante 220f.; bei den Römern 371f.; in der Renaissance 443; I. und Polis 150f.
Inspiration: Intuition
Institutionelle Erstarrung 192, 194, 202f., 216, 378ff.; vgl. auch Kosmos
Integrierung, sprachliche 31f.
Intellektualismus 181–190, 202–205, 330–333, 335–344
Interessenseparatismus, s. Liberalistischer I.
Intuition 88, 97–100, 101f., 176, 401–405, 417f., 422
Iolkos 58, 60, 62, 89
Ionien, Ionier 39, 77, 78–82, 88f., 91, 107, 109, 126, 145f., 148, 151, 154f., 156, 169, 177ff., 200ff., 206ff., 221
Ionische Inseln 72
Ionischer Aufstand 176
Ionischer Stil 173, 412
Ipsen 189
Ipsos 276
Iran, Iranier 36, 38, 72, 85, 142f., 233, 267, 272; im Hellenismus 277, 279, 295f., 333, 365, 367; in Ostkleinasien 295; im Alexanderreich 264, 267ff., 272
Irrationales: im Gegensatz zum Rationalen 323ff., 344–347, 381f., 389; bei Mannheim Anm. 104; bei Rothacker Anm. 104
Issos 255

Italien, Italiker 36, 109, 221, 284, 354, 370
Ithaka 96
Ithome 211
Ituräer 366

Jericho 15
Jerusalem 362–364
Juden 71, 336, 360, 362–364, 384, 401
Jungfräuliche Göttinnen 41

Kairos 186
Kalchedon 109
Kalokagathia 187
Kamarina 223
Kampanien, Kampaner 63, 109f., 111, 222, 372
Kanonisierung von Kulturleistungen 402, 408
Kapitalistisches Denken 117, 119, 373
Kappadokien 295, 357
Kargräume 34–37, 364ff., 387
Karien, Karer 169, 263, 268, 279
Karkemisch 70
Karthago, Karthager 108, 110, 143, 148, 199, 223f., 266, 281, 296, 336, 355, 371
Kaspisches Meer 266
Kassandreia 278
Kassiten 8, 54
Katastrophen, s. Wanderungen
Kaukasien 38, 53
Kaukasische Sprachen 16, 32
Kausalität: ihre verschiedenen Arten 413, 417, 419–426, 433, 438; Anm. 100–103; K. in der ionischen Naturphilosophie 178–182
Kavalier, europäischer 47; höfischer 50f.
Keftiu 44
Kelten 34f., 42, 66, 70, 111, 223, 371, 375, 387, 395; K. (Galater) in Griechenland und
Kleinasien 277f., 280, 282, 284, 296, 307, 311, 357, 359
Kerameikos 72, 394
Kerkyra 195
Kilikien 16, 24, 71, 108, 112, 220, 255, 280, 335f., 361, 366
Kimmerier 109, 141
Kition 108, 336, 338
Klassik, klassische Stufe 155f., 236, 374, 410f., 416; Hochklassik 156, 172ff., 410, 416
Klassische Philologie 213f.
Klazomenai 181
Klima-Veränderung 155
Knidos 76, 80, 208, 241
Knossos 26, 45ff., 55, 60ff., 66, 114
Kollektivphänomene 73–76, 393–399
Kolonisation 108–111
Kolonistenmentalität 284, 286ff., 324
Kolophon 63, 66, 180
Königsfeuer, iranisches 272, 207–209; Mathematiker
Korinth, Korinthia 72, 77, 82, 83, 96, 107, 109, 119f., 122, 130, 137, 147, 160, 162, 195, 200, 205, 207, 254, 297, 298f.
Korinthischer Bund 251–257
Korinthischer Krieg 208f.
Korinthischer Stil 320, 412
Koroneia 208
Korsika 110
Kos 63, 76, 80, 241, 300, 302
Kosmopolis, Kosmipolitismus 260, 325, 338, 348, 357
Kosmos v. Sparta 125–129, 144, 158, 202, 206f., 227, 231, 235, 412
Kreta 21, 22f., 25, 40, 43–53, 55f., 59f., 71, 76f., 96, 107f., 112, 114, 147, 280, 299, 403
„Kreter“ 335
Kreti und Pleti 71

Krim 306
Kroton 109, 180, 241
Kulturdynamik, s. Dynamik
Kulturentwicklung, s. Entwicklung
Kulturtriften: 19ff., Vorderasiatische 19ff., 23, 29, 34, 370; Nordafrikanische 19ff., 370
Kunaxa 206
Kurupedion 277
Kykladen 24, 26f., 40, 43, 78, 80, 108, 146, 280, 299, 358
Kymne 109, 222
Kyniker 231, 260ff., 325, 330, 337f., 341ff., 381
Kynoskephalai 356
Kypros 24, 60, 63, 66, 71, 107f., 110, 112, 145, 162, 207, 209, 231, 268, 279f., 336
Kypseliden 119–122, 124, 130, 137
Kyrene 63, 145, 262, 276, 363
Kyzikos 109

Lade 146
Lakedaimon, Lakedaimonier, Lakonien 60, 62, 76f., 96, 125ff., 303; s. auch Sparta
Lampsakos 109, 330
Laodikeia 286
Laos 222
Latein 375
La Tène 111
Latiner 370
Laurion 149f.
Lebensgefühl 332, 434
Lebenskunst, Lebensphilosophie 26off., 330–333, 338–344, 434
Lehenswesen bei den Iraniern 142f., 144f., 146, 219f., 255
Lelantische Fehde 89, 139
Lerna 26
Lesbos 78, 80, 121, 130, 168, 280
Leuktra 210f.
Levante 220f., 335ff., 338f., 361f., 368
Liberalismus, Liberalisierung 402; s. auch Freiheit
Liberalistischer Interessenseparatismus 18, 226f., 405f., 434f., 443
Libyen, Libyer 21, 66
Liebe, Menschenliebe, im Christentum 383
Lindos 320
Linearschrift A (kretische) 46, 48
Linearschrift B (mykenische) 46, 58, 60, 62, 65f., 72, 78, 111
Liparische Inseln 45, 63
List der Kultur Anm. 89
Logik: als Fachdisziplin 414; im geschichtlichen Leben 12, 69, 90, 259, 394, 413–418, 422, 429
Logische Abfolge der Entwicklungsphasen 409–413
Loi du balancement Anm. 112
Lokris, Lokrer 196
Lösung von Bindungen, s. Bindungen
Lukaner 222f.
Luvier 37
Lydien, Lyder 141, 143f., 145, 221, 363
Lykien, Lyker 162, 255, 280
Lyrik, griechische 104ff., 135, 160, 178, 405, 408, 411, 427
Lysimacheia 277

Machtpersönlichkeit 185, 199 bis 202, 211f., 214, 220, 226, 239, 247ff., 281–284, 325, 353
Machtvergiftung 118, 119f., 219, 358, 360f., 371f., 430
Macedonia, römische Provinz 359
Magnesia 357
Makedonien, Makedonen 34, 36, 37ff., 40, 42, 67, 86f., 94, 100, 107, 111, 139, 145,

147f., 212, 222, 231ff., 241f., 245–258, 267f., 277f., 281 bis 284, 296, 298, 300, 303, 306, 308, 313, 356–359, 371, 395ff., 404
„Makedonen“ als Standesgruppe 276, 327, 334f.
Makkabäer 362ff.
Malerei, griechische 116, 322, 410
Mallia 45ff.
Malta 63, 108
Malthi 40
Manetho 377
Mantineia 209
Marathon 146, 148
Mariannu 53
Markomannen 387
Maschine 431
Massalia 109
Materialismus 402
Mathematik, griechische 180, 233, 314–318
Matriarchat s. Mutterrecht
Mattbemalte Keramik 4o
Maussoleion 232, 237
Mäzene der Kunst 131, 141, 171–174, 231ff., 279
Mechanik bei den Griechen 215f.
Mechanisierung des Daseins 431
Meder, Medien 34, 143, 365
Medien, atropatenisches 295
Mediterranes, Menschentum 14, 19,27f., 43, 47, 58; seine Renaissance im Hellenismus 346
Medizin, griechische 241, 315
Meerluft macht frei 23, 47, 96, 114, 221, 336, 401
Megalith-Kultur 21
Megara 96, 107, 109, 119, 122, 195
Megaron-Bauten 25, 40, 62ff., 75, 137
Mehrdimensionalität konkreter Wirklichkeitszusammenhänge 238, 433
Mehrfache Bewirkung (Einordnung, Verursachung) 433
Meinung, s. öffentliche Meinung
Melos 22, 40, 44f., 63
Menschheitsidee 260; s. auch Humanität und Kosmopolitismus
Menschlichkeit 52, 432, 434; s. auch Humanität
Merkantilismus 117
Merneptah 66
Mesolithikum 13
Mesopotamien 18, 35f., 37, 44,53, 71, 364f.
Messana 109f.
Messapier 222
Messenien, Messenier 76f., 126f., 161f., 196, 210
Messenische Kriege 133, 161f.
Metallurgie, Metallhandel 24, 27, 40, 71
Methone 248
Metoiken 217, 253, 257, 285ff.
Mikrokosmos des Alltags 328
Milet 45, 60, 63f., 66, 78, 108f., 119, 141, 146, 169, 177ff., 200, 229
Militärmonarchie 222f.
Minoische Kultur, Minoikum 4o, 42, 43–53, 55f., 73, 393f., 4o2f., 410; Wiederaufleben des Minoischen im Hellenismus 328f.
Minothauros 89

Mäzene der Kunst 131, 141, 171–174, 231ff., 279

Mediterranes, Menschentum 14, 19, 27f., 43, 47, 58; seine Renaissance im Hellenismus 346
Minysche Keramik 40
Mischverfassung 157f., 216, 412
Mitanni 36, 59
Mithres 337
Mittelalter 75, 386, 443

Mittelhelladische Kultur, Mittelhelladikum 39–42, 44, 55, 58f., 66, 90, 114
Mittlere Bronzezeit 39–42
Modellfälle des geschichtlichen Ablaufs 10
Modernistenverfolgung 202-205
Mongolen 364
Münzgeld 117
Musik bei den Griechen 171, 180, 233
Müssen 418, 426
Mutterrecht u. dlg. 15, 50, 114, 346, 362
Mykale 148
Mykenai 40, 45f., 54, 55–70, 72, 89
Mykenische Kultur 45f., 55–72, 393f.; als Satellitenkultur 66–69
Myser, Mysien 71; „Myser" 335
Mysterienkulte 92, 344–347

Nabatäer 366
Nachleben von Ideen 428
Naive, das, und seine Rolle beim geschichtlichen Wiederaufbau 74f., 77, 394f.
Nationalidee bei den Griechen, nationale Regeneration 212, 239, 243–260, 275; bei Philipp 247ff.; Rückkehr zum Nationalgedanken im Hellenismus 275f., 279, 286f.
Nationalkrieg gegen die Perser 212, 244f., 249, 253–256
Nationsbildung bei den Griechen 58f., 80, 81ff.
Naturalismus 155f., 189f., 237, 259, 321f., 410f., 417, 429
Naturphilosophie 116, 139, 177ff.
Naturwissenschaften: bei den Griechen 177ff., 181f., 233, 241f., 314f., 331, 338–343; N. und Geschichte (bzw. Geisteswissenschaften) 423–426
Naturwissenschaftliches Denken 177ff., 181ff.
Naukratis 109f., 257
Naupaktos 355
Naxos 108f., 139
Neapolis 222, 354
Nemea 160
Nesioten, Bund der 280
Neuplatonismus 344, 382, 412
Neureiche 117
Neuwerden in der Geschichte 73ff., 393–396
Nicht=Wollen in der Geschichte 430
Niedergangserscheinungen in der Geschichte 36, 46, 52, 64, 348–353, 368f., 378–381, 385–388
Nil 112, 182
Nomaden, Nomadisieren 29, 33, 35; s. auch Hirtenkrieger
Nomothetisches in der Geschichte 424
Nordafrika 17, 22, 72
Nord= und Seevölker 69–72
Nordwestgriechen 39, 41, 59, 74, 76, 78, 80, 82f., 90, 96, 109, 147, 306, 384
Normannen 36, 71
Normierung von Kulturleistungen 4o2, 408

Odyssee 96, 101f.
Öffentliche Meinung: 414; in Verhaltenheitsstadien 398f.; bei den Griechen 84, 86, 131f., 150, 165f., 177, 189, 193f., 227ff., 326, 398f., 405; bei den Indo=Europäern 30, 33, 132; in Rom 370
Oikumene 265
Ökonomie im Geschichtlichen 75, 386, 438

Oligarchen, Oligarchie: 128f., 156f., 170, 194, 207, 216, 218, 226, 243, 251, 298, 307; O. und Sparta 125–129, 207, 216, 412; in Athen 131, 133, 156f., 168, 170, 201f., 204, 298; O. und Persien 152, 254
Olympia 82, 160, 173
Olympische Götter 91f.
Olynthos 209, 248, 250
Oral poetry 87ff., 101f., 398, 404, 411
Orchomenos 60, 62
Ordnung, Ordnungsgedanke in der Geschichte 10, 11, 426, 437 437–440
Orient, seine hierarchischen Ackerbaukulturen 14–18, 99, 141f., 401f.
Orontes 112
Orphik 176, 180
Ortsfestigkeit, s. Territorium
Ortswechselnder Hackbau 14, 29, 32, 35
Ostrakismos 129, 150, 161, 166

Paestum 222
Paläkastro 45
Palästina 36, 54, 71, 162, 276, 335
Palastkulturen 43–53, 55, 114, 283
Pamphyler 76f.
Pamphylien 255
Paphlagonien 295
Parallelismus, partieller 10f., .442–444
Paros 105, 108, 150, 300
Parthenon 156, 172f., 316
Parther, Partherreich, Parthien 295f., 361, 364ff., 385, 387
Partikularismus in Griechenland 95f., 122–125, 208ff., 217f., 225, 258f., 297ff., 306ff.
patrios politeia 216
„Pattern" Anm. 84
Peiraieus 150, 172, 303
Peisistratiden 119f., 122, 129ff., 146, 171
Pella 287
Peloponnesischer Bund 129, 150, 152f., 158, 169, 195ff., 206, 209f., 213, 412
Peloponnesischer Krieg 195–202, 203, 216
Peltasten 215
Peneios 13
Pergamon 278, 280, 301, 317, 321, 356–359
Perinthos 248
Perioiken 125f., 169, 303
Peripatos 241f., 245, 254, 257, 302, 312f., 315, 337, 343
Persepolis 256
Perser, Persien, Persis, Perserreich 34, 67, 143–153, 161–163, 180, 200ff., 206–210; Niedergang 219f., 250f., 253–256, 264; im Alexanderreich 264–272; im Hellenismus 295f.; Neuperser 385f.
„Perser" als Bevölkerungsklasse 334
Perserkriege 145–153, 161–164; neuerliche P. 200ff., s. auch Nationalkrieg gegen die Perser
Persischer Meerbusen 270
Personales Prinzip: bei Hirtenkriegern 29ff.; in der indoeuropäischen Urzeit 33, 56, 84, 124; bei den Griechen 56, 84, 121, 124; bei den Beduinen des Orients 29–33; bei den Juden 363; s. auch Verein etc.
Petra 292, 366
Phaistos 45ff.
Phalanx 126, 133, 144, 210f., 214
Phantasie 90, 349f., 394, 404, 416f., 420, 427–432, 435
Pherai 211f.

Philaiden 130f., 146, 157f., 161
Philhellenismus: bei den Lydern 141, 221; in der Levante 110f., 220f.; im Küstenbereich des Mittelmeeres 111, 221f.; bei den Makedonen 222, 231f., 246–249; in Pergamon 279, 298; bei den Parthern 365
Philister 36, 70ff., 108
Philosophie, griechische: Naturphilosophen 177ff.; Philosophen mit priesterlichem Anspruch 179ff.; Eleaten 180f.; Aufklärung und Atomistik 181f., 188, 190, 330f., 338; Sophisten 182–189, 260, 330f.; Sokrates 227ff.; Idealphilosophie 233–236, 241f., 337; Kyniker 260ff., 330, 338; Hellenistische Lebensphilosophien 330–333, 337–344, 367f., 379ff.
Phoiniker, Phoinikien 71, 107f., 110ff., 144, 207, 220f., 255, 269, 273, 335ff., 338, 357, 361, 401
Phoker, Phokis 78, 196, 210, 212, 249
Phryger, Phrygien 70ff., 111, 136, 141, 363
Phylen: dorische 77, 127; ionische 129, 132; kleisthenische 129, 132
Physik bei den Griechen 241, 315
Plastik, ägäische 21f., 27f.; minoische 48ff.; griechische 107, 113, 116f., 126, 135ff., 159f., 172f., 321f., 409f.
Plataiai 148
Polis, Politeia 97, 119, 121–125, 126, 133–135, 137, 144, 154, 158, 186, 229; Niedergang der P. 191–194; 214–218, 222, 227ff., 249ff; Ablösung von der P. 183–186, 217f., 261f., 331f.
Politik, politisches Denken 242, 412
Pontos, Pontus 117, 295, 357, 366
Poseidonia 222
Poteidaia 195, 248f.
Praxiteles 237
Primitivierung des Kulturzustandes durch Katastrophen 69–82, 394ff.
Privates Schöpfertum 115, 402, 404f., 407
Proletariat: äußeres 441; inneres 442
Proskynese 257, 271
Prostasie von Griechenland 129, 158, 171, 195
Protogeometrische Periode 82, 90; p. Stil 108, 112, 154
Pseira 45
Ptolemäer 278, 280ff., 290–294, 301ff., 306, 310ff., 352, 360, 362
Punische Kriege 355, 373; s. auch Karthago
Puteoli 337, 345
Pydna 358
Pylos 45, 58, 60, 62f., 65, 70, 72, 89
Pyxos 222

Quaden 387

Raphia 353
Ratio, Rationalismus 73f., 187, 323f., 344ff., 351, 381, 385, 395; Anm. 104
Realismus 155f., 173, 189, 235, 236ff., 259, 321, 410f.; Hochrealismus 235f., 411
Reformatoren 119, 121f., 125
Regeneration 73–76, 82, 396; nationale R. 243–258; R. und Christentum 441
Regenerationsidee: bei Platon 234f., 244; bei Xenophon und anderen Denkern 235, 244f.

Reiten 118, 133, 142f., 144
Religion der Griechen 42, 65, 86, 91–93, 116, 122, 344; ihre Fragwürdigkeit und Infrageziehung 175ff., 177ff., 179ff., 182ff.
Religionsfrevel in Athen 199, 204f.
Renaissancen: in der Antike 322, 368, 436; R. im Abendland 69, 76, 155, 443
Repräsentativer Staat 120, 124, 171–174
Republikanische Staatsform 99ff.
Revolutionäre Geisteshaltung 99ff., 175f., 335f.; vgl. auch Freigeistigkeit
Rhetorik, griechische 185–189, 225f., 232, 238f., 244, 297, 374, 411
Rhodos 45, 60, 63, 72, 76, 80, 112, 281, 299f., 302, 306, 345, 356ff., 358
Richtung, s. Entwicklungsrichtung
Ritter, Rittertum: im Alten Orient 53f.; in Mykenai 56ff., 60, 62, 64, 66, 68, 71, 75, 88; in hellenischer Zeit 75, 83–85, 88, 106; bei den Iraniern 142f., 145, 296, 365; in der Spätantike 386
Rokoko, antikes 321, 410
Rom, Römer 34, 36, 67, 73, 97, 111, 153f., 169f., 273, 281, 296, 298, 326, 336, 343, 345, 354–362, 364, 366–388, 415, 436
Romanismus, Weltromanismus 375f.
Rössener-Kultur 37
Routine 25, 74, 282f., 324, 328, 351, 376, 385f., 389, 394f., 436, 441
„Rückzug" im Sinne der Terminologie Toynbees Anm. 94
Sabeller 370
Sachlichkeit 52, 430f., 434f.
Salamis 147f.
Samniter 222
Samos, Samier 63, 78, 119, 139, 168ff., 180, 258, 280, 330
Samothrake 344
Sänger, fahrende 83, 87ff., 396
Sardeis 141
Sardinien 108, 110
Sarmaten 387
Sassaniden 387
Satellitenkulturen 66–69, 73, 143, 262, 372ff.
Schablone, Leben nach der 326ff., 377
Schachtgräber der Mykenai 55, 62
Schattenwirkung 101f., 407–413, 428, 435, 439, 441f.
Schicksal, in der Geschichte 423
Schiedsrichter 119, 121f.
Schlichtheit, kulturelle, s. Primitivierung
Schnellreife 67f., 374
Schnurkeramiker 37f.
Schönheit, ihre Entdeckung durch die Griechen 159
Schöpfer, s. Ingenium
Schrift, griechische 111; s. auch Linearschrift A und B
Schüler gegen den Lehrer 24, 143, 221f., 248f., 443
Schutz des geistigen Eigentums, s. Geistiges Eigentum
Scipionen 372
Seehandel: kykladischer 27; minoischer 44ff., mykenischer 60–64: hellenischer 108 bis 111: hellenistischer 292, 294, 336f.
Segasta 223
Selbsthellenisierung, s. Hellenisierung
Seleukeia 286
Seleukeia am Mittelmeer 280

Seleukeia am Tigris 277
Seleukiden 278, 281–286, 292, 295f., 352, 356ff., 363–367
Selinus 223
Sellasia 306
Semiten 32f., 35f., 50,54,71; in Alexanders Weltreich 269, 272; im Hellenismus 277, 288; im Römischen Reich 375; Westsemiten 335ff., 339, 362
Sesklo, Sesklo-Kultur 19ff., 23
Severer 375
Sidon 71, 108, 336f.
Sigeion 109, 137
Sikyon 96, 107, 302
Sinngebung in der Geschichte 426, 439
Sinope 172, 295
Situation, geschichtliche 416
Sizilien 63, 107f., 109f., 148, 199ff., 223f., 231, 235, 241, 281, 296, 355
Sizilische Expedition 177, 199ff.
Skythen, Skythien 35, 85, 111, 141, 284
Skythenfeldzug des Dareios 143, 145
Sklaven 34, 66, 85, 394, 442
Söldner 211f., 215, 220, 222f., 254ff., 284f., 295
Soloi 336ff., 339, 343
Sophistik 133, 182–190, 192, 216f., 220, 226, 228, 237ff., 241, 243, 260, 324, 330f., 338, 344, 372, 427, 433; zweite S. 322, 368
Spanien, s. Hispanien
Sparta, Spartiaten 34, 77, 96, 106, 125–129, 131ff., 134, 137, 145–152, 154, 157, 161–165, 171f., 195–214, 222, 231, 235, 244, 256, 258, 300, 303, 306ff., 341, 362
Spakreria 196
Spiel, edles 397
Spitzenleistungen, einsame 87, 95, 99–102, 114, 393, 402, 404, 407–413, 435, 437, 439, 443
Spontaneität, Spontanphänomene 12, 115, 178, 182, 395, 399, 403, 412, 416–426, 429, 438, 442; Anm. 98, 104
Sprunghafte Entwicklung 189f., 237, 272f., 275f.
Staatliches als Zentralwert, s. Zentralwert
Staatsdenken bei den Griechen 191–194, 216ff., 234f., 242, 244, 340f., 429
Staatsutopien 234f., 244 , 340f.
Stadium der höchsten Kraft 388
Städtische Siedlungsweise, siehe Urbanität
Stageira 248f.
Standardtypen, bürgerliche 228, 325ff.
Standortverhaftung 85f., 397, 413
Statik in der Geschichte 40, 74 ff., 85f., 90, 97, 397f., 439; späte Statik 384, 436, 439
Stichband-Keramik 37
Stigmatisierung durch frühe Wirtschaftsformen 14–18, 29ff., 33, 336, 403; Anm. 11
Stimulanselemente in Verhaltenheitskulturen 95ff., 398, 400
Stoa, Stoiker 262, 312, 315, 337–344, 350, 375, 379ff., 381, 434, 436
Stoa Poikile 158
Streitaxt-Leute 37ff.
Streitwagen 38, 40f., 53f., 59f., 63, 66, 71, 75, 83, 85, 118, 133
Strenger Stil 155f., 158–161, 176, 410ff.
Strukturähnlichkeiten in verschiedenen Entwicklungsabläufen 392

Stufenbau der Weltgeschichte 10, 440
Subjekt-Objektspaltung 395
Submykenische Zeit 72–76, 78, 90
Subversion 325f., 337, 375, 384f.
Sudan 143
Sumerer 16, 32, 36, 142, 410
Susa: Hochzeit von S. 268
Sybaris 109, 222
Syrakus 109, 148, 199f., 222ff, 302
Syrien 35, 44, 54, 60, 70f., 107, 112, 162, 273, 280, 292, 335f., 357, 365–367
Syrische Göttin 362
Systole 74, 234, 394; Anm. 94

Tanagra 168
Tarent 221, 222, 372
Tarsos 336ff.
Technik 316ff., 324, 351, 395, 436
Tell Halaf (-Zeit) 16f.
Tepe Gaura 16
Terina 222
Terminierung geschichtlicher Entwicklungen 439
Territorium, Terrritoriale Verhaftung 14, 17, 29, 33
Thalassokratie, minoische 44f.
Thasos 105
Theben 60, 62f., 66, 89, 114, 147f., 205, 207–213, 251, 253f.
Thera 40, 44f.
Thermopylen 147
Thessalien 22, 24, 58, 76, 78, 83, 96, 118, 134, 139, 147,210ff., 246, 249, 278, 307
Theten 161, 167
Thraker, Thrakien 34, 36, 42, 66, 85, 87, 94, 105, 109f., 110, 130, 139, 145, 147, 152, 169, 182, 196, 198, 201, 245, 248, 277, 280, 296, 371, 395ff.
Thurioi 171, 188, 222
Tigris 266, 270
Timokratisches Prinzip 118, 131, 412
Tiryns 26, 40, 60, 62, 70, 72
Tocharer 364
Töpferscheibe 25
Traeis 222
Tragödie, griechische 156, 158, 160f., 173f., 411
Transkaukasien 38, 53
Treren 109, 141
Troja 25, 37f., 40, 64, 66, 255
Tyche 344
Typus, Typisches in der Geschichte 391f., 425f.
Tyrannen, Tyrannis 116, 118-121, 125, 129f., 298, 300, 412, 416; Anm. 55, 57; T. in Sizilien 148, 222ff.
Tyros 71, 108, 255, 336
Tyrsener 108, 110

Überdruß 87, 231, 379, 397–402, 407–413, 428, 436
Ugarit 63, 70
Unableitbarkeit geschichtlicher Phänomene 396; s. auch Spontanes
Unberechenbarkeit des Geschichtlichen 11, 416–423
Unbewußte, das, in der Geschichte 94, 234, 386, 395f., 442
Universalismus Alexanders 260–273
Universalrezepte für das Geschichtliche 10, 392, 406f.
Universalschemata des geschichtlichen Ablaufes 11, 393, 443
Universelle Verhaltenheitszustände 397ff.
Universelle Wiederholbarkeit 11, 397
Urbanität 14–18, 22, 25, 33f., 40, 43, 47, 52
Ursache und Wirkung (bzw.Folge) 403, 420

Uruk 16
Utilitarismus 186, 192ff., 324

Vandalen 71, 388
Vaphio 60, 62
Vasiliki 26
Vaterrechtliches 30, 33, 50, 114, 382
Verein, Vereinsprinzip: bei den Indo-Europäern 33f., 56, 84, 92, 124, 127, 139, 144, 164, 194, 335f., 341, 371, 403; bei den Griechen 123f., 127, 164–168, 227ff.; sein Niedergang 184, 186, 287–290, 326, 331f., V. bei den Beduinen Vorderasiens 17, 29–33, 35f.; V. V. bei den Westsemiten und Juden 335ff., 363
Vergleichende Methode in der Geschichte 426, 438, Anm. 105
Verhaltenheitsstadium: als universeller Thypus 395 bis 399, 421, 432, 439; bei verschiedenen Frühvölkern 66, 85, 94, 245, 395–399, 421, 432; primäres 42, 395; sekundäres 76, 395f.; mittelhelladisches 39–42, 74; dorisches 41, 74ff., 395; geometrisches 42, 74–76, 85ff., 89–91, 94, 97f., 109, 112f., 246, 395–399, 401, 437, 443; als Schwelle zu weiterem Kulturanstieg 399f.; seine Schwächung und Preisgabe 94–102, 401–405; in Makedonien 245f.; bei den Iraniern 142; in Rom 370; im Mittelalter 443f.
Verkümmerungserscheinungen 259
Versachlichung 431
Versagen der schöpferischen Phantasie 349f., 430f., 435; sich versagen 430f.
Verstehen im Geschichtsdenken 426
Viehzucht 14ff., 29ff.; bei den Beduinen 14ff., 29ff., 34–37, 366; bei den Indo-Europäern 32f., 41f.; bei den Doriern 59, 76
Vielfalt des Geschichtlichen 11
vita contemplativa 182
Völkerwanderungen, siehe Wanderungen
Vorderasiatischer Kulturgürtel 35f.
Vorsehung 421
Vorzugsraum 34ff., 364ff., 387

Wachstum der Ideen 428
Wanderungen, Wanderungs-Katastrophen 34–39, 53f., 69–75, 142, 388ff., 393, 398f., 403, 442
Wechselkausalität 420, 433
Weise, der bindungslose, in der griechischen Philosophie 260ff., 340, 380f.
Weltbürgertum 323–347, 378 bis 381
Weltreichsidee: im Orient 141–145; bei Alexander 260–273; bei den Stoikern 338–343; bei den Römern 343, 355–367, 375ff.
Weltromanismus 375, 378
Weltvernunft 341, 381
Westgoten 388
Westsemitisches Alphabet 111
Wiederholungen und Wiederholbarkeit in der Geschichte 391ff., 425; in der ionischen Naturphilosophie 178
Wiederkehr, nach Toynbees Terminologie Anm. 94
Wille: seine Bedeutung im geschichtlichen Leben 396, 398, 431; Beschränkung des freien W. 413–423, Anm. 98; Nicht-Wollen 430f.
Wirkung, s. Ursache
Wissenschaft bei den Griechen 186, 238–242, 301ff, 312 bis

315, 343, 412, 430; Abkehr von der W. 260ff., 330ff., 344 bis 347, 368
Wunder in der Geschichte 115, 159, 395

Zahlenmystik 180
Zeit, ihre Rolle in der Natur und Geschichte Anm. 102; in der ionischen Naturphilosophie 178
Zentralwerte: im Orient 18, 227, 401; bei den Hellenen 191, 226, 405f., 443; ritterliche 191, 226, 405f.; staatliche 191f., 218, 406; im Abendland 443, Verlust der Z. 192, 218; neue Z. am Ausgang der Antike 382f.
Zentrifugale Zersplitterung, s. liberalistischer Interessenseparatismus
Zufall in der Geschichte 415, 423
Zurvanismus 234